Stekel, Wilhelm

Psychosexueller Infantilismus

Stekel, Wilhelm

Psychosexueller Infantilismus

Inktank publishing, 2018

www.inktank-publishing.com

ISBN/EAN: 9783747762424

PSYCHOSEXUELLER INFANTILISMUS.

(DIE SEELISCHEN KINDERKRANKHEITEN DER ERWACHSENEN.)

VON

DR. WILHELM STEKEL

NERVENARZT IN WIEN.

MIT 8 TEXTABBILDUNGEN.

In der Gesellschaft vollziehen sich gleich wie in der Natur alle Veränderungen von innen heraus.

Anatole France.

URBAN & SCHWARZENBERG

BERLIN N., FRIEDRICHSTRASSE 105b

WIEN I., MAHLERSTRASSE 4

1922.

UNIVERSITÄTS-BIBLIOTHEK
BERLIN

Seinem lieben Freunde

Walter Bachrach

zur Erinnerung an die schönen Tage in Chicago
gewidmet.

Vorwort.

Die „Störungen des Trieb- und Affektlebens" sind nur für Ärzte und nicht für Laien bestimmt. Ich warne alle Unberufenen und Unbefugten, diese Bücher zu studieren. Ich weiß, daß Laien diese Werke aus verschiedenen Motiven lesen. Die einen um sich belehren zu lassen und um Trost zu schöpfen, die anderen aber aus sexueller Wißbegierde. Ich kann weder die einen noch die anderen Gründe gelten lassen. Ich fürchte, daß diese Bücher den Laien mehr Schaden als Belehrung bringen können. Halb-Wissen verwirrt und ist oft schlimmer als „Nicht-Wissen".

Der vorliegende Band behandelt die sexuellen Kinderkrankheiten der Erwachsenen. Er umfaßt viele Krankheitsbilder, die man bisher unter dem Decknamen „Perversion" beschrieben hat. Es handelt sich um ein wenig erforschtes Gebiet. Das Material ist sehr schwer zugänglich.

Ich bin in der glücklichen Lage, die Erfahrungen von mehr als 25 Jahren verwerten zu können und habe mich bemüht, die bisherige „deskripte" Schilderung durch eine psychologische zu ersetzen.

Die Analysen sind alle im Auszuge wiedergegeben. Das Wichtigste ist mitgeteilt, Weizen von Spreu gesondert. Ich werde in Band VIII die lückenlose, ungekürzte Analyse einer Zwangsneurose wiedergeben. Eine solche Analyse erfordert einen ganzen Band für sich.

Die Vorwürfe der orthodoxen Analytiker, meine Analysen wären keine Analysen, muß ich entschieden zurückweisen. Ich möchte die Herren Kritiker ersuchen, mir mit gutem Beispiele voranzugehen und einmal einen Band von „wirklichen Analysen" zu veröffentlichen.

Der wiederholten Aufforderung, ein Sach- und Namensregister anzulegen, kann ich leider nicht entsprechen. Einerseits fehlt mir dazu die Zeit, andrerseits will ich es den Herren doch nicht so bequem machen. Ich kenne die Manier mancher Leser, sich die Rosinen aus dem Kuchen herauszuklauben und dann ein Urteil über das ganze Werk abzugeben. Ich werde zugleich mit dem zehnten Bande ein Sach- und Namensregister über das ganze Werk veröffentlichen, das von einigen meiner Schüler vorbereitet wird.

Eine andere Anregung, die von beachtenswerter Seite gegeben wurde, die Krankengeschichten am Schlusse des Buches gesondert zu publizieren, kann ich nicht in die Tat umsetzen. Diese Anregung verkennt den Charakter meiner Bücher. Ich ziehe die Schlußfolgerungen aus meinen Beobachtungen. Ich bin kein Philosoph, der Hypothesen am grünen Tisch ersinnt. Ich bin ein Naturforscher, der beobachtet und aus seinen sichereren Beobachtungen seine Schlüsse zieht.

Der nächste Band behandelt die Themen „Kleptomanie" und „Fetischismus". Ich ersuche alle Kollegen, mir möglichst genaue Krankengeschichten (womöglich vollständige Analysen) von Kleptomanen, Pyromanen und Fetischisten mitzuteilen. Auch sexualpsychologisch interessante Beobachtungen von Fetischismus ohne Analyse sind mir willkommen.[1])

Ich hoffe in der Lage zu sein, Band VI im nächsten Jahre vorzulegen. Er ist in großen Umrissen schon vorbereitet.

Bei dieser Gelegenheit spreche ich allen meinen Freunden, die sich so fleißig an der Korrektur dieses Werkes beteiligt haben, meinen herzlichsten Dank aus.

Bad Gastein, im August 1921.

Der Verfasser.

---

[1]) Adresse: An Urban & Schwarzenberg, Wien, I., Mahlerstraße 4.

Inhaltsangabe.

Psychosexueller Infantilismus.

b

Psychosexueller Infantilismus.

I.

Das Problem der Verjüngung.

Der Mensch unterscheidet sich von den Göttern durch seine Sterblichkeit. Gewöhnlich spricht man von der „ewigen Jugend" der Götter. Das entspricht nicht den Tatsachen. Die Götter sind unwandelbar, aber nicht ewig jung. Sie sind ewig alt oder ewig jung. Sie verändern sich nicht. Gott Vater bleibt in der Vorstellung der Menschen der alte ehrwürdige Mann mit dem großen grauen Barte, Maria bleibt Jungfrau und Mutter in der Blüte ihrer Jahre, Zeus imponiert durch die Vollkraft des Mannes, Ganymed bleibt ewig der Knabe, Hebe ewig das Mädchen, Venus behält ihre blendende Schönheit. An den Göttern geht die Zeit spurlos vorüber.

Urewig ist der Kampf des Menschen um seine Unsterblichkeit. Schlummert in seinem Hirne noch die Mneme aus der Zeit seines Einzellenlebens? Denn nur seine Keimzellen, das Spermatozoon und die Eizelle sind unsterblich. Er aber verlangt Bewußtsein dieser Unsterblichkeit. Deshalb erweitert er seine Grenzen in das Göttliche und besiegt Raum und Zeit durch die Ewigkeit seiner Werke. Deshalb hat er sich den Glauben erfunden, der durch alle Mythen geht: der Menschensohn, der zum Gott wurde. Deshalb ringen alle Neurotiker um „die große historische Mission", die ihrem Namen Unsterblichkeit geben soll. Deshalb errichtete seine Phantasie das Jenseits: den Himmel als Sitz seiner Unsterblichkeit und sein Gegengespiel die Hölle.

Zwischen Mensch und Gott herrscht ein uralter Kampf um die Unsterblichkeit. In der biblischen Schöpfungsgeschichte ist dieser Kampf in naiver Weise dargestellt. Der Mensch lebt im Eden, im Garten der Lust. Gott bedient sich einer Lüge, um des Menschen Unsterblichkeit zu verhindern. Er bedroht Adam mit dem Tode, wenn er vom Baume der Erkenntnis essen würde. Das heißt: Ursprünglich war die Liebeslust nur den Göttern reserviert. (Wurden doch in babylonischen Tempeln immer die ersten Freuden der Liebe den Göttern geweiht, die sie in Gestalt ihrer Priester entgegennahmen.) Gott will nicht, daß der Mensch genießen soll. Was ihm höchste Lust ist, das ist für den Menschen Sünde. Aber Adam erfrecht sich, das Gebot zu übertreten und wird aus dem Paradiese gejagt. Aber nicht um dieser Übertretung willen, sondern aus Angst, er könnte unsterblich werden.

Zwei Bäume stehen im Eden: Der Baum der Erkenntnis und der Baum des Lebens. Wir kennen die biblische Bedeutung des „Erkennens". Es stellt eine geschlechtliche Vereinigung dar. Aber noch ist die Unsterblichkeit nicht an die Zeugung eines neuen Menschen geknüpft. Der Baum des Lebens steht selbständig neben dem Baume der Erkenntnis. Gott aber spricht:

„Adam ist worden als unser einer und weiß, was gut und böse ist. Nun aber, daß er nicht ausstrecke seine Hand und breche vom Baume des Lebens und esse und lebe ewiglich. Und trieb Adam aus und lagerte vor dem Garten Eden die Cherubim mit bloßem hauenden Schwerte, zu bewahren den Weg zu dem Baume des Lebens."

Wenn auch die Analytiker in dieser Szene den Kampf zwischen Eltern und Kindern erblicken, so läßt sich nicht leugnen, daß die Götter in dieser Darstellung als neidische Mächte geschildert werden, welche den armen Menschen weder Lust noch Unsterblichkeit gönnen.

Der Apfel, das uralte Symbol der Mutterbrust und der Fruchtbarkeit, ist auch ein Symbol der Weltherrschaft (Reichsapfel). So zeigt uns die biblische Legende den Kampf zwischen Mensch und Gott um die Herrschaft der Welt.

Der Apfel aber hat verjüngende Kraft. Freia, die Göttin der Liebe, muß aus ihrem Garten den Göttern in Walhall die Äpfel bringen, sonst werden sie bleich, mutlos und kraftlos, wie es Wagner in der herrlichen Szene in Rheingold schildert. In der nordischen Mythe bewahrt Iduna die Äpfel, die Speise der Asen. Diese Äpfel haben eine verjüngende Kraft wie die goldenen Äpfel der Hesperiden, welche als Symbol der Fruchtbarkeit galten.

Immer wieder erstreben die Menschen eine neue Jugend. Alle Mythen und Märchen erzählen uns das Wunder der Verjüngung. Oft ist es ein wunderbarer Trank — wie in der Hexenküche Mephistos —, der die neue Jugend wiedergibt. Der Glaube des Volkes an Verjüngungsmittel lebt ewig fort. Er drückt sich in den Worten aus, die Faust spricht:

Hat die Natur und hat ein edler Geist
Nicht irgend einen Balsam ausgefunden?

Gewissen Brunnen wird eine verjüngende Wirkung zugeschrieben. Es gibt Zauberbrunnen, in denen man sich jung badet (Jungbrunnen). Noch heute pilgern die Menschen, die dem Alter entgehen wollen, nach Gastein, um sich zu verjüngen. Der Volksmund schuf sich das Märchen von der Altweibermühle, die man alt betritt und jung verläßt. Schon dieses Märchen zeigt uns den Vorgang der Zerstückelung bei der Verjüngung. Auch der Knopfgießer in Ibsens „Peer Gynt" schmilzt die alten Teile ein, um einen neuen Adam erstehen zu lassen. Ebenso wie die Griechen die Verjüngung durch Zerstückelung kannten. Peleas wird von seinen Töchtern zerstückelt und gekocht. Medea, die furchtbare, hat es geraten, um ihn zu verderben. *Silberer* macht in seinem Aufsatze „Der mythische Steinach"[1]) darauf aufmerksam, daß Paracelsus von seinen Schülern zerstückelt und eingegraben wurde, um verjüngt wieder aufzuerstehen, aber um 24 Stunden zu früh ausgegraben wurde. Auch das schöne Märlein, das uns Grimm nacherzählt, „Das rotgeglühte Männlein", berichtet uns das Wunder der Verjüngung.

Christus und Petrus trafen bei einem Schmiede ein altes Männlein. Der Herr legte es ins Schmiedefeuer, glühte es ordentlich durch, warf es dann ins kalte Wasser, woraus der alte Bettelmann verjüngt emportauchte. Am nächsten Morgen versuchte der Schmied das gleiche Wunder an seiner Schwiegermutter. Das Resultat war ein so klägliches, daß seine schwangere Frau und die gleichfalls Mutterfreuden entgegensehende Schwägerin von Affen entbunden wurden. Auf diese Weise — berichtete das Märchen — seien die Affen entstanden.

Das sinnige Märchen erzählt uns, daß es ein wirkliches Mittel der Verjüngung gibt. Wer im himmlischen Feuer erglühen kann, der wird jung. Dieses himmlische Feuer kann die Liebe sein, es kann aber ebenso die Kunst, der Glaube, kurz überhaupt jede Begeisterung sein. Kinder der Liebe sind schön, während die Kinder unechter Leidenschaft häßlich werden (Affen).

Auch Faust wird durch die Liebe wieder jung. Der wahrscheinlich nicht ernst gemeinte Rat des Mephisto wird verschmäht:

Begib dich gleich hinaus aufs Feld,
Fang an zu hacken und zu graben,
Erhalte dich und deinen Sinn
In einem ganz beschränkten Kreise,
Ernähre dich mit ungemischter Speise,
Leb mit dem Vieh als Vieh, und acht es nicht für Raub,
Den Acker, den du erntest, selbst zu düngen;
Das ist das beste Mittel, glaub',
Auf achtzig Jahr dich zu verjüngen!

Die Erfahrung zeigt uns, daß dieser Rat des Teufels kein guter ist. Der alte Glaube, daß ein Naturleben jung erhält, ist eigentlich

[1]) „Psyche and Eros." An international bi-monthly Journal of Psychanalysis (Successor to Zentralblatt für Psychoanalyse). Herausgeg. von Dr. *Wilh. Stekel*, Dr. *S. A. Tannenbaum*, *Herbert Silberer*. New York, 1920, Bd. II, Nr. 1.

1*

ein Aberglaube. Man merkt, daß die Bauern und besonders die Bäuerinnen sehr früh altern. Auch zeigt die Statistik, daß die Menschen in der Stadt länger leben als auf dem Lande. Im Gegenteil! Das höchste Lebensalter bei großer geistiger Frische erlangen die Geistesarbeiter. Schauspieler erhalten sich auffallend jung, ebenso die Gelehrten und die Künstler. Die Schöpfungen eines Verdi, Bruckner, Virchow, Mommsen, Goethe im hohen Alter sprechen eine deutliche Sprache.

Alle Mythen betonen, daß die Liebe das einzige Verjüngungsmittel ist. Die Liebe ist der Jungbrunnen, der das Wunder der Verjüngung zustande bringt. Dadurch verrät der Mythus die Zusammenhänge zwischen Verjüngung und Sexualität.

Dieses Buch behandelt die Störungen der sexuellen Entwicklung. Es zeigt uns, wie sich der Wunsch nach Verjüngung in der neurotischen Karikatur und Verzerrung ausdrückt.

Auf keinem zweiten Gebiete der Sexualpathologie stoßen Physis und Psyche derart zusammen. Dies Werk behandelt nur die psychischen Störungen der Entwicklung, die wir als „psychosexuellen Infantilismus" bezeichnen. Ich habe wiederholt in den früheren Bänden betont, daß es auch „seelische Hormone" gibt. Wir sehen bei diesen Zuständen eine Wechselwirkung seltsamer Art: die organischen Hormone beeinflussen die Psyche und die psychischen Hormone formen den Körper um.

Die ersten Erfahrungen über die Wirkung der Geschlechtsdrüsen haben wir an den Kastraten gemacht.

Die Folgen der Kastration sind eingehend studiert worden. *Tandler* und *Groß*[1]) kommen in ihren „Untersuchungen an den Skopzen" (Neur. Zentralbl. 1909) über den Typus des Kastraten zu folgendem Resultate: Es kommt infolge der Kastration nicht zum Hervortreten der entgegengesetzten Geschlechtsmerkmale, sondern es tritt eine Regression auf das Infantile ein. Es fallen oft die Körperhaare aus, der Fettansatz verändert sich, hier und da kommt Gynäkomastie vor. Aber im ganzen handelt es sich um eine Art von Verjüngung, um einen Rückschritt auf das Pubertätsalter. Der Kastrat wird kein Weib — er wird ein Jüngling.

Auch *Möbius* konnte in seinem Werke „Die Kastration" (Leipzig 1916) diese Verjüngung konstatieren.

Es gibt aber auch einen angeborenen „Geschlechtsdrüsenausfall" *(Hirschfeld)*. Ich war in der Lage, mehrere Fälle von angeborenem „Eunuchoidismus" zu beobachten. Für den Sexualpsychologen, der sich mit den verschiedenen Formen des „psychosexuellen Infantilismus"

---

[1]) Die biologischen Grundlagen der sekundären Geschlechtscharaktere. Verlag Julius Springer, 1913

beschäftigt, ist es von größter Wichtigkeit, die organischen Formen des Infantilismus genau zu kennen.

Figur 1 zeigt uns das Gesicht eines Eunuchoiden. Figur 2 seine charakteristische Gestalt.

Fall Nr. 1. Der ins Kriegsspital VI wegen nervöser Schwäche und Bettnässen aufgenommene Soldat I. N., 25 Jahre alt, Ruthene, verheiratet, 173 *cm* hoch, grazile Gestalt, zeigt ein auffallend kleines Genitale. Der Penis ist 1½ *cm* lang, erreicht in erigiertem Zustande eine Länge von 4 *cm*. Die Schamhaare fehlen bis auf geringe Andeutungen am Schamberg. Der

Fig. 1.

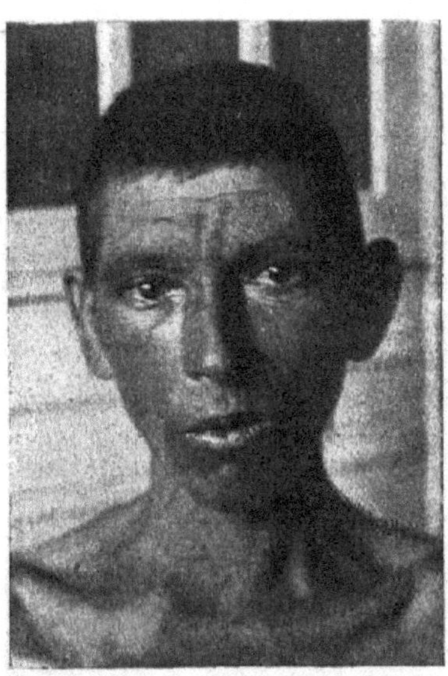

Hoden ist beiderseits vorhanden, haselnußgroß, links offener Leistenkanal, in den der linke Hode bei Kälte verschwindet. Spannweite 180 *cm*.

Am ganzen Körper keine Behaarung. Das Becken breit, weiblich, die Hüften ziemlich stark. Andeutung von Gynäkomastie. Die Armspannweite ist um 5 *cm* größer als die Körperlänge. Schilddrüse nicht tastbar.

Sehr charakteristisch sind das dichte Kopfhaar und das runzelige Gesicht. Außer den Querrunzeln der Stirne zeigt der Mann starke Runzelung der Ober- und Unterlippe. Die Ohren stehen ziemlich weit ab. Die Stimme ist normal.

Er gibt an, normalen Geschlechtstrieb zu haben und ist seit vier Jahren verheiratet. Er soll angeblich den Koitus ausführen, behauptet Samenentleerung und Orgasmus zu haben.

Ähnliche Verhältnisse bietet der nächste Fall:

Fall Nr. 2. Herr J. L., 45 Jahre alt, bartloses gerunzeltes Gesicht, 182 *cm* hoch, Becken weiblich, ausgesprochen weiblicher Fettansatz, außer dem dichten Haupthaar, Fehlen der Haare am ganzen Körper. Die Haut sehr fein, seidenartig, mit Ausnahme der Gesichtshaut, die gerunzelt ist. Der Penis kaum 1 *cm* lang, soll erektionsfähig sein. Die Hoden beiderseits angedeutet, entsprechen mit dem Penis dem Genitale eines 2jährigen Knaben. Wie mir seine Frau mitteilte, wurde sie auf Verlangen des Mannes, nachdem

Fig. 2.

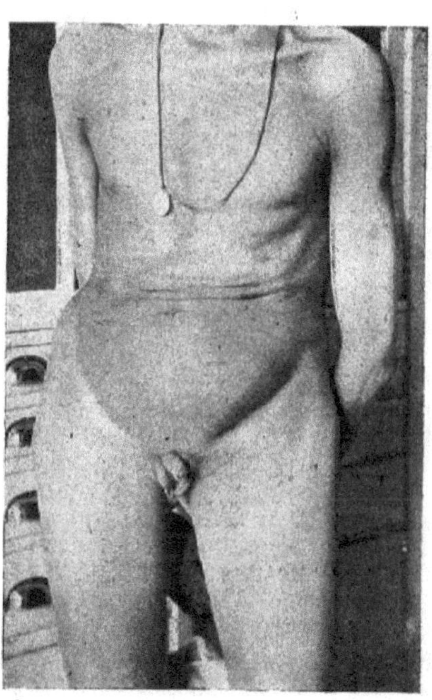

er sie defloriert hatte, von einem Hausfreund geschwängert. Der Mann soll Erektionen haben und Koitusversuche machen, die für ihn befriedigend ausfallen, bei der Frau aber gar keinen Reiz hervorrufen. Auffallend ist seine leidenschaftliche Liebe zu dem Kinde, von dem er weiß, daß es nicht von ihm stammt. Er vergöttert das Mädchen. In seiner freien Zeit gehen sie zusammen spazieren, wobei er glücklich ist, wenn sie auffällt und bewundert wird.

Über die Wirkungen der Kastration sind wir genau unterrichtet. Es kommt zu sehr bemerkenswerten Veränderungen. Ich habe schon betont, daß die Spätkastration eine Regression auf das Infantile bedingt. Die Frühkastration verhindert auch nicht die Ausbildung aller sekundären Geschlechtsmerkmale. Sie bewirkt einen Stillstand der Entwicklung. Deshalb wurden Sängerknaben kastriert, weil dadurch die Mutation der Stimme in der Pubertät verhindert wurde.

Ein ganz anderes Bild zeigt der organische Infantilismus. *Hirschfeld* unterscheidet vier Formen, die er strenge sondert:

I. Der genitale Infantilismus,
II. Der somatische Infantilismus,
III. Der psychische Infantilismus,
IV. Der psychosexuelle Infantilismus.

Diese Vierteilung ist überflüssig. Wir kennen nur einen somatischen und psychosexuellen Infantilismus.

Hirschfeld führt den Infantilismus auf Kryptorchismus zurück. Er sagt in seiner Arbeit „Kryptorchismus und Infantilismus"[1]):

„Offenbar haben wir im Kryptorchismus eine Hauptform des genitalen Infantilismus zu erblicken. Dafür sprechen vor allem die Beobachtungen, die man im Laufe der letzten Jahre über einen häufigen Parallelismus zwischen Kryptorchismus und psychosexuellem Infantilismus gemacht hat. Als erster hat *Strohmayer* auf diese kongruente Hemmungsbildung hingewiesen; neuerdings ist zu dieser Frage eine sehr wertvolle Arbeit von dem Oberarzt der Kgl. Landeserziehungsanstalt zu Chemnitz, Dr. *Kellner*[2]), unter dem Titel: „Hodenretention und Schwachsinn" erschienen. Er fand bei nicht weniger als 29,5% der geistig zurückgebliebenen Knaben Störungen des Deszensus.

Im einzelnen fanden sich unter 558 Knaben der Landeserziehungsanstalt, welche seit deren Eröffnung bis jetzt im Alter von 6—17 Jahren zur Aufnahme gelangten:

Kryptorchismus	54mal
Monorchismus	44mal
Leistenhoden beiderseits	30mal
Leistenhoden einseitig	15mal
Unvollständiger Deszensus . . .	22mal
Summe . .	165mal

In der Schrift, die ich 1913 mit Dr. *E. Burchard* über den „sexuellen Infantilismus"[3]) erscheinen ließ, habe ich eingehend den Fall eines Volksschullehrers beschrieben, der zu vier Jahren Zuchthaus verurteilt war, weil er kleinen Mädchen an den Genitalien „gespielt" hatte. Wir hatten ihn wegen eines von seinen Angehörigen beabsichtigten Wiederaufnahmeverfahrens zu begutachten. Es bestand doppelseitiger Kryptorchismus. Die mikroskopische Samenuntersuchung ergab vollkommene Azoospermie. Der Herr Kollege, welcher über den Angeklagten in der ersten Hauptverhandlung ein Gutachten abgab, hatte den Kryptorchismus nicht bemerkt oder nicht für bemerkenswert

[1]) Zeitschrift für Sexualwissenschaft. 3. Bd., H. 1, 1916.

[2]) *Kellner*, Hodenretention und Schwachsinn. Zeitschr. f. d. Erforschung u. Behandlung d. jugendlichen Schwachsinns. Bd. VI. Verlag G. Fischer, Jena, 1912.

[3]) *Magnus Hirschfeld* u. *Ernst Burchard*. Der sexuelle Infantilismus. Juristisch-psychiatrische Grenzfragen. Bd. IX, Heft 5. Verlag Carl Marhold. Halle, 1913.

gehalten. Eine Samenuntersuchung hatte er überhaupt nicht vorgenommen. Es ist anzunehmen, daß, wenn beides geschehen wäre, der Mann nicht Zuchthaus bekommen hätte. Seit diesem Fall habe ich es mir noch mehr als vorher zur Regel gemacht, in jedem Fall von Sittlichkeitsverbrechen an Kindern nicht nur genau auf psychosexuellen, sondern auch auf genitalen Infantilismus zu untersuchen. Dabei findet man in einem verhältnismäßig hohen Prozentsatz Anomalien, und zwar entweder Störungen des Deszensus oder Hypoplasie der Genitalien, gelegentlich auch Hypospadie, Azoospermie, Oligospermie. Ich kann mich des Eindrucks nicht erwehren, als ob auch bei den Verbrechen aus § 176,3 Störungen der inneren Sekretion eine größere Rolle spielen, als wir bisher wußten."

Der somatische Infantilismus kann sich allerdings nur somatisch ohne Beteiligung des Genitales äußern. Aber immer ist der genitale Infantilismus von somatischen Symptomen begleitet [*Hirschfeld*[1])].

Ich möchte, bevor wir weitergehen, einen von mir beobachteten Fall von infantilem Genitalismus beschreiben.

Fall Nr. 3. Herr Z. K., 25 Jahre alt, konsultiert mich wegen schwerer Depressionen. Bei der Aufnahme der Anamnese betont er, daß er wegen der Kleinheit seiner Genitalien an einem drückenden Minderwertigkeitsgefühl leide. Das veranlaßte eine genaue Untersuchung, deren wichtigste Resultate ich hier mitteile. Patient ist 180 *cm* hoch, schlank gewachsen. Auffallend sind die breiten Schultern, die zu der grazilen Gestalt in starkem Gegensatze stehen. Die Länge der Arme beträgt 183 *cm*, also etwas größer als sein Längenmaß, aber nicht so stark differierend wie bei dem beschriebenen Eunuchoiden. Er hat ein sehr schönes, knabenhaftes, wachsbleiches Gesicht, schönes lockiges, sehr dichtes Haar. Am ganzen Körper ist er haarlos. Der Schamberg, die Achselhöhlen, die Partie um den Anus zeigen bloß einige spärliche kaum wahrnehmbare Härchen. Der Penis ist 2 *cm* lang und soll erigiert die doppelte Länge erreichen. Beide Hoden vorhanden, erbsengroß, Leistenkanal offen. Das Becken ist nicht auffallend breit, es zeigt sich kein abnormer Fettansatz. Der ganze Körper macht trotz seiner Länge gleich dem Genitale einen infantilen Eindruck. Schilddrüse sehr klein.

Er ist geistig sehr regsam und kann eine verantwortliche Stelle mit gutem Erfolge ausfüllen. Die Studien gingen ihm leicht von statten, er hatte niemals besondere Schwierigkeiten mit ihnen. Er ist seiner Angabe nach sehr sinnlich und hat ein lebhaftes Verlangen nach Liebe und Freundschaft. Er behauptet, nur heterosexuell zu empfinden, bewegt sich aber immer in Männergesellschaft. Wegen seiner Schönheit und wegen des knabenhaften Ausdruckes seines Gesichtes bewerben sich viele Homosexuelle um seine Gunst. Er hat einen gewaltigen Ekel vor der Homosexualität und wies bisher alle Anträge mit Entrüstung zurück. Trotzdem wurde von ihm verbreitet, daß er homosexuell sei, was ihn verzweifelt machte und ihn bewog, einen ihm liebgewordenen Freundeskreis aufzugeben. Unter diesen Freunden befindet sich auch ein homosexueller Künstler, an dessen Freundschaft ihm sehr viel gelegen war. Er schützt sich aber gegen seine Homosexualität durch Ekel und durch Abbruch der gefährlichen Beziehungen. Er will durchaus

---

[1]) Sexualpathologie. I. Teil: Geschlechtliche Entwicklungsstörungen. Marcus & Weber, Bonn, 1917.

ein Mann sein und ersucht um Mittel, das Wachstum seiner Genitalien anzuregen. Ich schickte ihn zu *Steinach*, der mir erklärte, daß eine Operation unmöglich sei. Die Einpflanzung eines kryptorchen Hodens würde wohl seine männlichen Tendenzen hervorheben, aber auf das abgeschlossene Wachstum seiner Genitalien keinen Einfluß mehr ausüben.

Er zeigt psychisch mit Ausnahme einer gewissen Wehleidigkeit und Empfindlichkeit keine infantilen Züge.

Die drei beschriebenen Fälle zeigen uns die organischen Veränderungen, welche durch den Geschlechtsdrüsenausfall entstehen. Sie scheinen die Ansicht von *Hirschfeld* zu stützen, daß jeder organische Infantilismus in der Hauptsache auf Geschlechtsdrüsenausfall oder auf einer Mehrleistung der Pubertätsdrüse beruht.[1])

Der Name Pubertätsdrüse ist von *Steinach* eingeführt worden. Er bezeichnet damit das interstitielle Bindegewebe und die von *Franz Leidig* 1850 beschriebenen zwischen den Samenkanälen befindlichen Zellen. Während die samenbereitenden Organe nach *Steinach* nur extrasekretorisch tätig sind (eine Behauptung, die von vielen Forschern bestritten wird), besorgt die Pubertätsdrüse die innere Sekretion der Geschlechtshormone. Der kryptorche Hoden ist ein Gebilde, das für die extrasekretorische Tätigkeit wertlos, aber für die intrasekretorische Funktion von ausschlaggebender Bedeutung ist.

In seinen letzten Forschungen über „Verjüngung" wird nachgewiesen, daß bei Unterbindung des Samenstranges oder nach Einpflanzung einer Pubertätsdrüse durch Steigerung der intrasekretorischen Funktion eine Verjüngung des Organismus zu erzielen ist.

Die Verjüngung, wie wir sie auch beim organischen Infantilismus beobachten, würde nach *Steinach* auf eine Überfunktion der Pubertätsdrüse zurückzuführen sein.

Nun scheint dies Kapitel physiologisch und pathologisch noch nicht geklärt zu sein. Es gibt zweifellos Fälle von thyriogenem Infantilismus, die sich nach entsprechender Therapie (Einnahme von Schilddrüsensubstanz) bessern. Aber auch die Hypophyse, die Thymus, die Nebennieren, die Zirbeldrüse, selbst die Niere zeigen Beziehungen zum Infantilismus, so daß die Franzosen verschiedene Formen unterscheiden, welche keine Beziehungen zu den Geschlechtsdrüsen zeigen. Wir müssen aber annehmen, daß erst die Korrelation der verschiedenen Drüsen normales Wachstum und die Vorgänge, welche zur Bildung der primären und sekundären Geschlechtsmerkmale führen, beeinflußt. Fällt die

[1]) Diese Ansicht vertrat schon *Songues* (Origine de l'Infantilisme. Bull. de la soc. méd. des hop. de Paris, 1912). Er polemisiert gegen die von *Apert* vertretene thyriogene Ätiologie des Infantilismus. Ein Infantilismus ohne Schädigung der Genitalorgane komme nicht vor. Diese Schädigung könne primär (z. B. traumatisch) oder auch sekundär, z. B. bei Erkrankungen der Hypophyse erfolgen.

Schilddrüsensekretion aus, so entfällt ein Reiz auf die Geschlechtsdrüsen, so daß sie gleichfalls eine Oberfunktion zeigen.[1])

Wir können heute mit Bestimmtheit sagen: Der angeborene organische Infantilismus stellt sich als Folge einer Störung der inneren Sekretion dar.

Alle anderen Behauptungen sind noch hypothetisch und bedürfen gründlicher Beweise.

Sehr lehrreich für das Studium des Infantilismus sind die Fälle von Spätinfantilismus organischer Natur, wie sie *Gandy* als erster beschrieben hat.[2]) Bei Männern zwischen 20 und 30 Jahren fallen die Haare am ganzen Körper aus, besonders die Schamhaare, die Hoden und der Penis werden klein und atrophisch, die Haut wird runzelig, das Gesicht nimmt den fatalen Ausdruck der jugendlichen Greise an, wie wir ihn bei Zwergen so häufig beobachten können. Bei Frauen ist dieses Leiden viel seltener. Bei ihnen bleiben die Menses aus, der Uterus wird atrophisch, ebenso bilden sich der Busen und die Ovarien zurück. Die Männer werden impotent, die Frauen anästhetisch.

Solche Fälle von Rückbildung zum Pubertätsstadium kommen gleichfalls als Folge von Tumoren und Entartungen der verschiedenen intrasekretorischen Drüsen vor (besonders Hypophyse und Hoden, aber auch bei Schilddrüsenerkrankungen). Auch nach schweren Infektionskrankheiten hat man das Auftreten eines organischen Infantilismus beobachtet. Infektionskrankheiten können auch entwicklungshemmend wirken, wie der Fall von *Apert* und *Brouillard* beweist.

Es handelt sich um die Vorstellung eines 38 Jahre alten Mannes, der den Typus eines Jünglings in eben beginnender Pubertät darbietet. Die Entwicklung war völlig normal gewesen bis zum Alter von 16 Jahren. Im Anschluß an einen Abdominaltyphus blieb die körperlich-sexuelle Entwicklung dann genau auf der erreichten Stufe stehen, wie die Verfasser annehmen auf Grund einer Schädigung der Schilddrüsenfunktion durch die genannte Infektionskrankheit. Es sind keinerlei Symptome von Feminismus oder Eunuchismus oder Akromegalie dazu getreten und es handelt sich in solchen Fällen nicht um pluriglanduläre Syndrome, sondern um reine Schilddrüsenstörungen. Die Testikel sind funktionell rückständig, aber nur sekundär. Bei echtem Dysorchismus kommen stets eunuchoide oder feminine Züge zur Beobachtung. Solche Fälle sind auch nicht als „regressive Infantilismen" nach *Glandy* zu bezeichnen; denn es handelt sich nicht um irgendwelche regressive Vorgänge, sondern um ein reines Stehenbleiben auf der Entwicklungsstufe, die der Körper erreicht hatte im Momente, da die Schilddrüse geschädigt wurde.

---

[1]) Diese Hypothese vertritt besonders eindringlich *Lorand* in seinem Buche „Das Altern, seine Ursachen und seine Behandlung". 6. Aufl. Werner Klinkhardt, Leipzig.

[2]) *Henri Bouquet*. „Retour à l'enfance". Le monde medical, 15/X. 1911.

Auch nach anderen Infektionskrankheiten, selbst nach einer Pneumonie[1]) sah man Infantilismus auftreten. Es handelt sich offenbar um eine schwere toxische Schädigung der endokrinen Drüsen.

Es sind auch in der Literatur Fälle berichtet, daß sich Menschen nach einem Typhus verjüngt haben. Graue Haare sollen schwarz geworden sein usw. Ich habe derartige Fälle nicht beobachtet. Wohl konnte ich oft konstatieren, daß sich nach einem längeren Krankenlager ein psychosexueller Infantilismus ausbildete. Der Erwachsene wird durch seine Hilflosigkeit in der Krankheit wieder zum Kind. Die Mutter reicht ihm Nahrung, die Leibschüssel, wäscht ihn, wobei alle Rücksichten der Scham im Interesse der Gesundheit geopfert werden. Alte Lustgefühle werden wieder lebendig. Der Erwachsene fühlt dann heiße Ströme aus verschütteten infantilen Quellen. Auch die Pflegerin ist glücklich, ihr großes Kind wieder klein zu sehen und die bewußten und unbewußten Freuden der Pflege, das beseligende Gefühl der Mütterlichkeit gemengt mit unverstandenen sexuellen Regungen zu genießen. Auf diese Weise können sich die schwersten Fälle von Infantilismus ausbilden, bei denen gar keine Störung der inneren Sekretion vorhanden ist. Das beweist schon der Erfolg einer energischen Psychotherapie, welche diese Kinder wieder zu Erwachsenen ummodelt.

Die Erfolge der Psychotherapie zeigen, daß es zahlreiche Formen von Infantilismus gibt, welche mit der inneren Sekretion nichts zu tun haben und auf seelische Faktoren zurückgehen.

Alle Menschen sehnen sich eigentlich nach ihrer Jugend und können sie nicht vergessen. In der Krankheit erwacht das Kindliche und Hilflose zu neuem Leben. Es ist so süß, sich wieder verhätscheln und bemuttern zu lassen. So kommt es, daß manche Menschen aus dieser Krankheit nicht mehr den Weg zur Genesung finden können.

Fall Nr. 4. Herr R. B. erkrankte im 16. Lebensjahre an einer Poliomyelitis, die zu einer vorübergehenden Lähmung eines Beines führte. Der Jüngling war an das Bett gefesselt und wurde von der Mutter in aufopfernder Weise gepflegt. In Folge seiner Hilflosigkeit mußte sie ihm die Urinflasche reichen und die Leibschüssel unterlegen. Die Krankheit ging vorüber, aber es blieb eine schwere Gehstörung. Er konnte nicht gehen. Die Ärzte erklärten das Leiden für „hysterisch“, da sich objektiv kein Zeichen einer Lähmung finden ließ. Auch klagte er über große Schmerzen im kranken Bein. Er kam nicht mehr in die Schule zurück. Ich sah ihn im 22. Lebensjahre, also nach sechsjährigem Leiden. Er lag mit etwas offenem Munde im Bette und spielte mit Ansichtskarten. Die nähere Untersuchung ergab

[1]) *Levi* (Un cas d'infantilisme tardiv de l'adulte. Infantilisme sexuel de retour. Paris méd., 1912) sah nach einer Pneumonie Ausfall aller Körperhaare und vollkommene Frigidität auftreten

gar keinen Intelligenzdefekt. Er bat flehentlich um Heilung, er wolle doch ein Mann werden. Überdies litt er unter der Onanie, die er täglich betrieb. Es war ihm natürlich unmöglich, zu Mädchen zu gehen. Auch die Mutter schien über seine Onanie sehr verzweifelt zu sein. Es stellte sich heraus, daß der Kranke ihr täglich von seiner Onanie berichtete und jammernd um Abhilfe bat. (Er sprach auch von Kastration!) Auf meinen sehr energischen Befehl verließ er das Bett und ging taumelnd im Zimmer herum. Ich gab ihm den Auftrag (Wachsuggestion), am nächsten Tag zu mir in die Ordination zu kommen. Es werde ganz sicher gehen. Er kam auch und wurde von der Mutter und dem ebenso mitleidigen Vater die Stiegen mehr getragen als geführt. (Zweites Stockwerk.) Nach drei Tagen blieb er aus. Die Mutter war darüber empört, daß ich verlangt hatte, er möge nicht mehr von seinen Onanieakten reden und er dürfe sich nicht mehr von ihr auf den Abort begleiten lassen. „Sie lasse sich nicht die Liebe ihres Sohnes rauben." Auch der Vater hatte sich merkwürdiger Weise mit dem Leiden des Sohnes abgefunden. Beide Eltern hatten einen Kultus mit dem Kinde, der sie ganz ausfüllte. Sie zitterten, sie könnten ihr Objekt der Pflege verlieren. Natürlich waren ihnen diese Regungen nicht offen bewußt, ebensowenig wie dem Jungen sein Wille zur Krankheit. Inzestphantasien, die sich auf die Mutter bezogen, wurden offen zugegeben. Die meisten Onanieakte gingen mit dieser Phantasie vor sich. Zuweilen wurde das Bild der Mutter von einer Nichte abgelöst, die sich mit der Mutter in der Pflege des Kranken teilte.

Häufig sieht man diese Regression auf die Mutterliebe nach einer unglücklichen Liebe oder nach einer schweren Liebesenttäuschung, nach Verrat und Treulosigkeit des Liebesobjektes entstehen. Alle Menschen haben die Tendenz aus einer unerträglichen Gegenwart in die Vergangenheit oder in die Zukunft zu flüchten. Die zukünftigen Phantasien sind aber nie so gefährlich wie der Blick nach rückwärts.[1])

Dieser Mechanismus der Flucht in die Vergangenheit ist zuerst von *Ernst Sträußler* beschrieben und in aller Schärfe erfaßt worden. (Beiträge zur Kenntnis des hysterischen Dämmerzustandes. Über eine eigenartige, unter dem Bilde eines psychischen „Puerilismus" verlaufende Form. Jahrbücher f. Psychiatrie. 1911. Bd. 32.)

Ich halte den von *Dupré* (Le puerilisme mental. Revue neur. 1903) vorgeschlagenen Ausdruck „Puerilismus" nicht für ausreichend, da das Leiden auch bei weiblichen Personen und gar nicht selten vorkommt.

Sträußler macht in allen seinen Fällen die Beobachtung, daß es sich um eine Flucht in die Kindheit handelt. Er konstatiert bei allen diesen Kranken eine objektiv nachweisbare Einschränkung des Gesichtsfeldes, ein Phänomen, das *Janet* bekanntlich durch die Einschränkung

---

[1]) *Charpentier* und *Courbon* (Le puérilisme mental et les effets de régression de la personnalité [L'Encéphale, 1909]) fassen den Zustand als eine Art von Intoxikation auf. Sie betonen: „Wir kommen zum Schlusse, daß es sich wahrscheinlich um toxisch-infektiöse Phänomene handelt, die von Krampfzuständen und Traumdelirien begleitet sind, welche sich zu einem förmlichen erlebten Traum steigern können." (Zitiert nach *Sträußler*.)

des geistigen Blickfeldes erklärt. Er erkennt deutlich, daß es sich um eine Flucht in die Kindheit handelt. Er sagt:

„Der Puerilismus kommt dadurch zustande, daß das **Nichtwissenwollen** sich nicht auf die strafbare Handlung und das Nächstliegende beschränkt, sondern weitere Kreise zieht; der Kranke will von der ganzen Gegenwart mit all dem Ungemach, welches sie birgt, nichts wissen, er will weit, weit weg; er flüchtet sich seinem gegenwärtigen Bewußtsein gegenüber in die Kindheit zu Mutter und Vater."

Dabei ergibt sich die sonderbare Tatsache, daß die reale Anwesenheit der Mutter unter Umständen übersehen wird, wie ein Fall von *Sträußler* und auch eigene Beobachtungen beweisen. Es handelt sich um die infantile Mutter des Traumlebens, nicht um die reale Mutter. Das unterscheidet diese hysterischen Dämmerzustände von den wirklichen andauernden Infantilismen, die ich beschreiben werde. Aber alle diese Kranken leiden an Impulsen. *(Fugues.)* Als Soldaten laufen sie davon. Sie sind die typischen Deserteure. Wir werden durch die Analyse dieser Zustände zum Verständnis vieler dunkler Triebhandlungen (Kleptomanie, Pyromanie, Exhibitionismus usw.) gelangen.

Alle diese Zustände sind Traumzustände und stellen eine Regression in das Infantile dar.

Werfen wir jetzt einen flüchtigen Blick auf die verschiedenen Fälle, die *Sträußler* beschreibt.

Ein Zigeuner, Gewohnheitsdieb, desertiert und erkrankt nach seiner Verhaftung an einem Dämmerzustand, in dem er sich wie ein Kind benimmt. Er dutzt die Umgebung, alle sind für ihn „Pepik" (Peperl), alle Gegenstände erscheinen ihm neu, als müßte er erst ihren Gebrauch lernen, er steckt viele Sachen wie ein Kind in den Mund, alle Nahrungsmittel sind ihm „Kuchen und Kaffee", er hat einen merkwürdig hüpfenden Gang. Auffallend ist seine Abscheu vor mehreren Gegenständen. Gibt man ihm zu einem Schlüssel einen zweiten dazu, so weicht er unter Zeichen von Zorn und Angst zurück.[1]) Von Wichtigkeit ist, daß der Zustand nach einem Typhus aufgetreten ist und die Einleitung zu einer protrahierten „hysterisch-degenerativen" Bewußtseinsstörung führte. (Haftpsychose?)

Auch im Fall II handelt es sich um einen Deserteur, der aber einen ernstgemeinten Selbstmordversuch in der Zelle gemacht hatte.

---

[1]) Es scheint sich um Eifersuchtsphänomene zu handeln. Er kann es nicht vertragen, daß zu einem ihm gehörenden Spielzeug (Liebesobjekt) ein zweites hinzutritt

Er wurde kurze Zeit nach seiner Erhängung heruntergenommen. Er bot nach seiner Erholung das Bild eines kleinen Kindes. Er vergnügte sich mit Zeichnung infantiler Art, von der wir zwei hier wiedergeben. (Man beachte die zahlreichen Phallus-Symbole!)

Seine Sprache nähert sich der Kindersprache (kindlicher Aggrammatismus).

Fig. 3.

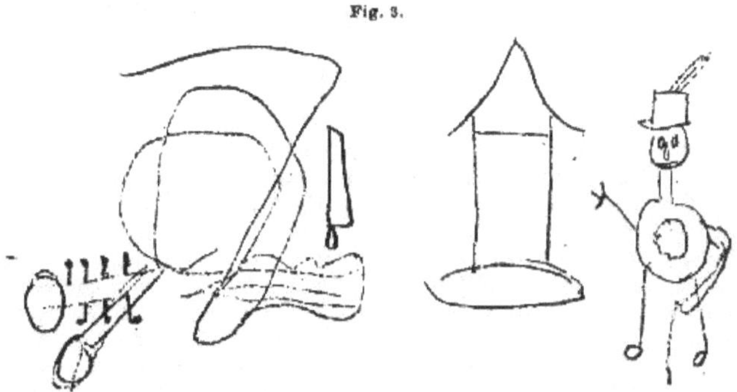

Das auslösende Moment zweier anderer Fälle bildeten die Erkrankung an Skabies und Gonorrhöe. Von Fall III sagt *Sträußler:* „Alle früheren Erfahrungen schienen aus dem Seelenleben ausgelöscht zu sein, seine Seele glich einem unbeschriebenen Blatte. Mit sorglosen Tändeleien verbrachte er seine Tage, alles in der Umgebung betrachtete er als neu und interessant und dem kindlichen Staunen gab er in einer urwüchsigen, durch keine Hemmungen beschränkten Art freien Ausdruck. Sein Gang war tänzelnd, hüpfend, angepaßt der kindlichen Rolle."

Der vierte Patient erkrankt nach einer chronischen Gonorrhöe an einem ähnlichen Zustande. Er tollt im Zimmer umher, klatscht in die Hände, spielt mit den glänzenden Uniformknöpfen des Arztes, will ihn umarmen. (Andere Kranke hüpfen in diesem Zustande wie Pferde umher.)

Fall VI erkrankt nach einer Kerkerstrafe an einem Dämmerzustand, in der er sich wie ein Kind von 3—4 Jahren benimmt. Die einzigen Worte, die er während der ersten Untersuchung spricht, sind „Hure" und „Teufelin", als der Arzt ihm ein Frauenbild zeigt. Zeitweise verlangt er nach der Mutter. Trotzdem erkannte er schon zur Zeit der Besserung seine Mutter nicht, agnoszierte aber sofort die Photographie seiner Schwester, wobei er vor freudiger Rührung in Tränen ausbrach. Entweder er hat eine schwere Enttäuschung durch eine Geliebte durchgemacht (Hure-Teufelin) oder er verdächtigt seine Mutter.

Fall VII erkrankt, nachdem ihm seine Geliebte untreu wurde. Er übte ein Attentat (Schwefelsäure) auf sie aus, wodurch sie erblindete. Er war wegen Landstreicherei vorbestraft (17mal). Nach erfolgtem Abklingen des infantilen Zustandes, der keine besonderen Züge zeigt, verlangt er nach seiner „Marie". Genesen verspricht er, sich seiner Geliebten anzunehmen und für sie zu sorgen.

Einen einschlägigen Fall beschreibt *Janet* (Un cas de delire somnambulique avec retour à l'enfance. L'Encéphale, 1908):

Ein junges Mädchen zeigt somnambule Krisen, während der sie kindliche Attituden annimmt und die Worte verdreht. Sie spielt die Rolle eines siebenjährigen Kindes.

Mit großem Scharfsinn zeigt uns *Janet* die Wurzeln dieses Zustandes. Mit sieben Jahren verlor das Kind seine Mutter, die es maßlos verzärtelte. Nach ein paar Jahren heiratete der Vater eine andere Frau. Aber die Tochter konnte sich nicht mit ihrer Stiefmutter vertragen. Nach einer schweren Infektion mit Gonorrhoe, worauf sie in eine Korrektionsanstalt kam, machte ihr die Stiefmutter heftige Vorwürfe, erinnerte sie an den Tod ihrer Mutter und sagte ihr, daß sie als Waise mehr Rücksicht auf sie nehmen müsse.

Das führte zu einer Regression in das siebente Lebensjahr. Sie hatte dann eine Mutter, sprach von ihr, stieß die Stiefmutter zurück. Sie stand unter der Herrschaft einer „fixen Idee". *Janet* hält den Zustand nicht für einen „echten", sondern für einen „gespielten" Puerilismus.

Ein anderer Fall von *Janet:* Ein zwanzigjähriges Mädchen wird von ihrem Stiefvater mit unsittlichen Anträgen verfolgt. Das stößt sie ab und erschreckt sie. Sie wiederholt immer wieder, daß sie glücklich war, als sie noch ein Kind von sieben Jahren war. In den hysterischen Krisen wird sie wieder ein Kind und spielt mit Puppen.

Charpentier und *Courbon* erinnern daran, daß die erste Beschreibung eines hysterischen „Puerilisme mental" aus dem Jahre 1584 stamme, die Nonne Jeanne Fery betreffend, welche im Anschlusse an Krampfanfälle in den eigenartigen Zustand verfiel.

Wir wollen die charakteristische Schilderung nach dem Zitate *Donath*s in seiner Arbeit „Über hysterische Amnesie"[1]) reproduzieren. „Da sie vom bösen Geiste besessen war, so wurde dieser durch Beschwörung ausgetrieben, was unter einem furchtbaren Erbeben aller ihrer Glieder erfolgte. Nach diesem so göttlich errungenen Siege war die Nonne in einen Zustand wahrer kindlicher Einfalt versetzt und befand sich in solcher Unwissenheit über Gott und seine Geschöpfe, daß sie nur die Worte: „Père Jean" und „Belle Marie" aussprechen konnte. In diesem Zustande begab sie sich in die Kapelle, um die Messe zu hören, und als sie dort eingetreten war, verwunderte sie sich nach Kinderart gar sehr über die schönen Bilder daselbst. Während der ganzen Messe saß sie da wie ein Kind, das von nichts weiß. Nach der Messe verlangte sie durch Zeichen, da sie nicht sprechen konnte, daß man ihr das Bild gebe, welches die heilige Maria Magdalena darstellt, was ihr große Freude bereitete. Sie begann dieselbe, wie Kinder mit den Puppen spielen, anzukleiden, an sich zu drücken, als wollte sie ihr die Brust geben . . .

[1]) Archiv f. Psych. 44. Bd., 1908.

Sie mußte alles von neuem lernen und der Erzbischof brachte ihr zuerst bei, wie sie das Kreuz zu machen und das Vaterunser zu beten habe. Auch mußte sie wieder beim A-B-C anfangen, um lesen zu lernen. Sie sprach anfangs alles mit schwerfälliger Zunge aus, wie es Kinder tun. Auch konnte sie durch neun Tage weder Fleisch noch feste Nahrung zu sich nehmen, sondern nährte sich, wie ein Kind, nur von gekochter Milch. Plötzlich wich dieser Zustand und sie war wieder so wie früher, infolge des Segens des Erzbischofs, welchen er ihr, ihrem Haupt, ihrer Zunge und allen Teilen ihres Körpers erteilt hatte."

Ich schließe hiemit diese interessante Kasuistik. Sie beweist uns, daß vom Leben Enttäuschte immer bereit sind, eine Regression in die Kindheit vorzunehmen und die peinliche Gegenwart zu vergessen.

Freud sieht in der Regression ein Rückströmen der Libido auf das eigene Ich. Er stellt sich die Libido wie ein Protoplasmatier mit vielen Pseudopodien vor. Die Pseudopodien werden ausgesandt (Objektbesetzung) und zurückgezogen (Regression). Die Libido hat die Fähigkeit der Emanation und Re-Emanation. Eine solche Re-Emanation findet in der Krankheit und täglich im Schlafe statt: „Ähnlich wie die Krankheit bedeutet auch der Schlafzustand ein unerläßliches Zurückziehen der Libidopositionen auf die eigene Person, des Genaueren, auf den einen Wunsch zu schlafen. Der Egoismus der Träume fügt sich wohl in diesen Zusammenhang ein. In beiden Fällen sehen wir, wenn auch nichts anderes, Beispiele von Veränderungen der Libidoverteilung infolge von Ichveränderung."

Ich kann weder jede Regression noch den Schlaf als narzißtisches Phänomen ansprechen. Wir sehen bei der Regression den Kranken zu seiner infantilen Lustquelle zurückkehren (Eltern, Geschwister, Pflegepersonen). Das Phänomen des Narzißmus wird in einem eigenen Kapitel später abgehandelt werden. Ich sehe in der ganzen Libidotheorie von *Freud* nur eine geistreiche Spielerei mit einem unklaren Begriff. Schon die Definition der *Freud*schen Libido erfordert eine eigene Abhandlung. Sie deckt sich fast — wie die Libido *Jungs* — mit dem Begriffe der psychischen Energie, sofern sie nicht einen Gegensatz zu den Sexualtrieben bildet.

Wir verzichten daher in diesen Büchern auf die Anwendung der Libido und ersetzen sie durch den Sexualtrieb. Die Regression bedeutet dann eine Rückkehr zu der infantilen Sexualität.

Diese Regression in die Kindheit kommt nach meiner Ansicht durch einen Willensakt zustande. Sie ist eine erzwungene Einstellung auf bestimmte Lebensjahre der Vergangenheit. Charakteristischer Weise fixierte Fall VI von *Sträußler* immer mitgebrachte Bilder, die er im Spitale beobachtet hatte. Der Scheinwerfer des Bewußtseins wird nur auf bestimmte Erinnerungsbilder eingestellt. Alles andere liegt im Dunkeln.

Die nächsten Kapitel sollen uns im Gegensatze zu den Beobachtungen von *Sträußler* Dauerzustände zeigen, bei denen das Gedächtnis für die Vergangenheit vollkommen erhalten ist. Es ist eine ganz andere Art von Amnesie als die eben geschilderte.

Aber schon diese Beispiele erklären uns die Sehnsucht der Menschheit nach dem Jungbronnen der Kindheit. Sie beweisen uns, daß der vom Leben Gedrückte und Enttäuschte imstande ist, eine Rückwanderung zu den Gefilden der Jugend anzutreten und darüber die Gegenwart ganz zu vergessen.

Die Sehnsucht der Menschheit nach ihrer Kindheit erfüllt sich jede Nacht im Traume. *Freud* hat diese retrospektive Tendenz des Traumes aufgedeckt und darüber fast die prospektive *(Maeder)* vergessen. Aber diese Traumzustände der vom Leben Enttäuschten beweisen uns, daß der Mechanismus der Regression in einem Traum vorhanden ist und eine große Rolle im Seelenleben spielt. Die Sehnsucht nach einer Verjüngung erfüllt sich und damit entschwindet die graue Gegenwart mit ihren Sorgen und Demütigungen. Auch die Wachträume der Neurotiker zeigen uns die gleiche Tendenz der Menschen. Es gibt eben zweierlei Typen von Enttäuschten. Die einen bauen die Luftschlösser der Zukunft, die anderen suchen den Weg in das Kinderland, wo sie die freundlichen Gestalten der Kindheit umschweben.[1])

[1]) Trefflich drückt diese Sehnsucht nach der Kindheit der Dichter Klaus Groth in seinem bekannten von Brahms vertonten Gedichte aus:

O wüßt' ich doch den Weg zurück,
Den lieben Weg zum Kinderland!
O warum sucht' ich nach dem Glück
Und ließ der Mutter Hand?
O wie mich sehnet auszuruh'n,
Von keinem Streben aufgeweckt,
Die müden Augen zuzutun,
Von Liebe sanft bedeckt!
Und nichts zu forschen, nichts zu späh'n,
Und nur zu träumen leicht und lind;
Der Zeiten Wandel nicht zu seh'n,
Zum zweiten Mal ein Kind!
O zeigt mir doch den Weg zurück,
Den lieben Weg zum Kinderland!
Vergebens such' ich nach dem Glück,
Ringsum ist öder Strand!

II.

Das Seelenleben des Kindes.

Wir können die Erscheinungen des psychosexuellen Infantilismus nur verstehen, wenn wir das Seelenleben des Kindes genau kennen. Das Kind war uns lange eine terra incognita. Zahlreiche Forscher, ich nenne nur die Namen *Preyer, Freud, Stern, Tiedemann, Scupin, Saupp, Groos, Shinn, Hug-Hellmuth,* haben uns das Kind näher gebracht. Wir besitzen genaue Aufzeichnungen über die ersten Seelenregungen, über die Entstehung der Affekte, über die Entwicklung der ersten Denkprozesse. Es ist nicht die Aufgabe dieses Werkes, das ganze Seelenleben des Kindes aufzurollen. Ich möchte nur jene Tatsachen beleuchten, die für das Verständnis der folgenden Krankheitsbilder unerläßlich sind.

Das Kind repräsentiert uns in den ersten Lebensjahren den reinen Triebmenschen. Wenn wir nach dem Kinde urteilen, muß der Triebmensch absolut egoistisch und zu seiner Umwelt feindlich eingestellt gewesen sein.

Das Kind ist egoistisch. Es ist zur Welt egozentrisch eingestellt. Das ist eigentlich jeder Mensch. Aber diese egozentrische Welteinstellung verbirgt sich und bricht nur in bestimmten Krankheitsformen hervor. Es ist eigentlich falsch zu sagen, das Kind wäre pädozentrisch geartet. Das Kind ist selbstsüchtig. Es sieht und fühlt sich als Mittelpunkt der Welt. Es liebt nur die Personen, die ihm Gutes erweisen, d. h. ihm Lust zuführen. Es wird die Amme ursprünglich genau so lieben wie die Mutter, wenn die Amme ihm die Lust der Nahrung vermittelt. Es wird unter Umständen das Kindermädchen mehr lieben als seine nächsten Angehörigen. Es gibt kein vererbtes Familiengefühl. Das sehen wir schon bei den Tieren, die ihrer Pflegemutter ebenso anhänglich zu sein pflegen als ihrer echten Mutter.

Das Kind ist zur Welt feindselig eingestellt. Es fürchtet sich vor allem Fremden und Neuen. Es scheint sich bei dieser Neophobie um einen vererbten Instinkt zu handeln. Die Liebe des Kindes entwickelt sich erst, wenn es merkt, daß man ihm Lust verschafft.

Bei einzelnen Kindern früher, bei anderen später, erwacht schon im ersten Jahre die Reaktion des Zornes, wenn man ihm nicht seinen Willen erfüllt. Das Kind fühlt sich meistens als Mittelpunkt seiner Umgebung und entfaltet seine Kräfte als Tyrann. Wenn etwas mit ihm geschieht, was ihm nicht recht ist, so kann es schon in jungen Jahren mit „Anfällen“ reagieren. (Respiratorische Affektkrämpfe, das sogenannte Wegbleiben der Kinder.) Später treten diese Zornreaktionen viel deutlicher auf. Das Kind verkeucht sich (Stimmritzenkrämpfe), es wirft sich zu Boden und strampft mit den Beinen, schlägt auf den Boden, kratzt sich und geht auch zu Aggressionen auf die Umgebung über. Wenn die ersten Kinderjahre vorüber sind, treten die Trotzreaktionen des Kindes viel versteckter und heimtückischer auf. Es beginnt seine Umgebung zu strafen. Wenn es merkt, daß die Mutter auf das Essen sehr erpicht ist, so verweigert es die Nahrungsaufnahme, es wird kaufaul, es behält die Speisen endlos lange im Munde, es bekommt bestimmte Idiosynkrasien, mitunter setzt nervöses Erbrechen ein, das schon deutlich die Elemente des Ekels zeigt.

Es ist unersättlich nach Liebe. Es verlangt Liebe von der ganzen Umgebung, besonders von der Mutter. Es scheint, als ob diese Liebe unbedingt zum Gedeihen des Kindes notwendig sei. Denn in Findelanstalten gehen die Kinder trotz der besten hygienischen Verhältnisse zugrunde, wenn ihnen nicht das notwendige Maß von Liebe zuteil wird.

Das Kind ist außerordentlich erfinderisch, wenn es sich darum handelt, die Liebe und die Aufmerksamkeit der Umgebung zu erzwingen. Denn Kinder vertragen es nicht, wenn man sich nicht mit ihnen beschäftigt. Die Beobachtungsgabe der Kinder und ihre Schlauheit sind außerordentlich groß. Sie merken es sehr bald, daß die Umgebung zärtlicher wird, wenn sie krank sind. Von dieser Beobachtung bis zur Simulierung von Krankheiten fehlt nur ein kleiner Schritt, den die meisten Kinder machen. Sie haben bald Kopfweh, bald Leibschmerzen, bald Angstzustände, bald andere Leiden, um eben das Mitleid und die Liebe der Umgebung zu erpressen. Die Sehnsucht nach der Krankheit stammt aus der Unsitte, Kinder während eines Leidens maßlos zu verzärteln. Der psychosexuelle Infantilismus ist ein Rückfall in diese Tendenz. Meistens richtet er sich gegen bestimmte Personen, deren Mitleid gesteigert, deren Liebe erzwungen werden soll. Auch die verschiedenen Formen der Pflege, welche zugleich als erotische Reizmittel wirken, dienen dazu, dem Kinde die Flucht in die Krankheit nahezulegen. Die Mutter setzt wieder das Kind auf den Topf, sie wäscht es, sie reicht ihm die Nahrung, sie betreut es, wie in der Zeit, da es hilflos auf die Liebe der Mutter angewiesen war.

2*

Diese besondere Lustquelle der Pflege erzeugt in dem Kinde Sehnsucht nach der Krankheit. Krank sein heißt dann: verzärtelt werden. Denn das Kind sucht nicht allein Zärtlichkeit, sondern Verzärtelung. Die Krankheit gibt auch die Macht des Herrschens, die Möglichkeit, alle Launen erfüllt zu sehen, sich gegen die Umgebung durchzusetzen.

Die Krankheit eines der Geschwister erregt im Inneren des Kindes einen furchtbaren Neid. Warum wird der Kranke so verhätschelt? Warum ist er aller Pflichten enthoben? Weshalb erhält er die besten Bissen? Der kranke Bruder oder die kranke Schwester ist Gegenstand des Neides und der Eifersucht. Manche Neurose entsteht auf diese Weise: das gesunde Kind wird krank, um es dem kranken gleichzutun.[1]) Das gefährliche Spiel „Wer ist mehr krank" wird oft unter Geschwistern bis zu tödlichem Hasse zu Ende gespielt. Wir werden später Fälle von Infantilismus kennen lernen, die auf solche kindliche Regungen zurückzuführen sind.

Um eine Krankheit zu spielen, muß man ein guter Schauspieler sein. Die Eltern unterstützen meist das schauspielerische Talent des Kindes. Kinder sind geborene Schaupieler. Ich habe wiederholt darauf aufmerksam gemacht, daß alle Neurotiker Schauspieler sind und bestimmte Rollen spielen. Wer Kinder beobachtet, kann leicht feststellen, wie scharf ihre Beobachtungsgabe ist, wie sie die Fehler der Erwachsenen imitieren, sie mitunter trefflich karikieren und sie zumindest kopieren können. Daher kommt es, daß nervöse Eltern urplötzlich die überraschende Entdeckung machen, daß ihre Kinder über die gleichen Beschwerden klagen.

Ich behandelte eine Dame, die an Magenschmerzen litt und infolge dessen sich weigerte, zu essen. Ihr Mann mußte ihr immer sehr viel zureden und sie mitunter zum Essen zwingen. Diese hysterische Anorexie bot mitunter ein sehr buntes Bild. Es gab Krisen mit heftigen Magenschmerzen. Tage, an denen nicht gegessen werden konnte usw. Mit vier Jahren begann das sehr kluge Töchterchen an den gleichen Beschwerden zu leiden und wußte sie in einer Art und Weise vorzuspielen, daß die Mutter darauf schwören konnte, das Kind litte an den heftigsten Magenschmerzen.

Kinder lernen schon sehr bald durch Weinen, durch Schmerzen, durch Husten, durch Klagen über Hitze im Kopf ihre Eltern erschrecken und sie in Schach zu halten. Erfahrene Kinderärzte und Mütter wissen

[1]) Ein zehnjähriger Junge verlor durch einen Unglücksfall ein Auge. Er war im Mittelpunkte des Interesses, wurde bedauert und von den Eltern verwöhnt, die allen seinen Launen nachgaben. Der um vier Jahre jüngere Bruder vertrug nicht, daß alle mit seinem Bruder beschäftigt waren und er, der bisher der verwöhnte Jüngste war, gar nicht beachtet wurde. Er wollte auch bemitleidet und beschenkt werden. Er wollte auch ein Auge verlieren und versetzte seine Umgebung in großen Schrecken, da er häufig damit „spielte", sein Auge zu verletzen. Ähnliches wiederholte sich später bei einer Blinddarmoperation des älteren Bruders.

es, daß die Kinder oft mit ihrem Rufe „A-a" oder „Ich habe Weh-weh" die Umgebung zum besten halten.

Diese Schauspielernatur führt das Kind bald dazu, sich zu verstellen und sich vor den Eltern zu verbergen. Daher kommt es, daß Eltern auf die Unschuld ihres Kindes schwören, seine Naivität rühmend hervorheben, während das Kind längst in die Geheimnisse der Sexualität eingeweiht ist.

Ein Arzt erzählte mir, daß ihm mit sieben Jahren ein obszönes Witzbuch in die Hände fiel, das auf dem Nachtkästchen seines Vaters lag. Darunter befand sich ein Witz über eine Einquartierung. Ein Hauptmann wollte bei einem Tischler Quartier beziehen, die Tischlersfrau lehnte dieses Ansinnen mit folgenden Worten ab: „Ich bitte sehr! Wo soll ich Sie einquartieren. Ich habe nur zwei Räume. Der hintere ist dunkel und schmutzig, da kann ich keinen hineinlassen, und im vorderen hat mein Mann seine Werkstatt." Diesen Witz erzählte der Knabe in einer Gesellschaft und fragte naiv, was er zu bedeuten hätte, obwohl er ihn vollkommen verstanden hatte. Das berühmte enfant terrible führt seine Schelmenstreiche mit Absicht aus.

Kinder haben auch geheime Pläne, an deren Erfüllung sie unentwegt arbeiten.

Ich konnte ein sechsjähriges Mädchen beobachten, dessen Mutter sich von seinem Vater hatte scheiden lassen, um einen geliebten Mann zu heiraten. Das Mädchen wußte, daß es sich mit dem künftigen Stiefvater gut vertragen müsse, um im Hause bleiben zu können und tat sehr lieb und freundlich mit ihm. Aber sie benützte jede Gelegenheit, um die Mutter gegen den Geliebten aufzuhetzen und ihn zu entwerten.

Sie mußten öfters auf den Mann warten, der sehr beschäftigt war. Jedesmal hetzte die Kleine: „Warum mußt Du warten, Mama? Laß ihn einmal warten!" . . . Einmal schnitt die Mutter Zwiebel, wobei ihr die Tränen in die Augen traten. Die Kleine meinte: „Er soll das einmal machen und dabei weinen! Er soll sehen, wie das weh tut!"

Kinder bauen schon früh ihren Lebensplan auf *(Adler)*, richten sich ihre Rolle im Leben und im Kampf der Geschlechter zurecht. Daher wirken unglückliche Ehen so verderblich auf die Kinder.

Jedes Kind steht unter der Herrschaft des „Willens zur Macht". Es will nicht nur die Eltern, es will die ganze Welt beherrschen. In der Phantasie gehört ihm die ganze Welt, alles ist sein Eigentum, es will auch im Leben die ganze Welt erobern und besitzen. Das kommt besonders in den Phantasien der Kinder zum Vorschein, in denen sie von einem Weltuntergang träumen, bei dem sie als die einzigen zurückbleiben. (Der Noahkomplex *Tannenbaums*.) Auch die erregende Wirkung des Robinson geht auf diese Isolierung von allen anderen Menschen und auf die Selbsthilfe zurück. Schon früh bildet sich beim Kinde der Traum der „großen historischen Mission". Es wird mehr sein als alle anderen und es wird eine große Rolle spielen. Dieser Wille zur Macht treibt das Kind dazu, seine Kräfte in der Phantasie ins Göttliche zu erweitern und den Kampf mit Gott um die Herrschaft der Welt aufzunehmen. Deshalb finden wir unter den Parapathien und Paralogien so viele Fälle von Christusneurosen. Zuerst wagt sich das Kind in einen Zweikampf mit den göttlichen Gewalten.

Ganz schüchtern beginnt es in seiner Stube eine Schmähung gegen Gott auszusprechen und harrt nun ängstlich der Dinge, die da kommen. Aber kein Donner erdröhnt, kein Blitzstrahl zerschmettert den Frevler, kein „Blitzstrahl aus heiterem Himmel" zeugt von der allmächtigen, rächenden Hand Gottes; die Erde öffnet sich nicht, um den kleinen Sünder zu verschlingen.

Die Probe wird manchmal wiederholt und schließlich kommt das Kind zu der furchtbaren Überzeugung: „Es gibt keinen Gott. Der Vater hat gelogen. Man belügt dich, wie man dich mit anderen Dingen belogen hat."[1]) Das Kind will nun s e l b s t G o t t sein. Es kann zaubern.[2]) Es kann durch die Macht der Gedanken seine Feinde sterben lassen. Es ist Herr über Leben und Tod der Umgebung.

Wenn nun durch Zufall ein Brüderchen oder der strafende Vater stirbt, so überkommt das Kind die Reue und das böse Gewissen macht es zum Schwächling. Der Versuch sein eigener Gott zu sein, mißlingt in kurzer Zeit. Zu stark haben sich die Kräfte des Gewissens gebildet. Das Schuldbewußtsein entfaltet schon seine regulierende, mäßigende, mitunter verhängnisvolle Kraft. Das Kind wird wieder fromm. Es tritt jene fromme Periode ein, von der ich im nächsten Kapitel ausführlich sprechen werde.

Das böse Gewissen scheint zum Teil aus vererbten Instinkten zu stammen. Andrerseits wird es beim Kinde erzeugt, wenn es sich an der Umgebung mißt und den Abgrund seiner Seele schauernd überblickt. Das Kind hält die anderen für gut und liebevoll, es hat ja nur Liebe empfangen, wenigstens in den meisten Fällen und erkennt sich als egoistisch und schlecht. Wenn es von Rache- und Todesgedanken erfüllt ist und dabei immer hören muß, wie gut und wie edel die Eltern sind, wie Gott alles sieht und alles bestraft, so muß sich die Angst vor der Strafe Gottes entwickeln. Diese Angst jagt das Kind wieder in den Garten des Glaubens. Es sucht Schutz bei Gott vor sich selbst. Irgend ein Unfall im Hause, eine Krankheit, die erste schlechte Note in

[1]) Ein 5jähriges Mädchen sagt ganz entrüstet zu seiner Freundin: „Was glaubst Du, meine Mama wird doch nicht lügen; eine Mama sagt immer die Wahrheit!" Kinder glauben den Worten ihrer Eltern; umso tiefer erschüttert es sie, wenn sie auf eine Lüge kommen.

[2]) Ein 6jähriges Mädchen pflegte, so oft es etwas verloren hatte, zu sagen: „Ich kann zaubern, ich habe es verzaubert." Dadurch hoffte es den Vorwürfen über seine Unachtsamkeit zu entgehen.

der Schule werden als Zeichen des göttlichen Zornes aufgefaßt. Nun will das Kind Gott durch übertriebenen Glauben sich gefügig machen. Es versucht nach den strengen Geboten Gottes zu leben.

In allen Neurosen werden wir die Spuren dieses Kampfes und die Reste des Kinderglaubens konstatieren können. In manchen Formen des Infantilismus ersetzt das Leiden den Glauben und wird zur zweiten Religion. Die Parapathie dient dazu, die Frömmigkeit zu sichern und die Gebote Gottes zu erfüllen, wobei die Schauspielernatur des Kranken sich häufig vollkommenen Unglauben und innere Freiheit vorheucheln kann.

Aus der Erkenntnis von der Schlechtigkeit des eigenen Ich erwächst dem Kind die Angst vor dem Fremden und das Mißtrauen gegen die Umgebung. „Woher weiß ich, daß du kein Räuber bist?" sagte ein fünfjähriger Knabe zu einem Herrn, der in die Wohnung seiner Eltern kam und sich mit ihm freundlich unterhielt. Das Kind projiziert seine eigene Kriminalität auf die Umwelt. Sich erkennend glaubt es die Welt zu erkennen. Das Kind ist in seiner Phantasie Teufel, Gott, Räuber, Mörder, Zauberer, Hexe und Engel. Es fühlt alle diese Kräfte in seiner Brust.

Ich habe immer wieder feststellen können, daß das Kind uns den Urmenschen repräsentiert und alle Urmenschengefühle sich erst langsam in Kulturgefühle umwandeln und mäßigen müssen. Seine Angst vor Teufeln und bösen Räubern ist begründet. Wir müssen auch die Vorliebe der Kinder für die schaurigen und grueseligen Märchen verstehen. Diese Märchen entsprechen der Kriminalität des Kindes. Sie lassen dem Wunder den entsprechenden Spielraum, sie enden mit dem Siege des Schwachen, Kleinen, Unterdrückten, unter welchen Symbolen das Kind immer sich selbst erkennt, im Gegensatz zu den Großen.

Groß und klein, dieser Gegensatz beherrscht das ganze kindliche Denken. Es hat nur einen Wunsch: recht groß zu werden, ein Riese zu sein, größer, viel größer als alle anderen Menschen dieser Welt.

Aber die ersten Gedanken über groß und klein sind nur Spiegelungen seiner Ohnmacht der Umgebung gegenüber. Es will groß sein, um die Großen beherrschen und nach Willkür bestrafen zu können.

Die ursprünglich sadistische Veranlagung des Kindes kann jeder unbefangene Beobachter feststellen. Sie wird aber meistens übersehen. Ich bringe hier nur einige charakteristische Beispiele und Aussprüche:

Ein 5jähriges Mädchen sagt: „Ich wünsche mir, wenn ich groß bin, sehr viele Kinder, damit ich sie schlagen kann . . ." Nach einem Besuch beim Zahnarzt: „Ich will Zahnärztin werden, damit ich die Leute malträtieren kann."

Verschiedene Autoren haben meine Mitteilung über die Kriminalität der Kinder bezweifelt. Ein Kind sollte Mordpläne haben und überhaupt kriminelle Vorgänge verstehen? Ein Kind sollte mit Attentatsplänen spielen, Phantasien über Vergiftungen hegen, an Mord und Brand denken?

Leider kommt es auch vor, daß diese Phantasien zur Tat werden. Ich bringe hier nur die nackte Tatsache zur Kenntnis, wie sie das „Neue Wiener Tagblatt“ am 5. V. 1913 mitgeteilt hat.

Selbstmordversuch und Mordversuch eines Dreijährigen.

Als der Bauunternehmer Emmerich Ehrenwald gestern abends von einem Ausfluge in seine Wohnung zurückkehrte, fand er auf einem Kanapee sein dreijähriges Söhnchen und sein anderthalbjähriges Töchterchen bewußtlos auf. In der Wohnung war ein starker Gasgeruch zu verspüren. Der Gashahn war offen. Mit vieler Mühe gelang es, die Kinder wieder zum Bewußtsein zu bringen. Das dreijährige Söhnchen gab an, es habe sich und das Schwesterchen töten wollen aus Gram darüber, daß Mütterchen sie nicht spazieren geführt habe. Die Erklärung dafür, daß der Dreikäsehoch überhaupt auf den Gedanken des Selbstmordes gelangen konnte, liegt darin, daß beim Mittagmahl Ehrenwald von einem Selbstmord erzählte, den jemand durch Einatmen von Leuchtgas beging. Der kleine Knabe hatte der Erzählung aufmerksam gelauscht.

Ein Arzt teilt mir mit:

Eine besonders grausame Verbrecherphantasie bewies ein Vetter von mir, der zu seiner Mutter, die ihn bestraft hatte, das Folgende sagte: „Du bist gar keine gute Mutter und wir haben Dich kein bißchen mehr lieb. Ich werde Dich in ein Zimmer stecken und Dir nichts zu essen geben, bist Du tot bist. Aber dann begraben wir Dich nicht, sondern werfen Dich in den Mülleimer.“ Dieser grausame Wüterich ist übrigens ein höchst gesitteter junger Mann geworden.

Ich halte meine Bekannten an, ihre Kinder genau zu beobachten und die ersten erotischen und kriminellen Regungen genau zu registrieren. Ich gebe im folgenden die Mitteilungen von zwei hochintelligenten Eltern, die beide meine Werke genau kennen und vorurteilslos die Tatsachen mitteilen, wie sie sich ihnen aufgedrängt haben, wieder. Der Vater schreibt mir:

„Ich sende Ihnen meine Beobachtungen an meinen Buben Otto, wobei ich mir zu bemerken erlaube, daß die von uns eingeflochtenen Beobachtungen so objektiv als möglich sind.

Die nachfolgenden Schilderungen und zitierten Äußerungen verteilen sich auf einen Zeitraum von $1^1/_2$ Jahren. Gegenwärtiges Alter des Otto K. 5 Jahre.

Bei der Geburt des zweiten Knaben war der ältere $3^1/_2$ Jahre alt und in keiner Weise vorbereitet. So stand er sprachlos verwundert vor dem in seiner Abwesenheit erschienenen Ankömmling, stellte auch nachher wenig Fragen über seine Herkunft, wenngleich er — wie eben aus mancher Äußerung doch hervorging — im stillen immer wieder über das Problem nachdachte. Die erste Regung nach dem Staunen war Eifersucht; niemand sollte das Kind ansehen, beachten; alle Aufmerksamkeit sollte sich auch weiterhin auf den Erstgeborenen konzentrieren. In Gedanken war er wohl bereit, den Bruder in Zukunft an seinen Spielen teilnehmen zu lassen und konnte diese Zeit kaum erwarten. In Wirklichkeit aber konnte er sich an den Nebenbuhler nicht gewöhnen und machte seinem gepreßten Herzen öfter mit der Frage Luft: „Zu was ist er da?“

Es kam eine Periode der Abneigung gegen das männliche Geschlecht des Kindes. „Ich mag ihn nicht, weil er ein Bubi ist und so braun. Ich mag nur ein blondes (oder auch weißes) Mädi. Er soll ein Mädi sein.“ In dem Maße als der Kleine heranwuchs, nahm der Haß des älteren gegen den jüngeren Bruder zu. Der Wunsch nach dessen Zerstörung nahm einen nicht unbedenklichen Charakter an. Verbot man ihm, den Kopf des Kleinen zu berühren, versicherte er prompt, daß der Bruder ja nichts spüre, da er „eine Maschine“ sei. Oder: „Es macht ja nichts, wenn er den Kopf bricht, er ist ja nicht von Glas.“ „Wir sollen ihn hinauswerfen“ usw.

Gefühllosigkeit wird dem jüngeren Kinde von ihm überhaupt in allen möglichen Formen zugeschrieben, wenn es sich darum handelt, es zu quälen. Er ist „von Gips“, „ein Ofen“, „aus der Fabrik“. Von dort will er auch „ein neues Kind“ bestellen, wenn man ihm droht, daß der Bruder sich seinen Quälereien entziehen wird.

Manche Äußerungen deuten auf eine ausgesprochene Tötungsabsicht. So tauchte plötzlich der Wunsch auf, „das Kindi zu zerhacken“. Als einmal die Frage des Nachtmahles zur Sprache kam, meinte er in gemütlichem Tone: „Wir sollen das Kindi zum Nachtmahl aufessen.“ „Auf die Frage, wie es ihm wohl zumute wäre, wenn er verspeist würde, kam die Antwort: „Mich soll man ja nicht essen, nur das Kindi, es lebt ja nicht.“ Und nach einer Weile intensiven Nachdenkens: „Mama, wenn das Kind 4 Jahre alt sein wird und wird mich essen wollen, so sollst Du es in vierzehn Tagen hinauswerfen.“[1]) (Es war dies eine Periode, da der Zeitbegriff sein Denken stark in Anspruch nahm.)

Manchmal werden phantastische Vergleiche zwischen dem jüngeren Bruder und dem beim Fleischhauer ausgestellten toten Wild gemacht. Das Kind soll beim Fleischhauer gekauft werden, wo man Donnerstag Kindis bekommt. „Das Kind ist zum Essen gemacht.“[2]) Daß die Vorstellungen von Leben und Tod nicht einwandfrei geklärt sein dürften, deuten mehrfache Aussprüche hin, wie z. B.: „Wann werden die Rehe (beim Fleischhauer) wieder im Wald herumlaufen?“ „Wenn die Leute nicht mehr leben, kommen sie dann auch zum Fleischhauer?“

Parallel mit dem Haßempfinden läuft das Gefühl der Liebe für den kleinen Bruder. Der scherzende Versuch einzelner Gäste, den Kleinen mitzunehmen, wird energisch zurückgewiesen, wobei er manchmal zu Tränen gerührt ist. Schmerzäußerungen, medizinische Behandlung des Kleinen stimmen den Älteren sehr ernst, bringen ihn fast zum Weinen und reißen ihn zu lauten Äußerungen des Mitgefühls hin. Er unterrichtet den Kleinen mit staunenswerter Geduld im Sprechen, singt ihm gerne seinen Liederschatz vor, freut sich an der Vorstellung, daß der Jüngere ihn von der Schule abholen und mit ihm spielen wird, ja in letzter Zeit putzt er sogar dem Kleinen die Nase, trotzdem sein Reinlichkeitsgefühl sehr stark entwickelt ist und ihm die Berührung mit etwas Unreinem sichtbaren Ekel verursacht. Dies alles hindert ihn aber nicht, bei nächster Gelegenheit seine Abneigung gegen den Bruder in beschriebener Weise zum Ausdruck zu bringen.[3]) Die unwillkürliche Beachtung, die der raschen geistigen Entwicklung des Jüngeren geschenkt wird, regt in dem

---

[1]) Hier zeigte sich der erste Ansatz der Talion.

[2]) Durchbruch kannibalistischer Regungen.

[3]) Wunderschöne Illustration zur Bipolarität aller psychischen Phänomene.

Älteren den Wunsch an, auch klein zu sein, und so ahmt er die Sprechweise des Kleineren gewaltsam nach und will in allem ebenso behandelt werden. Selbstverständlich wird trotzdem auf nichts verzichtet, was eben nur dem größeren Kinde zukommt. Wird ihm als gutes Beispiel ein anderes Kind gezeigt, so läßt er dessen Vorzüge gelten, lehnt aber ein ähnliches Verhalten für sich ab: „Aber ich nicht."[1])

Die meisten Geschichten, die wir von den Kindern zu hören bekommen, verschweigen die kriminellen Gedanken, an denen die Kinder ja überreich sind. Wir müssen jetzt die Kinder besser beobachten und auf ihre Aussprüche besser achten. Ich erfahre von einer Dame folgende Beobachtung:

„Ich war als Sommergast bei einem Bauer, der zwei Kinder hatte, ein achtjähriges Mädchen und einen dreijährigen Jungen. Eines Tages mußten die Eltern in die Stadt fahren und ich blieb mit beiden Kindern allein zurück. Das Mädchen bekam die Weisung, den wilden Knaben zu beaufsichtigen. Der Junge war ungehorsam und wollte seiner Schwester nicht folgen. Er lief dicht an einen mit zwei Pferden bespannten Wagen heran. Ich erwischte nun den Jungen und gab ihm ein paar sanfte Streiche auf sein Gesäß. Der Kleine verhielt sich dabei ganz ruhig und sprach auch tagsüber kein Wort darüber. Als die Mutter am Abend (die Szene spielte sich am Vormittage ab) nach Hause kam, sprang der Knabe auf ihren Schoß und sagte mit vor Zorn bebender Stimme: „Mutter, wenn ich nur die große Gartenschere vom Vater gehabt hätte, dann hätte ich ihren Kopf abgeschnitten (dabei zeigte er auf mich!). Denn sie hat mich geschlagen!"

Auch die nächste Beobachtung zeigt uns die Grausamkeit der Kinder:

Der sechsjährige Otto frägt seine Großmutter, wo sie denn einmal begraben sein werde, ob sie in das Grab zum Großpapa kommen werde? Die Großmutter meint, dort sei für sie kein Platz. Nun kommt Otto auf folgenden Ausweg: „Weißt Du Großmutter, wir rollen Dich so wie einen Hering zusammen und stopfen Dich fest hinein, dann wirst Du schon Platz haben."

Ludwig Schleich erzählt in seinem Memoirenwerke[2]):

Es war Weihnachten. Für meinen Bruder und mich war ein großer Löwe aus Papiermaché mit Uhrmechanismus der Clou der Gaben. Der Löwe fast so groß wie ein Pudel, konnte aufgezogen mit höchst schauderhaftem Gebrüll die Zimmer durchlaufen. Nur vor den Türschwellen hemmte er meist den starren Wüstengalopp. Was lag näher für unsere Kinderphantasien, als eine Löwenjagd, die denn auch auf mein Anstiften mit allen Raffinement des Anschleichens von der bedrängten Enge unter dem Sofa inszeniert wurde. Die Bewaffnung bestand in Bratenmesser und -gabel, die wir heimlich Mutters Buffet entnommen hatten, auch sicherte uns eine große hölzerne Reibkeule gegen etwaige Ungemütlichkeiten des Löwentieres. Er brüllte und kam wie auf

[1]) Reaktion gegen die Herabsetzung seiner Persönlichkeit. Er will der „Einzige" sein.

[2]) *Karl Ludwig Schleich*, „Besonnte Vergangenheit. Lebenserinnerungen". Verlag Ernst Rowohlt, Berlin, 1921 (l. c., p. 55).

Kommando über die glatten Dielen daher gerollt — einen Abessinierpfiff — und wir waren heldenhaft über ihn mit Keule, Langmesser und Gabel! Er verstummte jäh und fiel; tiefe schwere Wunden klafften in den Weichen. Wir beschlossen, die sofortige Obduktion und wühlten gerade in seinen Eingeweiden, als die Tür aufging und mein Vater staunend sah, was wir angerichtet. Dann sagte er tief traurig: „Und das arme Tier hat 30 Taler gekostet." Ein paar tüchtige Katzenköpfe war die einzige Strafe. Dann erkundeten wir alle auf Vaters Betreiben, um wenigstens den Unglücksfall auszunützen, die Physiologie der Bewegung der Bestien und des Löwengebrülls. Wie gut wäre uns beiden Rangen wahrscheinlich eine viel exemplarischere Bestrafung dieses hinterlistigen Mordes bekommen![1])

Die Neigung des Kindes zu Tagträumen ist unendlich groß. Es lebt eigentlich in einer Phantasiewelt und ist imstande, jede Realität durch die Phantasie umzugestalten. Diese Phantasiewelt dient der ehrgeizigen Erhöhung des Ich und gibt dem Kinde unendliche Macht, dient oft nur dazu, die kriminellen Gedanken in bestimmte Bilder zu fassen.

Es ist nicht schwer, die geheimen Gedanken des Spieles zu enträtseln, wenn man sie nicht übersehen will. Das Kind ist Soldat, weil es eine Schießwaffe und einen Säbel besitzt und töten kann. Es ist Kutscher, weil es überfahren kann, es ist Lokomotivführer, weil es dann Herr einer gewaltigen todbringenden Maschine ist. Die Brandphantasien äußern sich als Feuerwehrspiel usw. . . .

Interessante Beiträge zu dieser Frage bringt *Pfeiffer* („Äußerungen infantil-erotischer Triebe im Spiele" [Psychoanalytische Stellungnahme zu den wichtigsten Spieltheorien], Budapest, Imago):

„Das Lieblingsspiel eines Jugendfreundes von vier bis sechs Jahren, N. J., war das „Schweinestechen". Alte Krughenkel oder ein Stück Holz hat er als Schweine mit einer Sattlerahle abgestochen; er kniete selbst darauf und quietschte wie ein Schwein, das eben abgestochen wird. Nachher hat er die so hingerichteten Schweine mit großer Pietät begraben, wobei er sich mit Vorliebe als Glöckner oder als Fahnenträger gebärdet hat. In diesem Falle konnte die Psychanalyse nicht durchgeführt werden, sie läßt sich aber mit großer Sicherheit aus den familiären Verhältnissen des spielenden Kindes

---

[1]) Für Psychologen von besonderem Interesse ist die Schilderung, die *Schleich* von seinem Vater entwirft: Auf meinem Schreibtisch steht ein Bild: ein Löwenkopf. Eine wallende, den Nacken deckende Mähne. Ein trauerndes, gleichsam nach der Heimat sinnendes Auge. Wehmut in den verwitterten Zügen. Die Ähnlichkeit meines Vaters in seinen späteren Jahren mit dem Haupt eines Löwen — er stand im 85. Jahre als er 1907 verschied — war auffällig. An dem Sofa meines Sprechzimmers befinden sich gepolsterte Lehnen, deren vordere Enden zwei schön in Holz geschnitzte Löwenköpfe tragen. Als uns eine dreijährige Enkelin meines Vaters einst besuchte, sie wohnte in Stettin im Hause meines Vaters, nahm sie nach echter Kinderart zunächst eine Generalinspektion meines gesamten Wohnungsinventars vor. Als sie vor einem der Löwenköpfe die Beinchen spreizte, hob sie erstaunt die Hände, streichelte den einen und sagte mit rührender Zärtlichkeit: „Opapa!" — *Schleich* (l. c., p. 53).

ersetzen. Abgesehen davon, daß das Töten eines Tieres mit darauffolgendem Betrauern ein Totenritus ist, von dem *Freud* bewiesen hat, daß er auf typische Inzest- und Vatermordwünsche zurückzuführen ist, deuten viele Züge des Spieles und der Elternkonstellation in der Familie des spielenden Kindes mit einer erbitterten Gegnerschaft zwischen dem von der Mutter verzärtelten Sohn und dem strengen Vater auf den typischen Todeswunsch des Sohnes gegen den letzteren. Sehr klar ist in diesem Falle die Identifikation des Sohnes mit dem Vater, der als Sattler auch mit der Ahle arbeitet und im Winter seine Mastschweine selbst gestochen hat. Es war schon beim Spielen sehr auffallend, daß N. J. beim Schweineschlachten mit der Ahle dieselben charakteristischen Sattlerstiche ausgeführt hat, wie sein Vater bei der Arbeit. Ebenfalls war sein Vater Fahnenträger bei den Prozessionen der dortigen katholischen Kirchengemeinde, besonders bei den Osterfestzügen, wo auch viel geläutet wurde, wie auch bei den Begräbnisspielen, in welchen er offenkundig eine Vaterrolle gespielt hat. Aber wenn ein Kind nach einem Totenmord sich an die Vaterstelle versetzt, so kann der feierlich Begrabene in einer von der Realität nicht gebundenen, frei erdachten Scheintätigkeit nur der getötete Vater sein. Das dürfte wahrscheinlich auch der Vater mit vielem psychologischen Sinn, doch mit wenig Verständnis nachempfunden haben, denn regelmäßig ist er auf das Geläute (d. i. Lärmschlagen mit einem Stocke auf den Zaun) aus seiner Werkstatt herausgestürzt und hat seinen Sohn durchgeprügelt, obwohl er gegen Geräusche gewöhnlich gar nicht empfindlich war. Wir können auch ganz verläßlich annehmen, daß im Schweinestechen ebenfalls ein sadistisch aufgefaßter Koitus der Eltern dargestellt wird, den zu beobachten das Kind bei der engen gemeinsamen Wohnung viel Gelegenheit gehabt hat. Zur Analyse gehört auch der Umstand, daß das junge Kind mit keiner noch so strengen Erziehungsmaßregel des Vaters davon abzubringen war, ein ungarisches Schimpfwort zu gebrauchen, in dem kategorisch ein Koitus mit der Mutter angedeutet wird. Der Junge hat sich beim Eintritt in die Pubertät aus unglücklicher Liebe erschossen; die analytischen Erfahrungen zeigen, daß auch dieser Umstand nach dem Taliongesetz des Unbewußten auf eine starke Fixierung im Inzestkomplex mit Todeswünschen gegen den Vater hindeutet."

Schleich[1]) erzählt eine Episode aus seiner Kindheit, in der er Wissensdrang mit Grausamkeit verwechselt:

> „Ich weiß mich noch ganz genau einer Stelle auf diesem paradiesischen Spielplatz kindlicher Romantik zu erinnern, und sehe mich noch da sitzen mit Stein auf Steinen eine Taschenuhr zerklopfend, die mir Fünfjährigen (Vater-Geist!) mein Papa unverantwortlicherweise geschenkt hatte. Es war wohl Wissensdrang, der mich zwang, dem kleinen Vogel der Zeit die Flügel zu rupfen, wenigstens soll ich, von allen, auch von Vater arg beschimpft, diese Missetat, weinend herausgeplärt haben: „Jungens müssen doch wissen, was darin is!" (*Schleich*, l. c., S. 16.)

In einer seiner merkwürdigsten und letzten Arbeiten „Jenseits des Lustprinzips" bringt *Freud*[2]) die Analyse des Spieles eines $1^1/_2$jährigen

[1]) *Karl Ludwig Schleich*, „Besonnte Vergangenheit", Lebenserinnerungen. Verlag Ernst Rowohlt. Berlin, 1921 (l. c., p. 16).

[2]) *Freud*, „Jenseits des Lustprinzips". Beihefte zur Internationalen Zeitschrift für Psychoanalyse. Nr. II, 1920. Internationaler Psychoanalytischer Verlag. Wien, 1920.

Kindes. Es sprach nur erst wenige unverständliche Laute, die aber von der Umgebung gut verstanden wurden. Es pflegte im Spiel alles wegzuwerfen und dabei ein langgezogenes o—o—o—o auszustoßen. Nach der Auffassung der Mutter hieß das Wort „Fort". *Freud* beobachtete auch, wie das Kind mit einer Holzspule spielte, die mit einem Bindfaden umwickelt war. Es spielte nie Wagen damit, sondern warf es weg und zog es wieder zu sich. Wenn die Spule weg war, so stieß es sein o—o—o aus, zog die Spule wieder ins Bett zurück und begrüßte sie mit einem freudigen „Da".

Das Kind litt unter der zeitweiligen Abwesenheit seiner geliebten Mutter. Es weinte zwar nicht und blieb artig, aber schien doch die Abwesenheit, das Fort schmerzlich zu empfinden. Es spielte also das Verschwinden der Mutter und ihr Wiederfinden.

Freud macht mit Recht auf den „Wiederholungszwang" aufmerksam, der sich im kindlichen Spiele äußert und später in den Symptomen der Neurotiker wiederkehrt. Das Kind trachtet eben, seinen Konflikt zu erledigen, indem es aus einer passiven Rolle in eine aktive kommt. Es wirft die Mutter fort, um sie wieder zu finden. Es macht aus seiner Unlust ein Spiel und verwandelt sie in Lust. „Indem das Kind aus der Passivität des Erlebens in die Aktivität des Spielens übergeht, fügt es einem Spielgefährten das Unangenehme zu, das ihm selbst widerfahren war und rächt sich so an der Person dieses Stellvertreters."

Diese feine Beobachtung macht uns viele neurotische Erscheinungen verständlich. Der Zwang eine Szene zu spielen, ist ein Versuch, sie zu überwinden und auf diese Weise frei zu werden. Merken wir uns diesen Standpunkt für die späteren Ausführungen.

Die Neugierde und der Forschungsdrang des Kindes sind maßlos. Alle Märchen erzählen von verbotenen Kammern, die trotz des Verbotes betreten werden, was eine schwere Strafe mit sich bringt. Die früherwachte sexuelle Neugierde des Kindes ist die Wurzel des Forschungstriebes. *(Freud.)* Sehr häufig spielen die Kinder Vater und Mutter, wobei es zu Koitusszenen kommen kann, wenn die Kinder sich selbst überlassen sind. Sie wissen dann ganz genau, daß sie diese Spiele geheim halten müssen.

Die Neigung zu Imitation ist unendlich groß. Das Kind, welches die Erwachsenen scharf beobachtet, imitiert sie in allen Spielen, die dann eine Vorbereitung fürs Leben bedeuten *(Groos)* oder deutlich einen atavistischen Charakter zeigen *(Stanley-Hall)*. Nicht nur Menschen, auch Tiere werden imitiert, welche Eigenschaft früher oder später in der Parapathie der Zoanthropie zum Vorschein kommt.

Es glaubt an die Welt der Wunder und belebt die ganze tote Welt. Tiere können sprechen und verwandeln sich in Menschen, Bäume sind verzauberte Menschen, der Wind singt bestimmte Lieder oder raunt gewisse Worte zu. Die ganze Natur lebt und die Grenzen zwischen tot und lebendig sind für ihn verschwunden.

Er ist begierig, die Welt der Wunder zu erleben und wartet immer auf das Wunder. Es möchte selbst die Wunder vollbringen und bemüht sich, die Kunst der Zauberei zu lernen. Vor allem glaubt es an die Allmacht der Gedanken und erhöht sich als Herrn über Leben und Tod. Es grübelt auch über seine Abstammung und läßt sich als Königssohn oder als einen anderen mächtigen Abkömmling zum höchsten Rang erhöhen. Es spinnt den Familienroman *(Freud)*, indem es die Distanz zur Mutter verringert und die zum Vater vergrößert. Es ist ein unterschobenes Kind, es wurde in der Jugend vertauscht. Jedes Kind wartet auf die goldene Karosse mit den silbernen Pferden, die eines Tages vorfährt und es aus seiner niedrigen Stellung erlöst.

Wie es die Allmacht Gottes prüft und daran zweifelt, so wird auch die Allmacht der Eltern zerstört und dadurch der erste Schritt zur Überwindung der Autorität gemacht.[1]) Erst auf dem Wege des Schuldbewußtseins beugt sich der Rücken des Kindes wieder in das Joch der Autorität. („So macht Gewissen Feige aus uns allen.")

Die wichtigste Quelle der Schuldgefühle und der bösen Gedanken ist die Eifersucht. Das Kind ist maßlos eifersüchtig, weiß aber diese Eifersucht sehr geschickt zu verbergen. Die Nachricht, daß der Storch ein Brüderchen oder Schwesterchen bringen werde, macht dem Kind keine Freude. Im Gegenteil! Es stellt sich feindlich ein, und wenn es merkt, daß sein Anteil an Aufmerksamkeit und Zärtlichkeit geschmälert oder es zu Gunsten des Rivalen vernachlässigt wird, so wird es von allerlei Rachegefühlen beherrscht, denen es auch offenen Ausdruck gibt.[2])

Die kleine Anna sagt zum Vater, der sie fragt:

„Was wirst Du machen, wenn Du ein Brüderchen bekommst?"
„Dann werde ich es töten!" (*Jung:* Konflikte der kindlichen Seele.)

Kinder pflegen sehr eifersüchtig zu sein, wenn sie an eines der Geschwister fixiert sind. Das beweist uns die Bemerkung eines 7jährigen Mädchens, das zu seiner Freundin sagte:

---

[1]) *Hebbel* litt unter diesen kindlichen Konflikten. Er schildert sie in seiner Autobiographie „Meine Kindheit". Vgl. das Kapitel „Hebbels Träume" in meinem Buche „Die Träume der Dichter". Verlag J. F. Bergmann, 1912.

[2]) Ein zweijähriges Mädchen fühlte sich von der Mutter zu Gunsten des älteren Brüderchen zurückgesetzt. Es wurde hingegen von dem Kinderfräulein maßlos verzärtelt. Als dieses einmal nach einigen Tagen Abwesenheit zurückkehrte, sagte das Kind: „Fräulein, die Mama hat mich sehr geschlagen". Das beruhte gar nicht auf Wahrheit. Aber es wollte die Mutter für die vermeintliche Zurücksetzung strafen. Das Kinderfräulein sollte es bedauern und der Mutter grollen.

„Du Mitzi, wenn Du meinen Bruder lieb hast, dann bin ich böse auf Dich.“ Dieses kleine Geschwisterpaar war auch aufeinander eifersüchtig. Sie wetteiferten um die Liebe der Mutter und stritten immer, wer von ihnen neben der Mutter sitzen dürfe. Als nun einmal das Schwesterchen den Platz für sich in Anspruch genommen hatte, wurde der Junge sehr böse und sagte zu ihr: „Wenn Du mich nicht zur Mama läßt, haue ich Dir den Kopf mit den Füßen ein.“

In der Psychogenese der Neurose haben die älteren und jüngeren Geschwister eine große Bedeutung und determinieren oft das ganze Leben. Das Kind hat eben das Verlangen, alleinherrschend zu sein. Ihm allein gehört die ganze Welt. Das Stehlen der Kinder ist nur der symbolische Ausdruck dieses hypertrophischen Ichgefühles. Das Kind anerkennt nicht die Grenzen zwischen Dein und Mein, weil alles „sein“ ist. Es zieht die Ichgrenze nur gezwungen zurück und erweitert sie in der Phantasie ins Unendliche. (Dem König gehört alles! Gott ist der Herrscher der ganzen Welt. Dem Vater gehört die ganze Wohnung.)

Nur widerwillig fügt sich der kleine Anarchist dem Verbote. Ein jedes Verbot reizt ihn, es zu übertreten. Kleine Näschereien zu stehlen, ist nicht nur süß, weil man in den Besitz von erstrebten Leckerbissen kommt, sondern weil man etwas Verbotenes tut.

Hier zeigen sich die ersten Spuren der Trotzreaktionen, die im Leben des Kindes von überragender Bedeutung sind.[1]) Je mehr man das Kind dazu erzieht, die Wahrheit zu sagen, desto leichter wird es in die Gewohnheit des Lügens verfallen. Zuerst zwingen es seine sexuellen Kenntnisse zu lügen, da es mit seiner Offenheit schlechte Erfahrungen macht. (Was man bei Kindern durch Offenheit erfahren kann, das beweist uns die Geschichte vom kleinen Hans, die uns *Freud* berichtet hat. Ich werde später noch darauf zurückkommen.) Die Lüge dient nicht nur der Erhöhung des Persönlichkeitsgefühles und der Prüfung der Eltern, sondern auch der Tendenz, die Autorität herabzusetzen und das Verbot zu übertreten.

Die schon erwähnte Schauspielernatur des Kindes äußert sich einerseits in der Identifizierung und Imitation, andrerseits in der Karikierung und Verspottung der verschiedenen Autoritäten. Manche spätere Neurose entstammt einer solchen infantilen Karikatur und ist eine nachtragende Strafe, vom bösen Gewissen diktiert.

Frühzeitig stellen sich die schon erwähnten Relationen „Groß“ und „Klein“ ein, welche sich später als Größenwahn des Normalmenschen und als Minderwertigkeitsgefühl seelisch äußern.

---

[1]) Ein fünfjähriges Mädchen, das immer in Opposition zur Mutter war, sagte: „Mama, warum sagst Du, daß Dir mein Kleid gefällt, jetzt gefällt es mir deshalb nicht!“ — „Du darfst mir nie sagen, daß ich brav sein soll, denn dann muß ich schlimm sein. Ich kann nur brav sein, wenn Du mir gar nichts sagst!“

Der brennende Wunsch „Groß zu sein“ führt zu einer hypertrophischen Phantasietätigkeit. Das Kind kann das Alter kaum erwarten. Nur selten sehen wir als deutliche Neurose die „Angst vor dem Älterwerden“. Sonst besteht immer die Sehnsucht alt zu werden. Für die Zukunft spart auch das empfindliche Kind seine Rachephantasien auf. Denn jedes Kind ist nachträglich neidisch, eifersüchtig, rechthaberisch.[1]) Wir erkennen das zur Neurose disponierte Kind an dem Fehlen des Gemeingefühles und den ethischen Hemmungen, die sich sehr bald entwickeln. („Die Tugenden sind die Bastarde unserer Laster“ sagt *Hebbel.*) Das nervöse Kind zeigt sich schon in dem hartnäckigen Festhalten an den Kinderfehlern. Solche Kinderfehler sind Einwärtsgehen, Beibehalten der Kindersprache, Stammeln, Lispeln, Näseln, Stottern, das durch schlechte Maßnahmen fixiert wird, Unreinlichkeit (Bettnässen, Stuhlverlieren), Tics, Wetzen und Unruhe, Lidblinzeln, Grimassieren, Kaufaulheit, Erbrechen, Obstipation, allerlei Hyperästhesien (besonders gegen Licht und Geräusche), Lutschen, Nägelbeißen, Hautbeißen, Kratzen, Hautsaugen, Zähneknirschen. Auch ein frühzeitiger Zerstörungstrieb zeigt die Anfänge der neurotischen Entwicklung. Während das normale Kind einen außerordentlich lebhaften Betätigungstrieb zeigt, kann sich das neurotische schon früh entweder übertrieben lebhaft oder als Träumer und Faulenzer entwickeln. Auch übertriebener Lerneifer kann eine Trotzreaktion sein und ist dazu bestimmt, die Eltern ad absurdum zu führen.

---

[1]) Wie weit das „Nichtvergessenkönnen“ geht, zeigt folgende Beobachtung: Die 7jährige Tochter einer Patientin, ein neurotisches Kind, pflegte beim geringsten Anlaß äußerst erregt zu werden. Sie litt sichtlich unter Konflikten und je heftiger diese waren, desto größer war ihre Reizbarkeit. Die Mutter vermutete, daß sie ihr unbewußt grolle. Sie wich aber allen derartigen Fragen aus und fertigte sie immer mit den Worten ab: „Ich bin halt zornig und ärgere mich“. Nach einem Zornesausbruch sagte sie einmal ganz spontan: „Ich bin böse auf Dich, schon seit 3 Jahren. Ich bin böse aus mehreren Gründen, besonders aus einem Grund, den ich Dir nie verzeihen kann. Sagen kann ich es Dir nie, weil ich es nicht herausbringe. Es hat auch keinen Sinn es Dir zu sagen, da es schon etwas Vergangenes ist und nicht mehr gut gemacht werden kann.“ Nachdem die Mutter in sie drang, gestand sie nach langem Zaudern, daß sie ihr böse war, weil sie das Jahr vorher ins Pensionat gegeben worden war. Die Mutter war Verhältnisse halber gezwungen gewesen, sie in die Fremde zu geben. Da das Institut nicht gut war, wurde sie nach einigen Monaten herausgenommen. Monatelang hatte sie nun diesen Groll in sich herumgetragen, war aber trotzdem sehr zärtlich mit der Mutter. — Die anderen Maßnahmen, die sie der Mutter so übel nahm, lagen noch weiter zurück. Obwohl sie ihre Mutter liebte, konnte sie ihr nicht verzeihen. Nach der Aussprache nahm ihre Gereiztheit allmählich ab. Sie hatte auch einmal einer Bekannten gegenüber geäußert: „Eine Mutter muß man lieb haben, weil es eben die Mutter ist, auch wenn sie nicht so ist, wie man sie haben möchte.“ Diese Bemerkung enthüllt ihren großen Konflikt. Sie wollte der Mutter nichts vorwerfen. Ihr Unbewußtes war aber stärker und ließ den unterirdischen Groll hervortreten.

In der Tendenz durch Übergehorsam die Eltern zu entwerten und zu entwaffnen, kann das Kind von dem größten Schauspieler kaum übertroffen werden. Auch der Diebstahl kann nur eine Trotzreaktion sein, zeigt aber deutliche Beziehungen zur Sexualität, die wir im Kapitel Kleptomanie[1]) gesondert und ausführlich besprechen werden. Es ist eine wenig bekannte Tatsache, daß fast alle Kinder stehlen und daß sich aus diesem Stehltrieb ein übermoralisches Rechtsgefühl für Mein und Dein entwickeln kann.

Die Diebstähle gehen beim Erwachsenen, sofern sie krankhaft sind, in einem Traumzustand vor sich. Auch das Kind kann seine Missetaten in einem solchen Traumzustande begehen, so daß es eigentlich für seine amoralischen Handlungen nicht verantwortlich ist. Es wird sozusagen überrumpelt. Die lebhafte Phantasie des Kindes läßt die geträumte Szene als real gelten, wie es ja überhaupt für das Kind charakteristisch ist, daß ihm die Grenzen zwischen Realität und Phantasie zeitweilig vollkommen schwinden, welche Eigenschaft der Neurotiker mit dem Kinde gemein hat.

Aus dieser Eigenschaft, die Welt zu symbolisieren und den Symbolen Realitätswert zu verleihen, entstehen dann merkwürdige Neigungen zu toten Gegenständen und allerlei Symbolhandlungen, die in das spätere Leben hinübergenommen werden.

Besonders bei der Onanie ersetzen verschiedene Gegenstände Menschen. Ich möchte nur einige charakteristische Beispiele anführen.

Fall Nr. 5. Ein 45jähriger Mann hat die Gewohnheit, vor dem Einschlafen ein Kissen zu umarmen und an dem Zipfel des Kissens zu saugen. Er gibt an, daß er diese Gewohnheit seit den ersten Kinderjahren hatte und sie sich nicht abgewöhnen konnte. Es wurde im Laufe der Besprechungen klar, daß ihm das Kissen die Amme ersetzte, die ihn immer zu sich ins Bett genommen hatte und bis zu seinem vierten Lebensjahre im Hause geblieben war.

Fall Nr. 6. Frl. O. Z., eine 26jährige Kontoristin, onaniert seit der Jugend mit Gedanken an einen Muff. Sie nimmt einen Muff zwischen die Beine und drückt sie dann fest zusammen, bis der Orgasmus eintritt. Ihr Lieblingsspielzeug als Kind war ein alter Muff, der der Mutter gehörte. Der Muff war ihr lieber als jedes andere Spielzeug. Von dem Muff wollte sie sich nicht trennen. Der Muff war für sie ein lebendiges Wesen. Alle ihre Spiele handelten von den Erlebnissen und Verzauberungen des Muffs, so daß die Eltern einmal scherzweise sagten: „Olga wird sicherlich einmal einen Muff- oder einen Pelzhändler heiraten!" Ihre Phantasien beschäftigten sich bis in die letzte Zeit mit dem Muff. Der Muff erweist sich als Mutterimago. Sie wiederholt mit dem Muff eine Szene, die ihr unvergeßlich geblieben ist. Einmal — sie war 3 oder 4 Jahre alt — klagte sie über Kälte. Die Mutter nahm sie zu sich ins Bett und umklammerte sie mit den Beinen, bis sie warm wurde. Sie fühlte dabei mit den Händchen die Schamhaare der Mutter . . .

---

[1]) Bd. VI der „Störungen des Trieb- und Affektlebens".

Auch eine zweite Szene kommt als determinierende Kraft in Betracht. Sie war 5 Jahre alt, als sie mit einem Hunde spielte und ihn zwischen ihre Beine nahm. Der Hund machte ihr einen Kunnilingus. Diese Szene wiederholte sich einige Male. Bald wurde der Hund krank und mußte erschossen werden. Daß sie noch heute an der spezifischen Szene festhält, beweist die Tatsache, daß sie viele Jahre ohne Muff nicht einschlafen konnte.

Die Macht der Phantasie ist bei Kindern so groß[1]), daß sie imstande ist, die ganze Umwelt zu beleben und allerlei Kleinigkeiten als Symbole zu lebenden Wesen zu erhöhen. Solche Beispiele werden wir noch genügend kennen lernen. Ich möchte hier nur auf die Hartnäckigkeit hinweisen, mit der Kinder an ihren Lieblingen hängen und an die Einförmigkeit der Phantasie bei gewissen Kindern, während andere die Abwechslung lieben. Doch gewisse Formen des psychosexuellen Infantilismus werden nur verständlich, wenn man mit dieser Einförmigkeit des kindlichen Denkens, mit der Einstellung auf eine bestimmte Szene rechnet. Die spezifische Szene und die spezifische Phantasie stammen aus der Kinderzeit wie alle diese Beispiele beweisen.

Fall Nr. 7. Frau T. W., 39 Jahre alt, hat noch immer die Gewohnheit, mit ihren bunten Fetzen zu spielen. Obgleich sie schon Mutter großer Kinder ist und bald Großmutter sein wird, muß sie zuweilen ihre Lade öffnen, in der die kostbarsten Schätze ihrer Kindheit verborgen liegen. Während andere Menschen ihren Reliquienkult auf alle Dinge erstrecken, die aus der Kindheit stammen, hat sie alle alten Spielsachen, Bücher, Briefe, Geschenke und Zeugnisse vernichtet. Nur die Lappensammlung ist ihr kostbarstes Gut. Diese Lappen begann sie schon mit vier Jahren zu sammeln. Nichts machte ihr als Kind eine so große Freude, als wenn sie einen bunten Lappen erhielt. Sie konnte tagelang mit den Lappen spielen. Sie verwandelte sie in Menschen. Der rote Fetzen war eine Prozession, der graue ein Schäfer, der grüne eine Wiese usw. Mit diesen Lappen stellte sie sich eine eigene Welt zusammen. Sie war ein verträumtes Kind, das schwer lernte und jede freie Zeit bei den Lappen zubrachte. Schon erwachsen, konnte sie sich von diesen verblichenen Tuchresten nicht trennen. Da man sie verspottete, zog sie sich heimlich in den Garten zurück, oder entfaltete ihre Schätze des Nachts, wenn alles schlief.

Sie heiratete mit 19 Jahren, liebte ihren Mann, hatte aber sehr geringes Empfinden bei seinen Umarmungen. Sie ist eine gute Mutter und spielte gerne mit ihren Kindern, so lange sie klein und niedlich waren. Sie konnte wieder ein Kind werden. Sie spielt noch heute gerne mit anderen Kindern und wird die „Spieltante" genannt. Aber die Tage, an denen sie mit ihren Lappen spielen kann, sind ihre Feiertage.

Die wenigsten Menschen verraten ihre Fixierung an gewisse Szenen und gewisse Phantasien. Oft ist es ein Zufall, daß man die spezifische Phantasie eines Kindes erfährt.

---

[1]) Vergl. das Kapitel „Die Welt der Phantasie" in meiner Essaysammlung „Masken der Sexualität". Verlag Paul Knepler. Wien, 1920.

Ich teile an dieser Stelle die Krankengeschichte eines nicht ganz 15jährigen Knaben mit, den ich in der Gesellschaft der Ärzte vorgestellt habe.[1])

Fall Nr. 8. Eine merkwürdige Schlafstörung. Der 15jährige, körperlich etwas zurückgebliebene, deutlich das Bild eines somatischen Infantilismus bietende Knabe G. R. leidet seit neun Monaten an einer merkwürdigen Form der Schlaflosigkeit. Des Abends um sechs Uhr stellen sich heftige Schmerzen in den Waden und den Oberarmen, mitunter in der Schulter ein. Er wird unruhig und wirft sich auf dem Lager hin und her oder läuft stöhnend und jammernd im Zimmer umher. Sein Blick wird mitunter stier, er ist wie geistesabwesend. Öfter ruft er den Namen seiner Mutter oder seiner Schwester. Gegen Morgen verfällt er in einen tiefen, fast kataleptischen Schlaf, aus dem man ihn kaum erwecken kann. Er läßt sich nur zu den Mahlzeiten aufwecken, die er rasch verzehrt, um wieder einzuschlafen.

Dieser Knabe wurde am 15. Februar d. J. mit der Diagnose „Diphtherie" dem St. Annen-Kinderspital eingeliefert. Er zeigte heftige Atembeschwerden, fieberte hoch, behauptete, es stecke ihm ein Stück Schleim im Halse, weshalb ihn der Hausarzt behufs Operation dem Spitale überwies, da er deutlich alle objektiven Zeichen der Dyspnoe, auch Einziehung der Fossa suprasternalis bot. Überdies delirierte er heftig.

Der Status des Spitales vom 15. Februar lautet: „Kleiner, magerer Knabe, der choreaartige Zuckungen am Körper zeigt. Während der ärztlichen Untersuchung verhält er sich ruhig. Später aber beginnen unruhige Reden und Bewegungen von neuem. Cor und Pulmo ohne Befund. Temperatur 37,5. Nervenstatus ohne Befund. Die ganze Nacht hindurch war das Kind unruhig, führte wirre Reden über seine Kleider, seine Lage und wollte nicht im Bette bleiben. Früh um acht Uhr begann er auf einmal tief Atem zu holen und erzählte, er könne nun ersticken. Kornealreflexe herabgesetzt. Rachenreflexe fehlen."

Der Zustand bot dann in der Nacht immer mehr das Bild einer Chorea. Wiederholt verlangte er, zur Lintscherl (seiner Schwester) zu gehen. Nach kurzer Zeit verließ er das Spital. Die Diagnose lautete: Grippe, Chorea, Psychose.

Aber schon nach kurzer Zeit wurde er von den Eltern ins Spital zurückgebracht. Der Knabe schlief immer am Tage und weinte in der Nacht, war unruhig, suchte, warf sich hin und her und war so erregt, daß sich die Eltern nicht helfen konnten.

Ich fand ihn vor zwei Wochen am Vormittag schlafend in seinem Bette. Er bot nicht das Bild eines normalen Schläfers. Der Zustand glich fast einem kataleptischen Schlaf. Bei der Untersuchung bemerkte ich, daß er die Hand beim erigierten Glied hielt. Ich weckte ihn auf, und versetzte ihn in hypnotischen Schlaf, was sehr leicht gelang. Nach einigen Minuten war kataleptische Starre der Glieder zu erzielen. In der Hypnose gab ich ihm den Auftrag, mir in allen Dingen die Wahrheit zu sagen. Meine erste Frage war: Wie lange onanierst du?

Seit dem 15. Februar! lautete prompt seine Antwort.

---

[1]) Wiener klin. Wochenschrift. 1920. Nr. 49.

Am 12. Februar hatte seine geliebte Schwester geheiratet und es lag sehr nahe, eine Beziehung zwischen dieser Heirat und seinem Leiden herzustellen, um so mehr, als die Schwester in seinen Delirien und nächtlichen Weinereien eine große Rolle spielte.

Nun erfuhr ich teils in der Hypnose, teils bei vollem Bewußtsein folgende Tatsachen. Er war schon vor einigen Jahren von anderen Knaben aufgeklärt worden, daß der Mann sein Glied der Frau in ein Loch hineinstecke. Dabei kam es auch zu allerlei Spielereien zwischen den Knaben. Als sich seine Schwester verlobte, beschäftigte ihn der Gedanke, was der Schwager mit der Schwester machen werde. Am Tage der Hochzeit war er sehr aufgeregt. Es war die erste Nacht, in der er aufbleiben durfte. Die Hochzeit begann schon sehr früh und dauerte bis vier Uhr morgens. Die Schwester war mit dem Schwager sehr zärtlich, tanzte auch einmal mit ihm im Zimmer umher. Nach vier Uhr verabschiedete sich das junge Paar und zog sich zurück. Da fing der Knabe heftig zu weinen an und konnte kaum beruhigt werden. Er gab zur Motivierung an: „Weil Lintscherl weggeht!“

Am 15., also drei Tage nach der Heirat, onanierte er des Mittags zum ersten Male auf dem Abort und stellte sich den Verkehr zwischen Schwager und Schwester vor. Er hatte von den Knaben gehört, daß der Mann eine Art Schleim, „die Natur“, absondert. Plötzlich fühlte er beim Orgasmus, der noch ohne Ejakulation erfolgte, wie ihm ein Stück Schleim im Halse steckte. Es ist dies ein Phänomen, das *Freud* die Verlegung von unten nach oben genannt hat. Es handelte sich um ein hysterisches Konversionssymptom. Er erlebte in seinem Munde, was sich in einer anderen Öffnung abgespielt hatte.

Atemlos, nach Luft ringend, kam er zu seiner Mutter. Der herbeigeholte Arzt konstatierte die oben erwähnten Symptome und ließ ihn in das Spital transportieren.

Nachdem er das erste Mal entlassen wurde, ging er in der Zwischenzeit beichten. Er ist sehr fromm und Mitglied des katholischen Jünglingsvereines. Er beichtete auch seine sündigen Gedanken auf die Schwester und erhielt einen strengen Verweis und auch den Auftrag, sich nicht unkeusch zu berühren. Er dürfe auch nicht mehr an die Schwester denken, da es eine große Sünde wäre. Seit damals verdrängte er die Gedanken an die Schwester, aber an Stelle der Gedanken traten die Schmerzen, über die er nun jede Nacht weinte.

Es ist klar, daß er an der „Idée fixe“ *(Janet)* der Hochzeit seiner Schwester leidet. Er annulliert sozusagen die stattgehabte Hochzeit und erlebt sie noch einmal. Und er erlebt auch alles, was sich nach der Hochzeit zugetragen hat. Um die Zeit, als die ersten Hochzeitsgäste kamen, wird er erregt und bleibt genau wie in der Hochzeitsnacht die ganze Zeit bis zum Morgen auf. Offenbar hatte er sich vorgestellt, daß die Schwester nun im Bette liegen werde und bleibt auch bei Tage im Bette liegen, wobei die permanente Erektion seine Gedanken verrät. Gegen Morgen pflegt er dann zu onanieren und einzuschlafen. Er schlief auch am Tage nach der Hochzeit fast den ganzen Tag.

Dieser Zustand dauert schon neun Monate. Es besteht die Gefahr, daß er die geistige Entwicklung des Knaben aufhält und der Infantilismus dauernd fixiert bleibt.

Ich versuchte nun, durch starke hypnotische Suggestionen auf den Knaben einzuwirken. Ich habe schon erwähnt, daß er für Hypnose sehr empfänglich ist. Jeder hypnotische Auftrag, auch jede posthypnotische Handlung, wird prompt ausgeführt. Ich hieß ihn aufstehen und tagsüber außer Bett bleiben, was er prompt ausführte. Etwas langsam und schlaftrunken, aber er verließ das Bett und beschäftigte sich etwas im Zimmer. Nun gab ich ihm den Auftrag, am Abend um neun Uhr fest einzuschlafen und bis sechs Uhr morgens zu schlafen. Er schlief pünktlich ein, aber wachte schon nach einer halben Stunde auf und trieb es so bunt wie alle Nächte vorher. Auch die weiteren hypnotischen Aufträge blieben ohne Wirkung. Er steht bei Tag auf, er war schon zweimal bei mir, aber er schläft des Nachts nicht und lebt in seiner Hochzeitsphantasie weiter. Er lebt immer nur die eine Szene.[1])

Wir ersehen aus diesem Falle, wie hartnäckig der Neurotiker an einer bestimmten Phantasie festhält. Diese Trotzeinstellung führt auch in der frühen Kindheit zu allerlei Symptomen, welche der Umgebung unverständlich bleiben, wenn man ihre Psychogenese nicht kennt. In der Psychose, besonders in der Schizzophrenie kommt es dann zur vollkommenen Einstellung auf die spezifische Szene.

Katatonische Symptome ohne böse Prognose bietet jedes Kind genügend. Es gibt Kinder, welche monatelang sinnlos ein Wort hersagen, oder eine bestimmte Bewegung machen, eine besondere Attitüde einnehmen.[2]) Mitunter kommen Identifizierungen mit Märchengestalten vor, wenn sie einer spezifischen Phantasie entsprechen. Alle Spiele der Kindheit haben einen geheimen Sinn. Das Kind spricht und begeht keinen Unsinn. Ob es sich mit dem Vater identifiziert und ihm alles nachmacht oder ob es ein Tier spielt, ob es scheinbaren Unsinn lallt, wie ein Echo alles nachspricht, was die Umgebung gerade spricht (Echolalie), immer steckt Zweck und Sinn in dem Gehaben.

Oft lassen sich die Handlungen der Kinder nur als ein Protest gegen die Realität erklären. Das Kind annulliert jede Realität und fügt sie in seine Phantasiewelt ein, gestaltet sie selbstherrlich nach seinen Wünschen. Es sucht geheime Zusammenhänge mit dem Wunderbaren und

---

[1]) Hier sehen wir die Machtlosigkeit der Hypnose, die bis zu einer gewissen Grenze geht und dann vor inneren Hemmungen und stärkeren Affekten haltmacht. Der Knabe benötigt eine analytisch-pädagogische Behandlung. Er muß tagsüber beschäftigt werden, er muß abgelenkt werden, es müssen ihm neue Interessen implantiert werden. Sonst läuft er Gefahr, sich ganz nach innen zu wenden, zu introvertieren.

Die gleichen Erfahrungen habe ich in der Privatpraxis gemacht. Die Macht der Hypnose wird sinnlos überschätzt. Sie leistet hie und da gute Dienste, aber die Fälle sind eigentlich sehr selten. Das Publikum macht sich von der Macht der Hypnose falsche Vorstellungen und läuft den verschiedenen Telepathen, Suggesteuren, Hypnotiseuren, Laienpsychologen nach, die sich meistens öffentlich produzieren, um Kranke an sich zu locken. Es wäre hoch an der Zeit, den Unfug einzustellen.

[2]) Ein 7jähriges Mädchen sagte eine Zeitlang ununterbrochen zu seinem künftigen Stiefvater: „Onkel weißt Du was? Du bist ein Onkel!" Damit wollte es sagen, daß er für sie nur ein Onkel sei und ihr nie den geliebten Vater ersetzen werde. Nachdem ihr dies erklärt worden war, sagte sie es nie mehr.

mit Gott, sieht allerlei Wunder im Natürlichen. Diese Eigenschaft des Kindes behält der Dichter bei, der uns in mancher Hinsicht einen psychischen Infantilismus verkörpert. Jedes Kind ist ein Dichter. Tolstoi ließ einmal in einer Volksschule die Kinder selbstgedichtete Märchen erzählen und war so entzückt, daß er die Behauptung aufstellte, kein Dichter könnte schönere Märchen erfinden. Nur glaube man nicht, daß die Märchen dem Kinde eine fiktive Welt repräsentieren. Das Kind glaubt an seine Märchen. Sie sind seine Realität.

Viele Zustände von psychosexuellem Infantilismus sind nichts anderes als fixierte Märchen. Davon werden die späteren Kapiteln handeln.

III.

Das Geschlechtsleben des Kindes.

Es gehört zu den merkwürdigsten sozial-psychologischen Phänomenen, daß man jahrtausendelang das Geschlechtsleben des Kindes übersehen konnte. Noch heute gibt es unter den Ärzten Zweifler und Entrüstete, die sich ihren „heiligen" Glauben an die Kindheit nicht rauben lassen wollen. Alle Erfahrungen der bösen Analytiker und der von ihnen geschulten Lehrer und Eltern werden als Ausnahmsfälle, die man nicht als Schlüssel für das Allgemeine verwenden dürfe, angesehen, als Folgen einer kranken Anlage oder einer falschen Erziehung. Die Eltern wollen sich den schönen Wahn vom unschuldigen Engel nicht rauben lassen. Am allerwenigsten, wenn es sich um ihr eigenes Kind handelt.

Über die Motive dieser sonderbaren Einstellung habe ich an anderer Stelle ausführlich gesprochen.[1]) Ich will mich an dieser Stelle damit begnügen, die nackten Tatsachen mitzuteilen, sofern sie für das Verständnis des „psychosexuellen Infantilismus" notwendig sind. Nur die genaue Kenntnis der Kindersexualität ermöglicht uns das Verständnis der verschiedenen Verirrungen und Abbiegungen des Geschlechtstriebes, die in vielen Fällen entweder eine Entwicklungshemmung oder eine Regression auf das Infantile vorstellen.

Das Geschlechtsleben des Kindes beginnt wahrscheinlich schon während des Fötallebens. Es ist anzunehmen, daß der Fötus sexuelle Lustgefühle empfindet, obgleich sich diese Behauptung ja nicht beweisen läßt. Denn die zahllosen Vaterleibs- und Mutterleibsphantasien der Neurotiker — ich weiß nicht, ob sie beim Normalmenschen vorkommen, aber ich nehme es an — lassen sich als Nachphantasien erklären und bedürfen nicht der Anknüpfung an die realen Erlebnisse

[1]) Bd. II, S. 135, II. Aufl. — Alle Anmerkungen ohne Autorennennung beziehen sich auf meine Arbeiten. Die vorhergehenden Bände der „Störungen des Trieb und Affektlebens" werden einfach mit B. bezeichnet (z. B. B. II = II. Band). Die Seitenzahlen beziehen sich auf die letzten Auflagen.

des Fötallebens.[1]) Aber schon in den ersten Stunden nach der Geburt können wir bei einzelnen Knaben Erektionen beobachten. Ja, es wurde mir von Frauenärzten erzählt, daß sie die Erektionen sofort nach der Geburt beobachten konnten. Wir müssen aber annehmen, daß solche Erektionen auch im Fötalleben vorgekommen sein können und durch irgendwelche periphere Reize zustande kommen, vielleicht auch rein physiologisch durch Erschütterung und Reizung des Erektionszentrums. Immerhin ist die Möglichkeit vorhanden, daß der Embryo libidinöse Regungen empfindet; vielleicht daß die Bewegungen als solche schon als Lust gewertet werden (Muskel und Hauterotik), ebenso dürfte das rhythmische Schaukeln während des Gehens und Fahrens sich in irgend einer Weise auf das Kind übertragen und sich als Lustempfindung äußern.

Doch verlassen wir das Gebiet vager Hypothesen und kehren wir zur Wirklichkeit zurück. Ich erwähnte schon die Erektionen der Neugeborenen. Wir sehen aber außer den Erektionen, daß die Neugeborenen ihre Hände meistens bei den Genitalien halten und sich durch onanistische Reizungen Lustgefühle verschaffen.

Diese Säuglingsonanie ist keine Ausnahme, sondern offenbar ein allgemeiner, physiologischer Zustand. Das Kind benötigt unendlich viel Libido, um die Gefahren der Säuglingszeit und der ersten Kinderjahre zu überstehen. Die Tatsache, daß die Kinder ohne mütterliche Liebe in den bestgeleiteten Kinderheimen massenhaft sterben, beweist uns die überragende Bedeutung der Liebe in jeder Form für die Entwicklung des Menschen. (Auch die Verbrechen sind nur Liebesstörungen, welche durch eine entweder lieblose Erziehung oder durch ein Übermaß von Liebe hervorgerufen wurden.)

Das Kind bezieht seine Lust aus zwei Quellen. Es erzeugt sich auto-erotisch Lust, entweder durch Reibung der Genitalzone oder durch Bewegung. Dazu kommt die Libidomenge, welche von der Mutter oder der Pflegeperson zugeführt wird. Schon das Saugen an der Brust geht mit starken Lustempfindungen einher. (Das beweisen die Neurotiker, die ich als ewige Säuglinge bezeichnet habe.) Wenn die Mutterbrust fehlt, wird der Lutscher als Lustquelle benützt. Der müßige Streit, ob der Lutscher als auto-erotische Tätigkeit zu werten ist oder nicht, ist längst zugunsten von *Lindner* und *Freud* entschieden worden.

Das Kind ist nicht einzig und allein auf die Genitalzone angewiesen. Es weist einen Reichtum an erogenen Zonen auf, um den es der Erwachsene beneiden könnte. Die wichtigste erogene Zone des Kindes ist der Mund. Die Nahrungsaufnahme ist ein lustbetonter Akt, den

---

[1]) Besonders *Freud* und *Ferenczi* halten an der libidinösen Fötalperiode des Menschen fest. *Freud* verlangt die Ausdehnung der Analyse bis zum Fötalleben.

Havelock-Ellis mit Recht mit einem Koitus vergleicht. Die Mammilla ersetzt den Penis (sie besitzt auch gleich dem Penis erektiles Gewebe), der Mund ist eine Vulva, die Milch gleicht dem Sperma. Das Saugen und Trinken geht unter ständigem Orgasmus vor sich. (Es ist wenigen Ärzten bekannt, daß die Mütter wiederholt beim Stillen zum Orgasmus kommen. Das Aufblühen vieler Frauen während des Stillens läßt sich durch die intensive Befriedigung erklären. Es handelt sich bei diesen Frauen um eine Präponderanz der Erogenität der Mammillen.)

Die lustspendende Bedeutung des Saugens und Lutschens erhellt aus der Tatsache, daß es Menschen gibt, die bis zu ihrem Tode die „süße Gewohnheit“ des Ludelns (auch „Wonnesaugen“ genannt) beibehalten. Wir müssen uns aber vorstellen, daß diese Lust beim Säugling, dessen Leben ein echtes ungehemmtes Triebleben ist, viel stärker ist, weil ja sein ganzes Leben ein Wechsel von Lust und Unlust darstellt, wie es sich in der vegetativen Form seiner Existenz durch alle Phasen seines Tages aus Reiz und Befriedigung des Reizes zusammensetzt.

Zu diesen zahlreichen Lustquellen gesellen sich die Reizungen der Kinderpflege. Es ist ja naturgemäß, daß die Mutter die von Urin und Kot beschmutzten Hautpartien sorgfältig säubern und von Ekzemen und Dermatitiden schützen muß. Diese Waschungen und Reibungen der Genital- und Analzonen, das Einreiben, Einfetten und Einpudern, das Seifen der Genitalien und des Anus im warmen Bade wirken als starke sexuelle Reize und sind oft bei Knaben von Erektionen, bei Mädchen von onanistischen Wiegebewegungen begleitet.

Es ist vielleicht notwendig, bei dieser Gelegenheit darauf hinzuweisen, daß viele Mütter sich aus uneingestandenen (unbewußten) sexuellen Motiven ein Zuviel an Kinderpflege leisten, was zu einer Fixierung dieser infantilen Art der Lustgewinnung führt. Spiele der Mutter mit den Genitalien der Säuglinge sind gar nicht selten. Ammen und Mütter aus dem Volke benützen die Erogenität der einzelnen Genitalpartien, um den ungebärdigen, schreienden Säugling zu beruhigen. Ist einmal diese Art der Beruhigung eingeführt, so ist ein Circulus vitiosus geschaffen. Das Kind verlangt dann nach der Reizung der Genitalzone und kommt bald dazu, sich die verlangte Lust durch auto-erotische Manipulationen ohne Hilfe der Wartepersonen zu verschaffen. Werden die Kinder älter, so verlangen sie oft, die Mama möge sie im Bade unten ordentlich mit Seife einreiben, weil es juckt oder beißt. Ja, sie produzieren Ekzeme, deren Behandlung ihnen die heißbegehrten Berührungen verschafft.[1])

[1]) Vgl. Bd. I, S. 252, III. Aufl. Nicht jedes Kind ist so offenherzig wie der kleine Hans (*Freud*, Schriften zur Neurosenlehre, Bd. II; „Die Phobie eines fünfjährigen Knaben“), der von seiner Mutter verlangt, sie möge die Hand hinunter geben, „weil es so

Zu den Lustquellen der Kindheit gehört auch das Schaukeln, Wiegen und Herumtragen. Die rhythmischen Erschütterungen, die ich schon bei Besprechung der Sexualität des Fötallebens erwähnt habe, erklären das spätere Interesse des Kindes für alle möglichen Vehikel, seine Freude am Fahren, am Getragenwerden, an der Fortbewegung mit fremder Hilfe. Diese primitive Wurzel des Reise- und Fortbewegungstriebes mit fremder Hilfe kann sich fixieren und erklärt manche Form des psychosexuellen Infantilismus. Es gibt Männer, die nur in der Eisenbahn potent sind und nur, wenn sich der Zug fortbewegt. Andere werden in der Eisenbahn von förmlicher Satyriasis und von Priapismus gequält. Frauen onanieren während des Fahrens. Viele Frauen, die sonst unnahbar sind, lassen sich in der Eisenbahn leicht erobern.

Auch die See- und Eisenbahnkrankheit geht auf die unbewußte Abwehr sexueller Regungen zurück.[1])

Verschiedene Spiele mit dem Säugling, wie Schupfen, in die Höhe werfen, forciertes Wiegen, haben eine ausgesprochene sexuelle Bedeutung und können sich später als Karikaturen in der Paraphilie äußern.

Ich habe schon die gefährlichen Wartepersonen erwähnt, welche die Reizung der Genitalien benützen, um den „schreienden Störefried" zu bändigen und dadurch sich und ihm Ruhe zu verschaffen. Ich darf auch die Mütter nicht übersehen, welche den Säugling als „erotisches Spielzeug" benützen und welche ihr Übermaß an Sexualität auf diese für das Kind gefährliche Weise abreagieren. Besonders die unglücklichen, liebesenttäuschten Mütter werden dazu gedrängt, ihr ganzes Zärtlichkeitsbedürfnis auf das Kind zu übertragen und alle Sexualität in „mütterliche Liebe" umzuwerten. Das Kind wird gestreichelt, gekost, geherzt, mit tausend zärtlichen Namen belegt, auf die Wangen, das Ohr, auf den Bauch, auf die Nates geküßt. (Ich hörte wiederholt von Müttern den Ausspruch: „Der Popo meines Kindes ist schöner als jedes Gesicht" . . .)

Max Graf sagt:

Ich kenne ein ausgezeichnetes Gedicht eines in Deutschland fast unbekannten französischen Poeten, Auguste Dorchain, das sich „L'Habitude des caresses" betitelt und in unübertrefflicher Weise den Zusammenhang der früh geweckten Sexualität und der Neurose schildert. Es beginnt:

Méres, vous aimez trop ces pauvres petits hommes
Qu'en souriant vous apaisez:
A ces fils, qui seront faibles, comme nous sommes
Ne prodiguez pas vos baisers;
Car sur votre ame ainsi vous moulez trop leur ame;

---

gut ist". Ebenso das fünfjährige Töchterchen einer Patientin, das sagte: „Mama, kitzle mich unten, das ist so gut!"

[1]) Vgl. Bd. I, S. 387.

Ils pourront un jour en souffrir;
Ils vous devront un coeur semblable aux coeurs de femme,
Prompt à saigner, lent à guérir.
Vous leur faites un nid si chaud de vos caresses,
Toujours vous oubliant pour eux,
Que le cher souvenir des anciennes tendresses
Les rendra plus tard malheureux.
S'ils sentent, chacque soir, sur leur bouche ingénue
Votre souffle calme frémir,
Sans le parfum aime d'une haleine connue
Ils ne pourront plus s'endormir.
Mères vous les pressez avec inquiétude
En les berçant sur vos genoux;
Ils se rapelleront cette douce habitude
Quand ils ne seront plus à vous . . .
(In der Sammlung „La Jeunesse pensive".)

„Welche Harmonie der Form, aber auch welche psychologische Erkenntnis! Kann doch die unbewußte Erinnerung an solche in der Kindheit empfangene Küsse so stark werden, daß die Rivalität des Knaben mit dem Vater zum Haß des Knaben gegen den Vater anwächst und daß die Inzestphantasie den Mann davor zurückschrecken läßt, das geliebte Weib zu umarmen. Beides war, um ein charakteristisches Beispiel zu nennen, bei Grillparzer der Fall, dem Sohne einer leidenschaftlichen Mutter, die in einer Ehe, wo wenig Liebe zu Hause war, ihr Zärtlichkeitsgefühl mit Küssen befriedigt hat, die sie an den Knaben verschwendete."

Zu den wichtigsten erogenen Zonen des Menschen gehört der Anus. *Freud* hat auf die Bedeutung dieser erogenen Zone hingewiesen und aufmerksam gemacht, daß die Kinder den Stuhl zurückhalten, weil der Druck der Skybala auf die Schleimhaut des Anus ihnen Lustgefühle bereitet. Es scheint aber, daß normaler Weise alle diese erogenen Zonen ihre Bedeutung verlieren, sobald mit der Pubertät die Genitalzone das Primat übernimmt *(Freud)*. Durch unvorsichtige Manipulationen mancher Mütter wird eine Überreizung der Analschleimhaut herbeigeführt. Ich mache besonders auf das gänzlich überflüssige Herbeiführen des Stuhles durch kleine Irrigation aufmerksam. Die Mütter bilden sich ein, für die Gesundheit des Kindes zu sorgen, wenn sie ihm täglich ein solches Klysma applizieren. Oft wird das Klysma gegeben, wenn der Säugling schreit. Tritt dann die Beruhigung — infolge der onanistischen Reizung — ein, so erklärt die stolze Mutter, es seien die Winde abgegangen, das Kind hätte furchtbar gelitten. Jedes bißchen Stuhl, das mit dem Klysma zutage tritt, wird als Beweis einer gefährlichen Verstopfung angesprochen. Diese überflüssigen Manipulationen, ebenso wie das übertrieben häufige anale Temperaturmessen mit dem Thermometer machen die Kinder zu Analerotikern, die ihr ganzes Leben mit Verstopfung kämpfen und ohne Irrigator nicht leben können. In Wahrheit ist noch kein Kind an Verstopfung gestorben. [Auch die Erwachsenen treiben einen lächerlichen Mißbrauch mit Abführmitteln, blutreinigenden Kräutern und Pillen, mit Irrigationen, welche meistens nur ein hygienischer Vorwand für die onanistische Reizung der Analzone sind.[1])]

Mit diesen Vorgängen ist das Arsenal der mütterlichen Reizungen noch nicht erschöpft. Es kommt noch hinzu, daß die Kinder ins Bett der Erwachsenen genommen werden. Der Säugling liegt oft zwischen den Eltern und er behält diese Position oft bis zum sechsten, ja sogar bis zum zehnten Lebensjahre. Die Eltern gehen dabei von der Ansicht aus, daß „der kleine Wurm" noch keine Ahnung von den sexuellen Vorgängen habe. Sie denken, das kleine Kind versteht nicht, was der Koitus der Eltern bedeutet. Aber sein Gehirn ist empfänglich, wie die unbenützte weiche Wachsplatte eines Grammophons. Es nimmt die unverstandenen Eindrücke auf, um sie später zu reproduzieren und in der Neurose zu verwerten. Das gilt für die ersten Lebensjahre. Sehr bald beginnt das Kind die Vorgänge zu verstehen und weiß, daß es seine Kenntnisse vor den Erwachsenen verbergen muß.

Das Kind ist eben nur Sexualwesen. Es repräsentiert die Urstufe der Menschheit, den reinen Triebmenschen. *Freud* hat das Kind „polymorph-pervers" genannt. Pervers kann nur etwas Unnatürliches sein. Das Kind kann nicht pervers sein, sobald diese Eigenschaft allen Kindern zugeschrieben werden muß. Das Kind ist „pan-erotisch".

Fast alle Kinder onanieren, die einen häufiger, die anderen seltener. Es ist merkwürdig, daß den meisten Kinderärzten die Säuglingsonanie entgeht. *Henoch* beschrieb die Wiegebewegungen des Säuglings als Zeichen onanistischer Reizung. Denn nicht immer wird die Onanie manuell betrieben, wenngleich die meisten Säuglinge ihre Fingerchen am liebsten in der Genitalgegend herumkrabbeln lassen. Am häufigsten kommt die Onanie durch Wiegebewegungen, durch Zusammenpressen der Schenkel, durch die feuchte Wärme der benäßten Windel zustande. Dabei kommen die Kinder zum Orgasmus. Sie verdrehen die Augen, oder ihr Blick wird glasig, sie keuchen, sie scheinen einige Sekunden ohne Bewußtsein. Dieses „Wegbleiben" der Säuglinge wurde oft als epileptisches Äquivalent beschrieben. Viele epileptische Anfälle der Kinder sind nichts anderes als auto-erotische Akte mit außerordentlich starkem Orgasmus.[2])

Das Sexualleben des Kindes ist nicht allein durch die all- und autoerotischen Bestrebungen gekennzeichnet. Das Kind hat noch die Fähigkeit, primäre Ursexualität zu empfinden. Es hat Freude an den Gerüchen des Stuhles, des Urines. Auch über das Säuglingsalter hinaus,

[1]) Vgl. die Ausführungen in Bd. II über „erotische Reizungen als Heilmittel" und den famosen „Enterocleaner".

[2]) Im Gegensatz zu den meisten Kinderärzten hat der Freudianer *Friedjung* in zahlreichen Arbeiten die Kinderonanie beschrieben.

will es alle Gegenstände in den Mund stecken. Aber auch in die anderen Öffnungen wie Nase, Ohren und Anus werden Gegenstände gesteckt. Zuerst muß es unterrichtet werden, sich mit seinem Kot nicht zu beschmutzen und seine eigenen Sekrete nicht zu verzehren. Der Kot ist der Repräsentant des Verbotenen und mit Ekel Belegten. „Pfui! Das ist kaka!" sagen bei uns die Mütter. Kaka ist Kot, ist aber alles, was unappetitlich und ekelhaft ist. Das heranwachsende Kind läßt sich trotzdem die Freude an den eigenen Sekreten und Exkreten nicht rauben. Heimlich kostet es von manchen dieser verbotenen Stoffe. Die einen hören früher, die anderen später auf. Wir werden in späteren Kapiteln Menschen kennen lernen, welche als Erwachsene diese Vorliebe für die eigenen Ausscheidungen beibehalten haben und die sich von diesem Infantilismus nicht befreien können. Verschiedene Unarten der Kulturmenschen weisen auf diese Infantilismen hin. Die Unsitte des Nasenbohrens, die ich bei den intelligentesten Menschen beobachtet habe, verschiedene kleine Zwangshandlungen auf dem Aborte weisen wie Petrefakte einer früheren Periode auf eine frühe und stark betonte Sekret- und Exkretsexualität hin.

Eine außerordentliche Rolle im Sexualleben des Kindes spielt das Klosett. Für das Kind ist das Klosett keine Bedürfnisanstalt, sondern eine Quelle der erotischen Anregung. Man übersieht leicht die Rolle, welche die Defäkation im Leben des Kindes spielt. Ich habe schon erwähnt, daß das Stuhl-Zurückhalten und das -Absetzen mit Lustgefühlen verbunden sind. Ebenso wird der Flatus vom Kinde hoch eingeschätzt, weil es den Geruch der eigenen Winde und in den ersten Jahren den der fremden liebt. Man beachte die Heiterkeit [1]), welche unter Kindern ein Flatus auslöst und die große Bedeutung, die er im Seelenleben des Menschen einnimmt *(Jones)*. Das Kind hält sich gerne im Klosett auf. Es benützt verschiedene Gelegenheiten, um ins Klosett zu kommen. Es gibt ja Mütter, welche aus Angst, das Kind allein zu lassen, sich von ihrer Nachkommenschaft ins Klosett begleiten lassen.[2])

Das Kind liebt die verschiedenen Gerüche seiner Umgebung und kann auch sehr schnell unterscheiden, wer vor ihm auf dem Klosett war, eine Eigenschaft, die auch hie und da bei Erwachsenen zu finden

[1]) Der Simplizissimus brachte einmal eine sehr charakteristische Anekdote. Eine vom Kommerzienrat N. gegebene Gesellschaft war in flauer Stimmung und mopste sich. Da kam ein neuer Gast an, der als Witzbold bekannt war. N. apostrophierte ihn mit den Worten: „Sprechen Sie das erlösende Wort!" Der so Herausgeforderte blickte ernst im Kreise herum und sprach dann sehr ernst und gemessen: „Meine Damen und Herren! Das erlösende Wort heißt — ‚Popo'!" — Zuerst herrschte eine namenlose Verblüffung, die sich nach einigen Sekunden in eine unbändige Heiterkeit wandelte. Alles lachte, das Eis war gebrochen und die Gesellschaft blieb in animierter Stimmung.

[2]) In Bauernaborten findet man häufig neben der Öffnung für Erwachsene noch eine kleine Öffnung für das Kind.

ist. Es bemüht sich auf jede mögliche Weise, den Defäkationsakt und die Mictio der Erwachsenen zu beobachten. Diese Beobachtung führt zur Betrachtung der Genitalien der Erwachsenen, die mit den eigenen Genitalien verglichen werden, woraus oft ein Gefühl der Minderwertigkeit erwächst. (Diese Vorgänge beginnen schon im zweiten und dritten Lebensjahre.) In den Spielen der Kinder haben die Exkremente und das Klosett eine große Rolle, wenn ihnen die tadelnde Kritik der Erwachsenen nicht die Unbefangenheit geraubt und sie zur Verstellung gezwungen hat. Die Kinder lassen ihre Puppen defäzieren, führen sie aufs Klosett, reinigen sie. Zwangsmäßig tritt das Aussprechen verbotener Worte auf, was auch benützt wird, um die Erwachsenen in Verlegenheit zu bringen und Heiterkeitserfolge zu erzielen. Ein fünfjähriges Mäderl sagte immer zwangsmäßig: „Popo"! Einige Male kam es auch mit entblößtem Hinterteil aus dem Klosett, wobei es mit dem Rücken ins Zimmer trat und die Anwesenden durch den unerwarteten Anblick verblüffte. Ein kleiner dreijähriger Knabe pflegte, wenn er produziert werden sollte, mit einem Flatus aufzuwarten.[1]) Andere Kinder verlangen immer „A-a" oder „Bitte, auf die Seite!", wenn die Situation es verbietet, um ihre Eltern in Verlegenheit zu bringen. Oft entwickelt sich unter dem Einfluß elterlicher Drohungen und falscher Erziehungsversuche die Angst vor dem Stuhl- und Urindrang, eine der frühesten Kinderphobien, die auch den Erwachsenen bleibt und sie sozial unmöglich machen kann. Die Urinerotik *(Sadger)* und die Defäkations(Anal)-erotik äußerte sich auch in zahlreichen Kinderphantasien. So spielten zwei Knaben immer den „Lulumann" und den „Kakamann". Das waren die größten Götter. Der Lulumann konnte die ganze Welt im Urin ersäufen[2]), der Kakamann konnte sich mit Stuhl vollmachen. Diese beiden Götter wurden gegeneinander ausgespielt und in stundenlangen Spielen und Kämpfen wurde die Gewalt der beiden gemessen und geschildert. Auch die ersten Geburtsphantasien werden mit der Defäkation verknüpft. Das Kind glaubt, daß die Nachkommen gleich dem Stuhle in die Welt gesetzt werden.[3]) (Infantile Sexualtheorien, *Freud.*) Der Stuhl wird oft als Kind betrachtet. Es kommt vor, daß Kinder dem Verlangen nicht widerstehen können und heimlich den Stuhl in den Mund stecken. (Infantile Urolagnie und Koprophagie.)[4])

[1]) Ein 5jähriger Junge, der mit seiner Mutter zu Besuch ist, läßt einen geräuschvollen Flatus von sich und sagt zur Mutter, die in großer Verlegenheit ist: „Mama, hast Du gehört, ich habe eine Kanone geschossen."

[2]) Vgl. die Analogie zur Schrift „Gullivers Reisen".

[3]) Vgl. in der „Analyse der Phobie eines fünfjährigen Knaben" von *Freud* die große Bedeutung, die der Stuhl („Lumpf") innehat.

[4]) Ein einjähriger Junge pflegte sich und alles, was um ihn herum war, wie Bett, Mauer etc., total mit Stuhl zu beschmieren. Wenn er so recht schmutzig war, krähte er laut vor Vergnügen.

Man bedenke, daß die Mictio der Erwachsenen, die häufig ziemlich ungeniert vor sich geht, für die Kinder eine willkommene Gelegenheit ist, die Genitalien zu erspähen. Besonders die Mutter wird gerne von Knaben beobachtet, aber auch der Vater, wobei die Stärke des dabei entstehenden Geräusches bemerkt und in zahlreichen Phantasien fixiert wird. Es würde ermüden, wenn ich immer wieder aufmerksam machen würde, daß diese Infantilismen beim Erwachsenen als Neurose oder Paraphilie wiederkehren. Es gibt Männer, für welche die Mictio der Frau eine spezifische und unerläßliche Potenzbedingung ist. Die Dirnen können über diese Infantilismen bessere Auskünfte geben als erfahrene Sexuologen . . .

In den Kinderspielen tritt die Eigenschaft hervor, in der Mictio und Defäkation den Gespielen zu übertreffen. Kinder spielen, wer stärker, länger und weiter urinieren kann, wer mehr Stuhl absetzt, wer häufiger und stärker Winde hervorbringen kann.

Erfahrene Psychologen wissen, welche große Bedeutung diesen Kinderspielen innewohnt. Die Kinder spielen auch gerne „Vater und Mutter", „Ehe", „Haushalt", Doktor und Patient", wobei das gegenseitige Entblößen eine große Rolle spielt.

Der Drang zur Exhibition ist bei Kindern unüberwindlich. Erst die Macht der Erziehung verwandelt die Schamlosigkeit in Scham. Die stärkste Kraft im Kinde ist der Drang alles zu sehen [Voyeur, das Zuschauertum[1])] und der Drang sich zu entblößen. (Der Entkleidungsdrang, Exhibitionismus.) Überläßt man Kinder unter 5 Jahren ihren Neigungen, so beginnen sie sich zu entblößen und einander die Genitalien zu zeigen. Auch Berührungen der Genitalien kommen vor. Diese Vorgänge sind so typisch, daß sie in keiner Lebensgeschichte eines Menschen fehlen, außer bei den Neurotikern, die ständig unter Aufsicht der Erwachsenen standen oder ohne kindliche Gesellschaft aufgewachsen sind, was zu einer bestimmten Form der Neurose führt, die eine seltsame Kombination von Infantilismus und allzufrüher geistiger Veraltung darstellt. (Diese Menschen werden oft um ihre Kindheit betrogen und bleiben trotzdem ewige Kinder.)

Die Kinder bleiben aber nicht beim Entblößen und Berühren, beim voreinander Defäzieren stehen. Überläßt man die Kinder ihren Trieben, so kommt es meistens zu Koitusversuchen mannigfacher Art.

Nach meinen sicheren Beobachtungen treten diese Koitusversuche schon im zweiten Lebensjahre auf. Während es bei Erwachsenen vorkommt, daß sie nicht wissen, wie ein Koitus ausgeführt werden soll

[1]) Ein dreijähriger Junge wurde gefragt, was er werden wolle. „Ich will Zuschauer werden." Auf die Frage, was das sei, erklärte er: „Ich will den Frauen beim Waschen zusehen, weil sie da immer nackt sind." Die Mutter des betreffenden Kindes pflegte sich vor ihm zu waschen.

— solche Schilderungen habe ich von Frauen und Männern oft vernommen —, zeigt sich das Kind als ausgesprochenes Triebwesen, welches der Natur viel näher steht und keinerlei Belehrung bedarf.[1])

Koitusversuche der Kinder sind keine Seltenheit. Der früheste Fall, der mir bekannt ist, betrifft einen Knaben von 2 Jahren, der mit einem dreijährigen Mäderl spielte. Instinktiv, ohne Belehrung, versuchten sie den Koitus. Ebenso merkwürdig ist der Umstand, daß die Kinder wissen, es handelt sich um etwas, was man nicht erzählen darf, was also verboten ist. (In den vorliegenden Bänden dieses Werkes finden sich genügend Beispiele, so daß ich mir die weitere Kasuistik ersparen kann.)

Aus *Liepmanns*[2]) trefflichem Buche entnehme ich den „Bekenntnissen der Patienten" eine wahrheitsgetreue Schilderung dieser Vorgänge:

Ich verlebte meine ganze Jugend in einem Hinterhause im Norden Berlins, einem richtigen Arbeiterviertel. Meine Eltern sind arme, ungebildete Leute, mein Vater ist Schuhmacher. Doch sind sie beide fromm katholisch und stets besorgt gewesen, ihre Kinder etwas werden zu lassen. Zu Hause habe ich auch nie ein unsittliches Wort gehört. Wir waren aber 5 Kinder (vier Knaben, das jüngste ein Mädchen). Ich war der zweite und verlebte mit meinem 2 Jahre älteren Bruder eine Jugend ziemlich ohne Aufsicht, denn meine Mutter hatte immer viel mit den jüngeren Geschwistern zu tun. Die einzige Schranke war bis zum 9. Lebensjahr die, um 8 Uhr abends oben zu sein, Sonntags durften wir aber auch bis um 9 Uhr auf der Straße liegen. Mein erstes Erlebnis auf sexuellem Gebiet hatte ich mit 4 Jahren. Ich kann mich noch sehr genau darauf besinnen. Mein damals 6jähriger Bruder nahm sich abends im Halbdunkel das Nachbarmädel von 6 Jahren vor, knöpfte ihr die Höschen ab und spielte mit den Fingern am Geschlechtsteil herum, wie es auch viele der anderen Kinder heimlich machten. Wir nannten das damals „Vaterchen und Mutterchen spielen". Das Mädel ließ es sich auch gefallen, legte sich dabei lang auf den Rücken und schien mächtigen Spaß daran zu haben. Jedenfalls kam die Sache noch am selben Abend raus, denn das Mädel konnte sich die Hose nicht allein auf- und zuknöpfeln, so daß die Mutter etwas merkte, das Mädel ausfragte und zu meiner Mutter gelaufen kam. Mein Bruder und ich bekamen dafür ganz jämmerliche Prügel, worauf wir das Mädel mit Verachtung straften, weil es „gepetzt" hatte. Trotzdem hatte mein Bruder kurze Zeit darauf wieder ein anderes Mädel zu diesem Zweck, und trieb es so in der ganzen Zeit bis zu seinem 14. bzw. 15. Lebensjahr, wo er als Kaufmannslehrling das erste Mal richtigen geschlechtlichen Verkehr hatte. In dieser Zeit kam das mehrere Male meinen Eltern zu Ohren und jedesmal bezog er dafür die fürchterlichsten Prügel. Trotzdem ließ er es nicht. Ich selbst hatte nur die ersten Male mitgespielt, dann unterließ ich es aus Angst vor

[1]) Vgl. meine Studie „Über Koitus im Kindesalter". Wiener med. Blätter. In Bd. II, S. 4, II. Aufl., teilweise aufgenommen.

[2]) *Wilhelm Liepmann*, Psychologie der Frau. Verlag Urban & Schwarzenberg, Berlin-Wien, 1920.

der Strafe, trotzdem ich das weiche, warme Gefühl an den Fingern auch stets angenehm empfunden habe. Gedacht haben wir uns nichts dabei, wir taten es nur wegen des Gefühls an den Fingern und weil es die anderen auch taten. Diese Art Spielerei scheint mir auch heute noch in meiner Gegend modern zu sein. Erst vor einigen Tagen traf ich mittags auf der Bodentreppe einen 7jährigen Knaben und ein 5jähriges Mädel, die es auch taten. Auf meine Frage, was sie täten, antworteten sie lachend: „Wir spielen." Als ich darauf sagte, das wäre doch verboten, und wenn es die Eltern erführen, bekämen sie Prügel, sagte mir der Junge mit frechem Gesicht: „Das tut mein Vater doch mit meiner Mutter." Sein Vater ist allerdings ein ziemlich gewöhnlicher Mensch (Fabriksarbeiter), doch kann ich mir nicht denken, daß er sich so wenig in Gegenwart seines Jungen versieht.

Jedenfalls weiß ich ganz genau, daß die Arbeiterkinder sehr viel in dieser Art und Weise spielen und es auch trotz aller Prügel, die sie dafür bekommen, nicht lassen können. Sie müssen also nach meiner Meinung doch ein bestimmtes Lustgefühl haben, das oft die Angst vor der Strafe überwindet.

Es kommt aber auch vor, daß Knaben eine Aggression auf ältere Personen versuchen. Die Mutter, die Tante, das Dienstmädchen, die Amme können Objekt der Aggression sein. Es ist wenig bekannt, daß diese Aggressionen hie und da wohlwollend geduldet werden, ja mitunter zu einer Art regelrechtem Verhältnis führen. (Die Ablehnung der Aggression hat später in der Dynamik der Neurose eine große Bedeutung.) Viel häufiger sind Verhältnisse unter den Geschwistern. Die Unsitte, oft aber auch der Zwang, hervorgerufen durch soziale Verhältnisse, mehrere Kinder in einem Bette schlafen zu lassen, führen zur Anknüpfung sexueller Beziehungen, die sich oft durch die ganze Jugend ziehen. Ich kenne genügend Beispiele, daß der im frühesten Kindesalter begonnene Koitus unter Geschwistern bis nach der Pubertät und noch später fortgesetzt wurde.

Dabei ist zu berücksichtigen, daß die Kinder ausgesprochen bisexuell sind und sich zum gleichen Geschlecht ebenso hingezogen fühlen wie zum entgegengesetzten. Daher kommt es auch unter Brüdern (unter Schwestern) zu zärtlichen Berührungen. Merkwürdig ist der Zug nach paraphilen Befriedigungen. Die Knaben machen einander Fellatio, ohne daß sie darüber belehrt werden. Auch der Kunnilingus und der Annilingus haben unter Kindern eine große Beliebtheit. Ich kenne einige Mädchen, die in der frühen Kindheit von ihren Brüdern durch einen Kunnilingus gereizt wurden und nun immer nach dieser Art der Lustgewinnung verlangen. Auch das Hineinstecken von Gegenständen in den Anus ist ein beliebtes sexuelles Spiel. In einem mir bekannten Falle steckten 2 Brüder (6 und 7 Jahre) ihrem vierjährigen Schwesterchen einen Spray-Apparat in den Anus und trieben dann durch Pumpen die

Luft ein. Bleistifte, Federkiele, alle spitzen Gegenstände werden in den Anus gesteckt.

Ich habe in früheren Schriften wiederholt auf den Sadismus der Kinder aufmerksam gemacht. Die Kriminalität der Kinder, die eigentlich gar keine Kriminalität ist, sondern nur eine Art Urmenschentum bedeutet, läßt sich erst nach längerem Studium dieser Motive und nach eingehender, objektiver Beobachtung feststellen.

Das Kind ist absolut egoistisch und zur Welt mit Haß eingestellt. Es liebt nur die Objekte, die ihm Lust spenden. Es spielt immer mit Todesgedanken, möchte alle Rivalen (die Geschwister, die Eltern, die Hausfreunde, die Verwandten) aus der Welt schaffen, wenn sie sich seinen Trieben hemmend entgegenstellen und die Erziehung auf gewaltsame, alle Trotzreaktionen herausfordernde Art, vollziehen.[1])

In den erotischen Spielen der Kinder tritt das sadistische Moment deutlich zutage. Der Partner wird gefesselt, gekneift, gepufft, geschlagen, gestochen. Schläge auf den nackten Popo sind ein beliebtes Spiel, dessen Fixierung sadistisch-masochistische Paraphilien verursacht. Mitunter führen diese Spiele zu schweren Verletzungen, so daß dann die Eltern hinter diese „Kindereien" kommen.[2]) Besonders die psychopathischen Kinder stechen durch ihren brutalen Sadismus, durch ihren stark betonten Egoismus und den Mangel jedes sozialen Gefühles hervor.

Bei den normalen Kindern bildet sich schon früh unter dem Einfluß der Erziehung die Konversion der Urtriebe vor. Sie werden übertrieben schamhaft, ekeln sich vor jedem Schmutz, sind krankhaft mitleidig, können kein Blut sehen und kein Tier quälen, während sie vorher ihre Freude an Tierquälereien hatten, zeigen die ersten Ansätze von Frömmigkeit und Reife. Es ist hauptsächlich die Angst vor der Strafe Gottes, die aus den kleinen Kindern reuige Moralisten macht.

Diese erste Reaktionsperiode tritt bei den Kindern ungefähr um das fünfte Lebensjahr auf. Bei einem Kinde früher, bei dem anderen später. Das hängt von seiner geistigen Frühreife ab.

Später, zwischen 11 und 14, kommt es zu einer zweiten frommen Periode, die ebenfalls als Reaktionsbildung auf die kriminellen Regungen aufzufassen ist.

[1]) Vgl. Bd. IV, S. 24.

[2]) Ein 10jähriges Mädchen wußte ihre beiden um weniges älteren Kusins so zu reizen, daß sie in Wut gerieten und sich auf sie stürzten. Dann begann eine fürchterliche Rauferei. Sie wurde von ihnen geschlagen, gefesselt, an den Haaren gezerrt usw. Sie verschwieg das alles. Man kam darauf, weil sie jedesmal nach dem Besuch bei ihren Verwandten mit blauen Flecken heimkehrte. Sie war erotisch an diese beiden Jungen fixiert und jahrelang wurde dieses „Raufen" fortgesetzt, das natürlich ihren Jahren entsprechend einen anderen Charakter annahm. Aber immer forderte sie ihre Kusins zum Kampf heraus. — Ich entsinne mich auch eines Falles, daß sechsjährige Knaben einen Kameraden aufhängten.

Doch kehren wir nach dieser Abschweifung zu dem dreijährigen Kinde zurück. Das Kind beginnt die Erwachsenen sehr genau zu beobachten, lauscht auf ihre Worte, trachtet womöglich ihre sexuellen Akte zu belauschen. Liegen die Kinder im Nebenzimmer, so rekonstruiert ihre Phantasie aus den Geräuschen der Nachbarschaft alle Vorgänge (Nebenzimmer-Erotik). Gar nicht selten belauscht es den Koitus der Eltern. Es bildet sich aus dem Stöhnen der Mutter, aus der Position, die auch direkt beobachtet werden kann, eine sadistische infantile Sexualtheorie. („Der Vater schlägt die Mutter.") Diese Vorstellungen assoziieren sich mit einer dunkel-verstandenen, erst später aufgefaßten Vergewaltigungsphantasie. Zugleich beginnt das Grübeln und Spekulieren über das Rätsel der Zeugung und Geburt. Die sonderbarsten infantilen Sexualhypothesen werden ausgebrütet. Die Mutter küßt den Vater, der Speichel des Vaters kommt in den Bauch und dort wächst ein Kind; oder die Eltern urinieren oder defäzieren zusammen; auch die Berührung der Nates, die Vermengung der Flatusse erzeugt nach ihrer Annahme ein Kind; das Kind wird aus dem Bauche geschnitten; der Bauch muß aufplatzen, damit das Kind herauskommen kann.

Ich habe nur einige spärliche Beispiele gegeben. Es ließen sich sicherlich tausende solcher infantiler Geburts- und Zeugungshypothesen sammeln, die von der ebenso restlosen und phantastischen Denkarbeit des Kindes in sexualibus Kunde geben. Das Kind beobachtet meistens sehr genau, daß die Mutter dicker wird, wenn man ihm von einem neuen Brüderchen oder Schwesterchen zu erzählen anfängt. Es läßt sich die Märlein vom Storche vorerzählen und denkt sich seinen Teil dabei.

Kinder sind unglaubliche Schauspieler und Heuchler. Haben sie sich einmal überzeugt, daß die Eltern lügen, so versuchen sie auch die Eltern zu prüfen, ob sie in Wahrheit allwissend sind und beginnen mit kleinen Lügen, die sich bis zu einer ausgesprochenen „Pseudologia phantastica" steigern kann, wie wir sie bei erwachsenen Hysterikern hie und da begegnen.

Die Lügen der Kinder sind die gewöhnliche Art, wie die Kinder reagieren, wenn sie merken, daß man sie in sexualibus belügt. Als Parallelerscheinung ist die übertriebene Wahrheitsliebe der Kinder aufzufassen. Diese fanatische Wahrheitsliebe ist eine Überkompensation einer einzigen Lüge. Diese Kinder onanieren meistens und verbergen diese Onanie vor dem forschenden Blick der Umgebung.

Die Kinder prüfen früh die Macht der Großen, machen sich über ihre Allwissenheit lustig.[1]) Auch Gott wird auf seine Allmacht geprüft.

[1]) Der 7jährige, überaus frühreife Junge einer Patientin wußte die Mutter durch Fragen oft so in die Enge zu treiben, daß sie um eine Antwort verlegen war. So fragte er sie auch einmal um etwas, was sie nicht wußte. „Du weißt das nicht, Mama.

4*

Blasphemien werden ausgesprochen und zitternd wird auf die Reaktion gewartet. Bleibt die Strafe aus, so beginnt das Kind an Gott und seiner Macht zu zweifeln und hält die Erzählungen von Gott für ein Märchen. Erst durch die weitere Erziehung und durch das Schuldbewußtsein beugt das Kind seinen Nacken und wird wieder fromm und demütig. Oft wechseln die Phasen einander ab. Immer wieder versucht das Kind sein Schuldbewußtsein zu überwinden und die Angst vor der Strafe Gottes in Trotz gegen Gott und alle Autorität umzuwandeln.

Das Schuldbewußtsein des Kindes stammt aus seiner maßlosen Eifersucht und Rachsucht, aus seiner Empfindlichkeit und den daraus resultierenden Rachephantasien. Die meisten Kinder haben den Glauben an die Allmacht ihrer Gedanken. Dieser Glaube kann sich durch merkwürdige Zufälle verstärken, fixieren und die Grundlage einer sehr schweren Neurose werden. Alle Kinder träumen von übernatürlichen Kräften, Tarnkappen, Zauberringen und Zauberstücken. Es handelt sich immer darum, im Kampfe gegen die Riesen (die Großen) durch diese übernatürlichen Mittel die eigene Kleinheit und Schwäche ins Sieghafte und Göttliche umzuwandeln.

Ich habe schon die Neigung des Kindes zu Todeswünschen erwähnt. Es betrachtet z. B. seine ältere Schwester als Bevorzugte und beneidet sie um die bevorzugte Stellung. Der ältere Bruder und die ältere Schwester spielen in der Neurose eine große Rolle. Eifersüchtig und argwöhnisch empfängt das ältere Kind die Nachricht von der Ankunft eines neuen Rivalen. Sehr charakteristisch äußerte sich ein Kind von zwei Jahren, als ihm sein soeben vom Storch gebrachter Bruder gezeigt wurde: „Der soll fort!“ Andere sprechen von Töten, Umbringen, Kopfabhacken des Rivalen. Diese Reaktion ist bei sanfteren Kindern kaum angedeutet und wird bald durch eine übertriebene Liebe kompensiert. Mädchen können sich mit der Mutter identifizieren und übertriebene Sorgfalt und Liebe für das kleine Kind entfalten.

Doch Kinder mit einem starken Triebleben hassen den Rivalen, der ihnen einen Teil der elterlichen Liebe und Aufmerksamkeit raubt. Um diese Zeit fangen die älteren Kinder an, schlimm zu werden, um die Mutter zu bestrafen, ihre Aufmerksamkeit zu erzwingen und sie in Affekt zu bringen.[1]) (Sie vertragen keine gleichgültige Mutter.) Das

---

Du bist doch sonst so gescheit, wieso heute nicht.“ Auch pflegte er öfters sie direkt auszulachen und zu sagen: „Nein, wie kann man eine solche blöde Frage stellen!“

[1]) Ich beobachtete in Amerika ein dreijähriges Mädchen, das seine Mutter durch Kaufaulheit und Erbrechen zur Verzweiflung brachte. Sie hielt die Speisen oft eine halbe Stunde lang im Munde und gezwungen, sie hinunterzuwürgen, erbrach sie das Genossene. Ich erkannte, daß das Kind auf den 8monatlichen Bruder eifersüchtig war Es verlangte nach der Flasche und wollte nur aus der Flasche trinken. Im Schlafe schrie es nach der Flasche und streckte die Händchen darnach aus. Der kleine Bruder

gleiche Spiel wird auch dem Vater gegenüber getrieben. Nur kommt oft noch die Furcht vor der Strafe hinzu, die infolge früh entwickelter masochistischer Einstellung sich in ein Verlangen nach der Strafe wandeln kann, besonders wenn die Strafe nicht zu hart ausfällt und infolge der dabei entstandenen Reizung der Hautpartien des Gesäßes sich in Lust verwandelt.

Dieser geheime Glaube an die Allmacht seiner Gedanken kann das Unglück des Kindes werden. Es wünscht z. B. seinem jüngeren Brüderchen den Tod. Das Brüderchen erkrankt und der erste Gedanke des bösen Egoisten drängt sich vor: „O, möge der Bruder sterben!" Wenn nun der Bruder zufällig stirbt, dann hält sich das Kind für schuldig, führt den Tod auf seine bösen Gedanken zurück. Infolge dessen erzwingt das Schuldbewußtsein eine völlige Wandlung des Charakters. Das vorher trotzige, wilde, ungebärdige Kind wird gefügig, zahm und scheu. Es wird fromm und übertreibt diese Frömmigkeit. Aus Angst vor seinen bösen Gedanken kann sich eine kindliche Zwangsneurose entwickeln, Reinlichkeitsmanie, Drang zu zählen, zu sammeln, zu ordnen, Angst zu vergessen.

Die Zwangsneurose, diese furchtbare Geißel des Kulturmenschen beginnt gewöhnlich im fünften Lebensjahre. Fast alle Kinder zeigen mehr oder weniger zwangsneurotische Symptome. Die meisten verschwinden bald (Grimassieren, Ticks, blicken nach der Uhr, Zwangslachen, Zwangsweinen, Zwangszählen, allerlei merkwürdige Bewegungen, zeremonielle, kunstvolle Systeme, Aussprechen sinnloser Worte). Auch verschiedene Phobien und Idiosynkrasien zeigen den Kampf in der Seele des Kindes.

Um die Kinder besser zu verstehen, müssen wir uns, so schwer es uns erscheint, zur Ansicht bekehren, daß das Kind das genannte Re-

---

wurde täglich gebadet. Sie sah mit großem Interesse zu. Aber es bildete sich bei ihr eine Badephobie aus. Jeden Abend schrie sie: „Mutter, bitte nicht waschen! Bitte mich nicht baden!" Sie wünschte, der Bruder solle ertrinken und die Phobie war die Angst vor der Vergeltung. (Talion.) Die Eltern stritten jeden Abend. Das Kind war Zeuge der häuslichen Szenen. — Ein Arzt hatte den Rat gegeben, das Kind zum Essen zu zwingen. Wenn es erbrochen hatte, mußte es die Mahlzeit wiederholen. Ich erkannte die Trotzreaktion des Kindes und seinen Wunsch, die Mutter zu quälen, zu strafen und zu beschäftigen. Das Mädchen wollte im Mittelpunkte des Interesses sein. Ich behandelte den Mann. Die Ehe wurde glücklich. Es gab keinen Zwist mehr. Ich gab den Eltern den Rat, sich nicht um die Reaktionen des Kindes zu kümmern und es nicht mehr zum Essen zu zwingen, in der Erwartung, daß der Hunger das Kind besiegen werde. Die Mutter folgte. Der Erfolg war ein verblüffender. Nach ein paar Tagen hörten die Kaufaulheit und das Erbrechen auf. Das Kind wurde ruhig. Es durfte nicht mehr zusehen, wenn der Bruder gebadet und gepflegt wurde. Die Mutter wurde angewiesen, vor dem Kinde nicht mit dem Bruder zärtlich zu sein. Auch diese Maßnahme schien die erwartete Wirkung nicht verfehlt zu haben.

pertoire der Ursexualität spielt und alle diese Urinstinkte bekämpfen und überwinden muß.

Das Kind hat kein ästhetisches Unterscheidungsvermögen. Es liebt alle Menschen, die ihm Gutes erweisen (Lustspender), ob sie schön oder häßlich, alt oder jung sind. Dadurch entstehen die merkwürdigsten Geschmacksverirrungen, welche die Erwachsenen zeigen, Liebe zu Buckligen, Schielenden, zu Greisen (die Liebe zu den Großeltern als Ursache der Gerontophilie), zu häßlichen nach dem Stuhl riechenden Mägden. Das ästhetische Urteil, schön oder häßlich, wird dem Kinde erst anerzogen. Daher finden die Kinder, daß ihr Vater der stärkste Mann und ihre Mutter die schönste Frau ist, mit denen man die anderen Menschen gar nicht vergleichen kann. Nur in Ausnahmsfällen zeigt sich schon früh ein ausgesprochener Schönheitssinn.

Besonders interessiert die Kinder der Geruch der Menschen. In dieser Periode bildet der üble Geruch eine starke Anziehungskraft. Das Kind riecht gerne den eigenen Schweiß, der sogar zwischen den Zehen entfernt und zur Nase geführt wird. Es fühlt sich zu stark schwitzenden Personen hingezogen. Ein Schweißfuß einer Köchin kann die erste Ursache eines Fußfetischismus werden *(Abraham)*.

Auch weibliche Personen, die aus den Achseln stark riechen, werden bevorzugt. Diese Neigung kann im späteren Alter erhalten bleiben oder sich in Ekel konvertieren, hinter dem sich die alte ungeschwächte Anziehungskraft des Schweißes verbirgt.

Wenig erforscht sind die kannibalistischen und nekrophilen Instinkte des Kindes. Die Kinder hören die Märchen vom Menschenfresser sehr gerne und spielen oft Menschenfresser. Beim Essen verwandeln sich einzelne Speisen in kleine Kinder. Die Nudeln verwandeln sich in Fingerchen, auch mit Nockerln und anderen Mehlspeisen wird ein ähnliches Spiel getrieben. So weigerte sich einmal ein 12jähriger Junge Zwetschkenknödel zu essen mit der Motivierung, sie erinnerten ihn an angeschwemmte Leichen. Das Obst wird zu Menschenseelen verwandelt. Das Aufschneiden und Beißen des Obstes wird in der kindlichen Symbolik zu kannibalistischen Akten umgewandelt.

Aber sehr bald werden diese Triebe, die sich auch als Vampirismus äußern, verdrängt und mit Angst und mit Ekel belegt. Die Kinder zeigen vor bestimmten Speisen Ekel, wenn sie sie an Kot und Menschenteile erinnern. Der gleiche Ekel betrifft Getränke, die an Urin oder Blut erinnern. Rote Speisen, die an Blut erinnern, werden verabscheut (z. B. rote Rüben, rote Rübensuppe, blutiges Fleisch, Blutwurst, Blutsuppe, Himbeeren, Erdbeeren, Himbeersyrup). Diese Idiosynkrasien sind bei den einzelnen Kindern verschieden. Fast allen kleinen Kannibalisten ist „Haut in der Milch“ und „Haut im Kaffee“ ekelhaft, welche Abneigung oft durch das ganze Leben verbleibt. Überdies äußert sich der Kannibalismus und der Vampirismus bei Kindern in der Neigung zu beißen, das fremde und das eigene Blut zu lecken. In der Neurose äußert sich der Kannibalismus dann als Abneigung gegen Fleisch (Vegetarismus) und in einer Überempfindlichkeit der Mundzone, die sich bis zur nervösen Aneroxie steigern kann *(Abraham)*.

Erwähnenswert ist auch die starke Zoophilie der Kinder. Da sie der Natur viel näher stehen, die ganze Natur beleben, haben sie auch zu den Tieren ein viel intimeres Verhältnis wie der Erwachsene. Die Tiere werden leidenschaftlich geliebt und als Sexualobjekte behandelt. Sexuelle Reizungen mit Hilfe von Tieren kommen häufig vor. Hunde werden zum Lecken abgerichtet, sogar Fliegen werden zur Onanie benützt.

In den Spielen der Kinder kommt die Identifizierung mit den Tieren deutlich zum Vorschein. Die Kinder spielen Hunde, Katzen, Bären, Wölfe, Hühnervolk, Löwen, Fische usw. In dem Kapitel über Zoantropie werden wir den Verknüpfungen der Zoophilie mit der Sexualität begegnen und in jedem Falle sehen, daß die Identifizierung mit dem Tiere entweder mit sexuellen oder kriminellen Phantasien verknüpft ist. Der Hund beißt, die Katze kann kratzen, der Hahn pickt die Augen aus, der Wolf saugt das Blut aus. In den Märchen, die uns das Seelenleben des Kindes deutlich widerspiegeln, begegnen wir allen kriminellen und sexuellen Motiven.[1]) Das Tier ist der Bringer des Todes und der Rächer der verletzten Eigenliebe. Infolge des Schuldbewußtseins können sich dann Tierphobien ausbilden, wie sie *Freud* besonders beim kleinen Hans (l. c.) beschrieben hat.

Die Zoophobien sind bei Kindern sehr ausgeprägt und verlangen eingehendes analytisches Studium, ebenso wie Zoophilien, weil uns auf diese Weise viele Infantilismen der Erwachsenen erst verständlich werden können.

Sehr häufig sind Onaniephantasien mit Tieren verknüpft. Auch kommt es vor, daß Kinder beim Orgasmus tierische Laute ausstoßen, z. B. Bellen oder Krähen.

Es gibt Kinder, bei denen die Onanie von dem Säuglingsalter an ohne Unterbrechung bis in das spätere Alter (Pubertät und darüber hinaus) fortgesetzt wird. Das sind gerade die nicht neurotischen Menschen, die sich eben durch eine vollständige Erinnerung an ihre Kindheit auszeichnen. Es fehlt ihnen jene Amnesie, welche fast allen Neurotikern in bezug auf ihre Kindheit eigen ist. In vielen Fällen hört nach der Säuglingsperiode die Onanie auf (*Freud* nennt diese Zeit die „Latenzperiode"), um dann wieder durch Verführung oder durch eigene

---

[1]) Vgl. *Wulffen:* Das Kriminelle im Volksmärchen. Arch. f. Kriminalogie.

Erfindung neu erweckt zu werden. Diese zweite Onanieperiode hängt mit den Spielen der Kinder zusammen. Werden die Kinder ohne Aufsicht gelassen, so beginnen ungefähr bis zum Alter der Pubertät die erotischen Spiele. Gewöhnlich unterrichtet der ältere Knabe den jüngeren in den onanistischen Manipulationen. Besonders um das sechste Lebensjahr, wenn die Kinder in die Schule gehen, kommt den Kindern durch erfahrene Mitschüler neues Wissen und neues Material zum Phantasieren zu.

Das Kind versuchte bisher durch eigenes Nachdenken, scharfe Beobachtung, Belauschen der Dienstbotengespräche und direktes Fragen der Wahrheit nahe zu kommen. Nun werden die gemeinsamen Beobachtungen und Erfahrungen ausgetauscht. Viele Kinder, welche die Wahrheit nur dunkel geahnt hatten, erfahren jetzt, wie sich die Erwachsenen vergnügen und wie sie es machen, um Kinder in die Welt zu setzen.

Die erste Reaktion des bisher unbelehrten Kindes ist eine Reaktion gegen die Vorstellung, daß die eigenen Eltern „so etwas" machen könnten. „Nein! Meine Eltern haben so eine Schweinerei nicht gemacht."[1]) Manche Kinder bei denen die Verdrängung der ersten Erfahrungen und Eindrücke bereits vollzogen ist, kommen zur Mutter und teilen ihr das Gespräch mit, fordern Aufklärung. Viele Kinder teilen diese Gespräche in heuchlerischer Absicht mit, die Eltern nochmals auf ihre Wahrheitsliebe zu prüfen. Andere verschließen sich vor den Eltern und hängen sich nun an die Kameraden, die immer wieder neue Beobachtungen und neue Hypothesen vorbringen.

Ich möchte bei dieser Gelegenheit betonen, daß ich diese frühe Aufklärung (die Lehrer nennen es das frühe Verderben der kindlichen Seele) für harmlos und selbstverständlich halte. Die Reaktion der Eltern und Lehrer, wenn sie zufällig von diesen Vorgängen erfahren, ist einfach lächerlich. Die Seele des Kindes wird weder vergiftet noch geschädigt, sonst gebe es lauter Kranke auf dieser Welt.

Im Gegenteil! Ich habe die schwersten Neurotiker unter Menschen gefunden, die nie onaniert haben und immer von den Eltern und Erziehern so bewacht wurden, daß sie nie allein waren. Diesen Menschen fehlt dann der Sinn für die Realität, sie bleiben immer Phantasiemenschen, sie sind scheu und sozial unbrauchbar.

Das Kind entlastet sein Schuldbewußtsein, wenn es merkt, daß die anderen Kinder auch so „schlimm" sind. Es fühlt unbewußt das „Allgemein-Menschliche" dieser Vorgänge, während das von den Gespielen isolierte Kind durch ein hypertrophisches Schuldbewußtsein („anders zu sein wie alle") zu Boden gedrückt wird.

---

[1]) *Herbert Oczeret* (Die Nervosität als Problem des modernen Kulturmenschen. Zürich, 1918) führt uns diese kindlichen Konflikte vor Augen.

Zwei entgegengesetzte Strömungen kämpfen in der Brust des Kindes um die Herrschaft. (Die Bipolarität ist auch beim Kinde deutlich ausgeprägt und die ersten Zweifel, die aus der endopsychischen Erkenntnis dieser Bipolarität erwachsen, setzen früh ein.) Auf der einen Seite steht die Selbstliebe des Kindes, der Narzißmus, der sein Ich ins Göttliche vergrößert und vom „Willen zur Macht“ angetrieben, sich nach grenzenloser Kraft und Schönheit sehnt. Das Kind will größer, stärker und reicher sein als seine Umgebung. Es lauscht atemlos den Märchen, in denen der Kleine, der Schwache, der Däumling den Riesen besiegt und die Königstochter erringt. Es glaubt an seine eigene Zaubergewalt. Die bewundernden Aussprüche der Umgebung tragen dazu bei, den Ehrgeiz des Kindes anzustacheln. Es ist in sich verliebt und erwartet von sich und für sich das Allerhöchste. Kinder können sich stundenlang im Spiegel betrachten, besonders wenn sie nackt sind, sie bewundern alles an sich und besonders ihre Genitalien.

Freilich, da fallen ihnen die Genitalien der Erwachsenen ein, die sie flüchtig einmal gesehen haben und ihr Größenwahn verwandelt sich in ein drückendes Minderwertigkeitsgefühl. Das Bewußtsein der eigenen Schlechtigkeit baut dieses Minderwertigkeitsgefühl aus, das sich täglich durch den Vergleich mit den Großen verstärkt. So wird das Kind von Größenwahn, der sich in den Phantasien auslebt, und dem Minderwertigkeitsgefühle, das aus den Quellen der Wirklichkeit gespeist wird, hin und her gezogen. Es hat nur einen Wunsch: Zu wachsen und bald groß zu sein. Die Sehnsucht der Knaben geht dahin, einen großen Penis, ein großes Skrotum, einen großen Bart zu haben; Mädchen wünschen sich Haare in der Schamgegend, einen schönen Busen, langes, strahlendes Haar. Eigene Körperfehler werden entweder in der blinden Vergötterung des eigenen Ich übersehen oder zum Ausbau des Minderwertigkeitsgefühles verwertet, dessen Wurzel immer die Erkenntnis der eigenen Niedrigkeit und Schlechtigkeit ist.

Es ist ungemein schwierig, die weitere Entwicklung des Kindes zu schildern. Denn es gibt kaum zwei Kinder, die den gleichen Entwicklungsgang nehmen. Ungefähr um das zehnte Lebensjahr ist der Charakter des Kindes schon deutlich entwickelt. Man merkt die Wirkungen seiner Trotzeinstellung oder seine Unterwerfung bei den kleinsten Handlungen. Bei Knaben pflegt das Wissen der Sexualität schon gänzlich durchgedrungen zu sein. Noch immer bezieht das Kind seine Sexualobjekte aus der Umgebung. Die Mutter wird leidenschaftlich geliebt, aber noch leidenschaftlicher lieben Knaben den Vater. Die homosexuelle Einstellung der Knaben zum Vater wird meistens übersehen. Die *Freud*-schule weist immer auf den „Oedipus-Komplex“ (die Liebe des Sohnes zur Mutter) hin und übersieht meistens den homosexuellen Komplex des

Knaben, der sich in einer Trotzeinstellung gegen den Vater äußert. Diese Trotzeinstellung kann schon die Ursache schlechten Fortgangs in der Schule und flegelhaften Benehmens sein. Bei Töchtern sind die Verhältnisse ähnlich. Die Eifersucht erstreckt sich nicht nur auf den Vater, sondern auch auf die Mutter und die Geschwister.

Doch schon sehr früh versucht das Kind, von der Liebe seiner Umgebung abzuschwenken und seine Liebesobjekte außerhalb der Familie zu suchen. Es ist uns aus Dichterbiographien[1]) und eigenen Beobachtungen bekannt, wie früh sich Kinder verlieben können. Bei vierjährigen Kindern konnte ich dieses Phänomen bereits beobachten. Knaben verlieben sich in eine Tante, eine Kusine, eine Freundin der Schwester oder in ein gleichaltriges, auch in ein jüngeres weibliches Wesen. Diese Leidenschaften sind mitunter außerordentlich heftig und können sehr lange andauern. (Ein schönes Beispiel erzählt Hebbel in seiner Selbstbiographie.)[2]) In der Schule wird der Lehrer oder die Lehrerin das Objekt einer leidenschaftlichen Liebe. Besonders charakteristisch für diese Zeit sind die Freundschaftsverhältnisse der Kinder, die jeden Unbefangenen deutlich ihren sexuellen Ursprung verraten. Diese Freundschaften gehen oft mit einem echten „Verliebtsein“ vor sich. Ich habe noch keinen Menschen gefunden, der sich nicht noch vor der Pubertät (in der undifferenzierten Periode *Dessoirs*) einmal homosexuell verliebt hätte. Besonders zwischen 10 und 14 Jahren tritt diese Neigung zum gleichen Geschlechte deutlich hervor und kämpft mit den heterosexuellen Tendenzen. Oft sind sich die Kinder der Unnatürlichkeit der Neigung bewußt und kämpfen dagegen an. In den meisten Fällen wird das sexuelle Motiv verschleiert. Aber die oft maßlose Eifersucht, die Neigung zu Umarmungen und Küssen verraten den sexuellen Charakter. In dieser Zeit bleibt es nicht immer bei der seelischen Liebe. Knaben haben ihr erstes homosexuelles Verhältnis. Es kommt zu gegenseitiger Reizung der Genitalien, in seltenen Fällen zur Immissio in anum oder zu Fellatio. Auch Mädchen können zu Berührungen kommen, wenn sie zufällig in einem Bette schlafen oder bei anderen Gelegenheiten (Baden).

In diesem Alter (zwischen 10 und 14) zeigt sich ein großer Unterschied zwischen Knaben und Mädchen. Die Knaben haben entweder die

[1]) Diesbezügliche Daten in „Dichtung und Neurose“ (Verlag J. F. Bergmann, Wiesbaden).

[2]) Hebbel erzählt: „Ich zitterte am ganzen Körper, wenn sie kam, wenn mir ihr Name genannt wurde; ich fühlte mich ordentlich unglücklich, wenn sie einen Tag ausblieb, und dennoch war ich kaum vier Jahre alt; sie schwebte mir vor, wo ich ging und stand, und ich wurde nicht müde, still für mich hin ihren Namen auszusprechen, wenn ich mich allein befand; besonders waren ihre schwarzen Augen und ihre sehr roten Lippen mir immer gegenwärtig, wogegen ich mich nicht erinnere, daß auch ihre Stimme Eindruck auf mich gemacht hätte, obgleich später gerade hievon alles bei mir abhing.“

Onanie nie aufgegeben (Fehlen der Latenzperiode *Freuds*) oder den Weg zum Autoerotismus wieder gefunden. Ihr Sexualinteresse ist ein ungeheures, sie wissen schon sehr viel und suchen direkt nach geeigneten Sexualobjekten. Bei Mädchen ist die Verdrängung der ersten Sexualperiode eine so vollkommene, daß sie gar nichts wissen und sich aufs neue belehren und aufklären lassen. Sie werden viel früher reif, zeigen eine stärkere Sexualablehnung. (Natürlich beziehen sich die Ausführungen nur auf den Durchschnitt. In Wirklichkeit gibt es keine allgemeine Regel.) Das erwachende Weib und das Kind bekämpfen einander. Die Neigung zum gleichen Geschlechte ist noch deutlicher ausgeprägt als bei Knaben.

Für die Aufklärung sorgen die Mitschülerinnen, das Lexikon und in vielen Fällen die Dienstboten. Es fehlt nicht an traumatischen Erlebnissen, auf die die Mädchen auch verschieden reagieren. Merkwürdig ist, daß der Sexualdrang bei Mädchen zwischen 13 und 16 Jahren so stark ist — offenbar unter dem Einflusse der Pubertätsdrüse —, daß in diesem Alter die Verführung leichter gelingt und die meisten Mädchen auf dem Lande und in der Stadt ihre Virginität in dieser Pubertätsperiode verlieren, sofern sie nicht schon vorher durch Spiele mit Altersgenossen und Verführung durch Erwachsene verloren gegangen ist. In den folgenden Jahren sind die Hemmungen viel besser aufgebaut, das seelische Gleichgewicht zwischen Trieb und Hemmungen ist schon wieder hergestellt.[1])

In der Pubertät kommen die Mädchen leicht in ihre zweite Onanieperiode. Die erste scheint mit allen ihren Erfahrungen und auch mit der ganzen ersten Sexualforschung vergessen zu sein. Es ist eine zweite Aufklärung notwendig, der Sexualtrieb wird so stürmisch, daß die Mädchen das erste sexuelle Erlebnis kaum erwarten können. Als Reaktion auf diesen Trieb kann dann eine exaltierte Frömmigkeit, lächerliche Prüderie, eine vollkommene Sexualablehnung eintreten. Diese Mädchen geloben dann ewige Keuschheit, sie verkünden stolz, sie würden nie heiraten, sie wollen in ein Kloster gehen — was sie leider auch öfters ausführen —, sie haben allerlei utopistische, menschheitserlösende Ideen, sie fliehen die Männer und schließen sich stürmisch an eine Freundin an, sie kommen mit den Eltern in Konflikt, wenn sie merken, daß diese noch immer zu einander sexuelle Beziehungen haben.

Diese Entdeckung erfüllt die jungen Mädchen mit Ekel. Sie stellen sich zu den Eltern mit Trotz ein. Sie können es nicht begreifen, daß man in diesem Alter noch solche Schweinereien machen könne. Sie zittern,

[1]) Einen ausgezeichneten Einblick in das Seelenleben eines Mädchens der Pubertätsperiode gewährt das „Tagebuch eines halbwüchsigen Mädchens". (Psychoanalytischer Verlag, 1919, Wien und Leipzig.)

die Mutter könnte noch ein Kind gebären und sich und sie dadurch maßlos lächerlich machen. Oft bricht bei der Geburt eines solchen Spätlings eine schwere Neurose aus.[1] Die Eifersucht kann zur Flucht in die Homosexualität, oder in eine andere Paraphilie führen. Oder sie treibt das Mädchen dazu, sich urplötzlich gegen seine bisherigen Anschauungen dem ersten besten Manne hinzugeben, was mitunter mit einem Suizid enden kann.[2])

Diese Pubertätsperiode ist eigentlich für jedes Mädchen eine große Gefahr. Denn das erste sexuelle Erlebnis kann leicht der Anlaß zum Ausbruche einer Psychose werden, wenn die entsprechende Veranlagung vorhanden ist und die moralischen Hemmungen sehr große sind.[3]) Diese Pubertätsperiode ist bei verschiedenen Mädchen verschieden. Sie umfaßt einige Jahre, nach deren Vollendung die eigentliche Kindheit abgeschlossen erscheint.

Für Knaben birgt die Pubertätsperiode lange nicht so schwere Gefahren wie für die Mädchen. Sie zeigen ein trotziges, launisches, bald sentimentales, bald zynisches Verhalten (Flegeljahre). Im Beginne der Pubertät kann eine zweite fromme Periode einsetzen (oft schon einige Jahre vorher), die meistens auf der Höhe der Pubertät überwunden und von einer atheistisch-materialistischen Weltanschauung abgelöst wird. Die Verhältnisse sind auch bei Knaben individuell verschieden. Bei manchen wird der Kampf gegen die Onanie heftiger und schließlich der Auto-Erotismus vom normalen Geschlechtsverkehr abgelöst. Der Beginn der aktiven sexuellen Betätigung fällt auf dem Lande und in der Großstadt gewöhnlich um das 13.—15. Jahr. Ein so früher Beginn ist, wie es meine Forschungen bewiesen haben, keineswegs eine Ausnahme, sondern die Regel.

Ich erinnere mich, daß in meiner Gymnasialklasse die meisten Knaben ihre Unschuld im Lupanar mit 14 Jahren verloren hatten. Wir waren ungefähr 50 Jungen aus allen Gesellschaftsschichten. Die älteren hatten schon Verhältnisse mit Dienstmädchen. In der IV. Klasse waren über 50% schon ihrer Unschuld beraubt. Der letzte verlor sie in der VI. Klasse. Er war lange der einzige. Die Tatsache seiner Mannbarkeit wurde durch ein improvisiertes Fest gefeiert. Man würde glauben, daß es sich um verdorbene Kinder gehandelt hat. Nein! Wir waren sehr

---

[1]) Vgl. *Freud:* Analyse eines Falles von weiblicher Homosexualität. Int. Zbl. f. Psychoanalyse, 1920.

[2]) Interessant ist wohl folgender Fall: Ein 15jähriges schönes Mädchen aus guter Familie ließ sich in Wien auf der Straße von einem fremden Manne ansprechen und folgte ihm ins Hotel. Es kam zu einem Verkehr, wobei es defloriert wurde. Da er in der Meinung war, eine Dirne vor sich zu haben, wollte er ihr Geld geben, was sie aber nicht annahm.

[3]) Vgl. das Kapitel „Das sexuelle Trauma der Erwachsenen" in Bd. III.

talentierte Burschen, gaben eine Zeitung heraus, gründeten einen literarischen Verein „Teut", der nur „schaffende" Mitglieder aufnahm. Die meisten haben es sehr weit gebracht. Verkommen oder entgleist ist kein einziger.

Ein großer Teil der Knaben wird in die Mysterien der Geschlechtstriebe durch Dienstboten, Erzieherinnen, Kusinen usw. eingeweiht.[1]) Die Paraphilie der Knabenliebe ist unter dem weiblichen Geschlechte sehr verbreitet. Auch die Gefahrlosigkeit dieser erotischen Spiele (Wegfall der Befruchtungsmöglichkeit[2]) und der Angst vor Infektionen) trägt sehr dazu bei, daß sich Frauen und Mädchen so gerne mit halbreifen Knaben abgeben.

Havelock Ellis hat zuerst auf die paradox erscheinende Tatsache aufmerksam gemacht, daß viel mehr Männer durch Frauen verführt werden als umgekehrt. Läßt man sich von Männern ihre sexuelle Lebensgeschichte erzählen, so erfährt man oft von solchen Begebenheiten. Zehnjährige Jungen werden von den Gouvernanten ins Bett genommen und zum Koitus oder zu irgend einer paraphilen Befriedigungsart abgerichtet.

In der Wiener psychoanalytischen Gesellschaft teilte einst Kollege Dr. X. seine Jugenderlebnisse mit. Mit 12 Jahren wurde er von einem Stubenmädchen verführt, die mit seinem Gliede spielte, bis sie Orgasmus erzielte. Das Verhältnis dauerte ein halbes Jahr. Dann kam ein anderes Stubenmädchen. Der an diese Art der Befriedigung schon gewöhnte Jüngling brachte sie bald dazu, das gleiche Spiel zu treiben. Bis zu seinem 19. Lebensjahre wechselten ungefähr 20—30 Mädchen in seinem Hause. Unter allen diesen Mädchen fand sich nur eine einzige, die sich weigerte, seinen Penis in die Hand zu nehmen. Dieses Geständnis wirft ein grelles Licht auf dunkle Gebiete. Die Sexualfreiheit der unteren Klassen ist eine viel größere, als man es gemeiniglich annimmt. Speziell die „dienenden Personen" scheinen sich für die mangelnde soziale Freiheit durch ausgiebige Sexualfreiheit zu entschädigen. Dazu kommt noch das Moment der Rache an der Herrschaft, der man die Kinder verdirbt. Daher verführen die Dienstmädchen so gerne die Söhne, sie lassen sich

[1]) Ein Patient erzählte mir, daß er und seine 3 Brüder von der französischen Gouvernante seiner Schwestern praktisch aufgeklärt wurden. Sie hatte nacheinander mit allen vieren ein Verhältnis, wobei es regelmäßig nach dem Alter ging. Mit 14 Jahren erfolgte die Einweihung am Termin des Geburtstages.

[2]) Ich kenne einige Fälle, in denen 14—15jährige Knaben ein Mädchen geschwängert haben. Ich erinnere mich des Aufsehens in unserer Schule, als eine Mutter mit einem Kind sich beim Direktor beklagte, daß die Eltern eines 15jährigen Jungen, der die Quinta besuchte, keinen Paternitätsbeitrag bezahlen wollten. Der arme Bursche wurde ausgeschlossen und damit die Sittlichkeit der Anstalt gerettet. Frank Wedekinds Drama „Frühlings Erwachen" scheint durchwegs dem Leben entnommen zu sein.

auch bereitwillig in Verhältnisse mit dem Dienstherrn ein und tragen sehr viel dazu bei, die Mädchen aufzuklären. Bei Verhältnissen machen sie ihnen die Mauer und unterstützen sie auf jede mögliche Weise. Ja, oft erleichtern sie dem Verführer die Eroberung und helfen ihm durch Überredung die moralischen und sozialen Bedenken des Mädchens zu überwinden.

Auch ältere (verheiratete) Frauen erliegen ihrer Pädophilie und suchen sich Liebesobjekte unter schönen, wohlentwickelten Knaben. Mütterliche Freundinnen, die sich mit vielen Knaben umgeben, sind meistens der Pädophilie verdächtig.

Einen physischen oder seelischen Schaden durch die frühe Verführung der Knaben habe ich nie bemerken können. Während Mädchen aus den oberen Schichten oft dadurch aus der Bahn geworfen, neurotisch oder psychotisch werden können, sich vor der Ehe fürchten (weil sie die Virginität verloren haben), kommen derartige Erschütterungen bei Knaben nicht vor.

Oft bestimmt das erste Erlebnis die Geschmacksrichtung des Individuums. Derartige Fälle sind in der Literatur sehr häufig mitgeteilt worden.

Moll berichtet über den Fall eines 13jährigen Knaben, der von einer Dame in einem Reitkleide verführt wurde und dann sein ganzes Leben lang nur bei Frauen potent war, die ein Reitkostüm anhatten.

Diese Fixierung an den ersten erotischen Eindruck und außerdem eine gewisse Verachtung und Geringschätzung der Frauen sind wohl die einzigen Folgen, die ich beobachten konnte. Allerdings ist der Schade der zynischen Einstellung zum weiblichen Geschlechte nicht gering zu veranschlagen. Diesen Menschen fehlt oft die Fähigkeit zur seelischen Liebe, sie fürchten sich an eine Frau zu binden („alle Frauen sind schlecht"), sie sind oft für die Ehe verloren. Ich habe aber Männer kennen gelernt, die trotz ähnlicher Erlebnisse sich nach „Idealen" gesehnt, sie gesucht und auch gefunden haben.

In einer Hinsicht haben diese Erlebnisse der Knaben sogar einen Vorteil. Der Weg zum Weibe wird nicht durch Feigheit und Überschätzung oder durch persönliche Minderwertigkeitsgefühle verrammelt. Unter Männern mit solchen Jugenderlebnissen habe ich wenige gefunden, die an seelischer Impotenz gelitten haben. Der Impotente hat gewöhnlich eine ganz andere Jugendgeschichte. Er hat lange onaniert und durch die Onanie gewisse Phantasien fixiert, deren Realisierung oft unmöglich ist. Oder er war keusch und kann dann als Erwachsener den Weg zum Weibe nicht finden.[1])

[1]) Ausführliches über die Psychogenese der psychischen Impotenz in Bd. IV.

Wie schon erwähnt, ist bei den Knaben die Verdrängung lange nicht so stark wie bei den Mädchen. Trotzdem wird man bei Neurotikern sehr oft Typen finden, die ihre ganze Kindheit vergessen haben und deren Erinnerung kaum bis zum zehnten Lebensjahre zurückreicht. Aus der Kindheit wissen sie sich angeblich nur ganz belangloser Ereignisse zu entsinnen. Die Stärke dieser Amnesie entspricht der Schwere ihrer Neurose.

Denn eines ist sicher: Je lückenloser ein Mensch sein Leben überblicken kann, desto leichter wird es ihm sein, neurotische Einstellungen zu überwinden. Viele Menschen erinnern sich aus ihrer Kindheit nur der Lustmomente, an die sich kein böses Gewissen knüpft. Sie schaffen sich eine reine Vergangenheit und trauern nun dieser verlorenen Reinheit nach, wie die ganze Menschheit dem verlorenen Paradiese nachtrauert.

In Wirklichkeit hat sich der Mensch aus dem Paradiese der „unbeschränkten Lust" in das Leben der Hemmungen und Entbehrungen verbannt. Die Kinderzeit bleibt aber unvergeßlich in seinem Innern und er sehnt sich ewig nach den vergangenen Tagen zurück. Dieser „Blick nach rückwärts"[1]) ist für den Neurotiker die große Gefahr. Gesundsein heißt seine Vergangenheit überwinden. Der Neurotiker klebt an seiner Kindheit. Sie determiniert sein ganzes Leben in viel stärkerem Maße, als es bei Normalmenschen der Fall ist.

Dieses Buch wird durchwegs von Kranken handeln, die mit ihrer Vergangenheit nicht fertig werden konnten.

[1]) Vgl. „Der Blick nach rückwärts" in meinem Buche „Was auf dem Grunde der Seele ruht". Verlag Paul Knepler, II. Aufl., 1920.

IV.

Verladung.

Im Volksglauben, der sich oft als Niederschlag verborgener Weisheiten erwiesen hat, wird der Glaube an eine geheimnisvolle Verladung innerer Kräfte und Krankheitsstoffe hartnäckig festgehalten. Nicht nur Liebe und Haß, auch Krankheiten, Schicksale, Tod und Leben können von einem Menschen dem anderen übergeben werden. Dieser Aberglaube fordert noch heute sehr viele Opfer. Ich verweise nur auf den schändlichen Aberglauben, man könne eine gefährliche Infektionskrankheit einem anderen übergeben. Luetische oder Gonorrhoiker suchen eine „reine Jungfrau" oder, was noch schrecklicher ist, ein reines Kind, um ihnen die Krankheit zu übergeben und gesund zu werden. Die kriminalistischen Blätter wissen viel davon zu erzählen und viele Akte von Schändung und Verführung von Kindern gehen auf diesen Aberglauben zurück. Auch die Wirkung verschiedener Liebestränke kommt manchmal durch Verladung zustande. Liebestränke, Zaubersäfte und andere aus Körperteilen bereiteter Elixiere und Speisen, die Teile von unseren Exkreten enthalten, können Krankheiten und Leidenschaften übertragen. Menstrualblut, Sperma, Urin, Kot, Nasenschleim usw. werden noch heute häufig gebraucht und leider nicht nur von den tieferen Volksschichten.

So erzählte mir ein akademischer Neurotiker, er habe einige Tropfen seines Urins in einen Liptauer gemischt, um die Haushälterin seines Vaters in sich verliebt zu machen. Wiederholt haben mir Patienten gestanden, daß sie sowohl den Urin der geliebten Person getrunken als ihr einige Tropfen vom eigenen zu trinken gegeben haben, um eine dauernde Vereinigung durchzusetzen. Das Interessante ist, daß diese Handlungen nicht infolge von Überlieferung und von Belehrung — wie beim Volke —, sondern aus einem dunklen Instinkte heraus begangen wurden.[1])

---

[1]) In der von *Krauss* herausgegebenen „Anthropophyteia" findet der Leser eine erschöpfende Darstellung dieser Themen. Auch die schöne Literatur enthält zahlreiche Hinweise auf den Glauben an Verladung. Am deutlichsten ist die Novelle von *Jacobson*

Besonders hartnäckig ist der Glaube, daß die Toten uns ihre Leiden und ihre Schicksale verladen. Ich behandelte einen impotenten 32jährigen Mann, an dessen Geburtstage sein Oheim erschlagen wurde. Er lebt nun in dem Wahne, den die ganze Familie teilt, daß er das gleiche Schicksal wie der Oheim teilen müsse, mitunter glaubt er, daß er das Leben des anderen fortsetzen müsse.

Der Glaube, mit dem Koitus wunderbare Kräfte zu übertragen, war den Griechen eigen. Der Liebhaber übertrug mit dem Samen seine Seele und seine Tugend und blies sie dem geliebten Jüngling ein. Wir glauben auch, daß mit der Milch der Amme verschiedene Eigenschaften auf das Kind übergehen. So wurde mir immer vorgehalten, ich hätte das Temperament meiner Amme mit der Milch übernommen.

Die Tatsache, daß ein Magnet geladen werden kann, daß man die Elektrizität verladen kann, hat *Benedikt* dann zur Anschauung geführt, daß allen Körperteilen unsichtbare Stoffe (Emanationen) anhaften, die verladen werden können. Er hat eine ganze Hypothese der Verladung ausgebaut und wollte mit seinen siderischen Pendeln an Photographien alter Meisterbilder Echtheit und Fälschung feststellen.[1]) Den Telepathen und vielleicht auch manchen Radiologen ist die Verladung ein geläufiger Begriff. Vielleicht, daß der Glaube an die Möglichkeit einer Verladung aus dieser im Volksbewußtsein schlummernden Erkenntnis stammt. Vielleicht! Ich glaube an einen anderen Ursprung.

Im Seelenleben des naiven Menschen spielt die Verladung gewiß eine große Rolle. Überraschend war mir die Erkenntnis, daß wir ohne Verladung viele psychische Erscheinungen gar nicht verstehen können. Erst durch die Analyse kam mir das Verständnis der Verladung. Die Patienten verladen ihre alten Begehrungsvorstellungen auf den Arzt. Es ist das Phänomen der Übertragung, das *Freud* entdeckt und als erster beschrieben hat.

Die Erfahrung zeigt, daß diese Übertragung — das Übertragen von Liebe und Haß auf den Arzt — keine Eigentümlichkeit der Psychanalyse ist. „Die Analyse schafft nicht die Übertragung, sie deckt sie nur auf" — um ein treffendes Wort von *Freud* zu zitieren.

„Zwei Welten". Ein schwerkrankes Mädchen windet einen Kranz aus Edelweiß, welker Raute, brandigen Maiskolben, einer Locke ihres Haares und aus einem Sargsplitter. Sie wartet am Flusse, denn sie kann die Krankheit nur einem Mädchen übergeben, die im fließenden Wasser vorbeifährt. Es gleitet ein Kahn vorüber, junge Burschen darin, lachend und plaudernd, und ein schönes Mädchen am Mast. Die Kranke wirft den Kranz ins Wasser und spricht den Wunsch aus, die andere möge die Krankheit übernehmen. Sie wird gesund — wie der Dichter meint infolge der Einbildung —, aber die Gewissensbisse treiben sie in den Tod. Sie stürzt sich an dem Tage ins Wasser, an dem die ungefährdete Schöne als glückliche Braut wieder an ihr vorbeifährt.

[1]) Über Verladung als telepathisches Phänomen siehe meine Broschüre „Der telepathische Traum". Verlag Alexander Baum, Berlin, 1920.

Ehe ich auf das eigentliche Wesen der Übertragung eingehe. auf ihre Ursachen und Wirkungen, möchte ich einige besonders interessante Beispiele von Verladung anführen.

Fall Nr. 9. In einer Familie, in der sich neben den Eltern drei Brüder befinden, gibt es eine Katze, die den geistigen Mittelpunkt des Hauses bildet. Sie ist nicht nur der erklärte Liebling, sie ist eine Art Hausgott. Alles wirbt um die Gunst der Katze. Sie sitzt beim Essen auf den Schultern eines der Söhne oder auf den der Eltern. Sie erhält die besten Bissen. Das Gespräch dreht sich um die Katze. Man spricht über ihr Aussehen und ihre Bedürfnisse, sie ist die unerschöpfliche Quelle der Anregung und Erheiterung. Alles streichelt sie und lockt sie mit Kosenamen. Würde die Katze bei Tische fehlen, es gäbe eine peinliche Spannung, denn alle Mitglieder der Familie stehen zu einander in einem gespannten Verhältnis. Mit Hilfe der Katze wird der tote Punkt immer überwunden. Es zeigt sich, daß die Katze für jeden ein Symbol ist. Den Söhnen bedeutet sie die Mutter, der Mutter den einen Sohn. Jeder kann seine Sehnsucht und seine unerfüllten Wünsche auf die Katze verladen. Jeder kann Zärtlichkeit emanieren, die eigentlich einem anderen gelten.

Die Katze ermöglicht auch gewisse Roheiten und Freiheiten, die man sich der Person, die sie symbolisiert, nicht erlauben kann. Man wirft sie zu Boden und sagt: „Marsch weg du Luder!“ Oder: „Du bist doch ein gemeines Vieh!“ So werden Liebe und Haß, Bewunderung und Verachtung auf die Katze verladen, die ein unentbehrlicher Blitzableiter für die Affekte des ganzen Hauses ist und viele böse Szenen verhindert.

Es ist ja bekannt, daß Jähzornige plötzlich eine Schale oder eine Vase oder dergl. zerbrechen müssen. Dieser Vorgang geht auch auf dem Wege einer blitzschnellen Verladung vor sich. Ein Mann streitet mit seiner Frau. Haß erfüllt ihn, er möchte sich an ihr vergreifen, sie sogar töten, denn jeder Haß ist tödlich. Da greift er nach einem Teller, auf den er seinen Haß verladen hat. Er wirft ihn mit aller Macht zu Boden. er klirrt und zerfällt in tausend Scherben und der Zorn verraucht. Die Vernichtung des Partners an einem Objekte, das alle Beseitigungswünsche an sich gezogen hat.

Ähnlich handelten die alten Juden, welche alljährlich ihren Haß auf einen unschuldigen Bock, den Sündenbock, verladen durften und die dann das unschuldige Opfer der Verladung mit Steinen in die Wüste jagten..

Sehr häufig ist die Verladung eines Inzestwunsches auf einen anderen Hausgenossen. *Harnik* hat darauf aufmerksam gemacht, daß die Magd in Träumen das Symbol der Mutter darstellt. Diese Auffassung ist nicht ganz richtig. Die Magd ist sehr häufig die Mutter, sie kann aber auch die Schwester und sogar die Tochter bedeuten, wie meine Erfahrungen beweisen. Es kommt sehr häufig vor, daß Söhne sich in die Mägde verlieben. Die Magd repräsentiert dann die Mutter. Ich habe schon erlebt, daß die große Liebe verschwand, wie die Magd das Haus verließ. Es ist die gleiche Atmosphäre, welche diese Verladung begünstigt. (Bei Analerotikern spielt der gemeinsame Abort eine große — bisher nicht gewürdigte — Rolle. Der Abort ist bekanntlich die Stätte, in der am meisten onaniert wird — das Bett ausgenommen. Die Verladung auf das Milieu des engen Raumes ermöglicht Phantasien, welche außerhalb dieses Ortes schwer möglich sind.) Ich habe auch Fälle gesehen, in denen sich ältere Männer in ihre Mägde verliebten, nachdem sie eine Verladung von der eigenen Tochter vollzogen hatten.

Jeder Hausgenosse kann das Objekt der Verladung werden. Ich führe zwei sehr charakteristische Beispiele an.

Fall Nr. 10. Ein 45jähriger Arzt knüpft mit der Gouvernante seines 13jährigen Töchterchens ein Verhältnis an. Was ihn am meisten reizt, ist der Umstand, daß das 40jährige Mädchen noch Jungfrau ist. (Sie ist die Schulfreundin seiner Frau.) Er treibt alles mögliche mit ihr, hütet sich aber, sie zu deflorieren. Es kommt zu Kunnilingus, er reizt sie mit dem Finger, er trinkt ihren Urin. Die ganze Art der Befriedigung spielt sich in infantilen Formen ab. Dieser Rückfall ins Infantile bei dem sonst ganz normalen Manne rührt davon her, daß er sich in sein Kind verliebt hatte. Er konnte das Begehren auf die Gouvernante übertragen und machte mit ihr diejenigen Zärtlichkeiten, die er gerne mit seinem Kinde gemacht hätte.

Auch der Zimmerherr, der bekanntlich sehr leicht den Töchtern des Hauses (und auch den Söhnen!) gefährlich werden kann, ist mitunter ein Verladungsobjekt und manche seiner Triumphe erklären sich nur aus dem Umstande, daß er die Rolle des Vaters oder Bruders übernommen hatte.

Fall Nr. 11. Ein 23jähriges Mädchen leidet an der quälenden Zwangsvorstellung, sie könnte ihre Jungfernschaft verlieren. Sie fürchtet sich vor allen Ecken und Kanten, sie könnten ihr Hymen verletzen. Sie trippelt mit ganz kleinen Schritten über die Gasse. Ein großer Schritt könnte das Hymen zerreißen. Sie wagt es nicht, im Wagen zu fahren. (Die Erschütterung könnte sie des Hymens berauben.) Alle spitzen Gegenstände im Zimmer sind ihr ein Greuel. Sie könnten unter ihr Kleid kommen und sie aufreißen. Der ganze Tag vergeht mit Sorgen um die Virginität. Zahllose Zwangsvorstellungen, die an anderer Stelle beschrieben werden sollen, füllen den Tag aus. Ich erwähne noch: Die Angst vor dem Bade und den Samenfäden. Im Bade könnte ein Mann gebadet haben, und ein Samenfaden könnte in ihre Vagina kommen, so daß sie befruchtet würde. Auch auf dem Sofa und auf dem Abtritte können Samenfäden sein. Sie muß daher ihre Notdurft stehend verrichten. Dazu gesellen sich Angstzustände vor Stecknadeln.

Überall wittert sie Stecknadeln. Sie bleibt eine Nacht im Zimmer stehen, aus Angst sich auszukleiden und ins Bett zu legen, *es könnte eine Stecknadel in den Kleidern stecken und beim Ausziehen hineinkommen.*

Als Ursache ihrer Neurose finde ich unter anderen Determinationen ihr krankhaftes Verhältnis zu ihrem Stiefvater. Er ist ein gewalttätiger, herrsch-

5*

süchtiger Mann, vor dem das ganze Haus zittert. Er verfolgt sie mit seinen lüsternen Augen. Er wartet, bis sie allein ist und stürzt sich dann in das Zimmer, um sie leidenschaftlich zu küssen. Angesichts seiner Frau und der anderen Kinder nimmt er sie auf den Schoß und küßt sie stürmisch. Trifft er sie allein im Bette, so spielt er mit ihrem Busen und küßt sie auf die Brust und, wo er gerade hintrifft.

Ich lasse ihre Mutter kommen. Ich verlange Abhilfe. Ich verweise darauf, daß der Stiefvater verboten hatte, die Türe zur Kammer des Mädchens abzusperren. Sie zittert beim Waschen und Umkleiden, der Vater könnte hereinkommen. Die Frau ist dem Haustyrannen gegenüber machtlos.

Die Analyse bringt erst gar keinen Erfolg. Ich schiebe das auf die unlöslichen häuslichen Verhältnisse. Der Zweifel plagt sie täglich stärker und die Sorge um ihre Jungfernschaft nimmt groteske Formen an.

Das bringt mich auf die Vermutung, daß sie gar keine Jungfrau mehr ist. Aus anderen Fällen von Zwangsneurose wußte ich, daß die Kranken oft das bezweifeln, dessen sie sich erinnern wollen.

Es sind die Annullierungstendenzen, die in der Neurose eine so große Rolle spielen, eine Rolle, die von den meisten Analytikern bisher nicht genügend gewürdigt wurde. Die Kranken annullieren eine unangenehme Realität und benehmen sich so, als ob diese Realität vernichtet wäre.[1])

Sollte diese Kranke nicht defloriert sein und diese Tatsache annulliert haben, so daß sie die Angst vor dem Verlust der Virginität spielen konnte, als ob sie etwas zu verlieren hätte?

Ich erkläre der Kranken also energisch, sie sei keine Jungfrau mehr, sie solle mir das Erlebnis erzählen, bei dem sie die Virginität verloren hatte. Und nun erfahre ich, daß in der Tat ein Koitus mit einem Zimmerherrn stattgefunden habe, zu dem sie sogar des Nachts ins Bett geschlichen sein soll. So behauptete es der Zimmerherr ihrem Bräutigam gegenüber. (Sie war nämlich Braut.) Warum hatte sie sich nicht ihrem Bräutigam hingegeben?

Weil er kein Hausgenosse war. Er wohnte aus Anstandsgründen außerhalb des Hauses. Der Zimmerherr wohnte aber neben ihrem Stiefvater, was die Verladung auf ihn ermöglichte. Sie begehrte ihren Vater, wollte des Nachts zum Vater, war durch den Vater entzündet und konnte nun diese Triebe auf den Zimmerherrn verladen.

Nach dem Koitus war die Angst vor der Gravidität erst bewußt aufgetreten, dann hatte sie das Erlebnis scheinbar vergessen, das heißt sie annullierte die Tatsache der Defloration und benahm sich so, als ob sie noch etwas zu verlieren hätte.

Ich habe diesen Fall nur mitgeteilt, um die Verladung auf den Hausgenossen zu demonstrieren.

Der merkwürdigste Fall von Verladung ist wohl der folgende:

Fall Nr. 12. Herr T. B., 25 Jahre alt, Jurist, ist nicht imstande zu studieren und sich mit irgend etwas zu beschäftigen. Seine Hauptklage ist, er habe jede Libido verloren. Ja, vor drei Jahren war das ganz etwas anderes! Da lernte er seine Braut kennen und gab ihr ein einziges Mal einen Kuß, bei dem er eine ungestüme Leidenschaft fühlte. Nun sei alles ausgebrannt.

[1]) Ausführlich beschrieben in Bd. IV im Kapitel „Die Beziehungen des Neurotikers zur Zeit".

Er habe keine Leidenschaft mehr. Mit seiner „ewigen Braut“ komme er nicht ins reine. Er halte um die Hand an, weiche zurück, werde bald zurückgewiesen, bald weise er zurück. Das Schlimmste sei, daß er immer onanieren müsse und beim Koitus gar kein Vergnügen habe. Er erziele wohl eine Erektion, aber es komme nie zur Ejakulation. Er habe eine längere Analyse bei Dr. H. hinter sich. Dr. H. sei nicht auf die „spezifische Onaniephantasie“ gekommen. Patient sagt, er stelle sich wohl etwas vor, wisse aber nicht, was er sich vorstelle. Allen Frauen gegenüber habe er ein Gefühl der Minderwertigkeit. Wer sei daran Schuld? Nur sein Vater. Er habe ihn von allen Frauen und Mädchen, ja von jeder Gesellschaft isoliert, er habe ihn immer an Sonntagen bei sich gehabt, er wäre nie allein gewesen. Nun sei das Jammerprodukt fertig. Das wäre nur die Erziehungskunst seines Vaters, eines Mannes, der selbst Lehrer sei und wissen müßte, wie man Kinder zu erziehen habe.

So geht es in diesem Tone weiter. Er klagt den Vater heftig an, möchte ihn am liebsten zur Rechenschaft ziehen. Er spielt mit dem Gedanken, sich umzubringen und dem Vater dann in einem Briefe zu schreiben, daß er ihm sein ganzes Leben verpfuscht habe.

Die Anamnese ergibt aber, daß der Vater sich immer liebevoll mit ihm beschäftigt hat. Er war wohl strenge, hat ihn aber nie geschlagen. Der Kranke war 3 Jahre alt, als seine Mutter starb. Der Vater heiratete nicht mehr und widmete sich ganz der Erziehung seines Sohnes. Der Vater ist heute 70 Jahre alt, etwas siech und schwachsinnig nach einem Schlaganfall und wohnt auf dem Lande, während der Sohn in Wien weilt. Unser Patient haust allein in einer großen Wohnung, die er furchtbar vernachlässigt. Während er sehr viel auf seine äußere Erscheinung gibt, ist die Wohnung in einem grauenhaften Zustande. Auf den Kasten liegt monatelang der Staub. Spinngewebe hängt an allen Ecken.

Er ist stets in materieller Bedrängnis. Er hat keine Mittel und arbeitet nichts. Er lebt vom Verkaufen seiner Wohnung. Stück um Stück wandert zum Händler. Dabei hat er den Sinn für das Geld verloren und gibt oft sinnlos Geld aus. Ich merke deutlich, daß dieses Geldausgeben eine bestimmte Tendenz hat: Er will ganz arm werden, um schließlich zum Vater auf das Land zu kommen.

Zuerst durchforsche ich sein Verhältnis zu seiner Braut. Es stellt sich heraus, daß er gar keine Braut hat, daß das Mädchen ihm erklärt hat, sie wolle von ihm nichts wissen, daß er sich aber trotzdem gebunden fühlt. Die ganze Begebenheit mit seiner Braut war eine leere Spielerei. Wie er merkte, daß es ernst werden konnte, zog er sich zurück. Schließlich durchschaute ihn das Mädchen und ließ ihn laufen. Er hat auch gar kein Gefühl für sie, höchstens daß er sich hie und da in eine sentimentale Stimmung hineinredet.

Alle seine Liebe ist beim Vater fixiert. Es stellt sich das höchst sonderbare Verhältnis heraus, daß er mit dem Vater bis zum 16. Jahre in einem Bette geschlafen hatte. Dabei hielt der Vater oft seine Beine umschlungen. Irgendwelche vertrauliche Spielereien sind ihm nicht erinnerlich. Dagegen war er wahnsinnig eifersüchtig auf alle Köchinnen und Gouvernanten. Er wachte als achtjähriger Bub bei Nacht auf. Der Vater war nicht im Bette. Er sprang auf und begann zu schreien. Er suchte in der ganzen Wohnung. Der Vater war nirgends. Er vermutete, daß er im Dienstbotenzimmer war. Plötzlich kam der Vater und sagte ihm, er habe etwas im Speisezimmer gesucht. Er glaubte aber, daß der Vater bei der Köchin war und konnte ihm diese Untreue nie verzeihen.

Die Analyse bringt immer neue Beweise seiner Fixierung an den Vater. Er hatte folgenden Wachtraum:

> Ich liege im Bette. Ein Riese will sich über mich beugen und an meine Genitalien greifen. Ich gebe ihm einen Stoß, so daß er zurückfliegt und so zu liegen kommt, daß beide Beine in die Luft ragen. Ich stürze mich auf ihn und fahre mit der Hand in seinen Anus. Dort hole ich einen goldenen Ring heraus. Den will ich der Braut bringen, damit ich erlöst werde.

Diese Phantasie heißt: Ich bin an den Vater, und zwar an seinen Anus fixiert. Könnte ich mich von ihm befreien, so könnte ich dann ein Mädchen lieben. Der Ring ist ein Symbol seiner Vermählung mit dem Vater. Wie der Doge von Venedig einen Ring ins Meer schleuderte, um sich dem Meere zu vermählen, so ist sein Ring im Anus des Vaters. Er fühlt sich als „ewige Braut" seines Vaters.

Es zeigt sich, daß er einen großen Teil seiner Liebe zum Vater auf die Wohnung verladen hat. Besonders der A b o r t ist die Quelle seiner größten Genüsse. Daselbst onaniert er, wenn er es nicht im Bette macht. Der Abort erhält seinen Affektwert (pretium affectionis), weil der Vater so oft darauf gesessen ist. Die ganze Wohnung ist der Vater. Er erhielt von einer befreundeten Dame einen höchst vorteilhaften Antrag. Sie wollte einen Teil der Wohnung mieten, ihm eine hohe Miete bezahlen, überdies die Reinigung der ganzen Wohnung übernehmen, ihn mit Frühstück usw. versorgen. Er konnte sich nicht entschließen, sie in die Wohnung hineinzunehmen. Es schien ihm wie eine Entweihung. Trotzdem nahm er vorübergehend Mädchen in die Wohnung und machte vergebliche Koitusversuche. Er kam nie zum Orgasmus, hatte wohl Erektionen, aber konnte nie eine Ejakulation erreichen. Sein Sexualziel war nicht das Mädchen, sondern der Vater. Er wollte sich durch schrankenlose Lust von der Fessel der Vergangenheit befreien und konnte es nicht.

Noch deutlicher war die Verladung auf die „Ewige Braut". Die wirklich ewige Braut war sein Vater. Ihm hatte er im Geiste ewige Treue geschworen. Er hatte sich vorgenommen, das ganze Leben seinem Vater zu weihen. Sie sollten immer zusammen sein und auch fernerhin zusammen schlafen. Die ewige Braut suchte er sich, als er merkte, daß der Vater die letzte Haushälterin besonders bevorzugte. Er wollte ihn eifersüchtig machen und sich retten. Er errichtete aber nur eine Filiale seiner Vaterliebe in dem Mädchen. Er konstruierte das Verhältnis so, daß es ganz parallel mit seinen Gefühlen zum Vater ging. Sie war ihm unerreichbar wie der Vater, sie stand ihm kühl gegenüber (natürlich infolge seines Benehmens), er konnte sie vernachlässigen, aus der Ferne anschwärmen, von seiner unglücklichen Liebe sprechen, sich als Verlobten bezeichnen usw. Er machte alle Empfindungen, Glück, Hoffnung, Eifersucht, Enttäuschung bei der sogenannten Braut durch, obgleich alle diese Empfindungen dem Vater galten. Dabei hütete er sich, die Verladung so weit gehen zu lassen, daß das Spiel ernst wurde. Er hielt immer die Distanz, die ihm zu seiner phantastischen Transponierung notwendig war.

Warum aber war es zu dieser heftigen unerschütterlichen Trotzeinstellung gekommen? Was trieb ihm dazu, seinem Vater Schmerzen zu bereiten und sich ihm als verlorenen Sohn, als das Produkt der mißglückten Erziehung darzustellen? Man bedenke, daß er seinem Vater fast nie eine Zeile schrieb, daß er die fixe Idee der Abrechnung hatte, daß er oft vor Wut schäumte, wenn er von ihm sprach.

In seiner Analyse enthüllte sich wieder die ganze Schauspielkunst des Neurotikers. Nichts ließ den wahren Grund dieser Einstellung vermuten. Wir hören, daß die Wandlung vor drei Jahren eingetreten war, als er nach einer Lektüre von *Forel* zu onanieren begonnen hatte. Natürlich schiebt er seine Neurose auf die Onanie. Wir hören aber, daß er vorher seinem Vater täglich geschrieben hatte. Alle Briefe begannen mit: Mein einziger, liebster, guter Papa! Sein Vater erlitt den Schlaganfall. Er stand im Felde, nahm Urlaub und kam als zärtlichster und sehr besorgter Sohn nach Hause. Erst nach dem Leiden änderte sich die Einstellung. Er hatte oft stundenlang einen Kampf auszufechten, ob er noch „mein einziger, liebster, guter Papa" schreiben sollte. Schließlich verbitterte er immer mehr und schrieb in der Aufschrift nur die Anfangsbuchstaben als leere Formel: M. l. g. e. P.

Die Analyse brachte die Wahrheit ans Tageslicht. Er war auf die Haushälterin eifersüchtig. Sein Vater hatte ihn verlassen und wohnte bei der Haushälterin, deren Eltern Bauern waren, auf dem Lande. Der Treulose hatte ihm dadurch seinen ganzen Lebensplan zerstört. Und dieser Plan? Er war kindisch genug: Die fixe Idee eines Infantilen, die mit dem ganzen unerschütterlichen Trotze eines Kindes festgehalten wurde. „Ich möchte mit dem Vater leben und ihm ein Weib ersetzen!" Deutliche Fellatiophantasien bezeugten diese Identifizierung mit einem Weibe. In seiner Erinnerung lebte unzerstörbar die schöne Zeit, da er mit dem Vater schlafen durfte. Hatte er damals von Liebesszenen geträumt oder war wirklich etwas vorgefallen? Das war nicht zu ergründen. Verschiedene neurotische Symptome — auch ein Zweifel an verschiedenen Vorgängen der Vergangenheit — schienen für die letztere Annahme zu sprechen. Nun litt er den entsetzlichen Haß des Liebesenttäuschten und Verratenen. Bei der Onanie nahm er Stellungen ein, wie er sie im Bette des Vaters inne hatte. Er onanierte auch in demselben Bette, in dem er mit dem Vater gelegen war.

Nach der Auflösung der Verladung verlor die „ewige Braut" jeden Wert für ihn. Nur die Wohnung blieb als Zeuge seines einstigen Glückes und als Objekt der Verladung. Und auch die Ärzte! Aus jedem Arzte machte er seine Vater-Imago und erwartete von ihm die Zärtlichkeiten, die er noch immer von seinem Vater erwartete.

Er zeigt jenen Typus, wie ihn *Freud* in seinem anregenden Buche „Jenseits des Lustprinzips" bei den Kindern erwähnt. Er spielt immer die gleiche Szene. Der Sinn dieses Spieles ist, daß er das passiv Erlebte nun aktiv bewältigen will. Dies ist auch der Sinn der Phantasie. Er bewältigt den Riesen und zieht den Ring aus dem Anus. (Ring der Nibelungen!) Das bestätigt auch eine Erinnerung des Kranken, die eine Deckerinnerung sein dürfte. Er begehrte von seinem 10. Jahre an alle Gouvernanten und Hausfräuleins. Im 14. Jahre machte ihm sein Vater eine Szene, als er ihn bei einem erotischen Spiel mit dem Fräulein überraschte. Nun glaubt er sich zu erinnern, daß sich das Fräulein einmal seinem Bette näherte, die Decke aufhob und sein erigiertes Glied in die Hand nehmen wollte. Er stieß sie zurück. Er war damals offenbar stärker, als er es in den ersten Lebensjahren dem Vater gegenüber gewesen. Wahrscheinlich handelt es sich nur um eine Phantasie. Der Kranke berichtete diese Erinnerung auch: „Es kommt mir vor, als ob . . . ."

Er hatte auch Wachphantasien mit allen Frauen zu verkehren, die seinen Vater betreuten. So ist er auch mit der jetzigen Haushälterin, auf die er so eifersüchtig ist, sehr freundlich. Es besteht eine uralte Phantasie, die Frau mit dem Vater zu teilen. Jedenfalls hat er auch auf die Frauen die Verladung vom Vater vollzogen.

Wir sehen hier ein deutliches Beispiel von „Wiederholungszwang" *(Freud)*. Auch die Ärzte macht er zu seinen Vätern, kommt gegen sie in Opposition, weil sie ihn enttäuschen und seine infantile Einstellung „O. möge Er mit mir spielen!" nicht berücksichtigen. Seine Vorwürfe gegen den Vater lauten auch immer, er habe ihm keine Gespielen gegeben und selbst mit ihm nie gespielt.

Nach dieser Analyse löst er sich von seiner ewigen Braut, die für ihn alle Bedeutung verloren hatte, seit er einsah, daß sie nur eine „Vater-Filiale" war.

Sehr bekannt und außerordentlich häufig sind die Fälle von Verladung von einem homosexuellen Objekt auf ein heterosexuelles. Diese Fälle kommen besonders in der Übertragung der Analyse vor, aber auch in vielen anderen Fällen und entgehen gewöhnlich der Aufmerksamkeit der Analytiker, weil man schwer auf die Vermutung kommt, daß es sich um ein Verladungsphänomen handelt. Der nächste Fall wird uns diese Tatsachen demonstrieren, die ich übrigens in Band II dieses Werkes eingehend beschrieben habe.

Fall Nr. 13. Ein 34jähriger Mann steht wegen Zweifelsneurose in meiner Behandlung. Er ist in eine Dame verliebt, mit der er seit Jahren ein Verhältnis hat. Er will sie nun aus „moralischen Gründen" heiraten. Leider ist seine Potenz sehr schwankend. In den meisten Fällen hat er eine Ejaculatio praecox. Bei der Onanie ist die Potenz ausgezeichnet. Er onaniert noch immer, wenn auch seltener als früher, angeblich nur mit heterosexuellen Phantasien. Er entschließt sich, sich zu verloben. Aber schon plagen ihn die Zweifel. Er findet allerlei Fehler und Hindernisse. Er weicht zurück. Er bespricht sich mit allen Freunden und Verwandten. Sie raten zur Heirat. Darauf verlobt er sich. Allein schon am nächsten Tage löst er die Verlobung auf. Das Spiel wiederholt sich einige Male. Er kommt in meine Behandlung und erklärt, er könne ohne die Geliebte nicht leben. Zu seinem Schrecken sei er jetzt bei ihr gänzlich impotent geworden. Er will heiraten, sobald er die Potenz wieder erlangt hat.

Es handelt sich — wie die Analyse ergibt — um eine Verladung vom Homosexuellen ins Heterosexuelle. Er war in seinen Freund verliebt. Eine gewisse Ähnlichkeit der beiden Objekte hat diese Verladung ermöglicht.

Besonders interessant sind die Fälle, in denen die Verladung auf einen unbelebten Gegenstand erfolgt. Besonders Puppen, Stöcke, Bilder, Möbelstücke, Bücher, ganze Sammlungen, Schmuckgegenstände, Kleider, Urkunden, Briefe, welche dem geliebten Objekte gehören, sind zur Verladung sehr geeignet.

Unter den Objekten der Verladung spielt besonders der Polster eine große Rolle. Ich beschreibe nur einige der Formen dieser Verladung und mache darauf aufmerksam, daß ähnliche Verladungen auch auf andere Gegenstände und besonders Instrumente stattfinden können. (Der Irrigator!) Der Symbolwert des Polsters ist ein sehr großer.

Viele Infantilisten saugen an dem Polsterzipf. Es ist eine oft berichtete Tatsache, daß manche Neurotiker nur einschlafen, wenn sie den Polsterzipf als Lutscher in den Mund nehmen. Der Polster ist dann Ersatz der Mutter- oder Ammenbrust. Andere umarmen den Polster, glätten ihn, streicheln ihn, behandeln ihn wie ein Liebesobjekt. Ein mir bekannter Neurotiker, auf dessen Analyse ich später noch zurückkommen werde, schläft nur ein, wenn er den Polster zwischen den Beinen hat. Der Polster ersetzt ihm ein Pferd, das den Mittelpunkt seiner verschiedenen Phantasien bildet.

Noch merkwürdiger ist der nächste Fall. Ein 36jähriger Impotenter leidet an sonderbaren Magenschmerzen, die sich nur lindern lassen, wenn er sich vor dem Einschlafen auf den Bauch legt und den Polster recht fest gegen den Bauch drückt. Im Traume verschiebt sich der Polster und er erwacht mit dem Polster in den Armen. Es handelt sich um einen Schwester-Ersatz.

Manche Patienten schlafen nur gut in ihren Betten, wenn sie ihre eigenen Pölster haben. Oft wird auch der Polster geschlagen und im Zorn zu Boden geschleudert. Besonders im Traume dient der Polster der Haßentladung und mancher Polster, der am Morgen zerrissen und zerbissen am Boden gefunden wurde, zeugt von heftigen Kämpfen und Streitigkeiten im Traume, bei denen der Polster das Objekt der Verladung wurde.

Bemerkenswert ist der nächste Fall von Verladung auf einen toten Gegenstand.

Fall Nr. 14. Ein 42jähriger Mann hat die Eigenschaft, zuweilen mit den Spielsachen seiner Jugend zu spielen. Er beschließt eines Tages, alle Spielsachen einem Neffen zu schenken und sich von der Vergangenheit loszureißen. Unter den Spielsachen befindet sich auch ein Bajazzo, der der erklärte Liebling seiner Jugend war. Der Bajazzo war ein Unikum, weil er ihm Frauenkleider verfertigen ließ. Er konnte als Kind ohne den Bajazzo nicht essen, nahm ihn ins Bett und verbrachte viele Stunden mit ihm. Er war schon erwachsen und mußte noch immer mit dem Bajazzo spielen. Er hatte einen Ehrenplatz in seinem Zimmer und stand unter einem Glassturz. Er wurde nur an gewissen Feiertagen herausgenommen und saß dann beim Tische, bekam ein kleines Tellerchen und erhielt sein Essen vorgesetzt. Als er klein war, durfte keines der Geschwister den Bajazzo anrühren, geschweige denn mit ihm spielen. Er war wahnsinnig eifersüchtig, wenn sich ein anderer mit dem Bajazzo beschäftigen wollte.

In der Analyse trat die merkwürdige Tatsache zutage, daß der Bajazzo ein Symbol seiner Mutter war. Er hatte alle Neigung, die er für seine Mutter fühlte, auf den Bajazzo „übertragen". Während er die Mutter ziemlich kühl behandelte (infolge Eifersucht auf die anderen Geschwister), konnte er mit dem Bajazzo ausnehmend lieb und zärtlich sein. Er küßte ihn und überhäufte ihn mit Kosenamen.

Nach Aufdeckung der Identifizierung zwischen Bajazzo und Mutter wurde das Spielzeug ganz wertlos für ihn, er schenkte es dem erwähnten Neffen.

— — — — — — — — — — — — — — — — — — — —

Dem Analytiker ist diese Erscheinung unter dem Namen der „Übertragung" bekannt. Aber die Übertragung, mit deren Entdeckung sich *Freud* ein unsterbliches Verdienst erworben hat, ist nur ein Spezialfall der Verladung und sollte nur auf das Verhältnis zwischen Arzt und Patienten angewendet werden, wie es in der Analyse zum Vorschein kommt. Man sieht, daß Patienten während der Analyse vor der Übertragung auf den Arzt durch eine Verladung auf andere Objekte sich retten. Sie beginnen zu sammeln oder verlieben sich in ein Mädchen, suchen einen anderen Freund oder verladen auf irgend ein beliebiges Objekt.[1]) Wir kennen diese Fälle sehr genau. Sie zeigen, daß es Menschen gibt, welche vor jeder großen Leidenschaft fliehen, sie durch Verladung auf andere zersplittern und zerkleinern. Männer mit starker homosexueller Komponente sind dann der Freundschaft mit einem einzigen Manne nicht fähig. Obgleich sie alles zu einem bestimmten Manne hinzieht, entziehen sie sich künstlich der Freundschaft durch Verladung auf andere Männer, welche dann ohne innere Berechtigung zum Range von Freunden erhoben werden.

Es ist einer eingehenden Untersuchung wert, weshalb gerade in der Psychanalyse die Verladung von Jugendbesetzungen so leicht auf den Arzt stattfindet. Die Patientinnen sind manchmal beleidigt, daß man ihnen erklärt, ihre Neigung sei nur eine Übertragung und beteuern entrüstet, es sei eine echte, tiefe Leidenschaft. Das beweist, wie glänzend die Verladung gelungen ist und daß sie sich über den Mechanismus der Verladung keine Rechenschaft geben können.

Die Liebe in der Analyse kommt durch mehrere Momente zustande. Das wichtigste ist das Verständnis des Arztes. Zum ersten Mal im Leben fühlt sich der Kranke verstanden. Ein französisches Wort sagt: „Lieben heißt verstanden sein!" Die Sehnsucht aller Menschen nach Verstandensein ist unendlich groß. Verstanden sein bedeutet aber auch seelisch nackt stehen. Der Nackte sieht sich erkannt. Deshalb hat die Bibel den schönen Ausdruck für den Geschlechtsverkehr: „Er

[1]) Während einer Analyse verliebte sich eine Patientin in das Bild von Dehmel.

erkannte sie ....“ Ein zweites Moment ist die Angst der Menschen vor der Einsamkeit. Dies Moment hängt innig mit dem Verstandensein zusammen. Der Mensch, der sich verstanden fühlt, ist nicht mehr einsam. (Storm sagt: Liebe ist im Grunde genommen nichts anderes als die Angst vor der Einsamkeit.)

Endlich kommt noch ein Moment in Betracht, das bisher nicht besprochen wurde. Jeder Kranke trägt eine spezifische Szene in sich, von deren Erfüllung sein Lebensglück abhängt. Es ist der kategorische sexuelle Imperativ, der sich auf eine bestimmte Phantasie versteift. Der Kranke zieht den Schluß: „Wenn mich der Arzt so gut versteht, so wird er auch wissen, was ich von der Welt und also von ihm erwarte.“ Die Liebe ist dann die Vorwegnahme der Erfüllung („Antizipierungstendenzen!“). So mancher unüberwindliche Widerstand in der Analyse geht auf den Umstand zurück, daß der Analysator nicht erkennt, daß die oder der Kranke sich auf die spezifische Szene und deren Realisierung versteift hat. Bei der Verladung wird diese spezifische Phantasie auf den Arzt projiziert.

Das Gesetz der Verladung macht uns auch viele Erscheinungen des sozialen Lebens verständlich. Die Verschiebung auf das Große und Kleine *(Freud)* ermöglicht Verladungen auf eine Gesamtheit und auf ein Symbol der Gesamtheit. Immer wieder können wir die Schauspielernatur der Neurotiker erkennen und ihr Spiel mit ihren Affekten und Trieben. Sie sind noch mehr als Schauspieler. Sie sind Jongleure, die sich selber täuschen. Besonders in den Fällen von psychosexuellem Infantilismus kommt dem Phänomen der Verladung eine besondere Bedeutung zu.

Dem Kinde erscheint die ganze Welt belebt. Es gibt keine toten Dinge. Alles lebt und liebt. Von dem Kinde strahlt die Wärme der Liebe auf die ganze Welt, es durchleuchtet und befruchtet sie, gleich der Sonne, welche allen Planeten mit ihren feurigen Strahlen Wärme und Leben spendet. Der Neurotiker ist ein ewiges Kind. „Lieben heißt, sich in dem anderen finden.“ Der infantile Mensch kann alle kleinen und großen Dinge lieben, weil er sich in sie hineinversetzt. Er ist Ring, Polster, Bajazzo, Katze, Hund, Vater und Mutter. Die Verladung ist ein Ausströmen der Ich-Strahlen auf die große und kleine Welt.

V.

Der Mechanismus der Regression. Mutterleibsphantasien und Vaterleibsphantasien.

Wer viele Jahre mit Neurotikern zu tun hat, dem wird es bald auffallen, daß sich viele unter ihnen befinden, die einen ausgesprochen infantilen Typus aufweisen. Es sind Männer mit rosigem Teint, einem Anflug von Schnurrbart oder ganz bartlos, mit einem kindischen Gehaben, mit kindlichen Eigenschaften; Frauen, die nie recht Weib und Mutter werden, die ewig Kinder bleiben, sich aber auch im Äußeren als Kinder manifestieren. Sie haben große Kinder und werden für Geschwister gehalten. Ewige Jugend ist ihnen eigen und sie unterstreichen unbewußt durch Kleidung und Gehaben diese physischen Eigenschaften. Man könnte nun leicht zur Ansicht verführt werden, daß es sich bei diesen Formen um eine organische Grundlage handelt. Man trifft in der Tat unter ihnen manche Männer mit auffallend kleinem Penis, Kryptorchismus, infantilem Bau des Kehlkopfes. Frauen mit infantilem Uterus, mit schwächlicher oder oft ausbleibender, mitunter ganz mangelnder Menstruation.

Sicherlich spielt das organische Entgegenkommen, die Disposition bei diesen Zuständen eine große Rolle. Aber zwei Beobachtungen zwingen mich, die Konstitution als einen nebensächlichen Faktor anzusprechen. Erstens der Umstand, daß ich den psychischen Infantilismus oft bei ausgesprochenen Vollmännern und prachtvollen Weibern, die ein halbes Dutzend Kinder geboren haben, beobachten konnte; zweitens, daß sich dieser Infantilismus nach einer längeren analytischen Kur ändert. Die ewigen Knaben werden Männer, der Bartwuchs kommt später nach, aus den Kindweibern entwickeln sich Vollweiber. Wer kann hier entscheiden, wie weit psychische und organische Einflüsse sich durchkreuzen und ergänzen? Wir sehen ja Fälle, in denen sich zuerst ein psychischer Infantilismus entwickelt und sich später auch die physischen Symptome des Infantilismus zeigen. Die Männer werden wieder zu Kindern, die Haare fallen aus, der Hoden schrumpft ein, bei Frauen bleibt die Menstruation aus, das Gesicht wird jugendlicher. Mit den Geschlechtsdrüsen allein kann der sexuelle Infantilismus nicht zusammenhängen. Sonst müßte nach Kastration bei Frauen beobachtet werden, daß die Frauen jung bleiben. Es ist aber genau das Gegenteil der Fall. Die kastrierten Frauen altern sehr rasch und die Eunuchen zeigen auch ein auffallend greisenhaftes Gesicht, das sogar sehr charakteristisch für sie ist.

Wir wollen die Bedeutung psychischer Kräfte nicht überschätzen. Daß aber die umgestaltende Kraft der Psyche von allen Ärzten unterschätzt wird, sehe ich alltäglich. Der Wunsch und der Wille vermögen unendlich viel. Wer jung sein will, wer sich jung fühlt, der kann auch im Organischen Kräfte der Verjüngung wachrufen. . . .

Aber wie ich schon betont habe, die organischen Begleiterscheinungen sind nicht immer vorhanden. Wir haben öfters Gelegenheit, sehr ausgesprochene Fälle von sexuellem Infantilismus zu beobachten, die sich rein psychogen und mitunter nur so flüchtig abspielen, daß wir ihre psychogene Dynamik klar vor uns sehen.

Ich gebrauche den Ausdruck „psychosexueller Infantilismus", den *Eulenburg* für das Zurückbleiben der sexuellen Entwicklung, eigentlich im anderen Sinne geprägt hat. *Magnus Hirschfeld* und *Ernst Burchard*[1]) fassen den Begriff „sexuellen Infantilismus" viel weiter und legen das Schwergewicht auf die Disharmonie zwischen psychischer Widerstandsfähigkeit und den sexuellen Antrieben.

---

[1]) Dr. med. *Magnus Hirschfeld* und Dr. med. *Ernst Burchard*, „Der sexuelle Infantilismus". (Verlag Carl Marhold, Halle a. S., 1913.) „Die normale Entwicklung der Gesamtpersönlichkeit hat zur Voraussetzung, daß die Sexualität in harmonischem Zusammenhange mit allen physischen und psychischen Funktionen eine Reife erlangt, die es ermöglicht, ihre Antriebe in individueller und sozialer Hinsicht zweckmäßig zu verwerten. Die physiologischen Vorbedingungen hierzu beruhen auf einer normalen Anlage und Entwicklung der in Betracht kommenden anatomischen Elemente, die sich aus den nervösen Sexualzentren, ihren zentripetalen Zuleitungs- und zentrifugalen Fortleitungsbahnen mit den dazu gehörigen Nervenendapparaten einerseits und andererseits den drüsigen Organen zusammensetzt, welche im wesentlichen durch innere Sekretion die biochemischen Anreize sexueller Lebenstätigkeit liefern. — Da dieselben Sekretionsstoffe auch anderweits wichtigen körperlichen und seelischen Funktionen dienen, folgert schon daraus der innige Zusammenhang zwischen der sexuellen Entwicklung und allen übrigen Lebensvorgängen."

„Aus den Wechselwirkungen der hier in Betracht kommenden Faktoren ergibt sich bei normalem Verhalten das Bild einer gesunden psycho-sexuellen Individualität. Unter den mannigfachen Möglichkeiten, welche dieselbe störend beeinflussen und verzerren, in ihren Äußerungen disharmonische und unzweckmäßige geschlechtliche Persönlichkeiten bedingen, nehmen die Erscheinungsformen einen breiten Raum ein, deren Ursachen wir in einer mangelhaften Evolution zu suchen haben, mag diese sich nun auf die psychophysische Gesamtentwicklung oder vorwiegend auf den sexuellen Faktor derselben beziehen oder schließlich auf einer Disharmonie zwischen psychischer Widerstandsfähigkeit und sexuellen Antrieben beruhen."

„Die Äußerungen der Sexualität kommen in diesen Fällen über das Niveau kindlicher Spielereien nicht hinaus."

Ich halte dies Betonen des Mißverhältnisses zwischen Trieb und Hemmung nicht für das Wesen des „sexuellen Infantilismus". Denn das gleiche Mißverhältnis zeigen der Lustmörder, der Nekrophile, der Sadist usw. Nun könnte man sich freilich auf meinen Standpunkt stellen und die „polymorphe Perversität" und die „universale Kriminalität" des Kindes betonen und jede sexuelle Zwangshandlung als einen Rückfall in das Infantile bezeichnen. Diese Auffassung ist zweifellos richtig, läßt sich aber auf alle Fälle anwenden und dann wären alle Paraphilien „sexueller Infantilismus" (denn der differentialdiagnostische Standpunkt der beiden Autoren, daß nur die kindlichen Spielereien Infantilismen seien, würde eine scharfe Trennung zwischen aktiven und passiven Infantilismen herbeiführen. Übrigens ist die Exhibition vor Mädchen schon mehr als eine kindliche Spielerei.)

Ich verstehe aber unter „sexuellem Infantilismus" eine Äußerung des Sexuallebens in rein infantilen Formen. Während alle anderen Autoren auf die psychopathische Persönlichkeit Gewicht legen und meist „psychopathische Persönlichkeiten" (Imbezille, Epileptiker, Degenerierte, organisch „sexuell Infantile") beschreiben, handelt es sich in meinen Fällen um eine Paraphilie, die wohl Beziehungen zum Organischen haben kann, aber sie nicht haben muß.

Diese Neurose kommt in zwei Formen vor. 1. Als Entwicklungshemmung. Der Neurotiker ist noch ein Kind geblieben. 2. Als Regression im Sinne *Freuds*. Der Neurotiker ist wieder ein Kind geworden.

Teilen wir das Sexualleben des Kindes in jene Perioden ein, die für unsere Untersuchungen in Betracht kommen, so ergeben sich folgende Stadien bei Männern:

1. Das Embryonalleben bis zur Geburt.
2. Die Zeit des Säuglingstum (erstes Lebensjahr).
3. Die Zeit der ersten Eindrücke vor der Schule (2—6).
4. Die Zeit der ersten Schuljahre (6—10).
5. Die Vorpubertätsperiode (10—14).
6. Die Pubertät und die Flegeljahre (14—18).
7. Das Erwachen der Männlichkeit (18—24).
8. Das Mannesalter.
9. Das Klimakterium des Mannes (verschieden, meist 50—60).
10. Das Greisenalter.

Bei Frauen setzt die Weiblichkeit oft schon mit 16 Jahren ein, auch noch früher, wobei sich sehr große Schwankungen zeigen. Das

Klimakterium und seine seelischen Vorläufer beginnen eigentlich bei Frauen schon im 40. Lebensjahre.

Der psychogene Infantilismus kann sich derart äußern, daß der Mensch auf einer bestimmten Stufe stehen bleibt. Meistens handelt es sich um ein Stehenbleiben in der Nachpubertätsperiode.

Ganz anders äußert sich die Regression. Sie kann sogar den unglaublichen Sprung bis zu dem Embryonalleben machen. Die nähere Untersuchung zeigt dann, daß in Tagträumen diese Tendenz zur Regression schon vor dem Ereignis bestanden hat, welches diese Rückbildung auslöste.

Mit anderen Worten: Die Disposition zu diesen Zuständen besteht in einem gewissen körperlichen und seelischen Infantilismus.

Diese Zustände sind psychisch heilbar, während die organisch bedingten mitunter durch Opotherapie oder Operation heilbar sind. Daß es Zwischenstufen und Übergänge gibt, möchte ich noch einmal betonen. Während die ausgeprägten Fälle sehr charakteristisch sind, verbergen sich die leichteren Formen und die Übergangsformen hinter anderen neurotischen Symptomen, so daß der Infantilismus nicht zum Vorschein kommt. Den meisten Ärzten, vielen Neurologen und auch selbst Sexualforschern ist der Zustand sehr wenig bekannt und sogar ein so guter Beobachter wie *Krafft-Ebing* weiß nicht viel über solche Fälle zu sagen.

Bevor ich auf die Beschreibung der verschiedenen Formen eingehe, möchte ich betonen, daß alle Neurotiker diese infantilen Züge zeigen. Ja, ich kann es ruhig behaupten, daß alle Verliebten den infantilen Zug ihrer Liebe deutlich verraten. Der Neurotiker will ewig ein Kind sein und der Verliebte wird wieder zum Kinde. Verliebte fallen leicht bei ihren Liebkosungen in die Kindersprache zurück. Das Verzärteln der Namen stammt aus der Kinderstube. Wiederholt habe ich Liebespaare beobachtet, die nur in der Kindersprache ihre Liebesbeteuerungen getauscht haben. Das ganze infantile Verhätscheln und Verzärteln, die blinde Anbetung, das Überwiegen der Affektivität geben ein ganz charakteristisches Bild. Die Zärtlichkeiten nehmen häufig infantile Formen an (Saugen, Streicheln, Tiernamen: Katzerl, Mausi, Häsi, Vogerl). Je geringer die seelische Komponente der Liebe ist, desto leichter wird sie zu einer Regression in das Infantile führen. Je größer der seelische Anteil ist, desto mehr werden diese kindlichen Äußerungen der Erotik in den Hintergrund treten.

Eine fast allgemeine Erscheinung ist das Auftreten der Regression im Greisenalter. Alte Menschen werden wieder zu Kindern. Mit dieser Umwandlung in das Infantile treten auch die lang verdrängten infantilen

Paraphilien hervor. Die pathologische Kinderliebe der Greise ist keine seelische Neubildung. Sie ist das Erwachen schlummernder Keime.

Jeder Mensch trägt diese embryonalen Seelenzellen in sich. Wie *Conheim* die Bildung von Neoplasmen auf die Reaktivierung der embryonalen Zellen zurückführt, so können wir auch im Erwachen paraphiler Triebe im Greisenalter eigentlich nur die Wiederbelebung scheinbar überwundener infantiler Regungen erblicken. Ob diese Reaktivierung auf dem Wegfall der Hemmungen beruht (also auf organischen Vorgängen wie Zerstörungen wichtiger Gehirnzellen), oder ein rein psychischer Zustand ist, das kann ich heute noch nicht entscheiden. Die Tatsache als solche ist bekannt, aber nicht genügend analysiert und verdient eingehende psychologische Untersuchungen.

Oft sieht man auch im Greisenalter infantile Formen der Onanie auftreten. Diese larvierten Formen der Onanie werden dann vor dem Bewußtsein verschleiert und rationalisiert. Alte Frauen leiden an Pruritis vaginae, der sie zu Reiben und Kratzen verleitet. Alte Männer pflegen oft allerlei Manipulationen am After vorzunehmen (Kratzen, Finger einführen, häufige Irrigationen usw.).

Wir haben bei unseren Untersuchungen wiederholt auf die Bedeutung des Infantilen für die Entstehung der Paraphilien aufmerksam gemacht. Manche Störung der Sexualfunktion ist einfach die Unmöglichkeit, die infantile Einstellung aufzugeben. Die Neurose ist eigentlich die Forderung nach der ewigen infantilen Lust; die Paraphilie: der Versuch, diese Forderung durch eine Zwangsneurose zu befriedigen und die infantile Lust für alle Ewigkeit zu etablieren. Das macht ja die große Schwierigkeit der Therapie aus, daß hinter den Krankheiten des Geschlechtslebens die Forderungen des Kindes stehen.

Alle Menschen haben irgend einmal den Wunsch gehabt, ewig ein Kind zu sein. Jeder sehnt sich nach dem Paradies der Jugend zurück. Jeder fürchtet das Altwerden. Eigentlich hat jedes Lebensalter seine eigene spezifische Sexualität. Die Sexualität des Zwanzigers ist ganz anders geartet als die des Dreißigers und unterscheidet sich namhaft von der des Vierzigers. Das ist eine Erscheinung, gegen die alle Menschen innerlich Protest erheben. Die Paraphilien des Klimakteriums sind Kämpfe gegen das Altwerden.

Die Angst vor dem Alter ist eine Zeitkrankheit. Ein flüchtiger Blick auf die verschiedenen Zeitkrankheiten beweist uns, wie diese Angst die meisten Menschen ergriffen hat und sie zu allerlei Torheiten verleitet.[1]) Wie viele Frauen und Männer führen einen erbitterten Kampf gegen das Altwerden, helfen sich mit allerlei lächerlichen Schönheits-

[1]) Vergl. das Kapitel „Die Angst vor dem Alter" in „Nervöse Leute". Verlag Paul Knepler, Wien.

mitteln, färben ihre grauen Haare, lassen sich ihre Runzeln massieren, zeigen eine forcierte Jugendlichkeit, die sie lächerlich macht.

Unsere Zeit z. B. kennt nicht die große Ehrfurcht der Griechen und Römer vor dem Alter. Der Alte wird eine komische Figur, während er früher eine ehrwürdige Figur war. („Auf dem Dache sitzt ein Greis, der sich nicht zu helfen weiß.") Der Alte gilt als dumm („Alter Tepp!"), während er früher der Träger der Weisheit war. Noch mehr als der alte Mann ist jetzt das alte Weib dem Fluche der Lächerlichkeit verfallen. Wir erkennen den sexuellen Beigeschmack dieser Lächerlichkeit, wenn wir die traurige Rolle überdenken, welche die alte Jungfer spielen sollte, während sie eine Lustspielfigur geworden ist. Es ergibt sich die merkwürdige Tatsache, daß Menschen lächerlich erscheinen, wenn sie ihre Geschlechtsbestimmung nicht erfüllen. Deshalb ist der impotente Mann nie eine tragische, sondern stets eine lächerliche Figur. Tragisch ist diese Impotenz nur für ihn selbst. Für die Umgebung ist sie die Quelle der Heiterkeit und er bleibt stets eine Zielscheibe des Spottes.

Den potenten Mann und die Liebeskünstlerin umgibt stets eine geheime Gloriole, wenn es auch die Moral der öffentlichen Meinung nicht zuzugeben scheint. Wer feine Ohren hat, kann vernehmen, wie viel Neid sich hinter der Verachtung der „Moralischen" verbirgt, wenn sie von der großen Kokotte sprechen. (Ich habe viele Frauen kennen gelernt, die mir gestanden haben, daß sie die Kokotten stets beneidet haben.) Wäre es sonst möglich, daß Kokotten tonangebend sind und die Mode kreieren?

Die Angst vor dem Alter überfällt alle Menschen, welche nicht gelebt haben. Und leben heißt immer nur „lieben". Wer geliebt hat, fürchtet das Alter nicht, weil er ja ewig jung bleibt. Aus Angst vor dem Alter, erfolgt oft ein Stehenbleiben auf einer bestimmten Stufe der Entwicklung oder vollzieht sich eine Regression.

Die Angst vor dem Alter kann schon in den Kinderjahren auftreten und die seelische Dominante werden, um die sich die anderen parapathischen Symptome gruppieren.

Fall Nr. 15. Ein siebenundzwanzigjähriges Mädchen leidet an Schlaflosigkeit und allerlei anderen neurotischen Symptomen. Sie gibt an, daß sie schon seit dem 7. Jahre an Angst vor dem Altern litt. Sie wachte oft des Nachts auf und zählte die Stunden und sagte sich: „Jetzt bist du wieder um eine Stunde älter geworden. Du wirst bald ein altes Mädchen sein." Diese Angst verbitterte ihr das ganze Leben. Sie genoß keine Jugend, da sie sich schon alt vorkam. Sie war ihren Altersgenossen immer um ein paar Jahre voraus. Sie spielte nicht mit Kindern, weil ihr die Spiele kindisch vorkamen. Sie ließ sich von jungen Burschen nicht den Hof machen, weil sie ihr wie Kinder vorkamen. Sie suchte reife Männer und fand sie immer zu jung oder zu alt. Sie stand im ewigen Kampfe mit der Zeit.

Diese Beziehung der Neurotiker zur „Zeit" gibt uns das Verständnis für den sexuellen Infantilismus. Diese Kranken benehmen sich so, als wenn die Zeit nicht verstreichen würde. Ja, manche haben die Empfindung, daß die Zeit stille steht und sie nicht älter werden. Sie fürchten das Älterwerden und sind nur dann unglücklich, wenn sie die Zeit und das Älterwerden fühlen. Sie verhalten sich so, als ob die Zeit an ihnen vorübergehen würde.

Diese Fiktion kann nur durch eine ungeheure Entwertung der Realität zustande kommen. Diese Entwertung müßte jedesmal an der Realität gemessen werden. Diese Menschen arbeiten nach dem trefflichen Ausdrucke von *Freud* mit der infantilen L u s t w ä h r u n g.[1]) Diese infantile Lustwährung wird aber von der Umgebung nicht anerkannt. Sie müssen sich daher eine eigene Welt konstruieren, in der diese Währung allgemeine Gültigkeit hat. Sie müssen sich mit allen Sinnen und allen Kräften von der Wirklichkeit abwenden. Das machen ja alle Neurotiker. Aber der Typus der sexuellen Infantilisten spannt die Brücke, welche die Realität und die Phantasie verbindet, immer weiter, sie wird immer schwächer und immer schmäler.

Diese Kranken sind alle Träumer, schlafen sehr lange und sehr tief, haben auch bei Tage das Bedürfnis viel zu schlafen. Sie sind keine Tatmenschen, nur verträumte Sonderlinge. Schon in der Schule zeigt es sich, daß sie nie recht vorwärts kommen; mit Mühe und Not absolvieren sie die nötigsten Studien, sie taugen zu keinem Berufe, möchten am liebsten Rentner sein, um immer ihren Träumen nachhängen zu können: sie nützen ihre Verwandten schrankenlos aus. Sie werden früh arbeitsunfähig, wenn irgend jemand da ist, der für sie sorgen kann (Eltern, Tanten. Vormund usw.), sie sind unselbständig. Dabei kann es in Traumzuständen zu Affekthandlungen kommen: Exhibition, Betasten von Kindern auf dunklen Stiegen, lautes Sprechen unanständiger Worte (psychische Exhibition), fluchtartiges Verlassen der Stellungen (Desertation, Fugues. Reisen im Traumzustande). In diesen Traumhandlungen, welche auch zu Diebstählen führen können, worüber wir noch ausführlich sprechen werden, zeigen alle diese Individuen ein läppisches kindisches Verhalten.

Dies kindische und kindliche Verhalten äußert sich in allen ihren Lebensformen. Die Schrift ist infantil (nicht ausgeschrieben), die Sprache zeigt mitunter Kinderfehler, sie fallen bei Zärtlichkeiten leicht in die Kindersprache, zeigen in Affekten „Agrammatismus", sie bewegen sich wie die Kinder (hüpfen, springen, tänzeln), sind unselbständig wie die Kinder, kennen keine Logik, urteilen nur nach Gefühlswerten, lieben nur die Menschen, welche ihnen gefällig sind, hassen jeden, der ihnen einen Wunsch abschlägt (er wird gleich zu ihrem „Feind" gestempelt). jammern und weinen sehr leicht, wollen sich immer bemitleiden lassen, sind sehr häufig impotent, zeigen alle möglichen Formen infantiler

[1]) Die zwei Prinzipien des seelischen Geschehens. Jahrbuch f. Psychoanalyse.

Sexualität, sind wie schon erwähnt Tagträumer, zerstreut, unfähig zu konzentrierter Arbeit, haben kein anderes Interesse als sich selbst. Sie hassen die Arbeit, welcher sie unter allen möglichen neurotischen Vorwänden ausweichen. Unter ihnen findet man die schönsten Fälle von Schreibkrampf, Astasie und Abasie, Verdauungsneurosen, die absonderlichsten Beschäftigungsneurosen, weil jede Arbeit sie den lustbetonten Träumereien entzieht.

Es ist unmöglich, alle Typen dieser Krankheit zu schildern. Ich will mich nach dieser allgemeinen Betrachtung auf einige markante Formen beschränken. Ich habe schon betont, daß der Infantilismus in zwei Formen auftritt. Er kann eine Entwicklungshemmung und eine Regression sein. Der Neurotiker kann in seiner Entwicklung stecken bleiben und beharrt nun mit Überwindung der Zeit in dieser Phase. Er kann sich aber auch in eine bestimmte kindliche Zeit zurückversetzen. Die Regression, die die häufigere und die interessantere Form ist, kann sogar, wie schon erwähnt, bis in die Fötalexistenz zurückgehen.

Nur möchte ich nicht wie *Ferenczi* annehmen, daß diese Regression durch lustbetonte Erinnerungen im Mutterleibe verursacht wird. Es handelt sich um die Wirkung von Phantasien und um ein Hineinleben in eine bestimmte Rolle. Hinter der Mutterleibsphantasie steckt der große gewaltige Wunsch: Ich möchte mein Leben noch einmal beginnen. Aber die Phantasie wandert noch weiter zurück. Es war für mich eine große Überraschung, als ich die ersten Spermatozoenträume analysieren konnte. Man schwelgt in dem Gedanken, ein Samenfaden zu sein, um nochmals ein neuer Mensch zu werden. Doch die Regression geht noch weiter und das zeigt eben deutlich ihren psychogenen — vielleicht auch durch Erinnerungsspuren unterstützten — Ursprung. Ich glaube nicht, daß die Mneme *(Semon)* des Menschen alle Engramme aufbewahrt hat. Aber von der Hand zu weisen ist diese Ansicht keineswegs. . . . Es gibt also Infantilisten, welche in ihrer Regression durch Jahrhunderte zurückgehen. Sie verwandeln sich in Römer oder Griechen, in Germanen, sie haben den Glauben, sie hätten schon einmal gelebt und wüßten ihre historische Existenz, sie werden gerne Spiritisten und finden den alten Geist, der sie belehrt. Sie werden aber auch Urmenschen und Verbrecher. (Ja, der Verbrecher ist sicherlich eine Regression auf einen infantilen Zustand der Menschen.) Sie werden aber auch Tiere, sie sind eine Urzelle im Urmeere der Menschheit, sie sind der erste Mensch Adam. Alle diese Menschen haben den Glauben an die Seelenwanderung und an ihre prähistorische Existenz.

Es ist klar, daß diese Phantasien, die sich immer nach dem Bildungsgrad des Erkrankten richten (was ihre Abhängigkeit von den Erfahrungen des Lebens beweist . . . .), nur im Traume vorkommen und

6*

im Wachleben in einem dem Traume ähnlichen Dämmerzustande. Die Bedingung dieser Erkrankungen ist die Annullierung der Zeit, die Überwindung der Realität, was nur in Traum- und Phantasiebildern vor sich gehen kann.

Im Mittelpunkte des sexuellen Infantilismus steht das Traum- und Schlafleben. Diese Kranken schlafen sehr lange — oft viele Jahre —, wachen nur für Stunden auf. Das sind die extremsten Grade. Aber in den leichtesten Graden wird man fast immer das Bedürfnis konstatieren 10 bis 12 Stunden zu schlafen, sonst fühlen sie sich nicht wohl. Es ist mir sehr wahrscheinlich, daß alle pathologischen Schlaf- und Dämmerzustände eine Regression auf das Infantile bedeuten, was ja die Ansicht von *Freud* bestätigen würde, daß jeder Traum auf das Infantile zurückgeht (Retrospektive Tendenz des Traumes).

Es sei hier noch auf die halb wissenschaftliche, halb schöngeistige vorzügliche Schilderung von *Fritz Wittels*[1]) „Das Kindweib" verwiesen. Er schildert die Frau, die Kind geblieben ist. „Das Kindweib ist eine Entwicklungshemmung oder eine Entwicklungseinseitigkeit durch Schönheit. Es ist deshalb von zarter Gesundheit und blickt aus großen staunenden Kinderaugen in die Welt. Es ist unklug wie ein Kind, aber wo es um Liebe geht, übertrifft es in jungen Jahren an Weisheit die Erfahrensten. Es ist furchtsam wie ein Wilder, der durch den Wald geht und die Welt voll Gespenster sieht, es ist furchtlos wie ein Nachtwandler, der auf dem Dach spaziert. Seine natürliche Unverschämtheit ist groß, weil es ungezogen ist in des Wortes wörtlicher Bedeutung."[2]) Ganz vortrefflich hat diesen Typus des Kindweibes *Ibsen* in seiner „Nora" geschildert, die mit Puppen spielt, auf das Wunderbare wartet und die Rechtsbegriffe eines Kindes hat.

Wir sehen also, der Infantilismus kann verschiedene Ursachen haben und in verschiedenen Formen auftreten. Er kann, wie schon erwähnt, eine Entwicklungshemmung oder eine Regression sein. Er kann psychisch und er kann physisch bedingt sein. Und beide Ursachen können zusammenwirken, das macht eben das Verwirrende des Krankheitsbildes aus.

Es wäre noch eine Frage zu entscheiden: Wie wirken die organischen Faktoren (die Störungen der inneren Sekretion) und die seelischen Einflüsse zusammen. Meine Erfahrungen lassen mich hier zu kühnen Schlüssen kommen. Ich sah Formen von Infantilismus, die wie schon

[1]) Die sexuelle Not. Wien und Leipzig, 1909. C. W. Stern.

[2]) Wie ich nachträglich gesehen habe, stammt der Ausdruck „Das Kindweib" nicht von *Wittels*, sondern von *Dickens*, der in seinem autobiographischen Romane „David Coperfield" das Childwife in mustergültiger Weise schildert.

erwähnt, nach der entsprechenden Behandlung, die eigentlich in einem „Erwecken" besteht, plötzlich alt wurden. Nicht nur, daß ihr Wesen, die Schrift sich änderte, nein, es begann der Schnurrbart zu wachsen, die Zeichen der Männlichkeit kamen verspätet zum Vorschein. Das bringt mich auf die Vermutung, daß die seelischen Einflüsse auch die innere Sekretion beeinflussen und im stärkeren Maße, als wir es bisher geglaubt haben. Eigentlich sollten uns die berühmten Versuche von *Pawloff* schon belehrt haben, wie bedeutsam die Psyche die Drüsensekretion beeinflußt. Sollte der Wunsch „Ich will ein Kind sein!", sollte die gewollte Inaktivität der Geschlechtsdrüsen nicht einen gewissen Einfluß ausüben können?

Ich maße mir nicht an, diese Fragen zu entscheiden. Ich will an Hand meiner Erfahrung eine Reihe von Infantilismen beschreiben. Hierher gehören die seltsamsten Verirrungen der Sexualität, die bisher fälschlich als Entartungen aufgefaßt wurden, die koprophilen und urolagnistischen Neigungen, die Mysophilie, Exhibitionismus, viele kriminelle Impulshandlungen, wie Kleptomanie, Pyromanie.

Es ist dies ein fast unerforschtes Gebiet der Sexualforschung und das möge die Mangelhaftigkeit meines Materiales entschuldigen. Ich habe vor Jahren viele Fälle von Infantilismen nicht erkannt. Zu bedenken ist ja ferner, daß alle Neurotiker an ihrer Kindheit kranken und deutlich alle infantilistischen Züge zeigen. Nur die extremen Fälle kommen hier in Betracht. Sie sind aber so bedeutsam für das Verständnis aller Paraphilien, daß der Sexualforscher an ihnen nicht achtlos vorübergehen darf. Ihre Mannigfaltigkeit ist verblüffend. Auch der praktische Arzt muß diese Bilder kennen, weil er sonst ganz falsche Urteile fällen und ganz verkehrte Maßregeln ergreifen kann. Ebenso ist die Heilbarkeit dieser Zustände durch Analyse und Erziehung zu berücksichtigen. Auf diesem Gebiete feiern die Analyse und die Rückerziehung ihre schönsten Triumphe. Gerade meine Resultate, die oft verblüffend waren, beweisen, daß es sich nicht um angeborene Zustände handelt, sondern um Reaktionen der menschlichen Psyche auf das spezifische Milieu der Jugend und die Erfahrungen des Lebens. Denn es ist interessant zu konstatieren, daß die Rückversetzung in die Jugend stets nach den ersten größeren Enttäuschungen eintritt, wofern sie nicht eine Entwicklungshemmung ist. Mit dem Zusammenbruch der Hoffnungen flüchtet die Seele in das Paradies ihrer Kindheit. Das ist der Sinn der biblischen Legende. Wir alle werden aus dem Paradies der Kindheit vertrieben und sehnen uns darnach zurück. Mit der Erkenntnis der Sünde fällt die Schuldlosigkeit des Menschen in sich zusammen und die Verantwortung für seine Taten beginnt. Kinder sind nicht verantwortlich und Kinder können die Zeit nach Belieben verschwenden. Sie quält noch nicht der

Vorwurf „O wehe, wie hast du die Tage verbracht, im pochenden Herzen die Reue.“[1])

Ich habe schon betont, daß die Rückphantasie der Menschen bis in die fötale Existenz gehen kann. Es erschien mir am Anfang sehr phantastisch, als *Freud* mir einmal gesprächsweise mitteilte, daß er bei einem Neurotiker eine Mutterleibsphantasie beobachten konnte. Später hatte ich in der Analyse oft Gelegenheit, sie zu finden und lernte ihre Bedeutung immer mehr und mehr kennen. Noch erstaunter war ich, als ich beobachten konnte, daß sich bei manchem Neurotiker auch „Vaterleibsphantasien“ feststellen ließen. Die Menschen träumen oft von ihrer „Spermatozoenexistenz“. In den meisten Fällen handelte es sich um Mediziner und Ärzte, welche genaue Kenntnis von den Spermatozoen hatten. Der erste von mir beschriebene Fall betraf einen Mediziner („Nervöse Angstzustände“, Kapitel über Impotenz). ***Marcinowski*** und *Herbert Silberer* haben später diesen Fund bestätigen können.

Die Mutterleibsphantasien stellen einen ganz eigenen Typus dar. Es sind sehr verträumte Menschen, die oft darüber klagen, daß ihnen das Leben so fremd und unwillkürlich vorkommt. Oft überkommt sie unvermutet eine Art Schwindelgefühl. Sie verfallen in eine Wachträumerei, die fast einen Schlafzustand mit offenen Augen darstellt. Sie zeigen eigentümliche Neigungen, die sich auch in neurotischer Umkehrung manifestieren können. Sie ziehen kleine Räume den großen Zimmern vor. Sie halten sich sehr gerne auf dem Aborte oder im kleinen Badezimmer auf. Sie hüllen sich abends fest in ihre Decken, ziehen sie über die Ohren und kauern sich wie ein Embryo zusammen. Ihre Träume handeln von Geburt und Aufenthalt im Mutterleibe. Während dieses Aufenthaltes sind sie ungesehene Zuschauer aller Geheimnisse des Sexuallebens ihrer Mutter. Oft ist die Mutterleibsphantasie derart, daß sie zugleich mit dem Vater verkehren. (Goethe wird der Vers zugeschrieben: „Das nenn' ich mir ein Weib, das sich im Mutterleibe so zu drehen wußte, daß sie der Vater v ..... mußte.“) Die meisten dieser Kranken schütteln den Kopf, wenn man sie auf die Mutterleibsphantasie aufmerksam macht und finden sie absurd und lächerlich. Manche aber geben zu, daß sie ähnliche Gedanken wiederholt gehabt haben. So erzählte mir ein Neurotiker, daß er gerne der Phantasie nachhänge, im Leibe einer Riesin zu leben und sich dort nach Belieben zu bewegen. Er habe drinnen eine große Schaukel und allen Komfort, den man sich vorstellen könne.[2])

---

[1]) Vergleiche das *Essay* „Ewige Kinder“ in meinem Buche „Nervöse Leute“. (Verlag Paul Knepler, Wien.)

[2]) Auf die Mutterleibsphantasie läßt sich das folgende Gedicht von Baudelaire beziehen:

Die Riesin.

Ich hätte damals, als der kräftevollen
Natur noch Kinder wurden wild und groß,

In neurotischer Umkehrung finden wir die Angst vor engen Räumen, die Angst vor dem Einsperren (Claustrophobie), die Angst vor dem „Lebendig-begraben-werden". Wir werden in den folgenden Analysen mehrere Beispiele von Mutterleibsphantasien kennen lernen. Ich möchte an dieser Stelle nur einige Träume von Neurotikern mitteilen, welche die Diagnose einer Mutterleibsphantasie gestatteten.

I. Ich gehe aufs Land, um Mehl zu kaufen. Ich sitze beim Bauern in einer düsteren Stube, wo nur durch ein kleines Fenster das helle Grün einer sonnenbeschienenen Wiese hereinsieht. Plötzlich fahre ich in offenem Wagen und sitze mit dem Rücken gegen den wehenden Schnee.

II. Es ist Winter. Ich wohne in einem alleinstehenden Hause. Komme gerade nach Hause und blicke hinauf, um die Vorhänge beim Fenster zu sehen. Merke, daß sie zerrissen sind. Nehme mir vor, der Mutter zu sagen, sie soll sie flicken. Beim Eingang ins Tor denke ich: Hier in der Einöde zu leben, umsäumt von Feldern und Bäumen ist doch ein interessantes Bild und nicht ohne Einfluß auf die Entwicklung des Kindes. Vor dem Haustore werfen größere Buben Schneeballen. Einer fliegt gerade an mir vorbei. Ich bin im Ungewissen, ob dies eine Bedrohung ist. Ich passiere zwei nacheinanderliegende Pforten und komme zur dritten, welche etwas verschneit ist. Überlege gerade, ob ich sie öffnen können werde, da kommt der Knabe diensteifrig heran und öffnet die Pforte. Ich sehe daraus, daß er mir nichts Böses tun wollte. Komme in einen kahlen Garten. Spärlicher (herbstlicher?) Graswuchs. Ein Hase läuft auf mich zu. Treffe den Kitzler (ein Bekannter) welcher mich fragt: „Haben Sie das Tier schon gesehen?" Ich verneine es. Plötzlich bemerke ich ein junges Schwein, welches unter einem Gebüsche friedlich schläft. Es dürfte sich verlaufen haben.

III. Mehrere Personen sind bei uns. Irgend eine Festlichkeit. Einige kommen gerade vom Klosett, muß daher warten, da ich auch hineingehen will. Endlich ist das Klosett frei und ich gehe hinein. Schiebe den Riegel vor, damit niemand hinein kommt. Vater steht am Gang. Klosett hat ein Oberlichtfenster, das auf den Gang führt und zur Hälfte offen ist. Ich lasse die Kleider herab. Trotz sehr starken Stuhl- und Urindranges setze ich mich mit verschränkten Beinen am Boden nieder. Neben mir richte ich einen kleinen Taschenspiegel und kleinen Kamm her, um mich daran zu ergötzen. (Patient kämmt oft seine Schamhaare.)

Bei einer jungen Riesin leben wollen,
Wie eine Katze auf der Fürstin Schoß.
Und sehen wollen wie ihr Körper blühte,
Und Wünsche, frei bei fürchterlichem Spiel.
Wie ihr im Herzen dunkle Flamme glühte,
Am feuchten Dunst, der ihrem Aug entfiel.
Und über ihre prächtigen Glieder eilen,
Auf ihrer Riesenkniee Rücken weilen,
Und manchmal, wenn im giftigen Sonnenschein,
Sie müd sich niederläßt im weiten Raume,
Im Schatten ihrer Brust gebettet sein,
So wie ein friedlich Dorf am Hügelsaume.

Urin drängt, lasse aber nicht los. Ein Tropfen kommt zum Vorschein. Pollution. (Patient auch Urinerotiker.)

IV. Befinde mich im Hause meines Firmpaten im Waldviertel. Von der Wohnung aus hat man Ausblick auf bewaldete Berge, einer derselben ist von einer herrlichen Villa gekrönt. Gehe durch eine Allee in der sich Verkaufsstände mit Bleistiften befinden. Während ich einen kaufen will geht ein Herr mit Glatze an mir vorüber.

Betrachten wir diese vier Träume etwas näher. Der erste Traum würde kaum eine Mutterleibsphantasie vermuten lassen. Erst die Analyse seiner anderen Träume und seines Zustandes, der die oben erwähnten Symptome zeigt, läßt die Deutung zu. Die düstere Stube ist der Mutterleib, das Fenster die Vagina. Das Bild wechselt. Der Mutterleib ist ein Wagen (dieser Patient fährt leidenschaftlich gerne in geschlossenen Wagen, aber fürchtet sich oft vor engen Kupees). Der wehende Schnee symbolisiert das Sperma, das ihn anspritzt.

Zu diesem Traume möchte ich bemerken, daß ich einen solchen Patienten behandelte, der homosexuell eingestellt war und nur einen Wunsch hatte: Von einem Manne angespritzt zu werden. Seine Analyse ergab die Phantasie, im Mutterleib vom Vater angespritzt zu werden.

Im zweiten Traume sehen wir den Mutterleib als einsames Haus. Die Vorhänge sind zerrissen (das zerrissene Hymen). „Das Bild ist nicht ohne Einfluß auf die Entwicklung des Kindes!" Deutlich genug! Das Bewerfen mit Schneeballen symbolisiert das Bespritzen mit dem Sperma. Dort begegnen ihm Knaben und ein Hase (phallische Symbole). Köstlich ist der Herr Kitzler, der im Leben wirklich existiert, aber hier zur besseren Symbolisierung herangezogen wurde. Das Schwein ist er selber . . .

Der dritte Traum zeigt uns die Mutterleibsphantasie eines Urinsexualisten. Der Mutterleib erscheint hier als Klosett.

Der vierte Traum bringt Bleistifte als phallische Symbole. Der Herr mit der Glatze ist der Penis. . . .

Diese Beispiele mögen einstweilen genügen. In allen diesen Fällen handelt es sich um Rückphantasien in die Fötalexistenz. Viel merkwürdiger und phantastischer sind die Spermatozoenträume. *Silberer* erzählt in seinem Aufsatze „Spermatozoenträume" (Jahrbuch für analytische Forschungen, Bd. IV) folgendes. Ich lasse ihm das Wort:

Kürzlich hatte ich als Traumdeuter ein Erlebnis, das nicht allein wegen der psychologischen Merkwürdigkeit des analysierten Falles, sondern auch ob des seltsamen glücklichen Zusammentreffens, das mich auf den ersten Blick erraten ließ, was sonst vielleicht einer mühsamen Analyse bedurft hätte, aufgezeichnet zu werden verdient. Der Fall ist um so beachtenswerter, als er mit schlagender Evidenz die Richtigkeit einer neuartigen Beobachtung beweist, die, der allgemeinen Beurteilung preisgegeben, vielleicht mehrenteils ungläubig aufgenommen werden wird.

Es handelt sich um Spermatozoenträume oder, um gleich von dem extremen Fall zu reden: um den Vaterleibstraum. Am 6. Jänner 1912 (das Datum ist, wie man später sehen wird, nicht gleichgültig) machte mir Dr. Wilhelm Stekel die überraschende Mitteilung, daß es ihm gelungen sei, den Traum eines Patienten in einwandfreier, beweiskräftiger Art als „Vaterleibsphantasie" aufzudecken. Bekanntlich spielen in den Träumen die „Mutterleibsphantasien" eine große Rolle; Phantasien, bei denen sich der Träumer in den Mutterleib zurückdenkt. Diese Phantasien sind nicht bloß deshalb interessant, weil sie die denkbar weitgehendste Durchführung einer sexuellen Annäherung (vollständiges Hineinbegeben) an das Weib überhaupt und die Mutter insbesondere darstellen, sondern auch darum, weil sie den Gedanken nahelegen, daß dabei vielleicht Erinnerungen an das fötale Leben im Spiele sind. Was nun die Vaterleibsphantasien betrifft, so können sie in der letzten wichtigen Beziehung natürlich kein Pendant zu den Mutterleibsphantasien bilden; denn man kann gewiß nicht annehmen, daß Eindrücke des Spermatozoendaseins zu einer psychischen Wirkung solcherart gelangen; Erinnerungsphantasien sind die Vaterleibsphantasien also nicht. Wohl aber steht ihrem Auftreten als Wunschphantasien nichts im Wege; und als solche können sie in mehrfacher Beziehung zu den Mutterleibsphantasien in Parallele gestellt werden. So können z. B. beide als exzessiver Ausdruck der Rückkehr ins Infantile angesehen werden; als Rückgängigmachen des Lebens und somit als Todesphantasien; als innigste sexuelle Annäherung an die Mutter, beziehungsweise den Vater oder, allgemein gesprochen, an Weib oder Mann.

Der Traum, den Dr. Stekel mir erzählte, war dadurch ausgezeichnet, daß in einer Art von Strom zahlreiche kleine Menschen, Männer und Weiber, dahinglitten; schließlich sah der Träumer sich selbst unter diesen dahintreibenden Menschen. Das Ganze war bildmäßig gesehen. Dr. Stekel kam auf die Idee, daß die kleinen Menschlein in dem Strom als Spermatozoen im Samenstrom zu deuten seien, und die Analyse bestätigte durch einen unvermuteten Determinationszweig diese Vermutung. Da der Träumer sich selbst unter die Spermatozoen in die Samenflüssigkeit versetzt, träumt er sich in den Vaterleib; er hat (aus welchen Wunschursachen, das ist uns hier gleichgültig) eine Vaterleibsphantasie. Dr. Stekel machte mich bei Besprechung eines anderen, ähnlichen Traumes [1]) auch auf die Übereinstimmung aufmerksam, welche zwischen der Traumfassung und manchen Vorstellungen primitiver Zeitalter von der Beschaffenheit des Samens besteht. Beide Auffassungen denken sich nämlich den Samen von kleinen Menschlein (in ausgeprägter menschlicher Gestalt) bevölkert, die später im Mutterleib zur Entwicklung kommen

[1]) Dieser Traum wurde von dem gerade anwesenden Dr. *Marcinowski* mitgeteilt, der von der Traumsituation eine sehr anschauliche Skizze angefertigt hatte. Es handelte sich dabei um ein Menschlein, das an einem aufrechten Turm (erigierten Penis) emporkletterte und den Träumer an einen Töpfer erinnerte. Dr. *Stekel* löste das Rätsel dieses Töpfers, indem er ihn (durch weitere Angaben unterstützt) als Spermatozoon agnoszierte. Der „Töpfer" stimmt hierzu sehr gut, denn der Töpfer formt und gestaltet den rohen Ton, und das befruchtende Spermatozoon ist die Ursache eines ähnlichen Prozesses am Keimplasma; Plasmaplastik. Man behalte die Töpfersymbolik im Auge und vergleiche sie mit der später genannten Brotteigsymbolik.

sollen. Es scheint hier, wie in so vielen Fällen, im Traume jene Denkart zur Geltung zu kommen, die dem Geist einer früheren, primitiveren Menschheitsperiode entspricht; sie kommt zur Geltung, entweder als etwas von jenen früheren Zeiten her Anhaftendes oder aber, in aktueller Entstehung, deshalb, weil sich die schlafende (apperzeptiv geschwächte) Psyche den Naturproblemen gegenüber in die gleiche relativ unbeholfene Lage versetzt sieht wie die wache Psyche des primitiven Menschen: ähnliche Entstehungsbedingungen geben dann ähnliche Resultate.

Man hat bei der Beurteilung der Träume stets mit dem Hereinragen von Elementen aus primitiven Zeiten zu rechnen; ja die ganze Einrichtung des Träumers muß, worauf hinzuweisen übrigens *Freud* nicht vergessen hat, unter entsprechenden Gesichtspunkten betrachtet werden, wenn man ihr von Grund aus beikommen will.

Auf die Spermatozoenträume zurückkommend, muß ich noch anführen, daß ein gemeinsames Material der zwei mir bei Dr. Stekel bekanntgewordenen Träume darin bestand, daß eine Andeutung von Schmierigem oder Klebrigem (Beschaffenheit der Samenflüssigkeit) vorkam.[1])

Am Tage nach der Besprechung mit Dr. Stekel erzählte mir eine Dame, die ich Fräulein Agathe nenne, einen Traum. Ich habe schon viele Träume der Dame analysiert und bin infolgedessen in ihrer Symbolsprache und in ihren Komplexen ziemlich bewandert. Die Erzählung lautete wie folgt:

Traum vom 6. Jänner 1912: „Ich war auf einer Eisenbahnfahrt; oder eigentlich so: ich bin auf einem Schneefeld gestanden, auf halbgeschmolzenem Schnee; ringsum Winterlandschaft. Ein schmaler, schlangenartig verlaufender Eisweg führt in ein fremdes Land, dessen Namen ich im Traume wußte und mir dabei vornahm, ihn mir recht gut zu merken (ich habe ihn aber vergessen). Ich stehe neben dem Weg und schaue zu, wie von Zeit zu Zeit Leute auf dem harten Eis wie mit Ski heruntersausen; ich denke mir, das ist ein neuer Sport; eigentlich sind es kleine längliche Kähne, in denen ein Mann steht. Das ganze Bild ist wie ein bloßes Gemälde (spätere Angabe: wie Stiche) und die Männer in den Kähnen sind sehr dünn und zart gezeichnet. Wo ich stehe, ist eine große Biegung. Zwei Einjährig-Freiwillige kommen denselben Weg (den Eisweg) zu Fuß herunter. Bei der Biegung weichen sie einem Kahne, der gerade heruntersaust, aus, indem sie aus der Bahn heraus und auf so eine Stelle treten, wie die wo ich stehe. Wie der Kahn vorbei ist, sehe ich nur einen Soldaten, in licht-graublauem Mantel. Ich möchte unendlich gern den Weg, der in das fremde Land führt, gehen, doch aus einem bestimmten Grund kann ich es nicht. Ich befinde mich nun auf einer Eisenbahn, es war nämlich so, als ob ich schon früher in der Eisenbahn gewesen und bloß vorhin ausgestiegen wäre, um zuzuschauen. (Die Eisenbahn geht in der gleichen Richtung wie der Eisweg.) Ich stehe draußen[2]) beim offenen Fenster und passe auf, wann wir ankommen. Die Kähne sieht man immerwährend den Weg hinuntersausen. Der Zug kommt nachts in einem dunklen Bahnhof an. (Dabei verspüre ich eine Erleichterung und eine Spannung; ob das auch der richtige Bahnhof ist.) Ich kann den

[1]) In dem in voriger Anmerkung erwähnten Fall war das natürlich der Töpferton.

[2]) D. h. nämlich im Korridor des Waggons.

Namen des Ortes nicht entziffern, trotz meiner Bemühung. Es erscheint mir aber sehr wichtig, den Namen zu erfahren. Ich habe einen Kahn in der Hand und soll ihn am richtigen Ort den anderen (Kähnen) nach hinunterschicken. Wie der Zug hinausfährt, sehe ich wieder den Eisweg, und traurig sende ich meinen leeren Kahn aus dem Kupeefenster hinunter. In dem Moment bemerke ich, daß es gar kein Kahn, sondern ein Trog ist. Ich hoffe, bald in dem fremden Land anzukommen, indem der Zug mit mir weitersaust, und da erwache ich."

Als Agathe mir die mündliche Darstellung dieses Traumes gab, war ich bei der Schilderung der ersten Szene verblüfft; dies gemäldeartig gesehene Bild — ist das nicht ein leibhaftiger Spermatozoentraum, von der Laune des Zufalls mir zur Bestätigung der gestern gehörten Beobachtungen geschickt?! Die dünnen, zarten Gestalten, die auf glitschiger Fährte hinabschießen, in ein verlockendes „fremdes Land" — sind das nicht prächtige Spermatozoen? Der schmelzende Schnee, weiß und von halbflüssiger Konsistenz (auch klebrig pflegt der schmelzende Schnee zu sein) — war das nicht ein treffender Ersatz der menschlichen Samenflüssigkeit? Und daß sich Agathe selbst in dem Schnee befand und in das „fremde Land" hineinzubewegen im Begriffe war — läßt das nicht gar eine Vaterleibsphantasie vermuten? Ich beschloß indes mich durch diese verblüffende Übereinstimmung nicht irremachen zu lassen und jede Voreingenommenheit abzulegen. Den Traum weiter erzählen hörend, zog ich meine Vermutung vom Spermatozoenthema ab und verfolgte aufmerksam die Entwicklung der Dinge. Ich war im Begriff, meine anfängliche Entdeckung zu verleugnen und als eine bloße Verblüffung über einen launigen Zufall zu betrachten, als ich bei dem „leeren Kahne", den Agathe hinabsendet, wieder stutzig wurde. Vor allem deshalb, weil mir sofort klar wurde, daß es sich hier um ein Beklagen der Sterilität (unten begründet) handelt. Der Situation lag also wahrscheinlich ein Gedanke zugrunde, der sich auf das Thema „Zeugung" bezog. Näher über das Traurigsein befragt, gab Agathe an, daß eigentlich sie selbst in so einem Kahn ins fremde Land hätte fahren sollen. Und sie sei traurig gewesen, daß sie das nicht konnte. Das stimmte wieder einigermaßen zur Spermatozoen-, ja sogar zur Vaterleibsidee; nur fehlte mir jenes Moment, welches hätte andeuten müssen, daß der Inhalt auch dieses Kahnes ein unentwickelter Mensch sein sollte; die Gestalten in den übrigen Kähnen waren, wie Agathe ausführte, ganz dünn und lang; man konnte also in ihnen recht gut Bilder von Spermatozoen erblicken. Ich weiß, daß Agathe einige Wochen vorher in einem wissenschaftlichen Werk Abbildungen von Spermatozoen gesehen hat; sie selbst konnte sich (wie ich nach vollendeter Traumanalyse konstatierte) dessen nicht erinnern.

Bei der Durchbesprechung des Traumes lieferte Agathe noch folgende Ergänzungen. Der Eisweg führt von rechts oben nach links unten, zeitweise in Schlangenwindungen, in das fremde Land. Der Name dieses Landes habe sehr poetisch und wie japanisch geklungen; er werde ihr wahrscheinlich wieder einfallen. Sie habe sich gewundert, wieso Skiläufer auf dem harten Eis fahren. Der Weg führte weit in die Ferne, die Eisenbahn parallel zur Straße, wie nach Triest. Das fremde Land war in Dunkel gehüllt. Auch, wo die Fahrer herkamen, war undeutlich. Als Agathe ihren Kahn, der eigentlich ein Trog war, aus dem Kupeefenster ließ, war sie traurig darüber, daß sie einen leeren Kahn hatte. Es war ein Trog, wie einer, in dem man Kinder badet.

Dieses neue Material warf bedeutende Lichtstrahlen auf so manchen Teil des Traumes. Nach Triest ist Agathe mit einem Mann gefahren, dem sie sich hingab und der sie in der Folge auch schwängerte. Das Fahren nach Triest scheint auch wieder darauf zu weisen, daß der Traum die Idee des sexuellen Verkehrs sowie der Schwängerung enthält. Beides wird seine Bestätigung finden. Die Richtung des Weges von rechts nach links kommt damit überein, daß sich Agathe wegen der Beziehungen zu jenem Manne jetzt Vorwürfe macht; man kennt ja seit Stekels diesbezüglichen Ausführungen die Symbolik von rechts und links. Eine Folge des sexuellen Verkehrs war aber nicht bloß die Schwangerschaft, sondern im weiteren Verlaufe der Dinge ein Abortus und eine später notwendige Operation, die die Patientin unfruchtbar machte (Entfernung eines Ovariums und beider Tuben). Daher — ich behielt diese Deutung zunächst für mich — der leere Kahn, den Agathe traurig hinabsendet: sie kann in den Trog kein Kind legen, denn sie ist unfruchtbar.

Um mir mehr Klarheit zu verschaffen, ersuchte ich Agathe, mir Näheres über den Trog und seinen häuslichen Gebrauch zu sagen. Agathe wiederholte zunächst, daß man in so einem Trog bei ihr zu Hause die kleinen Kinder gebadet habe; ein solcher Trog gehöre auch zum Waschen der Wäsche und zum Backen des Brotes. Eine eingehendere Schilderung dieser Tätigkeiten ergibt, daß sie alle mit einer weißlichen, schaumigen (Seifenschaum) oder teigigen (Brotteig) Masse zu schaffen haben, die dem Aussehen und der Konsistenz nach dem schmelzenden Schnee der Traumlandschaft gleicht. In diesem habe ich bereits Sperma vermutet. Sehen wir zu, ob sich weitere Anhaltspunkte finden lassen. Wenn sich Wasser und Kind im Trog befinden, so ist der Trog wohl der Uterus. Das Badewasser welches das Kind umgibt, ist dann natürlich das Fruchtwasser. Ich frage Agathe, was die Kähne und der Trog wohl sein könnten? Sie antwortet, die länglichen Kähne wären Penissymbole, der Trog wäre wahrscheinlich das weibliche Gegenstück. Nun fällt mir auf, daß dem Uterus oder Trog nicht bloß Schaum, Wasser und Kind, sondern auch Brotteig zugemutet wird. Was ist's mit dem Brot? Auf meine Frage fängt Agathe unaufgefordert an, mir umständlich die Entstehung des Brotes zu schildern, wie es sich aus dem anfänglich rohen Teig entwickelt, „aufgeht", geformt wird usw.: kurzum, es liegt ein Entwicklungsgedanke darin, so wie aus Teig mit dem Ferment das Brot wird, so bildet sich (auch infolge einer Fermentierung = Befruchtung, wobei Sperma = Ferment) im Mutterleib das Kind. Agathe bemerkt noch: man vergleicht ja oft das Brot mit einem Kinde; es hat auch dieselbe Form (das längliche Brot) und man trägt es auch wie ein Kind; sie hat es oft zum Bäcker wie ein Kind im Arm getragen.

Die Gewißheit der Gleichung Trog = Uterus stand nunmehr fest, und da Agathe im Traum darüber traurig gewesen ist, daß sie einen leeren Trog habe, konnte ich für erwiesen nehmen, es müsse dieser Empfindung eine Trauer über die Unfruchtbarkeit zugrunde liegen. Ich fragte Agathe: ‚Warum waren Sie eigentlich traurig, als Sie den leeren Trog hinabsandten? Wer hätte denn darin sein sollen?" (Ich hoffte Agathe werde nun irgendwie zu verstehen geben: ein Kind; ich hielt nämlich unrichtigerweise die früher getane Angabe, sie selbst hätte im

Kahn sein sollen, für einen rationalisierenden, die Trauer im Traum erklären sollenden Ersatz dieses Gedankens, ich konnte noch immer nicht daran glauben, daß wenigstens ein Teil der Assoziationen auf eine Vaterleibsphantasie führen könne, und eine solche kommt ja heraus, wenn sich Agathe in den Samenstrom unter die Spermatozoen versetzt, als welche, wie wir noch sehen werden, die dünnen Leute im Traume aufzufassen sind.) Agathe antwortete wieder: „Ich selbst hätte darin sein sollen." Dann fügte sie hinzu: „Vielleicht hätte ich auch jemand statt meiner hineintun sollen." Nach einigen Augenblicken des Zögerns sagt sie dann: „Ich muß Ihnen noch erzählen, daß ich gestern abends darüber nachdachte, wie schade es doch sei, daß ich von Paul kein Kind bekommen kann; ich hätte gerne ein Kind von ihm; es müßte ein reizendes Kind sein. Ich habe mir sogar schon gedacht, Paul sollte, wenn er, der jetzt keine Kinder haben will, diese Meinung einmal ablegt, mit irgend einem Weib ein Kind zeugen und mir es dann geben." Abermals fand ich also einen wichtigen Punkt meiner Vermutungen bestätigt.

Die weitere Analyse, welche sich um die in den Kähnen fahrenden Leute drehte, förderte eine neue Bestimmung zutage. Agathe äußerte nämlich plötzlich: „Habe ich nicht schon vorhin erwähnt, daß diese dünnen Leute so aussahen, wie wenn sie aus etwas gemacht wären, das zerginge sobald man es anrührte?" Unter den Leitgedanken der Entwicklung, Befruchtung usw., die sich in den übrigen Traumteilen, besonders aber in dem Pendant zu den Kähnen — dem Trog — äußerten, konnte die Auffassung der dünnen Menschen als Schemen, als Keime zu künftigen Menschen u. dgl. nicht ausbleiben. Die Leute in den Kähnen sind also wirklich Spermatozoen, natürlich in naiver Auffassung. Agathe teilt mir übrigens mit, daß sie meinte, die menschliche Form trete schemenhaft[1]) gleich nach der Befruchtung im Keim auf.

Der Eisweg hat Schlangengestalt. Die Schlange ist, wie Agathe angibt, ein Symbol des Penis und des Lebens. Der Eisweg ist hart, Agathe wundert sich im Traum, daß die Skiläufer dort fahren. Harte Schlange = Erektion. Sie meint im Traum, dieses Fahren sei ein neuer Sport. In der Tat war dieser „Verkehr" (nämlich der sexuelle) für sie etwas Neues auf dem Weg nach Triest. Das gewissermaßen rhythmisch „von Zeit zu Zeit" ein Fahrer auf dem Schlangenweg dahersaust (ins schöne, dunkle fremde Land hinein) scheint auf die rhythmischen Bewegungen beim Geschlechtsverkehr hinzudeuten.

Wer sind die Einjährig-Freiwilligen? Ihre Bekleidung weist durch den Gleichklang auf den Namen Pauls, der keine Kinder haben will und im Traum ausweicht (aus der Eisbahn tritt), wenn die Fahrer (Spermatozoen) daherkommen (Coitus interruptus) und einen Mantel anhat (Condom); außerdem glaubte auch Agathe den Einjährigen mit Paul identifizieren zu sollen. Daß zuerst zwei Einjährige waren, scheint teilweise durch die Determination: Hoden bestimmt zu sein. Zu „Einjähriger" ist noch zu bemerken: Agathe kennt Paul ein Jahr lang.

Der Soldat im grauen Mantel hat aber noch eine andere sehr wichtige Bedeutung. Er erinnert Agathe (außer an Paul) auch an einen

---

[1]) Hierauf dürfte sich auch die Nuance der Traumerzählung beziehen, daß die gesehene Szene ein bloßes Gemälde war. „Stiche" (wie es in der zweiten Version der Traumdarstellung heißt) deutet wieder auf Koitus.

Herrn F., den sie den „Tod“ zu nennen pflegte. Der Soldat im grauen Mantel ist der Tod, der nur einen Schritt von Agathens Wege dastand, als sie im Gefolge der Triester Erlebnisse operiert wurde. Sie schaute damals dem Tod ins Antlitz. Der Soldat im Mantel stellt sich (wie Agathe nachträglich angibt) im Traum ihr gegenüber auf. Bei der Operation wurde Agathen ein Ovarium entfernt, das andere belassen. Daher das Verschwinden des einen Soldaten, daß der zweite die Rolle des drohenden Todes übernimmt, hat auch eine dem Krankheitsverlauf entsprechende Rolle.

Was soll aber der Tod in diesem Traum? Welche aktuelle Regung mobilisiert die düstere Gestalt? Hier sitzt vielleicht der tiefste Gedanke des Traumes: Agathe will ihr Leben rückgängig machen. (Ein mir aus ihren Analysen wohlbekanntes Thema.) Und sie gebraucht im vorliegenden Traum drei Hauptsymbole, um das auszumalen: 1. sie will ein fernes, fremdes Land [1]) aufsuchen, weil es sie in ihrer Haut nicht leidet, 2. sie ruft den Tod zur Hilfe, der sie von dem Lebensweg (Eisweg) gleichsam abdrängt (sich ihr gegenüberstellt), 3. endlich stellt sie sich vor, sie sei überhaupt nicht gezeugt worden und vermeide es, als Spermatozoen in den Eisweg des Samenstroms zu geraten, der in das dunkle Land (Leib der Mutter) hineinfließt.

Betrachten wir die dritte Phantasie etwas genauer. Sowohl das Ziel der Skiläufer (Triest, Land der Befruchtung) als ihre Herkunft (Vaterleib) ist dunkel. Hier verliert sich eben die Phantasie ins Ungewisse, es fehlen die bestimmten Vorstellungen, auch die Zukunft des Lebens ist ungewiß, solange man im Keimstadium sich befindet. Es ist undeutlich, ungewiß, woher die Lebensschlange kommt und wohin sie geht. Darum ist es besser, man betritt sie (d. h. den Lebensweg) gar nicht. Wir haben hier die Todeskomponente der Vaterleibsphantasie klar vor uns. Agathe will den Penis nicht passieren, wie die andern Spermatozoen, um nicht konzipiert zu werden. Daß die Erfüllung dieses Wunsches im Traum als eine unerwünschte Verhinderung erscheint, hat in psychischen Konflikten Agathens seinen guten Grund, einer Mechanik, auf die ich nicht eingehen kann, ohne sehr weitschweifig zu werden. Der Wunsch nicht ins Land der Befruchtung zu kommen, macht sich aber ganz deutlich in der gespannten Stimmung (gemischte Gefühle) beim Einfahren des Zuges in die Station geltend. Das Einfahren des Zuges drückt natürlich wieder den Koitus aus; die Angst des Verpassens des richtigen Ortes (eigentlich der richtigen Zeit) hat vielleicht mit dem Coitus interruptus zu tun. Eintreffen des Samenstroms, „es kommt“, der Orgasmus, Angst, den richtigen Augenblick zu verpassen, mögliche Konzeption usw.

Nachträglich fiel Agathen auch der Name des „fremden Landes“ ein; es hieß Chiuka. Dieses Wort gehört keiner Agathen bekannten

[1]) Ein Märchenland, wo alles sich so verhält, wie wir es wünschen. Der „poetische“ Name des Landes „klingt japanisch“, das hängt mit Agathens Schwärmerei für Japan zusammen. Für sie ist Japan das Märchenreich. Jeder Mensch hat irgend so ein Wunschland, in das er sich gerne versetzt sehen möchte. Bei manchen ist es das Wunderland Indien, bei andern das Land Amerika, wo alles möglich ist, bei einem andern das Hochgebirge u. s. f. Ebenso ist psychologisch auch das „Jenseits“ aufzufassen. Das „fremde Land“ Agathens ist auch das Land des Todes.

Sprache[1]) an; es erinnert sie bloß an eine ähnliche, klingende Stelle in einem Wiegenlied (eine Art eia — popeia). Also wieder eine Anspielung auf das Kinderzeugen. Meine, neben andern Deutungen gestellte Auffassung des fremden Landes als Mutterschoß wird also wohl berechtigt sein. Agathen fällt übrigens in Verbindung hiermit und zu dem mit weichem, schmelzenden Schnee bedeckten Gelände, die für Kinder märchenhafte Vorstellung ein, daß das Reich, wo die Kinder herkommen, ein Sumpfland ist, wo sie von Störchen herausgeholt werden.

Die Trauer oder Enttäuschung Agathens, als sie im Traum entdeckt, daß sie keinen Kahn (Penis), sondern einen Trog (weiblichen Geschlechtsteil) habe, ist nicht erst dadurch bestimmt, daß dieser Trog leer ist (worüber ich oben sprach), sondern an und für sich schon begründet durch Agathens lebhaften Wunsch, ein Mann zu sein.

Agathe entschloß sich widerwillig zur Erzählung des Traumes. Die Widerstände kennzeichnen das aktuelle Vorhandensein jener der Verborgenheit suchenden Wunschregungen, welche sich in unserer Analyse offenbarten.

Als das Rätsel des Traumes vom 6.—7. Jänner 1912 gelöst war, machte Agathe die Bemerkung, es müßten sich unter ihren früheren von mir aufgezeichneten Träumen welche befinden, zu deren Geheimnissen man mit dem gleichen Schlüssel gelangen könnte wie dieses Mal. Die Spermatozoensymbolik erscheine ihr als etwas ihrem Gefühl gewissermaßen schon Bekanntes. Zufällig hatte ich einen Traum, den sie mir drei Tage vorher geschrieben hatte, noch nicht analysiert und machte mich daran, ihn zu lesen. Ich teile den ganzen Traum mit und hebe darin jene Szenen hervor, die mir besonders auffielen. Ich muß noch bemerken, daß Agathe vorhatte, zu ihren Eltern nach Frankfrut zu fahren, um der Verlobung ihres Bruders Gustav beizuwohnen, diesen Plan aber aufgab.

Traum vom 31. Dezember 1911 auf den 1. Jänner 1912: „Gegen 12 Uhr in der Nacht komme ich bei meinen Eltern in Frankfurt an. Ohne in die Wohnung erst einzutreten, befinde ich mich schon in einem kahlen Zimmer[2]), welches durch üppige Portieren von dem Schlafzimmer meiner Eltern getrennt ist. In einer Ecke des Zimmers stehen meine beiden Schwestern Martha und Lieschen.[3]) Beide sind gewachsen und verändert. Mich auf die Begrüßung namentlich Marthas (des älteren von den beiden Kindern) freuend, breite ich die Arme ihr entgegen. Sie drückt sich, groß

[1]) Einige Kollegen aus der Wiener psychoanalytischen Vereinigung machen mich darauf aufmerksam, daß ein sehr ähnlich klingendes slawisches Wort das weibliche Genitale und den Hecht (der wieder als Symbol für den weiblichen Geschlechtsteil anzusehen ist, weil er Fische, Phalli, verschlingt) bedeutet. Da nun Agathe dem einen Elternteil nach slawischer Abstammung ist, und, wenn sie auch keines slawischen Idioms mächtig ist, dennoch manchen Brocken eines solchen aufgeschnappt haben mag, ist der sprachliche Hinweis zu beachten.

[2]) Agathe kennt die gegenwärtige Wohnung ihrer Eltern nicht, denn diese sind in Abwesenheit Agathens umgezogen. Sie leben in ärmlichen Verhältnissen, deshalb stellt sich Agathe die Wohnung auch in Wirklichkeit kahl vor.

[3]) Agathe hat noch eine dritte Schwester, mit der sie in reger Korrespondenz steht. Die beiden hier genannten sind Kinder, die dritte Schwester hat die Pubertät bereits überschritten, zählt also gewissermaßen schon zu den Erwachsenen.

und ernst mich anschauend, in die Ecke, wie zurückweichend von mir, und als ob sie mich nicht erkannte. Lieschen aber läuft mir entgegen und umarmt mich; da kommt auch Martha zögernd zu mir und läßt sich auf die Wange küssen, sie küßt mich nicht. Gleich öffnet sich auch die Portiere und im Nachtgewand kommt nun der Vater heraus, umarmt mich freudig, hebt mich in die Höhe und küßt mich beständig auf den Mund, bis er seine Zunge ganz tief in meinen Mund steckt. Mich ekelt's und ich denke mir: „Ach der ist noch immer so leidenschaftlich [1])“ und möchte mich losmachen. Im nächsten Moment befinde ich mich auf der Straße, mit dem Gedanken beschäftigt, daß ich meine Mutter suchen gehe.

An einer Straßenecke sitzt mein Bruder Gustav und seine Braut Dora und betteln die Leute an. Ich gehe hin und sage ihm: „Bitte gib mir etwas Geld, ich habe meine Tasche in der großen Eile vergessen.“ Er greift bereitwillig in die Tasche und holt eine Handvoll ganz neue Silberkronen heraus. Ich bewundere die Schönheit des Geldes und will eine Krone nehmen, da sehe ich, daß das Silber sich in Elfenbein verwandelt und daß in fremdartiger Plastik kleine dünne Figuren sichtbar werden. Ich bin sehr enttäuscht und denke mir: Ach, die will ich gar nicht haben, und laufe davon, ohne ein Wort zu sagen. Ich suche meine Mutter weiter. Endlich glaube ich sie von weitem unter einigen Frauen kommen zu sehen. Ich erkenne sie an ihrer frisch gewaschenen Bluse und Schürze. Ich laufe ihr entgegen, von der Nähe waren mir aber alle Frauen fremd. Ich blieb traurig nachdenklich stehen und ließ sie an mir vorbeigehen.“

Die Begebenheit mit dem Gelde des Bruders, auf dem plötzlich „kleine dünne Figuren“ sichtbar werden, ist um so bemerkenswerter, als das Geld, besonders das weiße Silbergeld (vgl. das Elfenbein) oft auf Sperma deutet und als die Provenienz des Geldes aus der Hosentasche des Bruders (der in Agathens Kinderzeit eine sexuelle Rolle bei ihr gespielt hat) für eben diese Bedeutung spricht. Die „kleinen, dünnen Figuren“ von denen sich dann Agathe abwendet (Verhütung der Konzeption), lassen wohl kaum eine bessere Interpretation zu als: Spermatozoen.

Ich sehe von der Analyse der weiteren Träume ab. Auch die Träume von *Marcinowski* (Gezeichnete Träume, Zentralblatt für Psychoanalyse, Bd. III) geben prachtvolle Beispiele dieser Rückphantasie.

Alle diese Menschen wollen das Leben rückgängig machen und leben in der fötalen oder vor-fötalen Periode. Oft geht die Regression noch weiter, bis in die früheren Geschlechter um Jahrtausende zurück. Doch diese Fälle sind verhältnismäßig selten, während die Mutterleibsphantasie einen sehr häufigen Typus darstellt.

[1]) Er pflegt seit jeher seine Kinder wirklich mit eigentümlicher Leidenschaftlichkeit zu küssen.

VI.

Ewige Säuglinge.

In meinem Buche „Die Sprache des Traumes" habe ich die ewigen Säuglinge folgendermaßen charakterisiert:

„Sie sind unselbständig, brauchen immer eine Stütze, leiden an Angst vor dem Alleinsein; die Funktionen des Essens sind abnormal: Entweder zu lustbetont oder mit Ekel verbunden. Der Mund spielt die Rolle eines Genitales. Sie zeigen einen ausgesprochenen „psychischen Infantilismus", der sich auch im physischen Habitus ausdrückt. Sie legen eine kindliche Freude am Fahren, Schaukeln, Reiten, Segeln und an Schiffahrten an den Tag, wenn nicht durch frühe Verdrängung die Lustgewinnung aus diesen Bewegungsarten in Angst und Ekel verwandelt erscheint. Kurzum: Sie spielen das Kind, das von der Amme getragen wird. . . . Ihre Träume bringen Situationen, in denen sie sich auf einem beweglichen Hause, einem hohen Wagen, einem Turme, einem Balkone befinden. Oder sie leben unter Riesen und werden von diesen Riesen herumgetragen. Diese Menschen zeigen das Gefühl der Minderwertigkeit, auf das *Janet* und *Adler*, die es aus der Selbsterkenntnis der physischen Minderwertigkeit ableiten, mit Recht so großen Wert legen. Aber die Neurotiker würden nicht so hartnäckig an den Gefühlen der eigenen Unzulänglichkeit, Schwachheit, Kleinheit festhalten, wenn sie nicht einen geheimen Lustgewinn daraus ziehen würden. Dieser Lustgewinn wird ihnen durch die Fiktion[1]) geboten, unter Großen ein Kleiner, also ein Kind zu sein. Dazu kommen die kriminellen Phantasien, die mit schwerem Schuldbewußtsein einhergehen und den Wunsch erzeugen, die vermeintliche Reinheit einer Kinderseele zu besitzen. (Die Erfahrungen der eigenen Kindheit, in der sie alle universell-kriminell waren, sind verdrängt und vergessen.) Sie sehnen sich darnach, die eigene Verantwortung auf die Schultern

[1]) Meine Leser finden hier (1911) deutlich die „neurotische Fiktion", die *Adler* später in „Der nervöse Charakter" (1912) weiter ausbaut, ein Jahr vorher schon in meinem Aufsatze „Der Neurotiker als Schauspieler". Zentralbl. f. Psychoanalyse, Bd. I, 1910.

der Großen abzuwälzen. Sie brauchen immer einen fremden Imperativ. Sie wollen geborgen sein, wie das Kind bei der Amme."

Ich möchte dieser Schilderung, die bereits das Wichtigste sagt, noch das spezifische sexuelle Bild hinzufügen. Die Kranken sind meistens impotent oder halten sich vom normalen Geschlechtsverkehre zurück. Die Männer verlieren beim Weibe die Erektion oder leiden an Ejaculatio praecox und die Frauen werden anästhetisch. (Daß es sich nicht um organische Einflüsse handelt, beweist der Umstand, daß diese Störungen nach einer gelungenen Behandlung verschwinden.) Sie werden häufig wieder Onanisten, nachdem sie die Onanie schon viele Jahre aufgegeben haben. Sie schenken der Mundzone erhöhte Bedeutung. Deshalb kommen Männer auf die Idee, den Kunnilingus auszuführen, sie saugen an den Brüsten, werden mehr passiv in der ganzen Sexualität. Ein starkes Interesse an der Miktio und der Defäkation erwacht aufs neue und führt zu Polyurie und allerlei Darmstörungen. Um die Fiktion des Kindes zu erhöhen, werden allerlei neurotische Symptome konstruiert: Enuresis nocturna, Stuhlabgang im Bette.

Auffallend ist das kindische, weinerlich-trotzige Gehaben. Alle Interessen für die große Welt verschwinden. Alles dreht sich um das eigene infantile Ich und durch Angstgefühle und Zwangssymptome wird auch die Umgebung gezwungen, „seine Majestät das Kind" immerwährend zu beachten und seine verschiedenen Launen zu erfüllen. Der Tag vergeht in leeren Träumereien und Trödeln, während dem kindische Spielereien ausgeführt werden. Stereotypie ist nicht selten, ebenso kommen auch Echolalie und Imitation vor.[1])

Auffallend ist der Mangel an Reinlichkeit und die Freude am Schmutze. Die Kranken weigern sich unter allerlei Vorwänden, sich zu waschen, lassen sich am liebsten von anderen waschen und baden, beschmieren sich wie unabsichtlich mit Kot, spielen mit Kot, bleiben sehr lange im Aborte, essen auch wie die Kinder den Nasenschleim und zeichnen sich durch allerlei ekelhafte Gewohnheiten aus, die sie aber meistens vor der Umgebung verbergen, so daß man davon erst in der Analyse erfährt. Von dem Reichtum des neurotischen Infantilismus und des sexuellen Infantilismus macht sich der Praktiker keinen Begriff. Kennt man die Krankheit, so werden einem viele sexuelle Verirrungen, viele Ausdrucksformen des sexuellen Lebens klar. Ich will daher mit der Schilderung einiger prägnanter Fälle beginnen.

Fall Nr. 16. Herr Gamma, ein kräftiger Mann im Alter von 28 Jahren, erscheint eines Tages mit seiner Mutter in meiner Ordination in einem sehr merkwürdigen Aufzuge. Die Mutter führt ihn am Arme einem Sessel zu

[1]) Vgl. das Kapitel „Mali—Mali" in meinem Buche „Das liebe Ich". Verlag Otto Salle, II. Aufl., Berlin 1920.

und stützt ihn einen Moment lang. Dann sagt sie: Trink nur, mein Kind, damit du sprechen kannst. Der große Mann zieht dann aus der Tasche eine Milchflasche mit einem Schnuller daran und trinkt mit innigem Behagen einige Schluck Milch, zieht dann aus der Tasche eine Semmel und reicht sie der Mutter. Die Mutter bricht ein Stückchen Semmel ab und steckt sie dem Sohne in den Mund.

„Entschuldigen Sie, Herr Doktor. Mein Sohn muß jede Viertelstunde, manchmal noch öfters, einen Schluck Milch nehmen und einen Bissen von einer Semmel essen, sonst fällt er zusammen. Er wird von Tag zu Tag schwächer. Vor einigen Tagen ist er noch allein ausgegangen, weil mein Mann ihm gedroht hat und meinte, er sei ein Simulant, er werde ihn aus dem Hause jagen. Da ging er allein aus, ohne Milch und Semmel, und fiel auf der Straße um, so daß ihn die Rettungsgesellschaft nach Hause bringen mußte. Das Kind ist schwer krank! Helfen Sie mir, Herr Doktor!"

So zeigt sich das Bild des psychischen Infantilismus. Wir erfahren, daß dieser Schwächezustand schon drei Monate anhält. Vorher war Gamma ganz gesund, versah eine gut dotierte Stelle und war in jeder Hinsicht ein musterhafter Mensch. Die Mutter betont diesen Umstand besonders, weil sie noch einen Sohn hat, der ein schwerer Neurotiker ist und das ganze Haus entsetzlich quält, nicht arbeiten will, immer Geld verlangt. Gamma war bisher der Trost der Mutter. Plötzlich, scheinbar ohne jeden Anlaß, brach die schwere Neurose bei Gamma aus. Er verkehrte vorher mit Frauen, wurde dann viel scheuer, aber dabei hatte er den ganzen Tag die wüstesten erotischen Phantasien. Er begann wieder zu onanieren und onanierte manchmal mehrmals untertags. Er träumte vor sich hin, konnte nicht ins Amt gehen und wurde unfähig, sich allein anzuziehen. Sein Tag verlief nach folgendem Programm: Am Morgen wollte er das Bett nicht verlassen und träumte vor sich hin. Er machte nichts, was ihm nicht angeschafft wurde. Er wäre auch den ganzen Tag im Bette gelegen, wenn seine Mutter ihm nicht befohlen hätte aufzustehen. (Infantile Aboulie.) Dann aber mußte er von der Mutter angezogen und gewaschen werden. Sie behandelte ihn wie ein kleines Kind, was er ja wünschte und in jeder Weise provozierte. Er erhielt sein Frühstück schon im Bette. Dann folgte er der Mutter wie ein Schatten und hatte Angst allein zu bleiben. Die Mutter mußte mit ihm ausgehen und ihn überall mitnehmen, sonst wurde ihm schlecht und er hatte seinen „Anfall".[1]) Er wurde sehr kindisch, lallte manchmal unverständliche Phrasen und lachte unvermutet vor sich hin, so daß die armen Eltern sehr erschraken und für seinen Verstand fürchteten.

Die Krankheit war ausgebrochen, als er merkte, daß der gehaßte Bruder, der mißraten und ein „Unmensch" war (so nannte ihn die Mutter), von der Mutter doch geliebt wurde. Die beiden Brüder sprachen seit Jahren kein Wort miteinander. Beide waren ganz außerordentlich an die Mutter fixiert. Der Vater spielte im Hause keine Rolle. Die Mutter war noch immer eine schöne Frau, deren Augen einen besonderen Glanz hatten. Der ältere Bruder haßte die Mutter, sie durfte ihm nicht nahe kommen: „Rühr mich nicht an, mir ekelt vor dir." Der jüngere vergötterte die Mutter und brachte

---

[1]) Die Psychologie der verschiedenen Anfälle ist eines der interessantesten Kapitel der Medizin. Jedenfalls erfüllen alle Anfälle eine wichtige Mission: Die Umgebung zu erschrecken, durch die Angst zu beherrschen und sich in den Mittelpunkt des Interesses zu stellen. Der Neurotiker beantwortet Zurücksetzungen gerne mit einem Anfall

7*

ihr jeden Heller, den er erwerben konnte. Erst als er merkte, daß der ältere Bruder trotz allem, was er anstellte, im Hause blieb, kam die Reaktion und er sagte sich: Da deine Tugenden nicht belohnt werden, wirst du auch krank und faul werden wie dein Bruder! Das sagte er sich nur einmal, es schoß ihm wie ein Blitz durch die Seele. Aber bald setzte die Krankheit ein und machte immer größere Fortschritte. Schon war es vorgekommen, daß es ihm auf dem Abort schlecht wurde, daß die Mutter ihn halten und abwischen mußte.

Die Analyse hatte einen vollen und überraschenden Erfolg. Er konnte das Kind überwinden. Die Angstgefühle, es könnte ihm bei einer Frau schlecht werden, verschwanden. Er begann sich wieder für Bücher und seinen Beruf zu interessieren und wurde wieder ein Mann. Die Heilung gelang, ohne daß er das Elternhaus verlassen mußte, was nicht hoch genug zu veranschlagen ist. Denn in den meisten ähnlichen Fällen muß man auf die Entfernung vom Elternhaus dringen.

Die Rückversetzung in diesem Falle war sehr groß. Sie ging bis in die Säuglingszeit zurück, wie das Spiel mit der Milchflasche zeigt. Die ganze Liebe flutete auf die Mutter zurück. Die Krankheit war auch ein Mittel, die Affekte der Sorge und des Mitleides, die bisher dem Bruder gegolten hatten, auf sich zu ziehen. Nun war er der schwerere Kranke und kostete die Wonnen des Faulenzens und Krankseins. Auf den Bruder aber wirkte die Krankheit günstig. Er raffte sich auf und fand eine gute Stelle, was bei seinen außerordentlichen Talenten sehr leicht war. Nun konnte er zeigen, daß er stärker war als sein Rivale, der gehaßte jüngere Bruder. Nach wie vor sprachen die Brüder kein Wort miteinander und die Atmosphäre des Hauses blieb gewitterschwül.

Interessant ist der Umstand, daß die ersten sexuellen Attraktionen des Genesenden auf das Dienstmädchen des Hauses gingen. Dienstmädchen sind oft symbolischer Ersatz für die anderen Hausgenossen. In diesem Falle war es noch leichter, weil die Mutter diese Neigung unterstützte und ihm sogar dazu riet. Die Mutter wollte durchaus wieder einen Mann aus ihrem Sohne machen und sagte mir: „Es ist doch besser, als wenn er sich außer dem Hause eine Krankheit holt!“ Das ist nur Rationalisierung. Sie wollte wissen, wann und mit wem er Geschlechtsverkehr habe. Er mußte es ihr immer berichten. Daraus scheinen ihr gewisse Anregungen gekommen zu sein, die im tiefsten Grunde einer inzestuösen Neigung entsprangen.

In vielen Fällen ist diese Rückversetzung in die Kindheit mit vollkommener Arbeitsunfähigkeit verbunden. Die Arbeit ist der größte Feind der Tagträume und hindert diese Menschen in ihren Phantasien. Die Krankheit beginnt meist so, daß sie mit der Arbeit unzufrieden werden und sich eine andere Stelle suchen. Dabei entwickeln sie ein (inszeniertes) Pech und fallen dann ihren Eltern zur Last. Denn zur Fiktion des Kindes gehört auch der Umstand, daß man mit dem Erwerbe nichts zu tun hat und sich von den Eltern erhalten läßt. Diese

Form ist außerordentlich typisch. Ich erwähne sie hier, weil zugleich mit der Rückversetzung auch eine Änderung des Sexuallebens auftritt. Die Menschen fangen entweder zu onanieren an oder sie ziehen sich auf die wichtigste erogene Zone der Säuglingszeit zurück — auf den Mund. Sie werden impotent oder verlieren die Lust am Koitus. Dabei findet sich organisch manchmal gar keine Veränderung. Wenngleich ich die physische Disposition immer betone, möchte ich nicht so weit gehen wie *Iwan Bloch*, der fast alle Fälle von Impotenz als sexuelle Insuffizienz auf Grundlage einer Störung der inneren Sekretion auffaßt und organotherapeutisch behandeln möchte.[1]) Dem widerspricht schon — wie erwähnt — das Resultat meiner Behandlungen. Gleich der nächste Fall bietet uns ein schönes Beispiel von der Macht der seelischen Beeinflussung und Rückerziehung. Denn der Rückversetzung in die Kindheit muß eine zweite Rückversetzung in das Alter des Erwachsenen folgen, die man nur in rein organisch bedingten Fällen mit Organotherapie erzielen kann. Diese organisch bedingten Fälle sind nach meiner Erfahrung eine verschwindende Minorität.

Fall Nr. 17. Herr J. B., ein kräftiger Mann von 30 Jahren, wird mir von seiner Mutter gebracht, da er nicht allein ausgehen kann. Er leidet an einer abnormen Schwäche. Er fühlt sich so schwach, daß er ohne zwei Stöcke oder Krücken nicht gehen kann und umfällt, wenn ihn seine Mutter nicht stützt. Das ist um so auffallender, weil es sich um einen herkulisch gebauten, sehr kräftigen Mann handelt. Penis und Skrotum sehr groß und gut entwickelt, Schamhaare reichlich, am ganzen Körper kein femininer Zug. Seit sechs Monaten liegt er schon zu Hause, hilflos, meist im Bette und läßt sich von seiner Mutter bedienen. Die Krankheit ist die Ursache, daß er nicht heiraten kann. Er hat eine Braut, die auch ein kleines Vermögen hat und in jeder Hinsicht zu ihm passen würde. Er kann aber in diesem Zustande unmöglich heiraten und fleht, ich möge ihn heilen, damit er bald ein normaler Mensch werden könne und seine Braut ihm nicht verloren gehe, denn sie habe schon die Geduld mit ihm verloren. Sie sage ihm jetzt immer: Josef, du bist kein Mann! Du bist ein Kind!

Er war schon einige Male verlobt und noch öfters verliebt und konnte sich nie für ein Mädchen entschließen. Immer entdeckte er gewisse Fehler oder mußte mit Bedauern konstatieren, daß sie nicht zusammen paßten. Jetzt aber gab es kein Zurück mehr, als die Erkrankung auftrat und ihn der besten Kräfte beraubte. Das Leiden begann folgendermaßen: Er fühlte plötzlich, daß er nicht recht ins Geschäft passe und begann sich nach einem anderen Posten zu sehnen. Er fand einen zweiten Posten und nun trat eine krankhafte Sehnsucht nach dem alten Posten auf. Er hatte keinen anderen Gedanken, als auf den alten Posten zurückzukehren.

Wer die neurotische Psyche kennt, weiß, daß sich der Kranke Situationen schafft, die seinen Gefühlen einen adäquaten Ausdruck geben, die gestatten, daß er sich vor sich nicht zu schämen braucht, daß er alles, was ihn bedrückt, offen ausspricht. Dieser Mann hatte Sehnsucht nach der Liebe der

[1]) Zur Behandlung der sexuellen Insuffizienz. Med. Klinik, 1915, Nr. 8.

Mutter. Er wollte wieder ein Säugling sein und an ihrem Busen liegen, an dem sie ihn bis zum dritten Lebensjahre gestillt hatte. Der Busen der Mutter war der alte Posten[1]), nach dem er sich sehnte. Er trieb es so lange, bis er seinen Posten verloren hatte und sich nun in glühender Sehnsucht nach dem alten Posten verzehren konnte. Zugleich war in seinem Sexualleben eine große Veränderung vor sich gegangen, über die etwas ausführlicher berichtet werden muß.

Neben der Kraft, die ihn in die Jugend zurückzieht, muß eine andere Tendenz sich geltend machen, die ihn bedrängt und von der Jugend und der Mutter entfernt. Diese Befreiungstendenzen, die Heilungstendenzen der Neurotiker fehlen in keinem Falle. Wären sie nicht vorhanden, diese Menschen müßten alle ihre Neurose in eine Psychose verwandeln. So werden wir immer von den Infantilisten hören, daß sie vom Hause fortgelaufen sind, daß sie auswandern wollten, manche ziehen sogar nach Amerika, in eine neue Welt, um die alte zu vergessen. Auch unser Patient zeigte diese Befreiungstendenzen. Er emanzipierte sich von der infantilen Form der Befriedigung der Onanie, ging zu Dirnen, koitierte mit guter Potenz und befriedigendem Orgasmus und verliebte sich in viele Mädchen, von denen ihm keine gefährlich wurde. Es war ein Spielen mit den Heiratsgedanken, aus denen er immer einen Ausweg wußte. Nun traf er aber ein Mädchen, das ihm sehr gut gefiel, mit dem er sich verlobte. Er stand vor der Hochzeit. Da trat die Unzufriedenheit mit dem Posten auf. Er müßte viel mehr verdienen — sagte er sich — er könnte mit einem so bescheidenen Gehalte seiner lieben Frau kein entsprechendes Leben bieten. Das heißt, er inszenierte sich Hindernisse für die Ehe, immer mit dem Vorwande, für die Ehe zu kämpfen. Das können nur die Neurotiker, die es in der Kunst, sich und die Umgebung zu täuschen, zur Virtuosität gebracht haben. Alle Proteste der Braut und der Mutter halfen nichts. Sie versicherte, sie sei bescheiden, sie wolle mithelfen, die Mutter meinte, man könne sehr gut mit seinem Gehalte auskommen. . . . Er kündigte und versuchte es bei einer neuen Stelle, die etwas besser bezahlt war, aber seine Kräfte waren ihr nicht gewachsen. Er hatte mehr versprochen, als er halten konnte. Nun verlor er auch diese Stelle und war frei. Er kam auf abenteuerliche Gedanken. Seine Braut hatte etwas Geld. Sie sollten sich ein Geschäft kaufen. Er wollte aber nur ein einziges Geschäft: ein Milchgeschäft. Wieder waren es seine Ammenphantasien, die sich so durchsetzten. Seine Braut fügte sich auch dieser Laune. Man suchte ein Milchgeschäft, man kaufte es, er sollte darin arbeiten . . . und erkrankte. Er legte sich ins Bett, ließ sich von der Mutter pflegen und lebte nur von Milch. Etwas anderes vertrug er nicht, da bekam er seinen Magenanfall . . .

Schon einige Monate vorher war er vollkommen impotent gewesen. Er versagte bei jeder Dirne. Nun wußte er, daß er nicht heiraten dürfe und teilte diese Tatsache seiner Mutter mit. Sie übernahm die Mission, die Braut von seiner Impotenz zu verständigen und tat es auch. Die Braut aber fühlte, daß hinter diesen Leiden und Launen ein Widerstand gegen die Hochzeit vorhanden war. Sie tat das Vernünftigste: Sie brach plötzlich alle Beziehungen ab. Nun konnte er wieder jammern und klagen und gegen die Untreue und Falschheit der Frauen losziehen. Er, der Edle, der Kranke, der Heiratslustige! Er, der vom Schicksal Geprüfte und Geschlagene. Er

---

[1]) Vgl. meine Ausführungen über den Fall in der Sprache des Traumes. Nr. 212 Verlag J. F. Bergmann, München, II. Aufl.

wurde so schwach wie eine Fliege und konnte bald nichts mehr allein machen. Er war wieder ein Säugling geworden. Die Mutter reichte ihm die Urinflasche, sie legte ihm eine Leibschüssel unter, sie reinigte ihn wie ein kleines Kind. Vielleicht war sie in ihrem Innern glücklich, daß sie wieder ihren einzigen Sohn hatte.

Für die Krankheit gab es noch ein zweites Motiv. Die Mutter war noch eine sehr gut erhaltene Frau von wunderbaren Körperformen. Wenn auch ihr Gesicht etwas runzelig war, der Körper war jung und elastisch. Sie hatte einen Verehrer, der sie zeitweilig besuchte und unterstützte. Der Sohn wußte und kannte diesen Zusammenhang nicht, er glaubte nur, daß der Mann die Mutter erobern wolle. Er war aber maßlos eifersüchtig. Auf dem alten Posten war er so beschäftigt, daß er erst am Abend nach Hause kommen konnte. Da war eine Kontrolle der Mutter unmöglich. Der zweite Posten war in dieser Hinsicht viel besser, weil er des Mittags und hie und da auch außer der Zeit nach Hause kommen konnte. Er verzehrte sich vor Eifersucht. Er hatte sich nur verlobt, um seine Mutter zu bestrafen. Nun aber war er immer zu Hause und band seine Mutter so an sich, daß eine Untreue unmöglich war. Gegen den Hausfreund jedoch benahm er sich so aufgeregt, daß dieser das Haus meiden mußte. Seine Mutter schwieg dazu, um sich nicht zu verraten, und hoffte, ihren Freund außer Haus zu treffen. Da hatte sie aber die Rechnung ohne das Leiden ihres Sohnes gemacht. Er beschäftigte sie den ganzen Tag und mußte immer wieder bedient werden. Seine Ohnmachtsanfälle waren so schrecklich, seine Schwäche so groß, daß sie für sein Leben zitterte. Da der Sohn nur Milch vertrug, kam er sehr herunter und sah fürchterlich schlecht aus. Er bot das Bild eines schwer kranken, hilflosen Menschen.

Interessant waren seine Träume. Ich verweise auf den Traum Nr. 212 in der „Sprache des Traumes". Ich will noch einige dieser Ammenträume mitteilen:

> „Ich sitze auf einer Gartenbank im Prater. Plötzlich sitzt meine Mutter neben mir, öffnet ihre Bluse und sagt: Wenn du durstig bist, so kannst du trinken."
>
> „Ich träume, daß der ganze Körper in Windeln fest eingeschnürt ist. Meine Mutter macht mich auf und wäscht mir den ganzen Körper."
>
> „Ich liege neben einer fremden Dame im Bette. Sie reicht mir ihre Brust. Ich trinke mit großem Behagen und denke mir: Wenn nur jetzt kein fremder Mensch kommt. Ich würde mich sehr schämen."

Die Rückversetzung in die Kindheit äußerte sich auch in einer bemerkenswerten Mysophilie. Dieser Mensch, der vorher so rein und schmutzfeindlich gewesen war, begann sich zu vernachlässigen. Er wollte sich nicht waschen und weigerte sich, seine Wäsche zu wechseln. Er ließ sich von der Mutter das Gesicht und den ganzen Körper waschen, ließ sich auch von ihr ein frisches Hemd anziehen. Es bereitete ihm einen großen Genuß, wenn das Hemd stark nach Urin roch und er mit Kot spielen konnte. Er wischte sich oft den Anus mit der Hand aus, roch daran und gestand mir später unter Widerstreben, daß er den bedreckten Finger in den Mund steckte. Er begann wieder den Nasenschleim zu essen, wie er es als Kind gemacht hatte... Er schnitzte sich gerne aus Holz Figuren und begann mit ihnen zu spielen. Auch Papier war ihm willkommen, wenn er eine Schere hatte und verschiedene Figuren ausschneiden konnte. Er schnitt am liebsten Soldaten aus, und als er einmal ein paar Schritte vor das Haus ging, kaufte er sich in der benachbarten Papierhandlung Bilderbögen mit Soldaten.

Für Wasser und Feuer zeigte er großes Interesse. Er ließ die Wasserleitung langsam laufen und tropfen und konnte dieses Spiel stundenlang forttreiben, ohne zu ermüden. Auch in das Feuer starrte er gerne und ließ kleine Stückchen Holz und Papier verbrennen.

Kurz er war wieder ein kleines Kind geworden und gebrauchte auch gerne die Kindersprache. Er wurde weinerlich und begann während des Weinens und Raunzens, das er bei jeder Gelegenheit produzierte, wie ein kleines Kind zu sprechen. Manchmal fielen ihm gewisse Ausdrücke nicht ein. Er konnte sich nicht vorstellen, daß er wieder in einem Geschäfte sitzen und arbeiten könnte.

Das ist nur eine kleine Auswahl seiner Infantilismen. Zu erwähnen wäre noch, daß er das Bett wieder naß machte und dadurch seine Mutter zur Verzweiflung brachte. Er behauptete, daß seine Pollutionen nicht mit einem Samenerguß, sondern mit einer Enuresis endeten.

Überraschend war der Erfolg der Behandlung. Er legte langsam alle Infantilismen ab und konnte nach zwei Monaten wieder in das Geschäft gehen. Während der Behandlung knüpfte er ein Verhältnis mit einem Dienstmädchen an und wurde sehr liebeshungrig. Er suchte mit seiner Mutter einen Streit und fand bald einen Anlaß, um sich eine eigene Wohnung zu mieten, wohin er mit dem Dienstmädchen zog. Er ließ sich von seinem Chef nach Berlin versetzen und heiratete bald das Mädchen, von dem er wußte, daß seine Mutter es verachtete und haßte. Das war seine Rache und seine einzige Lösungsmöglichkeit. Im Guten konnte er sich von der Mutter nicht trennen. Er wurde wieder ein Mann und mied alle Anlässe, die ihn wieder in den Zustand des Infantilismus versetzen konnten.

Fall Nr. 18. Herr G. L., ein Mann von 32 Jahren, befindet sich in einer erbärmlichen bedauernswerten Lage. Er war bis vor zwei Jahren ein ganz gesunder, lebensfrischer Mann, der sich durch seinen großen Fleiß und seine besondere Begabung eine schöne Position geschaffen hatte. Jetzt ist er vollkommen gebrochen, sieht erbärmlich aus, wie ein Phthisiker in den letzten Zügen, leidet an einer Menge von Angstzuständen. Die wichtigsten sind: die Angst vor dem Essen und die Angst vor dem Alleinsein. Er nährt sich nur von flüssigen und breiigen Nahrungsmitteln und zittert vor Blähungen und Verstopfung. Überdies kann er nicht allein ausgehen, da er fürchtet, auf der Gasse zusammenzustürzen und auch schon ein paar Male umgefallen ist, so daß ihn seine Mutter mit einem Wagen nach Hause bringen mußte. Er verläßt seine Wohnung nur selten und immer nur in Begleitung seiner Mutter. Sein Aktionsradius ist sehr klein, er kommt über die nächsten Gassen nicht hinaus. Der ganze Tag vergeht zwischen Arbeit und der Pflege, die von seiner Mutter mit besonderer Sorgfalt geleitet wird. Er ist in der Tat wieder ein kleines Baby geworden, das hilflos auf die Pflege der Mutter angewiesen ist. Morgens bringt sie ihm die Milch zum Bette (den Kaffee hat er natürlich als Säugling redivivus aufgegeben) und taucht ihm die Brocken in die Milch, da er ja nichts Festes essen darf. Dann wird er gewaschen und langsam angezogen, wobei sie ihm Stück um Stück behilflich ist; dann geht er an seinen Schreibtisch und liest die Post. Immerwährend kommt die Mutter nachsehen, was das kranke Kindchen macht. Vormittags geht sie einkaufen. Das ist seine schlechteste Zeit. Meist kommt eine Tante und bewacht das arme Baby, da er Angst hat allein zu bleiben. Er kontrolliert mit der Uhr in der Hand die Mutter, ob sie nicht zu lange ausbleibt. Die Arme hetzt sich so schnell sie kann, um sich wieder der Pflege zu widmen. Sie muß dem Kranken am Vormittag sein „Papperl“ kochen, das er unter keinen Umständen von der Tante kochen lassen würde. Die Tante kennt die geheimnisvollen Vorschriften nicht, an die eine so komplizierte Zubereitung gebunden ist. Ebenso kindlich ist das Mittagmahl. Ist der Brei etwas dicker, so verdirbt er sich den Magen und leidet an Blähungen. Da er infolge der geringen Nahrung keinen täglichen Stuhl hat, so hat er eine große Sorge um die Defäkation. Hier müssen Klystiere nachhelfen, welche natürlich wiederum die Mutter allein verabfolgen muß. So ist der ganze Tag ein intimes Zusammenleben mit der Mutter und eine nachträgliche Rache an dem Vater. Denn der seit drei Jahren verstorbene Vater war längere Zeit sehr leidend und nahm die Mutter ganz für sich in Anspruch, so daß für den Sohn keine Zeit übrig blieb. Nun holt er die versäumte Pflege gehörig nach und übertrifft seinen Vater im Jammern und in den Ansprüchen.

Es ist sehr merkwürdig, daß die Fälle von episodischem Infantilismus am häufigsten nach dem Tode des Vaters auftreten. Im vorherigen Falle war es so und in einer Reihe anderer Fälle konnte ich dieselbe Wirkung nach dem Tode des Vaters konstatieren. Ich will nicht behaupten, daß dies immer der Fall ist, aber ein gewisser Zusammenhang scheint mir unbedingt zu bestehen. Als wäre ein inneres Raisonnement da, das ungefähr so lautete: Kann ich nicht den Vater der Mutter ersetzen und vertreten, so will ich wenigstens diese große Liebe, die sie mir als Kind hat angedeihen lassen . . .

In diesem vorliegenden Falle hatte sich der Kranke noch verlobt, während sein Vater lebte. Es war, als wollte er sich an der Mutter rächen und sich von ihrem Einflusse befreien. Da starb ziemlich unvermutet sein Vater. Sofort quälte ihn der Gedanke: Was wird mit der Mutter geschehen? Ohne daß er sich darüber Rechenschaft gab, begann er seine Braut ganz anders zu behandeln, wurde nervös, gereizt und kühler. Sie zog sich auch in sich zurück, so daß das Verhältnis im gegenseitigen Einverständnisse aufgelöst wurde. Er war inzwischen schon erkrankt und konnte es nicht vertragen, daß seine Braut auf sein schweres Leiden keine Rücksicht nahm. Er zog sich dann ganz auf das Infantile zurück.

Wie alle diese Menschen verlor er das Interesse an den Frauen! Er würde impotent und da er ja nicht allein ausgehen konnte, so waren seine Keuschheit und seine Infantilität vollkommen gesichert.

Er kehrte reuig zu den infantilen Lustquellen zurück. Er begann mit der Zunge zu saugen und den Daumen zu lutschen. Er begann leidenschaftlich leckere Süßigkeiten zu essen, die natürlich nur die Mutter bereiten konnte. Er ließ sich von der Mutter unter dem Vorwande von rheumatischen Schmerzen streicheln und leicht massieren; er mußte dabei hie und da einen Flatus lassen; er begann gerne den Stuhl zu beobachten und setzte den Stuhl im

Zimmer vor der Mutter auf einem Leibstuhle oder auf der Leibschüssel ab. Er produzierte Flatusse gerne im Bette, wenn er die Decke über die Ohren ziehen konnte. Er blieb auch gerne lange auf dem Abort sitzen, so daß die zitternde Mutter immer wieder an die Türe pochte und manchmal auch eintrat, wenn ihm „schlecht" war.

Er hatte wieder eine große Freude an der Koprolalie. Er war sonst ein keuscher Mensch, der nie unanständige Worte sprach. Nun freute er sich, wenn er recht derbe Ausdrücke gebrauchen konnte. Oft wenn er allein war, begann er allerlei zynische Worte zu sprechen.

Seine Träume behandeln immer die Situation des Säuglings. (Vgl. Traum 216 in der Sprache des Traumes.) Hie und da bricht die Reue über das Aufgeben der Verlobung durch die Traumgedanken.

In der Analyse tritt eine rasche Besserung aller Infantilismen ein. Erst kann er allein zu mir fahren, dann zu mir gehen. Nach zwei Monaten verliebt er sich in ein hübsches Mädchen, heiratet nach kurzer Zeit, erholt sich physisch ganz außerordentlich und befreit sich aus der freiwilligen Tyrannei der Mutter, die über die Wandlung der Dinge überglücklich ist. Sie gehörte zu den klugen herrlichen Müttern, auf die meine Belehrung Eindruck machte. Ich erklärte ihr, daß sie ihrem Sohne nicht nachgeben dürfte und ihn wieder selbständig machen müßte. Sie brauchte keinen Anfall zu fürchten. Sie verstand alles und ging willig auf alles ein. Sie leistete auch der Verlobung und Heirat des Sohnes keinen Widerstand. Sie zog sich auf den ihr gebührenden Platz zurück. Nun wurde er bald selbst Vater und sie fand in der Pflege des Enkels reichen Ersatz für den großen Säugling, der ihr doch manchmal recht unbequem geworden. Denn sie war ja die Gefangene ihres Sohnes geworden. Nun konnte sie erst — nach dem Tode des Mannes und der Heirat des Sohnes — die Freiheit ausnützen und auch für sich leben. Und dazu ist es vielen Menschen nie zu spät . . .

Die Fälle zeigen eine gewisse Ähnlichkeit. Die Variation liegt nur in der Form der Infantilismen. Es ist nicht leicht herauszufinden, was hinter der einzelnen Prozedur steckt. Oft verbergen sich die Infantilismen hinter einer masochistischen Szene. Die beiden folgenden Fälle sind nicht periodische Rückversetzungen in die Kindheit, sondern regelmäßige Paraphilien. Die höchste Libido ist an eine bestimmte infantile Szene geknüpft, die immer wieder aufgeführt wird.

Fall Nr. 19. Herr W. O. kommt in das Lupanar und verlangt folgende Prozedur. Er muß in die Leintücher und Decken fest eingeschnürt werden. Dann deckt ihn die Dirne fest zu und läßt ihn eine Zeitlang liegen. Später läßt er sich aufbinden und manuell befriedigen. Am meisten zieht er die digitale Reizung des Anus vor. Er spielt den in Windeln eingebundenen Säugling, glaubt aber seine Lust daraus zu ziehen, daß er vollkommen der Macht einer Frau ausgeliefert ist. Das Einschnüren ist immer seine größte Lust gewesen. Er ließ sich auch lange Zeit in der hydropathischen Kur einpacken, wobei er Pollutionen hatte. . . . Er schnürt auch gerne seine Beine und seinen Körper mit Stricken und Fatschen und Binden ein. Seine größte Lust kommt aus der Vorstellung eines Säuglings, der fest eingeschnürt ist und diese Szene sucht er immer wieder.

Der nächste Fall zeigt auch ein ähnliches Motiv. Es tritt der Infantilismus nur periodisch auf, sozusagen als ein Anfall. Alle Infantilismen zeigen diesen merkwürdigen triebhaften Charakter. Die davon Betroffenen berichten immer über die Kombination eines sonderbaren Schlafzustandes, in dem dann der unwiderstehliche Drang auftrat. Da es sich auch um Verbrechen (Kleptomanie und Pyromanie) handeln kann, um Akte, welche vom Gesetze bestraft werden, wie z. B. Exhibition, ist die Kenntnis dieser Tatsachen von allergrößter forensischer Bedeutung.

Die Arbeitsunlust ist ein hervorragendes Symptom des Infantilismus. Die Kinder wollen bekanntlich nicht lernen, sondern immer nur spielen. Der Infantilist rechnet mit der infantilen Lustwährung. Er will nicht arbeiten oder aber nur die Arbeit machen, die ihn gerade freut, er ist immer in Konflikt wegen der Arbeit. So konsultiert mich auch der nächste Patient, den ich hier vorführe, wegen seiner Unfähigkeit zu arbeiten.

Fall Nr. 20. Herr O. P., ein Arzt von 28 Jahren, sehr kräftig und von durchaus männlichem Aussehen, konsultiert mich wegen Unruhe und Unfähigkeit zur Arbeit. Triebhaft tritt bei ihm der Wunsch nach infantiler Befriedigung auf, obwohl er sehr häufig mit Dirnen verkehrt. Dann treibt er allerlei Spiele mit Stuhl und Urin, mit Einschnüren usw. . . . Lassen wir dem Patienten, der einige meiner Bücher gelesen hat, das Wort:

„Ich bemühe mich, ein Mann zu sein und meine Kindereien zu überwinden. Es gibt aber immer wieder Rückfälle und ich mache Dinge, die niederzuschreiben ich mich eigentlich schäme. Ich bin zur Überzeugung gekommen, daß die Eindrücke der Kinderstube zu heftige waren und lebhaft in mir nachklingen. Vorher verstand ich diese Sachen nicht und sah sie auch in meiner Praxis als Arzt nicht. Ihr Buch „Nervöse Angstzustände" hat mir die Augen geöffnet. Wie ein Schleier lag es früher über meiner Jugend. Nun habe ich intensiv nachgedacht und habe viel Material gesammelt. Leider ist es mir nicht möglich, Sie aufzusuchen. Ich muß Sie daher schriftlich um Ihren Rat und Ihre Ansicht ersuchen.

Ich hatte einen sehr nervösen Vater und eine leidenschaftliche Mutter. Ich schlief als Kind im Schlafzimmer der Eltern, belauschte nicht nur öfters den Koitus, sondern alle möglichen Perversitäten. Ich haßte schon als Knabe von 5 Jahren meinen Vater, fühlte mich als seinen Rivalen und begehrte die Mutter so leidenschaftlich wie nur ein Erwachsener begehren kann. Meine Mutter fühlte das, denn meine Küsse waren glühend, so glühend, daß sie mir abwehren mußte. Besonders den Busen küßte ich und wurde ganz rasend vor Leidenschaft, wenn ich ihn entblößt sah. Ich wurde lange von der Mutter gestillt und soll nach dem Absetzen viele Wochen krank gewesen sein. Ich weiß heute, daß ich wütend darüber war und daß ich später noch immer die Phantasie hatte, an der Brust der Mutter zu liegen und zu saugen. Noch heute leite ich jeden Koitus mit einem längeren Saugen der Mamillen ein. Dann erst kommt es zu einer Erektion. Ich war drei Jahre alt, als mir ein

Bruder geboren wurde. Ich haßte diesen lästigen Nebenbuhler und hätte ihn am liebsten erdrosselt. Als er nach einigen Jahren starb, hatte ich die fixe Idee, daß ihn der Vater umgebracht hätte. Das gab mir einen Anlaß, den Vater zu hassen. Ich wußte damals nicht, daß ich meine eigenen Mordgedanken auf den Vater projizierte. Doch wird mir auch klar, daß ich den Vater liebte. Denn in meinen Phantasien, die sich viel mit den Eltern beschäftigten, spielte ich bald den Vater, bald die Mutter. Ich wollte auch gerne ein Weib sein und dem Vater die Mutter ersetzen. Ich glaube, daß ich mich noch später gegen homosexuelle Einstellung zum Vater mit Haß sicherte, denn ich war in seiner Gegenwart immer scheu und befangen und froh, wenn er mich allein ließ. Die Mutter haßte ich auch zuweilen, weil sie mir nicht zu Willen war. Ich glaube mich nicht zu täuschen, wenn ich versichere, daß dieser Haß noch von dem Trauma der gewaltsamen Entwöhnung herrührt. Wenigstens spielen in meinen Träumen Szenen, in denen ich von der Brust der Mutter oder eines anderen Weibes gerissen werde und den Störefried dann ermorde, eine große Rolle.

Ich war sonst ein ruhiges Kind. Ich träumte still und glückselig vor mich hin und saugte stets an den Fingern oder spielte mit den Genitalien. Es scheint, daß ich nie ohne erotische Reizung existieren konnte. Das ist mir bis heute geblieben.

Dabei schwankte ich in meiner Liebe zwischen Vater und Mutter. Bald floh ich die Mutter und damit alle Frauen, interessierte mich für die Knaben und bevorzugte den Vater; dann wieder floh ich den Vater, der mir noch gefährlicher schien und widmete mich der Mutter. Mein ganzes Leben ist ein Pendeln zwischen Mann und Weib und manchmal glaube ich, daß ich nur als Grieche gesund geblieben wäre, wenn ich mich hätte homosexuell und heterosexuell betätigen können. Solche Erkenntnisse habe ich allerdings erst nach der Lektüre Ihrer Werke gewonnen, die mich von vielen lächerlichen neurotischen Symptomen befreit haben.

Doch ich will Ihnen ja von der Schule und meinen Infantilismen erzählen. Im ersten Jahre der Volksschule war ich noch ein stiller braver Schüler. Dann brach der Teufel in mir los. Ich begann zu stehlen und bestahl nicht nur Vater und Mutter, sondern auch meine Mitschüler. Ich stahl, wo ich konnte, es war ein unwiderstehlicher Trieb. Auch andere verbrecherische Gedanken kamen mir. Ich wollte die Schule anzünden und erwog diesen Plan ganz ernstlich. War der Vater gegen mich strenge, so überlegte ich, wie ich ihn vergiften oder erschießen könnte, ohne daß jemand davon erfahren sollte. Mein Vater war im Grunde ein guter, gütiger Mensch, glaubte sich aber mir gegenüber eine unbarmherzige Strenge schuldig zu sein. Damit erregte er meinen Trotz und wurde die Quelle vieler böser Gedanken, besonders wenn er mich geschlagen hatte. Ich hörte, daß der Talmud den Satz enthält: „Wer seinen Sohn schlägt, erzieht ihn zur Sünde.“ Bei mir war es so der Fall.

Dann gab es viel Streit zwischen den Eltern. Ich ergriff innerlich immer die Partei der Mutter, hauptsächlich weil der Streit sich um mich drehte und der Vater immer noch strengere Maßregeln gegen meine Faulheit und meinen Trotz ergreifen wollte. Trotzdem machte es mir ein großes Vergnügen, meine Mutter zu kränken und ihr Tränen der Verzweiflung zu entlocken. Ich wollte geliebt und gekost sein wie in den ersten Lebensjahren, und das ahnte meine Mutter nicht, die immer gleichmäßig zärtlich zu mir war.

Ich neigte immer zu Tagträumen und erwähnte, daß ich als ganz kleines Kind immer selig vor mich hinträumte. Diese Neigung machte mich in der

Schule arbeitsunfähig. Wurde ich bestraft, so schäumte ich vor Zorn auf und Haß und Rachegedanken erfüllten mein wildes Herz.

Schon in den ersten Lebensjahren begann ich zu onanieren. Die Onanie ersetzte mir die geliebte Mutter. Auch mit meinen Schulkameraden kam es zu gemeinsamen homosexuellen und onanistischen Akten. Ich onanierte bis zum 22. Lebensjahre, oft mehrere Male täglich. Einen Schaden habe ich davon nicht bemerkt. Meine Potenz ist ausgezeichnet. Ich kann Ihre bekannten Ansichten über die physische Harmlosigkeit der Onanie nur bestätigen.

Den größten Widerstand hatte ich gegen jede Arbeit, die mich den Träumereien entzog, so auch gegen jedes Studium. Doch lernte ich gerne alles, was mich interessierte, sofern es mir nicht aufgegeben wurde. Mein Haß richtete sich nur gegen jede Aufgabe, gegen jede Pflicht.

Obwohl ich die Eltern sinnlich liebte und meine Phantasien sich mit beiden beschäftigten, hatte ich immer den Hang vom Hause fortzulaufen und allein zu sein. Ich fühlte mich zu sehr gebunden und wollte den Neigungen, die ich bald ebenso wie die Onanie und die Homosexualität als verbrecherische erkannte, entfliehen. Ich hatte schon sehr früh Selbstmordgedanken, war aber zu feige und liebte das Leben zu sehr, um diese Gedanken in die Tat umzusetzen.

Ich hatte nur ein übermächtiges Sehnen: Ich wollte ewig jung bleiben! Nie altern! Immer ein Kind sein!

Meine kriminellen Gedanken mußten mich zu einem Angstneurotiker machen. Ich litt immer unter Angstträumen, ich wurde vergewaltigt, ermordet. Ich lief immer hinter etwas Unerreichbaren (der Mutter!) nach oder wurde von einem Manne verfolgt. (Homosexuelle Gedanken auf den Vater!) Ich war im Grunde eine lustige Natur, jammerte aber sehr viel und spielte gerne den Kranken, weil ich dann von den Eltern verhätschelt wurde.

Ich habe in meiner Praxis die Beobachtung gemacht, daß die Kranken alle wieder Kinder werden. Auch ich fühlte mich in den Krankheiten als ein kleines Kind.

Bis heute sind mir noch eine Unmenge Infantilismen geblieben, die ich leider nicht ausrotten kann. Ich muß zeitweise onanieren, wobei ich mich gerne mit Stuhl oder Urin verunreinige. Ich gehe dann in ein Hotel und uriniere dort in das Bett, mache auch Stuhl und sage dann am nächsten Tage, ich hätte einen Anfall gehabt und bezahle die Kosten dieses für mich außerordentlichen Vergnügens. Ich kenne keine höhere Libido als die, in einem nassen Leintuch voll Stuhl und Urin zu liegen. Dabei ziehe ich eine enge Hose an, die mich sehr spannt, ziehe das Leintuch durch die Beine, schnüre mich fest ein, so daß ich die Illusion habe, als Säugling in den Windeln zu liegen. . . . Auch das Sitzen in einem Stuhl, der enge an den Tisch gepreßt ist, löst Lustgefühle aus und führt durch wiegende Bewegungen zum Orgasmus, wobei ich anscheinend an den Kindersessel denke.

Zu Hause war ich immer krank vor Aufregung, so daß ich schon früh aus dem Hause kam. Mit 16 Jahren verkehrte ich zuerst mit einer Dirne, was mir große Freude bereitete. Ich glaubte von den Infantilismen geheilt und befreit zu sein, was leider nicht der Fall ist. Denn obwohl ich fast täglich mit Frauen verkehren muß (Schutz gegen meine Homosexualität!), unterliege ich jeden Monat mindestens einmal den infantilen Trieben und führe die Komödie im Hotel auf. Ich versuchte durch Ausschweifung dieser Regungen Herr zu werden. Ich verkehrte täglich einige Male mit leichtsinnigen Frauen, wozu ich in meiner großen Praxis Gelegenheit genug hatte. Ich verfügte über ein Dutzend Mädchen und Frauen, die mir zur Verfügung standen, wann ich wollte. Nicht daß ich sie verführte. Aber es gibt sicherlich viele Frauen, welche die Ärzte nur in der Absicht aufsuchen, von ihren Beschwerden der Abstinenz befreit zu werden. Ich habe diesbezüglich merkwürdige Erfahrungen gemacht.

Aber ich wurde immer nervöser, besonders wenn ich Männer zu untersuchen hatte, wurde ich von einem nervösen Zittern befallen. Nach Lektüre Ihrer Bücher wußte ich, daß es homosexuelle Regungen waren, welche mich da aus dem Gleichgewichte brachten, und konnte sie bewußt viel leichter überwinden, während ich vorher ganz wehrlos gegen diese nervösen Zufälle war.

Ich suchte verschiedene Sanatorien auf, wurde auch hypnotisiert, ohne daß ich einschlafen konnte. Es war alles ohne Erfolg. Mit dem Zunehmen der Nervosität wuchs in mir eine Regung, die ich bisher immer unterdrücken konnte: der Sadismus. Jedesmal wenn die Infantilismen siegreich mich bewältigten, wurde die ganze Büchse der Pandora geöffnet und ich mußte mich gegen die unglaublichsten sadistischen Phantasien zur Wehre setzen. Ich wurde im Verkehre arrogant und selbstbewußt, es machte mir Freude, den Leuten Unangenehmes zu sagen. Ich hatte eine Zerstörungswut, die keine Grenzen kannte. Ich mußte Holzstücke zerbeißen, Teller zerschlagen, biß die Frauen, denen ich beiwohnte. Auch die Phantasie eines Lustmordes ist mir bewußt worden, so daß ich lieber den Infantilismus nachgebe und onaniere, als daß ich mich bei Frauen befriedige. Ich pflege in diesen Zeiten die Nägel zu beißen, mir ein Stückchen Haut abzubeißen, mich zu drücken, durch intensive Muskelkontraktionen Lustgefühle zu erzeugen. Ich gehe dann ungern meinem Berufe nach. Ich bin über jeden Kranken wütend, der mich ruft, besonders bei Nacht. Ich gehe wie verschlafen herum und lebe ganz in den Tagträumen.

Bäder, selbst kalte, regen mich immer sexuell sehr auf. Es sind wohl die Erinnerungsspuren an die schöne Badezeit der Kindheit in mir noch immer vorhanden. In jedem Bade bekomme ich eine Erektion. Baden in einem engen Schwimmanzuge löst selbst den Orgasmus und einen Priapismus während des Bades aus, so daß ich kaum öffentlich baden kann. Jedes Bad schließt mit einem onanistischen Akt, so daß ich Bäder gerne vermeide. In den infantilen Krisen bade ich täglich. Während eines heißen Bades muß ich mich hüten, nicht einzuschlafen.

Ich habe sehr viel Mutterleibsphantasien. Ich befinde mich in einem engen roten Raume und sehe von der Ferne ein kleines Fenster, durch das ein Nachbar seinen riesigen Phallus hereinstreckt; oder ich schwebe in einer Kugel wie durch Zauber getragen einen Meter über der Erde und schwimme mit großem Behagen wie ein Fisch im Wasser; ich dränge mich durch einen engen Schacht und fasse einen Haken, an dem ich mich festhalte, als ein Hochwasser mich überraschen will. All diese Wachphantasien verstehe ich erst, nachdem ich Ihr Kapitel über Mutterleibsträume in der „Sprache des Traumes“ gelesen habe.

Manchmal fühle ich mich als Weib und habe Gelüste, Frauenkleider anzuziehen. Ich habe ein sehr starkes, weiblich geformtes Becken und nur sehr geringen Bartwuchs. Ich dachte schon, daß ich ein Hermaphrodit wäre, aber meine Potenz ist so groß, daß ich Frauen auch mehrere Male zum Orgasmus bringen kann. Trotzdem möchte ich gerne eine Frau sein, um die Empfindungen der Frauen beim Koitus kennen zu lernen.

Ich möchte noch meine sehr mächtig ausgebildete Analerotik erwähnen, die einen durchaus infantilen Charakter hat. Schon als Kind habe ich mir

Bleistifte etc. in den Anus gesteckt. Noch heute kann ich beim Onanieren den Reiz durch Erregung der Analschleimhaut steigern, wovon ich auch bei Frauen Gebrauch mache, indem ich sie ersuche, mich digital vom Anus aus zu reizen. Ich ließ mir auch anum lambere. Aber der Reiz ist so stark, daß er in Schmerz übergeht.

Seit zwei Jahren bin ich verheiratet und Vater eines gesunden kräftigen Kindes. Leider hat mich die Ehe nicht geheilt, wie ich es erhoffte. Ich hatte drei Monate Ruhe, dann aber brachen nach einem Bade die Infantilismen hervor und ich wurde rückfällig. Ich hätte mich gerne einer Analyse unterzogen, meine Praxis gestattet mir aber keine Pause, so daß ich versuchen muß, allein mit der Sache fertig zu werden. Es ist doch entschieden besser geworden, da die Pausen zwischen den Schmutzperioden sich oft auf drei bis vier Monate erstrecken, während ich früher fast jede Woche den Säugling in den Windeln spielen mußte."

In meinem Briefwechsel mit dem Kollegen spreche ich die Vermutung aus, daß die infantilen Perioden als Ersatz für homosexuelle Triebregungen auftreten. Darauf erhalte ich folgende charakteristische Antwort:

„Sie sprechen nur aus, was ich mir schon lange gedacht habe. Ich flüchte in der Tat vor dem Manne in den Zustand des Kindes. Ich fand unter meinen alten Träumen einen, der Ihre Ansicht bestätigt:

> Ich bin allein im Zimmer mit Herrn X. Er öffnet seine Kleider und zeigt mir seinen Phallus mit der Bitte, ihn spezialistisch zu behandeln. Ich merke, daß der Phallus erigiert ist und sage: Das ist nicht meine Spezialität. Dabei werde ich immer kleiner und kleiner, so daß ich ihm nur bis zum Knie reiche. Er sieht mich verächtlich an und verläßt das Zimmer.

Nun zu der Deutung des Traumes. X. ist einer meiner liebsten Patienten, ein feiner stiller Mann, mit dem ich intime Freundschaft geschlossen habe. Im Traume verlangt er von mir eine homosexuelle Behandlung. Ich aber flüchte mich in die Kindheit und werde wieder zum Kinde. . . ."

Wir wollen dieses Kapitel nicht beschließen, ohne die Resultate zusammenzufassen.

1. Wir finden in allen Fällen von sexuellem Infantilismus eine Neigung zu Wachträumen und ein erhöhtes Schlafbedürfnis.

2. Allen diesen Kranken ist Angst und Scheu vor jeder Arbeit eigen.

3. Bei Männern scheint der Infantilismus durch das Verhältnis zum Vater determiniert zu sein. Der Tod des Vaters ist häufig der Anlaß des Ausbruches der Krankheit.

4. Der Infantilismus macht seinen Träger zuweilen bei Frauen impotent.

5. In allen Fällen zeigt sich eine stark verdrängte oder energisch bekämpfte Homosexualität.

6. Die Krankheit ist heilbar und gibt der Rückerziehung die Möglichkeit einer vollständigen Restitutio in integrum.

7. Mit dem Infantilismus brechen auch die verdrängten kriminellen Triebe durch.

VII.

Auf der Stufe eines kleinen Knaben. (Ein Fall von Impotenz kombiniert mit Satyriasis.)

Die meisten Fälle von Infantilismus kommen nicht zur Kenntnis der Ärzte, weil die Patienten ihre Infantilismen verschweigen. Sie schämen sich ihrer kindischen Spiele und ihrer lächerlichen Phantasien. Erst in der Analyse kommen diese Infantilismen zum Vorschein. Der nächste Fall bietet uns eine Musterkarte aller Eigentümlichkeiten des psychosexuellen Infantilismus. Man bedenke dabei, daß es sich um einen 54jährigen Mann handelt!

Fall Nr. 21. Herr Lambda, ein sehr jugendlich aussehender Mann von 54 Jahren, klagt über permanente Erektionen, die aber nur bei Nacht auftreten. Bei Tag wird er von seinen sexuellen Wünschen gar nicht belästigt. Wie er sich ins Bett legt, treten solche Erektionen auf, daß die Leisten und der Rücken zu schmerzen anfangen. Er leidet abwechselnd an Schlaflosigkeit und andererseits an einem zu langen Schlaf, eine Erscheinung, die mit Schlaflosigkeit häufig angetroffen wird. Schlaflosigkeit ist meist Angst vor dem Schlafe. Wenn er einschläft, hat er sicher eine Pollution. Seit dem 18ten Lebensjahre hat er jede Nacht ein bis drei Pollutionen. Am nächsten Morgen ist er wie zerschlagen und vollkommen arbeitsunfähig. Er hat deshalb seinen Beruf als Advokat aufgegeben und lebt von seinem kleinen Vermögen. Seine Schmerzen im Rücken sind so groß, daß er wahnsinnig werden könnte. Er hat unzählige Kuren gebraucht und alle nur möglichen Medikamente angewendet. Die Behandlungen haben ihn fast arm gemacht. Nichts hat geholfen. Die Ärzte glauben, daß seine Satyriasis von einer Erkrankung des Rückenmarkes herrührt. Er war nie syphilitisch und hat nur über nervöse Symptome zu klagen. Von Zeit zu Zeit erkrankt er an einer Schwellung im linken Knie, die alle Kapazitäten als eine nervöse intermittierende Kniegelenksentzündung auf psychischer Grundlage diagnostiziert haben. Vor dieser Schwellung sind die Erektionen viel heftiger und die Pollutionen viel häufiger. Während der Schwellung ist er sehr gereizt und immer libidinös.

Die einfachste Therapie für die Satyriasis, der Koitus, ist ihm versagt, denn er ist trotz der gewaltigen Erektionen, die seinen Penis zu einem Knochen machen, impotent. Wenn er zu einer Dirne geht, hat er entweder gar keine Erektion oder eine sofort nach ante portas vaginae eintretende Ejaculatio praecox. Als er noch jünger war, rieten ihm die Ärzte die Therapie des forcierten Koitus an, um seine Pollutionen zu heilen. Er blieb nur einige

Stunden, manchmal auch eine ganze Nacht bei der Dirne. Nach der ersten Ejaculatio praecox ließ er eine zweite folgen und das dritte Mal gelang erst der Koitus. Aber wenn er dann nach Hause ging oder bei der Dirne einschlief, folgte unfehlbar eine Pollution, so daß er diese Therapie aufgab. Bei anständigen Mädchen machte er einige Versuche und war immer impotent. Er hatte auch nur aus diesem Grunde nicht geheiratet.

Er schiebt sein Leiden auf die Onanie. Er onanierte vom 14. bis zum 18. Lebensjahre, aber immer sehr mäßig, höchstens zwei- bis dreimal die Woche. Er lernte die Onanie durch Kollegen kennen; sie onanierten auch gemeinsam. Zu homosexuellen Akten sei es nie gekommen.

Nach seinen ersten sexuellen Erlebnissen befragt, antwortete er wörtlich: „Ich habe als Kind mit der Mutter geschlafen .... Sonst erinnere ich mich an gar nichts. Es ist schon so lange her."

Das ist seine sexuelle Lebensgeschichte. Diese merkwürdige Antwort führte mich zur Frage nach der Art der Pollutionsträume. Sie sind sehr lebhaft, wild erotisch, schöne Frauen spielen eine große Rolle. Die Frauen sind fast immer unbekannte Damen. Er hätte früher auch oft geträumt, daß er mit der Mutter verkehre. Jetzt in den letzten Jahren und besonders nach dem Tode der Mutter sei dieser Traum ganz verschwunden.

Er möchte nur eines wissen: Ob sein Leiden ein psychisches oder ein organisches wäre ....

Die Antwort darauf könne ich noch nicht geben.

Würde dieses Werk die praktischen Ärzte nur soweit belehren, daß sie sich nie mit der Anamnese des ersten Tages begnügen sollen, es hätte schon eine große Aufgabe geleistet. Ich kann es ruhig behaupten: Das Wichtigste wird in der ersten Sitzung verschwiegen. Patient erzählt mir am nächsten Tage, er hätte eine schlechte Nacht gehabt, immer Erektionen und einen quälenden Traum. Der Traum wiederholt sich bei ihm öfters und ist ihm sehr unangenehm. Er lautet:

> Ich gebe meinem Vater einen Auftrag. Er geht aus dem Hause, fällt auf der Stiege und wird krank in das Zimmer zurückgetragen. Es kommt der Arzt und sagt mir: Ihr Vater hat eine Gehirnerschütterung und wird bald sterben.

Erst nach dem Tode des Vaters trat die Knieschwellung auf. Vorher war das Knie ganz gesund. Auch die Potenz war besser, er konnte damals noch mit Dirnen viermal verkehren und das dritte und vierte Mal ganz ohne Störung mit guter Potenz. Nach dem Tode des Vaters wurde er einsam und kopfhängerisch. Die Mutter war schon einige Jahre vorher gestorben. Ihr Tod ging ihm nicht so nahe. Er hatte mit der Mutter oft Streit und Verdruß. Mit dem Vater aber lebte er ganz ausgezeichnet. Kurze Zeit nach dem Tode trat das Gelenksleiden ein. Es ist immer das gleiche Bild. Er wird sehr traurig und einsilbig, fühlt sich elend, es herrscht in ihm eine Unruhe, er verliert den Appetit und bald kommt es zu der Schwellung des Gelenkes. Dabei muß er immer an den Tod und den Sturz des Vaters denken.

Es ist eine hysterische intermittierende Gelenksentzündung. Er spielt an seinem Knie den entzündeten geschwollenen Kopf des verletzten Vaters. Die Entzündung ist eine fortwährende Mahnung, den Tod des Vaters nicht zu vergessen. Es gab nur ein Jahr in seinem Leben seit dem Tode des Vaters, in dem er nicht jede Woche sein geschwollenes Knie hatte. Es war dies nach einer Wasserkur. Wie es sich herausstellt, hatte er in diesem Jahre einen anregenden geselligen Umgang. Er war Mitglied eines Stammtisches. Er war jeden Abend im Gasthause, die Freunde redeten ihm sein Leiden aus, er trank Bier und aß, was ihm schmeckte und litt auch dieses Jahr nicht an Erektionen und Pollutionen. Er konnte offenbar seine Homosexualität in kleinen Portionen abgeben und schöpfte so genügend erotische Anregung.

Das war das einzige ruhige Jahr. Sonst litt er eigentlich seit dem 16ten Lebensjahre an Pollutionen und permanenten Erektionen.

Von größter Bedeutung ist eine andere Angabe. Er erzählt, daß er wiederholt träumte, daß er anderen Menschen koitieren zusehe. Dabei gerate er in hochgradige Erregung. Er hatte schon oft solche Phantasien und wünschte sich auch, daß man ihm zusehen sollte. In den Träumen jedoch ist er immer nur passiver Zuschauer. Überdies träumt er, daß er eine Ejaculatio praecox habe und daß ihm das Mädchen sage: Viel zu früh kam es dir! Viel zu früh.[1])

Viel häufiger aber ist der Traum vom Zusehen. Das führt mich auf die Vermutung, daß es sich um einen Nachklang der Kinderstubenerotik handeln müsse. Ich frage, ob er den Koitus seiner Eltern belauscht hat. Er bestätigt, daß dies sehr häufig der Fall gewesen. Er glaubt, daß er damals zehn Jahre alt gewesen sei. Es habe ihn sehr aufgeregt . . . .

Wir finden jetzt einen Zusammenhang zwischen seinen Träumen, seinen Phantasien und seinen Erlebnissen. Er sucht nach einem Dritten, wenn er bei der Dirne ist, er ist Voyeur und erotischer Horcher. Das scheint eine spezifische Bedingung seiner sexuellen Einstellung zu sein. Er hängt immer seinen Phantasien nach und lebt immer die Szenen der Vergangenheit. Deshalb zeigt er ein großes Schlafbedürfnis und schläft viel zu lange. Und nach einem solchen Überschlaf ist er am nächsten Tage immer wie traumverloren und kann sich nicht in die Realität hineinfinden.

— —

Er träumte wieder:

> Ich traf einen Herrn, der mit einem Hund spazieren ging. Ich spielte mich mit dem Hunde längere Zeit. Dann fragte ich den Herrn: Lebt Ihr Vater noch? Ja, sagte er; er ist gesund und jetzt 78 Jahre alt.

In diesem Traume weinte er wieder und dachte darüber nach, wie traurig es sei, daß sein Vater nicht mehr lebe.

Ohne mich auf eine Deutung dieses Traumes einzulassen, erwähne ich nur, daß der Patient spontan sagte: „Der Herr, mit dessen Hund ich gespielt habe, der sind Sie, Herr Doktor!“

Ich merke, daß es sich um eine beginnende Übertragung handelt und daß latente homosexuelle Kräfte in seiner Neurose wirken müssen. Er zeigt mir sein Knie, das heftig geschwollen ist. Es handelt sich nicht um einen Hydrops intermittens, der fälschlich als Hydrops intermittens articulorum

[1]) Ich habe oft gefunden, daß die Ejaculatio praecox auch das frühe Erwachen des Geschlechtstriebes symbolisieren kann. Es gibt eine seltsame Gruppe Menschen, die mit ihrem Penis ihr Leben spielen. Es mag dies lächerlich klingen, aber die Erfahrung bestätigt diese Lächerlichkeiten, welche ja nur beweisen, auf welche sonderbare Spielereien Neurotiker kommen können.

angesprochen wurde. Das Leiden ist eine Kombination von einem akuten angioneurotischen Ödem und einer Hydrops Bursae, ein seröser Erguß in den Schleimbeutel. Für seine psychogene Natur spricht der Umstand, daß es bis vor einigen Jahren im rechten Knie sich lokalisiert und daß sich in den letzten Jahren ein Transfert auf die linke Seite vollzogen hat. Interessant ist, daß er vor dem Hydrops intermittens an heftigen anfallsweisen Diarrhoen und Rinorrhoen gelitten hat, was mit einer Beobachtung von *Féré* stimmen würde, der einen Hydrops in Kombination mit einer nervösen Diarrhoe beobachtet hat.

Eine neue Darstellung, die unser Interesse erweckt: Er war 29 Jahre alt, als die eigentliche Neurose plötzlich akut einsetzte. Er ging auf der Gasse spazieren. Plötzlich fühlte er einen intensiven Schmerz im Kreuzbein, so daß er sich krümmen mußte. Nun wußte er, daß er impotent und rückenmarksleidend war. Damals setzte auch am nächsten Tage ein Schreibkrampf ein, der ihm bis heute geblieben ist. Er wurde aus einem fleißigen Beamten ein Invalide.

Die Ursache der plötzlich einsetzenden Neurose scheint sein Verhältnis mit einer leichtsinnigen Dame gewesen zu sein, die eigentlich der Halbwelt angehörte. Sie gefiel ihm besser als alle anderen Frauen, die er bisher kennen gelernt hatte. Er war bei ihr noch mehr impotent als bei den anderen Dirnen. Potent war er nur, wenn er vorher eine Kühlsonde erhalten hatte. Nun könnte man glauben, daß die Anästhesierung der Urethralschleimhaut durch das kalte Wasser die gute Potenz herbeigeführt hatte. Es ist aber viel wahrscheinlicher, daß die homosexuelle Zündung durch den Arzt oder den Badediener den Erfolg hervorgebracht hat.

Die Impotenz und die akut einsetzende Neurose erweisen sich als „Selbstschutz". Er liebte diese leichtsinnige Frau und fürchtete, er könnte sie heiraten. Er mußte sich die Möglichkeit einer Ehe vernichten. Er wurde gänzlich impotent und rückmarksleidend und verlor seine Stelle als Beamter, so daß er auf die Gnade seines Vaters angewiesen war. Nun war er gegen seine Ehegelüste vollkommen geschützt.

— —

Er ist sehr mißmutig und traurig, weil er eine Pollution gehabt hat. Die Pollution schloß an einen Traum an, in dem er mit einer schönen, schlanken, blonden Dame zärtlich war und schließlich den Koitus ausführte.

Diese Dame entspricht seinem Ideal, dessen Ursprung vorläufig noch nicht zu ermitteln ist. Er klagt über seine Schlafzustände. Er möchte fortwährend schlafen und verbringt den Tag in Wachträumen. Er denkt immer an die Vergangenheit und möchte sie korrigieren. Er schiebt sich die Schuld an allen Todes- und Unglücksfällen in der Familie und bei Freunden zu. Auch seine Schwester hätte nicht sterben müssen, wenn er sie unterstützt hätte. Immer wieder kommt er darauf zurück, was er hätte machen sollen und was er unterlassen hat. Er ist ein Pechvogel und Unglücksrabe und bringt allen seinen Bekannten Unglück. Er zog sich deshalb von allen Freunden zurück.

— —

Große Schmerzen im Knie, die besonders bei der Resorption am unerträglichsten sind.

Er träumt immer von seiner Kindheit. Er war oft krank. In solchen Zeiten war alles mit ihm lieb. Von der Mutter wurde er immer verzärtelt.

Eine tiefe Sehnsucht nach der Kindheit zieht durch sein Leben. Der Wunsch, das Leben noch einmal anfangen zu können, läßt ihn die Zeit verachten und verträumen. Er geht an der Gegenwart achtlos vorüber, denkt an die Zukunft mit Angst und Grauen und kämpft mit den Gespenstern der Vergangenheit. Er bedauert, daß er nicht den Mut findet, dem Leben ein Ende zu machen. . . .

— —

Die nächste Nacht wieder eine Pollution. Der dazugehörige Traum wird nicht erinnert. Diese Träume enthalten wahrscheinlich das Rätsel seiner Neurose. Was in diesen Träumen enthalten sein kann, das verrät uns sein nächster Einfall. „Wie kommt es, daß ich so einen Ekel empfinde, wenn mich Männer in der Elektrischen anstoßen oder anstreifen. Eine volle Elektrische ist mir ein Ekel. Ich sage immer zu mir: Pfui, wie ist das ekelhaft! Alles kommt mir dann ekelhaft vor. Der Kondukteur ekelhaft, so daß ich ein Grausen habe, wenn ich ihm das Geld zahle . . . .“

Wir merken, wie er die Männer entwertet, um sich gegen sie zu sichern. Es ist seine homosexuelle Tendenz, die in solchen Abwehrsymptomen zutage tritt.

Eine ganze Menge anderer kleiner Züge weisen auf einen ausgesprochenen Infantilismus hin. Er hat großes Interesse für alle skatolgischen Vorgänge. Der Duft des Flatus ist ihm bis vor kurzem sehr angenehm gewesen. (Alle Patienten verlegen ihre Sünden gerne um eine Spanne Zeit zurück und möchten sie gerne als überwunden darstellen.) Er hüllte sich öfters tiefer in die Decke, damit der kostbare Stoff nicht allzu schnell verflüchtigen könne. Dabei zieht er die Decke über den Kopf. (Mutterleibsphantasie?) Andere infantile Züge sind: Das Trödeln, das kindische Spielen mit seinen kleinen Sachen. So kann ihn ein neues Messer einen Monat beschäftigen. Er nimmt es immer wieder in die Hand und vergleicht es mit dem alten. Er betrachtet es ganz stumpfsinnig jeden Tag wohl an die vierzig Male. Er kann mit der Uhr, mit dem Taschentuch spielen, er kann sinnlose Worte sagen wie ein kleines Kind, er kann ein einziges Wort unendlich oft wiederholen.

— —

Er zeigt täglich Rückfälle in einen Infantilismus, der ihn auch zu Traum- und Schlafzuständen zwingt. Denn nur in den Träumen kann er wieder vollkommen ein Kind sein und vergessen, daß er inzwischen ein alter Mann geworden ist.

Solche Menschen träumen sich bis in den Mutterleib zurück. Auch unser Patient hat eine Unmenge Mutterleibsphantasien, ohne zu wissen, daß es sich um solche Phantasien handelt. Er sieht ein Auto und denkt sofort: Da möchte ich drinnen sein und alle Vorhänge absperren, so daß es recht dunkel ist. Dann kauere ich mich in einen Winkel zusammen und lasse mich weiter tragen und schlafe dort viele, viele Monate. Oder er sieht einen Wagen und hat die gleiche Phantasie. Er möchte sich in einem Koffer sperren und so eine weite Reise[1]) machen. Er wollte sich für Monate in den Abort einsperren und sich dort ernähren und nur in dem engen Raum leben. Als Gegensatz tritt bei diesen Träumen, so auch in diesem Falle die Angst vor engen Räumen und das Bedürfnis nach freien weiten Ausblicken, großen Zimmern und einer

---

[1]) Der bekannte Dienstmann Zeitung, der die Reise von Wien bis Paris in einem Koffer machte, muß auch an einer Mutterleibsphantasie gelitten haben. Vergleiche übrigens das Märchen von *Andersen* „Der fliegende Koffer“.

freidenkenden Umgebung auf. Ebenso wenig vertragen diese Menschen anliegende Kleidungsstücke.

Sein Infantilismus zeigt sich auch in anderen kindischen Zügen. Er hat sich eine neue Kravatte gekauft. Er wird viele Stunden in den Spiegel blicken und wenn er dann Bekannte trifft, so lange an der Kravatte richten, sie verschieben, daran herumnesteln, bis man ihm sagt: „Sie haben da eine sehr schöne Kravatte". Er hat den Stolz auf die neuen Kleider, den nur ein kleines Kind hat. Neue Schuhe streckt er vor und betrachtet sie immer wieder, bis die anderen darauf aufmerksam werden. Mit der Uhr macht er allerlei kindische Spielereien, die ihn sehr lange beschäftigen können. Er wirft Schlüssel in die Höhe, um sie wieder zu fangen, wirft auf Ausflügen seinen Stock weit vor und holt ihn dann ein, was er unermüdlich einen ganzen Tag machen kann.

Er hat aber auch die kriminellen Gedanken eines Kindes, von denen sein Schuldbewußtsein stammt. Er geht über eine Brücke. Vor ihm geht ein unbekannter Knabe. Plötzlich durchzuckt es ihn wie ein Blitz: „Den Knaben könntest, ja solltest du jetzt ins Wasser werfen!" Er leidet, wie alle diese Menschen, welche den Durchbruch ihrer kriminellen Gedanken fürchten, an Angst vor dem Wahnsinn.

Er möchte immer wieder schlafen. Die Realität entwertet er permanent. Jede Arbeit, die er macht, ist ein „Dreck", ist ekelhaft. Wozu dient denn diese Arbeit? Alles Schaffen ist lächerlich. Nur das Schlafen ist wirkliches Leben. Er schläft keine Nacht ein, ohne zu denken: „Wenn nur das blöde Leben schon aus wäre! Wenn es nur schon ein Ende hätte!" . . . .

Er ist ein ewiger Schüler. Immer will er etwas Neues lernen. Er beginnt Sprachen, Naturwissenschaft, sucht nach neuen Kenntnissen. Es sind nur Anfänge, dann verliert er die Geduld. Aber so lange er lernt, fühlt er sich als Schüler und als Kind.

— —

Plötzlich fällt ihm ein, daß er schon mit acht Jahren an Erektionen gelitten hat, wenn er sich bückte, um mit seinem Hunde zu spielen. (Ich verweise auf seinen Hundetraum S. 114.) Nun weicht der Nebel, der auf der Vergangenheit liegt. Seine Erinnerung reicht bis ins 8. Jahr zurück. Das ist ein großer Fortschritt. Noch größer ist die Erkenntnis, die er täglich neu gewinnt. Er ertappt sich jetzt bei seinen Gedanken vor dem Einschlafen. Er beginnt immer Pferderl zu spielen. Er ist ein kleines Kind und hat ein Steckenpferd oder spannt einen anderen als Pferd ein. Mit dieser oder einer ähnlichen infantilen Phantasie schläft er ein. Heute Nacht träumte er, daß ihm kalt war und daß er fieberte. Eine Stimme sagte: „Aber das Kind hat ja Fieber!"

Es sind Erinnerungsspuren an die unvergeßliche Kinderzeit, da er erkrankte und die ganze grenzenlose Liebe seiner Mutter genießen konnte. . . .

Dann aber geht er auf ein anderes Thema über, das aber zu diesem Thema Beziehungen haben muß. Er spricht von seiner Schlaflosigkeit. Er wird immer schlaflos, wenn er bei einem Mädchen gewesen ist, also nach einem Koitus ist. Diese Erscheinung tritt immer bei Menschen auf, welche der Koitus nicht befriedigt hat. Ebenso ist er schlaflos, wenn das Knie anschwillt. Sonst schläft er so viel und so tief, daß er sich seiner Träume nicht entsinnt.

Bei den Dirnen hat er nie Orgasmus gehabt. Die Ejakulation erfolgte stets ohne Orgasmus. Nur wenn er drei oder viermal den Kongressus ausführte, konnte er dann das dritte oder vierte Mal den Orgasmus erzielen. Aber lange nicht so stark, wie nach einem sinnlichen Traume. Den größten Orgasmus hat er, wenn er träumt, daß er bei einer Frau den Busen saugt und die Brust in den Mund nimmt.

Sein Orgasmus ist also an die infantile Form der Befriedigung geknüpft. Er ist ein Säugling und sucht die Säuglingslust. Bei Frauen aber habe er diese Befriedigung nie versucht. Es sei ihm eigentlich alles gleichgültig. Er entwertet jede Realität, auch die Frau, die er besitzen kann. Alles ist ihm gleichgültig, Wurst, Pomade. . . . Nur seine Schuld ist ihm nicht gleichgültig und quält ihn unendlich. Neulich war er im Kino und sah ein Stück, in dem ein Vater seinen Sohn erschießt. Das ließ ihm keine Ruhe. Das war sein Bild. Nur umgekehrt. Auch er ist ein Mörder. Er hat seinen Vater umgebracht. . . .

— —

Er klagt über zu tiefen Schlaf. Sein Schlaf sei schon eine Narkose und kein Schlaf mehr zu nennen. Er habe über seine Kindheit nachgedacht und da sei ihm manches Wichtige eingefallen. Seine Mutter wäre mit ihm bis zum zehnten Jahre sehr lieb und zärtlich gewesen. Dann änderte sich ihr Charakter, sie wurde bissig, zänkisch, launisch. Es gab immer Streit im Hause. Wenn er sich nach dem Paradies der Kindheit sehne, so sei das berechtigt. Denn die ersten zehn Jahre seines Lebens seien glücklich gewesen, dann aber kamen die bösen Jahre.

Er weiß jetzt ganz genau, daß er früher beim Onanieren nur eine Phantasie hatte: Er sah den Koitus der Eltern. Er stellte sich alle Phasen vor und so stieg seine Libido und sein Orgasmus war grenzenlos. „Ich muß doch eine abnorme sexuelle Konstitution haben", fährt er fort, „ich stelle mir z. B. immer eine Vagina vor. Ich gehe auf der Gasse und sehe das Bild einer großen Vagina vor mir. Ich schließe im Café die Augen und sehe eine Vagina. Heute Nacht habe ich auch so einen Traum gehabt . . . . Ich glaube, es wurde jemand geboren und ich war dabei . . . ."

Er träumt von seiner eigenen Geburt. Er hat die bekannten Geburtsphantasien. Er fürchtet sich vor dem Durchzwängen durch enge Räume. Er wird des Nachts von Atemnot überfallen, weil er träumt, daß er sich durch einen engen Kamin durchzwängen muß.[1]) Geburt und Tod beschäftigen ihn den ganzen Tag in den verschiedensten Variationen. Als Kind schon hatte er sehr lebhaftes Interesse für das Rätsel, woher die Kinder kommen. Er fragte seine Eltern um tausend Dinge, weil er sich nicht traute, die eine wichtige Frage zu stellen: „Woher kommen die Kinder?"

Da er beim Onanieren immer den Koitus der Eltern vor sich sieht, so dürfte diese Phantasie auch eine Hemmung für seine Potenz abgeben. Er hat sich immer vor den Frauen gefürchtet. Er sagte sich schon als Junge: „Du wirst nie heiraten, damit dich deine Frau nicht so sekkiert, wie die Mutter es mit dem Vater macht." Nach einem Koitus trat immer aus unbekannten Gründen ein schweres Schuldbewußtsein auf. Er dachte immer: „Mein Gott, was hast du getan? Das ist ja schrecklich!" Er schwor sich dann immer, daß es das letzte Mal wäre und daß er niemals einen Geschlechtsverkehr ausüben werde. Auch ist ihm erinnerlich, daß seine Mutter die Flecken nach den Pollutionen kontrollierte und ihn verdächtigte, er hätte eine ansteckende Krankheit nach Hause gebracht. Sie sprach dann viel (er war damals 14 Jahre!)

[1]) Vergleiche das Kapitel Geburtsträume in „Die Sprache des Traumes"

von den Gefahren der sexuellen Infektionskrankheiten und wie man sich für sein Leben ruinieren könne.

— — — — — — — — — — — — — — — — — — — —

Wir haben gehört, daß die Menschen, welche an Infantilismus infolge der Störungen der inneren Sekretion erkranken, die Haare an den Schamteilen und dann alle anderen Haare verlieren. Auch unser Patient empfand seine Haare als eine Störung und rasierte sich häufig die Haare an den Crines pubis, um die Fiktion des Kindes zu unterstützen. Er haßte aber alle Menschen, welche sich wie Erwachsene benahmen. Er sagte immer zu sich: „So eine Keckheit! So eine Unverschämtheit!" Er entwertete alle Leistungen der Großen. Alles war Spielerei und Fopperei. Dabei zeigte er einen abnormen Größenwahn. Er war ein genialer Heerführer, ein großer Dichter, ein kolossaler Erfinder. Er wollte nur nicht. Da zeigt sich der Infantilismus als Sicherung gegen die Forderung der „großen historischen Mission".

Wenn er sich vorstellte, daß er einmal heiraten werde, so sah er sich vor der Hochzeit weinend. Er nahm dann Abschied von der Kindheit und wurde Mann und Vater. Er schützte sich gegen alle Heiratsgedanken einerseits durch die Impotenz, andrerseits dadurch, daß er den Frauen auswich. Er suchte nur Dirnen auf, die für die Ehe nicht in Betracht kamen. Und er sagte sich immer: „Du hast noch Zeit! Du hast noch viel Zeit!" Die Zeit verschwendete er, wo er konnte. Gab er sich z. B. einen Rock zum Richten und sollte er ihn nach drei Tagen abholen, so holte er ihn nach drei Monaten ab. Er sagte sich immer: „Du hast noch Zeit!" Sein Infantilismus ist die Erwartung der großen Zukunft und er hat immer noch Zeit, noch ist das Leben nicht zu Ende. Dazu stimmt, daß er immer wieder im bipolaren Sinne vor dem Einschlafen stammelte: „Wenn es nur schon aus wäre!"

Seine kriminellen Gedanken brachen sofort hervor, wenn er in irgend einer Sache gestört wurde. Wurde er geweckt, so sagte er sich sofort: „Der ekelhafte Kerl! Wenn er nur schon hin wäre!" Das sagte er auch, wenn sein Vater ihn weckte oder ihm unangenehme Aufträge gab. Deshalb sein übergroßes Schuldbewußtsein. Er haßte die Arbeit, die ihn an den Träumereien hinderte. Er hatte vor jeder Arbeit Angst und schob sie immer so lange als möglich hinaus.

Er träumte immer auch auf der Straße. Er entkleidete alle Frauen, die er sah und benützte sie in seinen Phantasien. Er blickte zuerst auf die Füße und begann die Entkleidung immer von unten. Kinder sehen ja von den ganz Großen zuerst die Füße.

Er fühlt sich immer zurückgesetzt, ist sehr leicht beleidigt. Immer tut man ihm ein großes Unrecht an. Er sieht wie alle Infantilisten nur sein Recht und nie das Recht des anderen.

— — — — — — — — — — — — — — — — — — — —

Er träumte heute Nacht:

> Ich bin zu Hause und höre, wie die Mutter sagt: Es ist ihm was geschehen. Dann war sie sehr zärtlich mit mir . . . .

Die Mutter war sehr ängstlich und warnte ihn auch vor den Gefahren, welche von den Frauen kommen können. Deshalb war er immer schrecklich aufgeregt, wenn er bei einer Dirne war. Er konnte dann die ganze Nacht nicht schlafen und hatte sicherlich einige schlechte Tage. Daß dieses Verhalten bei Dirnen, bei denen er ja impotent war, irgendwie mit seinem Verhältnis zur Mutter zusammenhängt, zeigt uns sein nächster Einfall:

„Ich war noch keine 16 Jahre, da hörte ich wie die Mutter bei Nacht zum Vater sagte: Mir scheint, du kannst nichts mehr, du bist schon impotent!"

Diese Erinnerung beweist uns, wie er sich um das Geschlechtsleben seiner Eltern kümmerte. Er identifizierte sich mit dem Vater und war infolgedessen impotent. Er spielte immer nur eine Szene: den Koitus seiner Eltern. Die Dirne wurde zur Mutter, er selbst zum impotenten Vater.

Es ist selbstverständlich, daß solche Kranke die Ketten zu sprengen versuchen, die sie an die Familie binden. Auch er versuchte vergeblich die Befreiung. Er war zu Hause mürrisch, blieb lange aus und sperrte sich oft allein in sein Zimmer. Er fand die Luft im Hause schlecht und stinkend. (Freilich, sie war von seinen Phantasien verpestet.) Er wollte weg, weit weg, nach Amerika und sprach auch öfters davon. Er hatte aber nie die Kraft, diese Pläne auszuführen. Sein Vater, der sehr lieb mit ihm war, tat ihm leid. Trotzdem ihn der Vater tyrannisierte, war er ihm doch immer gut. Der Vater ließ ihn nicht auf einen Ball gehen und warnte ihn vor der Gesellschaft leichtsinniger junger Leute. Da brach auch der Haß gegen den Vater durch und er wünschte ihm den Tod. („Wenn er nur schon hin wär!") . . . . Er hatte Phantasien, nach dem Tode des Vaters, seine Stelle bei der Mutter einzunehmen. Inzestträume mit der Mutter waren früher außerordentlich häufig. Die Mutter starb aber vor dem Vater. Nun wollte er dem Vater die Mutter ersetzen. Jetzt versagt seine Erinnerung, wie immer, wenn er auf homosexuelle Tendenzen stößt. . . . .

— —

Er hat wieder eine furchtbare Nacht gehabt. Derartig schmerzhafte Erektionen, daß ihm die Leistenbeugen weh tun. Am Abend war er in einem Vortrag. Er schlief sofort ein und kämpfte erwachend vergebens mit dem Schlaf. Er ist immer schläfrig. Die Leistenschmerzen sind so groß, daß er kaum gehen kann. Er wollte einen Ausflug machen, muß aber wegen der enormen Schmerzen zu Hause bleiben. Die Schmerzen scheinen die Strafe für seine Haßgedanken gegen den Vater zu sein. Denn seine nächsten Assoziationen sind: Der Vater hatte einen Leistenbruch. Dann kommt er wieder auf den Tod des Vaters und berichtet eine interessante Tatsache. Er macht sich die bittersten Vorwürfe. Und, wenn die Vorwürfe am stärksten waren und er sich am meisten peinigte, dann lief er zu einer Dirne. Täglich wiederholte sich das gleiche Schauspiel. Nach dem Koitus war er deprimiert und schwor sich, es wäre das letzte Mal. Endlich berichtet er einen Traum, wie er ihn noch nie geträumt habe:

> Zwei geharnischte Ritter sind aufgetreten, die wollten aufeinander mit Speeren losstechen, ich sagte, sie sollen das lieber gehen lassen und sich aussöhnen. Es handelt sich nämlich um ein Mädel, um eine Liebschaft. Da ist die Mutter daneben gesessen, da sage ich: Schauen Sie, was das für eine gute Frau ist und söhnen sie sich aus. Darauf hat der eine Ritter das Mädel geküßt. Er hat das Visier geöffnet, sie haben die Speere weggelegt und sich ausgesöhnt. Dann hat der eine Ritter das Mädchen geheiratet und der Traum war zu Ende.

Die Deutung dieses Traumes ist nicht schwer. In ihm kämpfen zwei Kräfte gegeneinander. Es zieht ihn zu den Frauen hin und er fürchtet sie. Der Hinweis auf die Mutter soll diesem Kampfe ein Ende machen. Das zeigt uns, daß er heiraten würde, wenn er ein Ebenbild der Mutter finden würde. Der Traum hat entschieden eine prospektive Tendenz, als wollte er das Ende des inneren Zwistes und die Möglichkeit einer Heilung künden. Andrerseits merkt der erfahrene Traumdeuter, daß das Mädchen für die Mutter steht und das der Kampf mit dem Vater um die Mutter entbrennt. Er betrachtete den Vater als Rivalen in dem Kampfe um die Liebe der Mutter. Der Traum propagiert Friedenstendenzen und Versöhnung mit dem Vater.

— —

Eigentümliche Reaktionen weiß unser Patient nach den verschiedenen Bädern zu berichten. Nach einem Dampfbade wird er ebenso schlaflos und gebrochen wie nach einem Koitus. Er hat dann in der schlaflosen Nacht die Empfindung, als würde es in seinem Gehirne „regnen". Auch die mit dem Bade verbundene Massage regt ihn ungeheuer auf und macht ihn einige Tage ganz verwirrt. Diese Reaktion ist typisch für die verdrängte Homosexualität. Ebenso wirken auf den Patienten alle Bäder, wo Männer in größerer Anzahl nackt zu sehen sind. Auch das lauwarme Bad hat eine unangenehme, aber ganz anders gefärbte Wirkung. Er wird schläfrig und traurig und möchte am liebsten weinen. Es ist dies die Erinnerung an die Bäder, die er in der frühesten Kindheit mit Assistenz der Mutter erlebte.

Die Badeerotik, die bei vielen Menschen und auch bei ganzen Völkern eine so große Rolle spielt, hängt mit diesen infantilen Badeeindrücken zusammen. Ich kenne Männer, die nur im Bade potent sind, wenn ihre Sexualität mit Hilfe der kindlichen Eindrücke aufgestachelt und aufgepeitscht wird. Andere werden im Bade durch die Erinnerung an das Baden mit den Schwestern impotent, wie wir uns immer vor Augen halten müssen, daß jede infantile Einwirkung sich als Reiz oder als Hemmung äußern kann, oft bei ein und demselben Menschen in beiden Reaktionsformen. Daß manche Wirkungen der hydropathischen Kuren auf Infantilismen zurückgehen, daß auch die Freude am Baden auch eine infantile Wurzel hat, zeigen mir sehr viele Beobachtungen.

Auf die Schmerzen haben die Bäder keine Einwirkung. Er unterscheidet die Schmerzen in zwei Attacken. Zuerst tritt ein Leistenschmerz kombiniert mit einem furchtbaren Schmerze im Rücken auf. Dieser wird dann von der Entzündung im Knie abgelöst, die mit mathematischer Exaktheit alle 13½ Tage erscheint. Also eine weibliche Periode im Sinne von *Fließ*.[1]) Hie und da kommen beide Attacken zusammen. Das sind seine schlechtesten Zeiten. Da wird er unfähig das Haus zu verlassen.

Interessante Aufklärungen über die Psychogenese dieses Leidens erhält man von den nächsten Einfällen des Patienten. Er erzählt, daß sein Vater an schwerer Gicht gelitten hat und mit einem Stocke gehen mußte. Er klagte gleichfalls über Schmerzen in der Leiste (hatte einen Leistenbruch!) und mußte einen Stock gebrauchen. Der Vater klagte viel über seine Schmerzen und sein Sohn wollte ihm die Schmerzen nicht recht glauben. Die Schmerzen muß er nun am eigenen Körper durchkosten. Denn, diese Schmerzen bestehen seit 24 Jahren, d. h. seit dem Tode des Vaters.

---

[1]) „Die Beziehungen der Nase zu den weiblichen Geschlechtsorganen" und „Der Aufbau des Lebens." Beide Werke im Verlage von Franz Deuticke in Wien.

Die Schmerzen vertreten Vorwürfe! Sie sind eine Selbstbestrafung und dienen der dauernden Fixierung der reuevollen Erinnerung.

Ich habe ähnliche Fälle in den „Nervösen Angstzuständen" beschrieben. Keiner ist durch eine solche enorme Dauer der Vorwürfe ausgezeichnet. Seit dem Kriege hat sich der Zustand bedeutend verschlimmert, was durch den Einfluß auf seinen latenten Sadismus zu erklären ist.

Nur dem Nichteingeweihten erscheint der Umstand überraschend, daß unser Patient nach einer Nasenoperation zwei Monate vollkommenster Ruhe von allen Schmerzen und Beschwerden genoß. Das hängt mit dem Umstande zusammen, daß Neurotiker, die an einem pathologischen Schuldgefühl und innerer Frömmigkeit leiden, die Operation als eine Art Gottesprobe auffassen. Jetzt hat sie Gott in seiner Gewalt und kann entscheiden, ob sie würdig sind weiter zu leben oder zu sterben. So sieht man nach schweren Operationen verblüffende Besserungen, oft auch Verschlimmerungen des Leidens auftreten. Die Blinddarmentzündung und die Operation kann als Strafe Gottes aufgefaßt werden, das Überstehen der Operation als Gnade Gottes. Meist gestehen diese Kranken, daß sie vor der Operation gebetet und ein Gelübde geleistet haben. Man kann deshalb nach Operationen Veränderungen des Charakters beobachten, die sehr merkwürdig sind. Daß die Narkose für Frauen und auch Männer ein Trauma sein kann und die Vergewaltigungsphantasie neu belebt, habe ich in den „Nervösen Angstzuständen" beschrieben.

Er klagt über einen Schmerz im After. Er hatte die ganze Nacht sehr häufige Diarrhoen. In früheren Jahren wurde die Attacke immer durch einige Tage profuser Diarrhoen eingeleitet. Diese Symptome lassen auf irgend eine Beteiligung des Anus als erogene Zone schließen. Gefehlt wäre es, ohne größeres Beweismaterial dem Patienten davon Mitteilung zu machen. Seine Assoziationen bleiben bei dem Thema. Er habe als Kind an Obstipation gelitten und wurde von der Mutter häufig klystiert. Er leidet auch jetzt an starker Gasentwicklung. Ganz wie sein Vater. Sein Vater habe die ganze Nacht an Gasen zu leiden gehabt und dieses Leiden machte sich im ganzen Zimmer fühlbar und hörbar.

Er klagt über Kreuzschmerzen und Schmerzen im Rückenmark. Der ganze Rücken sei wund. . . .

Auch mit der Nase gehe es ihm schlecht. Sie sei nie normal. Einmal zu trocken, als wenn nichts drin wäre, das andere Mal verstopft.

Plötzlich fällt es ihm ein, daß er schon als Kind an geschwollenen Knien gelitten hat. Er sieht jetzt die Szene, wie ein Doktor ihm die Knie mißt und nachsieht, ob sie geschwollen sind.

Sein Knieleiden hat also eine infantile Wurzel, die ihm selbst bisher nicht bewußt war.

Ohne Vermittlung springen seine Gedanken auf seine Lieblingsphantasien, wie man Geld erwerben könnte, ohne zu arbeiten. Die Arbeit ist sein größter Feind. Seine liebste Phantasie ist die eines großen Haupttreffers, nicht unter einer halben Million. Da stellt er sich vor, wie er ins Büro geht und dem Vorstand kündigt. Wie er allen Kollegen sein Glück erzählt und dann machen kann, was er will. (Natürlich träumen!)

Scheinbar unvermittelt erzählt er dann, daß er im Café sich sehr geärgert hat. Er sah einen Mann, für den gesammelt wurde, Karten spielen. Da verlor er seine Ruhe und machte ihm einen Skandal. Er kann sich bei mir noch immer nicht beruhigen, so daß ich einen Zusammenhang mit dem heutigen Material vermute.

„Spielen Sie auch Karten?"

„Ich nicht, aber mein Bruder."

„Sie haben einen Bruder? Sie haben mir ja nichts davon erzählt."

„Weil ich froh bin, wenn ich an den Kerl nicht denken muß."

„Warum nennen Sie ihn einen „Kerl"?"

„Weil er ein „Fallot"[1]) ist. Er kommt immer zu mir und verlangt Geld. Dann sitzt er im Kaffeehause und verspielt alles, was ich ihm gegeben habe."

„Warum geben Sie ihm das Geld, wenn Sie das wissen?"

„Ich kann nicht anders. Ich glaube ihm immer wieder und falle immer wieder herein, wenn er mir seine Geschichten erzählt. Ich schäme mich, ihn abzuweisen. Dann habe ich eine große Angst. Ich fürchte, der Bruder könnte sich etwas antun, wenn ich ihm das Geld nicht gebe. Diese Verantwortung kann ich nicht übernehmen."

Wir kennen schon sein Spiel mit den Todesgedanken. Er fürchtet immer an dem Tode anderer Menschen schuld zu sein. Er schenkte vor einigen Tagen einem Kinde eine Orange. Sofort dachte er: Das Kind könnte an der Orange ersticken, es könnte über eine Orangenschale fallen und sich den Kopf zerschlagen, sterben und dann wirst du dir Vorwürfe machen. Er haßt die ganze Welt und wünscht allen, die mit ihm zusammentreffen, den Tod. So bedachte er wiederholt seinen Bruder mit Todeswünschen und ist ihm jetzt dadurch wehrlos ausgeliefert.

Andrerseits muß sich seine Bipolarität auch darin äußern, daß er den Bruder liebt. Es scheint, daß der Bruder sein Schicksal mächtig determiniert hat. Zusammenhänge zwischen seinen ersten Assoziationen und den Einfällen vom Bruder sind zu vermuten.

Sein Bruder ist verheiratet und scheint es auch mit Frauen lustig zu treiben. Er muß sich vor allen Frauen hüten. Wenn er bei einer Dirne war, wird sein ganzer Zustand schlimmer. Schuld seien die Ärzte, die ihn immer zu den Frauen gejagt haben, ihm sogar rieten, mehrere Male zu verkehren. Dadurch habe er sich ganz ruiniert.

Plötzlich: „Habe ich Ihnen schon erzählt, daß ich in der Prostata massiert wurde. Es war ein furchtbarer Schmerz. Der Arzt aber meinte, es wäre notwendig, da mein Leiden von einer Vergrößerung der Prostata herrührt." (Wieder Assoziationen vom Hineinstecken in den After. Analsexualität.)

— —

[1]) Wiener Ausdruck für einen Tunichtgut.

Er hat einen unruhigen Traum gehabt:

Er war mit mehreren Herren in einem Vollbade. Die Herren waren nackt.

Mehr weiß er nicht zu sagen. Wir merken, wie die homosexuellen Tendenzen (Schmerz im After!) immer stärker einsetzen. Er berichtet von seinen furchtbaren Depressionen. (Wir treffen sie immer bei Menschen, die mit ihrem Geschlechte unzufrieden sind. Bei Männern, die gerne Frauen wären und umgekehrt. Die Depression ist die Trauer über die unüberbrückbare Kluft zwischen Seele und Körper.)[1])

Sein größter Feind ist die Arbeit. Er sagt sich schon im vorhinein: „Es wird nicht gehen! Das bringst du nicht zustande! Dann geht es wirklich nicht.“ Das hat er oft genug erprobt. Dann verwirrt sich etwas im Gehirn, wenn er arbeiten soll. (Bei allen Formen des Infantilismus!) Er hat ein ödes Gefühl im Gehirn. Er kommt sich wie blöd vor. Wie eine ausgepreßte Zitrone. Dabei sagt er gerne bei der Arbeit: „So ein Unglück! So ein Malheur!“ — Er hat heute das Gefühl, als ob das Knie „kochen“ würde.

— —

Seine Gedanken wollen immer wieder auf den Bruder gehen. Aber man merkt, daß er sich bemüht, die Gedanken von dieser Richtung abzubringen. Er zeigt jene „Assoziationsangst“[2]), welche in solchen Momenten immer zum Vorschein kommt.

In solchen Fällen schaffen die Patienten sich in der Analyse Aktualitäten, welche die retrospektive Tendenz der Analyse unmöglich machen. Es werden Konflikte herbeigeschafft oder verstärkt, um das Bewußtsein ganz auf die Gegenwart und die Zukunft zu richten. In diesem Falle wurde irgend ein alltäglicher Vorgang benützt, um sich gewaltig aufzuregen und zu betonen, daß in solchen Zeiten die Behandlung nichts nütze. Er jammert über sein Pech und über seine Verwandten. Es sei so schön gegangen, er habe sich schon viel besser gefühlt, da sei der Neffe gekommen usw. . . .

Trotzdem enthüllt sich sein Bild immer klarer. Es tritt der neidische von hypertrophischen Größenwahn erfüllte Mensch zutage. Er ist eine besondere Person, die allen Menschen Unglück bringt. Er ist Attila. Wo er hintritt, wächst kein Gras. Wer mit ihm verkehrt, geht bald zugrunde. Wem er Böses wünscht, der erlebt es. Sein geheimer „Glaube an die Allmacht der Gedanken“ isoliert ihn von allen Menschen. Da er Jedem Böses wünscht, hat er auch alles Böse verschuldet.

Jetzt verstehen wir, warum er nach dem Tode des Vaters zu einem Pfarrer beichten ging und sich des Mordes an seinem Vater beschuldigte. Er bat um recht strenge Strafen, um diesen Mord zu sühnen. Er sagt sich oft: „Du bist ein Mörder!“

Er kann nicht lieben und fühlt diesen Mangel als eine nicht zu ändernde Anlage. Seine Selbstmordgedanken sind die Strafe für seinen ewigen Haß, der sich gegen alle Besitzenden, alle Glücklichen, alle Liebenden und besonders

[1]) Vergleiche das Kapitel „Depressionen“ in Bd. II, II. Auflage.

[2]) Der Ausdruck stammt von *Otto Groß* und ist seinem gedankenreichen Werke „Über psychopathische Minderwertigkeiten“ (Wilhelm Braumüller, Leipzig und Wien, 1909) entnommen. „Die Sensitiven dieser Art“ sagt *Groß*, „u. zw. vor allem die Gebildeten, überwachen gewissermaßen ihre Assoziationen mit ängstlicher Sorgfalt, in stärkeren Graden mit einer wirklichen „Assoziationsangst“.

gegen alle Menschen richtet, die gerne und viel arbeiten. Diese beneidet er und entwertet ihre Arbeit, um nicht fürder beneiden zu müssen.

— —

Jetzt gesteht er, daß er ein älteres Fräulein gerne geheiratet hätte. Es ist eine Nichte mütterlicherseits, also eine Imago seiner Mutter. Aber seine Impotenz ist das Hindernis. Die Behandlung soll ihn potent machen. Es scheint, daß er nun das Leben des einsamen Junggesellen satt geworden ist und ein Mann werden möchte. . . .

Die Idee zu heiraten ist eine seiner unzähligen schüchternen Versuche sich von seiner Kindheit zu emanzipieren und ein Mann zu werden. Sein ganzes Leben besteht aus solchen Vorsätzen, die er nie ausgeführt hat.

Er fühlt, daß er nie gesund werden wird, weil ihm der Wille zur Gesundheit fehlt. Wenn er irgend eine Kur macht, so fürchtet er, wenn er eine günstige Wirkung bemerkt, er könnte gesund werden. Und eine Stimme sagt ihm: „Du verdienst nicht, daß du gesund wirst. So ein Schurke darf nicht gesund sein!" . . .

Er wünscht allen Menschen Böses. Alle werden verhungern, weil jetzt der Krieg ist und sie verdienen es nicht besser. Alle Menschen sind Trottel, sind blöd. Alle sollen hinwerden.

— —

Hatte diese Nacht entsetzliche Schmerzen im Kreuz und in den Leisten. Schon häufig war der Schmerz so heftig, daß er einen Arzt holen lassen mußte und sich eine Injektion machen ließ. Es war ein junger sympathischer Arzt aus der Nachbarschaft. Diese Injektion war der symbolische Ersatz einer immissio penis und einer Injektion von Sperma. Das beweist schon seine nächste Assoziation: „Ich kann nie auf dem Bauche liegen. Dann fühle ich mich unsicher, als ob jemand das Kreuz eindrücken würde."

Man lerne auf die Sprache horchen, in der die Beschwerden der Hypochonder vorgetragen werden und man wird bald auf die sexuelle Symbolik kommen. Unser Patient schildert seine Kreuzschmerzen: „Die Schmerzen gehen vom Kreuz in das Gehirn, als ob dort ein höllisches Feuer brennen würde. Haben Sie schon so etwas gehört? Als ob eine Kerze im Kreuz (lies Anus und statt Kerze Penis!) brennen würde und die Flamme geht dann in den Hinterkopf. Ein Schmerz im Anus, als ob dort etwas Hartes, alter Stuhl, oder so etwas stecken würde. . . ."

Die Beschwerden zeigen also deutlich homosexuelle Phantasien mit Betonung des Anus als erogene Zone. Er betont, daß die Homosexualität für ihn das Ekelhafteste sei, was es gäbe. Wenn er nur daran denke, so komme ihm schon das Brechen an. Wir kennen aber diese negative affektative Einstellung als verdrängte Libido. Wir fragen, ob er in der Kindheit mit Kameraden irgend welche homosexuelle Spiele getrieben. Erst will er davon nichts wissen, dann aber erinnert er sich verschiedener Szenen, bei denen auch sein Bruder beteiligt war. So ist ihm eine Szene erinnerlich, da er und sein Bruder sich ein Zelt errichteten und sich dort entblößten. Was in dem Zelte vorgefallen ist, dessen will er sich nicht erinnern. Er lenkt von dem Thema ab, fängt zu gähnen an, sieht sich einige meiner Bilder an und meint, es wäre schon spät, er müsse ins Büro gehen.

Wir verstehen aber, warum er nach einem Koitus onanieren mußte oder an Pollutionen litt. Weil seine drängende Homosexualität nicht befriedigt wurde. Er ist immer auf der Flucht vor der Homosexualität. Er flüchtet in seine infantile Befriedigung, er ist noch ein Kind und er will doch ein Mann sein.

Der Fall zeigt uns alle Momente, auf die ich in den früheren Kapiteln hingewiesen habe. Der Tod des Vaters fixiert das Leiden, ein permanenter Traum- und Schlafzustand ermöglicht ihm die Regression, die Unlust zur Arbeit macht ihn früh zum Halbinvaliden, er ist bei Frauen impotent und leidet doch an Satyriasis. . . .

Ich bedauere, daß ich die Analyse nicht weiter führen konnte. Aber in diesen Fällen brechen die Patienten häufig ab, wenn ihre latente Homosexualität manifest zu werden droht. Er versicherte mir, er könne nur aus Geldmangel die Behandlung nicht fortsetzen, die ihm schon sehr viel geholfen habe. Als ich ihm den Antrag stellte, ich wollte ihn unentgeltlich weiterbehandeln, lehnte er entrüstet ab: „Ich werde doch Ihre kostbare Zeit nicht umsonst in Anspruch nehmen. . . ."

Er will nicht die Wahrheit wissen, will nicht gesund werden. Er jammert jeden Menschen an, dem er begegnet. Er fühlt sich so glücklich in seinem Unglück. Und das soll nun anders werden? Er bleibt schon ein Kind und läßt sich wieder in seine infantilen Spiele, in die kindische Traumwelt gleiten. Er geht wieder seufzend zu Bett und jammert: „Wenn nur alles schon aus wär! Wenn das Leben nur ein Ende hätte. Nie mehr erwachen! Ewig schlafen . . . das wäre mein Ideal! . . ."

Es ist zu spät, um dieses alte Kind zu neuem Leben zu erwecken. . .

Nach einigen Tagen kommt er wieder. Er hätte so furchtbare Schmerzen gehabt, daß er sich einen Doktor holen und eine Injektion machen ließ. Die Behandlung sei ihm sehr peinlich, durchaus kein Vergnügen. Ich solle ihn nur schnell fragen, was ich noch zu fragen hätte.

„Sie irren. Es kommt gar nicht auf das Fragen an. Ich warte einfach, bis Sie mir alles selbst sagen."

„Es ist doch sehr unangenehm. Ich komme mir vor wie bei einem Untersuchungsrichter."

„Das heißt, Sie haben mir wichtige Zusammenhänge verschwiegen und wollen sich darum drücken. Ich bestehe keineswegs auf deren Mitteilung."

„Was hat das für einen Sinn? Ich will doch gesund werden. Ich weiß, daß ich Ihnen alles sagen muß. Fragen Sie!"

„Nein . . . Ich frage nie. Ich überlasse es Ihrem Ermessen, mir mitzuteilen, was Ihnen einfällt. Sie wissen aber: Sie sollen mir alles mitteilen, was Ihnen eingefallen ist. Wenn Sie den Mut dazu nicht aufbringen, so können wir ja die Behandlung aufgeben."

„Nein. Das mag ich nicht. Denn es geht mir trotz der Schmerzen entschieden besser. Mein Kopf ist freier und ich habe nicht mehr ein fortwährendes Schlafbedürfnis. Bitte fragen Sie . . . ."

Ich schweige . . . .

„Nun wenn Sie nicht fragen wollen. Ich habe Ihnen verschwiegen, daß ich von Kindheit an immer den Koitus der Eltern belauscht habe und daß ich dabei regelmäßig onanierte. Ich hörte alles, alles, was die Eltern sprachen. Die Ausrufe der Mutter „Wie süß“ . . . „Ach ist das gut!“, was mich rasend vor Begierde machte. Ich wünschte mir bald die Mutter, bald der Vater zu sein. Ich wollte auch in der Nacht statt des Vaters zur Mutter schleichen . . . Ach, es ist soviel Häßliches und Peinliches, daß ich Ihnen fast nicht alles erzählen kann. Aber ich weiß jetzt, daß diese Eindrücke der Kindheit mich krank gemacht haben und daß ich immer an diese Szenen denken muß. . . .“

Nach einer Weile fährt er fort:

„Ich habe auch über meine Homosexualität nachgedacht und muß mir leider eingestehen, daß ich keineswegs davon frei bin. Ich habe immer den Vater nackt sehen wollen und hatte viel Gelegenheit dazu, da ich gestehen muß, daß der Vater sich vor uns gar nicht genierte. Ich verglich immer seinen Penis mit meinem und war unglücklich, daß ich schwächer war als er. Davon ist mir die Gewohnheit geblieben, alle Männer auf die Größe des Penis zu untersuchen. Mein erster Blick bei einem Mann fällt immer auf die Hose. . . . Ich habe auch andere homosexuelle Phantasien, aber lange nicht so andauernd wie die heterosexuellen. Ich nenne sie „fliegende Gedanken“. Wie ein Blitz schießen sie durch meinen Kopf und verschwinden so schnell wie sie gekommen sind. Da sehe ich immer einen großen Penis. Ich will aber nicht d a r a n d e n k e n u n d d a n n s t e l l e i c h m i r e i n e V a g i n a v o r. Ich sehe auch homosexuelle Akte, aber diese sehr selten und nur fliegend wie ein Blitzlicht tauchen sie auf und verschwinden. Ist das Homosexualität? . . . Nein . . . diese Behandlung ist peinlich. Da soll man über Dinge reden, die man bisher nicht sehen wollte.“

„An diesem ‚Nichtsehenwollen‘ erkranken die Menschen. Wer gesund sein will, muß alles offen und bewußt sehen. Dann kann er seine bösen Gedanken und seine krankhaften Triebe leichter überwinden. Das Verdrängte kommt immer wieder. . . .“

„Ich beginne das zu verstehen. Ich wollte aber von diesen Dingen nichts wissen und mußte doch immer daran denken. Es ist spät. Ich habe Sie schon zu lange aufgehalten. . . .“

— —

„Ich fühle jetzt, daß ich nur durch diese Behandlung gesund werden kann. Es geht mir viel besser. Ich bin nicht mehr so schläfrig und fange an, mir über meine Träumereien Rechenschaft zu geben. Ich weiß jetzt, daß meine Mutter in meiner Krankheit eine große Rolle gespielt hat. Ich sah sie wiederholt nackt. Sie genierte sich vor mir nicht und ahnte nicht, daß ich ihren Anblick mit gierigen Augen verschlang. Das erste Mal, als ich sie nackt sah, trug sie weiße Strümpfe. Nun suchte ich immer eine Dirne, die weiße Strümpfe trug und bewog eine mir bekannte Dirne, weiße Strümpfe anzuziehen. Ich weiß auch, daß ich die ersten Male immer an die Mutter dachte. Ich hatte auch nach dem Verkehr, der ja aus diesem Grunde mißlingen mußte, ein bitteres Gefühl und sagte mir immer: „Was hast du gemacht! So eine Sünde! So eine Sünde!“ Das waren meine Hemmungen und das trieb mich immer wieder zu den Dirnen. . . .

Nun will ich Ihnen noch von den Spielen mit meinem Bruder erzählen. Sie waren nicht so harmlos, als ich sie zuerst schilderte. Wir entkleideten uns, der Bruder und noch andere Knaben und krochen dann unter das zwischen zwei Betten gebildete Zelt. Dort mußte einer dem anderen in den Anus schauen und daran riechen. Wir kitzelten uns gegenseitig mit einer feinen Feder .... Doch weiter ist nichts vorgefallen.

Ich weiß, daß er mir noch Wichtiges verschweigt, dringe aber nicht in ihn. Er fährt dann fort:

„Gestern stieg ich in die Elektrische ein. Hinter mir stand ein Mann, der mich zufällig berührte. Ich bekam eine fürchterliche Wut und hätte ihn niederschlagen können. Ich sagte immer wieder: „Ist das ein ekelhafter Kerl!" Es war aber ein schöner junger Mann in Uniform. Ich dachte aber nach und erkannte, daß ich mich gegen meine homosexuellen Gelüste durch Zorn und Ekel schützen wollte. Wie er mich berührte, ging es mir zuerst heiß durch den Körper. Dann kam es zu der von Ihnen beschriebenen Reaktion .... Ich will ja alles sagen und fühle mich jetzt viel freier, als je im Leben. Ich will versuchen, nach der Behandlung ein neues Leben zu beginnen. Auch mit der Arbeit geht es mir besser. Gestern konnte ich schon eine Stunde ohne Störung schreiben. Kein Krampf! Ich sagte mir: „Du fauler Hund du! Du willst ja nicht schreiben!" Und siehe da! Auf einmal ging es ganz tadellos. Dann verfiel ich wieder in Träumereien und der Krampf war wieder da. Was soll ich machen?"

„Trachten Sie Ihre Tagträume aufzufangen. Das ist jetzt Ihre nächste Aufgabe."

— —

Ein merkwürdiger Traum!

> Ich bin bei Dr. S. Er zeigt mir im Zimmer eine Menge Photographien. Das sind Bilder von Mädchen, die mir alle zur Verfügung stehen. Der Arzt gibt mir täglich die Adresse eines anderen Mädchens und sagt: Diese werden Sie alle haben!

Analyse: Dr. S. ist ein Arzt, den er vor einem Jahre aufsuchte. Dieser Arzt behauptete, er hätte eine Entzündung im Rückenmarke. Er solle sich einige Injektionen ins Rückenmark machen lassen, dann werde alles sicher gut werden.

Die Injektion ins Rückenmark wird zum Symbol eines homosexuellen Aktes und der Arzt steht für mich. Der Traum zeigt uns, wie aus der verdrängten Homosexualität der Don Juanismus entsteht. Ich gebe ihm die Adressen der Mädchen. Seit einigen Tagen erwacht in ihm wieder der Drang, zu Mädchen zu laufen. Er wartet meine Erlaubnis ab. Ich habe ihm während der Behandlung jedes Experiment untersagt. Nun zündet er sich homosexuell bei mir, um dann bei den Mädchen zu verbrennen.

Er betont, daß er immer vor dem Anschwellen des Knies kolossal sexuell erregt sei. Es zeigt sich, daß er zwei Perioden hat: Eine weibliche, in der Schmerzen in den Leisten und dem Rücken auftreten und eine männliche, in der das Knie anschwillt. Die Vergrößerung des Knies scheint der Ersatz einer Erektion zu sein. .. Das Knie ist seine erogene Zone. Nackte Knie haben ihn immer sexuell erregt und der Wunsch, so stark zu sein wie die Tiroler, die ihre Knie nackt zeigen können, war in ihm stets vorhanden. Nun hat er das starke Knie und kann es sehen lassen. Deshalb spricht er immer wieder davon, daß er trotz des geschwollenen Knies Bergpartien unternehmen könne.

Jetzt bricht er die Analyse ab, da er unmöglich sich unentgeltlich behandeln lassen könne. Es geht ihm ausgezeichnet. Er hat sich mit seiner Nichte verlobt und will in kurzer Zeit heiraten. Die Knieschwellungen sind nicht mehr schmerzhaft.

— —

Nach einigen Jahren sah ich ihn auf der Straße. Er stellt mir seine Frau vor und sagt mir leise: „Erzählen Sie nichts von meinen Dummheiten.“ Dann laut: „Du, Fanny! Das ist der gute Doktor, der mich durch Massage von meiner Kniegelenksentzündung geheilt hat. . . .“

VIII.

Wutanfälle.

Viele Kinder leiden an Wutanfällen. In den meisten Fällen handelt es sich um die Wirkung einer mächtigen Eifersucht. Als Trotzreaktion auf unerfüllte Wünsche treten dann die Wutanfälle auf. Das Kind wirft sich zu Boden, strampelt mit den Beinen, reißt sich bei den Haaren, zerbricht Gläser oder andere zerbrechliche Gegenstände, zerstört das Spielzeug, zerbeißt das Taschentuch. Oft kommt es zu Aggressionen gegen die Erwachsenen. Mitunter werden Schimpfworte ausgestoßen.

Diese Wutanfälle werden oft durch ein ruhiges mildes Wesen überkompensiert, oder sie führen zu epileptischen Anfällen, wenn die sadistischen Phantasien nicht mehr bewußtseinsfähig sind.[1])

Ich kenne aber Fälle, in denen sich diese Wutanfälle von der Kindheit an bis in das Leben der Erwachsenen fortsetzen. Besonders wenn diese Wutanfälle dazu dienen, die Herrschaft im Hause zu sichern und das Rachebedürfnis der eifersüchtigen Seele zu stillen.

Bei manchen dieser Neurotiker wird man finden, daß diese Wutanfälle die Reaktion auf einen unerfüllten Wunsch — auf die „fixe Idee" darstellen. Merkt der Kranke, daß man seiner fixen Idee entgegenarbeitet, so reagiert er mit Wut. Fast immer ist diese Wut die Reaktion auf verschmähte Liebe. Der nächste Fall gibt eine gute Illustration dieser Phänomene.

Fall Nr. 22. Herr Z. O., ein 23jähriger Jüngling, verlangt Abhilfe vom „Laster der Onanie". Er hat mit 21 Jahren spontan zu onanieren angefangen. Obwohl er sich die größte Mühe gab, die Onanie zu unterdrücken, mußte er immer wieder in diese Form der Befriedigung verfallen. Er weiß nicht, wie er dazu gekommen ist. Er wurde nicht verführt, sondern kam eines Nachts, von einem mächtigen Drange getrieben, dazu, sich durch Reibung eine Erleichterung zu verschaffen. Sofort traten tiefe Reue und Ekel vor sich selbst auf. Er schwor es sich hoch und heilig, daß das nicht mehr vorkommen dürfte. Aber nach einer Woche war der Trieb wieder stärker als seine guten Vorsätze.

Die Erzählungen über sein Sexualleben sind merkwürdig genug, um fixiert zu werden. Er war nie wie die anderen Kinder, immer einsam, immer ein Sonderling. Er hörte viel von sexuellen Dingen reden, hatte aber Ekel vor diesen schmutzigen Dingen und nahm sich vor, nie mit einer Frau zu

---

[1]) Vergl. Bd. I, 3. Aufl., das Kapitel: Die psychische Behandlung der Epilepsie.

verkehren. Ursprünglich sollte er sich dem Handwerk widmen und wurde von seinem Vater zu einem Tischler in die Lehre gegeben. Da fühlte er sich erst zufrieden, bis der Drang in ihm erwachte, sich als Künstler zu betätigen und er es durchsetzte, daß er Geige lernen konnte, worin er es ziemlich weit brachte, obwohl er so spät zu lernen anfing. Mit 15 Jahren, als er noch Tischlerlehrling war, erwachte er des Nachts aus einem erotischen Traume. Er glaubt, daß er nackte Frauen geküßt hat. Die näheren Details sind ihm nicht bekannt. Er hatte damals seine erste Pollution, die sich in gewissen Abständen wiederholte und erst aussetzte, als er zu onanieren anfing. Wie er 16 Jahre alt war, neckte ihn ein Dienstmädchen, das ungefähr 20 Jahre alt war, mit den Flecken auf seinem Leintuche und versuchte ihn zu verführen. Sie gab ihm Bücher über das Geschlechtsleben, um seine Phantasie zu entflammen. Das gelang ihr wohl — wenigstens für eine Zeitlang —, aber er war nicht zu bewegen, sich mit ihr intimer einzulassen. Dann aber kam die Zeit, wo er von Früh bis Abend nur Geige spielte und auch Musiktheorie sehr fleißig studierte. Er dachte nie an geschlechtliche Dinge. Er war zu sehr abgelenkt.

Diese Beobachtung werden wir häufig bei Menschen machen, die angeben, asexuell zu sein. Es sind immer Leute, die so beschäftigt sind resp. die sich so viel Beschäftigung aufbürden, daß ihnen keine Zeit bleibt, an die sexuellen Dinge zu denken. Sie lenken sich auf diese Weise scheinbar ab. Ich sage „scheinbar", weil, wie in diesem Falle, plötzlich die zurückgestaute latente Sexualität mächtig durchbricht.

Jetzt onaniert unser Jüngling öfters mit Gedanken an dieses Mädchen und holt die versäumten Szenen nach. Das entspricht seinem Charakter, der ein schüchterner, unselbständiger ist. Er hat gar kein Selbstvertrauen und leidet an dem Gefühle der Minderwertigkeit. Er ist klein und schon dieser Fehler macht ihn sozial unmöglich. Er traut sich in keine Gesellschaft und kann den Gedanken nicht fassen, daß er einem Mädchen gefallen könnte. Auch seine eigenen musikalischen Leistungen unterschätzt er und wundert sich, daß er die Prüfungen so gut bestehen konnte. Er hatte jedesmal ganz sicher geglaubt, daß er durchfallen müsse, weil es ja anders gar nicht möglich sei. Dieses für den einsamen Onanisten sehr charakteristische Gehaben isoliert ihn von den anderen Menschen. Er sucht keine Gesellschaft auf, hat keine Freunde und meidet alle Orte, wo viele Menschen versammelt sind. Er fühlt auch die Lücken seiner Bildung. Er könne ja nicht verkehren, wenn die Rede auf Kenntnisse komme, die er nicht besäße.

Charakteristisch sind seine ersten Erinnerungen. Sie zeigen bereits den Beginn seines jetzigen psychischen Zustandes. Seine erste Erinnerung bezieht sich auf ein Erlebnis, da er sieben Jahre alt war. An die früheren Jahre kann er sich nicht erinnern. Das zeigt uns, daß er die ersten Erlebnisse und damit auch die ersten onanistischen Erfahrungen der frühen Kindheit vollkommen verdrängt hat. Die erste Erinnerung lautet:

> Ich komme von den Großeltern nach Wien. Am Bahnhof erwartet mich der Vater mit dem Rade. Er setzt mich in eine Tramway und sagt dem Kondukteur, wo er mich aussteigen lassen soll. Ich steige allein aus und komme vor das Geschäft des Vaters. Da bleibe ich stehen und traue mich nicht hinein, bis ein Arbeiter kommt und mich hineinführt.

Diese Erinnerung zeigt uns schon das schüchterne, unselbständige Kind. Er springt nicht freudig hinaus, um die Mutter und Geschwister zu begrüßen,

9*

sondern bleibt ängstlich und schuldbewußt vor dem Hause stehen. So steht er noch heute vor den Geschäften und traut sich nicht einzutreten.

Noch wichtiger ist der Umstand, daß der Vater in seiner ersten Erinnerung eine so große Rolle spielt. Auch die zweite Erinnerung sagt:

> Der Vater fährt am Lande Rad und ich darf mit ihm fahren. Das macht mir ein sehr großes Vergnügen.

Er gesteht, daß er seinen Vater immer verehrte. Er hat nur Gutes vom Vater erfahren und kränkt sich, daß der Vater infolge eines Unglücksfalles so früh gestorben ist. Es hätte ihm sehr wohl getan, wenn der Vater seine Erfolge, die er sich erhofft, erleben hätte können.

> Die dritte Erinnerung: Ich blicke als Kind in den Mond und sehe, daß im Monde Gestalten von Heiligen sind, die musizieren. Ich sehe eine Figur mit einem Heiligenschein, die Cello spielt.

In dieser Erinnerung sehen wir die Hinweise auf seinen späteren musikalischen Beruf. Die sexualsymbolische Bedeutung dieser Erinnerung wie der ersten ist uns noch nicht bekannt. Wir können sie nur vermuten und erwarten weitere Aufklärungen von der Analyse. Betonen möchte ich nur, daß die Möglichkeit der späteren Reaktion dieser Erinnerungen besteht. Sie werden aus all den anderen Erinnerungen ausgesucht, weil sie nach dem Gesetze des psychischen Parallelismus seiner jetzigen Verfassung entsprechen. Eine andere Erinnerung würde als Disharmonie störend wirken.

Ich erzähle die Einfälle, wie sie der Patient zwanglos in der Sitzung vorbringt. Er weiß jetzt, warum er das erste Mal onanieren mußte. Im Nebenzimmer schliefen die Dienstboten und er hörte, wie der Knecht zu einem Mädchen ging und dort mit ihr allerlei trieb. Das war der erste Anlaß zur Onanie. Er wurde so erregt, daß er nicht widerstehen konnte und onanieren mußte. Er hat jetzt die Überzeugung: Es wird nie wieder vorkommen. Er hat seine Vernunft und diese bewahrt ihn vor allerlei Dummheiten. Er war 17 Jahre alt, da wollte ihn ein anderes Dienstmädchen verführen. Sie sagte ihm, daß die jungen Burschen so dumm wären, wenn sie nur wüßten, wie gerne ihnen die Mädchen entgegenkommen wollten. Sie habe einen Zitherlehrer und der bleibe mit ihr stundenlange allein im Zimmer und der blöde Kerl wage es nicht, sie anzurühren. Er machte, als wenn er sie nicht verstehen würde. Er fürchtete sich, daß der Koitus furchtbar schädlich wäre und ihn ganz schwach machen werde. Auch jetzt hätten sie ein Dienstmädchen, das sich von ihm küssen lasse und ihm andeutete, daß sie die Türe ihrer Kammer nie versperre. Er aber wagt es nicht, zu ihr zu gehen. Er weiß, daß die Onanie schädlich ist. Ein Freund hat ihm gesagt, daß sie impotent mache und er hat auch in einem alten Lexikon gelesen, daß Auszehrung die Folge dieses Lasters sei. Ein Hausarzt riet ihm, Mädchenverkehr zu suchen. Und trotzdem bringt er es nicht zusammen. Er wagt keinen Angriff auf ein Mädchen, obwohl er viele Bekanntschaften hat. Er fürchtet eine Niederlage, die er nie verschmerzen würde. Er weicht den Niederlagen aus.

Denn er hat einen „schäbigen Stolz", wie er es bezeichnet. Er könnte so eine Niederlage nie überwinden. Einmal habe ihm sein Vater ein Buch an den Kopf geworfen. Obwohl die Mutter damals schwer krank darniederlag, lief er aus dem Hause und blieb eine Woche lang beim Onkel. Es halte ihn eine rätselhafte Kraft zurück, mit den Mädchen zu beginnen. Er fürchtete, etwas Unersetzliches zu zerstören.

„Sie wollen ein Kind bleiben."

„Ja! Das ist es. Ich weiß, wenn ich einmal nur verkehre, ist meine Kindheit zu Ende und ich bin dann ein Mann. Und so merkwürdig das klingen mag: Ich habe keine Sehnsucht darnach, ein Mann zu sein. Ich erinnere mich — ich war 14 Jahre alt — und vollendete die Schule. Ich war damals sehr traurig und dachte mir: Die schöne Kindheit ist zu Ende. Jetzt hast du für alles die Verantwortung. Jetzt kann dich die Polizei verhaften und das Gericht bestrafen, du bist kein Kind mehr. Ich hatte immer eine große „Angst vor dem Altwerden". Auch eine Angst für meine Gesundheit. Wenn ich mich in den Finger schneide, sehe ich schon eine Blutvergiftung entstehen. Ich sehe auch immer die schrecklichen Folgen eines Beischlafes und fürchte mich vor Geschlechtskrankheiten."

Wenn wir solche Erzählungen hören, die von einer besonderen Widerstandskraft gegen Versuchungen handeln, so können wir sicher sein, daß der Trieb nicht allzu mächtig war. Seine Libido muß irgendwo anders fixiert sein. Es ist möglich, daß es sich um latente Homosexualität handelt. Wir wissen es nicht und wollen den weiteren Verlauf der Analyse abwarten.

Hier bricht diese Gedankenkette ab, die uns tief in die Psychologie des Onanisten führt. Scheinbar ohne Assoziation kommt er auf eine Reise, die er mit seinem Onkel nach Norwegen gemacht hatte. Ich sage scheinbar. Denn das Thema der Infektion hat Beziehungen zur Homosexualität und jetzt scheint er auf diese verdrängten Triebregungen zu kommen. Die Reise mit dem Onkel wäre sehr schön gewesen, wenn er nicht so außerordentlich gereizt gewesen wäre. Bei Kleinigkeiten kam es zu einem Streite. Wenn der Onkel seine Söhne lobte, so war ihm das unerträglich. Er sah in diesem Lob einen versteckten Tadel. Am Schlusse der Reise kam es aber zu einer großen Szene und er mußte sich vom Onkel trennen. Es war eine Dummheit von ihm und er war entschieden im Unrechte. Aber es war stärker als seine Vernunft.

Patient erzählt noch, wie mächtig sein Wille sei, ein Kind zu bleiben. Er traut sich keine größere Arbeit zu, er glaubt, seine Zeit wäre noch nicht gekommen. Er ist schüchtern beim Unterrichten und zweifelt an allen seinen Fähigkeiten. Er ist sehr wankend in seinen Entschlüssen und möchte morgen das Gegenteil von dem, was er heute ersehnt hat und als das Richtige erkannte. Er läßt schließlich den Zufall walten und führt nie selbst eine Entscheidung herbei. Auch dieses Symptom ist von Bedeutung. Es verrät uns, daß ein heimlicher Wunsch seine Seele beherrscht. Neben diesem Wunsche sind alle anderen Wünsche farblos und haben keine psychische Wertigkeit.

Was mag das für ein Wunsch sein? Auch diese Antwort müssen wir den nächsten Stunden überlassen.

Er träumt sehr selten und erinnert sich an viele Träume nicht. Er hat auch keine stereotypen Träume. In der nächsten Sitzung aber bringt er mir einen Traum, der wie alle ersten Träume in der Analyse sehr wichtig ist. Diese ersten Träume enthalten entweder das Geheimnis der Neurose oder beziehen sich auf das Verhältnis vom Kranken zum Arzt.

Dieser Traum lautet:

Ich habe eine Dame gesehen mit einer durchgebissenen Gurgel. Ich weiß nicht, ob ich sie gebissen habe. . . . Ich soll es gemacht haben.

Auf einmal wurde daraus mein Onkel. Der ist aufgestanden und sagte: Ja, bin ich denn tot? Auf einmal bin ich gelaufen und die Dame ist mir nachgelaufen und hat mich an beiden Händen gefesselt. Aber es war schlecht, denn ich habe mich ohne weiteres losmachen können. . . . Dann bin ich in ein Kohlengeschäft hereingesprungen und dachte mir: Jetzt mache ich mich mit einer Tarnkappe unsichtbar. Dann kam ich mit der Dame in einem Greislergeschäft zusammen und sprach mit ihr über Obertöne. Wieder bin ich gelaufen und die Dame und ein anderer Onkel sind mir nachgelaufen. Ich bin dann in einen Brunnen hineingesprungen und habe mir gedacht: Ich werde finster lassen . . . und da bin ich aufgewacht.

Wir fragen nach dem auslösenden Erlebnis des Traumes. Das wichtigste im Traume scheint ihm das Moment zu sein, daß ein toter Onkel wieder lebendig wird. Sein Vater ist erst einige Wochen tot. Nach seinem Tode kam der Onkel, der im Traume eine Rolle spielt, und sagte: „Ich kann es mir nicht denken, daß dein Vater wirklich tot ist. So ein gesunder blühender Mensch!" Jetzt erinnert er sich, daß er vor einigen Tagen, ehe er die Behandlung begonnen hatte, auch geträumt hatte, daß der Vater nur scheintot sei und wieder lebe. Auch der Onkel hatte damals ausgerufen: „Vielleicht ist der Vater nur scheintot. Wir müssen ihm einen Herzstich machen lassen!"

Diese Träume zeigen uns, daß sein Verhältnis zum Vater, das er so harmonisch schildert, nicht das beste gewesen sein muß. Ist es doch schon auffallend, daß er sich gestern plötzlich der Szene erinnerte, da der Vater ein Buch nach ihm geworfen und er zum Onkel flüchtete, dem gleichen Onkel, der auch in diesem Traume eine Rolle spielt. Die sadistische Szene am Anfang des Traumes verrät eine latente starke Grausamkeit. Er bereut jetzt, daß er mit seinem Vater so wenig lieb gewesen. Oft war der Vater strenge mit der Mutter und er haßte ihn dann in solchen Momenten. Er haßte ihn auch, weil er ihn nicht frühzeitig genug studieren ließ, weil er ihn und die anderen Kinder im Geschäfte verwendete. Dieser Haß ist es, der ihn jetzt so belastet und ihn bereuen läßt, daß er dem Vater so wenig Gutes erwiesen. Er fürchtet die Rache des Vaters, der erscheinen und sich für all die Unbill rächen könnte. Was bedeutet die Frau mit der durchbissenen Gurgel? Es scheint ihm die Frau seines Lehrers zu sein. Eine große, stolze, blonde Schönheit. Sie hatte auf ihn immer einen großen Eindruck gemacht. Sein Ideal sind große, blonde Frauen. Dies Ideal ist deutlich durch Differenzierung von der Mutter, welche klein und schwarz ist, entstanden. Er verehrt seine Mutter wie eine Heilige und hat von ihr nur Gutes erfahren. Trotzdem macht er sich Vorwürfe, daß er sie so oft schwer gekränkt hatte und bis heute noch nicht durch eine große Tat erfreuen konnte.

Die Metamorphose der Dame in einen Mann zeigt deutlich den bisexuellen Charakter des Traumes und beweist die Zusammengehörigkeit dieser Dame mit dem Onkel. Wir erfahren aus dem Material, daß es sich um Mutter und Vater handelt, um seine Eltern, denen er so viel Schmerzen bereitet hat, die beide in einem Geschäft tätig waren. Die Mutter (Frau mit durchbissener Gurgel) ist hier auch das Symbol der Keuschheit. Er hat sich an seiner Keuschheit vergriffen. Die Keuschheit aber bindet ihm die Hände. Das heißt: „Du darfst nicht onanieren!" Er weiß jedoch, daß dieser Imperativ nicht unüberwindlich ist, daß er die Fesseln sprengen kann. Er macht sich ohne weiteres los. Los von der Keuschheit und los von den Eltern.

Wir merken hier den bipolaren Zug seiner Paraphilie. Heißt die eine Tendenz: Ich will ein Kind sein und gebunden sein! — so besagt die zweite: Ich will ein Mann sein und frei sein!

In diesem Traum sind die Rätsel seiner Neurose, die Phantasien seiner Onanie geheimnisvoll eingetragen. Wir konstatieren die sadistische Szene und möchten gerne Näheres über seinen Sadismus hören. Allein der Traum drückt die Tendenz aus zu schweigen. Er trägt eine Tarnkappe, die ihn unsichtbar macht. Er springt in den Brunnen und macht finster, um nicht gesehen zu werden. Der Brunnen ist ein Symbol der Seele.[1]) Seine Seele soll nicht erleuchtet werden. Er will alle Geheimnisse für sich bewahren . . .

— —

Am nächsten Tage erinnert er sich, daß der Traum noch ein besonderes Ende hatte. Er versteckte sich in dem tiefen Brunnen und blickte vorsichtig hinaus, ob noch jemand da wäre. Er lief dann, als niemand da war aus dem Brunnen hinaus und erwachte. Sehr schön schildert dieses Bild das Erwachen. (Schwellensymbolik *Silberers*. Der Brunnen, der Schlaf und das Erwachen als das Verlassen des Brunnens dargestellt.) Wichtig ist aber, daß dieser Traum die Tendenz ausdrückt, sich zu verbergen und davonzulaufen. So frägt er, ob ich nicht der Ansicht bin, daß ihm jetzt eine Reise gut tun würde. Seine Mutter meinte, eine solche Behandlung würde ihm noch mehr den Kopf verdrehen. Er aber fühle, daß es keine andere Hilfe für ihn gebe und daß er vor sich selbst davonlaufen wolle. Er habe wieder geträumt, daß der Vater lebe und nur scheintot sei. Was das wohl zu bedeuten habe?

Spontan fängt er über sein Liebesleben zu sprechen an. Warum er nie so recht verliebt gewesen? Er habe schon bei vielen Mädchen gedacht: „Die könnte ich lieben!" Nie ist es dazu gekommen.

„Ich fange zu lieben an, ich verehre sie aus der Ferne. Aber ich lasse es nie zu einer Liebe kommen. Wie kommt das?"

„Sie fürchten die Entscheidungen. Sie wollen sich keiner Niederlage aussetzen."

„Das ist richtig. Ich habe das Gefühl einer körperlichen und geistigen Minderwertigkeit. Trotzdem kommt es vor, daß mir Mädchen sehr entgegenkommen. Jüngst erst gefiel mir ein Mädchen sehr gut. Wir besuchten einen Kurs gemeinsam. Wir hatten den gleichen Weg nach Hause. Ich lief immer so rasch als möglich davon, damit sie nicht glauben sollte, ich wolle auf sie warten. Sie fragte mich: „Warum laufen Sie immer so rasch davon? Wir könnten ja zusammen nach Hause gehen." Da gebrauchte ich eine Ausrede und meinte, ich hätte noch einen wichtigen Weg und müßte rasch vorauslaufen. Ich fühle meinen „schäbigen Stolz", der mich hindert . . ."

„Verbirgt sich hinter dem Stolz nicht Ihre Schwäche?"

„Freilich. Ich habe es mir oft gesagt. Es ist kein Stolz. Du verbirgst nur deine Feigheit. Es ist Angst vor der Liebe . . ."

„Wovor fürchten Sie?"

„Ich will ein Kind bleiben. Ich habe auch gelesen, daß man vorzeitig alt wird, wenn man frühzeitig zu verkehren anfängt und daß man bald stirbt. Solche Menschen leben nicht lange, die sich so früh ausgeben. O, ich habe mich ganz in der Gewalt. Ich würde auch widerstehen, wenn unser Mädchen zu mir ins Bett käme. Sonst wäre es mein Ideal, daß ich das Weib nicht zu erobern brauche. Das Mädchen sollte zu mir kommen und

[1]) Vgl. „Die Träume der Dichter". Kapitel I.

mir sagen: „Da bin ich. Nimm mich!" Und trotzdem unser Mädchen mit mir sehr kokettiert, so würde ich sie nicht nehmen, weil sie noch unschuldig ist. Ja, wenn jetzt das erste Mädchen da wäre, die mich verführen wollte, bei der würde ich mir kein Gewissen daraus machen . . ."

„Ich glaube, Sie würden sie ebenso wenig anrühren wie das jetzige Mädchen. Sie haben es sich gelobt, keusch zu bleiben."

„Ja, so lange als möglich. Ich will mir beweisen, daß ich mich beherrschen kann. Ich hoffe auch zuversichtlich, daß ich nicht mehr onanieren werde. Wie bin ich am Morgen, nachdem ich onaniert habe, geknickt! Ich habe einen Ekel vor mir, der namenlos ist, und eine Wut, daß ich mich zerreißen könnte . . ."

Wir sehen, wie er sich vor der Sexualität sichert und den Mädchen ausweicht. Er versichert auch, daß ihm die Sexualität immer tierisch vorkomme. Er habe dann nicht das Gefühl, ein Mensch zu sein. Ich mache ihn aufmerksam, daß er Angst hat, wenn er einmal beginnen würde, daß es dann über die Grenze des Erlaubten hinausgehen würde. Er bestätigt, daß er diese ungeheuere Leidenschaft in sich fühle und deshalb dachte: „Lieber fange ich gar nicht an. Da habe ich mich besser in der Hand."

Plötzlich kommt er auf die moderne Harmonielehre zu sprechen. Die alte sei langweilig gewesen, sie bestehe aus lauter Konsonanzen. Die moderne Harmonielehre quält das Ohr mit Dissonanzen, aus denen sich die Konsonanz als Erlösung mit ungeheuerer Wirkung heraushebt. Ich mache ihn aufmerksam, daß er nach dem Gesetze des psychischen Parallelismus ein schönes Bild seiner Psyche gegeben hätte. Alles sei voller Dissonanzen und er warte auf die erlösende Konsonanz. Als hätte er sein Leben recht schwer gemacht, als hätte er sich bescheiden zurückgestellt, um dann seinen endgültigen Sieg doppelt schön zu empfinden. Per aspera ad astra.

— —

„Wissen Sie, daß ich vor einigen Monaten im Begriffe war, mich zu verlieben? Es kam eine junge Frau zu uns auf Besuch, die sah mich mit zwei so feurigen Augen an, daß es mir durch Mark und Bein ging. Ich eilte in mein Zimmer und machte ein langes Gedicht an sie. Am nächsten Tag kam die Frau wieder. Ich aber ging nicht in das Empfangszimmer, obgleich ich sie gerne gesehen und gesprochen hätte. Ich sagte mir: „Es wird doch zu auffallend sein." So blieb ich mit zitterndem Herzen draußen und nach einigen Wochen hatte ich die schöne Frau ganz vergessen . . ."

Ich mache den Analysanten auf die fadenscheinige Motivierung aufmerksam, es würde auffallen, wenn er ins Zimmer käme. Er habe sich einen inneren Widerstand rationalisiert. Denn es handelte sich um die Befürchtung, daß er sich verlieben könnte. Gegen die Liebe wollte er sich schützen. Er wollte wieder einmal beweisen, daß er sich in der Hand habe.

Das gibt er zu und betont, daß er sich als Verliebter als Mann gefühlt hätte und er ja ein Kind bleiben will. Auf ihn habe ein Wort von Rosegger einen großen Eindruck gemacht: „Mit dem ersten Flaum der Liebe kommt der erste Flaum des Todes." Er habe immer das Gefühl, daß Liebe und Tod zusammenhängen und er scheine eben an einer inneren Todesangst zu leiden.

Nun fällt ihm ein Traum der letzten Nacht ein, der nach dem Gesetze der Assoziation zu den letzten Gedanken Beziehungen haben muß:

Ich sitze an einer langen Tafel, die wahrscheinlich eine Hochzeitstafel ist. Da kommt ein großer dunkler Mann und drängt mich vom Platze weg.

Dieser große dunkle Mann trug ein schwarzes Gewand und sah sehr blaß aus. Wer meine Ausführungen über „Todessymbolik" in der „Sprache des Traumes" gelesen hat, weiß schon, daß es der Tod ist, welcher sich sein Opfer holt. Es klingt wie eine unaufhörliche Warnung in seiner Seele: „Wenn du dich mit Frauen einläßt, wirst du sterben!"

Nach dem Gesetze der Talion muß er aber einen anderen Menschen von seinem Platze verdrängt haben und nun infolge bösen Gewissens die Angst erleiden, selbst von seinem Platze verdrängt zu werden. Er betont, daß er immer liebenswürdig und bescheiden ist, daß er sich lieber zurückzieht, als einen anderen Menschen zu verdrängen. Dann fällt ihm ein unangenehmes Erlebnis auf einer Reise ein. Es war die Reise mit dem Onkel, von der wir schon gesprochen haben. Da stieg in das Kupee, wo er saß, ein Ehepaar mit einem Kinde ein. Der Ehemann war ein älterer Herr. Sie suchten nach einem Platze. Er saß draußen auf dem Kondukteursitz, so daß sein Platz im Kupee besetzt wurde. Er stand aber auf und machte diesem Herrn gegen seine sonstige Gewohnheit einen Skandal, so daß der Herr aufstand und ihm Platz machte. Über diesen Vorfall habe er oft nachgedacht und Reue empfunden. Er kann sich seinen starken Affekt bei diesem Vorfall nicht erklären. Er hatte doch einen Platz. Warum verdrängte er den alten Herrn?

Wir können nach unseren Erfahrungen annehmen, daß er Todeswünsche gegen seinen Vater hatte. Seine Träume zeigen ja sein böses Gewissen. Doch wir haben aus dem Material keine Anhaltspunkte und hüten uns wohl, die Analyse in bestimmte Wege zu drängen, ehe das Material uns dazu zwingt.

Nach einer kleinen Pause beginnt er davon zu sprechen, daß er manchmal unglaublich geizig ist.

„Ich kann lächerlich kleinlich und geizig sein und ein anderes Mal plötzlich das Geld mit vollen Händen ausgeben. Ich gönne mir oft nicht ein Frühstück, obwohl ich hungrig bin. Ich war schon als Kind so. Bekam ich ein Geschenk, so hatte ich eine unglaubliche Angst, es könnte ruiniert werden und bald hinwerden."

„Es ist die gleiche Angst, wie vor dem Altwerden. Sie wollen nicht, daß Ihr Eigentum sich abnützt, weil es Ihnen die Schrecken des Todes vor Augen führt. Auch das Sterben eines Geschenkes ist ein „Memento mori!"

„Ja, ich erinnere mich, daß ich einen neuen schönen Ball bekam. Ich wagte nicht damit zu spielen und sah ihn immer nur bewundernd an. Er lag in der Lade oder auf dem Tische und ich hätte nicht gewagt, mit ihm zu spielen. Und o Mißgeschick! Ein einziges Mal fange ich zu spielen an und der Ball fliegt in eine zerbrochene Scheibe hinein und reißt sich eine Todeswunde auf. Ich war so traurig, als wenn ein Mensch gestorben wäre."

Er erzählt noch andere lächerliche Beispiele von Geiz und ich mache ihn aufmerksam, daß er auch mit seinen Spermatozoen geizt.[1]) Er behandelt das Geld wie die Spermatozoen und die Spermatozoen wie Geld. Er bestätigt, daß er bei der Onanie unglücklich ist, wenn er Samen verliert und am liebsten „in der Mitte" aufhört, so daß es zu keiner Samenentleerung

[1]) Vgl. in der „Sprache des Traumes" die symbolische Gleichung Geld und Sperma.

kommt (Masturbatio interrupta). Er rechnet immer aus, daß er nun um einige Wochen oder Monate kürzer leben werde. Er will lange leben . . .

Nun verstehen wir seinen Geiz und seine Todesfurcht. Er will Kräfte sammeln, um dann desto sicherer sein großes Ziel zu erreichen und über alle Konkurrenten zu triumphieren. Es zeigt sich hier jenes typische Zurückweichen des Neurotikers, das *Adler* das „Problem der Distanz" nennt. Auch unser Patient will Distanz gewinnen und alle Entscheidungen des Lebens möglichst weit hinausschieben. Jetzt verstehen wir auch das „Kind-sein-wollen". Als Mann müßte er sich schon im Kampfe des Lebens bewähren. Als Kind ist er noch nicht verpflichtet, Erfolge aufzuweisen. Für das Kind sorgen die Großen. An welchem Maße jedoch mißt er seine Kräfte? Offenbar an seinem Vater, der ein Selfmademann im wahrsten Sinne des Wortes war und es durch seine Tatkraft sehr weit gebracht hatte.

Ich möchte hier eine Bemerkung einschalten. Die Söhne berühmter Männer bringen trotz offenkundiger Begabung gewöhnlich wenig zusammen und ersticken in ihrer Parapathie. Sie bilden fast alle einen ähnlichen Typus wie unser Patient. Die Verpflichtung der Leistung paart sich mit einem drückenden Gefühle eigener Minderwertigkeit, das aber nicht aus einer organischen Minderwertigkeit entsteht. Wo die Organminderwertigkeit vorhanden ist, da wird sie herangezogen, um den Entschuldigungstendenzen zu dienen, um das Individuum psychisch zu entlasten und das Gefühl der Minderwertigkeit zu stützen. Dies Gefühl entstammt einem Differenzgefühl mit dem Vater oder einem anderen infantilen Vorbilde („Ich werde ihn nie übertreffen!") und der Erkenntnis der eigenen moralischen Minderwertigkeit. („Du wirst nichts erreichen, weil ein so schlechter Mensch es nicht verdient!")

— —

Wir begreifen, daß er sich fürchtet, sein Sperma auszugeben, daß er sich fürchtet, Geld auszugeben. Er hat nur eine Aufgabe: Seine Kräfte zu sammeln.

In der Erkenntnis von seinem Geiz klingt aber noch ein erbitterter Vorwurf gegen seinen Vater mit. Sein Vater hatte nicht die Kosten seines Studiums getragen. Er verdankte alles seinem Onkel. Nun schweifen seine Gedanken zur Mutter, die als gütig und milde gepriesen wird. Wir merken den Gegensatz zu seinem Verhalten gegen den Vater. Es ist gerade so, als wäre der Vater als Rivale betrachtet worden. Haben wir dafür einen Beweis oder nur einen Anhaltspunkt? Der Analysant sagt spontan nach einer Pause:

„Wissen Sie, was der erste Traum war, aus dem ich mit einer Pollution erwachte? Meine erste Pollution! Ich träumte, daß ich einen Verkehr mit meiner Tante hatte . . ."

Es ist die jüngere Schwester der Mutter, ihr zum Verwechseln ähnlich. Wir ahnen hier Zusammenhänge mit dem Inzestproblem und können die Rivalität mit dem Vater auch aus dem Sexualen heraus begreifen. Der erste Traum deutete ja schon auf die Mutter und auf Geheimnisse, die sich enthüllen wollen. Er pollutioniert mit Inzestphantasien — denn die Tante ist ein durchsichtiger Ersatz der Mutter — und er onaniert wahrscheinlich mit den gleichen Ideen. Das macht seinen Widerstand gegen die Onanie und gegen das Weib begreiflich. Jetzt frage ich — nach dem Eingang unserer

Besprechung zurückgehend — wie denn die Augen der jungen Frau beschaffen waren, in die er sich so plötzlich vergafft hatte und vor denen er dann floh.

Er denkt nach und meint dann: „Es waren dunkle feurige Augen von seltenem Glanz."

„Kennen Sie einen Menschen, der solche Augen hat?"

Eine kleine Pause. Er zögert und sagt dann stockend: „Es sind die Augen . . . meiner Mutter."

Er setzt das Thema vom Geiz fort. Er gesteht häßliche Züge, über die er sich ärgert. Sein Vater sei so wohltätig gewesen und habe auch viele Legate in seinem Testamente festgesetzt. Obwohl er einsieht, daß es arme Leute sind, die das Geld brauchen, wurmt ihn das und er denkt: „Ich muß mich beschränken und das Geld des Vaters kommt zu fremden Menschen!" Wir begreifen seinen inneren Widerstand gegen das Geldverdienen. Er will vom Gelde des Vaters leben und möchte das Erwerben möglichst lange hinausschieben. Geld bedeutet auch Liebe. Er will von der Liebe der Seinen nichts verlieren. Sich verlieben, hieße eine alte Liebe aufgeben! Er ist sich bewußt, daß er sehr egoistisch ist. Er zeigt selbst in den kleinen Zügen jenen Egoismus, jenes Konzentrieren auf das eigene Ich, das für den Autoerotisten so charakteristisch ist. Er langweilt sich nie, wenn er allein ist. Er ist am liebsten allein. Große Gesellschaft ist ihm unangenehm und er drückt sich am liebsten, wenn viele Menschen zu ihnen auf Besuch kommen. Er ist schüchtern, tritt ungern in ein Lokal, wo schon viele Leute sitzen. Er glaubt sich immer beobachtet und der Gedanke: „Was denken die Leute von dir?" ist ihm unerträglich. Er kann auch nicht vorspielen.

Hinter dieser scheinbaren Bescheidenheit steckt ein grenzenloser Ehrgeiz. Er möchte etwas Außerordentliches leisten. Er versteht nicht, wie ein Künstler zuerst mit Kleinigkeiten heraustreten könne. Er müßte gleich mit einem großen Werke kommen, denn sonst würde er gar nichts publizieren.

Wieder kommt er auf den Vater. Warum er nicht weinen konnte, als der Vater starb? Er beantwortet sich die Frage nach kurzem Nachdenken selbst. Er weiß es jetzt in der Analyse, daß die egoistischen Regungen, die Schadenfreude und der alte Haß sich auf diese Weise gegen seinen Willen durchgesetzt haben. Er versteht, daß die nachträgliche Trauer um so stärker ausfallen mußte, weil er damit bestrebt ist, die ursprüngliche Gleichgültigkeit zu kompensieren. Er betrachtet sich als einen schlechten Menschen und kann sich über sich so ärgern, daß er sich etwas antun könnte. Das Gefühl seiner Minderwertigkeit stammt aus dieser Quelle und überträgt sich auf sein ganzes Leben. Er traut sich nichts zu, weil er keinen Erfolg verdient . . .

— —

— —

Einen sehr langen, merkwürdigen Traum berichtet der Analysant am nächsten Tage:

> Ich habe auf der Gasse eine Dame mit einem Kind gesehen. Das Kind hat faustgroße Steine geworfen. Dann habe ich auch solche Steine geworfen. Ich habe gefürchtet, ich haue eine Auslage zusammen, aber es ist nichts geschehen . . . Dann sah ich einen weißen Hasen und einen kleinen schwarzen Hund. Die sind auf der Straße herumgegangen und gelegen und ich habe mich auch dazugelegt. Aus dem Hasen wurde ein kleines Mädchen. Es sagte: Ich will heiraten ein Mädchen oder den Hund. Aber der Hund war auch ein Weibchen und ich dachte mir,

die weiß selbst nicht, daß sie ein Mädchen ist. Sie war nur im Hemd und ich habe mir gedacht, ich kann mich leicht überzeugen, aber ich habe es nicht getan . . . . . Ich bin in Baden mit unserem Dienstmädchen zusammen und habe mich eingehängt. Sie sagte, sie staunt, daß ich das tue, da ich sonst so stolz bin. Wir sind durch einen Park gegangen. Ich dachte, wenn mich nur nicht der Professor R. da sieht. Dann sind wir in ein Museum (Tierhandlung) hineingekommen. Da sind drinnen drei Marineoffiziere gesessen. Die waren weiß gekleidet. Dort stand ein Pult und hinter dem Pult eine Frau, ärmlich gekleidet. Ich sah dort einen Käfig mit kleinen Hunden und Katzen und sie sagte: „Sie hat ein 19jähriges Waisenmädchen dort, die hat Geld und sie will ausziehen. Ich habe das dem Staat angezeigt und der Staat hat sich um das Mädchen nicht gekümmert. Ich habe das Mädchen an einen jungen Mann verheiraten müssen." Sie hatte noch ein kleines Mädchen dort . . . Die kleinen Hunde kosten viel Geld. Das Futter ist teuer. Die sind schon neun Jahre dort. Die anderen sind drei Monate alt. Dann sind aus diesen Marineoffizieren weiße Hunde geworden. Die hatten jeder eine Marinekappe. Wie ich wegging, stellte sich der eine auf die Hinterbeine und gab mir die Pfote. Wie ich unten war, war ich in Gesellschaft meines Vaters, meines Bruders und eines Freundes meines Vaters. Dann sah ich noch meinen Bruder mit einem Mitgliedsbuch zurückgehen . . ich weiß nicht, was er wollte . . .

Nachträglich fällt ihm noch ein: Im Hause war als ein Symbol ein großer (toter?) Fisch in der Höhe von einem halben Meter stehend aufgestellt. Er schillerte in verschiedenen Farben, besonders rot und gelb. Es schien mir, als ob er mit einem Nagel befestigt wäre . . . .

Ich habe diesen Traum mitgeteilt, weil ich mir vorgenommen habe, die ganze Analyse wahrheitsgetreu zu berichten und weil ich glaube, daß ich kaum einen schöneren Beweis für die Wichtigkeit der Traumdeutung zur Erforschung derartiger Zustände erbringen könnte.

Wir können eine Reihe von Details in diesem Traume nicht erklären. Ich verfüge auch nicht über den Raum, um die Fülle seiner Einfälle mitzuteilen. Ich will nur auf die wichtigsten Stellen aufmerksam machen und behalte mir vor, auf einzelne Details zurückzukommen. Auffallend ist das kleine Mädchen, das ein Mädchen heiraten will, und der Zweifel, ob es sich um ein Mädchen handelt. Es ist das erste Mal, daß der Patient etwas von homosexuellen Gedanken andeutet. Er berichtet, daß er schon von Homosexuellen gehört und einen furchtbaren Ekel vor solchen vertierten Menschen hätte. Aber er gesteht, daß er sich einmal mit 14 Jahren in einen Mitschüler vergafft und gerne mit ihm Freundschaft geschlossen hätte. Er machte es aber wie gewöhnlich in solchen Fällen. Er zog sich frostig zurück und mied seine Gesellschaft, damit er nicht glauben sollte, er laufe ihm nach. Der bekannte schäbige Stolz. Wir wissen aber, daß es sich um einen Selbstschutz handelt, den er absolut einhalten will, und merken, daß diese Tendenz weit in die Kindheit zurückgeht.

Noch einige Worte über das merkwürdige Museum, in dem Mädchen und Katzen gehalten werden. Es ist dies unzweifelhaft ein Bordell und die drei Offiziere (eine Erinnerung an Neapel) sind Bordellbesucher. Erst als ich ihm diese Deutung gab, erinnert er sich an das Symbol des Museums, an den großen stehenden Fisch. Diesen Fisch entlarve ich ihm als ein

Phallussymbol, worauf er mir lachend erzählt, er habe in Neapel und Pompeji auf den Lupanaren dieses Symbol gesehen. Der Traum berichtet also von einem Besuch im Lupanar und die Szene mit dem Dienstmädchen ist als ein Entweder—oder anzusehen. Der Traum kennt kein anderes Entweder—oder. Entweder ich lasse mich mit dem Dienstmädchen ein oder ich gehe ins Bordell und kaufe mir ein Mädchen. Die drei Offiziere werden aber später vom Vater, dem Freunde des Vaters und dem Bruder abgelöst. Es ist fast so, als ob er den Vater verdächtigen würde, ein Lupanar besucht zu haben.

Ich spreche diese Vermutung aus. Mein Patient sagt dazu:

„Das könnte stimmen. Ich habe etwas nicht erzählt, was ich offenbar vergessen habe und was eine große Rolle in meinem Leben gespielt hat. Das bewußte Dienstmädchen, das mich mit 14 Jahren aufklärte und mich verführen wollte, erzählte mir auch, mein Vater wäre ein sehr unanständiger Mensch, er lasse kein Mädchen in Ruhe, gehe zu Dirnen und verlumpe dort sein Geld. Die Wirkung dieser Erzählung war eine furchtbare. Ich machte einen Lärm und lief das erste Mal vom Hause weg . . . zu meinem Onkel."

Dunkel und ungern erinnert er sich, daß die Mutter ins Zimmer gekommen wäre und dem Dienstmädchen eine Szene gemacht hätte. Das betreffende Mädchen sei aber noch zwei Jahre im Hause geblieben und erst entlassen worden, weil die Leute im Hause davon sprachen, sie hätte mit ihm ein Verhältnis.

Die Wirkung dieser Erzählung war aber die gegenteilige, die das Mädchen erwartet hatte. Er bekam einen Ekel vor dem Vater und den Männern und nahm sich vor, solche Schweinereien nicht zu machen. Die ganze Sache kam ihm tierisch vor. (Deshalb die vielen Tiere im Museum!) Er differenzierte sich von seinem Vater. In diesem Trauma haben wir eine der Ursachen seiner hartnäckig verteidigten Keuschheit zu sehen.

Solche Differenzierungsprozesse spielen eine ungeheure Rolle. Wir werden öfters Töchter von Dirnen sehen, die hypermoralisch sind, und Töchter von hypermoralischen Frauen, die für freie Liebe schwärmen. In der Psychogenese der Sexualneurosen hat die Differenzierung eine besondere Bedeutung, auf die wir noch öfters zurückkommen werden.

Emil — so wollen wir den Patienten nennen — berichtet, daß er gestern heftige Reue empfand, daß er seinen toten Vater so verleumden konnte. Ich mache ihn aufmerksam, daß der gestrige Traum in seiner Einleitung das Motiv zeigt: Kampf des Kindes mit den Großen. Er erkennt sofort, daß es sich um seine Lieblingsstelle in der Bibel handelt: David, der mit einem Steine den Riesen Goliath erschlägt.

Die schon berichtete Verleumdungsszene wird jetzt noch einmal erzählt und manche Einzelheit hinzugefügt. Gestern stand er unter einer Hemmung. Er gesteht auch, daß er sich kränkte, daß ihm dies Geständnis entschlüpft ist. Er glaubt auch nicht, daß das Gerede über seinen Vater berechtigt war. Allerdings erzählt er die Geschichte heute ganz anders und sie wird uns erst verständlich.

Am Abend erzählte ihm das Mädchen, der Vater wäre auch kein Heiliger, laufe jeder Schürze nach, habe auch bei ihr sein Glück versucht und halte es mit der Köchin. Er habe mit der Köchin ein Verhältnis und das ganze Haus rede davon. Er wurde sofort sehr erregt, konnte nicht einschlafen und weinte heftig. Die Mutter kam zu ihm und wollte den Grund der Trauer wissen. Er schwieg aber vorderhand. Am nächsten Vormittag stürzte er in die Küche und machte der Köchin einen Skandal. Er fühle sich beschmutzt, die Ehre des Hauses sei befleckt, sie sei eine gemeine Person: er schimpfte auch über den Vater. Er schäme sich, so einen Vater zu haben. Die Mutter kam bestürzt hinauf und wollte ihn beruhigen. Vergebens! Er glaubt auch, daß der Vater alles aus dem Nebenzimmer hörte, aber nicht ins Zimmer kam. Er erzählte nicht, daß ihm das Mädchen das Verhältnis verraten hatte . . . Damals lief er aus dem Hause, erklärte, er bleibe in diesem Hause nicht einen Tag länger. Er lief zu seinem Oheim, der ihn beruhigte und sagte, das alles wäre nur ein blöder Dienstbotentratsch, er solle so etwas von seinem Vater nicht glauben. Als der Onkel einmal Abends nicht zu Hause war, wäre das Dienstmädchen auch zu ihm gekommen. Dies bringt mich auf die Vermutung, daß die Sache mit dem Dienstmädchen nicht so harmlos war, als er sie darstellt. Emil behauptet zuerst, er hätte das Mädchen nicht verstanden, dann aber gibt er zu, daß er schon alles wußte, aber sich stellte, als wenn er nicht verstehen würde. Er wollte nicht auf ihre Anträge eingehen, vielleicht weil er geglaubt habe, daß man davon sterben müsse . . . Es ist, als ob eine Drohung aus früherer Zeit noch nachgewirkt und sein Verhalten bestimmt hätte. Jedenfalls zeigt sein Charakter schon mit 14 Jahren die Züge, die ihm heute eigentümlich sind.

Stockend erzählt dann Emil eine Verführungsszene des Dienstmädchens, die unsere Annahme bestätigt, es werde mehr vorgefallen sein, als er anfänglich zugeben will. Es war eines Abends. Das Mädchen lag im Bette, weil es etwas unwohl war. Er trat in ihre Kammer. (Doch ein Beweis, daß auch er sie suchte und das Verhältnis nicht so einseitig aggressiv war.) Sie forderte ihn auf, nicht so schüchtern zu sein und sich aufs Bett zu setzen. Er tat das. Darauf öffnete sie seine Hose und spielte mit seinem Gliede. Dabei machte sie sehr erregende Bewegungen, die er nicht verstand. Er fühlte ein starkes Lustgefühl, verstand es aber angeblich nicht und weiß sich nicht zu erinnern, ob er eine Ejakulation hatte.

Er ist also nicht allein auf die Onanie gekommen, wie er uns angab. Die Onanie war jedenfalls die Wiederholung dieses Aktes und wir verstehen, warum die meisten Onaniephantasien sich auf dieses Mädchen bezogen.

Er berichtet dann von Aggressionen anderer Mädchen, die er aber abzuwehren verstand. Ein anderes Mädchen habe auch hingegriffen, er aber habe sich gestellt, als wenn er es nicht verstehen würde.[1])

— —

[1]) Es ist das Verdienst von *Havelock Ellis*, darauf hingewiesen zu haben, daß viel öfter Mädchen der aggressive Teil sind als Knaben. In den Erzählungen von Normalmenschen hört man es sehr oft, daß sie von einem Stubenmädchen oder einer Gouvernante verführt wurden. Ich stehe nicht auf dem Standpunkte, daß solche Verführungsszenen den jungen Leuten schaden und daß man mit dem Staatsanwalt drohen müsse, wie es tatsächlich Väter in solchen Fällen schon getan haben. Viele Männer, die vollkommen gesund sind, haben mir solche Erlebnisse aus ihren Jünglingsjahren und sogar aus der Kindheit erzählt. Oft wirkt so ein Erlebnis insoferne günstig, als es

Emil ist mißgestimmt. Er hat keine Lust zur Arbeit. Die Arbeit hat jeden Sinn verloren, seit der Vater tot ist. Ihm zur Ehre und ihm zu Liebe hätte er Großes schaffen können. Ja, wenn er nur den frommen Glauben der Kinder hätte, daß die Toten leben, daß sie aus dem Himmel auf uns herabsehen und daß es ein Wiedersehen gibt. Sein Verhältnis zur Religion ist so zwiespältig wie sein ganzes Wesen. Er glaubt nicht, spricht vor seinen Bekannten gerne atheistisch, ist freisinnig, weil es sein Vater so war und doch . . . er fühlt manchmal, daß er fromm ist. Wenn ihm eine Arbeit gut gelingt, so denkt er, es wäre der Segen Gottes. Mißlingt das Werk, dann zürnt Gott. Er hat auch eine heimliche Art zu beten. Er wirft nur einen flüchtigen dankbaren Blick zum Himmel, in den er alle seine Inbrunst hineinlegt. Dann kann er Momente haben, in denen er Gott lästert und mit ihm erregte Zwiesprache hält. Er macht sich über die Gläubigen lustig, aber schon im nächsten Moment packt es ihn und er empfindet den Widersinn dieses Benehmens, er möchte Buße tun und Gott um Verzeihung bitten.

Emil klagt auch über einen lästigen Zwang zum Lügen, ein Phänomen, das wir bei Onanisten, die ja ihre Onanie verschweigen, sehr häufig finden, ebenso wie ihr bipolares Gegenstück: die fanatische Wahrheitsliebe. Er lügt in Kleinigkeiten, nimmt sich vor, es nicht mehr zu tun, ist wütend über sich, daß er gelogen hat und benimmt sich mit dem Lügen gerade wie mit der Onanie. Immer gute Vorsätze, dann der triebhafte Rückfall und darauf sofort die Reue. Die Lüge ist für ihn eine Prüfung der Menschen und die Art, wie er sein Überlegenheitsgefühl steigern kann. Er setzt sich immer in Szene, schweigt oft, so daß er den Schein großen Wissens erwecken kann, wenn er seiner Sache nicht sicher ist, er spricht aber viel und paradiert, wenn er brillieren kann. Sein ganzes Handeln dreht sich um die Wirkung, die er auf die anderen macht. Daher geht ihm die Unbefangenheit verloren . . .

— —

Er klagt, daß er sich leicht begeistert und ebenso bald kalt wird. So geht es ihm mit Mädchen und mit den Kunstgenüssen. Rasch entflammt und ebenso rasch abgekühlt. Seine eigenen Werke freuen ihn, so lange er sie schafft und wenn sein Lehrer sie lobt. Aber es drängt ihn, immer polyphon zu schreiben. Er kann nicht homophon komponieren. Er drückt so sein seelisches Leben aus. Immer tönen mehrere Stimmen in seinem Innern, immer ein Kontrapunkt. Spricht er frei von Gott und dem Himmel, so bewegt sich die fromme Stimme in einer Gegenführung und droht mit Höllenstrafen und mahnt zur Demut. Deshalb schließen seine Werke mit einer Dissonanz, mit einem mächtigen Septimenakkord, der nicht aufgelöst ist. Alles in ihm ist Erwartung, alles dissoniert, und dieser Konflikt äußert sich am stärksten in seinem Verhältnis zur Religion.

Warum er nicht den Mut hat fromm zu sein? Er fühlt eine Verpflichtung, frei zu sein und nicht rückschrittlicher zu sein als sein Vater. Aber die Erziehung bei seinen Großeltern war eine ausgesprochen klerikale. Die Folgen dieser ersten Eindrücke leben unzerstörbar in ehernen Gefühls-

---

den an die Familie fixierten Jüngling an das fremde Weib gewöhnt und ihn aus den Banden der Familiensklaverei und der erotischen Familienhörigkeit frei macht. Einen nennenswerten Schaden habe ich von solchen Erlebnissen nach der Pubertät nie gesehen. Mütter, die ihre Söhne eifersüchtig bewachen und nie allein mit den Dienstmädchen zu Hause lassen, schaden oft den Kindern mehr als sie es ahnen. Warnungen und Verbote wirken oft als dauernde Imperative, welche ins spätere Leben herübergenommen werden.

werten in seiner Psyche, unabhängig von der ohnmächtigen Minierarbeit des Intellektes.

— —

Das Thema der nächsten Sitzungen handelt von seinem Ehrgeiz und seinen verschiedenen Reaktionen, die dazu dienen, um sein Persönlichkeitsbedürfnis zu erhöhen. Er verkehrt gerne mit einfachen Leuten, denen er imponieren kann. Schon in der Schule waren immer die schlechtesten und ärmsten Schüler sein Umgang. Natürlich! Diesen Unteren gegenüber konnte er sich als Höherer fühlen, während er reichen Kollegen auswich und ihre Einladungen konsequent abschlug.

Sehr charakteristisch für diese Menschen und besonders für Onanisten ist der Umstand, daß sie an Lampenfieber leiden. Die ewige Beziehung auf das Ich, das krankhafte Beobachten des Eindruckes, den man macht, vereitelt die Unbefangenheit und macht die Produktion zu einer Qual. Alles könnte er ertragen, nur eine Blamage nicht. Er sichert sich gegen alle Niederlagen, indem er sie antizipiert. Er wird bestimmt durchfallen, er kann ja nichts, er wird es in gar keinem Fache zu etwas bringen etc. . . . Doch seine Tagträume zeigen die Reversseite dieser übertrieben verlogenen Bescheidenheit. Schon als Knabe sah er sich als Millionär im Auto fahren. Jetzt sieht er sich als gefeierten Künstler, als eine der Größen unserer Zeit. Jede Prüfung wird ihm eine Probe auf seinen Ehrgeiz und er scheut eine Antwort, die sein Minderwertigkeitsgefühl verstärken könnte. Man merkt deutlich, daß dieses Minderwertigkeitsgefühl wie ein Anker dazu dient, um ihm einen inneren Halt zu geben und seinem pathologischen Größenwahn ein Gegengewicht zu bieten. Natürlich haßt er alle Kritiker. (Diese Müßiggänger, diese impotenten Krämerseelen, diese bezahlten Faulenzer!) Er schützt sich schon jetzt gegen die Kritik, indem er sie zu entwerten trachtet. Er fürchtet eben die Kritik am meisten und der Wunsch, jung zu bleiben, entspricht der Angst, daß er die Verpflichtung der großen historischen Mission nicht erfüllen kann.

— —

Ich übergehe die Einfälle, welche den weiteren Fortschritt der Erkenntnis vorbereiten. Von großem Interesse ist der Traum der letzten Nacht.

Ich sehe ein Huhn vor mir, das eben aufgeschnitten werden soll. Vorne am Bauche hat es eine kleine kreisrunde blutige Stelle:

Eine Erklärung dieses Traumes kann er nicht geben. Wir merken die sadistische Tendenz, die schon in seinem ersten Traume aufzuweisen war. Die nächste Assoziation geht auf seinen Widerstand gegen die Frauen. Er verliebt sich sehr leicht und ist immer wieder verliebt. Nach einer Zeit jedoch entdeckt er an der Betreffenden etwas Häßliches, das ihm die Liebe zerstört.

Es ist der deutliche Selbstschutz gegen seine Leidenschaft. Es ist, als ob er sich vor dem Weibe fürchten würde. Wird sie ihm zu gefährlich, so bemüht er sich mit Erfolg sie zu entwerten.

Es folgen eine Reihe von Einfällen, welche deutlich diese Abwehr des Weibes zeigen. Er steht unter der Herrschaft des antisexuellen Instinktes *(James)*.

„Wie ich noch in der Lehre war, da sprachen die Gesellen oft von sexuellen Dingen und insbesondere viel vom Koitus. Ich sagte mir: Ich werde so etwas nie machen!"

„Ein Kollege zeigte mir auf der Gasse ein Freimädel. Ich war damals vierzehn Jahre alt. Zu der gehen die Männer hin, wenn sie ein Weib brauchen. Sofort durchzuckte es mich: Du wirst nie hingehen!"

„Ich war noch ganz klein, da las ich in der Bibel die Geschichte von Joseph. Sie rührte mich so, daß ich weinen mußte. Die anderen Kinder lachten mich aus. Meine Großmutter aber sagte: Er ist klüger als ihr. Ihr versteht die Bibel noch nicht. Er aber versteht sie . . ."

Ich frage, welche Szene auf ihn einen so großen Eindruck gemacht hatte.

Er sagte: „Die Szene, wie Joseph sich von einem Weibe, der Potiphar, nicht verführen ließ und seinen halben Mantel zurückließ."

Er war damals 10 Jahre alt. Wir erkennen die gleiche Tendenz der Abwehr gegen das Weib, die ihn heute beherrscht.

— —

Das Dunkel, das über seiner Jugend liegt, beginnt sich zu lichten. Die Amnesie wird aufgehoben. Er entsinnt sich, daß er schon mit 7 Jahren die Köchin fragte, woher die Kinder kämen. Sie wartete ihm mit dem Storchmärchen auf und erzählte lachend seiner Mutter, was er wissen wollte. Seine sexuelle Neugier war also schon mit 7 Jahren rege. Ich hoffe, daß es gelingen wird, noch frühere Erinnerungen zu heben.

Er bemerkt, daß er immer nur von einem armen Mädchen phantasiert, wenn er sich einen Koitus oder ein Verhältnis vorstellt. Wieder zeigt sich die Angst vor einer Niederlage und die deutliche Tendenz, dem Weibe gegenüber das Persönlichkeitsgefühl zu behaupten. Einem armen Mädchen imponiert er mehr. Vor reichen Mädchen zieht er sich zurück.

„Ich habe noch eine kuriose Sache in der Kindheit gehabt. Ich traute mich niemals, ein bekanntes Mädchen auf der Gasse zu grüßen. Ich dachte mir: 'Was werden die Leute von dir denken!"

Er mußte also wissen, daß es verbotene Beziehungen zwischen Buben und Mädeln gibt und er wollte nicht in den Verdacht kommen, solche Beziehungen zu haben. Er grüßte deshalb die Mädchen prinzipiell nie auf der Straße und kam dadurch in den Ruf, ein stolzer, eingebildeter Junge zu sein.

— —

Er kam frühzeitig zu seiner Großmutter aufs Land, weil er schwächlich und kränklich war. (So mußte natürlich ein Gefühl organischer Minderwertigkeit entstehen.) Nach einer Zeit kam seine Mutter auf Besuch. Er erkannte sie nicht und sie war ihm ganz fremd. Es ist möglich, daß er trotzig war und sie nicht erkennen wollte. Mit Rücksicht auf den biblischen Doppelsinn des Wortes „Erkennen" vermute ich eine erotische Einstellung zur Mutter, von der ich aber dem Patienten keine Erwähnung mache. Ich konstatiere nur, daß die Bibel eine Lieblingslektüre von ihm ist und daß er die Josephslegende erst gestern wieder gelesen hat. Es war, als wollte er sich wieder Kraft gegen die Verlockungen des Weibes Potiphar holen . . .

Woher stammt diese Angst vor der Sünde und der Sexualität? Wir können es noch nicht wissen und müssen die weiteren Ausführungen des Patienten abwarten. Ich lasse nun seine Einfälle zwanglos Revue passieren und füge nur in Klammern meine Bemerkungen und eventuellen dem Kranken gegebenen Erklärungen bei. Wir erhalten ein unverfälschtes Bild einiger analytischer Stunden und ich glaube so am besten den Irrglauben an ein permanentes Verhör zu widerlegen. Die Kranken sagen einem alles, wenn sie merken, daß man sie versteht, und die Kunst ist nur, zu erkennen, was sie nicht sagen wollen. Nun lassen wir dem Patienten das Wort und bringen seine Einfälle in jener perspektivistischen Verkürzung, wie sie eine künstlerische Wiedergabe unbedingt erfordert:

„Ich habe mich vor einigen Tagen in ein Bild verliebt. Ich saß da und starrte es immer wieder an. Die schönen Augen haben es mir angetan. Die Köchin war schon eifersüchtig und riß mir das Bild aus der Hand. So kann ich mich auch auf Distanz verlieben . . . in Frauen, die ich nie gesprochen habe und die ich nie sprechen werde. („Es ist dies die sicherste Art sich zu verlieben. Gefährlich können Ihnen diese Frauen nicht werden. Hinter dieser Liebe verbirgt sich die Angst vor dem Weibe.") Ja, ich verstehe. Deshalb ziehe ich mich zurück, wenn ich merke, daß die Liebe zu groß wird. Ich finde dann immer einen Fehler. (Entwertungstendenz!) Ich sagte Ihnen, daß ich immer erwarte, das Mädchen solle anfangen. Das ist nicht ganz wahr. Eigentlich haben viele Mädchen mit mir begonnen und ich reagierte nicht. Das Stubenmädchen, die Köchin . . . Selbst ein nettes, anständiges Mädchen, das uns gegenüber wohnt, schrieb mir einen Brief und ließ mir sagen, sie wolle mich kennen lernen. Sie ist schön und lebhaft, würde mir sehr gefallen. Ich habe nicht geantwortet. Sie suchte die Gesellschaft meiner Schwester. Ich kam dann nie in das Zimmer . . . Bemerkungen über die Prüfungsangst (Angst vor Gott und dem Weibe!) und Gedächtnisschwäche. (Vergessenwollen!) Warum beeinflußt mich das Wetter so? An schönen Tagen bin ich ganz anders gestimmt als an grauen Regentagen. (Eine bei Neurotikern häufige Erscheinung. An heiteren Tagen ist Gott fröhlich. Beim Donner grollt er. Projektion der Psyche auf die Natur!) Ich habe überhaupt kein Talent zum Glück. Ich bin am liebsten allein. Wissen Sie, daß ich schon in ein Kloster gehen wollte? (Weltflucht. Askese.) Mein Vater hatte recht, wenn er sagte: Nur der Dumme ist glücklich . . . Warum wird man geboren? . . . Ich erinnere mich, daß ich als Junge unserer Köchin ein Schimpfwort zurief, dessen Sinn ich nicht kannte. Ich schrie ihr zu: Kurva! Das heißt Hure . . . Ich glaube, sie gab mir eine Ohrfeige und erzählte es der Mutter. Ich erinnere mich nicht an Details. (Erklärung, daß er den Sinn gewußt habe.) Vielleicht habe ich mehr gewußt, als ich mich jetzt erinnern kann. Denn ich erinnere mich, daß ich auf dem Lande immer zusehen wollte, wenn der Gemeindestier die Kühe besprang. (Auf meine Frage:) Ich wußte bestimmt nicht, was der Stier macht. Ich wußte es nicht. Es interessierte mich so, daß man mich gewaltsam wegnehmen mußte . . . Es machte mir einen großen Eindruck, daß ein Dieb in den Gemeindekotter gesperrt wurde. (Angst vor der Strafe.) Überhaupt nur nicht öffentlich blamiert werden. Wenn ich in der Schule Strafe vor der ganzen Klasse stehen mußte, war ich unglücklich und wäre am liebsten in den Erdboden versunken . . . Ach, ich konnte außerordentlich lügen. Ich erzählte phantastische Geschichten und die Mitschüler glaubten sie mir. So schilderte ich die Kaisermanöver am Lande und rühmte mich, auf dem Pferde des Kaisers geritten zu haben. (Kaiser ein Symbol des Vaters . . .) Ich hätte mich schon mit den Mädels eingelassen, aber ich hatte eine so furchtbare Angst ertappt zu werden. Ja, jetzt fällt mir eine große Szene ein. Ich war 10 Jahre alt, als unser Mädchen das Haus verlassen mußte, weil sie ein Kind bekommen sollte. Sie kam dann mit dem Kinde nieder. Ich stellte mir das als größte Schande vor. Ich fürchtete, alle Mädchen würden ein Kind bekommen, wenn ich mich mit ihnen einlassen würde und meine Schande wäre dann aller Welt offenbar.

Von dieser Szene mit dem Dienstmädchen scheinen sich Erinnerungsspuren als Warnung bis in die jüngste Zeit erhalten zu haben. Er schildert seine Angst vor den Folgen des Verkehres: Ein Kind, venerische Krankheiten, von denen er schon früh hörte, Rückenmarksleiden, Blödsinn . . . Dann berichtet er einen Traum:

> Dr. Stekel fragte mich: Was gibt es denn Neues? Ich sagte: Gar nichts. Dann wollte er in meinen Büchern lesen. Ich machte ihm das Buch vor der Nase zu.

Die Deutung ist klar. Es handelt sich um einen Widerstandstraum. Er hat mir gar nichts zu sagen und läßt mich nicht in dem Buche seiner Seele lesen. Die schwersten Widerstände rühren von seiner Einstellung gegen den Vater her. Er mußte viel an den Vater denken und machte sich wieder heftige Vorwürfe. Vielleicht hätte man das Leben des Vaters retten können, wenn der Arzt energischer eingegriffen hätte. Schilderung der Sterbeszene. Weinen. (Diese tiefe Reue stammt von der unterdrückten Erinnerung seiner feindseligen Einstellung gegen den Vater.) Er leidet an unbestimmter Angst, wie wenn ihm etwas Böses geschehen müßte. Schneidet er sich in den Finger, so glaubt er, daß er bestimmt an Sepsis erkranken werde. Auf der Gasse könnte ihn auch ein Ziegel erschlagen, der herunterfällt. (Angst vor der Strafe Gottes!)

— —

> Was man für närrisches Zeug träumt! Ich bin mit einem Lehrer spazieren gegangen. Ich hörte nicht recht zu, wenn er sprach. Dann war es mein Kusin, der sich in meine Kusine verwandelte. Wir gingen (oder war es mit dem Lehrer?) durch eine lange Flucht von Zimmern. In einem Zimmer stand ein Notenpult, das war schwarz behangen. Eine alte Frau, in die sich der Lehrer verwandelt hatte, fragt einen kleinen Jungen: Was ist das? Ich dachte: Der ist nicht so naiv, der weiß viel mehr als du fragst. Dann liefen wir wieder durch eine unendliche Flucht von Zimmern, im letzten war schon Deutschland zu Ende und wir kamen zu der Zone, wo der Krieg tobt.

Deutung: Ich bin der Lehrer. Er hört nicht recht zu, wenn ich spreche. Er setzt meine Erklärungen herunter und macht mich später zu einem alten Weibe. (Entwertung der Autorität.) Er ist der kleine Junge, ursprünglich der Kusin und die Kusine. (Bald männlich, bald weiblich eingestellt.) Ich frage und er will nicht recht antworten; aber er weiß vielmehr, als ich fragen kann . . . Die Zimmer symbolisieren sein Gehirn. Ich verfolge ihn durch alle Kammern. Aber er läßt mich seinen tiefsten Konflikt nicht sehen. Die Zone, wo sein Krieg tobt, soll ich nicht betreten. Für eine Analyse schlechte Aussichten!

Die nächsten Einfälle paraphrasieren das Thema der Grausamkeit. Er hat ein krankhaftes Mitleid, er kann nicht einmal eine abgerissene Blume sehen, ohne Trauer zu empfinden. Im Theater regen ihn traurige Stücke so auf, daß er nicht auf die Bühne sehen kann. Er weint leicht und läßt sich leicht rühren. Seine Empfindsamkeit gegen Grausamkeit scheint sich als Überkompensation eines ursprünglichen Sadismus ausgebildet zu haben. Hier brechen aber seine Erinnerungen ab . . .

Warum er so wankelmütig ist? Heute gefällt ihm ein Mädchen, er findet es wunderschön. Schon morgen hat es ein anderes Gesicht, besonders wenn es ihm sehr gut gefallen hat. Ob sich alle Gesichter so rasch ändern können? (Er lernt, daß er sie mit anderen Augen anblickt, weil er sich

10*

gegen die Liebe schützen will.) Warum er eine solche Angst vor Infektionen hat und warum der Staat nicht Häuser einrichtet, wo die jungen Leute ebenso untersucht werden wie die Dirnen? Man hätte ihn in der Kindheit besser aufklären sollen. Dann wäre alles anders gekommen. So stehe er zitternd und bebend vor dem Weibe und schätze das Sexuelle innerlich doch als Sünde ein. Im Intellekte sagt er sich, es sei ein Unsinn. Wäre die Sexualität eine Sünde, dann verdankten alle Menschen ihre Existenz der Sünde und das wäre entschieden unlogisch. Im Herzen aber ist er ein Philister und hat die Moral seiner Familie ganz akzeptiert.

Ein Traum zeigt wieder seinen bedeutsamen Widerstand:

Ich habe eine Krücke. Mit der humple ich von der Großmutter weiter über eine lange Landstraße.

Die Krücke als Symbol der Neurose ist von mir beschrieben worden.[1]) Er will seine Krankheit, die ihm Stütze und Schutz ist, behalten und so durch das Leben humpeln. Ich merke, daß er willens ist, die Behandlung zu unterbrechen. Er führt aus, daß er alles beginne und nichts zu Ende führen könne. Unzählige Anfänge und nie eine Ausführung.

Plötzlich kommt er auf eine Sommerreise, die er mit seinem Vater nach Norwegen machte. In Prag wurde er so unglaublich traurig und hatte keinen Blick mehr für die Schönheiten, die er bewundern sollte. Er hatte nur einen Wunsch: O, wäre es schon zu Ende! In Prag traf sein Vater einen alten Freund, mit dem er sich viel beschäftigte. Emil war eifersüchtig, wie ihm jetzt zu Bewußtsein kommt. Er hatte erwartet, die Reise werde ihm den Vater näher bringen, der Vater werde sich um sein intimes Seelenleben, auch um seine sexuelle Not kümmern. Der Vater aber blieb auf der Reise in der gleichen Distanz wie zu Hause. Es war eine große Enttäuschung, über die er sich damals keine klare Rechenschaft geben konnte.

Wir verstehen jetzt die erste Erinnerung. Er kommt vom Lande nach Hause und der Vater erwartet ihn am Bahnhof. Er fährt allein nach Hause, der Vater mit dem Rade, und steht lange vor dem Geschäfte, ehe er hineingeht. Die Erinnerung ist ein Vorwurf an die Adresse des Vaters und heißt: Du hast mich immer allein gelassen und bist deiner Wege gegangen. Er war damals empört über den kühlen Empfang des Vaters. Er hatte erwartet, der Vater werde mit ihm nach Hause fahren, ihn ausfragen, zu mindestens vor dem Hause auf ihn warten. Aus Trotz wollte er nicht in das Haus hineingehen . . . Die zweite Erinnerung aber, in der der Vater mit ihm am Rade fährt, fixiert ein Erlebnis, da ihn der geliebte Vater mitgenommen hatte, da er die Freuden des Vaters teilte.

Die Liebe zu seinem Vater führte ihn dazu, sich immer zurückgesetzt zu fühlen und dem Vater Vorwürfe zu machen, daß er sich um ihn nicht kümmere. Was mag er noch alles von der Reise erwartet haben? Welche nicht eingestandenen sexuellen Kräfte mögen dies Verhältnis determiniert haben? Ich spreche davon nicht, weil ich den automatischen Ablauf der Erinnerung nicht stören und die Analyse nicht beeinflussen will.

— —

Immer stärker meldet sich das Schuldbewußtsein dem Vater gegenüber. Alle seine Träume erzählen von Schulden, die er hat und daß er nachzahlen müsse.

[1]) Die Darstellung der Neurose im Traume. Zbl. f. P. A., Bd. IV.

Ich bin in einem Kino. Da macht man mich aufmerksam, daß ich nicht das volle Entree gezahlt habe und daß ich nun nachzahlen muß.

Das Leben ist ein Kino. Er darf die wechselnden Bilder nicht genießen. Er muß büßen und all das nachtragen, was er dem Vater im Leben schuldig blieb. Er will die Kunst aufgeben und sich dem Geschäfte des Vaters widmen. Was sollen ihm alle Erfolge, da der Vater nicht mehr lebt?

Und nun erinnert er sich, daß er nach dem Tode des Vaters ein Gelübde getan hat: Ich werde jetzt die Onanie aufgeben!

Sein Verhältnis zum Vater kommt im nächsten Traume wieder zur Sprache:

Ich befinde mich mit der Mutter auf einer Tribüne am Hafen. Sehr viele Arbeiter. Pfähle werden eingerammt, Gerüste werden aufgestellt. Da fährt einer in einem Ruderboot. Ein Werkführer. Der gibt sich beim Rudern einen sonderbaren Ruck. Es sieht so aus, als wenn das Schiff von hohen Wellen fortgerissen würde. Das Meer ist aber ganz ruhig. Arbeiter folgen ihm, unnatürlich schnell entschwindet er. Die Arbeiter laufen bloßfüßig im Wasser herum. Der eine hat die Hose hoch hinaufgezogen, so daß man den unteren Teil des Oberschenkels sieht. Ein eleganter Herr mit Winterrock und schwarzem Bart kommt zu uns auf die Tribüne und zeigt mit dem Stock auf ein turmartiges Gerüst. Die Arbeiter und wir schauen hinauf. Oben brennt es. Er sagt, daß da riesiges Gold verbrennt und die Arbeiter sind machtlos. Dann sehe ich mich mit meinem Bruder wie vor einer Barriere und begrüße durch Verbeugung einen bekannten Offizier. Dann gehe ich auf die Straße und treffe dort eine schöne bekannte Frau, die mit Paketen beladen ist, die ich ebenfalls begrüße, aber ich habe so eine Scham vor der Frau . . . Dann gehe ich in ein Haustor, dort ist eine Hausmeisterin. Da kommen zwei Hausmeister in kapuzenähnlichen Arbeitskleidern und die Hausbesorgerin sagt: Ja, die leben davon. Sie meint vom Illuminationsfeuerwerk oder so etwas.

Ich möchte aus diesem Traume nur die wichtigsten Stellen hervorheben. Der Mann, der sich beim Rudern einen Ruck gibt und so schnell entschwindet, ist sein Vater. Am Sterbebette sah er ihn sterben, sah, wie ein furchtbarer Riß durch den Körper ging und dann war der Vater tot. Wie dieser Mann im Boote so schnell entschwindet, so entschwindet ihm das Bild des Vaters. Der Vater war ein tätiger Mann, ein Werkführer im wahren Sinne des Wortes. Er hatte unzählige Pläne und war immer mit Bauten beschäftigt. (Die Gerüste und Pfähle am Hafen!) Nun sind die Kinder (die Arbeiter) allein und wollen es ihm nachmachen . . .

Er aber fühlt seine Ohnmacht dem Bilde des großen Vaters gegenüber. Der Arbeiter mit der aufgeschürzten Hose erinnert ihn an eine Episode, da er in der Kindheit in einem Bache nach Steinen suchte und mit dem Wasser spielte. Er ist es, der sich vor mir entblößt hat und nun im Meere seiner Seele halb entdeckt dem Vater nacheilen will. Aber sie trennt das Wasser für immer. (Das Wasser als Todessymbol siehe „Sprache des Traumes“, S. 300.) Die Toten trennt von den Lebenden das Wasser. Aber noch zweimal erscheint in dem Traume der Tod. Einmal als der Herr mit dem schwarzen Bart, der nach seiner nachträglichen Angabe ganz schwarz gekleidet war, und der Offizier . . .

Der Vater hat ihnen ein großes Vermögen hinterlassen. Das ist der riesige Goldbarren, der im Traume verbrennt. So verrinnt sein Geld jetzt, da sie nicht mehr erwerben. So lebt er und wärmt sich von dem Gelde des Vaters. Er will nichts erwerben, um immer weiter von dem Gelde des Vaters zu leben. Das Geld ist das einzige Band, das ihn noch mit dem Vater verbindet. Es ist das Geld des Toten und jeder Heller, den er ausgibt, erscheint ihm wie eine Liebkosung des Toten. „Die schöne bekannte Frau", die mit Paketen beladen ist, ist seine Mutter, die schon am Eingang des Traumes erscheint. Er möchte jetzt gerne für die Mutter arbeiten. Aber er möchte am liebsten ins Kloster gehen und ein Mönch werden. (Der im kapuzenartigen Arbeitskleide vom Feuerwerk lebende Arbeiter!) Er lebt von dem Gelde des Vaters und möchte nun ganz auf die Liebe verzichten, weil . . . eine Liebe ihn einmal dazu geführt hatte, den Vater zu hassen und ihm den Tod zu wünschen. Auch die Eifersucht quälte ihn, daß der Vater für andere Frauen entbrannte. Er wünschte ihm den Tod, da er ihn **allein** besitzen wollte.

Nun weiß er es, daß er dem Vater die ganze Sexualität opfern wollte. Das sollte die Strafe und die Buße sein.

Allein es müssen noch andere Hemmungen vorhanden sein, welche sich einer aktiven Sexualität entgegenstemmen. In den letzten Tagen ist er sehr erregt und hat immer einen Gedanken: Er möchte das 17jährige Mädchen finden, das er einst so schnöde verschmäht hat. Der Gedanke an dieses Mädchen beschäftigt ihn Tag und Nacht wie eine Zwangsvorstellung. In einem solchen Falle ist es schon a priori anzunehmen, daß hinter diesem Gedanken sich ein anderer verbirgt. Zwei Träume bringen uns auf die Fährte. Der erste lautet:

> Meine Schwester manipuliert an ihrer Uhr herum. Ich sage ihr: Du wirst dir deine Uhr noch verderben.

Der zweite Traum:

> Wir sind im Süden an der Adria. Wir sollen baden gehen, meine Schwester und ich. Die Schwester ist nackt und steigt in das Wasser, das dort so flach ist wie in einer Badewanne.

Seine Gedanken beschäftigen sich mit der einzigen Schwester, die jetzt 17 Jahre alt ist. Der erste Traum enthüllt die Angst, daß die Schwester sich ihre Uhr (Symbol für Vagina) ruiniert. Er erinnert sich nachträglich, daß sie einen falschen Schlüssel (Symbol für den Phallus) gebrauchen wollte. Das ist doch deutlich genug. Die Angst, die Schwester könnte ihre Unschuld durch einen anderen verlieren. Er will sie aber deflorieren. Der zweite Traum greift auf eine infantile Badeszene zurück und verrät den Wunsch, die Schwester nackt zu sehen wie in den schönen unvergessenen Kindertagen.

Das Dienstmädchen ist der Ersatz für die Schwester. Sie ist Hausgenossin, hat das gleiche Alter . . . (Siehe auch Traum mit der Tante, die ebenso Ersatz für die Mutter als auch für die Schwester ist. Sie ist ja auch eine Schwester.) Er gibt zu, daß er eifersüchtig ist, wenn die Schwester sich mit jungen Burschen unterhält, daß er eine Bekanntschaft mit solchen „frechen Lausbuben" nicht dulden würde. Wir verstehen auch seine Hemmungen den Mädchen gegenüber. Sie haben alle etwas von seiner Schwester. Er findet, daß seine Schwester viel schöner ist als die anderen Mädchen. Bewußt sei ihm nie ein Gedanke an die Schwester gekommen. Da sie bei seinen onanistischen Akten nebenan im zweiten Zimmer liegt, ist die Vermutung begründet, daß sie in den die Onanie begleitenden Phantasien eine große Rolle spielt und daß ein Teil des Widerstandes gegen die Onanie auf die begleitende Inzestphantasie zurückgeht. Er kämpft ungeheuer mit der Versuchung zu onanieren und wäre schon fast erlegen, wenn er nicht wüßte, daß er es mir gestehen müßte.

Wer meine Lehre kennt, weiß, daß ich als primäre Kraft im Menschen den Haß annehme. Auch der Inzest der Neurotiker ist nur eine Überkompensation des ursprünglichen Hasses. Unser Patient muß seine Schwester gehaßt haben, wenn er sie jetzt so liebt. Er muß sie als Konkurrentin empfunden und ihr den Tod gewünscht haben. Ich sage ihm nichts von dieser Annahme und warte ruhig das Material der nächsten Tage ab. Er kommt lebensmüde und zugleich schaffensfreudig. Er will ein Drama dichten: „Der Mönch". Ein Mönch, der die Askese nicht ertragen kann, stürzt sich in das Wasser, um nicht wortbrüchig zu werden.

Die Beziehung zu seinem Schicksal wird bald klar. Nach dem Tode des Vaters hat er sich ein Gelübde gegeben, noch ein Jahr lang keusch zu bleiben. Dieses Gelübde ist er im Begriffe zu brechen.

Der Traum aber erzählt uns von seinen Gedanken über die Schwester:

> Ich sehe eine Amme und meine Schwester, die noch ganz klein ist. Die Amme sagt: Das Kind hat Durchfall und wird nicht lange leben.
>
> Ich komme dann zur Assentierung und will mir noch vorher die Füße waschen.

Sinn des Traumes: Die kleine Schwester hatte als Säugling einen sehr schweren Darmkatarrh gehabt und war schon aufgegeben gewesen. Es war damals sein Wunsch, daß sie sterben möge. Die Assentierung ist wieder die Prüfung vor Gottes Richterstuhl. Er will als reiner Mensch, mit reinen Füßen, vor Gott erscheinen. Daß diese Todesgedanken gegen die Schwester innig mit seinem Schuldbewußtsein zusammenhängen, ergibt sich noch aus anderen Einfällen . . . Solche Todeswünsche muß er auch gegen den Vater gehegt haben. Seine Buße zeigt das Junktim zwischen Sexualität und dem Tode des Vaters. Denn sein Gelübde entzog ihm gerade das, was ihm der Tod des Vaters früher hätte verschaffen sollen . . .

Es kommen neue Seiten seines Wesens zur Sprache. Er überwacht seine Schwester sehr strenge. Er kontrolliert ihre Ausgänge und wacht darüber, daß sie pünktlich zu Hause ist. Er merkt nicht, daß die Eifersucht ihn dabei lenkt. Er glaubt, es wäre seine Pflicht, den Vater zu ersetzen. Er möchte sie ernst haben, sie sollte sich nicht um freche, leichtsinnige Burschen kümmern. Er setzt seinen Willen durch, da sie und das ganze Haus vor ihm zittern. Er gerät leicht in große Wut und schreit dann sinnlos wie besessen. Mit Hilfe dieser Wutanfälle, in denen er die Besinnung verliert und eine Gewalttat vollbringen könnte, hält er die Herrschaft über seine Familie aufrecht. Die Schwester fürchtet seinen Zorn und fügt sich seiner Bevormundung und seinem Kontrollsystem. „Auch der Vater", setzt er fort, „wich mir aus, wenn ich meine Wutanfälle hatte. Er sagte wiederholt, daß er nur durch mich so nervös geworden sei. Wenn ich zu toben anfing, so lief er weg oder schickte jemanden anderen zu mir, um mich zu beruhigen."

„Warum haben Sie mir bis heute nichts von diesen Wutanfällen erzählt?"

„Ich dachte, es hätte nichts zu sagen und wäre nicht wichtig. Sie glauben . . ."

„Ich glaube, daß Ihre Vorwürfe nach dem Tode des Vaters sehr starke waren. Sie bereuen diese Wutanfälle und sprachen sich nicht frei von aller Schuld an dem Tode des Vaters."

„Das ist richtig. Ich dachte mir: Du hast viel dazu beigetragen, daß dein Vater so rasch sterben mußte . . ."

Wir erkennen jetzt erst, daß sein Schuldbewußtsein und seine übertriebene Trauer in gewissem Sinne berechtigt sind. Die Zusammenhänge zwischen seiner Wut und seiner Sexualität sind noch zu begründen. Eines ist sicher: Unbefriedigte Menschen werden leicht wütend. Alle latente Liebe wandelt sich bei ihnen in Haß.

„Mein eigentliches Leiden sind meine Wutanfälle. Ich verstehe nicht, warum ich Ihnen noch nie darüber gesprochen habe. Ich werde in meinen Anfällen wie ein wildes Tier, wie eine Bestie. Ich kenne keine Rücksicht. Ich werde ordinär und gebrauche grobe Worte. Wenn man meinen Willen nicht erfüllt, fange ich zu toben an. Das ganze Haus zittert vor mir und auch mein seliger Vater hat vor mir gezittert. Ich sehe dann rot vor den Augen und könnte ein Verbrechen begehen."

In diesem Sinne erzählt er mehrere charakteristische Szenen, aus denen hervorgeht, daß er ein arger Sadist ist, worauf ja sein erster Traum hingewiesen hat. Denn er kann sich beherrschen, wenn es sein muß, und der Zorn wandelt die Wege nach dem Gesetze des geringsten Widerstandes. Er ist stolz auf sein Schreckensregiment und meint, das würde nie besser werden, das sei seine Anlage.

Er ist rachsüchtig wie alle diese Menschen und kann eine einmal ihm zugefügte Beleidigung nicht vergessen. Nicht verzeihen können ist die nie fehlende Eigenschaft eines echten Sadismus.[1]) So merkt er sich alle Kränkungen und nimmt dafür tausendfache Rache, wenn er die Gelegenheit dazu hat. Ein Dienstmädchen, das einmal über ihn eine geringschätzige Bemerkung machte, sekkierte er so lange, bis es die Eltern aus dem Hause geben mußten. Deshalb pflegt er auch mit sich so strenge ins Gericht zu gehen und sich nicht so leicht etwas zu verzeihen. Wir hören aber, daß er eigentlich an dem Vater und an allen Anverwandten lieblos gehandelt habe. Wenn der Zorn über ihn kam, dann vergaß er alle Rücksicht und alle Grenzen. Da man ihn fürchtete, ließ er sich um so eher gehen und hatte einen heimlichen Stolz auf seine Wutanfälle.

Dagegen kann er sich in sexuellen Dingen ungeheuer beherrschen. Er glaubt auch an ein Junktim zwischen seiner Wut und seiner Abstinenz. Alles, was er an Beherrschungskraft hat, wird zur Sicherung gegen die Sexualität aufgewendet. Die Wut dient ihm auch als Sicherung. Er macht sich bei allen Mädchen des Hauses unbeliebt und selbst seine geliebte Schwester fürchtet ihn mehr als sie ihn liebt. Auf diese Weise schafft er eine Zone des Hasses zwischen sich und den Sexualobjekten, er vergrößert die Distanz zwischen sich und den Menschen, die ihm gefährlich werden können. Der nächste Traum enthüllt uns neue Tatsachen:

Ich liege neben dem Bruder und neben mir ist ein Mädchen, hebt die Röcke auf und zeigt mir die Waden. Ich greife mit der Hand

[1]) Die Sadisten halten alles fest, was ihnen gestattet, ihren Haß vor sich zu rechtfertigen.

nach dem Fuß, sie hat einen zerrissenen Strumpf, in dessen Loch ich hineingreife. Sie zieht sich den Strumpf an und setzt sich mit einem Fuß ins Bett. Ich betaste den Fuß. Sie ging weg und der Fuß war noch immer im Bett. Dann kommen meine Schwester und die Mutter ins Zimmer und ich ziehe mich gerade an. Ich bemerkte, daß im Bette ein Hemd und ein Hosenträger geblieben sind. Das stecke ich unbemerkt zu mir, damit die Schwester das nicht sehen soll. Ich gehe dann hinunter auf die Gasse mit einer Aktentasche und mache so, als wenn ich zum Friseur gehen würde. Ich gehe aber ins Parterre zurück. Dort wohnt das Mädchen und ich gebe ihm die Sachen zurück. Es sagt: Im Bett habe ichs erlaubt, am Diwan hätte ich es nicht erlaubt. Das war so, daß man uns am Diwan nicht hätte erwischen können, das wäre dann feige gewesen . . .

Wir konstatieren wieder die Neigung und das Interesse für den Fuß. Er ist ein ausgesprochener Fußfetischist und geht deshalb gerne zum Ballett, weil ihn der Anblick der vielen weiblichen Beine sehr angenehm stimuliert. Der Traum reproduziert aber zwei Tatsachen mit kleinen Veränderungen. Ein Mädchen steckte ihm in der Tat das Bein ins Bett, um ihn sexuell aufzuregen. Damals war er 15 Jahre. Aber wichtiger ist, daß kurz vor dem Tode des Vaters ein anderes Mädchen in sein Bett kam. Er bebte vor Erregung am ganzen Körper und hielt sich doch zurück, obwohl er es liebte und leidenschaftlich küßte. Seit dem Tode des Vaters hat er alle Liebkosungen, auch mit diesem Mädchen, aufgegeben.

Interessant ist auch der Umstand, daß er mit dem Bruder in einem Bette liegt. Er lag auch früher öfters mit ihm beisammen. Irgendwelche homosexuelle Vorgänge sind ihm nicht erinnerlich. Der Eintritt der Mutter und der Schwester besagen, daß sie zum Trauminhalt in Beziehung stehen, daß sie irgend eine Beeinflussung seiner Erotik durchgesetzt haben. Alles andere hypothetisch und ungewiß.

— —

Einen Tag lang erscheint er ganz verändert. Er fühlt eine fortreißende Schaffensfreude und ein stolzes Selbstgefühl. Er spricht das erste Mal wie ein Mann von dem, was er kann und was er leisten wird. Er rühmt seine Vorzüge und man merkt, daß er das Kind überwinden will. Aber schon am nächsten Tage kommt er ganz gebrochen. Er habe einen Sturm erlebt wie noch nie in seinem Leben. Etwas in ihm schrie nach Erfolg und Arbeit. Aber er rang diese Kräfte nieder. Er sagte sich: „Du bist ein Verbrecher! Du bist ein schlechter Mensch und darfst es zu nichts bringen! Du wirst nicht arbeiten und du wirst nichts leisten. Das ist schon dein Schicksal."

Seine ganze Wut richtet sich nach innen und zerstört grausam alle Keime, die da sprießen wollen. Er will kein Mann sein. Er will ein Kind bleiben. Er will den Tod des Vaters büßen, in dem er ewig mit seinem Vater lebt. Er bleibt das gehorsame Kind des Vaters, gerade weil er gestorben ist. Den Lebenden hätte er überwunden, den Toten kann er nicht besiegen. Ein Kind hat kein Recht auf Geschlechtsgenuß und ein Kind braucht das Schaffen nicht. Er will lernen und wieder lernen, ein ewiger Schüler . . .

Er bricht die Analyse ab. Gerade in dem Momente, als seine homosexuelle Einstellung zum Bruder, als seine Inzestphantasien auf die Schwester immer mehr und mehr bewußt werden. „Mir wird nichts helfen. Mir ist nicht zu helfen. Es wird nie anders werden. Ich will nicht gesund werden. Geben Sie sich keine Mühe . . ."

Wie alle Neurotiker hat er den Stolz auf seine Unheilbarkeit und auf die Unerschütterlichkeit der neurotischen Symptome. Er will ein Schüler bleiben und verzichtet vorläufig auf alle Freuden, welche das Leben für den erwachsenen Mann reserviert hat. Er bleibt ein Kind und hält an seiner Fiktion fest.

Überblicken wir die ganze Krankengeschichte, so merken wir, daß der Kranke unter der Herrschaft eines mächtigen negativen Imperatives steht. Dieser Imperativ lautet: „Ich will kein Mann sein." Es ist geradezu ein umgekehrter männlicher Protest *(Adler)*. Aber läßt sich diese Einstellung allein mit der Angst erklären, den Aufgaben des Lebens nicht gewachsen zu sein und den Niederlagen auszuweichen? Läßt sich das Sexuelle aus seinem Leben als ein einfacher Modus dicendi in die Gleichung seiner Parapathie eintragen?

Was wir in diesem Falle vor uns sehen, ist die ungeheuerliche Wirkung eines infantilen Trotzes. Dieser Mensch will auf seine infantilen Ideale nicht verzichten. Was er von jedem Familienmitgliede erwartete, war Liebe. Liebe suchte er beim Vater, bei der Mutter, beim Onkel und bei den Geschwistern. Aber nicht allein die seelische Liebe, die ihm ja im überreichen Maße zuteil wurde. Er begehrte als Kind diese Menschen und wollte sie zu seinen Sexualobjekten machen. Warum verwandeln sich in seinen Träumen die Menschen in andere Menschen? Weil er sie alle liebt und begehrt — Onkel oder Tante, Schwester oder Bruder, es ist ihm gleich. Alle sollen sein werden.

Nun wird erst der erste Traum verständlich. Die Dame, der er die Gurgel durchbeißt, ist seine Schwester. Er will sie deflorieren. (Verlegung von unten nach oben.) Er kann den Gedanken nicht vertragen, daß ein anderer seine Schwester besitzen soll. Oder sie soll ewig Kind bleiben. Sie soll unschuldig und rein sein. Er geht ihr mit dem guten Beispiel voran. Er schafft sich ein geheimes Junktim zwischen seinem Lose und dem Schicksal der Schwester. So lange er keusch bleibt, wird die Schwester keusch bleiben. So lange er ein Kind ist, wird die Schwester ein Kind bleiben. Die Schwester verwandelt sich in den Onkel, wird dann wieder eine Dame und fesselt ihn an den Händen. Das heißt: Ich bin ewig an meine Schwester gebunden! Vergebens läuft er vor den Inzestgedanken davon. Sie verfolgen ihn und bringen ihn um den Verstand. Er muß sich ja beherrschen. Wie könnte er von der Schwester Abstinenz verlangen, wenn er den Versuchungen der Mädchen erliegen würde?

Wir sehen, er ist auf dem Wege der vollkommenen Regression auf die infantilen Ideale. Das Schuldbewußtsein gegen den Vater und die Macht des Milieus hindern seine Entwicklung.

Ich gab ihn bei der letzten Stunde den Rat, das Haus zu verlassen und ins Ausland zu gehen.

— —

Nach Jahren sah ich ihn wieder. Er hatte meinen Rat befolgt und wurde in einer kleinen Stadt Deutschlands Kapellmeister. Seine ehrgeizigen Pläne zerflatterten in Nichts. Er ist nicht der große Komponist geworden, der der Welt die neue Symphonie der Disharmonie geschenkt hat. Aber er hat sich mit der Realität ausgesöhnt und eine reiche Frau heimgeführt.

Die Analyse griff zur rechten Zeit in sein Leben ein. Was wäre sonst aus ihm geworden? Hätte er den Infantilismus überwinden können oder hätte er mit Selbstmord geendet?

Für die Psychologie der Regression bietet dieser Fall zahlreiche neue Erkenntnisse. Er zeigt uns die unheimliche Macht der Eifersucht, die sich nicht erkennt. Emil wußte nicht, daß er eifersüchtig war, und rühmte, daß er dies Gefühl kaum kenne. Und doch war es Eifersucht, die sein Leben determinierte und die Unfähigkeit, auf etwas zu verzichten, was er sich einmal vorgenommen hatte.

Sein Geiz wird psychologisch als Geizen mit der Liebe verständlich. Von der Liebe seiner Familie wollte er nichts hergeben und diesen Affekt übertrug er auf das Geld. Ein Kuß der Schwester war ihm mehr wert als alle Schätze dieser Welt. Was nützte ihm seine befriedigte Herrschsucht im Hause, was nützte ihm der Umstand, daß alles vor ihm zitterte und sich seinem Willen beugte? Er herrschte mit Haß und sehnte sich nach Liebe. Er wollte mit der Liebe herrschen und alle, alle in der Familie besitzen.

So faßte seine Parapathie alle seine Leidenschaften und Wünsche ebenso wie sein Schuldbewußtsein zusammen. Sie war Lust und Strafe zugleich. Als Kind hatte er mit der Schwester gemeinsam gebadet. Warum sollte das Unmögliche nicht wieder möglich sein? Er wollte wieder die Zeit zurückschrauben und wieder zum Kinde werden. Dann konnte er das Leben neu beginnen und nach Erfüllung seiner Sehnsucht auch den Traum der großen historischen Mission erfüllen.

IX.

Der ewige Jüngling und das ewige Mädchen.

Gute Beobachter können verschiedene Fälle von Infantilismus in den öffentlichen Gärten sehen. Man wird immer Männer oder Mädchen finden, die sich nur mit Kindern abgeben und durch ihre jugendliche Kleidung auffallen. Sie spielen mit den Kindern, ohne sie sexuell zu mißbrauchen. Von ihnen zu unterscheiden sind die Pädophilen, welche wohl selbst altern, aber das infantile Ideal festhalten. Der Typus, von dem ich hier spreche, ist ganz anders. Es sind Männer, die Sportkostüme mit Matrosenkragen tragen, oft direkt Knabenkleider, die sich sorgfältig gänzlich rasieren, um das jugendliche Gesicht beizubehalten, oder Mädchen (auch Frauen), die ihren Zopf tragen und den ewigen Backfisch darstellen.

Ich will mit der Schilderung eines solchen Falles beginnen. Es handelt sich um die briefliche Mitteilung eines Mannes, die eine sehr genaue Darstellung seines Wesens enthält.

Fall Nr. 23. . . . Ich gehe zu meinem eigentlichen Thema über. Ich bin heute 41 Jahre alt und sehe ein, daß es so nicht weiter geht: Ich kann nicht aus der Vorstellung herauskommen, daß ich ein Knabe bin. Ich glaube sonst ein ganz normaler Mensch zu sein und bin mir keiner krankhaften Regung bewußt. Ich stamme von gesunden Eltern, hatte vier Geschwister, von denen ein Bruder im Alter von 14 Jahren an Diphtheritis gestorben ist, als ich 13 Jahre alt war. Ich habe eine ganz normale Kindheit gehabt und erinnere mich nicht an besondere Ereignisse. Ich habe mich nach Kenntnis Ihrer Werke genau durchforscht und konnte nichts Abnormes bei mir entdecken. Ich weiß nur, daß ich sehr gerne die kurzen Hosen trug und daß ich mich fürchtete, es könnte der Tag kommen, an dem ich die mir verhaßten langen Hosen anziehen müßte. Diesen Tag werde ich immer in meinem Kalender der Erinnerungen schwarz anstreichen. Ich war schon 17 Jahre und war der Einzige im Gymnasium, der noch kurze Hosen anhatte. Die Mitschüler machten sich über mich lustig, auch meine Eltern verlangten, ich solle mich wie ein Erwachsener tragen. Anfangs hatte meine Mutter das Knabenhafte in mir begünstigt. Ich belauschte einmal ein Gespräch mit einer Nachbarin. Die Nachbarin erzählte, daß ihr 19jähriger Sohn eine Geliebte habe. Meine Mutter entrüstete sich darüber und meinte, das sei ein Verbrechen. Sie wisse es, daß ihr Sohn unschuldig sei und es lange bleiben werde. Sie möchte ihn am liebsten als Kind behalten, denn sie fürchte, er werde durch die Frauen verdorben werden. Darauf lachte die Nachbarin und meinte, die Mutter solle nur in der Wäsche nachsehen, da werde sie schon sehen, wie weit es mit meiner

Reinheit stehe. Es kam jemand und ich konnte das Gespräch nicht weiter belauschen. Aber ich wußte, daß ich in der Mutter einen Bundesgenossen hatte. Mein Vater aber merkte etwas Krankhaftes an dieser Sache und machte kurzen Prozeß. Eines Morgens waren meine Knabenkleider verschwunden und es lag ein Anzug mit langen Hosen vor meinem Bette. Ich weinte wie ein kleines Kind und wollte erst nicht in die Schule gehen. Dann gab ich nach und nahm mir vor, mir möglichst bald wieder ein Sportkostüm anzuschaffen. Das setzte ich auch durch und ich gestehe, es war das einzige Kleidungsstück, in dem ich mich wohl fühlte. Auf der Hochschule ging ich immer in kurzen Beinkleidern herum, trug auch meine Haare sorgfältig gescheitelt wie als Knabe. Bald jedoch trat der Ernst des Lebens an mich heran. Ich mußte plötzlich daran denken Geld zu verdienen. Mein Vater starb unvermutet infolge eines Herzschlages und ließ meine Mutter unversorgt zurück. Ich mußte Lektionen geben und konnte nicht im Sportkostüm zu den Schülern gehen. Aber auch diese Zeit ging vorbei, ich arbeitete mich durch und bin heute ein angesehener Rechtsanwalt, der keine Sorgen kennt. Mein größter Genuß ist es, abends in Knabenkleidern (Matrosenanzug) auszugehen. Ich habe mich immer sorgfältig rasieren lassen und gestehe, daß ich mir auch alle Haare am Körper rasiere. Ich will ein Knabe sein, darum dreht sich mein ganzes Denken. Ich habe alle Hefte und Bücher aus der Knabenzeit behalten. Es macht mir das größte Vergnügen, des Abends oder an Feiertagen in den alten Schulsachen herumzukramen. Meine größte Freude ist meine Markensammlung. Ich kann stundenlange mit den Marken spielen, sie sortieren, sie frisch ordnen, Neuerwerbungen entsprechend einkleben. Ich habe mich in dieser Hinsicht gar nicht geändert. Ich bin in Bezug auf Marken der Knabe geblieben.

Ich bin Junggeselle und habe mich nicht entschließen können zu heiraten. Das hängt mit meiner besonderen Form der Sexualbefriedigung zusammen. Ungefähr im 13. Lebensjahre begann ich zu onanieren und stellte mir dabei vor, daß ich auf dem Schoße einer Dame sitze und mit ihrem Ohrläppchen spiele. Mitunter greift diese Dame (natürlich nur in effigie!) an mein Glied und spielt damit. Versuche bei Dirnen mißlangen alle. Ich versuchte es, meine Phantasie in Wirklichkeit umzusetzen. Ich sitze auf den Knien der bezahlten Dame und lasse sie mit ihrer Hand mein Glied ergreifen. Dann kommt es zur erlösenden Prozedur, aber der Genuß ist nie so groß wie bei der Onanie. Selbstverständlich suche ich die öffentlichen Häuser nur auf, wenn ich mein Knabenkleid anhabe. Der Matrosenanzug ist die Bedingung meiner Befriedigung. Hie und da kommt mir der Gedanke, daß ich mit einem Knaben etwas machen sollte. Ich interessiere mich für alle Knaben, habe es aber bis heute vermieden, Beziehungen anzuknüpfen, da ich als Rechtsanwalt die Folgen kenne und ich mich fürchte, ich könnte mich einmal vergessen."

Nach diesem Berichte erkundigte ich mich brieflich nach einigen Einzelheiten und erhielt folgende Antwort:

„Ich habe lange nachgedacht und bin schließlich daraufgekommen, daß in unserem Hause eine Gouvernante war, die mich während einer Krankheit öfters auf den Schoß genommen hat. Auch die Mutter nahm mich damals auf den Schoß. Es schwebt mir dunkel vor, als ob die Gouvernante mit meinem Gliede gespielt hätte. Ich erinnere mich — da Sie mich darum fragen —, daß ich schon öfters davon geträumt habe.

Der Kranke konnte nicht nach Wien zur Analyse kommen. Es scheint sich um eine Fixierung an die Zeit der Krankheit zu handeln, während der er maßlos verzärtelt wurde. Oft ist diese Art des Infantilismus nur die Wirkung eines Erlebnisses, dem dann auf diese Weise ewige Dauer verliehen wird. In dieser Hinsicht gibt der nächste Fall einige Aufklärungen.

Fall Nr. 24. Frau R. W., 32 Jahre alt, seit zehn Jahren verheiratet, kinderlos, von zartem infantilem Typus, kommt wegen vollständiger sexueller Frigidität in meine Behandlung. Schon in der ersten Sprechstunde gibt sie an, daß sie seit dem 11. Jahre onaniert und dabei immer Orgasmus hat. Sie stellt sich dabei vor, daß sie von einem großen Manne im Zimmer herumgetragen wird, wobei er sie zeitweise in die Höhe schupft. Sie erinnert sich überhaupt gar nicht an die ersten Kinderjahre. (Ein für diese Fälle außerordentlich häufiges Vorkommnis. Die Kranken haben fast alle die Erlebnisse der Kindheit verdrängt.) Sie wollte immer mit Mädchenkleidern umhergehen und einen Zopf tragen. Es machte ihr immer große Freude, wenn die Herren ihre „feschen Wadeln" bewunderten. Sie sträubte sich lange gegen das lange Kleid. Sie trägt auch heute am liebsten eine Gretchenfrisur. Als die Mode der kurzen Kleider aufkam, war sie überglücklich. Nun konnte sie wieder ihrem Drange nachgeben und Mädchenkleider tragen. Sie übertrieb so, daß sie ihr Mann verwarnte. Wenn sie sicher ist, nicht überrascht zu werden, so trägt sie zu Hause ihre Mädchenkleider und spielt mit ihren Puppen. Sie liest noch heute sehr gerne Märchen und läßt keine Gelegenheit vorbeigehen, wenn sie öffentlich Märchen hören kann. Sie führt alle ihr Nichten in Kindervorstellungen und unterhält sich dabei besser als die kleinen Kinder. Sie würde am liebsten ewig ein Backfisch sein. Das sei doch ihre seligste Zeit gewesen.

Sie empfindet den Zustand nicht als Abnormität. Es sei nur das Festhalten an der schönsten Zeit ihres Lebens. Sie verlangt Abhilfe gegen ihre Kälte, will sich aber keiner Analyse unterziehen. Sie glaubte, es ließe sich mit einem Rezept machen . . .

Ich führe noch drei Fälle aus der Beobachtung von *Hirschfeld*[1]) an, die uns ein gleiches Bild zeigen.

Fall Nr. 25. H., Verkäufer in einem Modewarengeschäft, ist 24 Jahre alt. Trotzdem er ziemlich groß ist, macht er den Eindruck eines 16jährigen Jungen. Mimik und Gestik entsprechen vollständig dieser Altersstufe. Er ist von kindlicher Fröhlichkeit, aber leicht verzagt und furchtsam, beispielsweise drückt ihn gegenwärtig die Angst nieder, er müsse ebenso wie seine Brüder, von denen nicht weniger als 9 im Felde stehen, Soldat werden. Seine Stimme gleicht in Tonhöhe und Modulation einer Knabenstimme, Bartwuchs ist schwach. Über seine Neigung schreibt er: „Ich liebe Bänder und Schleifen, auch Schmucksachen, besonders aber interessiere ich mich für Wäsche und sehe mir solche gern an, wenn sie sich in ganz sauberem, hübsch gebundenem, schön geordnetem Zustande im Schrank befindet. Meine Wäsche ist stets in diesem Zustande und mit frisch grünen Bändern vorzufinden. Immer bin ich hocherfreut, wenn ich

[1]) „Sexualpathologie" von Dr. med. *Magnus Hirschfeld*, I. Teil, Bonn 1917, A. Marcus und Webers Verlag, Dr. jur. Alb. Ahn (p. 43—44).

meinen Wäscheschrank öffne und mir dieser liebe Anblick entgegenkommt." „Ich schwärme sehr für Blumen und eine ganz besondere Liebhaberei von mir ist es, diese zu küssen oder aus halb geöffneten Rosen Wasser zu trinken. Meine Lieblingsblumen sind folgende: Schneeglöckchen, Himmelschlüsselchen, Veilchen und das bescheidene Vergißmeinnicht." „Große Freude macht es mir, verschiedene Kleinigkeiten selbst zu nähen, wie Kravatten, Kissen und Sportmützen. Letzterer Gegenstand ist nicht ganz leicht eigenhändig ohne jegliche Anleitung herzustellen, aber es ist mir ganz gut gelungen zwei Mützen zu arbeiten, die ich nun mit Vorliebe trage. Meine Mützen haben sogar hier in Berlin bei meinen Bekannten so Anklang gefunden, daß ich schon einige Bestellungen entgegengenommen habe. Meine anderen Brüder im Felde habe ich mit von mir angefertigten, mit Daunen gefüllten Schlummerkissen versehen, die ihnen beim Empfang eine sehr große Freude bereiteten und wohl auch ein nützlicher Gegenstand für unsere armen Soldaten im Feld sind."

Sehr bezeichnend ist folgende Äußerung dieses Infantilen: „Sehr gegen meine Geschmacksrichtung ist es, wenn ich mit dem Wort „Herr" angerufen werde. Dann werde ich sofort von nicht zufriedengestellter Stimmung überfallen und muß erst eine Zeit ganz allein sein, bis ich wieder soweit hergestellt bin, um fröhlichen Mutes sein zu können. Da ich mich doch durchaus nicht als die Erscheinung eines Herrn fühlen kann, ist es meine Absicht, den nächsten neuen Anzug wieder mit kurzer Kniehose zu tragen, damit mir die Anrede Herr weniger zugelegt wird."

Fall Nr. 26. M., 50 Jahre, findet sich nur in Matrosenanzügen glücklich. Er bildet sich dann ein, er wäre noch ein Junge von 12 Jahren. Er zieht sich abends zu Hause einen Knabenanzug an, von denen er sieben besitzt und setzt sich vor den Spiegel; er ist geschlechtlich erregt, berührt aber nicht sein Glied, „weil er dazu noch zu jung sei". Am liebsten spielt er mit anderen Knaben Schule. Sonntag nachmittags geht er mit „den anderen Jungen" nach den Rummelplätzen zum Karusselfahren und Schaukeln. Er schenkt ihnen vorher Geld, dann kaufen sie sich zusammen Bonbons und Schokolade; sie spielen auch gerne Ball. Auch geht er mit den Knaben in die Volksbadeanstalt; er fühlt sich den Jungen völlig gleichartig. „Willy und Kurt seien seine besten Freunde, zu mir sagen sie Louis." Geschlechtliche Handlungen nimmt M. weder mit Kindern, noch Erwachsenen vor. Wenn er sich Sonntags lange mit seinen Kameraden herumgetummelt hat und den Abend zu Hause dann in seinen Knabenanzügen verbringt, tritt öfters eine sexuelle Entspannnug ein, die ihn völlig zufriedenstellt (l. c., p. 44).

Fall Nr. 27. Der 40jährige Bierverleger R. K. ist von uns gemeinsam während mehrerer Monate beobachtet, eingehend untersucht und wiederholt exploriert worden. K. war ein äußerst schlechter Schüler. Trotz seiner großen Anhänglichkeit an die Mutter trat schon in frühen Kinderjahren, wenn er eben nicht an das Krankenlager gefesselt war, eine Neigung zu übermütigen Jugendstreichen deutlich zutage. Auch weiß sich K. genau zu entsinnen, daß schon damals ein — seiner eigentlichen Ursache nach ihm natürlich noch unklarer — Reiz für ihn darin lag, derartiger Streiche wegen gezüchtigt zu werden oder auch nur darin, sich eventuelle Züchtigungen vorzustellen. Mit 13 Jahren offenbarte sich die sexuelle Natur dieses Empfindens noch deutlicher, als K. eines Tages vom Lehrer auf das Gesäß geschlagen wurde, in der darauffolgenden Nacht im Traume die gleiche Situation nochmals durchmachte und dabei die erste mit Wollustgefühl verbundene Pollution hatte.

An dieses erste Zeichen beginnender Pubertät schlossen sich die übrigen Erscheinungen des Entwicklungsalters, Stimmwechsel, Bartwuchs und bewußtes Sexualempfinden. Nach Abschluß der Geschlechtsreife war eine gewisse Differenzierung bei K. insoferne eingetreten, als seine auf effektive Geschlechtsbetätigung zielenden Wünsche und Neigungen auf erwachsene Personen weiblichen Geschlechts eingestellt waren.

Wie erwähnt, bildete der Wunsch und die Vorstellung, Kind zu sein und als Kind behandelt zu werden, das treibende und die Gesamtpersönlichkeit beherrschende Moment in K.s Seelenleben.

K. ist ein untersetzter, ziemlich kräftig gebauter Mann, an dem in Gesichtsausdruck und Haltung ständig eine eigenartige Schüchternheit und Zaghaftigkeit auffällt. Der Organbefund zeigt keine wesentlichen Abweichungen von der Norm. Dagegen ist in der niedrigen, bei der geringsten Denkarbeit stark gefurchten Stirn, in dem Mißverhältnis zwischen Hirn-Gesichtsschädel, der asymmetrischen Gesichtbildung und dem wenig differenzierten Bau der ungleich gestellten Ohren ein degenerativer Typus ausgeprägt. Von nervösen Erscheinungen fällt eine — auf lebhafter Gefäßerregbarkeit beruhende — Neigung zum Erröten und Erblassen neben gesteigerter Erregbarkeit der Sehnenreflexe besonders auf.

Der psychische Befund bietet auf allen Gebieten das Bild vollkommener Kindlichkeit und mangelnder Reife.

Alle Interessen K.s drehen sich um den Angelpunkt dieser kindlichen Einstellung: Aus Kinderbüchern, Märchen und Fabeln einfachster Art deckt er seinen geistigen Bedarf, zu Weihnachten füllt er einen langen Wunschzettel aus, in dem er neben Spielsachen aller Art, Soldaten, Reifen, Ballspiel usw. sich erbittet, wöchentlich einmal „ins Kino geführt zu werden", und auch äußerlich ganz als Knabe gekleidet gehen zu können und als solcher behandelt zu werden, ist Inhalt und Ziel aller persönlichen Wünsche des 42jährigen Menschen. Ihm selbst ist nicht bewußt, wie stark sein sexuelles Empfinden in dieser infantilistischen Gesamtindividualität begründet und mit ihr verflochten ist.

Im Umgange mit Knaben, namentlich in dem Gefühl, auch diesen noch untergeordnet, gewissermaßen kindlicher als die Kinder zu sein, findet seine Sexualität auch ohne wirkliche geschlechtliche Betätigung ihre Entspannung. Hieraus erklärt sich der Genuß, den er darin findet, seine äußerst mangelhaften Schreibübungen von Knaben korrigieren und sich der darin enthaltenen Fehler halber zurechtweisen und eventuell züchtigen zu lassen (l. c., p. 45—46).

Diese Fälle sind verhältnismäßig häufig. Sie fühlen sich nicht als Kranke und suchen selten den Arzt auf. Ich habe in öffentlichen Gärten wiederholt diesen Typus beobachten können. Es ist mir bis heute noch nicht gelungen, ein solches Exemplar zu einer Analyse zu bringen. Sie halten mit unglaublicher Hartnäckigkeit an der Fiktion der ewigen Jugend fest und fühlen sich in dieser Fiktion so lange glücklich, bis die Zeit ihnen das Spiel unmöglich macht. Ich habe aber schon Männer beobachtet, die weißes Haar hatten und den „ewigen Jüngling" spielten.

X.

Die Monopolisierung der Sinne.

Zur normalen Sexualität gehört die vereinigte Funktion aller Sinnesorgane im Dienste der Libido. Der Liebende sieht seinen erwählten Partner gerne, sein Anblick verschafft ihm freudige Sensationen, er riecht ihn gerne, er schmeckt seinen Kuß als höchsten Genuß, er fühlt ihn beim Streicheln und bei der Berührung, er betastet ihn mit gesteigerter Wollust. Wenn einer dieser Sinne zu einer Objektwahl in Opposition steht, so kann man annehmen, daß er sich in der Objektwahl getäuscht hat. Frauen, die ihren Mann nicht riechen können und behaupten, daß sie ihn lieben, täuschen sich selbst über die Stärke ihrer Abneigung. Männer, die angeblich eine Frau lieben und ihre Stimme unangenehm empfinden, werden bald den Zusammenbruch dieser Liebe erleben.

Aber jedermann hat eine Sinnesqualität, die er bevorzugt, oft ohne sich darüber Rechenschaft zu geben. Dem einen ist die Stimme das Wichtigste, dem anderen der Anblick, dem dritten der Geruch, dem vierten die Tastempfindung, welche das Streicheln der Haut vermittelt.

Es kommt aber bei den verschiedenen Formen des psychischen Infantilismus vor, daß ein Sinn die determinante Kraft darstellt, daß er sozusagen das Liebesleben in seinem Dienste monopolisiert.

Am bekanntesten ist die Paraphilie des Zusehens und Gesehenwerdens (Mixoskopie *Molls*). Diese Voyeurs und Voyeusen stellen vielleicht die harmloseste Form des Infantilismus dar, die ungeheuer verbreitet ist. Fast jedermann hat etwas von dieser Paraphilie an sich. Sie wird nur zur Paraphilie, wenn auf die Ausübung des Geschlechtsaktes verzichtet wird und das Zusehen und Gesehenwerden (passiver Voyeur) schon allein den höchsten Genuß verschafft. Wir haben aus verschiedenen Krankengeschichten gelernt, daß diese Paraphilie aus der Kindheit stammt. Das Kind ist in erster Linie Voyeur und trachtet sich die Genüsse des Zuschauens, die auch im Dienste des sexuellen Forschungstriebes stehen, mit allen seinen Mitteln zu verschaffen. In erster Linie sind es die Eltern, die beobachtet werden. Ist diese Beobachtung eine der ersten Eindrücke des Kinderlebens, so kann es zur Monopolisierung des Sehtriebes kommen.

Der erwachsene Voyeur benimmt sich wie ein Kind. Er trachtet. sich um jeden Preis das Vergnügen des Zusehens zu verschaffen. Dieses Zusehen erstreckt sich zumeist auf den Koitus, kann aber auch den Anblick der Miktio oder den der Defäkation erstreben. Der Variationen gibt es unzählige. Es ist gar nicht meine Absicht, alle die Variationen der Mixoskopie zu schildern. Einige Beispiele mögen genügen.

Eine große Rolle spielt die Beobachtung durch ein Loch in der Wand[1]) oder durch ein Schlüsselloch. In Paris sollen in Lupanaren sich für diese Neurotiker vorbereitete Gucklöcher befinden, durch die sie für teures Entgelt die verschiedenen Liebesszenen beobachten können. Gewöhnlich onanieren diese Zuschauer während des Aktes, der beobachtet wird, oder kommen durch den bloßen Anblick zum Orgasmus.

Fall Nr. 28. Ein 54jähriger, hochgestellter Mann suchte bei mir Abhilfe gegen folgenden Trieb. Er rennt stundenlange in den Gassen herum. Endlich faßt er den Mut, einen Soldaten anzusprechen, der sich in der Nähe von Bordellen herumtreibt und fragt ihn, ob er sich einen Koitus bezahlen lassen würde, wenn er einen Zuschauer hätte. Oft verspricht er dem Soldaten noch eine Extrabelohnung. Er erinnert sich, daß er in der frühesten Kindheit wiederholt den Koitus seiner Eltern belauscht hatte.

Der nächste Fall zeigt ein anderes Bild als Ergänzung:

Fall Nr. 29. 36 Jahre alt, Advokat, kann nur Libido empfinden, wenn er weiß, daß ihm jemand zusieht. Am liebsten ist es ihm, wenn er mit einem Freunde gemeinsam in einem Zimmer koitiert, so daß sie einander sehen können. Mitunter werden auch die Frauen ausgewechselt. Er hatte eine sehr schöne Geliebte, die sich weigerte, sich in Gegenwart seines Freundes koitieren zu lassen. Er wollte den Freund im Zimmer verstecken, damit er sie sehen könnte.

Das ähnliche Motiv behandelt *Hebbel* in „Gyges und sein Ring".

Alle diese Voyeurs haben Phantasien, daß sie einen Zauberring besitzen, der sie unsichtbar macht. Sie träumen auch, daß sie sich in ein kleines Tier verwandeln und alle Vorgänge beobachten können. Das Motiv der Tarnkappe kehrt in ihren Phantasien regelmäßig wieder. Aber nicht immer geht der Voyeur auf den Anblick des Koitus und der vollständigen Entkleidung. Vielen Männern genügt das Raffen des Kleides, um bei ihnen wollüstige Empfindungen und sogar Orgasmus hervorzurufen.

Fall Nr. 30. Herr S. A., 52 Jahre alt, Beamter, hat eine bestimmte Leidenschaft. Er wartet sehnsüchtig auf einen Regen, um dann hinter Damen

[1]) *Henri Barbusse* gibt in seinem Romane „l'Enfer" eine ausgezeichnete Schilderung eines Voyeurs und versucht durch tiefe psychologische Betrachtung eine Vertiefung dieses Thema. Er schildert sozusagen einen sublimierten Voyeur. Durch ein Loch in der Wand kann ein Hotelgast alle Vorgänge beobachten, die sich im benachbarten Hotelzimmer abspielen. Ich kenne solche Voyeurs und weiß aus ihren Geständnissen, daß diese Paraphilie außerordentlich verbreitet ist.

einherzugehen, welche das Kleid in die Höhe raffen, um sich vor Schmutz zu schützen. Er steht am liebsten bei gewissen schmutzigen Übergängen, bei denen die Damen gezwungen sind, ihre Waden stärker zu entblößen. Er hat ein Loch in seiner Tasche, geht dann hinter diesen Damen einher und onaniert. Er hat es niemals gewagt, diese Frauen anzusprechen. Er ist an regenlosen Tagen ohne jede sexuelle Erregung. Hat oft bei Dirnen den Koitus versucht und hatte niemals eine Erektion. Seine ganze Sexualität ist auf den Anblick des Beines monopolisiert, wobei der Regen als unumgängliche Begleiterscheinung gefordert wird.

Diese Beispiele mögen genügen. Jeder Sexualarzt wird viele derartige Beobachtungen sammeln können. In allen Fällen handelt es sich um Infantilismen. Der Sexualakt beschränkt sich auf das Sehen oder Gesehenwerden.

Sehr interessant sind auch die Fälle von Nebenzimmer-Sexualität, bei denen es sich um das Hören handelt. Diese Menschen werden nur durch das Hören der verschiedenen Geräusche erregt, wie sie den Koitus zu begleiten pflegen. Es sind einerseits die bekannten knarrenden Bewegungen des Bettes, andrerseits die Laute, welche die Koitierenden während des Aktes ausstoßen. Auch das Ohr kann unter Umständen monopolisiert werden, wie der nächste Fall beweist.

Fall Nr. 31. Herr W. H., ein 29jähriger Platzagent, war bisher immer bei Frauen impotent. Er onaniert immer mit der Vorstellung, daß er im Nebenzimmer ein Paar koitieren hört. Er hat auch diese Phantasien in die Tat umgesetzt. Er sucht Stundenhotels auf und wählt ein Zimmer, das zwischen zwei anderen Zimmern liegt und dünne Wände hat. Hohe Trinkgelder sichern ihm eine anregende Nachbarschaft. Er horcht nun gespannt auf alle Geräusche. Zuerst wie das Paar hineinkommt, was sie sprechen, ihr Sträuben, sein Zureden, das Flüstern, das Knarren des Bettes, ihr Seufzen und Stöhnen. Er gerät in höchste Aufregung, trachtet seinen Orgasmus nach dem Orgasmus des Paares einzurichten.

Dieser Mann erinnert sich, daß er durch viele Jahre den Koitus der Eltern belauscht und dabei onaniert hatte. Er macht nichts anderes, als die alte Szene neu zu beleben und wieder zu erleben. Alle seine Versuche, diese Leidenschaft zu überwinden, scheitern. Es interessiert ihn nur das Zuhören, es macht ihm den größten Genuß.

Seltener sind die Fälle, in denen die Liebesbedingung ein Monopol des Geruchsinnes ist. Es kommt sehr häufig vor, daß ein bestimmter Geruch die sexuelle Erregung bringt und dann der normale Koitus ausgeführt wird. Aber es gibt auch Geruchsklaven, welche einem bestimmten Geruche nachjagen und sich an dem Geruche berauschen, wobei sie zum Orgasmus kommen. Ich kenne Männer, die ein bestimmtes Parfum lieben, parfümierte Taschentücher benützen, parfümierten Damen nachlaufen und dabei onanieren. Andere werden durch Schweißgeruch angelockt und suchen nur den Geruch bestimmter Körperteile. Besonders der Geruch alter Wäsche und alter Kleider ist sehr beliebt.

Fall Nr. 32. Herr T. N., ein 45jähriger Arzt erzählt mir, daß er seit seiner Jugend an der Leidenschaft krankt, die Wäsche zu riechen, in der ältere Frauen gelegen sind. In der Praxis gelingt es ihm hie und da unbemerkt oder unter dem Vorwande der ärztlichen Untersuchung, seinen Kopf unter die Bettdecke zu geben. In diesem Momente erfolgt eine Pollution. Er hat nie mit Frauen verkehren können, da er immer impotent war. Er weiß es bestimmt, daß er schon als 3jähriger Knabe sich gerne ins warme Bett der Mutter legte und die Decke über den Kopf zog. Je stärker der Geruch ist, desto größer wird seine Erregung.

Fall Nr. 33. Herr C. J., 24 Jahre, Beamter, wird durch den Geruch eines uringetränkten Hemdes am stärksten erregt. Er sucht sich um jeden Preis solche Hemden zu verschaffen und daran zu riechen und zu onanieren, was bisher am leichtesten bei der Mutter und bei zwei Tanten gelungen ist. Er berichtet mir das von mir einige Male beobachtete Phänomen, daß er beim Niesen diesen Geruch mit aller Deutlichkeit konstatieren kann. (Was mir zu beweisen scheint, daß manche Formen von Niesen und Nieszwang symbolische Darstellungen des Geschlechtsaktes sind.[1]) Dieser Geruch verfolgt ihn oft tagelang und er ist unglücklich, wenn die Prostituierten, die er aufsucht, reine Wäsche anhaben. Er ersucht sie dann, ein altes, womöglich uringetränktes Hemd anzuziehen und kommt beim Riechen und Wühlen des Kopfes unter dem Hemde auf dem Bauche zum Orgasmus, ohne jeden Versuch einer Immissio gemacht zu haben.

Mitunter treten diese Geruchshalluzinationen in Anfällen auf, die mit leichtem Schwindel, Ohnmacht oder mit einer Träumerei verbunden sind. Ein instruktives Beispiel findet sich bei *Féré*.

Fall Nr. 34. Epilepsie. Subjektive Empfindungen des Geruchssinnes während der sexuellen Beziehungen, die sich später in der Aura des epileptischen Anfalles wieder zeigten. Es handelt sich um einen 34jährigen Mann, in dessen Familie man keine neuropathischen Anverwandten findet. In seiner Kindheit sind keine nervösen Störungen aufgetreten, seine Entwicklung war normal, er hat bis zu seinem 28. Lebensjahr keine anderen Krankheiten als Masern und Scharlach gehabt. Er ist seit einem Jahr verheiratet. Seine Frau hatte vor zwei Monaten entbunden; als er die ehelichen Beziehungen wieder aufnahm, war er erstaunt, beim Orgasmus einen üblen Geruch zu verspüren, den er mit dem eines verfaulten Käses vergleicht. Natürlich suchte er die Ursache seines Geruches, den er bei jeder Annäherung verspürte, nicht bei sich selbst. Die Folge davon waren eine tiefe Abscheu und ein fast unbesiegbarer Widerwillen gegen den Koitus. Er hatte beinahe einen Monat lang keinen Verkehr ausgeübt, als er eines Nachmittags in seinem Büro plötzlich den wohlbekannten üblen Geruch verspürte. Diese Wahrnehmungen war von keinem sexuellen Gefühl und scheinbar auch von keinem anderen Symptom,

[1]) Ich erinnere mich an die Zwangsneurose eines Rabbiners, der darunter litt, nicht „abniesen" zu können. Er gebrauchte die stärksten Schnupfmittel, um das Niesen, welches mit einem leichten Orgasmus verbunden war, hervorzurufen. Leider versagten die Mittel nach einigen Wochen. Es handelt sich um ein Konversionsphänomen und um eine Affektverschiebung. Er wollte eine Ejakulation bei einem anderen Weibe als dem seinen erleben und machte die Stadien der Sehnsucht und Enttäuschung an der Nase mit.

begleitet. Es war beiläufig 6 Monate her, daß sich diese Begleiterscheinung beim Koitus zum ersten Male fühlbar gemacht hatte. Von diesem Augenblick an, ob er den Verkehr ausübte oder nicht, machten sich die Halluzinationen des Geruchsinnes alle 10—12 Tage, im Assoziationswege, geltend.

Während eines Jahres traten dieselben Erscheinungen ohne Änderung auf. Eines Abends, als er von einem langen, aber keineswegs sehr ermüdenden Spaziergang heimkehrte, trat die Geruchsempfindung plötzlich wieder auf, begleitet von einer Verdunkelung des Sehvermögens, welcher beinahe sofort eine Ohnmacht folgte. Der Kranke biß sich in die Zunge, urinierte in seine Kleider: heftige Konvulsionen dauerten zwar nur kurze Zeit, wurden aber von einer unruhigen Schlafperiode mit einem scheintodähnlichen Zustand, der mehr als zwei Stunden andauerte, abgelöst. Der Kranke erwachte nur für kurze Zeit aus diesem Schlummer, stellte einige Fragen und verfiel sofort, nachdem man ihn ausgezogen und auf sein Bett gelegt hatte, wieder in Schlaf. Diese Anfälle haben sich seitdem mit derselben Aura, ungefähr jede sechste Woche oder jeden zweiten Monat, wiederholt, die alten Anfälle blieben aber bestehen.

Da dieser Kranke seine Paraphilie im epileptischen Anfall durchlebte, müssen wir annehmen, daß es sich um kriminelle Regungen handelt, deren Bewußtmachung er nicht vertragen würde. Ich würde die Diagnose nach meinen Erfahrungen auf „Nekrophilie" stellen.

Ich kenne ähnliche Fälle, in denen sich die Vorliebe für den faulen Geruch und die Idiosynkrasie gegen diesen Geruch auf verdrängte nekrophile Regungen zurückführen ließ. Viele Gourmands haben in ihre Feinschmeckerei die infantilen sexuellen Einstellungen hereingetragen. Jedenfalls läßt sich das Rätsel der Idiosynkrasie gegen gewisse Speisen in den meisten Fällen leicht analytisch aufklären.

Bekannt sind die Fälle von Pikazismus *(Eulenburg)*, in denen sonderbare Geschmacksempfindungen den Orgasmus vermitteln. Ich erinnere an den Fall, den *Eulenburg* schildert. Ein Mann führt Erdbeeren in die Vagina ein und verzehrt sie unter höchster wollüstiger Erregung. Es kommt bei manchen Infantilisten vor, daß sie gewisse Speisen in die Vagina und auch, wie wir gesehen haben, in den Anus stecken und sie verzehren. (Fall Nr. 72 wird uns ein lehrreiches Beispiel geben.) Hierher gehören die Koprophagen, die Urolagnisten und alle ähnlichen Fälle. Es ist sehr schwer, diese Menschen zu einer Analyse, überhaupt zu einem Geständnis zu bewegen. Seit ich das große Material an Impotenten habe, das mir Band IV verschafft hat, sehe ich auch solche Fälle häufiger. Man versäume in keinem Falle von Impotenz nach sonderbaren Geschmacksrichtungen zu fragen und wird dann sehen, daß diese Fälle keineswegs so selten sind, wie man a priori annehmen würde.

Fall Nr. 35. Herr G. F., 37 Jahre alt, Ingenieur, muß beim Kuß einen merkwürdigen Geschmack wie nach Eiter oder Blut fühlen, um zum Orgasmus zu kommen. Frauen mit schlechten Zähnen und besonders solche mit einem künstlichen Gebisse vermögen diese Geschmacksempfindung zu vermitteln. Er erinnert sich nicht, ob eine der Personen seiner Jugend diesen Geschmack hatte. Aber ein entzückend reiner Mund mit Perlenzähnen läßt ihn kalt, während schon die Vorstellung eines künstlichen Gebisses ihn sexuell aufregt. Seine Befriedigung entsteht durch einen Zungenkuß und Schmecken des fremden Speichels durch die Zunge. Beide Eltern hatten schlechte Zähne und benützten Prothesen.

Fall Nr. 36. Frl. B. D., 25 Jahre alt, ist beim Koitus anästhetisch. Sie empfindet nur beim Küssen, und zwar nur, wenn der Mann ein sehr starker Raucher ist und unmittelbar vor dem Kusse eine Zigarre geraucht hat, so daß sie den bitteren Geschmack auf der Zunge spürt. Ihr Vater war starker Raucher. Sie gibt die Möglichkeit zu, daß sie bei seinen ersten Küssen diesen Geschmack empfunden habe, obwohl sie an diesen Zusammenhang nie gedacht hatte.

Wir kommen nun zum fünften Sinn, dem Tastsinn. Auch der Tastsinn wird monopolisiert. In diese Kategorie gehört die sehr ansehnliche Gruppe der Streichler. Es gibt Männer und Frauen, die zum Orgasmus kommen, wenn sie gestreichelt werden, während sie sonst bei jeder anderen Liebkosung kalt bleiben. Die Fälle sind sehr durchsichtig und gehen auf die bekannten infantilen Eindrücke zurück.

Fall Nr. 37. Frau A. S., 42 Jahre alt, Mutter von vier Kindern, ist beim Koitus und bei Friktionen des Cunnus ganz anästhetisch. Der Orgasmus wird nur durch Streicheln des ganzen Körpers, besonders des Rückens erzeugt. Je feiner das Streicheln ist, desto rascher kommt sie zum Orgasmus. Sie schildert den Genuß des Streichelns als den eines heißen Bades, bei dem es einem kalt über den Rücken läuft.

Aber auch die verschiedenen Kratzer können zu dieser Gruppe gerechnet werden. Schon die Kinder kratzen sehr gerne und oft sogar so stark, daß sie sich verletzen und allerlei Ekzeme erzeugen. Viele schwer heilbare Kinderekzeme sind nur die Folge des Kratzens.

Fixiert sich diese aus sadistischen und autoerotischen Komponenten zusammengesetzte Leidenschaft *(Hug-Hellmuth)*, so kann es zu einer Monopolisierung der Hauterotik kommen.

Bekannt ist die Empfindlichkeit vieler Menschen gegen das Kitzeln. Es gibt Menschen mit sehr ausgesprochener Hautsexualität, diese sind eben kitzlig. Es kommt aber auch vor, daß das Kitzeln die Einleitung zu einem Liebesakte bilden muß, also spezifische Liebesbedingung ist. Kitzeln an den Genitalien ist eine Selbstverständlichkeit in der Ars amandi. Es handelt sich aber in diesen Fällen um Kitzeln an den Fußsohlen oder in den Achselhöhlen, am Nacken, dem Rücken usw. Fast jeder Mensch hat eine besonders empfindliche Hautstelle, von der aus sich die sexuelle Erregung auslösen läßt.

Fall Nr. 38. Herr D. K., ein 34jähriger Reisender, läßt sich in Lupanaren am ganzen Körper kitzeln. Er läßt oben anfangen und langsam bis zu den Fußsohlen kommen. Beim Kitzeln der Fußsohlen tritt der Orgasmus ein.

Auch die Massage kann ähnliche Wirkungen hervorrufen. Manche magnetische Behandlung erzielt ihre Wirkungen durch die Hautsexualität.[1])

Fall Nr. 39. Herr E. O., 53 Jahre alt, Vater von sechs Kindern, gibt an, daß er nur beim Kratzen zu einem wirklichen Genuß kommen könne. Er hat sich ein eigentümliches System zurechtgelegt, bei dem er zugleich der Exhibition fröhnen und allerlei Inzestwünsche verbergen kann. Er zieht sich des Abends splitternackt aus. Zwei seiner Kinder — meistens die Mädchen — müssen ihn am ganzen Körper kratzen, weil er es sonst vor Jucken nicht aushält. Dies Jucken ist nur ein Vorwand. Er hält sich wohl die Hand vor sein Genitale, aber sonst ist er ganz entblößt und sieht strenge darauf, daß kein Körperteil ausgelassen wird.

Hierher gehören alle Fälle von Haut- und Muskelerotik *(Sadger)*, deren nähere Beschreibung ich mir nach den angeführten Beispielen ersparen kann. Die Fälle haben große Ähnlichkeit und zeigen uns alle die gewaltige Macht der ersten infantilen Eindrücke.

[1]) Vgl. Bd. II, das Kapitel „Erotische Reizungen als Heilmittel".

XI.

Urinsexualität.

Es ist leider den Praktikern sehr wenig bekannt, daß die infantile Form der Sexualbefriedigung sehr oft auf dem Wege der Miktion erfolgt. Nach *Freud* soll das Primat der Genitalzone erst in der Pubertät systematisiert werden, nachdem die verschiedenen erogenen Zonen zu sekundären Sexualorganen umgewandelt wurden. Diese im allgemeinen richtige Anschauung bedarf einer kleinen, aber sehr wichtigen Korrektur. Die Genitalorgane können schon in den ersten Lebensjahren eine Art Primat ausüben. Ja, ich möchte behaupten, daß es die Regel ist und daß die stärksten Sexualgefühle immer von jenen Stellen ausgehen, die organisch vorherbestimmt sind im Sexualleben eine überragende Rolle zu spielen.

Allerdings ist zu erwähnen, daß diese Sexualgefühle sich nicht rein sexuellen Funktionen anschließen, sondern die täglichen Funktionen der Zeugungsorgane, die ja auch die Urinabsonderung zu besorgen haben, begleiten. Wir müssen eben annehmen, daß das Leben des Kindes im ersten Lebensjahre eine Reihe von Lustgefühlen darstellt, die nur von kurzen oder längeren Momenten der Unlust unterbrochen wird. Nicht nur das Saugen, auch die Defäkation und die Miktion, die verschiedenen Muskelbewegungen, das Bad, das Kratzen, das Liegen in den warmen, feuchten Windeln rufen Lustgefühle hervor.

Man kann es auch beobachten, wie sich das Gesicht des Säuglings verklärt, wenn er seine Miktion besorgt. Werden die Kinder älter, so kommt es zu allerlei Spielen mit dem Urin. Sie halten ihn zurück, weil der Urindrang in den ersten Stadien als Lust empfunden wird. Auch das Strömen des warmen Urins durch die Harnröhre scheint mit Lust verbunden zu sein.

Ältere Kinder geben an, daß sie während der Miktion ein sehr angenehmes Kitzeln in der Harnröhre verspüren. Am Schlusse der Miktion kommt es oft zu einem Krampf der Blasenmuskulatur der oft als Wollust empfunden wird. Es ist eine Tatsache, die wenige Kinderärzte kennen, daß die Miktio die Form der infantilen Pollution ist. Meistens endet der autoerotische Akt der Kinder mit einer Miktion, d. h. der erstrebte Orgasmus tritt erst mit den Strömen des Urins durch die Harnröhre ein.

Diese Tatsachen sind von der allergrößten Bedeutung. Machen sie uns doch das Wesen der gefürchteten Kinderkrankheit, der Enuresis nocturna, verständlich. Bei dieser Gelegenheit möchte ich darauf aufmerksam machen, daß die Unfähigkeit den Harn zu halten, bei vielen Kindern auch am Tage auftritt und zu allerlei neurotischen Erscheinungen führt, die später besprochen werden sollen. Es ist daher falsch von einer Enuresis nocturna zu sprechen. Wir täten besser, wir würden den Zustand Enuresis nennen und von diesen Kranken als Enuretikern sprechen.

Sehr treffend bemerkt *Sadger* in seiner vortrefflichen Arbeit „Über Urethral-Erotik" (Jahrbuch für psychoanalytische Forschungen, Bd. II. I. F. Deuticke, Wien und Leipzig).

„Man kann die Regel aufstellen: Enuresis über die physiologische Zeitgrenze hinaus kommt nur dort zustande, wo das Lustgefühl bei der Harnentleerung wesentlich erhöht ist."

Ich habe Gelegenheit gesucht, die Psychologie der infantilen Enuresis genauer zu studieren und ein größeres Material in einem Kinderspitale nach dieser Krankheit psychologisch und ätiologisch durchforscht. Ich bin dabei zu merkwürdigen Erkenntnissen gekommen und habe die vollständige Bestätigung meiner früheren Forschungen und Annahmen gefunden. Ich kann *Sadgers* Angaben durchwegs anerkennen.

Ich möchte erwähnen, daß eine gewisse Gruppe von Enuretikern ein konstitutionelles Entgegenkommen für dieses Leiden zeigt. Es findet sich bei einzelnen Kindern jener [von anderer Seite [1]) bestrittene] Symptomenkomplex, den *Fuchs* „Myelodysplasie" [2]) genannt hat: Eine mehr oder minder verborgene Spina biffida, Sphinkterenschwäche, Erscheinungen der Minderwertigkeit in den unteren Extremitäten und andere Degenerationszeichen. Doch sind diese Fälle eine Minderheit und stellen nach meinen Erfahrungen zirka 2% aller Fälle dar.

Diese Erfahrungen decken sich mit denen, die ich als Leiter einer neurologischen Abteilung eines großen Kriegsspitales machen konnte. Nur, daß der Prozentsatz der Myelodysplasie unter den Soldaten, die mir als Enuretiker zugeschickt wurden, etwas größer war.

Die Enuresis der Erwachsenen erweist sich in den meisten Fällen als eine sehr bedeutsame Form des psychosexuellen Infantilismus. Sie kann nur verstanden werden, wenn wir die Psychogenese der Enuresis der Kinder sehr genau kennen.

Die kindlichen Enuretiker zeigen eine Reihe von gemeinsamen Zügen, die ich gleich hervorheben will. Im Gegensatze zu den konstitu-

---

[1]) Von *Zappert* (Wiener klin. Wochenschrift, 1920, Nr. 22) bestritten.

[2]) Wiener klin. Wochenschrift, 1909.

tionell bedingten Fällen, die durchs ganze Leben Enuretiker bleiben, findet man bei den Kindern meistens eine Latenzperiode der Enuresis. Sie sind bald trockene Kinder geworden oder haben es im zweiten Lebensjahre gelernt, ihr Bett rein zu halten. Nach einer Pause von einigen Jahren, die sehr verschieden ausfallen kann, fangen sie wieder an, das Bett zu nässen. Meistens wenn sie in die Schule gehen, also mit sechs oder sieben Jahren. Oft aber erst mit zehn, zwölf Jahren und auch noch später.

Alle gebräuchlichen internen und externen Mittel erweisen sich als nutzlos. Hochlagern des Beckens, Urinierenlassen vor dem Einschlafen, Flüssigkeitsentziehung, Wecken im Laufe der Nacht, Strafen, Schlagen, Medikamente, Liegenlassen in der nassen Wäsche. Das Leiden zeigt merkwürdige Launen. Oft setzt die Enuresis einige Tage, eine Woche aus, um dann wieder zu kommen. Mitunter besteht eine neurotische Furcht vor dem Naßmachen, die Kinder trauen sich aus Angst vor der Enuresis nicht einzuschlafen, rufen ängstlich die Mutter, verlangen einige Male auf den Topf, wobei sie den Zweck verfolgen, die Mutter zu beschäftigen, sie zu veranlassen, ihr Genitale zu berühren usw.

Diese neurotische Einstellung zeigt uns, daß es sich um die Abwehr eines sexuellen Komplexes handelt und daß die Kinder alle jene Zeichen des Kampfes gegen die Sexualtriebe zeigen, welche in ihrem späteren Leben eine so verhängnisvolle Rolle spielen können.

Doch sind die Fälle von neurotischer Angst vor dem Einschlafen viel seltener als jene, in denen die Kinder einen außerordentlich tiefen Schlaf zeigen. Fast alle Mütter klagen, daß die Kinder nicht zu erwecken sind. Aufgeweckt, sind sie so traumverloren, daß sie nicht wissen, was man zu ihnen spricht und was man von ihnen verlangt. Ein großer Teil dieser Kinder leidet an Pavor nocturnus. Sie schreien aus dem Schlafe, springen wohl auch aus dem Bette. Die Zahl der Nachtwandler ist auffallend groß unter den Enuretikern und zeigt, daß es sich um verbotene triebhafte Regungen handelt, deren symbolische Erledigung im Traume erfolgt.[1])

Diese außerordentliche Schlaftiefe beweist, daß es sich um Vorgänge handelt, gegen deren Bewußtwerden starke Widerstände bestehen. Auch das Erwachen ist sehr schwer. Diese Kinder sind kaum zu erwecken und verbleiben noch eine Weile in diesem Traumzustande. Viele klagen am Morgen über Kopfschmerzen, oder aber über einen eingenommenen Kopf und über Kopfdruck.

---

[1]) Vergl. meinen Vortrag „Der Wille zum Schlaf". Verlag I. F. Bergmann, Wiesbaden, und *Sadger*, „Das Nachtwandeln". Schriften zur angewandten Seelenkunde. I. F. Deuticke, Wien und Leipzig.

Die nächtlichen Ausflüge erfolgen oft zum Bette der Mutter oder des Vaters, auch manchmal zu einem der Geschwister. Manche der Kinder werden, wenn sie naß sind, in das Bett der Eltern genommen, was natürlich eine Prämie für das Naßwerden darstellt und die Heilung unmöglich macht. (Oft kann man die Enuresis heilen, wenn man diese Form der Belohnung ein für alle Mal verbietet.)

In vielen Fällen kann man leicht konstatieren, daß es sich um frühreife und sexuell gereizte Kinder handelt. Bei manchen setzt sich das Traumleben auch am Tage fort, so daß sie scheinbar dumm sind und untalentiert erscheinen, in der Schule stecken bleiben, während sie in Wahrheit nur zerstreut und mit ihren sexuellen Phantasien beschäftigt sind.

Fast in allen Fällen konnte man Onanie konstatieren. Oft von der Mutter beobachtet, oft erst von den Kindern bei längerer pädagogischer Behandlung eingestanden. In einer Reihe von Fällen setzte die Enuresis mit dem Wiederaufnehmen der Onanie ein. Es sind jene seltenen Fälle, in denen eine Latenzperiode im Sinne *Freuds* zu konstatieren war. (Aussetzen der Säuglingsonanie bis zu einem bestimmten Alter.)

In vielen Fällen wurde das Bettnässen in einer bestimmten Absicht inszeniert. Um die Eltern zu strafen, sie in Schach zu halten, eine uneingestandene Absicht durchzusetzen. Bei Erwachsenen beim Militär, um die Befreiung vom Dienste zu erlangen.

Das wichtigste Moment aber ist der Umstand, daß die Kranken aus dem Bettnässen Lust schöpfen. Die meisten hüllen sich schon am Abend in ihre Decken, als ob sie im Mutterleib liegen würden. Sie bleiben gerne in der Nässe liegen, weil sie damit die alte Säuglingslust wachrufen. Es handelt sich also in den Fällen von Bettnässen um eine Regression auf das Säuglingsalter.

Ich will zuerst einige Beispiele aus dem Kinderleben geben.

Fall Nr. 40. Der jetzt 9jährige Knabe Fritz war als kleines Kind nicht rein zu bekommen. Wenn er sich auch während des Tages rein hielt, nachts näßte er immer das Bett. Er schlief als „erstes Kind" im Schlafzimmer der Eltern. Er hatte die Gewohnheit, erst in den Morgenstunden zu schlafen, in der Nacht gab er keine Ruhe, litt sehr an Pavor nocturnus. Besonders, wenn er naß war, wollte er nicht in seinem Bettchen bleiben und verlangte zu seiner Mutter. Die nahm ihn auch zu sich um endlich Ruhe zu haben und ungestörter schlafen zu können. Es war für sie uneingestandene Lust, den kleinen, warmen, weichen Körper an sich gepreßt zu fühlen. Sie war eine unbefriedigte Frau, die ihre ganze Liebe und Zärtlichkeit auf den Knaben übertrug. Ja, häufig näßte der Kleine auch ihr Bett, aber sie empfand den warmen Dunst sogar als angenehm. Manchmal nahm ihn der Vater zu sich ins Bett, dort blieb er aber nicht, nach einer Weile kroch er zur Mutter hin, dort schien es ihm besser zu gefallen. Da er immer schlimmer wurde und die Mutter nächtelang nicht schlief, wurde er aus dem Schlafzimmer entfernt. Er schlief nun fortab mit seiner Bonne und verhielt sich des Nachts ruhig, das Bett näßte er weiter. Er pflegte noch als zweijähriges Kind sich mit seinem Kot zu beschmieren. Der Kleine hing mit übergroßer Liebe an seiner Mutter und wollte immer bei ihr sein. So wie viele neurotischen Kinder war er furchtbar „verknauft". Mit Vorliebe kroch er zur Mutter ins Bett und konnte von dort nur mit Gewalt entfernt werden. Der Mutter bereitete es ein großes Vergnügen, seine krabbelnden Fingerchen am Körper zu fühlen. Inzwischen war auch ein Schwesterchen gekommen. Er war nun der „Große", näßte aber weiter das Bett, was ihm nicht abzugewöhnen war. Er pflegte sich abends ganz fest in seine Decken einzuhüllen, daß man ihn am Morgen schweißgebadet in einem warmen Dampf vorfand. Mit der Mutter war er überaus zärtlich, seine Liebkosungen trugen ganz deutlich einen sexuellen Charakter.

Auf den Vater war er nicht sehr eifersüchtig, weil er fühlte, daß die Liebe der Mutter ihm gehörte, auch auf das Schwesterchen hatte er keinen Grund eifersüchtig zu sein. Das ging so bis zum 6. Jahre, daß er mit kleinen Unterbrechungen noch immer das Bett näßte. Manchmal wachte er des Nachts auf und sagte „Mama ich habe Dich lieb" und schlief dann weiter. Von Onanie war bei ihm nichts zu bemerken. Hingegen trieb er alle möglichen sexuellen Spiele mit der kleinen Schwester. In diesem Zeitpunkt ging nun eine große Veränderung in seinem Leben vor sich. Die Mutter hatte sich vom Vater scheiden lassen, weil sie in der Ehe sehr unglücklich war. Schweren Herzens mußte sie auf ihn verzichten, da er dem Vater zugesprochen wurde. Er kam zu einer Tante väterlicherseits und litt anfangs sehr unter der Trennung von seiner geliebten Mutter. Merkwürdig war es aber mit seiner Enuresis. Sie hatte mit der Entfernung von der Mutter vollständig aufgehört. Nach einigen Monaten kam die Mutter, die in einer anderen Stadt lebte zu Besuch. Der Knabe war überglücklich, seiner Umgebung gegenüber aber sehr gereizt. Die erste Nacht ihres Aufenthaltes, sie wohnte im Hotel, hatte er wieder sein Bett genäßt. Das war aber der einzige Rückfall. Seine Enuresis kehrte nie mehr wieder.

Es war ja ganz klar, daß die Enuresis bei ihm den Zweck hatte, ins Bett der Mutter genommen zu werden. Er wollte wieder ein Säugling sein und machte deshalb sich einen Dampf, da fühlte er sich wieder in die schöne Zeit zurückversetzt, wo ihn die Mutter ins Bett nahm. Bei diesem Knaben konnte man sehen, wie gut eine Trennung zwischen Mutter und Kind ist, wenn eine so starke gegenseitige Fixierung besteht. Die Mutter hatte durch ihr Wesen ungemein sexuell erregend auf ihn gewirkt, wodurch er sehr neurotisch wurde. Wie er aus dem Hause kam, in einem anderen Milieu lebte, wurde er viel ruhiger. Er entwickelte sich zu seinem Vorteil, körperlich und geistig. Er war bis dahin sehr zerstreut gewesen, man hielt ihn auch immer für ein minder begabtes Kind. Nun zeigte es sich, daß er ein ganz besonders aufgewecktes Kind war, er lernte spielend und ist auch jetzt immer der beste Schüler in seiner Klasse. Das Verhältnis zu seiner Mutter ist noch immer kein ganz normales. Er liebt sie heiß und es gibt Eifersuchtsszenen, wenn er auf Besuch bei ihr ist, weil er sie für sich ganz allein haben will. Als Achtjähriger sagte er ihr auch einmal, daß er bei ihr im Bette schlafen möchte. Dieser Fall zeigt ganz deutlich die Zusammenhänge zwischen der Enuresis und der Fixierung an die Mutter.

Fall Nr. 41. Der Knabe Alfred, $3^1/_2$ Jahre alt, war schon im ersten Lebensjahre vollkommen trocken. Er onanierte schon als Säugling und setzte das Onanieren trotz des Verbotes der Mutter fort. Als er $2^1/_2$ Jahre alt wurde, kam ein Schwesterchen zur Welt, das er nicht sehr freundlich begrüßte. Er spielte fortan die zweite Rolle im Hause. Er beschäftigte sich viel mit dem Rivalen. Besonders interessierte es ihn zuzusehen, wie das nasse Mädchen umgepackt wurde. Wenn es schrie, lief er oft zur Mutter und rief: „Mädi umpacken!“ Bald aber begann er auch naß zu machen. Er wollte auch von der Mutter umgepackt werden. Ließ man ihn in der Näße, so genierte es ihn nicht und er blieb „quietschfidel“! Alle Mittel versagten. Ich riet den Eltern, sich um das Kind nicht zu kümmern, ihm keine Vorwürfe zu machen. Nach einigen Wochen verschwand das Bettnässen, um nie wiederzukehren.

Es war klar, daß der Knabe die Mutter beschäftigen und sich wieder in den Vordergrund des Interesses stellen wollte. Auch wünschte er wieder ein Säugling zu sein und machte deshalb den schüchternen Versuch einer Regression.

Etwas komplizierter ist der nächste Fall:

Fall Nr. 42. Der siebenjährige Knabe macht seit einigen Monaten das Bett naß. Er befindet sich in einem klerikalem Konvikt, wo er sehr strenge gehalten wird. Die Kinder müssen fast immer ohne Pause lernen und beten und haben selbst am Sonntag keine Ruhe. Er hat allen Grund sich zu wünschen, daß er wieder nach Hause kommen möge. Er liebt seine Mutter über alles. Aber die Mutter hat wieder geheiratet. Er ist auf seinen Stiefvater so eifersüchtig, daß er Zärtlichkeiten in seiner Gegenwart nicht vertragen kann und die Mutter immer für sich allein haben will. Deshalb kam er aus dem Hause. Überdies leidet er an Angstzuständen, die durch die Erzählungen eines geistlichen Lehrers gefördert werden. Der Lehrer erzählt ihnen vom Teufel und von Geistern, allerlei Spukgeschichten. Er füttert die Kinder auch mit spiritistischen Märchen. Des Abends hat der Knabe Angst vor Geistern, und hüllt sich fest in seine Decken. Er träumt von Geistern. Das Bettnässen erfolgt immer im Anschluß an einen Angsttraum, in dem er von einem Geiste ergriffen wird. (Erlkönigmotiv. Unbewußte Homosexualität.) Er wird aus dem Konvikt entfernt und kommt zu einer Tante. Das Bettnässen setzt sofort aus. Durch entsprechende pädagogische Behandlung wird vollkommene Heilung erzielt. Auch dieser Knabe hatte den lebhaften Wunsch, wieder ein Säugling zu sein und die Mutter ganz allein für sich zu haben.

Die Motive des Trotzes und der Enttäuschung verbinden sich auch mit anderen (Eifersucht, Flucht vor der Sexualität des Erwachsenen, religiöse Bedenken), so daß die Enuresis uns einen Reichtum der Symptome zeigt, wie kaum ein anderes Leiden.

Fall Nr. 43. Die zehnjährige, viel älter aussehende, sehr gut entwickelte Bürgerschülerin M. B., leidet seit 2 Jahren an Bettnässen. Alle bisherigen Mittel vergebens. Sie wird zur heilpädagogischen Behandlung und Erforschung des Falles an Frau H. Holldorf gewiesen. Daselbst kommt ein sehr interessantes Krankheitsbild zutage.

Sie zeigt die typische Regression in die Kindheit. Sie hatte in der Volksschule eine Lehrerin, die sie sehr verhätschelte und deren Liebling sie war. Sie war die beste in der Klasse. In der Bürgerschule bekam sie vor zwei Jahren eine strenge Lehrerin, vor der sie immer Angst hatte. Die Lehrerin zog andere Kinder vor. Sie wünschte sich daher, wieder in der ersten Klasse zu sein. Dieser Wunsch setzt sich in ihren Spielen und Phantasien durch. Sie schreibt mit dem Griffel auf der Schiefertafel, sie spielt mit den alten Spielsachen (einem Würfelspiel), sie möchte wie ein kleines Kind aus einem kleinen Tellerchen mit einem kleinen Messerchen essen. Sie hat sich von der Mutter die Haare kurz schneiden lassen. Sie hat eine zweijährige Schwester, die sie pflegt und mit der sie sehr viel spielt. Offenbar hatte sie die erste Eifersucht überwunden und zeigte sie nicht direkt offen. Aber es ist charakteristisch, daß das Bettnässen gleich nach der Geburt des Schwesterchens einsetzte, welches sie um die Freuden der Säuglingsjahre beneidete und auf das sie eifersüchtig war.

Die Enuresis geht mit einem charakteristischen Angsttraum vor sich. Sie rollt einen großen Berg hinunter in einen Abgrund, wie sie in die Schlucht kommt, macht sie das Bett naß. (Typischer Geburtstraum besonders bei Enuretikern.) Sie möchte am liebsten aus der Schule austreten und zu Hause bei der Mutter bleiben und mit ihrem Würfelspiel spielen, was sie stundenlange tun kann, wobei sie in eine Art Träumerei verfällt, und fast geistesabwesend ist. Mit leidenschaftlicher Liebe hängt sie an dem älteren Bruder (22 Jahre). Er ist ihr Ideal. Sie onaniert — angeblich — erst seit einigen Wochen. Sie will sich an keine Onaniephantasie erinnern.

Sie macht den Eindruck, als ob sie manches im Hause erlauscht und erlebt hat, über das sie sich nicht aussprechen will. Aber schon die Aufklärung ihrer Trotzeinstellung gegen die Mutter und Lehrerin wirkt Wunder. Die Enuresis setzt aus. Die Kinderspiele werden aufgegeben. Die Phänomene der Regression gehen alle zurück.

Auch dieses Mädchen gab an, daß es die Nässe im Bette angenehm empfinde. Sie hüllte sich wie die anderen Kinder fest in ihre Decken und erzeugte einen warmen Dampf, der ihr sehr angenehm war und ihr die Illusion eines Säuglings in Windeln erleichterte.

Zwei eingehende Analysen kindlicher Enuretiker nahm mein Assistent stud. med. *Emil Gutheil* mit meiner Hilfe vor. Ich lasse dem jungen Kollegen das Wort:

Fall Nr. 44. Ein Fall infantiler Enuresis auf psychosexueller Grundlage. In die Ambulanz des St. Anna-Kinderspitals wurde ein hübscher, aufgeweckter 8jähriger Knabe, Franz H., gebracht, der an einer nächtlichen Enuresis litt. Die Krankheit datierte seit seinem 4. Lebensjahr, Maximalabstinenz 3 Nächte, Intervalle diffus. Nach einem einzigen hypnotischen Versuch — die Suggestion reichte kaum für 3 Tage — entschloß sich Dr. *Stekel* zur analytischen Erforschung des Falles und übergab mir den Patienten zur Behandlung, die ich unter seiner Kontrolle bei allwöchentlicher Vorführungspflicht durchführen sollte.

Die Kinder sind selten imstande über ihre Vergangenheit richtige und verläßliche Angaben zu machen, weil ihnen das Urteil über Konsequenzen und Zusammenhänge ihrer Handlungen abgeht. Auch können sie das typischinfantile Angst- und Schamgefühl (besonders in sexualibus!) dem Erwachsenen gegenüber nie ganz unterdrücken und lügen oft unbewußt.

Ich ging daher bei den Angaben mit größter Reserve vor und trat notgedrungen in Beziehung zum Vater, zur Pflegefrau und Pflegeschwester des Knaben, welche das Anamnesematerial ergänzen mußten.

Franzl ist ein uneheliches Kind. Im 5. Jahre des 8jährigen Verhältnisses der Eltern geboren, hat er mit seinem Erscheinen einen Strich durch die Rechnung der Mutter gemacht, die als Hausgehilfin keine Möglichkeit hatte, das Kind zu erziehen.

Bald wurde er einer Pflegemutter übergeben, bei der ihn die Eltern gemeinsam besuchten.

Der Vater ist städtischer Feuerwehrmann, einfach, pflichttreu und strenge.

Die Mutter (bereits seit 2 Jahren tot) war laut Angaben des Gatten ein cholerisches Temperament.

Es ist wichtig, der eigentümlichen Streiflichter wegen, die durch die Analyse auf die pathogenen Momente des Falles geworfen wurden, die Charakteristik der Eltern sowie die Tatsache der schweren Geburt schon an dieser Stelle zu unterstreichen.[1])

3 Jahre vergingen. Der Feuerwehrmann heiratete die Mutter des Knaben auf ihr Drängen und nahm den Knaben ins Haus, so daß dessen weitere Erziehung einigermaßen gesichert schien.

Bald kam aber ein Schwesterlein zur Welt und da war es mit der unbeschränkten Herrschaft im Mutterherzen für Franzl vorbei.

Am Tage der Entbindung, die im Gegensatz zur ersten sehr leicht verlief, weilte Franzl bei einer Nachbarin und als er nächstens ins Haus gebracht wurde, erlebte er die erste Enttäuschung: er durfte nicht mehr wie sonst zwischen Vater und Mutter schlafen, sondern bekam ein besonderes Bett. Auch mußte er kurz darauf das Kind betreuen, welche Tätigkeit er nur höchst widerwillig und mürrisch verrichtete.

Bei der Mutter entwickelte sich aber allmählich eine schwere Neurose, deren Ursachen (leider nur durch rekonstruktive Vermutungen gefunden) für die Pathogenese der Enuresis von großer Bedeutung waren. Ich werde auf dieselben zurückkommen.

Die Frau wurde außerordentlich reizbar, ließ sich zu Gewalttätigkeiten hinreißen und nachdem sie sich allmählich von der Wirtschaft, dem Verkehr mit dem Gatten und von dem Knaben gänzlich abgewendet hatte, widmete sie sich mit Überschwenglichkeit dem Töchterchen.

Da passierte dem Kleinen einmal das Unglück, daß ihm die Schwester „ganz zufällig" aus der Wiege hinausfiel.

Die Mutter brach darob in Wut aus und warf den Kleinen aus der Wohnung hinaus. Trotz des kalten Wintertages saß Franzl im Stiegenhaus bis es Abend wurde und erst der vom Dienste heimkehrende Vater nahm den Buben ins Zimmer zurück.

Die Erklärung des Knaben, er hätte den Einlaß aus Furcht vor der Mutter nicht zu erbitten versucht, ist fadenscheinig. Es bedarf vor allem der für die Analyse wichtige Verdacht einer Trotzhandlung der psychologischen Bestätigung, welche Untersuchung ich im folgenden vornehmen will.

---

[1]) Vgl. „Ekel und Hyperämesis gravidarum" in *Stekel:* Nervöse Angstzustände.

Das Malheur mit dem Schwesterlein passierte ihm zum zweiten Mal. In maßloser Aufwallung ergriff die Mutter ein Messer und schleuderte es gegen den Knaben, zum Glück ohne ihn zu treffen.

In den nächsten Monaten kam es vor, daß Franzl plötzlich in der Nacht angsterfüllt erwachte und erzählte, es habe ihn im Traume ein großer, schwarzer Hund beißen wollen. Da er sich nur im Bette der Mutter beruhigen konnte, nahm sie ihn gewöhnlich zu sich und so setzte er durch, daß er wieder zwischen den Eltern schlafen durfte.

Der Vater gibt erläuternd an, daß der Bub einmal von einer Hofhündin, in deren Hütte er, während sie kleine Hündchen säugte, kroch, gebissen wurde und seit jener Zeit vor Hunden großen Respekt habe.

Diese nächtlichen Angstzustände waren Vorläufer der Enuresis, welche in einigen Wochen einsetzte. Er pflegte dabei so fest zu schlafen, daß er nur mit Mühe aufgeweckt werden konnte.

Die Krankheit wurde von 3 Traumtypen begleitet:

1. er löscht einen Brand; 2. er wird von einem Hunde verfolgt; 3. er gleitet sausend bergab auf einem Schlitten.

Da diese Träume sichere Anhaltspunkte für die Sexualität des Kindes geben, so will ich nun dieses Gebiet untersuchen.

Die Mutter hat ihn in seinen ersten Lebensjahren maßlos verzärtelt. Wir wissen, daß dies für das Erwachen und Einstellen der kindlichen Erotik von ausschlaggebender Bedeutung ist.

So war auch Franzl frühreif, spielte fleißig „Doktor", wie es der Vater, der ihn dafür einmal empfindlich gestraft, erzählt und was auch die Pflegefrau, die ihn nach dem Tode der Mutter übernahm aus seinen letzten Jahren zu berichten weiß. Er pflegte mit Vorliebe den Mädchen das Kleid aufzuheben, begleitete seine Gespielinnen stets auf den Anstandsort und verrichtete auch sonst ähnliche kindlich-sexuell gefärbte Spielereien.

Der Übergang von der kalten Ziehhausatmosphäre in die liebevolle Wärme der mütterlichen Obhut in seinem 3. Lebensjahre bedeutete für das Kind die glücklichste Zeit seines Lebens.

Und dies alles ging plötzlich zugunsten der Schwester verloren. Man hörte auf, sich mit ihm zu beschäftigen, er mußte noch der Diener des verhaßten Objektes werden.

Was darauf folgte, waren die bekannten Konversionserscheinungen, die in dem Seelchen des Kindes angesichts des Verrates an seiner Liebe Platz greifen mußten: Haß, Trotz und Sehnsucht nach dem verlorenen Glück.

Noch einmal versuchte Franzl einen rücksichtslosen Ansturm aufs mütterliche Herz, um den verlorenen Thron wiederzuerobern. In halbwillkürlichen Handlungen konnte sein geheimer kindlicher Wunsch, die Rivalin wegzuräumen in Erfüllung gehen. Die Folgen waren Strafen und psychische Traumen.

Das Verharren des Buben im kalten Stiegenhause konnte nur folgenden Überlegungen entstammen:

Sie liebt mich nicht. Tut ihr die Kleine weh, so will ich ihr noch mehr weh tun, indem ich hier vor Kälte und Hunger zugrundegehe . . .

Daß dies keine willkürliche, sondern eine aus dem Material notwendig zu folgernde Deutung ist, kann derjenige bestätigen, der es weiß, auf welche Weise Kinder um die Gunst der Eltern zu werben pflegen.

Und so finden wir hier die typische Erscheinung des in den Wunsch nach Mitleid invertierten, unerfüllten Liebesbedürfnisses, welcher Wunsch in dem Satze gipfelt:

„Wenn sie mich bei meinen Lebzeiten nicht zu schätzen wußte, so mag sie meinen Wert erst um den Preis meines Lebens erkennen!“

Zweierlei will der kleine Starrkopf: Die Mutter strafen und auf dem Umwege über das Mitleid der Lust wieder teilhaftig werden. Damit ist die Prädisposition für eine Erkrankung gegeben; zur Erfüllung dieser Forderungen bleibt dem gestörten Selbstmörder nichts anderes übrig, als sich an Hilflosigkeit der kleinen Schwester gleichzusetzen, — kurz: noch einmal ein Windelkind zu werden!

Wir wollen uns nun den Träumen zuwenden.

Der häufigste „nasse“ Traum handelt vom Löschen eines Feuers.

Das Spiel mit dem Feuer gehörte zu den gewöhnlichsten Beschäftigungen des Knaben. Stundenlang saß er bei der Herdtüre und warf Zündhölzer ins Feuer.[1])

Viele Kinder tun so, ohne Bettnässer zu sein; viele Bettnässer huldigen dieser Gewohnheit überhaupt nicht. Und so harrt noch das Problem seiner Lösung.

Unser Franzl jedoch benahm sich dabei eigenartig. Er starrte wie geistesabwesend in die Gluten und konnte aus diesem Zustande nur mit Mühe zum Bewußtsein gebracht werden.

Jeden Abend pflegte er die kleine Notdurft zu verrichten, welchen Vorgang er bezeichnenderweise „spritzen“ nannte und mit großem Vergnügen systematisch absolvierte.

Die Tatsache, daß hier die Miktio gerade als Regressionssymptom in die lustvolle Säuglingszeit aufgetreten ist — und laut Angaben zu den lustvollen Prozessen gehörte; das dumpfe, beinahe onanieartige Benehmen beim Feuer; und schließlich die durch den Knaben im Worte „spritzen“ enthaltene Identifizierung des Brandlöschens mit der lustvollen Miktio, lassen die sexuelle Natur des ersten Traumtypus außer Zweifel.

Die Annahme, das pathogene Moment der Trotzreaktionen hätte mit dem Tode der Mutter in Wegfall kommen müssen, hält einer näheren Untersuchung nicht stand. Was bis dahin auf Realität basierte, wurde dann zur Phantasie; wir kennen die unerschöpflichen Möglichkeiten und die grenzenlosen Dimensionen der Lust, die für den kleinen Träumer aus seinen Säuglingsphantasien erwachsen konnten, wir werden uns daher nicht wundern, wenn er auf seinem weiteren Lebenspfade von einem einzigen Wunsche begleitet wurde, und zwar dem, nach der Wiederholung jener Lust.

Franzls Vater ist, wie erwähnt, Feuerwehrmann. Streng und gerecht, wurde er bald zum Ideal des Knaben, welches Ideal in demselben Maße zunahm, in dem die mütterliche Liebe versiegte. Der Knabe soll sich über den Tod der Mutter gefreut haben.

Wenn ich resumierend erwäge, daß Franzl ein unerwünschtes, unter Gefahren geborenes Kind war; daß die Frau diejenige war, die zur Heirat drängte, um nicht den Weg der Schande gehen zu müssen; daß wir sie gleich nach der Geburt des Knaben in einer hysterisch überschwänglichen Einstellung zum Kinde finden, welche Einstellung in sprunghafter Objektsverände-

[1]) Im Volksmunde heißt es: Wenn Kinder mit Feuer spielen, dann nässen sie in der Nacht. Anmerkung des Verfassers.

rung item auf das Töchterchen übertragen wurde; daß schließlich während der ganzen Zeit der Ehe das Verhältnis der Gatten gespannt und kalt blieb — so glaube ich zum folgenden Satze einige Berechtigung zu haben:

Indem Franzl seine Liebesnot mit der des Vaters identifizierte, wäre er auch der Vater, der durch sein „Spritzen" um die Gunst der Mutter warb.[1]

Ziehen wir das angstauslösende Moment der 2. Traumform: die Verfolgung durch den Hund in diesen Betrachtungskreis und erinnern uns, daß der Hofhund, der Franzl seinerzeit gebissen hatte, eine säugende Hündin war; daß durch die Roheit der Mutter die Liebe des Kindes in Angst gekehrt wurde, so werden wir dem Traumhunde, der die Angst und Urinverluste hervorruft, die symbolische Bedeutung subsumieren können.

Die Analyse, welche als die drei wichtigsten nach Lust gerichteten Regressions-Faktoren: die Trotzeinstellung zur Mutter; die Identifizierung mit dem Vater und die Wucherung der Angstelemente in der kindlichen Seele aufdeckt, erscheint hiemit beendet.

Die Symptomlösung kann beim Kinde selbstverständlich nicht auf dem usuellen Wege des Bewußtmachens durchgeführt werden, sondern muß sich durch das zielbewußte pädagogische Verfahren ergeben.

Dr. *Stekel* gab mir die Weisung, die nach rückwärts gekehrte Phantasie des Kindes allmählich dem Realen zuzuführen, seinen Säuglingsglauben systematisch abzutöten und in ihm das Bewußtsein wachzurufen, er sei schon groß und gescheit. Nach der Durchführung obiger Aufgaben, sowie entsprechender Instruktion der Erzieher konnte ich bereits in 14 Tagen das Ende der Enuresis berichten. Nachdem weitere 2 Wochen ohne Störung vergingen, entließ Dr. *Stekel* den kleinen Feuerwehrmann.

Fall Nr. 45. Der nächste Fall der Enuresis nocturna, der mir aus dem Patientenmaterial des Kinderspitales St. Anna von Herrn Dr. *Stekel* zur Untersuchung übergeben wurde, ist Rudolf W., 13jährig, wohlgenährt, subjektives und objektives Befinden normal, mittelmäßige Auffasungsgabe, mittlere Schulleistungen. Seit 2 Jahren krank, 2—3mal wöchentlich Bettnässen, meist im Anschluß an einen Angsttraum. Vater gesund, Mutter hochgradig hysterisch. Besonderheiten: Außerordentlich tiefer Schlaf des Patienten, große Besitzliebe. Patient ist leidenschaftlicher Marken-, Münzen- und Altertumssammler. Pflegt oft in der Nacht aufzustehen und angsterfüllt nachzusehen, ob die Türe geschlossen ist.

Vorgeschichte: Der Erkrankung des Knaben, dessen Gesundheit bis dahin nichts zu wünschen übrig ließ, ging die Scheidung der Eltern, neuerliche Heirat der Mutter und die Übersiedlung in eine neue Wohnung unmittelbar voran.

Grund der Scheidung war angebliche Untreue des Mannes. Die zweite Ehe wurde aus gegenseitigen Utilitätsrücksichten und ohne besondere Neigung geschlossen.

In der ersten Ehe herrschte steter Unfriede. Bei der Scheidung wollte der Vater den Buben mitnehmen, gab aber schließlich den Bitten der Mutter Folge und ließ ihr den Knaben. Patient drückt sich mit Sympathie über ihn aus. Der Vater soll ihm nach der Scheidung begegnet sein, und ihn zum Besuche in seiner Wohnung bewegen wollen, doch habe sich der Bursche aus Angst vor der Strafe der Mutter geweigert dem Vater zu folgen. Dieser habe

[1]) Vergl. *Sadger*, „Urinerotik".

sich auch — im Gegensatze zum zweiten Vater — öfter mit den Kindern liebevoll abgegeben.

Patient hat noch zwei jüngere Schwestern, denen er in Tat und Traum offene Beseitigungstendenzen entgegenbringt. Im Alter von 3 Jahren hat er die schreiende Schwester durch Belegen mit Pölstern zu „beruhigen“ gesucht, so daß erst die herbeieilende Mutter das halberstickte Kind seinen Händen entriß. Die jüngere Schwester (1 Jahr alt, vom zweiten Vater) wird unter Urinverlust in einem Traume beseitigt. Die Mutter hat den Knaben bis zur Ankunft des jüngsten Kindes verhätschelt.

Nasse Angstträume: 1. (stereotyp!) Ein Krieg. Einer hat es nicht gewußt und wird vom Feinde überfallen. Er ergibt sich. Eine Frau läutet die Kirchenglocke. Es kommen Eigene und befreien ihn, doch soll er wegen des Verrates erschossen werden. (Angst, Urinverlust.)

2. Krieg. Die Mutter soll vom Brunnen im Hofe Wasser holen. Jemand ist dabei. Ich rufe, sie solle nicht hingehen, denn die Feinde könnten sie erblicken. (Erektion, Urin.)

Traum 1 besagt, daß Patient in seinen Phantasien in der lustreichen Vergangenheit weilt. Von einem Mißverständnis zwischen den Eltern (Es ist Krieg . . .) weiß er nichts. Offenbar weil er es nicht wissen will. (Einer hat es nicht gewußt.) Die häufigen absichtlichen Herabsetzungen des Vaters seitens der Mutter, ihr Versuch, dem Kinde eine feindselige Haltung dem Vater gegenüber beizubringen, scheinen bei ihm keinen Boden gefaßt zu haben, denn er erlebt im Traume eine Situation, wo er — Lust ohne Schuld — von der verbotenen Liebe zum Vater, dem Feinde seines kindlichen Gleichgewichtes überfallen wird und — ein Ereignis von prinzipieller Wichtigkeit! — sich dem Feinde ergibt! (Er ist dem Vater ergeben?)

Es liegt tiefer Inhalt in diesem Ergeben. Die Aufhebung einer quälenden Potenzialdifferenz, Erfüllung eines durch die Wirklichkeit unterdrückten geheimen Wunsches, vor allem aber ein Akt der Willensschwäche. In diesem Sichergeben liegt ein deutliches pathogenes Moment. Denn ist die Enuresis nicht letzten Endes ein „Sichgehenlassen“? Eine durch nachlassenden Energieaufwand unbewußt sich durchsetzende Desinnervation der Konstriktoren?[1])

Die Natur dieser Träume veranlaßt uns die Wurzel der Enuresis auf dem psychosexuellen Gebiete zu suchen.

Sexuelles: Im Vordergrunde der Erkrankung steht seine infantile Sexualtheorie. Unmittelbar an das Storchmärchen, an welches er bis zu seinem 11. Lebensjahre glaubte, schloß sich die Aufklärung von einem Kameraden,

[1]) Dieser vortrefflichen Analyse meines Assistenten möchte ich einige Worte hinzufügen. Der Krieg tobt in der Seele des neurotischen Knaben. Die Kirchenglocke tönt wie eine Warnung seines neurotischen Ich. Seine feindseligen Gedanken gegen die Mutter, die den Vater verlassen hat und die ihm unbewußt sind („Einer hat es nicht gewußt . . .“), scheinen ihn zu einem Verbrechen zu drängen („Er soll wegen Verrates erschossen werden“). Der Verräter ist die Mutter, die den Vater verlassen hat. Aber er selbst ist auch ein Verräter an der Liebe der Mutter. Er möchte sich von den kriminellen Regungen befreien. Er möchte seine Infantilismen überwinden. Die Angst vor sich selbst führt zu Orgasmus und Enuresis. — Im zweiten Traume schimmert die Eifersucht durch, daß die Mutter mit dem Stiefvater Verkehr hat. (Wasser steht hier für Feuer.) Sie holt aus einem anderen Brunnen als dem seinen ihr Feuer. Er möchte sie davon abhalten. Er möchte ihr das Feuer (lies Wasser) geben. Seine Enuresis ist eine Pollution infolge einer Inzestphantasie.

die Kinder kämen durch das Hineinurinieren seitens des Vaters in den Geschlechtsteil der Mutter zustande.

Die nötigen „lokalen" Kenntnisse hatte er sich bei Mädchen während ihrer Spiele im Sande angeeignet.

Er war auch der Initiator folgenden Knabenspiels: Man gräbt im Sande Gruben und verrichtet dort gemeinsam die Notdurft.

Die Frage der Onanie konnte ich bei meiner Exploitation leider weder auf Umwegen, noch durch Suggestionsfragen genügend beleuchten. Von einer direkten diesbezüglichen Anfrage habe ich Abstand genommen und berufe mich lediglich auf die Aussage der Mutter, sie hätte bemerkt, daß der Knabe öfters mit der Hand am Penis schlafe. Der Knabe, der bereits an der Schwelle der Pubertät steht, kann lediglich von Erektionen, die während des Schlafes und besonders während der Miktio störend auftreten, berichten.

Als Vorläufer der Enuresis trat beim Patienten eine akute Anurie ein, die weder durch operative Eingriffe, noch durch Narkotika behoben werden konnte, im Verlaufe von 16 Tagen aber spontan aufhörte.

Es war zweifellos eine Initialleistung der infantilen psychischen Abwehr. Ein Wink für die pädagogische Therapie: Die Selbstbeherrschung, die Willenskraft des Knaben zu heben; eine Warnung vor den Gefahren der Zukunft, die in diesen Charaktereigenschaften gelegen sind.

Es ist die Mutter, der Muttergedanke, der den Strom der Reuevorstellungen, ob des von ihm begangenen Verrates und zugleich den psychischen Konflikt heraufbeschwört. Es fehlt im Traume auch der Hinweis auf die religiös ethische Unterdeterminierung des Konfliktsmomentes nicht. (Eine Frau läutet die Kirchenglocke.)

Und so pendelt die Seele des Kindes rat- und rastlos zwischen Vater und Mutter.[1]) Aus dem Gemisch von Empfindungen bricht die Enuresis durch. Wir sehen hier das vorbereitende Lustmoment (Gefangennahme) und später die Angst vor den Folgen, die den Gipfel der Erregung (Orgasmus) und Urinverlust verursacht.

Die infantile Zeugungstheorie hat den Konflikt verschärft. Der Traum 2 steht im Zeichen der Fixierung an die Mutter, indem Patient hier die Rolle des Vaters übernimmt. Er ist ein Brunnen. (Es ist noch jemand dabei . . .) Die Tätigkeit der Mutter, die das Wasser holen soll, scheint eine verbotene zu sein, wenn sich der Patient bekümmert, daß sie nicht gesehen werde. Die auf den Traum gefolgte Erektion und Nässe gibt über den im Traume unterschlagenen Ausgang des Erlebnisses Kunde.

Die Identifizierung des Knaben mit dem Vater ist noch aus dem folgenden ersichtlich. Meine Frage, was er werden möchte, beantwortet er prompt: Schlosser! (Der Vater war Schlosser.) In seinem ganzen Benehmen, seinem Hang zur Altertümlichkeit, zu Vergangenem, zu Marken etc., bietet er den Beweis, daß er etwas Vergangenes festhalten und sorgsam bewahren möchte. Dieser Umstand wäre an sich für die Analyse unwichtig, wenn nicht die erwähnte Neigung in merkwürdiger Übereinstimmung mit dem Ausbruch der Krankheit des Knaben „ erst in der neuen Wohnung", d. h. während der zweiten Ehe, aufgetreten wäre. Diese Aussage des Patienten wird von der Mutter desselben aufs Bestimmteste bestätigt.

Wer würde ferner in dem Vorgange des Knaben, der in die Sandlöcher uriniert, nicht die Imitation des Zeugungsaktes in infantiler Auslegung er-

[1]) Die Mehrzahl der Träume handelt von einem Krieg.

kennen (*Stekel:* Erde — Mutter), nicht die im Unbewußten des Kindes schlummernde Phantasie erraten, die die Erektion beim Urinieren hervorruft?

Wir haben einen Fall typischer Urinerotik vor uns, als Effekt einer falschen sexuellen Aufklärung. Die Krankheitswurzel bildet hier nicht die gewohnte Form einer eindeutigen Fixierung, sondern ist vielmehr der Ausdruck einer Doppeleinstellung des kindlichen Seelenlebens.

Er ist der Vermittler zwischen den Eltern, in ihm dauert das erste Eheverhältnis ungelöst an, er wünscht, der Vater möge in einer stillen Nachtstunde kommen und läuft — sich gleichzeitig des Sündhaften bei diesem Gedanken bewußt — zur Tür, um sich zu überzeugen, ob sie gesperrt ist.

Die Heilung erfolgte nach zweimonatlicher Behandlung durch Zerstörung der infantilen Vorstellung, durch sexuelle Aufklärung, Belehrung der Mutter über Erziehungswege, insbesondere angesichts des Mankos an Selbstbeherrschung etc. Die Autorität und Ratschläge des Herrn Dr. *Stekel*, dem ich den Knaben periodisch vorführte, haben die Enuresis endgültig niedergeschlagen.

Die Bettnässe wurde zuerst auf einmal in der Woche, dann einmal in drei Wochen und schließlich vollständig zum Stillstand gebracht.

— —

Die Beobachtung dieser Fälle und meine sonstige Erfahrung zeigen mir, daß die Enuresis der Kinder eine Art von Pollution darstellt. Ja, wir können den Satz aufstellen: D i e i n f a n t i l e P o l l u t i o n g e h t i n F o r m d e r E n u r e s i s v o r s i c h. Damit stimmen andere Angaben der Kinder. Viele gestehen, daß sie beim Urinieren Lustgefühle empfinden.

Bei manchen Erwachsenen bleibt die infantile Urinsexualität bestehen. Entweder in ihrer Gänze oder nur mit irgend einem Symptom. Wir werden bald einige solche Fälle kennen lernen. Oft aber kommt es bei Erwachsenen zu einer Regression. Infolge einer Liebesenttäuschung wird auf die Sexualbefriedigung, wie sie dem Alter entspricht, verzichtet, und eine Regression auf die infantilen Formen der Urinsexualität vollzogen.

Die Zusammenhänge zwischen der Blasenfunktion und der Sexualerregung sind auch bei Normalen zu beobachten. Es gibt viele Menschen, bei denen sich die Sexualerregung sofort auf die Blase überträgt. Sie fühlen dann einen heftigen Urindrang. Unbefriedigte Menschen, besonders Frauen, müssen sehr oft urinieren. Es ist ein sicheres Symptom sexueller Erregungszustände, wenn die Neurotiker angeben, daß sie des Nachts und bei jeder Erregung sofort urinieren müssen. Dieses Urinieren kann mit mehr oder minder starken Sexualempfindungen kombiniert sein. Kitzeln in der Harnröhre, Krämpfe am Schlusse der Miktion, die ins Perineum und in die Beine ausstrahlen, ein leichter Schüttelfrost, oft aber auch ein mehr oder minder deutlicher Orgasmus, unter Umständen Spermaabgang bei schlaffem Gliede.[1])

In neurotischer Verzerrung und Verdrängung äußert sich die Urinsexualität in sonderbaren Symptomen, die der Ausgangspunkt hypochondrischer Befürchtungen werden. Die Miktion gelingt nicht, oder sie geht nur stoßweise vor sich; mitunter ist besonders starkes Pressen und Drängen notwendig. Oder die Urinentleerung geht in Raten vor sich, von heftigen Blasenkrämpfen unterbrochen. (Statt des Orgasmus fühlt der Patient Schmerzen.) Diese Konversion von Lust in Unlust führt auch dazu, daß der an Urinsexualität Leidende mitunter statt des Kitzelns ein Brennen in der Harnröhre empfindet. „Wie wenn Feuer durch die Harnröhre flöße" *(Preyer)*. Oft halten das Brennen oder das Kitzeln sehr lange nach der Miktion an.

Ich führe nur einige Fälle aus meiner Erfahrung an, die uns zeigen werden, welche große Rolle die Urinsexualität im Leben der Neurotiker spielen kann. Sehr häufig sind die Fälle, in denen die Miktion als Ersatz des Koitus von Erwachsenen ausgeübt wird. Bekanntlich spielt unter den infantilen Sexualtheorien *(Freud)* die Urinsexualität die Hauptrolle. Kinder stellen sich häufig vor, daß der Vater der Mutter in die Scheide uriniert. Wenn diese Sexualtheorien trotz neuer Einsichten festgehalten werden, sozusagen Petrefakte der Vergangenheit darstellen, so wird der höchste Orgasmus nur durch die Miktion erreicht.

Fall Nr. 46. Frau G. B., 36 Jahre alt, gibt an, beim Koitus fast gar nichts zu empfinden. Sie verlangt von ihrem Partner, daß er in ihre Vagina uriniert. Beim Einströmen des warmen Urins empfindet sie einen so starken Orgasmus, daß sie fast die Besinnung verliert.

Fall Nr. 47. Herr S. H., 31 Jahre alt, Gelehrter, verlangt Abhilfe von folgender Perversion. Er fühlt homosexuell. Frauen haben ihn angeblich nie gereizt. Der männliche Partner muß seinen Bauch mit Urin bespritzen und den Strahl am Schluß der Prozedur auch über die Schenkel und den Penis fließen lassen. Im Momente, als der Penis von dem Strahle getroffen wird, kommt es zur Ejakulation mit starkem Orgasmus.

Hierher gehören auch die Fälle von Urolagnie, deren Häufigkeit ich im Beginne meiner ärztlichen Praxis als Sexualarzt sehr unterschätzt habe. Andeutungen von Urolagnie finden sich bei allen Menschen vielleicht in 20%. Schon der Kunnilingus, die am meisten verbreitete, fast physiologische Paraphilie, hat deutliche Beziehungen zur Urolagnie. Manche Schätzer des Kunnilingus erlauben der Partnerin nicht ihre Genitalien zu waschen, ja sie verlangen vor dem Kunnilingus die Vollziehung der Miktion.

[1]) Siehe Bd I, 3. Aufl., Seite 197—199.

Fall Nr. 48. Herr Lambda hat eine Zwangshandlung, der er immer wieder unterliegen muß. Er läuft in öffentliche Gärten und wartet in den Büschen, bis ein weibliches Wesen kommt, welches die Miktion verrichtet. Dann stürzt er sich auf das Stück Erde, das uringetränkt ist, schöpft den Urin mit den Händen aus, leckt die Blätter, nimmt die feuchte Erde in den Mund.[1])

Von Neurotikern hört man oft, daß sie sich als Kinder in den Mund urinieren haben lassen oder anderen in den Mund urinierten. Zu den Paraphilien, welche Dirnen wohlbekannt sind, zählt auch diese. Manche dieser Kranken lassen sich in den Mund urinieren oder verlangen, daß ihnen die Miktion in os gestattet wird.

Fall Nr. 49. Herr T. W., 47 Jahre alt, kann nur in folgender Weise zum Orgasmus kommen. Er legt sich platt auf den Boden. Die Dirne muß so sitzen, daß sie mit ihrem Geschlechtsteil sein Gesicht berührt. Sie vollzieht dann die Miktion in seinen Mund. Während er gierig den Urin trinkt, tritt der Orgasmus ein.

Eine Mischung von „Mixoskopie" und Urinsexualität stellen jene Fälle dar, bei denen der Anblick der Miktion des Partners Liebesbedingung und oft schon auch alles ist, was zur Erfüllung des Verlangens genügt. In den meisten dieser Fälle wird der Anblick der Miktion (auch das charakteristische Geräusch) benötigt, um die Erektion hervorzurufen und den Koitus möglich zu machen. In anderen Fällen genügt der Anblick der Miktion.

Fall Nr. 50. Herr G. J., Arzt, 43 Jahre alt, findet den höchsten Genuß beim Anblick der Miktion. Sie ist seine Liebesbedingung. Ohne diesen Anblick ist er impotent. Er gibt an, daß sein erster sexueller Eindruck der Anblick einer Magd war, die sich vor ihm niederkauerte und urinierte. Er war damals 5 Jahre alt.

Sadger berichtet in seiner erwähnten Arbeit über „Urinerotik" mehrere eigene Beobachtungen. Aus seinen Krankengeschichten hebe ich einige wichtige Stellen hervor.

Fall Nr. 51. Bericht eines 23jährigen Homosexuellen: „Mit 12 Jahren war ich eines Tages auf dem Klosett", erzählt Patient, „stellte mich auf den Kopf und versuchte, mir selbst in den Mund zu schiffen, was aber nicht gelang. Trotzdem bekam ich nachher ganz von selber Orgasmus mit Erektion und das Gefühl des Samenergusses, wenn auch kein wirklicher Samen abging. Später dachte ich mir, ich könnte doch einem geliebten Kollegen oder Knaben meines Typus am Gliede lutschen und er mir in den Mund urinieren." Dann eine andere Form, bei der sich schon deutlich der Übergang zur Retentio urinae zeigt. „Mit 14, 15 Jahren trieb ich folgendes Spiel: Wenn ich im Bette lag, versuchte ich, in die hohle Hand zu schiffen, aber nur sehr wenig, nur ein paar Tropfen, die ich dann auszuschlecken versuchte. Beim Pissen in die Hand bekam ich meist eine Erektion, die mir jenen Akt sehr erschwerte. Schließlich brachte ich ihn doch fertig, aber ich mußte lange probieren. Mit

[1]) Die ausführliche Beschreibung dieses Falles in meinem Buche „Die Sprache des Traumes". I. F. Bergmann, München. 1921, II. Aufl.

16, 17 Jahren habe ich dann öfters die Vorhaut zusammengenommen und hineingeschifft, so daß das ganze Präputium aufgebläht war wie eine Blase[1]) und durch den kolossalen Druck kam mir mit einem Male ein Lustgefühl und Samen, ohne daß ich onaniert hätte." Aus früherer Zeit erinnert er, daß er, zum Bade ausgezogen, sich manchmal über den ganzen Körper pißte, bisweilen auch in den Nabel hinein. „Mit 15 Jahren wünschte ich mir öfters, mit dem meistgeliebten Knaben das so zu machen, daß wir die Membra zusammentun, die Vorhaut darüber stülpen und in dieselbe hineinschiffen sollten."

Sehr früh begann er einen Teil seiner mächtigen Harnerotik zu symbolisieren und zu Passionen zu sublimieren. Ich gebe im folgenden seine Äußerungen in der Psychoanalyse wieder, kontrolliert und gelegentlich zeitlich richtiggestellt durch das Tagebuch der Mutter. Die letztere notierte von ihm, da er noch nicht volle 2 Jahre zählt: „Sein größtes Vergnügen ist, Steine ins Wasser zu plumpsen", was auch im folgenden Jahre besonders vermerkt wird. Dann mit 2½ Jahren: „Sein liebstes Spiel ist, mit einer kleinen Gießkanne, die er endlich erbettelt, unermüdlich Pflanzen zu begießen." Mit 2⅔ Jahren amüsiert er sich in einer Ausstellung am meisten über einen Automaten. „Wenn man ein 10 Pfennig-Stück hineinsteckt, fließt aus einem Hundekopfe Selterswasser heraus. Er war gar nicht wieder fortzubringen und bat in seiner Lebhaftigkeit einen neben ihm stehenden Jungen um ein Geldstück, damit noch einmal Wasser laufe." Mit 3½ Jahren bekommt er zu Weihnachten eine langersehnte kleine Pumpe „ordentlich zum Pumpen". „Er freute sich ganz kolossal darüber und war den ganzen Abend nicht davon wegzubringen." All diese Sublimierungen der Harnerotik erinnert Patient auch deutlich selber als förmliche „Leidenschaften" und fügt noch hinzu:

---

[1]) *Sadger* führt aus: „Die Erotik des peripheren Harnapparates verrät sich, abgesehen von der schon beredeten leichten Ansprechbarkeit der Corpora cavernosa urethrae, noch besonders durch öfters auftretende Kitzelgefühle der Harnröhre, die verschieden lokalisiert werden, von der Eichelmündung bis in die Prostata und das Perineum hinein, dann ferner durch akut auftretende urethrale Schmerzen, meist ohne jeden anatomischen Befund, endlich noch durch pollutionsartige Gefühle mit oder anfangs auch ohne Sekret, doch stets von enormer Wollust begleitet. Man sieht z. B., daß besonders Angst jene Kitzelgefühle wachrufen kann. Eine der wenig bekannten Ursachen des Masochismus ist, daß Kinder Schläge direkt provozieren, um die dabei auftretenden Wollustgefühle in urethra wieder einmal zu erleben. Nicht selten kommt es, und zwar schon in den allerersten Lebensjahren urplötzlich zu Schmerzen in der Harnröhre, denen kein anatomischer Befund entspricht. Sie vergehen auch ebenso rasch als sie auftraten, ohne jedes therapeutische Zutun."

„In späteren Jahren können sie durch eine Gonorrhöe oder durch infolge von Schwangerschaft ausgelöste Blasenreizung wieder akut und dann hysterisch festgehalten werden. Endlich gibt es noch pollutionsartige Vorgänge bei ganz kleinen Kindern mit oder ohne jedes Sekret. Zu ihnen ist auch das einfache Einnässen mit Urin zu rechnen, das so häufig bei Angst und Schreck sich einstellt, mitunter sogar beim Anschreien durch geliebte Personen. Zu beachten ist dabei, was ich ja schon im früheren ausführte, daß der Miktionsakt als solcher eine Quelle der Lust und gleichzeitig eine Tröstung sein kann, genau wie später die Masturbation. Darum kann man erleben, daß, wenn einem Kinde ein Wunsch versagt wird, es nicht bloß weint, sondern sich auch noch trosteshalber bepißt. In der späteren Kindheit scheint neben dem Harn auch das Sekret verschiedener Drüsen, zumal der *Cowper*schen und *Littre*schen sowie der *Bartholin*schen mit deutlicher Wollust ausgeschieden zu werden."

„Mit 4 Jahren hatte ich in einem Badeorte geradezu eine Schwärmerei für Pumpen. Zu jeder Pumpe mußte ich hin und selber pumpen. Das fiel so auf, daß meine Eltern mir öfters davon erzählten. Ich kannte auch in Bälde sämtliche Pumpen im ganzen Orte. Dann folgte eine neue Passion für Wasserwagen, die ich durchaus haben wollte. In späteren Jahren kam endlich eine Vorliebe für jegliche Art von Wassersport, zumal für das Segeln. Es reizte mich besonders, daß, wenn das Schiff durch die Wellen fuhr, das Wasser überspritzte oder, wenn es schlecht ging, direkt eindrang. Es war also in Wirklichkeit ein Urinsport. Trotzdem die Eltern es mir strenge verboten hatten und ich so großen Schwierigkeiten begegnete, daß jeder andere zurückgewichen wäre, ließ ich doch nicht locker. Ich hatte z. B. kein Geld zu all diesen Dingen, aber ich fertigte mir alles selber an und richtete mir die Sache so billig ein, daß ich es durchführen konnte."

Wenn Patient mit 14, 15 Jahren ein paar Tropfen in die Hohlhand hineinurinierte, bekam er besondere Lustgefühle und eine Erektion, die das Wasserlassen besonders erschwerte. Im Verlaufe der Analyse aber stellte sich heraus, daß die Harnsperre durch Erektion sich bis in die zarteste Kindheit unseres Kranken mit Sicherheit zurückverfolgen läßt. Schon in seinem 2. Lebensjahre stellten sich regelmäßig beim Wasserlassen Gliedsteifungen ein, die eine Retention bewirkten. Daran erinnert er sich nicht bloß selbst, es wird auch von Vater und Mutter bestätigt und ist obendrein in einer Amateurphotographie des Vaters fixiert, die ich mit eigenen Augen sah. Patient hat ferner die bestimmte Erinnerung, daß er Stuhl und Urin stets zurückhielt und sich erst durch vieles Drängen der Mutter auf den Topf zu gehen, bewegen ließ. Das verstärkte natürlich die angeborene Neigung zu Erektionen noch ganz beträchtlich.

Dieser Patient *Sadgers* litt auch an „Dysuria psychica". Es ist die bekannte Erscheinung, daß psychische Einflüsse die Miktion hindern. Es ist ja bekannt, daß viele Männer nie in Gegenwart von anderen Männern urinieren können. Ärzte kennen diese Erscheinung und müssen oft hinausgehen oder den Patient hinausschicken, um eine Urinanalyse vornehmen zu können. Diese Dysurie kann sich zu einer heftigen Harnverhaltung steigern. Ich erinnere mich eines Patienten, mit ausgesprochener Urinsexualität, der in seiner Kindheit schon katheterisiert werden mußte. Später litt er an einer chronischen Gonorrhoe und konnte den Urin nur stoßweise herausbringen. Man stellte zuerst die Diagnose auf eine Striktur, es zeigte sich aber bald, daß es sich nur um eine Dysuria psychica handelte. Dieser hochintelligente Kranke pflegte seinen Havelock immer anzupissen. Von diesem stinkenden Havelock wollte er sich nie und nimmer trennen. Er empfand den Geruch als einen großen Genuß. Er arrangierte auch die Miktion so, daß immer einige Tropfen auf seine Hand fielen.[1])

[1]) Einen sehr interessanten Fall von Zwangsvorstellungen infolge von Urinsexualität habe ich in der „Med. Klinik" (Zwangszustände, ihre psychischen Wurzeln und ihre Heilung. 1910, Nr. 5—7) publiziert. Ein Hausierer suchte mich mit der Zwangsvorstellung auf, er könne nicht urinieren. Er uriniert tadellos, trotzdem trieb ihm

Andere solcher Kranken klagen darüber, daß sie immer ihr Hemd und die Hosen annetzen müßten. Manche benehmen sich so ungeschickt, daß der Strahl der Miktion gebrochen wird und zurückspritzend sie naß macht. Man kann schon die Diagnose aus dem immer mit Urin getränkten Hemde stellen, wenn man — wie ich beim Militär — Gelegenheit hat, viele Neurotiker ausziehen zu lassen. Sehr charakteristisch ist, daß der echte an Urinsexualität Leidende sich niemals die Hände wäscht, wenn er sie „zufällig" (der Zufall ist immer Absicht!) naß macht. Diese Züge treten schon in der Kindheit auf, wie der von *Sadger* beobachtete nächste Fall eines 32jährigen Zwangsneurotikers beweist:

Fall Nr. 52. „Als kleines Kind, sicher schon mit 3, 4 Jahren, wahrscheinlich auch früher, habe ich sehr viel uriniert, und zwar auch bei Tag, so daß meine Hosen ganz braun davon waren. Nachts, wenn ich im Bette lag, ist es auf einmal losgegangen und ich habe mich gefürchtet, der Vater, der sehr jähzorniger Art war, werde mich dann schlagen.[1]) Trotzdem aber hatte ich immer direkt ein Wonnegefühl, wenn der Harn herauskam. Auch bei Tag habe ich kolossal uriniert. Mein Hauptvergnügen war, wenn es so heiß herausfloß, mir heiß über meine Beine lief und unten bei den Hosen heraustrat. Ich weiß, daß ich als Kind von 3—5 Jahren die Hosen absichtlich nicht aufmachte, um diesen Genuß nicht einzubüßen. Auch ging ich da sehr raffiniert zu Werke. Bei Nacht habe ich immer darauf gewartet, daß das Leintuch austrockne, damit es am Morgen nur niemand bemerke. Bei Tag aber ließ ich Tropfen für Tropfen, damit sich die Nässe nur allmählich verbreite und man es nicht sehe. Solang man die braune Verfärbung noch nicht wahrnahm, konnte ich hineinurinieren, soviel ich wollte, was ich denn auch nach Herzenslust tat. Erst wenn man das an den Hosen schon merkte, war ich unglücklich." Ein andermal berichtet er, schon als ganz kleiner Bub den Koitus der Eltern wiederholt belauscht und beobachtet zu haben, da der Vater vor dem jüngsten Kinde, welches immer im Bette der Eltern schlief, sich gar nicht genierte. „Ich weiß, ich hatte stets den Gedanken, der Vater uriniert die Mutter an. Vielleicht ahmte ich dies nach, indem ich in die Hosen und das Bett urinierte." Später ergänzte er: „Möglicherweise rührt das Bettnässen auch davon her, daß ich ganz zuerst das größte Vergnügen daran fand, auf dem Schoße der Mutter oder des Dienstmädchens sitzend, also die weiche Unterlage fühlend, zu urinieren. Da ich nun im Bette lag, werden die weiche Unterlage desselben und meine eigenen Beine die Ähnlichkeit mit der weichen Unterlage des Schoßes und den Beinen der Mutter dargestellt haben."

Von den übrigen Äußerungen seiner Urethralerotik will ich zunächst seinen häufigen Kitzel in membro nennen. Als er z. B. als achtjähriger Junge eine steile Mauer hinaufkletterte und dies sehr schwer ging, hatte er ein starkes Gefühl der Angst und gleichzeitig damit ein Kitzelgefühl in urethra. Mit 8, 9 Jahren quälte ihn eine Zeitlang ein fürchterliches Jucken in der Harn-

die Vorstellung, er könne nicht urinieren, zum Selbstmord. Die Analyse ergab, daß er bei seiner Ehefrau impotent war, weil ihm eine andere Frau besser gefiel. Der Gedanke, ich kann nicht urinieren, ersetzte einen anderen, der heißen sollte: Ich kann meine Frau nicht kohabitieren.

[1]) Die Verbindung von Urinsexualität und Masochismus ist außerordentlich häufig. Anmerkung des Verfassers.

röhre, infolgedessen er beständig an seinem Gliede rieb, und zwar offen vor allen. Er hat oft schon darüber nachgedacht, ob er eine Ursache wüßte, aber keine gefunden.

Von konstitutionellen und Erziehungsmomenten weiß unser Patient nachstehendes zu sagen: „Mutter griff sich häufig hinunter, als wenn sie den Harndrang zurückhalten müßte, und lief dann gleich hinaus aufs Klosett. Ich sehe das noch förmlich vor mir, als müßte die Mutter den Drang zurückhalten. Der Vater wieder hatte die Gewohnheit, alle seine Buben ‚aus Zärtlichkeit' am Penis zu ziehen, was als Liebkosung galt. Die älteren Brüder machten es dann ebenso bei den jüngeren. Der jeweils Jüngste lag immer neben dem Vater im Bette und wurde am Gliede gekitzelt. Ich tat dies gleichfalls bei all meinen jüngeren Geschwistern und ebenso später bei meinem eigenen Söhnchen vor der Analyse." Dies geschah angeblich immer ohne sexuelle Erregung, bloß weil es bei ihnen so üblich war und als selbstverständlich galt. Andere verderbliche Erziehungseinflüsse gingen noch von den Dienstboten aus, die sicher mit seinem Membrum spielten, wenn sie es zur Miktion herausnehmen mußten. Er habe darum vielleicht auch absichtlich öfter uriniert, als notwendig war. Mitunter zogen sie ihn auch zur Strafe an seinem Penis, wenn er sich angeschifft hatte, worauf er jämmerlich schrie und dann zur Besänftigung am Gliede gestreichelt wurde, was ihm wieder sehr wohl tat.

Ich will hier noch einige seiner hochinteressanten Phantasien anknüpfen. Er hatte das Symptom der hysterischen Vergeßlichkeit, das er also erklärt: „Nachts vergaß ich sehr häufig, daß ich im Bette lag, und glaubte, ich säße am Klosett oder Nachttopf, und in diesem halb bewußten, halb unbewußten Zustand urinierte ich dann, ja entleerte sogar den Stuhl ins Bett. Ich glaube ganz sicher, des Nachts vergessen zu haben, daß ich im Bette lag, und in diesem halb bewußten, halb unbewußten Zustand und dem sich anknüpfenden Kitzelgefühl in der Harnröhre war mir das Urinieren direkt eine Wollust. Da dies nur meinem Vergessen entsprang — bei Tag war der Gedanke an die Strafe so stark, daß er mich vom Urinieren, wenigstens vor den Meinen, zurückhielt — so habe ich dann das Vergessen als Quelle der höchsten Wollust hysterisch fixiert. Bei den Pollutionen in späteren Jahren ergab sich ein Analogon dazu. Ich träumte und, da der Erguß kam, wollte ich mich heftig dagegen wehren. Doch wußte ich mich durch die Vorspiegelung, dies sei ja nur ein angenehmer Traum, dann selber zu veranlassen, den Widerstand aufzugeben und den angenehmen Samenerguß erfolgen zu lassen. Ich erinnere mich genau, daß auch beim Bettnässen in der Kindheit sich stets derselbe Kampf einstellte. Halb schlafend, halb wachend sagte ich mir immer: Du darfst nicht urinieren, du bist ja im Bette und das wird bestraft. Aber diese Stimme unterlag und ich folgte der andern, welche mir sagte: Du träumst ja nur, du kannst nichts dafür, du handelst im Schlafe, also unverantwortlich. Wenn ich dann am Morgen die Bescherung sah, war ich tief unglücklich. Ich konnte es mir auch gar nicht erklären, da ich doch fest und steif geglaubt hatte, in einen Topf zu urinieren oder höchstens im Klosett. In diesem Gedanken war ich glücklich gewesen und hatte mich gehen lassen. Nun sah ich zu meinem Schrecken, daß ich doch ins Bett uriniert hatte und damit der Strafe verfallen war. Ich konnte also tun, was ich wollte, ich war unrettbar der Strafe verfallen, ein Grund meiner jetzigen Zwangsideen."

Vorerwähnter Kranke hatte ein Mädchen zum Weibe genommen, das offenbar gleichfalls mit schwerer Urethralerotik behaftet war. Selbst jetzt noch träume sie gelegentlich davon, daß sie Harndrang habe. Sie wehre sich dagegen mit der Motivierung, sie müsse sich doch vor ihrem Manne schämen, da sie ja verheiratet sei. Erwacht aber, finde sie tatsächlich ein paar Tropfen Harn im Bette vor.

Wir haben schon einmal konstatieren können, wie bei dem Knaben Fritz die Anwesenheit der Mutter sofort eine Enuresis hervorgerufen hat. Der letzterwähnte Patient *Sadgers* hatte ein Mäderl, das gleichfalls dieses Symptom zeigte und so bestätigt, wie von den Eltern sexuelle Reize ausgehen, die sich als Enuresis äußern können.

Fall Nr. 53. Äußerst bezeichnend ist der Zusammenhang ihres Harndranges mit der Anwesenheit des geliebten Vaters. Die Familie lebt in L., während der Vater in Wien Psychanalyse macht und nur alle 14 Tage zu den Seinen fährt. Da merkt nun die Mutter ganz deutlich, daß die Enuresis nachläßt oder auch ein paar Tage völlig sistiert, wenn jener längere Zeit ferne weilt. Kaum aber kommt der Vater zu Besuch oder weiß nur das Mäderl, daß er in der Nacht ankommen soll, so beginnt es tagsüber in die Hosen zu lullen, nachts unruhig zu schlafen, sich hin und her zu wälzen und blutig zu kratzen, beständig nach der Mutter zu rufen und selbstverständlich auch einzunässen. Der Vater reist ab und sofort ist die Wendung zum Besseren da. Die Enuresis sowohl wie das Blutigkratzen läßt erheblich nach. Am charakteristischesten ist folgende Episode noch vor ihrem vollendeten 2. Jahre. Der Vater ist unerwartet nachts gekommen. Sie hatte auch nicht eingenäßt, wovon sich die Mutter frühmorgens überzeugte. Kaum aber vernimmt das erwachende Kind im Nebenzimmer die Stimme des Vaters, so belullt sie sofort das ganze Bett, was sie vordem noch niemals getan. 2 Jahre und 1 Woche alt, sucht sie aus einem Haufen von Photographien zwei heraus, ihre eigene und das Bild des Vaters, spielt damit, nimmt beide zu sich ins Bett und uriniert „fürchterlich". Am nächsten Morgen sind beide Photographien total durchnäßt. Der Vater hat die Gewohnheit, nicht bloß alles mit ihr zu besprechen, sondern sie auch zu fragen, was sie eigentlich mit dem oder dem wolle, Dinge, die das ungewöhnlich geweckte Mäderl anscheinend ausgezeichnet versteht. So examiniert er: „Du hast das Bild des Tata ins Bett genommen, du willst dir also den Tata ins Bett nehmen und ihn anlullen?" worauf sie ruhig und bestimmt erwidert: „Ja!" Wenn beim Spazierengehen der Vater in einen Laden tritt, etwas zu kaufen, beantwortet die Kleine den wenn auch nur kurzen Verlust des Vaters mit Lullen in die Hose, ihrem alten Trostmittel. Ähnlich übrigens auch, wenn die Mutter fort muß oder gar am Abend beide Eltern ins Theater gehen.

Ähnlich wie dies Kind benützen auch die Erwachsenen Affekte der Angst und der Erwartung, um ihrer Urinsexualität zu fröhnen. Es gibt Männer, die bei jeder Angst, ertappt zu werden oder nicht fertig zu werden, ein paar Tropfen Urin lassen müssen (vergl. den Fall Kapitel XV). Oft besteht bei Männern Angst vor dem Samenverlust, so daß an Stelle der Ejakulation eine Miktion eintritt. Einer meiner Patienten onanierte fast bis zum Eintritte des Orgasmus. Dann setzte er aus und urinierte, sobald es das abschwellende Glied gestattete. Dann trat ein intensives Kitzelgefühl auf. Es kommt auch vor, daß bei

Onanisten an Stelle der infolge von strengen Drohungen und Verboten aufgegebenen Onanie ein Kitzelgefühl in der Glans oder Urethra als maskierte Form der Onanie und des Orgasmus auftritt. Einen solchen Fall beschreibt *Galant* (Crises clitoridiennes-artige Erscheinungen bei einem 14jährigen Knaben. Neur. Zentralbl., 1912, Nr. 16):

Fall Nr. 54. „Eine Erscheinung, die ganz dem Symptom der Crises clitoridiennes der Frauen entspricht, habe ich bei einem meiner Patienten feststellen können. Ich hatte einen 14jährigen Knaben in Behandlung, der seine maßlos getriebene Onanie nicht los werden konnte. Ich nahm mit ihm eine Entwöhnungskur vor, die auch gelang. Nun stellt sich bei mir der Junge, nachdem er längere Zeit nicht mehr onaniert hat, ein und beklagt sich angstvoll, daß bei ihm von Zeit zu Zeit jedesmal nach dem Urinieren ein starker Orgasmus auftritt, ohne daß es dabei zu Erectio penis oder Samenentleerung käme. Er habe dabei keine Gedanken, die eine sexuelle Erregung bei ihm hervorrufen könnten, und ist überhaupt nicht sexuell erregt. Der Orgasmus tritt ganz spontan, von selbst auf! Ich habe meinen Jungen beruhigt und sagte ihm, diese spontanen wollüstigen Entladungen werden ihm nur verhelfen, seine Onanie los zu werden. Die Orgasmuskrisen dauerten etwa zwei Monate lang und verschwanden später spurlos."

„Soweit mir bekannt ist, ist diese meine Mitteilung über spontane Orgasmusentladungen beim Manne ohne Erectio penis und Samenentleerung als Folge einer übertriebenen Onanie die einzige in der Literatur und dürfte darum nicht ohne Interesse sein. Ich führe die spontanen Orgasmen bei meinem Patienten auf eine Überreizung des Nervensystems zurück, die zu reflektorischen (?) Entladungen der Gefühlssphäre der Genitalien führt."

Diese Erscheinung ist allen Sexologen wohlbekannt und als infantiler Typus der Sexualbefriedigung oft beschrieben. In zahlreichen Werken der *Freud*schule wird die Enuresis als Ersatz der Pollution aufgefaßt. Ich habe an zahlreichen Stellen meiner Werke auf den infantilen Typus der Sexualbefriedigung (Orgasmus bei der Miktion) aufmerksam gemacht. Diese Form der „larvierten Onanie" belehrt uns, wie illusorisch die Entwöhnungskuren der Onanie sind. Statt der offenen Onanie tritt eine larvierte ein. Der Gewinn ist für den Arzt nicht groß. Der Patient kann nun nach dem Prinzip „Lust ohne Schuld" weiteronanieren und sich vormachen, er kämpfe gegen die Onanie an und so beiden Partialseelen gerecht werden, der Triebseele und der Moralseele. So wird als Folge der Onanie gedeutet, was nur eine Folge der „Onanieabstinenz" ist. Die Psychologie der Sexualität ist leider viel zu wenig studiert. *Galant* merkte nicht, daß die Libido aus dem Bewußtsein „verdrängt" wurde.

Wenden wir uns weiteren Fällen von Urinsexualität zu:

Fall Nr. 55. A. W., 28jähriges Mädchen, leidet zeitweilig an Bettnässen, bei Nacht und auch am Tage. Bei Nacht pflegt sich das Bettnässen an einen wollüstigen Traum verschiedenen Inhaltes anzuschließen. Bei Tag an eine Phantasie, die ihr nicht klar bewußt ist, mit Angst einhergeht und sich um ein „Nicht-Erreichen" handelt, wie in den meisten dieser Fälle. Bei der Analyse ergibt sich, daß sie seit der Jugend mit Hilfe der Blase onaniert. Sie hält den Urin zurück, so daß die Not am höchsten ist. Dann geht sie auf den Abort und preßt mit aller Gewalt gegen die Blase, um den Austritt des Urins zu verhindern. In diesem Momente tritt ein so gewaltiger Orgasmus ein, daß ihr die Tränen über beide Wangen herunterrinnen. Bei der Onanie durch Friktion des Kunnus oder beim Einführen des Fingers in die Scheide kommt es auch zu einem Orgasmus, aber niemals kommen ihr dabei die Tränen. Dieses Weinen ist nur bei der beschriebenen Form aufgetreten und stellt einen so großen Genuß dar, daß sich die verschiedenen enuretischen Akte als Nachklang der Onanie entlarven lassen.

Fall Nr. 56. R. B., ein 22jähriger Student pflegt oft stundenlange zu onanieren und immer den Orgasmus zu verhindern. Schließlich läßt er einige Tropfen Urin durch die Harnröhre rinnen, was einen außerordentlich starken Orgasmus ohne Samenentleerung herbeiführt. Es gelingt ihm also die Samenentleerung zu verhindern und die infantile Form der Befriedigung durchzusetzen.

Fall Nr. 57. Ein 12jähriges Mädchen, das an allerlei Zwangsvorstellungen leidet, gesteht mir, daß es auf Drängen ihrer Eltern die seit der frühesten Kindheit betriebene Onanie aufgegeben habe. Sie onaniert aber 10—12mal täglich mit Hilfe der Blase. Sie hält den Urin zurück, bis sie einen heftigen Drang empfindet. Dann geht sie auf den Abort, drückt die Hand gegen die Scheide, so daß sie das Orificium urethrae versperrt und läßt den Urin nicht heraus. Der Krampf der Blase erzeugt ein starkes Wollustgefühl, das sich zum Orgasmus steigert, wenn der warme Urinstrahl auf die Hand fließt. Sie provoziert durch allerlei Unarten Schläge von ihrem Vater. Sie wird auf die Nates geschlagen. Dabei tritt Orgasmus kombiniert mit Urindrang auf.[1])

Viel interessanter ist der nächste Fall:

Fall Nr. 58. Ein 38jähriger Schriftsteller onaniert seit seiner Jugend mit Hilfe der Blase. Er hält den Urin so lange zurück, bis er die Beherrschung der Blase verliert. Oft uriniert er in die Hosen, was den höchsten Orgasmus erzeugt. Solche Situationen schafft er sich am liebsten in Gesellschaften, im Theater, in Museen, in Eisenbahnwagen usw. Er arrangiert es — wie er behauptet unbewußt —, daß er in Situationen kommt, wo die Miktion unmöglich ist. Er hat bis zum 36. Jahre keinen Koitus vollzogen. Er heiratet und kann den Koitus in normaler Weise mit Orgasmus vollführen. Die Urinsexualität scheint überwunden zu sein. Nach der Geburt eines Knaben längere Abstinenz und Rückfall in die alte Gewohnheit. Es kommt zu Disharmonien in der Ehe. Er verliert bei seiner Frau den Orgasmus, wird bald impotent und zieht sich auf die gewohnte Form der Sexualbefriedigung zurück. Größten Genuß bereitet es ihm, auf der Gasse zu urinieren, wenn er fürchtet, vom Wachmann überrascht und angezeigt zu werden.

Es ist eine nicht seltene Erscheinung, daß Mädchen und Frauen bei ihren Urin-Orgien Kitzeln in der Klitoris empfinden. Dieser Kitzel kann auch durch einen Schmerz verdeckt sein, er kann sich mit einem

[1]) Ein ähnlicher Fall wurde sehr ausführlich von *Havelock-Ellis* in „Psychoanalytic Review" (1913) beschrieben.

Schmerz kombinieren. Oft strahlen die Sensationen von der Klitoris in das Perineum und bis in das kleine Becken aus. Sehr charakteristisch war das in folgendem Falle zu beobachten:

Fall Nr. 59. Eine 43jährige Frau klagte mir, daß sie nicht in Gesellschaft gehen könne, weil sie vorher in hochgradige Aufregung gerate und sich naß machen müsse. Sie versuche sich umzukleiden und frische Wäsche zu nehmen, aber das Mißgeschick wiederhole sich immer. Dabei komme es zu Schmerzen in der Schamgegend. Sie fühle es, daß dort etwas steif werde. Die Untersuchung, die ein Urologe vorgenommen hatte, der die Frau hatte urinieren lassen, ergab, daß in der Tat nach der Miktion eine Erektion der etwa $1^1/_2$ *cm* langen Klitoris eintrat. Die Patientin mußte mir zugeben, daß sie beim Ankleiden trödle und sehr viel Zeit brauche. Die Analyse ergab ihre Neigung zum Phantasieren. Sie war in der Ehe unbefriedigt und hatte die lange ausgeübte Onanie infolge der Warnungen einer Hebamme aufgegeben. Vor einer Gesellschaft malte sie sich aus, wen sie treffen konnte und erlebte einen ganzen Roman. Die Miktion trat mit Angst in dem Momente auf, als sie sich ausmalte, daß der Held sie in einer einsamen Ecke küßte, wobei sie von ihrem Manne überrascht wurde.

Sehr häufig sehen besonders die Urologen jene Fälle, in denen Mädchen und Frauen über ein sehr störendes Naßwerden bei verschiedenen Gelegenheiten klagen. Es zeigt sich bei näherer Analyse, daß diese Neurotiker Träumer sind, die in verschiedenen erotischen Phantasien leben, an die sich Angstgefühle schließen. Die Enuresis tritt mit Orgasmus und Angst zugleich ein. Ein sehr lehrreiches Beispiel ist der nächste Fall:

Fall Nr. 60. G. V., 24 Jahre altes, sehr kräftiges, vollblütiges Mädchen klagt über unwillkürlichen Urinabgang während des Tages und in seltenen Fällen während der Nacht. Sie plagt ihre Mutter mit diesem Leiden und verlangt Abhilfe, weigert sich aber, sich von einem Arzte untersuchen zu lassen. Auch einer Ärztin wird die Möglichkeit einer Untersuchung erschwert. Wegen anderer neurotischer Symptome kommt sie in meine Behandlung. Es zeigt sich, daß sie sich ihre enuretischen Episoden selbst inszeniert. Sie beginnt einen sehr langen Roman zu phantasieren. Gewöhnlich, wenn sie einen Besuch machen soll. Auf dem Wege zu ihrem Ziele wird der Roman bis zu den kritischen Stellen ausgesponnen. Erst wenn sie angeläutet hat, handelt der Roman davon, daß sie vergewaltigt werden soll. Sie kann nur mit aller Mühe die Klingel erreichen. Wird es nicht zu spät sein? Sie ringt mit dem Verführer, der Riesenkräfte hat. Endlich — endlich im letzten Momente — ihre Kräfte sind zu Ende, er hat ihr das Kleid vom Leibe gerissen und sie auf ein Sofa geworfen — erscheint die Hilfe. Dieser letzte Moment erhält einen Fetzen Realität durch den Umstand, daß nach dem Läuten irgend jemand erscheint, um die Türe zu öffnen. In diesem Momente wird sie mit ziemlich starken Orgasmus naß.

Noch deutlicher ist dieser Mechanismus bei dem nächsten Fall eines Mannes:

Fall Nr. 61. Ein 23jähriger Student, der immer die Angst hat, zu spät zu kommen und im letzten Momente einige Tropfen Urin läßt. Nehmen wir das letzte Beispiel. Er soll um 4 Uhr auf der Bahn sein. Er zittert schon den ganzen Nachmittag, er werde den Zug versäumen. Nun sollte man glauben, daß er schon eine Stunde vorher auf dem Bahnhof sein wird. Im letzten Moment muß er irgend etwas wichtiges suchen. (Den Paß, die Brieftasche, ein Buch usw.) Er kann den Gegenstand nicht finden. (Natürlich eine inszenierte Szene, in der er sich künstliche Hindernisse geschaffen hat.) Endlich findet er den gesuchten Gegenstand. Nun beginnt die Hetze. Er rennt zur Elektrischen, nimmt eventuell ein Auto, rast, springt über alle Leute zum Zuge, kommt im letzten Momente zurecht, wobei ihm unter Blasenkrämpfen und Orgasmus ein paar Tropfen Urin in die Hose fallen.

Dieser Kranke ist an seine Schwester fixiert und spielt die Szene, ob er sie erreichen wird. Er erreicht sie im letzten Momente. Er wiederholt dabei eine Szene, die sich in der Kindheit zugetragen hat, wobei er mit der Schwester allerlei gespielt und zuletzt versucht hat, einige Tropfen in ihre Scheide zu entleeren.

Diese Affektentladung bei der nächtlichen Enuresis und bei der Enuresis am Tage ist sehr wichtig. Sie liefert uns den Schlüssel zu diesem Leiden.

Ich schließe damit den Reigen der Beobachtungen. In den folgenden Krankengeschichten wird uns die Urinsexualität noch öfters begegnen. Sie ist oft mit der Mutterleibsphantasie verbunden, was aber nicht immer der Fall sein muß. Die charakteristischen Wasser- und Feuerträume erleichtern die Diagnose. Erwähnen möchte ich nur, daß im Alter die Regression auf die Urinsexualität sehr häufig beobachtet wird. Impotente Greise kehren gerne zu dieser Form der Libido zurück. Besonders bei Prostatikern kann man die schönsten Urin-Infantilismen beobachten. Die Leidenschaft, mit der sich diese Kranken katheterisieren und katheterisieren lassen, verrät oft dem genauen Beobachter, daß es sich um eine Hyperästhesie der Urethralschleimhaut handelt, die zu leichten Orgasmen führt. Wiederholt kann man auch leichte Erektionen bei der Einführung des Katheters beobachten, wozu das etwas verklärtselige Gesicht des Katheterisierten zu passen scheint. Mitunter wird der Orgasmus durch Schmerzen oder angebliche Schmerzen maskiert. Die verschiedenen Windungen und Krümmungen des Kranken, seine Ausrufe sollen durch den „unerträglichen Schmerz“ erklärt werden, den er sich so gerne zufügen läßt. In Geisteskrankheiten tritt diese Tendenz der Greise sehr deutlich zum Vorschein. Sie urinieren ins Bett, defäzieren auch, schmieren sich mit Kot an, was in das nächste Kapitel gehört. Aber Urin- und Analsexualität gehen gewöhnlich zusammen.

XII.

Analsexualität.

Es ist das Verdienst von *Freud*, auf die Bedeutung der infantilen Analsexualität aufmerksam gemacht zu haben. Unter den verschiedenen erogenen Zonen muß der Analzone eine besondere Bedeutung beigemessen werden. Es ist sehr wahrscheinlich, daß schon die normale Defäkation beim Kinde ein lustbetonter Vorgang ist. Das Kind erstrebt eine Verlängerung und Steigerung dieser Lust dadurch, daß es den Stuhl zurückhält *(Freud)*. Der Druck der Skybalamassen auf die Analschleimhaut wird als lustvoll empfunden. Der Drang zur Stuhlentleerung wird zum Sexualgefühle umgeformt. Wir finden bei vielen Formen der infantilen Sexualität diese merkwürdige Mischung von Lust und Schmerz (Kratzen, Urinretention, Weinen, Schreien usw.). Auch der Durchgang der harten Skybalastücke scheint Lustgefühle mit Schmerzen zu kombinieren *(Hitschmann)*. Das konstitutionelle Entgegenkommen der Analzone äußert sich auch in einer Neigung zu Diarrhöen, wobei der Drang, der sich zum Tenesmus steigern kann, leicht einen lustvollen Charakter erhält. (Erwachsene berichten oft, daß sie beim schmerzhaften Tenesmus Erektionen haben.)

Auch dem primitiven Riechtrieb des Kindes kommt die Analsexualität entgegen. Die Gerüche von Stuhl und Flatus waren dem Urmenschen sexuelle Stimulantia und sind es für manche Naturvölker und primitive Menschen bis heute geblieben. Die leidenschaftliche Vorliebe vieler Kinder für den Abort und ihr lebhaftes Interesse für die Gerüche der Erwachsenen lassen sich aus dieser Eigenschaft leicht erklären.

Die Reizungen der Kinderpflege und Kindererziehung tragen dazu bei, die von der Analzone ausgelösten Lustempfindungen zu steigern und zu fixieren. Viele Mütter haben die böse Gewohnheit, ihre Kinder täglich zu klystieren, der Pflege des Anus eine besondere Sorgfalt zu widmen, daran herumzureiben usw. In Erinnerung an diese Reizungen und auch von Impulsen stammend, die spontan von der Mastdarmschleimhaut ausgehen, kann die Kinderonanie sich auf die Reizung der

Analzone beschränken. Der Finger oder andere spitze Gegenstände werden hineingesteckt und hin- und herbewegt. Durch Wetzen wird die äußere Partie des Anus gereizt. (Der verbreitete Kinderfehler des Wetzens läßt einen sicheren Schluß auf starke Analsexualität zu.)

Es gibt wohl wenige Menschen, welche die Analsexualität gänzlich überwunden haben. Offenbar gehört die sexuelle Empfindlichkeit der Analzone zum Inventar der normalen Sexualität. Es ist bekannt, daß erfahrene Dirnen impotente Männer dadurch zur Erektion bringen, daß sie den Finger in den Anus einführen.[1]) Auch ist es allgemein bekannt, daß nach einer ausgiebigen Stuhlentleerung, bei der harte Skybala den Anus passiert haben, die Sexualerregung gesteigert wird und die Potenz auffallend gebessert erscheint. Die Neigung zu Päderastie und die passive Homosexualität, bei der der Urning seinen Anus dem Partner willig darbietet, hat neben den psychologischen Wurzeln auch diese organische Grundlage. Es gibt auch Frauen, die beim vaginalen Koitus vollkommen anästhetisch sind, während der anale Weg zu Orgasmus und Befriedigung führt. *Iwan Bloch* berichtet über Analsexualität in seinem grundlegenden Werke „Das Sexualleben unserer Zeit“:

> *Hammond* erzählt den Fall eines jungen Zigarrenhändlers aus New York, der vom siebenten Lebensjahre an Gegenstände in seinen Anus zu stecken pflegte, um sich eine sinnliche Erregung zu verschaffen. Angeblich wollte er auf diese Idee durch die Beobachtung der Kohabitation seines Hundes mit einer Hündin gekommen sein, die er als eine anale ansah. Er introduzierte sich zunächst einen hölzernen Bleistift, was ihm Schmerz aber auch zugleich eine eigentümliche, angenehme Empfindung verursachte. Er wiederholte diese Prozedur schon nach einigen Tagen mit einem eingeölten Zahnbürstenstiel, den er seitdem sehr häufig zu diesem Zwecke benützte. Schon mit 10 Jahren ließ er sich von anderen Knaben pädizieren und trieb seitdem passive Päderastie in Konsequenz, davon verweiblichte er sich in seinem äußeren Auftreten immer mehr (Frauenkleidung, Annahme eines Frauennamens), empfand auch niemals die geringsten Gefühle für Frauen. Über einen ähnlichen Fall von frühzeitiger Analmasturbation mittelst eines Bleistiftes berichtet *Schrenk-Notzing*, woraus sich auch hier homosexuelle Neigungen entwickelten. Sehr häufig wird Analmasturbation und konsekutive Päderastie erst im Verlaufe des späteren Lebens als neuer Reiz und Genuß den bisherigen Arten sexueller Befriedigung hinzugefügt. Die Pariser Prostituierten müssen überaus häufig an ihren Klienten die Analmasturbation, die als „lèpée de Charlemagne“ (indroductio digiti) und „éfeuille des roses“ (lambitus ani) bezeichnet wird, ausführen. Öfters wird dies auch durch ein künstliches Membrum virile (Gaude-mihi, „Godmiché“ genannt) bewirkt. Von da bis zur passiven Päderastie ist nur ein Schritt. In der Tat berichtet *Taxil*, daß es viele Subjekte gibt, die sich in coitu

[1]) Dieser Kunstgriff scheint in der Liebeskunst des Mittelalters eine große Rolle gespielt zu haben. Er wird in den „Gesprächen“ des Aretino ausführlichst geschildert.

cum femina von deren Zuhalter gleichzeitig pädizieren lassen. Hieraus entwickelt sich dann naturgemäß häufig genug ein gleichgeschlechtlicher Verkehr, der den ehemals heterosexuellen Wüstling zu einem typischen Urning stempeln kann. Diese Verhältnisse waren im klassischen Altertum recht häufig.[1]) Auch in anderen Ländern kennt man diese eigentümliche Vorstufe der Päderastie. Ich erinnere mich an dieser Stelle in der Geschichte der Eroberung von Mexiko des Bernard Diaz del Castillo, wo es heißt, daß die alten Mexikaner, um sich einen besonderen Genuß zu verschaffen, Röhren in den After einführten, durch welche dann Wein gegossen wurde. Sie hatten sich auf diese Weise berauscht. Hierher gehört auch die berüchtigte „Analvioline" der Chinesen, deren sich meist abgelebte Greise oder Lebemänner bedienen und deren bestialisch raffinierte Gebrauchsweise zur Genüge aus dem bloßen Namen ersichtlich ist.[2]) Impotente greifen öfters zu diesem eigentümlichen Erregungsmittel (vgl. *Moll*, Libido sexualis I., 828), dessen Zusammenhang mit der passiven Päderastie bereits erklärt worden ist.

In neurotischer Verzerrung läßt sich die Analsexualität besonders bei Hypochondern und Zwangsneurotikern in den wunderlichsten Formen beobachten. Es gibt Menschen, deren ganzes Denken sich um den Stuhl dreht. Manche wollen die verschiedenen Stadien der Verdauung beobachten, andere haben immer das Gefühl, daß ihnen ein Stück Stuhl im Mastdarm oder in der Flexura sigmoidea steckt (Zwangsvorstellung eines von mir behandelten Arztes), viele leiden an Verstopfung, klystieren sich jeden Tag (oft mehrere Male täglich), beschäftigen sich eingehend mit der Pflege des Anus (zwangsmäßiges Waschen nach jeder Stuhlentleerung, Angst vor bedrucktem Klosettpapier, Inspektion des Stuhles usw.). Manche Analsexualisten halten sich fast den ganzen Tag im Aborte auf. Sie fühlen Stuhldrang, entleeren ihren Stuhl unter Abgang zahlreicher Winde in den kleinsten Portionen (Aerophagie). Auch die bekannte „Colica mucosa" ist nur der Ausdruck gesteigerter Analsexualität.[3])

Auch bei den bekannten Phänomenen der Teilanziehung (fälschlich Fetischismus genannt) zeigt sich die Bedeutung der Analsexualität. Es gibt viele Menschen, denen das Gesicht weniger bedeutet als das Gesäß.[4])

Es ist eine bekannte Tatsache, daß es Podexfetischisten gibt, denen schon der Anblick eines gut geformten Hinterteiles einen starken

[1]) Die Stelle aus *Petrous* „Satyrikon" ist sehr bekannt. Ausführliches über Analmasturbation bei den Alten bringe ich im Teil meines „Ursprung der Syphilis".

[2]) Vgl. „Untrodaen Fields os Anthropologie", I, 99. „Beiträge zur Ätiologie der Psychopathia sexualis" von Dr. *Iwan Bloch*, I. Teil, Dresden, Verlag von H. R. Dohrn, 1902 (l. c., S. 225—227).

[3]) Siehe Bd. I, die Ausführungen über Colica mucosa, besonders die Forschungen von *Foges*, S. 121, III. Aufl.

[4]) Eine ausführliche Schilderung findet sich bei *Sadger*. „Über Gesäßerotik". Intern. Ztschr. f. Psychoanalyse, 1913.

Orgasmus verschafft.[1]) Bei Kindern spielt der Podex eine große Rolle, er vertritt eigentlich in vielen Fällen das Genitale. Bei Entblößungen wird oft statt der Genitalien nur der Podex gezeigt. Oft begucken die Kinder einander, und zwar nur a posteriori. Auf die infantile Sexualtheorie, daß die Kinder aus dem Podex kommen, möchte ich nur kurz hinweisen.

Skatologische Riten finden sich bei vielen Naturvölkern. (Zahlreiche Belege in den Werken von *Bloch.*) Aber auch unsere guten Bauern leisten sich Erkleckliches in Skatologibus. (Massenhafte Beweise in den Bänden der Anthropophyteia.) Ist es dann zu verwundern, daß in den verschiedenen Formen des psychischen Infantilismus die Skatologie und die ganze Analsexualität besonders stark betont erscheinen?

Ich betone nochmals, daß der Urmensch den Ekel vor dem Anus und den Endprodukten des Stoffwechsels nicht kennt. Wir sehen, wie gerne die Kinder mit Kot schmieren (eines ihrer liebsten Vergnügen) und wie Geisteskranke, wenn die anerzogenen Hemmungen der Kultur wegfallen, auch in die Unart des Kotschmierens verfallen, weil sie sich nur von dem Instinkt leiten lassen. Wiederholt habe ich aus der Krankengeschichte von Neurotikern gehört, daß sie als Kinder gegenseitig den Anilingus ausgeführt haben. Der Anilingus muß einmal als höchste Liebesbezeugung sehr geschätzt worden sein. Darauf deuten die Redensarten wie „einen gern haben", was in Wien die Aufforderung zum Anilingus bedeutet. Das bekannte Zitat aus dem Goetz von Berlichingen kommt in allen Sprachen der Welt als beliebtes Schimpfwort vor. Besonders die Südslawen leisten sich großes in diesem Bezuge und dehnen die Aufforderung auf die ganze Familie und die Ahnen aus.

In Antwerpen sah ich im Museum ein Bild von Rubens, das im Kataloge „Venus frigide" bezeichnet wird. Im Katalog wird auf die kauernde Stellung von Venus und Amor aufmerksam gemacht. Auch der Satyr im Hintergrunde, der auf der Photographie kaum zu sehen ist, hockt sich nieder und zeigt seine Zunge. („Il semble se moquer de la déesse en tirant la langue.") Der Verfasser der Beschreibung meint: Das oft „Jupiter und Antiope" benannte Werk ist nur eine Ausführung des Sprichwortes: „Sine Bacho et Cere friget Venus" . . . Ich halte diese Erklärung für falsch. Der Satyr hat ein mit Früchten gefülltes Horn. Die Stellung aller drei Personen ist die der Defäkation. (Beim Amor besonders deutlich!) Es ist eine Orgie der Analsexualität und die Zunge des Satyrs ein Hinweis auf den Anilingus. Die „Venus frigide" ist offenbar nur für den Koitus frigid. (Siehe Abbildung.)

---

[1]) Ich entsinne mich der lächerlichen Mode des „Cul de Paris". Jede Frau prangte mit einem künstlichen Hinterteil. Man sah oft groteske Hinterteile, die wie Fautouils zum Sitzen einluden. Podex-Fetischisten klagten, daß sie durch diese Täuschung um den natürlichen Eindruck betrogen würden.

Der Anilingus gehört zu jenen Paraphilien, die am leichtesten der Verdrängung unterliegen und deshalb hauptsächlich bei den verschiedenen Neurosen aufgedeckt werden. Die nächste Beobachtung gibt uns die Schilderung eines solchen Falles:

Fall Nr. 62. Herr D. S., 37 Jahre alt, Beamter, leidet seit 6 Jahren an Platzangst. Die Platzangst trat nach einer Gonorrhoe auf. Er wurde wegen

Fig. 4.

einer Prostatitis von einem Arzte täglich massiert und fühlte sich nach dieser Prozedur so erleichtert, daß er auf Reisen immer Ärzte aufsuchte, um seine unentbehrliche Massage durchzumachen. Es ist klar, daß mit dieser Massage eine Reizung der erogenen Mastdarmzone hervorgerufen wurde, so daß es zu einer Regression kommen konnte.[1]) Die Regression vollzog sich in

[1]) Über die Bedeutung der Prostatamassage siehe meine Ausführungen über „Erotische Reizungen als Heilmittel" in Band II, 2. Aufl., S. 80.

merkwürdiger Weise. Erst fühlte er, daß ihm die Analgegend sehr häufig naß wurde (Über Feuchtwerden des Anus klagen viele dieser Neurotiker). Er war genötigt, sich oft abzuwaschen und häufig zu reiben. (Rationalisierung einer larvierten Onanie.) Nach der Stuhlentleerung, die er aus allerlei fadenscheinigen Gründen immer hinausschob, und zwar so lange als möglich hinausschob, hatte er einen leichten Orgasmus. Immer ein sehr angenehmes Gefühl. Zeitweise ein heftiges Jucken im Anus. Wegen dieses Juckens ging er zu einer Prostituierten und ließ sich anum lambere. Das verschaffte ihm einige Erleichterung und er fühlte sich etwas besser. Er fürchtete aber sich an diese Form der Sexualbefriedigung zu gewöhnen und gab sie auf. Der normale Koitus ging mit so geringem Orgasmus vor sich, daß er darauf verzichtete. Die Analyse ergab Verlangen von einem Manne geleckt zu werden und als Selbstschutz gegen diese Triebe Platz- und Straßenangst, so daß er nicht allein ausgehen konnte. Als eine seiner ersten Erinnerung ist ihm präsent, daß er im vierten Lebensjahre an seiner um 2 Jahre älteren Schwester den Anilingus ausgeführt hatte. Sie schliefen in einem Bette. Diese Art der Zärtlichkeit dauerte viele Monate. Die Schwester ließ sich diese Liebkosung gerne gefallen, erwiderte sie aber nicht.

Ich verweise auch auf den Fall von nächtlichem Priapismus, den ich in Band IV veröffentlicht habe, und der als Wurzel das Verlangen nach einem Anilingus erkennen ließ. (S. 269, Fall Nr. 91.)

Die Regression auf den Anilingus ist gar nicht so selten. Dirnen lassen sich für diese Liebkosung, die oft verlangt wird, sehr hoch bezahlen. Es ist charakteristisch, daß die Männer oft die Potenz für den Beischlaf verlieren, wenn sie sich an diese aufreizende Form der Sexualbefriedigung gewöhnt haben.

Ich habe auch bei Frauen die Neigung zu aktivem und passivem Anilingus beobachtet, ohne daß sie eigentlich auffallende neurotische Züge gezeigt hatten.

Fall Nr. 63. Ein Patient berichtet mir, daß seine ganz normale, bildhübsche Geliebte, eine Lehrerin von 24 Jahren, ihn jedesmal bei der Kohabitation am ganzen Körper küßte und leckte, den Anilingus mit großem Genuß vollzog, worauf sie erst für eine Kohabitation zugänglich war. Demselben Kranken ist es passiert, daß ihm von zwei Schwestern zugleich der Anilingus und eine Fellatio vollzogen wurde — angeblich für Bezahlung, nachdem ihn die Schwestern auf der Gasse angesprochen und ganz außerordentliche Genüsse angeboten hatten.

In manchen Fällen tritt das Verlangen nach dem Anilingus offen zutage. Ich habe einige derartige Fälle gesehen. Ich behandelte einen Patienten, der zufällig in einem Lupanar diese Paraphilie kennen gelernt hatte und nie mehr von ihr loskommen konnte. Eine merkwürdige Verknüpfung von Infantilismen bringt der nächste Fall.

Fall Nr. 64. Herr J. L., ein holländischer Advokat, leidet an verschiedenen Angstzuständen und an merkwürdigen Schmerzen. Er hat zeitweilig die Angst, verloren zu gehen, allein zu sein; auch fürchtet er das Erscheinen vor jedem Gerichtshof. Er wird vor Gericht von furchtbaren

Angstzuständen überfallen, so daß er kaum zusammenhängend sprechen konnte. Überdies litt er an quälenden Schmerzen im Kreuz, die ihn nachts nicht schlafen ließen. Zeitweilige Entzündungen der Nase mit Schwellung und reichlichem Schleimabgang, tägliche Colica mucosa ergänzten das Krankheitsbild, das den Patienten zwang, zahlreiche Ärzte aufzusuchen. Eine frühere analytische Kur hatte nicht den erwünschten Erfolg und so kam er zu mir. Die Analyse dieses Falles war ganz außerordentlich schwierig, da Patient die ganze analytische Literatur kannte und der Heilung und Aufdeckung der Komplexe heftigen Widerstand entgegensetzte. Besonders hartnäckig sträubte er sich die Tagesphantasien herzugeben.

Ich möchte hier nochmals betonen, daß keine Analyse beendet ist, bevor nicht die Patienten ihre Tagesphantasien mitgeteilt haben. Die meisten Neurotiker verschanzen sich hinter der Ausrede, daß sie keine Kenntnis von diesen Phantasien haben, daß es ihnen unmöglich ist, dieser Phantasien habhaft zu werden. Das ist eine leere Ausflucht! Hinter diesem „Nicht-können" steckt einfach das „Nicht-wollen". Die Kranken betrachten diese Tagesphantasien als einen kostbaren Schatz, auf den sie nicht verzichten wollen. Es ist ein sexueller Reliquienkult aus der Kindheit. Auch schämen sie sich dieser Infantilismen. Oft handelt es sich um Phantasien von Anilingus, von gemeinsamen Abort, von Irrigationen, die von der Mutter verabreicht wurden. Trotz großer aktueller Liebe kann ein Rest dieser Infantilismen in Phantasien erhalten bleiben, ein heiliges Gebiet, zu dem der Partner keinen Zugang hat. Manche Liebestragödie entsteht durch einen Verrat an der Gegenwart durch die Regression in die Kindheit. Oft erweist sich die infantile „fixe Idee" stärker als der aktuelle Liebeswunsch. Man muß mit aller Energie darauf dringen, die Kranken zum Geständnisse dieser Phantasien zu bringen, die ausgesprochen meist ihren Zauber verlieren und durch ihre Lächerlichkeit in Nichts zerfallen. Mitunter erweist sich aber die Phantasie — auch nach der Aufklärung — stärker als die Realität. Die Kranken erliegen der Macht der infantilen Lustwährung.

Kehren wir zu unserem Patienten zurück. Er ist heute 38 Jahre alt und stammt von gesunden Eltern. Er hat eine glückliche Jugend verlebt, in der er keinerlei neurotische Züge zeigte. Seine Neurose ist jüngsten Datums. Sie brach erst vor zwei Jahren nach seiner Hochzeit aus. Er ist glücklich verheiratet und liebt seine Frau über Alles auf der Welt. Allein wir erfahren, daß er vor der Hochzeit eine Periode schweren Zweifels überwinden mußte. Knapp bevor er zur Trauung fuhr, schlief er ein und mußte von seiner Braut aus einem bleiernen Schlafe geweckt werden. Er war die ersten drei Wochen seiner Ehe vollkommen impotent. Heute hat er kräftige Erektionen, die während der „Vorluststadien" andauern, aber sofort verschwinden, wenn er eine Immissio vollzieht. Er hat den größten Orgasmus bei den kindlichen Spielen, Küssen, Tändeln, Streicheln, aber es ist ihm nie gelungen, zu einem Orgasmus in der Vagina zu kommen, trotzdem er die Defloration vollziehen konnte.

Die Ehe ist mustergültig. Er quält wohl seine Frau mit seinen ewigen Schmerzen und Lamentationen, aber es gibt keine Szenen und keine Streitigkeiten. Sie ist geduldig und sucht ihn nach ihren besten Kräften zu trösten.

Die Jugendgeschichte ergibt eine starke Fixierung an seinen um zwei Jahre älteren Bruder. Sie waren in der Jugend unzertrennlich. Sie schliefen in dem gleichen Bette, sie trugen gleiche Anzüge, sie waren Spielkameraden und wählten dann beide den gleichen Beruf. Er weiß sich an keine Spielereien mit dem Bruder zu erinnern. Mit anderen Knaben hatte er viele homosexuelle Erlebnisse. Er war 14 Jahre alt, als ein Vetter ihm Fellatio aktiv und passiv lehrte. Das wiederholte er durch einige Jahre, wobei mehrere Kameraden des Vetters teilnahmen. Sein letztes homosexuelles Erlebnis fand im 16. Lebensjahre statt. Niemals kam es zu einer Immissio penis in anum. Mit 18 Jahren versuchte er den Koitus bei einer Dirne; die Ejakulation erfolgte während der Vorbereitungen zum Koitus. Dann gab es belanglose Liebeleien, bis er sich in seine Frau verliebte und sie heimführte. Unerklärliche Angstzustände hinderten ihn, mit seiner Frau zärtlich zu sein. Er sah ein Messer in der Küche und zitterte am ganzen Körper bei dem Gedanken, er könnte es seiner Frau in den Leib stoßen.

Durch Traumanalysen gelang es, eine übermächtige Kriminalität als Wurzel seiner Angstzustände zu entdecken. Er hatte Mordimpulse. Deshalb zitterte er vor dem Gerichtshofe. Er wurde in seinen Phantasien selbst zum Mörder, zum Angeklagten und stand vor seinem Richter. Die Wurzel seiner Mordimpulse war eine krankhafte Eifersucht. Er war auf alle Menschen eifersüchtig, welche ihm die Liebe seines Bruders raubten. Sein Bruder war glücklich verheiratet. Er haßte seine Schwägerin und wollte sie umbringen.

Er hatte seit der Jugend eine fixe Idee: Das Leben seines Bruders zu teilen und ihm ein Weib zu ersetzen. Er bot ihm seinen Anus als Ersatz für eine Vagina an. Natürlich nur in seinen Phantasien. Die wichtigste Rolle spielte für ihn der Abort. Er wollte mit dem Bruder den gleichen Abort benützen. Im Aborte hatte er als Kind große Lustgefühle, wenn er nach dem Bruder oder dem Vater hinausging. Der Vater hatte die Gewohnheit, auf dem Abtritte zu rauchen. Diese Mischung aus Tabak und Stuhl war unserem Patienten unendlich süß. Der Schmerz im Steißbein und der Schmerz in der Nase sind Konversions-Symptome. Sie sind der Ausdruck eines seelischen Schmerzes, daß er nicht mehr imstande ist, diese Genüsse zu wiederholen. Seine Tagesphantasien beschäftigen sich mit Stuhl und Abort. Vorstellungen, daß er gemeinsam mit seinem geliebten Bruder auf den Abort geht, spielen die Hauptrolle.

Er heiratete aus Liebe und aus Trotz. Er sah seine Pläne, das Leben des Bruders zu teilen, in Nichts zerschellen. Die krankhafte Eifersucht auf seine Schwägerin quälte ihn. Er rationalisierte und fand, daß sie ihn zu kühl behandle und keinerlei Liebe für ihn hatte. Er zog sich von seinem Bruder zurück und heiratete unter großen inneren Widerständen ein junges, blühendes, reizendes Geschöpf. Er hätte nun glücklich sein können, denn sie liebte ihn namenlos — trotz seiner neurotischen Beschwerden und trotz seiner relativen Impotenz. Aber zu seinem Unglück starb die Schwägerin an einer Blutvergiftung. Sein Bruder wurde wieder frei. Er tröstete seinen Bruder, öffnete ihm sein Haus und war glücklich, daß der Geliebte seine Frau schätzte und täglich zu ihnen kam, da er das Alleinsein fürchtete. Er machte seinem Bruder den Vorschlag, den Haushalt aufzulösen und zu ihm zu ziehen. Im Unbewußten bot er ihm sogar seine Frau an. Er hatte nichts gegen ein Verhältnis seines Bruders mit seiner Frau einzuwenden. Er gestand sich diese Gedanken nicht offen, aber er arrangierte alles, um dieses Verhältnis herbeizuführen. Aber sein Bruder zog sich ein wenig zurück und widmete seine Zeit teilweise einem Freunde. Da traten kriminelle Impulse auf. Diesen Freund — es war ein gemeinsamer Freund — hätte er töten können. Wie schon erwähnt, traten auch gegen seine eigene Frau Mordimpulse auf. Er begann seine Frau zeitweilig zu hassen. Sie stand ja seinem Lebensplan hindernd im Wege. Warum hatte er geheiratet? Wenn er jetzt frei wäre, könnte er das Leben des Bruders teilen. Er meinte darunter das Bett und den Abort. Er bat seinen Bruder um jede alte Hose. Er trug sie mit Leidenschaft. Die Vorstellung, daß die Nates des Bruders in dieser Hose gesteckt hatten, reizte ihn. Auch der Duft der Hose scheint ihn erregt zu haben. Wenn er Grund hatte, eifersüchtig zu sein, steigerten sich seine Schmerzen im Kreuz und im Steißbein zur Unerträglichkeit, seine Angstzustände wurden quälend. Er hatte dann Stuhlbeschwerden und mußte oft den Finger in den After stecken, um einen unangenehmen Juckreiz zu mildern. (Larvierte Onanie.)

In der Analyse traten erst die fixe Idee und die Einstellung zum Bruder zutage. Er lernte sich erkennen und sich überwinden. Erst schwanden die Schmerzen in der Nase und im Kreuz, er wurde dann potent. Er konnte vorher nicht die Immissio vollziehen, weil in seiner Phantasie der Penis zum Messer wurde, das sein Weib durchbohrte. Nun wurde er sehr potent und kam zu Orgasmus. Es wurde ihm möglich, die infantile Lustwährung zum Teil gegen eine reale umzutauschen. Nun steht er im Kampfe gegen seine Phobie und seinen Infantilismus. Wir wollen hoffen, daß es seiner hohen Intelligenz und seinem guten Willen gelingen wird, der infantilen Analsexualität Herr zu werden und seine fixe Idee aufzugeben.

Es ist nicht möglich, von Analsexualität zu sprechen, ohne auf den Aufsatz von *Freud*, „Charakter und Analerotik" (Kleine Schriften zur Neurosenlehre, Band II) näher einzugehen. Nach *Freud* ergibt die Sublimierung der Analerotik wichtige Beiträge zur Bildung des Charakters, so daß man das Recht habe, von einem „analerotischen Charakter" zu sprechen. Die Kennzeichen dieses Charakters seien Ordnungs- und Reinlichkeitsliebe, Pedanterie und Trotz. Dieser Aufsatz hat eine Reihe von phantastischen Schilderungen des Analcharakters zur Folge gehabt. Besonders *Sadger* und *Jones*[1]) haben sich mit dem Thema beschäftigt und allerlei kühne Schlüsse zwischen Analsexualität und künstlerischem Schaffen, Charakterbildung usw. vollzogen.

In Wahrheit haben die geschilderten Charaktere sehr wenig mit der Analsexualität zu schaffen. Die nüchterne Wahrheit stellt sich folgendermaßen dar: Jeder Neurotiker ist eine Rückschlagserscheinung und zeigt ein überstarkes Triebleben. Daher muß jeder Neurotiker eine verstärkte Analsexualität zeigen, wie sie dem primitiven Menschen eigen war. Pedanterie erweist sich als ein Selbstschutz gegen die Forderung

---

[1]) *Jones* (Haß und Analerotik in der Zwangsneurose. Intern. Ztschr. f. Psychoanalyse. 1913) führt sogar die Zwangsneurose auf Analerotik zurück.

des Instinktes. Reinlichkeit eine Überkompensation der Mysophilie überhaupt. Sie kann aber auch als moralische Reinlichkeit die Reaktion gegen jeden verbotenen Sexualwunsch sein. (Affektverschiebung von der psychischen Reinlichkeit auf die physische.) Der Trotz ist ein charakteristisches Zeichen aller Neurotiker. Es ist die Stärke des Schwachen. Manchmal bildet sich der Trotz als Reaktion auf die Ablehnung des Anilingus aus, der allgemein als das Zeichen der Unterwerfung gilt. In vielen Fällen hat er nichts mit der Analsexualität zu tun.

Alle Zwangsneurotiker sind stark kriminell veranlagte Menschen mit einem außerordentlich starken Triebleben. Ihr grenzenloser Ehrgeiz führt sie bald dahin, alle sie überragenden Objekte der Umgebung zu hassen, wenn sie sich ihren Trieben in den Weg stellen oder ihren Neid und die Mißgunst allzusehr herausfordern. *Jones* betont die eine Wurzel des Hasses: „Wir hassen niemals eine Person, die nicht in irgendeiner Weise, oft ganz unauffällig, stärker ist als wir oder uns doch in einer Hinsicht in der Macht hat." Nun führt der Autor auch sehr treffend aus, wie nicht erfüllte Liebesansprüche sich als Haß äußern können. Dagegen wäre aber nichts einzuwenden. Im Gegenteil, hier wäre weiter anzusetzen und zu zeigen, wie der nach Unabhängigkeit lechzende Zwangsneurotiker immer wieder mit der Außenwelt zusammenstößt, wie er sich bezwingen muß, um nicht zum Verbrecher zu werden und wie die Zwangsneurose die Karikatur der Erziehung und jedes Zwanges wird ... Der Autor geht aber auf sein Lieblingsthema, die Analerotik, zurück und versucht, im konsequenten Ausbau der *Freud*schen Lehren, allen Zwang auf die Analerotik zurückzuführen. Die Situation, in der das Kind den ersten wirklichen Widerstand in der Welt finde, sei bei der Stuhlfunktion (?). Die Erziehung der Sphinkter wäre der erste Zwang mit seinen bösen Folgen. Die Einmengung der Mutter in die Analerotik des Kindes werde die wichtigste Quelle für den Haß. „Es kann nicht anders erwartet werden, als daß ein Mensch, dessen Liebe zur Mutter von Anfang an mit Haß wechselte, diese Abwechslung auch für die späteren Liebesobjekte beibehält. Eine solche Überlegung erklärt vielleicht auch, warum die Zwangsneurose bei Männern häufiger auftritt als bei Frauen." Das ist nach meinen Erfahrungen gar nicht richtig. Auch Frauen erkranken häufig an Zwangsneurosen, nach meiner Statistik ebenso häufig, vielleicht etwas häufiger als Männer, die unter gleichen Bedingungen eher Fetischisten werden. Doch nun kommt *Jones* zu den kühnsten Schlüssen und beweist, daß der klarste Kopf verloren ist, wenn er sich in eine Sackgasse verrennt. „Ich möchte das neurotische Gefühl des Zwanges der übermächtigen Gewalt zuschreiben, mit welcher ein analerotisches Begehren auftritt." Jeder Neurotiker zeigt den

Glauben an die Allmacht seiner Gedanken, besonders aber der Zwangsneurotiker. *Jones* argumentiert nun: „Nun habe ich darauf hingewiesen, daß die Vorstellungen von Gedanken und Sprache im Unbewußten mit der des Flatus assoziiert sind, die sie im Bewußtsein oft als Symbol vertreten, und ich bin geneigt anzunehmen, daß die Entstehung des Glaubens des einzelnen an die Allmacht seiner Gedanken dadurch beeinflußt wird.“ Nach *Ferenczi* habe das Kind eine Periode der „Allmacht mit Hilfe magischer Gebärden.“ Es verwendet Signale. Unter diesen Signalen spielt nun nach *Jones* der Flatus die Hauptrolle. „Er ist für das Kind das Hauptmittel zur Behauptung des Aberglaubens. Diese Überlegung wirft Licht auf die obenerwähnte Verbindung zwischen diesem Glauben und der Analerotik bei Zwangsneurosen.“ Schließlich spricht *Jones* den Gedanken aus, „daß der Akt des Flatuslassens für die Entwicklung der Sprache, beim Individuum sowohl, als auch bei der Art von Bedeutung ist.“

Es besteht gar kein Zweifel, daß der Flatus im Seelenleben des Neurotikers und bei der infantilen Regression eine gewisse Bedeutung hat. Aber die Hypothesen von *Jones* finde ich — absurd.

Ich möchte jetzt einen Fall mitteilen, in dem die sogenannte Gesäßerotik — wie sie *Sadger* getauft hat — sehr deutlich hervortritt.[1])

---

[1]) Für die Art und Weise, wie die Analysen von *Sadger* vor sich gehen und seine suggestive Form, in der er dem Patienten die Antwort auf die Zunge legt, sie ihm vorwegnimmt, gibt ein Stück einer Analyse Aufschluß, das in der erwähnten Arbeit über Gesäßerotik publiziert wird:

„In der Volksschule hatte ich die merkwürdige Gewohnheit, beim Schreiben ganze Buchstaben wegzulassen. Der Lehrer nannte es direkt eine Auslassungskrankheit. Später war es auch noch, aber nicht lange mehr.“ — „Ließen Sie vielleicht gewisse Buchstaben besonders gern weg?“ — „An das kann ich mich nicht erinnern. Aber etwas anderes fällt mir ein: in den letzten Jahren passierte mir z. B., daß ich 1781 schreiben w o l l t e und tatsächlich 1871 schrieb, also die Ziffern umkehrte.“ — „Das wird ein Symptom Ihrer Gesäßerotik sein. Sie beabsichtigten eigentlich das Genitale umzukehren, da Sie die Vorderseite nicht interessierte, nur die Posteriora.“ — „Ich wollte z. B. ‚Abend‘ schreiben und setzte statt dessen Abnd mit Weglassung des ‚e‘ oder, noch bezeichnender ich ließ dort direkt einen freien Platz.“ — „Also zwei Hälften und einen freien Raum dazwischen, d. h. die Hinterbacken und die Afterspalte. Ließen Sie gewöhnlich die Buchstaben in der Mitte weg?“ — „Das kann ich nicht beschwören, aber wahrscheinlich.“ — „Was ist nun mit der Zahl 1781?“ — „Da weiß ich gar nichts.“ — „1 + 7 gäbe 8, und die liegende 8 (∞) stellten wieder die beiden Nates vor mit der Einschnürung, der Crena ani, in der Mitte. (Die Nates heißen im Volksmunde „die Achterbacken“.) 1 steht erfahrungsgemäß für das Membrum und Sie liebten ja auch, wie Sie mir sagten, den Penis, die 1, zwischen die Hinterbacken zu stecken.“ — „Ja, in der dritten Gymnasialklasse dachte ich sogar, es wäre nicht schlecht, wenn man das eigene Glied nach rückwärts in den Anus stecken könnte.“

„Das wären also drei Symptome der Gesäßerotik: 1. Umkehrung einer Zahl in Nachahmung eines heimlichen Wunsches, die Posteriora als Genitale zu gebrauchen; 2. Auslassung eines mittleren Buchstabens, um auf diese Weise zwei Hälften und eine

Fall Nr. 65. Herr S. L., ein 27jähriger Beamter, begibt sich wegen schwerer Zwangshandlungen in meine Behandlung. Er ist gezwungen, sich immer lächerlich zu machen und den Hanswurst zu spielen. Er stellte sich wie ein Tölpel an und verlor infolgedessen jede Stellung. Obwohl er entschieden talentiert ist und mehrere Sprachen spielend erlernt hat, ausgezeichnet Geige spielt, ein netter, wohlgestalteter Mensch ist, macht er überall den Eindruck eines Narren und geistig Minderwertigen. Ihn quält der Drang, Frauen von rückwärts zu beobachten und dabei zu onanieren. Dies drängt sich als Phantasie in seine Arbeit und erzeugt eine Gedankenflucht und eine Rastlosigkeit, die ihn zwingen, die Arbeit zu verlassen, auf die Straße zu eilen und ein sexuelles Objekt zu suchen. Sein Vater hat eine große Fabrik. Er gilt aber als Narr und kommt als Nachfolger gar nicht mehr in Betracht, so daß sein um sieben Jahre jüngerer Bruder die Fabrik übernehmen wird. Seine Perversionen bestehen darin, daß er aus der Ferne Mädchen beobachtet, die sich bücken, wobei ihre Nates plastisch hervortreten. Dabei onaniert er durch ein in der Hose befindliches Loch, was mehreremale am Tage vorkommt. Zwei psychotherapeutische Kuren, eine bei Dr. N., die andere bei Dr. A., hatten nicht den geringsten Erfolg. Er übergibt mir folgende Schilderung seines Zustandes.

Lebensbericht.

Ich entsinne mich schon in frühester Kindheit selbst das Gefühl des „Anderssein" gehabt zu haben. Dabei war ich grüblerisch und geistig frühreif, dachte schon mit 12 Jahren über metaphysische Dinge nach. In der Schule jedoch lernte ich schlecht und war immer zerstreut und unordentlich. Eigenartig war, daß ich dem Vortrage nicht folgen konnte, da ich über den tieferen Sinn des Vorgetragenen immer weiter grübelte und nicht fähig war, den Stoff flüssig und leicht aufzunehmen, als wenn die Furcht vor Mißverständnis mich beherrscht hätte. Im allgemeinen war ich schüchtern, verwirrt wenn man mich ansprach und mied mit wenigen Ausnahmen jede Gesellschaft. Dabei waren meine Freunde immer, wie sich später zeigte, begabte Menschen. Schon in der Volksschule wurde ich als Jude viel verfolgt und oft von der ganzen Schule nach Hause begleitet unter Steinwürfen etc. Auch oft bis zum 20. Jahr auf der Gasse attackiert. Ob meine Persönlichkeit bei den Leuten diese Mißachtung und dieses Benehmen hervorrief, ob ich durch diese Leute ruiniert wurde, kann ich leider objektiv nicht beurteilen, doch vermute ich, daß Beides zusammengewirkt hat. Es wäre ja auch später oft zu Ehrenbeleidigungsprozessen gekommen, da ich sehr empfindlich war und mir vielleicht die geringschätzigen Mienen der Leute zum Teil einbildete, teils wirklich hervorrief. Zu Hause hatte ich oft Streit mit meiner überaus nervösen Mutter und auch mein Vater sagte immer mit Recht: Das sehe mir ähnlich. Er regte sich über meine Fehler viel auf, ohne mich zu bessern, denn gerade die Furcht vor den Fehlern ließ mich solche begehen. Ich bemerkte nur, daß ein Lob und ein Erfolg in ganz unglaublichem Grade meine Persönlichkeit veränderten, ja sogar alle Ausdrucksbewegungen, Haltung, Gang, Mimik, Geste und das Wichtigste, das innere Selbstgefühl und Sicherheit oft hervor-

Lücke zu erhalten, Nates + Crena; und endlich 3., daß sogar eine Zahl als Symbol der Päderastie bzw. Immissio membri intra natos gewählt wird. Sache der weiteren Erfahrung muß sein, den beschriebenen Fall durch analoge zu bestätigen oder zu ergänzen." (Das dürfte wohl sehr schwer fallen. Der Verf.)

riefen. Leider hat mich diesbezüglich selten jemand verstanden und das Milieu war das denkbar Ungeeignetste. Meine älteste Schwester war überbegabt, obwohl wahrscheinlich auch psychisch nicht ausgeglichen. Jedenfalls hatten wir alle von ihr eine an Verehrung grenzende Meinung und sie imponierte mir sehr. Meine jüngste Schwester, etwas weniger begabt, jedoch fleißig und ausdauernd, klug und berechnend, besserte mir immer aus, auch in Gesellschaft. Sie war immer sehr herrschsüchtig, weil die Eltern und Verwandten sie in Schutz nahmen und man das nicht ernst nehmen dürfe bei einer jüngeren Schwester, obwohl ich fühlte, daß es mich ruinierte. Es gab deshalb viel Lärm und, obwohl ich immer schüchtern und verwirrt bin, werde ich oft wie durch einen Druck derartig jähzornig, daß ich mich gar nicht hemmen kann. Daher kam ich viel außer Haus, in Pensionate. Es würde zu weit führen, alles zu schildern, was die Entartung meiner Persönlichkeit und meiner geistigen Entwicklung hervorgerufen haben dürfte, oder sie kennzeichnet. Nur um die einzige Möglichkeit, die ich schon lange ersehnte, von einem erstklassigen Menschen und Arzte beraten oder vielleicht geheilt zu werden, muß ich die Scheu, die ich nie überwunden habe, preisgeben, weil das vielleicht zeigen wird, welche Umstände günstig gewesen wären oder noch sein könnten.

Ich war also sehr verwirrt und schüchtern in Gesellschaft, besonders in frühester Jugend bis zum 17. Lebensjahr in weiblicher, aber überhaupt vor älteren Leuten. Dabei kam ich mir ganz erwachsen vor und dachte, daß sich die geistigen Kräfte in fruchtbringender Weise entwickeln müßten, denn obwohl ungeschickt, ängstlich und ohne Selbstvertrauen, hatte ich sehr bald einen guten mündlichen und schriftlichen Gedankenausdruck und sprach über Dinge und in einer Weise, wie vielleicht selten einer der Altersgenossen. Später ist mir diese Manieriertheit und unfruchtbare Intelligenz geblieben, hingegen blieb ich praktisch in jeder Beziehung im Existenzkampf zurück, so daß das Gute immer weniger, das Schlechte immer mehr Bedeutung erhielt und die Minderwertigkeit immer größer wurde. Vor weiblichen Personen hatte ich eine besondere Scheu. Es hat mich jeder Erfolg sehr befriedigt, wenn ich mich einmal in Gesellschaft behaupten konnte und hätten sich die Bedingungen geboten, daß ich wie andere hätte erfolgreich einen Flirt beginnen können, so hätte sich bald in mir dieses beglückende Gefühl ausgebildet, einen Menschen, ein Weib besitzen zu können in der Gesamtheit seiner Reize. Tatsächlich habe ich oft für einige Zeit diese alles andere verdrängende Sensation empfunden, doch merkten die Leute (Mädchen) bald meine Minderwertigkeit, den Mangel an faszinierenden Eigenschaften, das kranke Selbstgefühl und meine Verlegenheit im Benehmen war ihnen unangenehm, so daß ich mich verachtet fühlte. Und so wird es mir mit zunehmendem Alter immer schwerer, das nachzuholen, und was vielleicht meine Rettung sein könnte, ist ausgeblieben. Dabei war die Weichlichkeit und Scheu in Form von Zwangsgedanken in Blüte. Manche Person, bei der ich mich manchmal irgendwie entgleist glaubte, ließ einen merkwürdigen Zusammenhang entstehen. Ich meide heute noch manche Personen, besonders eine verheiratete Cousine, bei deren Begegnung ich sofort Blutandrang, Zittern, Verwirrtheit empfinde, so daß mein Benehmen aussieht, als wenn ich wirklich etwas empfände. Dabei ist sie mir ganz gleichgültig, nur die Furcht, mißverstanden zu werden, beherrscht mich. Desgleichen habe ich oft im Verkehr mit Männern eine Art délire du toucher, so daß man mich für homosexuell halten könnte und diese Furcht macht mir den Verkehr unmöglich. Es wäre unmöglich, alle abnorm scheinenden Sensationen zu schildern und die verschiedenen Erfahrungen im Verkehr mit einigen weiblichen Personen. Nur daß ich in der Musik allein ein manchmal merkwürdiges Temperament entwickle und für mein Leben gern mit schönen Mädchen spreche und auch oftmals mir scheint, als wenn ein solches Verhältnis mich gesunden lassen könnte — ohne daß es je dazu gekommen ist, daß ich je ein Mädchen geküßt hätte, was ich ja auch nur selten gewünscht habe. Immer ideal, konnte ich auch dort nichts erreichen, da ich immer in schwankender Meinung war und mit Elan anfing aber nichts ausführte. Dabei bin ich fast immer müde. Weiters stört die Bildung, die große Suggestibilität, die vielleicht zu meinem Glücke werden könnte durch suggestive Behandlung. Ich konnte keine Dramen lesen, regte mich im Kino sehr auf, und wurde immer leicht von Leuten, welche schnell sehr großen Einfluß auf mich hatten, mißbraucht. So wurde ich sehr mißtrauisch, ängstlich und traue auch oft den nächsten Anverwandten nicht. Auch war ich immer egoistisch und exzentrisch, bis eben durch Lektüre und Nachdenken ich oft Furchtgefühl etc. abreagierte, indem ich dachte, wie könne ich den andern etwas Gutes tun, oder ihnen gefällig sein, oder aber wie könne ich mich seiner konsequent bedienen, um einen Zweck zu erreichen. Letzteres gelingt am wenigsten. Ich vergaß, daß ich mit der Lektüre obszöner Bücher perversen Inhaltes etc., viel Zeit verlor, normale Liebesszenen ließen mich gleichgültig, obwohl mich schon der platonische Verkehr sehr anregte. Meine Eitelkeit und mein Ehrgeiz ließen mich vieles korrigieren auch das Äußere. Schließlich aber wurde das gerade die Ursache meiner Leistungsunfähigkeit. Die Zersplitterung, wenn ich Satz C schreibe, daß ich nicht Satz AB geschrieben habe und noch Satz DE etc. schreiben müßte, macht, daß ich keine Arbeit konzentriert ausführen kann. Dabei Zwangsgedanken, die Zähne aufeinanderzubeißen, in die Tasche zu greifen, ob das Geld dort ist. Dann eine andere Hastigkeit des Vergnügens und der Genußsucht, daß ich etwas vom Leben versäumen werde, große Genäschigkeit, dabei Einsehen der eigenen Minderwertigkeit und Selbstmordgedanken. Unwahrheit und charakterloses Benehmen aus Scheu, Unsicherheit, Eitelkeit, Konflikte. Der Zwang, den Eindruck eines Narren zu machen. Melancholie, wechselnd mit übertriebener, eigenartiger Lustigkeit, fortwährendes Schwanken. Alles Theoretische, Schreiben empfinde ich schädlich, alles gesellschaftlich Erwerbsmäßige, besonders irgendwelcher Personenverkehr als nützlich, in der unterbewußten Empfindung des Mangels.

Mit dem 9. Jahre fühlte ich zum ersten Male den Wunsch, geschlagen zu werden. Schon mit 14 Jahren hatte ich den Wunsch, kleine Knaben zu schlagen, besonders auf prall liegenden Hosen, hatte wirre Träume, Pollutionen ohne Traum und Bewußtsein, Samenabgänge bei den Muskelkontraktionen auf der großen Seite, hatte nie den Mut einen Arzt aufzusuchen, da ich zu verwirrt war, um darüber zu sprechen. In dieser Zeit rief ich die Sensation, einen anderen zu schlagen, oft dadurch hervor, daß ich mich vor einem Spiegel schlug. In späterer Zeit, 16./17. Lebensjahr, sagte ich mir, daß ich etwas für das Weib empfinden müßte und zog mir enge Weiberröcke an. Dadurch übertrug sich meine Begierde auf das Weib und im Alter von 19 Jahren hatten auch kleine Knaben in dieser Beziehung für mich nur sehr geringen Reiz. Doch blieb bis heute ein erotischer Zusammenhang mit der alten Leidenschaft, was mir oft sehr unangenehm wurde. Es scheinen sowohl sadistische Triebe als auch masochistische Komplexe zu sein. Ich bevorzugte dabei gewisse fetistische Umstände und dachte mir immer kurze, enge Röcke, besonders blaue, wozu eine andersfarbige möglichst jugendliche Blouse sein mußte; auch stellte ich mir mittelgroße, schöne, gut gewachsene Frauenzimmer mit runden Hüften und nicht zu großem Gesäß vor. Infolge einer gewissen angeborenen ethischen Veranlagung, trotz aller Unästhetik und -Ethik quälte mich das sehr und brachte mir Gemütskonflikte und nur die Hoffnung auf Heilung hielt mich bis jetzt am Leben. Ich habe auch nur onaniert, weil ich es für gesünder hielt und mich nachher stets sehr erleichtert fühlte. Ich erwähne noch, daß Zwangsgedanken bei mir wechselten. Eine Zeitlang konnte ich kein Bett sehen, dann gab sich das und es trat anderes an dessen Stelle, so Gebete, daß Vater und Mutter lange leben, während einer Beschäftigung, da ich fürchtete, daß ich nur durch meinen Vater etwas sei, und Vieles andere.

Es ist mir leider nicht möglich, an Alles zu denken und eine Ordnung einzuhalten.

Mit 16 Jahren in der Handelsakademie in B. lernte ich einen Menschen kennen, der vielleicht von durchgreifender Bedeutung für mein Leben sein wird. Frühreif und ein eigenartiger Mensch führte er mich zu einer Prostituierten, wobei jedoch der Koitusversuch mißlang. Neugierig darüber, masturbierte er mein Glied, ohne daß es zu einem Samenabgang kam, sondern nur zu einer Erektion, wobei ich gar keine Empfindung hatte, ja auch keinen Begriff über mein Tun, sondern lediglich naiv dachte, er wolle meine Potenz prüfen, wobei ich von der Sache lediglich einen geistigen Begriff hatte und an den philosophischen Zweck der Fortpflanzung dachte; auch er, mit dem ich dann mit 20—22 Jahren in Wien zusammen war und mit dem ich um von seiner Erfahrung und Gewandtheit zu profitieren, jetzt etwas unternehmen will, wollte damals angeblich nur experimentieren (ist sexuell normal). Nach längerem Bemühen führte er mein Glied zwischen seine Schenkel oder Hinterbacken, vielleicht in den After ein. Durch die mechanische Reizung trat nach langem Bemühen ein Erguß ein. Ich hatte jedoch keinen Begriff einer sexuellen Erregung. Hiefür belästigte mich der flagellantische Trieb sehr zu dieser Zeit und brachte ich es nach Selbstzüchtigung zu anhaltend heftigen, sich fortsetzenden Ergüssen.

Als ich dann bei Prostituierten meine Versuche fortsetzte, hatte ich dann bald Erfolg, indem ich mir das Schlagen mit einem spanischen Rohre auf die Nates des Weibes vorstellte. Ich kam dann in die Schweiz, machte in einem Monat eine schwere Prüfung, lernte sehr schnell Sprachen. Jetzt übte bald das ästhetische Gefühl der kallipygischen Reize eine große Wirkung auf mich aus und es genügte der Anblick der mit einem engen blauen Rocke bedeckten Nates zu Ergüssen. Besonders reizten mich gewisse Stellungen.

Eigenartig war, daß ich mich mit 15 Jahren als Erwachsener empfand und schon wegen meiner Potenz Befürchtungen hegte. Es hat sich überdies in anderer Beziehung vieles erfüllt, was ich damals dachte. Schon mit 16 Jahren hatte ich manchmal trotz der Schüchternheit nach dem Zusammensein mit einem Mädchen das Gefühl verliebt zu sein, so daß alle perversen Vorstellungen wichen und ich eine mein ganzes Sein beseligende Spannung empfand. Leider kam ich dann wieder in Konflikt oder das Mädchen sah mich in ungünstiger Stimmung, und ich mied sie dann immer. Das Perverse und die Zersplitterung bekamen dann die Oberhand. Diese Gehobenheit empfand ich jedoch nur nach platonischem Zusammensein, unbewußt, wenn ich niemals an eine erotische Verbindung dachte. Manchmal begann ja auch schon die gesunde Sinnlichkeit, die die ewigen Konflikte und Umstände nie entwickeln ließen. Es muß jedoch bei mir ausgeschlossen sein, daß der Partner dieses erwartet, dann könnte mich nichts reizen und ich bliebe in einer egoistischen, hermetischen Verschlossenheit, an allem teilnahmslos. Ein Mädchen, das mir entgegenkommt usw., reizt mich auch nicht. Lediglich ein Mädchen, das wie ein Freund Interesse an mir nimmt und mich a c h t e t! Andere reizen mich auch ohne das Bedürfnis sie allein zu besitzen, aber nur in perverser Hinsicht.

Mit 19 Jahren arbeitete ich im Kontor meines Vaters. Dort war ein Mädchen angestellt, das meinem körperlichen Genre entsprach und sich auch so kleidete. Durch warme Blicke entzündete sie auch meine Sinnlichkeit. Doch da sie mich vorher pervers gereizt hatte, so war ich immer sehr schüchtern und verlegen, besonders da sie mich herausforderte, also auch etwas erwartete. Ich lebte so 2 Jahre in Hangen und Bangen. Dabei litt ich an Bewußtseinsstörungen, empfand mich sehr oft pueril und trat wie ein 14jähriger auf. Das nahm dann die Form an, daß ich mich manchmal wie ein Narr gebärdete. Es waren das manchmal schreckliche krampfhafte Zustände. Ich war existenzunfähig. Ich erkannte bald als tieferen Grund meine Selbstliebe und Willenschwäche und zwang mich bis heute oft selbst zum Verzicht auf Genüsse, wiewohl mir die Ruhe fehlt und es mir selten gelang.

Also das Mädchen verachtete mich bald. Das erregte noch mehr meinen Sadismus und ich stellte mir dann bei der Prostituierten dieses Mädchen vor. Es war doch ein kokettes Ding, das mir viel hätte nützen können, sich jedoch den Narren aus mir machte und mich ruinierte. Ich beobachtete sie dann oft von weitem, oder vom Fenster. Es wurde meine Leitvorstellung. Schließlich schrieb ich ihr gefühlvolle Briefe, wenigstens solche, wo ich mein Bestes gab und die sie nicht verstand. Sie beschwerte sich schließlich, daß ich ihr nachlaufe und nachdem ich an Selbstmordgedanken etc. gelitten hatte, wurde ich nach H. geschickt. Dort konnte ich mich, obwohl ich vielleicht kein schlechtes Gedächtnis hatte, wegen Zerfahrenheit, Vergeßlichkeit etc. nicht behaupten. Es fehlte mir überhaupt der Lebenszweck, weil ich immer dachte, es sei schade um die Zeit. Man dürfe dies und jenes nicht verzögern und es müsse das richtige Glück jede Minute kommen. Durch diese Hast aber entartete jeder Genuß und ich versäumte die günstigen Situationen. Ich wechselte viermal die Stellung, kam dann nach Hause. In dieser Zeit pflegte ich, wenn ich nicht zu verlegen war, Prostituierte in gewissen Stellungen leicht zu schlagen. Dann kam ich nach Wien, wo ich auch dreimal die Stellung wechselte. Dort fand ich meinen Freund B. Er nahm mich in Gesellschaft und machte mich in derselben lächerlich, angeblich um mich zu bessern; in Wirklichkeit hemmte er meine Entfaltung, weil ich unter solchen Umständen stundenlang mit einem Weib zusammen sein könnte und mich nur befangen fühlen würde. Doch brachte mich B. dahin, daß ich ohne Vorstellungen normal bei einer Prostituierten koitierte. Doch bald gebrauchte ich noch stärkere perverse Reizmittel. B. koste oft in meiner Gesellschaft mit Mädchen, doch das Absichtliche dieser Veranstaltung hemmte meine Gefühle. Ich bin jetzt soweit, auch bei Vorstellung des nackten weiblichen Körpers mich sexuell zu erregen, habe jedoch für den w e i b l i c h e n B u s e n nie eine normale Empfindung gehabt.

Beim Militär fühlte ich mich erst nicht schlecht, nur der ungeheure Zwang und der Minderwert des Infanteristen brachte mir große Konflikte. Ich salutierte immer krampfhaft und in großer Aufregung, wenn ein Offizier mit mir sprach und empfand oft, daß ich mich diesem Zwang nicht so leicht fügen könne wie ein Anderer, auch wenn ich bestraft wurde — hatte ich ja noch kein Glück gekostet. Dazu waren die Vorgesetzten unverständig und wollten durch Tadel und daß sie mich einen Simulanten nannten — zwingen. Es kam täglich zu Konflikten. Doch wußte man, daß ich fremde Sprachen spreche und intelligent sei und schickte mich nicht zur Konstatierung meines Zustandes. Im Felde hatte ich keinen sexuellen Gedanken, doch fühlte ich mich unglücklich, wie noch nie, da ich von der gesamten Kompagnie als Trottel maltraitiert wurde, ja das ganze Bataillon hänselte mich. Ich kam leicht in Wut und verletzte dann wohl den Einen oder den Anderen. Doch dann fielen alle über mich her. Ging ich im Kasernenhofe, rief man immer meinen Namen von 1000 Seiten, hatte ich Inspektion, beschüttete man mich mit Wasser; ich wurde sehr scheu und hatte von mir selbst das Gefühl eines Narren.

Darüber gehe ich hinweg — nur daß ich mich besser fühle, wenn ich mich sexuell erleichtere, und daß ich glaube, daß meinem Temperament gewisse Entladungen fehlen. In letzter Zeit freut mich besonders jeder praktische Erfolg und die Erwerbslust ist da. Nur mache ich sehr viel mit durch die Begegnung mit gewissen Menschen, auch mit meinem künftigen Kompagnon, dem verheirateten Cousin, dessen Frau mir solche Zustände hervorruft und neben uns wohnt. Die Uniform, das Treffen von Offizieren war mir immer peinlich — und hat mich gehemmt.

Ich flechte noch ein, daß ich unter anderem vor kurzem in ein sehr schönes Mädchen verliebt war. Leider war es ebenso kokett. Ich hatte eine schlechte Minute und konnte sie dann nicht mehr sehen. Außerdem verlachte sie mich und verspottete mich.

Nachtrag.

In Ergänzung der Lebensdarstellung sollen im wesentlichen hier die bisherigen Veränderungen, resp. die heutigen Zustände und Lebensweise geschildert werden. Es ist mir auch nicht mehr klar und erinnerlich, inwieweit das tatsächlich ist oder tendenziös resp. unbeabsichtigt entstellt oder falsch aufgefaßt wurde.

Das störendste Symptom ist der Mangel an Selbstgefühl. Er geht manchmal soweit, daß ich es unbegreiflich finde, wenn mir jemand die selbstverständliche oder gar freundschaftliche oder wohlwollende Aufmerksamkeit entgegenbringt. Äußerlich erscheint eine grenzenlose Verwirrtheit, Schwäche, Ratlosigkeit, Ängstlichkeit hervorzutreten. Den bekanntesten Freunden gegenüber ist sogar die Unbefangenheit unmöglich. Besondere Verlegenheit beim Grüßen, Begrüßen, Verabschieden. Ich bevorzuge das Benehmen eines Narren, Mienen, Bewegungen der Hand etc., welche auf Perversionen, Homosexualität, Flagellantismus hinwiesen. Lobt mich ein Vorgesetzter, so erfolgt das Mienenspiel eines Narren, d. h. als wenn der Vorgesetzte zum Besten gehalten worden wäre.

Manchmal wird eine Bekanntschaft leicht angeknüpft, die Verlegenheit erfolgt erst später, d. h. wenn befürchtet wird, daß ich den Erwartungen der Person nicht werde nachkommen können. Nicht nur beim weiblichen Geschlecht, sondern in jeglichem Verkehr tritt Unsicherheit ein, die sich gegen das Abschiednehmen steigert. Das Kleinlichkeitsgefühl ist grenzenlos. Ein älterer Bekannter hatte mich wohlwollend Herr S... tituliert; die Verlegenheit war außerordentlich. Bei Altersgenossen, die mich mit Du angesprochen haben, mußte ich das gleiche Benehmen zur Schau tragen. Ein Jugendfreund meiner Mutter, unser Hausarzt, hat mich in letzter Zeit teilweise durchschaut und manchmal per Du und dann per Sie tituliert. Bei Damen ist solches besonders peinlich. Ist Gemütlichkeit und Anziehendsein an sich schon unmöglich, so wird der beste Wille verdorben. Die meisten Damen, die ich schon sehr lange kenne, titulieren mich mit dem Familiennamen, was mir direkt unangenehm ist, doch bin ich nie sicher, daß mich die Reflexe überfallen, wenn sie den Herr ausließen.

Im allgemeinen will ich einschalten, daß die Störungen im Laufe der Zeit wechselten, sich änderten. Ich glaube alle diese Erscheinungen basierten auf einer psychischen Dissonanz. Es sind gute und schlechte Tage resp. Momente. Selten reagiere ich normal. Entweder überschätze ich mich ohne Maß resp. trage ein solches Benehmen zur Schau oder unterschätze mich ebenso.

Das labile Selbstbewußtsein stört daher meine soziale Entwicklung, die Rückwirkung auf die innerliche Persönlichkeit schafft Konfusion und Zerfahrenheit, Unverläßlichkeit und macht erwerbsunfähig.

Früher kam noch die Dissonanz der sexuellen Sphäre intensiver hinzu. Hiebei wurde ich verschämt und aus dem Konzept gebracht, nicht nur durch Anklingen an das „Perverse", sondern jegliche erotische Erwägung, Erscheinung rief Verschämtheit, Verwirrung hervor. Ich konnte in kein Geschäft gehen und Eier kaufen; mußte auch vorher darüber nachdenken, wie ich mich benehmen werde. Die Worte Verkehr, Verhältnis, Schwanz, küssen, Liebe, erotisch etc. — aber auch perverse Assoziationen, prügeln, Hintern, 25, peitschen etc. hatten diese Wirkung etc.

Bei der Arbeit stört vor allem die Unerfahrenheit, der Mangel an Konzentration. Die Ambition ist manchmal sehr groß. Es ist unmöglich, die erste Arbeit zu machen, weil die zweite und dritte vorschwebt, es verschwinden die Arbeitsmomente ineinander, das Resultat ist unbrauchbar, — Verwechslung und Vergeßlichkeit.

Ruhe und Konzentration ist im allgemeinen unmöglich. Gelingt an guten Tagen die Arbeit, so kann eine gewisse Impulsivität und Konzentration eintreten; das ist eine seltene und sicher überschätzte Lustempfindung. Die übliche Leistung eines Normalen wird als etwas ganz Besonderes empfunden. Manchmal ist auch eine tatsächliche Ahnung, daß in mir Kräfte latent sind, Kombinationsfähigkeit, leichte Auffassung und Urteilskraft, die richtig sein mag. Als mein Vater mit mir vor kurzem verreiste, um eine Fabrik zu besichtigen und mich zu assoziieren, war ich vom Interesse gefangen genommen und empfand durch zwei Tage großes Selbstbewußtsein und trug anständiges Benehmen und Konzentration zur Schau.

In der Liebe ist es ebenso. Manchmal dämmert das Normale in mir. Ein gewisses unbefangenes Fluidum des Partners überspannt meistens den Bogen, die Situation wird zu schwer, dieses langsame Hineinwachsen in eine Situation mit Ausweichen der Unter- und Überschätzungsklippen ist praktisch unmöglich und es gelingt schließlich den schlechten Eindruck hervorzurufen, den ich erwarte.

Begleitet sind diese Erscheinungen, resp. ruhend auf einer wechselnden unsichern Weltanschauung. Der Drang nach dem rechten Weg. In diesem Sinne erfolgt auch Selbstbefriedigung und Fröhnen perverser Phantasien, der Endlust, da nachher Entspannung und manchmal Unbefangenheit zum Teile eintritt.

Merkwürdig ist nur, daß physisch hienach Schwäche eintritt wie eine relative Impotenz, obwohl das nicht der Fall sein dürfte. Normaler Verkehr außer den anderen Hindernissen aus Furcht vor Kleinheit des Gliedes, resp.

Nichtfinden der Vagina, Ungeschicklichkeit etc., Furcht vor Teilnahmslosigkeit erschwert.

In der Ratlosigkeit, wozu ich leben soll und welche Ziele noch zu erreichen wären, wurde Zeit und Entwicklungsmöglichkeit verloren, durch Träumen und Girren in perverser Richtung.

Von Frühmorgens rannte ich herum, suchte perverse Bücher zu lesen etc. oder Stubenmädchen beim Teppichklopfen zu überraschen, beim Fensterputzen, auf der Gasse beim Handwagen, in der Garderobe nach dem Theater, Schuh richten. Es reizten mich Stellungen (Bücken), Bewegungen und besonders, wenn ein kurzer enger Rock und eine andersfarbige Blouse einen gut gebauten (nach meinem Ideal) Mädchenkörper bekleideten. Das war noch eine neue Störung bei und vor der Arbeit.

In der Elektrischen etc. suchte ich mich auch oft anzudrücken, besonders an den Hinterteil der beschriebenen Mädchen. Ich dachte auch oft daran, eine entsprechende Partnerin zu finden, zweifle jedoch an der Möglichkeit und hoffe andererseits auf normale Regeneration und darauf verzichten zu können. Wiewohl mit Perversionen belastete Individuen große und tüchtige Persönlichkeiten waren, glaube ich, das bei mir nicht vereinen zu sollen und zu können.

Daß ich sehr jähzornig bin und in Wut gerate und an allen möglichen physiologischen Abweichungen leide, sei noch erwähnt.

Es dürfte noch viel zu sagen sein, doch hoffe ich, Ihnen ein Bild gegeben zu haben.

Was ich in Ihrem Sinne verdrängt habe, weiß ich natürlich nicht, doch scheint mir, daß es auch in diesem Falle Verdrängungen gibt.

Wiewohl ich in meiner außerordentlichen Eitelkeit fürchte, einen solchen Eindruck zu machen, wird es doch besser sein, ich gebe mich Ihnen wie ich bin, resp. mich anderen gegenüber gebe.

Ich will sagen, daß ich mir von Ihrer Behandlung, sehr geehrter Herr Doktor, noch am meisten verspreche, wiewohl ich anfangs resigniert zu werden und mich abzufinden dachte.

— —

Die Analyse dieses Falles erweist sich infolge des Zusammentreffens vieler Momente sehr schwierig. Er weiß immer eine Menge nichtssagender Aktualitäten zu berichten, weiß aber angeblich nichts aus seiner Vergangenheit. Aber allmählich gelingt es ihn zu überzeugen, daß er auch in der Analyse den Narren spielt, sich dumm und lächerlich stellt, um auf diese Weise seine Überlegenheit über den Arzt zu beweisen. Sein Narrspielen hat mehrere Wurzeln. Er fürchtet dumm zu erscheinen und kommt dem andern zuvor, dadurch, daß er sich dumm stellt. Dabei hat er das Gefühl der Überlegenheit, das ich ungefähr so ausdrücken möchte: du weißt gar nicht, daß ich mich über dich lustig mache, während ich vor dir den Hanswurst spiele. Die Rolle des Dummen ist dazu bestimmt, als Kontrastwirkung den Klugen doppelt hervortreten zu lassen. Er lauert nur auf den Moment, seine Familie von seiner Überlegenheit zu überzeugen, wie er es in der Schweiz getan hat, als er in einigen Monaten spielend einen schweren Stoff bewältigt und alle Prüfungen glänzend bestanden hat. Das Leiden ist eine Strafe für seine Versündigungsideen gegen seinen greisen Vater, dem er wiederholt den Tod gewünscht hatte, um die Leitung seiner Fabrik zu übernehmen. Aus diesem Grunde macht er sich so dumm, damit er für die Leitung der Fabrik gar nicht in Betracht kommt. Dabei könnte er das Mitleid des Vaters herausfordern und ihn veranlassen, durch eine höhere Rente für seine Existenz zu sorgen. Dann wäre er vor aller Arbeit sicher und könnte ungestört seinen Phantasien nachhängen.

In sexueller Hinsicht ist es interessant, daß er sich wie ein Homosexueller gebärdete, daß er eng anliegende Hosen trug, die seine Nates hervortreten ließen und beim Gehen eigentümlich wackelnde Bewegungen des Hinterteils produzierte, welche dazu bestimmt waren, die Aufmerksamkeit der Männer auf sich zu lenken. Beim Handreichen macht er mit dem Daumen das bekannte Zeichen der Homosexuellen. Ich betone bei dieser Gelegenheit, daß seine ersten sexuellen Phantasien die Nates von kleinen Knaben betrafen und er sich durch einen Willensakt in die heterosexuelle Bahn zwang. Er wollte einfach nicht mehr an Knaben denken und transponierte seine Leidenschaft in das Heterosexuelle, trotzdem war seine homosexuelle Komponente scheinbar die stärkste Kraft.

Das können wir an dem Verhältnis zu seinem Freund B. sehen, der auf seine Entwicklung einen unheilvollen Einfluß genommen hat. B. ist ein raffinierter, egoistischer, verteufelt schlauer Mensch, welcher systematisch daranging, sich aus unserem Patienten einen Sklaven zu machen und durch ihn seine hochgesteckten, ehrgeizigen Pläne zu erreichen. Er wollte sein Kompagnon werden und dadurch die ganze Fabrik in die Hand bekommen. Zu diesem Zwecke machte er sich dem Kranken unentbehrlich. Er überzeugte ihn, daß er ihn zum gesunden Menschen erziehen wolle, wobei er ihn systematisch um den Rest der Willensfreiheit brachte. Er isolierte ihn von allen Menschen, ließ ihn den Verkehr mit seiner Schwester abbrechen, diktierte ihm grobe Briefe an seine Familie, so daß der Kranke ganz auf ihn angewiesen war. Dabei steigerte er sein Minderwertigkeitsgefühl, indem er ihm täglich vorhielt, wie lächerlich er sich benehme und ihn dahinbrachte, daß er keinen Entschluß faßte ohne ihn um Rat zu fragen. Ich brauche kaum zu erwähnen, daß er dieses Verhältnis auch materiell in der scheußlichsten Weise ausnützte. Er war der einzige, der erkannt hatte, daß S. L. einen homosexuellen Akt erwartete. Er hatte ihn zu diesem Akte gezwungen. Nun beherrschte unseren Kranken nur ein Gedanke: O, möge sich diese Verführungsszene nur noch einmal wiederholen. Er war in B. verliebt und betrachtete ihn als den klügsten Menschen dieser Zeit. Er wäre vielleicht von B. nicht freigekommen, wenn ihn die Eifersucht nicht etwas entzweit und B. in seiner Voreiligkeit nicht einen falschen Schachzug begangen hätte. Der Kranke wollte schon seit Jahren zu mir kommen, B. hat ihn immer abgehalten, indem er meinte, er müsse allein gesund werden (er fürchtete meinen Einfluß, weil er wußte, daß es das Ende seiner Herrschaft wäre). Der Bruch kam auf folgende Weise zustande. Unser Kranker wohnte in einem elenden Loch und erhielt von einem Bekannten die Adresse eines Zimmers. Natürlich teilte er B. diese freudige Nachricht sofort mit. Wer war glücklicher als unser Kranker, als ihm B. mitteilte, er werde dieses Zimmer mit ihm teilen. Am nächsten Tage bat er ihn um die Erlaubnis, daß seine Geliebte auch dort wohnen dürfe, sie könnten beide mit ihr verkehren. Schließlich brachte er es dahin, daß er mit seiner Geliebten allein das Zimmer bezog. S. L. durfte zeitweilig bei Nacht oben sein und zuhören, wie er verkehrte. In solchen Nächten produzierte sich B. als sexueller Athlet. Sagte immer: „das wirst du nicht zustande bringen", so daß ihm nichts anderes übrig blieb als die Kraftleistungen seines Freundes mit onanistischen Akten zu begleiten. Ernste Versuche, der Freundin sich zu nähern, wußte B. raffiniert zu verhindern. Schließlich prellte ihn B. noch um eine hohe Summe, angeblich um Geschäfte zu machen. In Wirklichkeit um mit der Freundin in Saus und Braus zu leben, während S. L. in Gemeinschaftsküchen speisen mußte und sich jedes Vergnügen versagte.

Diese aktuellen Erlebnisse brachten es mit sich, daß eine Analyse nicht möglich war. Die infantilen Wurzeln seiner Paraphilie konnten nicht festgestellt werden. Jeder Tag war B. gewidmet, so daß ich die Behandlung abbrechen mußte. Allerdings behauptet Patient geheilt zu sein. Er ist es nur in dem Sinne, daß er arbeitsfähig ist und aufgehört hat, den Wurstel zu spielen. Auf dieses Phänomen, eines der wichtigsten in der Psychologie des Infantilismus, will ich noch zurückkommen.

Ich möchte aber nicht unerwähnt lassen, daß die Neurose deutlich einen paranoiden Zug aufwies. Die Paraphilie ging in folgender Weise vor sich. Unser Patient lief plötzlich von der Arbeit weg, um sich auf der Straße ein Sexualobjekt mit einem ihm passenden Gesäß zu suchen. Er ist der festen Überzeugung, daß er eine besondere telepathische Kraft besitzt. Wenn er ein Mädchen von hinten fixiert, so legt sie die Hand deckend und schützend auf die Nates, als ob sie sie verbergen wollte. Oft wählt er seinen Beobachtungsposten so, daß er nicht gesehen werden kann. Er steht im Stiegenhause hinter matten oder trüben Scheiben, so daß er Mägde, die im Hofe Teppiche klopfen, sehen kann, ohne gesehen zu werden. Er wünscht jetzt, daß eines der Mädchen sich bücken soll. Nur das Gesäß einer gebückten Frau kann ihn sexuell so erregen, daß er zum Orgasmus kommt. (Eventuell stellt er sich vor, daß das Mädchen sich bückt.) In dem Momente, in dem er das gebückte Mädchen sieht, drückt er den Penis stärker und es kommt zur Ejakulation. Und jetzt geschieht das Merkwürdige. Alle Mädchen fühlen seinen Blick und drehen sich um, sehen hinauf oder laufen beschämt weg, als ob sie sich hinten entkleidet fühlen würden. Es ist sicher, daß er seine Paraphilie benützt, um vor dem Weibe zu fliehen. Aber eben so sicher ist es, daß er in seiner Phantasie eine Szene der Kindheit neubelebt und wieder erlebt. Er muß eine geliebte Person in der bewußten Position gesehen und einen starken Eindruck empfangen haben. Von der Gesäßpartie empfängt das Kind starke Reize. Ich muß *Sadger* bestätigen, der ausführt:

> Nicht selten besteht auch eine organische Disposition, besondere Fülle, Massigkeit und Strammheit dieser Partien. Erblichkeit und Erziehung wirken da gleicherweise bedeutsam. Nicht nur, daß meist die Aszendenten, am häufigsten die Mutter, dort ähnliche Üppigkeit oder Prallheit besitzen, wird auch durch ihre Liebesbezeugungen just an jenen Stellen die Aufmerksamkeit der Sprößlinge stets wieder von neuem dahin gelenkt. Nicht wenige Mütter können sich schon ihrem Säugling gegenüber nicht entbehren, ihn ad posteriora oder an den feisten Oberschenkeln abzuküssen. Sie liebkosen und streicheln, tätscheln oder beißen ihn dort und späterhin können sie nicht umbin, den größeren Kindern, ja selbst den Erwachsenen einen Klaps an diesen Stellen zu versetzen; oder sie entblößen weit öfter als nötig die Kinder hinten, etwa zu überhäufigen Klysterien oder aber zu Schlägen. Die Gesäßerotik der Mutter und anderer Aszendenten gibt dann durch Vererbung und Erziehung Anlaß zur Nachfolge bei den Sprößlingen. Wir sehen, daß solche beispielsweise bereits in einer geschlechtlichen Frühzeit, etwa im dritten oder vierten Jahre, besonderes Interesse für die Posteriora von Kindern und Erwachsenen zu zeigen beginnen. Sie wenden oft große Schlauheit auf, um dieses

Anblickes teilhaftig zu werden, dringen z. B. ins Badezimmer, just wenn die Mutter in die Wanne steigt, oder ins Boudoir, wenn jene sich auszieht, oder stürmen plötzlich ins Schlafzimmer hinein, wenn sie ein Klysma oder Irrigation bekommt. Noch leichter gelingt die Befriedigung der Schaulust bei Geschwistern oder Spielgefährten. Unzweifelhaft verdankt das Doktor- wie das Hebammenspielen seine unverwüstliche Beliebtheit den Bedürfnissen der Gesäßerotik. Wo mehrere Geschwister mit ihr behaftet sind, kann es passieren, daß sich Bruder und Schwester gegenseitig ihre Globi zeigen und dann all jene Dinge wiederholen, die sie selber von ihrer Mutter erfuhren, also nicht bloß Schauen und Entblößen, auch Küssen, Tätscheln, Schlagen mit einer Rute und ähnliche Sachen. Selbst die immissio membri intra nates sororis nach dem Vorbild der eingeführten Klystierspritze gestand mir ein Kranker in der Analyse als in seiner frühen Kindheit geschehen. Gelegentlich zieht sich ein dreijähriger Junge mit seiner gleichaltrigen Spielgefährtin zurück, um ihr etwas wie eine Irrigation zu machen. Ein anderer, der später Urning geworden, berichtet aus dem nämlichen Jahre, daß ihn schon in den ersten Bilderbüchern nur jene Illustrationen anzogen, die Personen — mit stark ausgeprägten Nates zeigten. Er selber habe ganz sicher bereits um diese Zeit wiederholt sein eigenes nacktes Gesäß im Spiegel beschaut und davon starke Lust empfunden.

Die weitere Behandlung führte mein Assistent Med. *Emil Gutheil*. Ich lasse ihm zur ferneren analytischen Aufhellung des Falles das Wort:

„Patient ging — und kam nach einiger Zeit wieder. Mit Rücksicht auf die praktische Erfahrung, daß die Kranken oft durch Abweisung zu größerer Aufrichtigkeit und Preisgabe mancher Widerstandspositionen gebracht werden, gestattete mir Herr Dr. *Stekel* die weitere Führung dieser schwierigen Analyse. Aktuelle Fragen wurden erledigt. Der Vater des B. bezahlte nach erfolgter Strafanzeige die Schuld des Sohnes; das Verhältnis zur Familie wurde hergestellt; auch gelang es dem Patienten, seine Stellung als Beamter zu sichern. Das alte Spiel dauerte während der Behandlung noch eine geraume Weile an und erst nach vielen Mühen gelang es, den verschütteten Zugang zur Neurose freizulegen.

Für die Analyse war der Umstand wegweisend, daß die sexuelle Einstellung des Patienten in der ersten Krankheitsperiode ausschließlich den Knaben galt.

Dabei erwies sich das masochistische Moment als das primäre. So erinnerte sich Patient, daß die Mißhandlungen, die er seitens der Kollegen und anderer Personen in der Kindheit erlitt, n i c h t mit Unlust aufgenommen worden wären. Er hätte z. B. im 9. Lebensjahre (vgl. S. 206), als ihm ein älterer Kollege drohte, daß er ihn am nächsten Tage prügeln würde, nicht etwa den Weg zum Lehrer eingeschlagen, sondern begnügte sich damit, daß er — alle übrigen bedrohten Partien außer acht lassend — in Erwartung der Exekution den H o s e n b o d e n doppelt anlegen ließ. Diese Vorrichtung wurde, trotzdem sie sich als überflüssig erwies, noch lange beibehalten.

Ich wußte, daß das krankheitsdeterminierende infantile Erlebnis, auf welches Dr. *Stekel* hinwies, absolut vor dem 9. Lebensjahre gelegen sein müßte, denn die erwähnten Tatsachen waren bereits ausgesprochene Wunschregungen masochistischer Tendenz. Seltsamerweise ließ den Patienten das Gedächtnis für eben diesen Zeitraum im Stiche.

Im 14. Lebensjahre trat eine Wendung im Phantasieleben des Kranken ein (vgl. S. 206). Er wurde — angeblich um an der Umgebung Rache zu nehmen — Sadist. Mit Knaben, welche sämtlich jünger und schwächer waren als er, spielte er auf die Weise, daß er sie mit einem spanischen Rohr auf die Nates schlug, wobei er starke Lustsensationen empfand. (Diesen realen Vorgang konnte schon damals eine Phantasie ersetzen, wobei beim Objekte die Altersgrenze beliebig weit nach unten verschoben werden konnte.) Er war leidenschaftlicher Rohrstockliebhaber; er schaffte sich deren eine größere Anzahl an und handhabte sie mit einer Art Pietät. Als einziges Mädchen prügelte er unter großer Lustempfindung seine jüngste Schwester, mit der ihn auch gemeinsame sexuelle Erlebnisse verbanden.

Endlich brachte die Analyse folgende verdrängte Erinnerung aus seinem 4.—5. Lebensjahre:

Eine Gouvernante, die er verehrte — eine volle Erscheinung —, sperrte ihn wegen irgend eines Vergehens im Zimmer ein, wo sie ihn vorher mit einem spanischen Rohre empfindlich auf die Nates schlug . . . Dabei sollen ihn Wut, Schmerz, Scham und zugleich Rachegefühle beherrscht haben . . .

Mit dieser Erinnerung war die Krankheitswurzel bloßgelegt. Und sei es, daß bei der in der späteren Zeit erfolgten Konversion zu weiblichen Objekten den Tatsachen entsprochen wurde, daß man die Lust in jenen Formen austeilt, in welchen man ihrer selber teilhaftig werden möchte, — oder daß hier die *Freud*schen Lustmechanismen im Spiele waren, bei denen die Abreaktion des Traumas durch dessen Wiederholung und Übergang in die Aktivität bewirkt wird — es steht jedenfalls fest, daß die bewußte Phantasie (später Zwangsvorstellung) im Laufe der Zeit sich von den ins Unterbewußtsein gedrängten libidinösen Primärobjekten entfernt und die Beziehung zu ihnen verloren hatte.

Bezeichnend ist, daß die willkürliche Wendung des Geschlechtstriebes zum Weibe noch immer auf dem Wege über die eigene Person vor sich ging (vgl. S. 206 die transvestitische Szene). Wie ich erfuhr, waren die weiblichen Röcke, die der Patient anlegte, um in dieser Verkleidung vor dem Spiegel einen flagellantischen Akt auszuführen, blau und — da sie seiner jüngsten Schwester angehörten — kurz und eng! . . . (Verknüpfung mit inzestuösen Faktoren.)

Synthese. Patient stellt einen psychoinfantilen Typus vor. Er leitet die von einer geliebten Person genossene Schmerzenslust in spezifischer Form auf eigene Objekte weiter. Das weibliche Ideal seiner Zwangsvorstellung ist eine Verschmelzung des verwischten Bildes der Gouvernante mit dem eigenen Spiegelbilde und dem der ersten weiblichen Liebesobjekte. Das fortwährende Betonen seines Erwachsenseins (vgl. S. 207 und 209) ist eine Bipolaritätserscheinung, eine Kompensation des Narrenspiels und als Ausdruck der Amplitude zwischen seiner Phantasiewelt (4.—5. Lebensjahr) und der Realität aufzufassen. Hierher gehört seine Behauptung, er habe ein zu kurzes Glied (entspricht nicht den Tatsachen!), hieher die Angst vor dem Worte Herr (vgl. S. 206). Die überaus starke homosexuelle Komponente ist meiner Ansicht nach darauf zurückzuführen, daß Patient in seiner spezifischen Phantasie die Rolle eines Weibes spielt und ein männliches Wesen, sich selbst, sucht. Freund B. hatte dies instinktiv empfunden, den dunklen Trieb geschürt und zu eigenen Zwecken ausgenützt.

Die Analyse endete mit der Zerstörung der Phantasie. Es trat zuerst eine Besserung ein, dann ein starker Rückfall mit allen Symptomen und dem bekannten Narrenspiel, wobei er beinahe den Posten verlor (der letzte Widerstand!), bis schließlich eine durchgreifende Wendung im ganzen Wesen des Patienten Platz griff. S. L. berichtete mir überdies vor kurzem, daß er einen normalen Koitus cum puella publica absolvierte, und zwar ohne jegliche Phantasie, wenngleich mit dem Bestreben, ihr durch die Stöße weh zu tun. Potenz gut, volle Befriedigung. Patient steht vorläufig noch in Beobachtung."

— — — — — — — — — — — — — — — — — — — —

Ich möchte dieser Analyse meines Assistenten einige Erklärungen hinzufügen. Wie haben wir uns die Wirkung der traumatischen Szene vorzustellen? Er hatte offenbar neben der starken Lust auch den Wunsch, sich für die Schmach zu rächen und die Gouvernante auf das nackte Gesäß zu schlagen. Das charakteristische Zeichen unseres Patienten ist, daß er in sein eigenes Gesäß verliebt ist. Wenn er Knaben schlug, so identifizierte er sein infantiles Bild mit den Knaben, während er, der Erwachsene, die Gouvernante wurde. („Wie entzückt muß sie von meinem Popo gewesen sein!") Rachedrang und Lust verschmolzen zu einer Empfindung. Besonders reizten ihn Dienstmädchen, wenn sie im Hofe Teppiche klopften. Offenbar erregte ihn das heftige Schlagen der Teppiche und weckte die alten Erinnerungsbilder. Sein gesteigertes Persönlichkeitsgefühl (magischer Blick — er zwingt die Mädchen die

Nates zu bedecken) läßt ihn die infantile Szene nun aktiv erleben, wobei er der Stärkere ist.

— — — — — — — — — — — — — — — — — — — —

Die Gesäßfetischisten sind schon an ihrem Gange zu erkennen. Sie machen allerlei wackelnde, rhythmische Bewegungen mit ihrem Gesäße, sie wiegen sich in den Hüften, um so die Umwelt auf ihre erogene Zone aufmerksam zu machen.

Ein anderes Phänomen verdient eine eingehende Besprechung. Es ist die Eigenschaft vieler Menschen, sich über sich selbst lustig zu machen und den Hanswurst zu spielen. Kinder pflegen diese Eigenschaft zu zeigen und dabei übermütige Heiterkeit an den Tag zu legen. Aber eine dem lustigen Treiben gewöhnlich folgende Weinszene zeigt den tragischen Charakter dieses Handelns. Auch die Kinder, welche den Wurstel spielen, versuchen auf diese Weise ihrer Traurigkeit Herr zu werden und durch das Spiel die Aufmerksamkeit der Umgebung auf sich zu lenken. So verbinden sich zwei Motive. Sie fürchten ausgelacht zu werden, sie haben etwas zu verbergen und legen sich die Maske des Hanswurst an.[1])

Bei verschiedenen Formen des Infantilismus kommt als Regressionserscheinung auch das „Kindische-Lustigmachen" vor. Der Infantilismus wird nach einer großen Enttäuschung vollzogen. Die Traurigkeit über die reale Niederlage wird durch die forzierte Lustigkeit eines Kindes gewissermaßen überkompensiert.

Auch dieser Patient war eigentlich depressiv veranlagt und sich selbst überlassen ein kopfhängerischer mürrischer Geselle. Beim Zusammentreffen mit anderen Menschen, die er immer als Sexualobjekte wertete, wußte er die Aussichtslosigkeit seines Begehrens und seines Verlangens nach Zärtlichkeit durch die Maske des Hanswurst ins Tragikomische umzuwerten.

Die verschiedenen Formen des psychosexuellen Infantilismus, der sich in der „Analsexualität" äußert, sind kaum in diesem engen Rahmen zu spannen. Ich verweise nur auf einige häufig vorkommende Typen. Da ist der Mann mit der ewigen Flatulenz, die durch Aerophagie erzeugt wird, so daß es ihm möglich wird, möglichst viele Flatusse zu produzieren. Wiederholt habe ich von Patienten vernommen, daß sie ihren eigenen Flatus gerne riechen und dabei Lustgefühle empfinden. (Vielleicht mag hier auch eine Wurzel der Leidenschaft für Parfüms zu finden sein. Es ist auffallend, daß die als Aphrodisiaca verwendeten Parfüms ebenso Caprylsäuren sind wie die Reizstoffe der verschiedenen

---

[1]) Eine meisterhafte Schilderung dieses Typus findet sich bei *Dostojewsky* in Brüder Karamasof. Es ist der alte Karamasof, welcher den Bajazzo spielt.

Tiere und die Exkrete mancher menschlicher Drüsen, die in der stummen Sprache der Liebe zur Geltung kommen.)

Fall Nr. 66. Ein Homosexueller erzählte mir, daß er an einer lächerlichen Liebesbedingung kranke. Das begehrte männliche Objekt muß ihm mit einem oder einigen Flatussen beschenken. Er gibt es zu, daß sein Vater in dieser Beziehung Großes leistete.

Eine merkwürdige Form der „Analsexualität" zeigte ein Zwangsneurotiker, den ich längere Zeit behandelt habe:

Fall Nr. 67. In seiner Jugend hatte er die Gewohnheit, die verschiedenen Klosettpapiere zu sammeln. Er sammelte nicht nur die eigenen, sondern auch die der ganzen Familie. Er konnte jedes Familienmitglied am Geruche ganz genau unterscheiden. Die Papiere legte er in einem Haufen hinter einem Sofa in seinem Zimmer. In seinem 13. Lebensjahre wurde der Harem entdeckt und verbrannt. Er schämte sich sehr und gab die Gewohnheit auf. Mit 32 Jahren heiratete er, war in seiner Ehe sehr unglücklich. Er begann wieder zerstreut zu werden und eines Tages kam ihn der Gedanke, er müsse wieder die Papiere sammeln. Er sträubte sich gegen diesen Impuls, gab aber schließlich nach und begann wieder stundenlange mit diesen Papieren zu spielen. Er verfiel bei diesen Spielen in Träumereien. Zugleich meldeten sich andere Infantilismen. Er litt an einem eigentümlichen Nasentic, der sich als eine Fixation des Riechens der Papiere erwies und in der analytischen Behandlung vollkommen verschwand. Mit dem Eintritt der Regression meldete sich der Tic wieder.

In dieses Kapitel gehört auch die Koprolalie. Es gehört zum geistigen Inventar vieler Menschen, immer wieder von analen Vorgängen zu sprechen. Sie scheissen auf alles, sie befinden sich in der Scheißgasse, sie finden einen Gegenstand ganz beschissen. Sie leben immer in analen Phantasien, denen sie auf diese Weise Ausdruck geben.

Manche Kinder haben die Gewohnheit, sich immer schmutzig zu machen und mit vollen Hosen herumzugehen. Die Eltern ahnen nicht, daß es ihnen ein Vergnügen macht und halten das Kind für „verspielt", so daß es nicht merkt, daß es sich „angemacht" hat. Das ist nicht der Fall. Es handelt sich um Kinder mit starker Analsexualität. Die Eigenschaft bleibt im geringeren Maße im späteren Leben. Sie haben die Unterhosen immer etwas schmutzig. Wenn sie die Analsexualität überwunden haben, kann später im Falle einer Regression die Erscheinung wieder auftreten.

Fall Nr. 68. Herr U. T. hat schon als Knabe die Gewohnheit gehabt, den Stuhl sehr lange zurückzuhalten und dann mit dem Stuhle zu spielen. Er ließ den Stuhl durch den Sphinkter etwas hervortreten und zog in dann wieder zurück. Dabei hatte er ein Lustgefühl. Auch waren seine Hosen in der Kindheit sehr oft voll, so daß er dafür geschlagen werden mußte. Er wurde erst im zehnten Jahre zimmerrein, die Gewohnheit des Spielens mit dem Stuhle blieb bis zum 15. Jahre bestehen. Dann schwanden alle Erscheinungen. Im 25. Jahre eine große Enttäuschung infolge einer unglücklichen Liebe. Von da an Träumereien und Wiederauftreten der „Analsexualität". Die Spiele mit dem Stuhl wurden wieder aufgenommen. Es machte ihm oft ein großes Vergnügen, ein kleines Stückchen Stuhl hervortreten zu lassen und stundenlange herumzutragen. Die Unterhosen wurden dann verbrannt.

Die fast unbegreiflichen Formen der Analsexualität zeigen jene Männer, welche der Koprolagnie ergeben sind. Den Übergang zu diesen schweren Formen bilden die Männer, welchen der Anblick der Defäkation den höchsten Genuß bereitet. In Wien erzählte man von einem Prinzen, daß er sich ein gläsernes Tablett habe herstellen lassen. Er legte sich unter diesen Apparat, so daß die dazu bestimmte Partnerin den Defäkationsakt über seinem Gesichte vollziehen konnte. Andere begnügen sich mit dem Anblicke. Es handelt sich um Fixierung infantiler Eindrücke.

Hierher gehört auch ein Fall von *Moll*, von dem ich das Wichtigste hier anführe:

Fall Nr. 69. „Nachdem, was ich auf den letzten Seiten umständlich ausgeführt habe, werden Sie sich ungefähr eine Vorstellung davon machen können, in welcher Weise ich Knaben zur Befriedigung meiner Sinnlichkeit verwenden würde oder wenigstens möchte. Nehmen wir einmal an, mir stünde ein geeigneter Knabe für diese Zwecke zur Verfügung, und es wären mir auch sonst alle Umstände günstig. Ich würde ihn in ein vorher dazu eingerichtetes Zimmer bringen, ihn entkleiden, baden und zunächst einer eingehenden körperlichen Untersuchung unterziehen. Meine Aufmerksamkeit würde sich auf seine untere Körperhälfte konzentrieren. Ich gehe die Oberschenkel entlang nach oben, wo sie zum Damm zusammenstoßen, befühle seinen Unterleib, streichele die Hinterbacken und betaste die Afterspalte. Namentlich aber ist es die Form des Bauches, die mein ganzes Interesse in Anspruch nimmt. Je mehr diese auf eine größere Kotanhäufung im Darm schließen läßt, desto höher steigt meine Erregung, besonders, wenn eine Frage meine Vermutung bestätigt. Ein anderer ist kaum imstande, sich auszudenken, welchen dämonischen Reiz die Vorstellung eines schönen nackten Knaben mit einem infolge langer Stuhlverhaltung gefüllten Darm auf mich ausübt. Der Gedanke daran bringt mich in eine sehr heftige Erregung, eine leidenschaftliche Glut strömt durch meine Adern, mir zittern die Glieder vor qualvoller Begierde. Ich werde nicht müde, diesen Bauch zu befühlen und zu betrachten. Meine Leidenschaft äußert sich in stürmischen Liebkosungen; der Knabe muß verschiedene Stellungen und Lagen einnehmen, um die schönen Formen seines Körpers, namentlich aber die bewußten Teile, recht gut zur Anschauung zu bringen. Noch eine Steigerung erfährt der sonderbare Genuß durch die Beobachtung der Defäkation. Sollte für eine reichliche Stuhlentleerung nicht genug Stoff im Darm des Knaben sein, so füttere ich ihn mit allerlei Nahrungsmitteln, die erfahrungsgemäß viel Kot geben, wie Kartoffeln, grobes Brot, Hülsenfrüchte, Obst u. dgl. Wenn möglich, suche ich zwei bis drei Tage lang jeden Stuhlgang zu verhindern, damit der Leib sich recht fülle und die Defäkation recht reichlich ausfalle. Wenn diese schließlich eintritt, ist es mir nun ein unbeschreiblicher Genuß, den Austritt des Kotes — der ziemlich fest sein muß — aus dem After zu beobachten. Dabei lasse ich den Knaben allerlei Lagen und Stellungen einnehmen, die mir besonders viel Reiz gewähren könnten." (*Moll*, l. c., Seite 301.)

Interessant ist folgende eigene Beobachtung:

Fall Nr. 70. Herr S. C., 35 Jahre alt, Offizier, ist ein ausgesprochener Abortomane. Er kann stundenlange am Aborte sitzen und dabei rauchen. Er liest die Zeitung, studiert auf dem Aborte. Zu seinen größten Genüssen gehört es, den Defäkationsakt einer Frau zu beobachten. Es gelingt ihm manchmal in Dörfern und bei Ausflügen durch Löcher in der Holzwand zu seinem Ziele zu kommen. Er trägt zu diesem Behufe einen kleinen Bohrer stets bei sich. Auch bei Dirnen läßt er sich nur die Defäkation vormachen. Er behauptet, daß die Leidenschaft sehr verbreitet ist und daß sich in den meisten Aborten schon Löcher befinden. Er hat auch wiederholt den Stuhl defäzierender Frauen gekostet.

Einen ganz außerordentlichen Fall führt *Merzbach* an:

Fall Nr. 71. Dr. X., ein bekannter junger Lebemann unserer Klientel, gibt für Frauen ganz erhebliche Summen aus. Durch seine Freigebigkeit ist er in den Kreisen der eleganten Demimonde wohlbekannt, aber auch durch seine Perversität, die sowohl in den Kreisen dieser Frauen, wie auch von seinen Freunden offen besprochen wurde. Dr. X. nämlich führt einen kleinen, echt goldenen Teller und einen eben solchen Löffel bei sich. Auf diesem Teller muß das Mädchen defäzieren, während er mit dem goldenen Löffel die frischen Fäzes verzehrt. Kürzlich wurde mir von einem ähnlichen Falle berichtet: Ein Mann, der seine Frau tagelang einsperrt, ihr nur gewisse Speisen zu essen gibt und dann ihre Fäzes verzehrt.

Die Unsitte, daß Mütter ihre kleinen Kinder mit auf den Abtritt nehmen, weil sie sie sonst nicht bewachen können, führt zur Fixierung solcher widerlicher Triebregungen. Hier zeigen sich die Wege zur Prophylaxe der Paraphilien.

Diese Fälle sind viel komplizierter, als man a priori annehmen würde. Das nächste Kapitel bringt uns eine eingehende Analyse eines Mysophilen.

XIII.

Analyse eines Falles von Mysophilie.

Fall Nr. 72. Es wird kaum einen Fall geben, in dem wir eine solche verblüffende Musterkarte der Mysophilie finden, wie der folgende. Es handelt sich um einen 37jährigen, sehr kräftigen Mann, der einen schweren Beruf ausfüllt und geistig ganz normal ist, zahlreiche künstlerische Interessen an den Tag legt. Er stammt von etwas neuropathischen Eltern. Er bezeichnet sich als einen „Masochisten", der an einer bestimmten Paraphilie leidet. Wenn er weibliche Personen auf der Gasse sieht, die ihm gefallen, möchte er den Kopf unter ihren Schoß stecken und ihnen Scheide und den Anus (besonders letzteren) lecken. Es gibt kaum eine Paraphilie, die er nicht versucht hätte. Ich lasse ihn seine Erfahrungen erzählen.

„Mit 18 Jahren habe ich den ersten Geschlechtsakt ausgeübt. In unserem Hause war eine sehr üppige und lüsterne Gouvernante. Ich begann mit ihr schlüpfrige Gespräche zu führen. Sie hat mich wohl dazu herausgefordert. Ich kam des Nachts zu ihr ins Bett und vollzog sowohl den Anilingus als auch den Kunnilingus. (Er erinnert sich nicht, ob er einen Koïtus ausgeführt hat.) Nach einiger Zeit wurde ich von Kollegen ins Bordell mitgenommen und war das erste Mal impotent. Ich schrieb das der Onanie zu. Ich onanierte seit der Jugend zügellos und immer mit den erwähnten masochistischen Phantasien. Oft mußte ich dreimal an einem Tage und mehrmals in der Nacht onanieren. Dabei blieb ich unbefriedigt, wie heute, wo ich trotz aller perverser Akte und trotz Onanie immer die Begierde fühle und keine Erlösung finde. Ich komme mir wie ein läufiger Hund vor. Es gibt nichts, was ich nicht versucht hätte. Ich habe menstruierende Frauen geleckt, ich habe zwischen schmutzigen Zehen den Schweiß ausgeleckt, an großen und kleinen Zehen gesogen, meine Zunge in feuchte Achselhöhlen gesteckt. Dabei revoltiert etwas in mir gegen diesen Zwang. Ich habe zwei Naturen in mir, eine feinsinnige und eine ordinäre. Ich glaube, ich bin körperlich nicht normal. (Er hat eine kaum angedeutete Hypospadie, sonst ist er ganz normal.)

Seine erste Erinnerung ist der Beginn seiner Paraphilie. Er war noch nicht drei Jahre alt, da spielte er mit einem kleinen Mäderl; sie kam einmal beim Spiel mit ihren Nates auf sein Gesicht zu liegen.

Die Leidenschaft für diese Position ist ihm bis heute geblieben. Er glaubt, daß es ursprünglich der Geruch war, der ihn anzog. Er suchte nach diesem Erlebnis, immer unter die Röcke der Dienstboten zu kriechen und an After und Scheide zu riechen. Besonders beim Versteckenspiel war dieser Aufenthalt seine größte Freude. Da gab es Gelegenheit, unter die Röcke zu kriechen.

Im achten Jahre spielte er mit Mädchen Pferderl. Er trug ein Mädchen und wußte es so einzurichten, daß er hinfiel und dabei mit dem Gesichte unter ihren After kam. (Auch bei dem Versteckenspiel unter dem Bette arrangierte er es so, daß sein Kopf an den After kam.) Seit dieser Zeit spielt auch das Tragen der Frau eine große Rolle in seinen Phantasien. Am meisten reizt ihn ein ungewaschenes, schmutziges Weib. Je ursprünglicher ihre Ausdünstung ist, desto größer seine Erregung und sein Genuß. Er hat bei Dirnen alle Paraphilien versucht. Er steckt ein Stück Schokolade in den After oder in die Scheide und ißt es dann mit großer Begierde. Er leckt den Anus unmittelbar nach der Defäkation. Er hat wiederholt Urin getrunken. Er nimmt Bissen, welche die Dirnen schon gekaut und eingespeichelt haben, zu sich. Auch das Hören der Miktion und der Defäkation, das Zusehen durch ein Schlüsselloch machen ihm großes Vergnügen.

Mitunter sehnt er sich nach Reinheit. Mit 18 Jahren nach seinen beiden ersten Erlebnissen (Gouvernante und Bordell) verliebte er sich in ein Mädchen, das ihm wie eine Gottheit erschien. Er verdrängte eine Zeitlang alle mysophilen Phantasien und schwelgte in reiner Liebe. Die Episode ging bald vorüber und wiederholte sich nicht.

Ich frage, ob er auch mit seinen Schwestern gespielt habe. Er hat eine um 6 Jahre jüngere Schwester. Im zehnten Lebensjahre (sie war also vier) leckte er sie vorne und hinten, saugte an ihren Zehen und an den kleinen Brustwarzen. Der Vorfall soll sich nur dreimal wiederholt haben. Dann fühlte er Reue und gab das Spiel auf.

Er kostete auch das eigene Sperma, hatte manchmal leichte sadistische Anwandlungen und versuchte auch Spiele mit mehreren Dirnen zugleich (Pluralismus). Er ließ sich zugleich Anilingus und Fellatio machen. Besonders reizen ihn jüngere Mädchen und auch Kinder, wenn sie gut entwickelt sind und schöne Waden haben.

Dabei hat er innere Hemmungen. In den meisten Fällen kommt es gar nicht zur Erektion, die bei der Onanie immer sehr kräftig ist. Er hat ein schlaffes oder halbsteifes Glied, die Ejakulation tritt oft in den ersten Sekunden ein. Er versucht durch Koprolalie, der er sehr ergeben ist, sich aufzustacheln. Er läßt sich Schweinereien erzählen, gebraucht die ordinärsten Ausdrücke, macht allerlei ekelhafte Paraphilien und bleibt unbefriedigt.

— — — — — — — — — — — — — — — — — — — —

Er gibt zu, daß er manchmal auf seine Paraphilien stolz ist. Er ist das größte Schwein der Welt. Kein Mensch hat wie er den ganzen Kreis aller Paraphilien durchschritten. Aber er hat auch Tage und Stunden, in denen er sich niedrig und gemein vorkommt. Wiederholt wollte er Hand an sich legen.

Er ist sonst übertrieben reinlich und sauber, badet sehr fleißig, hält viel auf reine Wäsche, wäscht sich die Hände vor jeder Mahlzeit. Am liebsten würde er einer vornehmen Dame dienen, in ihrer Gewalt sein und auf ihren Befehl alles ausführen. Sieht er eine Frau auf der Gasse, die sich bückt oder das Gesäß auf andere Weise hervortreten läßt, so kann er von dieser Dame viele Stunden phantasieren und ihr Eindruck verfolgt ihn durch Jahre. Eigentlich gruppieren sich alle Symptome um den Anilingus. Dieser bildet den Kernpunkt seiner Neurose.

Er hat einen stereotypen Traum, der sich sehr häufig wiederholt. Er ist in einem brennenden Hause und muß Hals über Kopf über eine brennende Stiege ins Freie.

Das brennende Haus ist seine Seele. Er möchte aus seiner Haut herauskommen und seine Paraphilie loswerden.

Ich habe schon erwähnt, daß er nie Befriedigung findet. Es gibt eben zwei Arten von Paraphilien. Bei der einen treibt es den Menschen zu einer bestimmten Form der Befriedigung, nachher ist er ruhig und mitunter glücklich, bis ihn die Begierde wieder antreibt, das Spiel zu wiederholen. Unser Kranker kennt die Befriedigung nicht. Er fühlt sich auch nach jedem Akte von Begierde getrieben und sucht immer wieder etwas, was er nicht gefunden hat. Auch die Impotenz zeigt die inneren Hemmungen und das Fehlen des eigentlichen Sexualzieles. Während des Aktes fühlt er — ein typisches Zeichen der Verdrängung — einen Druck im Kopfe. Oft hat er am Tage das Gefühl, als ob er im Traume wandeln würde. Die paraphilen Akte vollzieht er auch in dem oft erwähnten Traumzustand. Oft erscheint ihm alles fremd und neu. Wiederholt wird er von melancholischen Stimmungen überfallen. Er führt eine Art Tagebuch, das mit Betrachtungen über sein unglückliches Leben angefüllt ist.

Mit 25 Jahren verliebte er sich in ein Mädchen und wollte sich mit ihr verloben. Er fürchtete, sie unglücklich zu machen und brach alle Beziehungen ab. Diese Furcht war nur eine Rationalisierung seiner inneren Widerstände. Wir müssen annehmen, daß ihn etwas anderes anzieht und lockt. . . Auch eine Witwe wollte er heiraten. Mitunter hat er die Idee, er sollte eine ältere Frau heiraten. Sie würde keine solchen Ansprüche stellen und ihn glücklich machen. Er fürchtet angeblich, er könnte wegen seines zu dicken kurzen Gliedes keine Defloration durchführen. Er brauche eine weite Vagina. Auch wölle er keine kranken Kinder in die Welt setzen.

Die Wahrheit ist: er will seine Mutter, mit der er jetzt lebt, nicht verlassen. Er behandelt sie und die Schwester elend. Er brüllt sie an, macht Szenen, wie alle Neurotiker, welche geheime Inzestwünsche haben, welche von den unglaublich behandelten Objekten nicht erfüllt werden.

Angeblich will er bei seiner Mutter nie einen Reiz empfunden haben. Aber gedrängt gibt er zu, daß er ihr im zehnten Lebensjahre einmal die Schuhe anziehen mußte. Da sei ihm ein starker Geruch aus der Scheide entgegengeströmt, der ihm fast die Besinnung raubte. Das wäre das einzige Mal in seinem Leben gewesen.

Er bringt das Gespräch auf seine femininen Eigenschaften. Er habe etwas Gynäkomastie, breites Becken und sehr geringe Behaarung an der Brust. Homosexuelle Gelüste hatte er nie. Angeblich nur Ekel. In die Enge gedrängt gibt er zu, mit Knaben allerlei getrieben zu haben. (Auch Fellatio!) Das sei zwischen 12 und 15 gewesen. Jetzt habe er keinerlei homosexuelle Phantasien, er fühle nur Ekel. In der Kindheit hatte er deutliche sadistische Anwandlungen. Er sah gerne zu, wenn Tiere geschlachtet wurden. Auch das Schlagen der Knaben machte ihm Freude.

Er wurde viel von seinem Vater geschlagen und stand sein lebelang zu ihm in einem sehr schlechten Verhältnis. Er wünschte ihm den Tod, schon als er ein kleiner Knabe war. Als er älter war, glaubte er, sein Leiden wäre die Folge einer erblichen Belastung. Er machte seinem Vater heftige Vorwürfe, ja er beschimpfte und verfluchte ihn. Er solle abfahren! Der Schlag solle ihn treffen! Das schleuderte er dem Vater ins Gesicht. Als der Vater vor 11 Jahren starb, wurde er traurig, empfand Reue und machte sich Vorwürfe.

Er erinnert sich deutlich, daß er sich vorgenommen hatte, krank zu bleiben und nicht zu heiraten, nur um den Vater zu strafen. Er wußte, daß der Vater seine Verheiratung sehnlichst erwünschte. Oft fürchtete, er könnte ein Verbrechen begehen und oft wünschte er, den Vater dadurch zu strafen, daß er dem Namen Schande machte.

— —

Er zeigt allerlei neurotische Zwangssymptome. Er hat die neurotische Kondition mit der Todesklausel. Wenn ich bis zum Mittag vier schwangere Frauen treffe, wird die Mutter leben bleiben — war eine Formel während einer Krankheit der Mutter. Solcher Orakel hat er zahllose, so daß alles auf der Gasse zum Spiel und Orakel wird.

Es ist ein ganz bestimmter süßlicher Geruch, dem er nachläuft. Nicht alle Gerüche reizen ihn. Manche Vagina riecht nach Heringslacke und das ekelt ihn eigentlich. Er teilt die Frauen in solche mit angenehmen und unangenehmen Geruch ein. Kürzlich traf er ein Mädchen, das diesen bestimmten süßlichen Geruch hatte. In diese hätte er sich verlieben können.

Er hätte das Bedürfnis zu schreiben, und zwar die gemeinsten Briefe. (Koprographie.) Er tut es aus Feigheit nicht.[1])

Er ist ein „ewiger Sucher". Wie alle Unbefriedigten, die einem geheimen „fiktiven" Ziele nachlaufen, führt er besonders auf der Straße die große Szene des Suchens und Nichtfindens auf. Er kommt in eine Großstadt mit dem Gefühl: Heute wirst du etwas Niedagewesenes, das Große, das Wunderbare erleben. Er läuft den ganzen Abend herum. Er sieht schöne Frauen und Mädchen. Aber je mehr sie ihn reizen, desto schwächer erscheint seine Aggressionskraft. Er nähert sich ihnen nicht. Er hat eine unerklärliche Scheu. Er rennt dann in Cafés, in Gasthäuser, in Weinstuben. Es kann vorkommen, daß er 12 Stunden herumläuft und des Morgens todmüde nach Hause kommt. Er geht in solchen Zeiten nicht einmal ins Bordell.

— —

Ist seine Neurose eine unbewußte Homosexualität? Wer ist das Objekt? Er gibt zu, daß er mit 16 Jahren sich das Glied eines Kommis hat zeigen lassen und auch sein eigenes Glied zeigte. Er glaubt, er hätte damals keine Erektion gehabt. Er glaubt! Er erinnert sich an die Szene wie im Nebel. Er glaubt, er wäre vorher bei Dirnen gewesen, habe sich seines kurzen, hypo-

---

[1]) Die Koprographie ist eine in der Großstadt ungeheuer verbreitete Paraphilie. Ich besitze eine Sammlung solcher Briefe. Es ist fast unmöglich, ihren Inhalt wiederzugeben. Der Mensch zeigt sich auf der niedersten Stufe, die Ausdrücke sind immer der Sprache der Dirnen und der Hefe des Volkes entnommen. Ich kenne sehr „feine Mädchen", welche durch Jahre eine solche Korrespondenz führten. Oft ist es die einzige Art, wie die Paraphilie ausgelebt wird. Mitunter finden sich die absonderlichsten Partner zu gemeinsamer Ausübung ihrer verrückten Phantasien zusammen.

spadischen Gliedes geschämt und wollte sich nun überzeugen, wie ein echtes gesundes normales Glied aussieht, da die Dirnen ihm sagten, er sei abnorm gebaut.

„Dann kann es nicht stimmen, daß Sie damals 16 Jahre alt waren! Sie waren mit 18 Jahren das erste Mal im Bordell."

„Dann habe ich mich geirrt. Ich werde 19 Jahre alt gewesen sein."

Wir sehen, wie er sich bestrebt, seine homosexuellen Episoden zurückzudatieren.

Sein nächster Einfall ist: „Wissen Sie, daß ich meiner Mutter und meinem Bruder mitgeteilt habe, daß ich Masochist bin. Einem Menschen muß man sich doch anvertrauen."

Nun kommt das Thema auf den Bruder. Als der Bruder ihn und die Mutter mit der Nachricht überraschte, daß er sich verlobt habe, wurde er melancholisch. Er weinte mehrere Tage. Er glaubt, weil er den Bruder beneidete. Wir müssen annehmen, daß es gekränkte Liebe war, welche ihm die Tränen erpreßte. Er ist ein Familiensklave. Er lebt nur für die Familie. Der Bruder sei ein Egoist. . . .

Er kann bei keinem offenen Fenster stehen. Er hat Angst in die Tiefe zu stürzen. Er könnte sich hinunterwerfen. Er kann leicht von Schwindel befallen werden, wie alle Menschen, die ein doppeltes Denken haben und geistig in einen Abgrund versinken.

— — — — — — — — — — — — — — — — — — — —

Er träumte:

> Ich war in einer Vorstellung. Es war ein größerer Saal. Da trat also ein Clown auf, ein kleiner Clown mit 2 Damen, gewissermaßen eine Szene, um auszufüllen. Er hat in der Art wie die dummen Auguste sich belustigt, sich bewußt dumm und blöd gestellt. Dabei mit einer gewissen Wichtigtuerei gefragt: Können sie mir sagen, wie . . . das und das? — Ich weiß nicht, was er da gesagt hat. (Wie das und das riecht?) Die zwei Damen haben sich — wie das in solchen Fällen ist — dumm gestellt und wollten es nicht wissen und haben immer verneint. Mir kam die Sache sehr blöd vor. Weil er auch beim Fragen zwischen die Füße an das Genitale griff und so das Riechen markierte. Ich habe diese Zote und Anspielung gleich bemerkt und hatte so das Gefühl, als würde das Publikum das nicht verstehen, auf was das hinauslaufen soll. Was er wollte, weiß ich dann nicht. — Eine zweite Frage — ich erwachte.

Er wird aufgefordert, zum Traum Einfälle zu sagen. Es fällt ihm nur ein, daß er gestern in einem Kabaret war. Zu den beiden Damen will ihm nur einfallen, daß sie im mittleren Alter waren, nicht zu jung, nicht zu alt und weiße Kleider an hatten. Er wird aufgefordert, zwei Namen zu sagen.

Er nennt die Vornamen: Berta und Susanne.

Berta ist eine Kusine, die ihn seit der Kindheit sehr gefesselt hatte. Er dachte oft daran, sie zu heiraten. Wenn er ihr die Hand küßte, hatte er stets eine wollüstige Empfindung. Er kam öfters in ihr Haus. Er suchte ihre Wäsche zu erhaschen und steckte oft den Kopf in ihr Bett. Einmal warf sie beim Spiel ihr Bettzeug über seinen Kopf. Dabei hatte er eine Pollution. Er guckte oft durch das Schlüsselloch, um sie beim Aus- und Ankleiden zu beobachten. Sie schlief im benachbarten Zimmer. Er schlich sich einmal bei Nacht in ihr Zimmer, unter dem Vorwande, daß er das Licht abdrehen wollte oder geglaubt habe, daß es brenne. Er fand sie etwas entblößt, der Hinterteil war nackt und ihm zugewandt. Sie schlief. Er wollte sich auf sie stürzen. Aber seine Aggressionskraft war gelähmt, wie immer, wenn er etwas ausführen wollte.

Sie heiratete dann, aber seine Neigung zu ihr blieb immer bestehen. In jeder Stadt hat er eine Art Harem. Er kennt gewisse Mädchen, die ihn reizen und in seinen Phantasien die Rolle der Liebesobjekte spielen. Er sieht sie in verschiedenen Positionen. Der Reigen zieht an seinen Augen vorüber. Eine nach der anderen.

Es ist, als ob sie alle eine andere Person ersetzen sollten. Welche? Er weiß es nicht.

Er wird gefragt, ob er eine Susanne kennt. Ja! Es ist die Schwester seines Schwagers und auch eines seiner Objekte. Auch bei ihr fühlt er beim Handkuß starke Libido.

Die Überraschung kommt, als ich frage, wie seine Schwestern heißen. Er zögert einige Sekunden und dann sagt er: Berta und Susanne.

— —

Er war den ganzen Tag müde und schläfrig. Er legt sich bei Tag zu Bette. Er will etwas vergessen und nicht sehen. Er flüchtet in seinen Schlaf, um der Wahrheit zu entgehen. Ich mache ihn auf den Traum aufmerksam. Ich erkläre ihm, daß er der Clown ist, der sich eine Komödie vorspielt. Er täuscht sich und mich und will die Wahrheit nicht sehen.

Er träumte:

> Ich bin im Kaffeehaus gewesen (Habsburg?) und habe Weiber gesucht und war sehr wählerisch. Ich habe lange herumgesucht. Ich bin dann von dort in verschiedene Kaffeehäuser gegangen. Ich weiß nicht, ob ich ein Weib gefunden habe.

Wir sehen in diesem Traume wieder das für ihn charakteristische Suchen. Zum Traume bringt er keinen Einfall. Aber er ergeht sich in Schilderungen seines Unglückes. Er kann keine Rede halten. Er ist immer verlegen und fürchtet, daß man ihm sein Leiden ansieht. Er hat keine Geduld, ein Buch zu lesen. Er sieht in den Auslagen Bücher und kauft massenhaft ein. Aber er durchblättert sie nur, ohne sich in sie vertiefen zu können. (Er spielt mit den Büchern wieder das Suchen nach dem e i n e n Buch.) Er ist in vielen Belangen noch ein Kind geblieben. Er wurde Handelsschüler aus Freude, eine bunte Kappe tragen zu können. Die Uniform als Freiwilliger machte ihm eine närrische Freude. Er ist immer in ängstlicher Erwartung. Etwas Besonderes wird eintreten, ein Wunder, das sein Leben ändern wird. Oft fällt ihm ein, wenn er vom Hause fort ist: „Was ist jetzt mit deiner Mutter? Ist sie vielleicht gestorben?"

Nur die Musik macht ihm Freude. (Weil er dabei am besten träumen und seinen Phantasien nachhängen kann.) Er wollte auch Kapellmeister werden, hätte sich am liebsten für Musik ausgebildet. In Wirklichkeit kann er nur ein wenig Klavierspielen.

In Konzerten hatte er früher eine merkwürdige Erscheinung. Er hörte einen großen Künstler. Plötzlich sah er ihn zu Hause ganz nackt. Er sah ihn urinieren und spielte mit seinem Gliede. . . .

Er hat eine große Reiseleidenschaft. Er möchte immer reisen. Auf der Reise ist er sehr aufgeregt und sucht wieder das Wunder und die Erfüllung seiner geheimen Sehnsucht. Er sehnt sich auch nach einer reinen Liebe und nach einem Zustand, in dem alle seine Paraphilien von ihm abgefallen sind.

Er litt in der Jugend an schweren melancholischen Zuständen. Er ist heute sehr schweigsam und kann nichts reden. Es fällt ihm nichts ein. Ich merke, daß die Übertragung eingesetzt hat.

Unter hartnäckigen Widerständen gibt er zu, daß er sich gestern mit meinem Liebesleben beschäftigt hat. Offenbar möchte er mit mir dasselbe tun, was er mit den großen Künstlern erträumt hat. Er bestreitet das heftig, aber gesteht zögernd, daß ihn der Penis eines jeden fremden Mannes interessiert. Beim Fußballspiel tragen die Spieler enge Hosen, so daß man ihr Genitale sieht. Er muß hinblicken und fragt sich, warum sich diese Männer nicht schämen. Im Geiste vergleicht er die fremden Glieder mit seinem eigenen. Es handelt sich um verdrängte homosexuelle Regungen, die er jetzt prompt auf den Arzt überträgt.

Er träumt:

> Die Mutter und die Schwester wollten wegfahren. Ich glaube, so zur Behandlung der Schwester. Wie sie sich irgendwo bei Bekannten verabschieden wollen, wird ihnen auf der Straße die Mitteilung gemacht, daß eine weitläufig Verwandte in einem Sanatorium gestorben ist. Ich ging zufällig vorbei und hörte von dieser Mitteilung. Jetzt schien mir die Abreise in Frage gestellt. Es sind da Vorwürfe gefallen gegen irgend jemanden, daß man sie nicht hätte dorthin bringen sollen. Sie war scheinbar ganz gesund und man hatte sie vor ein paar Tagen erst gesprochen. Dunkle Ahnung, als wäre der Bruder da. Frage: Als ob er seine Schwiegermutter in ein Sanatorium hätte bringen wollen.

Abrisse aus einem früheren Traume:

> Ich sollte abreisen .... Ich war in Wien .... Konzert? .... Die Tochter von Dr. *Stekel* ist aufgetreten als Pianistin und ich sollte Violin spielen. Ich habe aber nicht gespielt, es hat ein anderer gespielt. Oder war es nur eine Probe? Dr. *Stekel* war auch dabei. Ich machte die Bemerkung, daß etwas falsch sei. Dr. *Stekel* hat falsch hineingespielt. Etwas sträubte sich das Fräulein, dann spielte sie es doch und ich war darüber sehr erfreut. Der homosexuelle Herr N. stand auch dabei und das Sträuben seiner Tochter (der Tochter des Arztes) hing damit zusammen, daß der Herr N. verraten werden könnte.

Wir besprechen zuerst den zweiten Traum, die „Abreise". Sein Wunsch ist in diesem Traum erfüllt. Er ist ein Künstler. Er tritt öffentlich auf. Er ist Mitglied meiner Familie. Daran erkennt man, daß er auf mich überträgt und sich in seinen Phantasien mit mir beschäftigt. Mit Herrn N. machte er vor einigen Jahren Bekanntschaft. N. klagte ihm, daß er homosexuell sei und er riet ihm, zu mir zu gehen und sich behandeln zu lassen. Ich werde aber in dem Traum entwertet. Ich spiele falsch hinein. Ich verrate die Geheimnisse meiner Patienten. Er sucht alle möglichen Vorwände, um der Analyse zu entgehen. Die homosexuelle Beziehung zu mir ist ziemlich durchsichtig. Er will mit meiner Tochter spielen, natürlich auch zweideutig. Der Traum wird verständlich, wenn man weiß, daß meine Tochter meine weibliche Komponente und Herr N. seine homosexuelle darstellen.

Etwas komplizierter ist der erste Traum. Er läßt Mutter und Schwester abfahren. Das heißt in der Sprache des Traumes, er läßt sie sterben. Die Verwandte, die im Sanatorium gestorben ist, ist eine symbolische Darstellung seiner Neurose. Er hätte nicht zu mir kommen sollen. Nun wird seine Neurose sterben. Es zeigt sich der Wille zur Krankheit. Er muß sich von Mutter und Schwester lösen, wenn er gesund werden soll. Er muß sie seelisch sterben lassen. Das ist jetzt überflüssig. Er hat die Kur bei mir abgebrochen.

Es handelt sich um seine jüngere Schwester, die mit ihm die Wohnung teilt. Er hat mit ihr nie etwas ausgeführt, aber es offenbar gewünscht. Und wir wissen, wie gewaltig solche „unerfüllte Wünsche" das Seelenleben determinieren können. Er behandelt sie sehr schlecht. Wie in allen ähnlichen Fällen errichtet er einen automatischen Selbstschutz gegen Zärtlichkeiten, indem er immer mit ihr streitet, ihr Vorwürfe macht und immer wieder konstatiert, daß sie nicht sein sexueller Typ ist. Es sind das Vorwürfe und Kunstgriffe, die dazu dienen, um die Wahrheit vor sich selbst zu verschleiern.

Er erinnert sich, daß er um das 14. Jahr eine sehr fromme Periode hatte. Er betete und wollte Geistlicher werden. Damals scheint die Verdrängung aller Inzestregungen eingesetzt zu haben. Die Schwiegermutter im Traume ist eine alte Frau, die momentan in seiner Wohnung weilt. Irgendwie zeigen sich Beziehungen zu seinem Bruder, die wir längst geahnt haben, die aber bisher nicht bestätigt werden konnten.

Langsam geht er auf das Thema der Homosexualität ein. Wenn er auf der Gasse hinter einem Mann geht, beginnt er Stellen aus Opern zu pfeifen und wartet gespannt, ob der Herr ihn fragen wird, was das für eine Melodie ist. Er benimmt sich wie ein Vogel, der den Partner anlocken will. Dann gibt er an, daß ihm hier und da Burschen sehr gefallen. So sah er auf dem Bahnhof in B. einen Jungen, der wunderschöne Waden hatte. Sofort aber denkt er, es sind Waden wie bei einem Mädchen und wird sexuell erregt. Er transponiert seine homosexuelle Regung ins Heterosexuelle.

Es reizen ihn am meisten das Bein und die Gegend des Knies. Sowohl die Kniekehle als auch das vordere Knie sind für ihn erogene Zonen ersten Ranges.

Die homosexuellen Regungen wurden stärker nach einer Gonorrhoe. Er glaubt, daß er nach der Gonorrhoe einen Ekel vor den Weibern hatte und die Infektion fürchtete. Aber die Verschlimmerung kam — und das weiß er nicht — nach einer länger fortgesetzten Prostatamassage. Massagen der Prostata sind gewöhnlich sehr gefährlich und können zu Störungen der Potenz führen.

So war es auch bei ihm. Er hatte nie sehr kräftige Erektionen bei Frauen, immer nur des Morgens im Bette. Er onaniert aber am liebsten mit einem halbsteifen Gliede. Wird das Glied während des Onanierens steif, so wartet er, bis die Erektion nachläßt. Er bevorzugt den infantilen Typus der Befriedigung.

Besonders erregt ihn das Bein. Schöne durchbrochene Strümpfe können ihn entzücken und sehr aufregen. Er hat jetzt in seinem Geschäfte ein junges, strammes Ladenmädchen. Wenn sie auf die Leiter steigt, so daß er das Bein über die Kniekehle hinaus sehen kann, so muß er auf den Abort laufen und onanieren, um sich zu beruhigen.

Seine Phantasie beschäftigt sich viel mit Frauen, die mit ihm sehr viel Geduld haben. Geduld ist die Liebesbedingung für diesen infantilen Menschen. Bei Licht wird er scheu. Er macht seine Akte am liebsten im Dunkeln. Auch reizen ihn speziell braune Strümpfe, während schwarze ihn kalt lassen. Es handelt sich um Erinnerungsbilder aus der frühesten Jugend.

Er träumte:

Ich habe geschlafen. In dem Momente, wie ich aufkam, saß ein Weib auf meinem Gesicht und zwar mit dem Gesichte mir zugewendet. Sie schaute auf mich halb lächelnd und halb triumphierend. Sie war in der Statur nach meinem Geschmack, stark gebaut, mittleren Alters, groß — nur eines störte mich, daß sie einen zu starken Bauch und zu viel Haare am Geschlechtsteil hatte. Die Farbe dieser Haare war schwarz. Sie stand dann auf und ging im Zimmer umher und dabei fühlte sie sich rückwärts am Popo und bemerkte im Tasten, daß sie ein Wimmerl oder so etwas haben müßte. Ich habe ihr dann gesagt, sie solle es mir zeigen, wobei ich sie — ich lag noch immer im Bett — indem ich den Kopf seitwärts neigte, herunterzog, so daß sie auf mir zu sitzen kam. Sie stand dann auf. Wir haben uns unterhalten. Ich glaube, wir haben von der Ehe gesprochen, dann über ihre Neigungen. Ich sagte: In der Ehe kann man solche Sachen nicht machen. Sie hat das so aufgefaßt, als hätte ich ihr Anspielungen machen wollen, als ob sie mich nicht heiraten wollte. Das sagte mir nicht zu.

Ich wohnte in A bei der Familie, bei der ich als Mittelschüler mit meinen damaligen Studienkollegen wohnte. Das Zimmer war genau so eingerichtet wie damals, auch unsere Anordnung war die gleiche. Als ich nach Hause kam, schlief einer der beiden bereits. Ich wälzte mich dann sehr lange im Bette herum und dachte bei mir: Ich hätte lieber in das Hotel schlafen gehen sollen, um ungestört zu sein. Währenddessen kam der dritte nach Hause.

Zuerst bringt er die Einfälle zum zweiten Traum. Er wohnte mit 2 Kollegen in einem Zimmer. Zu einem faßte er eine starke Neigung. Er war damals 16 Jahre alt. Er benützte oft die Gelegenheit, den Kopf in seine Hosen zu stecken — wenn er unbeachtet war — und daran zu riechen. So kommen langsam die homosexuellen Einstellungen hervor, die er in den ersten Stunden hartnäckig bestritten hatte.

Viel wichtiger sind die Einfälle zu dem ersten Traum. Die Frau, die auf ihm saß, erinnert ihn an eine Dirne und — an seine Mutter. Sie ist stark, wie die Frau des Traumes, schwarz, hat einen großen Bauch.

Er beobachtete die Schwangerschaften seiner Mutter mit großem Interesse. Bei der letzten Schwangerschaft war er 14 Jahre alt. Als er das Wachstum des Bauches merkte, sagte er es seinem Bruder und schimpfte weidlich: „Es ist eine arge Schweinerei vom Vater, daß er die arme Mutter wieder in die Hoffnung bringt." Aber auch die früheren Schwangerschaften scheinen ihm einen großen Eindruck hinterlassen zu haben. Er ekelt sich jetzt vor Schwangeren und fürchtet, sie könnten einen schlechten Geruch haben.

Wichtige Einfälle bringt er zum „Wimmerl am Popo". Es ist ihm erinnerlich, daß er ein Wimmerl an der ominösen Stelle hatte und daß ihm die Mutter streichelte, darauf blies und küßte. Das war, als er ganz klein war. Plötzlich fällt ihm eine Szene ein. Er sieht, wie eine Frau ein kleines Kind herzt und auf den Popo küßt. Er weiß jetzt, daß seine Mutter diese Gewohnheit hatte. Er hat es bei den Geschwistern bemerkt. Es ist ihm jetzt, als ob er als Kind von der Mutter ins Bett genommen und geherzt worden wäre. Sie schupfte ihn in die Höhe und ließ ihn mit dem Popo auf ihr Gesicht fallen und küßte ihn.

Jetzt erklärt sich sein Verlangen, eine Frau möge sich auf sein Gesicht setzen. Er spielt die alte Szene mit vertauschten Rollen. Die Frau wird das Kind, während er sich mit der Mutter identifiziert.

Er hat ein eigenes Verhältnis zu Kindern. Er kann mit ihnen nicht spielen. Er kann sie nicht in die Hände nehmen. Eine Stimme sagt ihm: „Das sollst du nicht! Du hast nicht das reine Gefühl! Du könntest dem Kinde schaden!" Offenbar lebt in ihm die Erinnerung an die Zärtlichkeit der Mutter und das Verlangen, mit den Kindern die gleiche Szene aufzuführen.

Deshalb fürchtet er zu heiraten. Er darf keine Kinder haben. Er könnte sie krank machen, wie er krank geworden ist.

Andrerseits zeigt dieser Fall auch einige Mechanismen, die sich auf den Kampf der Geschlechter beziehen *(Adler)*. Das Weib ist im Traume oben und triumphiert. Es spricht von der Ehe. Er bestätigt mir, daß er sich vor der Ehe fürchtet. Was würde seine Frau sagen, wenn er diese Paraphilien ausführen würde? Wie könnte er der Herr im Hause bleiben. Er will nicht ein Pantoffelmann sein. Er sah im Hause fürchterliche Szenen zwischen den Eltern. Die Mutter war die stärkere. Er muß sich schon in der Kindheit vorgenommen haben, sich keinem Weibe zu unterwerfen. Und trotzdem lebt in seiner Seele der Wunsch, sich jedem Weibe zu unterwerfen. Wie alle seine Regungen, so ist auch diese ausgesprochen bipolar. Neben dem Willen zur Macht steht sein Wille zur Unterwerfung. Und er hält an seiner Paraphilie fest, um nicht der Sklave der Frauen zu werden. Ja, bei Dirnen kann er sich unterwerfen, sie lecken und ihr Sklave sein. Aber in seinem Hause will er der Herr sein.

— —

Er zeigt noch eine Reihe von Infantilismen, die ich nicht erwähnt habe. Er saugt vor dem Einschlafen am Polsterzipf und nimmt einen Polster zwischen die Füße (S. 73). Er möchte am liebsten noch Milch von der Amme trinken. Er las eine Novelle von Maupassant. Eine junge Frau leidet während einer Eisenbahnfahrt an ihrem Milchüberfluß. Ein mitleidiger Mitreisender befreit sie von ihren Beschwerden. Er trinkt die Milch aus. Diese Szene stellt er sich oft vor. Er ist auch einer der ewigen Säuglinge, wie ich sie in diesem Buche wiederholt geschildert habe. Wir erinnern uns auch, daß er die jüngere Schwester wiederholt an den Brustwarzen gesogen hatte. Auch bei Dirnen und anderen Beziehungen pflegt er gerne diese Art von Liebkosung einzuschieben.

Er denkt plötzlich an seine erste Erinnerung: Das kleine Mädchen, das sich auf sein Gesicht setzt. Es handelt sich um eine Deckerinnerung *(Freud)*. Dahinter verbirgt sich die Erinnerung, wie er von der Mutter auf ihr Gesicht gesetzt wurde. Er hat immer geglaubt, daß dieser Vorfall seine Geschmacksrichtung determiniert hat. Wie wir sehen, hat er recht. Aber nicht dieser

Vorfall, der überhaupt zweifelhaft ist, sondern die Begebenheiten mit der Mutter, deren Leidenschaft es war, die Kinder auf den Popo zu küssen. . . .

Vor dem Einschlafen pflegt er den Polster unter den Arm zu stecken und ihn zu drücken, als wenn er einen Menschen umarmen würde. Er glaubte auch eine Zeitlang an die Allmacht seiner Gedanken. Er war ein Zauberer. Er brauchte nur die Hand in die Tasche zu stecken und sein Wunsch ging in Erfüllung. Meistens handelte es sich um das Leben seiner Nächsten, das er durch Zauberei retten konnte.

Er ist sehr leicht erregbar. Oft stört ihn das Ticken einer Uhr, so daß er das Zimmer verlassen muß. (Die Sprache seines Gewissens?)

Er ist in sich verliebt. Er bewundert gerne seinen Körper, besonders im Bade, freut sich seiner schönen Formen. Seine Kitzlichkeit ist enorm. Er konnte nicht massiert werden, weil die Massage ihn kitzelte. (Verstärkte Hautsexualität.)

Alle Liebesbeziehungen brach er bisher ab, weil ihn die betreffenden Objekte nur physisch gereizt hatten. Er sucht aber auch eine seelische Liebe. Es scheint, daß auch die Tendenz besteht, alle Liebesobjekte zu entwerten und dadurch vor der Entscheidung zu fliehen. Er sollte mit einem Mädchen verlobt werden. Er forderte die Mutter und den Bruder auf, sich das Mädchen anzusehen. Die Mutter hatte bisher noch immer gegen jedes Mädchen etwas einzuwenden gehabt, das ihm gefallen hatte. So auch bei diesem Mädchen. Sie bemerkte, daß die Auserwählte „ausgetretene Absätze" hatte. Aus diesem Symptom schloß er, daß sie eine „Schlampen" sein müsse und gab seinen Plan auf.

Er fühlt sich in der Nähe der Mutter gebunden und unfrei. Die Mutter fährt jedes Jahr ins Bad. In dieser Zeit ist er freier und selbstbewußter. Trotzdem zittert er um die Mutter und zittert davor, die Mutter zu verlieren. Seine Angst vor der Ehe stammt zum Teil aus dieser Quelle.

— —

Er bringt einen langen Traum, der von großer Bedeutung ist:

Es kam ein junger Mann ins Geschäft, ich glaube es war ein Kellner, und suchte ein weißes Hemd mit einer gestreiften Brust in der Weite 41. Nach längerem Suchen ging er ohne gekauft zu haben, weg, da das gewünschte Muster in der Weite 41 nicht da war. Ich bemerkte dies und stellte die Verkäuferin sowie den Verkäufer zur Rede, indem ich darauf hinwies, daß man auch bei der Weite 40 hätte nachschauen können, ob ein solches Hemd da ist. Ich überzeugte mich selbst am Lager davon, daß es in der Weite 40 da war. Hierauf zankte ich mit den Angestellten und sagte ihnen, daß ich mich auf sie bisher verlassen habe, daß sie die Kunden gewissenhaft bedienen; wenn man der Kunde dieses 40er Hemd gezeigt hätte, so hätte er dies sicher auch genommen. Die Angestellten fühlten sichtlich ihr begangenes Unrecht.

Wir richteten ein neues Büro ein; der Schwager hatte spezielle Wünsche, die mir nicht alle paßten. Es hat sich, nachdem ich mich trotzdem den Wünschen gefügt habe, nach Fertigstellung mancher Fehler herausgestellt, insbesondere störte mich eine groß angelegte Wendeltreppe, die gerade über meinen Schreibtisch hinwegging. Auch war das ganze Büro für unsere Verhältnisse viel zu groß und kompliziert.

Der Schwager reiste indessen nach Graz und meine Mutter und Schwester und ich, wir reisten einige Tage darauf ebenfalls dorthin. Die

Reise schien mit dem Mißlingen des Büros zusammenzuhängen. Wir fuhren gegen 1 Uhr mittags weg (Mutter und Schwester fuhren in einem anderen Kupee); ich traf in meinem Kupee 2 bekannte Herren meines Heimatsortes (2 Junggesellen) und im Gespräch sagten mir dieselben auf meine Frage, daß wir bis 6 Uhr früh des nächsten Morgens fahren werden, daß es nur einen einzigen Zug, u. zw. diesen Personenzug gebe. Ich fürchtete die kommende lange Nacht, weil ich einiges Geld bei mir hatte. Von der Fahrt selbst weiß ich nichts, kann mich nur an eine Landschaft erinnern, daß wir an einem sehr breiten Fluß vorüberfuhren. Die übrige Fahrtdauer dürfte ich geschlafen haben. Zu meiner Überraschung kamen wir statt früh bereits am Abend an. Wir gingen (Mutter, Schwester und ich) sofort ins Theater zu „Carmen". Das Theater bestand nur aus einem Tanzsaal (dabei sah ich einen bestimmten Saal meines Heimatsortes). Ich hatte eine sogenannte Loge Nr. 5 (Mutter und Schwester hatten andere Plätze). Beim Eintreten der Mutter in den Saal ärgerte sich diese über den Tischler, weil er etwas besonders teuer berechnet hatte; es war mir peinlich, daß die Mutter öffentlich ihrem Unwillen Ausdruck gab; Anlaß waren auch die teuren Plätze im Theater. Nach kurzem Warten begann die Ouverture, jedoch mitten drin und nach einigen Takten trat der Tenor auf die Szene. Während seines Gesanges (der ganz gut war), gingen durch den Saal in den Hintergrund, von wo der Tenor herkam, Artisten eines ganz in der Nähe befindlichen Zirkusses, auch Pferde wurden durchgeführt. Die Anordnung der Sitze, die Lage der Bühne und die Aufstellung der Musik war eine ganz außergewöhnliche, gar nicht einem Theater ähnlich.

Wir gingen dann weg (darüber weiß ich nichts näheres) und trafen dann wieder die beiden Herren meines Heimatsortes. Da erzählte mir der eine, daß ein Expreßzug mit nur 1. Wagenklasse fährt, der um 3 Uhr nachmittags wegfährt und wir bereits um 9 Uhr abends zu Hause wären. Der Zug geht nur an bestimmten Tagen. Ich sträubte mich anfangs, diesen Zug zu benützen, weil die Fahrt sehr kostspielig wäre, wunderte mich dann allerdings, daß der eine Herr, der gar nicht wohlhabend ist (er ist Beamter), auch diesen Zug benützt. Ich erklärte mich dann auch bereit, mit dem Zuge zu fahren. Ich kam sodann auf — — Schluß.

Versuchen wir an Hand dieses Traumes etwas tiefer in die Probleme seiner Paraphilie einzudringen. Die erste Episode mit dem Einkauf der Hemden rührt an seinem wichtigsten Komplex. Er fürchtet mit seinem großen Penis bei der Defloration Hindernisse zu finden. Er wird nicht hineingehen!

Merken wir uns diesen starken Affekt: Mißverhältnis zwischen Vagina und Penis. Er wird sich bald erklären. Ein Arzt riet ihm Vaselin zu nehmen. Das will er nicht. Es ist ihm unappetitlich und ekelhaft. (So spricht der Mensch, der Kot und Speichel ißt!) Er sucht eben Hindernisse. Er klebt an dem Bilde des Penis, der nicht hineingeht.

Woher kommen die Zahlen 40 und 41? Er hat sich gedacht: Mit 40 Jahren bist du schon ein alter Knabe. Dann kannst du nicht mehr heiraten. Höchstens mit 41. Das ist die Grenze. Deshalb kam er jetzt in meine Behandlung. Es muß sich entscheiden. Er fürchtet aber, wie wir gesehen haben, die Heirat. Er schützt Größe des Penis und Impotenz vor. Er ist gar nicht impotent. Vor einigen Monaten traf er auf einer Reise ein Mädchen, mit dem er dreimal in einer Nacht mit bester Potenz verkehrte. Er war aber gar nicht zufrieden und dachte, es wäre Zufall. Gestern war er auch mit einem Mädchen beisammen und hatte eine außerordentlich starke Erektion. Er machte es aber wie beim Onanieren. Er wartete so lange, bis die Erektion schwächer wurde, um dann den schwach potenten Mann zu spielen. Er wird Junggeselle bleiben wie die zwei Herren, die am Schlusse des Traumes auftauchen. Die Vorwürfe, die er den Angestellten seines Geschäftes macht, gehen an seine eigene Adresse. Er macht sich Vorwürfe, daß er sich den Einkauf auf dem Liebesmarkte so erschwert.

Dabei sehnt er sich nach einer kleinen Vagina. Denn er gesteht es heute, daß ihn eigentlich nur Kinder reizen. Er verwandelt sein großes Glied beim Onanieren durch Abwärtsbiegen in ein kleineres Kinderglied. Diese Neigung zu Kindern war so groß, daß er Angst bekam, er könnte sich einmal zu einem Verbrechen hinreißen lassen. Der große Penis, der nicht hineingeht, ist ein Schutz, um nicht mit Kindern zu beginnen. Er könnte sie zerreißen und tödlich verletzen.

Nun gehen wir zum zweiten Teil des Traumes. Wieder sehen wir die Beziehungen von Groß und Klein. Sein neues Büro ist zu groß. Die Wendeltreppe (Vagina) ist zu groß angelegt. . . . Es zeigen sich Differenzen mit seinem Schwager, der sein Kompagnon ist, den er beneidet, auf den er eifersüchtig ist und mit dem es viel Streit gibt.

Bedeutsamer ist die Beziehung zur Behandlung. In seinem Gehirne soll etwas geändert werden. Sein Büro soll neu eingerichtet werden. Ich bin der Schwager. Er ist nicht zufrieden, daß er seine alten Einstellungen aufgeben soll, an denen er so hängt. Die Kur ist ihm zu kompliziert, ich mache viele Fehler, er fürchtet, ich könnte ihn von seinen Phantasien befreien. Der Schwager ist auch das Symbol seines alten Ego, seiner Neurose.

Nun kommt der Teil, der von der Reise nach Graz handelt. Er war gestern mit einer Dirne beisammen. Graz ist also die Fahrt in seine alten Laster, ist die Fahrt in die Bordelle und die Flucht vor der Ehe. Warum aber fährt er mit seiner Mutter und Schwester? Weil ihm seine Paraphilie gestattet, die Inzestphantasien beizubehalten. Bei der Dirne ist er anfangs immer mächtig erregt, hat eine kräftige Erektion. Dann läßt sie nach, weil er in seiner Phantasie der Dirne die Mutter oder Schwester substituiert. Die Fahrt dauert von 1 bis 6. Mit 60 Jahren ist sein Vater gestorben. Wird er länger leben? Er dachte immer nur: 60 Jahre. Die Fahrt ist die Lebensfahrt. Vom ersten Lebensjahre bis zum 60sten. Er will aber seiner Neurose, seines Schatzes, seiner heimlichen Liebe (hier das Geld!) nicht beraubt werden. Er will krank bleiben. Er wird Junggeselle bleiben wie die 2 Herren, die sein Kupee teilen. Freilich am Schlusse des Junggesellenlebens kommt das Alleinsein, der Mangel an Kindern, die Fahrt durch das Dunkel der Nacht. Die nächste Szene (im Theater) ist eine Schmähung der Behandlung. Er sitzt so, daß er mich nicht sehen kann. Mein Hund kommt zeitweilig in mein Zimmer. (Pferde werden durchgeführt.) Mein Dienstmädchen kommt mit einer Meldung. Das alles stört ihn. Ich bin der Tenor. Er ist so gnädig, mich herablassend zu loben. (Der Gesang war ganz gut.)

Die Kur wird mit Expreßzug verlassen. Er will seine Neurose behalten, er will Junggeselle bleiben und durch Keuschheit es zum höchsten möglichen Alter bringen. Er bestrebt sich immer, den Samen zurückzuhalten. Er dachte bei jedem Samenverlust, er verlöre einen Teil seines Lebens. Er glaubt, Junggesellen müßten länger leben. . . . Er ist in den Dreißigern. Er kann ja noch immer 90 Jahre alt werden. (Fahrt von 3 bis 9 Uhr.) Er will reich sein. Er will sich jeden Luxus erlauben. (Erste Wagenklasse.)

Wie ich ihn auffordere, sich auf den Traum zu konzentrieren, schwebt ihm immer das Bild vor, wie er im Kupee sitzt und plötzlich sagt er:

„Ich habe mich immer für die Geburt interessiert. Ich habe mir oft die Frage vorgelegt, ob das Kind beim Passieren der mütterlichen Geschlechtsteile nicht eine Riech- und Geschmacksempfindung hat. Ich dachte mir, die Erinnerung daran muß in mir lebendig sein. Ich habe auch das Gefühl, daß ich beim Riechen eigentlich in das Weib hineinkriechen möchte. Ich wollte wieder ein kleines Kind sein und in den Mutterleib schlüpfen können."

Diese Worte kamen spontan, ohne daß ich ihm etwas über den Mutterleib gesagt hatte. Nun machte ich ihm aufmerksam, daß seine Vorstellung sein Penis sei zu groß um in die virginale Vagina zu kommen, eigentlich eine Umdichtung seiner Mutterleibsphantasie sei. Der Penis als Symbol des ganzen Menschen! Das sieht er ein und gibt es zu. Er bestätigt durch eine Fülle von Einfällen das Vorhandensein der Mutterleibsphantasie. Er hatte oft gedacht: Das Kind liegt eigentlich im Mutterleibe wie in einem Klosett und wird von Stuhl und Urin umströmt.

Er möchte wieder in die Mutter hineinkriechen. Er möchte wieder sein Leben neu beginnen. Er möchte ein Embryo sein und im Mutterleibe alles beobachten, was der Vater macht. Das war seine ursprüngliche Phantasie.

Neue Aufklärungen bringt der nächste Traum:

Die Monarchie war wieder aufgerichtet und Kaiser Karl kam zu einer Inspizierung in meinen Heimatsort. Das alte Reich ist wieder erstanden. Es war eine freudige Aufregung, daß die früheren Verhältnisse wieder zurückgekehrt sind. Es wurde die Volkshymne gespielt. Fahnenschwenken. Herumlaufen von verschiedenen Beamten. Dann sah ich einen älteren Herrn, der von der Inspizierung ins Gemeindeamt zurückkehrte. An seinen Bewegungen sah ich, daß er wahrscheinlich seine Eindrücke der Inspizierung den Leuten mitteilte. Er imitierte scheinbar Bewegungen des Kaiser Franz Josef, einen alten müden gebückten Mann, zeigte aber dann, daß der neue Kaiser anders ist als der alte. Dann sagte er nachher: Der neue Kaiser ist ein anderer Mensch! . . . .

Es kommt nach einer Pause die Inspizierung, an der ich als beteiligte Person teilnahm. Ich glaube die ganze Handlung hat sich im Zuge abgespielt. Es kam ein mir bekannter Fabriksbesitzer aufs Tapet — möchte ich sagen —, der erzählte vom Kaiser. Er erkannte mich und ich reichte ihm die Hand. Das Warten hat sehr lange gedauert und die Sache ging nicht so in dem alten militärischen Kommisstil. Dieser Fabrikant, der etwas leidend war, erzählte mir indessen, daß er sich schon seit einigen Jahren nicht mehr in der Fabrik beschäftigt, er betreibe irgend eine Kunst, er widmet sich der Literatur (?). Er setzte sich dann auf einen Lehnstuhl und las eine Zeitung. Unterdessen war in dem Zug eine gewisse Bewegung unter den Menschen. Spannende Erwartung usw. . . . (Ich habe mit dem einen Herrn und den übrigen Kameraden darüber gesprochen, daß es doch gut ist, daß wieder eine solche Zeit gekommen ist und daß man sich aus diesem monarchistischen Hokuspokus nichts machen solle. Sie stimmten mir bei.) Während dieser langen Zeit des Wartens wechselte ich xmal meinen Kragen und die Kravatte (es war ein Zelluloidkragen, den ich sonst nie trage), ich gab ihn weg und zog ihn wieder an. Ich probierte mit der Kravatte, sie paßte zu dem Umlegkragen nicht. Nun entfernten sich aus dem Waggon die meisten und gerade im kritischen Moment, es kam irgend jemand und sagte, daß der Kaiser Karl bald kommen wird, war beinahe niemand anwesend. Ich wurde darüber aufgeregt, weil es mir peinlich war. Ich weiß nicht, ob die Audienz und Inspizierung stattgefunden hat oder nicht. Ich sah ihn vor mir — es ist möglich, daß die Inspizierung war.

Da hätten wir also den politischen Traum eines Demokraten, der plötzlich über Nacht ein Monarchist wurde. Allerdings ist er mit den jetzigen Verhältnissen so unzufrieden, daß er es versteht, wenn die Leute sich wieder einen Kaiser wünschen. Es scheint, daß die Menschen und besonders die Neurotiker die „vaterlandslose Gesellschaft“ *(Federn)* nicht vertragen können. Der ganze Traum zeigt seinen konservativen Charakter. Er sehnt sich nach seiner Krankheit, er sehnt sich nach seiner Jugend, er sehnt sich nach — — seinem Vater. In dem Traume bricht die alte Liebe zu seinem Vater wieder durch. Er hat wieder einen Kaiser. Er hat einen neuen Vater. Natürlich bin ich der neue Vater, während er sich über den alten Vater ein wenig lustig macht. Auch der Fabriksbesitzer steht für meine Person. Ich bin freilich mehr Künstler als Arzt, impotent (nicht in der Fabrik beschäftigt). Ich sitze im Lehnstuhl wie bei der Behandlung. Endlich soll es zu der erwünschten Inspizierung kommen. Was bedeutet diese Inspizierung? Daß er es sehnlichst wünscht, ich möge seinen Penis wieder ansehen. In der ersten Stunde, als er mir erklärt, er wäre abnorm, habe ich diese Inspizierung vorgenommen. Er wünscht eine Wiederholung. Kragen und Kravatte sind Penissymbole. Der steife Zelluloidkragen steht für den erigierten, die weiche Kravatte für den schlaffen Penis. Wir wissen, daß er abwechselnd mit steifem und schlaffem Gliede onaniert. Das ist im Traume symbolisiert durch die Kragenszene.

Aber der Traum fordert uns auf, sich mit einer alten Monarchie, mit seinem alten Kaiser, seinem Vater zu beschäftigen. Und da strömt eine Menge vom neuen Material. Er wurde vom Vater oft geschlagen und fühlte sich sehr gedemütigt. Er hatte Angst und Scheu vor dem Vater. Er betrachtete auch im Bade dessen Penis und zeigte das bekannte Phänomen des Penisneides. Aber er muß auch Lust empfunden haben, Denn es besteht bei ihm der Wunsch von einem Weibe geschlagen zu werden.

Es scheint, daß die Schläge seines Vaters ihn sexuell erregt und einen dauernden Eindruck hinterlassen haben. Wenn er hört oder liest, daß ein Kind geschlagen wird, fühlt er eine sexuelle Erregung. Unlängst hörte er, wie ein Dienstmädchen einen Knaben schlug und kam zu Ejakulation und Orgasmus. Es erregte ihn so, daß der Knabe „Bitte-Bitte“ rief. Dabei fühlt er ein merkwürdiges Kitzeln im Anus in der Gegend der Prostata oder in der Harnröhre in der Gegend des Blasenhalses. Es erregt ihn auch, wenn er sieht, daß Gänse geschlachtet werden und er wünschte sich auch, von einem Weibe umgebracht zu werden. Merkwürdiger ist es, daß ihn das Stopfen der Gänse sexuell erregt. Es erklärt sich aber sehr leicht aus dem Umstande, daß er von seinem Vater zum Essen gezwungen wurde.

Es zeigt sich, daß er die Gewohnheit hat, beim Koitus immer andere weibliche Personen unterzuschieben. Noch mehr! Er macht die Transposition vom Manne auf das Weib. Es gab eine Periode, in der die Homosexualität ihn ganz beherrschte, besonders als er mit dem Kusin spielte. Allmählich begann er diese Leidenschaft auf das Heterosexuelle zu transponieren. Es zeigt sich aber, daß sich hinter seinem Vaterhaß eine große Liebe zu seinem Vater verborgen hatte. Die Schläge des Vaters hatten in ihm Lustgefühle geweckt. Die Hand des Kusins hatte ihm Lustgefühle verschafft. Noch heute ist es eine seiner Liebesbedingungen von der Hand eines Weibes berührt zu werden, wobei er die Hand in die Hand eines Mannes oder seiner Mutter verwandelt. Er kann überhaupt ohne Hilfe der Phantasien keinen Orgasmus erzielen. Bei der Dirne stellt er sich oft seine Kusine in einer bestimmten Situation vor: Sie steht mit dem Rücken zum Schreibtisch, drückt ihre Nates fest an den Schreibtisch und hebt einen Fuß auf den Schemel, so daß er einen Teil ihres Beines sehen kann. Die Kusine ist eine Schwesterimago, die wieder die verjüngerte Ausgabe der Mutter darstellt.

Jede gefahrvolle Situation weckt in ihm das beschriebene Kitzelgefühl im Anus und in der Harnröhre. Wenn ein Mann in Gefahr ist, überfahren zu werden oder zu fallen, stellt sich diese Empfindung sofort ein. Die gleiche Empfindung kommt oft nach der Onanie. Dieses gewaltsame Anfahren oder Überfahrenwerden entspricht seiner Mutterleibsphantasie. Er stellt sich vor, im Mutterleibe zu sein und durch den Penis des Vaters verletzt zu werden. Er denkt oft an seine Zeugung. Er glaubt, sein Vater habe im Momente der Zeugung mysophile Phantasien gehabt und so in ihm die Paraphilie erzeugt.

Oft passiert es ihm, daß er beim Koitus keine Ejakulation erzielen kann. Dann stellt er sich ein Weib, das er auf der Straße gesehen hatte, in einer bestimmten Position vor. Oder er denkt an seine Kusine. Er vollzieht immer Substitutionen.

— —

Er träumt:

Es ist ein berühmter und beliebter Schauspieler des Burgtheaters gestorben und die Trauer um ihn war in seiner Theatergemeinde eine sehr große. Es lebte bei ihm oder mit ihm ein ganz junges weibliches Wesen, zwar ein Weib, aber gewissermaßen nicht irdisch, ein höherstehendes Weib, das ihn im Leben betreut hatte und das natürlich jetzt um so mehr um ihn trauerte. Die Leichenfeierlichkeiten wurden angesetzt . . . Der Traum verschwimmt. Ich wollte zu dem Begräbnis gehen und ich glaube, ich habe es nur von weitem gesehen.

Der Schauspieler ist er selbst. Das himmlische Weib, das um den Meister trauert, ist nach seinem Einfall die Phantasie. Er will seine Krankheit begraben. Seine Phantasie und seine weibliche Komponente werden darum trauern. Er wird nicht mehr träumen, wie er es bisher getan hat. Denn er gibt zu, daß er oft den ganzen Tag träumt und seinen Phantasien nachhängt. Oft ist es ihm, als ob das Bewußtsein schwinden würde. Dann fühlt er alles um ihn vergehen, er sinkt in eine unendliche Tiefe. Oft erscheint ihm alles fremd und neu. Er erwacht aus seinen Träumen, in denen er noch ein Embryo ist und das Leben nun neu beginnen kann.

— —

Er träumt:

Ich war in einem Café und jetzt weiß ich nicht — habe ich Anschluß an Weiber gesucht oder nicht? . . . .

Daran schloß sich ein zweiter Traum:

Es war bei uns zu Hause, das Milieu war vielleicht Wien (Graben?). Es war ein großes Turnerfest, zu welchem sehr große Vorbereitungen getroffen wurden, u. a. sah ich den Obmann des B. Turnvereines, der auf einem Rade durch das Spalier gefahren ist und überall lebhaft akklamiert wurde. Er nahm dann an irgend einem Tisch Platz in einer größeren Gesellschaft. Er unterhielt sich besonders gut mit einer bekannten Wiener Soubrette (Kartusch?) und das hat mich ein bißchen frappiert, weil der Mann verheiratet ist. Das Fest wurde einmal unterbrochen von irgend einem Sozialdemokraten, der irgend welche hetzerische Reden vorbringen wollte. Ich erinnere mich an eine rote Kokarde, die er in der Hand gehalten hatte. Ganz unvermittelt kam ich mit meiner Frau und nahm an einem nahe gelegenen Tische Platz. Die Unterhaltung mit meiner Frau war gerade keine besonders anregende. Ich saß auf einem länglichen Fauteuil mit ihr und sah ein Taschentuch neben ihr liegen und gab es ihr, weil es ihr Taschentuch war. Nach einer Zeitlang kam es dann zu einer Differenz. Jetzt zog sie auf einmal ein Taschentuch irgendwo aus einer Ecke hervor, hatte es sich kurz angesehen und wollte es mitnehmen. Ich bemerkte es, daß es mein Taschentuch sein muß und wollte es ihr entreißen um nach dem Monogramm zu sehen. Ich kam aber nicht dazu, sondern habe nur aus der weißen Kante gesehen, daß es mein Taschentuch war. Auch war irgend ein schwacher Blutfleck drinnen, von Nasenbluten herstammend. Nun kam es deshalb zu heftigem Konflikt und Vorwürfen. In diese Vorwürfe haben sich auch allerlei persönliche und ihre Familie betreffende Vorwürfe gemengt. Details nicht erinnerlich. Ich mußte dann einmal hinausgehen und da traf ich Bekannte, unter anderen wieder einen bekannten Fabrikanten, den ich richtig vor mir sah. Der war ganz erstaunt, daß ich verheiratet bin und daß ich mir dieses Weib zur Frau genommen habe. Sie sei kurz vorher geschieden und besitze keinen guten Leumund. Auch von anderer Seite wurde ich aufmerksam gemacht. Es war mir dann der Besitz dieser Frau sehr peinlich und ich habe gefühlt, daß das Weib überhaupt sehr tief unter meinem geistigen Niveau steht und habe mich dann beinahe geniert, zu ihr zu gehen.

Dieser Traum enthüllt uns die geheimsten Tiefen seiner Seele. Schon das erste kleine Traumstück zeigt uns, daß er in Zweifel ist, ob er sich ein Weib suchen solle oder nicht. Im nächsten Traume wird seine Stellung zum Problem der Ehe ganz offenkundig. Er befindet sich auf einem antisemitischen deutschnationalen Feste. Das weiß er bestimmt. Er weiß auch, wie er hingekommen ist. Er hat eine Christin geheiratet. Er hat manchmal die Phantasie, daß er bei einer Christin potenter wäre. Christinnen sind seiner Ansicht nach nicht so intelligent und klug wie die Jüdinnen. Er ist bei einem dummen Weibe immer potenter wie bei einem klugen. Bei der letzteren hat er das unangenehme Gefühl, daß ihr Intellekt überwuchert, daß sie nicht so von den Sinnen fortgerissen ist und ihn beobachtet. Und es ist ihm sehr unangenehm, beobachtet zu werden.

Dieser Mann, der angeblich darnach lechzt, sich einem Weibe zu unterwerfen, ist bei einem Weibe, bei dem er seine Überlegenheit fühlt, potenter als im entgegengesetzten Falle. Die ganze Unterwerfung ist nur eine eitle Spiegelfechterei. Er fürchtet, von einem Weibe beherrscht zu werden. Woher kommt diese Angst vor dem Weibe? Sie kann nur aus seiner Kindheit stammen. Er muß sich aus der Ehe seiner Eltern ein Bild gemacht haben, das ihn das ganze Leben als Warnung verfolgt.

Wir hören, daß sein Vater ein schwerkranker einsamer Mensch war. Er litt an Platzangst, war menschenscheu, verkehrte nur mit zwei Menschen im Orte. Des Abends nahm er sich seinen Sohn und ging auf heimlichen Seitenwegen zu einem einsamen Platze vor die Stadt hinaus. Dort setzte er sich nieder und schluchzte bitterlich. Er war wohl jähzornig, schrie die Mutter an, aber sie, eine stattliche, sehr schöne Frau, die größer war als ihr Mann, blieb doch die Siegerin. Manchmal schrie der Vater: Lange Haare und kurzer Verstand! Oder: Du verstehst nur ausgelassene Eier. Aber er mußte schließlich nachgeben.

Auch dachte unser Patient, die Mutter könnte dem schwachen Vater nicht treu sein. Sein Bruder hat gar keine Ähnlichkeit mit ihm. Niemand würde vermuten, daß sie Brüder sind. Ist er nicht eines anderen Vaters Sohn? Sind nicht alle Frauen falsch und untreu? Und lohnt es sich zu heiraten, wenn man der Arbeitssklave ist, zu Hause Streit hat und überdies betrogen wird? In seinem Traume treten als Warner lauter Menschen auf, die in unglücklichen Ehen leben und ihren Frauen nicht treu sind. Der Fabrikant rauft mit seiner Frau, der Obmann macht Seitensprünge.

Zum Taschentuch fällt ihm ein, daß er schon öfters ein Taschentuch von einem Weibe besprengen ließ und dann daran leckte. Sonst will ihm nichts einfallen. Wieder zeigt es sich, daß auch der Einfall des Arztes eine Bedeutung haben kann. Ich denke an Othello. Ich frage:

„Fällt Ihnen sonst gar nichts zum Taschentuch ein?"

„Nein gar nichts!"

„Haben Sie vielleicht ein Theaterstück gesehen oder gelesen, in dem ein Taschentuch eine Rolle spielt?"

(Nachdenkend) „Nicht daß ich wüßte . . . ."

„Ich kann es mir nicht denken! Sie müssen doch ein Stück kennen, ein Stück von einem großen Dichter, ein berühmtes Stück?"

„Nein."

„Kennen Sie Othello nicht?"

„Richtig Othello, ja ich habe es voriges Jahr gesehen, es hat einen sehr großen Eindruck auf mich gemacht. Ich habe es mir gleich zweimal hintereinander angesehen."

Jetzt sehen wir, auch das Taschentuch ist eine Warnung. Es heißt: Du wirst eifersüchtig sein und leiden, sie wird dich betrügen! Was für eine Ehe malt sich unser Patient im Traum aus! Er nimmt sich eine Frau, die schon vor der Ehe verkehrt hat und einen schlechten Leumund hat. Er trägt alles zusammen, um sich vor der Ehe zu schützen.

Die Paraphilien, das Kleben an der Mutter, die Mutterleibsphantasie, die ganze Regression, alles dient dazu, ihn ledig zu erhalten und seine Unterwerfung unter ein kluges und starkes Weib zu verhindern.

Er fühlt sich täglich besser und freier. Er kann an Frauen denken und hat plötzlich Erektionen, wobei er sich wundert, daß die perversen Phantasien ganz verschwunden sind. Er fühlt den normalen Drang zu Frauen.

Er sieht seinen Weg voraus. Er weiß, daß er sich von der Mutter und den Schwestern trennen muß. Ebenso weiß er es jetzt, daß er die krankhafte Angst vor dem herrschenden Weibe überwinden und heiraten muß. Er ist innerlich ein religiöser, konservativer Mann. Er spielt nur den Libertin und Wüstling. Er ist kein Sozialdemokrat mit der roten Nelke. Wohl spricht eine einzelne Stimme für das Ausleben, aber dagegen stehen alle anderen Stimmen seines Innern. Er fühlt sich nun entlarvt. Es hat keinen Sinn mehr, die Clownsprünge vor sich selbst aufzuführen. Er hat den Vorsatz bald zu heiraten und alle Infantilismen aufzugeben.

XIV.

Zoanthropie.

In hysterischen Dämmerzuständen beobachtet man häufig, daß die Kranken sich mit einem Tiere identifizieren. Sie hüpfen wie Pferde umher, sie schleichen und miauen wie Katzen, oder bellen wie Hunde. Diese Erscheinung, Zoanthropie genannt, kommt auch bei vollem Bewußtsein vor. Sie kann nur verstanden werden, wenn wir das Verhältnis der Kinder zum Tiere einer genauen Untersuchung unterziehen. Das Kind steht wie der Urmensch der Natur und daher auch dem Tiere viel näher als der Erwachsene. Auch in anthropologischer Hinsicht läßt sich nachweisen, daß die Naturvölker dem Tiere keineswegs so fremd gegenüberstehen wie der Kulturmensch. Das Tier genießt bei manchen Stämmen göttliche Verehrung, wie es im Altertum auch bei Kulturvölkern der Fall war. (Man denke an Apiskult der alten Ägypter.) In der Form des Totemismus hat sich die Tierverehrung bis auf die heutige Zeit erhalten. Auch andere Rudimente sprechen eine deutliche Sprache. Das Wappentier der Adeligen und der Könige, die Benennung der Sterne mit Tiernamen, auch die Tiernamen der Menschen (Wolf, Fuchs, Bär, Löwe, Adler, Falk usw.) beweisen, daß das Verhältnis Mensch—Tier einmal ein viel innigeres gewesen ist.

Das Kind sieht in dem Tiere nicht etwas Fremdes, sondern etwas Gleichgestelltes. Kleine Kinder spielen Hund oder Katze, imitieren sehr gerne Tierlaute, besonders Hundelaute. Sehr bald wird „Pferdchen“ gespielt; die ersten Spielsachen sind Tiergestalten. Kinder lieben oft ihren „Teddybären“ leidenschaftlich, wollen sich von ihm gar nicht trennen und nehmen ihn sogar mit ins Bett, schlafen in inniger Umarmung mit ihrem Bären ein. Ein fünfjähriges Mäderl erklärte, ihr Spieldackel sei ihr Mann und sie werde ihn heiraten. Denn er sei ein verzauberter Prinz und werde, sobald sie groß sein wird, sich wieder in einen schönen Prinzen verwandeln.

Bei *Liepmann* finden wir unter den „Lebensbeichten“ interessante Aufzeichnungen eines Vaters über seinen Knaben. Ich entnehme daraus folgende Stelle, die uns die heiße Liebe zu einem Teddybären vor Augen führt.

Fall Nr. 73. Sein ständiger Begleiter im Hause ist ein weißer Teddybär, den er seit 10 Jahren besitzt. Anfangs konnte er sich nicht mit ihm befreunden, dann aber wurde die Freundschaft um so inniger. Teddy besitzt eine vollständige von Kurt selber nach eigenen Ideen angefertigte Garderobe. Bemerkenswert ist, daß Teddy ein Mädchen ist und viele Schmucksachen trägt. Die Garderobe wird stets nach den neuesten Damenmoden, die Kurt sehr genau verfolgt, ergänzt. So hat Teddy kürzlich eine Wagnerkappe mit großer Troddel aus Perlen erhalten; er besitzt auch mehrere Handtäschchen. Teddy wird des Abends entkleidet und schläft neben Kurt; die Kleidung wird sorgfältig auf einem Stuhl ausgebreitet; des Morgens wird er angekleidet und je nach der Temperatur mit einer Decke zugedeckt oder an das Fenster gesetzt. Kurt ist nicht der Vater von Teddy, sondern seine Mama. Teddy ist kürzlich mit Agop, einer männlichen Puppe, verheiratet worden. Zur Verlobung hatte Kurt einen Tisch festlich geschmückt und die ganze Familie eingeladen.

Kurt selbst kleidet sich gern weiblich. Er zieht Röcke an, legt um seinen Hut einen Blumenkranz oder setzt einige Federn darauf, die er dem Abstäuber entnimmt, bindet einen Schleier vor und nimmt dazu einen Muff, den er besonders liebt. Wenn ihm solche Kleidungsstücke nicht zugänglich sind, so nimmt er die erstbesten Tücher und Lumpen und steckt sich daraus ein Kostüm zusammen. Sehr wichtig ist die Handtasche, die er, selbst wenn er als Junge herumläuft, oft zu Hause den ganzen Tag bei sich trägt. Sie enthält Taschentuch, Spiegel, Nähzeug, Parfüm und (in der Phantasie) Naschwerk für Teddy. Dazu schmückt er sich gerne. Er macht sich Ketten, Armbänder und Ringe. Sein Traum sind Stiefel mit hohen Absätzen. Als seine Schwester zum ersten Male solche Stiefel erhalten hatte und sie ihr nicht zu passen schienen, hoffte er, daß sie ihr zu eng wären und sie ihm zufallen würden. Die Hoffnung hat er auch jetzt noch nicht aufgegeben.

Inzwischen hat er versucht, sich an seinen Stiefeln hohe Absätze anzunageln. Im Schuhzeug ist er überhaupt sehr eigen. Seine guten Stiefel haben wir verschließen müssen, weil er sie ständig anlegte. Die anderen, die schon arg ausgebessert sind, nennt er „Müllkutscherstiefel", mit denen könne er sich doch nicht zeigen. Stiefel mit Holzsohlen und nägelbeschlagene Soldatenstiefel verabscheut er.

Wenn er zu Hause Schule spielt, so ist er stets Lehrerin, nicht Lehrer, und zwar eine Lehrerin, die ihn früher unterrichtet hat. Die Schüler sind gewöhnlich Jungen, außer wenn Teddy Privatunterricht erhält. Das geschieht sehr oft, er lernt Schreiben, Buchstabieren, Rechnen und ist auch in der Geographie schon recht bewandert.

Da ihm sein sehnlicher Wunsch nach einem Hund nicht erfüllt ist, so hat er sich einen unsichtbaren Hund angeschafft. Den nimmt er auch bei gemeinsamen Ausgängen oft mit. Er läßt ihn von der Leine — die auch nur in seiner Phantasie besteht — frei, pfeift ihn zurück und kettet ihn wieder an, bleibt mit ihm stehen, wenn der Hund das Bedürfnis dazu zeigt, bückt sich ihn auf den Arm zu nehmen, wenn große Hunde in der Nähe sind. Geht er durch eine Tür, so hält er die Tür noch einen Augenblick hinter sich offen, damit der Hund durchgehen kann. Besonders störend war dieser „Hund" einmal bei einer Stadtbahnfahrt. Der Zug war gerade eingelaufen, Kurt sollte als erster einsteigen und wir standen hinter ihm. Anstatt in das geöffnete Kupee zu steigen, bückt sich Kurt und griff mit beiden Händen nach dem Boden, um ein unsichtbares Etwas in den Arm zu nehmen. Durch unser Nachdrängen wäre er beinahe zu Falle gekommen. Auf unsere Fragen, was denn das bedeuten sollte, erhielten wir die Antwort: „Na, ich mußte meinen Hund doch erst aufnehmen!" (*W. Liepmann:* „Psychologie der Frau." Verlag von Urban & Schwarzenberg, Berlin—Wien, 1920; l. c. S. 245—47.)

Eine anschauliche Schilderung der Identifizierung von Kindern mit Haustieren gibt *Markuszewicz:*

Fall Nr. 74. Mein vierjähriger Neffe, Lolo, spielt an einem Vormittag allein, und zwar ahmt er ein Kätzchen nach, das er liebt und das ihm weggenommen worden war: Er geht also unter dem Tisch auf allen Vieren herum, wie eine Katze und miaut. Als der Tisch zum Mittagessen gedeckt war, und die Mutter das Kind auf seinen Sessel setzen will, begegnet sie einem kräftigen Widerstand seinerseits; Lolo weint und spricht: „Ich bin nicht Lolo, ich bin das Kätzchen"; er läßt sich nicht aufheben und will durchaus auf dem Fußboden unter dem Tisch essen, wie es das Kätzchen sonst tut. Es hilft kein Zureden und keine Drohungen. Lolo weint und behauptet, er sei doch ein Kätzchen. Da die Mutter sich nicht zu helfen weiß, stellt sie ihm das Essen unter den Tisch. Lolo ist zufrieden, ißt aber die Suppe nicht wie immer mit dem Löffel, sondern versucht die Suppe mit der Zunge, wie eine Katze zu schlürfen. Er verschüttet dabei die Suppe, macht sich schmutzig, und deswegen nimmt ihm die Mutter den Teller weg. Um ihn jedoch zu gewinnen, spricht sie zu ihm wie ein Kätzchen, was allein schon von bester Wirkung ist, und erklärt ihm, daß nur die ganz kleinen Kätzchen unter dem Tisch essen, die größeren aber schon bei Tische sitzen können. Dieses Argument überzeugt den Kleinen vollständig, und erlaubt ihm, sich zu Tisch zu setzen, wie gewöhnlich.

Aus diesem kleinen Bildchen sehen wir, wie Lolo, der wirklich ein kleines Kätzchen hatte, die äußeren Merkmale des Tieres, welches er gern hatte und mit dem er spielte, annahm, und als die Katze zu seinem großen Kummer weggenommen wurde, sein Wunsch nach dem Besitz des Kätzchens und dem Spielen mit ihm, seinen Ausdruck in dieser Szene, in seinem Spiel gefunden hat, so wie ein erwachsener Mensch seine Wünsche im Traum zum Ausdruck bringt und ihnen so die Realität verleiht. Und genau wie im Traum, wo das Denken dem Kriterium des Erfahrungsdenkens nicht unterliegt, wo Wünsche und Instinkte ihre Befriedigung suchen, schuf das Denken dieses Kindes auf autistischem Wege die Erfüllung seiner Wünsche nicht im Traum, sondern in der Wirklichkeit, was durch sein Alter ohne weiteres erklärlich ist. Er schuf sich ein Bild, das im gegebenen Moment für ihn mehr Realität besaß, als die ihn umgebende Wirklichkeit der Dinge. In dieser Realität kam sein lebendiger Wunsch, diese Katze zu besitzen, zur Sprache, und da der Knabe mit seiner ganzen Affektivität diesen Wunsch empfand, so übertrug er ihn in seinem Spiel in die Wirklichkeit und verlieh ihm so die Realität: das Spiel wurde so zur Verkörperung seines Wunschtraumes. Und deshalb der Schrei des

Kindes: „Ich bin nicht Lolo, ich bin das Kätzchen!" („Beitrag zum autistischen Denken bei Kindern." Von *Roman Markuszewicz*, Int. Ztschr. f. Psychoanalyse, herausgegeben von Prof. *Sigm. Freud*. Wien, VI. Jahrg., 3. Heft, 1920; l. c. S. 248—49.)

Die Märchen sind dem Geistesleben der Kinder angepaßt. Da wimmelt es von sprechenden Tieren, von wunderschönen Verwandlungen: Der Wolf liegt im Bette der Großmutter und spricht wie ein Mensch, der gestiefelte Kater vollbringt Wunderdinge, aus Fröschen werden Prinzen, kurz die Grenzen zwischen Mensch und Tier sind aufgehoben. Menschen werden zu Tieren und Tiere werden wieder zu Menschen, ein Glaube, der in den verschiedenen Hypothesen und religiösen Glaubensformen als Seelenwanderung wiederkehrt.

Die Märchen aber enthüllen oft ganz deutlich den sadistischen Charakter der Zoanthropie. *Wulffen* hat in seinem sehr anregenden Aufsatze über das „Kriminelle im deutschen Märchen" den Nachweis geliefert, daß wir die Kinder systematisch mit kriminellen Vorstellungen füllen. Offenbar haben die Kinder ein großes Bedürfnis nach diesen sadistischen Erzählungen, bei denen das Gefühl des Grauens immer mit einer starken Lust gemischt ist, so daß die Kinder immer wieder mit besonderer Vorliebe die Erzählung der schreckhaften Märchen verlangen. Da frißt der Menschenfresser seine Kinder auf, nachdem er ihnen die Köpfe abgeschlagen hat, da wird dem Wolf der Bauch aufgeschnitten, um die Kinder herauszunehmen, da wird die böse Hexe verbrannt, und dergleichen.

Die Kinder zeigen in ihren Tierspielen auch ganz deutlich diese sadistische Komponente. Ihr Benehmen den Tieren gegenüber ist entschieden bipolar. Sie quälen sogar ihre besonderen Lieblinge. Besondere Grausamkeit zeigen sie Insekten gegenüber. Fliegen werden oft sinnreich gemartert. (In einem meiner beobachteten Fälle durch Verbrennen durch ein Brennglas!) Auch der Sammeleifer, ein für alle Kinder sehr charakteristischer Trieb, kann mit sadistischen Neigungen kombiniert sein. Schmetterlinge werden lebend aufgespießt, angeblich weil sie auf diese Weise besser konserviert werden können; dabei kommt es vor, daß sich das Kind an den Todeskrämpfen weidet. Besonderes Interesse zeigt das Kind für alle Vorgänge des Schlachtens der Haustiere. Es drängt sich hinzu, wenn der Fisch getötet oder das Huhn abgestochen wird. Selbst das Abstechen der Schweine, das Schlagen der Ochsen wird (auf dem Lande) mit großem Interesse und wollüstigem Schauer beobachtet.

Oft ist das Tier auch das Objekt, das die eigenen sadistischen Phantasien in die Tat umsetzen soll. Die Stärke des Tieres wird als Hilfsmittel für die eigenen Wünsche angewendet und ersetzt die fehlende Kraft. So wird das Tier zum Vollstrecker der Beseitigungsideen, wie uns spätere Beispiele zeigen werden. Infolge des bösen Gewissens werden dann gerade diese Tiere der Gegenstand der Angst. In allen Fällen von Kinder-Tierphobien gelang es mir, diese Wurzel (Gesetz der Talion) nachzuweisen.

Fall Nr. 75. In drastischer Weise bringt diese Wurzel der Zoophilie und Zoophobie der folgende Fall zum Ausdruck. Ein 26jähriger Mediziner leidet an Zweifelsucht. Nach seinem Sexualleben befragt, gibt er an, daß er seit dem sechsten Jahre der Onanie gefröhnt habe, und zwar immer mit der einen Vorstellung: er reitet auf einem großen, starken Pferde. Bei dieser Vorstellung kann es auch ohne manuelle Hilfe zu Ejakulation und Orgasmus kommen. Eine genauere Forschung ergibt, daß sich mit diesem Reiten immer sadistische Phantasien verknüpfen. Er reitet durch eine dichte Menschenmenge, die sich schreiend flüchtet. Er zertritt dabei Kinder und Weiber. Die scharfen Hufe des Pferdes treten auf entblößte Abdomen, die Eingeweide treten heraus, er wird von Blut bespritzt. Auch weiße Brüste werden unbarmherzig zertreten, so daß das Blut an seinen Beinen hoch hinaufspritzt.

In seiner frühesten Kindheit spielte er immer Pferd. Durch drei Jahre (6—9) litt er an einer Pferdephobie. Noch heute kann er an keinem Pferde vorbeigehen, aus Angst, es könnte ihn beißen. Aus diesem Grunde hat er seinem Verlangen „Reiten zu lernen" noch nicht nachgegeben. In seinem wirklichen Leben ist er ein stiller, scheuer Mensch, der keinem Tiere etwas zu leide tun kann und sich durch besondere Tierfreundlichkeit auszeichnet. Er träumt wiederholt von Situationen, in denen er reitet. Er gibt auch Phantasien zu, daß er auf einem Weibe reitet, d. h. sich von ihr tragen läßt. Er hat eine dunkle Erinnerung, daß er von seiner Mutter auf diese Weise durch das Zimmer getragen wurde und daß ihm das Schwanken auf dem hohen Sitze, die Angst zu fallen und der Druck auf das Genitale eine wollüstige Empfindung auslösten.

Weniger bekannt ist, daß kleine Kinder ihre ersten sexuellen Erfahrungen bei Tieren machen. Koitierende Hunde, die Paarung der Insekten, das Bespringen der Stuten, die Tätigkeit des Hahnes als Pascha des Hühnerharems werden (besonders auf dem Lande) mit großem Interesse beobachtet. Viele Kinder machen schon in früher Jugend den Versuch, durch Tiere zur sexuellen Befriedigung zu gelangen. Die wenigsten dieser Versuche gelangen zur Kenntnis der Erzieher. Aber in den Anamnesen der analysierten Neurotiker kehren diese sodomistischen Akte häufig wieder, so daß es sich um typische Kindererlebnisse handelt.

Deshalb dürfte der von *Hufeland* mitgeteilte Fall kein Unikum sein [1]:

> „Ein Mädchen von drei Jahren sitzt, mit dem Stubenhündchen spielend und es an sich drückend, so auf einem kleinen Schemel, daß es mit geöffneten Schenkeln dasselbe gerade zwischen denselben hält und die Genitalien des Hundes die ihren berühren; es erwacht der Geschlechtstrieb des Hundes und er übt wirklich den Koitus aus. Auf das Geschrei des Kindes kommt man herbei und ist noch Zeuge des Aktes."

[1]) Zitiert nach *Bloch*: „Der Ursprung der Syphilis." Verlag von Gustav Fischer, Jena, 1901, Bd. I, S 22.

16*

Die Hunde bedürfen, wie *Havelock-Ellis* mit Recht betont, zu diesen Prozeduren keiner besonderen Dressur. Zum Kunnilingus gelangen die Hunde auf dem Wege des Instinktes. Ich weiß aus Geständnissen von Patientinnen, daß die Hunde beim Anblick und beim Riechen der Vulva spontan den Kunnilingus ausübten. Oft drängen sich die Hunde an die Frauen heran, wenn sie menstruieren und machen an ihren Beinen onanistische Bewegungen, versuchen auch unter die Beine zu gelangen. Ein Hund eines meiner Patienten konnte den Anblick des nackten Penis nicht vertragen, ohne sofort den Versuch zu machen, daran zu lecken, obwohl er nie dazu abgerichtet wurde. Auch ist es bekannt, daß oft Hunde ihre Herren stören, wenn sie Zeugen eines Geschlechtsakts sind und deutliche Zeichen geschlechtlicher Erregung geben. So sprang der Hund eines Offiziers immer ins Bett, wenn sein Herr kohabitierte und zeigte sogar einmal deutliche Symptome von Eifersucht.

Moll („Konträre Sexualempfindung", 3. Aufl., S. 560) berichtet von einer Dame, die in ihrer Jugend von einem Hunde angegangen wurde und auf diese Weise zum Kunnilingus kam.

Es ist auch bekannt, daß andere Tiere (Böcke) in der Brunstzeit sich gegen das weibliche Geschlecht aggressiv benehmen. Ich las einmal von einem Vorfall in den Bergen. Eine Sennerin konnte sich mit Mühe vor einem brünstigen Hirsch retten. Er erbrach mit dem Geweih die Türe. Die Sennerin mußte auf den Dachboden flüchten. Man wird es daher verstehen, daß Frauen Tiere zum Koitus abrichten können. Bei kleinen Mädchen kommt ein direkter Geschlechtsverkehr — wie es *Hufeland* beschrieben hat — nicht häufig vor, während viele Knaben über eine zoophile (sodomistische) Periode berichten, wobei gewöhnlich das Geflügel und auch die vierbeinigen Haustiere in Mitleidenschaft gezogen werden.

Viel häufiger als Kohabitationsversuche ist das Beleckenlassen durch Hunde, wovon ich zahlreiche Beispiele bei Kindern sammeln konnte. Besonders Knaben pflegen diese Art von Befriedigung als einen gemeinsamen Sport. Wenigstens ist mir ein Dutzend solcher Fälle bekannt worden.

Außerordentlich häufig ist der Mißbrauch von Hühnern, Enten und Gänsen durch ältere Kinder (6—12). Die Benützung der Hühner endet oft mit einer schweren Verletzung des Tieres, wie der in Bd. IV dieses Werkes mitgeteilte Fall 99 (S. 303) beweist. Ich wiederhole die Angaben des Patienten: Seine Sinnlichkeit in der Kindheit war grenzenlos. Er mißbrauchte Hennen, versuchte eine Hündin zu gebrauchen, wurde im Stalle überrascht, als er eine Stute gebrauchen wollte. Er sah gerne zu, wie Tiere geschlachtet wurden, was bei Juden durch einen Schnitt am Halse geschieht. Oft sind die Tiere nicht gleich tot und winden sich in

Todeskrämpfen. Besonders Enten waren sehr zähe und das war das liebste Schauspiel des kleinen Sadisten. Er lief auch in das Schlachthaus und sah gerne zu, wie Ochsen geschlachtet wurden. Hat die Phantasie, ein Weib oder eine Kuh zu sein. Beim Onanieren melkt er sich wie eine Kuh.

Das sind nur einige Auszüge aus der zoanthropischen Einstellung dieses Kranken. Sie machen uns seine spätere Parapathie verständlich. Nur die genaue Kenntnis des Kindeslebens kann uns die verschiedenen Formen dieses psychosexuellen Infantilismus verständlich machen.

Aus der psychanalytischen Literatur sind zwei Fälle von Zoophilie und Zoanthropie zu berichten.

Fall Nr. 76. Die Analyse der Phobie eines 5jährigen Knaben von *Freud* (Jahrbuch für psychosexuelle Forschungen, I. Bd., 1. Hälfte, Verlag von Franz Deuticke, Leipzig und Wien, 1909) ist der erste Versuch, die Phobie eines Kindes analytisch anzugehen. Es handelt sich um einen hochintelligenten Knaben, etwas verzärtelt, der plötzlich von einer unerklärlichen Angst vor Pferden befallen wurde. Die Geburt seiner Schwester scheint für ihn ein schweres Trauma gewesen zu sein. Denn man hört den kleinen 3½jährigen Hans im Fieber sagen: „Aber ich will kein Schwesterl haben!" Auch Beseitigungsideen gegen die Mutter treten auf. (Für Hans ist charakteristisch, daß er immer die bipolare Tendenz — Haß und Liebe — zeigt.) Er kommt mit 3¾ Jahren weinend und erklärt: „Wie ich geschlafen hab, hab ich gedacht, du bist fort und ich hab keine Mammi mehr zum Schmeicheln." Nach einer Influenza verstärkt sich die Phobie. Er weint, daß die Pferde beißen werden. (Nach Krankheiten sieht man diese Verschlimmerung sehr häufig. Die Zärtlichkeiten der Eltern wecken Reuegedanken und die Angst vor der Strafe Gottes beginnt ihre unheilvolle Wirkung zu entfalten.) Seine Angst vor den Pferden hindert ihn nicht, mit dem Dienstmädchen Pferderl zu spielen. Er hält sie am Rock, schreit dabei „hüoh" und nennt sie m e i n P f e r d. Dabei kommt deutlich eine erotische Einstellung zum Mädchen hervor; er wünscht sie nackt zu sehen. Er fürchtet alle großen Tiere, die Giraffe, den Elefanten, den Pelikan, während ihm die kleinen Tiere nichts anhaben. Die großen Tiere sind ihm offenbar Repräsentanten der Kraft und der bösen Handlungen.

Freud bemerkt auch in der Analyse die feindselige Einstellung zum Schwesterchen. (Allerdings erkennt er es nicht in den Träumen, von denen ich einen sehr charakteristischen hier wiedergebe.) Der kleine Hans träumt:

> „In der Nacht war eine große und eine zerwuzzelte Giraffe im Zimmer, die große hat geschrien, weil ich die zerwuzzelte weggenommen habe. Dann hat sie wieder aufgehört zu schreien, dann habe ich mich auf die zerwuzzelte Giraffe draufgesetzt."

Der Vater — auch ein Analytiker theoretischer Richtung — findet eine Deutung: „Die große Giraffe bin ich, resp. der große Penis (der lange Hals), die zerwuzzelte Giraffe meine Frau, resp. ihr Glied [1]), was also der Erfolg der Aufklärung ist." *Freud* anerkennt diese Deutung, welche die Reproduktion einer Eheszene sein soll. Ich glaube aber, daß der kleine Hans seiner Mutter

[1]) Der Vater hatte den Knaben aufgeklärt, daß die Frauen keinen Penis haben.

die Schwester wegnehmen und sie zertreten wollte. Der kleine Patient sagt seinem Vater direkt: „Nicht wahr und die Hanni (die Schwester) ist die zerwuzzelte Giraffe?" Aber Vater und Analytiker gehen an dieser Erklärung vorbei. Die kriminellen Phantasien des Kleinen erhellen aus seinen freien Einfällen. Nach dem Traume kam nämlich der Kleine voller Angst zu den Eltern ins Bett. Er gibt an, er habe an Himbeersaft gedacht. Der Erfahrene weiß, daß Himbeersaft Blut bedeutet. Der Vater faßt diesen Ausspruch humoristisch auf, obwohl der nächste Einfall des Knaben darauf hindeutet.

Der Vater: Was noch?

Er: Ein Gewehr zum Totschießen.

Vater: Du hast es gewiß nicht geträumt.

Er: Sicher nicht; nein, ich weiß es ganz bestimmt.

Der Kleine hatte also kriminelle Phantasien, sein Schwesterchen totzuschießen. In den nächsten Tagen rennt der Kleine gegen den Bauch des Vaters. Er benimmt sich wie ein Pferd, das einen Mann überfährt.

Die Phobie brach aus, als der Kleine ein großes Pferd niederfallen sah. Offenbar dachte er damals: O, möge der Vater so umfallen. Auch fürchtet er etwas Schwarzes um den Mund der Pferde (Blut?). Er denkt immer, daß die Pferde beißen können. Bald aber beginnt er täglich Pferd zu spielen, rennt herum, fällt nieder, zappelt mit den Füßen, wiehert. Einmal bindet er sich ein Sackerl wie einen Futtersack um. Wiederholt läuft er auf den Vater zu und beißt ihn. Das Schwarze am Munde erklärt er als einen Beißkorb. (Sicherung gegen das Beißen? Selbstschutz?)

Wir sehen also beim kleinen Hans jene Erscheinung, die in keinem Falle von Tierphobie fehlt. Der Kranke identifiziert sich mit dem gefürchteten Tier. Das erklärt manche dunkle Handlung dieser Phobiker und bestätigt meinen Satz: Jede Angst ist die Angst vor sich selbst!

Der kleine Hans zeigt noch andere sadistische Spiele. Er spielt mit einer Gummipuppe, in die er ein Taschenmesser steckt. Dann reißt er ihr die Beine auseinander.

Zur Entstehung der Pferdephobie ist noch nachzutragen, daß der Vater dem Knaben im Spiele als Pferd diente, so daß *Freud* mit Recht die Angst vor dem Pferde mit der Angst vor dem Vater erklären konnte. *Freud* erkennt die Wurzel der Phobie in einer Art Talion. Er führt in der Analyse aus: „Hans gibt den Wunsch zu, daß die Mutter die Kleine beim Baden fallen lassen möge, so daß sie sterbe; seine eigene Angst beim Baden war die vor der Vergeltung für diesen bösen Wunsch." Eine weitere Erklärung *Freuds* ist von großer Bedeutung: „Durch eine andere, wie zufällig entstandene Symptomhandlung gibt er zu, daß er dem Vater den Tod gewünscht hat, indem er ein Pferd, mit dem er spielt, umfallen läßt, d. h. umwirft, in dem Momente, wo der Vater von diesem Todeswunsch spricht."

Aus dieser Analyse sehen wir deutlich die Entstehung einer Tierphobie. Der kleine Hans identifiziert sich mit einem Pferde, er identifiziert den Vater mit einem Pferde. Die sexuelle Einstellung zum Pferde geht aus seinem Verhalten zum Dienstmädchen hervor. Auch seinem Vater gegenüber ist er bipolar eingestellt. Er will entweder Vater oder Mutter für sich allein haben. Daher kommt es, daß seine Todeswünsche gegen den Vater und gegen die Mutter gerichtet sind.

Es ist anzunehmen, daß er ursprünglich sein Schwesterchen totbeißen wollte.

In den meisten Fällen werden diese Kinderphobien vergessen. Bricht dann später eine zoanthropische Parapathie aus, so bedeutet sie eigentlich nur eine Regression auf eine infantile Periode.

Eine noch deutlichere Sprache führt der von *Ferenczi* in der „Int. Zeitschrift für Psychoanalyse" (I. Bd., 1913) mitgeteilte Fall „Ein kleiner Hahnemann".

Fall Nr. 77. Es handelt sich um einen 5jährigen Knaben, der anläßlich des letzten Sommeraufenthaltes den ganzen Tag im Hühnerhof verweilte, nicht sprechen wollte, sondern wie ein Hahn krähte oder gackerte. Vor diesen Erscheinungen war eine Angst vor Hähnen vorhanden. Ein Hahn war angeblich ein Jahr vorher auf ihn losgesprungen und hatte ihn am Glied beißen wollen. Die sadistische Komponente der Zoanthropie ist sehr deutlich. Er schneidet Papierhennen durch, ahmt ihren Todeskampf nach. In Geflügelträumen sieht er immer krepierte Hennen und möchte sogar einen lebenden Hahn rupfen, er will mit der Brennschere die Augen des krepierten Huhns ausstechen. Das Schlachten eines Geflügels ist für ihn ein Fest. Er sieht interessiert zu und tanzt dann erregt einen Siegestanz um das geschlachtete Stück. Andrerseits zeigt er Liebe zu den Tieren. Er küßt die Hühner, streichelt sie, sagt ihnen Kosenamen.

Dieser Sadismus zeigt sich auch Menschen gegenüber. Er möchte eine „eingemachte Mutter" essen, einem Mäderl den Kopf abschneiden. *Ferenczi* sucht die Bedeutung des Kastrationskomplexes für diesen Fall zu beweisen und kommt zu dem Schlusse, daß der Hahn der Vater ist.

Diese Beobachtung zeigt uns auch die Identifizierung mit dem gefürchteten und zugleich geliebten Tiere. *Freud* und *Ferenczi* behaupten, daß die Tiere immer die Eltern darstellen und daß die bipolare Einstellung zu den Eltern in dem Schwanken zwischen Haß und Liebe zum Vorschein kommt.

Für diesen Zusammenhang zwischen Eltern und Tier scheint mir auch der Fall von *Féré* beweisend. (Aus „L'Instinct Sexuel" mitgeteilt in Bd. II, S. 339, Fall Nr. 60.)

Fall Nr. 78. Es handelt sich um einen Homosexuellen, der in seinem dritten Lebensjahre von der Mutter wegen Schlaflosigkeit ins Bett genommen wurde. Während er sich bewegte, streifte er die Mutter am mons veneris. Dieser Kontakt rief plötzlich den Gedanken an ein Tier wach. Er sprang schreiend aus dem Bett und wollte sich nur mehr in sein eigenes Bett legen. Er weigerte sich von diesem Erlebnis an, in das Bett der Mutter oder Amme zu kommen, aus Angst vor dem Tier. Er begann nun zu grübeln und hoffte das Tier durch Beobachtung zu Gesicht zu bekommen. Er stellte sich, während sich die Amme auszog, schlafend und konnte nach einigen Monaten das Tier wieder entdecken. Erst im achten Lebensjahre klärte ihn ein anatomisches Werk über das Wesen des Tieres in ziemlich verworrener Weise auf. Er begriff, daß alle Frauen mit einem „Tiere" versehen waren und weigerte sich nun, von Frauen berührt oder auf den Schoß genommen zu werden. Männern kletterte er gerne auf die Knie.

Immer deutlicher entwickelte sich eine homosexuelle Neigung. Bei Frauen mußte er immer an das Tier denken. Später traten Anfälle auf, die er treffend als „Rückstoß in die Vergangenheit" bezeichnete.

Leider erzählt uns *Féré* nichts von seinem Verhältnis zu wirklichen Tieren. Aber man versteht durch diesen Fall die Neigung mancher Kinder für Pelzwerk und die Angst vor Pelz und Männern oder Frauen in Pelzen.[1]) Der Vater im Pelz kann ebenso abstoßend und furchteinjagend wirken, wie eine gewaltige sexuelle Anziehungskraft ausüben. Bei dieser Art von sogenanntem Fetischismus — eine der häufigsten Formen neben dem Schuhfetischismus — handelt es sich um Vermengung von Tiereindrücken und ersten Beobachtungen von behaarten Körperteilen. Auch der Eindruck der behaarten Brust des Vaters, seines behaarten Schamberges kann dauernde Spuren hinterlassen und beim Aufbau einer Zoophilie und Zoanthropie verwendet werden.

Kinder spielen auch gerne mit den Haaren ihrer Pflegepersonen, ziehen gerne ein Fell an, spielen mit diesem Fell dann Bär oder Hund. Viele empfinden schon beim Streicheln der Tiere wollüstige Empfindungen, die sich dauernd fixieren und zur Zoophilie der Erwachsenen führen.[2])

Im Falle von *Féré* finden wir auch die Regression in das Infantile, die der Kranke als Rückstoß in die Vergangenheit bezeichnet. Wir haben sie in allen Formen von psychosexuellem Infantilismus beobachten können. Die ersten Fälle von Zoanthropie, die wissenschaftlich in der letzten Zeit beschrieben wurden, handelten immer von Dämmerzuständen, also von Delirien, in denen dann der infantile Zustand wiederkehrte.

Die Beschreibungen aus älterer Zeit handeln meistens von „epidemischer Zoanthropie".[3]) Alle diese Epidemien erregten das größte

[1]) Bekannt ist die Neigung Sacher-Masochs für Damen in Pelz. Man denke auch an das bekannte Bild von Rubens in der Wiener Staatsgalerie: Dame in Pelz. Es stellt seine Frau Helene Fourment dar, ganz nackt und nur mit einem Pelze bekleidet, der auch über die Schamgegend geht. Die erregende Wirkung von Pelz wird auch von erfahrenen Kokotten ausgenützt.

[2]) Von einem sonderbaren Geschmack des verstorbenen Sultans Abdul Hamid erzählte mir ein sicherer Gewährsmann. Er hatte eine Favoritin, die sich vor allen anderen Frauen durch einen Bart auszeichnete. Sie erhielt eine eigene Villa im Gebiete des Harems und erfreute sich besonderer Gunst. Sie mußte sich immer kleine Glöckchen ins Haar flechten, wenn der Sultan zu ihr kam. Ich glaube, daß es sich um eine Identifizierung mit einer Ziege handelt.

[3]) Vielleicht der erste ausführlich beschriebene Fall von Zoanthropie ist in der Bibel enthalten. *Kowalewfkij* (Wahnsinnige als Herrscher und Führer der Völker. Otto Gmelin, München, 1910) faßt Nebukadnezar als Lykanthropen auf. Nach einem profetischen Traume, in dem ihn Gott vor Hochmut warnte und der von Daniel als eine drohende Verwandlung in ein Tier aufgefaßt wurde, verblieb Nebukadnezar in seinem stolzen Hochmut. Nun berichtet die Bibel: „Er hörte eine Stimme vom Himmel herab:

Interesse der Ärzte und der Laien und wurden teils als Teufelswerk, teils als eine andere Form der Besessenheit beschrieben. In allen Fällen handelt es sich um das Auftreten sadistischer Neigungen, die mit tierischer Identifizierung ausgeführt wurden.

Die Kinder sind in ihren zoanthropischen Phantasien fast immer sadistisch, wie ich in den vorhergehenden Fällen nachgewiesen habe. Ich könnte ein Dutzend Beispiele aus meiner Erfahrung anführen.

Ein zweijähriger Knabe beißt einem Küchlein den Kopf ab; ein dreijähriger Knabe sticht einer Taube die Augen aus; ein vierjähriges Mädchen schlachtet sechs junge Hühner, um Küche und Haushalt zu spielen; ein fünfjähriger Knabe dreht einer Taube den Hals um, tötet sie und läßt sie von der Mutter braten.

Wullfen erzählt (Das Kind. Sein Wesen und seine Entartung. Verlag Langenscheidt, Berlin, 1913):

> Ein fünfjähriges Mädchen bekam ein Täubchen geschenkt. Es wollte aber nicht mit ihm spielen, sondern ihm den Kopf abreißen. Die Mutter sollte es dann braten.

Wullfen meint, daß den Kindern das volle Bewußtsein fehle, daß sie grausam seien. Sie wüßten nicht, daß die Tiere Schmerzen litten. Das stimmt mit meinen Erfahrungen nicht überein. Wenn *Wullfen* von einem Knabenspiel in Hessen-Nassau erzählt, bei dem junge Schwalben solange in die Luft geschleudert werden, bis sie tot waren, so kann man den Knaben (10 bis 12 Jahre!) nicht das Bewußtsein ihrer Grausamkeit absprechen.[1])

Über den Blutdurst der Kinder und andere ähnliche atavistische Neigungen liegen wenig Beobachtungen vor. Er ist verhältnismäßig häufig zu beobachten und unterliegt sehr bald der Verdrängung und Umkehrung. Kinder bekommen plötzlich Ekel vor roten Speisen. Blutsuppe, Blutwürsten, ja sogar vor Fleisch, erbrechen, wenn sie „Haut in der Milch" finden. Solche Kinder saugen die eigenen Wunden gerne aus

---

Es ist Dir Nebukadnezar gesagt worden, daß Dein Reich Dir genommen wird und Du aus der menschlichen Gesellschaft ausgestoßen wirst, daß Du Dich wie die wilden Tiere von Gras nähren und wie diese leben wirst. In diesem Zustande wirst Du sieben Jahre verbleiben, bis Du erkannt hast, daß der Allerhöchste über das Menschenreich herrscht und ihm allein alle Macht gebührt. In demselben Augenblicke erfüllte sich auch des Herrn Wort über Nebukadnezar. Er entfloh aus der Gesellschaft der Menschen, irrte wie ein wildes Tier umher und wurde vom himmlischen Tau benetzt, bis ihm die Haare wie beim Löwen und die Krallen wie bei den Vögeln gewachsen waren."

[1]) Ich habe schon an anderer Stelle darauf aufmerksam gemacht, daß aus diesen Kindern leidenschaftliche Tierfreunde werden. Sie können als Erwachsene kein leidendes Tier sehen und machen eifrige Propaganda für Tierschutzvereine. Castelli, ein Wiener Dichter, erzählt in seinen Memoiren, daß er Tiere sehr grausam quälte, bis ihm seine Mutter ernstlich ins Gewissen redete. Er wurde dann Tierfreund und wurde der Begründer — des „Wiener Tierschutzvereines", der außerordentlich viel auf dem Gebiete des Tierschutzes leistet.

und machen sich auch erbötig, Wunden anderer auszusaugen. Sie fügen sich durch Kratzen und Beißen Wunden bei, besonders Lippenwunden, um das Blut saugen zu können.

Nur wenn man diese Eigenschaft der Kinder kennt, wird man die furchtbaren Epidemien „Lykanthropie" und „Laira" verstehen können. Der Glaube, der Mensch könne sich in einen Wolf verwandeln — der Werwolfglaube —, ist uralt. Schon *Herodot* berichtet, daß er bei den Skythen herrschte und auch die Griechen kannten diesen furchtbaren Aberglauben. Auch römische Autoren erwähnen die „Versipelles", Menschen, die sich in Wölfe verwandelt hatten. Der Glaube ist noch heute allgemein in Asien und Afrika und auch in einzelnen Teilen Südrußlands vorhanden. Bisweilen verschmilzt die Lykanthropie gänzlich mit dem Vampyrismus, auf den wir noch zu sprechen kommen werden.

Die an Lykanthropie erkrankten Menschen liefen in die Wälder, verwilderten ganz, ließen sich das Haar und den Bart und besonders die Nägel wachsen, brüllten und heulten des Nachts wie Wölfe, fielen Menschen an, welche sie bissen und deren Blut sie tranken. Vielen dieser Kranken scheint die Lykanthropie ein Vorwand für die Anthropophagie (den Kannibalismus) gewesen zu sein.

Die letzte große Epidemie von Lykanthropie spielte sich im schweizerischen Jura zu St. Claude bei Freiburg ab. Es gab auch unter den Werwölfen Frauen, die ihre eigenen Kinder auffraßen. Kirche und Staat wüteten mit Feuer und Schwert gegen die Seuche, welche als Hexensabbat aufgefaßt wurde. Ein einzelner Richter hatte 600 Personen umbringen lassen. Die Epidemie und die Hexenverfolgung wurden von Voltaire eingehend geschildert. *Friedmann* (Wahnideen im Völkerleben. Bergmann, Wiesbaden i. F., 1901) meint, es dürfte sich in den meisten Fällen um epileptische Dämmerzustände gehandelt haben.

Gegen diese Diagnose spricht das e p i d e m i s c h e Auftreten der Lykanthropie. Wohl kommen bei epileptischen Dämmerzuständen ähnliche sadistische Impulse vor. Ich erinnere nur an das Amoklaufen der Malayen. Plötzlich wird der Malaye vom Amok ergriffen, er läuft mit einer Waffe durch das Dorf und metzelt alles nieder, was ihm in den Weg kommt. Durch das ganze Dorf schallt dann der Schreckensruf „Amok", bis sich beherzte Männer finden, die den Amokläufer niederschlagen. Sicherlich hat die Epilepsie Beziehungen zur Zoanthropie. In beiden Zuständen (Hysterie und Epilepsie) kann es zu Dämmerzuständen kommen, die im wesentlichen nichts anderes als das Aufflackern des infantilen Sadismus und anderer infantiler Regungen bedeuten. Aber die Epilepsie ist keine epidemische Krankheit. Es handelt sich in diesen Fällen um eine Massenhysterie, die sich auf dem Wege der psychischen Infektion verbreitet. Aber sie kann sich nur verbreiten, weil die Disposition dazu vorhanden ist. Und diese Disposition ist eben der Infantilismus. Alle diese Zustände sind als Regressionen in das Infantile aufzufassen. Alle Massenerscheinungen sind im Grunde genommen Masseninfantilismen. Das ist das große Geheimnis der Massenpsychologie, das längst kein Geheimnis mehr ist. Die Masse wird zum Kinde. Die Epidemie der Lykanthropie wird also als epidemischer Infantilismus verständlich, als eine Parapathie, die man auch ruhig mit dem alten Namen „Hysterie" bezeichnen kann.

Dr. *Oskar Havorka* teilt in einer sehr interessanten Arbeit über den bulgarischen Vampir (Nezit) folgende historische Tatsachen mit:

„Der Vampirglaube ist fast unter allen europäischen, jedoch besonders bei den slawischen Völkern sehr verbreitet und hat zweifellos einen uralten Ursprung. Schon bei den alten Indern findet sich die Sage, daß der Leib, ohne daß die Seele ihn verläßt, seine Gestalt durch Umwerfen eines Gewandes oder durch Aussprechen des Zauberspruches verwandelt. In Homer's Odyssee wird von unterirdischen Geistern erzählt, welche dem Blute des von Odysseus dargebrachten Totenopfers nahen, als er zum Gestade der nächtlichen Kimmerier verschlagen wurde. (Od. XI. G. 49—232.) In der griechischen Mythologie wird Lykaon, der Sohn des Pelasgos, des ersten Königs von Arkadien, in einen Wolf verwandelt, weil er beim Opfern eines Menschenkindes den Altar des Jupiter mit Blut bespritzt hatte. (Pausan. VIII, 1., Ovid, Metamorph. I. 198.) Bei den Römern waren es die strigae, harpyienartige Wesen, welche Säuglinge raubten und den Müttern Milch und daneben Blut aussaugten. Von den menschenopfernden Priestern des Jupiter Lyceus (Gott-Wolf) wird erzählt, daß ihnen ihre Gottheit die Macht erteilte, sich in einen Wolf, das Lieblingstier des Gottes, zu verwandeln, sobald sie die Eingeweide genossen. Die Ausübung der Wolfsverwandlung als Zauberkunst (Lykanthropie) erwähnen Vergil (Ecl. VIII. 95) und Petronius im „Gastmahl der Trimalchis".

„Bei den Germanen erscheint der Vampir unter dem Namen Werwolf; die Wölfe Odins spielen als symbolische Tiere eine bedeutende Rolle. Die Verwandlung in Wölfe geschieht hier vorzugsweise durch Wolfshemden und die Völsunga-Saga (Cap. 5—8) berichtet uns in ihrer Sage von Sigmund und Sinfjötli eine wilde Werwolfsgeschichte. In Schottland und Irland herrscht der Glaube, daß manche Leichen im Grabe nicht verwesen können, an ihrem eigenen Leibe kauen müssen und in der Nacht ihren Gräbern entsteigen, um den Menschen Blut auszusaugen; daß ferner solche Leute sterben müssen und nun selbst zu Vampiren werden. Auch in Dänemark, Schweden, Norwegen und Finnland haben sich ähnliche Sagen bis in die neueste Zeit erhalten."

„Bei den Christen des Mittelalters war der Glaube verbreitet, daß eine im Kirchenbanne verstorbene Person unter dem Einflusse des Teufels ihr Leben weiterführe; die Leichen solcher tympanitae, wie man sie wegen ihrer straffen und elastischen Haut nannte, blieben im Grabe frisch und aßen in demselben; um Ruhe vor ihnen zu haben, mußten sie ausgegraben, der Bann vom Geistlichen aufgehoben und die Leichen verbrannt werden. In Ungarn gab der Vampiraberglaube noch im vorigen Jahrhundert Anlaß zu gerichtlichen Untersuchungen; auch bei den Neugriechen hat er Wurzel gefaßt, und der Name brukolakai oder burdolakai deutet unzweideutig auf den slawischen Vukodlak. Der Vukodlak und Upir finden sich in den Sagen aller Slawen, der Südslawen sowohl als auch der Nordslawen. Um nur zwei markante Beispiele aus zwei geographisch ganz entgegengesetzten Ländern herauszuheben, erwähnen wir den Upir der bereits ganz germanisierten Wenden in Preußen, welche von den der Mutterbrust zweimal entwöhnten Kindern glauben, daß sie im Grabe die Macht haben, mit ihren unverwesten Lippen Fleisch und Blut ihrer nächsten Verwandten auszusaugen (Doppelsauger) und so der Auszehrung zuführen. Bei der ragusanischen Landbevölkerung hingegen wird der upirina nachgesagt, daß es Leute mit dem bösen Blick sind, welche mit demselben Unglück und sogar plötzlichen Tod verursachen können. Andererseits finden wir in der Auffassung des Vukodlak der Südslawen und des Vukodlak der Nordslawen fast ganz analoge Anschauungen. Es ist demnach zweifellos, daß zwischen dem Glauben an postmortale Lebensäußerung bei den klassischen Völkern des Altertums, zwischen dem germanischen Werwolf und den slawischen Vukodlak und Upir ein innerer Zusammenhang bestehen müsse, daß ferner der Upir ein dem Nezit nahe verwandtes, wenn nicht identisches Wesen darstelle."

Zu erwähnen wäre auch die Lairakrankheit in Südfrankreich, dem klassischen Lande der hysterischen Epidemien (in jüngster Zeit von Rußland übertroffen), der mehr als 120 Frauen einer kleinen Gemeinde anheimfielen. Die Frauen bellten beim Vollmond wie Hunde, wälzten sich am Boden, bissen, schlugen mit den Füßen umher, kurz benahmen sich, als ob sie Tiere wären.

Auch in Holland gab es Schulepidemien, bei denen die Kinder sich in Schafe verwandelten und hüpften, kletterten und gleich Schafen blökten.

Andere Autoren berichten von Epidemien in Klöstern, in denen die Nonnen sich in Katzen verwandelt glaubten, die ganze Nacht herumsprangen, fauchten, bissen und miauten. Natürlich hieß es wieder, sie wären vom Teufel besessen.

Interessantes weiß auch *Bloch* über diese Epidemien zu berichten:

Die Mandanen ahmen bei wilden Festen Hunde nach, brüllen und beißen um sich.[1]) Dies erinnert an die uralten hellenischen Sagen von der Krankheit der Kynanthropie und Lykanthropie, nach denen Menschen in Hunde und Wölfe verwandelt werden, welche Mythen neuerdings von *W. H. Roscher* einer äußerst scharfsinnigen wissenschaftlichen Untersuchung unterzogen worden sind. Ich zweifle nicht daran, daß auch diese Volkssagen einen sadistischen Grundzug aufweisen.[2])

[1]) *Maximilian von Wied*, „Travelsete". London, 1843, S. 350, 446.

[2]) Vgl. *W. H. Roscher*, „Das von der Kynanthropie handelnde Fragment des Marcellus von Side". Leipzig, 1896.

Ähnliches beschreibt *Stoll* von einer Methodistensekte in Kentucky und Pennsylvanien, deren Mitglieder sich durch Reden ihrer fanatischen Prediger in „konvulsivische Ekstase" versetzen ließen. Dabei ahmten sie Hunde nach, knurrten und bellten, fletschten die Zähne, liefen auf allen Vieren usw. An diesen ekstatischen nächtlichen Gottesdiensten nahmen gegen 4000 Menschen teil, und die Verknüpfung dieser kannibalistischen Geberden mit dem Geschlechtstriebe erhellt deutlich aus dem Berichte von *Siddons:*

„Wer weiß, daß diese Menschen beinahe einzig aus den niederen Volksklassen ohne Erziehung und Bildung und meistens junge Leute beiderlei Geschlechts sind, die diese Gelegenheit mit Sehnsucht erwarten und aus einer bedeutenden Ferne herbeikommen, der wird sich auch nicht wundern, wenn er als Tatsache hört, daß nicht weniger als 80 uneheliche Kinder in einem Umkreis von 20 englischen Meilen den drei Nächten, die diese Versammlung dauerte, ihre Geburt verdanken.[1])

Die „Omophogen" der dionysischen Feste bei den alten Griechen waren Personen, die in der höchsten wollüstigen Ekstase ihre Zähne in lebende Tiere einschlugen und die abgebisssenen Stücke Fleisch roh verschlangen. Ja, in Chios wurde sogar auf diese Weise ein menschliches Wesen lebendig in Stücke zerrissen.[2]) Euripides hat in einigen Dramen, besonders in den „Bäkchen" diese eigenartige Verbindung der Wollust mit der Grausamkeit höchst anschaulich geschildert.

Die Fidschi-Insulaner fressen sogar ihre Weiber auf[3]), ob das aber ein „Aufessen vor Liebe" ist, dürfte zweifelhaft sein. Ebenso ob das Abbeißen eines Stückes des kleinen Fingers an der linken Hand der australischen Mädchen als „Heiratszeremonie"[4]) auf einen ursprünglich sadistischen Akt zurückzuführen ist. (*Bloch*, l. c., S. 65—67.)

In allen diesen Fällen handelte es sich um Massenhysterien und um andauernde hysterische Zustände. Die individuelle Zoanthropie wird am häufigsten im hysterischen Anfall beobachtet.

In den von *Sträußler* beobachteten Fällen[5]) hüpften die Kranken wie Pferdchen umher, d. h. wie Knaben beim Pferdchenspiel. *Janet* berichtet über eine Patientin, die sich im Anfalle in eine Löwin verwandelte und die Photographien verschiedener Personen mit den Zähnen zerriß. *Janet* bemerkt sehr treffend: Da sie den Menschen im Leben nichts antun konnte, zerbiß sie sie in effigie.[6])

---

[1]) *Otto Stoll*, „Suggestion und Hypnotismus in der Völkerpsychologie". Leipzig, 1894, S. 382.

[2]) *Bryant*, „Mythologie". London, 1775, Bd. II, S. 12—13.

[3]) *Ploss-Bartels*, a. a. 6, II, 450.

[4]) Ibidem.

[5]) Siehe S. 14.

[6]) Derartige Verletzungen in effigie spielen im Aberglauben eine große Rolle. Ich kenne Frauen, welche die Photos ihrer Gegnerinnen durchstachen. Ja, eine an periodischer Melancholie leidende Dame stach in anfallsfreier Zeit einer Photographie beide Augen aus.

Schneider[1]), der die letzte Arbeit über dieses Thema veröffentlicht hat, glaubt, daß es sich bei der Zoanthropie um einen Infantilismus mit Imitation handelt. Der Hysteriker sei ein Mensch mit primitivem Geistesleben. Er verweist auf den Totemismus. Da er die Zoanthrophobie auf die Wirkung des Schreckens zurückführt (seine Patientin wurde von einem Hunde gebissen und erkrankte dann an Kynanthropie), will er in der Zoanthropie die Tendenz sehen, das Totemtier dadurch abzuschrecken, daß man ihm in eigener Gestalt entgegentritt. Wir haben gesehen, daß dieser Identifizierung mit dem Tiere tiefere Motive zugrunde liegen und wollen später die psychischen Wurzeln an einigen Fällen nachweisen. Ich komme jetzt auf den Fall von *Schneider* zurück, welchen ich im Auszug wiedergebe:

Fall Nr. 79. 5. XI. Patientin bietet heute deutlich die Symptome der Kynanthropie. Sie beugt die im Kniegelenk gestreckten Beine stark im Hüftgelenk und streckt die Arme parallel dazu von sich. Sie sagt, das müßte so sein, da sie ein Hund sei. Mit den Lippen macht sie pustende Bewegungen, wobei reichlich Schleim dem Munde entfließt. Befragt, warum sie das tue, antwortet sie, das machen alle Hunde so. Sie wird in Isolierung streng beaufsichtigt, da sie den Saum vom Bettzeug losgetrennt und damit Würgversuche unternommen hat.

16. XII. Patientin klagt seit gestern über Schmerzen in allen Gliedern, in der Brust und im Hals: „gleich als ob mein Kopf eine Dampfmaschine wär; das ist, als wenn man aus der Narkose aufwacht, alle Glieder tun weh und so ein komischer Geruch; manchmal weiß ich alles, manchmal bin ich wie dumm ums Gehirn, ich weiß nicht was ich für Hände habe, das sind gar nicht meine Hände, ich bin ganz verändert, ich gehöre gar nicht mehr zu den anderen Menschen. Sie erinnert sich auch an ihren kynanthropischen Zustand und meint, das sei von der Bestrahlung gekommen, da sei ihre Brust wie zusammengeschnürt gewesen. Sie hätte immer auf den Zehen laufen müssen und die Hände seien ihr wie Pfoten vorgekommen.

Im weiteren Verlauf war Patientin immer geordnet, wenn auch etwas stumpf und imbezill.

Epikrise.

Es handelt sich um eine geistig wenig hochstehende, 31 Jahre alte Frau, bei welcher im Anschluß an eine Röntgenkastration auftretende Angstzustände zu hysterischen Anfällen und Dämmerzuständen führten. In diesen entwickelte sich offensichtlich unter dem Einfluß eines halluzinatorischen Erlebnisses, das ausgeprägte Bild der Kynanthropie. Nach Abklingen desselben zeigten sich hypochondrische Verstimmungen an den Tagen, in denen die Menstruation eintreten sollte und im Anschluß an körperliches Unwohlsein. Dabei kamen der Patientin auch die Angstzustände der Anfallsperiode wieder in Erinnerung, aber doch so abgeblaßt, daß sie Anfälle nicht mehr hervorriefen. Außerdem litt Patientin an vikariierendem Nasenbluten, und zwar interessanterweise sowohl zu der Zeit der Pubertät als auch nach der Röntgenbestrahlung.

---

[1]) Über Zoanthropie. Monatsschrift für Psychiatrie und Neurologie, Bd. 47, 1920, Heft 5, S. 270.

Schneider berichtet aus der Literatur der Zoanthropie:

Bereits *Thomas Willis*[1]) beschreibt 2 Fälle von Tierstimmenimitation als hysterische Krankheitszustände:

Fall Nr. 80. „In meiner Behandlung befindet sich zur Zeit, da ich das schreibe, ein 15jähriges Mädchen, von guter Entwicklung und gutem Ernährungszustand, welches an staunenswerten Anfällen leidet. Sie krankt seit längerer Zeit an Ausbleiben der Periode und wurde zuerst häufig von Schwindel, Magen- und Darmblähungen befallen. Endlich verschlimmerten sich diese Zufälle, sie mußte länger und öfter aus- und einatmen und stieß helle keuchende Laute aus, dem Bellen des Hundes ähnlich, die sie jedesmal mehrmals wiederholte. Die Eltern und Bekannten nahmen eine Vergiftung an, aber diese Befürchtung wurde nach wenigen Tagen fallen gelassen, als sich die Krankheit weiter entwickelte und das Bild der Hysterie zum Vorschein kam. Denn außer den Zuckungen der Eingeweide und der Lunge, die wie Bellen klangen und sie fast dauernd quälten, verfiel sie 2—3mal am Tag in Anfälle, die von der Gebärmutter ausgingen; d. h. nach Aufsteigen der Krankheit aus dem Leibe trat zuerst Erstickungsnot infolge Behinderung der Atmung, dann Gefühllosigkeit und zuletzt allgemeiner Gliederkrampf auf. Daraus kann man schließen, daß alle Krankheitserscheinungen Krampfzustände darstellten. Die Krankheitsursache wurde vom Gehirn in die Nerven fortgeleitet, ergriff im Anfang nur die, welche das Zusammenziehen des Brustkorbes besorgen, weshalb dann die Bauchmuskeln und ihre Hilfsmuskulatur unter der Einwirkung des Krampfes nach aufwärts gerissen wurden, während sie Zwerchfell und Lunge erst später zugleich befiel, so daß infolge der plötzlichen heftigen Zusammenziehungen der Brust jener dem Bellen ähnliche Laut ausgestoßen wurde. Dann, als noch mehr Nerven ebenso ergriffen wurden, entstanden die schweren Krämpfe fast des ganzen Körpers. Sie zeigten vollkommen die Merkmale, wie sie als hysterisch beschrieben werden. Das Mädchen erfuhr bei Anwendung krampflösender Mittel nach meiner Methode schon nach 14 Tagen wesentliche Besserung und ist jetzt nach Ablauf eines Monats fast völlig geheilt."

Fall Nr. 81. Der zweite Fall betrifft ein 12jähriges Mädchen, welches in seinen zahlreichen hysterischen Anfällen ein lautes kläffendes Bellen (gannitui simille) ausstieß.

Tierstimmenimitationen treten auch epidemisch auf. *Zimmermann*[2]) erzählt:

„Ich habe in einem guten medizinischen Buche gelesen, es sei in einem sehr zahlreich besetzten Nonnenkloster in Frankreich einer Nonne eingefallen, nach Katzenart zu miauen; eine kurze Weile nachher miauten andere Nonnen auch. Endlich miauten alle Nonnen jeden Tag auf eine bestimmte Zeit, verschiedene Stunden nacheinander, gemeinschaftlich. Die ganze Christenheit umher hörte mit gleichviel Erstaunen und Ärgernis dieses tägliche Katzenkonzert, das nicht nachließ, bis alle diese Nonnen beredet worden, man habe, von Polizeiwegen, vor dem Eingang des Klosters eine Kompagnie Soldaten gestellt, und nun werden diese Soldaten eine Nonne nach der anderen über das Knie legen und ihr solange auf ihren nackten Hinterteil die Rute geben, bis sie versprechen, nicht wieder zu miauen."

[1]) *Willis*, Op. om. tom. I. de affectionibus quae dicuntur hystericae, p. 16, 17.

[2]) *Jh. Gg. v. Zimmermann*, Über die Einsamkeit. 1785, II, S. 77.

Fall Nr. 82. *Guinon*[1]) schildert aus der Klinik Markots einen Fall von Galeanthropie. Es handelt sich um ein 16jähriges Mädchen, das seit 3 Jahren hysterische Anfälle hatte. Sie war Tierliebhaberin, und zwar hielt sie Katzen. Nachdem sie einmal von einer derselben gebissen worden war, traten gehäuft große Anfälle auf und nach 14 Tagen im Anschluß an einen solchen die Galeanthropie. Seitdem leidet sie an 2 Reihen von Anfällen: große Krampfanfälle und galeanthropische Delirien. Diese verlaufen nach der Beschreibung von *Guinon* folgendermaßen: „Mitten im ruhigen Stehen verwandelte sich plötzlich ohne Vorläufer, ohne Aura der Gesichtsausdruck der Kranken. Ihr Blick wurde starr, sie begann zu schielen und warf sich rücksichtslos auf alle Viere. Sie lief dann auf den Knien und flach auf den Boden gedrückten Händen, den Kopf leicht nach rückwärts geneigt. Die Gesichtsfarbe war normal, das Mienenspiel etwas grimassierend. Das Schielen verlor sich nach einiger Zeit und die Augen waren nun dauernd in lebhafter, den Kopfhaltungen und dem Platzwechsel der Kranken entsprechender Bewegung begriffen. Sie kriecht lebhaft unter den Tisch, zwischen den Stühlen und den Beinen der Assistenten umher und stößt ab und zu ein leises Miau oder das „Pft, Pft" zorniger Katzen aus. Mitunter stockt sie, krallt die Hände und kratzt am Tischbein, am Fußboden und an der Türschwelle. „Wirft man ihr eine Papierkugel zu, so spielt sie nach Katzenart damit, rollt sie hin und her und läßt sie springen." Der Zustand verlor sich bald, als Patientin einen Blinden mit lebhaftem Lidflattern gesehen hatte, den sie von da an nachahmte.

Schneider kommt nun zu folgenden Schlüssen:

„Faßt man alles noch einmal zusammen, so ergibt sich, daß man die Zoanthropie und die ihr verwandten Krankheitsbilder durch triebartige Nachahmung unter der Voraussetzung erklären kann, daß der Hysteriker ein Mensch mit primitivem Geistesleben ist. In der echten Zoanthropie werden offenbar direkt Halluzinationen nachgeahmt."

Ich wende mich nun zum Falle von *Köppen*.[2])

Ein oft vorbestrafter Patient, der Menageriewärter war und von einem Affen gebissen wurde, kam in Beobachtung *Köppens*. Er sprach oft von Schafszungen in seinen Delirien.

Köppen erzählt von dem Patienten:

Fall Nr. 83. Die stereotype Redensart von den Schafszungen modifiziert er in den letzten Tagen öfter, so daß er manchmal sagt: „Das Schaf ist geschlachtet, die Zunge ist gebraten und das nennt man Schafszungenbraten. Das ist was hochfeines, was pikfeines, das kriegt man nicht alle Tage, das gibt es nur in einem Delikatessengeschäft."

Patient zeigt motorisch ein wechselndes Benehmen, entweder er liegt oder er sitzt auf dem Stuhl, auf welchen man ihn gesetzt hat, läuft umher, zieht an den Beinkleidern der Ärzte herum, zieht sich die Strümpfe aus und beißt hinein. Als man ihn fragt, ob das Schafszungen wären, nickt er.

---

[1]) *Guinon*, Progres medic., 1891, S. 401.

[2]) *M. Köppen*, Über Dämmerzustände und zur Frage des Doppelbewußtseins. Charite-Annalen, Bd. 24, 1899, 547.

Nachmittags kennt Patient, als man an sein Bett tritt, die Tageszeit, gibt auf Befragen an, daß er sich in einem Krankenhause befände. Wie er hierher gekommen sei, wisse er nicht. Wir befinden uns im Monat Dezember, am 10. Dezember habe er Termin. Erzählt, daß er in Berlin geboren, sein Vater ein Säufer gewesen sei. Sein Bruder leide ebenso wie er — nur in geringerem Grade — seit 1896 an Krämpfen. Augenblicklich sei er „ja ganz vernünftig, befände sich im Krankenhause, manchmal jedoch sei er in einem großen Walde. Dort hause ein Zwerg, der auf eine Tafel „Schafszungen" und anderes schriebe, was gewisse Stimmen im Walde sprächen. Wenn er das nicht nachspräche, was der Zwerg aufschriebe, so stäche derselbe ihn tot.

In dieser Erzählung hält Patient plötzlich inne, sieht starr vor sich hin. Als man ihn veranlassen will, weiterzusprechen, sagt er wieder seine alten Phrasen.

Fig. 6.

Man beachte die zahlreichen phallischen Symbole!

Patient zeigt motorisch ein wechselndes Benehmen, entweder er liegt oder sitzt ruhig im Bett, streckt höchstens die Hände aus, ruft „mehr, mehr!" oder „verfluchter Bambusel etc." oder er zerknabbert seine Bettstelle. Oft setzt er den Vorbeikommenden, namentlich wenn man ihn aufmerksam macht, wie ein Affe über die Betten mit großer Geschwindigkeit hinweg springend, nach (s. Abbild.). Schneidet öfter Grimassen, grinst, packt die Vorbeigehenden, wird jedoch eigentlich nie gewalttätig. Dann zeichnet er auch Bilder und Affen, die gewöhnlich schlecht sind (s. Abbild.).

Nachmittags ist er wieder ca. 7 Minuten klar. Erzählt, daß er Wärter in verschiedenen Menagerien gewesen sei und viel mit Affen zu tun gehabt habe, er habe dieselben dressieren müssen.

Befragt, wie er auf seine Redensart, „das Schaf ist geschlachtet . . .", komme, erzählt er, wie man ihn darauf bringt, wieder die Geschichte vom Zwerg.

8. Februar. Patient war in der letzten Zeit sehr aufgeregt, namentlich wenn man seinem Bett sich näherte. Dann sprang er nach Art eines Affen herum und suchte nach glänzenden Gegenständen zu greifen. Er grinst dabei,

fletscht die Zähne, wölbt auch manchmal die Lippen schnauzenförmig hervor und bleibt immer scheu vor dem zurück, der sich ihm besonders nähert, so daß sein ganzes Benehmen vollkommen an das eines Affens erinnert. — Fabelhaft ist die Geschicklichkeit, mit der er von einem Bett zum andern springt. Wenn man ihm einen Gegenstand nehmen will, so gerät er in Aufregung. Heute Morgen ergriff er einen Stuhl und brach, indem er mehrere Male auf den Bettrand schlug, ein Bein ab, ohne durch irgend etwas dazu gereizt worden zu sein.

11. Februar. Patient ist klar. Die Affenbilder werden ihm gezeigt, die er verfertigt hat. Er sagt, das könne er nicht gewesen sein. Aufgefordert, einen Affen zu zeichnen, bringt er nur eine ungeschickte Zeichnung zustande (s. Abbildung 6).

Das, was wir bisher beigebracht haben, legt die Vermutung nahe, daß es sich bei S. um ein angeboren schwachsinniges Individuum handelt, welches

Fig. 6.

an epileptischen Anfällen leidet, zeitweise sich in einem Dämmerzustand befindet und zurzeit gerade von einem solchen Zustand befallen ist."

In allen diesen Fällen handelt es sich um hysterische Dämmerzustände. Ich möchte jetzt über mehrere Fälle berichten, in denen der Zustand bei vollem Bewußtsein vor sich ging.

Der erste Fall ist von *Binswanger* beschrieben worden (Die Hysterie. Alfred Hölder, Wien, 1904, S. 556).

Fall Nr. 84. Ein 41jähriges Fräulein leidet an Melancholie mit hypochondrischen Vorstellungen. Nach langdauernder Krankenpflege eines Onkels und nach Auflösung einer Verlobung Schlaflosigkeit, Unruhe, große Erregung. Plötzlich entrang sich einmal ein bellender leiser Ton aus der Brust, in dem sich die innere Erregung Luft zu machen schien. Bald darauf brachen wirkliche Schreikrämpfe aus. Nach dem Sistieren der Schreikrämpfe unartikulierte Laute, die teils an Wimmern, teils an lautes Hundegebell erinnerten. Auch Vogelstimmen, wie das Krähen des Hahnes, wurden imitiert. Später heulte und bellte die Kranke bei jedem peinlichen Affekte, und schließlich ging das Bellen so unbewußt vor sich, so daß die Patientin über ihren eigenen Lärm zusammenschreckte. Durch methodische Atemgymnastik wurde allmähliche Besserung erzielt.

Binswanger liefert uns ein Beispiel, wie diese Fälle in der voranalytischen Zeit rein deskriptiv beschrieben wurden. Uns interessieren die Psychogenese dieses Falles, die infantile Wurzel der Zoanthropie, die sadistischen Instinkte. Gegen wen waren sie gerichtet? Alles das bleibt im Dunkel.

Ich möchte nun mehrere Fälle aus meiner Erfahrung anführen.

Fall Nr. 85. Ein 36jähriger Mann erkrankt an einer leichten Depression, die sich nach einem kurzen Urlaub bessert. Nach dem depressiven Stadium tritt eine gewisse Erregung ein. Er wird schlaflos, unruhig, beschäftigt sich viel mit allerlei Projekten, die er nicht ausführen kann, zeigt eine auffallende Gereiztheit allen Menschen, besonders seiner Frau gegenüber. Eines Tages nach einem Traume f ä n g t e r z u b e l l e n a n u n d l ä u f t d a b e i m i t f l e t s c h e n d e n Z ä h n e n i m Z i m m e r u m h e r. Der Anfall dauert ca. 10 Minuten. Dieser Anfall wiederholt sich nun ungefähr sechsmal im Tage. Ich werde gerufen und erkundige mich nach dem Traume. Er lautete:

> Ein großer schwarzer Hund sprang mich an und wollte mich beißen. Ich schüttelte ihn ab und sah dann, wie er einen anderen Mann ansprang und ihm die Kehle durchbiß. Ich wachte mit Schrecken auf.

Zu dem Manne fällt ihm nach längerem Zaudern sein Bürochef ein. Ich gehe dieser Spur nach und erfahre folgende Tatsachen. Er hatte sich eine Ungehörigkeit zu schulden kommen lassen, deren Folge seine sofortige Entlassung gewesen wäre. Sein Chef hatte erfahren, daß er sich bei einer wichtigen Entscheidung von einer interessierten Partei hatte bestechen lassen. Zwar wäre die Angelegenheit auch ohne sein günstiges Referat im Sinne des Bestechers, dessen Sache gerecht war, erledigt worden. Aber die Tatsache als solche stand fest. Der Chef hatte ihm gesagt, daß er die Sache in einigen Tagen zur Anzeige bringen werde. Er stellte ihm frei, die Bestechungssumme zu erlegen, damit sie dem Bestecher zurückgegeben werden könnte. Patient hatte das Geld schon verwendet. Er hatte Schulden, mußte seiner Frau ein Kleid kaufen und hatte einen Teil des Geldes beim Rennen verspielt. In dieser furchtbaren Lage, in der seine ganze Existenz und seine Ehre auf dem Spiele standen (er war Reserveoffizier, der Vorfall trug sich vor dem Kriege zu), erinnerte er sich, daß sein Vorstand ein großer Frauenfreund war und seiner Frau einige Male, als er sie zufällig im Amte gesehen hatte, den Hof gemacht hatte. Er beichtete seiner Frau und forderte sie auf, zu dem Vorstande zu gehen und für ihn zu bitten. Er könne das Geld nicht zurückerstatten, aber er wolle sparen und den Schaden gutmachen und versprechen, sich nun tadellos aufzuführen. Seine Frau weigerte sich erst, gab schließlich nach. Der Mann meldete sich krank und die Frau ging ins Büro, um ihn beim Vorstande zu entschuldigen. Sie kam etwas verwirrt nach Hause, erzählte,

17*

daß der Vorstand sich erst geweigert und schließlich versprochen hatte, von der Angelegenheit (die er von dritter Seite und nicht amtlich erfahren hatte, und auch dies durch einen Zufall) zu schweigen. Patient wagte nicht zu fragen, auf welche Weise seine Frau dieses Entgegenkommen durchgesetzt hatte. Nach einigen Tagen kam er ins Amt und alles ging wie vorher. Aber bald brach eine Depression aus. Ihn verfolgten die Gedanken: „Hat deine Frau mit dem Vorstand ein Verhältnis oder nicht?" Er wollte die Wahrheit nicht wissen und sehnte sich doch nach Klarheit. Er hatte kein Recht, seiner Frau Vorwürfe zu machen, denn er war es ja gewesen, der sie zu dem Don Juan geschickt hatte. Er wurde überdies bei seiner Frau — infolge innerer Hemmungen und infolge des Hasses — impotent. Er bekam einen Krankenurlaub und verbrachte ihn in einem billigen Sanatorium. Die Mittel verschaffte sich seine Frau angeblich von einem reichen Onkel. Auch da wollte er nicht nachforschen. Er hatte den Verdacht, daß der Vorstand, der ein sehr reicher Mann war, seiner Frau das Geld zur Verfügung gestellt hatte, um mit ihr allein bleiben zu können. Im Sanatorium konnte er sich beruhigen. Er machte die Bekanntschaft einer jungen Dame, die ihm sehr entgegenkam. Er dachte sich: Untreue gegen Untreue und wollte sich mit der Untreue seiner Frau abfinden und sich ein wenig auf die Philosophie des Zynismus ausreden. Bei der Dame im Sanatorium war er vollkommen potent, was ihn ein wenig beruhigte und sein Selbstbewußtsein hob. Die Depression verschwand.

Kaum nach Hause gekommen erwachten in ihm die Zweifel. Ein dunkles Rachegefühl gegen den Vorstand beherrschte ihn. Er sann darüber nach, wie er ihm etwas antun könnte. Er spekulierte, wie er die Wahrheit von seiner Frau erfahren könnte und wagte es nicht, die entscheidende Frage an sie zu richten. Er wurde ihr gegenüber nach einer kurzen Potenzperiode wieder impotent, was ihn noch mehr verstimmte. Er begann seine Mutter wieder aufzusuchen, die er bisher sehr vernachlässigt hatte und brachte ganze Abende bei ihr zu. Dort fand er in einem alten Kasten seine Spielsachen, was seinen Zustand sehr verschlimmerte. Denn er verfiel in Träumereien und versetzte sich in die selige Zeit, da er noch ein Kind war. Unter diesen Spielsachen befand sich auch ein kleiner Hund, der lange Jahre hindurch sein Liebling gewesen war. Mit diesem Hunde spielte er eines Abends, so daß seine Frau ihm sagte: „Bist du närrisch worden? Du spielst ja wie ein Kind!"

Am nächsten Tage trat der erste Anfall auf. Er bellte alles, was er sich nicht zu sagen traute. Er wollte seine Frau beißen, er malte sich aus, daß er dem verhaßten Vorstande die Kehle durchbeißen könnte.

Während der Behandlung erinnert er sich, daß er durch mehrere Jahre an Lyssaphobie gelitten hatte. Er hatte immer eine gewisse Angst vor Hunden, obwohl es ihn zu Hunden hinzog. Aus Angst vor Rabies nahm er sich keinen Hund, obwohl er sich nach einem Hunde sehnte.

In seinen Träumen, von denen ich einen mitgeteilt habe, identifiziert er sich mit einem wütenden Hunde.

Von Bedeutung ist, daß er in der Ehe nicht den Kunnilingus wagte, während dies außerehelich seine Leidenschaft war. Ein Teil des defraudierten Geldes diente dazu, Dirnen zu bezahlen, die sich die Irrumatio ausführen ließen und denen er Kunnilingus kombiniert mit Fellatio machte. (Soixante-neuf!)

Die Zoanthropie erwies sich als eine Regression auf die infantile Sexualität und als Mittel, Wünsche und Gedanken auszudrücken, die er in der menschlichen Sprache verschweigen mußte.

Eine ähnliche Psychogenese zeigt der nächste Fall.

Fall Nr. 86. Ein 49jähriger mit Zeichen eines leichten Basedows behafteter, sonst gesunder, aber sehr neuropathischer Mann, erkrankt an Schreianfällen, in denen er wie wahnsinnig im Zimmer hin und herrennt. Ausrufe wie „Ich bin ein verlorener Mann!" wechseln mit Glossolalie, die unverständlich bleibt und leider von der Umgebung nicht fixiert wird. Eines Tages verwandelt sich der Schreikrampf in ein direktes Krähen. Er kräht wie ein Hahn, er scharrt mit den Füßen, ruft Kikeriki, als wenn er wirklich ein Hahn wäre.

Überdies litt er an schweren Sehstörungen. Zeitweise verdunkelte sich alles, so daß er glaubte, blind zu sein. Er schrie dann: „Ich werde blind! Ich werde blind!"

Bei der Aufnahme der psychischen Behandlung teilt er mir nach längerem Zaudern mit, daß er ein schwer belastetes Gewissen habe. Er sei Vorstand in einem Büro, wo sich auch ein 16jähriges Mädchen, die Tochter eines alten Schulfreundes befand. In dieses Mädchen vergaffte er sich. Er sagte sich immer: „Du alter Esel! Du hast selbst eine achtzehnjährige Tochter und zwei Söhne! Was willst du denn anfangen!" Aber eines Abends blieben sie allein im Büro und er begann mit ihr zu spielen. Er brachte es schließlich so weit, daß sie sich Reizungen an der Klitoris gefallen ließ, während er ihr den Penis in die Hand gab. Das ging einige Monate so fort, bis er sich hinreißen ließ, einen Koitus auszuführen und das Mädchen deflorierte. Sie kam in die Hoffnung, er mußte einen Abortus machen lassen. Die Mittel verschaffte er sich, indem er der von ihm seit 12 Jahren tadellos geführten Kassa Geld entnahm. Er hoffte, das Geld wieder ersetzen zu können. Die Sache ging ganz glatt ab, ohne daß sein Freund etwas merkte. Aber das Mädchen ergab sich einem leichtsinnigen Lebenswandel und knüpfte mehrere Verhältnisse an. Sie hatte bald einen reichen Freund gefunden, so daß sie sich sehr schön kleiden konnte. Sie verweigerte ihm weitere Liebesbeziehungen und trat aus dem Büro aus. Er wurde von wahnsinniger Leidenschaft erfaßt und wollte dem reichen Rivalen etwas antun.

Um sich zu trösten, knüpfte er mit anderen Mädchen an und begann sich einem wüsten Leben zu ergeben. Er trank und verzechte mit Mädchen das Geld, so daß schließlich der Kassa 30.000 Kronen entnommen waren, die er nicht ersetzen konnte. Seine Frau hatte wohl eigenes Vermögen. Aber konnte er ihr zumuten seine leichtsinnigen Streiche zu bezahlen? Er wurde von heftiger Reue erfaßt, trank nicht mehr, gab alle Verhältnisse auf. Er hoffte den Schaden auf irgend eine Weise gut zu machen, machte allerlei Privatgeschäfte, Schiebereien und verdiente etwas Geld, so daß er die Abgänge in der Kassa teils bemänteln, teils ersetzen konnte. Er hoffte nun wieder ins normale Geleise zu kommen, als er entdeckte, daß seine Tochter ein Verhältnis hatte. Er mußte sie naturgemäß sehr knapp halten, da er in den teueren Kriegszeiten kaum für den Haushalt aufkommen konnte. Plötzlich sah er sie in eleganten Kleidern und entdeckte Beziehungen, die seine Frau stillschweigend geduldet hatte. Sie motivierte es ihm so: Alle Mädchen würden sich jetzt auf diese Weise helfen. Übrigens habe er gar kein

Recht, seiner Tochter Vorwürfe zu machen. Es stellte sich heraus, daß sie von seinem Verhältnis mit dem Mädchen Kenntnis hatte. Sie hatte aus Stolz geschwiegen und allerdings keine Ahnung von seinen anderen bösen Streichen.

Nach der Aussprache mit seiner Frau traten diese Schreikrämpfe auf, in denen er ihr sozusagen alles mitteilte, alles abreagierte. Aber warum krähte er? Woher kam die Identifizierung mit einem Hahn?

Er drückte damit einerseits aus, daß er einen ganzen Harem (Hühnerhof) besessen hatte, andrerseits kam eine sadistische Komponente seines Wesens zum Vorschein, die jahrelang geschlummert, aber in seiner Kindheit sehr stark ausgebildet gewesen war.

Unter seinen sadistischen Phantasien spielte die Lieblingsrolle das Motiv, einen Gegner zu blenden, ihm die Augen auszustechen. Ihm fällt ein, daß als Kind eine Geschichte einen großen Eindruck auf ihn gemacht hatte: Ein Dienstmädchen erzählte, der Teufel hätte sich als Mensch verkleidet und habe sich so in ein frommes Haus geschlichen. Im Hause war ein Hahn, der eines Tages dem Teufel beide Augen auspickte, worauf er sich in Rauch auflöste und mit großem Geschrei und Gestank das Haus verlassen habe. Er litt eine Zeitlang an der Angst, von einem Hahn geblendet zu werden. Er hatte auch als Kind eine leidenschaftliche Vorliebe für Geflügel und versuchte mit Hühnern allerlei erotische Spiele. Das Bespringen der Hühner hatte ihn sehr interessiert. Auch die Begattung der Fliegen erregte ihn außerordentlich. Bei den ersten onanistischen Akten stellte er ein zusammengekoppeltes Maikäferpaar vor sich auf. Er gibt auch zu, Stuten durch Einführen des Fingers in die Vulva gereizt zu haben. Interessant ist, daß er sich in die schönen Augen seiner Frau verliebt hatte und Augenfetischist ist. Seine Tochter hat die schönen Augen seiner Frau nur mit einem Stich ins Graue. Das Mädchen, dessen Reizen er erlegen war, hatte die gleichen Augen wie seine Tochter. Sie war die Tochter-Imago. Es wird nun klar, daß er die Augen der Tochter immer vor sich sah und den Geliebten seiner Tochter blenden wollte und daß er selbst ein Geblendeter war.[1]) Er faßte das Schicksal seiner Tochter als Strafe des Himmels auf und krähte in Erinnerung an die unglückselige Rolle des Hahnes des Petrus bei dreimaligem Verrate von Christus. Er ist ein Christ, der seinen Herrn verleugnet hat.

Nach dreiwöchentlicher Analyse rasche Heilung. Der Schaden wurde von seiner Frau ersetzt, er blieb im Amte, die Tochter heiratete den Mann, der sie bisher ausgehalten hatte.

Einen ähnlichen Fall berichtete mir mein amerikanischer Freund Dr. *S. A. Tannenbaum.* Es handelt sich um einen Mann, der nach mannigfachen schweren Schicksalsschlägen Anfälle hatte, in denen er wie ein Hund heulte und wie wahnsinnig im Zimmer hin und herrannte. Er hatte zwei Compagnons, die ihn schmählich betrogen hatten und er wagte es nicht auszusprechen, da er sonst Gefahr lief, in einen Verleumdungsprozeß verwickelt zu werden.

Ich möchte diese Ausführungen nicht schließen, ohne auf das häufige Vorkommen der Zoanthropie bei Psychosen hingewiesen zu

[1]) Die Blendung als Strafe für den Inzest behandelt das Ödipus-Drama. Das Auge ist ein bekanntes Symbol des Genitales. Er hatte auch einer Jungfrau das Auge verletzt (Defloration) und müßte als Strafe sich blenden.

haben. Die zoanthropische Vorstellung, in ein Tier verwandelt zu sein, begegnet dem Irrenarzte sehr häufig, ohne daß er imstande ist, die psychischen Wurzeln dieser Erscheinung nachzuweisen. Etwas durchsichtiger ist die Melancholie, in der Lykanthropie sehr häufig beobachtet werden kann. Wer das tiefe Schuldbewußtsein der Melancholiker kennt, der muß sich gestehen, daß es sich um nicht bewältigte sadistische Triebe handelt, die in der Periode des Hasses, wie sie das Krankheitsbild der Melancholie beherrscht, zum Vorschein kommen. Vielleicht ist hier ein Hinweis auf die Anschauung von *Abraham* am Platze, der auf die Zusammenhänge zwischen Melancholie und Kannibalismus hingewiesen hat und die Anorexie der Melancholischen auf die Verdrängung der kannibalistischen Komponente zurückführt.

Auch die Dementia praecox (Schizophrenie) bietet manchmal in den Anfangsstadien durchsichtige zoanthropische Bilder. Es handelt sich auch bei den Psychosen um Regressionen auf eine infantile Periode, um einen Archaismus.

Ich möchte noch erwähnen, daß es eigentlich kein Tier gibt, das unter Umständen nicht zur zoanthropischen Identifizierung herangezogen werden könnte. In den meisten Fällen dient die Zoanthropie der Symbolisierung der sadistischen Komponente.[1])

[1]) In einer Novelle von *Kafka* „Verwandlung" wird die groteske zoanthropische Phantasie eines Wanzenlebens mit unheimlicher Plastik dargestellt. Ein Mann erwacht eines Morgens und findet sich in eine Wanze verwandelt. Er schildert nun, wie grausam er von der Familie behandelt wird und zieht aus seinen Erlebnissen allerlei Schlüsse auf die egoistische Einstellung seiner Familie, deren Ernährer er bis zu dem Zeitpunkte der Verwandlung gewesen ist. Auch die Wanze ist ein blutsaugendes Tier. . . Die Verwandlung in ein kleines Tier zum Zwecke der sexuellen Beobachtung spielt auch im Geistesleben der Kinder eine große Rolle. Sie möchten eine Fliege oder ein Floh sein, um unerkannt die Geheimnisse des Schlafzimmers zu erforschen. Das Märchen trägt auch dieser Form der zoanthropischen Phantasie Rechnung.

XV.

Zoophilie.

Fast jedermann hat in der Kindheit ausgesprochen zoophile Neigungen. Doch viele Menschen vergessen ihre zoophile Vergangenheit und kümmern sich im reifen Alter nicht um Tiere. Andere aber behalten zumindest eine sublimierte Form der Zoophilie für ihr ganzes Leben. Es ist eine bekannte Erscheinung, daß Menschen, welche nicht das notwendige Maß von Liebe finden, die Neigung haben, diese Liebe auf das Tier zu übertragen. Deshalb findet man die meisten Zoophilen unter alten Jungfern und Junggesellen. In den meisten Fällen handelt es sich nur um ein Zärtlichkeitsbedürfnis, das, hungrig nach Objekten, sich an Tiere fixiert. In diesem Sinne erfüllen die Tiere eine gewisse Mission. Sie sind eine Notwendigkeit und ermöglichen vielen von der Liebe ausgeschlossenen Menschen ein Ausströmen ihrer Zärtlichkeit.

Diese Erscheinungen sind zu bekannt, als daß ich sie ausführlich schildern sollte. Ich mache nur auf die Tatsache aufmerksam, daß viele Tierfreunde im Verkehre mit den Tieren wieder in die Kindersprache verfallen, wie wir es auch bei Liebenden beobachten. (Wie bereits erwähnt, pflegen Liebende einander gerne Kosenamen aus dem Tierreiche zu geben. Frauen heißen Katzerl, Hasi, Mauserl, Mausi, Täubchen, Vogerl usw., Männer werden als „mein Brummbärchen", mein Wau-Wau, mein Dachs, mein Falke usw. bezeichnet.[1])

Weniger bekannt ist, daß viele dieser Lieblinge eigentlich Sexualobjekte sind, welche der sexuellen Befriedigung dienen. So manches

[1]) Ich verweise auch auf die Tatsache, daß sich unter den Künstlern und speziell unter den Dichtern so viele Tierfreunde finden. Baudelaire brauchte zum Dichten eine Katze und mehrere seiner Gedichte sind an Katzen gerichtet. Byron widmete seinem Hunde eine rührende Grabschrift und ein wunderschönes Gedicht. Hebbel weinte und konnte sich lange nicht trösten, als sein Eichkätzchen umkam. Seine Tagebücher enthalten entzückte Schilderungen des Tieres, das er jung in seiner Achselhöhle wärmte. Daher kommen auch viele zoophile Schilderungen in den Werken der Dichter vor. Die sexuelle Liebe einer Dame zu ihrem Hengste schildert Mirbeau in seinem bekannten Romane „Einundzwanzig Tage eines Neurasthenikers".

reizende Schoßhündchen versieht auch die Funktion des Kunnilingus und mancher Hund dient mehr der Betreuung der Vulva als der des Hauses. . . .

Wir wollen davon absehen, den Geschlechtsverkehr zwischen Mensch und Tier als Sodomie oder Bestialität zu bezeichnen. Ich verzichte auch auf den Begriff der „Zoerastie“, den *Krafft-Ebing* für den pathologischen Zustand der Zoophilie gebraucht hat, weil die Übergänge zwischen erotischer Zoophilie und sexueller Zoerastie schwankende sind, worauf schon mit aller Schärfe *Havelock Ellis* hingewiesen hat. Wir bezeichnen daher alle die Fälle, in denen sich Geschlechtsbeziehungen zwischen Mensch und Tier nachweisen lassen, als Zoophilie und betrachten die Zoophilie als eine der häufigsten Paraphilien, die sich fast aus normalen Beziehungen durch Steigerung, Notdurft, Reizhunger, Variationsbedürfnis und krankhaften Erregungen entwickeln.

Es ist selbstverständlich, daß dem Altertume die Zoophilie besser bekannt war als unserer Kultur, wenngleich sie heute vielleicht ebenso häufig vorkommt. Aber sie ist versteckter und tobt sich in 90% der Fälle in der Phantasie aus, welche den onanistischen Akt begleitet.

In der Bibel, bei Herodot und Strabo, bei Ovid, Virgil und Juvenal finden sich genügend Hinweise auf zoophile Sitten.[1]) Auch aus verschiedenen Wandgemälden und Vasenbildern, aus Statuetten kann man den Schluß ziehen, daß dem Altertum die Zoophilie sehr gut bekannt war. Frauen bevorzugten den Esel und den Hund, aber auch Schlangen und selbst Ziegen. Krokodile (?). Böcke. Stiere sollen eine Rolle als Liebesobjekte gespielt haben.

Interessantes Material bringt *Wullfen* im Sexualarchiv (Beiträge, II., 272 ff.).

Die Sodomie ist über die ganze Erde verbreitet. In Afrika und Südamerika werden abenteuerliche Geschichten über freiwillige Geschlechtsvermischung zwischen Affen und Weibern erzählt. Nach einer alten Sage der Peruaner soll die Syphilis ursprünglich eine Krankheit des Alpako gewesen und von diesem durch widernatürlichen Geschlechtsverkehr auf den Menschen übertragen worden sein. In Indien, in Kamtschatka, in Anam ist Sodomie zu Hause. Die Chinesen sollen mit Gänsen verkehren, denen sie während der Ejakulation den Kopf abschneiden. Hier wird ein sadistischer Zug offenbar. Nach zahlreichen Stellen der Bibel war die Sodomie in Kanaan sehr verbreitet, besonders auch bei den Weibern. In Ägypten war die religiöse Sodomie bekannt. Die Verehrung des heiligen Bockes zu Medes seitens der Weiber erfolgte durch geschlechtliche Vermischung. Die Ägypter sollen sogar Krokodilweibchen gebraucht haben. Die religiöse Verehrung des Bockes in Hellas und Italien wird ihren Ursprung in seiner Beziehung zu den

[1]) Reiche Literatur und zahlreiche Belege bei *Iwan Bloch:* „Der Ursprung der Syphilis.“ Bd. II, S. 621. Gustav Fischer, Jena, 1911.

Sexualgottheiten haben; so mag sich (nach *Bloch*) die heute noch häufige Sodomie mit Ziegen in Süditalien erhalten haben. In Süditalien und auf Sizilien scheint der Mißbrauch von Ziegen seitens der Ziegenhirten geradezu Volkssitte zu sein; von pathologischer Veranlagung ist natürlich hier keine Rede. Im alten Rom wurden sodomitische Akte sogar auf der Bühne dargestellt. Die vornehmen Römerinnen hielten sich außer Schoßhündchen auch Favoritschlangen, deren kältende Natur Damen von heißerem Temperamente liebten und deshalb die Tiere, die sie wie eine Halskette um den Hals windend mit zu Bett nahmen. Nach Mirabeau war im 18. Jahrhundert Bestialität auch in den Pyrenäenlandschaften ein unter den Hirten häufiges Laster. Bei den Südslawen ist die Sodomie sehr verbreitet, sie wird in Volksliedern erwähnt.

„Drei Ursachen haben — sagt *Havelock-Ellis*[1]) — das Auftreten der Bestialität begünstigt: erstens die Primitivität der Lebensbedingungen, die eine Schranke zwischen Mensch und Tier gering erscheinen läßt, zweitens die außerordentlich große Vertrautheit, die zwischen dem Bauern und seinem Vieh besteht, oft im Verein mit dem Abgeschlossensein vom Weibe, drittens das Kursieren verschiedener Volksmeinungen, so z. B. der Aberglaube von der Wirksamkeit der Kopulation mit Tieren als Heilmittel gegen venerische Krankheiten u. dgl.“

Es darf daher nicht Wunder nehmen, wenn wir von Ziegenhirten hören, die sich bei ihren Ziegen befriedigen, von Pferdeknechten, die mit Stuten Umgang haben, von Sauhirten, die sich an der Sau vergreifen usw. Solche Verirrungen werden im Volke als Selbstverständlichkeiten betrachtet. *Mirabeau* erwähnt — ich zitiere *Wullfen* —, daß bei allen baskischen Hirten (wie ihre Geistlichen aus der Beichte entnehmen konnten) die Bestialität etwas Gebräuchliches war. In dieser Hinsicht haben sich die Verhältnisse nicht allzuviel geändert. Berichte von Kriegsteilnehmern bringen mir genügend Beweise für das Vorhandensein der „zoophilen Bereitschaften“.

Merkwürdiger ist allerdings der Umstand, daß auch die Städter, die so selten mit den Tieren in Berührung kommen, an Zoophilie leiden. Man wird selten Neurotiker finden, in deren Anamnese und in deren Phantasien sich nicht einige, bald mehr oder weniger flüchtige zoophile Züge nachweisen lassen. Allerdings Fliegen, Schmetterlinge, Hunde. Katzen usw. stehen auch dem Städter zu Gebote.

Oft vermittelt das Tier dem Menschen den ersten Eindruck der Sexualität. Und wir wissen seit *Binet*, von welcher gewaltigen Bedeutung für das Sexualleben gerade die ersten Eindrücke sind. Viele Mädchen haben sich die ersten Kenntnisse von Hunden geholt, die sich auf der Straße kopulierten. Andere wurden schon durch den Anblick

---

[1]) Die krankhaften Geschlechtsempfindungen auf dissoziativer Grundlage. Würzburg, 1907.

kopulierender Fliegen oder Maikäfer so erregt, daß ihnen dieser Eindruck zeitlebens die Pforte zur Sexualerregung öffnete.

So erzählt *Macdonald* (Archivo di Psichiatri, 1902) von einer Nonne, bei der der bloße Gedanke an Fliegen im Begattungsakte schon einen Orgasmus hervorrufen konnte. In Erinnerung an diese Fliegen mußte sie masturbieren. Seit ihrer Einkleidung soll dies schon über 400mal der Fall gewesen sein.

Ein anderer Patient *Macdonalds* ordnet die ihn sexuell erregenden Eindrücke in folgender Skala an: 1. Begattung von Fliegen; 2. Begattung von Pferden; 3. Anblick von Frauenunterwäsche; 4. Flirt zwischen Burschen und Mädchen; 5. Rinder, die aufeinandersteigen; 6. Frauenstatuen mit bloßen Brüsten, Berührung mit Körper und speziell Brust der Erzieherin (der Bursche ist 15 Jahre!) und endlich erst an siebenter Stelle der Koitus.

Hier sehen wir an erster Stelle den erregenden Eindruck der sich begattenden Fliegen. Es ist sehr wahrscheinlich, daß dieser Anblick dem Knaben das erste Wissen über den Sexualakt brachte. Ebenso wahrscheinlich ist es, daß er sich sein ganzes Leben nicht von diesem Eindruck befreien konnte.

Ich kenne Menschen, denen diese Fliegenleidenschaft unbewußt ist. Sie sitzen in einem Zimmer, eine Fliege summt und plötzlich werden sie von einer sexuellen Erregung überrascht, die sie sich nicht erklären können.

Bei Onanisten kommt die Verbindung mit Fliegen ziemlich häufig vor. Ich habe drei Fälle in der „Zeitschrift für Sexualwissenschaft" (Zeitschrift für Sexualwissenschaft, Bd. II, S. 289, 1916. Fliegen als Sexualobjekt) publiziert, die ich jetzt folgen lasse:

„Durch einen Zufall bin ich in der Lage über drei Fälle kurz berichten zu können, in denen die sexuelle Erregung durch Fliegen ausgelöst und für einen autoerotischen Akt verwendet wurde.

Fall Nr. 87. Herr O. R., Reisender, 38 Jahre alt, gibt an, daß er durch das Summen der Fliegen in hochgradige sexuelle Erregung gerate. Er könne dann nicht widerstehen und müsse onanieren. Er gerate in einen merkwürdigen traumartigen Zustand, der äußerst lustbetont ist, ihn mitunter auch melancholisch mache. Diese Art der Onanie setzte erst mit 22 Jahren ein, nachdem er das Elternhaus verlassen hatte. Sein Vater führte eine kleine Gastwirtschaft, wo es unzählige Fliegen gab. Es scheint, daß sich mit dem Summen Erinnerungen an seine Jugend verbinden. Näheres war nicht zu erfahren, da der Patient mich nur einmal konsultierte.

Interessanter ist der zweite Fall, weil er eigentlich einen Fall von Sodomie darstellt, wie ich ihn in dieser Art noch nicht kennen gelernt habe.

Fall Nr. 88. Frl. K. H. hat sich folgende Form der Onanie angewöhnt, bei der sie den stärksten Orgasmus erzielt: Sie legt sich an heißen Sommertagen nackt auf das Sofa, öffnet ihre Schenkel, beschmiert die Vulva mit Honig. Nun fliegen alle Fliegen, die im Zimmer sind, auf sie zu, krabbeln an der Vulva herum, und sie gelangt bald zum Orgasmus. Sie behauptet, daß keine andere Art des Autoerotismus oder des geschlechtlichen Verkehres die Höhe dieses Orgasmus erreicht. Sie kam auch bald darauf, daß der Honig überflüssig wäre, da schon der Geruch der Vulva die Fliegen anlocke. Doch dauere es viel länger, bis sie herankämen.[1])

Der dritte Fall gestattet mir eine Erklärung, weil es ein Kranker war, der sich in analytischer Behandlung befand.

Fall Nr. 89. Es handelt sich um einen 26jährigen Juristen, der die Fliegen lebend einfing und sie während des onanistischen Aktes an den Penis drückte. Wenn er die Fliege ganz zerquetschte, so trat Orgasmus und Ejakulation ein. Dieser Patient masturbierte mit der Vorstellung eines Lustmordes. Die Fliege war der symbolische Ersatz eines Mädchens. Wie es sich später herausstellte, kämpfte er immer mit der Versuchung, einem jungen Mädchen Gewalt anzutun und es post stuprum zu töten. Die Folge dieser kriminellen Phantasie war vollkommene Impotenz bei sehr schwächlichen Frauen und Mädchen. Nur Riesenweiber, bei denen er vor seinem Triebe sicher war, da sie stärker waren als er selbst, waren ihm zugänglich. Der merkwürdige Gegensatz der Onanie mit Fliegen und des Koitus mit sehr großen Frauen erklärte sich auf diese Weise. Die Onanie konnte er nicht aufgeben, auch wenn er regelmäßig mit Frauen verkehrte. Sie war ihm der Ersatz der kriminellen Akte und wurde auch ohne die Hilfe von Fliegen vollzogen. Doch steigerte das Zerdrücken der Fliegen den Orgasmus in außerordentlicher Weise."

Auch Fälle, in denen Sexualgefühle durch Maikäfer ausgelöst wurden, sind mir bekannt. Die Zoanthropie der Käfermenschen zeigt sich häufig darin, daß sie die Mädchen als Käfer bezeichnen. (Ein netter Käfer!) Ein Patient meiner Beobachtung zeigte schon früh Interesse für Käfer und Schmetterlinge, hatte wunderbare Sammlungen, verglich immer später die Mädchen mit Schmetterlingen oder Käfern. Er gibt zu, daß er die ersten sexuellen Regungen beim Anblick von gepaarten Käfern und Schmetterlingen empfunden habe.

Vielleicht führt dieser erste tierische Eindruck dazu, daß so viele Menschen die Sexualität als etwas Tierisches empfinden. Für diesen Zusammenhang spricht der Fall, den *Havelock Ellis* ausführlich berichtet. Ich führe aus diesem Falle nur zwei charakteristische Stellen an.[2])

Es handelt sich um den Bericht eines Akademikers und geschulten Psychologen.

---

[1]) Ich habe seit dieser Publikation in Erfahrung gebracht, daß diese sonderbare Form der Zoophilie gar nicht selten ist.

[2]) *Havelock Ellis*, l. c., S. 269; Kasuistik der geschlechtlichen Entwicklung, Fall 1.

Daß Hunde (und selbst Affen) ihren Frauen den Liebhaber ersetzen, gehört nicht in dieses Kapitel. Es ist viel mehr erotische Zoophilie hinter der Tierliebe verborgen, als es die meisten Menschen ahnen. Ich möchte nur jene Fälle erwähnen, in denen das sexuelle Begehren auf große Tiere gerichtet ist, so daß das Interesse für Frauen ganz bei Seite gedrängt wird.

Der erste derartige Fall ist von *Hane* und findet sich im Auszuge im bekannten Werke von *Krafft-Ebing*.

Fall Nr. 91. Y., 20 Jahre alt, intelligent, wohlerzogen, erblich angeblich nicht belastet, körperlich gesund bis auf Erscheinungen von Neurasthenie und Hyperaesthesia urethrae, hat angeblich nie masturbiert. Von Kindheit auf große Freude an Tieren, besonders Hunden und Pferden. Seit der Pubertät Potenzierung dieses Sports, bei dem aber nie sexuelle Vorstellungen untergelaufen zu sein scheinen.

Eines Tages beim erstmaligen Besteigen eines Pferdes Wollustempfindung. Nach 14 Tagen bei neuerlichem Anlasse dasselbe, zugleich mit Erektion.

Kurz darauf erster Ritt. Diesmal Ejakulation. Nach einem Monat derselbe Vorfall. Patient empfindet darüber Ärger und Abscheu, abstiniert vom Reiten. Nunmehr fast tägliche Pollutionen.

Der Anblick von Reitern und Hunden macht ihm Erektionen. Fast allnächtlich Pollutionen mit der Traumvorstellung, er sitze zu Pferde oder dressiere Hunde. Patient sucht ärztliche Hilfe. Eine Sondenkur beseitigt die Hyperaesthesia urethrae und mindert die Pollutionen. Dem Rate des Arztes, zu koitieren, folgt Patient widerstrebend, teils aus fehlender Zuneigung zum andern Geschlechte, teils aus Mißtrauen in seine Potenz.

Er macht erfolglose Koitusversuche, erzielt nicht einmal Erektion, die aber sofort auftritt, als er einem Reiter begegnet. Er wird deprimiert, hält sich für ein abnormes Wesen und Heilung für unmöglich.

Entsprechende ärztliche Behandlung. Neuer Koitusversuch gelingt unter Zuhilfenahme der die Erektion fördernden Phantasiebilder von Hunden und Reitern.

Patient reüssiert immer leichter, fühlt seine Zuneigung zu Tieren schwinden, hat keine Erektionen beim Anblick von Reitern und Hunden mehr, die Pollutionen auslösenden Traumvorstellungen haben immer seltener Tiere zum Inhalt, er träumt von Mädchen. Der anfangs noch durch rasch erlahmende Erektion und Ejaculatio praecox pathologische Koitus wird unter Zuhilfenahme einer Sondenkur normal. Patient ist sexuell befriedigt und von seinem abnormen sexuellen Trieb befreit. (Dr. *Hane*, W. med. Blätter, 1877, Nr. 5.)

Einen ähnlichen Fall beschreibt *Bloch:*

Fall Nr. 92. Es handelt sich um einen 42jährigen Landwirt, große stattliche Erscheinung, von gesundem Aussehen und normaler Körperbeschaffenheit. Die hereditäre und familäre Anamnese ergibt wenig ursächliche Anhaltspunkte für die eigentümliche Entwicklung seiner Vita sexualis. In der Familie sollen mehrfach unglückliche Ehen vorgekommen sein. Auch die Eltern des Patienten lebten in solcher unharmonischer Ehe. Seine Mutter hatte ein herrisches Wesen, er fühlte keine Liebe zu ihr. Über sexuelle Abnormitäten weiß er nichts zu sagen. Er legt besonderen Wert darauf, daß er als Säugling mit der Flasche aufgezogen wurde und ihm so die natürlichen ersten unbewußten sexuellen Erregungen, wie sie nach der von *S. Freud* aufgestellten Theorie das Saugen an der Mutterbrust gewährt, verloren gingen. Hierin erblickt er einen wesentlichen Grund für seine spätere sexuelle Unempfindlichkeit gegen das weibliche Geschlecht.

Als 12jähriger Knabe verspürte Patient zum ersten Male eine geschlechtliche Erregung, als er auf einem schönen Pferde ritt. Seitdem ist sein ganzes Sexualempfinden eng mit der Vorstellung schöner Pferde verknüpft, in dem Sinne, daß er seit Jahren jede Woche einmal beim Reiten eine Ejakulation mit starkem Wollustgefühl hat. Bemerkenswert ist aber, daß er keinerlei erotische Träume hat, die sich auf Pferde beziehen. Wie erwähnt, ist sein geschlechtliches Empfinden gegenüber dem menschlichen Weibe (und auch Manne) gleich Null. Er hat schopenhauerische Ansichten über die Frauen. Die wenigen Versuche eines intimeren Verkehres mit Frauen, zumeist waren es Puellae publicae, widerten ihn an, es kam zu keiner oder nur einer sehr schwachen Erektion dabei. Die Vita sexualis des Patienten ist überhaupt keine sehr rege, er leidet auch nicht an Pollutionen und wird durch die einmal wöchentlich erfolgende Ejakulation und libidinöse Erregung durch Pferde vollkommen befriedigt.

Seit mehreren Jahren leidet Patient an häufiger Schlaflosigkeit, deren Veranlassung er in materiellen Sorgen und in dem Nachgrübeln über seinen sexuell abnormen Zustand erblickt. Brom, Veronal und andere Schlafmittel nützen nur wenig, da bald Gewöhnung an dieselben eintritt, dagegen sind kalte Fußbäder von besserer Wirkung.

Der Patient, der, wie erwähnt, gegen den normalen Beischlaf als einen „tierischen Akt" einen großen Widerwillen hat, glaubt, daß er vielleicht zu einem normalen sexuellen Zustande gelangen könne, wenn er eine sympathische, ihm seelisch und körperlich zusagende Frau fände. Er ist aber in dieser Beziehung sehr skeptisch, da er die Seltenheit einer vollen Harmonie, die die Vorbedingung einer glücklichen Ehe sei, genau kennt.

Der Patient bot keinerlei Symptome der „Degeneration" dar, die Genitalien waren normal, und bei einem 42jährigen Manne kann eine infolge von materiellen Sorgen und Gemütsdepressionen hervorgerufene nervöse Schlaflosigkeit nicht als ein Symptom der Entartung verwertet werden, wenn man bedenkt, wie oft auch bei sonst gesunden Personen infolge des Lebenskampfes sich diese nervöse Schlaflosigkeit schon am Ende der 30er Jahre einstellen kann. [*Iwan Bloch*, Ein merkwürdiger Fall von sexueller Perversion (Zoophilie) in „Med. Klinik", 1906, Nr. 2.]

Ich lasse einen ähnlichen Fall von *Hirschfeld* folgen:

Fall Nr. 93. G., aus einer Juristenfamilie, hat selbst Jura studiert, jedoch keine Prüfung abgelegt. Er ist jetzt mit 36 Jahren Bürobeamter mit einem Gehalt von 100 Mark. Dabei ist er von großer geistiger Regsamkeit, nur fehlt ihm der Wille und die Geduld, sich in eine gesteckte Aufgabe mit ruhiger Gewissenhaftigkeit zu vertiefen. Körperlich macht er den Eindruck eines hochaufgeschossenen Primaners von 18 Jahren, während er in Wirklichkeit doppelt so alt ist. G. gibt an, er fühle sich wie 16 Jahre, namentlich in Gesellschaft ihm sympathischer älterer Frauen; in seinen Aufzeichnungen heißt es: „Ich brauche eine Frau, die in mir einen 16jährigen Jungen sieht, der eigensinnig, launisch und verwöhnt ist und den sie erziehen muß. Sie wird am stärksten wirken, wenn sie meine erotische Phantasie benutzt, um ihr Ziel zu erreichen. Ich bin z. B. auf einem Spaziergang eigensinnig; wenn sie mir die Züchtigung, die ich erhalten werde, möglichst plastisch ausmalt, so bin ich im wahrsten Sinne des Wortes fasziniert. Ein gleiches Empfinden erwacht in mir, wenn ich mich vor ihren Augen entkleiden muß, während sie selbst in Straßentoilette vor mir sitzt." Ein anderes Mal schreibt er: „Ich möchte Schulaufgaben machen, die ich durch Schreibfehler, Unaufmerksamkeit usw. so schlecht mache, daß ich von einer Frau Strafe bekommen muß. Diese wird in Ohrfeigen und Androhung von Schlägen auf das nackte Gesäß bestehen. Hierbei spielt das Gebrauchen von Worten wie „Hiebe, Striemen, Popo" usw. eine große Rolle. Es ist mir unmöglich, die Erzieherin, wenn sie solche Worte gebraucht, anzusehen. Vor allem muß sie mir das typische Knabenlaster, die Onanie, verbieten. Sie selbst darf und soll das bei mir tun."

G. besitzt eine große Sammlung von Bildern und Zeichnungen, auf denen Knaben und Jünglinge von Frauen gezüchtigt werden; die meisten sind englischen Ursprungs. Außerdem leidet mein Patient G. noch an einer anderen seltsamen Zwangsvorstellung, von der er sich, trotzdem er ihre Lächerlichkeit einsieht, nicht loslösen kann, nämlich ein Pferd zu sein, „aber nicht", wie er hinzufügt, „ein edles R a s s e p f e r d, sondern ein kümmerlicher Karrengaul, den eine Frau kutschiert". Seit es im Kriege so viele „weibliche Kutscher" gibt, fühlt er sich in seiner Erotik stark gesteigert. „Die weiblichen Kutscher", schreibt er, „wirken auf mich sehr stark erregend; wenn ich sie sehe, möchte ich gar zu gern ein ehemals kräftiges, durch die Frau nun abgewirtschaftetes Lastpferd sein." (*Hirschfeld*, l. c.; S. 48—49.)

Jetzt wenden wir uns jenen schweren Fällen zu, wie sie *Krafft-Ebing* als „Zoerastie" bezeichnet. Eine Kombination von Zoophilie und Sadismus bietet die Beobachtung von *Boeteau:*

Fall Nr. 94. A., 16 Jahre, Gärtnerjunge, unehelich, Vater unbekannt, Mutter schwer belastet, hysteroepileptisch. A. hat difformen, asymmetrischen Gehirn- und Gesichtsschädel, desgleichen Skelett, ist klein, war seit der Kindheit Masturbant, immer moros, apathisch, die Einsamkeit liebend, höchst reizbar, in seinen Affekten von geradezu pathologischer Reaktion. Er ist imbezill, wohl durch Masturbation sehr heruntergekommen und neurasthenisch. Überdies bietet er hysteropathische Symptome (Einschränkung des Sehfeldes, Dyschromatopsie, Herabsetzung von Geruch, Geschmack, Gehör rechts, Anaesthesia testiculi dextr., Clavus usw.).

A. ist überwiesen, Hunde und Lapins teils masturbiert, teils sodomisiert zu haben. 12 Jahre alt, sah er, wie Knaben einen Hund masturbierten. Er machte es nach und konnte sich nicht enthalten, in der Folge Hunde, Katzen, Lapins in der scheußlichsten Weise zu mißhandeln. Viel häufiger aber sodomisiert er weibliche Kaninchen, die einzigen Tiere, welche für ihn einen Reiz hatten. Mit Einbruch der Nacht pflegte er sich nach dem Kaninchenstall seines Herrn zu begeben, um seinem entsetzlichen Drange zu fröhnen. Man fand wiederholt Lapins mit zerrissenem Rektum. Die bestialen Akte spielten sich immer in derselben Weise ab. Es handelte sich um förmliche Anfälle, die etwa alle 8 Wochen und jeweils abends sich in identischer Weise einstellten. A. bekam großes Unbehagen, ein Gefühl, wie wenn man ihm den Kopf zerhämmere. Es war ihm, wie wenn er den Verstand verliere. Er kämpfte gegen den auftretenden Zwangsgedanken, Lapins zu sodomisieren, empfand wachsende Angst dabei, Steigerung des Kopfschmerzes bis zur Unerträglichkeit. Auf der Höhe des Zustandes Glockenläuten, Ausbruch von kaltem Schweiß, Zittern der Knie, endlich Aufhören der Widerstandsfähigkeit und impulsive Ausführung der perversen Handlung. Sobald dieselbe geschehen ist, wird er frei von Angst. Die nervöse Krise ist geschwunden und er ist wieder Herr seiner selbst, empfindet tiefe Beschämung über das Vorgefallene und fürchtet die Wiederkehr solcher Situationen. A. versichert, daß er in solchen Krisen, vor die Wahl gestellt, ein Weib oder ein Lapinweibchen zu gebrauchen, nur sich zu letzterem entschließen könnte. Auch intervallär erregen einzig unter den Haustieren Lapins sein Wohlgefallen. In seinen Ausnahmezuständen genügt ihm zur sexuellen Befriedigung meist das bloße Andrücken, Küssen usw. des Lapins, zuweilen gerät er dabei aber in solchen Furor sexualis, daß er stürmisch das Tier sodomisieren muß.

Die erwähnten bestialen Akte sind die einzigen, welche ihn sexuell befriedigen, und die einzige ihm mögliche Art sexueller Tätigkeit. A. versichert, daß er dabei nie ein Wollustgefühl hatte, sondern Befriedigung nur insoferne, als er dadurch aus seiner qualvollen, durch impulsiven Zwang geschaffenen Situation befreit wurde.

Es gelang leicht der ärztlichen Epikrise nachzuweisen, daß dieses menschliche Scheusal ein psychisch Degenerierter, unfreier Kranker, kein Verbrecher ist. (*Boeteau*, La France medicale, 38. Jahrg., Nr. 38; zit. nach *Krafft-Ebing*.)

Wullfen (Der Sexualverbrecher) berichtet:

Rohleder (Vorlesungen, II, 170) erzählt den Fall eines unverheirateten Mädchens in den 30er Jahren, das sich von einem männlichen Papagei absichtlich an Kopf, Kinn, Brust, Busen mit dem Erfolge liebkosen ließ, daß es dabei sexuell erregt wurde, so daß eine Rötung des Gesichts, starrer Blick, Töne der Erregung und Übereinanderschlagen der Beine erfolgten. „Im Stadium höchster Erregung (mit Orgasmus?) streicht sie wohl auch am Unterleibe des Vogels entlang bis zum Mastdarm hin. Jedenfalls stehen die Liebkosungen mit masturbatorischen Erregungen im innigen Konnex.“

Rohleder meint, daß ein streng ausgesprochener Fetischismus hier nicht vorliegen könne. Das Hinstreichen über das Gefieder sei hier nicht das primäre sexuell Erregende, das vielmehr in den Liebkosungen von seiten des Tieres liege.

Ein Wasenmeister richtete den Hund seines Nachbarn dazu ab, daß er seine eigene Frau geschlechtlich gebrauchte. Als die Frau weinte und sich auch wehrte, drohte ihr der Mann mit Schlägen und hielt sie fest. Er lehnte seine Frau an ein Bett, entblößte ihren Unterleib, richtete den Hund dann auf und führte dessen Glied selbst in die weibliche Scheide ein. Der Hund verstand nunmehr, was von ihm verlangt wurde und begann an der Frau seinen Geschlechtstrieb zu befriedigen. Der Wasenmeister stand dabei, hielt seine Frau fest und sah zu. Er wiederholte seine Handlungsweise noch fünf bis sechsmal. Das Gericht nahm an, daß der Wasenmeister aus Geschlechtslust gehandelt hatte. Der Angeklagte verübte nicht nur Sodomie, sondern machte sich zugleich der gewaltsamen Unzucht an seiner Ehefrau schuldig. (H. Groß's Archiv, 1903, S. 320.)

Oft ist es schwer zu entscheiden, ob es sich um eine primäre Zoophilie oder um einen maskierten Sadismus handelt. So halte ich auch den letzten Kranken für einen Sadisten und Frauenmörder, der Frauen auf diese Weise mißbrauchen und quälen möchte und dem die Kaninchen nur „Frauenersatz" darstellen.

Der nächste Fall meiner Beobachtung spricht für die letztere Annahme.

Fall Nr. 95. U. B., ein 35jähriger Arzt, der an Angstzuständen leidet, berichtet mir über sein Sexualleben. Er empfinde nur Befriedigung, wenn er eine Frau pädiziert, die dabei große Schmerzen erleidet. Er weigert sich aus diesem Grunde, irgend ein Fett zu verwenden, was die Frauen verlangen, die nach seiner Aussage dieser Form der Sexualbefriedigung sehr zugetan sind. Wenn das Weib vor Schmerzen schreit, hat er den höchsten Orgasmus. Im Kriege wandte er sich der Sodomie zu. Es machte ihm aber kein Vergnügen, einer Stute das Glied einzuführen. Er wählte kleine Tiere, denen er durch den Penis empfindlichen Schaden zufügte. Viele von seinen Opfern mußten verenden. Seine Angstgefühle stammen aus den Impulsen, auch die Frauen durch Liebkosungen grausamer Natur zu töten.

Viel interessanter als diese Krankengeschichten, an die sich der Fall von *Tannenbaum* anschließt, über den ich in Bd. IV, S. 70 berichtet habe, sind jene Fälle, in denen eine vollkommene Identifizierung mit dem Tiere eintritt und welche die eigentlichen Formen des zoanthropischen sexuellen Infantilismus darstellen.

Ich erwähne den Mann aus der Beobachtung von *Eulenburg*, der zu der Dirne kommt und an sie die Frage richtet: Pfau oder Hahn und dann stolz eine Hahnenfeder in den Anus steckt (oder je nach der Beantwortung eine Pfauenfeder), stolz auf und abmarschiert, natürlich nackt, um dann ohne Vollziehung eines anderen sexuellen Aktes nach Bezahlung den Schauplatz seiner Exhibition zu verlassen.

Bekannt ist auch in Wien der „Hahnemann", der Dirnen besucht, sich einen Schwanz aus Hahnefedern in den Anus steckt, Kikeriki kräht und dann den Koitus a tergo als Hahn vollzieht, wobei er die Dirne nach Art der Hähne beim Schopfe beutelt, was er natürlich immer sehr teuer bezahlen muß.

Wie weit die Identifizierung mit dem Tiere gehen kann, das beweist der Fall, den ich in Bd. IV, S. 63 angeführt habe:

Fall Nr. 96. Eine Offiziersgattin, die ihren Mann aus dem Felde erwartete, konsultierte mich wegen einer sonderbaren Leidenschaft des Mannes, die es ihm allein ermöglichte, bei ihr den Koitus auszuführen. Sie mußte ihn wie einen Hund behandeln und „Karo" nennen. Er erhielt ein Hundehalsband und wurde an der Leine im Zimmer umhergeführt, mußte aufwarten und

18*

allerlei Kunststücke machen. Dann führte er den Kunnilingus aus, an den sich ein Koitus schloß.

Auch *Merzbach* (Die krankhaften Erscheinungen des Geschlechtssinnes, Alfred Hölder, Wien, 1909) berichtet einen ähnlichen Fall:

Fall Nr. 97. Wir kennen einen hervorragenden Juristen, der in ausgezeichneter Ehe lebt. Derselbe hat in seinem Wesen etwas Hyperfeines, Gewähltes und liebt es, sich in etwas schwülstigen Reden zu ergehen. Von Zeit zu Zeit pflegt er eine bestimmte weibliche Person aufzusuchen, mit der er folgenden masochistischen Akt aufführt. Der Besucher entkleidet sich zum Teil, erhält anstatt des Kragens ein Hundehalsband umgelegt, an dem eine Hundeleine befestigt wird. Indem er wie ein Hund auf allen Vieren sich fortbewegt und Bell- und Winsellaute von sich gibt, läßt ihm seine Herrin mit einer kleinen Peitsche leichte Züchtigungen zuteil werden.

Solche Fälle sind keineswegs selten. Sie gelangen aber nicht oft zur Kenntnis der Ärzte. Die Frauen genieren sich einzugestehen, daß sie auf die Launen ihrer Männer eingehen, und die Männer haben keinen Grund, den Arzt aufzusuchen, da sie mit großer Hartnäckigkeit an ihrem Infantilismus hängen. Die Dirnen wissen sehr viel von diesen Sonderbarkeiten zu erzählen.

Über die psychologische Entwicklung der zoanthropischen Paraphilie gibt uns die nächste Krankengeschichte gute Aufschlüsse. Es handelt sich um einen 35jährigen Ingenieur, der mir folgende Lebensgeschichte niederschrieb:

Fall Nr. 98. Ich wuchs als zweites Kind meiner Eltern auf dem Lande auf. Schon sehr früh setzte bei mir das Interesse für Tiere und besonders für Vögel ein. Ich erinnere mich an mein erstes Spielzeug. Es war ein Hahn, wo man durch Blasen Laute erzielen konnte. Soweit ich mich erinnere, war das Spielzeug aus Blech. Ich selbst spielte immer Hahn, aber auch gerne Hund, oder Affe, auch Bär in der Höhle, was ich mit meinem älteren Bruder stundenlange tun konnte. Wir hatten immer allerlei künstliche Tiere. Zuerst waren es Vögel aus Porzellan. Wir gaben jedem Vogel einen Namen. Die Mutter mußte uns für die Vögel Kleider machen. Wir behaupteten steif und fest, es wären verzauberte Prinzen. Einmal gruben wir einen solchen Vogel in die Erde und hofften, er werde lebendig werden und sich in einen Prinzen verwandeln. Wir waren sehr enttäuscht, als wir ihn schmutzig aus der Erde zogen und er absolut nicht lebendig werden wollte. Ich bekam auch einen niedlichen Kunst-Affen, den ich immer ins Bett nahm und von dem ich mich nicht trennen konnte. Noch heute spiele ich manchmal mit dem Affen und würde ihn auch am liebsten ins Bett nehmen, wenn ich mich nicht schämen würde. Paarende Tiere interessierten mich sehr und belehrten mich frühzeitig über das natürliche Geschlechtsleben. Ich versuchte auch eine Henne zu mißbrauchen, sie schrie und ich fürchtete, man werde mich überraschen. Unseren Hund onanierte ich oft und brachte ihn auch dazu, mich hie und da zu lecken, wobei mein Bruder zugegen war und mir den gelehrten Lehrer abgab. Ich trachtete immer mit Tieren beisammen zu sein. Meine größte Freude war der Tiergarten, den ich oft besichtigte, nachdem wir nach Wien übersiedelt waren. Ich konnte den Affen stundenlange zusehen und war besonders glücklich, wenn es mir gelang, eine Paarung zu beobachten. Besonders die großen Tiere reizten mich unendlich. Ich hätte am liebsten mit einem Elefantenweibchen verkehrt, oder wenigstens das Tier an den Geschlechtsteilen berührt, wenn ich nur dazu Gelegenheit gehabt hätte.

Ich begann sehr früh zu onanieren und immer mit der Vorstellung, ich wäre ein Tier und könnte mit einem Tiere verkehren. Dabei machte ich so ziemlich die Verwandlung in alle Tiere durch. Das Dschungelbuch von Kipling regte mich sehr an. Ich beneidete Moglie, daß er unter Wölfen aufwachsen durfte. Ich habe das Buch mindestens hundertmal gelesen. Auch die Märchen, in denen Tiere vorkamen, regten mich sexuell sehr auf.

Das dauerte auch noch im Gymnasium an. Ich verstand nicht, daß meine Kollegen den Mädchen nachliefen. Ich konnte einem schönen Hunde oder einer Stute nachlaufen und nahm mir vor, reich zu werden, um recht viele Tiere halten zu können. Am häufigsten kehrte die Phantasie wieder, ich wäre ein Hahn und hätte einen Hühnerhof voller Hühner. Mit 17 Jahren wurde ich von Kollegen verleitet in ein öffentliches Haus zu gehen. Ich hatte wohl eine kräftige Erektion, aber lange nicht das Vergnügen, das mir die Onanie mit der Vorstellung eines Tieres gewährte.

Schon frühzeitig merkte ich, daß die verschiedenen Menschen Tiergesichter haben. Ich entdeckte alle Tiere in den Zügen der Menschen. Einmal traf ich eine Dirne, die hatte ein Vogelgesicht. Bei ihr war ich so ziemlich potent und konnte mit der Vorstellung, einen Hahn zu busserieren, sehr großen Genuß erzielen.

Aber noch immer betrachtete ich die Vorliebe für Tiere als müßige Spielerei, obwohl ich mit dem Gedanken kämpfte, zu Hagenbeck zu gehen, Tierwärter oder Tierhändler zu werden. Es ist selbstverständlich, daß ich als Tierfreund Mitglied aller möglichen Tierschützvereine werden wollte.

Mit 21 Jahren hatte ich eine flüchtige Neigung zu einer Kusine. Ich glaube, weil sie einen Hut trug, auf dem ein Vogel befestigt war. Denn nach einiger Zeit wurde sie mir gleichgültig, ich glaube, weil sie nicht mehr den Vogelhut trug.

Mein Unglück sollte durch eine Theatervorstellung kommen. Damals kam gerade die Chanteclair-Mode auf. Das gleichnamige Stück von Rostand hatte die Welt erobert. Auch ich sah eine Vorstellung, in der die Menschen Hühnerkostüme trugen. Ich verliebte mich in eine Schauspielerin, die in einem solchen Kostüme reizend aussah. Leider konnte ich mich ihr nicht nähern. Ich war nicht genug reich dazu. Aber ich sparte, was ich konnte und es gelang mir, bei dem einen Garderobier ein altes Hennenkostüm und einen Hahn zu kaufen. Nun führte ich bald meinen Plan aus. Ich gab eine Annonce in die Zeitung, in der ein Tierfreund eine gleichgesinnte Partnerin suchte. Ich fand eine 35jährige Gouvernante, die ähnliche, aber sehr verschwommene Phantasien hatte. Sie ging auf meinen Vorschlag ein und zog sich das Hennenkostüm an. Ich paradierte natürlich als Hahn und die Folge war ein stürmischer Koitus mit dem größten Genusse, dem bald viele andere folgten. Ich war nun im Banne meiner Leidenschaft. Aber meine Freundin mußte mit ihrer Familie Wien verlassen und es gelang mir nicht mehr, eine Partnerin zu finden. Hie und da führte ich die Komödie bei Dirnen auf. Aber sie lachten immer und das brachte mich aus der Fassung. Sie muß nämlich ernst bleiben und vor mir fliehen, während ich die Flügel schlage und wie ein

Hahn krähe. Ich war sonst in den meisten Fällen impotent und hatte fast gar keinen Genuß.

Mein Unglück wurde erst namenlos, als ich mit 27 Jahren ein Mädchen schätzen und lieben lernte. Ich hielt um ihre Hand an und wurde glücklicher Bräutigam. Ich war stolz, daß ich sie als Mensch liebte und sie nie mit den Hahnideen in Zusammenhang gebracht hatte. Ich hatte mittlerweile trotz dieser kindischen Spielereien eine große Stellung erobert. Ich wollte recht bald heiraten. Aber zu meinem Schrecken bemerkte ich, daß ich bei meiner Braut keine Erektionen hatte. Ich hielt mich für impotent. Da eilte ich einmal verzweifelt auf den Dachboden und holte mein Chanteclairkostüm hervor. Siehe da! Sofort hatte ich einen mächtigen Status.

Ich konnte der Versuchung nicht widerstehen und onanierte. Ich traute mich nicht der Braut in die Augen zu sehen. Sie war ein engelreines und selten gutes Wesen. Ich hoffte auf meine Liebe.

Aber in der Brautnacht war ich impotent. Ich lief aus dem Zimmer und rannte wie ein Verzweifelter auf der Gasse umher. Ich wollte mir das Leben nehmen. In diesem Zustande entschloß ich mich, mich meiner Frau anzuvertrauen.

Sie hörte mich weinend an und meinte, sie wolle mit mir alles tragen, selbst meine Impotenz. Sie wolle aber unter keiner Bedingung auf meine Phantasien eingehen, weil es ihr als eine Entwürdigung unserer Liebe erscheinen würde.

Ich begab mich dann zu einem bekannten Hypnotiseur, der mir versprach, alles in einigen Sitzungen „wegzuhypnotisieren". Allein er brachte es bei mir nie zu einer Hypnose. So bleibe ich augenblicklich gefesselt im Banne meiner unglückseligen Leidenschaft.

Das ist die Anamnese des Kranken. Die Analyse förderte eine mächtige sadistische Einstellung zutage. Nach Erkenntnis und Überwindung dieses latenten Sadismus, der ihm angeblich bisher vollkommen unbewußt gewesen war, konnte er den Koitus vollziehen. Die Zoanthropie klang ganz langsam ab.

Einen merkwürdigen Fall von Zoanthropie beschreibt *Kiernan* (The Alienist and Neurologist, 1906):

Fall Nr. 99. Zwei angesehene Bürger von Wladikauka in Rußland hatten wiederholt Mädchen aus vornehmen Familien entführt und merkwürdig behandelt. Sie wurden wegen senilen Schwachsinns freigesprochen und in eine Irrenanstalt überführt. Das letzte Mal hielten sie eine junge Erbin ein ganzes Jahr gefangen. Die zwei Greise waren maskiert, überfielen ihr Opfer bei Nacht und entführten sie in einem Wagen. In einem reichgeschmückten Salon wurde sie befreit. Ohne ein Wort zu sagen, zogen ihr die beiden ein Federnkleid an und sperrten sie in einen großen goldenen Käfig, der im Salon bereitstand. Der eine, den anderen sah sie niemals wieder, beguckte sie schweigend jeden Morgen durch die Gitterstäbe, warf ihr manchmal Stücke Zucker hin und brachte jeden Morgen einen Topf heißen Wassers, das er in den Futternapf des Vogels goß, indem er sagte: „Bade dich, mein Vögelchen!" Das waren die einzigen Worte, die sie je hörte! Erst nach einem Jahre entließ sie der Mann, nahm sie aus dem Käfig, zog ihr das Federnkleid aus, brachte sie in einem Wagen bis nahe an ihre Wohnung.

Näcke faßt den Fall als Fetischismus auf, auch als eine abortive sexuelle Befriedigung mit sadistischem Anstriche und meint, daß der Vogel vielleicht im Unterbewußtsein als geiles Tier eine Rolle spielt.

Ich sehe hier eine Erinnerungsspur aus der Kindheit, in der den einen Kranken ein Vogel sexuell reizte. Wahrscheinlich sah er zu, wie die Mutter oder irgend eine andere Person dem Vogel Wasser reichte und diese Worte sprach. Vielleicht hat nur die Impotenz jede sexuelle Aggression verhindert. Jedenfalls sehen wir einen deutlichen Fall von Zoanthropie, der nach den vorhergehenden Ausführungen etwas verständlicher wird. Es ist auch möglich, daß es sich um eine Erinnerungsspur eines Märchens handelt. (Vergl. in Grimm's Sammlung das deutsche Märchen von „Fittchers Vogel".)

Der Variationen gibt es unzählige. Man kann kaum alle Verrücktheiten aufzählen, zu welchen die Zoanthropie die Menschen verleitet. Auch bei Frauen kommt sie vor, freilich wagt sie sich nicht klar ans Tageslicht.[1]) Man muß nur Frauen beobachten, wenn sie in Menagerien vor Tierkäfigen stehen. Bekannt ist ja die Vorliebe der Frauen für das Artfremde, Exotische, die sich in der Aschanti-, Neger-, Chinesen- und Araberliebe äußert. Den Männern wird es in Bordellen leicht gemacht, ihre zoophilen Phantasien auszuführen. Der nächste Fall bietet auch ein solches Beispiel:

Fall Nr. 100. Herr A. S. gesteht mir, daß er seit der Jugend den Wunsch hat, in einem Bärenfell zu koitieren. Sein größter Genuß ist der Koitus auf einem Bärenfell. Sein Zimmer ist mit allerlei Bärenfellen ausgekleidet. Auf der Ottomane liegt das Fell eines Eisbären. Vor der Ottomane liegen rechts und links Eisbärenfelle. Am liebsten zieht er ein Bärenfell an und läßt seine Partnerin auch ein Bärenfell anziehen. Er erinnert sich, daß er in der Jugend einmal in einem Tiergarten Geschlechtsverkehr zwischen Bären gesehen hatte, was auf ihn einen außerordentlich großen Eindruck machte.

Eine Reihe von zoophilen Aspekten bringt der nächste Fall, der zugleich einen Beitrag zur Entstehung der Leidenschaft für Pferde darstellt.

Fall Nr. 101. Herr T. C., ein Zoologe im Alter von 42 Jahren, kräftig, erblich nicht belastet, körperlich ganz normal, keine Degenerationszeichen, ist seit der Kindheit Zoophile. Er erinnert sich deutlich, daß ihm nur jenes Spielzeug, welches Tiere darstellte, Freude machte. Er spielte nur ungern mit Bleisoldaten, sah sich am liebsten in Bilderbüchern die verschiedenen Tiere an, deren Namen er genau wußte. Er erinnert sich einer namenlosen Freude,

---

[1]) Von vertrauenswürdiger Seite wurde mir mitgeteilt, daß den Reisenden in Lupanaren zu Kairo der Verkehr zwischen einem Esel und einer Frau für hohes Entgelt gezeigt wird. Die Frau setzt sich unterhalb des Esels auf einen hohen Schemel und hängt sich an seinem Halse auf. Durch Senken und Anziehen erreicht sie dann beim Esel die gewünschte Befriedigung.

als er im siebenten Jahre zu Weihnachten ein großes Hutschpferd erhielt. Er erinnert sich genau, daß er beim Hutschen die ersten wollüstigen Empfindungen bewußt erlebte. Noch heute ist es sein größtes Vergnügen, im Prater auf einem Holzpferd zu reiten. Dabei kommt es regelmäßig zu einer Pollution. Er hat nie mit Frauen verkehrt, onaniert mit der Vorstellung auf einem Holzpferd zu reiten. Er stellt sich auch mitunter vor, daß er ein Pferd ist und geritten wird. Auch daß er eine Frau zwingt, mit einem Hunde oder einem Kater zu verkehren.[1])

Sein größter Genuß besteht darin, im Tiergarten eine Kopulation der Tiere zu beobachten. Trotz großer Sehnsucht nach einem Hunde, hat er es nie gewagt, sich einen Hund zu halten. Er könnte dann nicht für sich einstehen. Ein einziges Mal faßte er ein tieferes Gefühl für eine Frau. Es war seine Hausfrau, die ein ausgesprochenes Tiergesicht hatte.

Eine Analyse des Zustandes war unmöglich, da Patient Wien verlassen mußte.

Damit schließe ich die kleine Beobachtungsreihe. Ich glaube aber, daß mir die späteren Jahre noch viel neues Material bringen werden. Ich verweise nur auf die Negative dieser Paraphilien, die sich als Phobie äußern. Die Kapitel über „Tierphobien“ und die „Analyse eines Falles von Vogelphobie“ im ersten Bande dieses Werkes (III. Auflage) zeigen uns, wie sich diese Zoophilie in der Verdrängung als Zoophobie äußern kann.

Ich sehe viele impotente Männer, bei denen sich eine zoanthropische, eine infantile Fixierung feststellen läßt. In der Analyse pflegen diese Tatsachen erst ziemlich spät hervorzutreten. Man achte besonders auf die Tierträume. Auch lassen sich manche Fälle von Liebe auf den ersten Blick durch zoophile Neigungen erklären. Es gibt Menschen, welche deutliche Tiergesichter aufweisen. Ich habe konstatieren können, daß die leidenschaftlich geliebte Frau eines Mannes, der deutliche ornithophile Neigungen zeigte, ein ausgesprochenes Vogelgesicht hatte. Die tiefere Wirkung mancher häßlicher Gesichter läßt sich mitunter auf diese Weise erklären.

[1]) So unwahrscheinlich es klingt, es scheint auch diese Art des zoophilen Verkehres vorzukommen. *Krauss* berichtet in der Anthropophyteia: Wenn ich den vielfachen Mitteilungen Glauben schenken darf, und sie dürften nicht insgesamt auf leere Vermutungen zurückzuführen sein, geben sich unter Südslawen verhältnismäßig häufig Frauen Pferden und Eseln hin. Wie sie dabei zu Werke gehen, weiß ich nicht aus eigener Anschauung. Mir war es nur vergönnt, eine bildschübsche Krowotin zu belauschen, die sich nachts vollkommen entkleidet, vor einer brennenden Lampe stehend mit einem Kater abgab. Sie geriet dabei in so furchtbaren Orgasmus, daß sie mich gar nicht bemerkte, obwohl ich, kaum zwei Schritte von dem Fenster entfernt, die Szene beobachtete. Sie machte auf mich einen ungemein komischen Eindruck. (*Krauss*, a. a. O., S. 281.)

XVI.

Analyse einer Zoophilie.

Fall Nr. 102. Der 23jährige Beamte Theta leidet an einer schweren Zwangsneurose, die ihm die Arbeit im Büro ungemein erschwert. Er ist immer in Zweifel, ob er seine Arbeit richtig gemacht hat. Er muß die Briefe einige Male durchlesen, kann sich nicht erinnern, ob er alle Aufträge richtig ausgeführt hat. Ich will ein Beispiel geben, wie sich diese Zwangsneurose äußert. Er erhält den Auftrag, dem Prokuristen einen Betrag von 10.000 K zu übergeben. Nachdem er das getan hat, zweifelt er: 1. Ob er die Summe erhalten hat. 2. Ob er sie dem Prokuristen übergeben hat. 3. Ob er am Wege nicht einen Teil des Geldes verloren hat. 4. Ob er sie nicht einem anderen gegeben hat.

Er ist daher genötigt, sich den ganzen Vorfall ins Gedächtnis zurückzurufen und sich die Details zu wiederholen. Das dauert oft Stunden, bis er beruhigt ist.

Besonders bei Geldsachen überkommen ihn Zweifel. Auch bei allen anderen Begebenheiten, bei denen die Möglichkeit eines Vergehens in Frage kommt, meldet sich der Zweifel. Bei Diebstählen, Defraudationen, Morden usw. fragt er sich, ob er nicht ungerecht verurteilt werden könnte, ja, ob er nicht irgend eine Beziehung zum Mörder gehabt hätte. So z. B. las er in einer Zeitung, daß ein Mann, der eine Dame im Hotel ermordet hatte, seinen Komplizen in einem Durchhause angetroffen hatte. Sofort ging er in das Durchhaus und quälte sich damit ab, ob er nicht zufällig dort gewesen sein könne, so daß ein Verdacht auf ihn fallen könnte.

Um sich gegen diese Unsicherheit zu schützen und den Tag gut auszufüllen, macht er sich am Abend Notizen und Imperative, er beruhigt sein Gewissen, er übergeht den Tag in Gedanken und entwirft das Programm des nächsten Tages — immer dabei gequält und von Zweifeln verfolgt.

Außerdem klagt er über eine merkwürdige Form von Zoophilie und Sadismus. Im Mittelpunkte seines Denkens steht — das Pferd. Seine Lieblingsvorstellungen sind Reiten und Fahren. Alles was sich auf

Pferde bezieht, interessiert ihn. Reiten scheint ihm die höchste Lust des Lebens zu sein.

Er ist niemals geritten. Aber in seinen Phantasien dehnen sich diese Ritte über Stunden, Tage, ja sogar Jahre aus. Er hat angeblich nie onaniert. Nur Pollutionen seien vorgekommen. Eine genauere Nachfrage ergibt folgenden Tatbestand: Er schläft jeden Abend so ein, daß er ein Polster zwischen den Beinen hat. Dieses Polster ersetzt ihm das Pferd. Er drückt die Schenkel fest zusammen, er reitet schnell durch eine Menge, wobei er viele Menschen überreitet — und dann kommt es zu Orgasmus und Ejakulation. Ohne Polster zwischen den Beinen kann er nicht einschlafen.

Die Zwangsvorstellungen dienen offenbar dazu, die sexuellen Phantasien zurückzudrängen. Denn kaum ist er mit seinen Quälereien und Programmen fertig, so setzt sofort die Reitphantasie ein.

Es ist nötig, diese Phantasie näher zu beschreiben. Er ist natürlich ein König, ein Pascha, ein Tyrann. Die Menge ist ohnmächtig, sie muß ganz einfach seinen Launen gehorchen. Er reitet durch die Menge, über weiße Leiber, über Kinder und Greise, das Blut spritzt auf, die Eingeweide treten aus den Körperhöhlen und er sprengt weiter. Mitunter ist er auf einem Weibe, das auf dem Pferde sitzt.

Er ist Alleinherrscher und läßt auch seinen Wagen von nackten Weibern und Männern ziehen. Alles muß vor ihm in den Staub sinken. Er ist ein Gott. Er ist unsterblich. Von seiner ganzen Familie ist dann nur die Mutter unsterblich.

Dem Pferd werden göttliche Ehren verliehen. Das Pferd ist eine Gottheit und muß angebetet werden. Die Leute drängen sich, um den Stuhl und Urin des Pferdes aufzufangen, letzteren werten sie als besondere Kostbarkeit und nehmen ihn in feierlicher Weise als große Delikatesse zu sich.

Sein eigener Urin und Stuhl gelten ebenso als die größten Kostbarkeiten. Seine Exkremente werden in goldenen Schalen gesammelt, in den Tempeln aufgestellt und vom Volke verehrt.

Das Pferd wird täglich von zwanzig Jungfrauen mit den kostbarsten Essenzen gewaschen und sehr rein gehalten. Es ist ein auserlesenes Pferd. Es kommt spät des Nachts zu ihm ins Bett und schläft mit ihm.

Dabei ist er grausam. Es ist kalter Winter. Alle Menschen hungern und frieren. Aber dem Pferde werden die seltensten Leckerbissen gereicht. Sein Pferd wird in kostbare Decken gehüllt. Die Leute werden auch gezwungen, dem Pferde den Anus auszulecken (Anilingus).

Er erinnert sich, daß er schon frühzeitig beim Urinieren Lustgefühle hatte. Er hält den Urin zurück, so daß er fast Schmerzen fühlt. Dann uriniert er mit großem Genusse. Bei jeder Erregung fühlt er einen Schmerz in der Blase und einen heftigen Urindrang.

— —

Er hatte folgenden Traum:

Zwei Einbrecher wollen so in mein Zimmer kommen, daß sie einen Stock durch ein Loch in der Wand stecken. Ich rufe zwei Mägde zu Hilfe, die aber nicht erscheinen. Ich werfe die Einkaufstaschen der Mägde auf die Gasse, damit die Leute aufmerksam werden, daß Einbrecher da sind und mir zu Hilfe kommen. Es hilft nicht. Darauf rutschte ich die Stiege hinunter, um auf die Straße zu kommen.

Patient stand vorher bei dem Analytiker Dr. *J.* in Behandlung. Die zwei Einbrecher sind ich und mein Kollege. In einem früheren Traume hatte er von mir geträumt und die Worte Stock, Stöcker, Stekel sind darin vorgekommen. Ich will also in seine Seele einbrechen, er wirft die kostbaren Taschen auf die Straße, um meinen Forschungen zu entgehen. Taschen auf der Straße bedeuten Dirnen. Er will der Analyse entgehen. „Ich werde mir helfen. Ich werde zu Dirnen gehen oder onanieren." (Das Rutschen auf der Stiege. Erster Orgasmus auf der Kletterstange bei vielen Burschen!) Die Verdopplung der Persönlichkeiten kommt bei gespaltenen Menschen häufig vor. Dann wird der Traum einfacher und verständlicher. Er flüchtet vor der Homosexualität (Penis-Stock) zu den Mägden und zur Onanie. Zu bedenken ist ferner, daß die Magd häufig nur ein Symbol der Mutter ist.

Er hat ein eigenartiges Verhältnis zur Mutter. Obwohl er ein erwachsener Mann ist, läßt er sich jeden Morgen von seiner Mutter anziehen, als wäre er ein Junge. Er rationalisiert das damit, daß er sonst zu spät ins Büro kommen würde. Sie zieht ihm Strümpfe und Schuhe an, während er noch im Bette liegt. Wäscht ihn, kämmt ihn, kurz behandelt ihn wie ein kleines Kind. Ein klassisches Beispiel eines Infantilismus.

Er hat Angst vor dunklen Räumen. Er kann am Abend nicht allein in ein finsteres Zimmer gehen. Er wird dann wieder ein Kind und ersucht die Mutter oder den Bruder mit ihm zu gehen.

Des Nachts wickelt er sich manchmal sehr fest ein, als ob er ein Wickelkind wäre. Es macht ihm einen großen Genuß, ganz eingebunden zu sein, so daß er sich nicht rühren kann.

Zu Hause hat er immer Kopfschmerzen. (Das rührt wohl von seiner Verdrängung her.)

Er fühlt, daß er hinten sehr reizbar ist. Er hat beim Stuhlabsetzen angenehme Empfindungen. Er scheint seine Reitphantasien als permanente Reizung der hinteren Körperpartien zu betrachten.

— —

Er hat allerlei Einfälle, die nur dazu dienen, den Arzt zu entwerten. Sein überspanntes Persönlichkeitsgefühl verträgt nicht, daß ein anderer etwas leistet. Er sucht immer nach Fehlern und findet sie.

Er hat allerlei mystische Vorstellungen von seinem Polster. Er fürchtet, seine Brüder könnten sich durch das Polster infizieren, als ob seine Neurose eine Infektionskrankheit wäre. (Diese Gleichstellung der Neurose mit einer Lues können wir oft konstatieren.) Er fürchtet, einer seiner Brüder könnte das Polster zwischen die Beine nehmen. Er gibt auch zu, daß er phantasierte, er habe seinem Bruder sein Sperma in den Kaffee gegeben. Diese Phantasien weisen auf einen Zusammenhang seiner Phantasien mit seiner Familie hin. Es ist interessant, daß er seinen Brüdern in seinem Traumreiche zwar hohe Stellen einräumt, daß er aber immer der Alleinherrscher bleibt, dem sie zu gehorchen haben. Die biblische Legende von Josef hat ihn lebhaft beeindruckt.

Sein Bruder scheint an den gleichen Zuständen zu leiden. Er ist um 2 Jahre jünger und läßt sich auch von der Mutter anziehen. Beide lassen sich vor dem Einschlafen von der Mutter zudecken.

Er schlief bis zum 16. Lebensjahre mit dem Bruder in einem Bette. Er behauptet — etwas unsicher —, es wäre niemals etwas zwischen ihm und dem Bruder vorgefallen.

Er sprach heute von seinem Bruder. Es zeigt sich, daß sein Bruder auch ein schwerer Neurotiker ist und an masochistischen Phantasien leidet. Er stellt sich vor, daß er von Kutschern gezwungen wird, im Zimmer herumzulaufen und gepeitscht wird. Er identifiziert sich also mit einem Pferde.

Patient weiß sich nicht zu erinnern, ob er mit seinem Bruder „Pferderl" gespielt hat.

— —

Er träumte heute Nacht:

> Mein Onkel sieht meine Notizen durch und findet dort das Wort „vögeln". Ich bin sehr erschrocken darüber . . . . Ein junges Mädchen berührt mich mit ihren Knieen. Wir sitzen auf einer Bank. Sie will mir immer näher kommen. Fremde Jungen raufen mit Knaben, die auf unserer Seite stehen. Ein Junge haut mir mit einer Hacke auf den Schädel. Ich wundere mich, daß ich keine Schmerzen habe. Das Mädchen sagt: „Die Besitzer der Weingärten werden sich darüber beschweren . . . ." Dann gehe ich auf der Straße mit einem Reißbrett und sehe A., der auch ein Reißbrett hat.

Zum Traume fällt ihm wenig ein. Der Onkel ist sein Vormund, der immer seine Sachen untersucht. Er hat vor ihm sehr großen Respekt. Das Mädchen ist ihm unbekannt. Auch sonst weiß er keine Assoziationen zu dem Traume. A. ist ein Bürokollege, der ihm im Büro vorgezogen wurde, obgleich er zu gleicher Zeit mit ihm ins Büro eintrat.

Erst die künftigen Tage werden uns über die Bedeutung dieses Traumes aufklären.

— —

Er war mit einem Vorgesetzten in einem Safe-Raum. Plötzlich ging es ihm durch den Kopf: Wie wäre es, wenn Du den Mann jetzt niederschlagen würdest!

— —

Er erinnert sich an Träume, in denen er auf dem Bruder rittlings saß. Ein Traum lautete:

> Ich reite auf meinem Bruder. Er fliegt dabei in der Luft. Ich frage ihn, warum er über den Fluß fliegt. Wenn du schon fliegst, könntest du über dem Lande fliegen. Dabei ging es mir durch den Kopf: Fluß-Fluß-Fluß.

Auch anderer Träume erinnert er sich, in denen er auf diesem Bruder reitet. Er weiß nicht, ob ihn der Bruder als Kind getragen hat. Er weiß nur, daß er sehr viel mit ihm spielte.

Er hat noch einen vierten Bruder, den ältesten. Der ist sehr jähzornig und hat ihn oft geschlagen. Sie raufen noch heute.

Einmal drohte er dem Bruder: „Ich habe bei Dr. *Stekel* gelesen, daß ein Mann seine Frau im Schlafe erschlagen hat. Hüte Dich!"

Der Bruder erwiderte: „Bei Euch muß man ja Angst haben."

Er erinnert sich deutlich, daß er als Knabe sich einige Male des Morgens im Bette des Bruders befand, ohne sich erinnern zu können, wie er hineingekommen sei. Er fürchtete damals, er könnte ein Nachtwandler werden.

Er wurde von allen kommandiert und hin und hergestoßen. Als Kompensation bildeten sich die Rachephantasien, in denen er der gewaltige Alleinherrscher ist.

— —

Er hat allerlei Widerstandsträume, in denen er sich über mich lustig macht. Dann hat er einen Einfall. Er las einmal in der Biographie von Pirogoff, daß er als Kind eine Phantasie hatte, von einem kleinen Bleistift, der größer und größer wurde und von einem Wurm, der anwachsen konnte.

Weitere Einfälle ergeben, daß er sich in Gedanken mit den Genitalien seiner Brüder und aller Menschen intensiv beschäftigt. Diese Gedanken will er nicht sehen und ersetzt sie durch Zwangsvorstellungen

„Ich frage mich manchmal, ob Sie auch der Dr. *Stekel* sind, der die Bücher geschrieben und die Vorträge gehalten hat. Es könnte ja ein anderer Dr. *Stekel* sein. So zweifle ich an allen Menschen, sogar an meinen Brüdern. Sind Sie es wirklich?"

Die Wurzel dieses Zweifels ist leicht zu finden. Er zweifelt erst an sich. Er zweifelt, ob er der Sohn seiner Mutter und der Bruder seiner Brüder ist. Er zweifelt an seiner Identität.

Es ist der „Familienroman" *(Freud)*, der sich in der Analyse enthüllt. Er zweifelte bis vor kurzer Zeit, ob er ein Mann oder ein Mädchen sei und fürchtete sich sogar vor einer Schwangerschaft. Er weiß nicht, wie das weibliche Genitale aussieht. Er behauptet, daß sein 22jähriger Bruder ebenso naiv und unwissend ist.

Verschiedene Einfälle zeigen, daß er die Sexualforschung schon in frühen Jahren betrieben und von den Brüdern, Kollegen und Dienstmädchen genügend aufgeklärt wurde.

Dieses Nichtwissen entspricht einer Verdrängung. Es muß sich um ein bestimmtes Weib handeln, das er nicht sehen wollte.

— —

Seine Mutter teilte ihm ein Trauma mit, dessen er sich nicht erinnern kann. Sie überraschte eines Tages den achtjährigen Nachbarssohn, der mit dem Gliede des damals vierjährigen Knaben spielte. Sie verbot das dem Knaben. Bald darauf erkrankte seine Schwester und er hatte keine Aufsicht. Seine Mutter kam darauf, daß der Nachbarssohn das Spiel wiederholt hatte.

Sein Bruder ist ein ausgesprochener Analerotiker, der lange Zeit auf dem Aborte zubringt. Über den Geist des Hauses gibt folgende Tatsache Kenntnis: Der Bruder pflegt sich bei der Defäkation nie vollständig abzuwischen und bohrt dann im Zimmer zwischen den Nates, holt kleine Kotklümpchen hervor, die er zu Kugeln ballt. Mit diesen Kugeln bewirft er seine Brüder. Wenn sie protestieren, zitiert er einen mittelhochdeutschen Vers, in dem der Kuß auf die Nates verherrlicht wird.

Er erinnert sich, mit dem Großvater in einem Bette gelegen zu sein. Er bewunderte das große schlaffe Glied.

Er erinnert sich, daß er seinen Vater sah — er war sechs Jahre alt, als der Vater starb —, wie er auf dem Sofa sitzend mit beiden Füßen den Kopf des älteren Bruders umklammerte.

Er hatte lange keine rechte Vorstellung vom Koitus. Dr. J. empfahl ihm zur Aufklärung Forel. Er las während des Mittagsessens in einer Gemeinschaftsküche die Schilderung des Beischlafes. Es wurde ihm dunkel vor den Augen und er fiel einige Sekunden in Ohnmacht, hielt aber das Buch krampfhaft fest, damit man nicht erkennen sollte, was er gelesen hatte. Es scheint sich um eine Phantasie mit einem Inzestobjekt gehandelt zu haben (Mutter).

Seine erste Erinnerung: Er sitzt im halbdunklen Vorzimmer und sieht seine Mutter mit halbentblößtem Körper.

Er hat oft Phantasien, daß er statt eines Polsters ein Kind zwischen den Beinen hat. E s l i e g t i h m n i c h t s d a r a n, w e n n e r d i e s e s K i n d z e r d r ü c k t. Seine Lieblingsphantasien neben den Pferdeträumen: Er macht einen Haupttreffer und spielt auf der Börse. Er hat viele Milliarden. Bei diesen Gedanken hat er eine Erektion, was uns beweist, daß das Geld nur ein Umweg zu einer sexuellen Phantasie ist. Sein Wille zur Macht ist der Wille zur Macht über Weiber und Männer.

Er hat eine Skala seiner Wünsche: 1. Perde; 2. Macht; 3. Luxus; 4. Frauen.

Er muß sich im Büro immer Notizen machen, um seinen Zweifel zu stillen. Wenn er nicht allein ist, so hilft er sich mit dem Klosett. Das macht er auch manchmal noch zu Hause.

Gestern hatte er einen solchen Anfall von Zweifel. Er sollte 10 Briefe auf die Post geben. Er sagte sich:

Du hast die Briefe zum Schalter getragen! (Ja!) Du hast sie dem Beamten in die Hand gegeben. (Ja, ich habe sie ihm in die Hand gegeben.) Er hat sie genommen. (Ja, usw.) Er hat dir ein Rezepisse gegeben. (Ja.) Das Rezepisse hast du dem Vorstand übergeben. (Ja.) Hast du es bestimmt übergeben? (Ja, er hat es genommen.) Was war dann? (Dann bist du zu deinem Schreibtisch gegangen) usw. . . . . Dies dauert sehr lange und muß dreimal oder viermal wiederholt werden.

Solch ein Zweifel entsteht, wenn eine wirkliche Tatsache vergessen werden soll. Er scheint mit seinem älteren Bruder allerlei Spiele aufgeführt zu haben. Dafür spricht folgender Traum:

> Ich gehe mit meinem Bruder aus und halte meinen und des Bruders Hut in der Hand. Dann kam eine polnische Familie und ich wundere mich, wie ich zu der dazukomme. Die hat zwei kleine Kinder gehabt, von denen man die nackten Bäuche gesehen hat. Ich habe mit ihnen gespielt, dann ist den Kindern Himbeersaft mit einem Strohhalm gegeben worden. Ich habe mich mit dem Strohhalm sehr ungeschickt benommen, dann etwas von dem Himbeersaft getrunken, der sehr kalt war.

Ich war auf dem Lande. Im Hause waren mehrere Soldaten einquartiert. Wenn ich sie mit ihren Pferden (das Gestampf am Holzboden) kommen hörte, lief ich gleich aufgeregt zum Fenster.

Dieser Traum bezieht sich auf den älteren Bruder. Es fällt ihm ein, daß dieser Bruder vor einigen Tagen Himbeersaft mit einem Strohhalm hätte trinken sollen und sich nicht auskannte. Der Hut ist ein bekanntes Symbol des Gliedes. Auch die nackten Bäuche seiner Brüder (polnische Familie) sind ihm in Erinnerung. Himbeersaft steht wohl für Sperma, Blut und Urin. Darüber ist vorläufig nichts Näheres zu erfahren.

— —

Er gibt eine Schilderung seiner gestrigen Phantasien:

Ich stelle mir mich vor, auf einem Pferde reitend, über alles hinwegreitend, auf keinen Weg achtend, über Gärten und Wiesen und auch über Personen, die am Boden liegen. Manchmal stellte ich mir Männer und Frauen mit entblößtem Oberkörper vor, vor einen Wagen gespannt, damit die Wirkung der Peitsche nachhaltiger ist. Ich stelle mir vor, daß ich bezüglich des Schlagens durch keine Grenze behindert bin, ich kann machen was ich will. Manchmal stelle ich mir mich als Herrscher vor, daß ich unumschränkte Macht über die Menschen habe, daß sie vor mir ausweichen und mich auch grüßen. Ich stelle mir vor, ich besäße ein Schloß und der Stall wäre gleich neben meinem Schlafgemache. Ich stelle mir mich manchmal vor auf dem Halse einer nackten Frau reitend, oder auf einer Frau, die auf einem Pferde liegt, die Frau mit meinem Gliede spielend. Wenn ich Herrscher bin, wird mir jede Frau ergeben sein müssen in bezug auf den sexuellen Akt. Ich stelle mir vor, daß eine größere Anzahl von Frauen nur mit Mantel bekleidet zu meiner Auswahl sind und ich komme und es fällt der Mantel und sie stehen vollkommen hüllenlos da (wie die in Rußland). Wenn ich Herrscher sein werde, werden meine Untertanen nicht arbeiten müssen. Ich lasse sie aber doch arbeiten, daß ein Unterschied zwischen mir und ihnen ist. Für die Leute ist es eine Ehre, vor meinen Wagen gespannt zu sein, wollen sie es aber nicht, so zwinge ich sie mit einer Peitsche. Wenn ich reite, müssen alle mir zu Willen sein, z. B. mein Pferd waschen. Man hat doch Hunde im Zimmer, warum soll man nicht Pferde im Zimmer haben können? Manchmal habe ich mich sogar mit einem Pferde im Bette liegend vorgestellt. Jede große Rücksichtslosigkeit, auch solche in der Lektüre, macht mir Vergnügen. „Wenn du zu Frauen gehst, vergiß die Peitsche nicht!" Ich bin äußerst furchtsam (dunkles Zimmer etc.). Das Gehen in ein anderes Zimmer kostet mich schon einen Widerstand. In der Nacht, wenn ich aufwache, erregen gruselige Erinnerungen aus der Lektüre meine Furchtempfindungen.

— —

Er kommt und hält einen Zettel im Mund. Es sind die Einfälle, die er notiert. Seine Tasche ist voll von solchen Zetteln. Er macht mir dann Vorwürfe, ich beachte die Symptomhandlungen nicht. Warum habe er den Zettel im Mund gehalten?

Ich denke sofort an den Traum mit dem Strohhalm und vermute Fellatio und Kunnilingusphantasien. Sein nächster Einfall:

„Habe ich Ihnen schon gesagt, daß die Mutter mich selbst gestillt hat?" Er hat noch immer die Gewohnheit, etwas zu lutschen. Er hält die Hand vor den Mund und saugt daran. So schläft er ein, offenbar indem er sich die Lust der Mutterbrust vorstellt.

Die Mutter belehrte ihn, daß der erwähnte Knabe öfters mit ihm gespielt habe. Denn sein Schwesterchen (inzwischen verstorben) hatte der Mutter getratscht, daß die Buben trotz des Verbotes miteinander gespielt hätten. Sie zeigten sich und berührten sich die Genitalien.

Ihm fällt ein, daß in seinem Reiche nur er Pferde haben darf. Um die Identität des Pferdes mit der Mutter festzustellen, frage ich ihn, ob das Pferd weiblich oder männlich ist.

„Das weiß ich nicht. Darüber habe ich nie nachgedacht."

„Haben Sie sich ein trächtiges Pferd vorgestellt?"

Er schweigt. Dann gibt er zu, daß er sich eine prachtvolle mit allem Komfort ausgestattete Gebärklinik für seine Pferde phantasiert habe. Das zeigt uns die Assoziation Weib und Pferd.

— —

Er hatte heute Nacht einen Traum:

Herr Z. sagt mir, daß er einem anderen diktieren werde, da ich ja so ungeschickt bin.

Es ist derselbe Z., der im ersten Traume ein Reißbrett trägt. Er diktiert ihm manchmal, was ihn verletzt, da sie gleichgestellt waren und der andere jetzt sein Vorgesetzter ist.

Überdies ist er im Stenographieren und auf der Schreibmaschine sehr ungeschickt. Jetzt wird das Thema der Ungeschicklichkeit, das im Traume vom Strohhalm angedeutet ist, weit ausgesponnen. Er ist ein absolut ungeschickter Mensch. Das Zuschließen einer Türe, das Zuknöpfen eines Knopfes, das Schreiben auf der Maschine, alles geht ihm schwer. Er hat auch die Überzeugung, daß er sich bei einer Frau blamieren würde, weil er so ungeschickt ist.

Diese Ungeschicklichkeit kommt nun zum Teil von seiner Symbolisierung des Alltags. Jedes Loch wird ihm eine Vagina, jeder Knopf ein Phallus. Die Maschine wird zum Weibe und er beweist sich an den kleinen Handgriffen seine Unfähigkeit. Er benimmt sich immer so, als ob er koitieren würde.

Andererseits erfordert diese Ungeschicklichkeit verschiedene Handgriffe von der Mutter, die ihm große Lust bereiten.

Ich habe ihm geraten, sich nicht mehr anziehen zu lassen. Er hat es mir versprochen, muß aber gestehen, daß er es nicht lassen kann. Er wird auch zuweilen ausgezogen, besonders Schuhe und Strümpfe. Offenbar ist es die Eifersucht auf den jüngeren Bruder, die ihn mit dieser Gewohnheit nicht aufhören läßt.

Das ganze Haus steht im Zeichen des Infantilismus. Der älteste Bruder ließ seinen Zwicker fallen, so daß er zerbrach. Aus Zorn, weil die Geschwister lachten, warf er eine jetzt unersetzbare Schüssel zu Boden.

Jeder möchte im Hause herrschen; alle sind auf die Liebe der Mutter eifersüchtig. Der eine macht ihr Schmerzen, der andere fordert Liebesdienste.

— —

Unser Patient hat wie alle Infantilisten merkwürdige Traumzustände. Er schläft auf der Elektrischen immer für einige Minuten ein und weiß nicht, woran er gedacht hat.

Auch im Büro hat er solche Traumzustände. Diese sind die Ursache seiner Ungeschicklichkeiten. Er ist nie ganz dabei.

Infolgedessen traut er seinem Gedächtnis nicht. Er hat eine schreckliche Zettelwirtschaft. Jeden Abend muß er einen gewissen Vorrat erledigen. Z. B. gestern. Er erhielt seinen Gehalt und gab ihn dem Bruder. Er zählte einige Male nach. Nun muß der Bruder nachzählen und die Zahl auf dem Kuvert notieren. Trotzdem hat er die ganze Sache zu „erledigen".

Er beginnt: Du hast das Geld gestern bekommen. Ja! Hast du es nicht vorgestern bekommen? Nein! Denn der Kassier zahlt am letzten aus. Aber hast du nicht mehr bekommen? Hast du nicht doppelt so viel bekommen? Nein! Du hast nachgezählt. Der Bruder hat nachgezählt usw. Das geht fast eine Viertel Stunde. Dann schreibt er auf den Zettel „erledigt!" Aber der Zettel wird nicht weggeworfen. Er kommt in den Kasten der vorerledigten Sachen, um erst nach einer nochmaligen Prüfung, die jedes Mal viermal wiederholt wird, in den letzten Kasten geworfen zu werden.

Von den Zetteln trennt er sich nicht. Es sind seine Beweise.

Er spielt offenbar sein Leben und will eine bestimmte Erinnerung vergessen und doch behalten, erledigen und doch in seinem „Hirnkasten" aufbewahren.

— —

Er erinnert sich eines älteren merkwürdigen Traumes:

> Mein Chef diktiert mir einen Brief an mich selbst. Es soll ein polnisches Mädchen zu uns ins Büro kommen, die sich in einem Tunnel besonders ausgezeichnet hat. Ich soll sie mit allen Ehren empfangen und besonders liebenswürdig mit ihr sein.

Zum zweiten Male fällt ihm das polnische Kind ein. Es muß einen bestimmten Sinn haben. Er will gar nichts dazu assoziieren. Dann aber gibt er an, daß Karl Emil Franzos sein Lieblingsschriftsteller ist. Unter seinen Werken erinnert er sich einer in Polen spielenden Novelle, in der ein Polizeimeister einen armen Juden entsetzlich quält und seine Macht fühlen läßt.

In seinen Phantasien ist er oft Zar von Rußland und Alleinherrscher wie der Polizeibeamte. Wer aber ist das Mädchen? Wer die polnischen Kinder? Darauf wird er uns in der nächsten Sitzung Antwort geben müssen.

Verschiedene Träume, aus denen hervorzugehen scheint, daß seine Brüder mit ihm in der Jugend gespielt haben.

Große Widerstände.

— —

Er träumte:

> Mein Onkel spricht irgend etwas von Telephonnummern. Ich sage das meinem Bruder. Er wiederholt mir die Nummern und ich bin trotz des Wiederholens nicht ganz sicher. Er lehnt sich an ein Bücherbrett, ein Buch fällt herunter, ich sage ihm: Hebe das Buch auf! Er sagt: Nein. Darauf sage ich: Da werde ich von Dir ein Buch hinunterschmeißen und dann sage ich einige Worte wie: „Es kam, wie es kommen mußte", oder

„Komme, was da will". Ich sehe einen Strick um den Hals des Bruders gebunden, dessen Ende ich in der Hand halte. Ich sitze am Bettende und halte den Strick wieder in der Hand und weiß es nicht, ob es mein Bruder ist. Aber ich ziehe und zerre an dem Strick herum und habe dadurch das Gefühl, als ob die Polizei jemand dadurch zwingen würde, Zeugnis abzulegen.

Der Onkel in seinen Träumen ist immer der Repräsentant der Moral. Zu den Telephonnummern fällt ihm ein Witz ein: Der Kleine kann schon telephonanieren! (Eine Bestätigung meiner Behauptung in „Sprache des Traumes", daß alle Silben auf on auf Onanie schließen lassen.) Der erste Teil des Traumes sagt: Ich habe onaniert und mein Bruder mit mir. Ich bin aber nicht ganz sicher, ob es der Bruder oder der Freund des Bruders ist. Zum Buch fällt ihm ein, daß sich sein Bruder über mich und meine analytischen Bücher lustig macht. Die Analyse ist ihm nicht angenehm, weil sie die infantilen Erlebnisse in den Vordergrund des Interesses stellt. Das Buch ist das Buch seiner Erinnerungen. Er gedenkt der Ereignisse, bei denen er einen Orgasmus fühlte, bei denen es ihm „kam". (Es kam, wie es kommen mußte.) Der Faden, der ihm mit dem Bruder verbindet, ist durch den Strick symbolisiert.

Es fällt ihm aber ein, daß ein Freund seines Bruders einmal lachend meinte, er und der Bruder hätten einen Penis wie ein Zwirnfaden. (Daher die Pirogoff-Erinnerung.) Im Traum ist der Penis so dick wie ein Strick. Er zerrt an den Beziehungen zum Bruder und fühlt, daß er der Polizei Zeugnis ablegen soll, d. h., daß er mir die ganze Wahrheit sagen soll.

Der Traum hat eine Fortsetzung, in der er zweifelt, ob er den Bruder oder seinen Freund an einem Strick hält. Mit diesem Freunde hatte er eine homosexuelle Szene, als er 10 Jahre alt war. Sie waren allein im Zimmer, da verlangte der sieben Jahre ältere Knabe, er solle seine Hosentüre öffnen. Er spielte etwas mit ihm und gab ihm den Auftrag, zu schweigen. Da er aber fürchtete, der Knabe könnte plaudern, wollte er zuvorkommen und teilte dem Bruder mit, er habe den Verdacht, der Kleine spiele mit seinem Gliede.

Dieses schmähliche Benehmen war eine schwere Kränkung für unseren Patienten.

— —

Auf dieses Erlebnis bezieht sich ein älterer Traum, den ich hier mitteile:

Ich befinde mich mit meinen Brüdern und einem Freund meines Bruders in der elektrischen Straßenbahn. Ich steige zu dem Freunde auf die Plattform (von selbst oder weil er gerufen), um von ihm irgend eine seltsame sprachliche Bildung oder Aussprache oder dergleichen zu hören (seine Mama?). — Ich lege mich mit dem Freund auf eine Praterwiese auf mitgebrachte Decken. Er zeigt mir, wie Blumen und Sträucher sich zusammenheften, steif werden, etwas fallen lassen. (Im Traum oder im wachen Zustande halte ich es für ein Symbol einer Erektion.) — Meine Brüder kommen, ich wundere mich, daß so spät abends im November ein so warmer, heller Herbstabend noch möglich ist. Ich habe noch in die „Tabakspfeife" gehen wollen, nachdem es aber 7 Uhr ist, geht es nicht mehr. — Mein Bruder und der Freund treffen bekannte Damen. — Ich hebe aus einer Pfütze einen Zettel auf und betrachte ihn aufmerksam. — Ich sehe im Vorbeigehen meinen ältesten Bruder. —

Wir gehen an Maurerarbeiten mit Kalk vorbei. Mein jüngerer Bruder trinkt oder spukt in eine daneben stehende Schale aus.

Eine Analyse ist fast überflüssig. Man sieht, wie er Freund und Bruder immer verwechselt. Die seltsame sprachliche Bildung läßt auf seine Beziehungen schließen. Die weiteren Beziehungen sind ziemlich durchsichtig, z. B. der Zettel als Symbol der Erinnerung.

Ihm fällt eine Szene ein, die auf ihn großen Eindruck machte, er war vielleicht 13 oder 14 Jahre. Der mittlere Bruder, der gesündeste von ihnen allen, schien einige Tage im Spital für sexuelle Infektionskrankheiten gewesen zu sein. Der Onkel machte ihm heftige Vorwürfe, er sei ein schmutziger Mensch und könnte noch das ganze Haus anstecken. Er habe sich das Leiden bei gemeinen Menschern geholt. . . .

Es fallen ihm kriminelle Gedanken gegen seine Brüder ein. Er erinnert sich an eine Mordgeschichte, bei der einem Kinde der Hals umgedreht wurde. Auch fürchtete er, die Medizinflaschen könnten verwechselt werden, so daß sein jüngerer Bruder Schaden leiden könnte. Dieser Bruder war das Objekt seiner maßlosen Eifersucht. Ihn sollte das Pferd zertreten. So war das Pferd Bruder und das, was den Bruder tötet. . . . Ihm fällt das Märchen vom König Drosselbart ein. Ein Husar reitet über den Markt und zerbricht alle Töpfe, die eine arme Frau feilhält. Das machte auf ihn in der Kindheit einen sehr großen Eindruck und war mit eine der Wurzeln seiner Pferdephantasien. Die Töpfe waren die Symbole seiner Brüder.

Er wollte die Mutter für sich allein haben. Er hatte gestern einen Zwangsgedanken: Kommt der Prophet nicht zum Berg, so kommt der Berg zum Propheten. Dieser Berg ist die Mutter.

Er hat den Wunsch aller Neurotiker, sie möge seine Gedanken erraten und zu ihm kommen.

Es fällt ihm die „Wallfahrt nach Kevlar" von Heine ein. Dies Gedicht hat ihn immer sehr aufgeregt. Die pflegende Mutter, der sterbende Sohn und die plötzliche Erscheinung der Mutter Gottes im Kämmerlein.

Nun fällt ihm das Märchen vom Marienkind ein. Das Märchen handelt von einem armen Mädchen, das Maria mit sich nahm, in ein Schloß führte, aber ihr verbat, in die dreizehnte Kammer zu gehen. Auch in diesem Falle regte ihn die Erscheinung der Mutter Gottes auf. Das Märchen endet damit, daß die lügnerische Kleine endlich die Wahrheit sagt und ihr vergeben wird. „Wer seine Sünde bereut und eingesteht, dem ist sie vergeben."

Es ist ihm auch klar worden, daß er gerne krank ist. Wenn er als Kind krank war, wurde er verzärtelt, so daß er später gerne den Kranken spielte und sich oft eine Krankheit wünschte.

Noch heute kommt es vor, daß die Mutter am Abend zu seinem Bette kommt, sich über ihn beugt und ihm die Stirne küßt. Das tut ihm unendlich wohl.

Zu der letzten Stelle des Traumes, die von Kalk handelt, fällt ihm ein, daß er als Knabe einmal Kalkspuren auf dem Fußboden fand und sie sich nicht erklären konnte. Er weiß nicht mehr, ob er die Flecke für Sperma gehalten hat.

— —

Ich will einmal die Einfälle mitteilen, wie er sie in einer Sitzung vorgebracht hat. (Meine Fragen und Erklärungen sind mit Klammern versehen.)

Ich habe Ihrem Wunsche Folge geleistet.

(Haben Sie alle alten Zettel vernichtet?)

Nein . . . Ich bringe Ihnen nur die letzten Zettel von gestern Abend.

1. Zettel: Zu wenig machen. Ich habe das Gefühl, daß ich zu wenig arbeite.

2. Ob ich die Kopien richtig gemacht habe. Dort soll stehen: Zwei Unterschriften. Das muß ich überdenken. Ob ich nicht eine andere Unterschrift hingeschrieben habe oder gar keine.

3. Ich habe gestern das Wort „Materialien“ gehört. Das regt mich immer sehr auf. Das muß ich überdenken.

4. Auch das Wort Asche und Ascher geht mir im Kopf herum.

Das ist alles.

(Sie benützen die Zettel als Material zu Ihren Phantasien und Vorwürfen. Sie sind faul und würden am liebsten phantasieren statt zu arbeiten.)

Das stimmt. Ich habe heute Feiertag. Ich wollte schon auf den Zettel schreiben: Feiertag. Ich frage alle Kollegen: Haben wir morgen bestimmt kein Büro? Weil ich mir wünsche, daß recht viel Feiertage sein sollen.

(An Abenden vor Feiertagen haben Sie immer Ihre Pferdephantasien gehabt.)

Ja! Aber jetzt nicht mehr, seit Sie es mir abgeraten haben.

(Die zweite Eintragung geht auf Ihren Zweifel zurück, ob der Freund des Bruders allein mit Ihnen gespielt oder der Bruder auch. Ob es zwei Unterschriften oder eine Unterschrift gab.)

Und Materialien. Was regt mich das so auf?

(Denken Sie über das Wort nach.)

Mir fällt zuerst ein, daß Mater Mutter heißt.

(Also Materialien heißt Phantasien, welche die Mutter betreffen.)

Und Ascher?

(Was fällt Ihnen dazu ein?)

Asche streuen sich die frommen Juden aufs Haupt, wenn jemand stirbt. Sie werden glauben, daß ich an den Tod meines jüngeren Bruders denke . . . Übrigens habe ich Ihnen schon gesagt, daß ich mich vor Bienen fürchte? Bienen, Wespen und auch große Fliegen sind meine Angst. Besonders Bienen. Es fällt mir ein, daß ich im 13. Jahre einmal eine Wespe in meiner Hose hatte. Oder im Hemd? Ja, im Hemd. Ich zerdrückte sie zwischen den Fingern und beutelte sie aus. Ein kalter Schauer ging mir über den Rücken. Noch heute denke ich mit Schaudern daran. . . . Wie ich acht Jahre alt war, wurde der jüngere Bruder von einer Biene gestochen. Ich glaube, er war sehr krank.

(Haben Sie gewußt oder gehört, daß man von einem Bienenstich sterben kann?)

Ich glaube so etwas gelesen zu haben. Blutvergiftung . . . Ich hatte auch Träume von Bienen. Sie stachen mich am ganzen Körper und ich wachte mit einem Angstschrei auf. Wenn eine Biene im Zimmer ist, muß sie die Mutter verjagen. Ich schreie wie ein Besessener. Richtig: Manchmal träume ich, daß eine Biene im Zimmer ist und erwache mit Schrecken.

(Was fällt Ihnen noch zu dem Thema „Bienen“ ein?)

In der Gaunersprache soll Bienen „Ungeziefer“ bedeuten. Ich glaube, ich fürchte mich vor den Bissen.

(Sie wollen sagen: Vor den Gewissensbissen, weil Sie dem Bruder den Tod gewünscht haben. Haben Sie gewußt, daß die Biene stirbt, wenn sie einen Menschen sticht und der Stachel drinnen bleibt?)

Ja! Ich habe davon gehört. . . . Ich erinnere mich zweier Geschichten. Ein Knabe wollte die Bienen mit einer Peitsche schlagen und wurde jämmerlich zerstochen. Ein anderer wollte Honig naschen und der ganze Schwarm stürzte sich auf ihn. Ich glaube, die beiden Geschichten standen in einem Bilderbuch. Sie haben einen großen Eindruck auf mich gemacht. Jetzt fällt mir ein, daß ich (11—12) in der Schule von Knaben gefragt wurde, ob ich schon probiert habe, daß das Rutschen auf der Stiege und das Klettern auf der Kletterstange so gut sei. Ich habe mich dumm gestellt und sagte, ich wolle den Lehrer fragen.

Ich fürchte mich auch vor Spinnen. Spinnen sind grausame Tiere. Spinnen fangen die Fliegen und fressen sie auf. Spinoza soll sich Spinnen gehalten haben. Sie mußten ihm Fliegen fangen, die er für seine mikroskopischen Untersuchungen brauchte. Ich habe mich gewundert, wie ein so großer Mann so grausam sein konnte.

Ich war zum Sommeraufenthalt in G. Daselbst war ein offener Abort. Ich fürchtete, Spinnen oder Bienen könnten mich beißen und ging wochenlange nicht hinaus, hielt den Stuhl zurück.

(Bereitete Ihnen das Zurückhalten des Stuhles Lustgefühle?)

Ich erinnere mich nicht. . . .

(Fürchteten Sie das Stechen am ganzen Körper oder nur in den Hinterteil?)

Ich fürchtete, Bienen könnten mich in den Popo stechen. Es fällt mir ein Witz ein. Ein Stotterer darf das Wort „Abstimmungspolizei" nicht aussprechen. Sonst passiert ihm, daß er „A-A-Po-po" sagt. Richtig: Meine größte Angst ist, daß eine Biene in die Hose gelangen könnte. Habe ich Ihnen nicht gesagt, daß meine Schwester schrecklich gestottert hat. Auch ich habe gestottert. Besonders beim Beten. Warum?

(Das ist wohl die Folge des bösen Gewissens.)

Besonders stottere ich noch heute, wenn der ältere Bruder eine Frage an mich richtet, um mich zu prüfen.

Richtig! Ich war in G. einmal mit dem Großvater. (8) — Wenn er auf den Abort ging, bekam ich Stuhldrang und mußte auf den Topf im Zimmer gehen.

(Ist es der Großvater, dessen Glied Sie gesehen haben?)

Ja.

(Haben Sie damals schon etwas beobachtet?)

Nein! Ich machte die Augen zu, wenn er vor mir urinierte.

(Sie wußten, daß Sie etwas Verbotenes sahen. Warum sind Sie von den Bienen auf den Großvater gekommen?)

Ich dachte an den Stachel und kam auf das Glied des Großvaters. Der Stachel der Biene entspricht meiner Angst vor dem Gliede.

(Sie fürchten, daß die Biene Sie rückwärts stechen könnte, das heißt . . .)

Ich fürchte, daß mir jemand rückwärts den Penis einführen könnte.

Warum fällt mir jetzt wieder das Märchen vom Marienkind ein?

Sie geht in die verbotene Kammer, steckt den Finger in flüssiges Gold und der Finger wird vergoldet.

(Haben Sie je den Finger in den Anus gesteckt?)

Ich erinnere mich nicht. . . . Ich rieche immer an den Fingern. Ich habe nämlich eine schlechte Gewohnheit. Ich setze mich so, daß immer Stuhl auf dem Brette bleibt und ich mich beschmutze. Ich kann nichts dafür. Ich muß daher immer das Klosett inspizieren, ehe ich es verlasse. Ich sehe sehr genau nach und helfe der Reinigung nach.

(Sie erinnern sich, was ich Ihnen von Ihrer Analsexualität sagte. Sie bringen mir heute die Beweise.)

Ich habe noch eine andere Zwangshandlung. Ich muß den Hosenschlitz 35mal zu und aufmachen. Ich fürchte, ich könnte mit dem offenen Schlitz ins Büro kommen.

(Das heißt: Sie haben den Wunsch zu exhibitionieren.)

— —

Wir sehen, wie die Assoziationen von der Biene auf den homosexuellen Komplex lossteuern. Er fürchtet seine homosexuelle Anlage, er fürchtet den Phallus und seine kriminellen Ideen.

Interessant ist der Hinweis auf das Märchen. Wenn man weiß, daß Gold in Träumen ein Symbol für Kot ist, so wird man verstehen, warum das Fingerchen des Kindes golden wurde. Die verbotene Kammer ist der Anus. Seine Reitphantasien hängen auch mit der Analsexualität zusammen.

Das Material (siehe seine Abneigung gegen das Wort Material) spricht für eine starke homosexuelle Anlage. Haben Spiele zwischen ihm und seinem Bruder stattgefunden? Es handelt sich um jenen Bruder, der Kotkügelchen im Zimmer herumwirft.

— —

Er hat einen Teil seiner Zettel verbrannt. Er hat noch nicht den Mut, alle Zettel zu vernichten.

In dem Phantasiereiche hat er auch zuweilen eine Frau. Er selbst ist groß und stark, der kräftigste und höchste Mann in seinem Reiche. Seiner Gestalt entspricht die Königin. Auch sie hat ein Pferd. Jedes seiner Kinder hat ein wunderbares Pferd. Sie sind so abgehärtet, daß sie nackt durch Frost und Schnee reiten. Auch besitzt er eine wunderbare Heilquelle. Erst badet er, dann seine Frau und die Kinder, dann die Pferde, welche den Kot und Mist ins Bad lassen. Dann kommen erst seine Untertanen. Die Pferde haben eigene Pagen, welche warten, bis sie uriniert haben und dann den kostbaren Saft in kristallenen Schalen auffangen.

Der Kot der Pferde wird als seltene Delikatesse gegessen.

Es ist ihm unangenehm, auf einen fremden Abort zu gehen. Er läßt immer etwas Stuhl am Rand des Brettes und fürchtet, daß es stinkt. Er trägt immer Klosettpapier bei sich, das ihm seine Mutter in seiner Aktentasche neben Akten und Frühstück vorbereitet. (!) Er leidet unter Winden und fürchtet, in Gesellschaft plötzlich durch Winde aufzufallen. Zu Hause gehört es zu den beliebtesten Gesellschaftsspielen, sich gegenseitig mit Flatussen aufzuheitern. Seine Mutter riecht es zuweilen und fürchtet, er könnte sich im Büro unmöglich machen. Er trägt daher immer ein Parfümfläschchen bei sich. Bei Angst macht er etwas in die Hosen. Das passierte ihm noch vor zwei Jahren bei der Aufnahmsprüfung in die Bank. . . .
Das Geschlecht des Pferdes wechselt. Es kommen auch Hengste vor, die ein sehr großes Glied haben. (Das Glied des Großvaters scheint diesen Wunsch determiniert zu haben.)

Er träumte einmal, er habe ein enorm großes schlaffes Glied wie ein Pferd oder wie es der Großvater gehabt hat.

Er macht in seinem Reiche allerlei gymnastische Übungen, um Muskeln von Stahl zu erzielen. Es ist ihm gleich, ob die Einwohner hungern, wenn er und seine Pferde nur zu essen haben. Auf dem Pferde liegt ein Weib und er reitet auf dem Weibe, wobei er gymnastische Übungen macht. Das Weib liegt mit der Brust nach oben, manchmal mit den Nates nach oben, so daß er auf ihren Nates reitet.

— —

Er hatte einen merkwürdigen Traum:

Ich befinde mich in einem saal-schloßartigen Zimmer. Professor *Freud* ist bei mir. Er weist mir nach, daß mein Paraph einem Pferdekopf ähnlich ist oder auch wie wenn 2 Knaben miteinander ringen würden. Er weist weiters nach, daß mein Geheimparaph einem Wagen mit Pferden mit einem darinsitzenden Herrn ähnlich ist. Ich erkläre den Gebrauch dieses Geheimparaphes. Er bedauert, daß ich meine alten Schulhefte gestern zerrissen habe. Ich sage ihm, daß ich vielleicht noch einige Hefte habe. Er sagt, er braucht sie (die Hefte) aus jedem Alter. Er zieht sich an und klappert mit einem Eßbesteck. Es ist aber kein Eßbesteck. Er fragt mich, ob die Zusammenstellung seines blauen Anzuges und einer — (Farbe habe ich vergessen) Hose nicht scheußlich wäre. Ich gab ihm eine nichtssagende Antwort. Er sieht aber gar nicht professorenhaft-gelehrtenartig (so wie ich ihn mir vorgestellt habe) aus. Auch vermisse ich den Ausdruck der Güte auf seinem Gesicht. Ich danke ihm, daß er zu mir gekommen ist. Er sagte mir, er hätte sonst gelernt. Es fällt mir die Häufigkeit des Ausdruckes „lernen" auf. Wie er den Winterrock anzieht, sieht er würdiger, stattlicher aus. — Es kommt eine Dame mit einem kleinen Kind herein. Das Kind lehnt sich an einen Hund. — Ich sehe einen Damenschirm mit einem spielzeugartigen Elfenbeingriff. — Ich gehe weg und denke noch im Zimmer darüber nach. Ich komme aber nicht so schnell zu einem Entschluß und gehe in den Flur, wo ich noch immer halbwegs geschützt bin. Auf der Straße sehe ich Prof. *Freud* noch einmal.

In diesem Traume nimmt er empfindliche Rache an mir. Ich behandle ihn zu kühl. Nun ist er mit meinem ehemaligen Meister, Prof. *Freud* in intimen Beziehungen und wird von ihm besucht. *Freud* macht auf geheimnisvolle Zeichen in seinen Unterschriften aufmerksam.[1]) Ich habe ihm den Auftrag gegeben, die alten Notizen und Hefte zu vernichten. *Freud* bedauert es. Er läßt sich von ihm wegen seines Anzuges beraten. Auch mein Aussehen hat ihn enttäuscht. Er hat einen Gelehrtenkopf erwartet. Auch bin ich ihm nicht gut genug. Lernen steht, wie die Einfälle besagen, für beten. Die Dame, die dann hereinkommt, ist seine Mutter. Sie hat einen Schirm mit Elfenbeingriff. Dazu fallen Elefanten ein. Elefanten haben plumpe Füße und können die Menschen zertreten.

Nun gibt er zu, daß er sich nicht nur Pferde vorgestellt habe. Mitunter saß er auf einem Elefanten. Die Phantasie ist ihm nicht angenehm, weil er den Elefanten nicht mit beiden Beinen umklammern kann. Auch Affen dienen ihm hie und da als Reittiere. Schließlich fährt er in seinen Phantasien oft in einem Wagen. (Siehe die zweite Geheimparaphe. Sie enthält ein geheimnis-

[1]) Ich habe vor vielen Jahren im *Freud*kreise einen graphologischen Vortrag gehalten, in dem ich nachgewiesen habe, daß die sexuelle Geschmacksrichtung eines Menschen in seiner Schrift und ganz besonders in der Unterschrift (Paraphe) ausgedrückt ist

volles G. P., das sich nicht deuten läßt. Er selbst kann es nicht erklären, warum er das G. P. hineinzeichnet.)

Die Mutter mit dem Kind symbolisiert seine Mutter mit dem jüngeren Bruder. Damals setzte mit mächtiger Eifersucht seine erste Neurose ein. Er war es gewöhnt, von der Mutter herumgetragen zu werden. Sie war sein erstes Pferd. Nun kam der jüngere Bruder und er rückte in die zweite Stelle. Er wünschte sich nun ein eigenes Tragtier. Dieses Tragtier sollte auch den lästigen Konkurrenten töten. (Elefanten dienen im Kriege diesen Zwecken!) Wir erinnern, daß es eine seiner ersten Erinnerungen ist: Sein Vater sagte, sie sollen zurückgehen. Die Pferde könnten ihnen etwas machen. Das Pferd war die erste Macht, welche der allmächtige Vater fürchtete. . . .

Es ist auffallend, wie oft er vom Großpapa träumt und wie oft ihm der Großpapa einfällt. Heute Nacht träumte er:

> Großpapa liegt im Bette. Ich sagte ihm: Sei froh, daß du im Bett liegen kannst. Dann machte er mir Vorwürfe. „Es war nicht recht, was du gemacht hast" . . . .

Der Großpapa war die letzten Jahre immer leidend. Einmal in seiner letzten Krankheit sagte ihm sein Bruder: Würdest Du alle Deine Ersparnisse opfern, um den Großvater gesund zu machen? Er zauderte einen Moment lang und versprach dann zögernd, seine Sparbüchse den Armen zu schenken, wenn Gott dem Kranken helfen würde.

Nun ergibt sich ein merkwürdiger Zusammenhang. Die ersten Pferdephantasien traten 1914 ein, als der Großvater ein schweres Leiden hatte. Dann kamen sie in eine Sommerfrische und der Kranke mußte täglich ausfahren. Diese Ausfahrten waren seine größte Freude.

Bald darnach wurde er selbst schwerkrank. Die Phantasien verschwanden. Sie kehrten erst wieder, als der Großvater auf dem Totenbette lag.

Das war umso merkwürdiger, als die Erfahrung lehrt, daß sich während einer langwierigen Krankheit die Phantasien steigern. Bei ihm war es nicht der Fall.

Die Erklärung ist einfach. Er war auf jeden eifersüchtig, der die Liebe und Aufmerksamkeit der Mutter in Anspruch nahm. So zuerst auf den Großvater. Die ersten Pferdephantasien waren mit Todeswünschen auf den Großvater verbunden.

Der Tod ist auch ein Reiter. Pferde sind Todessymbole!

Während seiner schweren Krankheit rückte der Großvater an zweite Stelle. Er wurde außerordentlich gepflegt und verhätschelt. Nun durften die Pferdephantasien aussetzen. Sie kamen erst wieder, als er gesund wurde und der Großvater die ganze Aufmerksamkeit des Hauses in Anspruch nahm.

Er erinnert sich ganz genau, daß er Wünsche hatte, der Großvater solle sterben und daß er sich Vorwürfe machte, weil er beim Tode keine entsprechende Trauer zeigte.

Nun verstehe ich das G. P. in der Paraphe. Es heißt: Groß-Papa und ist als eine ewige Warnung aufzufassen.

Auch seine Zettel sind Warnungen und dienen dazu, die Stimme seines Gewissens zu beruhigen.

Wahrscheinlich stehen auch die zwei anderen Todesfälle (Schwester und Vater) in Beziehungen zu seiner Neurose.

Der Wagen in der Paraphe hält die Erinnerungen an die Ausfahrten mit dem Großpapa fest. Damals wünschte er mit seiner Mutter allein zu fahren. Die beiden anderen Konkurrenten (jüngerer Bruder und Großpapa) sollten sterben. Auch das Lernen des vorhergehenden Traumes findet in den heutigen Einfällen eine Erklärung. Die Mutter hatte immer mit ihm „gelernt". Dann mußte er das Lernen abbrechen und den Großpapa begleiten. Großpapa durfte nicht allein ausgehen. Im Zimmer mußte man immer ruhig sein, um den Großpapa nicht zu stören. War es da wunder zu nehmen, wenn er den lästigen Störefried fortwünschte?

— —

Nun verstehen wir die bipolare Ausdrucksform des Pferdesymbols. Es bedeutet Leben (Koitus) und Tod.

Die Todesfälle in der Familie belasten sein Schuldbewußtsein. Er träumt oft, daß er dem Großvater Freundlichkeiten erweist. Einmal sandte ihn der Großvater zu einem Bekannten. Er weigerte sich und es war gerade am ersten Tage, nachdem der Großvater vom Krankenlager aufgestanden war. Sein Bruder machte ihm Vorwürfe, nun träumt er oft, daß er trotz des Widerspruches der Mutter und des Bruders sich bereit erklärt hinzugehen und den Auftrag auszuführen.

Das Schuldbewußtsein am Tage, als die Nachricht vom Tode seines Vaters gebracht wurde, habe ich schon erwähnt. Er begleitete die Erzählung der Mutter, die sich allerdings oft wiederholte, mit einem ironischen Lachen.

Sein Pferd trägt die kostbarsten Juwelen. Es wird der Versuch gemacht, durch Geschlechtsverkehr mit dem Pferde einen „Pferdemenschen" zu schaffen. (Inzestphantasien.)

Er und sein Pferd können fliegen. Seine Kinder haben schon mit zwei Jahren ein eigenes Pferd und können auch reiten und fliegen. Im Falle der Elefant, der als Reitpferd dient, nicht gehorcht, wird er mit elektrischen Strömen gelenkt. Seine Familie reitet aus, jedes Pferd ist von einer Meute bellender Hunde begleitet, die alles zerreißen, was ihnen in den Weg kommt. Er geht auch auf die Tigerjagd, wobei der Elefant und seine Hunde von Tigern verletzt und zerrissen werden.

Er notiert allerlei merkwürdige Namen und besonders Menschen, die ihm einmal helfen könnten. Von diesen Zetteln will er sich nicht trennen. Die könnten ihm im Leben wichtig sein. Er fürchtet immer seine Stelle zu verlieren und dann könnten ihm diese Menschen eine neue Stelle verschaffen. Es sind auch Namen, die er in der Zeitung liest oder die er auf einer Firmatafel auf der Straße gefunden hat.

— —

Die erste Liste ergibt lauter einsilbige Namen: Stein, Falk, Frank, Rand.

Er will sich von der Liste seiner Protektoren nicht trennen. Es müssen sich hinter diesen Namen andere Erinnerungen verbergen, die er nicht vergessen will.

Er träumte heute einen kriminellen Traum:

Ich habe in der Zeitung gelesen oder habe ich davon gehört, wie wenn eine Frau ermordet worden wäre. Der Mörder hat dann den Kopf abgeschnitten und in einer Schachtel versteckt, damit die Polizei nicht erkennen soll, daß es sich um einen Mord handelt. Es war natürlich dumm und gerade dadurch ist die Polizei auf den Mord gekommen.

Zu diesem Traume fällt ihm der Traum vom ermordeten Kind ein, dessen Kopf abgeschnitten ist. Die Mutter sagte, er solle ein Stück Holz in den Mund stecken, um zu sehen, ob der Kopf lebend ist oder nicht.

Er hat gar keine Einfälle zu dem Traum.

Die beiden kriminellen Träume erklären sich als symbolische Darstellung der Überwindung seiner Neurose. Die Neurose ist das Weib, das ermordet werden soll. Er versteckt vor der Polizei (vor dem Analysator) den Kopf in einer Schachtel. Das zeigt uns, daß die Neurose irgendwie mit seinen Zetteln zusammenhängt. Das ermordete Kind ist auch die Neurose. Der Ratschlag der Mutter, ein Stück Holz in den Mund zu stecken, um zu sehen, ob das Kind tot oder lebendig ist, erklärt sich folgendermaßen. Ich heiße Stekel, ich bin das Stück Holz (Stöckel), das entscheiden soll, ob er schon gesund ist. Es zeigen sich aber auch Fellatiophantasien und deutliche Übertragung auf meine Person.

— —

Nach längeren Widerständen kommt eine deutliche Anilingusphantasie zutage. In ihrer Familie ist es Usus, sich gegenseitig das Zitat aus Götz zuzurufen oder den Wiener euphemistischen Ausdruck: Du kannst mich gern haben!

Seinem Pferd wird natürlich auch der Liebesdienst des Anilingus erwiesen. Die Untertanen sind verpflichtet, das Pferd nach jeder Defäkation reinzulecken . . . .

Uhren machen ihn nervös. Er verträgt nicht das Ticken einer Uhr. Uhren erinnern an den Tod. Er denkt immer an den Tod. Wenn er zu mir kommt, muß er eine dunkle Ecke im Stiegenhause passieren. Das ist ihm immer unheimlich. Da lauert eine alte Frau, die ihn töten will.

Er trägt eine Uhr, die ihm der Großvater geschenkt hat. Es war ein Jahr vor dessen Tode. Diese Uhr mahnt ihn immer an seine Schlechtigkeit und an seinen Egoismus. Er ist ein Totenvogel. Er wünscht allen Menschen den Tod, die ihm im Wege stehen oder beleidigen. Er flucht sehr gerne. Sein Lieblingswort ist „Der Schlag soll ihn treffen!"

Der Tod seiner Schwester, seines Vaters und seines Großvaters waren schwere traumatische Momente, weil er sich gewissermaßen schuldig fühlte.

— —

Er hatte einen Traum, in dem es sich darum handelte, mit der Mutter einen Geschlechtsverkehr auszuführen. Er hatte lange Unterhandlungen mit dem Bruder, der ihn über die Schwierigkeiten des Unternehmens und über die Gefahren einer Blamage aufklärte.

Bei dieser Gelegenheit schildert er die Trostlosigkeit seines Sexuallebens. Er hat ja angeblich nie onaniert, auch nie den Versuch gemacht, zu einer Frau zu gehen. Er ist zu ungeschickt und fürchtet die Niederlage.

Er kennt überhaupt das Glück des Lebens nicht. Er ist nur glücklich, wenn er sich in seinen Pferdephantasien ausleben kann. Sonst macht ihm das Leben keine Freude. Er hat keinen Freund und keine Gesellschaft. Im Büro wird er von seinen Kollegen verspottet und oft gehänselt, so daß er beschlossen hat, außer den geschäftlichen Notwendigkeiten mit keinem Kollegen ein Wort zu sprechen. Er ist vollkommen isoliert. Er meidet die Gesellschaften, auch die Abende, die von den Kollegen veranstaltet werden. Er hat auch keine Damenbekanntschaften. Er fürchtet, lächerlich zu erscheinen und ausgelacht zu werden.

Er hat nur seine Bücher, deren Lektüre ihm mitunter ein leises Glücksgefühl verschafft, und seine Familie. Er hat nichts als die Liebe seiner Mutter, die er allerdings mit seinen Brüdern teilen muß.

Ist es ein Wunder, daß er sich an die Mutter klammert? Ist es ein Wunder, daß ihm ihre Aufmerksamkeiten wohltun, daß ihre Zärtlichkeit ihm alles andere ersetzt.

Was er nicht wußte, nicht einmal ahnte, war der Umstand, daß auch seine sexuellen Begehrungsvorstellungen auf die Mutter gingen. Sie war das Pferd, das er besteigen wollte, dem er die höchsten Ehren angedeihen lassen wollte. Ihr Anus sollte geleckt, ihre Exkremente als Kostbarkeiten verzehrt werden. Wir erinnern uns an die Spitäler für schwangere Pferde und an die Phantasie, daß er auf dem Pferde eine Frau koitiert.

Für die Demütigungen in der Schule und im Büro — er war immer ein kurzsichtiger und ungeschickter Junge — rächte er sich in seinen Größenwahnphantasien. Sie waren ihm ein Ersatz für alle Demütigungen, die er erleiden mußte, für alle Qualen, die er ausstand, für die ganze Glücklosigkeit des Lebens.

— —

Von besonderem Interesse ist der folgende Traum:

> In der Nähe der Urania sehe ich einen Leichenwagen, in demselben ein Pferd. Ich sehe dies irgendwie im Querdurchschnitt.
>
> Ich richte bei der Urania meine Uhr. Ein Herr zeigt mir, wie ich die Uhr derart stellen könne, daß ich die Zeit sofort ablesen könne. (Auf einem weißen Kärtchen steht schon die Zeit, ohne daß man die Zeigerstellung beachten muß.)

In diesem Traume läßt er seine Neurose sterben. Die merkwürdige Erscheinung, daß man die Zeit von einem Zettel ablesen kann, bezieht sich auf die Kondolenzkarten, die nach dem Tode des Großvaters zu lesen waren.

Aber das Pferd ist auch seine Mutter. Er läßt sie sterben, um frei zu werden.

Sein Verhältnis zu ihr ist bipolar. Er liebt sie und läßt sich von ihr verwöhnen. Jeden Abend streichelt sie ihn wie ein kleines Kind. Er sagt sich dann immer: „Das ist nicht natürlich!“ — ohne was besonderes dabei zu denken. Nicht natürlich ist seine Liebe zur Mutter. Aber er kann sie auch quälen und es kommt zu bösen Streitigkeiten. Die Mutter gibt nach, um Ruhe zu haben. Das genügt ihm aber nicht. Er fühlt, daß die Mutter ihm im Innern Unrecht gibt. Nun fängt er wieder zu quälen und zu zanken an. „Du glaubst nicht, daß ich recht habe. Du sagst es nur so“ usw. . . . Schließlich schmollt er, wird böse und es gibt böse Worte.

Wenn er Angst hat oder in großer Erregung ist, so kommt es vor, daß er einen unüberwindlichen Harndrang hat und ihm einige Tropfen Urines abgehen. Dabei hat er ein leises Lustgefühl. Auch das Urinieren ist mit einem gewissen Lustgefühle verbunden.

— —

Gestern abends sprach ihn eine Dirne an: „Komm mit mir!“ Es schüttelte ihn vor Grauen und Schrecken. Er notierte sich den Vorfall auf einem Zettel. Er mußte zu Hause nachdenken, ob er sich nicht infiziert haben könnte. Er zweifelte, ob sie ihn berührt hatte. Er wusch sich die Hände und wechselte die Kleider.

In seiner Seele kämpfte offenbar der Wunsch mit der Dirne zu gehen mit der Angst vor Infektion. Diese Angst wirkt als Selbstschutz, um seine Keuschheit sicherzustellen.

Seine Mutter fragte ihn vor zwei Jahren: Verkehrst du schon? Er wurde über und über rot. Sie meinte auch ein zweites Mal: „Vielleicht sollst du verkehren!"

Das Weib ist für ihn ein unlösliches Problem. Wie soll er sich ihm nähern? Er geht in keine Gesellschaft. Er kennt kein Mädchen. Er spricht mit keinem Menschen außerhalb seiner Familie. Es scheint ihm noch leichter zu sein, zu einer Dirne zu gehen, als einmal eine fremde Gesellschaft aufzusuchen.

Er leidet unter seinem Gefühle der Minderwertigkeit. Er ist klein und kommt sich häßlich vor. Was wird er mit Mädchen reden? Er ist namenlos schüchtern und fürchtet sich zu blamieren. Nur in seinen Phantasien hat er die Möglichkeit, sich auszuleben.

Er ist vollkommen asozial. Er kennt nur die Familie und das Büro, in dem er ja alle persönlichen Beziehungen vermeidet.

— —

Schon in der Volksschule setzen seine Phantasien ein. Er hatte plötzlich die Vision, er wäre auf einer einsamen Insel, der Katheder sei ein Felsenriff, die Mitschüler um ihn herum verschwanden.

Er hatte Zweifel an seinem Geschlechte. Manchmal dachte er: Wenn du aber doch ein Mädchen wärest! Dann hatte er entsetzliche Angst, er könnte ein Kind bekommen. Diese Einstellung stammt von seiner Identifizierung mit der Mutter. Er hatte Angst, sie könnte noch ein Kind zur Welt bringen. Später hatte er Angst, er könnte ein Kind bekommen und es in den Abort fallen lassen. (Er hatte von einer ähnlichen Geschichte gelesen.) Diese Angst stammt aus seinen Phantasien, den jüngeren Bruder in den Abort zu schleudern.

Seine Pferdephantasien entstanden, als er sich gedemütigt und zurückgesetzt fühlte. Da wollte er gerne wieder ein Kind sein und von der Mutter getragen werden. Er war dem Bruder sehr neidisch, als er getragen wurde, und verlangte immer unter dem Vorwande, er sei müde, von der Mutter getragen zu werden. Die Pferdephantasie ist eine Regression auf das erste und zweite Lebensjahr, als er noch klein war und von der Mutter getragen wurde. Damals war er der Alleinherrscher im Hause. Die Mutter war sein Pferd, er war der König. Alles beugte sich seinem Willen. Er will wieder ein Kind sein und getragen werden: Das ist der Sinn seiner Zoophilie.

— —

Woher stammt seine rätselhafte Angst vor der Gravidität? Sie steht mit seinen infantilen Erlebnissen in innigem Zusammenhang. Wir müssen annehmen, daß ein Bruder ihn päderastiert hat. Zu mindestens besteht die Phantasie, daß er päderastiert wurde. Seine Einstellung ist passiv und aktiv. In der passiven Rolle ist er ein Weib und ist er das Pferd. Alles, was dem Pferd geschieht, vollzieht sich an ihm. Er hat aber die Phantasie, daß in seinem Reiche ein Mensch mit dem Pferde sexuell verkehrt (es von hinten benützt!) und auf diese Weise ein neues Wesen erzeugt: den Pferdemenschen.

Zuweilen leidet er große Angst, besonders wenn er allein im Zimmer ist. Es ist die Angst, von einem Manne überfallen zu werden. Gestern fand er bei seinem Bruder ein Heft einer Zeitschrift über Sexualforschung. Beim Anblick und später beim Blättern in der Zeitschrift wurde er von Angst überfallen. Offenbar beherrschte ihn der Gedanke: Dein Bruder ist auch sexuell und pervers. Vielleicht könnte er dir etwas machen. Vor diesem Wunsche hat er Angst. Die gleiche Angst überfiel ihn, als ihm der ältere

Bruder ein Feuilleton über Psychanalyse übergab, in dem von sexuellen Traumen die Rede war.

Wie jeder Neurotiker wünscht er die Wiederholung der infantilen Szenen und fürchtet sie.

Er leidet unter der Angst, zu viel Geld zu bekommen. Wir haben schon erwähnt, daß er seinen Gehalt viele Male nachzählt und schließlich dem älteren Bruder zur Kontrolle übergibt. Er ist erst beruhigt, bis dieser sagt: Es stimmt. Dann schreibt er auf den Zettel: Erledigt.

Die Sache ist für ihn aber nicht erledigt. Er hat zu viel Liebe erhalten in seiner Jugend. Geld ist hier ein Symbol für Liebe.

Gestern notierte er auf einem Zettel, daß er im Zweifel war, ob er eine größere Summe Geldes auf das richtige Konto geschrieben habe. Diese Frage legt er dem jüngeren Bruder vor. Es handelt sich um die Wirkung seines Schuldbewußtseins. Denn er muß sich aktiv am jüngeren Bruder, passiv an dem älteren vergnügt haben. Auf welches Konto soll er seine Neurose buchen? Wer ist schuld an seinem Leiden?

Er träumte:

> Es wurde mir ein Zettel geschickt, ich solle in das Präsidialbüro kommen. Ich gehe hinauf in den dritten Stock. Aber es war ein altes, verfallenes Gebäude und ich konnte den Eingang nicht finden. Ich war ganz allein in dem weiten Raume mit den engen Gängen.

Dieser Traum ist deshalb von Bedeutung, weil er uns zeigt, welche Bedeutung die Zettel in seinem Seelenleben haben. Das Präsidialbüro ist das Bewußtsein. Er soll sich alter vergessener Vorfälle erinnern, woran die Zettel eine Mahnung sind. Er findet sich aber nicht zurecht. Er sträubt sich dagegen, die Wahrheit zu sehen und zu finden.

Dieses Präsidialbüro ist auch seine alte Mutter. Er hat die Phantasie, daß er unendlich reich sein wird, so daß die Mutter nicht mehr zu arbeiten braucht. In seiner Phantasie besitzt er dann ein Schloß, die Mutter ist die Herrin. Die Brüder sind nie dabei. (Die läßt er offenbar sterben.) Wie kommt er aber zu dem Geld? Er lebt immer in der Phantasie, daß er eine große Defraudation begeht, irgend ein schlau ausgeheecktes Verbrechen, das ihm den ersehnten Reichtum verschafft. Darum muß er in allen Geldangelegenheiten doppelt skrupulös sein. Er lebt in ständiger Angst, daß er zu viel Geld bekommen hat, weil er sich eben mehr Geld wünscht und nehmen möchte.

Sein geheimer Lebensplan, reich zu werden und mit der Mutter allein zu leben, hat noch ein Gegenspiel. Er will nicht arbeiten. Er möchte am liebsten krank sein und sich von seinen Brüdern erhalten lassen. Er tritt aus den Geschäften unter allerlei Vorwänden aus und sucht dann andere Posten. Er ist faul. Faul sein heißt träumen wollen. Seine Faulheit geht so weit, daß er sich wünschte, blind zu sein, um von der Mutter und den Brüdern erhalten zu werden. Man würde ihn dann führen und vorlesen müssen. Er wünscht sich Hilflosigkeit. Er läßt sich gerne bedienen. Er kommt abends aus dem Büro und sein Mütterchen, das den ganzen Tag gearbeitet hat, muß für ihn noch einen Gang machen, er aber nimmt ihr keinen Gang ab. Jeden Bruder möchte er in seinen Dienst stellen und sich die kleinste Müheleistung ersparen.

Er wehrt sich gegen den Vorwurf der Grausamkeit. Er muß zugeben, daß sie sich alle von der Mutter bedienen lassen. Aber er allein könne diesen

Zustand nicht ändern. Heute steht die Sache so, daß das arme Mütterchen des Morgens aufsteht und den Kindern die Schuhe und Kleider putzt, daß sie alle Gänge macht und sich dabei glücklich fühlt, daß sie es tun kann. Diese Stellung der Mutter als Magd steht im krassen Gegensatz zu seinen Phantasien, in denen die Mutter zur Königin erhöht wird.

Er träumte heute Nacht:

> Ich bin mit meiner Mutter tief unten bei der Donau. Wir sollen uns mühsam in die Höhe hinaufarbeiten. Ich ergreife einen Pfahl, klammere mich daran und ziehe die Mutter hinauf, nachdem wir lange unten waren und nicht hinauf konnten.

Der Traum drückt ganz deutlich aus, daß er die jetzige Situation drückend empfindet und davon träumt, die Mutter in die Höhe zu bringen. Allerdings tut er es allein — ohne Hilfe der Brüder. Wir wissen, daß er auch kriminelle Phantasien hat, durch irgend einen Betrug rasch zu Geld zu gelangen und so der traurigen Situation ein Ende zu machen.

Andrerseits drückt der Traum eine Beziehung zur Mutter aus, die der Mutterleibsphantasie sehr nahe kommt. Ihm fällt nämlich ein, daß er in Jean Christoph von *Romain Rolland* eine Stelle gelesen hat: Angst ist die dunkle Erinnerung an den Aufenthalt im Mutterleibe. (Bekanntlich führt *Freud* jede Angst auf die Angst bei der Geburt zurück.)

Die Mutterleibsphantasie bringt uns dem Verständnis seiner Zoophilie näher. Er ist im Mutterleibe und läßt sich von der Mutter tragen. Die Mutter ist das trächtige Pferd . . .

— —

Er wehrt sich dagegen, seine Einfälle mitzuteilen und möchte viel lieber die Begebenheiten des Vortrages berichten. Dann sagt er: „Wenn ich auf den Abort gehe, habe ich immer Angst, daß mein Hosentürl offen ist."

Er hat schon einmal diese Angst geäußert. Er beobachtet alle Menschen, ob sie das Hosentürl geschlossen haben. Das ist ein Vorwand, um die Konturen des Genitales beobachten zu können.

Plötzlich springen seine Gedanken auf meine Person. Er liest am Abend meine Bücher und legt sie dann unter das Kopfpolster, damit die Gedanken in seinen Kopf gehen. Das ist nur Rationalisierung. Er benützt mich anstatt des Polsters. Er verlangt nach Liebe. Er hat die Phantasie, daß ich mit ihm spielen soll. Er äußert plötzlich, er wundere sich, daß ich ihm keines meiner Bücher geschenkt habe. Er verlangt von jedem Menschen Liebe. Diese Phantasien sowie die Gedanken an die Genitalien der anderen mengen sich in seine Arbeit. Er könnte nicht arbeiten, wenn er sich nicht durch einen Zettel befreien würde. Am Abend lebt er mit dem Zettel diese Phantasien durch. Sein Reich, in dem er König ist, ermöglicht ihm das Ausleben der Phantasien. Aber mit einem Unterschiede. Er erzwingt kraft seiner Macht die Liebkosungen seiner Sklaven und verschiebt sie auf das Pferd, das in einer weiteren Determinierung das Symbol seiner tierischen Leidenschaften wird.

— —

Aus einem langen Traume entnehme ich, daß eine alte Badewanne in der neuen Wohnung bleiben soll. Ich schließe daraus, daß er gewisse Badeszenen seiner Kindheit nicht verlieren will. Er entsinnt sich nicht besonderer Badeszenen, muß sich aber gezwungen erinnern, daß er mit seiner Mutter gemeinsam baden ging. Es war in seinem 11. Jahre. Er wurde in ihre Kabine mitgenommen und ging mit ihr in ein öffentliches Frauenbad. Alle anderen Erinnerungen sind verdrängt. Er weiß sich keines besonderen Eindruckes beim Ausziehen zu erinnern, er weiß nicht, ob er in einer Kabine mit der Mutter war. Alles ist der Amnesie verfallen. Wer das betreffende Wiener Bad kennt, weiß, daß zahlreiche Frauen in aufreizenden Badekostümen herumlaufen, im Sand liegen, spielen usw. Er weiß nichts davon.

In diesem Falle können wir annehmen, daß er einen Teil dieser Badeszenen auf seine Pferdephantasie übertragen hat. Wir hören in der Tat erstaunliche Dinge. Die Pferde haben ein herrliches Bad. Sie werden in kostbaren Flüssigkeiten gebadet. Im Volke herrscht Not. Die Pferde baden in Milch, Kölnerwasser, Champagner. Sie urinieren ins Bad und entleeren ihren Darm. Die Bevölkerung ist glücklich, wenn sie dann das Badewasser trinken kann. Er reitet nackt mit dem Pferde ins Bad.

Er erinnert sich aus dem gleichen Jahre, daß er mit dem Onkel in einem Bade war und daß ihn eine Badefrau den ganzen Körper und auch das Genitale einseifte und dann wusch.

Er badet jetzt gar nicht. Vielleicht nur zweimal im Jahre. Er hat immer Schnupfen und das Baden wäre dann sehr gefährlich. Er hat offenbar verschiedene Erinnerungen an gemeinsames Baden mit der Mutter und seinen Geschwistern, an die er nicht erinnert werden will. Aus solchen Verdrängungen, die in halbbewußten Phantasien wieder gehoben werden, entsteht dann sein Zweifel.

Aus einer Reihe von Widerstands- und Übertragungsträumen, in denen er allerlei zärtliche Szenen mit mir erlebt, hebe ich einen Traum hervor, der mir besondere Bedeutung zu haben scheint:

> Ich bin auf einem Baume mit einem Mädchen (oder ist es mein Bruder?). Ich will ihn mit meinen beiden Beinen umschlingen und sage: Ich werde dich doch bezwingen.

Wir sehen, er hat gewisse Wünsche, die er doch erreichen will. Er will seinen Bruder mit seinen Beinen umschlingen. Die Szene ist schon einige Male in seinen Träumen vorgekommen. Eine erste Bedeutung: der Traum reproduziert offenbar eine kindliche Szene. Eine weitere Bedeutung erhält er aus dem Umstande, daß der Baum der Stammbaum ist. (Baum des Lebens.) Er ist im Mutterleibe und hält Bruder und Schwester mit den Beinen umschlungen.

Es fallen ihm viele Phantasien ein, in denen er im Mutterleibe lebte. Besonders beeindruckte ihn eine Bemerkung, die er im siebenten Lebensjahre von einem Dienstmädchen hörte. Die Nabelschnur, welche Kind und Mutter im Mutterleibe verbindet, bleibt für das ganze Leben erhalten. Er stellte sich auch eine Entbindung so vor, daß die Frau ihre Röcke aufbindet. Es wird eine Schnur aufgebunden, so daß das Kind frei wird. Diese infantile Sexualtheorie findet sich in seiner Pferdephantasie.

Er ist auf dem Pferde im Mutterleibe und die Zügel (in seiner Phantasie goldene Schnüre) sind die Nabelschnüre. Dort ist er vor den bösen Stürmen der Welt sicher.

Er teilt eine Menge von Infantilismen mit. In ängstlichen Situationen muß er etwas Urin, zuweilen aber auch Winde lassen. Vor dem Einschlafen lutscht er an einem Zipfel der Bettdecke. Dabei macht er ein so wollüstiges

Gesicht, daß es seinen Brüdern aufgefallen ist. Seine Mutter sagte ihm: Du machst ein Gesicht wie ein Kind, das an der Mutterbrust saugt.

Er erinnert sich auch des Traumes, in dem er den Bruder mit beiden Beinen umschlungen hält. Im Traume verwandelte sich der Bruder in ein Polster. Es war ihm, als ob er ein Polster halten würde. Seine Liebe zum Polster und die Art, mit dem Polster zwischen den Beinen einzuschlafen, geht auch auf die Mutterleibsphantasie zurück.

Sonderbare Infantilismen führt er mit seinem Schreibtisch auf. Er wird von ihm gepflegt und gereinigt, mit allerlei Töpfen und Vasen geschmückt. Die Mutter muß ihm Deckerln für den Schreibtisch sticken. Um den Schreibtisch baut er sich andere kleine Tische. Nur auf dem Schreibtische können die „Notizen" erledigt werden. Der Schreibtisch ist offenbar wie das Pferd ein Symbol der Mutter. Die Notizen, die sich meist auf sein Verhältnis zur Mutter beziehen, können nur dort erledigt werden. (Phänomen der Affektverschiebung.) Am Schreibtisch ist sein liebster Platz. Da kann er stundenlange träumen...

— —

Um seinen großen Schreibtisch baut er drei kleine Tische. Sie kann er alle benützen. Sie sind Symbole der drei Geschwister. So beherrscht er die ganze Familie, sie sind seine Sklaven, sie müssen seinen Wünschen hörig sein. Der Schreibtisch ist dann ein Symbol wie das Pferd. Er ist ein realer Pferdersatz.

In seinem Büro ist er versetzt worden. Er empfindet diese Versetzung als Demütigung. Gerade ihm muß so etwas passieren! Und er fing schon an, sich in dem alten Büro heimisch und gemütlich zu fühlen. Nun hat er einen Anlaß zu Grübeleien und Phantasien. Er möchte ins alte Büro zurück. In diesen Phantasien wird das alte Büro zum Symbol seiner Mutter. Er möchte wieder Kind sein und sein Leben neu beginnen. Dann könnte er groß und stark sein und würde alle Eigenschaften haben, die ihm jetzt fehlen.

Er hatte diese Nacht zwei Träume, die uns einen tiefen Einblick in sein Seelenleben gewähren:

> Es war eine große Weltkatastrophe. Alle Menschen dieser Welt — nicht nur der Erde — gingen zugrunde. Ich glaube über 100 Milliarden Menschen. Ich war darüber sehr entrüstet und dachte: Das kann der Weltgeist nicht zulassen.
>
> Ich war mit meiner Mutter in der Zentralbibliothek, um Bücher umzutauschen. Vor mir stand eine ältere Dame. Trotzdem bediente mich das Fräulein zuerst. Darüber machte ihr die ältere Dame heftige Vorwürfe. Ich dachte mir: Das arme Mädchen wollte mir einen Gefallen tun und muß sich nun diese Vorwürfe gefallen lassen.

Um den ersten Traum zu verstehen, müssen wir seine egoistische Einstellung zur Welt kennen. Er will jetzt in das alte Büro zurück. Er hatte den Wunsch: O mögen jetzt einige der Beamten dort krank werden, damit ich zurückberufen werde. Er läßt alle Welt sterben, wenn er nur einen Vorteil dabei hat. Er kam gestern aus dem Büro nach Hause und wollte den Bruder interpellieren und ihn bewegen, Protektion anzuwenden, damit er in das alte Büro kommen könne. (Er macht alles mit Protektion. Das zeigt sein mangelndes Selbstvertrauen und sein Bedürfnis nach fremder Hilfe.) Nun kam ihm der Bruder mit einer Trauernachricht entgegen. Der Schwiegervater seines Onkels war an diesem Tage gestorben. Sein erster Gedanke war: „Mein Pech! Jetzt kann ich dem Bruder nicht mit meiner Sache kommen."

Im Traume läßt er die ganze Welt zugrunde gehen. Aber der Traum verschweigt eine Tatsache: Er bleibt am Leben. Er ist der Einzige und als der Einzige kann er sich alles erlauben. Er braucht auch keinen Vergleich mit den anderen zu scheuen. (Noahkomplex *Tannenbaums*.) Schon in der Jugend wollte er die Mutter für sich allein haben und wünschte allen Geschwistern den Tod. Daß eine Schwester starb, trug dazu bei, sein Schuldgefühl zu steigern und den Grund zu seinem drückenden Gefühle der Minderwertigkeit zu geben, das ihn so quält und alle seine Handlungen determiniert.

Immer ist er der Zweite, immer wird er zurückgesetzt. Er ist ein Jude, klein, kurzsichtig und häßlich. Alle diese Eigenschaften werden benützt, um das Gefühl der Unvollkommenheit zu fixieren.

Im Traume wird er anderen vorgezogen. Im Leben ist ihm das nie passiert. Es hat aber einen besonderen Grund, daß die ältere Dame im Traume erscheint. Es ist dies die Frau des gestern verstorbenen Mannes. Sie beklagte sich immer über die schlechte und lieblose Behandlung von Seite ihrer Schwiegersöhne und ihrer Töchter.

Auch er glaubt, daß er immer gedemütigt und zurückgesetzt wird. Darum flüchtet er ja in seine Traumwelt, in der er seinen Willen zur Macht ausleben und das Gefühl der Minderwertigkeit durch einen schrankenlosen Größenwahn ersetzen kann. Ja, in seinen Phantasien ist er sogar unsterblich. Er ist ein Gott! Deshalb kann ihm der Weltuntergang nichts anhaben. Menschen können zugrunde gehen. Die Götter bleiben ewig.

In allen seinen Phantasien kompensiert er die Demütigungen der ersten Welt durch stolze Triumphe und kehrt die Tatsachen um. Wir wissen, daß er sich keinem Weibe genähert hat. Er fürchtet seine Niederlage, er ist ja ein Kind, er weiß nicht, was er machen soll.

Er schwelgt in einer absonderlichen Phantasie: Ein sehr reiches Mädchen, Erbin eines unermeßlichen Vermögens, hat sich in ihn verliebt und will nur ihn heiraten. Er läßt sich lange bitten und stellt dann seine Bedingungen: 1. Ihr Vater muß ihm das ganze Vermögen ausliefern. 2. Das Mädchen muß ihm alle sadistischen Handlungen gestatten. 3. Sie muß ihn bedienen, sein Pferd pflegen, seine Magd sein. 4. Er hat absolute sexuelle Freiheit und nimmt sich so viele andere Frauen, wie es ihm beliebt.

Im Leben scheut er die Frauen, er ist wütend, daß man gegen Frauen galant sein muß, er fürchtet seine Impotenz, er fürchtet die Untreue des Weibes, er will nicht von ihren Launen gequält werden. In der Phantasie ist alles umgekehrt. Überdies gibt er zu, daß dieses Mädchen meistens die Züge seiner Mutter trägt. Ein alter Kinderwunsch geht in Erfüllung. Er ist der Herr des Vermögens, die Mutter bedient ihn ganz allein, er kann alle seine Launen nach Herzenslust ausleben.

Wir sehen, wie asozial die Neurose die Menschen macht. Wir sehen aber auch den unüberbrückbaren Abgrund, der zwischen Realität und Phantasie gähnt.

Für das Verständnis des Neurotikers ist es unbedingt notwendig, das Phänomen der Affektverschiebung und des Szenenwechsels zu kennen. Für den Neurotiker ist es charakteristisch, daß die Grenzen zwischen Symbol und Realität fortwährend schwanken. Dieses Schwanken entsteht dadurch, daß er in seiner Phantasie einen S z e n e nwechsel vornimmt. Wir wollen an dem Beispiel des heutigen Tages die Art und Weise studieren, wie dieser Szenenwechsel vor sich geht.

Unser Patient berichtet, daß er im Amt sehr ungern ißt. Er fühlt Hunger, aber er nimmt erst etwas zu sich, bis sich der Hunger zu Hungerkrämpfen steigert. Dann ißt er mit großer Gier. Unangenehm ist ihm dabei, daß er an einem gewissen Angstgefühl und heftigem Herzklopfen leidet, als wenn er etwas Verbotenes tun würde.

Ich vermute, daß es sich um eine Affektverschiebung zwischen Hunger und Liebe handelt, sage ihm nichts von meiner Vermutung und lasse ihn die freien Assoziationen bringen.

Es fällt ihm zuerst ein, daß er sich gestern von seiner Mutter eine Tasse hat schenken lassen. Er empfand große Freude und stellte die Tasse sofort als Schmuck in sein Königreich, d. h. auf den erwähnten Schreibtisch. Er rationalisiert diese Freude damit, daß er sehr geizig ist und sich keine Tasse kaufen würde. Er übersieht, daß der Affektwert der Tasse davon herrührt, daß er sie von der Mutter erhalten hatte.

Sein zweiter Einfall ist, daß er die Gewohnheit hat, zu Hause für sich Gedichte aufzusagen. Oft zwanzig Mal hintereinander. Er macht das, während er die Zettel durcharbeitet oder vor dem Einschlafen. Das beweist nun, daß die Zettel und die Gedichte etwas Gemeinsames enthalten müssen. Gestern sagte er sich die bekannten Verse von Schiller vor, in denen von Hunger und Liebe die Rede ist.

Jetzt wissen wir, daß der Hunger der Hunger nach Liebe, und zwar der Hunger nach der Liebe der Mutter ist. (Die Tasse!)

Auch die weiteren Einfälle gehen auf seine Liebe zur Mutter und besonders auf die Mutterleibsphantasie. Er zitiert ein Gedicht: Das ist der Lauf der Zeiten — Ein Trost stellt sich mir dar — Bin ich auch nichts geworden — ich blieb doch, der ich war. (Das ewige Kind.) Auch ein Gedicht von Eichendorff muß herhalten: Dort ist so tiefer Schatten — dort ist so tiefe Ruh — es deckt mit grünen Matten — der liebe Gott dich zu. (Er weiß nicht, ob es heißt „der Liebe Gott" oder „der liebe Gott". Phantasie von Grab und Mutterliebe.) Den ewigen Säugling hingegen charakterisieren die Verse: Und frische Nahrung, frisches Blut — saug ich aus freier Welt — Wie ist Natur so hold und gut — die mich am Busen hält. (Natur ein Symbol der Mutter — — Mutter Erde!) Sterne stimmen ihn melancholisch, wenn sie in einem Gedichte vorkommen. So zwingt das Gedicht von Novalis zur Wiederholung: Die Sternenwelt wird zerfließen — zu lichtem Lebenswein — wir werden sie genießen — und lichte Sterne sein. Er hat also die Absicht, die Sterne zu genießen!

Jeder Neurotiker hat seine eigene symbolische Gleichung, deren Enträtselung eine der wichtigsten Aufgaben der Analyse darstellt. Seine symbolische Gleichung lautet: Mutter — Weltall — Himmel — Grab — Stern — Natur.

Warum aber verwendet er Zettel und nie ein Notizbuch, das praktischer wäre? Weil er die Zettel in ein Kuvert gibt. Zettel und Kuvert stellen ihm eine Vereinigung von Mutter und Kind dar. Der Zettel ist das Kind, das im Mutterleibe steckt.

— — — — — — — — — — — — — — — — — — — —

Von seiner Stimmung gibt ein Gedicht von Hermann Hesse Bericht. Er sagt es unzählige Male vor sich hin. Es handelt sich um eine Rückphantasie in die Kindheit.

Verlorener Klang. Einmal in Kindertagen — Ging ich die Wiese lang, — Kam still getragen — Im Morgenwind ein Gesang, — Ein Ton in blauer Luft, — Oder ein Duft, ein milder blumiger Duft, — der duftete süß, der klang — Eine Ewigkeit lang, — Meine ganze Kindheit lang. — — Es war mir nimmer bewußt — Erst jetzt in den bösen Tagen — Hör ich innen in der Brust — Ihn wieder verborgen schlagen. — Und jetzt ist alle Welt mir einerlei, — Will nicht mit den Glücklichen tauschen, — Will nur lauschen, — Lauschen und stillestehn, — Wie die duftenden Töne gehn. — Und ob es noch der Klang von damals sei.

Oft beginnt er sich in endlose Gedanken zu verwickeln. Es fällt ihm ein, daß er das Gedicht aufsagen muß. Ist es nicht sonderbar? Nun denkt er weiter: Ist es nicht sonderbar, daß ich mich wundere, daß ich das Gedicht aufsagen muß?

Ist es nicht sonderbar, daß ich denke, daß ich mich wundere, daß usw. Ist es nicht sonderbar, daß ich denke, daß ich denke, daß ich mich wundere usw.

Das geht ins Endlose. Es ist das Prinzip der Einschachtelung. Er schachtelt einen Satz in den anderen.

Wie alle Infantilisten steht er mit Orthographie und Grammatik auf einem schlechten Fuß. Groß oder klein, dritter oder vierter Fall sind Hemmungen in der Arbeit. Soll er dem oder den schreiben? Er hilft sich, indem er in der Maschine das m mit einem n überklopft, so daß er beiden Tendenzen gerecht wird.

Diese typische Unsicherheit des Infantilen, die fast in keinem Falle von P. I. fehlt, hat hier ihre besondere Wurzel. Er ist das dritte Kind. Der dritte Fall der Mutter. Sein jüngerer Bruder, der unwillkommene Rivale, ist der vierte Fall. Wen hat die Mutter lieber? Das ist die große Frage, um die sich sein Leben dreht. Dazu benötigt er seine Krankheit. Die Mutter soll Mitleid mit ihm haben und deshalb mit ihm lieber sein als mit den anderen Brüdern. Wenn der ältere Bruder zu Hause schlechter Laune ist, kann die Mutter ihn fragen: Was hat er

20*

heute? Das kränkt ihn tief. Er will der Einzige sein, um dessen Launen man sich kümmert.

Er fühlt die Tragödie des mittleren Kindes *(Hug-Hellmuth)*.

Er hatte heute Nacht einen Traum:

> Ein großer Hund ist auf mich losgesprungen. Ein großer Herr, der Eigentümer des Hundes, hat die Gefahr erkannt, in der ich schwebe. Er fixiert den Hund und geht zurück, immer den Hund im Auge behaltend, um ihn zu bändigen. Er gibt mir den Rat, nach Amerika zu fahren. Ich wäre hier nicht sicher.

Er hat erfahren, daß ich nach Amerika fahre. Der Hund ist das Symbol der Homosexualität. Er ist froh, daß er außer Gefahr kommt (Angst vor den Folgen der Übertragung). Er macht eine kleine Korrektur an der Realität. Er fährt nach Amerika und ich bleibe in Wien mit dem tollen Hunde . . .

Er erwartet alles Heil von der Analyse und möchte nichts dazu tun, um sein Leiden zu überwinden. Er setzt die Zettelwirtschaft fort. Gestern fragte ihn ein Kollege, ob er nicht früher in einer anderen Bank gewesen wäre. Die Frage war ihm sehr unangenehm. Er hatte sich in der betreffenden Bank so ungeschickt benommen, daß er entlassen wurde. Er fürchtet, der Kollege könnte diese Tatsache in seinem Büro erzählen und ihm schaden. Er notiert den Vorfall und grübelt des Abends über die Maßnahmen, um dies zu verhindern. Was bedeutet dieser Zettel? Offenbar, daß er ein schweres Schuldbewußtsein hat. Er hat sich schlecht benommen, um entlassen zu werden und von seinen Brüdern erhalten zu werden, um bei seiner Mutter zu bleiben. Er hat alles selbst inszeniert. Darüber macht er sich Vorwürfe.

Er macht sich aber auch Vorwürfe wegen verschiedener Vorfälle in der Kindheit. Es ist sehr wahrscheinlich, daß er mit seinem jüngeren Bruder allerlei getrieben hat, was ihn die älteren Brüder lehrten. Der jüngere Bruder ist heute auch schwer neurotisch. Hat er nicht Schuld an seiner Neurose?

Überdies wissen wir, daß er jedermann und besonders dem Vater, dem Großvater und den Brüdern den Tod gewünscht hat. Diese Sünden darf er nicht vergessen. An diese Verbrechen muß er immer denken.

Deutlich verrät dies sein letzter Traum:

> Der alte Vorstand läßt mich rufen. Der Laufbursche gibt mir einen Zettel in die Hand, ich soll zum Direktor Pick gehen. Der Direktor ist in seinem Zimmer, das eher einer Registratur gleicht. Er macht mir heftige Vorwürfe. Warum ich nicht in die Skontistenschule gehe. Ich sehe eine Schleife oder einen Zettel, auf dem mit großen Lettern gedruckt ist: Das Begräbnis des Herrn W. findet morgen statt!

Der alte Vorstand hatte einen „Pick" auf ihn, wie man in Wien sagt. Er sekkierte ihn, so daß er sich sehr unglücklich fühlte. Das heißt, er inszeniert sich im alten Büro wieder eine unmögliche Situation, um nach Hause zu kommen. Der alte Vorstand ist Gott. Gott hat alle seine Sünden registriert und hält sie ihm vor. Er solle sein Hauptbuch (Soll und Haben — Skontistenschule) gut überblicken und seiner Vergehen eingedenk sein. Die Schleife mit den großen Lettern (wie die Schleife eines Kranzes, der auf den Sarg gelegt wird) ruft ihm mit großen Lettern eine Warnung zu: Du hast allen Leuten den Tod gewünscht. Du warst glücklich, als dein Vater und dein Großvater starben. Du bist ein Sünder! Du verdienst es nicht, daß es dir gut geht.

So ist seine Neurose Schuld und Strafe zugleich. Wie geht es ihm mit den Pferdephantasien? Sie sind ganz verschwunden. Die Analyse hat sie ihm verleidet und unmöglich gemacht. Sein Pferdekönigreich und seine Vorliebe für Pferde sind verschwunden. Noch sind ihm einige Infantilismen geblieben. Er gibt noch immer vor dem Einschlafen die Hand zum Mund und beginnt zu saugen. Er spielt noch immer den ewigen Säugling, der an der Mutterbrust ist. Aber das Polster wird nicht mehr zwischen die Beine gesteckt und er beginnt sich langsam und widerwillig mit der Realität auszusöhnen.

Ich habe die Neurose einmal als den Zustand definiert, bei dem die Grenzen zwischen Traum und Realität verschwimmen. Unser Patient zeigt dies sehr deutlich. Mitunter hat er am Tage das Gefühl, es wäre alles nur ein Traum und selbst im Traume verläßt ihn das Bewußtsein nicht, es könnte alles nur ein Traum sein. Mutterleibsphantasten neigen zu diesen Zuständen ganz außerordentlich. Ihr Leben ist in der Tat nur ein einziger Traum.

Er träumte heute Nacht:

> Ich habe im Büro ein Glas zerbrochen. Ich denke, daß ich das sagen muß und daß ich das Glas bezahlen werde. Da fällt mir ein, wie unangenehm das alles ist. Sie werden fragen, warum hat er das Glas zerbrochen? Wie hat er das Glas zerbrochen? Ich werde es lieber nicht sagen. Wie ich mich so herumquäle, ob ich es sagen soll oder nicht, fällt mir ein, daß ich oft zweifle, ob es Traum oder Wirklichkeit ist. Ich kann ja jetzt auch träumen. Ich brauche nichts zu sagen . . .

Der Träumer kämpft mit dem Vorsatze, mir Begebenheiten mitzuteilen, die sich mit seinem jüngeren Bruder zugetragen haben. Denn diesem Traume ging ein Traum vorher, in dem er diesem Bruder die Decke fortgezogen hatte. Alle Einfälle gehen auf den Bruder, der am Morgen nie zu erwecken ist, bis nicht ein Familienmitglied die von ihm offenbar gewünschte Exhibition vornimmt und ihm die wärmende Decke wegzieht. Ich sehe ganz deutlich, daß er sich entschlossen hat, mir diese Begebenheiten nicht mitzuteilen.

Es ist die letzte Stunde. Die Neurose wird als Glas dargestellt. Er hat ein Glas, aus dem er getrunken hat, zerbrochen: seine Krankheit. Er bringt es nicht über sich, zuzugeben, daß er ein anderer ist. Seine Pferdephantasie ist endgültig abgebaut. Er kann viel besser arbeiten.

Was ist ihm geblieben? Er saugt noch vor dem Einschlafen an dem Zipfel seiner Decke und er muß sich hie und da Zettel aufschreiben und den Tag überdenken. Er beruft sich auf große Männer — Goethe und andere —, die auch am Abend den Tag überdacht haben. Ich kläre ihn auf, daß er eben den Tag nicht überdenkt, sondern ein „geistiger Wiederkäuer" ist. Er wiederholt sich sinnlose Fragen so oft, bis er sie mechanisch sagen kann. In diesem Zustande kann es dann zur gewünschten Affektverschiebung kommen. Er träumt dann seine Kindereien, während er scheinbar nachdenkt.

Wie soll er gesund werden? Er muß sich mit der Realität befreunden. Er muß die soziale Isolierung aufgeben und sich der Gesellschaft einfügen. Er muß auf alle Kindereien verzichten. Er darf nicht sein Leben auf die Liebe der Mutter stellen. Er muß sich zur Selbständigkeit erziehen und den Weg zum Weibe finden, was wohl nur in einer Ehe gelingen wird.

XVII.

Pädophilie.

Von allen Formen des sexuellen Infantilismus scheint mir die „Kinderliebe" die am meisten verbreitete zu sein. Nach meinen Erfahrungen muß es sich fast um eine normale Komponente des Geschlechtstriebes handeln. Fast jedermann kann sich einmal bei solchen Gedanken ertappen, die freilich mit allen Affekten sittlicher Entrüstung zurückgewiesen und verurteilt werden. Der sexuelle Reiz, der von den Kindern ausgeht, ist um so merkwürdiger, als wir uns viele Jahrtausende bemüht haben, das Kind zu asexualisieren und es als Heiligtum zu betrachten. Viele geistig hochstehende Kulturmenschen haben mir gestanden, daß ihnen sündige Gedanken beim Anblick von Kindern gekommen wären. Sie erschienen meistens in negativer Form. So erzählte mir ein ethisch sehr hochstehender Dichter, daß er einmal sein sechsjähriges Töchterchen betrachtend sich sagte: „Es ist mir unbegreiflich, wie Menschen sich an Kindern vergreifen können!" Aber der Umstand, daß er auf den Gedanken kommen konnte, beweist, daß irgend ein dunkler Anreiz vorhanden war. Goethe hat in seinem Erlkönig die homosexuelle Angstvision des Knaben vor dem Erwachsenen herrlich ausgedrückt. Aber daß er eine solche Ballade schaffen konnte, beweist doch nur, daß er sich von einer Regung befreien mußte, wie sie auch Thomas Mann in seiner Meisternovelle „Der Tod in Venedig" zu einem ergreifenden Kunstwerk kristallisieren konnte.

Das Kind als „sexuelles Spielzeug" kann besonders bei manchen Naturvölkern beobachtet werden. Aber bilden wir uns nicht ein, daß wir dieser niedrigen Stufe der Entwicklung so ferne stehen. Ich werde fast täglich in meinen Analysen belehrt, wie verworren die Ansichten sind, die wir bisher gehegt haben und wie sonderbar ubiquitär die Pädophilie das Seelenleben der Menschen beherrscht. Ich möchte, bevor ich auf die Wurzeln dieser Erscheinung eingehe, noch einige Beobachtungen von Gesunden (— wohlgemerkt nicht von Neurotikern —) mitteilen. Wie vieles von der sogenannten Kinderliebe ist nur eine verdeckte Paraphilie, die dann urplötzlich hervorbrechen und ihren Träger überwältigen kann. Je weniger die Menschen sich dieser Regungen bewußt sind, desto schlechter schützen sie sich dagegen und desto größer sind die Gefahren für das Kind und den Erwachsenen. Denn in den meisten Fällen überfällt die pädophile Regung die Menschen unvermutet, so daß sie über sich selbst ganz entsetzt sind. Ich will nun einige dieser Beispiele mitteilen.

Fall Nr. 103. O. P., ein 34jähriger Arzt, teilt mir mit: Ich bin mir keiner krankhaften Regung bewußt. Umso mehr hat mich ein Erlebnis erschreckt, das ich Ihnen über Ihren Wunsch hiemit niederschreibe. Ich fuhr von Wien in meine Heimat und wurde ersucht, eine kleine 7jährige Kusine mitzunehmen. Die Reise dauerte damals zirka 24 Stunden. Ich bemühte mich um das artige Kind, so daß die verschiedenen Insaßen des Kupees meinten, es wäre wunderbar, wie zart ich mit dem Kinde umgehen könne. Ich mußte es natürlich auch fragen, ob es natürliche Bedürfnisse habe und führte es durch den Wagen zum Anstandsorte. Kurz, ich bemühte mich um das Kind, als ob ich seine Mutter wäre. Das wunderte mich selbst, denn ich hatte mich vorher nie mit Kindern beschäftigt und bei mir nie eine besondere Vorliebe für Kinder bemerkt. Es kam der Abend und das Kind wurde müde. Ich setzte es auf meinen Schoß und wiegte es ein wenig. Zu meinem Schrecken bekam ich plötzlich einen gewaltigen Status. Erschrocken setzte ich das Kind wieder auf die Bank, obwohl es stürmisch verlangte, auf dem Schoße zu sitzen. Ich gebrauchte eine Ausrede und suchte das Kind zum Schlafen zu bringen. Zu meiner großen Genugtuung waren wir in dem Kupee allein. Alle anderen Reisenden waren schon ausgestiegen. Ich richtete dem Kind ein Lager, ließ es die Schuhe ausziehen und die Kleider ein wenig lockern, deckte es sorgfältig zu und machte selbst Nacht. Aber ich konnte merkwürdiger Weise nicht einschlafen, obwohl ich sonst in der Eisenbahn immer trefflich geschlafen hatte. Ich hatte eine permanente Erektion. Ich war schon an diese Erscheinung gewohnt. Eisenbahnfahrten regen mich sexuell immer auf.[1])

Die Erektionen wurden schmerzhaft. Dabei dachte ich nicht an das Kind. Ich trachtete, mich abzulenken und stellte mir allerlei erotische Bilder vor. Überdies war ich damals gerade heftig verliebt und hatte allen Grund, mich zu freuen. In 8—10 Stunden sollte ich den Gegenstand meiner Sehnsucht umarmen können. Ich sah meine Geliebte mich am Bahnhof erwarten und versuchte, mir die Situation der Umarmung vorzustellen. Plötzlich rührte sich das Kind. Es war eine heiße Sommernacht. Das Kind warf die Decke von sich, alles im Schlafe, zog sein Röckchen in die Höhe, so daß ich die wohlgeformten kleinen Beinchen sehen konnte. Nun stieg in mir das unwiderstehliche Verlangen auf, mich dem Kinde zu nähern, es zu küssen, es zu umarmen, seine Beinchen zu streicheln und dabei mein Glied zu entblößen. „Du wirst doch nicht so ein Schuft sein!" — sagte ich mir und floh aus dem Kupee. Da rief die Kleine meinen Namen. Sie wachte auf und sagte: „Onkel, wohin gehst du? Geh nicht fort! Ich habe Angst allein zu bleiben." Sie schlang ihre

[1]) Diese Beobachtung kann man bei vielen Menschen machen. Es gibt Männer, die nur im Eisenbahnwagen potent sind. Die Kondukteure von den Schlafwagen wissen ein Lied von der gesteigerten Sexualität der reisenden Damen zu singen. Nirgends erobert man so leicht die Frauen wie im Eisenbahnwagen. Auch der Umstand, daß viele Männer ihre Brautnacht im Schlafwagen erleben wollen, deutet auf eine infantile Wurzel. Es muß offenbar die Erinnerung an das Fahren im Kinderwagen in uns leben.

Ärmchen um meinen Hals und küßte mich auf den Mund — nicht wie ein Kind, sondern wie ein Weib. Meine Besinnung schwand. Ich wollte mit dem Kinde zärtlich sein. Da fiel mir ein, daß die Türe nicht ganz geschlossen war. Ich hatte ja hinausgehen wollen. Ich gehe zur Türe. In diesem Momente ging ein großer Mann mit scharfen, durchdringenden Augen an unserem Abteil vorbei und lugte hinein, als ob er Platz suchen wollte. Ich kam etwas zur Besinnung. Ich machte Licht, schlug die Hülle zurück, welche das Licht abgedämpft hatte. Das Kind bat: „Bitte Onkel! Mach wieder dunkel! Es tut den Augen weh! Ich will schlafen! Komm zu mir!" Ich streichelte es, um es zu beruhigen, was meine Erregung maßlos steigerte. Ich verlor fast die Besinnung. — —

Da wurde gerade eine Station ausgerufen. Der Zug hielt mit einem plötzlichen Ruck, der mich zur Besinnung brachte. Eine Dame kam mit vielen Schachteln und Handgepäck in unser Abteil. Ich machte ihr Platz, setzte mich dem Kinde gegenüber — und war gerettet. Ich hätte mir wahrscheinlich das Leben genommen, wenn ich etwas angestellt hätte. Seit jener furchtbaren Nacht, die mir ewig im Gedächtnis geblieben ist, hüte ich mich vor dem Alleinsein mit Kindern. Nie wieder ist mir eine solche Regung bewußt erschienen. Ich habe auch nie von Szenen mit Kindern geträumt. Aber ich verurteile keinen Menschen, wenn ich höre, daß er dieser Leidenschaft zum Opfer gefallen ist. Ich wage auch die Behauptung, daß das Kind mir entgegengekommen und mich (vielleicht unbewußt) verführen wollte. Es erwartete offenbar Liebkosungen, weil es auch sexuell erregt war.

— — — — — — — — — — — — — — — — — — — —

Überblicken wir den Fall, so wäre hervorzuheben, daß sich dieser Mann in einem Stadium gesteigerter Liebesbereitschaft befand. Er war verliebt und fuhr zu seiner Braut. Er fuhr überdies in seine Heimat, was immer eine Reise in das Jugendland bedeutet. Das Kind weckte das Kind in ihm, er wurde zum Kinde, fühlte sich als Kind und hatte das Bedürfnis mit Kindern zu spielen. Diese Fähigkeit wieder Kind zu werden, ist vielen Menschen eigen, welche sonst gar nicht infantil sind. Das Hervorbrechen späterer Paraphilien bedeutet stets eine Regression, wie ich wiederholt betont habe. Es ist bekannt, daß bei älteren Personen — Männern und Frauen — die Pädophilie mit unwiderstehlicher Gewalt hervorbricht. Die Zeitungen bringen diesbezüglich genug Berichte. Aber kaum ein Zehntausendstel der Fälle, die sich ereignen, kommen zur Kenntnis der Öffentlichkeit oder gar vor den Strafrichter. Im Alter wird der Mensch wieder zum Kinde. Deshalb können wir bei alten Menschen die deutlichsten Formen von sexuellem Infantilismus beobachten. Unter allen Paraphilien ist im Alter die Pädophilie die häufigste. Bevor ich auf diese Fälle eingehe, möchte ich noch das Geständnis eines Malers mitteilen, der mir persönlich als ein bedeutender und durchaus beherrschter Mensch bekannt ist.

Fall Nr. 104. Ich befand mich mit meiner Frau und meinen Kindern in der Sommerfrische zu G. Ich war diesen Sommer 49 Jahre alt, war acht Jahre glücklich verheiratet, liebte meine Frau und meine beiden Kinder, einen Knaben von sieben Jahren und ein Mädchen von fünf Jahren außerordentlich. Die Kinder lugten wie gewöhnlich zuerst nach Spielkameraden aus. Der Bub fand einige junge Freunde, aber das Mäderl war allein und ich war sehr froh, als ich endlich nach langem Suchen ein gleichaltriges Mäderl fand, das sehr lieb war und sich willig die Tyrannei meiner geistig überlegenen Tochter gefallen ließ. Einmal spielten die Kinder im Garten. Ich sah belustigt zu. Da kauerte die Kleine nieder, so daß ich ihre Geschlechtsteile sehen konnte. Zu meiner Beschämung mußte ich hinsehen. Noch mehr. Ich hatte sofort eine Erektion und konnte dem Bedürfnis nicht widerstehen, das Kind aufzuheben und herumzutragen, so daß meine Kleine eifersüchtig wurde. Sie sagte: „Wenn du meinen Papa wegnimmst, werde ich mit dir nicht mehr spielen und du bist nicht mehr meine Freundin." Ich ließ verwirrt die Kleine auf den Boden nieder. Ich hatte ihr nichts getan, aber ich gestehe, daß ich ein starkes Verlangen hatte, sie zu streicheln und nach ihrem Geschlechtsteile zu greifen. Bei meinem Kinde habe ich solche widernatürliche Regungen nie empfunden. Ich war sehr niedergedrückt und traute mich nicht, dieses Erlebnis meiner Frau zu gestehen. Ich hatte während des Sommers noch einige Rückfälle. Ich muß es gestehen: Die Kleine reizte mich sexuell ganz enorm. Sie hatte etwas in ihrem Wesen, was an eine Dirne oder an ein Weib erinnerte. Es machte mir ein unsagbares Vergnügen, ihr über die Haare zu fahren oder ihre glatten, wohlgeformten Beinchen zu streicheln. Ich habe auch einige Skizzen von ihr gemacht, die zu meinen besten gehören. Eine Erfahrung, die ich wiederholt gemacht habe: Man malt am besten jene Modelle, für die man sich sexuell interessiert.

Verschiedene Forscher suchen allerlei Gründe für die Pädophilie und weisen darauf hin, daß besonders jene Berufe gefährlich sind, bei denen man immer mit Kindern zu tun hat (z. B. Lehrer). Sie verwechseln Ursache und Wirkung. Die Menschen wählen schon den Beruf aus sexuellen (unbewußten) Motiven.[1]) Auch der Umstand, daß der Aberglaube besteht, man könne einer reinen Person (besonders einem Kinde) eine Infektionskrankheit übergeben und dann genesen, erklärt nicht die enorme Verbreitung der Pädophilie. Viel eher fand ich das Motiv der Minderwertigkeit. Menschen, welche vor erwachsenen Weibern Angst haben, ihnen nicht zu genügen fürchten, welche an die Kleinheit ihrer Genitalien glauben, können leicht zur Pädophilie verleitet werden, wie der nächste Fall beweist.

Fall Nr. 105. Herr V. B., 46 Jahre alt, Kaufmann, klein, bucklig, häßlich, ist in seiner Stadt als großer Kindernarr bekannt. Er hat immer Süßigkeiten in seiner Tasche, mit denen er die Kleinen beschenkt, er führt sie gerne zum Zuckerbäcker aus und wird allgemein der „Kinderonkel" genannt. Er hat nie mit Frauen verkehrt, onaniert seit dem 14. Jahre. Er fürchtet bei Frauen eine Blamage, verabscheut Dirnen und wagt sich an kein besseres Mädchen und keine anständige Frau heran. Seit der Jugend ist es sein Traum, mit kleinen Mädchen geschlechtlich zu verkehren, was ihm bei der Kleinheit seiner Genitalien selbstverständlich vorkommt. Er fürchtet aber, mit dem Strafgesetze in Konflikt zu kommen. Durch Zufall lernte er eine Kupplerin

[1]) Siehe das Kapitel „Berufswahl und Sexualität" in Band IV

kennen, die ihm Kinder antrug. Er ließ sich in ihre Wohnung einige Male Kinder kommen, die alle schon verdorben waren und schon längere Zeit dem Gewerbe oblagen. Es waren Mädchen im Alter von 10—14 Jahren. Ein Prozeß, in den er hätte leicht verwickelt werden können, erschreckte ihn so sehr, daß er aufhörte, diese Kupplerin zu besuchen und sich mit der Onanie und den harmlosen Unterhaltungen in den Gärten (Beobachtungen der Kinder beim Spielen usw.) begnügte.

— — — — — — — — — — — — — — — — — — — —

Ich kann an dieser Stelle nicht genug vor den „Kinderonkeln" mit den unerschöpflichen Süßigkeiten in der Tasche warnen. Die meisten von ihnen sind der Paraphilie erlegen und suchen ihre Opfer in ihre Wohnung oder in abgelegene Orte zu locken. Wer unbekannte Kinder in die Wohnung bestellt, um sie zu beschenken, ist der Pädophilie verdächtig.

Das Bedürfnis nach Kindern muß unter diesen Kranken unendlich groß sein. Denn jede Stadt hat ihre geheime Kinderprostitution. Ich erinnere nur an den Skandalprozeß, der in Wien dies Thema vor die Öffentlichkeit brachte. Es war damals viel von einem „Kinderverzahrer"[1]) die Rede, von einem älteren vornehmen Herrn, der die höchsten Preise zahlte. Um die Zeit des Prozesses verübte ein berühmter Wiener Professor der Chirurgie einen Schein-Selbstmord. Man fand seinen Überrock und seine Dokumente bei der Donau und vermutete einen Selbstmord. Man will ihn später in Ägypten gesehen haben. Ich weiß nicht, was an der Sache Wahres ist. Aber einige Blätter behaupteten, er wäre der Kinderverzahrer gewesen. Auch der Selbstmord eines gefürchteten Wiener Richters[2]) wird mit einem plötzlichen Akt von Pädophilie in Verbindung gebracht. Tatsache ist, daß viele geheime Kinderbordelle existieren, in denen die Mütter ihre Kinder hinbringen, um den Schandlohn einzuheimsen.

Im Kriege gab es in der Etappe eine ausgebreitete Kinderprostitution. Ein Offizier erzählte mir aus C., daß ihm ein achtjähriges Mädchen antrug: „Willst du zu meiner schönen Mutter nach Hause kommen?" Der Offizier ging hin, um die Mutter anzuzeigen. Er wollte scheinbar auf ihre Anträge eingehen. Die entmenschte Mutter bot ihm ihr Kind an. Als er die Frau der Polizei anzeigte, lachte man ihm ins Gesicht. Sie hätten nicht so viele Zellen, als sie für alle diese Frauen und Mütter brauchten und um alle die Soldaten einzusperren, die sich mit den Frauen und Kindern eingelassen hatten.

Die Prostitution verbirgt sich nicht nur in den Häusern, sie macht sich sogar auf den Straßen breit. Ich habe wiederholt in Winkelgassen

---

[1]) Wiener Dialektausdruck für „Kinderverzehrer".

[2]) Vergleiche die Schlüsselnovelle „Hofrat Eysenhardt" von *Berger*.

Kinder gesehen, die sich angeboten haben. (In Paris werden die Kinder zu Chantage d. i. zu Erpressungszwecken benützt. Auch in anderen Großstädten, wie mir bekannt ist.) Viele Dirnen kennen die Vorliebe der Männer für Kinder und ziehen sich als Backfisch mit Schul- oder Musikmappe oder legen noch kindlichere Kleidung an. Manche gehen mit einem Kinde aus und das sind gerade die Dirnen, welche die teuersten Kunden einfangen. In den Vorstädten, wo die Kinder schon früh untereinander Geschlechtsverkehr treiben (siehe S. 48), sammeln sich oft einige Kinder, um das Gewerbe gemeinsam auf eigene Faust zu betreiben. Im Prater in Wien und in vielen Vorstadtgärten, in allen Gärten der größeren Städte gibt es solche Kinderprostituierte, die das Geld zu Näschereien verwenden. Oft sind sie Mitglieder einer Diebsbande und haben schon einen kleinen Geliebten, der die Rolle eines Zuhälters spielt.

Ich habe einmal eine feine neurotische Dame behandelt, welche in ihrer Jugend in Brünn auf dem Spielberg dieses Gewerbe betrieb, um sich Näschereien zu kaufen. Sie erzählte mir mancherlei über das Treiben der kleinen Dirnen. In den meisten Fällen handelt es sich nur darum, das Glied des Mannes in die Hand zu nehmen. Eine Immissio penis wird fast nie verlangt. Oft sind es Exhibitionisten, welche sich mit der Entblößung vor dem Kinde begnügen und es dafür reich entlohnen. In selteneren Fällen wird Fellatio verlangt. Wer sich bei Dirnen mit einer entsprechenden Vergangenheit erkundigt, der kann die merkwürdigsten Tatsachen erfahren.

Die Kinderprostitution ist nicht immer ein Gelderwerb. Das Geld wird gewöhnlich — wie erwähnt — für Näschereien verwendet. Aber in manchen Fällen schickt die Mutter das Kind aus, Geld zu erbetteln und kümmert sich sehr wenig darum, wie das Geld hereingebracht wird. Wenn das Kind kein Geld bringt, kriegt es Schläge oder Schelte. Oft tun es die Kinder aus sexueller Neugier und mitunter auch aus Begierde.

Nicht immer sind die Erwachsenen die Verführer. Es kommt vor, daß die Kinder den Anstoß geben. Sie fragen die Männer, wie spät es ist, oder irgend etwas anderes und blicken sie herausfordernd an. Manchmal betteln sie die Männer an, um anzuknüpfen.

Ich war Student der Medizin, als ich in meiner Gegend durch viele Monate täglich einem 8—9jährigen Mädchen begegnete, das mich öfters ansprach und sich nach der Zeit erkundigte. Sie machte deutlich Zeichen, wie es nur eine erwachsene Dirne oder Kokotte machen kann. Ich wollte die Zeichen nicht verstehen, beobachtete aber mit Interesse das Treiben der Kleinen. Einmal fragte sie, ob sie nicht auf mein Zimmer kommen könne. Sie möchte gerne in einem schönen Zimmer spielen und ich würde es ihr bestimmt gestatten. Ich solle ihr nur ein Buch geben, das würde sie mir bringen. Alles nur um einen Vorwand zu haben, zu mir zu kommen. Ich hatte genug gesehen und brach rasch das Gespräch ab. Nach zwei Jahren traf ich sie als luetische Kranke auf der Abteilung für Geschlechtskranke. Die Kleine hatte sogar ihren jüngeren Bruder infiziert....

Die Ärzte, welche größere Abteilungen für Geschlechtskranke leiten, können uns viel von Infektionen kleiner Kinder erzählen, die sie von Erwachsenen akquiriert haben. So sah auch ich einmal einen Knaben von 5 Jahren, der eine akute Gonorrhoe hatte. Er war von seiner 10jährigen Schwester infiziert worden. Das hoffnungsvolle Mädchen hatte sich die Gonorrhoe im Prater von einem Soldaten geholt.

Unendlich häufig werden Kinder von den Erziehungspersonen verführt. Schon *Rétif de la Bretonne* hat die Eltern vor Dienstboten[1]) und Erziehungspersonen gewarnt. Ich habe fast unzählige solcher Fälle gesammelt. Ich habe ja an anderer Stelle auf die Unsitte der Ammen und Kindermädchen hingewiesen, die Säuglinge an den Genitalien zu kitzeln, um sie zu beruhigen. Oft aber wird diese Prozedur aus sexuellen Motiven ausgeführt. Ich sah eine Mutter aus besseren Ständen ihr acht Monate altes Mäderl an der Scheide kitzeln, um es zum Lachen zu bringen! Viele Mütter spielen aus einer Art Übermut mit den Kindern und gestehen es sich nicht ein, daß sie von sexuellen Motiven geleitet werden.

Bloch führt aus seiner reichen Erfahrung einige charakteristische Fälle an:

„In dem einen verführte eine Buchhalterin einen vierjährigen Knaben zu systematischer Unzucht, in dem anderen nahm die (horribile dictu) eigene Mutter ihren fünfjährigen Sohn zu sich ins Bett und lehrte ihn den Koitus vollziehen, so weit das möglich war, sowie Manipulationen an ihren Genitalien vorzunehmen. Der Junge wiederholte es dann bei seinem dreijährigen Schwesterchen, wobei ertappt, er die ganze Geschichte erzählte.

Ein vierjähriger Knabe spielte viel an seinen Geschlechtsteilen, machte außerdem eigentümliche, beischlafähnliche Bewegungen im Bette, sowie auch bei der Mutter. Als die sehr Erschrockene ihn dann fragte, gestand er, daß ein im Hause angestelltes 20jähriges Fräulein diese Manipulationen mit ihm vorgenommen habe." (*Bloch*, l. c. S. 695.)

Auch *Magnan* erzählt von einer 29jährigen Dame, die mit ihrem 5jährigen Neffen Unzucht getrieben habe.

Ich glaube, wenn man alle Männer und Frauen, die sich an Kindern vergangen haben, einsperren wollte, alle Gefängnisse der Welt nicht aus-

[1]) *Maupassant* schildert in seiner Novelle „Madame Baptiste" in erschütternder Weise die Tragödie eines kleinen Mädchens, das von dem Kammerdiener ihres Vaters verführt wurde, der sie später heiratete.

reichen würden. Es sind nicht immer die Erziehungspersonen, welche diese pathologische Kinderliebe zeigen. *Bloch* macht mit Recht auf die auffallende Aktivität aufmerksam, die das weibliche Geschlecht in dieser Hinsicht entfaltet. *Havelock Ellis* hat in einer kleinen Statistik den Nachweis geliefert, daß viel mehr Männer von Frauen verführt werden als umgekehrt, wenn man das erste Erlebnis in Betracht zieht. Die Analytiker wissen auch viel von den Traumen zu erzählen, welche ihre Patienten erlitten haben, und dieses Buch wird noch manche Beispiele bringen. Ich möchte nur einige sehr frappante Tatsachen hervorheben.

Fall Nr. 106. Eine Mutter von drei Kindern gestand mir, daß sie immer beim Säugen der Kinder Orgasmus empfunden hatte. Das führte zu einer wahren Liebesraserei für das Kind, die so lange andauerte, bis der nächste Säugling kam. Den ersten Knaben hatte sie immer im Bette neben sich liegen. Das Kind spielte mit seinen Fingerchen an der Vagina herum, was ihr ungemein wohltat. Später pflegte er mit den Füßchen unten herumzuspielen, was sie sogar begünstigte. Das zweite Kind, ein Mädchen, lag oft zwischen ihren Füßen und spielte mit ihren Genitalien. Sie war so schwach, daß sie es gewähren ließ. Das dritte pflegte am liebsten mit ihrem Busen zu spielen und schlief noch im vierten Lebensjahre nicht eher ein, bis es nicht die Mamillen im Munde hatte. Sie glaubt auch, daß dieses Kind ihr im Schlafe die Vagina geleckt habe. Sie habe nur eine dunkle Erinnerung. Vielleicht sei es ein Traum gewesen. Alle drei Kinder sind sehr verwöhnt, frühreif, eifersüchtig, deutlich neurotisch.

— —

Fall Nr. 107. In höchster Erregung konsultierte mich einmal ein Kollege, er gebe seit längerer Zeit seinem jetzt achtjährigen Töchterchen den Penis in die Hand. Diese Prozedur dauere immer bis zum Orgasmus, bei dem Ejakulation eintrete. Ein Zufall entdeckte der Mutter diese Beziehungen. Ich verlangte vor beginnender Behandlung Entfernung des Kindes aus dem Hause, was von Frau und Mann verweigert wurde.

— —

Fall Nr. 108. Frl. R. N., jetzt 21 Jahre alt, erzählt während der Analyse, daß ihr Vater sie im siebenten Lebensjahre wiederholt geschlechtlich gereizt habe. Er habe auch einmal versucht, das Glied einzuführen, habe aber abgelassen, weil sie aus Schmerz geschrien habe.

— —

Fall Nr. 109. Herr D. V., 24 Jahre alt, Mediziner, wurde von seinem Vater im fünften Lebensjahre onaniert. Er stellte sich immer schlafend. Der Vater spielte dann mit seinem Gliede und pflegte sich dann hinüber zu werfen und zu stöhnen, was er jetzt als Onanie auffassen würde. Die Mutter war gestorben, als der Knabe 2 Jahre alt war. Er schlief bis zum zehnten Lebensjahre im Bette des Vaters, der seine Beine immer umklammerte. Es gehört heute zu seinen Liebesbedingungen, sich die Beine umklammern zu lassen.

— —

Fall Nr. 110. A. V., 27 Jahre, berichtet, daß sie von ihrem Onkel im siebenten Lebensjahre systematisch verführt wurde. Erst führte er an ihr den

Kunnilingus aus, dann lehrte er sie penem lambere, später versuchte er einen Koitus, sie weiß nicht, ob es ihm gelungen ist. Das dauerte ungefähr ein halbes Jahr lang. Sie hat niemandem davon Erwähnung gemacht, ist sogar dem Onkel sehr anhänglich.

— — — — — — — — — — — — — — — — — — — —

Fall Nr. 111. Ein in schlechter Ehe lebendes Elternpaar, der Mann ist bedeutend älter als die Frau, benützen ihr 9jähriges Töchterchen „als sexuelles Spielzeug". Es liegt zwischen ihnen im Bette und obwohl Platz vorhanden wäre, wird für das Kind kein Bett angeschafft. Sonntags kommt es abwechselnd zu ihnen ins Bett. Es werden dann alle möglichen Hetzen getrieben. Die Mutter, die sehr stark homosexuell und auch an ihre älteste Tochter fixiert ist, ist besonders von der Gesäßbildung des Kindes entzückt. Diesem Körperteil läßt sie alle möglichen Liebkosungen zuteil werden. Sie fordert die Geschwister zur Bewunderung desselben auf. Die unvernünftigen Eltern haben das Kind frühreif und neurotisch gemacht. Es leidet an Angstträumen, wobei es öfters aufschreit. Der Vater spielt in allen diesen Träumen eine große Rolle.

— — — — — — — — — — — — — — — — — — — —

Fall Nr. 112. Eine Erzieherin erzählte mir von ihrem Zögling, einem 4jährigen Knaben, folgendes: Der Knabe hatte es immer furchtbar getrieben, wenn die Mutter sich anzog, er wollte absolut dabei sein, ebenso wie er auch stürmisch ins Badezimmer verlangte, wenn die Mutter badete. Sie hatte nach und nach von ihm erfahren, daß die Mutter ihn ins Bett nahm und sich von ihm in der Scheide mit dem Finger reizen ließ. Er sagte ihr auch: „Ich rieche das so gerne unten bei der Mama."

Fall Nr. 113. Frau M. B. klagte in der Analyse über ihre zeitweise auftretende Verstopfung. So oft sie auf dem Lande sei, habe sie darunter zu leiden, während sie sonst eine ganz normale Verdauung habe. Sie fürchtet deshalb aufs Land zu gehen. Im Verlaufe der Analyse wird für diese Beschwerde die Erklärung gefunden. Sie war als 9jähriges Kind bei Verwandten auf dem Lande zu Besuch. Dort war ein 25jähriger Vetter, der sie eines Tages auf den Schoß nahm und versuchte, ihr sein Glied einzuführen. Sie sträubte sich dagegen und lief erschreckt davon.

Sie hat dieses Erlebnis vollständig verdrängt gehabt. Die Erinnerung daran lebte aber unbewußt in ihr fort und machte sich als neurotisches Symptom bemerkbar. Sie war eine unbefriedigte Frau, die hoffte und andrerseits fürchtete, von einem Manne verstopft zu werden. Sie suchte auf dem Lande immer die einsamsten Wege auf, in der Hoffnung, vergewaltigt zu werden.

— — — — — — — — — — — — — — — — — — — —

Fall Nr. 114. Frl. A. N., 25 Jahre alt, stammt aus einfachen Verhältnissen. Sie wurde einmal als 11jähriges Kind von einem im Hause wohnenden verheirateten Mann geschlechtlich gereizt. Er selbst war Vater mehrerer Kinder. Das Mädchen fand Gefallen an diesen „Spielereien" und war dem Manne immer willig. Es kam auch zu einem ganz regelrechten Geschlechtsverkehr. Das Verhältnis dauerte längere Zeit. Die Mutter kam darauf und trotz der furchtbaren Szene, die sie ihr machte, kam sie nachher wieder mit dem Manne zusammen.

— — — — — — — — — — — — — — — — — — — —

Ich will diese Liste nicht fortsetzen. Es sind Fälle, wie sie mir momentan einfallen. Jeder Analytiker weiß, wie oft solche Vorkommnisse erzählt werden. Man könnte einwenden, daß es sich um Phantasien handle. Aber unsere Erfahrung stammt auch von der anderen Seite. Wir hören auch die Geständnisse der Erwachsenen. Wir erkennen, wie unendlich verbreitet die Pädophilie unter Frauen und Männern ist.[1])

Im Nachfolgenden will ich nur einige Beispiele anführen. In den späteren Analysen der nächsten Bände sowie in den vorhergehenden Bänden finden sich zahlreiche Krankengeschichten, die eigentlich hieher gehören. Ich registriere nur einige Fälle von reiner Pädophilie. Dabei müssen wir die Gruppen bewußter Pädophilie von der unbewußten strenge unterscheiden. Oft ist diese Paraphilie ihrem Träger gar nicht bewußt. Er kommt wegen einer anderen neurotischen Erscheinung zum Analytiker und erst während der Analyse kommt die verdrängte Pädophilie zum Vorschein.

Beginnen wir mit einem Fall von unbewußter Pädophilie.

Fall Nr. 115. Herr A. S., 45 Jahre alt, ist seit zwei Jahren impotent. Er hatte vor drei Jahren geheiratet und hatte schon vor der Ehe mehrere Jahre mit seiner jetzigen Frau ein Verhältnis, wobei die Potenz eine ganz ausgezeichnete war. Vor zwei Jahren — es war während des Sommeraufenthaltes zu W. — wurde er plötzlich ohne ihm bekannten Grund impotent. Er glaubt, daß es sich um eine Alterserscheinung handelt. Wir hören, daß er des Morgens heftige Erektionen hat, daß er auch Erektionen hat, wenn er zu seiner Frau geht, daß aber die Erektion verschwindet, wenn er das Glied einführen will. Dieses Symptom verrät, daß er ein anderes (geheimes) Sexualziel hat, wie ich ja in Band IV an zahlreichen Beispielen ausgeführt habe. Im Laufe der Analyse gesteht er, daß er immer ein gewisses Interesse für kleine Mädchen und auch für Knaben, also für Kinder, gehabt habe. Es hatte ihn aber nie gestört; wenngleich er sich die Kinder gerne ansah, konnte er mit Frauen verkehren. Aus einem Traume entnehme ich, daß ihm ein Knabe sehr gefallen habe. Und nun erfahre ich, daß es sich um den 12jährigen Knaben der Hausfrau gehandelt hatte, bei der er auf dem Lande in W. gewohnt hatte. Nun wurde die Impotenz klar. Er hatte sich in den Knaben verliebt und wollte sich diese Leidenschaft nicht gestehen. Er gibt zu, daß er die Familie häufig besucht und dem Knaben immer schöne Geschenke bringt, weil es sich um ein so liebes,

[1]) *Wulffen* (Der Sexualverbrecher, S. 415) bringt folgende interessante Beobachtung: Ein Ehemann, der ein ausschweifendes Leben hinter sich hatte, konnte seine Frau nicht befriedigen, da es bei ihm nur selten zur Erektion kam. Dagegen rief der Anblick der Scham eines kleinen Mädchens sofort die Steifung hervor. In seiner Verzweiflung vertraute er sich der jungen Ehefrau an. Diese nahm hierauf mit seinem Einverständnis ein zehn Jahre altes Mädchen ins Haus, das die Frau ihrem Manne vor der beabsichtigten Beischlafsvollziehung wie zufällig entblößt zeigte, ohne daß das Kind von der Absicht etwas merkte. Die Frau war sehr erfinderisch in der Ermittlung immer anderer unauffälliger Situationen. Meistens zog die Frau im entscheidenden Augenblicke dem Mädchen vor dem Manne neue Strümpfe oder Stiefel an, wobei sie das Kind geschickt entblößte.

braves Kind handelt. Nun zeigt es sich, daß schon vorher Züge von Pädophilie vorhanden waren. Die Ursache zur Regression gab eine nicht eingestandene Eifersucht auf die Frau, welche sich lebhaft mit einem jungen Manne beschäftigte und sich den Hof machen ließ.

Rasche Heilung der Impotenz und Zurückweichen der pädophilen Regungen nach 6 Wochen Analyse.

Fall Nr. 116. Eine 42jährige Dame erzählt, daß sie seit der Kindheit nur Interesse für Knaben im Alter von 10—16 Jahren hätte. Als sie heiratete, war sie sich dieser Leidenschaft bewußt. Sie wollte sie überwinden und hoffte sie in der Ehe zu verlieren. Alle ihre Freundinnen wunderten sich, daß sie sich immer nur mit dem „Grünzeug" unterhielt. Sie war 18 Jahre alt, als sie sich in einen 15jährigen Burschen verliebte. Es war auf dem Lande. Sie machten größere Spaziergänge und sie wollte sich dem Knaben — unbekümmert um die Folgen — ganz hingeben. Sie lagerten im Grase und sie reizte ihn aufs Höchste. Er schien aber schüchtern zu sein und ließ es bei heißen Küssen bewenden. Sie ging einen Schritt weiter und kam des Nachts zu ihm ins Bett. Er versuchte einen Koitus, aber war zu ungeschickt, so daß es eigentlich zu gar nichts kam. Kurz darauf verlobte sie sich und heiratete einen Richter, der ihr wegen ihrer offenkundigen Neigung zu jungen Burschen Vorwürfe machte. Sie konnte aber nicht widerstehen und verführte den 12jährigen Bruder ihres Mannes. Sie wurde älter und hoffte als Mutter von der unglückseligen Leidenschaft befreit zu werden. Es half aber nichts. Sie hatte fast jedes Jahr ihr Erlebnis. Sie behauptet, daß ihre Freundin, die Gattin eines Professors, die eine Pension hatte, durch viele Jahre mit den meisten ihrer Pensionäre Verhältnisse hatte (Knaben von 10—14 Jahren!) und von der gleichen Leidenschaft ergriffen, ihre einzige Vertraute war. Oft gingen sie zusammen auf die Jagd nach Knaben aus. Sie wurde schließlich schwer neurotisch und kam in meine Behandlung. Es zeigte sich, daß sie die Leidenschaft für ihren eigenen Knaben verdrängt hatte und an der Bewältigung dieses Komplexes scheiterte. Sie hatte sich ein paar Mal hinreißen lassen, aus Gründen der Krankenpflege mit dem Knaben zu spielen. Sie entdeckte bei ihm ein steifes Glied und machte ihm jede Nacht kalte Umschläge, was ihr ermöglichte, das Glied zu berühren und unter der Maske einer besorgten Mutter ihren Gelüsten zu fröhnen. Die Onanie bekämpfend, lebte sie ihre Paraphilie aus.

Als Ursache des Leidens fand sich analytisch eine Fixierung an den Bruder, der, um zwei Jahre älter, mit ihr von seinem 12.—14. Jahre gespielt hatte. Der Bruder gab ihr sein Glied in die Hand, lehrte sie auch die Wonnen eines Kunnilingus und ließ sich von ihr Fellatio machen. Sie gesteht, daß sie auch einige Knaben zu dieser Form der Liebe erzogen habe.[1]) Dann aber wurde der Bruder plötzlich fromm und moralisch und erklärte ihr, sie dürften das nie mehr machen. Er kam bald aus dem Hause in ein Institut und als sie ihn nach einigen Jahren wiedersah, war nie mehr die Rede von dem, was zwischen ihnen vorgefallen.

[1]) Der Roman von *Catulles Mendès* „Sa première Maîtresse" behandelt das gleiche Thema. Eine Frau in den Vierzigern verführt einen zirka 15jährigen Knaben, der dann das ganze Leben an sie gefesselt ist. Es geht deutlich hervor, daß es sich um Irrumatio handelt. Auch der Roman von *Arthur Schnitzler* „Frau Beate und ihr Sohn" behandelt die Liebe einer reifen Frau zu Schuljungen und endet mit der Darstellung eines Inzestes. Der verführte Junge war nur die Imago ihres Sohnes.

Sie aber konnte offenbar diese Liebkosungen nicht vergessen und suchte sie immer wieder.

Sie trachtete immer wieder die eine Szene zu erleben, wobei sie in der Phantasie zum Bruder und der Knabe zu ihrer eigenen Gestalt als Mädchen verwandelt wurde.

— —

Immer suchen die Pädophilen sich selbst in dem Bilde der Kinder. In vielen Fällen gelingt es nachzuweisen, daß sie als Kinder ein Trauma erlebt haben. In anderen besteht eine Phantasie dieses Traumas. Oft läßt sich die Entscheidung „Phantasie oder Trauma" gar nicht stellen. Wenn wir aber die Häufigkeit der pädophilen Akte in Betracht ziehen, so werden wir verstehen, daß diese Kranken einem infantilen Erlebnis nachlaufen und daß diese pädophilen Akte auch in einer Art Traumleben und in Anfällen vor sich gehen können. Es ist ja bekannt, daß sich Epileptiker in ihren Anfällen zu solchen Akten leicht hinreißen lassen. Auch im Alkoholrausche kommt es leicht zu ähnlichen Erscheinungen. Oft wird das erste Erlebnis im Rausche zum Anlaß der Regression und zum offenen Durchbruch der Paraphilie.

Ein Lehrer, der das Trinken nicht gewöhnt ist, wird von einem Bauer im Weinkeller bewirtet und hat einen leichten Rausch. In der Schule merkt er, daß ihn alle Kinder reizen. Er läßt sich von einem sehr gut entwickelten Mädchen die Hefte auf sein Zimmer bringen, greift ihr dort unter die Kleider und gibt ihr den Penis in die Hand. Am nächsten Tage hat er ein furchtbares Reuegefühl. Er wagt es nicht, dem Mädchen in die Augen zu sehen. Aber sie lächelt ihn freundlich an, woraus er entnimmt, daß sie geschwiegen hat. Er nimmt sich vor, unter keinen Umständen wieder einen ähnlichen Akt zu begehen, er kommt sich wie ein Verbrecher vor, er schämt sich vor sich selbst. Er gelobt, nie mehr einen Tropfen Alkohol zu trinken. Nach einigen Tagen läßt er das Kind wieder die Hefte tragen und vergreift sich an ihr, ohne getrunken zu haben. Nun ist der Damm gebrochen, es kommt zu mehreren Szenen, bis die Sache ruchbar wird und er vors Gericht kommt. Einen ähnlichen Fall kenne ich von einem Katecheten. In beiden Fällen war es eine kleine Alkoholdosis, welche die ersten Hemmungen aufgehoben und dann zur vollkommenen Regression auf die Pädophilie geführt hatte.

Ich habe schon erwähnt, daß es viele Impotente gibt, welche sich an Kindern vergreifen, weil sie die Blamage bei Erwachsenen fürchten. Viele Männer, welche ein sexuelles Minderwertigkeitsgefühl haben, die auch wähnen, sie hätten einen zu kleinen Penis, wünschen dieses Mißverhältnis dadurch auszugleichen, daß sie sich einem Kinde nähern, dessen Unkenntnis sie reizt. Es gibt auch einen geheimen (satanischen) Drang, das Reine zu beschmutzen. Diese Menschen leiden auch an Koprolalie und sind ebenso Schätzer der Jungfrauen wie der Kinder.

Haben sie die Jungfrau einige Male besessen, so verachten sie sie. Sie verliert für sie jeden Reiz. Es treibt sie auch eine dunkle Gewalt, die Kinder, welche sie als Symbol der Reinheit auffassen, zu beschmutzen. Oft sind es gerade Menschen, welche für die sexuelle Aufklärung der Kinder schwärmen. Die Aufklärung ist für sie nur ein Vorwand, ihren geheimen Gelüsten zu fröhnen.

Fall Nr. 117. L. K., ein 25jähriger Jurist, leidet an Platzangst, so daß er seit einigen Monaten nur in Begleitung das Haus verlassen kann. Diese Phobie erweist sich als Selbstschutz gegen seine Pädophilie. Er begann schon mit 14 Jahren die Dienstmädchen im Hause seiner Eltern zu verfolgen und hatte bald mit den meisten Verhältnisse. Mit 16 Jahren gelang es ihm, eine Kusine zu deflorieren. Seit damals betrieb er als Sport, Jungfern zu verführen und brachte es zu einer stattlichen Anzahl. Er ist sehr gewissenlos und verspricht sogar die Ehe, verlobt sich rasch und löst dann unter einem Vorwande die Verlobung auf. In den meisten Fällen bleibt es bei der Defloration, also bei einmaligem Koitus. Er verachtet die Mädchen, die sich ihm hingegeben haben.

Vor einem Jahre wohnte er bei der Familie einer Kusine, die er gleichfalls erobern wollte, obgleich sie mit einem Arzte verlobt war. Die Kusine kam ihm sehr freundlich entgegen. Er ging gewissenlos auf sein Ziel los. Einmal war die Situation schon sehr kritisch, aber das Mädchen menstruierte gerade und vor der Menstruation hat er einen unüberwindlichen Ekel. Sie war von ihm einfach überrumpelt worden und war wehrlos. Sie hatte seine Küsse für rein verwandtschaftlich gehalten. Nun war sie aber gewarnt und mied jede Gelegenheit, in der sie gefährdet war. Das brachte ihn zur Raserei. Die Kusine hatte ein neunjähriges Schwesterlein, das sich immer auf seinen Schoß setzte und mit ihm kokettierte, als wenn sie 18 Jahre wäre. Oft benahm sich die Kleine raffiniert wie eine Kokotte. Sie sagte: „Nun habe ich auch einen Bräutigam wie meine Schwester!" Er war zwar sehr gewissenlos, trotzdem fand er es abscheulich, daß er sofort eine Erektion bekam, wenn sich die Kleine auf seinen Schoß setzte. Er sagte sich entsetzt: „Du wirst doch nicht...!" und wehrte sich mit allen Kräften. Aber das nächste Mal schwanden die Gewissensregungen, er setzte das Kind auf den Penis und hatte das sichere Gefühl, daß sie es verstand. Es zeigte glänzende Augen und wetzte hin und her, bis es zum Orgasmus und er zur Ejakulation kam. Das Kind war auch eifersüchtig und weinte, wenn er sich zu viel mit der Schwester oder mit anderen Frauen beschäftigte. Er wurde rasend vor Leidenschaft und reiste plötzlich ab, weil er seiner nicht sicher war. Seit damals verließ ihn nicht mehr das Verlangen nach Kindern. Das dauerte drei Monate, dann glaubte er mit der Sache fertig zu sein. Die Platzangst aber zeigte, daß er fortwährend gegen seine Pädophilie kämpfte.

Anamnestisch kam zum Vorschein, daß er in der Kindheit mit seiner Schwester einen Koitus ausgeübt hatte. Er war 12 und sie 9 Jahre alt. Bezeichnender Weise trat die Platzangst in Wien auf, wo er bei dieser Schwester, die inzwischen glücklich verheiratet war, wohnte. In der Analyse traten auch die aktuellen Inzestgedanken zutage.

Offenbar war es die Schwester, die er immer wieder in den anderen Mädchen deflorierte. Er suchte immer die alte Liebe und mußte nach ge-

21*

lungener Identifizierung fliehen, weil nach der Defloration die Identifizierung nicht aufrecht zu halten war.

Von den vielen Fällen von Pädophilie, welche der Krieg verursacht hat, kamen auch einige in meine Beobachtung. Ich hörte wiederholt von Kinderschändungen und ähnlichen Greueltaten, freilich gestanden es die Kranken nicht, sondern behaupteten es von anderen Kameraden und von den Feinden. Die Pädophilie verbindet sich häufig mit sadistischen Motiven. Merkwürdiger Weise werden an Kindern viel mehr sadistische Verbrechen begangen wie an Erwachsenen. Die Kinder werden mißbraucht und getötet, nicht nur um den lästigen Zeugen aus der Welt zu schaffen, sondern auch um dem sadistischen Hange zu fröhnen. In dem Buche über Sadismus (Band VII) werden diese Fälle besprochen werden. Ich will hier nur eine Beobachtung referieren, die auf die besonderen Verhältnisse des Krieges und die damit verbundenen sexuellen Paraphilien ein helles Licht wirft.

Fall Nr. 118. Herr K. R., 36 Jahre alt, ehemaliger Berufsoffizier, kommt wegen Impotenz in seiner Ehe in meine Behandlung. Die Impotenz trat erst nach dem Kriege auf.[1]) Er hatte ein ganz normales Sexualleben, war glücklich verheiratet und Vater zweier Kinder. Es war in Bukarest, wo er das Leben in der Etappe zuerst kennen lernte. Die Sittenlosigkeit war — nach seinen Schilderungen zu urteilen — grenzenlos. Schon vorher war er in Serbien der Versuchung, mit jungen Mädchen zu verkehren, erlegen. Eine Gymnasiastin hatte sich ihm für ein Stück Salami und Brot hingegeben. Sie war angeblich 14 Jahre alt und konnte nur mit Hilfe der Prostitution, die sie für Nahrungsmittel ausübte, ihr Leben fristen. In Bukarest erhielt er in seinem Hotel eines Tages einen deutschen Brief, in dem es hieß:

„Wenn Sie sich gut unterhalten wollen, so kommen Sie ins Hotel Venus. Daselbst finden Sie schöne Frauen und Mädchen im Alter von 10—18 Jahren."

Er konnte der Versuchung nicht widerstehen und wählte eines von den unglücklichen Kindern, welche dort meist mit ihren Müttern und Schwestern vereint feilgeboten wurden. Seit dieser Zeit war er verloren und sein ganzes Sinnen und Trachten ging nach Kindern. Er hatte von vielen Vergewaltigungen gehört, die Soldaten an Kindern begangen hatten. Eine Influenza, die sehr schwer verlief, fesselte ihn an ein längeres Krankenlager. Er begann seinen Phantasien nachzuhängen und malte sich immer Vergewaltigungen von Kindern aus. Er schlitzte die Kinder auf, so daß er mit dem Penis in den Eingeweiden wühlen konnte. Er begann mit dieser Phantasie zu onanieren. Kaum genesen, kam er zur Erholung nach Hause und war bei seiner Frau impotent. Ihn quälte auch der furchtbare Gedanke, er könnte bei seinen Kindern solche Phantasien haben, so daß er es vorzog, ein Sanatorium aufzusuchen, wozu ihm die Diagnose „Neurasthenie" leicht verhalf. Allmählich beruhigte sich sein Sadismus, aber das Verlangen nach Kindern blieb bestehen.

Eine Analyse des Zustandes war nicht möglich. Seine weiteren Schicksale sind mir unbekannt.

---

[1]) Vgl. das Kapitel „Krieg und Impotenz" in Band IV.

Auch dieser Mann hatte einen kleinen Penis. Es war sein Schmerz, daß er eine Frau nicht so ausfüllen und durchbohren konnte, wie es sein Verlangen durchsetzen wollte. Schon aus diesem Grunde drängten sich seiner Phantasie Kinder auf. Der Impotente und der Schwachpotente werden sich leicht verführen lassen, der Pädophilie zu unterliegen. Oft ist die Impotenz die Folge der geheimen Pädophilie. Es läßt sich aber nicht leugnen, daß das Minderwertigkeitsgefühl manche Männer zur Pädophilie drängt. Ich habe dieses Motiv sehr häufig betonen hören und besonders von Männern, deren Genitale etwas infantil war.

Daß aber auch hochpotente Männer, die sich bei Frauen bewährt haben, an Pädophilie leiden und sie leider auch praktisch betätigen, beweisen folgende zwei Fälle.

Fall Nr. 119. Herr G. K., 43 Jahre alt, steht unter der Anklage, sich an zwei Kindern vergriffen zu haben. Die Angelegenheit trug sich folgendermaßen zu: Auf dem Landaufenthalte in W. traf G. K. auf seinen Spaziergängen zwei Mädchen im Alter von 8 und 9 Jahren, welche ihn anlächelten. Er knüpfte mit ihnen ein Gespräch an, das sehr lustig verlief. Am nächsten Tage brachte er ihnen Schokolade und andere Süßigkeiten. Nach einigen Tagen gingen sie zusammen in den Wald. Er ließ die Kinder sich entblößen und gab ihnen sein Glied in die Hand, reizte sie an den Genitalien. Dann berührte er die Scheide des einen Kindes mit der Spitze seines Gliedes, so daß es zur Ejakulation kam. Die Mädchen plauderten dieses Erlebnis anderen Kindern aus, die Sache wurde ruchbar. G. K. wurde verhaftet und wegen Sittlichkeitsverbrechen gegen Kinder angeklagt.

Er zeigt einige Degenerationszeichen an den Ohren, ist Mikrozephale, sonst aber normal entwickelt. Das Genitale ist sehr groß. Er zeigt körperlich keine Zeichen von Infantilismus. Er stammt von nervösen Eltern und soll schon früh Zeichen von Neurose aufgewiesen haben (Bettnässen, Pavor nocturnus, allerlei leichte Zwangshandlungen). Er war immer ein verträumtes und ein verspieltes Kind. Er machte in der Schule gute Fortschritte, zeigte außerhalb derselben viele Interessen und besonders einen großen Sammeltrieb. Sehr früh entwickelte sich sein zeichnerisches Talent, so daß er nach der gut bestandenen Matura auf eine Akademie geschickt wurde. Hier legte er viele Besonderheiten an den Tag. Er war gewohnt, viel mit seinen Sammlungen zu spielen und allerlei Gegenstände zusammenzukleistern und besonders Bücher zu binden. Er spielte auch als Akademiker mit seinen Pappsachen, bemalte sie mit allen möglichen Figuren. Er onanierte seit dem 12. Lebensjahre. Da er sehr fromm war, kämpfte er einen harten Kampf gegen die Onanie, konnte aber nicht widerstehen. Er onanierte auch als Akademiker, obwohl er seit dem 16. Jahre Verkehr mit Frauen hatte. Bei der Onanie stellte er sich immer ein Spiel mit Kindern vor. In der Malerei brachte er es trotz großen Talentes und guter Anfänge zu nichts Besonderem. Seine Spielereien waren ihm lieber als die Malerei. Im 24. Jahre lernte er ein schönes Mädchen kennen, in das er sich verliebte, weil er hoffte, durch regelmäßigen Verkehr in der Ehe die Onanie gänzlich zu überwinden. Allein trotzdem er täglich mit seiner Frau verkehrte, oft auch mehrere Male im Tage, mußte er — auch oft nach dem Koitus — onanieren, was er fast täglich fortsetzte. Mit Kindern hatte er nie begonnen, bis er durch das erste und so gefährliche Erlebnis vor den Strafrichter kam.

In der Analyse erinnerte er sich, daß er mit der Schwester wiederholt sexuelle Spiele aufgeführt hatte. Sie war um zwei Jahre jünger als er und starb im zehnten Lebensjahre. Für die Schwester hatte er auch die ersten Pappsachen zusammengekleistert.

Er kann offenbar diese Szene nicht vergessen und trachtet immer wieder sie zu erleben. Er hat die schon oft beschriebenen Traumzustände, in denen er sinnlos herumläuft und ganz ermüdet nach Hause kommt. Er sucht offenbar kleine Kinder, um mit ihnen zu spielen und begnügt sich mit ihrem Anblick. Was ihn aus der Fassung brachte, war der Umstand, daß die beiden Kinder Schwestern waren.

Er behauptet, seiner Sinne nicht mächtig gewesen zu sein. Er habe seine Tat tief bereut und auch seiner Frau gestanden, ehe er von dem Gendarmen fortgeführt wurde. Das Urteil lautete: Zwei Jahre schweren Kerkers.

Fall Nr. 120. Herr Jota sucht mich wegen einer Gerichtsaffäre auf. Er ist angeklagt, mit zwei kleinen Mädchen im Alter von 10 und 11 Jahren Unzucht getrieben zu haben. Er verantwortet sich dahin, daß er diesen Mädchen öfters in einer Sommerfrische begegnet sei. Sie hätten ihn immer herausfordernd angelacht. Er gab sich mit ihnen ein Rendezvous im Walde. Sie kamen auch pünktlich und da habe er beide betastet und ihnen das Glied in die Hand gegeben. Auf eine Anzeige der Eltern der Kinder wurde er verhaftet und gegen Kaution auf freiem Fuße belassen. Die Geschichte, er sei eigentlich von den Kindern verführt worden, die er mir beteuert und an der ich nicht zweifle, wird von seinem Untersuchungsrichter als lächerlich dargestellt.

Seine Lebensgeschichte zeigt einen typischen Fall von sexuellem Infantilismus. Er ist 46 Jahre alt und onaniert seit er sich erinnert. Er onaniert noch immer täglich, manchmal sogar zwei- oder dreimal des Tages. Außerdem ein täglicher Verkehr mit seiner Frau. Trotz dieser enormen Leistungen sieht er sehr frisch und gesund und auffallend jung aus. Er zeigt jene Form des Infantilismus, an der wohlhabende Leute leiden. Er ist zu jeder ernsteren Arbeit unfähig, war immer ein Träumer und zerstreuter Mensch und neigt zu pathologischen Traumzuständen bei Tage. Er begann viele Berufe und konnte bei keinem bleiben. Er ist unfähig, eine ernste Arbeit zu vollbringen, treibt aber mit großem Geschick verschiedene Spielereien. Er sägt sehr gerne Laubsägearbeiten, er schnitzt Kinderspielzeuge, er spricht manchmal aus Vergnügen die Kindersprache. Er betet jeden Abend sein Kindergebet, trägt Sporthosen, weil sie ihn an die Kinderhosen erinnern, bezeichnet seine Frau als Mutter, überläßt ihr vollkommen die Verwaltung seines Vermögens, überläßt ihr die Verantwortung für alles, was vorgeht. Er ist außerordentlich empfindlich und eigensinnig, leidet an allerlei infantilen Beschwerden. Bettnässen kommt noch immer zeitweise bei ihm vor, er ist außerordentlich naschhaft, trägt immer Zuckerln in der Tasche, mit denen er die Kinder beschenkt und sich bei ihnen beliebt macht. Er onaniert immer mit Phantasien, daß er mit Kindern spielt oder selbst noch ein Kind ist. Er trägt eine Kravatte, wie er sie als Knabe getragen, treibt einen großen Kultus mit den Erinnerungsdingen aus seiner Kindheit. Er trinkt zeitweilig, muß dann onanieren oder zu Dirnen laufen, die sich vor ihm als Kind verkleiden müssen. Er schläft des Nachts 11 bis

12 Stunden, schläft auch am Tage, ist nie ausgeschlafen, hat einen eingenommenen Kopf, schläft auf der Gasse ein, geht träumend mit offenen Augen durch die Straße, so daß ihm schon einige Unfälle passiert sind.

Seine Intelligenz ist die eines Kindes. Er kann gar nicht rechnen, interessiert sich für nichts außer für seine Spielereien. Er spielt mit Steinen, die er immer in der Tasche trägt. Oft stellt er sich vor, die Steine wären Soldaten und führt dann Kämpfe auf. Er ist jähzornig, sehr empfindlich und rachsüchtig. Er zeigt überdies eine ganze Menge von Zwangshandlungen und Zwangsimpulsen. Trotz meines Gutachtens, daß es sich um eine psychopathische Minderwertigkeit mit ausgesprochen pathologischem psychischem Infantilismus handelt, wurde über die Aussage eines anderen Psychiaters volle Zurechnungsfähigkeit anerkannt und eine Haft von zwei Jahren über ihn verhängt.

Ich möchte betonen, daß ich bei den meisten analysierten Neurotikern deutliche Züge von Pädophilie nachweisen konnte. Es ist die Sehnsucht nach der eigenen Jugend, die sich in dieser Paraphilie äußert. Es gibt wenige Menschen, die frei von Infantilismen sind. Das soll uns milder stimmen gegen jene Unglücklichen, welche diesem Triebe nicht widerstehen können und daran zugrunde gehen.

Ich habe schon erwähnt, daß sich die Pädophilie sehr häufig zur Mysopädie steigert oder sich mit ihr kombiniert.[1]) Es ist schwer zu finden, warum sich der Sadismus gerade bei den Kindern so grausam austobt. Die Schwäche und Wehrlosigkeit der Kinder erklären uns dies nicht zur Genüge. Denn unter den Kinder-Lustmördern gibt es auch Menschen, welche schwere Verbrechen an Erwachsenen begangen haben. Auch die Bipolarität der psychischen Erscheinungen, die man heranziehen kann, erklärt nicht, daß diese Phantasie so häufig ist und im Seelenleben mancher ethisch hochstehender Männer eine Determinate darstellt.

Wir müssen in solchen Fällen an die Persistenz gewisser infantiler Haßeinstellungen infolge von Eifersucht denken. Leider habe ich nie Gelegenheit gehabt, einen solchen Fall zu analysieren.

Ein klassisches Beispiel in der Literatur wäre *Dostojewsky*. In seinem Nachlasse findet sich die Schilderung der Schändung eines Kindes mit so grauenhaften Einzelheiten, daß die Herausgeber bis heute noch gezögert haben, dies Dokument der Öffentlichkeit zu übergeben. Ich halte auch dafür, daß *Dostojewsky* in seinen Anfällen dieses Verbrechen erlebte. Der Mord, den er in Raskolnikow schildert, wäre somit eine Verschiebung von einem Kinde auf ein altes Weib. Solche Phänomene der Verschiebung und der Verladung sind in der Psychogenese menschlicher Leidenschaften nicht allzu selten. Sie erfordern eine gesonderte Besprechung.

---

[1]) Über Mysopädie vgl. Band IV, S. 393.

Fall Nr. 121. Der 44jährige Beamte G. K. — nennen wir ihn Gustav — konsultiert mich wegen eines ungewöhnlichen Falles von Impotenz. Er ist sieben Jahre mit einer feinen, schönen Frau verheiratet, die er leidenschaftlich liebt, und ist trotzdem nicht imstande, den Koitus auszuführen. Er hat wohl Erektionen, aber sie verschwinden, wenn er sich seiner Frau nähert. Er hat angeblich vor der Ehe einige Male normal verkehrt und immer eine gute Potenz gezeigt. Er hat wohl in der Jugend einige Jahre onaniert, aber nie irgend eine Neigung zu Perversionen gehabt.

Über sein Leben macht er mir einige Angaben, die nichts besonderes bedeuten. Er stammt aus einer adeligen Familie, hat in der Kindheit sehr gute Tage gesehen, da sein Vater ein Offizier in hoher Stellung war. Später kam er in arge Bedrängnis.

— —

Schon am nächsten Tage kommen einige intime Details hinzu. Seine Eltern, die bei seiner Geburt in den Dreißigern waren, wohnten beide bei einer hocharistokratischen Dame, bei der seine Mutter vor ihrer Heirat Gesellschafterin gewesen war. Diese Dame konnte sich von ihrer Gesellschafterin nicht trennen und machte dem Ehepaar den Vorschlag, einen Teil ihrer sehr geräumigen Wohnung zu beziehen. Der Vater kümmerte sich um den Buben nicht. Seine Mutter, ihre Dame, die damals schon 70 Jahre alt war, und noch andere Frauen verzärtelten das Kind, dessen Schönheit und auffallende Begabung es zum Liebling des ganzen Hauses machten.

— —

Über sein Sexualleben weiß er nun etwas mehr zu berichten. Er bringt mir folgende Aufzeichnungen:

Im sechsten Lebensjahre, ja schon früher, erwachte in mir ein ungewöhnlich starker Sexualtrieb. Ich erinnere mich gerade, daß ich im Alter von 5 bis 6 Jahren einmal unter den Rock einer bei meiner Mutter nähenden Schneiderin kroch und die Schamhaare derselben berührte und den Geruch der Genitalien angenehm empfand. Auch mit meinen kleinen Gespielinnen im Hause, es waren lauter Mädchen, spielte ich nur dann und darum, um in Berührung ihrer nackten Körperteile oder gar zur Ansicht (nicht Berührung) ihrer Genitalien zu kommen.

Im Bette, vor dem Schlafen, auch, und zwar oft in der Früh, diese Sinnesreize vor Augen, gierig, sie wieder im Geiste zu erleben, kam ich selbst (im Alter von 6—7 Jahren!) auf die Onanie, und zwar nicht mit der Hand, denn das wußte ich ja nicht, sondern mit der Ferse des rechten Fußes am Penis stoßend und reibend!

Später in der Schule (Volksschule und Gymnasium) reizten mich hübsche Knaben, mit denen ich gerne spielte und ihr Glied in den Mund nahm etc. Aber nie päderastisch!

So kam der Tod meiner Eltern. Im Sommer lebte ich als 18jähriger Junge in O., wo ich Liebeleien mit 2—3 Mädchen hatte, alle in der Weise, daß ein Koitus nicht stattfand, obwohl er damals möglich gewesen wäre, sondern nur im Schauen und Berühren.

Nach dem Tode meiner Mutter ging ich auf Anraten meines Vormundes ins Kapuzinerkloster, und zwar als Kleriker-Novize. Der Novizenmeister (heute geistesgestört, Verfolgungswahn), ein harter, ungefüger Mann, konnte nicht über mich Herr werden, meine Seele wurde, so begeistert sie anfänglich für

Gott, Glauben und Religion war, wieder zaghaft und matt, ließ sich von den Sinnen besiegen und ich verließ gerne das Kloster, nachdem ich mit einem jüngeren Kollegen Tändeleien, wie schon beschrieben, getrieben.

Nach dem Kloster rückte ich wieder als Freiwilliger auf Avancement in ein Husarenregiment ein und sollte derart in die Kavallerie-Kadettenschule kommen. Doch in die Frontunteroffiziersschule sofort eingeteilt, war für meinen Körper die Last der Patrouillenritte, Exerzieren, Reitschule etc. zu schwer, ich erkrankte (allgemeine Schwäche) und wurde superarbitriert.

Hierauf ging ich ein zweites Mal als Kleriker zu den reformierten Zisterziensern (Trappisten), doch nach 3/4 Jahren wieder scheidend, da unendliche Sehnsucht nach Freiheit unbezwinglich mich fortzog! Nicht unerwähnt soll bleiben, daß mich hier wie dort in Sch. so auch später in Italien der Kuttenrock am Körper junger Novizen reizte, doch hier in Bosnien sowie auch später in Italien ohne wirkliche Exzesse außer Onanie!

Inzwischen kam das letzte Militärjahr heran, und da ich nicht Kleriker war, mußte ich dieses bei den Husaren abdienen, doch unter guten Bedingungen als Unteroffizier.

In P., meiner Garnisonsstadt, lernte ich ein blondes, leidenschaftliches Mädchen aus gut bürgerlichem Hause kennen. Leidenschaftliche Liebe ohne Koitus, alles, was möglich, nur nicht ein Verkehr.

Diese Liebe dauerte 7 Jahre. Ich war nach dem absolvierten Militärjahre in ein Amt als Schreiber gegangen. Es drückte mich, daß ich immer Subalternbeamter bleiben sollte. Ich trat aus und machte mich an die Matura, die ich nach zwei Jahren sehr gut bestand.

In G. hatte ich auch Bekanntschaft mit einem hübschen Mädchen sowie ein Jahr später in Wien, doch wieder ohne Akt, nur unter leidenschaftlicher Betätigung des alten, nicht ausrottbaren Triebes zu l....n! (Kunnilingus.)

— — — — — — — — — — — — — — — — — — — —

Allmählich enthüllt sich sein Sexualleben. Wir hören von einem heftigen Drange, Kunnilingus auszuführen, und einer Freude am Schauen. Schüchtern gibt er mehrere homosexuelle Akte mit Buben in der Jugend zu und erzählt eine unangenehme Erpressungsgeschichte im 16. Lebensjahre, die ihm den Entschluß aufdrängte, sich ganz dem weiblichen Geschlechte zuzuwenden.

Der erste Traum in der Analyse ist sehr merkwürdig. Er lautet:

> Mir war, als wäre ich ein riesiger Mensch und unter und bei meinen Füßen lief ein elektrischer Waggon. Ich muß ihn irgendwie verletzt haben, denn auf einmal lief er wirr in krausen Linien umher, scheinbar verwundet, wie eine Ameise, der man etwas tut und die dann im Kreise läuft, um den Weg in ihre Gänge zu finden.
>
> Ich fühlte lebhaftes Mitleid und zugleich Angst, ich könnte etwa verantwortlich gemacht werden, und hatte das Bestreben fortzueilen, um mich in Sicherheit zu bringen — und wachte auf!

Dieser Traum zeigt uns ein deutliches Schuldbewußtsein. Er ist ein Riese und verletzt etwas Kleines. Ihm fällt zuerst Gulliver ein, der auf ihn einen großen Eindruck machte. Besonders die Szene, als Gulliver durch Urinieren den Brand des Königspalastes retten konnte. Dann aber fällt ihm ein, daß er sich wegen des Spielens mit Buben immer Vorwürfe macht. Er gibt jetzt zu, daß er einen unwiderstehlichen Drang hat, mit Buben zu spielen.

Er träumt sogar öfters, daß er ganz kleinen Buben die Hosentüre öffnet und mit ihrem Gliede spielt. Er fürchtet, sie könnten dann kranke Menschen werden, wie er einer ist.

„Hat jemand mit Ihnen gespielt und Sie ruiniert?"

Er schweigt.

Am nächsten Tage bringt er einige Aufzeichnungen:

Mit 8 Jahren war ich begierig, den Penis eines kleinen, 5jährigen, reizenden Buben zu sehen und brachte es auch mit Geschenken (Bleisoldaten) dazu, spielte (ohne Mund) damit, war jedoch wegen der Winzigkeit enttäuscht und wiederholte es nicht mehr!

Ein älterer Beamte, ein Freund seines Vaters, spielte wiederholt mit seinem Penis. Wenn er mit Knaben spielt, identifiziert er sich mit dem Knaben, während er selbst zum älteren Mann wird.

— — — — — — — — — — — — — — — — — — — —

Später hatte ich einen kleinen, 9—10jährigen Volksschulkameraden (K. V.), ein sehr hübscher, d i c k e r, m ä d c h e n h a f t e r Bub, den liebte ich sehr und brachte ihn leicht dazu, daß ich mit seinem Penis spielte und daran zuzelte.

— — — — — — — — — — — — — — — — — — — —

Im Gymnasium hatte ich im Laufe der 5—6 Jahre 5 Knaben besonders lieb gewonnen. Dasselbe Spiel, wie oben beschrieben. Ich erinnere mich aber jetzt, daß es jedenfalls auffallend ist, daß alle diese Knaben hübsche, in meinen Augen mehr mädchenähnliche Individuen waren, mir eigentlich Ersatz für alle (in meiner Vorstellung) unerreichbare Mädchen! Nach allen diesen Fällen erfolgte heftige Onanie, auch Onanie vorher, wenn ich auf einen dieser Knaben mein Auge geworfen. Inzwischen reizte mich auch der Anblick eines mir zufällig begegnenden hübschen Mädchens auf der Straße oder im Hause zur Onanie! D o c h r e i z t e m i c h n i e e i n e F r a u o d e r e i n ä l t e r e s M ä d c h e n.

Zu bemerken wäre noch, daß alle die Knaben s t e t s passiv waren, n i e dasselbe an mir taten, sich alle anfangs sträubten, doch bezwungen durch meine Liebe, Geschenke, vielleicht auch durch mein gefälliges Äußeres quasi (wie es mir jetzt vorkommt) h y p n o t i s i e r t, später gerne nachgaben. Ich überhäufte meine damaligen Geliebten mit Geschenken, Vergnügungen etc., und zwar so, wie ein heftig Verliebter seinen Mädchen gegenüber, Taschengeld hatte ich ja damals genügend!

— — — — — — — — — — — — — — — — — — — —

Gerade fällt mir ein, daß ich inzwischen, und zwar vor meinem letzten Knaben, es war im 4. Gymnasiumjahr, auch ein zirka 11jähriges Mädchen aus ganz geringer Familie fand, mit der ich gerne spielen wollte und auch schon Geschenke gab, doch kam es aus einem mir nicht ganz erinnerlichen Grunde (ich glaube, sie sträubte sich destruktiv) nicht dazu!

Ein Grund mehr, mich damals von Mädchen scheu zurückzuziehen.

— — — — — — — — — — — — — — — — — — — —

Er gibt es zu: Es reizen ihn eigentlich nur Kinder. Buben mehr als Mädchen, aber die Erwachsenen lassen ihn kalt.

Sein ganzes Leben war ein heftiger Kampf gegen seinen Geschlechtstrieb. Zweimal suchte er im Kloster Hilfe gegen seine wilden Triebe. Nach jedem Spiel mit Kindern, nach jedem onanistischen Akte, bei dem er sich immer Kinder vorstellte, die er verführte, machte er sich die heftigsten Vorwürfe.

Er hatte den Glauben, daß ein Dämon in ihm wohne. Warum trieb es ihn immer wieder, Kinder zu verführen und mit Kindern zu spielen?

Was hatte den unseligen Hang in seine Brust gelegt?

— —

Er fühlt, daß er noch ein Kind geblieben ist. Er kann ganze Tage mit seinen Karten und Marken spielen. Mit der Frau hat er eine Kindersprache eingerichtet und läßt sich wie ein Kind behandeln und pflegen. Er geht in Wien an alle Orte, wo er als Kind sich aufgehalten hat. Er lebt nur in seiner Kindheit. Er trägt am liebsten Sporthosen und freut sich, wenn die Leute sagen, daß er jung aussieht. Märchen sind eigentlich seine liebste Lektüre. Er sieht auch gerne Kinderstücke. Alles, was die Kinder betrifft, interessiert ihn.

Er hat folgenden Traum:

> Ich bin noch ein Knabe und laufe in einem Bezirke herum, den ich sehr liebe. Ich bin wie ein Verliebter. Ich bin in jedes Haus, ja in jeden Stein verliebt. Plötzlich verfolgt mich ein älterer Herr, so daß ich mit Angst erwache . . .

Der ältere Herr erinnert ihn an einen Freund seines Vaters. Plötzlich fällt es ihm ein, daß er diesen Herrn — einen hochgestellten Beamten — als Knabe oft besuchte. Der Mann ließ ihn immer sein Hosentürl öffnen und spielte mit seinem Gliede.

Das Verhältnis dauerte von der Kindheit (achtes Lebensjahr) bis zu seinem 18. Lebensjahre. Er bekam immer ein schönes Geschenk und war wie hypnotisiert. Er mußte immer wieder hingehen.

Auch zwei Erlebnisse mit zwei anderen älteren Herren kamen ihm heute in den Sinn.

Er sucht jeden Ort auf, der ihn an diese Erlebnisse erinnert. Es scheint ihm auch, daß die alte Dame mit ihm lieber war, als es die gewöhnliche Zärtlichkeit ergibt . . .

— —

Er hatte einen sonderbaren Traum:

> Ich war in einem Institut, wo auch Mädchen gewesen sein mußten. Es war zwischen mir und einem Mädchen im blauen Kleide die Rede, daß man baden könnte. Sie sagte, das hätte doch Zeit. Ich war aber des Willens, ihre Gestalt beim Baden zu sehen und sagte, wir essen doch um 8 Uhr abends, dann würde es zu spät und mit vollem Magen könne man nicht baden. Das leuchtete ihr ein und sie sagte: „Also gehe dich ausziehen und zum Baden ankleiden!“ Ich hatte das Gefühl, daß sie gerne mit mir baden wolle, überhaupt mich, so wie ich sie sexuell gerne hätte.
>
> Nun kleidete ich mich auf einem öffentlichen Platze um, vor herumwandelnden Menschen überkam mich auf einmal Scham, als ich bemerkte, daß ich mit nacktem Gesäß den Leuten gegenüber stand und drehte mich um und bedeckte mich.

Auf diesen Platz kam ein Bettler, der sich an eine für ihn freie Stelle hinlegte und sagte: „Diesen Ort verdanke ich dem Rat eines Herrn, hier blendet die Sonne die Menschen nicht und sie können mich sehen und mir geben" und zeigte einen Hut voll weißglänzenden Silberkronen. Es waren ungefähr 30 Silbermünzen.

Dieser merkwürdige Traum ist mehrfach determiniert. Sprechen wir zuerst von seiner sexuellen Bedeutung. Er hat eine starke exhibitionistische Komponente. Als Knabe zeigte er sich gerne nackt und war besonders stolz auf sein — Gesäß.

Er ist ein ausgesprochener Analerotiker. Er stand gerne nackt vor dem Spiegel und bewunderte besonders sein Gesäß. Er glaubt sich zu erinnern, daß er von der alten Dame auf das Gesäß geküßt wurde. Er benützte auch einen kleinen Spiegel, um das Gesäß zu betrachten. Er trägt gerne kurze Sportröcke, so daß sein weibliches Gesäß plastisch hervortritt, wie überhaupt sein weiblich-kindisches geziertes Wesen auffällt. Beim Stuhl hat er immer ein starkes Lustgefühl, das in letzter Zeit durch eine ziemlich große Hämorrhoidenbildung durch Schmerzen überdeckt wurde. Zeitweilig jucken ihn die Knoten, so daß er sich kratzen muß, was ihm immer Lustgefühle bereitet. Bei sexueller Erregung wird sein After feucht, er spürt ein Ziehen und Zusammenkrampfen, das oft von einer wollüstigen Empfindung begleitet wird.

Baden ist seine Leidenschaft. Er zeigt sich gerne und läßt seinen knabenhaften, schneeweißen Körper gerne bewundern.

Auch das Urinieren ist mit einem Lustgefühl verbunden. Am Schlusse der Miktion hat er ein ausgesprochenes Lustgefühl. Er hält oft den Urin zurück, um das Lustgefühl zu verstärken.

Die weitaus wichtigere Bedeutung des Traumes ist die religiöse. Es fällt ihm auf, daß das Mädchen sagte: „Gehe dich ausziehen und zum Bade ankleiden." Das hat doch keinen Sinn! Wozu soll ich mich ankleiden, wenn ich baden gehe. Das Mädchen sah so merkwürdig rein und kindlich aus. Sie erinnert ihn an ein Madonnenbild.

Nun fällt ihm die größte Sünde seines Lebens ein. Er hatte im Kloster vor Madonnenbildern sexuelle Empfindungen gehabt. Deshalb floh er aus dem Kloster. Dort war ein herrliches Bild, von dem er sich nicht trennen konnte. Einmal beim Gebet, im Anblick des Bildes versunken, hatte er eine Pollution.

In den nächsten Tagen verließ er das Kloster und ging dann zum Militär. Er wollte als gemeiner Soldat dienen, um zu büßen. Er wollte sich demütigen, um seinen Hochmut zu strafen. Er ist der Bettler des Traumes.

Das Mädchen im Traume symbolisiert die Himmelsmagd. Er soll sich reinwaschen. Er soll seine sündige Weltanschauung (das alte Kleid) ablegen und sich zur Reinigung neu anziehen.

Was bedeutet aber der Umstand, daß er vor dem Bade nicht essen könne? Diese Eßepisode erinnert ihn an das heilige Abendmahl. Er ist eine tief religiöse Natur. Er war auch während der Analyse täglich in der Kirche und erleichterte sein Herz durch eine Beichte. Er hatte aber als Knabe das heilige Abendmahl mit sündigen Gedanken genommen. In seinem achten Lebensjahre (acht Uhr!) hatte er sich zu Gotteslästerungen hinreißen lassen.

Zum Bettler fällt ihm ein, daß er ein mildes, noch jugendliches, von einem Bart umrahmtes Gesicht hatte. Der Bettler ist Christus. Der Rat Gottes und des Herrn sagt: Meide die Sonne (der irdischen Vergnügen und Leidenschaften), dann wird dein Hut voller himmlischer Gaben. Er aber hatte wie Judas den Herrn um dreißig Silberlinge betrogen. Er will jetzt Buße tun und wie ein Bettler um Gnade flehen.

Nun wird es ihm klar, daß seine Ehe nur eine Buße ist. Er hat ein armes Mädchen geheiratet, eine Jüdin, die sich taufen ließ. Er hat dem Herrn eine Seele zugeführt, um sich von den Sünden reinzuwaschen.

Aber er hatte sich ein Gelübde gegeben, rein zu bleiben. Dies konnte er um so leichter tun, als er ja nur Kinder begehrte. Bei der Frau wurde er ein Kind. Er ließ sich bemuttern und schlief in ihren Armen wie ein Kind ein.

— —

Der nächste Traum lautete:

> Ein Herr und ein Soldat und ich waren zusammen in einem Zimmer. Ein Bettler oder herabgekommener Schreiber hat uns mit Kapriolen belustigt. Er bekam von uns Geld und wollte jedem von uns die Hände küssen, was ihm aber nur bei dem Soldaten gelang, worüber wir uns quasi verwunderten.
>
> Mit einer schönen jungen Frau flirtete ich in einem großen Gasthof, küßte ihr, neben ihr an der Tafel sitzend, langsam nach und nach, durch die jetzige Kleidung bevorzugt, an sie eng angeschmiegt, aber so, daß es niemand sehen konnte, Busen und Schulter, war dabei sehr erregt. Später, wie wir dann hinausgingen, verlangte ich, als sie einmal in Begleitung ihres Mannes die Treppen zu ihrem Zimmer hinaufstieg, ein Rendezvous von ihr, ohne Scheu vor ihrem Mann. Sie konnte mich jedoch nicht verstehen und ich wollte ihr nochmals nachrufen, als ein Subjekt auf einmal in Kapriolen springend hereinkam, mich umwarf, aber nicht in böswilliger Art, sondern in täppisch-freundschaftlicher, so daß wir beide wie Hunde auf dem Boden herumkrochen. Die Frau war verschwunden, das Subjekt verlangte von mir, ich möge ihm meinen Mantel geben, da seiner schon miserabel wäre.

Der Herr, der Soldat und der Schreiber sind die drei Komponenten seiner Seele. Er ist jetzt ein Bajazzo, ein untergeordneter Beamter, ein Schreiber, aber seine ganze Liebe (das Geld) gilt jetzt diesem Lustigmacher, der sich freudig demütigt und dem Herrn die Hand küßt.

Diese Freude an der Demütigung (siehe den Traum vom Bettler S. 332) entspricht einem tiefen Schuldbewußtsein. Warum wurde er Geistlicher? Warum ein gemeiner Soldat? Warum heiratete er ein armes Mädchen und begnügte sich mit einer untergeordneten Stelle?

Was bedeutet das heruntergekommene Subjekt in dem nachfolgenden Traume? Wer ist die Frau?

Ihm fällt der Name Eva ein. Von Eva kommt er auf die Ursünde der Menschheit und auf die Mutter. Die Frau sah seiner Mutter ähnlich und der Mann war sein Vater.

Er erinnert sich, wie oft und wie leidenschaftlich er seine Mutter geküßt hatte. Sein Vater sagte: Ich habe ja da einen kleinen Konkurrenten.

Er weiß es jetzt, daß er früher öfters von Beischlaf mit seiner Mutter geträumt hat. Er lag oft als erwachsener Knabe in ihrem Bette und spielte mit ihren Brüsten. Das war seine Ursünde. Die Mutter liebte ihn leidenschaftlich. Dunkel schwebt ihm vor, daß er des Nachts zwischen ihre Beine kroch oder sich zwischen ihren Brüsten bettete.

Wiederholt hatte er gleich einem Hunde das Verlangen, eine Frau zu lecken. Er hielt es für eine schwere Sünde.

Der Mantel ist nicht allein ein phallisches Symbol, er bedeutet auch den Mantel der Liebe und die Weltanschauung. Dies Subjekt, das mit ihm am Boden spielt, ist sein zweites Ich, der Verbrecher, der Bettler, der Hund, der Lustigmacher.

— — — — — — — — — — — — — — — — — — — —

Unter großer Erregung produziert er in der nächsten Sitzung eine Erinnerung, die ihm ganz entschwunden war. Er war ein ganz kleines Kind, als er am Boden sitzend mit einem Soldaten spielte. Es war der Diener seines Vaters, der ihn durch allerlei Spässe belustigte. Es war ein komischer Kauz und das Kind liebte ihn leidenschaftlich. Plötzlich öffnete er ihm die Hose und spielte mit seinem Gliede. Er nahm es in den Mund und saugte daran.

Jetzt versteht man, warum er ein kleines Kind sein will. Er war der Lustknabe des ganzen Hauses. Die Zärtlichkeiten der Mutter weckten seine Sinnlichkeit, die alte Dame spielte mit ihm und der Soldat verschaffte ihm seine erste große Lust.

Darum wurde er selbst Soldat. In dieser Zeit war seine Pädophilie am stärksten. Er suchte immer Knaben und mußte sich sehr beherrschen, um nicht mit Kindern zu spielen.

In den letzten Tagen war er immer in die innere Stadt gelaufen zu den alten Stätten seiner Kindheit. Er war seiner Erinnerung nachgelaufen.

Seine Frau behandelte er wie eine Mutter. Er sagte ihr immer „Mutti" oder „Mutterl", nie einen anderen Kosenamen. Er erwartete, daß sie mit ihm spielen werde. Er spielte mit ihr kindisch, wie er es mit der Mutter getan. Er wurde wieder zum kleinen Kinde.

Dazu stimmt, daß er im Bette nach den Spielereien immer einen heftigen Urindrang hatte, welcher die beginnende Erektion zerstörte. Er mußte urinieren und fühlte ein Kitzeln in der Harnröhre. Er war einfach zur infantilen Form der Sexualbefriedigung zurückgekehrt.

Er spielte mehrere Szenen. Er war entweder der Knabe z. B. bei seiner Frau oder er war die Mutter, wenn er mit kleinen Knaben spielte, oder der Soldat, wenn er sich kleinere oder größere aussuchte. Im Knaben fand er sein Spiegelbild. Ungern gibt er zu, daß er bis zur Ehe nur mit Knaben gespielt hatte — die zwei heterosexuellen Episoden abgesehen —, bei denen es nie zu einem Koitus gekommen war.

Er fürchtet den Koitus. Er hatte sich ein Gelübde gegeben, keusch zu bleiben und seine Sünden zu büßen. Dieses Gelübde hielt er in seiner Ehe. Er konnte leicht keusch bleiben, da sein eigentliches Verlangen nur nach Knaben ging. Aber er lebte so mit seiner Frau, daß er keine Sekunde allein blieb. Er hatte sich die Frau als Tugendwächter genommen. Seit der Ehe ist er vollkommen keusch, so keusch, daß er angeblich alle Gelüste auf Knaben vergessen hatte.

— — — — — — — — — — — — — — — — — — — —

Während er ein kleiner, unbedeutender Beamter ist, plagt ihn der Traum von der großen historischen Mission. Er wird Béla Kuhn niederschlagen. Er wird nach Rußland fahren und Lenin und Trotzky töten. Er wird den Kaiser wieder nach Österreich bringen und der erste Minister sein, der das unglückliche Land zur Ruhe bringt.

Viele Stunden verbringt er mit solchen Größenwahnspielereien.

Er will auch die Judenfrage lösen. Er behauptet, seine Frau sei eine Ausnahme. Sie sei jetzt eine bigotte, fromme Katholikin. Nichtsdestoweniger fürchtet er den Koitus, weil er sie nicht schwängern will. Er will keine Kinder haben, die jüdisch aussehen. Er sah auf der Gasse jüdische Kinder und dachte: Schrecklich, wenn deine Kinder so aussehen würden.

Er hat Scheidungsphantasien und wünscht auch seiner Frau den Tod. Das beweist der nächste Traum.

Träumte zweimal. Den ersten Traum konnte ich trotz Bemühung nicht erfassen. Der zweite Traum war:

> Die alte Frau Brecher (73 Jahre alt, ehemalige Hausfrau von uns in B...) würde sehr krank. Meine Frau ging hinauf und kam nach geraumer Zeit zurück, bleich und matt und sagte, daß die alte Frau gestorben sei.
>
> Ich empfand großes Mitleid mit meiner Frau. Sie sagte, der Magen der Alten hätte sich umgestülpt. Darauf erwiderte ich: Ich sagte immer, sie möge sich genau untersuchen lassen. Das ganze spielte sich aber nicht in B..., sondern an einem mir fremden Ort, in einem prächtigen Hause ab.

Man sieht deutlich die Widerstände gegen die Analyse. Bei mir wird ihm der Magen umgedreht. Die alte Frau ist die Neurose. Sie soll jetzt sterben. Aber auch seine Frau ist bleich und matt. Das bedeutet in Träumen ein Todessymbol. Sie litt lange Zeit an heftigem Erbrechen und Magenschmerzen (Magengeschwür).

Obwohl er innerlich ihren Tod wünschte, bestand er damals, daß sie berühmte Ärzte konsultieren sollte.

Charakteristisch ist auch, daß er in einem Palast wohnt als Gegensatz zu seiner bescheidenen Situation.

Der tiefere Sinn des Traumes ist: Das Alte in mir wird sterben und ich werde ein neuer Mensch werden. Meine Seele, die in einer schmutzigen Behausung weilt, wird in einem Palaste thronen.

Er ist sehr abergläubisch. Er spielt den ganzen Tag Orakel. Er wirft die Zigarette in den Spucknapf. Sofort macht er ein Junktim: Wenn du gerade in die Mitte triffst, wirst du gesund und deiner Frau beiwohnen können. Sein Tag besteht aus Orakeln, Vorsehungen, Wunderbegebenheiten. Er glaubt an alle kirchlichen Wunder und an den Teufel.

Seine Impotenz ist das Werk des Teufels. Er ist behext. Jemand hat ihn verflucht. Es geht nicht mit rechten Dingen zu.

— —

Er hat wieder Träume, in denen er mit den ersten Aristokraten verkehrt.

Endlich ein anderer charakteristischer Traum:

> Ich bin in dem Geschäfte zum Mohren und habe mich so gefühlt, als wäre ich noch ein Kind und hätte wieder etwas zu bestellen. Ich sprach etwas und ging sehr unbefriedigt weg. Ich sagte mir: „Es ist nicht so, wie es früher war."

Der Traum zeigt seine große Sehnsucht nach der Kindheit. Als Knabe kam er oft in dieses Geschäft, um einzukaufen und Kommissionen zu besorgen. Leckerbissen, die er dann nach Hause brachte.

Auffallend ist der Affekt der Enttäuschung: Es ist nicht so, wie es einmal war. Er möchte alles so haben, wie es war, als er Kind war.

Zum Mohren fällt ihm eine Geschichte ein, in der der Teufel als Mohr erschien. Auch an Zanga in Grillparzers „Der Traum, ein Leben" erinnert er sich, das er als Kind im Burgtheater sah.

Plötzlich fällt es ihm ein, daß er sich als Knabe dem Teufel verschreiben wollte, um reich zu werden und mächtig zu sein. Er hatte allerlei Teufelsphantasien. Er wird der reichste Mann der Welt um den Preis seines Glaubens.

— —

Er träumte, daß er ein Milliardär in Amerika sei.

Tags vorher sah er verschiedene Kriegsgewinner und hatte ein unendliches Neidgefühl.

— —

Er fühlt sich oft wie ein kleiner Junge von 6 Jahren. Er hat Angst vor dunklen Räumen und glaubt an Gespenster. Des Abends ist er ungern allein in einem Zimmer. Er wickelt sich immer so ein, als ob er noch ein Wickelkind wäre. Nur so kann er einschlafen . . .

Eine große Rolle spielen in seinem Leben der Abort und die Analerotik. Er hat Lustgefühle beim Stuhlabsetzen, betrachtet seinen Stuhl sehr sorgfältig und sieht in ihm ein Orakel. Er kann am Stuhl erkennen, ob er einen guten oder schlechten Tag haben wird.

— —

Nun erinnert er sich, daß er schon als Knabe den Finger gerne in den After steckte. Als er sieben Jahre alt war, pädizierte er andere Knaben und wurde auch von ihnen pädiziert. Später diente er dem erwähnten Freunde seines Vaters als Lustknabe. Er gesteht, daß er gegen diese Versuchungen immer kämpfen müsse. Bei Mädchen und Knaben gefalle ihm am besten die Gesäßbildung.

Er spielt gerne mit allen Kleinigkeiten in seinen Hosentaschen. Er betrachtet stundenlang seine neuen Handschuhe und glaubt, daß alle Welt sie bemerkt. Wie schon erwähnt, fühlt er sich bei seiner Frau wie ein Kind. Er identifiziert sie mit seiner Mutter. Deshalb ist er bei ihr impotent. Er läßt sie nur mit seinem Gliede spielen. Er ist ein Kind und will ein Kind bleiben.

Er lernt sich erkennen und verspricht, das Kind in sich zu überwinden.

— —

In diesem Stadium bricht er die Analyse ab. Der Erfolg war quoad potentiam ein sehr guter. Drei Wochen nach der Analyse gelang ihm die Defloration seiner Frau. Er gab die Phantasie, ein Kind zu sein, auf und wurde ein Mann.

———

XVIII.

Gerontophilie.

Die Gerontophilie ist scheinbar nicht so verbreitet wie die Pädophilie. Ich sage scheinbar, weil gerontophile Züge bei Neurotikern ungemein häufig sind, wenn auch nicht so deutlich wie die pädophilen. Aber sie kommen in allerlei Schattierungen und Modifikationen vor. Sie sind noch versteckter als die pädophilen Regungen und sublimieren sich sehr leicht, so daß sie als Verehrung, Bewunderung, Achtung vor dem Alter, vor dem Talent usw. verkleidet erscheinen.

Die Gerontophilie ist auch eine Form des psychosexuellen Infantilismus und eine der häufigen Petrefakte aus der Kinderzeit, die in das Seelenleben des Erwachsenen wie ein Fremdkörper hineinragen. Es ist die große Distanz zwischen Kind und Erwachsenem, welche in der Form der Gerontophilie fixiert wird. Es ist nur scheinbar ein Gegensatz, daß die Pädophilen meist auch Gerontophile sind.[1]) Sie suchen in den Liebesobjekten die Extreme und schließen die eigentlichen Altersstufen, die für die Entfaltung der Sexualität bestimmt sind, aus. Wiederholt habe ich diese beiden sexuellen Geschmacksrichtungen vereint gefunden.

---

[1]) *Hirschfeld* bemerkt hiezu in treffender Weise: „So gibt es psychosexuelle Infantile, die nicht Kinder, sondern im Gegenteil Greise lieben. Mit gutem Grunde sagt *Otto Juliusburger* [Zur Lehre von psychosexuellem Infantilismus (Parathymie, regressive Psychopathie). Zeitschr. f. Sexualw., Bd. I, H. 5, S. 198 ff.]: „Das Gegenstück der Pädophilie, die Gerontophilie, ist gleichfalls aufzufassen als der Ausdruck bleibender infantiler Fixierung auf ältere Individuen." Ich habe wiederholt ausgesprochen infantile Leute gesehen, die in der Mitte der zwanzig zu Greisinnen in Liebe entbrannten und sie auch ehelichten. So heiratete ein 22jähriger Ingenieur eine kinderreiche Witwe von 63 Jahren, ein 19jähriger Arbeiter eine 55jährige Matrone aus Liebe. Ein anderer Infantiler — er ist ein einseitiger Kryptorchist — berichtete, daß ihm beim Onanieren stets das Bild seiner Großmutter vorschwebe. Auch in gewissen Formen des später abzuhandelnden Masochismus steckt viel Infantiles. Jede erfahrene Spezialistin auf masochistischem Gebiete weiß zu berichten, daß zu ihren Hauptkunden Männer zählen, mit denen sie Schule spielen muß, sie wollen von ihr als der Erzieherin wie Schulknaben behandelt werden, man soll ihnen Rechnungen aufgeben, die sie auf einer Schiefertafel oder in einem Schreibheft lösen, sie zurechtweisen, in die Ecke stellen, mit einem Rohrstöckchen züchtigen." (*Hirschfeld*, l. c., p. 48.)

Sowohl bei Homosexuellen als auch bei Heterosexuellen. Wie rationalisieren sich die Menschen diese merkwürdige Erscheinung? Herr L. G. (Fall Nr. 62, Bd. II, S. 283), der Knaben und Greise liebt, schreibt: „Das Ideal des Schönen finde ich im Wesen und im Antlitz des Knaben und des Greises. Frühling und Herbst, Knaben und Greise gleichen wunderbarem Werden und wehem, wonnigem Sterben." Geheime Assoziationen von Geburt und Tod scheinen diesen Kranken innerlich zu beherrschen. Wir wissen ja aus unseren Traumanalysen, daß Geburt und Tod bipolare Ausdrucksformen für einen und denselben Vorgang sind.

Immerhin bleibt es eine sonderbare Erscheinung, daß die Gerontophilen auch den Gegensatz des Alters, die Jugend lieben und daß beide Erscheinungen zu gleicher Zeit bestehen können, wie der vorerwähnte Fall beweist.

Daß Männer dem Vollweibe und Frauen dem Vollmanne ausweichen, hat oft nur die Ursache, daß sie infolge eines Gefühles der Minderwertigkeit sich den Aufgaben der Liebe nicht gewachsen fühlen und daß sie unbedingt ein Gefühl der Überlegenheit haben müssen, um sexuell empfinden zu können. Sowohl beim Kinde als auch beim Greise ist es das Moment der Schwäche, welches in ihnen das erhebende Bewußtsein der Überlegenheit ihrer Kraft hervorruft. Auch stehen Knabe und Greis gewöhnlich dem gleichen Geschlechte näher. Sie ermöglichen den Menschen mit unbewußter homosexueller Komponente ein Ausleben in homosexuellen Bahnen. Der Knabe ist noch dem Mädchen ähnlich, das junge Mädchen dem Knaben. Auch Greis und Greisin nähern sich einem bisexuellen Stadium. Wie ich in Band II ausgeführt habe, handelt es sich in manchen Fällen von Pädophilie und Gerontophilie nur um Masken der Homosexualität.

Doch ein Überblick über verschiedene Fälle zeigt uns, daß die Motive verschieden sind und daß sich die Gerontophilie nicht einheitlich erklären läßt. Im allgemeinen ist es auffallend, daß junge Mädchen gerne für ältere Männer und Knaben für reife Weiber schwärmen. Es handelt sich um die Fiktion einer Vater- oder Mutterimago, welche in dieser Erscheinung zum Vorschein kommt. Denn es läßt sich nicht leugnen, daß das moderne Mädchen für den reifen Mann, der moderne Jüngling für die reife Frau schwärmt. Unsere Zeit hat erst die Qualen des kritischen Alters entdeckt. Die Franzosen haben vor ungefähr zwei Dezennien „de la femme à quarante ans" zu beschreiben begonnen. Das hängt offenbar mit der Verzärtelung der Kinder, mit dem Ein- und Zweikindersystem zusammen. Gerade bei den einzigen Kindern findet man häufig diese Schwärmerei für ältere Personen. Sie verkehren schon in der Kindheit nur mit älteren Menschen. Sie sind selten von Kindern umgeben. Sie werden früh alt und fühlen sich alt. Und sie haben das

Bedürfnis sich an ältere Personen anzuschließen, während sie die jüngeren verachten. Während die Gerontophilie früher eine sehr seltene Erscheinung war, kommt sie heute in ihren verschiedenen Variationen unendlich häufig vor. Man kann es natürlich nicht als Gerontophilie bezeichnen, wenn ein 17jähriges Mädchen sich in einen 45jährigen Mann verliebt. Aber wenn es sich um einen sechzigjährigen Mann handelt, hat man bei der Differenz von 43 Jahren schon ein Recht davon zu sprechen. Diese Menschen, welche nur ältere Personen lieben können, sind unendlich häufig. Ich kenne Männer, die ihre Liebesverhältnisse und ihre Ehen (denn darunter sind Männer, die mehrere Male geheiratet haben) immer mit älteren Personen eingegangen waren, auch wenn diese nur um ein paar Jahre älter waren. Auch ihre unglücklichen Leidenschaften ohne Erfüllung galten nur älteren Menschen.

Die Fälle waren meist durchsichtig. Denn es handelte sich um eine Mutterimago oder um eine ältere Schwester, um eine Tante, die in dem neuen Bilde gesucht wurde. Ähnlich konnte ich bei Mädchen, die für ältere, reife Männer schwärmten und sich diese Leidenschaft mit den verschiedensten Motiven rationalisierten, eine Fixierung an Vater, älteren Bruder oder Onkel finden. So fanden sie: Der reife Mann habe sich ausgelebt, er sei abgeklärt, sie brauchten einen sicheren Führer, er werde nicht mehr so tierisch leidenschaftlich sein. Ja, viele gehen die Ehe nur unter der Bedingung ein, daß das Verhältnis immer nur platonisch bleiben werde. (Weiße Ehen!) Damit wird natürlich wieder nur die Beziehung zum Vater oder zu einer anderen asexualisierten Idealgestalt der Jugend hergestellt. (Gesetz des psychischen Parallelismus.)

Wir haben erst ein Recht von Gerontophilie zu sprechen, wenn es sich um die Relation zu einem im Greisenalter stehenden Menschen handelt.[1])

Die einfachsten Fälle sind wohl diejenigen, in denen sich ein Eindruck der Kindheit feststellen läßt. Es sind einige solcher Fälle bekannt, von denen der von *Féré* (Note sur une anomalie d'instinct sexuel: Gerontophilie. Journal de Neurologie, 1905) der markanteste ist.

Fall Nr. 122. Es handelt sich um den 27jährigen M. B. X., der auf Wunsch seiner Mutter ein eben so schönes als reiches Mädchen heiraten soll. Er gibt aber an, daß er einen unüberwindlichen Widerwillen gegen alle jungen weiblichen Personen hat. Er vollzog wohl mit 17 Jahren einen Koitus, aber ohne besondere Freude. Er hat einen ganz anderen Geschmack.

Ihn reizen nur reife Frauen, besonders alte, die dabei beweglich sind und einen besonderen Ausdruck aufweisen. Alle die Frauen, mit denen er Beziehungen anknüpfte, hatten weiße Haare, dabei schwarze Augenbrauen und einen blassen Teint. Es sind hochkultivierte Frauen, die ihren Körper sorgfältig pflegen, aber keine kosmetischen Mittel anwenden, oder gar eine

[1]) Trotzdem halte ich die Beziehung David-Magdalena in den Meistersingern für Gerontophilie.

Prothese (falsche Zähne) tragen. Zwei Verhältnisse brach er ab, das eine wegen des Färbens der weißen Haare, das andere nach Epilation der Haare am Kinn. Diese Alterszeichen sind für seine Libido notwendig.

Jetzt unterhält er ein Verhältnis mit einer 62jährigen Dame, die ihm seinen ernstgemeinten Heiratsantrag abschlägig beschied.

Der Ursprung seines Leidens geht auf das vierte Lebensjahr zurück. Während eines Scharlachs pflegte ihn eine Freundin seiner Mutter. Die Mutter dieser Freundin, damals über 50 Jahre alt, aber sehr agil, gab sich mit ihm viel Mühe und hielt ihn sogar in ihrem eigenen Zimmer. Er liebte sie. Ihre Züge prägten sich ihm ein. Sie zeigte ein regelmäßiges Profil, zarte rosige Lippen, schöne weiße Zähne, herrliche dunkle Augen, einen feinen blassen Teint, weiße Haare und — schwarze Wimpern. Diese Eigenart frappierte ihn damals.

Er kam jeden Morgen in ihr Bett, fand sie liebenswürdig, aber zurückhaltend und empfand Wonneschauer bei Berührung ihrer feinen Haut. Es kam einmal bei einer längeren Berührung zu einer Erektion — er mußte dann das Zimmer und das gastfreundliche Haus verlassen.

Durch viele Jahre verfolgte ihn das Bild dieser Frau. Es war seine erste Erregung und sie blieb ewig mit seinem sexuellen Begehren verknüpft. Spätere Verführungen (er war 8 Jahre alt) prallten an ihm ab, weil sie seinem Idealbilde nicht entsprachen.

Er hat nie onaniert, aber bis ins Mannesalter verfolgte ihn das Bild der schönen überreifen Frau. Bei Mädchen und anderen Frauen konnte er nur mit Hilfe der Vorstellung seines Jugendideales eine Ejakulation erzwingen. Schließlich steigerte sich sein Widerwille gegen junge Frauen und er suchte Matronen. Die ersten verstanden seine Absicht nicht.

Bei einer Modistin, die seinen Anforderungen entsprach, fand er endlich volles Verständnis. Sie küßte ihn — an allen Stellen des Körpers. Es kam zum Kunnilingus, der seine liebste Form der Sexualbetätigung wurde.

Zwei Jahre dauerte das Verhältnis. Dann färbte sich seine Geliebte die Haare blond — und er mußte sofort mit ihr brechen.

Seither mehrere Verhältnisse, in denen der Kunnilingus die Hauptrolle spielte.

Sein letztes Verhältnis ist eine Dame über 60 Jahre, die zu dem Kreise seiner Mutter gehört, die von der Art seiner Beziehungen keine Ahnung hatte. *Féré* klärte die Mutter über die krankhafte Neigung ihres Sohnes auf, weil sie auf seine Heirat nicht verzichten wollte. Sie willigte dann ein, daß die Heiratsprojekte fallen gelassen werden sollten. Allerdings mußte ihr Sohn die Beziehungen zu seiner letzten Geliebten aufgeben.

— —

Wir lernen aus diesem Falle die ungeheure Macht der infantilen Eindrücke. Der Kranke ist für sein ganzes Leben an die bewußte Frau fixiert. Wahrscheinlich spielte auch eine Verschiebung und Verladung von der Mutter auf die Frau mit. Vielleicht hätte eine Analyse eine Heilung des Zustandes herbeiführen können.

Einen sehr interessanten Fall von Gerontophilie hat *Wagner-Jauregg* publiziert. (Altweiberliebe, Sadismus, fraglicher Lustmord. Wiener klin. Wochenschr., 1907.)

Es handelt sich um eine gerichtsärztliche Schilderung eines Lustmörders K. R. Um jene Zeit wurden in Oberösterreich, wo sich das Verbrechen — die Erdrosselung einer 64jährigen Frau — zugetragen hatte, sieben Morde an Frauen von 53—68 Jahren verübt, wobei in drei Fällen Spuren eines Geschlechtsaktes nachgewiesen werden konnten. K. R. war schon wegen zweier Notzuchtsdelikte an alten Frauen vorbestraft. Die erste Frau war eine 64jährige Pfründerin, die er vergewaltigen wollte, die zweite eine 76jährige Greisin. Er stieß sie zu Boden, nahm sein Glied aus der Hose und machte sich daran, ihren Unterleib zu entblößen. Die Greisin weigerte sich und wehrte sich, schrie nach Leibeskräften, so daß ein Mann herbeikam und er von seinem Opfer ablassen mußte. Auch ein anderes ähnliches Faktum an einer 64jährigen Frau wurde ihm nachgewiesen. In dem erwähnten Falle wehrte sich die Frau, worauf er in Zorn geriet und sie erdrosselte.

Ein Zellengenosse sagte aus, daß er im Traume von anderen Lustmorden sprach und auch den Ausspruch tat: „Schau her, was die für eine große F... hat!" Interessant ist, daß seine beiden Eltern betagt waren, als sie die Ehe eingingen. Der Vater war 63, die Mutter 40 Jahre alt, also eine Greisin, als er ein erwachsener Mann war. An der Mutter hing er mit außerordentlicher Liebe. Sein erster Geschlechtsverkehr fand mit 17 Jahren statt. Er wurde von einer alten Frau verführt! Charakteristisch ist auch, daß er immer von Verkehr mit alten Frauen träumt. Nicht in allen Fällen kommt es zum Koitus. Er scheint sich mit dem Anpressen an die Frauen, Betasten usw. zu begnügen. Also eine infantile Form der Sexualbefriedigung. In seinen Träumen würgt er auch die Frauen, was auf eine Verlötung zwischen Haß und Begehren schließen läßt. Offenbar haßt er die alte Frau, die ihn verführt und seinem Geschmack die krankhafte Richtung gewiesen hat.

In diesem Falle wäre es die Verführung durch eine alte Frau, das erste sexuelle Erlebnis des Erwachsenen, welche dauernd die Geschmacksrichtung determiniert hat. Allerdings muß man auch mit einem gewissen Entgegenkommen rechnen. Der Umstand, daß K. alte Eltern hatte, dürfte die Fixierung der Paraphilie wesentlich begünstigt haben.

Beide Fälle sind sehr charakteristisch. Im Falle von *Féré* handelt es sich um einen infantilen Eindruck im fünften Lebensjahre, im Falle von *Wagner* um die Verführung am Ende der Pubertät.

Wir dürfen uns aber die Entstehung der Gerontophilie nicht so einfach und klar determiniert vorstellen. Es spielen sicherlich auch andere Faktoren hinein, wie die nächsten Fälle beweisen.

Fall Nr. 123. Frau E. L., 36 Jahre alt, hat eine unglückliche Ehe hinter sich. Ihr Mann war ein Säufer und ein Spieler. Er infizierte sie mit einer chronischen Gonorrhoe, die ihr viele Jahre zu schaffen gab. Nach seinem Tode, infolge eines Automobilunfalles atmete sie auf. Sie blieb trotz seiner Verschwendungssucht noch reich genug, um unabhängig leben zu können. Sie wollte nun das Leben und die Liebe genießen. Sie nahm sich vor, nie mehr zu heiraten. Um das Leben auf einem höheren Niveau zu führen, nahm sie sich vor, wieder alle schönen Künste zu pflegen. Sie las wieder gute Bücher, sie malte ein wenig und nahm wieder Klavierstunden. Ihr Lehrer war ein berühmter, sehr feinsinniger Künstler, aber schon 67 Jahre alt. Sie aber verliebte sich wahnsinnig in den Mann, der sich ihrer Huldigungen kaum erwehren konnte. Schließlich machte sie ihm sogar einen Heiratsantrag. Es war mehr, als er erwartete. Er erklärte, er könne nur ihr guter Freund bleiben, aber er könne ihr nicht mehr bieten. Nun wurde sie melancholisch und kam in meine Behandlung. Die Analyse ergab eine Fixation an einen sehr strengen Vater, der schon 46 Jahre alt war, als sie geboren wurde. Überdies war es deutlich, daß sie infolge ihrer ersten Ehe an Angst vor dem Manne litt und sich vor dem strengen Manne fürchtete. In zwei Exemplaren hatte sie das männliche Geschlecht kennen gelernt. Zuerst war es der Vater, vor dem das ganze Haus, die Mutter inbegriffen, zitterte, der furchtbare Szenen machte, dem die Kinder auswichen und doch liebten, weil er der stärkste und schönste Mann der Stadt war. Das zweite Exemplar war ihr Mann. Sie hatte also allen Grund, den Männern auszuweichen und sich Liebesobjekte zu wählen, welche ihr nicht gefährlich werden konnten. Sie fühlte sich stärker als der Greis, der ihr sicherlich physisch nicht gewachsen war. Ich hegte die Vermutung, daß der Lehrer sie nicht geheiratet hatte, weil er impotent war. Seine Bemerkungen ihr gegenüber ließen darauf schließen. Er hatte ihr auch ein Gedicht von Geibel gesandt, das die Resignation ausdrückte. „Ja, wär ich jung und schön wie Du — und wäre ich so hold — und wär ich so rein — wie schlüge mein Herz dem Deinen zu — wie würden wir glücklich zusammen sein! — Wie zöge durchs Gemüte — ein lichter Frühlingstraum — doch so — was soll die Blüte — am welken Baum? —

Sie wollte das nicht begreifen und behauptete, sie habe Beweise, daß er sehr potent wäre. Er sei sehr gut erhalten usw. . . . Sie verwies auf einen Wiener Klaviermeister, der zum fünften Male geheiratet hatte und dem die Herzen aller Schülerinnen zuflogen, die glücklich waren, wenn er sie um die Taille faßte oder gar küßte.

Es war aber deutlich, daß die Gerontophilie nur eine Regression bedeutete, die ihr die Flucht vor dem Vollmanne erleichterte. Nach einer kurzen Analyse besserte sich die Depression, sie wurde wieder lebensfreudig und heiratete nach zwei Jahren einen Mann in den Fünfzigern. Interessant ist der Umstand, daß sie während der Liebe zu ihrem Meister in einen Jüngling von kaum 16 Jahren verschossen war, der auch Klavier lernte. Sie behauptete zwar, es wäre keine Liebe gewesen, nur Bewunderung für sein Talent, aber ihre Träume und ihre Erlebnisse — sie hatte ihn wiederholt geküßt und umarmt — bewiesen das Gegenteil. Diese zwei Verhältnisse gingen parallel vor sich und zeigten, daß es ihr mit beiden Kandidaten nicht ernst war. Trotzdem hatte sie sich in die Greisenliebe hineingeredet. Ich zweifle nicht, daß die Ehe unglücklich geworden wäre. Sie war sehr leidenschaftlich und stellte große Ansprüche an ihren Mann . . .

Ich habe mehrere Frauen in Erinnerung, die sich in die Liebe zu einem überreifen Manne flüchteten, wenn sie vor dem Vollmanne die Flucht ergriffen, und wir müssen in jedem Falle von Gerontophilie auf diese Komponente des Leidens achten. Ein Unicum stellt der nächste Fall dar:

Fall Nr. 124. E. U., ein 28jähriger Amerikaner, konsultiert mich wegen heftiger Angstzustände und Unfähigkeit zu ernster Arbeit. Trotz großen Talentes könne er keine Arbeit zu Ende machen und komme nicht weiter. Das Verhältnis zu seinem Vater, den er glühend haßt und mit dem er unendlich viele Prozesse führt, um seinen Unterhalt zu erzwingen, determiniert sein ganzes

Leben. Der Vater ist enorm reich und verlangt, der Sohn solle arbeiten. Er aber hat als Ausrede seine Neurose, läßt sich immer von Ärzten Atteste ausstellen, hat verschiedene merkwürdige Anfälle, die angeblich epileptische sein sollen, was von vielen Ärzten bezweifelt wurde. Die Schilderung seines Leidens gehört nicht hierher. Es ist nur wichtig zu wissen, daß er in seinen Anfällen Rückstöße in die Kindheit erleidet, in denen er ein Ereignis erlebt, das sein ganzes Leben determiniert hat.

Er erinnert sich mit aller Deutlichkeit, daß sein Vater mit ihm spielte, als er fünf Jahre alt war. Der Vater spielte mit seinem Gliede und sogar mehrere Male in einer Nacht. Die Spielereien dauerten ungefähr ein halbes Jahr. Dann scheint seine Mutter darauf gekommen zu sein. Es gab furchtbare Szenen im Hause, die Mutter nannte den Vater einen Verbrecher, so daß sein Vater sogar das Haus verließ und von seiner Mutter getrennt lebte. In den letzten Jahren sei eine Aussöhnung erfolgt, aber die Eltern lebten nicht miteinander, sondern nebeneinander.

Die Analyse beweist, daß der Vaterhaß eigentlich mit der Aussöhnung der Eltern eingesetzt hatte. Er räumte dann sofort das Haus. Er konnte sich vorher sogar mit Mutter und Vater vertragen. Aber die Eifersucht auf den Erzeuger, der infolge des frühen Traumas sein ewiges Sexualobjekt geblieben ist, führte ihn auf Irrwege. Er fürchtete, der Vater könnte noch einen Erben zeugen und er würde geschmälert werden. Er übersah, daß die Eltern getrennte Schlafzimmer hatten und meinte, das sei nur vorgemacht, um ihn zu täuschen. Der sonst sehr einsichtige, intelligente Patient wurde ein verblendeter Maniker, wenn er auf den Vater zu sprechen kam. Er sei schon ein alter Mann und könnte jetzt ohne Weib und Koitus leben. Er wollte es durchaus nicht einsehen, daß der Vater auch ein Recht aufs Leben habe. Er suchte Streit und fand ihn und überwarf sich schließlich gänzlich mit den Eltern, um zu einer mütterlichen Freundin zu ziehen. Es handelte sich um eine Dame in den achtziger Jahren, die einst seiner Familie nahegestanden war, sehr viele schöngeistige Interessen hatte und dem jungen, dichterisch sehr begabten Mann ein Asyl gewährte, von dem aus er seine Kämpfe gegen seinen Vater führen konnte.

Die Dame mochte ungefähr 83 Jahre alt gewesen sein. Sie war aber sehr geistesfrisch und gut erhalten. Eines Abends klagte er über heftige Angstzustände und kam an ihr Bett. Sie erlaubte ihm, ins Bett zu kommen, um sich zu beruhigen. Er lag hinter ihr und umschlang sie mit seinen Armen. Plötzlich fühlte er ein heftiges sexuelles Begehren und es kam zu einem Koitus. Seit jener Nacht war er wie rasend. Kein Mädchen und keine junge Frau konnten ihm gefallen. Er sah nur die alten Frauen. Er hatte eine Verladung von der homosexuellen Vaterliebe auf die heterosexuelle Gerontophilie vollzogen.

Nach einigen Wochen erklärte ihm die Freundin, er müsse sich von der unglückseligen Leidenschaft befreien und gab ihm die Mittel nach Wien zu reisen und sich von mir behandeln zu lassen. Er brach nach kurzer Zeit die Behandlung ab — suchte mit mir wie mit seinem Vater Streit und reiste zurück zu seiner Freundin. Ich habe nie wieder etwas von ihm gehört.

In anderen Fällen habe ich eine Fixation an die Großeltern beobachten können (*Abraham*).

Kinder, die von Großeltern aufgezogen werden, neigen leicht zur Gerontophilie. Es kommt leider gar nicht so selten vor, daß Großeltern mit ihren Enkeln spielen, sie an den Genitalien reizen, wenn sie im Alter an Pädophilie leiden.

Ein krasses Beispiel ist der nächste Fall:

Fall Nr. 125. Frl. J. L., 26 Jahre alt, kann sich nur in alte Herren mit einem schneeweißen Bart verlieben. Sie wurde von einem Greise defloriert und war durch zwei Jahre seine Geliebte. Er starb in ihren Armen an Apoplexie. Sie wünscht von dieser Geschmacksrichtung durch Hypnose befreit zu werden. Es bewirbt sich ein schöner, stattlicher, 34jähriger Mann um sie. Sie spricht immer von ihm „der Bub". Sie möchte ihn gerne lieben und findet ihn „lächerlich jung". Nur Greise, die wohlerhalten sind, reizen sie. Sie berichtet, daß ihre Eltern früh starben und daß sie von ihrem Großvater aufgezogen wurde. Sie schlief bis zum 12. Lebensjahre in seinem Bette. Errötend gesteht sie, daß der Großvater öfters mit ihren Genitalien gespielt und sie heftig gereizt habe.

In anderen Fällen läßt sich eine seelische Fixierung an die Großeltern beobachten. Oft kommt es vor, daß die Eltern sehr strenge sind, während die Großeltern das Kind maßlos verzärteln. Diese Konstellation kann sich später als Gerontophilie äußern und bedeutet auch eine Fixierung der infantilen Konstellation.

XIX.

Exhibitionismus.

Der Exhibitionismus, die Freude an der eigenen Entblößung, ist eine so allgemein verbreitete Erscheinung, daß man ihn niemals als eine krankhafte Erscheinung bezeichnen dürfte. Erst die besonderen Umstände machen den exhibitionistischen Akt zu einem pathologischen. Niemand wird einen Mann als krankhaft bezeichnen, der sich vor seiner Geliebten entkleidet und sich ihr gerne nackt zeigt. Die gleiche Entkleidung vor Fremden, auf der Straße, in einem Theater ist schon die Tat eines kranken Gehirnes. Die Verbreitung des pathologischen Exhibitionismus ist eine ungeheuer große.

Der Exhibitionismus ergreift meist Männer, nur in den seltensten Fällen Frauen. Es hängt wohl damit zusammen, daß die Schutzwälle der Scham bei den Frauen viel stärker ausgestaltet sind als bei den Männern. Andrerseits ermöglichen die Mode und die Sitte den Frauen viel leichter einen gesetzlich gestatteten und sozial nicht geächteten Exhibitionismus (z. B. das Dekolletieren, der kurze Rock, Rock raffen, das Schwimmkostüm usw.).[1])

---

[1]) Manchmal spielt auch der Aberglaube eine Rolle unter den Ursachen des Exhibitionismus. Nach *Gopcevic* bestand früher in Albanien der Brauch, daß die Albanesinnen beim Kampf mit den Montegrinern vor der Linie und gegen diese ihre Röcke aufhoben, da sie glaubten, dadurch den Sieg an ihre Fahnen fesseln zu können. Da jedoch die Montenegriner in diesem Fall die sonst als unverletzlich betrachteten Weiber niederschossen und trotz noch so hohen Aufhebens der Röcke gewöhnlich den Montenegrinern der Sieg blieb, verging den Albanesinnen die Lust zu ähnlichen Szenen. (*Steinmetz*, a. a. O., Bd. II, S. 173.)

Auch die „Läuterungsmethode“ der Königsberger Mücker lief auf einen schamlosen Exhibitionismus hinaus. Diese Methode bestand im wesentlichen darin, daß in den Versammlungen der Gemeinde Frauen irgendwelche, für gewöhnlich dem männlichen Auge entzogenen Teile ihres Körpers entblößten, durch deren häufigen Anblick die Männer sich derart abhärten mußten, daß sie imstande waren, alle die schönen Dinge, die zum Vorschein kamen, zu betrachten, ohne die gewöhnliche Regung der Sinnlichkeit zu empfinden. Die natürlichen Folgen dieser eigenartigen Prozedur schildert *Stoll* sehr drastisch. (*Stoll*, a. a. O., S. 392.) Der „Oberpriester“ Ebel ließ sich im Bade von 10 bis 12 halb oder ganz entkleideten Damen Hilfsleistungen tun, von „denen das Schamgefühl mit Unwillen sich abwendet“. (Ibidem, S. 393.) *Ivan Bloch* (l. c., S. 307–08).

Zu den häufigsten peinlichen Vorfällen, welche die Öffentlichkeit beschäftigen, zählen alle Sexualforscher die impulsiven exhibitionistischen Akte. Das Leiden hat sogar in die Literatur Eingang gefunden. Rousseau schildert, wie er plötzlich, einem Impulse folgend, einer Schar von Wäscherinnen seine Hinterseite zeigt. Das ist ein verhältnismäßig seltener Fall. Viel öfters kommt das Zeigen des entblößten, meist erigierten Phallus vor. Man hört in der Analyse diese Begebenheiten so oft von Mädchen erzählen, daß sie fast zu nie fehlenden Traumen der weiblichen Jugend gehören. In der Nähe von Schulen treiben sich immer Männer herum, die teils sich an die Mädchen drängen, um sie zu betasten („Frotteurs"), teils aber die Gelegenheit zu einer Exhibition benutzen. Es ist für die meisten dieser Exhibitionisten charakteristisch, daß sie die Exhibition gerne vor Kindern vollziehen.

Die wichtigste Wurzel des Exhibitionismus scheint mir die Selbstliebe und der Glaube an die Zaubergewalt der eigenen Schönheit zu sein.[1]) Der Neurotiker glaubt nicht nur an die Allmacht seiner Gedanken, sondern auch an die Allmacht seines Körpers. Ich zitiere hier meine ersten Ausführungen über dieses Thema: „Der Exhibitionismus ist der Durchbruch der starken Eigenliebe und eine Projektion der subjektiven Werturteile auf die Umgebung. Diese Überschätzung der eigenen Reize dürfte eine allgemein gültige seelische Erscheinung sein und bezieht sich entweder auf den ganzen Organismus oder nur auf einzelne Teile, was möglicher Weise eine wichtige Wurzel des Fetischismus darstellt und einer eingehenden Untersuchung würdig wäre.

Sehr merkwürdig ist das Plötzliche, Triebartige, Impulsive, Unwiderstehliche dieses Exhibitionismus. Hat man Gelegenheit, die Geständnisse eines solchen Kranken — denn es handelt sich immer um Kranke — zu vernehmen, so kehrt immer wieder die Klage über die Unwiderstehlichkeit des Triebes, den er verachtet, gegen den er vergeblich kämpft. Nach einem solchen Akte folgt immer ein Gefühl tiefer Reue und sich selbst zerfleischender Zerknirschung.

Die meisten Patienten klagen über Traumzustände und Bedürfnis nach Schlaf, worüber wir bereits gesprochen haben. Sie schildern alle das Leiden als einen unwiderstehlichen Zwang und bitten weinend um Erlösung. Es finden sich unter ihnen eine Reihe von Schwachsinnigen und Geisteskranken, was sich ja aus dem Umstande erklärt, daß bei allen Geisteskranken die Infantilismen übermächtig werden und die Hemmungen fortfallen. Auch bei Greisen sieht man, ebenso wie die Kinderliebe mitunter hervorbricht. auch das Bedürfnis zur Exhibition hervortreten.

---

[1]) Vergleiche meinen kleinen Aufsatz „Zur Psychologie des Exhibitionismus". Zentralbl. f. Psychoanalyse, Bd. I, S. 494, 1911.

Von der Verbreitung des normalen Exhibitionismus hat nur der Analytiker eine Vorstellung, der diese wichtige Triebkomponente in ihren neurotischen Verkleidungen beobachten kann: der krankhaften Schamhaftigkeit, der Angst vor dem Erröten und dem Gesehenwerden, der Scheu vor dem Lichte und der Entblößung.

Der Exhibitionismus kann sich auch psychisch umwerten und dann als psychischer Exhibitionismus geradezu eine Tugend werden. Es handelt sich dann um überraschend aufrichtige Menschen, die ihre Schwächen, die andere Menschen gerne geheimhalten, vor aller Welt bloßstellen. Wir werden ein klassisches Beispiel von psychischem Exhibitionismus, der auf einem physischen fußt, in der Analyse von *Jean Jaques Rousseau* kennen lernen.

Wichtig ist, daß die Menschen jene erogene Zone entblößen, die sie bei anderen suchen. Das Entblößen und das Entblößenlassen gehen Hand in Hand. Der Exhibitionist ist immer ein Voyeur und umgekehrt. Oft ist aber eine Komponente unterdrückt, so daß die Bipolarität sich nur in der neurotischen Perspektive erkennen läßt.

Die Überschätzung wird nach der Korrektur des eigenen Urteils durch die Umgebung und durch den Vergleich mit anderen (Erfahrung) entweder auf das richtige Maß zurückgeführt oder durch Überkompensation nach unten in das Gefühl der eigenen Minderwertigkeit und Schwäche verwandelt. So bestätigt auch diese Erscheinung die Bipolarität aller psychischen Phänomene. Diese Exhibitionisten pflegen sich dann eines gewissen Körperteiles zu schämen. Sie glauben, sie hätten häßliche Ohren, eine zu lange Nase, einen häßlichen Teint; sie könnten keinermann gefallen. Sie können es nicht begreifen, daß sie einen Menschen für sich eingenommen oder gar in sich verliebt gemacht haben. Dabei verrät sich der alte Glaube an die Unwiderstehlichkeit der eigenen Reize in kleinen Zügen. Der Glaube war nicht mehr imstande, die ganze Physis zu verteidigen und besetzte eine winzige Position, die leichter zu verteidigen war. Für diese Partialbesetzung besteht dann eine affektative Verblendung. Das sind die häßlichen Mädchen, die das reichste Haar, den schönsten Fuß oder die schönste Hand haben. Ich werde noch auf die Folgen dieser Überschätzung zu sprechen kommen.

Diese Wurzel, den Glauben an die eigene Unwiderstehlichkeit, werden wir in allen Fällen von Exhibitionismus finden, die wir analysieren können. Denn auf eine oberflächliche Anamnese kommt es dabei nicht an, weil ja alle diese Kranken gerade diesen Glauben als lächerlich verbergen und er nur in den infantilen Anfällen zum Vorschein kommt.

Als Ursache dieses Glaubens möchte ich Erziehungsfehler heranziehen. Gerade in diesem Punkte wird von Eltern und Verwandten, von Kindermädchen und Freunden des Hauses unendlich viel gesündigt. Wie oft muß das Kind hören, wie niedlich, wie reizend, wie entzückend, wie unwiderstehlich es sei! Gerade wenn das Kind nackt ist, fängt die Bewunderung der begeisterten Umgebung an. Was das Kindchen für ein herrliches Körperchen habe! Wie es einfach zum Aufessen sei, wobei die Mutter anfängt, das nackte Kind überallhin zu küssen! Was das Kind für ein süßes Geschöpfchen sei, wie klug, wie artig und wie herrlich. Der Glaube an die eigene Unwiderstehlichkeit wird dem Kinde von der verblendeten Mutter anerzogen.

So bildet sich schon in der Kindheit eine feste Assoziation zwischen Nacktheit und Zärtlichkeit. Das Kind brauchte sich nur zu entblößen und erfuhr die Wonnen der Zärtlichkeit. Der Kranke erwartet bei dem Rückfall in das Infantile die gleiche Wirkung und Bewunderung. Es ist eben bezeichnend, daß viele dieser exhibitionistischen Akte sich vor Kindern abspielen . . . Wir wissen aus dem Sexualleben des normalen Kindes, daß exhibitionistische Prozeduren der Anfang aller erotischen Spielereien zwischen Kindern sind. Zuerst sehen die Kinder und lassen sich sehen. Dann kommt es erst zu Betastungen.

So werden die läppischen, kindischen, exhibitionistischen Akte für uns erst verständlich. Sie sind Rückfälle in die Kindheit, akute Rückversetzung in den alten Kinderglauben und in die alte Kinderliebe. Für die Exhibitionisten ist es charakteristisch, daß die Exhibition in den seltensten Fällen zur Aggression führt, es kommt höchstens zu einem onanistischen Akte. Wo eine Aggression vorkommt, kann man sicher auf eine tiefere geistige Störung schließen. Daß Exhibitionismus bei Epileptikern vorkommt, haben viele Beobachter angegeben. Da wir wissen, daß die Epilepsie auch nur eine besondere Form des Schlafzustandes darstellt[1]), wird uns das weiter nicht wunder nehmen.

Man versuchte, die exhibitionistischen Akte mit einem temporären Schwachsinn zu erklären. So sagt *Krafft-Ebing*, dem das infantile Wesen der Exhibition aufgefallen ist: „Die läppische Art und Weise dieser Geschlechtsbetätigung oder eigentlich sexuellen Demonstration weist auf intellektuellen oder ethischen Schwachsinn oder wenigstens auf temporäre Hemmung intellektueller und ethischer Funktionen, bei gleichzeitig erregter Libido, auf Grund einer erheblichen Bewußtseinstrübung (krankhafte Bewußtlosigkeit, Sinnesverwirrung) hin und stellt zugleich die Potenz dieser Individuen in Frage."

[1]) Vgl. meine Broschüre „Altes und Neues über Schlaf und Schlaflosigkeit". J. F. Bergmann, Wiesbaden 1915.

Wir haben aber in vielen Fällen von Infantilismus gesehen, daß die Männer impotent werden. Sie fühlen sich als Kinder und begnügen sich mit den infantilen Formen des Lusterwerbes. Es handelt sich nicht um einen temporären Schwachsinn, sondern um ein temporäres Rückversetzen in die Kindheit. Die Exhibitionisten haben während ihrer Triebhandlung die Ethik und den Intellekt eines Kindes, können selbstredend sonst im gewöhnlichen Leben auf der höchsten intellektuellen und ethischen Stufe stehen. Das beweisen Beispiele wie *Jean Jaques Rousseau*.

Fall Nr. 126. Ein hochachtbarer Schriftsteller konsultierte mich wegen Anfällen von Exhibitionismus, die ihn fast mit dem Strafgesetz in Konflikt gebracht hatten. Er hat alle zwei bis drei Monate den unwiderstehlichen Drang, seinen Podex nackt aus dem Fenster herauszustrecken.[1]) Er macht diese Prozedur meist in finsterer Nacht. Dabei hat er keine Erektion. Nachher überkommt ihn eine ungeheuere Verzweiflung, eine überwältigende Scham, so daß er sich das Leben nehmen möchte. Er gibt an, während der Anfälle wie in einem traumhaften Zustande zu sein und erst nach dem Akte zu erwachen. Die Anzeige einer gegenüber wohnenden älteren Dame führte zu einer Untersuchung, die resultatlos blieb. Die Dame wurde beschuldigt, die ganze Sache erfunden zu haben und entschuldigte sich bei dem Manne, als sie erfuhr, es sei der berühmte Schriftsteller X. Er wollte durch Hypnose von dem Leiden befreit werden, verweigerte aber eine Analyse, welche auf die Wurzeln des Leidens eingegangen wäre. Er gibt an, an Traumzuständen zu leiden, während welcher er ganz geistesabwesend ist. In solchen Traumzuständen schafft er seine besten Werke. Plötzlich mitten im Schreiben beginnt er sich zu entblößen. Er weiß, daß er von seinem Vater oft auf den Hintern geschlagen wurde und daß auch seine Mutter die Strafe gerne auf das nackte Gesäß verabreichte. Im übrigen zeigt er leichte masochistische Neigungen und eine ausgesprochene homosexuelle Komponente, die sich in zahlreichen idealen Männerfreundschaften (nur teilweise) in sublimierter Form auslebt.

Eine ähnliche Beschreibung gibt uns der nächste Fall.

Fall Nr. 127. Herr I. B., ein 43jähriger Mann, Vater von 4 Kindern, sehr glücklich verheiratet, leidet an dem krankhaften Trieb, kleinen Kindern seine Genitalien zu zeigen. Er geht gerne in die Nähe von Mädchen- oder Knabenschulen, wo er sich so stellt, als ob er urinieren möchte. Er wartet auch auf den Gängen und Stiegen, besonders wenn das Halbdunkel eine Entblößung gestattet. Er öffnet dann seine Hose und murmelt: „Wart, ich zeig dir etwas Schönes, was du noch nicht gesehen hast.“ Er läuft dann meist rasch weg und ist über seine Handlung empört. Er meidet jetzt jeden Alkohol, weil er die Bemerkung gemacht hat, daß er nach einem Glase Wein oder Bier diesem Drange unwiderstehlich verfallen ist. Manchmal trinkt er, wenn der

[1]) Bekanntlich auch das Leiden von *Rousseau*. Ein französischer Lustspieldichter *Courteline* hat dieses Thema sogar sehr geistreich auf die Bühne gebracht. Ein durch das Trottoir roulant zur Verzweiflung gebrachter Mann rächt sich auf diese Weise. Diese Exhibition ist im Volke außerordentlich verbreitet und wird mit Einladungen anum lambere kombiniert.

Drang schon da ist, weil er dann viel mehr Mut hat. Er befindet sich die ganze Zeit in einem förmlich geistesabwesenden Zustand. Er handelt wie im Schlafe oder wie in einem Traume. Vorher überkommt ihn ein heftiges Angstgefühl. Er muß alle fünf Minuten urinieren und fühlt in der Harnröhre ein Prickeln und Kitzeln. Diarrhöen, Angstschweiß, Kongestionen künden eine unheilvolle Erregung an, die sich erst nach dem Akte legt. Während des Aktes verschwinden das Bewußtsein der Gefahr und die Kritik des Lächerlichen seines Benehmens vollkommen. Manchmal versuchte er vor den Kindern zu onanieren. Ein einziges Mal traf er in einer Sommerfrische ein kleines Mädchen im Walde, das stehen blieb und den ganzen Vorgang mit großem Interesse betrachtete. Er forderte sie auf, penem manu frigere vel oscula dare, quia pulcherrimus penis mundi esset. Wie sie ihn berühren wollte, habe ihn die Angst ergriffen, er sei aufgewacht und davongelaufen. Noch an diesem Abend verließ er zum Erstaunen seiner Frau die Sommerfrische. Er leidet an schweren Depressionen und zeigt noch andere Formen von Infantilismus. Er spielt mit seinen Kindern wie ein kleines Kind, so daß es schon seiner Frau aufgefallen ist. Leider hat er auch den Trieb, sich seinen Kindern nackt zu zeigen und badete auch eine Zeitlang mit ihnen gemeinsam in einer Wanne. Er ist Anhänger aller hygienischen Bestrebungen, welche das Nacktsein fördern. Er nimmt leidenschaftlich gerne Sonnenbäder, schwärmt für Nacktkultur, läßt seine Kinder halb nackt herumlaufen, liegt am liebsten zu Hause an heißen Tagen ganz nackt auf dem Sofa.

Er ist ebenso ein Langschläfer wie alle anderen Infantilisten. Er muß schon um neun Uhr ins Bett gehen und wacht erst um acht Uhr früh mit einem schweren Kopfe auf. Er muß viel schlafen und schläft auch am Nachmittag, wenn sein Geschäft es ihm erlaubt.

Über seine exhibitionistischen Akte ist er unglücklich und fleht um Hilfe und Rettung, weil er fürchtet, mit dem Strafgesetze in Konflikt zu kommen. Eine Analyse ist unmöglich, da der Patient aus der Fremde ist und nicht in Wien bleiben kann. Er schreibt mir öfters Briefe, in denen er mir seine Träume mitteilt. Sie behandeln immer wieder Szenen, in denen er sich vor Kindern entblößt. Er führt im Wachen nur das aus, was ihm seine Träume vorschreiben.

Auf den Zusammenhang zwischen diesen Traumzuständen und dem Exhibitionismus hat schon *Krafft-Ebing* aufmerksam gemacht, der diese Zustände als Dämmerzustand auffaßte. Es handelt sich immer um Kindheitsträume. Der Blick nach rückwärts ist die Ursache dieser Krankheit.[1])

[1]) Auf diese Gefahr scheinen mir verschiedene Mythen zu deuten, welche von dem Verbote, nach rückwärts zu sehen, handeln. Es ist der Blick in die Kindheit, der verboten ist. Odysseus erhält den Schleier der Ino (Leukothea), der ihn sicher durch die Wogen trägt. Er muß ihn dann ins Meer werfen und darf nicht nach rückwärts schauen. So schifft der Mann sicher durch die Wogen des Lebens, dem sich die Kindheit verschleiert und der nicht nach rückwärts blickt. Loths Weib erstarrt zur Salzsäule, da sie nach rückwärts schaut. So erstarren die Neurotiker rückwärtsblickend im Infantilismus . . . Alle altindischen Totenopfer, die Opfer zu Ehren der Erinnyen und der Hekate hatten die gleiche Vorschrift. Orpheus verliert Eurydike, weil er sich nach ihr umdreht; aus dem gleichen Grunde verschwindet dem Aeneas die Gattin Kreusa. Auch in den deutschen Märchen, besonders in der Melusinensage, spielt dieses Motiv eine große Rolle.

Sehr schön demonstriert diesen Zusammenhang zwischen Traum und Exhibitionismus folgende Beobachtung von *Liman:*

Fall Nr. 128. Gymnasiallehrer S. lief im Berliner Tiergarten öfters mit genitalibus denudatus herum. Er erregt öffentliches Ärgernis und motiviert, daß er zu seiner Beruhigung so herumlaufen müsse. Das Laufen mit entblößten Genitalien gewähre ihm gegen nervöse Aufregungen Erleichterung. Dieser Kranke träumte oft, daß er mentula denudata herumlaufe oder im Hemde auf einem Reck hänge, den Kopf nach unten, so daß das Hemd herunterfalle und das erigierte Glied entblößt sei. Diese Träume führen dann zu einer Pollution und er hat dann eine halbe bis zu einer Woche Ruhe.

„Auch im wachen Zustande befalle ihn im Sinn seiner Träume oft der Drang, mit entblößtem Glied herumzulaufen. Indem er zur Entblößung schreite, werde ihm glühend heiß, er laufe dann planlos umher, das Glied werde feucht, jedoch komme es nie zur Pollution. Endlich erfolge relaxatio membri, er stecke es ein, komme dann zu sich, sei froh, wenn den Vorgang niemand gesehen habe. Er befinde sich in solchen Erregungen wie im Traume, wie in Trunkenheit. Er habe nie die Absicht gehabt, Weiber zu provozieren." (Vierteljahrsschrift für gerichtliche Medizin, XXX, VIII, H. 2.)

Dieser Fall von *Liman* zeigt uns ganz deutlich den Zusammenhang von Traum und traumhaften Zuständen am Tage. Die Kranken sinken in Tagträume und die Gedanken des Traumes führen zu einer Tat. Die nähere Analyse zeigt aber, daß es sich in vielen Fällen nur um die Wiederholung einer bestimmten Szene aus der Kindheit handeln kann. Die Kranken werden Kinder und spielen sich dann eine Kinderszene vor. Haben sie vor Erwachsenen in der Kindheit exhibitioniert, so exhibitionieren sie vor erwachsenen Mädchen oder vor Frauen, handelte es sich aber um Kinderspiele, so wird zur Exhibition ein Kind verwendet. Da das letztere viel häufiger vorgekommen ist, so spielen sich, wie schon erwähnt, die meisten exhibitionistischen Akte vor Kindern ab. Weitere Aufklärungen über den psychischen Mechanismus dieser Paraphilie liefert uns der nächste Fall.

Fall Nr. 129. Herr Z. T., ein 24jähriger Jurist, konsultiert mich wegen des Dranges, sich Mädchen mit entblößtem Gliede zu zeigen und sie dazu zu bewegen, das Glied anzurühren. Auch empfindet er den Drang, Kinder zu entkleiden und unten anzurühren. Er ist sich des Krankhaften seines Zustandes bewußt und bittet um Befreiung von der furchtbaren Krankheit, die ihn zu verderben droht. Denn beim letzten Versuche seien fremde Leute dazu gekommen und hätten Lärm geschlagen. Er habe sich nur durch schleunige Flucht der Verhaftung und dem Gerichte entzogen.

Er ist im Leben ein schüchterner, zaghafter Mensch, der sehr einsam lebt. Er onanierte von 11—18 Jahren und gab dann die Onanie auf, weil er von einem Arzte belehrt wurde, daß seine Schüchternheit und seine Erytrophobie mit der Onanie zusammenhängen. Bei Frauen war er noch nicht, weil er ein Ethiker ist und rein in die Ehe treten will. Er ist Anhänger aller Abstinenzbewegungen, trinkt nicht, raucht nicht, ist Vegetarianer. Seine einzige Leidenschaft, die stärker ist als er selbst, ist der Exhibitionismus. Fast jeden Monat einmal überfällt ihn ein Drang, in dem sich sein Wesen ändert. Er wird frech und herausfordernd, wie er es als ganz kleiner Junge gewesen ist. Er sucht dann gerne dunkle Gänge in Mädchenschulen und kleinen Instituten auf, besonders in Musikschulen, weil die nicht so gut bewacht sind und sich in Privathäusern befinden. Dorten wartet er in einer Ecke und entblößt sein Glied, fordert das Kind auf, das Glied zu berühren. In einigen Fällen waren die Kinder willfährig. In diesem Momente aber ergreift er die Flucht und erwacht aus seinem Traume . . . Er gibt an, daß er immer diese Szene träume. Es ist ein stereotyper Traum, der sich sehr häufig wiederholt und meist mit einer Pollution endet. Er erinnert sich nicht an andere Pollutionsträume. Das beweist uns, daß seine Libido an diese bestimmte Szene fixiert ist. Der Traum lautet ungefähr so:

> Ich spiele mit einem kleinen fremden Mädchen. Sie hebt das Hemd auf und zeigt mir ihre Vagina. Darauf entblöße ich mein Glied und gebe es ihr in die Hand. Sie nimmt es und in diesem Momente erwache ich mit einer Pollution.

Ich führe aus der Analyse nur die wichtigsten Momente an. Er ist sehr selbstbewußt und glaubt an die Allmacht seiner Gedanken. Er ist in sich verliebt und steht sehr oft entblößt vor dem Spiegel. Er sieht auch häufig seinen Penis im Spiegel an und freut sich, daß er so gut gewachsen ist. Er ist stärker gebaut als alle seine Freunde und Bekannten.

Nach längerer Behandlung erinnert er sich einer Szene, die ihm immer bewußt war, an die er aber merkwürdiger Weise niemals gedacht hat. Er hat eine um zwei Jahre jüngere Schwester. Mit dieser spielte sich durch einige Monate diese Szene ab, von der er immer träumt.

Diese Szene ist es, die er auch in seinen exhibitionistischen Akten wiedererleben will. Nur durch eine vollkommene psychische Rückversetzung kann er wieder zum Jungen werden. Er braucht dann eine Imago seiner Schwester, welche er eben in den Schulen sucht.

Wir werden an vielen triebartigen Handlungen immer beobachten können, daß es sich um eine Regression in das Infantile handelt. Ebenso bei triebartigem Fortlaufen, wahrscheinlich bei allen Zwangshandlungen, die ja nach meinen Forschungen die Erfüllung eines infantilen Imperativs sind. Was diese Kranken suchen, das ist im Leben nicht zu finden. Sie spielen es so, als könnten sie es erreichen.

Wir müssen nach diesen einleitenden Fällen versuchen, die Psychologie dieses Zwanges zur Exhibition zu erklären.

Die meisten infantilen Paraphilien sind Zwangshandlungen und gehen — wie wir es wiederholt betont haben — in einer Art von Rausch, in einem pathologischen Traumzustand vor sich. Das Bild ist fast immer das gleiche: Der Kranke wird von einer heftigen Unruhe ergriffen. Er ahnt schon das Nahen seines verhängnisvollen Verlangens. Er hat das Bedürfnis wegzulaufen, sich physisch auszutoben. Er ist gereizt und gerät leicht in Händel. *Féré* (L'instinct sexuel. Felix Alcan, Paris, 1899) macht auf die Zusammenhänge zwischen Exhibitionismus und Epilepsie aufmerksam[1]), der auch anderen Beobachtern aufgefallen ist (*Lasègue, Hotzen, Pribat, Lalanne, Seiffen, Krafft-Ebing, Burgl, Cramer, Charcot-Magnan, Loehr, Näcke, Moll, Bloch* u. a.). Er sieht in der Exhibition eine bei Degenerierten auftretende Zwangshandlung („idée obsedante"). Er notiert, daß er die Exhibition bei Epileptikern, bei senil Dementen, bei Alkoholikern, bei den psychopathischen Minderwertigkeiten (faibles d'esprit), den Idioten und den Imbezillen beobachtet hat. Er übersieht, daß man den Exhibitionismus auch bei Menschen beobachten kann, die kein Zeichen von Degeneration und Belastung aufweisen. Auch *Krafft-Ebing* betont, daß der Exhibitionismus bei Degenerierten nach Traumen und bei Gehirnerkrankungen häufig vorkommt, zeigt auch die nahe Verwandtschaft von Epilepsie und Exhibitionismus und unterstreicht das Traumartige, Impulsive des Zustandes. Ja, in einem von ihm beobachteten Falle lösten epileptische Anfälle und exhibitionistische Akte einander ab. *Bloch* akzeptiert die Unterscheidung zwischen Exhibition und Exhibitionismus, die *Burgl* vorgeschlagen hat. Exhibition sei die einmalige Vornahme der Ent-

[1]) Die sexuellen Impulse äußern sich bei den Epileptikern in den verschiedensten Formen. Öfters ist es eine starke sexuelle Reizung unter der Form von Satyriasis *Giacchi* hat bei einem Alkoholiker Anfälle von Satyriasis, welche epileptischen Charakter trugen, festgestellt. *Krafft-Ebing* hat einen Mann gesehen, der den Koitus vor seiner ganzen, versammelten Familie verlangte, dann einen anderen, der junge Burschen anfiel. Des öfteren führen diese Impulse zu Exhibitionismus, von dem man, seit *Lasègue* darauf aufmerksam gemacht hat, zahlreiche Beispiele anführen kann. „Man darf nicht vergessen, daß bei den Epileptikern der Exhibitionismus nicht immer an die Erregung der Genitalien mit oder ohne Masturbation oder an den Versuch geschlechtlicher Annäherung gebunden ist. Er kann automatisch sein und keinen weiteren Zweck verfolgen. Hervorgerufen wird er eben durch das Bedürfnis zu urinieren, durch die Notwendigkeit, einem durch Halluzination gegebenen Befehl zu gehorchen, oder durch den Impuls, sich zu entblößen. Da häufig das Erinnerungsvermögen geschwunden ist, ist es nicht immer leicht, sich über die Psychologie des Exhibitionismus bei den Epileptikern Aufklärung zu verschaffen. Impulsakte dieser Art dienen meistens der Befriedigung des sexuellen Bedürfnisses. Auffallend ist die sonderbare Wahl des Objektes, die nicht durch die gewöhnlichen Triebkräfte beeinflußt erscheint; der Epileptiker kann sich sowohl auf eine ältere Frau, die seit langem schon die sexuelle Periode überschritten hat, als auf unreife Mädchen stürzen. Das Geschlecht selbst scheint für ihn nebensächlich zu sein. Die Epileptiker sind unter den Degenerierten diejenigen, die die ausgesprochensten Merkmale von psychischem Zerfall, die häufigsten und gröbsten teratologischen Stigmas aufweisen. Es ist daher auch nicht wunder zu nehmen, wenn oftmals ihr Geschlechtstrieb nur sehr wenig entwickelt ist. Tatsache ist, daß die Anomalie des sexuellen Instinktes bei ihnen häufig ist. Oftmals sind die Wünsche abgeschwächt oder unterdrückt, der Verkehr geht nur mühsam und unvollständig vor sich. Ein andermal wird der normale Verkehr durch die übergroße Erregung, welche den Samenerguß sofort nach der Erektion herbeiführt, unmöglich gemacht. Sie haben eine starke Neigung, sich der Einsamkeit hinzugeben. Bei diesen menschenscheuen, scheinheiligen Kranken wird die Masturbation unbewußt während des Schlafes ausgeübt. Sehr häufig üben sie eine starke homosexuelle Anziehungskraft aus." (l. c., S. 177—178.)

blößung, Exhibitionismus die mehrmalige und gewohnheitsmäßige Betätigung der Entblößung. Exhibition komme auch bei Gesunden vor, während der Exhibitionismus, seltene Ausnahmen abgesehen (Wüstlinge!), bei geisteskranken Individuen oder bei geistig defekten Menschen vorkomme.

Es wird eben vieles als Exhibitionismus bezeichnet, was gar nicht dem Zustande entspricht, den wir als Exhibitionismus bezeichnen möchten. Die Freude an der Entblößung ist den meisten Menschen mehr oder minder eigen, so daß der Zustand in geringen Graden zu der Physiologie des Liebeslebens gehört. Er wird pathologisch, wenn er die gebräuchlichen Grenzen überschreitet und zwangsmäßigen Charakter zeigt. Das Wesen dieser Paraphilie besteht in ihrer Zwangsmäßigkeit. Unter Zwangshandlung verstehen wir eine Handlung, deren Unsinnigkeit und Strafbarkeit von dem Individuum erkannt wird, die sich aber immer wieder übermächtig gegen seinen Willen und gegen seine Überzeugung durchsetzt. Der Zwangsneurotiker steht unter der Herrschaft eines Affektes, welcher seinen Intellekt unterjocht hat.

„Jede Zwangsvorstellung entsteht durch Verdrängung einer dem Bewußtsein unangenehmen Vorstellung und durch Übertragung des freigewordenen Affektes auf eine andere, scheinbar weniger peinliche Vorstellung.“ (*Stekel*, Zwangszustände, ihre psychischen Wurzeln und ihre Heilung. Med. Klinik, 1910, Nr. 5—7.) Diese Formel ist die auf alle Fälle passende, während die bekannte erste Formel von *Freud* nur auf einzelne Fälle Geltung hat. Sie lautet: „Zwangsvorstellungen sind jedesmal verwandelte, aus der Verdrängung wiederkehrende Vorwürfe, die sich immer auf eine sexuelle, mit Lust ausgeführte Aktion der Kinderzeit beziehen.“

Für die exhibitionistischen Zwangsimpulse, deren Besprechung diese Arbeit gewidmet ist, hat diese Formel *Freuds* keine Geltung. Sie könnte sich nur auf den Vorwurf beziehen, den der Täter sich nach dem vollbrachten Akt macht. Dieser Vorwurf bezieht sich auf die letzte Tat und könnte höchstens nur eine Neuauflage eines alten Vorwurfs aus der Kinderzeit sein, wollte man die *Freud*sche Formel für sie anwenden.

Der Mechanismus des Zwangsimpulses, wie er sich auch bei der Kleptomanie äußert, deren sexuelle Wurzel ich eingehend analysiert habe[1]), ist aber ganz anders zu erklären. Es ist ein Drang nach einem Erleben von etwas, was man schon einmal erlebt hat. Es ist ein Jagen nach einem Eindruck, der weit in der Vergangenheit zurückliegt.

[1]) „Die sexuelle Wurzel der Kleptomanie.“ Zeitschr. f. Sexualwissensch., 1908.

Auch bei den schweren Fällen von systemisiertem Fetischismus finden wir dieses Jagen und Suchen, diesen Drang nach Erleben, der unwiderstehlich wird. Die Analyse kann immer wieder zeigen, daß es sich um eine Neubelebung eines alten Erlebnisses handelt. Wie ich es schon früher erwähnte, laufen alle diese Menschen mit ihren Impulsen ihrer Kinderzeit nach.

Dabei spielt das alte Erlebnis (wenn man will das „psychische Trauma") den Kristallisationspunkt ihrer Phantasie, deren Verwirklichung sie anstreben. Die Phantasie selbst kann vergessen oder verdrängt sein, oder der Kranke ahnt nicht, daß sie Beziehungen zu seinen Zwangsimpulsen hat. In allen diesen Zwangsimpulsen handelt es sich um das „Verbotene". Ein Zwangsimpuls kann nie eine erlaubte Handlung sein. Das heißt, wenn der Zwangsimpuls auch scheinbar harmlos ist, wie die „folie de toucher", so löst er sich in der Analyse als verbotene Handlung auf. Der an Berührungszwang Leidende, der alles anrühren muß, kämpft gegen den unbewußten Wunsch, ein ihn reizendes verbotenes Sexualobjekt anzurühren.

Ich will mich jetzt zu einem Fall von Exhibitionismus aus meiner Praxis wenden, welcher uns den Mechanismus des Zwangsimpulses deutlich veranschaulichen wird.

Fall Nr. 130. Es handelt sich um einen 39jährigen Photographen und Artisten, der wegen § 519 StGB. angeklagt ist. Er wurde von einem Manne beobachtet, wie er sich vor einem Mädchen im Alter von zehn Jahren entblößte und ihr den erigierten Penis zeigte. Der Zeuge verständigte einen Wachmann, der den Exhibitionisten, der vergeblich leugnete, auf die Wachstube führte. Die erste Gerichtsverhandlung verlief ohne Ergebnis, da der Zeuge nicht mehr aufzufinden war. Aber der Kranke suchte mich auf und flehte mich um Heilung an. Er wollte durch Hypnose von seinen Zwangsimpulsen befreit werden.

Ich möchte bei dieser Gelegenheit betonen, daß es ganz unmöglich ist, durch Hypnose eine wirkliche Heilung eines solchen Zwangsneurotikers herbeizuführen. Man kann ihn in den seltensten Fällen tief genug hypnotisieren und erreicht höchstens eine vorübergehende scheinbare Beruhigung, der bald ein Aufflackern des zurückgedrängten Zwangsimpulses folgt. Es ist der heiße Wunsch aller dieser Neurotiker — um solche handelt es sich ja immer —, durch den hypnotischen Befehl des Arztes geheilt zu werden. Sie ersparen sich die Mühe des Geständnisses und der Erkenntnis, sie wollen ohne Kampf Sieger über sich werden. Die Heilung kann jedoch nur das Resultat eines Kampfes sein. Allerdings muß man dem Kranken zeigen, wogegen er kämpfen soll und muß die Affektverschiebung auflösen können.

Ich schlage also die Hypnose ab und wende mich zur psychanalytischen Erforschung des Falles.

Unser Patient, jetzt 39 Jahre alt, stammt von gesunden Eltern. In seiner Familie gibt es keine Geisteskrankheiten und keine Abnormitäten. Er ist wohlgebildet und zeigt keine auffallenden Degenerationszeichen. Er hat sich normal entwickelt. Mit sechs Jahren starb seine Mutter. Er kam in eine

Waisenschule. Er lernte nicht leicht, aber was er einmal erfaßte, das behielt er gründlich und dauernd. Sein Vater heiratete ein zweites Mal und er kam wieder nach Hause. Es gab arge Zwistigkeit zwischen den Eltern, weil sie sich gegenseitig mit Eifersucht quälten und verfolgten. Seine Jugend war schon vorher freudlos (sie lebten in ärmlichen Verhältnissen); sie wurde in der zweiten Ehe des Vaters noch freudloser. An seinem Vater hing er mit schwärmerischer Liebe; der Vater war sehr gut mit ihm, während er unter den Launen und der Strenge der Stiefmutter viel zu leiden hatte. Um so sonderbarer war es ihm, daß die Stiefmutter sich vor ihm gar nicht schämte. Sie wusch sich vor ihm, wobei sie sich ganz nackt zeigte, spazierte auch nackt vor ihm auf und ab, was ihn mächtig erregte und seine sexuelle Frühreife förderte. Er erinnert sich nicht, vorher onaniert zu haben.[1]) Unter dem Einfluß dieser Erregungen setzte die Onanie im 12. Lebensjahre ein.

Er war noch nicht ganz 13 Jahre, da wurde seine Stiefmutter immer vertraulicher mit ihm. Wenn der Vater nicht zu Hause war (er mußte viele Dienstreisen machen), legte sie sich zu ihm ins Bett und begann auch mit seinem Gliede zu spielen und ihn praktisch aufzuklären. Er werde bald ein Mann sein und ein Mann müsse alles wissen. Schließlich kam es zu einem Geschlechtsverkehre, wobei sie sich auf ihn setzte. Er empfand großen Orgasmus und hatte schon das erstemal eine starke Ejakulation. Nach dem ersten Akte machte er sich die heftigsten Vorwürfe. Er konnte seinem Vater nicht in die Augen sehen. Er nahm sich vor, allen Anfechtungen siegreich Widerstand zu leisten. Kaum aber war er mit der Mutter allein, so kam sie zu ihm ins Bett und wußte ihn so zu reizen, daß er widerstandslos war. Sie wählte immer die beschriebene Position, wobei er also immer eine passive Rolle spielte. Es kam aber auch zum Schlusse dieser Beziehungen, die ein Jahr lang dauerten, vor, daß er die normale Position einnahm und aktiv vorging.

Mit 14 Jahren kam er aus dem Hause und wurde zum Kellner ausgebildet. Er suchte nicht den Verkehr mit Mädchen. Ihm schwebte fortwährend das Bild seiner schönen Stiefmutter vor, er trachtete immer möglichst bald nach Hause zu kommen und mit der Stiefmutter zu verkehren, was ihm mitunter gelang. Ein anderes Verlangen kannte er nicht. Er fand Befriedigung in der Onanie, wobei ihm Bilder der entblößten Stiefmutter vorschwebten. Auch die Belehrungen der Kameraden trugen ihr Teil dazu bei, seine Phantasie zu erregen, ohne ihn zu bewegen, es ihnen gleich zu tun und Bordelle aufzusuchen oder Mädchenbekanntschaften anzuknüpfen.

Er hatte immer einen Hang zu mystischen Beschäftigungen. Er wollte für sein Leben gern ein Zauberer werden. Er lernte früh die Taschenspielerei und brachte es zu großer Geschicklichkeit, so daß er heute als Artist von seiner Zauberei lebt. Er hatte immer die Phantasie, daß er mit übernatürlichen Kräften begabt sei und mehr könne als die anderen Knaben. Da er sich als Knabe gewünscht hatte, daß die Mutter zu ihm käme, nachdem sie ihn durch ihre Entblößungen erheblich gereizt hatte, so schien ihm dann die Erfüllung

[1]) *Naecke* führt den Exhibitionismus auf reichliche Onanie zurück, weil der Onanist angeblich die Scham vor seinem Körper verliere. Diese Hypothese ist mehr als fraglich. Bekanntlich zählen die meisten Onanisten zu den schamhaftesten Menschen, die jede Entblößung vor anderen verabscheuen, was selbstverständlich nicht ausschließt, daß Exhibitionisten auch Onanisten sein können, wie alle Sexual-Neurotiker, die ihre adäquate Befriedigung nur in der Phantasie finden können, wenn sie nicht mit der herrschenden Moral in Konflikt kommen wollen.

dieses Wunsches als die Folge seiner Zaubermacht. Er zauberte die Stiefmutter herbei, wenn er es stark wünschte, so daß sich ein geheimer Glaube an die Macht seiner Gedanken festsetzte. Er glaubte an die Zaubergewalt seiner Wünsche und seiner Erscheinung. Denn die Mutter rühmte seine Gestalt und meinte, er habe ein „wunderschönes Glied“, in das man sich verlieben müßte.

Mit 17 Jahren ging er freiwillig zum Militär und diente sieben Jahre, wurde Rechnungsunteroffizier erster Klasse, später diente er noch drei Jahre während des Krieges. Also im ganzen 10 Jahre, die er ohne Strafe verbrachte. Er wurde auch mehrfach dekoriert, was uns beweist, daß wir es nicht mit einer „psychopathischen Minderwertigkeit“ zu tun haben, welche gewiß infolge der gesteigerten, unberechenbaren Affektivität wiederholt straffällig geworden wäre.

Interessant ist die weitere Entwicklung seines Sexuallebens. Er onanierte also seit dem 12. Lebensjahre und muß noch heute onanieren, wenn der exhibitionistische Drang über ihn kommt. Es ist dies seine einzige Rettung vor der Tat.

Ihn interessierten reife Frauen und mitunter auch Mädchen, aber er war scheu und traute sich nicht, sich ihnen zu nähern. Er behauptet, auch keine Gelegenheit gehabt zu haben, was den Tatsachen nicht entspricht. Er hatte immer das Bild seiner Mutter vor Augen und floh eigentlich vor jeder Gelegenheit. Er kam von der Mutter nicht los.

Im 19. Lebensjahre heiratete seine Mutter kurz nach dem Tode seines Vaters einen zweiten Mann. Das scheint für ihn die Ursache einer vollkommenen Abkehr vom Weibe geworden zu sein. Er hatte plötzlich einen unüberwindlichen Ekel vor allen Frauen, er haßte das weibliche Geschlecht und fühlte sich als „Homosexueller“, wie so viele andere Artisten. Allein er hatte nie den Mut, einen homosexuellen Akt auszuführen. Er begann für junge Burschen zu schwärmen. Im Prater sah er einen jungen Akrobaten, in den er sich leidenschaftlich verliebte. In seinen Onanie-Phantasien spielte nun dieser junge Freund die größte Rolle. Dann folgten andere Knaben als Lustobjekte der Phantasie, ohne daß er sich je einem intim genähert hätte.

Mit 20 Jahren erwachte in ihm wieder das heterosexuelle Begehren, aber es reizten ihn nur ganz junge Mädchen. Ein Mädchen mit 18 Jahren ist für ihn kein Sexualobjekt mehr. Sie ist bereits zu alt. Kinder zwischen 8 und 14 Jahren reizen ihn am meisten, wenn er ihre nackten Füßchen, ihre Höschen sehen kann. Der Drang überkommt ihn bei der Arbeit und wird so übermächtig, daß er nicht widerstehen kann. Der ganze Vorfall spielt sich dann *in einem traumartigen Zustand* ab. Der Kranke schildert seinen Zustand mit den Worten:

„Ich sehe das Ungeheuerliche meiner Leidenschaft vollständig ein und bin der unglücklichste Mensch auf Gottes Erdboden, da ich kein Mittel weiß, mich von dieser unglückseligen, furchtbaren Wahnidee zu befreien, und nur den einen Ausweg finden kann, dieses verfehlte, verkehrte und verpfuschte Leben von mir zu schleudern. Ich habe oft die besten Vorsätze und nehme mir vor, nie wieder rückfällig zu werden, doch fallen alle guten Vorsätze in nichts zusammen, wenn ich z. B. auf der Gasse ein Mädchen nach meinem Geschmack (kurzes Kleid, Strümpfe, Höschen usw.) sehe. — Nachher bin ich wieder zu Tode unglücklich und bereue meine Tat, ich, der ich ein Mensch bin, der keinem Tier was zuleide tun kann und, ohne mich zu rühmen, keine schlechten Charaktereigenschaften besitzt, was alle, die mich kennen, bezeugen.

— Es lastet wie ein Fluch auf mir. Es ist mir diese Leidenschaft oft und oft ein großes Hindernis in meinem Fortkommen gewesen, und könnte ich heute schon viel, viel weiter sein. — Überall verfolgt mich der Wahn, selbst bei der Arbeit muß ich aufstehen und meinen Geist durch Onanie wieder beruhigen, wenn mich die obszönen Bilder umgaukeln. Das kommt fast jeden Tag 1—2mal vor. — Meine einzige Hoffnung ist Gott und die Wissenschaft, vielleicht werde ich doch noch Heilung finden und ein glückliches Leben beginnen können."

Dieser Verzweiflungsschrei beweist uns, wie schwer der Kranke unter seinen Zwangsimpulsen leidet. Er will jedes Opfer bringen, um sich endgültig befreien zu lassen, und stellt auch die Anfrage, ob eine Kastration ihn von dem Übel befreien könnte.

Anamnestisch ist noch eine wichtige Tatsache nachzutragen. Er war 9 Jahre alt, als er mit mehreren Knaben und Mädchen in den Wald ging. Dort machte ein älteres Mädchen (11 Jahre) den Vorschlag, sie sollten sich alle entkleiden und sich die Genitalien zeigen. Er lief aber aus Scham davon, mußte aber noch oft an diese Szene denken.

Überblicken wir die Krankengeschichte und versuchen wir an Hand der Tatsachen das psychologische Verständnis für die Entstehung des Exhibitionismus zu gewinnen.

Schrenk-Notzing[1]) hat auf die infantilen Wurzeln dieser Paraphilie hingewiesen. In einem von ihm mitgeteilten Falle hat der Kranke als Knabe an Kinderspielen teilgenommen, bei denen die Kinder mit entblößten Genitalien aneinander vorübergingen. Dabei ist eines zu bedenken. Wir hören solche Erlebnisse von den meisten analysierten Neurotikern. Wie ich schon eingangs erwähnte, sind unter Kindern exhibitionistische Akte die Regel und keine Ausnahme. Überläßt man Kinder ihren Spielen ohne Aufsicht, so kommt es oft zu Entblößungen und gegenseitigem Betrachten der Genitalien. Trotzdem werden nicht alle diese Kinder Exhibitionisten, sondern nur ein kleiner Prozentsatz von ihnen zeigt jene bekannten exhibitionistischen Tendenzen, die dem Kulturmenschen eigen sind. Dazu zählen das Dekolletieren der Frauen auf Bällen, das fleißige Besuchen von Luft- und Sonnenbädern, die Propaganda für Nacktkultur und ähnliche mit der herrschenden Sitte vereinbare Vorgänge. Aber diese infantilen Spielereien erklären nicht den zwangsartigen Drang zu exhibitionistischen Akten, die doch mit großer Gefahr für die bürgerliche Existenz des Exhibitionierenden verbunden sind.

Ich habe schon vor Jahren auf eine besondere psychologische Wurzel des Exhibitionismus aufmerksam gemacht. Es ist dies der Glaube an die Zaubergewalt der eigenen Erscheinung und besonders der Glaube an die Schönheit der eigenen Genitalien, die man für unwiderstehlich hält.[2])

[1]) Kriminalpsychologische und psychopathologische Studien. Leipzig 1902

[2]) *Stekel*, Zur Psychologie des Exhibitionismus. Zentralbl. f. Psychoanal., I, 1911.

„Der Exhibitionist glaubt an die Unwiderstehlichkeit und Zaubergewalt seiner körperlichen Reize. Damit verrät sich der Exhibitionismus als eine bestimmte Form des Narzißmus. Es ist der Durchbruch der starken Eigenliebe und eine Projektion der subjektiven Werturteile auf die Umgebung. Diese Überschätzung des eigenen Körpers erklärt uns die verschiedenen Liebeszauber und Beschwörungen, bei denen der handelnde Teil sich nackt zeigen muß." Und *Freud* fügte diesen Worten die Anmerkung hinzu: „Es erscheint mir wahrscheinlich, daß diese Zurückführung der Exhibition auf unbewußte narzißtische Motive auch zur Erklärung der apotropäischen Rolle der Entblößung im Leben der antiken Völker verwendet werden kann."[1]) Ich verweise auf eine Gerichtsszene, die sich in Venedig abspielte und von der „Frankfurter Zeitung" berichtet wurde. Eine als Zeugin angeklagte Person entblößte sich plötzlich vor den Richtern, indem sie ausrief: „Schaut, meine Herren, wie schön ich bin." (Sie erhielt für diesen einer Phryne würdigen Akt eine Strafe von 6 Monaten Gefängnis . . .)

Auch *Havelock Ellis* und *Moll* sprechen in ihrem „Handbuch der Sexualwissenschaften" im Kapitel über Exhibitionismus von der mächtigen Wirkung, die der Exhibitionist erzeugen will. Allerdings, sie kommen der Wahrheit nur nahe, ohne sie zu erkennen. Der Exhibitionist will eine mächtige Emotion erzeugen. Aber welche Emotion? Das erkennen sie nicht. Es ist die Emotion der Bewunderung. Wenn der Patient *Garniers* gierig ist, zu wissen, was die Leute von ihm denken, so lechzt er nach Bestätigung seiner Ichliebe. Ein anderer Patient *Garniers*, der seine exhibitionistischen Akte in Kirchen zu vollziehen pflegte (was verhältnismäßig häufig ist — über die psychischen Wurzeln will ich später reden —), sagte: „Ich beobachte die Wirkung auf die Gesichter der Damen, denen ich mein Glied zeige. Ich wünsche zu sehen, daß sie eine hohe Freude ausdrücken. Ich wünsche in der Tat, daß sie gezwungen sein müssen, sich selbst zu sagen: Welchen Eindruck macht die Natur, wenn man sie so sieht."

Der Exhibitionist wünscht also Bewunderung zu erregen. *Stanley Hall* macht auf den Exhibitionismus als atavistischen Rest des Phalluskultus aufmerksam. *Havelock Ellis* und *Moll* fassen den Exhibitionismus als eine Art von Pseudo-Atavismus auf. „Es ist nicht ein wahres Auftauchen eines von den Vorfahren ererbten Instinktes, vielmehr wird der Exhibitionist durch eine Lähmung der höheren Gefühle, die sich im Zustande der Zivilisation entwickelt haben, auf eine geistige Stufe

[1]) Daß dieser geheime Glauben an die Unwiderstehlichkeit der einzelnen Reize tief im Volksbewußtsein schlummert, beweisen verschiedene Sagen, auch die Legende von Phryne, die sich ihren Richtern in blendender Nacktheit zeigte. Auch sprechen Vorkommnisse im täglichen Leben dafür.

zurückgeschleudert, die der Mensch eines primitiven Zeitalters einnahm; und so bildet sich eine Grundlage dafür, daß die Triebe, die einer niederen Kulturstufe angehören, wieder Wurzel fassen und sich entwickeln."

Es handelt sich aber nicht um einen Atavismus, sondern um einen Infantilismus, der nach dem biogenetischen Grundgesetz allerdings wieder die Urzeit der Menschheit repräsentiert. Das Kind ist immer narzißtisch eingestellt und glaubt an seine Zauberkraft. Das Kind ist immer exhibitionistisch und erst die Erziehung überwindet diesen Exhibitionismus, indem es dem Kinde die Scham anerzieht. Exhibitionismus ist eine Überwindung der Schamschranken. Das Kind bestrebt sich in seinem ersten Forschen nach dem Ursprung der Kinder, die Genitalien der Erwachsenen zu sehen, wie *Freud* nachgewiesen hat. Im Anfall wird der Exhibitionist wieder zum Kinde und schätzt die Welt nach der infantilen Währung. Er glaubt der Umgebung einen großen Gefallen zu tun. Er wendet sich auch meistens an die Kinder, weil er im Anfalle selbst zum Kinde wird.

Wir erwähnten beim letzten Falle, daß die Stiefmutter des Patienten über seinen Phallus lobende Bemerkungen machte. Er hätte einen wunderschönen Penis. Sie pflanzte ihm die Bewunderung für das eigene Glied ein, sie verstärkte die ohnedies vorhandene infantile Neigung. (Man findet zahlreiche Neurotiker, die in ihre eigenen Genitalien verliebt sind!) Überdies war er seit der Jugend ein Zauberer und glaubte an die Möglichkeit des Zauberns. Er ist von Beruf Taschenspieler, geht immer darauf hinaus, die Leute zu verblüffen und glauben zu machen, daß er sich im Besitze höherer Geisteskräfte befindet.

Er will die Umgebung mit seinem Phallus bezaubern, er will ihnen das Objekt seiner Selbstliebe zeigen. Er benimmt sich wie König Kandaules in Hebbels „Gyges und sein Ring". Was nützt dem König die Schönheit des Weibes, wenn ihn kein Mensch darum beneiden kann? (Er will um sein Weib beneidet werden.) Jeder Exhibitionist will um seinen Penis oder um einen anderen Körperteil, in den er selbst verliebt ist, beneidet werden.

Der entblößte Körperteil ist immer die stärkste erogene Zone des Exhibitionisten. Glaubt er an die Schönheit und die Zaubergewalt seines Gliedes, so wird er das Glied entblößen. Es kommt aber auch vor, daß andere Körperteile entblößt werden. Ich verweise nur auf die eingehende Analyse von Jean Jaques Rousseau (Kapitel XXIV), dessen Nates offenbar eine stark betonte erogene Zone waren.

Wie ich an anderer Stelle ausführen werde, hängt die bei Rousseau ausgebrochene Paranoia mit seiner latenten Homosexualität zusammen, von der die Betonung der Nates und des Afters als erogene Zone nur die organische Grundlage darstellt. Was uns in diesem Falle interessiert, ist die Wiederholung des Eindruckes, den Rousseau suchte. Bei seiner Erzieherin hatte er zuerst bei Schlägen auf die Nates Lust empfunden. Dieser ersten Lust jagt er nun nach. Interessant ist auch, daß dieser körperliche Exhibitionist seine „Geständnisse" schrieb und so auch ein Beispiel von „psychischem Exhibitionismus" zeigte, den ich als eine Wurzel des dichterischen Schaffens und der Schauspielkunst auffasse.[1])

Hervorzuheben wäre also der infantile Charakter der Exhibition. Es ist kein Zufall, daß sich die meisten Exhibitionen vor Kindern vollziehen. Jedes Kind ist — wie ich wiederholt betont habe — Exhibitionist.

Auch *Burgl*, der genaue Kenner dieser Materie, betont, daß unzüchtige Berührungen und Notzuchtsakte selten sind. Es handelt sich meistens um Entblößungen beim Urinieren. Das ist der häufigste und ungefährlichste Exhibitionismus. Der Kranke verrichtet seine kleine Notdurft und wendet sich plötzlich um, wenn Kinder oder Frauen kommen. Er kann sich vor dem Gerichte dann mit Zerstreutheit oder Unaufmerksamkeit entschuldigen. Auch die während der Exhibition und nachher stattfindende Onanie zeigt typisch einen infantilen Charakter.

Für die Onanie habe ich das Charakteristische in der mit ihr verknüpften Phantasie nachgewiesen.[2]) Diese Phantasie stammt meistens aus der Kindheit und wiederholt eine in der Kindheit stattgefundene Szene oder eine in der Kindheit phantasierte Situation, die für den Kranken Realitätswert hat. Die Neurose habe ich als den Zustand definiert, in dem zeitweilig die Grenzen zwischen Realität und Phantasie verschwimmen. Der Neurotiker steht unter der Herrschaft der Symbolismen. Es handelt sich beim Neurotiker immer um die Fähigkeit, sich in Wachträumen Phantasien hinzugeben, die für ihn den Affektwert der Realität erhalten.

Er jagt einem Eindruck aus der Vergangenheit nach und trachtet, ihn wieder zu erleben. So erklärt sich das Traumhafte des Zustandes der Exhibition, das alle Beobachter, besonders aber *Krafft-Ebing* betonen. Er erlebt einen Wachtraum. Wir müssen uns vorstellen, daß in seiner Seele ein fortwährender Kampf zwischen Realität und Phantasie vor sich geht. Jede Lust verlangt Wiederholung. Der Neurotiker wird zum Schauspieler, der sich schließlich die gewünschte Szene mit vertauschten Rollen vorspielt. Der Impuls ist also der erotische Imperativ der Vergangenheit.

---

[1]) *Stekel*, Dichtung und Neurose. Bausteine zur Psychologie des Künstlers und des Kunstwerkes. Grenzfragen des „Nerven- und Seelenlebens". J. F. Bergmann, Wiesbaden.

[2]) Bd. II, 2. Auflage, S. 37.

Alle diese Kranken, die von dunklen Impulsen getrieben werden, immer wieder suchen und schließlich einen kriminellen Akt begehen, die Exhibitionisten, die Kleptomanen, die Pyromanen, die Frotteurs, die Zopfabschneider, die Urolagnisten und Reniffleurs, sie alle laufen einem infantilen Eindrucke nach. Sie werden in dem Anfalle wieder zu Kindern und benehmen sich läppisch und kindisch. Sie handeln in einem Traumzustande, aus dem sie dann mit Schrecken, Reue und Bestürzung wieder erwachen, wenn ihnen die grausame Realität die Lächerlichkeit ihres Beginnens vor Augen führt.

Es handelt sich also um eine Wach-Halluzination, der durch einen „Fetzen Realität" ein starker Gegenwartswert gegeben wird.

Auch der epileptische Anfall ist eine Halluzination, in der eine dem Bewußtsein unerträgliche Szene im Schlafe absolviert wird. Ich habe in meiner Arbeit „Die psychische Behandlung der Epilepsie"[1]) darauf hingewiesen, daß die wenigsten Fälle von Epilepsie organisch begründet sind, sondern daß es sich um die Bewältigung eines kriminellen Impulses im Schlafe handelt. Zahlreiche Analysen von Epileptikern haben mich von der Richtigkeit dieser Anschauung überzeugt. Auch die praktischen Erfolge sind sehr zufriedenstellende. Dieses Verbrechen, das der Epileptiker wie der Hysteriker im Anfall durchlebt, ist meistens ein Sexualverbrechen. Es handelt sich oft um eine Kombination von sadistischen und exhibitionistischen Akten. Wenn der Impuls für die Realität „absolut unmöglich" ist und einem moralischen Veto unterliegt, so wird er im Anfall ausgelebt.

Die Verwandtschaft zwischen Epilepsie und Exhibitionismus ist naheliegend. Es sind zwei Ausdrucksformen eines und desselben Leidens. Der Epileptiker entzieht sich der Realität und erlebt seine Szene in der Phantasie eines Anfalles. Der Exhibitionist versucht die Szene in der Realität zu erleben, wobei er — wie wir bald nachweisen werden — die Rollen vertauscht und einen Szenenwechsel vornimmt. Er stellt sich psychische Kulissen für eine alte Szene, die er unbedingt wieder erleben will. Das gleiche gilt auch für den Fetischisten.[2])

Versuchen wir nun diese Erkenntnisse an Hand des letzten Falles zu erweitern. Unser Kranker erlebte eine Verführungsszene durch die Stiefmutter. Dieser Szene gingen schon zwei Jahre vorher Entblößungen der Mutter vor sich, die sich in ganz schamloser Weise vor dem Knaben nackt zeigte, um ihn zu reizen und die später durch-

[1]) Aufgenommen in die 3. Auflage der „Nervösen Angstzustände". Urban & Schwarzenberg.

[2]) *Stekel*, „Zur Psychologie des Fetischismus". Zentralbl. f. Psychoanalyse, Bd. III

geführte Szene vorzubereiten. Mit diesem Erlebnisse war das Schicksal unseres Kranken besiegelt. Er war für alle Zeiten an seine Stiefmutter fixiert. Er gesteht es ja selbst, daß er beim Militär keine Frauenbekanntschaften suchte, weil ihm das Bild seiner Mutter vorschwebte. Nachdem sie sich wieder verheiratet hatte, wurde er so von Eifersucht und Empörung übermannt, daß er alle Frauen zu hassen begann. Es setzte seine homosexuelle Periode ein. Ich habe in meinem Buche über Homosexualität nachgewiesen, daß die Homosexualität immer auf psychische Weise zustande kommt. Unser Patient war auf dem richtigen Wege, ein Homosexueller zu werden. Er unterscheidet sich von anderen Homosexuellen nur dadurch, daß bei ihnen die traumatischen Erlebnisse und pathologischen Einstellungen weit in der Kindheit zurückliegen und nicht mehr bewußt werden. Sie sind „verdrängt", um mit *Freud* zu sprechen, während er seine Traumen in der Pubertät erlebte. Allein schon in der homosexuellen Periode setzte seine Schauspielerei ein. Er wiederholte nur die traumatischen Erlebnisse mit der Mutter. Der Knabe, in den er sich verliebte, wurde ihm ein Bild seiner eigenen Jugend und er reservierte sich die Rolle der Mutter. Er spielte das Erlebnis mit verkehrten Rollen. Er war die Mutter und der geliebte Knabe war sein Spiegelbild. Allein noch immer waren die Hemmungen stärker als sein Drang zum Erleben (wozu die Onanie beigetragen hat, denn er lebte sich in der Onanie aus). Ich habe die wichtige Rolle der Onanie als Schutz der Gesellschaft vor dem Sittlichkeitsverbrecher in meinem Buche betont. Auch dieser Fall beweist die Richtigkeit meiner Anschauung. Er gibt zu, daß er begonnen hatte, gegen die Onanie zu kämpfen und längere Perioden der Abstinenz hatte. Der erste Anfall von Exhibition schloß sich an eine zweimonatliche Abstinenz-Periode an und endete mit einem zu Hause ausgeführten onanistischen Akt, in dem immer wieder die Szene mit der Mutter — allerdings oft in verschleierter Form — wiederkehrte.

Später kämpfte er gegen seine homosexuellen Tendenzen, die ihm als etwas Krankhaftes sehr peinlich waren. Er wandte sich Mädchen zu, wobei die Szene nun in vollkommener Geschlechtsverkehrung gespielt wurde. Er, der Mann, repräsentierte die Mutter, während die kleinen Mädchen ihn als Knaben darstellten. Er identifizierte sich mit der Mutter und die Mädchen mit seinem eigenen infantilen Bilde.

Nie wird ein Forscher einen Neurotiker verstehen können, wenn er die Geheimnisse der Identifizierung und Differenzierung nicht kennt. Alle Homosexuellen spielen solche Szenen, wobei sie die verschiedensten Rollen übernehmen und dem Partner zuweisen können.

Wir sehen also, daß unser Kranker immer wieder die Szene aus der Kindheit wiederholt und sich sein Exhibitionismus vollkommen aus dem traumatischen Erlebnis und seinen Folgen erklären läßt.

Nun könnte man den Fall für eine krasse Ausnahme halten. Er ist es nach meinen Erfahrungen keineswegs. Je tiefer ich in die Psyche und die Vergangenheit des Neurotikers eindringe, desto häufiger stoße ich auf grobe Erziehungsfehler der Eltern und auf wirkliche inzestuöse Akte. Bei pathologischen Eltern, bei Trinkern und überhaupt bei psychopathischen Minderwertigkeiten kommen solche Akte vor, was eine arge Belastung durch das Milieu ergibt, welche noch schwerer ist als die erbliche Belastung. Beispiele will ich später noch bringen. Wer die Krankengeschichten von Exhibitionisten durchstudiert, wird immer wieder auf Einzelheiten stoßen, welche ihm die Beziehungen zu inzestuösen Begebenheiten verraten. Es müssen nicht immer Erlebnisse der frühen Jugend sein, wie unser Fall beweist, welcher eigentlich ein Pubertätstrauma darstellt. Wenn aber *Merzbach* in einem Gutachten (Die krankhaften Erscheinungen des Geschlechtssinnes. Wien und Leipzig, Alfred Hölder, 1909, S. 339) berichtet, daß der erste exhibitionistische Anfall am ersten Todestage der Mutter aufgetreten sei, so gibt unsere Erfahrung uns die Berechtigung, eine Beziehung zwischen Exhibition und Mutter herzustellen. Ein Patient *Molls* berichtet, daß der erste Drang zur Exhibition im fünften Lebensjahre auftrat, als er vor einem Familienbilde sitzend (!) den Drang gefühlt habe, die Genitalien zu entblößen. In der Ehe war der Drang zur Exhibition nicht vorhanden. Später aber, besonders dann, wenn die Frau den Verkehr mit ihm ablehnte, sei er immer wieder aufgetreten, besonders da seine Frau ihn mit sehr häßlichen Redensarten bei dem Koitusversuch anfuhr (*Merzbach*, S. 337).

Diese Erfahrung läßt sich immer machen. Infantilismen treten wieder auf, wenn die aktuelle Form der Befriedigung verhindert wird oder sogar unlustbetont erscheint. Die Zurücksetzung durch die Frau führte zu einer „Regression auf infantile Lustquellen".

Der Drang aber, diese Phantasie wirklich zu erleben, führt zum aktiven Exhibitionismus. Wir können in diesen Akten den Typus einer Zwangshandlung sehen, wie ich sie für die Kleptomanie nachgewiesen habe.[1]) Erinnern wir uns jetzt meiner Definition der Zwangsvor-

[1]) *Stekel*, Die sexuelle Wurzel der Kleptomanie. Zeitschr. f. Sexualwissensch., 1908, Nr. 10. Auch beim Kleptomanen handelt es sich um eine Affektverschiebung. Er hat den Drang, etwas Verbotenes zu tun (meist bei Frauen, etwas Verbotenes in die Hand zu nehmen). Es ist eine ausgesprochene Ersatzhandlung für eine andere, die einem noch strengeren Veto unterliegt *(Otto Groß)*.

stellungen: „Jede Zwangsvorstellung entsteht durch Verdrängung einer dem Bewußtsein unangenehmen Vorstellung und durch Übertragung des freigewordenen Affektes auf eine andere, scheinbar weniger peinliche Vorstellung."

Für Zwangshandlungen hat dann die Formel zu gelten: Zwangshandlungen sind der Ersatz für andere angestrebte Handlungen, die einem strengen Verbote des moralischen Ich unterliegen. Der Affekt der aus dem Bewußtsein verdrängten Vorstellung überträgt sich dann auf die Ersatzhandlung. Da die Ersatzhandlung nur eine symbolische Darstellung der unbewußten Handlung ist, so führt sie nie zur vollen Befriedigung und der Drang kommt nie zur Ruhe.

Freud definierte die Zwangsvorstellungen wie erwähnt: „Zwangsvorstellungen sind jedesmal verwandelte, aus der Verdrängung wiederkehrende Vorwürfe, die sich immer auf eine sexuelle, mit Lust ausgeführte Aktion der Kindheit beziehen." Diese Definition ist nicht für alle Fälle richtig. Sie läßt auch den Mechanismus der Zwangshandlungen nicht erkennen. Zwangshandlungen sind Versuche, eine lustbetonte Aktion der Kindheit in veränderter Form zu reaktivieren.

Unser Patient liebt noch seine Stiefmutter, und sein Verlangen geht dahin, die Liebesszenen mit der ersten Verführerin wieder zu erleben.[1]) Diese Liebe und dieses Verlangen gesteht er sich nicht ein. Der Affekt überträgt sich auf einen Impuls, sich vor Kindern zu entblößen. Er wird sozusagen auf eine falsche Bahn gedrängt. Sein hochgradiger Erregungszustand gestattet ihm, in der Phantasie die alte Szene mit der Mutter wieder zu erleben.

Wir sehen, mit welcher Hartnäckigkeit die Menschen an ihrem ersten sexuellen Eindrucke hängen, was ja die Bedeutung der Lehre von *Binet* bestätigt, die für die verschiedenen Formen des psychosexuellen Infantilismus entschieden die größte Bedeutung hat.

Es werden noch andere Züge erklärlich, die bisher nicht verstanden werden konnten. Viele dieser Kranken haben den Drang, sich in Kirchen und an anderen öffentlichen Orten, welche eine besonders weihevolle Stimmung voraussetzen, zu entblößen. So entblößte sich ein Mann in einer Oper bei einer Aufführung des Parsifal und trat ganz nackt vor die Brüstung seiner Loge, in deren Hintergrunde er sich entblößt hatte.

---

[1]) In einem Romane „Nils Tuffesson und seine Mutter" schildert der nordische Dichter *Geijerstamm* einen Sohn, der mit seiner Mutter im Inzest lebt, und betont, daß solche Menschen dann ewig an die Mutter fixiert bleiben und unfähig sind, sich einem anderen Sexualobjekte zuzuwenden.

Andere ziehen die Kirche vor. Der nächste Fall bringt uns dieses Phänomen deutlich vor Augen und zeigt uns seine psychologische Wurzel.

Fall Nr. 131. Herr Z. P., 42 Jahre alt, vollkommen gesund, keinerlei Degenerationszeichen, konsultiert mich, da er den heftigen Drang habe, sich in Kirchen zu entblößen und unanständige Worte auszurufen. Er meide daher alle Kirchen, worunter er sehr leide, da er innerlich eine tiefreligiöse Natur sei. Wir erfahren, daß seine Mutter eine unverbesserliche Trinkerin war, die schließlich einer Anstalt übergeben werden mußte. Daß sich solche Alkoholikerinnen keinen Zwang auferlegen und im Rausche besinnungslos sich ihren Trieben hingeben, ist eine bekannte Tatsache. So konnte unser Patient in seinem Elternhause sehr peinliche Szenen erleben. Die Mutter hatte immer mehrere Liebhaber. Er war 12½ Jahre alt, da sah er einmal durch das Schlüsselloch, wie seine Mutter einen Liebhaber (Offizier) empfing. Sie entkleidete sich ganz nackt, so daß er ihren Körper sehen konnte. Er mußte aber auch die ganze Liebesszene, den Koitus und andere Details mitansehen, die für sein Leben unauslöschlich in seinem Gehirn eingegraben wurden. In schweren Depressionsanfällen durchlebte er immer diese Liebesszene.

Nun war sein Exhibitionismus klar. Eine Mutter soll dem Kinde etwas Hohes und Heiliges sein. Seine Mutter hieß Marie. Die Mutter Gottes und seine Mutter flossen zu einer psychischen Einheit zusammen. Er hatte eine Periode (13—15), in der er zwangsmäßig blasphemische Flüche ausstoßen mußte, die sich meistens auf die Mutter Gottes bezogen. Es war durchsichtig, daß es sich um eine Affektverschiebung handelte. Die Flüche und Herabsetzungen galten seiner Mutter. Das Merkwürdige und ihm Unerklärliche war, daß er diese Mutter liebte und Haß und Liebe zu der entarteten Frau in seiner Seele wechselten . . .

Es war ihm schließlich gelungen, die traurigen Erlebnisse mit seiner Mutter zu vergessen. Es war aber kein wirkliches Vergessen. Es war nur ein Verdrängen. In seinem Unbewußten lebte das Bild der Mutter und die furchtbare Entkleidungsszene (auch der Geliebte der Mutter hatte sich entkleidet) wirkte als Impuls zur Wiederholung. Er lebte diese Szenen in der Wiederholung durch, wobei er bald die Rolle der Mutter, bald die ihres Geliebten spielte. Da er in der Jugend bei seiner Mutter auch den Wechsel der verschiedenen Liebhaber durchmachen mußte und diese Szene nicht die einzige war, deren stummer Beobachter er sein konnte, werden wir verstehen, daß er an verschiedenen Paraphilien leiden mußte. Er hatte den Drang zur Exhibition, er hatte auch den Drang, sich zu betrinken. Mit übermenschlicher Kraft versagte er sich diese Entgleisungen. Er differenzierte sich von seiner Mutter. Er wollte anders sein als die Mutter. Aber es blieb ein Drang, alles Hohe herabzusetzen. Er wurde innerlich ein Skeptiker und Zyniker. Auch diese Regungen unterdrückte er. Er heiratete und war seiner Frau gut, ohne sie stürmisch lieben zu können. Aber seinen Kindern gegenüber tauchten sexuelle Gelüste auf, die ihn erschreckten und nicht wenig dazu beitrugen, ihn in meine Behandlung zu bringen. Es trat in der Analyse zutage, daß er mit den Kindern das machen wollte, was er von der Mutter erwartet hatte. Sein Gefühl beim Anblick der bewußten Szene war in erster Linie Eifersucht. Er wünschte sich an die Stelle des Geliebten. Nun wollte er diese Szene wieder neu beleben. Er identifizierte sich mit der Mutter und seine Kinder wären dann an seine Stelle getreten. Sein stark entwickeltes Ethos hinderte ihn an der Vollziehung dieser kranken Regungen.

Es ist eine Beobachtung, die wir oft in der Psychanalyse machen können. Es ist nicht richtig, wenn das Sprichwort sagt: „Der Apfel fällt nicht weit vom Stamme." Wir sehen oft, daß die Kinder von dirnenhaften Frauen eine Art von Übermoral zeigen, welche dem Bedürfnisse entspricht, sich von der Mutter zu differenzieren. Auch Söhne von Trinkern und Lebemännern können sich zu sehr korrekten, hochmoralischen Männern entwickeln, da die Kraft der Differenzierung die der Identifizierung übertrifft. Es kommt allerdings vor, daß plötzlich ein Identifizierungsprozeß und mit ihm ein Charakterwechsel eintritt. Besonders im Alter, wenn infolge von organischen Veränderungen im Gehirne Hemmungen fortfallen, kann dann der ursprüngliche Mensch hervortreten. Das erklärt uns auch die vielen Fälle von Exhibitionismus im Alter, die auf beginnende senile Demenz zurückgeführt werden. Das Alter zeichnet sich durch eine starke Regression zum Infantilen aus. Die im Alter auftretenden Fälle von Exhibitionismus sind psychische Regressionserscheinungen nach Fortfall der bisher gut funktionierenden Hemmungen.

Von der Verbreitung des Exhibitionismus bekommt man erst eine Vorstellung, wenn man sich durch langjährige Untersuchungen überzeugt hat, daß viele Menschen nackt vor dem Spiegel onanieren und dabei einer — meist infantilen — Phantasie fröhnen. Manchmal entfällt der körperliche onanistische Akt und es handelt sich nur um psychischen Auto-Erotismus. Hierher gehören die Menschen, die sich ein Spiegelzimmer einrichten, um sich von allen Seiten nackt zu betrachten. Immer mengt sich dem stets vorhandenen Narzißmus der Exhibitionismus bei. Es gibt auch Menschen, die sich beim Koitus beobachten und vor einem Spiegel ihre sexuellen Prozeduren vollziehen müssen, weil sie sonst der Libido verlustig gehen. Wir werden im Kapitel „Narzißmus" solche Spiegelmenschen kennen lernen. Meistens ist der Spiegel die Vorbereitung zu einem exhibitionistischen Akte, wozu der nächste Fall eine deutliche Illustration gibt.

Fall Nr. 132. Frl. S. W., Lehrerin, 35 Jahre alt, gibt an, an hysterischen Anfällen zu leiden, die ihr deshalb peinlich seien, weil sie alle Kleider herunterwerfe und nackt auf den Korridor des Hauses laufen müsse. Sie hat die furchtbare Angst, sie könnte einmal in der Schule an einem solchen Anfalle erkranken und vor den „unschuldigen Kindern" diese Szene aufführen. Nach der Schilderung der Umgebung und des behandelnden Arztes verlaufen die Anfälle folgendermaßen: Sie fängt plötzlich zu schreien an, ruft wiederholt „Nein! Nein! Nein! Ich tue es nicht!" Sie läuft im Zimmer herum, als ob sie verfolgt würde. Dann reißt sie mit einer Hand die Kleider herunter, während sie mit der anderen Hand sich zu bedecken sucht. Meist tritt der Anfall beim Ankleiden oder Entkleiden auf, wodurch die Entblößung dann leichter von statten geht. Einmal entkleidet, beginnt sie zu seufzen und zu stöhnen. Besonders deutlich hört man: „Ach! Ach! Zu viel! Zu viel!" Sie läuft dann nackt auf den Korridor hinaus und will auf die Straße rennen. Sie wird gewöhnlich aufgehalten, schon im Zimmer zurückgehalten. Ein kurzer schlafähnlicher Zustand mit leichter Verworrenheit schließt das Krankheitsbild ab, aus dem sie mit vollkommener Amnesie für den ganzen Vorgang erwacht.

Ich hatte Gelegenheit, sie während eines Anfalles zu beobachten. Es fanden sich keine Anzeichen für Epilepsie. Der Kornealreflex war auch außerhalb der Anfälle aufgehoben, gleich dem Rachenreflex, die Pupillen waren während des Anfalles erweitert, reagierten aber prompt auf Licht. Am Schlusse des Anfalles kein Babinski, auch während des Anfalles keine Veränderung an den Reflexen, nach dem Anfalle keine Sensibilitätsstörungen, keine Petechien, keine Reflexdifferenzen zwischen rechts und links.

Aus der Anamnese ist hervorzuheben, daß ihr Vater Quartalssäufer war, der, sonst ein edler, guter Mensch, während der Rauschzustände unflätige Reden führte, Gegenstände zertrümmerte und seine Kinder bedrohte. An sexuelle Akte mit dem Vater erinnert sie sich nicht. Dagegen haben zwei Brüder in ihrem Sexualleben eine Rolle gespielt. Sie war 9 Jahre alt, als der 13jährige Bruder sie entkleiden ließ. Sie waren ganz allein auf einer Wiese. Sie weigerte sich anfangs und wollte davonlaufen, aber sie tat es mehr zum Spiele. Schließlich ließ sie dem Bruder alles machen, was er wollte. Er vollzog einen Kunnilingus, der ihr großen Orgasmus bereitete. Diese Szene wiederholte sich während eines Jahres an verschiedenen Orten, worauf der Bruder aus dem Hause kam. Sie war 12 Jahre alt, da wurde sie des Nachts von einem anderen Bruder (14 Jahre) in ihrem Bettchen besucht; zuerst spielte er mit ihr, dann kam es zu einem vollkommenen Koitus. Diese Episode dauerte nur einige Monate. Dann wurde sie von Gewissensbissen erfaßt und wollte alles in der Beichte gestehen. Sie fand aber nicht den Mut dazu, sondern gab nur unzüchtige Handlungen und Gedanken zu und war glücklich, als der damals vielbeschäftigte Beichtvater, der einige hundert Schülerinnen vornehmen sollte, sie mit den üblichen leichten Bußen und strengen Ermahnungen entließ.

Allerdings begann sie bald zu onanieren, wobei sie die Manipulationen der Brüder nachmachte. Bei der Onanie stellte sie sich die Szene mit den Brüdern vor, wobei die Vorstellung, daß sie nackt wäre, ihr Verlangen steigerte. Sie versuchte vergeblich gegen die Onanie anzukämpfen, sie wurde aber nach größeren und kleineren Pausen wieder rückfällig. Ihr Charakter nahm dann eine sonderbare Entwicklung. Sie wurde übertrieben empfindlich, keusch, unnahbar, so daß ihre Freundinnen und Kolleginnen sie auslachten. Sie widmete sich dem Berufe der Lehrerin und nahm es sehr ernst mit diesem Berufe. Sie hegte die kleinen Kinderseelen wie zarte Pflanzen. Sie interessierte sich sehr für Männer, blieb aber unnahbar und wollte geheiratet werden. Sie traute keinem Manne und vermutete in jedem einen Verführer. Im 25. Lebensjahre, nach der Heirat des älteren Bruders, wurde sie von einer gesteigerten Libido ergriffen. Sie hatte die ganze Zeit onanieren müssen. Am Tage seiner Hochzeit war sie furchtbar aufgeregt, weinte viel und da passierte es ihr am Abend, als sie sich auszog, daß sie nackt vor dem Spiegel onanieren mußte. Seit diesem Abende wurde sie immer wieder rückfällig und onanierte vor dem Spiegel. Dabei durchzuckte sie einmal der Gedanke: Was würden die Kinder dazu sagen, wenn du vor ihnen so nackt onanieren würdest. Nach 2 Jahren war sie bei einer Tante zu Besuch. Es war auf dem Lande. Sie schlief mit der Nichte (8 Jahre alt) in einem Zimmer. Im Zimmer befand sich ein großer Spiegel. Sie hatte den Drang, vor dem Kinde zu onanieren und an dem Kinde einen Kunnilingus zu vollziehen. Sie wartete bis das Kind schlief, onanierte dann vor dem Spiegel und blickte dabei das schlafende Kind an. Nachher wurde sie von tiefer Reue erfaßt und ließ sich am nächsten Tage nicht abhalten, abzureisen. Sie faßte nun den Entschluß, mit der Onanie ganz aufzuhören. Ein ihr sympathischer Kollege bewarb sich um ihre Gunst. Sie onanierte nicht mehr und ließ aus ihrem Zimmer alle größeren Spiegel entfernen. Es blieb ihr nur ein ganz kleiner Handspiegel zur Toilette. Sie glaubte sich vollkommen genesen. Der Kollege warb sichtlich um ihre Gunst. Einmal erklärte er ihr, er könne nur eine Frau heiraten, die ihm schon vorher angehört habe. Es sei dies seine Überzeugung, von der er nicht abgehen könne. Sie wies ihn entrüstet ab, was sie später sehr oft bereut hatte. Um diese Zeit war der jüngere Bruder aus der Gefangenschaft zurückgekehrt. Sie verkehrten sehr innig miteinander und beschlossen, eventuell gemeinsamen Haushalt zu führen. Von den Vorgängen der Kindheit erwähnten sie beide nichts, sie benahmen sich, als wenn nichts vorgefallen wäre. Bald aber lernte der Bruder ein Mädchen kennen, in das er sich verliebte und mit dem er sich verlobte. In einigen Monaten sollte die Hochzeit sein. Sie empfand dies Benehmen als einen Treubruch, war auf die zukünftige Schwägerin eifersüchtig, kränkte sich um so mehr, weil jene ein armes Mädchen war, während sie selbst angeblich wegen Mangel einer stattlichen Mitgift sitzengeblieben wäre. Sie war mittlerweile älter geworden und sehnte sich nach Ehe und eigenem Hausstande. In dieser Zeit traten die Anfälle auf, in denen sie die Verführungsszenen mit den Brüdern wiederholte, während sie bei Tage angeblich vergessen hatte. Eine analytische Behandlung brachte rasche Heilung. Sie heiratete kurz darauf und behauptet, ihre exhibitionistischen Gelüste gänzlich überwunden zu haben.

Wir sehen in diesem Falle das Erlebnis mit den Brüdern, welches sie scheinbar nicht beschäftigt, das sie vergessen hat, welches aber als treibender Motor für ihre exhibitionistische Phantasie bestehen bleibt. So lange sie onaniert, kann sie den Trieben noch verhältnismäßig starken Widerstand entgegensetzen. Nach Aufgeben der Onanie kommt es zur Erledigung des exhibitionistischen Dranges in hysterischen Anfällen.

In einem anderen Falle behauptete eine Patientin, in ihrem siebenten Lebensjahre von ihrem Vater geschlechtlich mißbraucht worden zu sein. Der Vater habe ihr wiederholt das Glied in die Hand gegeben und dann sogar einmal versucht, eine Immissio zu vollziehen, wovon er infolge ihrer Schmerzen Abstand genommen habe. Diese Patientin hatte den Drang, sich in der Nähe der Pissoirs aufzuhalten und die Männer zu beobachten, die das Pissoir verließen und sich die Hose richteten. Sie suchte die exhibitionistischen Akte und war zweimal so glücklich, sie zu erleben. Nach dem Herumstreifen um das Pissoir eilt sie nach Hause und onaniert vor einem Handspiegel mit einem künstlichen Phallus, den sie sich durch die Zeitung auf dem Wege einer anonymen Korrespondenz verschafft hatte. Die Behauptung der Verführung durch den Vater wurde ausnahmsweise bestätigt. Es ist nämlich sehr schwierig, Phantasien von Tatsachen zu unterscheiden. Die Patienten erzählen ja in der Analyse Traumen, die sich nur in ihrer Phantasie zugetragen haben. Für die Pathogenese der Neurose haben die Phantasien fast die gleiche traumatische Kraft wie die wirklichen Erlebnisse, besonders wenn sie durch die Onanie dauernd fixiert werden. Trotzdem habe ich in den beschriebenen Fällen von Exhibitionismus immer echte Erlebnisse konstatieren können.

In diesem Falle kam mir die Bestätigung vom Vater, der tief zerknirscht zu mir kam und sich als Verbrecher schilderte, welcher die höchste Strafe verdiene. Er glaubte, daß sein Kind den Vorfall vergessen habe und teilte mir sein Benehmen mit, für das er nur eine Entschuldigung habe, daß er ein schwerkranker Mensch sei, der diese Taten immer im Zustande der Trunkenheit vollführt habe.

Ich schließe die Reihe der Beobachtungen. Sie zeigen uns, daß es sich bei dem Exhibitionismus um ein Leiden und nicht um eine Ausschweifung handelt. Wer sich einmal überzeugt, wie schwer die Exhibitionisten unter ihrem Zustande leiden, wird ihnen das größte Mitgefühl entgegenbringen. Daß der Zustand auch bei Psychopathen und im Rausche auftritt, bei seniler Demenz und im Beginne einer progressiven Paralyse, daß er Begleiterscheinung oder einziges Symptom der Epilepsie sein kann, wird weiter nicht verwunderlich sein. Wenn Hemmungen wegfallen, tritt der infantilistische Mensch hervor, meldet sich der Narzißt, der Exhibitionist, der Mysophile und der Sadist. Wir müssen aber den Exhibitionismus als eine Zwangsneurose ansprechen. Wir erkennen, daß es eine Psychogenese des Leidens gibt und daß das Leiden mitunter durch eine Psychanalyse heilbar ist.

XX.

Analyse einer Zwangsneurose. Ein Fall von Exhibitionismus.

Es ist sehr bezeichnend, daß der Exhibitionismus oft nach einer Latenzperiode ausbricht und eine echte Regression ins Infantile darstellt. Die Ursache dieser Regression bilden sehr häufig Liebesenttäuschungen. Oft werden diese Enttäuschungen vor dem Bewußtsein verschleiert. Es handelt sich um das Phänomen der „unbewußten Liebe", wie ich es in Band III und IV eingehend beschrieben habe.

Aus der nachfolgenden Analyse eines hochintelligenten ungarischen Veterinärs kann man lernen, wie scheu die Kranken ihren Exhibitionismus verbergen. Der Patient hatte sich in Budapest von einem sehr guten Analytiker analysieren lassen. Er stand mehrere Monate in seiner Behandlung. Aber das Phänomen des Exhibitionismus hatte er ihm vollständig verschwiegen.

Der Exhibitionismus kann entweder das einzige Zwangssymptom sein, an dem der Patient leidet. Oder er kann sich mit anderen Zwangssymptomen kombinieren und wird förmlich von der Zwangsneurose überwuchert. Merkwürdig ist es, daß der physische Exhibitionismus den psychischen ertöten kann. In der Analyse können solche Patienten äußerst schamhaft und zurückhaltend sein. Sie sind auch im Leben sehr verschlossen und haben intime Freunde, die keine Ahnung von der Hölle haben, die sie in der Brust herumtragen. (In anderen Fällen — besonders bei Dichtern — wandelt sich die eine Form in die andere oder sie bestehen beide nebeneinander.)

Der nachfolgende Fall ist auch deshalb interessant, weil er uns das Beispiel einer „Liebesunfähigkeit" bietet. Menschen, die nicht lieben können, sind nicht imstande, sich aus ihren infantilen Phantasien herauszureißen oder sind an ein Objekt ihrer Jugend fixiert. Die Fixierung kann eine reale sein, d. h. an eine lebende Person, oder eine Fiktion, d. h. an eine Phantasiegestalt, die oft die Züge mehrerer Personen trägt. Oft ist diese Phantasie eine bisexuelle und bietet Gelegenheit, mehrere Personen verschiedenen Geschlechtes in einem Bilde zu vereinen. Gegen solche Phantasien ist die Realität machtlos, da sie ja fast immer — mehr oder weniger — monosexuell arbeitet.

24*

Der zu schildernde Patient bietet ein schönes Beispiel einer „Manie de perfection". Er möchte alles vollkommen machen. Er ist wohl einer der intelligentesten Menschen, die ich je kennen gelernt habe. Leider verbrauchte er seine besten Kräfte zum Ausbau seiner Neurose und erfüllte nicht die stolzen Hoffnungen, die seine Umgebung hegte. Doch wenden wir uns nach diesen einleitenden Bemerkungen jetzt der eigentlichen Analyse zu:

Fall Nr. 133. Herr Otto W., ein 28jähriger Tierarzt, leidet an der quälenden Zwangsvorstellung, alles, was er macht, in größter Vollkommenheit zustandebringen zu wollen. Um gleich ein Beispiel anzuführen, wie dieses Leiden sich äußert, wollen wir schildern, wie Otto sich benimmt, wenn er einen Brief schreibt. Er schreibt ihn einmal nieder und hat dann das quälende Gefühl, daß er nicht das ausgedrückt habe, was er ausdrücken wollte. Infolgedessen schreibt er den Brief ein zweites, ein drittes Mal, er streicht und radiert, zu diesem Behufe trägt er immer einen Radiergummi in der Tasche, eigentlich nur die Hälfte eines Radiergummis, was er damit rationalisiert, daß er mit der Schnittfläche viel besser radiere. Die andere Hälfte läßt er zu Hause. Flecken auf dem Briefe stören ihn nicht, auch macht es nichts, wenn das Papier schon ursprünglich nicht so rein ist. Sein ganzes Leben wird von einer psychischen Determinante bestimmt: er will keinen Fehler machen.

Er leidet an großer Angst vor Beschädigung seines Eigentums, trachtet seine Bücher, seine Kleider möglichst fleckenlos zu halten. Er ist ein typischer Sammler. Er hat eine große Briefmarkensammlung. Er sammelt Käfer, aber auch Schmetterlinge und Stöcke. Die Anordnung der Sammlungen gibt ihm sehr viel Beschäftigung. So hat er auch seine große Bibliothek nach Disziplinen geordnet. Dabei gibt es sehr viel zweifelnde Fragen und Grübeleien. Gewisse Bücher behandeln Grenzgebiete, er weiß nicht, ob er sie in die Psychologie oder in die Philosophie einreihen soll. Sein Sexualleben bietet keine Besonderheiten. Er war vom 6. bis zum 17. Lebensjahr sehr häufig verliebt. Seit dem 17. Jahr kennt er nur die sinnliche Liebe. Er hat vorübergehend mäßig onaniert. Dann bei Mädchen oder Dirnen sexuellen Verkehr gepflogen. Seit acht Monaten lebt er abstinent, was ihm gar keine Schwierigkeiten macht, da seine Libido sehr gering ist und er in letzter Zeit nur schwachen Orgasmus beim Koitus empfand. In Wien angekommen, demonstriert er gleich, wie ihn seine Zwangsneurose beherrscht. Er könne sich erst der Analyse und der Lektüre verschiedener Werke nach Ordnung seines Gepäckes widmen. Erst müssen alle Kleider, von denen er befürchtet, daß sie durch die Reise beschädigt sein könnten, die Wäsche, die Bücher sorgfältig in die Kästen geräumt sein. Er müsse einen großen Brief nach Hause schreiben, die Reise schildern, den notwendigen Gang der Anmeldung usw. vollziehen. Dann kann er erst an sich denken. Sein Streben ist es, sich einem Gegenstand mit ganzer Kraft zu widmen, deshalb müsse alles ausgeschaltet werden, was seine Konzentration verhindern könnte. Aufgefordert, Einfälle ganz frei mitzuteilen, beginnt er offenbar programmäßig mit einer Aufzählung seiner ersten Erinnerungen. Er hat meine Werke, sowie die von *Freud* und *Adler* genau studiert und glaubt offenbar auf diese Weise die Analyse zu fördern. Ich berichte nun die ersten Erinnerungen, wobei die eingeklammerten Zahlen das Alter bedeuten, in dem er sie erlebt hat. Seine erste Erinnerung ist, daß seine Kinderfrau, an der er mit großer Liebe hing, ihm sagte, es habe hühnereigroße Hagelkörner geregnet (2). — Dann sieht er sich deutlich auf den Knien des Vaters, der Vater zeigt ihm ein Bild, wo ein Mann mit einer Pistole zu sehen ist, er wiederholt das Wort Pistole, wobei er statt Pistole Pipistole oder Pispitole sagt. Da seine Mutter eine Deutsche ist, ist es möglich, daß der Ausdruck Pipi in seinem Haus geläufig war. Während die erste Erinnerung die Angst vor der Strafe und Allmacht Gottes zu verbergen scheint, birgt die zweite offenbar Erinnerungen an das Pissen und Pipi des Vaters, was er jedoch nicht bewußt bestätigen kann (2—3). Es erfolgt die Erinnerung an einen großen Tigerhund (3), an benachbarte ältere Damen, die ihm ein Bild zeigten, eine Grotte mit Schlangen (3). Sehr unangenehm ist ihm die nächste Erinnerung: er geht mit seinem Bruder spazieren und sie sehen hinter einem Zaune eine tote Katze, der das Fell abgezogen ist, was auf sie einen furchtbaren Eindruck machte (3—4). In dasselbe Jahr fällt auch die Operation einer Hydrokele im Spitale, wobei es ihn außerordentlich kränkte, daß die Mutter ihn nur bis an die Türe des Operationssaales begleitete und ihn während des schmerzhaften Stiches mit seiner großen Angst allein ließ (3—4). Um diese Zeit (3—4) machte sich der kleine Rebell durch blasphemische Bemerkungen im Hause unangenehm geltend. Er schimpfte auf Gott und Jesus, wurde sehr empfindlich dadurch bestraft, daß seine Eltern einige Tage kein Wort zu ihm sprachen. Auch zwischen dem sechsten und siebenten Jahr hatte er blasphemische Anwandlungen, er stellte sich vor, daß Gott und Jesus gewöhnliche Menschen wären, die auch urinierten und defäzierten (diese Entwertungstendenz ist ihm bis heute geblieben). Er erinnert sich einer Periode, in der er an Rachitis litt und sehr viel Milch trinken mußte, wobei er Haut nicht mochte. Auch heute hat er eine unüberwindliche Abneigung gegen Haut. Dunkle Erinnerungen an seine Großmutter, die sehr fromm war (3—4). Ebenso die Erinnerung an ein Dienstmädchen, die ihn auf einem Spaziergange im Freien urinieren ließ, was auf ihn einen großen Eindruck machte. Zwischen 5 und 6 Jahre verliebte er sich in ein Dienstmädchen; es ist ihm eine schmerzhafte Erinnerung, da seine Mutter dieses Mädchen entließ, weil sie angeblich nicht nett genug war.

— —

In der nächsten Stunde bringt er einen langen Traum:

„Ich ging ins Kolleg, wo Professor N. eine Vorlesung über irgend einen aktuellen Gegenstand halten sollte. Als ob ein Jubiläum wäre oder ein berühmter Professor der Anatomie gestorben wäre, dem er nun einen Nachruf halten müßte. Ich kam etwas zu spät und machte vorsichtig die Türe des Hörsaales auf. Zwei Mädchen spielten Schach oder Dame, ich glaubte in einem falschen Saal zu sein. Es war aber doch der richtige Saal, denn bald danach kam Professor N. Ich kränkte mich, daß ich nicht nett genug gekleidet war, obwohl der Anzug noch ganz gut war, aber ich glaubte, daß er für diese Gelegenheit nicht gut passe. Prof. N. begrüßte mich satirisch mit den Worten: „Guten Tag, Herr Abgeordneter!", was ich als Schmähung auffaßte und darüber in furchtbaren Zorn geriet. Ich beherrschte mich aber und gab dem Professor N. nicht die ihm gebührende Antwort. Dann sagte der Professor: „Haben Sie vielleicht einen Radiergummi verloren?" und zog die eine Hälfte des Radiergummis aus der Tasche, die ich als mein Eigentum reklamieren konnte."

Zu dem Traum fällt ihm der Affekt des Zornes auf, in den ihn die höhnische Bemerkung des Professors versetzt hat. Er hatte immer die Gewohnheit, sich absonderlich zu kleiden und durch die Kleidung aufzufallen.

Er trug lange Locken, Samtröcke, so daß er die Allüren eines großen Künstlers oder Philosophen hatte. Er träumte auch davon, ein großer Philosoph zu werden. Besonders das Studium von Spinozas Ethik hat einen nachhaltigen Eindruck bei ihm hervorgerufen. Die Kollegen erwarteten auch von ihm Großes, er war immer ein glänzender Schüler und es ist sein Schmerz, daß er diese Erwartungen nicht erfüllt hat. Professor N. hat ihn immer etwas von oben herab behandelt, manchmal durch ironische Bemerkungen gekränkt. Der Umstand, daß er ihn hier als einen Abgeordneten begrüßt, wird von ihm ebenfalls als Schmähung aufgefaßt. Zu den zwei Schachspielern fällt ihm ein, daß er selbst ein bekannter Schachspieler ist. Sicherlich der beste Schachspieler in seiner Vaterstadt, da es ihm wiederholt gelungen ist, Turnierpreise zu gewinnen. In den letzten Jahren hat sein Interesse für Schach etwas nachgelassen. Er will sich nicht zersplittern und findet nicht die Zeit, alle Werke und Theorien über Schach zu studieren. Das Schach gibt ihm ein erhöhtes Persönlichkeitsgefühl, während sein Minderwertigkeitsgefühl zum Teil durch die Vorstellung begründet ist, daß er einen kleinen Penis habe. (Halber Radiergummi.) Er hatte geglaubt, daß die Onanie ihm sehr geschadet habe, auch an der Verkleinerung des Penis schuld sei, worüber ihn erst vollständig mein Buch beruhigt hat.

So weit gehen seine Einfälle, aber das Wichtigste zum Traum fällt ihm nicht ein, daß ich der Professor der Anatomie bin, wobei die Analyse mit einer Sektion verglichen wird. Die Zweiteilung seiner Seele zwischen bewußtem und unbewußtem Ich wird durch das Schachspiel demonstriert. Er stellt sich sofort mit Haß zu mir ein und zeigt die krankhafte Empfindlichkeit aller Neurotiker. Ich habe ihn am Tag vorher „Guten Tag, Herr Kollege" begrüßt. Diese Begrüßung faßt er als Ironie und Schmähung auf. Das heißt, er überlegte, ob ich es ernst gemeint oder mich über ihn lustig gemacht hatte. Sofort beginnt er auch zu zweifeln, ob auch alles richtig wäre, was ich ihm gesagt hatte; es wäre ihm geraten worden, zu anderen Analytikern zu gehen. Also sein Zweifel setzt bereits ein, er begann schon am ersten Tag der Analyse, wie er mir sagte. Jetzt wird auch sein Vorgehen mit dem Radiergummi verständlich. Er benützt den Radiergummi, um seine Fehler zu radieren. Er benötigt gar nicht meine Analyse. Er wird sich schon selbst seine Fehler korrigieren, denn er wird sich durch eine Autoanalyse heilen, was er in der Tat schon selbst versucht hat.

Es ist selbstverständlich, daß er täglich seine Ausgaben notiert; er führt gewissenhaft Buch. In den Büchern sind nicht nur Erlebnisse, Ausgaben, sondern Verhaltungsmaßregeln und Imperative notiert. Für die Ausgaben sind gewisse Zeichen vorhanden und es besteht große Angst, diese Ausgaben zu verwechseln und einen solchen Zettel zu verlieren. Alle diese Zettel und Notizbücher werden sorgfältig aufbewahrt. (Reliquienkult.) Zieht er Geld aus der Tasche, so hat er immer Angst, daß er etwas verloren haben könnte; es muß eine Kontrolle des Inhaltes erfolgen.

Er setzt seine Erinnerungen fort. Als Sechsjähriger sah er ein Mädchen im Theater, in das er sich blitzartig verliebte. Etwas später (6—7) verliebte er sich in ein blondes Kind, seine Mitschülerin, mit der er in die gleiche Klasse (Koedukation) ging. Er stahl Rosen und legte sie in ihre Lade. Sie hieß Ilona und einmal schrieb er auf einen Zettel: Schon wieder von der Ilona geträumt. Diesen Zettel fand die Mutter und machte sich über ihn lustig.

Anläßlich einer Bootfahrt erkältete er sich und erkrankte an einer schweren Bronchitis. (Er erinnert sich an eine Sternschnuppe, die damals fiel.)

Seit jenem Leiden krankt er an schwerem Asthma, Anfälle kamen noch bis in die jüngste Zeit vor. Bei der Geburt seines jüngsten Bruders (7¹/₄) hatte er einen schweren Asthmaanfall, aber die Mutter konnte selbstverständlich nicht zu ihm kommen, was ihm in deutlicher Erinnerung ist. Auf diesen Bruder soll er niemals eifersüchtig gewesen sein, dagegen hat er eine heftige Haßeinstellung zu seinem älteren Bruder, der ihm seit der Jugend alle Mädchen wegnahm, deren Bekanntschaft er gemacht hatte. Er führt sein Asthma auf Stuhlverstopfung zurück; wenn der Kot eine gewisse Stelle (Flexura sigmoidea) erreicht, so hat er Asthma. Die erste sexuelle Erregung fühlte er, als er auf einen Baum kletterte. Auch entsann er sich eines sexuellen Gefühls, als er einst einen Stachelbeerstrauch hinter dem Hause bepißte.

Wegen des Asthmas kam er ans Meer, es war das Jahr nach der Geburt seines Bruders. Er weiß noch, daß er damals unbändig schlimm und trotzig war. Er ging mit einem Knaben durch und wollte in die Welt hinaus.

Gestern machte er auf einem Ausflug die Bekanntschaft einer Dame, die ihm einen sehr feinen Eindruck machte und gerne mit ihm Beziehungen angeknüpft hätte. Er fürchtete aber, er werde sein Tagesprogramm nicht erfüllen können und ließ sie laufen. (Ebenso erfolglos blieben die Annäherungsversuche eines Mädchens, die sich im Kino stark an ihn lehnte.) Dagegen erlag er dem unüberwindlichen Zwange, an alle Bekannten Ansichtskarten zu schreiben und seine Ausgaben zu notieren. Er weicht den Mädchen nicht aus, aber er fürchtet eine Blamage und glaubt, man meint es nicht ernst mit ihm. Trotzdem hat er nie auf eine schöne Frau verzichtet, wenn sie ihm erreichbar war, und sexuell sehr oft exzediert. Seine Potenz ist eine sehr gute. Zeiten gesteigerter Erotik und asketische Perioden wechseln einander ab.

— — — — — — — — — — — — — — — — — — — —

Er träumt:

> Ich soll meinen Beruf wechseln, weil es wichtige finanzielle Interessen verlangen. Ich treffe auf der Gasse einen Bekannten, Herrn S., und höre zufällig, wie er mit seinem Vater vor einem Musikladen stehen bleibt und spricht. Er bemerkt mich nicht. Ich hörte, wie S. zu seinem Vater sagte: „Ich bekomme also von Dir die 500 K." Sein Vater antwortete: „Ich will sie Dir geben, es ist besser, als daß Du bankerott wirst."

Zum ersten Male wird in der Analyse auf sein Verhältnis zum Vater hingewiesen. Es ist ihm furchtbar peinlich, daß er noch nicht fertig ist und vom Vater Geld verlangen muß. Vor einem Jahre machte er dem Vater den Vorschlag, ihm sein Erbteil im vorhinein auszubezahlen, er würde trachten, rasch fertig zu werden und dann sich selbst zu erhalten. Seit dieser Zeit geht es ihm etwas besser und er war imstande, einige Prüfungen zu bestehen. Er macht aber innerlich seinem Vater Vorwürfe, daß er nicht wie die anderen Leute den Krieg ausgenützt habe. Sein Vater hätte ja Millionen verdienen können. Auch grollt er seinem Erzeuger, daß er einmal auf der Börse sein ganzes Vermögen verspielt hat.

Die Aufzeichnungen in seinem Notizbuche haben hauptsächlich den Zweck, dem Vater zu beweisen, daß er nicht leichtsinnig ist und daß er jederzeit über seine Ausgaben Rechenschaft ablegen könne. Dabei ist sein Verhältnis zum Gelde ein sehr wechselndes. Er hat Perioden krankhaften Geizes, während der er weite Strecken zu Fuß geht, um die Trambahn zu ersparen. Plötzlich kommt das Gegenteil, er muß Geld ausgeben und nun macht er unsinnige Ausgaben. Es ist wichtig zu wissen, daß S. Jude und

Schauspieler ist. In allen seinen Träumen waren bisher Juden vorgekommen. Der Judenkomplex hat für ihn große Bedeutung. Er ist bald antisemitisch orientiert, bald ist er philosemitisch. Seine besten Freunde sind Juden. Der Jude ist für ihn der Vertreter des Realismus, der Mensch, der rücksichtslos auf Erfolg, Gewinn und Lebenslust zusteuert. Er glaubt, daß sich unter seinen Ahnen ein Jude befunden hat. Die Schachpartie des ersten Traumes erhält eine besondere Bedeutung durch den Umstand, daß der eine Spieler ein Jude war. In ihm kämpfen fortwährend der Jude und der Christ. Der Christ ist für ihn der Vertreter des Idealen, des Religiösen und des Genialen, in ihm sieht er jenen Typus, wie ihn Chamberlain als Germanen geschildert hat. Der Arier und der Semit kämpfen einen erbitterten Kampf um die Seele. Auch er wollte um jeden Preis selbst Geld verdienen und versuchte schon als Student sich durch Markenhandel einen leichten Erwerb zu verschaffen. Er verkehrte viel mit Händlern und bildete sich ein, ein großer Kenner zu sein. Er fuhr mit kleinen Markensammlungen in die Provinz, veranstaltete Ausstellungen, suchte Kunden auf, bis er schließlich der Sache müde wurde, weil sie ihm nicht den gewünschten materiellen Erfolg brachte.

— —

Er hatte einen merkwürdigen Traum:

„Ich gehe auf der Holzstraße und bin gezwungen die Nase zu bohren. Ich esse den Nasenschleim, da bohre ich einen großen Wurm aus der Nase heraus, einen Blutegel, der eine dreieckige Gestalt hatte. Es sind zwei Dienstmädchen da, ich gebe ihn auf die Hand von dem einen Mädchen, er beißt nicht an, dann setze ich ihn dem zweiten Mädchen auf den Unterarm und er beißt an."

Unter ziemlich großen Widerständen erzählt er, daß sowohl er als sein Vater den Drang haben, in der Nase zu bohren. Er hatte das unwiderstehliche Verlangen, den Nasenschleim zu essen, was auch heute vorkommt. Er hat gar keinen Ekel vor allen seinen eigenen Sekreten und hat sie alle schon gekostet.

Er machte eine Periode durch, in der alle moralischen Hemmungen wegfielen und er sich als Übermensch fühlte. (Nach seiner Anschauung eine jüdische Periode.) Damals wollte er sich als Übermensch (Renaissance-Mensch im Sinne *Nietzsches*) erweisen und sich durch schrankenloses Ausleben heilen. Er hatte weder moralische, ethische noch ästhetische Bedenken. In dieser Zeit trank er auch den Urin einer geliebten Frau. Der Traum zeigt aber auch Beziehungen zum Blutkomplex. Er leckt sein eigenes Blut sehr gerne und ißt mit Vorliebe Blutspeisen. Er ist ein Vampir. Er hat die Gewohnheit, bei Frauen so lange an einer Hautstelle zu saugen, bis es zu bluten anfängt. Es fällt ihm auch ein Nachtrag zum Traum ein. Der Blutegel begann sofort zu saugen und wurde immer größer. Er verweist auf die Ähnlichkeit eines Blutegels mit dem Phallus. Auch das männliche Glied wird dadurch steif, daß es sich mit Blut vollsaugt. Er hat sich immer gekränkt, daß er eine kleine Nase hat, weil er glaubt, daß die Frauen von der Nase auf das Glied schließen. Auch sein Glied kam ihm zu klein vor. Er fürchtete, er könne eine Frau nicht befriedigen. Die Nase erklärt er als ein Genitalorgan. Aber es handelt sich auch um eine Verlegung von unten nach oben, denn die dreieckige Form des Blutegels erinnert ihn an ein Stuhlzäpfchen. Wir wissen, daß er an Asthma krankt, wenn er fühlt, daß der Stuhl ihm in der Flexura stecken bleibt. Homosexuelle Phantasien werden geleugnet.

Ein eigenes Verhältnis hat er zu den Dienstmädchen in seinem Hause; er muß ihnen immer derbe Zoten erzählen und mit ihnen zweideutige Gespräche führen. Eines der Dienstmädchen ist alt und häßlich, die andere (an der er sich vollsaugt) reizt ihn einigermaßen.

Der Blutegel zeigt auch Beziehungen zum Geldkomplex. Er saugt den Vater aus, er ist ein Blutegel, der das Vermögen der Familie verzehrt, ohne produktive Arbeit zu leisten. (Blut ist gleich Geld, Blutsaugen ist Wucher.) Der Traum weist auch auf die Analyse hin. Er ärgert sich, daß er mir für die Analyse zahlen muß. Er kann seinen Schmutz selber verdauen, selber alle Komplexe heben, das heißt: sich selber Würmer aus der Nase ziehen.

— — — — — — — — — — — — — — — — — — — —

Der Traum der nächsten Nacht lautet:

„Ich war bei einem Feste, glaubte es ist ein Kinderfest, ich sah dort Erzsike, sie war sehr hübsch, nur blond statt schwarz. Ein Beamter brachte mich mit dem Mädchen zusammen und paßte auf, daß wir ungestört waren.

Ich hörte vom Oberst L., daß er ein Buch geschrieben habe, sah eine Visitkarte, auf der alle seine Titeln und Orden verzeichnet waren. Dann hörte ich, daß er Selbstmord verübt hatte."

Um den Traum zu verstehen, müssen wir sein schauspielerisches Wesen besprechen. Er täuschte sich über sich selbst und über seinen Seelenzustand in raffinierter Weise. So glaubte er, daß er sich gar keine Gewissensbisse über alle seine sexuellen Erlebnisse machte. Der Traum zeigt das Gegenteil. Denn er hatte mit Erzsike ein erotisches Erlebnis. Er war 20 und Erzsike 13 alt. Trotzdem warf er seine begehrlichen Blicke auf das Mädchen und küßte sie wiederholt in dunklen Ecken und im Strandkorb in leidenschaftlicher Weise. Er hat jetzt ein lebhaftes Interesse für Kinder und muß gestehen, daß sie ihn sexuell sehr reizen. Aber noch ein anderes Erlebnis als das mit Erzsike scheint sein Gewissen zu belasten. In seinem Elternhause war einst Leonore, ein reizendes Mädchen, zu Besuch, zu der er des Nachts ins Zimmer schlich und sie deflorierte. (Sie soll jetzt glücklich verheiratet sein.) Es ist noch das Detail im Traum zu erklären, warum das Haar blond statt schwarz war. Er hatte sich gleichfalls auf dem Lande in ein auffallend schönes blondes Mädchen verliebt. Er war 17, das Mädchen 12 Jahre alt. Es stellte sich heraus, daß seine Angabe, er hätte mit 17 Jahren seine Liebesfähigkeit verloren, nicht wahr ist. Denn die schöne Ilona liebte er durch viele Jahre leidenschaftlich, obwohl ihre Abstammung ihn sehr abstieß. Sie war das Kind einer Maitresse, er konnte doch nicht umhin, sich ihr immer wieder zu nähern. Ja, er wollte später das Veterinärstudium aufgeben und Geometer werden, um in ihrer Nähe zu bleiben. Auch die Periode als Markenhändler scheint diesen Zweck gehabt zu haben. Es war ihm eine besondere Freude, mit diesem Mädchen auf der Straße gesehen zu werden. Eines Tages scheint er dem Mädchen von seinen ernsten Absichten gesprochen zu haben, denn er wurde von ihrer Mutter in den nächsten Tagen ins Haus eingeladen und überaus liebenswürdig aufgenommen. An diesen Besuch schloß sich eine herzliche Einladung, in zwei Tagen wiederzukommen. Da ging mit ihm eine merkwürdige Wandlung vor. Er schrieb einen äußerst unliebenswürdigen Brief, so daß ihn die beiden Damen bei einer nächsten Begegnung auf der Gasse ignorierten. Er sucht jetzt dieses Mädchen in seinen Gedanken auf alle mögliche Weise zu entwerten und sich für ihren schweren Verlust, den er offenbar bis heute noch nicht überwunden hat, zu trösten. Seine Liebesfähigkeit hat nur scheinbar aufgehört, denn wahrscheinlich liebt er sie noch immer und diese Absage scheint ihn ganz aus der Bahn geworfen zu haben. Ihre Abstammung war nicht so zweifelhaft, wie er es in der ersten Darstellung erzählt hat, man vermutete bloß, das Kind wäre nicht von dem Gatten, sondern von dem Geliebten gezeugt worden. Ilona war aber vor der Welt das gesetzliche Kind eines ziemlich angesehenen Mannes. Zu den Motiven der Ablehnung aus sozialen Motiven gesellte sich noch der heftige Widerstand seiner Mutter gegen dieses Mädchen. Sie fand Ilona nicht die richtige Partie für ihren Sohn. Er träumte wiederholt, daß er mit Ilona in einem Zimmer war, worauf die Mutter eintrat und fragte: „Warum hast Du mir das angetan?" Durch allerlei Entwertungstendenzen will er sich über den Verlust des geliebten Wesens hinwegtäuschen. Er wäre mit ihr sicher unglücklich geworden. Sie hätte ihn gewiß betrogen. Er glaubte an ihr Zeichen hereditärer Lues zu entdecken. Jetzt verstehen wir erst den zweiten Teil des Traumes. Er hat an sich Selbstmord begangen; hätte er das Mädchen geheiratet, so wäre er einer der ersten (Oberst) geworden, hätte es zu Rang und Ansehen gebracht. Er hat sich moralisch das Rückgrat gebrochen. Er wollte seine Liebe im Sinnengenusse ertrinken. Andere Weiber sollten ihm das geliebte Mädchen, andere Reize den Genuß der Liebe ersetzen.

Als zweite Determination des Traumes kommt in Betracht, daß sein Bruder Oberst ist und zahlreiche Auszeichnungen besitzt. Diesem Bruder wünscht er den Tod, um einen größeren Erbanteil zu bekommen.

An einem bestimmten Beispiel konnte ich erkennen, wie sich dieser scharfsinnige Mensch über sein Seelenleben täuschte. Er zeigt auch das Phänomen der verspäteten Reaktion. Er traf ein Mädchen in einem Café und ging mit ihr in das Hotel. Am nächsten Tag behauptete er, er fühle sich außerordentlich wohl, es hätte ihm glänzend bekommen, er sei wie neugeboren usw. Erst einen Tag später trat die moralische Reaktion ein, die sich in einem physischen Unbehagen, Müdigkeit, Appetitlosigkeit und tiefer Niedergeschlagenheit äußerte. In ihm kämpfen immer der Asket und der Don Juan. Er hatte in seiner Kindheit eine fromme Periode mitgemacht, die sich bis in sein späteres Leben fortsetzte. Er hatte alle Mystiker studiert, ließ sich schließlich von der Ethik Spinozas beherrschen, bis das schon erwähnte Übermenschentum ihn in die entgegengesetzte Richtung drängte. In letzter Zeit dauern die asketischen Perioden immer länger. Er suchte hygienische Motive für seine Askese. Er hörte zu rauchen auf, weil er sich vor Arteriosklerose fürchtet. Nach einem Koitus hatte er allerlei Schmerzen.

Im Gegensatz dazu steht das Leben seines jüngeren Bruders, den er aus einem schüchternen Jüngling in einen frechen Frauenhelden verwandelt hat. Der Bruder erobert angeblich die schönsten Mädchen und ist dank seinem Lehrer frei von Hemmungen. Er hat in ihm eine Filiale seines jüdischen Ich errichtet. Dabei beherrscht ihn ein geheimes Motiv der Schadenfreude. Er hat auf irdische Lust verzichtet und erwartet die Belohnungen des Himmels. Sein Bruder aber hat die ewige Seligkeit verloren.

Er muß zugeben, daß die Mitteilung, er habe sich seit seinem 17. Jahre nicht mehr verliebt, nicht richtig ist und erwähnt eine Liebesepisode mit einem armen Mädchen, die zwei Jahre währte. Er hielt sich immer in gemessener

Entfernung und gab der schönen Blanka, die auch seiner Mutter sehr gefiel, nie einen Kuß. Einmal ließ er sich davon hinreißen, aber vom nächsten Tag an mied er das Mädchen. Immer war es sein Intellekt, der störend in die Beziehungen eingriff.

— — — — — — — — — — — — — — — — — — — —

Die Analyse bietet ungeheure Schwierigkeiten und wie viele Intellektuelle versucht er durch Fragen über das Wesen der Psychanalyse die eigentliche Forschung aufzuhalten. Weitere Traumanalysen ergeben, daß er an der Paraphilie des Anilingus leidet, was er heftig bestreitet. Dagegen wird die Möglichkeit der Mutterleibsphantasie, die aus zahlreichen Traumanalysen zutage tritt, zugegeben. Große Widerstände bei der Aufdeckung des Giftkomplexes. Er beschäftigte sich schon längere Zeit mit Chemie, hatte auch mehrere Gifte, darunter Zyankali. Es scheint, daß er mit Phantasien gespielt hat, seine vier Brüder aus dem Wege zu räumen.

— — — — — — — — — — — — — — — — — — — —

Er möchte am liebsten nach Hause fahren. Zweifelt an dem Gelingen der Analyse. Die Widerstände wachsen, je mehr wir in der Erkenntnis vordringen. Sein Leiden zeigt Beziehungen zur Onanie. Der Onanist wurde ihm der Repräsentant des Triebmenschen. Trieb-Ich und Ideal-Ich ringen erbittert um die Herrschaft seiner Seele. Er onaniert ungefähr vom 11. Jahre an, immer unter enormen Widerständen, notierte jeden Onanieakt und schwur sich, es wäre das letzte Mal. Zahllose Bäume tragen Inschriften mit dem Datum der angeblich letzten Onanie. Die Wände des Hauses sind voll gekritzelt mit Inschriften. Bei manchen steht auch dazugeschrieben: Das letzte Mal. Er suchte Schutz in der Religion, in der Philosophie und fand ihn in der Hygiene.

Er hörte, daß die Onanie schädlich sei und daß er sich damit das Leben verkürze. Es half aber auch das nichts, alle Systeme versagten. Er suchte krampfhaft nach Imperativen, glaubte schließlich den Schutz in der inneren Stimme Gottes gefunden zu haben. Er ließ sich von der Mutter ein Goldanhängsel geben, wo er den Imperativ eingravieren ließ: folge. Das hieß, folge der inneren Stimme. Er suchte nach anderen Zeichen und Hilfskonstruktionen, um in der schwankenden Welt einen fixen Punkt zu erlangen. Ein solches Wunderzeichen war lange Zeit für ihn das Dreieck. Es symbolisierte ihm die Dreieinigkeit, es stellt ihm die Basis dar, das sichere Fundament, über dem sich sein Leben erheben sollte. Aber er erlag immer wieder seinem Infantilismus und speziell die ihm unbewußte Mutterleibsphantasie stürzte ihn immer aus den Höhen philosophischer Erkenntnis in die Tiefen seiner Triebe.

— — — — — — — — — — — — — — — — — — — —

Die nächstfolgenden Träume zeigen uns seine Fixierung an die Mutter und eine wichtige, bisher verborgene Einstellung.

Traum vom 4. Juni.

a) Ich verlasse in Nachtkleidung unser Haus und gehe in eine Art (nahegelegene) Veranda. Es ist gegen Mitternacht und eiskalt. Ich warte in der Veranda bei den Fensterscheiben stehend. Ich kann nicht hinaus, obwohl ich den Schlüssel habe. Endlich kommt, Gott sei Dank, die Mutter nach Hause, hört mein Pochen und Rufen und erlöst mich. Sie hat großes Mitleid, daß ich so kalt bin und hat mich lieb.

b) Ich kämpfe mit einem fürchterlichen, rohen, riesigen Trunkenbolde. Er will mich ermorden.

c) Ich sage zu unserer Hündin „particulier" und „öffentliche Persönlichkeit". Zu meinem großen Erstaunen spricht die Hündin es nach. Ich hole meinen Bruder. Wir machen viele Versuche. Die Hündin wiederholt alles ganz schön wie ein Papagei, aber mit feiner näselnder Stimme. Große Freude. Wir fürchten uns, daß sie damit aufhören wird, bevor es die anderen gehört haben. Jetzt spricht sie auch spontan. Ich behaupte, eine so kluge, menschliche Hündin muß eine bessere, menschlichere Behandlung bekommen. Mein Bruder aber sagt: „Sie ist doch bis jetzt ganz zufrieden und glücklich gewesen und sehr nett und dankbar, also braucht sie das nicht.

d) Ich stehe in der Apotheke und hinter dem Ladentisch steht Dr. Brand. Links von mir Barany (der tüchtige, kolossal arbeitende, charakterstarke arme Student). Ich zeige auf ihn. Nun Dialog:

Dr. Br.: „Der soll so außerordentlich gescheit sein?"
Ich: „Gewiß."
Dr. B.: „Er gefällt mir aber doch nicht."
Ich: „Aber warum denn nicht? So ein tüchtiger Mensch!"
Dr. Br.: „Sein äußeres Erscheinen und auch sein Benehmen mag ich nicht."
Ich: „Charakter und Intellekt sind doch das Wichtigste!"

Das erste Traumstück zeigt die Fixierung an die Mutter. Er ist in Wien in der Analyse und friert. Er ist in einer Glasveranda. Das heißt: Ich habe seine Neurose durchschaut. Er hat den Schlüssel zu seiner Krankheit gefunden. Er könnte gesund werden, es fehlt ihm der Wille. Er möchte wieder zur Mutter nach Hause. Was er sucht, ist die Liebe der Mutter, deshalb trat schon gestern der Fluchtreflex auf und er hatte den instinktiven Wunsch, die Analyse im Stich zu lassen und nach Hause zu fahren. Nur die Liebe der Mutter kann ihn erlösen. Ich liebe ihn nicht genug. Er friert in meiner Nähe. Er sucht nicht Erkenntnis, sondern Liebe.

Das Traumstück *b)* hat mehrfache Determinationen, er kämpft mit seiner Onanie (dem rohen Trunkenbold). Er kämpft aber auch mit seinem Vater, dem er nicht verzeihen kann, daß er einmal das ganze Vermögen auf der Börse verspielt hat. Der Spieler wird im Traum als Trunkenbold dargestellt. Er ringt aber auch mit mir, da ich in der Analyse die Stelle des Vaters angenommen habe. Zum Traumstück *c)* muß ich eine Erläuterung geben. In seinem Vaterhause ist immer eine Hündin. Diese Hündin ist der verzärtelte Liebling der ganzen Familie. Ihm aber symbolisiert die Hündin im Traume und auch öfters im Hause die Mutter, deshalb findet er, daß sie schlecht behandelt wird. Er glaubt, daß der Vater die Mutter schlecht behandelt, obwohl der Bruder konstatiert, daß die Mutter zufrieden und glücklich ist. Der Vater hat das Geld verspielt (allerdings hat er sich seither erholt und ist ein reicher Mann geworden) und die Mutter mußte sich ein Geschäft eröffnen, um die Familie erhalten zu können. Er machte Entbehrungen und Demütigungen mit, was er dem Vater nicht verzeihen konnte. Das Wort „particulier" erklärt er folgendermaßen: in einer Fabrik arbeiten viele Leute, es stehen aber auch Menschen darunter, die nur zuschauen, die die Fabrik besuchen, um alles zu visitieren. Er will nicht gesund werden, weil er nicht ein Arbeiter, sondern ein Zuschauer des Lebens werden will. Er will der Krüppel bleiben, damit der Vater verpflichtet ist, ihm ein größeres Erbe auszufolgen als seinen Brüdern. Er lebt jetzt vom Gelde seines Vaters. Er hat sich einen Teil des Erbes ausbezahlen lassen in der Hoffnung, mit diesem eigenen Gelde sparsamer umzugehen und indessen seinen Doktor zu machen, dann wird er sich selbst erhalten. Diese seine dem Ideal-Ich entsprungene Forderung zwingt ihn zur Sparsamkeit, dann aber kommt das Trieb-Ich an die Reihe und er wirft das Geld mit vollen Händen hinaus. Sein maßloser Ehrgeiz drängt ihn etwas Großes zu werden. „Eine öffentliche Persönlichkeit", wie der Traum sagt. Er hat den Glauben an seine große historische Mission. Er ist ein Auserwählter Gottes. Schon der „Herr Abgeordneter" des ersten Traumes bezieht sich darauf, daß er von Gott abgeordnet, also auserlesen ist.

Das Wort particulier hat auch noch eine andere, sehr wichtige Bedeutung, es bezieht sich auf den Mutterleibskomplex. Parte deutet auf Partus, auch die Silbe cul bezieht sich auf den Analkomplex. Ich vermute, daß er geglaubt hat, die Kinder werden aus dem After geboren und daß sein Asthma davon herrührt (in der Nacht des Traumes hatte er einige Asthmaanfälle). Er bestreitet diesen Zusammenhang. Wir erinnern uns aber, daß er bei der Geburt seines jüngsten Bruders schwere Asthmaanfälle gehabt hat. Kurz nach der Geburt fragte er seine Mutter, woher die Kinder kämen. Sie sagte aus dem Bauche, aber enthielt sich weiterer Erklärung. Er glaubte, daß der Bauch aufspringe oder daß das Kind unterhalb des Nabels herausgeschnitten werde. Im Asthma macht er offenbar die Geburt durch. Das letzte Traumstück *d)* zeigt seine Stellung zu mir und die Hoffnung, es weiter zu bringen als ich.

— — — — — — — — — — — — — — — — — — — —

Er träumt:

a) Ich liebe ein schönes Mädchen, das aber verlobt ist. Wir sehen uns oft, der Bräutigam scheint etwas zu merken und zieht sich wohl ein bißchen zurück, aber ohne Wut. Das Mädchen (das mich an Goethes Clavigo erinnert) geht auf die Reise. Sie geht zu Fuß und ist in italienischer Volkstracht gekleidet. Ich hole sie ein, noch in der Stadt. Sie verbirgt sich, aber ich finde sie in einer Seitengasse. Sie zittert und sagt: „Ich habe Angst vor Ihnen!" „Aber warum?" sage ich, „ich werde Ihnen nichts zu Leide tun." „Weil Sie so frech sind." „Ich bin nicht frech", erwidere ich, „die anderen aber sind feige".

b) Mein jüngerer Bruder erzählt mir, er habe den berüchtigten Walddieb und Mörder erschossen. Ich frage, ob er sich nicht gefürchtet habe. Er antwortet, das Leben sei ihm ziemlich gleichgültig. Ob er noch einmal dort gewesen, wo die Leiche liegt. Er bejaht. Wir gehen zusammen hin. Wir kommen in einen großen Keller. Dort sind in dem steinernen Boden drei Tote in sargförmigen Vertiefungen, die sind mit trübem Wasser gefüllt. Darin liegt der Tote. Ich finde es fürchterlich und frage etwas über den Mord. Plötzlich kommen Dr. Ferenczi (Neurologe) und seine Braut herein. Ich ändere schnell den Satz, den ich aussprechen wollte, als ob es sich um einen Hasen handelte. Dr. Ferenczi und seine Braut gehen ans Fenster. Um ihre Aufmerksamkeit abzulenken, begeben mein Bruder und ich uns nach C. und sprechen laut über die kleinen

Tierchen im Wasser. Mein Bruder machte mir Vorwürfe, daß ich so unvorsichtig gewesen bin und ihn durch mein dummes Reden in so große Gefahr gebracht habe.

Der Traum zeigt uns eine versteckte Situation. Ein Mädchen, das vor ihm Angst hat. Diese Situation wird erst im nachfolgenden Traum gedeutet, woselbst vor dem Neurologen ein Mord verheimlicht werden soll. Ohne mich in die Traumanalysen zu vertiefen, will ich nur mitteilen, daß er wiederholt mit Phantasien eines Lustmordes gespielt hat. Er macht sich auch einen künstlichen Menschen zu Hause, die Vagina aus einem plastischen Stoffe, kaufte einen frischen Kalbsdarm, füllte damit die Vagina aus, statt eines Kopfes legte er ein Bild oder eine Photographie einer Schönen hin und dann onanierte er. Auch Phantasien von Akten mit Scheintoten, Halbtoten, Bewußtlosen und eben Gestorbenen werden zugegeben. Ebenso kamen sodomistische Akte vor.

— —

Es scheint, daß er Phantasien hatte, Ilona zu erobern, nachdem sie scheinbar für ihn verloren war. Wenn er liebt, so haßt er zugleich. Seine bipolare Einstellung ist außerordentlich stark. Liebe und Haß wechseln einander nicht ab. Sie bestehen nebeneinander. Ich habe einmal die Zwangsneurose definiert — als die endopsychische Wahrnehmung der Bipolarität. Liebe und Haß beherrschen auch die Reaktionen dieses Kranken gegen seinen Arzt. Er liebt ihn und fühlt sich abgewiesen, so daß er ihn ermorden könnte.

Er träumt:

a) Sarolta F. verläßt das Zimmer, um auf den Abort zu gehen. Das kleine Mädchen geht aber die Treppe hinauf und ganz oben, wo eine Art Abort ist, läßt sie ihren Urin, aber nicht in das Loch, sondern daneben und beschmutzt die Treppe.

b) Auf der Treppe vor dem Fenster und auf einer anderen Treppe exhibitioniere und onaniere ich vor Damen und jungen Mädchen, die da vorüberkommen. Ich mache es nur, wenn sie nicht in meine Richtung sehen, bemerke aber plötzlich, daß ich von einigen in größerem Abstand hereinkommenden Leuten gesehen worden bin.

Im Anschlusse an diesen Traum kommt eine ganze Reihe von Enthüllungen. Er leidet an einem schweren Exhibitionismus; er liebt es, besonders in Eisenbahnwaggons zu onanieren, so daß er im Vorbeifahren von Frauen oder Mädchen gesehen werden muß. Der Waggon muß natürlich leer sein. Den Kopf versteckt er so, daß er nicht erkannt werden kann. Er hat aber auch in öffentlichen Gärten vor weiblichen Personen onaniert, wenn er sicher war, daß er nicht erwischt werden konnte. Ist eine solche Situation nicht herzustellen, so stellt er sich nackt hinter die Gardinen, blickt dann auf die Straße und onaniert, wenn er weibliche Personen vorbeigehen sieht. Vor Kindern hat er angeblich nie exhibitioniert, dagegen kam es vor, daß er in seiner Wohnung im Abort mit dem Blick auf spielende Kinder onanierte.

Wir sehen also, daß ein starker Exhibitionismus besteht, von dem er seinem Arzte in der ersten Analyse keine Mitteilung machte. Wir können annehmen, daß es nicht die einzige Paraphilie ist, die er zu gestehen hat. Er gibt zu, daß seine Kinderliebe stärker ist, als er mir anfangs gestehen wollte. Einmal hat er sogar ein dreijähriges Mäderl, als die Bonne aus dem Zimmer ging, in die Höhe gehoben und die Schamspalten angesehen. Wiederholt hatte er Erektionen beim Spielen mit Kindern. Er onanierte auch in rohes Fleisch, füllte sich eine Röhre mit weichen Schwämmen, stieß seinen Penis hinein. Zahllos sind die Variationen, die er erfunden hatte.

Sarolta deutet infolge der Assoziationen, die auf einen Prozeß einer Giftmischerin gehen, auf den Giftkomplex. Er interessierte sich lebhaft für alle Gifte, wie wir schon einmal erwähnt haben. Damals bestritt er es lebhaft, heute gibt er zu, daß er alle Prozesse der berühmten Giftmischerinnen mit großem Interesse studiert hat.

Immer deutlicher tritt sein maßloser Neid auf die Erfolge seiner jüngeren Brüder zutage. Er erinnert sich jetzt in der Analyse, wie eifersüchtig er war und es noch ist. Die Eifersucht war wohl die Ursache seiner verbrecherischen Rachegedanken, die wieder die Quelle seiner Versündigungsideen wurden. Er phantasiert oft, daß er unschuldig verurteilt sei, daß er ein politischer Verbrecher sei und in den tiefen Abgrund des Elends stürzt. Er hat merkwürdige Mordimpulse, er könnte einem Mann plötzlich den Schädel einhauen und fürchtet eigentlich jeden Mann, an dem er vorübergeht, weil er an der Angst leidet, daß er erschlagen werden könnte. Er spielte schon als Kind erschlagen und Menschenfresser beim Essen. Reife Stachelbeeren wurden ein Schädel, den er mit den Zähnen aufknackte.

Dabei herrscht zwischen den Brüdern eine sonderbare sexuelle Scheu. Sie reichen sich niemals die Hand, sondern berühren sich mit den Ellbogen. Sie entkleiden sich nie voreinander. Immer konstatierte er mit Neid, daß die Brüder stärkere Geschlechtsteile hätten als er selbst. Auch daß der ältere Bruder ihn immer um einen Kopf überragte, war ihm unerträglich. All sein Leben war ein Ringen um die Liebe der Eltern und ein Wettlauf mit den Brüdern. Als er mit 17 Jahren verzagte, seine ehrgeizigen Pläne auszuführen, brach die Neurose aus. Sein älterer Bruder hatte ihm rühmend erzählt, daß er das Onanieren aufgegeben habe. Er kämpfte vergeblich gegen die Onanie und alle seine Triebe. Hatte man ihm nicht berichtet, daß der Onanie Blödsinn folge, daß er früh altern und bald sterben müsse? Standen ihm nicht Rückenmarksleiden und langjähriges Siechtum bevor? Aus Schrecken vor der Onanie erkrankte er, indem er alle bösen Folgen antizipierte.

Sein Ich-Gefühl verlangte reinliche Scheidung von seinen Brüdern; seiner versteckten Begierde, sie als sexuelle Objekte zu behandeln, entsprang ein Ekel vor jeder körperlichen Berührung, der auch die Eltern einbezog. Er ekelte sich vor allen Gegenständen, die die Familie berührte (er drückte sich aus: ihr Geist sei in die Sachen gefahren). Er mußte eigenes Geschirr und Eßbesteck haben. Er wurde wütend, wenn der Vater zufällig aus Zerstreutheit aus seinem Wasserglas trank. Dann zerschmetterte er das Glas in sinnloser Wut. Dieser Eigentumswahn wurde die Quelle zahlloser Konflikte und Streitigkeiten und führte zu einer Tyrannei, mit der er die arme Familie unerbitterlich quälte. Dabei tangierte es ihn nicht, wenn er im Gasthaus aus fremdem Geschirr aß, da wußte er nicht, wer es berührt hatte. Diese Furcht vor dem Kontakt erstreckte sich nur auf die Familie und verrät so ihren sexuellen Ursprung. Er zeigte auch sonst die bekannten Züge des Besitzwahnes. Er borgte nicht gerne seine Sachen her, besonders wenn sie neu waren. Lieber schenkte er sie weg. Neue Sachen wurden sorgfältig gehütet, daß kein Fleck sie entstelle.

Er hat ein außerordentlich feines Differenzierungsvermögen für verschiedene Gerüche. Eine Zeitlang liebte er es, sich Blusen von Damen zu verschaffen und zu onanieren, wenn er die Achselgegend roch. Solcher misophiler Züge weiß er eine Menge zu berichten. Maßlos ist seine Eifersucht auf den älteren Bruder. Er liebt es, ihn ein bißchen lächerlich zu machen und ihn herabzusetzen, vielleicht weil der Vater so stolz auf ihn ist. Seine Affektivität steigert sich immer, wenn er in Beziehungen zum Vater tritt. Er wirft dem Vater vor, daß er keinen Sinn für Philosophie habe, während der Vater seinen Mangel an kaufmännischem Denken tadelt. Jedes Wort des Vaters wird auf die Wagschale gelegt, so lange geprüft und untersucht, bis er eine Herabsetzung und Beleidigung konstruiert hat. Der Tod des Vaters wird zeitweilig zur Zwangsvorstellung, besonders wenn ihn wegen der konstruierten Demütigungen der Haß blind macht. Dann verfaßt er die Parte, grübelt bald darüber nach, wie er sich kleiden, wen er einladen wird. Selbstverständlich folgen diesen Phantasien Vorwürfe und die Stacheln seiner Neurose werden tiefer ins eigene Fleisch gesenkt. Unzählig sind seine Zwangshandlungen vom Morgen bis zum Abend, von denen eine ganze Reihe schon zur zweiten Natur geworden sind und ihn nicht zu belästigen scheinen. Er geht auf der Straße immer auf dem geraden Strich der Pflastersteine. Womit er symbolisch ausdrückt, daß er vom geraden Weg nicht abweichen will. Alle Säulen markiert er durch ein besonderes Klopfen des Fußes. (Er spielt seinen Lebensweg und die Säulen sind die Stationen.) Er muß alles aufzeichnen und notieren, Ausgaben, kluge Bemerkungen, die er hört, Pläne und besonders Programme für den Tag, für die Woche, für den Monat, für das Jahr und für das ganze Leben. Er schwelgt in Programmen. Die Aufzeichnungen sind in strenger Ordnung gehalten. Abkürzungen dürfen nicht mehr verändert werden. Hat er für Psychanalyse die Kürzung Pa. gewählt, so muß dieses Zeichen in allen Büchern beibehalten werden. Striche müssen nach einem bestimmten System gemacht werden. Er ist ein Sklave der Symmetrie und der Geometrie. Er ordnete alles zu geometrischen Figuren, er demonstriert mir das an seinem Bleistift und an seinem Ring, die er so anordnet, daß sie ein bisexuelles Symbol *(Lingam)* leicht erkennen lassen. Aber auch Striche in Büchern müssen genau parallel zum Druck gezogen werden. Es irritiert ihn außerordentlich, wenn ein Strich schief ist. Er ist aber auch ein Sklave des Rhythmus. Er schlägt die Zähne nach einem gewissen Rhythmus zusammen, z. B. Daktylen schlägt er mit dem Fuß gleichfalls nach dem scharf vorgezeichneten Rhythmus.

Er träumt:

a) Mutter, Susi Gereny und ich sind beisammen. S. G. und ich unterhalten uns über die Liebe u. dgl. Ich sage mancherlei Sachen, die auf zweierlei Weise aufzufassen sind, und schließlich kommt es so weit, daß ich dem mir wohlgesinnten Mädchen nur noch ein paar Worte zu sagen brauche, um mit ihr verlobt zu sein. Das will ich aber nicht. Die Mutter hört zu, unzufrieden mit dem Lauf des Gespräches. Sie fürchtet wohl eine Verlobung oder Szene mit den Verwandten des enttäuschten Mädchens. Nun steige ich aus dem Bette (in dem ich jetzt liege). Ich trage mein lila Pyjama, aber nicht die dazu gehörigen Hosen. Als ich mich erhebe, sind meine Genitalien für die Mutter sichtbar, was mich nicht stört; das Mädchen sieht es nicht.

b) Ich bin im Zuge. Wir fahren durch eine Strandlandschaft in der Nähe von Balaton. Ein Mädchen und zwei kleine Kinder sind auch im Kupee. Ich markiere mit einem verschiebbaren Knopf auf der undurchsichtigen Fensterscheibe die Grenzen der Teile, woraus die Landschaft besteht (auf dieselbe Weise wie mit den Fingern die Telegraphenstange). Die Kinder wollen es auch tun; ich lasse es aber nur einen Augenblick machen. Auch etwas vom Anspucken und von einer schleimig-klebrigen Flüssigkeit.

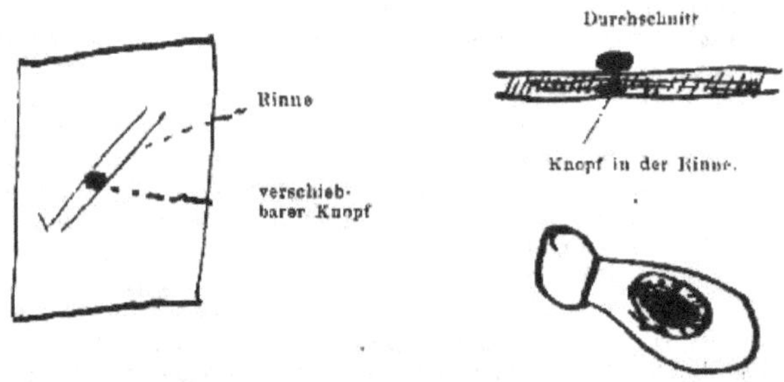

c) In der Sohle meines linken Stiefels ist ein großes ovales durch Abtreten verursachtes Loch.

Der Traum bringt eine exhibitionistische Szene vor der Mutter. Wir können daraus schließen, daß alle seine exhibitionistischen Akte die Wiederholung von infantilen Szenen sind, bei denen er sich vor der Mutter entblößte (Baden, Kinderpflege, Krankenpflege). Er sagt uns, daß der Kranke nicht imstande ist, gegen den Willen der Mutter zu lieben. Das zweite Traumstück bringt die seltsame Maschine, die der Kranke selbst auf Onanie deutet. Das Loch im Schuh des dritten Traumstückes will er als Symbol der Vagina ansprechen. Die tiefere Bedeutung des dritten Traumstückes ist eine religiöse. Gott weiß alles, Gott sieht alles, er ist der Merker, der seine Kinderliebe (Pädophilie) bemerkt und sie ihm ankreidet. Das Loch im Schuh ist das Auge Gottes. Auch Todessymbole finden sich im Traume von Susi Gereny. Wir wissen, daß sie schon einmal im Traume als tot geschildert wurde, überdies ist sie schwer tuberkulös.

Susi Gereny steht für Ilona. Er wollte sich ja mit ihr verloben, gab aber den Plan auf, weil er den Widerstand der Mutter fühlte. Infolge der Liebesenttäuschung machte er die Regression zur Mutter und zu allen Infantilismen, von denen er eine schöne Musterkarte bietet.

Es geht ihm viel besser, er hat nicht mehr den Zwang alles aufzuschreiben. Dagegen plagt ihn noch die Gewohnheit, schöne Stellen in Büchern durch einen geraden Strich anzustreichen. Es regt ihn furchtbar auf, wenn dieser Strich krumm ist. Er muß dann radieren und solange verbessern, bis es ihm gelungen ist, den Strich parallel zum Rande des Satzes zusammen zu bringen. Er sieht darin nur sein Streben nach Vollkommenheit oder wie ich es ausdrücke, den Versuch, den Forderungen seines Ideal-Ich gerecht zu werden. Ich mache ihn darauf aufmerksam, daß eine jede Zwangshandlung, die mit so viel Affekt verbunden ist, unbedingt wichtige Beziehungen aufweisen muß und daß sie nach meinen Erfahrungen auch eine Todesklausel enthalten muß. Z. B., wenn ich das nicht so mache, so stirbt der Vater oder die Mutter. Er bestreitet dies energisch. Während er aber dies bestreitet, zeichnet er auf der Tischplatte eine Figur. Diese Figur enthält einen geraden Strich, das Hinterhaupt eines Mannes, zu dem der Schädel fast einen rechten Winkel bildet. Er erzählt, daß es sich um den Kopf seines Vaters handelt, den er zwangsmäßig bei jeder Gelegenheit aufzeichnet. Der gerade Strich ist das steil abfallende Hinterhaupt seines Vaters, das er so unendlich schön findet. Das Bild ist einer Photographie entnommen, auf der sich der Vater mit der Mutter Haupt an Haupt angelehnt, als zärtlicher Gatte zeigt. Bricht einerseits seine Eifersucht auf den Vater durch, so hat andrerseits der gerade Strich noch eine andere Bedeutung. Er kränkt sich darüber, daß er ein vorspringendes Hinterhaupt hat, wie es allen Verbrechern eigen ist. Er dachte sich, alle bösen Triebe schlummern in diesem eckigen Hinterhaupt. Der gerade Strich ist eine ewige Warnung, sich vor seinen eignen wilden Trieben zu hüten und wie der Vater immer den rechten Weg zu wandeln.

Er erinnert sich jetzt einer Episode, die er am Plattensee erlebte und die das zweite Traumstück des vorhergehenden Traumes erklärt. Er wurde von einem Aufseher überrascht, als ein Mädchen gerade mit seinem Penis spielte. Der Aufseher schrieb ihre Namen auf und drohte mit der Anzeige. Er wußte, daß er in dem kleinen Städtchen B. verloren war, wenn die Sache vor die Öffentlichkeit kam. Er traute sich nicht, dem Aufseher Geld anzubieten. Er war aber schlau genug, mit bedeutsamem Augenzwinkern nach der Adresse des Mannes zu fragen. Nach einer Reihe von qualvollen Tagen konnte er erst aufatmen. Der Aufseher hatte auf eine Belohnung gehofft und die Anzeige nicht erstattet. Die Erinnerung dieses Erlebnisses lebt als ewige Warnung in seiner Seele fort und führte dazu, den Selbstschutz gegen seine wilden Triebe zu verstärken. Auf ähnliche Weise wird eine Reihe von Zwangshandlungen aufgelöst. Aber es gelingt noch nicht, die Todesklausel ausfindig zu machen.

— —

Nachdem er einige Tage den Zwang alles (auch die Analyse) aufzuschreiben, los war, erleidet er wieder einen argen Rückfall. Er muß eine Unmenge notieren und verbringt lange Stunden mit der Ausarbeitung von Programmen. Er zeigt mir eine ganz dicht beschriebene Seite „Unerledigte Fragen". Ich fordere ihn auf, mir diese unerledigten Fragen vorzutragen. Er weigert sich und erklärt sich außerstande, diese Aufzeichnungen preiszugeben. Ich merke einen ungeheuren Affekt, ein starkes Schamgefühl, das durch eine Selbstkritik seiner Infantilismen entstand und beharre auf Vorlesen des Programmes, obwohl er energisch den Standpunkt vertritt, man müsse in der Psychanalyse nicht alles sagen. Bezeichnender Weise findet sich unter seinen Programmpunkten auch der Vorsatz eine Arbeit zu verfassen, die den Nachweis liefern soll, daß man in der Analyse nicht alles sagen muß. Er hat also viel zu verschweigen und sucht wissenschaftliche Rationalisierungen für persönliche Motive. Zuerst liest er die Stellen vor, die mich betreffen. Es enthüllt sich die unglaubliche Kleinlichkeit des Neurotikers. Alles, was ich ihm einmal flüchtig in Aussicht gestellt und irgendwie verschoben habe, ist genau notiert. Ein Abschnitt dieser Aufzeichnungen ist betitelt: „Die Inkonsequenzen von Dr. Stekel." Einerseits gilt diese Arbeit meiner Entwertung, andrerseits verbirgt sich hinter diesen Forderungen irgend eine geheime Forderung, die er sich nicht gestehen will. Er war in den letzten Tagen sehr ungebärdig, kam zu spät, suchte Händel und drohte die Analyse abzubrechen. Ich erkannte sofort die Identifizierung mit seinem Vater, dem gegenüber er immer dieselbe Empfindlichkeit hatte. Am meisten kränkte es ihn, daß der Vater keine Rücksicht auf seine Wünsche nahm und verschiedene Versprechungen nicht eingehalten hat. Wenn er daran dachte, so haßte er den Vater und hatte sofort Todesgedanken. Natürlich bildete jeder Brief vom Vater ein besonderes Studium. Er wurde genau auf Ton, Form, Inhalt und Liebesbeweise geprüft. Aus den Zusammenhängen seiner Aufzeichnungen und aus einem Traume ergab sich, daß er an dem Kastrationskomplex litt. Als Kind schreckte ihn der Gedanke, es könnte ihm sein Glied abgeschnitten werden. Als Erwachsener spielte er mit dem Vorsatze, sich zur Erhöhung seiner Geistesleistungen und zur Erzwingung seiner Keuschheit kastrieren zu lassen. In der Stadt hatte sich gerade ein Kastrat produziert, der durch Auflegen der Hände wunderbare Heilungen erzielte. Das Volk strömte in Massen zu und man erzählte sich, daß er diese Wunderkraft mit dem Opfern seiner Geschlechtlichkeit bezahlt hätte. Der Ehrgeiz war seine stärkste Kraft, er wollte um jeden Preis in die Höhe kommen und konnte den endgültigen Triumph seiner Persönlichkeit gar nicht erwarten. Er erhoffte sich ungeahnte Kräfte, wenn er wirklich keusch sein konnte. Andrerseits stemmte sich sein pathologischer Sexualtrieb gegen diesen Verzicht. Aber diese Kastrationsgedanken mußten noch eine andere Wurzel haben. Es mußte die Strafe für eine versagte Liebkosung sein. Eine Strafe, die er aus Eifersucht am Vater vollziehen wollte. Auf diese Vermutung kam ich durch die Analyse einer Reihe von Symbolhandlungen. Er kämpfte immer gegen die Versuchung Zigarren zu rauchen und behandelte jede Zigarre wie eine Geliebte. Er betrachtete sie erst liebevoll von allen Seiten, und dann rauchte er sie erst langsam, förmlich mit der Uhr in der Hand, um den Genuß auszudehnen. Er handelte wie ein Mann bei einem Koitus prolongatus. Hatte er keine Zigarren, so mußte er ungeheuer viel naschen, um den Reizhunger seiner erogenen Mundzone zu befriedigen. Er leidet an der Angst, an einem Mundkarzinom zu erkranken. Er bot mir täglich eine Zigarre an und war sehr beleidigt, wenn ich sie nicht nahm. Er war gestern bei einer Dirne, weil er sexuell so erregt war und ließ sich eine Fellatio machen. Er war selbst über dieses Verlangen erstaunt. Nun war es mir ganz klar, daß alle seine Forderungen, die sein Programm enthalten hatten, dazu dienten, eine einzige Forderung zu ersetzen. Er wollte mir eine Fellatio machen. Dieser Gedanke — so absurd er erscheint — war durch ein Erlebnis in seiner Jugend determiniert. Ein um einige Jahre älterer Freund, der ihn zur Onanie verleitet hatte, wollte an ihm eine Fellatio vollziehen. Er sträubte sich, so stark waren seine inneren Hemmungen. Der Verführer vollzog dann die Fellatio an einem Spielkameraden. Diese Weigerung scheint er bedauert zu haben. Die Fellatiophantasie in Verbindung mit seinem Kastrationskomplex spielt in seinen Phantasien eine große Rolle.

Wir erinnern uns seines ersten Traumes, in dem ihm ein Professor einen halben Radiergummi zeigte. Er besaß die andere Hälfte. Der halbe Radiergummi ist ein Hinweis auf einen kastrierten Penis, von dem er die andere Hälfte besitzt. Wir entsinnen uns auch, daß er auf den Professor eine namenlose Wut hatte. Es ist die latente Wut, mit der er seinen Erzeuger bedacht hat. In der Analyse, die er bereits durchgemacht hat, spielte er damals mit dem Gedanken seinen Arzt zu erschlagen. Er war ein Vatermörder.

Erinnern wir uns dessen, daß er im Abort exhibitioniert und dabei onaniert. Aus verschiedenen Träumen geht hervor, daß er an der Mutterleibsphantasie litt und daß sein Asthma mit dieser Phantasie und der Geburtsphantasie im Zusammenhang stehe. Das Asthma setzte im fünften Lebensjahre ein und dauert bis zum heutigen Tage. Er wacht fast jede Nacht auf und muß Stranomium inhalieren, worauf er wieder einschläft. Wiederholt wurde er im Beginne der Analysestunden von leichtem Asthma überfallen, wenn er sich niederlegte. Es scheint, daß die Fellatiophantasie, die ihn in den letzten Tagen bei mir beherrschte, eine Beziehung zur Mutterleibsphantasie hatte. Nun gesteht er stockend, daß er während der Asthmaanfälle und besonders während der Inhalation des angezündeten Asthmapulvers (beachte: Assoziation zum Rauchen) heftige Erektionen produziert. Die Erektionen waren so stark, wie er sie sonst nie im Leben empfunden hatte. Nun wird seine pathogene Phantasie deutlich. Er träumt sich in den Mutterleib, in dem er eine solche Lage hat, daß ihn der Vater, während er mit der Mutter koitiert, in den Mund stößt. Er hatte nun die Phantasie, dem Vater den Penis bei dieser Gelegenheit abzubeißen, ihn zu kastrieren.

Er erzählt, daß er eine Zeitlang Anal-Onanie getrieben hat. Er wollte es mir bisher nicht mitteilen, weil er glaubte, daß ich dies triumphierend für seine Homosexualität verwerten werde. Er ölte eine Kerze ein und führte sie in den Anus ein. Er leidet auch an Pruritus ani und muß sich mit Puder einstuppen, um nicht zu kratzen. Die originellste Form seiner Onanie betrieb er mit seiner Harnröhre. Er wollte sich Gegenstände in seine Harnröhre einführen und kam auf den Gedanken, einen Seidenfaden mit Stearin anzutropfen, wie es von der Kerze kam, so daß der Faden steif wurde. Dann führte er ihn in die Harnröhre ein, das Stearin schmolz und er konnte den Faden hin und her bewegen.

Seine Zweifelsucht ist enorm. Er trachtet mich immer in der Analyse zu entwerten und mir Irrtümer und Ungenauigkeiten nachzuweisen. Einmal zeigte er mir einen roten Fleck auf dem Arm, nachdem er mir vorher berichtet hatte, daß er im Bett Wanzen gefunden hatte. Ich blickte flüchtig hin und sagte, daß das ein Wanzenstich wäre. Er notierte dann zu Hause, daß das ein Gelsenstich wäre und meine Bemerkung galt ihm nun als Beweis für meine wissenschaftliche Flüchtigkeit. Schließlich steigerten sich die Widerstände, bis er mir endlich unter enormen Schwierigkeiten das Geständnis machte, daß er seine ganze Familie umbringen wollte. Ich hatte anläßlich des Traumes (Methylalkohol) damals etwas ähnliches gesagt. Er hatte heftig geleugnet.

— —

Es vergehen einige Stunden. Er bringt keinen Traum. Es gibt unüberwindliche Widerstände, deren Ursache wir nicht kennen. Er fühlt sich allein und verlassen, möchte nach Hause fahren, studieren und seine Prüfung machen. Von einem Mückenstich geweckt, wacht er um drei Uhr auf und notiert folgenden Traum:

> Ich besteige eine sehr hohe sich schraubenförmig windende Treppe. Auf großer Höhe bemerke ich in der Nähe eine Burg- oder Kirchenruine. Ich begebe mich über eine Brücke dorthin. Viele Leute, die hinter mir kamen, steigen weiter, ohne die Ruine zu bemerken. Ein altes Weib spuckt sogar auf die Stufen der Treppe. Ich bin empört, habe tiefe Verachtung für die Leute, die reisen ohne die Natur zu genießen und auf das

Interessante zu achten. „Elende Geschöpfe" sage ich. Einige kleine Kinder bemerken die Burg und zeigen sie den anderen und man kommt hin. Die Kinder spielen auf den Rotunden, einige steigen sogar bis in das Erdgeschoß. Ich schließlich auch, mit der Absicht von unten die Mädchen auf der Rotunde zu besehen, in der Hoffnung das Genitale zu erblicken, weil einige vielleicht keine Hosen tragen. Die kleinen Mädchen verstehen es aber und ziehen sich so vom Rand zurück, daß ich nichts sehe. Ich denke noch über Exhibitionismus und über die Möglichkeit etwas anderes mit den Kleinen zu machen, nach. Ich sehe aber davon ab, weil ich doch wieder hinauf zu den anderen Menschen muß. Ich ziehe Ilona am Zopf, nur um sie zu necken. In der Mitte steht ein Tannenbaumstamm (Mast), welcher gegen Himmel sieht. Ich gehe wieder hinauf. Die Burgruine ist die Ruine der Kirche Karls des Großen, jetzt sehr klein. Meine Brüder und ich und viele Kinder begraben die Ruine unter dem Sand, sehr vorsichtig, damit sie nicht einfällt. Alles zu Ehren des Frl. R. Mein jüngerer Bruder sagt: „Wir können unsere jungen Kräfte doch besser verwenden." „Ja", sage ich, „um an der neuen Welt zu bauen." Alle sind enthusiastisch. Ein alter Herr mit weißem Bart entfaltet folgenden Plan. Es soll eine Kirche gebaut werden am Nordpol. Ein Schiff wird hinfahren. „Wer geht mit?" Joszi bietet sofort seine Dienste an. „Seien Sie vorsichtig und denken Sie noch ein bißchen nach", meinte der alte Herr, „denn wenn Sie so bestimmt zusagen, rechne ich auf Sie". „Ich weiß sehr gut, was ich will", antwortet Joszi, „und protestiere gegen Ihren Zweifel an meinem Entschlusse." Darauf sage ich ihm: „Dieser Ton paßt Dir nicht, als Untergebener (im Dienste des alten Herrn) hast Du nicht zu protestieren." Der alte Herr fährt fort: „Ein sehr vertrauter Führer wird das Schiff lenken, er war schon zweimal am Nordpol mit Peary, das anderemal aus Vergnügen, allein, aber sehr weit. Unser Zweck ist, den ungarischen Geist (der Herr ist Ungar) dorthin zu bringen und zu befestigen. Jetzt nach dem Weltkriege können wir die Welt nicht mehr durch Kraft und Gewalt beherrschen, müssen sie deshalb mit Liebe überwinden."

Die Deutung des Traumes erscheint erst fast unmöglich. Man merkt deutlich den Zug in die Höhe und den Entschluß, ein neues Leben zu beginnen. Zu der alten Frau fällt ihm die Mutter ein, über die er sich manchesmal geärgert hat, wenn er sie auf einem Ausfluge auf Schönheiten aufmerksam gemacht hat und sie nicht hinguckte. Man sieht deutlich, daß er irgend etwas vergraben will und er etwas vor mir verbergen will. Ich bin der alte Herr, der ihm rät, am Nordpol eine Kirche zu bauen. Das heißt, er soll sich in eine Zone begeben, wo alle Gefühle erfroren sind. Man sieht deutlich die Beziehungen zum Exhibitionismus, den er überwindet, und den Hinweis auf die große historische Mission. Joszi ist eine Spaltung seines Ich, der Mann, der den Zweifel überwindet.

— —

Joszi ist ein energischer Mann, der seinen Willen durchgesetzt und nach vielen Entbehrungen das mittellose Mädchen seiner Wahl heimgeführt hat. Er hat auf Ilona verzichtet, die sein Ideal war und alle Bedingungen erfüllte, die er an eine Frau stellte. Die Liebe zu Ilona war einst ein stolzer, hoher Bau — eine Kirche. Er hat diese Liebe getötet. Aus der Kirche wurde eine Ruine . . . Die Mutter hat diese Liebe durch ihr Gerede entweiht und zerstört. („Ein altes Weib spuckt sogar auf die Stufen der Treppe.") Nur weil er auf Ilona verzichten mußte, kam er auf seine Pädophilie zurück. Auch Ilona wird ihm zum Kinde, mit dem er „spielen" kann. („Ich ziehe Ilona am Zopfe, um sie zu necken.") Die Liebe wird schwächer und schwächer. Erst eine stolze Kirche, errichtet für das Königreich seiner Liebe („Karl der Große"), wird sie kleiner und kleiner und schrumpft zu einem Spielzeug für Kinder zusammen, um im Sande der Erinnerungen begraben zu werden. Das ist wohl nur eine Wunscherfüllung. Denn die Liebe lebt in ihm stärker denn je.

Nun will er im Traume seine Kräfte besser verwenden und seine große historische Mission vollenden. Die Kirche soll als Erinnerung — jenseits der Zone der Affekte — am Nordpol errichtet werden.

Eine andere wichtige Determination des Traumes verrät seine Stellung zum Glauben. Er ist jetzt anscheinend ein überzeugter Atheist. Aber er hatte mehrere Perioden frommen Glaubens, wollte sogar Geistlicher und Religionsstifter werden. Sein Glaube ist nicht tot. Seine Kirche steht am Nordpol, wo sie der kühne Forscher nicht finden kann. Der Analytiker wird nie erfahren, daß er im Innern hochmoralisch ist und alle seine Missetaten bereut. Der Übermensch war nur ein Versuch, diese innere Stimme zu überwinden und den Glauben zu erhöhen. Seine Zwangsneurose stellt den „Imperativ der Reue" dar und bedeutet eine Ersatzreligion. Er will ein vollkommener Mensch sein. Ist das nicht die schönste Form der Religion?

— —

Am nächsten Tage ist er sehr mißgestimmt. Die Depression hat sich gesteigert, er hat den Appetit verloren, hat eine belegte Zunge, fühlt sich müde und arbeitsunfähig. Er hat von seinem Vater einen Brief erhalten, worin die Freude ausgedrückt wird, daß es ihm besser gehe. Der Vater hat noch den Wunsch, er möchte ihn bald verheiratet sehen. Und plötzlich fällt ihm der Traum der heutigen Nacht ein.

> Ich zeige der Dame, die mich analytisch behandelt, zwei kleine Bilder von Ilona und sage, sie soll leise sprechen, damit meine Mutter und mein Bruder nichts bemerken. Die Dame (zu gleicher Zeit Dr. Stekel?) antwortet sehr laut: „Soll ich nicht von Ilona sprechen?" und verrät und blamiert mich dadurch. Ohne ein Wort zu sagen, laufe ich davon mit dem festen Entschluß, mich nie mehr mit der Dame einzulassen. Und denke: jetzt ist alles verloren, jetzt gibts keine Rettung, keine Hoffnung mehr.

Dieser Traum ist so zu erklären: Er weiß, daß ich trotz großer Hindernisse alle meine Ziele erreichen werde. Er beneidet mich um meine Energie und fühlt sich einsam und verlassen. Ich werde natürlich entwertet und zu einer Dame gemacht. Er bestätigt nun meine Deutung des vorhergehenden Traumes. Die Burg oder Kirche ist Ilona, seine Geliebte, die er vor sieben Jahren verlassen hatte, hauptsächlich weil seine Eltern gegen diese Verbindung waren, besonders die Mutter war eine heftige Gegnerin des schönen Mädchens. Das erklärt den Passus des Traumes, daß sie nicht auf die Burg blicken will. Ilona hatte einen herrlichen blonden Zopf, der hier im Traume wiederkehrt. Er macht einen Versuch die Liebe zu verkleinern und zu vergraben. Er will seine Liebe am Nordpol jenseits aller heißen Gefühle konservieren. Das heißt Ilona aufs Eis legen. Joszi, der so kühn zum Nordpol fahren will, hatte sich während der Studienzeit verlobt und das Mädchen seiner Wahl geheiratet. Vorher liebte Joszi ein Mädchen, die aber in den Patienten verliebt war, ihm deutliche Zeichen ihrer Gunst gab, die er nicht bemerken wollte. Der hohe Tannenbaum in der Mitte der Ruine ist ein Sinnbild seiner ewig grünen Liebe, wohl auch ein Symbol seines Phallus, der nur für Ilona steht.

Und nun kommt die große Überraschung. Er war einmal mit einem Freunde zusammen, der ihn fragte, ob er mit Ilona ein Verhältnis habe. Der Gedanke erregte ihn so, daß er damals das erste Mal exhibitionierte (der Hinweis darauf im Traume, die kleinen Kinder, vor denen er exhibitionierte). Die lang zurückgestaute Liebe zu Ilona kommt nun hervor. Er fühlt, was er an ihr verloren hat. Er will zurück und sie sich wieder erobern. Sein Exhibitionismus war einerseits eine Regression auf das Infantile, andrerseits phantasiert er, daß er die Szene vor Ilona macht. Fräulein R., zu deren Ehre er die Kirche vergräbt, repräsentiert die Kindheit. Sie hatte einmal vor ihm exhibitioniert, so daß er ihre Vulva sehen konnte. Das Erlebnis mit Ilona hat ihn aus der Bahn geworfen und seinen infantilen Groll gegen die Eltern neu belebt. Was hatte das Leben und die Prüfung nun für einen Sinn, da er Ilona verloren hatte? Er hat sich Ilona in jeder Weise entwertet. Er sagte sich, sie werde ihn unglücklich machen, sei putzsüchtig, habe kein Herz und so weiter.

Er spielte sich Indifferenz vor. Er machte sich weis, daß er alles — alles überwunden habe. Aber er konnte seiner Mutter und seiner Familie nie vergessen, daß sie ihn von der Heirat abgehalten haben. Er rächte sich durch seine Krankheit. Er zerstörte sein Leben und zerstörte alle weitfliegenden Pläne der Seinen. Was ist aus dem glänzenden, genialen Menschen geworden? Ein armes Wrack, das nur schwer den Hafen erreichen wird.

Dies Beispiel zeigt uns das Auftreten des Exhibitionismus nach einer schweren Liebesenttäuschung. Die einzige Realität, die alle Infantilismen hätte vernichten können, war die Liebe zu dem schönen Mädchen. Mit dem Verluste des Mädchens wurde die ganze Gegenwart für ihn wertlos. Was konnte ihm noch an Glück blühen, wenn er sein Ideal verloren hatte? Er zog sich auf seine infantilen Positionen zurück. Aber dabei spielte er immer die Szene, daß er vor Ilona exhibitionierte. Der letzte Traum zeigt das ganz deutlich. Er machte sie zum Kinde und zeigte ihr die geheimen Schönheiten seines Körpers.

Der Erfolg dieser Analyse schien im Beginne ein sehr guter zu sein. Der Patient war wieder arbeitsfähig und schien willens, Ilona wieder zu erobern. Aber nach kurzer Zeit bekam ich schlechte Nachrichten. Er scheint die Nähe seiner drei Brüder, die sich in hohen, angesehenen Stellungen befinden, nicht zu vertragen. Er geht wohl auf sein Ziel los, aber mit zögernden, langsamen Schritten.

Ich möchte erwähnen, daß der Kranke die analytische Literatur sehr genau kennt. Das ist eine arge Hemmung in der Analyse. Seine Kampfesstellung gegen den Vater machte ihn in der Analyse zum furchtbaren Gegner. Denn er benützte seine Genialität, um den Analytiker aufzuhalten und die wichtigsten Wahrheiten zu verbergen. Immerhin konnte die Wurzel der Regression aufgefunden werden. Wir haben gesehen, wie sich bei einem erwachsenen hochbegabten Intellektuellen exhibitionistische Zwangsimpulse ausbilden können. Das war der Zweck der Publikation dieser Analyse, deren Lückenhaftigkeit ich mir bewußt bin.

XXI.

Die Allmacht der Gedanken.

Wir haben wiederholt betont, daß die Kinder den Glauben an die „Allmacht ihrer Gedanken" haben. Dieser Glaube verläßt auch den Erwachsenen nicht und äußert sich in zahlreichen neurotischen Symptomen. Alle Menschen, die an „psychosexuellem Infantilismus" leiden, sind abergläubisch, haben allerlei lächerliche Orakel, kämpfen gegen ihre eigenen bösen Gedanken. Im Zustande der Regression kann der Glaube an die Allmacht der eigenen Wünsche — denn diese Gedanken sind immer Wünsche — das ganze Krankheitsbild determinieren, wie der nächste Fall beweist.

Fall Nr. 134. Frl. I. O., ein etwas anämisches kleines Mädchen von 21 Jahren, klagt über folgende Zwangsvorstellungen. Sie teilt die Menschen in Pechvögel und Glücksmenschen ein. Begegnet ihr ein Glücksmensch, so ist sie sehr zufrieden, trifft sie einen Pechvogel, so ist sie erschrocken, tief betrübt und muß so lange gehen, bis sie einen Glücksmenschen gefunden hat. Oft muß sie mehrere Glücksmenschen suchen, um den bösen Eindruck zu verwischen. Gegen diese unangenehmen Erlebnisse sucht sie sich dadurch zu schützen, daß sie zu Hause bleibt und jede Begegnung vermeidet. Aber das Mittel versagt bald, da man zufällig den Namen eines Pechvogels nennen kann. Dann muß sie sich die Namen von Glücksmenschen vorsagen oder vorstellen, bis sie den bösen Namen überwunden hat.

Dieser Kampf spielt sich jetzt nur in den Gedanken ab. Fällt ihr ein Pechvogel ein, so bemüht sie sich krampfhaft, sich eine Reihe von Glücksmenschen vorzustellen und festzuhalten. Dieses Festhalten gelingt nicht immer und stellt eine schwere Aufgabe dar. Dabei gibt es noch eine ganze Menge von Komplikationen. Hält sie zufällig einen Gegenstand in der Hand, wenn sie an einen Pechvogel denkt oder sich einen Namen vorstellt, so kann sie sich von den bösen Vorstellungen nur dadurch befreien, daß sie den Gegenstand so lange in der Hand behält, bis ihr eine entsprechende Anzahl von Glücksmenschen eingefallen ist.

Unglücksmenschen sind Menschen, die im Leben viel Pech erfahren haben, besonders aber solche, denen ein naher Angehöriger gestorben ist. Dabei gibt es förmliche Skalen. Verlust der Eltern, besonders der Mutter gilt als schwerstes Unglück, dann kommen die Geschwister, ferner die anderen Anverwandten, endlich die weiteren Verwandten und solche Menschen, welche Unglück in Geschäften haben. Als Glücksmenschen gelten auch Müller, Bäcker und alle farbig und weiß gekleideten Menschen, aber auch der schwarze Rauchfangkehrer.

Die in keiner Zwangsneurose fehlende „Todesklausel" äußert sich bei ihr in der Befürchtung, es könnte ihrer Familie ein Unglück zustoßen, wenn ihr ein Pechvogel einfällt. Immer beziehen sich diese Zwangsvorstellungen auf ihre Familie. Es ist ihr gleichgültig, ob die anderen Menschen Pech oder Glück haben. Sie wünscht nur, daß in ihrer Familie alles am Leben bleibe. Der Unglücksbote, der ihr begegnet, könnte ihrer Familie Unglück bringen. Das ist ihre quälende Befürchtung.

Sie begegnet z. B. auf der Straße Nonnen, die als Unheilsboten gelten. Sofort ist sie genötigt, sich alle möglichen Glücksmenschen vorzustellen. Sie sagt dann die Reihe der Glücksmenschen (Müller, Halberstamm, Offenberger usw.), sie stellt sich einen Müller vor, eine Hochzeit, um das sich ihr aufdrängende Bild eines Leichenzuges zu verscheuchen.

Dieser Kampf ist nicht so leicht. Die einfache Vorstellung genügt ja nicht, da die Gegenvorstellungen gleichfalls ihr Bewußtsein erobern wollen. Es kommt vor, daß ihre Familie diesen Kampf bemerkt und dann eingreift. Die Eltern und Geschwister stellen sich vor sie hin und sagen ihr Glücksnamen vor. Man bringt ihr ein Glücksschwein. Man bringt viele farbige Tücher. (Ein schwarzes Tuch bedeutet Unglück — wohl die Totenbahre —, die farbigen symbolisieren das Glück.)

Diese Vorstellungen lassen sich in zwei große Gruppen zusammenfassen: Begräbnis (Unglück) und Hochzeit (Glück).

Damit ist schon der erotische Charakter der Glücksvorstellungen gekennzeichnet.

Auch der Beginn der Zwangsvorstellungen zeigt ihre erotische Wurzel. Vor 5 Jahren wurde eine ihrer ehemaligen Freundinnen in einem Bache, der sehr seicht ist, ertrunken aufgefunden. Sie lag mit dem Gesichte im Wasser, so daß man einen Selbstmord annehmen mußte. Es waren diesem gelungenen Selbsttode einige mißlungene Versuche vorausgegangen. Dieses Mädchen war einmal ihre Freundin, aber sie hatte den Verkehr mit ihr abgebrochen. Sie behauptete, das Mädchen hätte andere Freundinnen vorgezogen. Sie lebt in einem Orte bei Wien, der als Sommerfrische beliebt ist. Wenn die Wiener Gäste kamen, hörte sie für das Mädchen zu existieren auf. Sie kündigte ihr daher die Freundschaft. Trotzdem traf sie der Tod der Freundin sehr schwer.

Wir merken hier schon, daß ihr böses Gewissen in der Krankheit eine überragende Rolle spielt. Sie muß der Freundin etwas Böses gewünscht haben. Zu mindestens hatte sie ihr etwas Böses prophezeit.

Wir haben ja schon bemerkt, daß sie offenbar den Glauben an die Allmacht ihrer Gedanken hat. Sie fürchtet ja die „Unglücksmenschen", weil der Familie etwas Böses passieren könnte. Dieses Böse könnte auch geschehen, wenn sie sich etwas Böses vorstellt.

Das beweist uns, daß sie ihren Vorstellungen eine geheimnisvolle, übernatürliche Macht beimißt. Von dem Ausgange ihres Gedankenkampfes hängt es ab, ob zu Hause alles am Leben bleibt oder ob ein Mitglied der Familie stirbt. Sie ist also mit übernatürlichen Kräften begabt. Sie ist mit gewaltigen Mächten im Bunde.

In die Enge getrieben gibt sie diese Zusammenhänge nicht offen zu, bemerkt aber, *daß es ihr aufgefallen sei, daß so viele ihrer Gedanken sich erfüllt haben.* Das sei ihr immer wunderbar erschienen.

Sie scheint leichte telepathische Eigenschaften zu besitzen. Sie geht spazieren und denkt plötzlich: „Jetzt könnte ich der Frau Ehrlich begegnen."

Richtig! Da erscheint Frau Ehrlich an der Ecke. Das gehe doch nicht mit rechten Dingen zu. Sie könne es sich nicht erklären, aber solche Dinge habe sie unzählige Male erlebt. Daher komme ihre Angst, ihre Befürchtungen könnten sich erfüllen.

Wir sehen hier den geheimen Größenwahn des Neurotikers, den Glauben an seine übernatürlichen Kräfte, an seine „Allmacht der Gedanken" *(Freud).*

— —

Wir analysieren das Erlebnis mit der Freundin und erfahren, daß man in dem Dörfchen, in dem sie lebt, allerlei über diesen Tod getratscht habe. („Die Leute sind ja so schlecht!") Sie habe sich mit Burschen herumgetrieben, besonders habe ihr ein Bursch den Hof gemacht. Als der Krieg ausbrach, mußte der Bursche ins Feld. Kurz darauf sei der Selbstmord geschehen. Sie sei auch oft in die nahe Stadt gefahren und sei dort mit Burschen gesehen worden. Sie wäre ein lustiges, leichtlebiges, aber hochanständiges Mädchen gewesen. (Mit einer unanständigen hätte ich nie verkehrt!) Trotzdem habe man gesprochen, sie wäre in der Hoffnung gewesen und hätte sich das Leben genommen, als sie keinen anderen Ausweg gesehen hätte.

Wir konstatieren noch, daß die sexuelle Aufklärung unserer Patientin durch eine Freundin in demselben Jahre (1914) erfolgte. Kurz nach der sexuellen Aufklärung und dem Selbsttode setzte dann die Zwangsneurose ein. Der Zusammenhang ist klar, wird aber von der Kranken als Zufall erklärt. Die sexuelle Aufklärung hätte angeblich keinerlei Eindruck auf sie gemacht. Sie habe nie onaniert. Sie wisse gar nicht, was das bedeute. Sie habe auch jetzt keinerlei sexuelle Phantasien, da ihr die Zwangsvorstellungen keinen freien Raum ließen. Sie könne nichts arbeiten. Ihre Bildung sei lückenhaft, ihre Talente (Musik!) verkümmerten. Die Zwangsgedanken beherrschen sie bei Tag und lassen sogar bei Nacht nicht nach.

So träumt sie in den ersten Tagen der Behandlung, sie hätte in ihrem Hause ein schwarzes Tuch gesehen. Sie erwacht mit Herzklopfen und muß stundenlange an farbige Tücher, Müller und andere Glückssymbole denken, um die böse Vorstellung zu verscheuchen. Sie fühlt eine unerklärliche Angst und zittert bei dem Gedanken, es könnte zu Hause etwas geschehen sein.

Wenn sie einen Brief vom Hause erhält, so hat sie nicht den Mut ihn zu öffnen. Sie muß erst eine längere Beschwörung durchführen. Sie muß sich eine ganze Reihe von Glücksmöglichkeiten vorstellen. Rauschende Hochzeiten mit Musik ziehen an ihrem geistigen Auge vorüber, ein Wagen mit weißen Müllern hält vor ihrem Hause, alle Glücksmenschen gehen vorüber. Dann erst wagt sie den Brief zu öffnen. Wehe, wenn ihr ein Pechvogel oder eine dunkle Farbe einfällt. Dann muß ein schwerer Kampf ausgefochten werden. Sie benimmt sich, als ob dieser Kampf an dem Inhalt des Briefes etwas ändern könnte.

Sie gibt zu, ein erotisches Erlebnis zu haben. In der benachbarten Stadt wohnt ein 23jähriger Bursche, der ihr sehr gut gefällt. Er ist sehr hübsch und elegant und hat im Kriege sehr viel Geld verdient. Sie könnte sich in ihn verlieben, ein bißchen sei sie sogar verliebt. Leider gehört er einer Freundin, die eigentlich ein unscheinbares, häßliches Mädchen ist. Er kann aber von der Freundin nicht loskommen. Sie führt Szenen auf und droht sogar mit Selbstmord, wenn er sie verläßt. Der Bursche sei leichtsinnig und verdrehe allen Mädchen den Kopf. Auch ihr habe er gesagt, er würde sie heiraten, wenn ihn die Freundin freigeben würde. Aber ihr Vater sei dagegen. Ja, die ganze Familie wolle davon nichts wissen. Sie behaupteten, der Bursche sei leichtsinnig, er gebe das Geld zu verschwenderisch aus. Auch passe ihren Leuten seine Familie nicht.

Wir sehen, sie hat allen Grund, einigen Menschen den Tod zu wünschen. Der Widerstand ihres Vaters könnte nur durch den Tod gebrochen werden. Auch das Mädchen müßte sterben, um ihr den Weg zu ihrem Geliebten frei zu machen. Sie gibt zu, daß die Gedanken an den Burschen zu den Glücksvorstellungen gehören und oft das „letzte Mittel" seien, um die Zwangsvorstellungen zu verscheuchen.

Sie versucht sich die Liebe auszureden und sieht ein, daß ihr Vater recht hat. Das hindert sie aber nicht, trotzdem den Burschen zu lieben.

Man könnte nun die Zwangsneurose mit diesem Konflikt erklären. Aber sie gibt an, daß diese Neigung erst im letzten Jahre aufgetreten sei. Die Neurose besteht nun schon über fünf Jahre. Sie hat sich allerdings sehr verschlimmert.

— —

Die Analyse geht sehr mühsam und stockend vor sich. Sie hat keine Einfälle, bringt immer nur die Schilderung ihrer Kämpfe und nichts von den Gedanken, die hinter den Vorstellungen verborgen wirken.

Sie kämpft immer mit Gedanken an den Burschen. Sie entdeckt auf der Gasse Ähnlichkeiten. Sie spielt mit dem Gedanken, daß sie ihn unvermutet treffen könnte und was er dazu sagen würde. Sie macht sich Vorwürfe, daß sie ihm nicht mitgeteilt hat, daß sie in Wien ist. Er wäre sicher hiehergekommen. An den Tod der Braut denkt sie nicht. Aber oft spielt sie mit dem Gedanken, daß die Braut ihm untreu ist und von ihm dieser Untreue überführt wird. Dann ist er frei und da könnte sie ihm angehören.

Sie träumt, daß sie mit dem Sohne ihrer Hausfrau getanzt habe. Er habe sie im Arm gehalten. Seine Mutter trat ein und sagte: „Ah — so weit seid ihr schon! Darauf habe sie ihr erklärt, sie wollten gerade Foxtrott tanzen. Ihre Gedanken umkreisen schon die erotischen Möglichkeiten mit diesem 18jährigen Jungen.

Sie schildert mir ihr Ideal, das ganz dem Bilde ihres jüngsten Bruders entspricht. Einen solchen Menschen wie diesen Bruder würde sie nie finden können. Er sei ein selten schöner und selten guter Mensch. Eine weitere Bedeutung dieses Traumes — die Beziehung zum Bruder wird erst später klar werden.

Sie träumt, daß sie sich ein Mittel gegen Sommersprossen (Wasserstoffsuperoxyd) gekauft hat.

Sie ist eitel und die nicht aufdringlichen Sommersprossen genieren sie. Sie will offenbar auch die Flecken ihrer Seele putzen. . . .

— —

Sie produziert ungeheure Widerstände. Sie habe nichts zu erzählen. Es sei immer das Gleiche. Sie berichtet, daß sie beim Lesen große Schwierigkeiten hat. Sie liest z. B. das Wort Leiche. Sofort muß sie an die Freundin denken, die ein so trauriges Ende gefunden hat. Dann beginnt der Kampf mit dem Verdrängen durch andere lustbetonte Vorstellungen. Ähnlich erging es ihr, als sie auf das Wort „Methode" stieß. Sofort zerlegte sie es und fand die Silbe „Tod" darin. Die Gedanken an den Tod wurden durch Glücksmenschen paralysiert, von denen sie in erster Reihe einige junge Burschen nennt, die ihr gut gefallen. Sie wird auf den Zusammenhang mit der Erotik aufmerksam gemacht.

Ich frage nochmals dringend nach Onanie. Sie verneint zögernd und meint: „Vielleicht in der Jugend. Aber ich weiß jetzt nichts mehr davon.“

Nun wage ich den großen Schritt, da ich merke, daß die Übertragung stark genug ist, um sie eine Trennung und ein Abbrechen der Behandlung peinlich empfinden zu lassen. Ich mache sie aufmerksam, daß sie mir nicht alle Einfälle mitteilt und mir wichtige Vorfälle aus ihrem Leben — besonders die Onanie — verschwiegen hat. Ich wäre gesonnen die Behandlung abzubrechen, wenn sie sich nicht zur Aufrichtigkeit entschließen könnte. Damit schließt die Sitzung.

— —

Traum:

„Ich war beim Uhrmacher und habe ein Bild gesehen: ein Mädchen aufgebahrt, dabei stehen drei Männer. Das erregte mich sehr, dann sah ich das Bild mit der Blattpflanze, das verdrängte ich durch das Darstellen einer lustigen Gesellschaft, dann eine Landschaft, Frauenköpfe, Stilleben (Obst), dann war ich bei dem Rauchfangkehrer V. und sah die angenehmen Bilder dort, Familienbad der V., die Bilder aus dem Zimmer von Dr. *Stekel* . . . .“

Das Bild beim Uhrmacher stellt „Der Wirtin Töchterlein“ dar. Es ist ganz klar, daß in dem bekannten Liede Tod und Liebe eng verknüpft erscheinen. Sie verdrängt auch das Unglücksbild dadurch, daß sie sich eine lustige Gesellschaft vorstellt. Es handelt sich um ein Bild, das eine Hochzeitstafel darstellt, bei der ein Festredner eben das Glas erhebt. Der Beginn der Übertragung erhellt aus dem Umstande, daß auch Bilder aus meiner Wohnung vorkommen. Es ist klar, daß alle diese Bilder mein Bild ersetzen sollen.

Meine gestrige Drohung hat ihre Wirkung nicht verfehlt. Sie erzählt zuerst schüchtern, daß sie mit einem Mädchen gespielt hatte. (Im achten Lebensjahre.) Das Spiel bestand in gegenseitiger Reizung der Genitalien. Langsam erzählt sie, daß sie schon drei Jahre vorher begonnen hatte, mit einem anderen Mäderl zu spielen. Dieses Mädchen ist heute die Braut des Burschen, der ihr so gut gefällt. Endlich wird als drittes Faktum das Spielen mit einem Knaben (gegenseitiges Betasten der Genitalien) zugestanden. Das Alter nicht genau erinnerlich. Sie meint, es sei das Höchste an Aufrichtigkeit, das sie leisten könne. Es gebe auch in den Mitteilungen eine Grenze und es sei ihr sehr peinlich, über diese Dinge zu sprechen.

— —

Sie berichtet, daß sie mit dem Knaben mehrere Male gespielt habe. Sie hätten sich gegenseitig die Genitalien gezeigt und sich gereizt. Koitusversuche seien nicht vorgekommen.

Das Leiden nahm vor dem Krieg (also vor 1914) den Anfang. Ein hübscher junger Mann ihrer Bekanntschaft heiratete ein schönes Mädchen. Da mußte sie fortwährend an die Brautnacht denken und faßte den Entschluß, sich nie hinzugeben, sondern ein keusches Leben zu führen. Sie konnte sich nicht vorstellen, wie sich ein keusches Mädchen vor einem Mann entkleiden und sich mit ihm ins Bett legen könnte.

Sie phantasierte auch viel über die Romane von Marlitt und Heimburg. Sie dachte immer an die Hochzeitsreise und an die Vorgänge der Brautnacht. Sie lebte in den Romanen.

Den ganzen Tag hat sie Bilder und Phantasien. Sie sieht ein Haus, auf dem Hause sitzt eine Taube. Die hat ein Brieflein im Schnabel. Bald ist es mit blauen, bald mit roten Bändern gebunden. Wehe, wenn ein schwarzes Band erscheint. Dann muß sie dieses böse Bild verdrängen und das gute festhalten und das kostet unendlich viel Mühe und reibt sie ganz auf. Vor das Haus kommen dann der Müller und der Rauchfangkehrer und alle anderen Glücksgestalten und so vergeht der Tag, ohne daß sie an sexuelle Phantasien denken muß.

— —

Allmählich ändert sich der Charakter ihrer Träume. Immer deutlicher tritt das sexuelle Moment hervor. Sie träumt von Vergewaltigungen und rettet sich immer rechtzeitig aus allen sexuellen Gefahren. Ihr Widerstand läßt nach und sie berichtet von ihrer enormen Empfindlichkeit. Sie wurde immer maßlos verzärtelt und vertrug nicht den geringsten Tadel oder Vorwurf. Eine Bemerkung der Brüder oder der Schwestern konnte sie so erschüttern, daß sie stundenlang weinte. Besonders kränkte es sie, wenn man sie die Prinzessin nannte, die nichts arbeiten wollte. Ein Traum, in dem ihr Bruder verhaftet wurde, brachte mir e i n e Erklärung ihrer Zwangsvorstellungen. Der Traum lautet:

„Ich fuhr mit meinem Bruder in der Eisenbahn und er erzählte mir, daß er der Polizei einmal einen Herrn angezeigt habe. Nun sei dieser Herr nach dem Umsturz eine leitende Persönlichkeit geworden. Wir näherten uns der Station, wo er wohnte. Ich forderte den Bruder auf, von der zweiten in die dritte Klasse umzusteigen, um dem Herrn zu entgehen. Aber wie wir auf den Perron kamen, stand der Herr da. Mein Bruder begrüßte ihn freundlich, aber der Herr legte die Hand auf die Schulter und sagte: „Gehen Sie nicht weiter, bleiben Sie hier, Sie sind verhaftet." (Dieser Herr sah Dr. *Stekel* auffallend ähnlich und hieß Stary.)

Ich erkannte sofort, daß sie Angst hat, daß ich ihre Beziehungen zum ältesten Bruder erraten würde. Es stellt sich heraus, daß ihre Krankheit einsetzte, nachdem dieser Bruder geheiratet hatte. Die Ehe war unglücklich und der Bruder hätte sich geschieden, wenn seine Frau nicht sofort in die Hoffnung gekommen wäre. Sie hatte der Schwägerin den Tod gewünscht, es kam aber ein Kind zur Welt und bald folgte ein zweites. Und diese Kinder wurden die Lieblinge der Familie. Während alles sich vorher um sie drehte, war sie nun entthront und spielte eine nebensächliche Rolle. Dieser Frau und den Kindern wünschte sie den Tod und als Reaktion auf die Todesgedanken trat die Angst auf. Es wurde aber auch erklärlich, warum sie gerade jeden Menschen als Pechvogel betrachtete, der Vater oder Mutter verloren hatte. Die bewußte Schwägerin hatte knapp vor ihrer Hochzeit ihre Eltern verloren.

— —

Es gibt enorme Widerstände. Wir arbeiten zwei Wochen und kommen nicht weiter. Schließlich bringe ich sie dazu, die Übertragung zu erkennen und zu überwinden. Sie fühlt sich nach schweren Kämpfen mit ihren Zwangsvorstellungen etwas besser. Sie bringt mir folgenden Traum:

„Mein Bruder kommt zu mir ins Bett. Ich sage ihm „Was tust Du?" Er beruhigt mich und sagt: Es ist keine Sünde! Du kannst Dich mir ergeben. Was dann weiter war, weiß ich nicht . . . ."

Ein zweiter Traum:

„Ein Herr kam aus der Türkei zurück und erzählte mir Verschiedenes."

Der erste Traum zeigt ihre Einstellung zu dem ledigen Bruder. Sie weiß, daß sie ihn sehr liebt und daß ihr seine Zärtlichkeiten sehr angenehm sind. Der zweite Traum bringt das Motiv der Vielweiberei . . . .

— —

Ein homosexueller Traum bringt uns der Lösung der Neurose näher. Ich erkenne, daß das Motiv des Ersetzens einen geheimen Sinn hat: Sie will die homosexuellen Liebesobjekte durch die heterosexuellen ersetzen. Sie erzählt, daß ihr die homosexuelle Einstellung in den letzten Tagen immer klarer wurde. Sie erinnert sich, daß ihr das Interesse für alle schönen (feschen) Frauen und Mädchen oft peinlich war. Sie muß immer auf den Busen sehen. Ein schöner Busen macht sie erregt. Wir verstehen jetzt die Liebe zu Herrn N. Er ist der Bräutigam des Mädchens, das sie verführt hat. Auch das Mädchen, das Selbstmord verübt hatte, gehörte zu den Gestalten, die sie reizten. Sie war in sie verliebt und auf alle anderen Mädchen eifersüchtig, mit denen sie verkehrte. Aus Eifersucht brach sie den Verkehr ab. Sie ersetzt die Pechvögel (hinter denen sich immer Frauen oder Anspielungen auf Frauen verbergen) durch Männer. Z. B. die Mühle ist die Vertreterin einer echten Liebe. Der Müllerssohn liebt ein Mädchen und ist sehr glücklich. Auch andere Gestalten aus dem Glückskreise vertreten Liebe, Leben und Heterosexualität. Die Pechvögel vertreten die Homosexualität. Besonders unangenehm sind ihr Menschen, denen die Mutter gestorben ist. Die Mutter ist ihre stärkste Liebe. Den Tod der Mutter könnte sie nicht überleben.

— —

Sie kommt ganz verzweifelt. Sie hat nach vorübergehender Erleichterung einen fürchterlichen Tag. Sie muß immer die Gedanken auf die Mühle lenken und ist furchtbar aufgeregt, weil es ihr nicht gelingt, die Bilder festzuhalten. Dieses Festhalten hat in ihrer Parapathie eine große Bedeutung. Nur, wenn sie ein freundliches Bild festhalten kann, ist sie beruhigt.

Ich erkenne, daß ein gewaltiger Affekt hinter dem Bilde der Mühle stecken muß. Ich wäre längst auf die Wahrheit gekommen, wenn die Kranken nicht die Eigenschaft hätten, die wichtigen Gestalten durch Parallelfiguren, Verdopplung und Kontrastwirkung zu verbergen. Sie gibt an, daß auch andere Mühlen die gleiche beruhigende Wirkung hätten. Die Mühle symbolisiere das Leben. Auch der Rauchfangkehrer bringe Glück. Aber forscht man näher nach, so merkt man, daß es sich um eine bestimmte Mühle handelt. Der junge Müllerssohn ist mit einem Mädchen verlobt. Das Paar liebt einander sieben Jahre. S i e l i e b e n s o l a n g e, a l s i h r e K r a n k h e i t d a u e r t, d. h. ihre Krankheit hängt mit der Liebe des Müllerssohnes zusammen. Wir hören, daß er ein sehr hübscher, wohlgestalteter Bursche ist, der es weit gebracht hat und in Bälde heiraten wird. So ein glückliches Liebespaar wäre kaum wieder zu finden. Die beiden halten einander fest . . . .

Sie liebt das Mädchen und den Müllerssohn, der mit ihr in der Dorfschule in eine Klasse ging und offenbar den Inhalt ihrer schwärmerischen Phantasien bildet. Sie muß immer an ihn denken und wünscht der Braut den Tod. Sie ist fromme Jüdin. Er ist Christ. Ihre Eltern würden eine solche Ehe nie zugeben. Sie muß als Kind den Gedanken gehabt haben: Wenn deine Eltern sterben, so kannst du den Christen heiraten.

Nun quält sie die Reue. N. ist nur eine Neuauflage (Dublette) des Müllerssohnes. Sie hat kein Glück. Sie ist der Pechvogel. Sie kann keinen Mann festhalten. Ihr Glück hängt davon ab, daß sie ein Pechvogel wird.

Wenn ihre Eltern sterben würden, so brauchte sie auf Religion keine Rücksicht zu nehmen. Die Braut könnte auch sterben und der Müllerssohn würde ihr gehören.

Gegen diese Gedanken kämpft sie mit aller Macht. Deshalb erscheinen Hochzeitszüge im Kampfe mit Leichenbestattungen. Sie will ihr Glück über Leichen erreichen.

Heute ist gerade ein hoher jüdischer Feiertag. Aus diesem Grunde ist sie maßlos erregt und unglücklich. Sie will keine Jüdin sein, weil ihr Lebensglück dabei zugrunde geht. Sie hat sich die Zwangsneurose konstruiert, um nicht an die homosexuellen Neigungen und an den Müllerssohn denken zu müssen. Sie weiß es, daß nur eine große Liebe und ein wirklicher Mann sie ganz heterosexuell machen könnten. Was nützt ihr eine kleine Liebe, die sie gespalten und zerrissen sein läßt? Nur der Müllerssohn könnte sie durch eine gewaltige Leidenschaft ganz als Weib verbrennen lassen.

Unaufhörlich tobt in ihr der Kampf zwischen Glück und Pech. Neuerdings sieht sie Zahlen, welche bald bei der Mühle, bald beim Friedhof auftauchen. Um die Zahlen in Glückszahlen zu verwandeln, müssen sie in dem Reifen des Schornsteinfegers oder mitten im Hufeisen erscheinen. Die Zahlen fängt sie auf der Straße auf: Häusernummern, Schilder von Dienstmännern, das Datum eines Konzertes usw. . . .

— — — — — — — — — — — — — — — — — — — —

Es geht ihr besser. Sie hatte einen wunderbaren Traum:

„Ich bin mit N., seinem Bruder und meinem Bruder nach M. gefahren — wir wollten fahren und merkten einen Auflauf. Die Menschen strömten hin, wir dachten an ein Feuer oder an irgend einen Unglücksfall. Ich sah eine Irrsinnige laufen und sah, wie sie ein kleines Kind würgen wollte. Niemand traute sich in ihre Nähe. Sie kam immer näher, ich war allein und nicht auf dem Wagen. Ich eilte in ein Haus (unser Wirtshaus) und blieb im Haustor. Ich dachte, sie ist weg und kam heraus. Sie stand seitwärts und packte mich in der Nähe vom Geschäfte des D. Sie packte mich bei den Händen und zerrte mich hin und her. Ich hatte Angst und wunderte mich, daß Frl. D. mir nicht zu Hilfe kam. Das Ende weiß ich nicht . . . ."

Der Traum ist leicht zu deuten. Die Hexe ist ihre Krankheit, vor der sie flüchtet und mit der sie ringt. Frl. D. ist ein Bild der Gesundheit. Sie stellt die gesunde Komponente dar.

Wir erfahren aber, daß ihr Leiden eine kriminelle Komponente hat. Sie ist sadistisch und wollte die kleinen Kinder ihrer Schwägerin erwürgen. Daher ihr Schuldbewußtsein und daher ist die Krankheit auch eine Strafe für die bösen Gedanken.

— — — — — — — — — — — — — — — — — — — —

Der Traum der nächsten Nacht:

„Ich bin mit der K. und ihrer Schwester bei einem Bach. Dann ist es mir, als ob ich wo anders wäre. Bauernburschen bewerfen mich mit Kot. Ich bin dann in P. Dort ist N., der mir einen Kuß gibt."

Die K. ist gestorben. Wir wissen, sie steht für das Mädchen, das sich im Bache ertränkt hat und ihr als ewige Warnung dient. Auch das Mädchen ist mit Kot beworfen worden. Der Traum ist verkehrt zu lesen:

Wenn ich mich mit N. weiter einlasse, so wird mich alles beschimpfen und meinen Namen beflecken, ich werde mich im Bach ertränken müssen und werde sterben wie die K.

— —

Sie ist außerordentlich fromm und glaubt an Gott und die Strafe Gottes. Trotzdem will sie nicht einsehen, daß ihr Glaube an die Allmacht der Gedanken eine Überhebung und eine Lästerung ihres Gottes ist.

Sie träumte:

„Ich sah eine Prozession oder es war ein Leichenzug. Ein Bursche oder ein Mädchen (Christen) wurde begraben. Bei dem Zug waren auch Mädchen, Kranzeldamen, Burschen, wie Bauern mit Leibchen. Die Mädchen mit bunten Kränzen und Bändern. Nachher, wie das vorüber war, hat mir ein Mädchen das gezeigt, wie man begraben wird, wie man das macht (vor einem Heiligen bücken). Das war vor der Post und sie zeigte das in einem Bette. . . . Dann zeigte ich dem Mädchen, wie man den Foxtrott und die anderen modernen Tänze ausführt."

Zu diesem Traume bringt sie als ersten Einfall, daß die Bauern bei den Leichenzügen sich oft wie zu einer Hochzeit schmücken, an die „Leiche" schließe sich ein Leichenschmaus, so daß die Trauer als ein großes Fest beschlossen werde.

Wir erkennen aber, was das für ein Leichenzug ist. Denn ein Mädchen erklärt ihr, wie man das macht, und zwar in einem Bette. Es handelt sich um einen homosexuellen Verkehr mit dem erwähnten Mädchen. Auch der Foxtrott ist ein Symbol eines sexuellen Vorganges. Denn dieser Tanz hat einen unverhüllten sexuellen Charakter.

Leichenzüge stehen für unerlaubte Beziehungen, für Homosexualität und Liebesverhältnisse. Sie fühlt sich durch ihre Familie bedrückt. Sie hat manchmal den Wunsch allein zu stehen und sich dann nach Herzenslust austoben zu können. Das erklärt uns die Angst, es könnte jemand von ihrer Familie sterben. Auch der Beischlaf mit einem Manne außerhalb der Ehe wäre für sie der Tod. Dafür bürgt schon die ewige Warnung der ertrunkenen Freundin.

Sie kämpft einen unaufhörlichen Kampf gegen ihre sexuellen Gedanken. Das Mädchen des Traumes ist eine Freundin ihrer Schwester. Es hat den Anschein, als ob sich die Begehrungsvorstellungen auf ihre Schwester richten würden.

Dieses Mädchen ist überdeterminiert, weil die Braut des Müllerssohnes in der Post beschäftigt ist. Nun wünscht sie diesem Mädchen den Tod, was hier durch den Leichenzug ausgedrückt wird.

Auch die Paraphilie der Mixoskopie erscheint in diesem Traume. Sie möchte gerne ein Paar verkehren sehen, wobei sie sich mit dem Manne und dem Weibe identifizieren könnte.

— —

Es gibt große Widerstände und Patientin hat keine Einfälle. Die Todesgedanken gegen ihre Eltern martern sie unaufhörlich. Sie behauptet aber nie zugeben zu können, daß sie jemals Todeswünsche gegen die Eltern gehabt hat. Sie kann einen solchen Gedanken nie gehabt haben. . . .

Dann auf einmal fällt ihr folgendes von ihrer Großmutter ein. Sie wollte es schon längst erzählen, hat es aber für ganz belanglos gehalten und darauf vergessen. Sie war ein siebenjähriges Kind und wurde noch von der Mutter auf den Schoß genommen. Die Großmutter ärgerte sich über diese Verzärtelung und sagte, sie werde es der Lehrerin sagen, daß sie dies verbieten möge. Darüber war Patientin sehr böse und dachte: Wenn die Großmutter nur schon tot wäre! Dieser Todeswunsch wurde verdrängt und Patientin hat angeblich nie Gewissensbisse darüber empfunden. Auch nicht bei dem Tode der Großmutter, die vor vier Jahren gestorben ist. Sie habe gar nie mehr an diesen Vorfall gedacht. Allerdings traten bald danach heftige Kopfschmerzen auf, die aber auch auf den Umstand zurückzuführen waren, daß sie im Schlafzimmer der Eltern schlief und dort einmal ein verdächtiges Geräusch hörte. Sie war damals sehr aufgeregt, denn aufgeklärt wie sie war, wußte sie, was da vor sich ging. Sie erklärt außer diesem einen Mal nie mehr etwas gehört zu haben. Sie erkrankte, als ihre Mutter Großmutter wurde und sie befürchten mußte, jetzt werde die Mutter sterben, weil sie damals der Großmutter den Tod gewünscht hatte. Sie ist ferner namenlos eifersüchtig und wollte die Liebe der Mutter mit niemandem teilen. Lieber sollte die Mutter sterben, wenn nicht ausschließlich ihre Liebe ihr gehören konnte.

Sie kann nie das Grab der Großmutter besuchen gehen, da sie immer dann in Gedanken die Eltern dort begraben sieht. Tatsache ist, daß die Eltern dereinst dort begraben sein werden.

Ferner sehen wir die infantile Wurzel ihrer Mixoskopie. Sie hatte den Koitus der Eltern belauscht und war nun ein Opfer ihrer Nebenzimmererotik.

— —

Wieder gibt es wie immer schwere Widerstände, wenn sich bedeutende Enthüllungen vorbereiten. Sie kämpfte mit großer Leidenschaft gegen das Bewußtwerden des unangenehmsten Gedanken. Ihre stärkste Angst: die Mutter könnte sterben. Und sie war verzweifelt, wenn die Unglücksgedanken irgend eine Beziehung zur Mutter hatten. Sie spricht nun von dem Koitus, den sie im 8. Lebensjahre im Schlafzimmer der Eltern belauscht hatte. Es versetzte sie in furchtbare Aufregung, sie dachte sich in die Rolle der Mutter hinein und hatte den Wunsch, dem Vater die Mutter zu ersetzen. Damals trat zum ersten Mal der Wunsch auf: Oh, möge die Mutter sterben! Sie war, wie schon erwähnt, damals völlig aufgeklärt und wußte alle Vorgänge des geschlechtlichen Lebens. Sie hatte die erwähnten Spiele mit Knaben und Mädchen. Ja, sogar vom 12. bis 15. Jahre hatte sie ein homosexuelles Verhältnis mit einem Mädchen. Und dabei hatte sie anfangs in der Analyse jede sexuelle Regung verneint. Sehr zögernd erzählte sie mir dann später von diesem Verhältnis, das sie mit der jetzigen Braut des Herrn N. gehabt hatte. Sexuelle Spielereien als kleines Kind mit eben demselben Mädchen hatte sie ja schon früher zugestanden. Dann aber setzte die Onanieperiode ein, die ein Jahr dauerte. Nach diesem Jahre wurde sie moralisch, gab die physische Onanie auf, während sie um so lebhafter der geistigen fröhnte. Ihre Onaniephantasie war immer ein schönes Liebespaar, wobei sie sich in beide Rollen träumte. Bei diesen Phantasien erregte sie besonders die Vorstellung, einem Akte zuzusehen. Auch bei der Mühle und Schmiede gibt es ein Liebespaar und in ihren Phantasien stellte sie sich die Paare in inniger Umarmung vor, wobei sie abwechselnd Mann und Frau beneidete.

Der Haß gegen ihre Mutter wurde in der Krankheit verdrängt.

— —

Ihre Angaben in der Analyse erwiesen sich gegen Schluß zu als erlogen oder retouchiert. Nur mühsam stockend ließ sie eine Wahrheit nach der andern durchsickern. Sie erklärte, sie habe schon alles gesagt und habe nichts mehr zu sagen. Brachte keine Träume und keine Einfälle. Ich hatte aber die bestimmte Überzeugung, daß sie mir wissentlich etwas verschwiegen hatte. Ich erklärte ihr eines Tages, ich müsse die Behandlung abbrechen, da ich die Überzeugung hätte, sie verschweige mir das bedeutsamste Erlebnis ihres Lebens.

Darauf erwiderte sie erregt: „Ich habe Ihnen alles gesagt, ich weiß absolut nichts mehr zu sagen."

Sie ist sehr böse, weil ich ihr eine solche Unaufrichtigkeit zumute. Minutenlanges Schweigen.

Dann beginnt sie: „Ich zermartere mir den Kopf, was ich Ihnen verschwiegen haben soll und komme nicht darauf. Ich habe Ihnen doch schon das von meinem Bruder erzählt, die Sache ist ja absolut belanglos und kann mit meiner Krankheit gar nichts zu tun haben. Mir fällt das gerade nur momentan ein und ich habe Ihnen also wirklich schon alles gesagt."

„Die Sache mit Ihrem Bruder? Meinen Sie die Tatsache der Heirat des älteren Bruders?"

„Nein, die Sache mit dem ledigen Bruder."

Es kommt sehr häufig in der Analyse vor, daß die Patienten hartnäckig behaupten, einem etwas sehr wichtiges gesagt zu haben, was sich als eine Erinnerungsfälschung, als ein Trick des Unbewußten herausstellt. So erklärte Patientin mir folgende Tatsache schon längst erzählt zu haben. Sie könne darauf schwören. Ich hätte es nur vollständig vergessen.

Sie erzählte, daß sie bis zu ihrem 6. Lebensjahre zwischen ihren Eltern lag. Offenbar hatte sie von diesem Beobachtungsposten aus viel mehr belauscht, als sie zugeben wollte. Mit ihr lag noch der um drei Jahre ältere Bruder, der sie oft während des Schlafes innig umschlungen hielt. Sie liebten einander leidenschaftlich und er sprach oft davon, daß er sie heiraten wollte. Was der Vater ihrer Mutter war, das war ihr der Bruder. Es wirkten mehrere Ursachen zusammen, um das komplizierte Krankheitsbild zu bilden. In dem Jahre, in dem die Neurose ausbrach, war auch ihr Bruder ins Feld gezogen. Wenn sie hörte, daß der Sohn von Bekannten oder der Bruder eines bekannten Mädchens gefallen sei, wurde sie namenlos erregt. (Depression.) Sie fühlte sich als die ewige Braut ihres Bruders und der Gedanke, nur sein Tod könnte sie freimachen und erlösen, führte zu heftigen neurotischen Reaktionen und zur Angst, ihm könnte etwas geschehen. Solche Todeswünsche gegen geliebte Personen der Familie sind außerordentlich häufig. Haß und Liebe wechseln in rascher Folge. Sie war auf den Bruder namenlos eifersüchtig und lieber ließ sie ihn sterben, ehe sie ihn einer anderen gönnte. Als ihm einmal eine ihrer Freundinnen sehr gefallen hatte und auch entsprechend entgegenkam, warnte sie ihn vor diesem Mädchen, die Freundin sei leichtsinnig und männersüchtig. Außerdem sei sie überspannt und könnte sich ein Leid antun, wenn er ihr eine Enttäuschung bereiten würde.

Es handelt sich um die Macht eines infantilen Wunsches. Sie hatte als Kind den Wunsch gehabt, mit dem Bruder allein zu sein, um ungestraft mit ihm spielen zu können, wie sie mit anderen Buben bereits gespielt hatte. Diesem Wunsche entsprangen Todesgedanken gegen die ganze Familie. Der Müllerssohn und N. waren nur Gleichnisse für den Bruder. N. war auch ihr Spielkamerad gewesen und seine Schwester hatte ihr als kleines Kind gesagt: „Du wirst meinen Bruder heiraten und ich den Deinen." So, daß jede dann einen Bruder gehabt hätte. Das Begehren auf N. war auch so stark, weil es den Umweg über die Homosexualität nahm. (Siehe ihr homosexuelles Verhältnis mit seiner Braut.) Der Gedanke, ihr Bruder könnte sich verlieben oder gar heiraten, brachte sie zur Raserei. Er ist sehr zärtlich mit ihr. Sie war während der Analyse in den Sommerferien zu Hause. Der Bruder, der bisher abwesend war, kam für einige Tage heim. Wegen Platzmangels mußte er im selben Zimmer auf einem Sofa liegen, während sie mit der Schwester in Ehebetten schlief. Die Schwester ging des Morgens zeitlich aus dem Zimmer. Er aber kam in das nun leere Bett mit der Motivierung, es wäre sehr kalt und er liege schlecht und schlief neben ihr noch weiter. Nun verstehen wir erst den ersten Traum.

> „Sie träumt, daß sie mit dem Sohne ihrer Hausfrau getanzt habe. Er habe sie im Arme gehalten. Seine Mutter trat ein und sagte: „Ah, so weit seid ihr schon!" Darauf habe sie ihr erklärt, sie wollten gerade Foxtrott tanzen.

Die Hausfrau ist die Imago ihrer Mutter, ihr Sohn repräsentiert ihren Bruder. Der Traum heißt: „Ich habe mit meinem Bruder einen sexuellen Verkehr. Da kommt die Mutter und stört uns." Ich verweise auch auf den Traum, in dem der Bruder von ihr verlangte, sie solle sich ihm ergeben.

Die Zwangsgedanken dienten dazu, ihre Gedanken von dem Bruder abzulenken, denn sie hatte offenbar mit der Phantasie an den Bruder onaniert. Aus diesem Grunde gab sie die Onanie auf. Unter diesen Phantasien spielte besonders eine Phantasie eine große Rolle. (*Tannenbaum* nennt sie die Noahphantasie.) Alle sollen sterben, sie soll allein mit ihrem Bruder zurückbleiben. Dann sind sie wie die Kinder von Adam und Eva, zwei Geschwister, aber aufeinander angewiesen, da alle irdischen Gesetze aufgehoben sind. Die Neurose hat ihre größte Verschlimmerung erfahren, als zur Zeit des Umsturzes Bauern und Soldateska grauenhafte Schandtaten verübten. Auch sie verlebte schreckliche Tage. Damals hätte unter Umständen alles erschlagen werden können und sie hätte mit ihrem Bruder allein bleiben können. Außerdem litt sie an der Vergewaltigungsphantasie, welche durch die Schilderung der Plünderungen in der Nachbarschaft neue Nahrung erhielt. Bemerkenswert ist, daß die Krankheit durch hartnäckige Trotzeinstellung auf eine infantile Phantasie „Ich will den Bruder heiraten", hervorgerufen worden war. Nur die Allmacht der Gedanken hätte ihrer Noahphantasie Realität geben können.

Wir sehen in diesem Falle ganz deutlich die Entstehung der Regression. Patientin war es gewöhnt, wie ein kleines Kind von den Eltern und Geschwistern verzärtelt zu werden. Mit der Geburt des Kindes ihres Bruders wurde sie entthront und groß gesprochen. Sie wollte aber ein Kind bleiben. Ihre Phantasien gingen alle in die Kindheit. Ihr Benehmen war kindisch. Mit Hilfe ihrer Neurose wurde sie wieder der Mittelpunkt des Hauses. Dabei enthob sie die Neurose der Aufgabe zu lernen und sich zu beschäftigen. Sie machte keine Arbeit im Hause mehr, vernachlässigte ihr Klavierspiel, lernte keine Sprachen mehr. Sie kämpfte mit ihren Phantasien, hinter denen sich Szenen aus der Kindheit verbargen, die sie mir zu gestehen nicht den Mut hatte.

XXII.

Narzißmus.

Wir haben von der großen Selbstliebe des Kindes in den ersten Kapiteln dieses Werkes ausführlich gesprochen. Wir können jedes Kind „narzißtisch" nennen, wenn wir unter Narzißmus das Verliebtsein in den eigenen Körper verstehen. Das ist eben der Unterschied zwischen der normalen Selbstliebe und dem Narzißmus. Die normale Selbstliebe entspricht der normalen Liebe. Es ist eine Freude am eigenen Körper oder an der eigenen Seele. Jedem Menschen — ohne Ausnahme — ist diese Selbstliebe eigen. Jeder Mensch ist egoistisch und all sein Denken und Fühlen ist egozentrisch.

Aber der Narzißmus ist mehr als Liebe zum eigenen Ich. Der Narzißmus ist das Stadium des „Verliebtseins", ist Rausch, ist Ekstase, ist schon eine Vorstufe des Wahnes. Die Selbstliebe wird durch die Realität kontrolliert. Jedermann kann sich überzeugen, daß die anderen schöner, wohlgestalteter, geschickter, besser oder liebenswürdiger sind. Der Narzißt anerkennt nicht die Realität. Wie der Verliebte für die Fehler seines Partners blind ist, ihn vergöttert, ihn seinem Ideale nähert, so sieht der Narzißt niemals seine eigenen Fehler; er macht sich selbst zu seinem Gotte, er wird die Erfüllung seines Ideales. Er ist sein eigenes Ideal. Er gilt als eingebildet (oft als eingebildeter Narr) oder als eitler Mensch. Das ist nur ein Teil seines wahren Wesens. Der Narzißt liebt sich bis auf die kleinsten Details. Er liebt den Geruch seines Stuhles und seines Körpers, er freut sich des Duftes seines Flatus, er bewundert die „bernsteingelbe" Farbe seines Urins. Er kann stundenlange seine Genitalien betrachten. Er hat den schönsten Penis. Sie hat die wunderbarste Vagina. Natürlich ist er ein Künstler in der Liebe, wie es keinen zweiten gibt. Die bekannten „Spiegel-Koitatoren", die nur Orgasmus haben, wenn sie sich während des Aktes im Spiegel[1]) betrachten, gehören in dieses Kapitel. Ich möchte zuerst einen solchen Fall eigener Beobachtung anführen:

---

[1]) Vgl. das Kapitel „Spiegelmenschen" in „Was im Grunde der Seele ruht . ." II. Aufl., und den Fall Nr. 29, S 352, in diesem Buche.

Fall Nr. 135. Herr J. L., 39 Jahre alt, ist nur potent, wenn er einen Koitus so vollziehen kann, daß er sich selbst im Spiegel sieht. Seine Partnerin interessiert ihn nicht. Er wollte gerne ein Zimmer haben, dessen Wände und Decken Spiegel sind. Er sammelt Geld, ist geizig, um sich später einmal diesen Luxus zu gönnen. In seinen Onanie-Phantasien befindet er sich immer in einem solchen Spiegelzimmer. Er onaniert meistens vor dem Spiegel.

Er ist ein ausgesprochener „Spiegelmensch". Er trägt mehrere Taschenspiegel bei sich, in denen er sich abwechselnd betrachtet. Er verbringt einen Teil des Lebens vor dem Spiegel. Morgens macht er sehr lange Toilette. Die Frisur ist ihm sehr wichtig. Er kämmt sehr lange und betrachtet seine Frisur von vorne und rückwärts. Er ist maßlos eitel und möchte gerne der eleganteste Mann der Stadt sein. Er beneidet geistreiche Menschen, die in Gesellschaft glänzen können. Er hat eine Reihe von geistreichen Aussprüchen gesammelt, um sie bei passender Gelegenheit vorzubringen und bewundert zu werden. Er erzählt leidenschaftlich gerne Witze, die er oft für seine eigenen ausgibt. Er ist ein Gesellschaftsmensch erster Klasse. Er kennt alle Regeln der guten Sitte sehr genau und würde sich schämen, einen Verstoß gegen den guten Ton zu begehen. Er zahlte einmal einem Schriftsteller eine große Summe — trotz seines Geizes — um ein Feuilleton mit seinem Namen gedruckt zu sehen. Er hatte nicht eine Zeile davon geschrieben. Er kondoliert allen Größen, um seinen Namen u. a. in den Zeitungen zu finden, ist Mitglied zahlreicher Vereine und Komitees.

Er erinnert sich, daß seine Mutter sehr eitel war und sich stundenlange vor dem Spiegel frisierte. Er wurde als einziges Kind von seinen Eltern ganz außerordentlich verzärtelt. Seine Eltern starben, als er 15 Jahre alt war, rasch hintereinander. Er wuchs im Hause einer Tante auf, die ihn gleichgültig behandelte. Seit dieser Zeit wuchs seine Selbstliebe von Tag zu Tag, bis sie den heutigen Grad erreichte.

Nach meinen Erfahrungen kommt der pathologische Narzißmus auf zweierlei Weise zustande:

1. Durch übertriebene Verzärtelung und falsche Erziehung in den Kinderjahren.

2. Bei Ausfall der notwendigen Liebe. Dann wendet sich das Liebesbedürfnis dem eigenen Ich zu. Menschen, die das Bedürfnis haben, verzärtelt zu werden und die dieses Bedürfnis nicht durch Partner stillen lassen können, beginnen sich selbst zu verzärteln.

Oft wirken — wie im vorhergehenden Falle — beide Faktoren gemeinsam, um den Zustand des Narzißmus zu erzeugen.

Auch der Narzißmus kann teils ein Stehenbleiben auf der kindlichen Stufe bedeuten (stationärer Narzißmus) oder eine Regression darstellen (okkasioneller Narzißmus). Beim okkasionellen Narzißmus wird man immer den „narzißtischen Charakter" finden können: Eitelkeit, Sucht zu glänzen, sich auszuziehen, Angst vor dem Altwerden, Angst vor Häßlichkeit, Angst vor Krankheiten, Neigung zu Hypochondrie und besonders K o k e t t e r i e.

Kokette Frauen begnügen sich bekanntlich in den meisten Fällen mit der Eroberung. Sie wollen gefallen und suchen nur die Bestätigung des eigenen Werturteiles. Sie finden sich liebenswert und wollen es fühlen, daß sie gefallen, daß man sie begehrt, daß sie liebenswert sind. Sie sind sehr oft anästhetisch, wie ich es in Band III ausgeführt habe. Auch der narzißtische Mann ist kokett, ist ein Don Juan des Wortes (selten der Tat), hat überhaupt ausgesprochen feminine Züge, die er oft so stark überkompensiert, daß er den Ehrgeiz hat, ein ganzer Mann (ein Vollmann) zu sein.

In neurotischer Verzerrung kann sich der Narzißmus als Unzufriedenheit mit dem eigenen Körper, als Gefühl der Minderwertigkeit, als Angst vor der Lächerlichkeit, als Angst vor der öffentlichen Meinung äußern. Die Leute auf der Straße beobachten ihn, etwas an seiner Toilette ist nicht in Ordnung, sie machen sich über ihn lustig, sie machen Bemerkungen. Dieser Zustand hat oft paranoide Züge und geht manchmal in eine echte Paranoia über.

Das Zärtlichkeitsbedürfnis des Narzißten ist so groß, daß er die Zärtlichkeit in Form von Mitleid erpreßt. Er konstruiert sich eine sehr schwere Neurose und will wegen dieser Neurose von aller Welt bemitleidet werden. Er ist gewöhnlich in seine Krankheit (in sein neurotisches Ich) verliebt. Er zeigt jenen heimlichen Stolz auf die Krankheit, der besonders allen Hypochondern eigen ist, welche insgesamt dem narzißtischen Typ angehören.

Solche Neurotiker vertragen es nicht, wenn ein anderer Kranker den Mittelpunkt des Interesses darstellt. Sie wollen die „schwersten Fälle" sein, sie finden, die anderen Menschen seien Heuchler, Simulanten, sie wären „impertinent gesund". Im Notfall assimilieren sie fremde Leiden, um die Rivalen zu übertrumpfen und das allgemeine Interesse ihres Kreises wieder auf sich zu lenken.

In dieser Hinsicht gibt der klassische Fall von ***Féré*** lehrreiche Aspekte:

Fall Nr. 136. Seit zirka zehn Jahren habe ich zu wiederholten Malen einen Neurastheniker beobachtet, dessen psychische Störungen sich auf Unentschlossenheit und Selbstvorwürfe beschränkten. Durch Veränderung der Umgebung erreichte er ziemlich lange Ruhepausen, die durch ein Heiratsprojekt unterbrochen wurden. Er machte sich wegen der beabsichtigten Heirat quälende Vorwürfe, hatte Nervenkrisen und verzichtete dann schließlich auf das Projekt. Trotzdem wurden im Jahre 1895 seine neurasthenischen Gewissensbisse durch ein bemerkenswertes Zusammentreffen von günstigen Umständen überwunden. Er verheiratete sich unter den denkbar besten Voraussetzungen. Achtzehn Monate lang blieb er von allen neurasthenischen Störungen verschont. Ich sah ihn im Mai des Jahres 1896 wieder, er war damals 32 Jahre alt. Er klagte über Erbrechen, welches sich seit zehn Tagen entweder des Morgens kurz nach dem Erwachen, oder nach dem Mittagessen einstellte. Wenn er mittags erbrach, so waren es Speisen. So war es den Tag vorher und denselben Tag geschehen. Das Erbrechen des Morgens hatte sich täglich mit einer auffallenden Regelmäßigkeit eingestellt, er erbrach eine zähe und helle Flüssigkeit, deren Menge er auf einen Viertelliter schätzte. Jedesmal ging dem Erbrechen eine Üblichkeit voraus, die plötzlich auftrat. Er gab spontan die Erklärung seines Unwohlseins: seine Frau war seit zweieinhalb Monaten schwanger. Den Tag, bevor die Üblichkeiten aufgetreten waren, hatte seine Frau, die bis dahin keine nennenswerten Störungen empfunden hatte, von einem Spaziergang zurückkommend, erzählt, daß sie von Üblichkeiten befallen worden sei und etwas Schleim erbrochen habe; sie war dann wieder ganz wohl und empfand auch bis zum nächsten Morgen bis zu dem Augenblicke, wo er unwohl wurde, keinerlei ähnliche Störungen. Die Erzählung seiner Frau hatte einen starken Eindruck auf ihn gemacht, weil, so sagte er, die Frauen in seiner eigenen Familie alle während der Schwangerschaft erbrachen: seine Mutter, seine Tante und seine zwei Schwestern hätten während jeder Schwangerschaft unter heftigem, unstillbarem Erbrechen gelitten. Die Mutter hat später diese Mitteilung bestätigt und sie bekräftigte, daß die Frau nur sieben oder acht Anfälle von Üblichkeit gehabt und dabei wenig Schleim erbrochen habe. Der Ehemann war bei diesen Anfällen nicht dabei gewesen, auch waren sie vor ihm sorgfältig verheimlicht worden. Trotzdem erbrach er jeden Morgen während dreier Wochen; das Unwohlsein kam plötzlich und ohne ihm vorher irgendwie bewußt geworden zu sein. Es blieb ihm nie Zeit, die ihm angeratenen Vorbeugungsmaßregeln zu ergreifen. Das Erbrechen hat, nachdem er die eheliche Wohnung verlassen hat, vollkommen aufgehört und ist auch nach seiner Rückkehr, die er nicht länger als auf acht Tage verschieben konnte, nicht wieder aufgetreten. Alles war in bester Ordnung bis zum Monat November; die Frau, deren Entbindung bevorstand, klagte über Kreuzschmerzen. Der Mann begann sich über Lendenschmerzen und Schwäche in den unteren Gliedmaßen zu beklagen. Nach zwei Tagen fiel ihm das Gehen außerordentlich schwer, er hatte heftigen und anhaltenden Kopfschmerz, der Schlaf floh ihn fast vollständig und war von heftigen Kopfkrämpfen unterbrochen, die ihm Schreie erpreßten. Man überführte ihn zu seinem Vater in einem Zustand von schwerer Neurasthenie, deren typische Kennzeichen fortwährende Angstzustände waren; die ganze Zeit von Vorstellungen der Todesgefahren, in welchen seine Frau schwebe, verfolgt, von Sensoriumsreizen gequält, das Licht ebenso sehr scheuend als den Lärm und jedweden Geruch, stieß er bei jeder Änderung seiner Lage, welche ihm Rückgratschmerzen verursachte, Schreie aus. Die Haut des Abdomens und die der Brust war außerordentlich empfindlich. Kein wie immer geartetes hysterisches Stigma: die Hoden waren nicht schmerzend, keine Modifikation der Patellarreflexe. Als er von dem glücklichen Verlauf der Entbindung erfuhr, trat eine Entspannung des Angstzustandes ein; aber trotzdem die Nahrungsaufnahme immer eine genügende gewesen war, fing die tatsächliche Besserung erst an, als er seine Frau nach drei Wochen wiedersah. Von diesem Augenblicke an machte die Genesung rasche Fortschritte.

Eine zweite Schwangerschaft fiel in dieselbe Epoche in das Jahr 1898. Man hatte sich vorgenommen, ihm weder von den Üblichkeiten noch von dem Erbrechen, welches ebenso selten wie das erste Mal auftrat, zu erzählen, aber seine Frau hatte in seiner Gegenwart einen Anfall. Es war nach dem Frühstück; sofort mußte er wieder Speisen erbrechen. Die folgenden Tage sofort nach dem Aufstehen erbrach er Schleim, nachdem er nach zehn Tagen die gemeinsame Wohnung verlassen hatte, hörte er auf zu erbrechen. Nach einer Woche konnte er, ohne daß sich Folgen geltend machten, zurückkommen, da seine Frau von diesen Anfällen, die übrigens selten und in einer milden Form bei ihr auftraten, befreit war. Ende Oktober, und diesmal ohne jeden äußeren Anlaß, trat die Nervenkrise mit Angstzuständen wieder auf und zeigte mit geringfügigen Unterschieden den Verlauf der ersten und endete erst letzten Februar. (L'Instinct sexuel, S. 93—95.)

In diesem Falle sehen wir eine außerordentlich starke Identifizierung mit seiner Frau. Was sind die Motive dieser Identifizierung? Seine Frau war in „interessanten Umständen". Alles beschäftigte sich mit ihr. Er wollte aber der Mittelpunkt des Interesses sein und steigerte schließlich seine Beschwerden zum Männerkindbett (Couvade). Die Frau wurde die zweite, er übertrumpfte ihre Leiden. Dieser Fall ist psychologisch von großem Interesse, weil er die merkwürdige Sitte des Männerkindbettes erklären hilft.

Einen zweiten sehr interessanten narzißtischen Typ bilden die Menschen, die es nicht vertragen, wenn Leute in ihrer Umgebung glücklich sind. Sie wollen ihnen etwas bedeuten. Sie wollen helfen, sie wollen aufrichten, sie wollen trösten, sie wollen Liebe verschwenden. Sie lieben nur sich, aber sie sind verliebt in die Pose des „Liebespendenden". Während des Krieges konnte ich unter den Krankenschwestern zahlreiche Musterbeispiele von diesem Typus beobachten. Eine sehr intelligente Oberschwester gab mir folgende Schilderung ihres Zustandes:

Fall Nr. 137. Ich bin heute 48 Jahre alt und kann Ihnen ruhig gestehen: Es gibt kein anderes Glück, als den Blick der Dankbarkeit in den Augen eines gepflegten Mannes zu sehen. Dies Glück ist wie ein Rausch. Es ist der einzige Orgasmus, den ich im Leben fühlen konnte. Nach Liebe habe ich nie verlangt. Ich begehrte immer nur „anerkennende Dankbarkeit". Seit meiner Jugend hatte ich ein Ideal: einen geliebten (unheilbaren) Mann zu pflegen. Ich habe mit 19 Jahren einen schwer rückenmarkskranken, 42jährigen Mann gegen den Willen meiner Eltern geheiratet. Ich war unsagbar glücklich, wenn er meine Hand streichelte und mich dankerfüllt ansah.

Schöne Männer haben mich nie gereizt. Ich habe kein Interesse für die Liebe. Nach dem Tode meines Mannes gab ich mich einem Studenten aus Mitleid hin, weil er mit Selbstmord drohte. Ich habe nichts empfunden, bloß das Gefühl der Freude, daß ich ihn glücklich machte. Ich kann manchmal zu einer Art Orgasmus kommen, wenn ich den starken Orgasmus des Mannes beobachte. Ich habe zahlreiche Verhältnisse gehabt. Nie aus Liebe! Geliebt habe ich nur meine Kranken, die ich gepflegt habe. Ich habe mich immer aus Mitleid hingegeben und immer mit dem Gefühl, den Mann glücklich machen zu können.

Ich gestehe, daß ich auf mein Talent als Schwester eitel bin. Ich will von allen Kranken geliebt und bewundert werden. Ich will durch den Krankensaal gehen — wie eine milde, gütige, liebespendende, beglückende Fee . . .

Zu dieser Eigenschaft steht eine andere in argem Mißverhältnis. Glückliche Menschen sind mir gleichgültig, ja sie irritieren mich sogar. Ich habe eine jüngere Schwester, die unglücklich verheiratet war. In dieser Zeit war ich ihr alles. Ich opferte mich für sie auf und wollte meinen letzten Heller für sie hingeben.

Sie lag oft nächtelang weinend in meinen Armen. Ich streichelte sie und sagte ihr alle möglichen Kosenamen. Sie hatte einen brutalen Gatten, der sie infiziert hatte und dann vernachlässigte. Er spielte nächtelang in Wirtshäusern Karten, hatte unzählige Liebschaften. Ich überredete die Schwester, den Mann zu verlassen und sich scheiden zu lassen. Ich malte mir ein Leben aus: Ich wollte die Unglückliche aufrichten, ihr a l l e s bedeuten, ihr Leben durch meine aufopfernde Liebe verschönern. Ich wollte wie ein Pelikan mein Herzblut für sie opfern.

Da verliebte sie sich in einen Arzt, der sie behandelte. Ich selbst hatte sie zu dem Arzte gebracht, dem der Ruf voranging, ein wunderbarer Seelenarzt zu sein. Ich wollte, er solle sie von ihren „Depressionen" befreien. Ich zahlte ihr die kostspielige Kur in dem Gefühle, a l l e s für sie zu tun, um sie zu retten.

Nun verliebte sich der Arzt in sie. Sie wurde glücklich. Ich war eifersüchtig, ohne es mir gestehen zu wollen. Ich fand den Arzt, der mir vorher wie ein Ideal erschienen ist, brutal, egoistisch, gemein. Ich schalt ihn einen Don Juan, der sie nur verführen wolle und prophezeite, daß er sie niemals heiraten werde. Ich kämpfte mit aller Macht gegen diese Verbindung. Allein ich war zu schwach. Sie heiratete ihn und wurde glücklich. Ich habe mit ihr gebrochen. Sie existiert für mich nicht mehr. Ich kann ihr nichts geben. Ich habe mir als Ersatz ein anderes unglückliches Wesen ins Haus genommen, dem ich etwas bedeuten kann. Aber ich gestehe, daß ich einer Phantasie lebe: Ich sehe meine Schwester nach einer fürchterlichen Enttäuschung zu mir zurückkehren. Ich will ihr weit beide Arme öffnen und sie an mein Herz drücken. Ich will sie wieder aufrichten und trösten und ihr wieder alles sein.

Sie klärten mich darüber auf, daß ich eine „Narzißtin" bin und nur mich liebe. Sie haben recht. Ich habe unzählige narzißtische Züge bei mir entdeckt. Ich bewundere mich die ganze Zeit. Wenn ich koche, so bilde ich mir ein, daß es keine andere so gut machen könne. Ich habe Freude daran oder eigentlich: Ich habe eine Freude an meiner Freude. Ich berausche mich bei dem Gedanken, wie gut die Speisen schmecken werden und wie man mich loben wird.

Ich habe die unangenehme Eigenschaft, immer von mir zu sprechen. Ich habe neue Sprachen gelernt, um damit zu paradieren. Ich nehme Gesangsstunden und singe vor allen meinen Freunden, um mich bewundern zu lassen. Und ich fange an, um Mitleid zu werben und an allen möglichen und unmöglichen Krankheiten zu leiden. Ich suche die Bekanntschaft von interessanten Menschen, um mich als „interessante Person" zu fühlen. Ich habe es gelernt, auf alle Menschen einen äußerst günstigen Eindruck zu machen. Ich spiele einen sehr glücklichen, lebensfrohen, tatkräftigen Menschen, ich habe eine bezaubernde Flötenstimme, einen unwiderstehlichen Augenaufschlag, ich versuche, mich in den Menschen einzuleben, ihm beizupflichten, ihn zu erobern, bis er entzückt ist. Leider bin ich nicht in der Lage, alle diese Eroberungen festzuhalten. Manche scheinen mich zu durchschauen und verlassen mich nach einiger Zeit, obwohl ich mich bemühe, sie durch kleine und große Gefälligkeiten zu fesseln. Diese Gefälligkeiten! Ich weiß nicht, ob es eine zweite Frau gibt, die so gerne gefällig ist. Ich kann stundenlange für fremde Menschen herumlaufen, nur um sie zu der bewußten „anerkennenden

Dankbarkeit“ zu bringen. Ich vertrage daher keine Menschen, die nicht Grund haben, mir dankbar zu sein.

Vielleicht wird es Sie interessieren, daß ich, die ich den Handkuß eines Kranken als höchsten Genuß betrachte, die Gewohnheit habe, mir die Hand vor den Mund zu halten, sie zu küssen daran zu saugen und dann einzuschlafen. Dieser Selbst-Handkuß ist meine Schlafbedingung. Sie werden diesen Infantilismus vielleicht besser verstehen als ich selbst, obwohl ich leider selten Gelegenheit hatte, meinen Charakter von Ihnen analysieren zu lassen.

Wir haben diesen Infantilismus des Handkusses schon bei dem Fall von Zoophilie beobachtet (Kapitel XVI. Analyse eines Falles von Zoophilie). Es kommt außerordentlich häufig vor, daß Neurotiker am Finger saugen, mit der Zunge, mit den Lippen spielen, ehe sie einschlafen. Der Handkuß in diesem Fall ist kein Ausdruck eines Infantilismus. Es ist nur die Wiederholung der „spezifischen Szene“, nach der die Kranke lechzt: ein Handkuß einer gepflegten Person. Dieser Handkuß ist ihre „fixe Idee“, das Leitmotiv ihres Lebens.

Im Zusammenhang mit dieser Eigenschaft möchte ich an dieser Stelle noch einen zweiten Fall von *Féré* anführen, der uns das Bild eines „falschen Narzißmus“ bietet. Lassen wir nun die Beobachtung von *Féré* für sich sprechen:

Fall Nr. 138. Frau M., 29 Jahre alt. Sie war ein ausgetragenes, aber zartes Kind; sie hat nur 5 Pfund bei der Geburt gewogen; die Mutter, welche ihre drei Kinder selbst gestillt hatte, konnte sie nicht dazu bewegen, die Brust zu nehmen. Man schrieb dieses Widerstreben der Schwäche des Kindes zu, es gelang jedoch, dasselbe künstlich zu ernähren. Die Person, die sie pflegte, war sehr ergeben, zeigte aber keine besondere Zärtlichkeit; übrigens hatte sie selbst einige kleine Kinder. Wie sie als Kind Zeichen von Erkennen zu geben anfing, bemerkte man, daß sie nur ungern die Nähe ihrer Mutter ertrug, so daß sie sie stets mit Schreien und Abwehrbewegungen empfing. Im Gegensatz dazu war sie gegenüber der Person, die sie pflegte, aber auch den beiden Tanten, ihrem Vater und ihren Onkeln gegenüber sehr entgegenkommend. Umsonst suchte die Mutter dieser Abneigung auf den Grund zu kommen: die Frau, die das Kind pflegte, wurde, als es 13 Monate alt war, durch eine andere ersetzt; aber das Benehmen des Kindes gegen seine Mutter erfuhr keinerlei Änderung. So blieb es noch während einiger Monate. Die Mutter konnte ihr Kind nur mit Gewaltanwendung küssen und konnte von ihm keinerlei Zärtlichkeit erreichen. Aber je mehr das Kind den Wert des Verwöhnens und der Näschereien verstand, desto leichter fiel es der Mutter, vermöge von Belohnungen das Kind dazu zu bringen, daß es sich liebkosen ließ; aber das Kind selbst liebkoste die Mutter niemals. Sie ging sehr schonend mit dem Kind um, welches seit seinem 2. Jahre an nächtlichen Angstzuständen und bei Tag von Zeit zu Zeit an plötzlichem Erblassen litt, was Konvulsionen befürchten ließ.

Das Kind war 4 Jahre alt, als eines Tages die Mutter, die sehr unter diesen Zuständen litt, es bei Seite nahm und ihm Vorstellungen und die rührendsten Versprechungen machte; das Kind schien entschlossen zu sein, der Mutter einen Kuß zu geben; es näherte seine Lippen, ohne seinen Widerwillen verbergen zu können; plötzlich schob es seine rechte Hand zwischen seinen Mund und die Wange der Mutter, welche sie gerade in den Armen hielt. Der eigene Handrücken empfing den Kuß und das Kind schrie: „Ich kann, ich kann nicht!" Die Mutter mußte auf diese Genugtuung verzichten. Sie hatte nicht nur den Haushalt, sondern einen wichtigen gewerblichen Großbetrieb zu leiten und kam allem mit strenger Disziplin nach; das kleine Mädchen unterwarf sich willig den Hausregeln, zeigte sogar Zeichen von uneingeschränktem Respekt, Zuneigung und Entgegenkommen seiner Mutter gegenüber, aber Zärtlichkeiten gegenüber blieb es widerspenstig.

Kurze Zeit nach dem Versuch der Mutter, von dem oben die Rede war, hörte man in der Nacht im Zimmer des Kindes das Geräusch von Küssen und man kam darauf, daß es während des Schlafes seinen rechten Handrücken küßte; dasselbe konnte man von Zeit zu Zeit immer wieder feststellen. Je älter das Kind wurde, desto bemerkbarer wurde ein gewisser Widerspruchsgeist, der sich teils gegen seine Brüder, teils gegen seine Mutter geltend machte; dies kontrastierte in merkwürdiger Weise mit dem Entgegenkommen, welches es im Verkehr mit Fremden, ob es jetzt Kinder oder Erwachsene oder Dienstboten waren, zeigte. Das Kind war acht Jahre alt, als man bemerkte, daß es sich von Zeit zu Zeit in ein unbewohntes Zimmer oder einen Winkel des Gartens zurückzog und dort, seinen Handrücken küssend, lange verweilte. Man beobachtete es und bemerkte, daß dieser Vorgang von einer merkwürdigen Erregung begleitet war. Das Kind errötete zeitweise und erbleichte dann plötzlich und das Küssen hörte auf; dann blieb es in einem Zustand von Betäubung zurück. Die Neckereien seiner Brüder schienen es von dieser „Manie", wie man es nannte, zu befreien, in Wirklichkeit konnte es sich nur besser als vorher verstellen.

Das Mädchen menstruierte zum ersten Male mit 13 Jahren, die ersten 3 oder 4 Male unter Schmerzen, nachher aber ganz schmerzlos. Einige Monate später bekam es eine rechtsseitige Gesichtsneuralgie, die einige Monate anhielt und die nach einer Pause von einigen Wochen von einer zwischen den Rippen auftretenden rechtsseitigen Neuralgie gefolgt wurde, die ungefähr ebenso lange dauerte wie die erste. Diese Neuralgien, deren Ursache man nicht ermitteln konnte, hatten es in einen solchen Zustand der Reizbarkeit versetzt, daß keine Mahlzeit ohne Streit verlief. Übrigens war es fremden Leuten und sogar den Dienstleuten gegenüber die verträglichste Person der Welt. Eines Tages, nachdem es hintereinander mit seiner Mutter und seinen drei Brüdern Streit gesucht hatte, belustigte es den ältesten, die Sitten des Kuckucks in bezug auf die Inkubation der Eier zu erzählen und er schloß seine Erzählung, indem er die Schwester „Fräulein Kuckuck" nannte. Sie sprang wütend auf und schrie: „Sicherlich bin ich nicht Eure Schwester, denn mein Fleisch haßt Euch!" Aber daraufhin fiel sie plötzlich zu Boden rücklings und wand sich unter Krämpfen und lauten Schimpfreden in einer Nervenkrise; dann stürzte sie sich mit den Lippen auf ihre rechte Hand und begann sie wütend zu küssen. Nach Verlauf einiger Minuten erbleichte sie und hielt mit dem Küssen inne; sie schien ganz stumpfsinnig, war aber nach einigen Minuten ganz hergestellt; sie stand auf und schloß sich in ihr Zimmer ein.

Seit diesem Anfall, dem einzigen, den sie je gehabt hatte, änderte sich ihr Verhalten vollkommen, man kann sagen sichtlich. Vom Augenblick an, als sie wieder vor ihrer Familie erschien, war von Widerspruchsgeist keine Rede mehr; sie markierte den Ihren gegenüber ein gleichmäßiges, freundliches Entgegenkommen, welches sie sonst nur Fremden gezeigt hatte. Sie trachtete die Zeichen der Ungeduld, welche ihr sonst immer bei jeder Zärtlichkeitsbezeugung ihrer Mutter entschlüpft waren, zu unterdrücken, aber es gelang ihr nicht, gegen sie selbst zärtlich zu sein.

Sie benützte die erste Gelegenheit, die sich ihr bot, um zu heiraten. Sie heiratete mit 19 Jahren einen Industriellen, der um neun Jahre älter war als sie, und zeigte ihm sofort große Zuneigung, so daß ihre Ehe gleich für eine sehr glückliche angesehen wurde. Seit ihrer Verheiratung unterhielt sie mit ihrer Mutter und mit ihren Brüdern sehr korrekte Beziehungen, aber ohne jede Sympathie. Sie sagt ihrem Mann nie ihre Ansicht über ihre Familie, aber es fällt ihm nicht schwer zu erraten, daß alles, was von derselben herrührt, ihr antipathisch ist. Sie überwacht sich selbst, um alle Vorwürfe zu vermeiden. Sie hat vier Kinder während der ersten sechs Jahre ihrer Ehe gehabt. Die zwei älteren, zwei Söhne, sind an Krämpfen gestorben; die zwei jüngeren, zwei Mädchen, welche 4 bzw. 5 Jahre alt sind, litten beim Zahnen auch an Krämpfen. Die Älteste leidet jetzt noch von Zeit zu Zeit an nächtlichem Harnen; die Jüngste scheint bis jetzt vollkommen normal zu sein. (Unvollständige Auskunft über den Vater und seine Familie.)

Sie hat ihre vier Kinder selbst gestillt und keinerlei nervöse oder geistige Störungen während der Stillperiode, der Schwangerschaft und den Entbindungen gehabt. Seitdem sie ihr jüngstes Kind gestillt hat, ist sie sogar ziemlich stark geworden.

Infolge einer Muschelvergiftung im Juni des Jahres 1895 hatte sie verschiedene neurasthenische Störungen und nach drei Wochen, da sie aus ziemlicher Entfernung Zeugin eines Wagenunfalles gewesen war, zeigte sie Ängstlichkeit auf der Straße, Furcht vor dem Sterben im Zustand der Unbußfertigkeit und wollte nicht mehr ausgehen.

Sie war traurig und zog sich zurück; ihr Mann überraschte sie, wie sie mehrere Male die Lippen auf ihren rechten Handrücken drückte; die Tatsache machte um so größeren Eindruck auf ihn, als er dies schon öfters unter merkwürdigen Umständen beobachtet hatte und es ihn ziemlich beängstigte. Frau M., welche durch die Zweifel, die sie übermannten, sehr beunruhigt war, gab selbst die Erklärung zu den Beobachtungen ihrer Mutter und ihres Mannes: Von dem Tage angefangen, an dem sie, von ihrer Mutter gezwungen, im Begriffe stand, ihr einen Kuß zu geben, der dann ihren eigenen Handrücken traf, hatte sie ein eigenes Vergnügen empfunden, diese Hand zu küssen und besonders den Mittelhandrücken, der damals den Kuß empfangen hatte. Sie war beiläufig 8 Jahre alt, als sie anfing, während dieser Berührungen sexuell zu empfinden und die Genitalien sich in einem Zustand von Erethrismus befanden, der in einen tatsächlichen Orgasmus endigte, der nach und nach von Sekretionen der Vulva begleitet war. Als man von „ihrer Manie“ Kenntnis erlangt hatte, verbarg sie dieselbe, aber während ihrer ganzen Mädchenzeit bis zu ihrer Heirat hat sie nicht aufgehört, sich dieser Art Masturbation hinzugeben. Trotzdem sie ihren Mann liebte und ihre Sinne durch ihn geweckt worden waren, hat sie in ihren ehelichen Beziehungen erst in dem Augenblick voll empfunden, als sie während des Koitus zu ihrer alten Strategie ihre Zuflucht nahm: sie mußte ihren rechten Handrücken küssen, um zum Orgasmus zu kommen. Ihr Mann war von der Heftigkeit, mit der sie ihre Hand an ihre Lippen führte und vom charakteristischen Spasmus, der darauf folgte, ganz bestürzt. Er hatte erst angefangen, dieses Manöver zu ahnen, als er sie während ihres niedergeschlagenen Zustandes ihre Hand mit einem anstößigen Ausdruck liebkosen sah.

Mehrere Kuren, die sie während ihrer neurasthenischen Anfälle durchgemacht hatte, haben die Schlafstörungen bis zu einem gewissen Grad vertrieben, aber die Agrophobie und die Idiosynkrasie sind ihr bis zu einem gewissen Grad verblieben. (l. c., L'Instinct Sexuel Évolution et Dissolution par *Ch. Féré* Médecin de Bictre, Paris, 1899, Ancienne Librairie Germer Baillière et Cie., Félix Alcan Editeur, S. 257—261.)

Dieser wunderbare Fall, der erst durch eine Analyse geklärt werden könnte, zeigt uns erstens die Herrschaft einer „fixen Idee", d. h. die Wiederholung der spezifischen Szene. Es ist sehr wahrscheinlich, daß es sich in diesem Falle um Trotzreaktionen infolge von Eifersucht handelt. Die Hand wird zum Repräsentanten der Mutter. Aber trotzdem! Es ist die eigene Hand. *Freud* würde sagen, die Libido sei nicht fähig auf das Objekt zu strömen und fixiere sich am eigenen Körper. Dieser Fall zeigt, wie einzelne eigene Körperteile zum „narzißtischen Fetisch" werden können.

Es ist mir längst bekannt, daß das Problem des kleinen Fetischismus, der Teilanziehung, nur so zu erklären ist, daß jeder die erogene Zone am Partner bevorzugt, die ihm selbst die größte Lust bereitet. Ein Fußfetischist kann zuerst an der eigenen großen Zehe gesaugt haben *(Adler)*, ein Handfetischist sich die erste autoerotische Lust durch Saugen an der Hand erzeugt haben. Es kommt dann zu Erscheinungen des „Teil-Narzißmus". Man ist nur in einen bestimmten Teil seines Körpers verliebt, während man mit anderen Teilen unzufrieden ist und sie ändern möchte. Es gibt „Teilnarzißten", die in ihre Ohren, in ihre Gestalt, in ihre Beine, in ihr Gesicht, in ihre Nase und besonders in ihre Genitalien verliebt sind. Dies Verliebtsein in die eigenen Genitalien, das in der Psychogenese der Neurosen eine große Bedeutung hat, wird dann eine der Wurzeln des Exhibitionismus, worauf ich in einem früheren Kapitel hingewiesen habe.

Freud[1]) führt als bedeutsamste Störung des ursprünglichen Narzißmus den „Kastrationskomplex" (Penisangst beim Knaben, Penisneid beim Mädchen) an. Dabei nimmt er „Ichtriebe" als Gegensatz und Ergänzung der „Sexualtriebe" an. Ich kann die Bedeutung des Kastrationskomplexes nicht anerkennen. In meinen Analysen war er zuweilen zu finden, aber nie mit der Regelmäßigkeit, die ihm die orthodoxe *Freud*schule zuschreibt. Ebensowenig kann ich einer Annahme gesonderter Ichtriebe und Sexualtriebe beipflichten.

Bedeutsamer scheint mir die Beziehung von Narzißmus und Ideal, die *Freud* scharf hervorhebt. Nach *Freud* sieht das Kind in sich sein eigenes Ideal. „Was der Neurotiker als sein Ideal vor sich hin projiziert, ist der Ersatz für den verlorenen Narzißmus seiner Kindheit, in der er sein eigenes Ideal war."

[1]) Zur Einführung in den Narzißmus. Schriften zur Neurosenlehre. IV. Folge.

Allerdings ist das Ideal *Freuds* schwer zu verstehen. Er sagt: „Die Anregung zur Bildung des Ichideals, als dessen Wächter das Gewissen bestellt ist, war nämlich von dem durch die Stimme vermittelnden kritischen Einfluß der Eltern ausgegangen, an welche sich im Laufe der Zeiten die Erzieher, Lehrer und als unübersehbarer, unbestimmbarer Schwarm alle anderen Personen des Milieus angeschlossen hatten. (Die Mitmenschen, die öffentliche Meinung.)"

Das ist ein entschiedener Widerspruch. Das Kind kann also vor der Erziehung kein Ideal gehabt haben. Es kann nicht sein Ideal gewesen sein. Das Ideal-Ich wurde erst durch die Erziehung, d. h. durch das Fremde *(Otto Groß)* aufgerichtet. Das Eigene kennt kein Ideal-Ich. Das wahre Ich ist ihm genug. Es sucht nicht nach etwas Höherem und Besserem.

Das Ideal ist die Persönlichkeit, die man sein möchte, oder das Liebesobjekt, das man besitzen möchte. Das Ideal kann ein Mensch sein, der alle Triebe überwunden hat, es kann auch ein Mensch sein, der den Mut hat, alle seine eigenen Triebe auszuleben (Renaissancemensch — Verbrecher — Napoleon).

Der Narzißt ist sein eigenes Ideal. So konnte mir ein Narzißt sagen: „Sie werden mir nicht glauben. Ich beneide mich selbst!" Dieser Zustand hat sich erst überkompensatorisch zur Überwindung eines drückenden Minderwertigkeitsgefühls ausgebildet. Dieser Mann war in gewisser Hinsicht ein Krüppel. Er wurde erst sein Ideal infolge einer neurotischen Fiktion. Er hatte nie eine narzißtische Periode in der Kindheit durchgemacht. Das Kind ist gewöhnlich in sich verliebt, weil die Umgebung so viel von seiner Schönheit und von seinen Reizen, von seiner Klugheit usw. spricht. *Freud* meint: „Wiederum das eigene Ideal sein, auch in Betreff der Sexualstrebungen, wie in der Kindheit, das wollen die Menschen als ihr Glück erreichen." Warum hören die Kinder auf, in sich verliebt zu sein? Weil das Gefühl der Minderwertigkeit durch das Gewissen erzeugt und dauernd gespeist wird. Wir sehen also, daß die Erziehung das eigene Ideal zerstört und ein neues Ideal aufrichtet.

Dabei kann sich der Prozeß als körperlicher oder als seelischer Narzißmus entwickeln. Der eine ist in seinen Körper (besonders in seine Genitalien), der andere in seine Seele, in seine Fähigkeiten usw. verliebt. In manchen Fällen kombinieren sich beide Faktoren. Jemand kann sich seinem körperlichen Ideal nahe glauben, aber seelisch unter der unüberbrückbaren Distanz zu seinem Ideale leiden. Andere finden sich körperlich häßlich, aber sie verlieben sich in ihre „schöne Seele".

Allen Narzißten ist der Glaube an ihre Unsterblichkeit eigen. Sie können es nicht verstehen, daß sie einmal sterben müssen wie die anderen

Sterblichen. Sie verleihen sich göttliche Kräfte und zeigen oft den von mir schon erwähnten Typus der „Christusneurose".

Ich wende mich nun der Analyse eines Falles von Narzißmus zu, der uns tiefen Einblick in das Wesen und die Psychogenese des Leidens verschaffen wird. Es handelt sich um einen siebenbürgischen Landlehrer, den ich eingehend analysiert habe. Er klagte über die Zwangsvorstellung, daß ihm die Haare ausfielen. Stundenlange stand er vor dem Spiegel und trauerte darüber, daß seine „Schönheit" zerstört werde. Es zeigte sich, daß er in sich selbst verliebt war. Ich gebe erst einige (gekürzte) Stellen aus seinem Tagebuche wieder, ehe ich zur Analyse schreite:

Fall Nr. 139.

I. Erinnerungen etc. aus der Kindeszeit.[1])

Geboren 1884. Mein Vater war Lehrer und lernte meine Mutter, die in der Kirche als Sängerin sang, nebenbei hübsch und stark entwickelt war, von zu Hause aus von ihrer Mutter sehr strenge erzogen, kennen und lieben; es entspann sich ein Liebesverhältnis und schließlich wurde sie schwanger und brachte mich ledigerweise zur Welt. Die Mutter dürfte während dieser Zeit schwer zu kämpfen gehabt haben. Mein Vater war ein sehr lustiger Bruder, trank gerne. Er war ein starker, lebensfroher und noch heute bei seinen 66 Jahren kerngesunder Mensch; ebenso meine Mutter; diese gebar mich aber im Alter von 17 Jahren. Mein Vater wollte aber von der Heirat nichts wissen, da er stark in Schulden stak; es dürfte zu großen Zerwürfnissen gekommen sein, da meine Mutter oft schon später erklärte, es wäre besser, sie hätte ihn nicht geheiratet. Mein Vater wurde von Amts wegen zur Heirat gezwungen.

Eindrücke vom 2. Lebensjahr an.

Als Kind war ich täglich im Nachbarhause bei Doktors, wo man mich wie das eigene Kind behandelte. Meinen Bruder Charly konnte man nicht recht leiden; man nannte ihn „Charrade". Dagegen wurde zu Hause mein Bruder vom Vater, ich glaube auch von der Mutter, mehr eingeschätzt. Der Bruder verkehrte gar nicht bei Doktors. Er war entschieden der Stärkere, ist auch heute größer, stärker als ich und hat eiserne Nerven, hat den Krieg in Frankreich mitgemacht. Er wurde der Stolz des Vaters, der sich im Kriege in Gesellschaft stets mit ihm rühmte. Bei Doktors bekam ich oft Näschereien und zu essen, saß aber selten bei Tische. Ich begleitete den Doktor fast täglich in seinen Garten außerhalb der Stadt. Auf meinen Bruder war ich damals oft neidig, namentlich da sich Damen der Stadt lieber mit ihm abgaben als mit mir. Mir gefielen nämlich als Kind schon die Damen recht gut, war aber auch später als Bürgerschüler wenig beliebt bei ihnen. Ich war immer mehr ernster als mein Bruder und mir wurde auch von den Damen dies vorgehalten. Als Kind hielt ich mich auch fast täglich bei der Großmutter, des Vaters Mutter, auf, die mich ungemein gerne hatte, jedoch meinen Bruder nicht leiden

[1]) Getreu meinem Prinzipe, nichts an den Lebensbeichten der Kranken zu ändern, habe ich auch in dieser Geschichte weder den Stil noch die grammatikalischen Entgleisungen verbessert. Man erhält ein unverfälschtes Bild der dargestellten Persönlichkeit.

konnte. Trotz ihrer kleinen Pension bekam ich täglich etwas von ihr, mein Bruder nichts oder weniger. Ich flüchtete deshalb oft zur Großmutter, die wo anders wohnte, da wir zu Hause nichts Gutes zu essen bekamen und weil der Vater von der Schule oft nervös nach Hause kam, mit der Mutter oft brummte, weil sie seinem Wunsche gemäß das Essen nie um 12 Uhr auf den Tisch stellte, oft ein böses Gesicht machte, uns mit der Hand beim Essen prügelte und weil wir den Vater mehr fürchteten als liebten und wir immer froh waren, wenn er das Haus verlassen hatte. Mein Vater ging täglich ins Wirtshaus trotz seines kleinen Gehaltes als Lehrer und wenn er später nach Hause kam, da gab es große Krawalle, die mich tief erschütterten und ängstigten, wo er die Mutter eine Bestie, Luder schimpfte, alles dies, weil meine Mutter immer das letzte Wort hatte. Der Vater sagte uns Kindern oft, daß wir nicht eine solche Furie heiraten sollen, die uns unglücklich machen würde. Ebenso gab es Szenen beim Essen, wenn der Vater später kam und bei seinem Freunde, einem Bäcker, war, da ihm die Mutter vorwarf, daß er sich eine bessere Gesellschaft suchen sollte (mit Unrecht aber!, da es eine angesehne Bürgerfamilie war = etwas Größenwahn der Mutter infolge ihrer eingebildeten Schönheit, die glaubte, eine bessere Partie machen zu können). Der Vater geriet dabei in solche Wut, daß er alles zusammenhaute, daß wir dachten, der Schlag werde ihn treffen und wir alle weinten und die Mutter baten, sie möge doch endlich ruhig sein. Der Vater warf der Mutter auch oft vor, daß er ihr den ganzen Gehalt gebe. (Eine Lächerlichkeit, da doch so ein armes Schwein von einem Lehrer nichts verdiente.) In solchen Wutanfällen drohte uns der Vater, daß er uns nicht studieren lassen werde. Die Aufgabe der Mutter war eine schwierige, da sie 6 Kinder zu betreuen hatte und mit unrichtigen Anschauungen (da sie vom Dorfe war und jung heiratete) das Leben auffaßte. Mein Vater ließ sie dies oft spüren, schimpfte sie blöde Gans etc.

Meine Mutter, die als Kind einen Gelenksrheumatismus hatte, fühlte sich oft schwächlich in der Ehe! Sie stellte uns den Tod als etwas Schreckliches und Schauderhaftes hin, redete oft mit Leuten über „Christian science", fühlte sich matt und nervös, machte oft kalte Waschungen, erzählte mir sehr gerne von Krankheiten, von Schlaganfällen anderer Personen, die mich auf den Gedanken brachten, mich vor denselben einmal zu retten. Sie erzählte von kalten Waschungen und kalten Bädern anderer Personen. Sie hat mir langes Leben stets als Höchstes hingestellt.

Unsere Mutter hat uns sehr religiös erzogen. Da unser Vater dieser Sache kühl entgegenstand, nie betete oder selber in die Kirche ging, dies konnte ich schwer begreifen (Widerspruch). Ich hatte Angst vor dem Feuer der Hölle und machte mir nach der Beichte ebenso so furchtbare Vorwürfe, wenn ich eine Sünde begangen habe oder wenn die Hostie an meinen Zähnen kleben blieb, so daß mir mein falscher Hausfreund Fritz Hamilton, des Hausherrn Sohn, dies als eine Todsünde hinstellte.

Wenn ich meine Mutter ärgerte oder in ihrem Streite mit dem Vater diesem half, so sagte sie mir oft, ich werde kein Glück haben.

Ich erinnere mich, oft in den Spiegel gesehen zu haben und war ganz befriedigt von meinem schönen Aussehen und hoffte bestimmt, daß dasselbe grundlegend sei, einmal in der Welt und namentlich beim weiblichen Geschlecht Glück zu haben. Ich war froh, hübscher zu sein als mein Bruder, nicht aber deshalb, weil ich ihm dies nicht gönnte, sondern deshalb, weil ich meinte, es würde ihm nur hemmend sein. Ich hielt mich also immer für schöner.

Als Kind war ich auch sehr anhänglich zum Doktor, der mir den Vater ersetzte; überhaupt ist charakteristisch fürs spätere Leben, daß ich immer in jedermann einen Schützer suchte (Unselbständigkeit), mich nie recht freizumachen verstand.

Schon als Kind in der I. Klasse habe ich gerne etwas über sexuelle Dinge gehört und fühlte mich in dieser Hinsicht zum Weibe hingeneigt, da ich gerne etwas sehen wollte. Als Kind im vorschulpflichtigen Alter schlief ich mit meiner Tante, deren Geschlechtsteile ich, als sie noch schlief, mir ansah. Schon mit 10 Jahren in ein Schulmädchen leidenschaftlich verliebt; ebenso als Knabe von 13 und 14 Jahren heimlich in 3 Mädchen verliebt, die ich gerne später heiraten wollte. Stundenlang wartete ich beim Fenster, bis sie vorüberging, wo ich dann schnell am Klavier etwas spielte, damit sie mich höre. Ich traute mich aber nie, das Mädchen, das ich liebte, anzusprechen, weil ich von deren Schönheit berückt und eingeschüchtert war. Charakteristisch für das spätere Leben war, daß ich immer von dem Weibe, das ich liebte, eingeschüchtert und befangen von ihrer Schönheit war und mich nicht traute, mit ihr Ernst zu machen.

Mit 6 Jahren lehrte mich mein Vater Klavierspielen. Ich spielte so leidenschaftlich, daß ich nach der Schule sofort ans Klavier eilte. Das Spielen hob meine Eitelkeit! Ich bildete mir bald ein, daß ich zu den besten Spielern einmal gehören werde. Der Sohn des Hausherrn (Fritz) lernte auch spielen, war mir aber überlegen; an demselben maß ich mich und ärgerte mich, wenn er es im Spielen weiterbrachte und mich demütigte. Auch erklärte er einmal, er verstehe es, die Damen zu unterhalten, ich dagegen nicht und ich werde deshalb nie zu einer Frau kommen, was mich stark beeinflußte. Er hatte auch bei den anderen Mitschülern mehr Freunde und gab seine Überlegenheit mir oft zu spüren. Auch als Student der Lehrerbildungsanstalt erzählte er fort von seinen Erfolgen.

Als 13jähriger Knabe wurde ich durch einen Mitschüler zur Onanie verleitet; wir onanierten so lange, bis die „Natur" kam, auch mit Fritz. Mein Vater hat mir einmal die Folgen der Onanie als furchtbar hingestellt.

Wir onanierten wohl selten, aber gewöhnlich, wenn ein Mädchen vorbeiging, das uns gefiel. So durch Jahre hindurch, aber nur 1—2mal wöchentlich. Und auch noch heute, aber selten. Durch die Onanie spürte ich wohl die erste Zeit keine Aufgeregtheit, später war ich oft den ganzen Tag aufgeregt und deprimiert, machte mir furchtbare Vorwürfe und Reue. Ich ward scheu, traute mich nicht aufzusehen, aus Furcht, man würde es erkennen. Als Student wollte ich den Gefahren der Onanie dadurch ausweichen, daß ich den Samen zurückdrückte und nicht herausließ. Der Religionsprofessor machte mir, wahrscheinlich wegen der Ringe um die Augen, große Lehren deshalb vor den Studenten, auch wegen meiner Eitelkeit durch Tragen von Locken und eines Zwickers.

Mein Bruder spielte wenig Klavier; wurde aber, da er mit mir in die I. Bürgerschulklasse ging, immer vor mir vom 1. Lehrer gelobt, ich getadelt; ich war der ältere. Er kam mit 11 Jahren in die Realschule. Wir hatten uns, so glaube ich, trotz allem etwas gerne.

Wir hatten in der Volksschule furchtbar schlechte Lehrer, die uns Schülern nichts erklärten. In der 4. und 5. Klasse hatte ich meinen Vater, der mich oft vor den Kindern sehr durchgehaut hat. Auch früher hat er den

Kindern über uns erzählt, was wir zu Hause taten, was nicht in der Ordnung sei und uns in den Augen der Kinder immer erniedrigt, statt gehoben. Wir hatten nie das rechte Ansehen. Uns hat auch im späteren Leben wie in der Kindheit der Vater nie angehört, sondern nur auf die Aussagen anderer (Lehrer etc.) über etwaige Fehltritte uns nie in Schutz genommen, uns aber oft gehörig durchgebleut, so daß die Mutter uns schützen mußte; ich habe in solchen Fällen ihm Böses und den Tod gewünscht. — Da auch der Vater den Lehrern in der Bürgerschule vollkommene Freiheit über uns und mich besonders einräumte, so wurde ich ungerecht behandelt und oft gedemütigt, von den Lehrern mit übernatürlicher Strenge behandelt. Ich bekam mehr Furcht und hatte kein Ansehen vor den Kindern. Ein Lehrer beutelte mich oft in der Bürgerschule, sperrte mich oft ungerecht ein. Daß die Lehrer sehr schlecht waren, beweist, daß selbe nie selbständig vortrugen, sondern alles aus dem Buche vorlasen oder lesen ließen. Mit einem Bürgerschullehrer war mein Vater Todfeind. Dieser nannte mich „Lausbub" etc.; ich bekam Furcht vor ihm und lernte nichts durch ein Jahr lang. Er blamierte mich oft. So verlor ich vollkommen an Ansehen bei meinen Mitschülern, mein Persönlichkeitsgefühl litt, ich fühlte mich zu nichts fähig und schwach. Als Knabe mit 13 Jahren bildete ich mir eine Tabes ein, ging aber darüber hinweg.

Falsche Begriffe vom Lehrstand zeitigten den Wunsch in mir, Lehrer zu werden. Ich sah nie ein, wie sehr sich ein Lehrer plagen müßte, hielt ihn überall für eine vermögende, hochgeachtete Person, da unsere Lehrer sehr wichtig taten. Schon als kleiner Bub schnitt ich mir aus Papier Buben aus, die ich abklassifizierte, was ich als das Schönste im Leben mir vorstellte. Mein Vater wollte mich Kaufmann werden lassen; meine Mutter aber setzte es durch, daß ich studieren kann; ich wollte dies auch, um Student zu sein. Mein Vater bejahte und verstand es nicht, gab sich keine Mühe, mir auszureden, Lehrer zu werden. Die Enttäuschungen und Demütigungen als Lehramtskandidat waren groß, namentlich gesellschaftlich, wo wir nichts galten. Von der Mutter aus wurde ich nie selbständig fürs Leben erzogen. Sie brachte mir die dumme Meinung bei, es wäre schwer, die Damen zu unterhalten. Ich wollte aber gerade bei dem schönen Geschlecht eine große Rolle spielen und, beeinflußt von den Worten der Mutter, brachte ich oft in Gegenwart einer Dame, die ich liebte, nicht ein Wort heraus, fühlte mich unglücklich, las Zeitungen etc. und konnte nie den rechten Stoff zur Unterhaltung finden. Ich traute mich nicht, mich anzuschließen, hatte Furcht und Angst vor der Dame, die ich liebte. (Charakteristikum für spätere Zeiten bis heute.)

Als Student lernte ich schwer, aber fleißig. Unser Religionsprofessor war übermäßig strenge. Lernte stundenlang Religion. Ebenso Geschichte. Der Professor dafür trug wie an der Hochschule vor. Stets hatte ich Angst, wenn wir Religion und Geschichte hatten. Wurde auch von den Professoren gedemütigt, indem sie mir sagten, es werde nicht viel werden aus mir.

Die Anstrengungen im Studium waren entschieden übermäßige. Dazu die Angst vor einer Geschlechtskrankheit und Brand (Ekzem am Hodensack), übermäßige Liebe zu einem Mädchen, an das ich mich nicht herangetraute, weil ich es nicht unterhalten konnte.

Als Student in den Ferien zu Hause, gründeten wir eine Ferienverbindung, an der gegen 25 Studenten teilnahmen. Da ich und mein Bruder die jüngsten waren, so hatten wir die Ehre, als sogenannte „Bieresel" zu fungieren. Die meisten Studenten waren Burschen ohne Burschenprüfung. Viele bewunderte ich als gute Redner und hatte die Gewohnheit — wie auch als Student —, alle Vorträge, anstatt so zuzuhören, aufzustenographieren. Daß wir Füchse großen Befehlen und Demütigungen auch in der Stadt ausgesetzt waren, war selbstverständlich. Mich selbständig und frei zu machen, verstand ich nicht. Ich, als Vater, hätte niemals ein solches untertäniges Verhältnis, das grundlegend für mein späteres Ansehen in der Stadt F. war, da doch die anderen Studenten in mir späterhin immer den dummen Fuchs sahen, zugegeben. Unglaubliche Befehle, als Blödian hingestellt, hatte ich mir müssen gefallen lassen und war nicht fähig, entsprechend zu antworten. Ja, es kam so weit, daß ich von dem Benehmen der älteren Studenten beeinflußt wurde, derart, daß ich mich als Lehrer nie recht aus mir heraustraute, ich fühlte mich erniedrigt und gedemütigt und sah besonders 2, 3 solcher Studenten, die später Professoren und Doktoren wurden, als höhere geistige Wesen an. Diese Hochschüler, obwohl sie Schuster-, Wagner- und Bauernsöhne waren, verstanden es, in F. eine einflußreiche Rolle zu spielen. Da war es besonders ein med. Dr. I. aus F., der es als Herrgott von F. versteht, die Stadt zu beherrschen, indem er eine Schar Hochschüler um sich versammelt.

Unser Vater hat sich um uns nie gekümmert, sondern ist nur nach Hause essen gekommen und sofort ins Wirtshaus gegangen. Meine Mutter starb. Der Vater heiratete bald darauf und ist heute der glücklichste Mensch, da seine zweite Frau ihm jeden Wunsch abliest. Er geht auch nur selten ins Gasthaus. Er hat jetzt kein Verlangen darnach.

A l s K i n d d a c h t e i c h m i c h z u e t w a s H ö h e r e m b e r u f e n, e b e n, w e i l i c h m i c h s e h r s c h ö n f a n d, i c h h i e l t m i c h u n s t e r b l i c h u n d g l a u b t e, d e r H e r r g o t t w i r d m i c h n i c h t s t e r b e n l a s s e n. A u c h d a c h t e i c h m i r e i n m a l (4 J a h r e a l t). i c h b i n s t a r k g e n u g, m i r k a n n d e r T o d n i c h t s a n h a b e n.

Als kleine Kinder hat man uns oft erschreckt, indem eine Person mit weißem Tuch überdeckt, als Gespenst zur Türe hereinkam. Bei Tische mußte ich und mein Bruder oft über das ernste Gesicht des Vaters lachen und konnten uns nicht beruhigen, bis er uns knien ließ.

Als Kind war ich auch Sängerknabe, war ziemlich vergeßlich und kam oft zu spät, traute mich nicht „Solo" zu singen und beneidete andere um ihre Stimme. Erwähnen will ich noch aus meiner Studienzeit, daß mein Kostherr, wahrscheinlich auf meine „Ringe unter den Augen" hin, gesagt hat, der Mensch wird nicht alt werden.

Es ist sehr bezeichnend, daß die meisten Narzißten Tagebücher führen und Memoiren schreiben. Sie kommen sich unendlich wichtig vor. Sie beschäftigen sich mit sich selbst am liebsten, analysieren alle ihre Regungen und glauben, die Nachwelt werde gierig nach ihren Aufzeichnungen greifen. Sie glauben ja an ihre Unsterblichkeit und wollen der Nachwelt ein Monument ihres Geistes hinterlassen. Unser Patient hat viele Bücher vollgeschrieben und versucht sich über alles Rechenschaft zu geben, vor allen Dingen will er jede Kleinigkeit aus seinem Leben der „kommenden Zeit" übergeben.

Sein ganzes Leben ist ein Rivalitätskampf mit seinem Bruder. Die Menschen, welche ihn seinem Bruder vorgezogen haben (Doktors) sind ihm heilige Personen worden. Er wollte hübscher, klüger, reicher

27*

und vor allem viel beliebter sein als sein Bruder. Er wollte überall der erste sein und vertrug es nicht, wenn ein anderer bessere Erfolge hatte.

Furchtbar schlecht ist er immer auf seine Lehrer zu sprechen, wobei er es nicht versäumt, seinem Vater eins am Zeuge zu flicken. Trotzdem zeigte sich eine frühe Identifizierung mit seinem Vater. Er wollte auch Lehrer werden und stellte sich vor, das wäre das Höchste, was ein Mensch erreichen könne.

Er merkt sich jede Demütigung. Jeder Student beginnt in einer akademischen Verbindung seine Laufbahn als Fuchs. Er aber sieht in den selbstverständlichen Diensten eines Fuchsen schwere Demütigungen, die er nie mehr vergessen kann.

Wir sehen die Verliebtheit in die eigene Person, den Glauben an die Unsterblichkeit und Schönheit, das brennende Verlangen zu glänzen und ein Rivalitätsverhältnis zum Bruder, der von den Eltern vorgezogen wurde. Der Knabe flüchtete zu „Doktors", wo er gerne gesehen war und vorgezogen wurde, und verliebte sich in sich selbst. Er gab sich jene Zärtlichkeit, die ihm die Eltern versagten. Dabei entstand ein Minderwertigkeitsgefühl in der Schule, plagte ihn der Neid, wenn andere schöner waren und ihn in irgend einer Hinsicht übertrafen. Ich bringe nun eine andere Stelle aus seinem Tagebuche:

II. Über die Entstehung des Leidens.

Als Kind von 12 Jahren fürchtete ich mich vor dem Tod. Wenn ich rote Tinte zufällig etwas leckte, dachte ich, daß ich Blutvergiftung bekommen werde. Wenn ich von einem Schlaganfall hörte, so kam ich auf den Gedanken, wie ich mich nur einst dagegen schützen könnte. Als Bürgerschüler bildete ich mir eine Tabes ein, las im Lexikon darüber; ich hatte nämlich am Abend vor dem Schlafengehen ziehende Schmerzen im Unterschenkel. Ich fühlte mich aber frisch und lebensfroh und war trotz dieser Einbildung, die feststand, noch nicht betrübt. Als Studenten waren wir nie allein und hatten nie die rechte Ruhe, da unser Zimmer ein Durchgangszimmer war. Ich konnte mich nicht recht frei machen von den Launen des Kostherrn, dessen Imperative mich manchmal verletzten. Sonst lebten wir in einem guten harmonischen Verhältnis zu den Kostleuten. Allerdings wohnte ich mit einem anderen Studenten (Vorzugsschüler), der mir seine Überlegenheit oft zu spüren gab, sei es, daß wir anfangs rauften, daß er sich prahlte. Der Kostherr las viel Zeitung und unterhielt sich meistens mit dem anderen Studenten. Man wußte also, daß ich ein mittlerer Schüler sei, was mir nicht angenehm war. Die Folge der schlechten Vorbildung in der Bürgerschule war, daß ich in der I. Konferenz aus 3 Gegenständen getadelt und vermahnt wurde. Ich war aber fleißig und es kam dies nicht mehr vor. Ich hatte besonders vom Religionsprofessor zu leiden, der mir, trotzdem ich Religion büffelte, nie mehr als genügend gab, trotzdem ich oft sehr gut entsprach, der mir Lehren vor den Mitschülern über Eitelkeit und eventuelle geheime Sünden machte. Im ersten Jahre betete ich oft kniend im Bett zu Gott; im zweiten Jahre fühlte ich mich matt vom Studium und betete liegend.

Als Lehramtskandidaten genossen wir kein Ansehen; dagegen aber die Gymnasiasten und Realschüler. Wir hatten daher gesellschaftlich gar nichts; vollkommener Widerspruch zu meinen Wünschen in der Kindheit; auch in die Tanzschule zu gehen und dort hübsche Damen kennen zu lernen, was meine Sehnsucht war, verbot man uns. Dazu übermäßige Strenge der Professoren und Studium bis in die Nächte hinein, da ich ehrgeizig war und doch meinen Lehrern und Mitschülern aus F. zeigen wollte, daß ich doch dieses Studium bewältige.

Eigentliche Entstehungsgeschichte.

Ich war im 2. Jahrgang der Lehrerbildungsanstalt. Unten an der Rute verspürte ich einen Knoten; dieser zerfiel und es breitete sich eine nässende Flechte auf den Hodensack aus. Aus falscher Scham ging ich nicht zum Arzt, auch weil ich fürchtete, er wird mir ein unheilbares Leiden prophezeien. Diese Krankheit bereitete mir viel Kummer, da ich fürchtete, das Leiden werde schließlich sich in den Darm hinein ausbreiten. Ich las in den Ferien im Lexikon nach, fand „feuchten Brand" heraus, was mich sehr aufregte und deprimierte. Das Lesen im Lexikon wurde in den Ferien zur Tagesordnung. Ich tröstete mich wohl auch, aber ich war sehr mißgestimmt und diese Mißstimmung wurde vom Religionsprofessor, dem ich seine Demütigungen nie verzeihen konnte, bemerkt. Ich bemerkte als Student, daß meine Geistesschärfe abnahm. In den Ferien war ich immer stiller und deprimierter als die anderen Studenten. Im Jahre 1903, als ich eine ernste Liebschaft angeknüpft hatte und selbe heiraten wollte, wendete ich mich schriftlich an Dr. H., der mir Pulver und Salben schickte, so daß ich Monate hindurch jeden Morgen den Hodensack warm waschen mußte. Er schrieb mir, meine Krankheit wäre nur eine Ausschwitzung. Zu Ostern 1903 war ich selbst bei ihm, wo er mir einige Präservativs verkaufte und mir riet, mit Weibern geschlechtlich zu verkehren. In dieser Zeit spürte ich, wie meine Geisteskräfte abnahmen; ich nährte mich viel mit Eiern, onanierte auch, aber mäßig. Im Mai 1903 bekam ich einen Schmerz im Nacken, bildete mir Genickstarre ein; die Schmerzen verbreiteten sich im Rücken, dann auch in den Armen und Beinen. Ich bildete mir durch einige Monate (bis September 1903) eine Tabes ein, las Bücher darüber, wurde dadurch nur bestärkt in meiner Einbildung. Dies war der Ausbruch meiner Neurasthenie. In dieser Zeit hatte ich mich schriftlich mit einem Mädchen verlobt. Im Verkehr mit ihr zwang sie mich, ihr wöchentlich zweimal 8 Seiten lange Briefe zu schreiben. Da ihre Mutter eine Tyrannin und Hexe war und ihr große Vorwürfe über unser Verhältnis machte, nichts mit ihr Monate redete und die Braut mir dies immer mitteilte, so konnte ich nicht begreifen, wie eine Mutter so gemein sein kann; ich wurde Pessimist, geriet in einen seelischen Konflikt, da ich nie bei ihrer Mutter um die Hand bitten wollte. Diese besaß nämlich ein Vermögen von 100.000 Kronen durch Erbschaft. (Ich will nur bemerken, daß mein Bruder, der ebenfalls im Juli 1902 die Schwester meiner Verlobten durch mich kennen lernte, dieselbe 1907 heiratete.) In den Ferien 1903 war ich zu Hause, wo man mir meine Krankheit ausredete. Mein Vater meinte, die langen Liebesbriefe wären schuld und schickte mich zu Dr. N., dem ich die Briefe zeigte. Dieser fand nichts, riet mir zwar an, eine Kaltwasserkur zu machen. Ich hatte keine Mittel, mein Vater aber tat nichts für mich und überließ mich dem Schicksal. Ich gebe aber zu, daß mir damals im Anfangsstadium wäre geholfen worden. Ich nahm in den Ferien einige Dampfbäder und so wurde mir besser. — Ich will noch erwähnen, daß ich in meinem Berufe.

den ich mir mit Freuden gewählt hatte, sehr enttäuscht wurde. Sei es, daß mir die niederträchtige Bezahlung auf Jahre hinaus sowie der Titel Unterlehrer und die geringe gesellschaftliche Stellung und auch der Umstand, daß ich in meiner Klasse nicht tun konnte, wie ich wollte, und der Sekkatur des Inspektors, der auf Kleinigkeiten und Steckenpferden ritt, die Vorstellungen des geliebten Berufes, die ich als Kind davon hatte, vollkommen zertrümmerte. Ich bekam 86 Kinder in die Klasse, habe mich wie ein Vieh geplagt, da kam durch 2 Jahre der Inspektor und kritisierte mich herunter und nahm mir den Mut. Ich wollte ja glänzen und konnte nicht; ein riesiger Konflikt durch Jahre hindurch.

Im Winter 1904/05 bis Ende der Ferien 1905 erkrankten meine Nerven abermals. Gedanken über den Tod verfolgten mich, Furcht vor dem Moment des Sterbens. Die Idee war so, daß ich mir einbildete, es müßte furchtbar sein zu sterben, wenn mir der Atem (eben durch das Sterben) ausginge. In dieser Zeit hatte ich die größten Lausbuben (Abschlußklasse) zu unterrichten; auch studierte ich durch Monate hindurch zur Lehrbefähigungsprüfung. Ich konnte in dieser Zeit scharf denken und hätte bald die Prüfung mit Vorzug abgelegt. Nach den Ferien wurde mir wieder besser. Da redeten Kollegen einmal vom Ausbruch eines Krieges mit Rumänien und so entstand infolgedessen, weil ich mich vor dem Tod fürchtete, die Kriegsidee. Ich hatte Wahnvorstellungen, daß ich als Jäger werde ins Feld rücken müssen, fürchtete mich vor den Kugeln etc. Diese Idee verfolgte mich durch Jahre hindurch (1905 bis 1908). Zur Zeit der rumänischen Unruhen wurde ich fassungslos. Ich machte viele Kaltwasserkuren mit, täglich 2 Güsse (4—6° R.) durch 5 Monate hindurch. Mir wurde besser, die Todesfurcht schwand, ich fühlte mich frischer, hatte wieder die Gefühle der Jugend und Lebensfreude. Trotzdem man mir sagte, ich soll die Kur weitermachen, hörte ich auf. Im Sommer 1909 fuhr ich nach W. zur Fortsetzung der Kaltwasserkur. Der Arzt konstatierte nur Gedächtnisschwäche. Durch die Kur wurde ich wohl lebensfreudiger, aber auch gereizter, erregter und empfindlicher. Ich bekam, wahrscheinlich durch das zu kalte Wasser, schmerzhafte Empfindungen in dem Kopf und Vorderarmen, die oft lange anhielten. Jedes Denken wurde mir zur Qual und verursachte mir oft diese Beschwerden. Mein Vater stand allen diesen Sachen gleichgültig gegenüber; er will darüber nichts wissen. Diese schmerzhaften Empfindungen hatte ich durch Jahre hindurch und verlor sie durch Prießnitzkuren.

Im Sommer 1910 ging ich wiederum nach W. auf 8 Wochen und machte eine Kneippkur. (Täglich früh Taulaufen, Wassertreten, Guß, nachmittags Guß, abends Wassertreten.) Der Ausfall meiner Haare begann und machte mir viel zu schaffen. Die Güsse griffen mich an und ich lag, um die Beschwerden loszubekommen, stundenlang im Bette. Gegen Ende der Kur sagte mir einmal der Arzt, wenn ich nicht meine vielen Schuppen auf dem Kopfe losbekommen werde, habe ich in 6 Jahren kein Haar mehr auf dem Kopf. Dies war der Beginn der Haaridee; ich kam von ihr nicht mehr los. Meine Mutter sagte mir auch einst bei Besuch, ich hätte große Ehestandswinkel, was mich furchtbar erschütterte, weil die Mutter über meine Sache, die mir Kummer machte, so denkt. Das Reden der Leute über die Platte und Glatze eines anderen erschütterte mich ebenso, weil die Mutter auch spottete. Ich hatte kurz vor dem Sommer eine starke Zuneigung zu einer Fleischerstochter, die mich wohl gerne hatte, aber mit Hochschülern herumlief, und ich konnte nie recht mit ihr zusammen kommen. (Ich liebte sie durch 2 Jahre.) Ihrer Mutter war ein

Lehrer zu wenig. Ich bildete mir da ein, daß mich selbe, weil mir die Haare auszufallen anfangen, nicht mehr wird wollen. Dieser Gedanke kränkte mich furchtbar durch lange Zeit. Ich machte alles, um meinen Haarausfall zu verhindern. Umsonst. Ich schob an der kolossalen Schuppenbildung, vor der ich mich am meisten fürchtete, den Güssen die Schuld zu. Ich nahm schließlich 1911 einen halbjährigen Krankheitsurlaub. Auf eine Anfrage hin schrieb mir ein Arzt in W., ich müsse bei ihm eine seelische Behandlung mitmachen. Ich ging darauf ein. Aber dieselbe bestand darin, daß er mir riet, nicht darauf zu denken, mir die Gegenvorstellung zu machen, daß ich gesund bin (ich spürte aber kein Gefühl der Gesundheit), mich abzulenken. Jedesmal bei der Visite sagte er mir bloß: „Sie werden ganz bestimmt gesund.“ Er traktierte mich mit den schwersten Güssen (Voll- und Rückengüsse) und stundenlangen Wickeln. Nach der Kur war der Erfolg gleich Null. Ich zwang mich fort. Gedanken niederzukämpfen und die Idee zu verdrängen. Unmöglich! Als im Herbst ein Arzt zufällig in N. war, sagte er mir, ich müßte nur mit ganz leichten Güssen behandelt werden (Neurasthenie). Er sagte mir, ich könne nur glücklich werden, wenn ich mir eine Hobelbank anschaffe und körperlich arbeite. Ich spaltete Holz und sägte. Nachher wurde mir wohler und frischer.

Ich will erwähnen, daß es ein Kollege K. ist, der viel daran schuld ist, daß mir die Haaridee so viel Kummer machte. Ich verkehrte viel in einem Café. K. war täglich ab 4 Uhr dort. Dieser hat oft in meiner Gegenwart Nachbarpersonen vom anderen Tisch in der Weise bekrittelt: „Was der für eine Platte (Glatze) hat“ oder „Der bekommt ja schon eine furchtbare Glatze“. Diesen Kollegen, dem ich sehr geneigt war, scheute ich nun und nach dem Kriege meide ich seine Gesellschaft, weil er mich durch seine Reden in Aufregung bringt.

Bis zum Jahre 1906 war ich streng religiös, ich glaubte an Gott, bis mich ein Kollege aufklärte und ich den Glauben verlor. War schon 20 Jahre nicht bei der Beichte.

Es ist selbstverständlich, daß Menschen, die in sich verliebt sind, um ihr Leben zittern. Charakteristisch für unseren Patienten ist der Gegensatz zwischen seinem geheimen Glauben an seine Unsterblichkeit und seiner pathologischen Todesangst. Das Leiden beginnt mit typischen hypochondrischen Beschwerden. Eine Lektüre im Lexikon genügt und er hat an sich ein schweres Leiden entdeckt. Er hat alle möglichen und unmöglichen Leiden und wandert von einem Doktor zum anderen, von einem Sanatorium in das andere.

Bald aber treten alle Leiden zurück und im Mittelpunkte des Leidens steht „Die Angst vor der Glatze“. Der obligate Urlaub verschlimmert natürlich das Leiden. Solche Kranke benötigen Arbeit als einziges Heil- und Ablenkungsmittel von ihren Phantasien. (Die Phantasien sind allein schuld, daß er an Gedächtnisschwäche litt!) Während des Urlaubes hatte er Zeit, die Fortschritte seines Haarausfalles im Spiegel zu kontrollieren und den Verfall seiner Schönheit zu beweinen.

Es kam, wie es kommen mußte. Sein blindes Gottvertrauen (er wird ewig leben, er ist ein Auserwählter, er kann nicht untergehen) wich einer trotzigen Attitüde. Er mußte sich zum Atheisten wandeln.

Zugleich mit dem Abfall von Gott vollzog sich der Abfall von seinem Vater und von jeglicher Autorität. Er wurde geheimer Sozialdemokrat, nachdem er vorher klerikal gewesen war.

Ich bringe nun einen kurzen Auszug aus dem nächsten Abschnitt. Wir sehen darin, daß er infolge seiner Empfindlichkeit und seiner anarchistischen Einstellung zu jeder Autorität in kein richtiges Verhältnis kommen kann.

III. Verhältnis zum Oberlehrer bzw. Vorgesetzten.

Ich habe das Glück, schon den 10. Chef zu haben. Ich hatte mir anfangs unter meinem Oberlehrer ein Ideal von einem Menschen vorgestellt, der viel weiß und ideal in jeder Hinsicht ist und von dem ich lernen kann. Ich bin bitter enttäuscht worden. Beim „Ersten" wußte ich nicht, wie ich mich ihm gegenüber benehmen soll. Schon als Student dachte ich, daß ich beim Zusammensein immer viel reden müßte; ich fand mich daher entsetzlich blöd, da ich gar keine Erfahrungen hatte mit 18½ Jahren. Im Gasthaus wußte ich trotz aller Anstrengung nichts zu reden. — Der „Zweite" war ein ganz alter Mann, der sich fürchtete, ich werde ihn von der Organistenstelle verjagen. Er ignorierte mich, sprach nichts mit mir. Der „Vierte" war ein Direktor einer Bürgerschule. Dieser behandelte den 16gliedrigen Lehrkörper wie die Lausbuben. Er kam täglich 5mal und öfter in die Klasse gesprungen, schickte oft täglich 10 Zirkulare mit Anordnungen und Befehlen (Steckenpferde) und kam im Monat 4mal dem Unterricht zuzuhören. Die Konferenzen dauerten stundenlange. Er war ein Narr und machte es aus allen anderen. Er schimpfte uns oft herunter, zeigte alles dem Bezirksschulrate an. Mich konnte er anfangs sehr gut leiden und nahm mich auf seine Spaziergänge mit. Da er mich aber auch wegen geringer Sachen herunterputzte, entgegnete ich ihm scharf, auch in den Konferenzen. Vier Jahre hindurch und dies für 45 Gulden Gehalt. Mein ganzes Leben und Sinnen war nur auf die Schule gerichtet und ich bekam durch ihn eine falsche Lebensauffassung. Die übrigen Lehrer ließen sich alles gefallen.

Der 7. Chef war ein Gewaltmensch und Tyrann. Er putzte mich herunter wie einen Lausbuben, vor dem Katheder etc. Alles nur lauter Kleinigkeiten. Seine Fragen: „Warum ich mir nicht die Schuhe besser abgeputzt habe?" „Warum ich so viel Papierschnitzel dulde?" „Warum spielt der Junge?" „Warum ich die Türe offen lasse?" Lauter „Warumfragen". Er machte mich ganz nervös. Nichts war ihm recht. (Aber der Inspektor war mit mir vollkommen zufrieden.) Es ärgerte ihn, daß ich mir einbildete, mehr zu verstehen wie er. Ich mußte Urlaub nehmen, da er mich aus der Ruhe brachte. Ich war nämlich immer noch provisorisch, ich konnte nichts gegen ihn unternehmen. Da ich nicht mit ihm verkehrte, war ich isoliert. Die „Warumfragen" schaffte ich mir später ab, indem ich sagte: „Weil ich es so haben will." Diese Sekkatur dauerte einige Jahre. Ich kam mir vor wie ein Stümper in der Schule. Gewisse Beklommenheit vor dem Vorgesetzten und Angst, ich werde mir etwas vergeben (Anspannung).

Ich habe nur einige Zeilen aus diesem Kapitel gebracht. Es ist das längste in seinen Memoiren. Er wütet gegen alle seine Vorgesetzten und läßt ihnen kein gutes Haar. Nicht eine Lichtgestalt erscheint unter diesen „Hunden, Trotteln und Schuften".

Diese Entwertungstendenzen dienen nur dazu, die ihm immanente Angst vor allen Vorgesetzten überwinden zu helfen. Ebenso wie er seinen Vater liebt und vor ihm zittert, ebenso hält er es mit seinen Oberlehrern. Er kritisiert sie, beschimpft sie, aber er beugt seinen Rücken in Demut. Er findet vor allem, daß er nicht genug gewürdigt und geliebt ist.

IV. Über die Kollegen.

Alle nach der Reihe nervöse Herren. Mir als ältesten bringen sie durch die Indolenz des Oberlehrers nicht die nötige Achtung entgegen. Täglich stehen sie unten mit dem Oberlehrer. Sie schimpfen über alles. Alles, was von der Behörde kommt, ist ein Geschwätz, Schweinerei; der Oberlehrer nickt. Die spielen alle die Erhabenen im Schuldienste, weil der Direktor (Angst vor der Pensionierung) ihnen nicht gehörig imponiert. Sie sagen dem Oberlehrer, wenn es lieber schon 4 Uhr wäre; er nickt; ferner, daß die Schule nur Nebenbeschäftigung sei; er ist mit allem einverstanden. Sie beginnen und schließen den Unterricht, wann sie wollen. Dem Oberlehrer ist von meiner Seite schwer, ihm gegenüberzutreten, weil sie mich anfahren und mir andere Grobheiten sagen. Besonders der jüngste Kollege, ein arroganter Kerl, hat beim Oberlehrer die meisten Chancen. Dieser demoralisiert die ganze Schule, schimpft über alles, brummt, spielt den Erhabenen, erlaubte sich ungeheure Gemeinheiten gegen mich, was wahrscheinlich der Oberlehrer weiß und der Oberlehrer dadurch in seiner Ignoranz als ein tüchtiger Leiter dasteht. Die meisten Kollegen haben kein Benehmen, auch kein Zusammenhalt ist unter ihnen und ich bedauerte schon tief, einen solchen Beruf mit solchen Leuten auszuüben.

Selbstverständlich empfindet er die Kollegen (wie seinen Bruder) als unangenehme Konkurrenten. Sie werden einer nach dem anderen entwertet. Die ganze Schule besteht aus nervösen Herren, Eseln und Schweinen. Man kann sicher gehen, wenn man annimmt, daß er auf den jüngsten Kollegen homosexuell eingestellt ist und seine Liebe in Haß konvertiert.

Auch bei den Kindern ist er zu sehr mit sich beschäftigt und beobachtet ängstlich den Eindruck, den er macht. Er fürchtet zu strenge zu sein, um nicht ihre Liebe zu verlieren. Er wünscht, sie mögen zu Hause sein Lob singen.

V. Verhältnis zu den Kindern.

Mit 18 Jahren Kinder erziehen ist schwer. Ich will den Kindern alles zu gut erklären, bin deshalb auch zu gut und oft zu vertraulich mit ihnen. Mache zu oft Witze mit ihnen, so daß eigentlich der nötige Respekt fehlt. Bin oft auch nicht aufgelegt zum Unterricht, mache lange Pausen und lasse oft sehr langsam arbeiten. Bin daher zu wenig strenge, weil ich die Kinder für mich gewinnen will, damit sie nicht über mich zu Hause sprechen. Erzähle ihnen zu viel vom Leben, was nicht hineingehört. Das „Zuerstsein" und „Zustrengsein" fällt mir schwer, weil wir keine Mittel und keine Macht haben, die Kinder zu züchtigen. Der Unterricht bietet mir keine geistige Anregung mehr, weil ich — ich bin schon 20 Jahre Lehrer — dadurch gar nichts lerne.

Keine Macht in bezug auf Klassifikation. Wegen „2" aus Sitten (= befriedigend) lief einst die Partei zum Inspektor und der ließ mich und den Oberlehrer vorladen. Leider gab ich nach, trotzdem ich Recht hatte und beeidet bin.

VI. Verhältnis zu den Eltern und Geschwistern.

Vater immer sehr strenge mit mir, so daß ich bis ins spätere Alter einen großen Respekt vor ihm hatte. Vielen Imperativen, auch noch als Lehrer, ausgesetzt. (Vorstellungen über mein Benehmen den Damen gegenüber, die ich in seiner Gegenwart nicht anzurühren habe; über ungebührliches Benehmen gegen Herren in der Gesellschaft.) Von meinem Leiden will er nichts wissen und hören; er glaubt immer, ich fahre in die Bäder, um den Weibern nachzujagen. Er brachte mir falsche Anschauungen über den Beruf bei: Ich soll mich in X. populär machen und Klavierstunden dadurch bekommen. (Das Lehrfach ist so schwer, daß man nicht meiner Ansicht nach Stunden zu geben hat, dann hat einen der Beruf zu ernähren.) Als ich einmal 40 Kronen hatte, sagte er mir, daß ich schon ein schönes Einkommen habe. Wir trauten uns nie, ihm zu widersprechen. Er beschäftigt sich nie mit uns. Zu Weihnachten 1904 erlaubte ich mir, über einen Lehrer eine gerechte Kritik, da ich in ihm mein Unglück sah. Da gebärdete er sich wie ein wildes Tier, nannte mich eine Bestie, wir dachten, der Schlag werde ihn treffen. Ich gab nach, statt mich aufzumachen und davon zu gehen; ja ich sagte ihm noch, er möge sich nicht so aufregen; ich war aber damals schon neurasthenisch (Todesfurcht). Ich bedauerte schon tief, denselben Beruf wie mein Vater zu haben, weil er mir nicht die Achtung entgegenbrachte, die er meinem Bruder Charly zollte. Dieser erlaubte sich einmal 1903 — vor Ausbruch meiner Krankheit — mich als den „älteren Bruder" zu kritisieren und zurechtzuweisen, was mich sehr kränkte. 1904 hatte ich eine Auseinandersetzung mit ihm, wo er beim Vater Stütze fand. 1906 sagte ich ihm, er möge mich nicht so anschreien. Er: „Der Mensch gehört in eine Nervenheilanstalt etc.", trotzdem er nicht einsehen wollte, wie sehr ich leide. Im Elternhause brachte man mir als Lehrer nicht die nötige Achtung und Gehör entgegen. Bei meiner Mutter, die wohl für meine Klagen sehr zugänglich war, und bei meinen 2 Schwestern (16 und 20 Jahre) war ein Lehrer nichts, was mich sehr kränkte. Man kümmerte sich wenig um mich, die Schwestern schrieben mir nicht. Namentlich als ich erkrankte, hielt man mich für einen eingebildeten Kranken und schenkte mir keine Beachtung. Ich war auch Imperativen der Schwestern ausgesetzt. Sie fanden mich, wahrscheinlich auch heute noch, für minderwertig. Mein Vater hatte mir vor dem Kriege das Gesangsvereinsklavier zugesagt. Es war nämlich eine Erbschaft da. Die hat man den 2 Schwestern vermacht und mich mit 100 Kronen abgefertigt, anstatt mir noch 500 Kronen zu geben zum Ankauf eines Klaviers. Ich ließ mir alles gefallen. Nach dem Kriege verkaufte der Verein das Klavier nicht und ich kann meine musikalischen Kenntnisse nicht verwerten. Dies bereitete mir große Konflikte nach dem Kriege: Ich sollte eine Frau heiraten, die ein Klavier hat und eventuell auf Schönheit verzichten. Ich kann dies dem Vater nicht verzeihen! Er mag wohl sein Unrecht einsehen. Er ladet mich zu den freien Tagen oft nach X. ein und wollte mir eine reiche Bauernstochter mit einem Klavier verkuppeln.

Er belästigt mich mit der Frage, ob ich denn nicht bald heiraten werde? (Er will aber nicht einsehen, daß es Pflicht des Vaters ist, dem Sohne eine solche Existenz zu verschaffen, daß er mit 22 Jahren heiraten kann.)

VII. Gegenwärtiger Stand der Krankheit und in der letzten Zeit.

Gedächtnisschwäche; manchmal, besonders vormittags oder nach dem Essen dumpfe Gefühle im Kopf (vordere Stirnwand, von der Nase und Gaumen in den Kopf, im Hinterkopf), ebenso oft dumpfe Gefühle im Unterarm bis in die Finger hinein (manchmal ein Jucken), ebenso im Unterschenkel.

In den Armen und im Kopfe hatte ich vor Jahren oft schmerzhafte, länger andauernde Empfindungen, die aber jetzt geschwunden sind. Ich glaubte immer, daß die scharfen, kalten Kneippgüsse die Ursache waren. Das Denken verursachte mir diese Beschwerden, sonst verschwanden sie. Durch leichte Massage des Armes verschwinden diese dumpfen Gefühle. Unlust zum Denken und zur geistigen Arbeit. Öfters verspüre ich, daß es den Kopfnerven unangenehm ist, sie anzustrengen.

Wenn ich allein bin, so kann ich über alles oft nachdenken und auch oft schwerere geistige Arbeit leisten und es schwinden dabei alle Beschwerden, ich werde oft heiter und zufrieden. Wie ich aber mit einem Fremden (besonders dem Oberlehrer, Kollegen etc.) spreche, wo ich mich anstrengen muß, und namentlich andere Sachen gesprochen werden, die mich nicht interessieren, da strengt mich das Denken an, macht mir oft Beschwerden oder mir fällt meine Idee ein und ich werde daraufhin melancholisch. Ich kann mich also oft schwer mit anderen unterhalten (charakteristisch!).

Wenn ich zu Hause bin und liege, ruhe, bin ich oft heiter; wie ich aber schneller spazierengehe oder längere Zeit einen Marsch mache, wird mir unwohl, habe trübe Gedanken über Haarausfall und bekomme Beschwerden.

Früh beim Aufstehen habe ich das Gefühl des Nichtausgeruhtseins, bin öfters noch müde und schwach und habe oft keine Lust zum Aufstehen.

Werde durch körperliche Bewegung oft sehr leicht müde. Manchmal nicht. Die Feinheit der Empfindung, mit der ich in der Jugend alle äußeren Dinge in mir aufnahm, ist mir verloren gegangen. Habe wenig Freude an der Natur wenig Lust zum Klavierspiel, wenig Lust zum Leben, mehr gleichgültig und stumpf gegen alles. Zum Grübeln und Träumen aufgelegt.

Öfters, besonders wenn ich geistig gearbeitet habe, befällt mich (besonders gegen 4 Uhr nachmittags) direktes Unwohlsein, Unzufriedenheit hohen Grades, oft ohne Grund, empfinde keine Lebensfreude und nur Abspannung.

Große Hinneigung zur Weiblichkeit. Oft geistige Onanie. Habe jedoch nach Ausübung des Koitus wohl Samenerguß, aber keinerlei Empfindung oder Genuß (schon viele Jahre lang). Große Erregbarkeit beim Weibe und dessen nackten Anblick.

Im allgemeinen sehr leichte Erregbarkeit und Ermüdung. Oft einen Ekel vor dem Leben, lebensmüde, nur der Tod würde mir Erlösung bringen. Sonst aber Furcht vor dem Moment des Sterbens. So gerne wollte ich studieren zur Bürgerschulprüfung oder Zeitung lesen, um recht gescheit zu werden, alles zu wissen, große Politiker nachahmen; aber ich bin nicht aufgelegt, ermüde leicht und merke mir schwer. Ich verfluche meinen Stand und habe auch einen großen Haß oft auf den Vater, weil er als Lehrer doch seinen Sohn nicht hätte zu einem solchen schweren, nichts einbringenden, gesellschaftlich nicht hoch bewerteten Berufe geben hätte sollen, der an allem Unglück schuld sei. Nach dem Essen habe ich oft schmerzhafte Empfindungen im Kopf und Arm.

Angstzustände, vor allem Furcht vor dem Haarausfall und Entstehung der Glatze. Damit verbundenes Aufgeregtsein und Depressionen großer Art, Erschütterung des Gemütes und damit verbundenes Unaufgelegtsein zur Arbeit, namentlich, wenn ich früh beim Kämmen bemerke, daß wieder viele Haare ausgehen oder wenn ich mich einmal längere Zeit — was äußerst selten vorkommt — im Spiegel betrachte und ich die entsetzliche Entstellung durch den Ausfall der Haare bemerke und davor zurückschrecke. Dabei der Gedanke: 1. Was werden die Leute von dir denken, wenn du so aussiehst? 2. Soll man da noch Lust zum Leben und zum Weiterarbeiten haben. 3. Daß gerade dir so etwas passiert. 4. Daß es kein Wunder ist, daß du jetzt immer Mißerfolge in der Liebe hast und daß ich wahrscheinlich mein Glück in der Ehe und du das Weib, das dir gefällt und das ganze Glück ausmacht, deshalb nicht mehr — des geringen Einsatzes wegen — bekommen wirst. — Sodann Furcht oft bei dem Gedanken, daß die Leute von deiner Glatze sprechen werden und daß du dein ganzes Leben verpfuscht hast, da du fort mit der Glatze herumgehen mußt. Da ich immer öffentlich glänzen wollte, ist dir der Gedanke furchtbar, daß, wenn ich einmal Chormeister vom X.er Gesangsverein werden würde, die Leute von deiner Glatze reden werden und daß dir dieselbe hinderlich sein wird im Weiterfortkommen, weil dich der Gedanke daran betrübt. Daß die Leute dadurch die falsche Meinung von mir bekommen, ich hätte weiß Gott wie geschlechtlich ausschweifend gelebt, wie mir oft auch gesagt wird: „Man sieht es Ihnen an der Stirne an, was Sie für ein Mensch (Lebemensch) sind." Daß die Haare gerade vorn ausfallen, daß selbe an den Stirnseiten ausfallen, so daß man große Lücken sieht, ferner die oft übermäßige große Schuppenbildung wirkt oft deprimierend; ebenso, daß gerade das Haar oben an den Winkeln ausfällt, wodurch es nicht benützt werden kann, um die kahlen Stellen zu überdecken. Ich meide daher alle Spiegeln (mit Ausnahme früh beim Kämmen) und besonders die Fensterscheiben, da mich die eventuelle Entstellung des Kopfes derart deprimiert, daß ich lange Zeit nicht arbeiten will, wenigstens arbeiten mit Lust und Liebe zum Leben. Ich vermeide daher alles Daraufgreifen der Hand auf die unbedeckten Kopfteile (jahrelang), was zur Selbstbeobachtung führt. Besonders ist mir das Grüßen höchst unangenehm, da ich sofort an die kahlen Stellen erinnert werde und mich das aus der Ruhe bringt. Kein Hut kann daher ordentlich passen.

Da ich lauter Bekannte in X. antreffe, so ist mir das fortwährende Grüßen höchst widerlich und macht mich melancholisch. Besonders wenn ich den Hut nicht so auf der Stelle aufsetze, wo ich es wollte. Im anderen Falle gibt er mir zu sofortigem Denken Anlaß und erinnert mich jedesmal an die Haaridee. Oft weiß ich mir den Hut allerdings schon so zu richten, daß er mir beim Grüßen nicht die Gedanken oder längeres unangenehmes Nachdenken hervorrufen würde. Aber in den meisten Fällen ist mir dies unmöglich. Der einzige Hut, der mich beim Grüßen am wenigsten hindert, ist der Strohhut, der vorn eine steife Krämpe hat und nicht eng anliegt. Das Hutaufsetzen hat mir schon durch Jahre großen Kummer und Kopfzerbrechen verursacht, weil mir das Anstoßen an den kahlen Schädel des Vorderkopfes höchst widerlich ist und mir im Momente sofort der Humor ausgeht. Ich muß daher, wenn ich auf dem Korso gehe, fort im Kampfe stehen und auf das richtige Aufsetzen des Hutes achten, und besonders ist es mir unangenehm, wenn ich nach dem Aufsetzen jemand sprechen muß, da ich den unangenehmen Gedanken noch nicht verarbeitet habe. Da ich mich gerne unterhalten würde, in der Unterhaltung aber durch das Achtgeben auf meinen Hut belästigt sein würde, so machte mich diese Sache oft schon verzweifelt. Besonders wenn ich mich schwach fühle, macht mich das Hutaufsetzen melancholisch. Bevor ich ausgehe, muß ich immer einige Proben machen.

Höchst widerlich ist es mir, wenn das Hemd beim Ausziehen an den Kopf stößt. Diese Sachen (Hutaufsetzen, schnelleres Daraufgreifen auf den Kopf, Spiegelschauen) haben mich in früheren Jahren immer sehr und längere Zeit erschüttert. Heute dauert es nur ganz kurze Zeit oder kürzere Zeit der Ruhe und ich bin wieder munter.

Ich glaube, daß das Blut bei mir im allgemeinen mehr gegen den Kopf zirkuliert (öfteres Gefühl der Kongestionen) und daß die richtige Einleitung in die Wege (gegen die Füße zu) den Zustand beheben würde, sonst nicht.

Ich habe seit Jahren die Gewohnheit, alles, was ich an Prahlen in Gesellschaft von Herren und Damen profitiert habe, aufzuschreiben (seit 1909) und es zu lernen und dann zu glänzen (Tagebuch). Wie kann ich mir aber die Mühe nehmen, da ich Ruhe bedarf und zum Denken oder geistiger Arbeit deshalb nicht aufgelegt bin, weil mir wegen der Haare alles egal geworden ist.

Das plötzliche unerwartete Hineinsehen in den Spiegel deprimierte mich oft mehr als das beabsichtigte. Ich fürchte mich hauptsächlich vor der zu erkennenden Entstellung des Kopfes. Wenn ich selbst hineinsehen will, so suche ich mir schon das Angenehme selber heraus und zwinge mich, mich im schönsten Lichte zu sehen. Aber nur über die Entstellung kann ich mich nicht trösten.

Eine weitere Furcht ist die Furcht vor der Arterienverkalkung und dem plötzlichen Hinstürzen durch Schlagfluß. Gegen diese Sache kämpfe ich schon mehr als 20 Jahre an, das heißt insofern, als ich mich von dem Fleischessen früher enthalten habe. Das Rollen der Arterie an der Schläfe will mir ein Beweis dafür sein. Ich habe vor einem Jahre bemerkt, wie die rechte Arterie bei mir auch anfängt zu rollen oder rollt, und da war ich tagelang erschüttert. Ich weiche dieser Sache jetzt aus.

Habe Furcht und Angst, daß man über die Glatze spotten und reden werde. Durch den Haarausfall entsteht in mir die Furcht vor dem Alter; ich will ja nicht an das Alter und den Tod denken. Die Gedanken an den Tod will ich ja verdrängen. Ich fühle mich alt und der Gedanke, daß ich schon 38 Jahre alt bin, also bald 50 und 60, ist mir schrecklich. So alt und noch nichts vom Leben gehabt.

Ich bin einige Zeit so sinnlich, daß ich fort genießen will.[1]) Sexuell kolossal leicht erregbar und befriedigt, wenn ich nur ein Weib anrühren kann. Am Morgen unklar und wie berauscht im Kopf. Habe Furcht, mich photographieren zu lassen, weil ich meine Entstellung nicht sehen will. Am Morgen nicht ausgeruht. Unlust zur Arbeit.

Onaniere selten, aber ich fühle mich nach demselben etwas beruhigter und wohler und habe auch mehr Mut, etwas zu unternehmen. Aber nicht das richtige Wonnegefühl durch die Onanie, daher unterlasse ich es.

Längeres Hineinsehen in den Spiegel und Betrachtung des Kopfes nach allen Seiten macht mich aufgeregt und erschüttert mich. „Was werden die Leute anders als minderwertig in geistiger Hinsicht von dir denken" oder

[1]) Er meint: Ich bin seit einer gewissen Zeit so sinnlich, daß ich immer wieder genießen wollte

„Es ist kein Wunder, wenn du kein Glück in der Liebe hast" sind Gedanken, die sich mir aufdrängen. Die Haaridee ist mir — falls ich ihr nicht aus dem Wege gehe — hinderlich, meinem Ziele: „Menschen zu beglücken oder ihnen zu zeigen, daß man geistig über ihnen steht!" oder den Kampf auszufechten mit Menschen, die mir schon so viel angetan und die ich verachten und mich an ihnen rächen will.

Andere Erscheinungen: Madenwürmer im Mastdarm durch viele Jahre, die mich besonders vor dem Schlafen furchtbar belästigten. Manchmal Stiche in der Prostata (selten). Übermäßige Ausschwitzung am Hodensatz; Erscheinung, wie wenn die Haut schlecht funktionieren würde. Hodensack klebt an. Angst vor Operation, Zahnarzt. Fühle mich überall viel von den Menschen beeinflußt. Sei es, daß ich das Café meide, wo Kollege N. sitzt, der die Gewohnheit hat, über das Aussehen anderer zu spotten, sei es, daß ich nicht auf den Korso gehen will (Hutabnehmen), sei es, daß ich nicht nach Hause fahren will, weil ich dort den Angriffen des Dr. Z., dem ich einst mein angebliches Rückenmarksleiden klagte, unterliege. Ich stand durch Jahre hindurch in dessen Bann, trotzdem ich ihn bekämpfte, er sich über mich lustig machte und mich über den „Krieg" (er wußte es, daß ich mich vor einem solchen fürchtete), in Angst versetzte. In den letzten Jahren hat sich das Verhältnis zu ihm gebessert.

Von großer Bedeutung ist diese eben angeführte Stelle seines Tagebuches. Wir sehen eine Fülle von psychogenen Beschwerden: Die Gedächtnisschwäche als Folge seiner Phantasien, allerlei symbolische Schmerzen, eine allgemeine Interesselosigkeit, welche das Schicksal aller Narzißten ist. Sie werden immer mehr nach innen gekehrt, sie haben nur für ihr eigenes Ich Interesse, so daß Natur und Kunst, Politik und alles soziale Leben ihnen gleichgültig werden. Sein Orgasmus beim Weibe wird immer geringer. Seine Lust wird immer mehr auto-erotisch. Obwohl er die Onanie gerne aufgeben möchte, ist er es nicht imstande, weil er in ihr die einzige adäquate Befriedigung findet. Er ist nicht mehr fähig, seine Libido auf Objekte zu richten.

In seinem Unglück sucht er nach einem Sündenbock und beschuldigt seinen Vater, an seinem Schicksale schuld zu sein. Er hätte ihn vom Lehrberuf abhalten sollen. In Wirklichkeit ist er zu seinem Vater homosexuell eingestellt, wie schon die Identifizierung in der Jugend verrät. Er sehnt sich nach dem Weibe, nach Glück in der Liebe und weicht trotzdem allen Gelegenheiten zur Liebe und Ehe aus. Denn er erzählte mir eine Menge Episoden, die beweisen, daß er hätte Eroberungen machen können. Er war nicht imstande, seine Erfolge festzuhalten, da er es offenbar nicht wollte und sich seine Niederlagen selbst arrangierte. Wir werden später die Objekte seiner Liebe kennen lernen.

Allerdings hat er sich die Sache mit den Weibern nicht leicht gemacht. Er wollte das schönste Weib haben. Nicht weil er es begehrte, sondern weil er darum beneidet werden wollte. weil er das

Weib zur Erhöhung seines Persönlichkeitsgefühles benötigte. Davon geben die nächsten Aufzeichnungen Kenntnis.

VIII. Verhältnis zum Weibe.

Von jeher kolossale Zuneigung zu Weibern. Ich fühlte mich in deren Gegenwart befangen und traute mich nichts zu reden. Schwärme nur meist für schöne Weiber; an diese traue ich mich weniger heran und nehme an, sie wird mich abweisen. Viele Aufzeichnungen und Aufschreibungen habe ich, „um denselben geistreich zu erscheinen", aber an der praktischen Anwendung fehlt es mir. Habe viele Mißerfolge, da mir selbst viele Weiber zu wenig passend sind. Das Herumziehen mit Damen ist mir ein Ekel geworden. 'Bei derjenigen, die ich wirklich liebte, habe ich oft und meist Mißerfolge; daher ist mir alles zum Ekel geworden.'

Seine „kolossale Zuneigung" steckt mehr im Kopfe als im Rückenmarke. Er hat eigentlich keine großen Liebesaffairen durchgemacht. Er zieht sich nach einigen Erfolgen rasch von den Frauen zurück. Die meisten Frauen betet er aus der Ferne platonisch an, er phantasiert mit ihnen, aber er traut sich aus Angst vor einer Niederlage nicht in ihre Nähe. Besonders geschickt weiß er jeder definitiven Bindung auszuweichen. Seine Verhältnisse sind in dem Momente beendet, wenn er merkt, daß das Mädchen an Heirat denkt. Wird die Situation kritisch, so arrangiert er eine Beleidigung oder einen Skandal. Mit einem Mädchen war er schon so weit, daß er ins Haus geladen wurde. Das Mädchen wohnte auf dem Lande, er war Gast des Hauses. Da begann er im Dorf über die künftige Schwiegermutter zu schimpfen, er fand, daß man ihn nicht aufmerksam genug behandle, er teilte dies seiner Braut mit und trieb die Sache so auf die Spitze, daß er mit einem großen Krach aus dem Hause gewiesen wurde.

Er ist zu sehr an seine infantilen Ideale und Phantasien fixiert, als daß er sich an ein weibliches Wesen binden könnte. Er ist zu sehr mit seinem Ego beschäftigt. Er verlangt eine Anerkennung seiner Vorzüge, die kein Mädchen aufbringen kann. Er möchte immer nur von sich sprechen und kennt kein anderes Thema als seine Schwierigkeiten, seine Vorzüge, seine Zurücksetzungen, seine Talente und seine Krankheit.

IX. Stellung zum Menschen und Gesellschaft.

Wie ich nach X. kam (1907), hatte man mich bei Verwandten wohnen lassen (geringer Gehalt). Demütigungen und Untergrabung der Achtung; auch lernten selbe meine Neurasthenie kennen und ich verlor die Wertschätzung. Ich wohne jetzt bei einer älteren, hysterischen Frau, die sich nichts sagen läßt. Ich bin ein vollkommener Spielball ihrer Launen. Ich darf ihr nichts kritisieren, über das Essen oder über eventuell verlorene Dinge, über Wäsche etc.; da wird sie furchtbar nervös, haut die Türen zu etc.

Seit meinem Urlaube (1911) ist meine Stellung unter den Kollegen erschüttert; ich habe keinen, der mich aufsucht, mit mir spazieren geht. Die Bürger hier sind so eigene Leute. Sie kommen einem nicht entgegen, kümmern sich nicht um einen und schätzen merkwürdigerweise den Lehrstand „gering" ein: „Das ist ja nur ein Lehrer." Ich weiche den Leuten meistens aus, weil ich sie verachte, weil ich kein Glück in X. habe und weil ich sie nicht grüßen will. Hier sind 30 Millionäre, die den Stand nicht achten. Nur unser Oberlehrer verkehrt mit ihnen. Der Neid und Haß, der in X. zu finden ist, ist grenzenlos. Es gibt wenig „gute" Menschen hier und keinen Sinn fürs Ideale und Schöne.

Hier unterbreche ich die Mitteilung des Tagebuches. Wir sehen einen Menschen, der hoch hinaus möchte und seinen Stand als Demütigung empfindet. Jedermann beleidigt ihn, seine Überempfindlichkeit läßt ihn überall Demütigungen sehen. Er ist von Neid verzehrt. Das stärkste Neidobjekt ist sein Bruder Charles, der es weit gebracht hat und groß gewachsen ist. Er ist klein und empfindet seine Kleinheit sehr bitter. Durchsichtig ist seine feindselige Einstellung zum Vater. Die Oberlehrer und alle Autoritäten werden Vater-Imagines. Er überträgt dann diese feindselige Einstellung auf alle Vorgesetzten. Seine Sucht, in Gesellschaft zu glänzen, verwirrt ihn in Gesellschaft. Er beobachtet peinlich den Eindruck, den er macht, und kränkt sich, daß er nicht der e r s t e und der s c h ö n s t e Mann in der Stadt ist.

Die Haarneurose ist vorläufig noch nicht aufgeklärt.

— — — — — — — — — — — — — — — — — — — —

Er schwelgt als Ersatz für seine Demütigungen in Ehrgeizphantasien. Er ist der beste Dirigent der Welt. Sein Gesangsverein wird in der ganzen Welt gefeiert. Seine Kompositionen tragen seinen Namen durch die ganze Welt. Dabei ist er faul. Er flüchtet immer wieder in die Krankheit, macht alle möglichen Kuren, aber er lernt nicht. Trotz großer musikalischer Begabung hat er sich noch nicht die Grundbegriffe der Harmonielehre und des Kontrapunktes angeeignet. Er möchte einen Haupttreffer machen. Er träumt von einer großen Erfindung, die ihn zum Millionär macht. Das schönste und reichste Mädchen der Welt wird sich in ihn verlieben, so daß er durch seine Schönheit zum Milliardär wird. Dabei hat er Angst vor der Herrschaft der Frau und möchte kein Pantoffelmann sein. Die Mitbürger verachtet er. Sie sind „Bourgois", er ist der große Künstler. Er ist einsam, er hat keine Freunde.

Seine erste Erinnerung ist, daß er einem kleinen Mädchen unter die Röcke griff. Er war damals 5 Jahre alt. Er war immer in seinen Penis verliebt. Als er klein war, träumte er davon, den größten Penis der Welt zu haben. Mit 13 Jahren bildete er sich ein, er habe den schönsten Penis. Jedes Mädchen müßte erliegen, wenn er seinen Penis zeigen würde. Er onanierte immer vor dem Spiegel. Wenn er seinen Penis im Spiegel sieht, hat er sofort eine Erektion.

Er hat das Bedürfnis zu exhibitionieren. Davon hält ihn nur ein starkes Schamgefühl ab.

Er spielt oft mit schönen Knaben in der Schule, aber nur so, daß er mit dem Gesetze nicht in Konflikt kommt. Er umarmt und küßt sie auf die Wange, wenn sie brav waren.

Mit 14 Jahren zeigte er einem gleichaltrigen fremden Mädchen sein Glied. Er war im Aborte und sah sie aus dem nächsten Abteil hervorkommen.

Er hatte großes Interesse für die Glieder seiner Kameraden. Er und sein Bruder maßen ihre Penisse, auch mit den Freunden trieb er das gleiche Spiel.

Sie wetteiferten oft, wer weiter urinieren konnte. Es war sein Schmerz, daß sein Freund . . . ihn übertraf.

Das Sehen der nackten Frauen ist ihm interessanter als der Koitus selbst. Er möchte sie alle im Schlafe aufdecken und nackt betrachten, wie er es mit 5 Jahren mit seiner Tante machte.

Hatte das Bedürfnis, die Kinder auszuziehen und nackt anzusehen, hat aber alle diese Triebe überwunden, so daß er sich als Lehrer nichts vorzuwerfen hat.

— —

Er träumte:

> Der Vater war in meinem Büro und machte mir Vorwürfe. Ich solle doch die Bauerntochter heiraten. Ich weigerte mich. Da sagte er: Dann werde **ich** sie heiraten.

Der Traum zeigt seinen großen Respekt vor seinem Vater. Der Vater ist ein sexueller Riese. Er traut sich nicht, das Mädchen heimzuführen, das ihm zu groß und zu stark ist. Er weiß nicht, ob er sie befriedigen kann. Aber seinem Vater traut er diese schwere Aufgabe zu. Seine Weigerung, das Mädchen heimzuführen, weil sie eine Bauerntochter ist und er diese Verbindung, auch wenn sie reich sei, nicht standesgemäß findet, ist eine leere Ausflucht. Er fürchtet eine Blamage.

Ein zweiter Traum bringt uns **das Haar als Symbol männlicher Kraft** und Energie (*Samson*-Komplex). **Die Glatze ist gleichbedeutend mit einer Kastration.** Er fürchtet den Verlust seiner Männlichkeit.

— —

Er träumte:

> Ein Tier, das sehr alt war, wurde von meinem Freunde verfolgt. Er wollte es töten, weil es nichts mehr leistete. Meine Großmutter nahm das alte Tier in Schutz. Das Tier versprach, mehr zu arbeiten.

Dieser Traum hat mehrfache Determinationen. Das alte Tier ist sein Vater, der in Pension ist und nicht mehr arbeitet. Der Freund, der den Vater töten wollte, ist er selbst. Seine Großmutter steht als Vertreterin der Religion und Moral da.

Die zweite Bedeutung ist noch wichtiger. Das alte Tier ist seine Neurose. Ich will sie töten. Er soll gesund werden und arbeiten können. Er will aber die Neurose behalten und verspricht als Prämie, daß er sich zusammennehmen und arbeiten werde.

— —

Auf eine neue Fährte bringt uns der nächste Traum:

> Ich war mit drei Freunden bei einer Familie. Dort war ein sehr schönes Fräulein, das mir sehr gefiel und meine Sehnsucht erweckte. Einer der Freunde sagte: „Dies Mädchen ist nichts für dich! Die bekommst du

nur schwer! Die wird sicher nicht einen Lehrer heiraten." Ich bin dann mit der Mutter des Mädchens auf einen Ort gefahren, wo wir uns auf den Friedhof begaben. Dort war ein Kollege begraben. Ich sah ihn plastisch als Monument. Er machte allerlei lebhafte Gesten und sprach wie in Wirklichkeit. Ich bin dann mit der Mutter des Fräuleins ins Haus gegangen. Sie ging weg und hat nicht gegrüßt. Die Mutter sagte, sie solle grüßen, was sie dann auch getan hat. Ein Freund sagte: „Wenn man da hinauskommen will, muß man sich auf ein Leichenbrett legen" (wie angenagelt an ein Kreuz). Ich fragte die Mutter: Wie weit ist nach L.? Sie sagte 4 Stunden. Ich bemerkte darauf, da gehe ich lieber zu Fuß . . .

Zu den drei Freunden des Traumes fallen ihm drei Männer ein, die er alle sehr beneidet hat. Sein Freund N. und sein Bruder und ein anderer Lehrer. Zu der Mutter und dem Fräulein will ihm erst niemand einfallen. Dann gibt er Namen an, die ihm zufällig einfallen. Es sind die Namen seiner Mutter und einer Schwester. Er ist auf einem Friedhofe. Das heißt: Er hat eine alte (infantile) Leidenschaft begraben. Aber nur scheinbar. In Wirklichkeit lebt das Monument und macht sehr lebhafte Bewegungen. Das heißt: Die alte Leidenschaft (das Tier) lebt noch in ihm. Dies Tier scheint aber Beziehungen zur Mutter und zur Schwester zu haben.

Zu dem merkwürdigen Phänomen, daß ein Monument lebt und Bewegungen macht, will er erst gar keinen Einfall bringen. Er kenne angeblich keine Szene, kein Märchen, kein Stück, wo so etwas vorkomme. Dann gibt er zu, daß er die „schöne Galathee" im Theater gesehen hat, und zwar vor kurzer Zeit. Man kennt den Inhalt dieser reizenden Operette. Ein Bildhauer verliebt sich in sein eigenes Werk, umarmt es und erweckt es mit glühenden Küssen zum Leben. Die zweite Szene (der Comthur aus dem Don Juan) hat er vor kurzem gelesen, da er den „Don Juan" Mozarts sehr genau studierte. Beide Einfälle gehören zusammen. Der „steinerne Gast" ist die Stimme des Gewissens. Er ist der Don Juan der Phantasie. Er wollte den Gouverneur (Vater) töten und die Tochter (Schwester) vergewaltigen. Er fand sie kalt (die schöne Galathee) und wollte sie mit Küssen warm machen und erobern. Die Altersdifferenz zwischen ihm und der geliebten Schwester ist 4 Jahre. Die Stadt L. ist sein Ziel. Dies Ziel kann er nicht mit „Dampf" erreichen. Er muß zu Fuß hingehen. Das heißt: Er hat seine fixe Idee, die Schwester zu erobern, nicht aufgegeben und wandert in seiner Phantasie auf sein Ziel los.

Die Stadt L. hat noch eine besondere Bedeutung. Er besuchte sie vor kurzer Zeit mit einem Freunde. Daselbst wirkt die Schwester seines Freundes als Krankenpflegerin. Sie ist Nonne. Die Schwester ist außerordentlich schön. Sie wurden sehr freundlich aufgenommen. Auch die Oberin, eine junge, blühende Person, fesselte seine Aufmerksamkeit. Er beneidete diese Personen um ihre Keuschheit.

Er hatte sich in der Jugend ein Ideal zurechtgezimmert: Er wollte abstinent bleiben, ein keuscher Mann sein, der Welt wie ein Heiliger als Vorbild dienen und dadurch Unsterblichkeit erlangen. Er wollte ein zweiter Christus werden (Christusneurose). Das erklärt uns den Passus des Traumes mit dem Brette, an das er „genagelt" wird. Er hat sich an das Kreuz seiner Neurose genagelt.

Ich fordere ihn auf, mir aus seinem Tagebuche die Stelle zu zeigen, die sich auf seine Schwestern bezieht. Sie befindet sich in seinen „Memoiren".

Die betreffende Stelle wirft ein helles Licht auf seine Neurose und klärt die Psychogenese seiner Zwangsvorstellungen (Haarausfall) auf.

X. Darstellung des Verhältnisses zu den beiden Schwestern.

In der frühesten Kindheit spielten dieselben fast keine Rolle in meinem Leben; ich war sozusagen in ihren Augen der ältere und somit geachtetere Bruder. Sie fanden auch immer vollen Schutz des Vaters. Meine ältere Schwester Marion war, so glaube ich, vor der Schulzeit ein liebes Ding und ich freute mich sehr, als sie zur Schule ging. Sie lernte etwas schwerer und hat, was gutes Gemüt betrifft, vieles mit mir gemein. Sie war als Kind sehr lieb und gut. Ich hatte und habe sie auch heute noch sehr gerne. Mehr aus der Kindheit weiß ich über das Verhältnis zu ihr nicht. Auch als Student war ich oft überglücklich, in meiner Studienstadt ein Gesicht entdeckt zu haben, das ihr ähnlich sah. Sie kam in dieser Zeit in ein Pensionat. In dieser Zeit bewunderte ich einmal ihre Schönheit und sagte in ihrer und des Vaters Gegenwart: „Wie schön die Marion heute ist."

Die zweite Schwester heißt Bessy. Sie ist ungefähr 4 Jahre jünger. Dieselbe hatte rabenschwarzes Haar. Es erweckte meine starke Bewunderung. Ihr Haar blendete mich so wie ihre Schönheit, daß ich an ihre Unvergänglichkeit glaubte: Gott könnte nicht zugeben, daß sie sterben werde. An ihr maß ich meine Unsterblichkeit. Sie war ein seelisch stärkeres Wesen wie ich und meine Schwester Marion, auch die intelligenteste von uns. Sie lernte ausgezeichnet. An dieser Schwester bewunderte ich ihr Haar und hielt auch meinen Haarschmuck als eine besondere Zierde. Mein schönes Haar ging mir immer über alles, da mir immer der schöne Haarschmuck der Schwester einfiel.

Meine ältere Schwester fing an, zur Zeit des Pensionats eine große Rolle zu spielen. Sie wurde stark verehrt. Meine Mutter schleppte sie auf Bälle. Alles drehte sich um sie. Ein Streit, den ich als junger Lehrer mit einer Freundin von ihr hatte und ihr deren Verlust eintrug, wurde mir vom Vater stark gerügt. Alle Persönlichkeiten verehrten sie; selbst der Dr. Z., der mir durch Jahre hindurch im Genick saß, wurde, trotzdem er verheiratet war, ihr starker Verehrer, indem er jeden Tag zu uns heraufkam. Da die Schwester auch Theater spielte und herrlich sang, als Schönheit weit und breit bekannt und umhimmelt wurde, stieg ihr der Kamm. Sie dünkte sich bald gescheiter als ich, schimpfte mit uns herum und kommandierte. Da ich mir manchmal unehrenhafte Angriffe erlaubte, ging sie zum Vater und tratschte, der mich dann zusammenschimpfte. Ein Lehrer als Verehrer war ihr nicht gut genug. Wenn ich in den Feiertagen als Lehrer heimkam, sah man in mir nur den Lehrer, trieb uns zeitlich aus dem Bette, schimpfte „Immer diese Wirtschaft" mit uns. Zum Christkind wurden die Schwestern von den Onkeln mit wertvollen Gold- und Kleidersachen beschenkt, während ich mindorwertige Sachen erhielt! Daß meine Schwestern den Neid aller Damen erweckten und diese mir dies zu spüren gaben, will ich erwähnen.

Meine Schwester Marion hatte eine Kusine, die sie stark beeinflußte. Ich war in ihren Augen nur so ein Lehrer. Auch meine Mutter zu Hause setzte oft den Lehrerstand herunter, indem sie der Schwester erklärte, ein Lehrer verdiene nichts und einen Lehrer dürfe sie nicht heiraten.

Ich hatte oft ein eigenartiges Gefühl, wenn ich die Schwester in Klausenburg aufsuchte, oft wollte ich lachen oder kam ich mir lächerlich vor, da sie mir oft Ausstellungen machte.

Als der Krieg beendet war, schrieb ich ihr einmal und kränkte mich sehr, daß sie mir nicht zurückschrieb. Ich faßte es als Geringschätzung auf.

Als sie 1918 in den Ferien auf Urlaub war und auf mich wiederum loszankte, mir Ausstellungen unberechtigter Art machte, da zeigte ich ihr ordentlich die Zähne, redete eine Woche lang nichts und erst dann versöhnten wir uns. Sie hielt mir auch damals vor, daß ich undankbar sei, da sie doch schon so viel für mich getan habe, und ich ihr einfach sagte, daß ich nichts von ihr brauche.

Meine zweite Schwester Bessy mit dem schwarzen Haar war intelligenter, folgte auch in bezug auf Heirat ihrer Neigung und ließ sich von der Mutter nichts dreinreden.

Sie wurde aber mit 15 Jahren herrisch und zeigte sich mir überlegen, schimpfte und zankte oft mit mir, besonders wenn ich in den Büchern über Krankheiten las. Ich habe mich zu Hause oft geärgert, weil sie mit mir herumkommandierte und ich ihr die Antwort schuldig blieb. Schlug ich sie, so ging sie zum Vater, der mich einen Flegel schimpfte.

Diese Aufzeichnungen und die mündlichen Erklärungen, die mir Patient gab, sind für die Psychogenese des Narzißmus von fundamentaler Bedeutung. Patient war ursprünglich in seine Schwester verliebt. Er fand sie außerordentlich schön und bewunderte ihren Haarschmuck. Er fürchtete, sie könnte sterben und erteilte ihr den Zauber der Unsterblichkeit.

Er verliebte sich erst in sich, als er die Ähnlichkeit mit der Schwester entdeckte. Er hatte das gleiche Haar, die gleichen Augen, den gleichen Mund.

Langsam und widerstrebend enthüllt er mir alle Phantasien, die sich mit der Schwester beschäftigen. Er glaubte einst, sie müßten beide in heiliger Keuschheit leben und der Welt ein Musterbeispiel geben. Aber auch direkte Inzestphantasien kamen vor, Siegmund und Sieglinde spielten die Rolle der Idealgestalten, denen er nachstrebte. Was sollen ihm die anderen Mädchen, wenn er seine Schwester nicht finden kann? Sie war ihm die hehrste Idealgestalt der Jugend. Er stand vor dem Spiegel, um Ähnlichkeiten mit ihr zu entdecken. Hatten sie nicht die gleiche regelmäßige Nase, das gleiche feurige Auge, die gleiche schöne Stimme? War er nicht ein männliches Spiegelbild von ihr und sie von ihm? War sie nicht die Verkörperung seiner weiblichen Komponente?

Im Mittelpunkte dieser Identifizierung stand das Haar. Er ist Haar-Fetischist. Zuerst bewunderte er das Haar der Schwester und dann begann er sein Haar zu lieben.

Er liebte in sich die Schwester!

Sein Narzißmus entstand durch die Identifizierung mit der Schwester. Er wurde für sich eine Schwester-Imago.

Der Narzißmus kann also durch Identifizierung mit einer geliebten Person entstehen. Weitere Analysen müssen erweisen, ob dieser Mechanismus allgemein ist oder eine besondere Form des Narzißmus darstellt. Im Falle Nr. 138 von *Féré* identifiziert das Kind seine Hand mit der Hand und der Wange der Mutter. Es liebt in seiner Hand die Mutter. Es ist wahrscheinlich, daß andere Fälle die gleiche Psychogenese zeigen. Bald ist es offenbar der Vater, bald die Mutter, bald eine andere Person der Umgebung, die man in sich liebt. Es scheint zu den Bedingungen des Narzißmus zu gehören, daß die Fixierung der Liebe an ein Objekt infolge von Trotzeinstellung oder infolge von Ablehnung verhindert wird, so daß dann eine Verladung auf das eigene Ich stattfindet.

Doch kehren wir zu unserem Patienten zurück. Er teilt mir allerlei Phantasien mit. Er träumte, daß er und seine Schwester ein ideales Geschwisterpaar bilden werden. Beide unendlich schön und beide keusch, beide von der Gesellschaft beneidet und bewundert.

Seine fixe Idee war es, das Leben der Schwester zu teilen. Mit ihrer Hochzeit setzte die Neurose ein. Seine Luftschlösser brachen zusammen. Er sah sie älter werden. Sie war nicht mehr Jungfrau. Sie wurde Mutter, ihre Schönheit schwand, ihre Figur veränderte sich. Das alles erlebte er an seinem Haare. Es ist ein wunderbares Beispiel einer Affektverschiebung. Er weinte über den Verlust seiner Schwester und über den Niederbruch ihrer Schönheit. Das eigene Haar gestattete ihm das Ausleben aller seiner Affekte. Die weiteren Traumanalysen bestätigen diese Auffassung.

— — — — — — — — — — — — — — — — — — — —

Er hatte zwei sehr charakteristische Träume:

> Ich war in einem großen Saal; dort saß bei einem Tisch Gesangvereinschormeister H. (der statt meiner dirigierte!), sein Schwager und noch einige. Es wurde Wein getrunken. Ich war tief melancholisch und konnte mich nicht aufheitern. Vom Zahlen wollte ich nichts wissen.
>
> Ich sah ein wunderschönes Weib, das nach langem wiederum auftauchte, in einem Zimmer saß und nähte; neben ihr der Verehrer, ein großer, hübscher Mann, den ich um sein Glück beneidete und mir dachte: „Wieder ein Glück, das ich mit ihr hätte haben können, wenn ich früher dazugesehen hätte." — Später sah ich sie noch einmal vorübergehen. sie war stolz und schön, schaute mich aber nicht an. Er redete auf sie ein. Ich war deprimiert.

Die Grundaffekte der beiden Träume zeigen deprimierte Stimmung. Er hat seine Schwester an seinen Schwager verloren. Dieser Schwager taucht in dem ersten Traum als Schwager des Dirigenten auf. Er ist eine Verdoppelung, die der Traumverhüllung dient. Der Dirigent steht auch für den Vater. Offenbar war die Mutter seine erste Liebe, die Schwester eine Neuauflage seiner ersten Liebe. Auch seine Mutter hatte wunderbares Haar. Er bewunderte sie ob ihrer Schönheit.

Alle trinken Wein, das heißt: Alle genießen und leben, nur ich bin von den Freuden des Lebens ausgeschlossen. Seine Depression ist die Erkenntnis der Aussichtslosigkeit seiner Liebe. Er weigert sich zu zahlen. Er will seine Schuld nicht einsehen und nicht büßen.

Auch der zweite Traum variiert das gleiche Thema. Das wunderschöne Weib ist die Schwester (und die Mutter). Sein Schwager ist ein „großer, hübscher" Mann mit wundervollem Haarschmuck. Er beneidet ihn um den Besitz seiner Schwester und gibt eifersüchtige und neidische Regungen zu.

— — — — — — — — — — — — — — — — — — — —

Ich verzichte nun auf die Mitteilung weiterer Träume. Sie zeigen alle eine starke unterdrückte Religiosität. Ich fordere ihn auf, mir die Stellen aus seinen „Memoiren" zu bringen, die sich auf sein Verhältnis zur Religion beziehen. Die Stelle lautet:

XI. Verhältnis zur Religion.

Meine Mutter war von Haus streng religiös erzogen. Wir wurden auch strenge zum Beten angeleitet. Gewöhnlich knieten wir jeden Abend vor dem Schlafen alle, die Mutter vor uns, am harten Boden nieder. So ich mich erinnern kann, hielt uns die Mutter vor, daß Jesus auf spitzen Steinen gekniet und geblutet hat. Manchmal bekamen wir auch Schläge. Oft mußten wir auch den Rosenkranz beten. Das Beten wurde uns so zur Angewohnheit, immer kniend. Bei Tische beteten wir nie. Nur die Mutter machte das Kreuzzeichen. Ebenso, wenn die Mutter ein Brot anschnitt, oder, wenn es blitzte, so machte die Mutter das Kreuzzeichen. Dabei kam es vor, daß wir über die Mutter lachten. Dabei sagte sie uns immer, „euch wird der Herrgott schon strafen", „Ihr werdet im Leben kein Glück haben!" Ebenso wenn wir Brot wüsteten, sagte sie uns: „Ihr werdet am jüngsten Tage es mit blutigen Augen suchen." Von dem jüngsten Tage, von dem uns die Mutter oft erzählte, hatten wir einen heiligen Respekt. Besonders auch vor dem Teufel und dem Braten in der Hölle. Vor dem Kreuze oder vor der Kirche nahmen wir immer den Hut herunter. Besonders viel erzählte uns die Mutter, wie sie sagte, „von der seligsten Jungfrau Maria". Vor der Beichte hatten wir uns gründlich das Gewissen erforscht, um nur ja keine Sünde auszulassen; dies fürchtete ich, weil uns die Mutter und der Katechet sagten, die Beichte wäre dann ungültig. Nach der Beichte fühlte ich mich kolossal erleichtert und betete innig bei den Altären. Bittere Vorwürfe machte ich mir einmal, den Vater vor der Beichte nicht um Verzeihung gebeten zu haben. Bei der Kommunion konnte ich nicht vorsichtig genug die Hostie in den Mund nehmen; ich benahm mich ungeschickt, die Hostie fiel mir aus dem Munde heraus und ich machte mir fürchterliche Vorwürfe, daß ich dieselbe gekaut hatte (unabsichtlich) oder dieselbe an die Zähne angekommen war, da uns der Katechet erzählt hatte, daß dadurch nicht nur die Beichte ungültig, sondern man auch die Strafe der Hölle verdient, vielmehr, daß man dadurch eine Todsünde begangen habe und mit einer Todsünde in die Hölle komme. Besonders lag mir am Gewissen, schon einige Kommunionen ungültig empfangen zu haben, weil ich, so sehr ich mich auch bemühte, zwischen Beichte und Kommunion Sünden begangen habe. Ernö, ein Sohn unseres Hausherrn, kam einmal unmittelbar nach der Kommunion zu uns und sagte in meiner Gegenwart zu meiner Mutter, daß ich die Hostie gekaut habe und ich machte mir auf das hin furchtbare Vorwürfe, die ewige Seligkeit verloren zu haben. In diesem Glauben blieb ich so lange, bis uns der Katechet in der Lehrerbildungsanstalt erklärt hatte, daß man durch eine Generalbeichte alle früheren Beichten wiederholen kann. Als Kind war ich auch Sängerknabe und sang am Chore und unser Vater wollte uns 2 Knaben im Alter von 10 Jahren in O., wohin wir fuhren, unterbringen, aber wir erlangten keinen Freiplatz. In einen besonderen Zwiespalt führte es mich, daß mein Vater nie betete, nie das Kreuzzeichen machte etc. Als Bürgerschüler mit 14 Jahren hörte ich mit besonderer Freude und Beruhigung den Predigten (Maiandacht) zu und bat um Glück für die Aufnahmsprüfung in die Lehrerbildungsanstalt und Gelingen des Studiums. Besonders wenn ich in der Not war, suchte ich durch Gebet bei Gott Schutz und Hilfe und fand auch Genugtuung. Religiöse Lieder machten einen großen Eindruck auf mich. Bei der Aufnahmsprüfung in die Lehrerbildungsanstalt fand ich geradezu das Prototyp eines echten Pfaffen mit viereckigem Gesicht, nahe zusammen liegenden Augen, ein Scheusal, das wegen seiner übermäßigen Strenge schon zweimal von Studenten angeschossen wurde. Er flößte mir Furcht ein. Religion wurde der schwerste Gegenstand; der Pfaff mit dem Direktor beherrschten die ganze Anstalt. Er machte mir schon im 1. Jahrgang viel zu schaffen. Ich ging als Student zu einem hohen Geistlichen, Pater N., der einst in meiner Heimat gewirkt hatte; monatlich schenkte er mir eine Krone. Diesem berichtete ich immer über meine Mißerfolge, speziell in der Religion. Einmal sollte ich für diesen zu Weihnachten einen Gruß bei einem anderen Geistlichen ausrichten; ich vergaß und er wollte mir sogar seine Unterstützung entziehen. Er ließ mich knien etc., wenn ich hinkam. Ich glaubte auch, daß er dem Religionsprofessor etwas über mich erzählt hatte, da dieser mir stets mit Mißtrauen begegnete, mir Reden über meine Eitelkeit und auch eventuelle Unsittlichkeit hielt, wahrscheinlich im Verdachte der Onanie, weil ich immer blaue Ringe unter den Augen hatte und zu ernst war. Besonders kränkte mich dessen Ungerechtigkeit, da ich nie mehr als „genügend" ins Zeugnis bekam. Andere, gewisse Heuchler, gingen vor seinen Augen in die Kirche, die vor unserer Anstalt stand, knieten sich nieder, wenn er hereinkam. Ich hatte den Eindruck, daß der Religionsprofessor mich nicht für sehr fromm hielt, daß ich eitel dem Vergnügen der Welt und den Weibern nachjage. Ich traute mich nie etwas auf seine Lehren, bei denen oft die Mitschüler lachten, zu erwidern, verstand ihn oft nicht. Trotzdem verlor ich nicht den Glauben an Gott. Ich bete aber nicht mehr kniend, sondern liegend im Bette, murrte oft gegen Gott. Unsere Mutter hielt uns strenge an, in die Kirche zu gehen, besonders zu Pfingsten, wo, wie sie sagte, der heilige Geist unseren Verstand stärken wird. Wenn sie erfuhr, daß wir nicht in der Kirche waren, sagte sie uns, daß uns Gott strafen und wir kein Glück haben werden. Seit dem Jahre 1901 ging ich nicht mehr zur Beichte; ich hielt nichts mehr darauf, war in der Kirche aber noch stets fromm und gläubig. Erst im Jahre 1906/07 sagte mir in einem Dorfe Kollege S., daß er an das ganze Theater, Gott etc. nicht mehr glaube; ich widerlegte ihm, indem ich ihm sagte, einen Gott gebe es doch, was er aber bestritt. Es blieb immerhin der Eindruck seines Unglaubens in mir haften. Heute glaube ich zwar, wenn auch mit Zweifeln, daß es eine Naturkraft gebe, die Gott hieße, gehe aber selten in die Kirche, bete fast nie. Oft dachte ich mir, ich wäre noch glücklich an ihn zu glauben, da ich doch immer in meiner Not mich an ihn, besonders vor dem Schlafengehen, wandte und auch das Gefühl der Gottheit in mir hatte. Der Weltkrieg zeigte mir, daß sich Gott unsterblich blamiert hatte. Besonders glaube ich nicht mehr an Himmel und Hölle und Teufel; auch der Glaube an das jüngste Gericht ging mir damit verloren: wie sollte ich an einen solchen Unsinn glauben, daß verweste Leiber nach dem goldenen Naturgesetz: „Nichts geht verloren" wieder auferstehen werden. Besonders kam ich in Konflikt mit der Religion, als ich schon 1901 bitter erfahren mußte, daß gerade die klerikale Partei und die Geistlichen es sein mußten, die gegen unsere Forderungen (Gehalt) waren. Ich fluchte und wurde abtrünnig!

Würde man es für möglich halten, daß ein erwachsener Mann solche Argumente anführt! Er verliert seinen Glauben, weil die klerikale Partei den Lehrern die Gehaltserhöhung verweigerte . . . Andrerseits können wir ohne einen geheimen Glauben und ohne ein Schuldbewußtsein seine schwere Neurose nicht erklären. Sein Schuldbewußtsein wurzelt in seiner Religion. Sein Leiden ist die Strafe Gottes. Gott beraubt ihn des schönsten Schmuckes, seiner Haare, so daß alle Welt seine Sünden und Laster erkennt. Er ist nicht mehr ein Auserwählter Gottes, er ist ein Gezeichneter.

Er hat zu Gott die Beziehungen des kleinen Kindes. Er fürchtet ihn und möchte ihm dennoch trotzen. Aber alle seine Krankheiten sind Strafen Gottes und seine Todesangst ist Angst vor dem strengen Gerichte Gottes. Wie wird er diese Prüfung bestehen?

Wir sehen das typische Verhalten des egozentrisch denkenden Infantilisten. Er kündigt Gott den Gehorsam und die Liebe, weil seine geheimen Wünsche nicht erfüllt werden. Er ist nicht unsterblich, seine Schönheit ist vergänglich. Auch die Schwester ist nicht mehr so schön. Sie altert. Sie wird häßlich. Er hat von Gott ein anderes Verhalten erwartet.

Dabei gibt er zu, daß er doch fromm ist. Er betet manchmal und besonders vor dem Einschlafen kommt es vor, daß er sein Kindergebet aufsagt.

— —

Auch sein Verhalten zum Vater ist bipolar. Er beneidete ihn. Der Vater hatte wunderbares Haar. Es schien ihm, als sei er der schönste und mächtigste Mann in der Stadt. Er identifizierte sich mit seinem Vater. Er wollte auch Lehrer werden und auch so schönes gelocktes Haar haben. Sein ganzes Leben war ein Werben um die Liebe und die Achtung des Vaters. Wir sehen eine zweite Determinante seiner Haar-Neurose und eine zweite Wurzel seines Narzißmus. Er wollte vom Vater geliebt und bewundert werden. Aber er glaubte, daß ihm sein Bruder vorgezogen wurde. Deshalb identifizierte er einen Teil seines Ich mit dem Vater und begann sich zu lieben und zu bewundern.

— —

Er hat alle seine Liebe auf sein eigenes Ich konzentriert. Er liebt nicht mehr Gott, nicht mehr seinen Vater, nicht mehr seine Schwester. Er weicht einer jeden Objektliebe aus. Er war eigentlich noch nie in seinem Leben verliebt. Nähert er sich einem Mädchen, so ist er sehr leicht entzündet. Aber schon am nächsten Tage entdeckt er allerlei Fehler und beginnt die Schöne zu entwerten. Bald sind es Schönheitsfehler, bald aber Charakterfehler. Oder er arrangiert Dissonanzen mit der Familie seines Mädchens. Dadurch verhindert er das

Entstehen einer echten Liebe. Ihm handelt es sich nicht darum zu lieben, sondern geliebt zu werden. Weil er die Anerkennung seiner Persönlichkeit von aller Welt verlangt, ist er so empfindlich und wittert überall Herabsetzungen und Feinde. Er kämpft um sein Ich-Gefühl. Nur der Narzißt empfindet die Liebe als Verlust seiner Persönlichkeit. Nur für diese Personen gilt der Satz, mit dem *Freud* alle Verliebten charakterisiert: „Es ist leicht zu beobachten, daß die Libidobesetzung der Objekte das Selbstgefühl nicht erhöht. Die Abhängigkeit vom geliebten Objekte wirkt herabsetzend; wer verliebt ist, ist demütig. Wer liebt, hat sozusagen ein Stück seines Narzißmus eingebüßt und kann es erst durch das Geliebtwerden ersetzt erhalten. In all diesen Beziehungen scheint das Selbstgefühl in Relation mit dem narzißtischen Anteil im Liebesleben zu bleiben."

Unser Patient leidet an heftigen Depressionen. Er fühlt sich einsam und nicht geliebt in der weiten Welt. Er sieht auch ein, daß seine Phantasie, er wäre ein „Auserlesener" (große historische Mission!), nicht zur Realität wurde. Die Spannung zwischen seinem „Ich-Ideal" und dem realen Ich ist eine übergroße und kann nicht einmal mehr durch die Phantasie überbrückt werden. Seine Heilung hängt davon ab, ob er imstande ist, seine Einstellung zum Ich und zur Welt zu korrigieren und sich der Wirklichkeit anzupassen.

Ich kann allerdings nicht verhehlen, daß das Krankheitsbild deutliche paranoide Züge aufweist. Es fehlt zwar ein systemisierter Verfolgungswahn, es fehlen die Halluzinationen; aber wir sehen bereits die Herrschaft einer überwertigen Idee, der alle anderen untergeordnet sind (der Haarausfall), wir sehen das Gefühl des Zurückgesetztseins und Verlachtwerdens im Gegensatz zu einem krankhaften Ehrgeiz, wir sehen einen Konflikt zwischen Anlagen und Wünschen, der in eine Psychose drängt, wir sehen die Zeichen des psychosexuellen Infantilismus in Form eines pathologischen Narzißmus, den ich als eine der Grundlagen der Paranoia anspreche, wie die späteren Kapitel ausführen werden. Zu betonen ist die große polare Spannung zwischen bewußten und unbewußten Menschen, die zu einer fortschreitenden Spaltung der Persönlichkeit führen muß. Ein typisches Beispiel sein Verhalten zur Religion. Bewußt ein Gottesverächter und Atheist, ist er innerlich fromm und zittert vor der Strafe Gottes.

Sein Verhalten zur Analyse war das eines skeptischen Beobachters. Er war stets auf der Flucht vor der Wahrheit und zeigte eigentlich nur ein Bestreben: seine Krankheit unversehrt zu erhalten. Er fand, daß ich ihn materiell ausnützen wolle. Ich sei nicht aufmerksam und behandle ihn nur des Geldes wegen. Ich machte ihm den Antrag, sich unentgeltlich behandeln zu lassen. Er lehnte ab. Er sei kein

Bettler. Schließlich nannte ich ihm eine geringfügige Summe, womit er befriedigt schien. Aber sein Fluchtreflex war stärker. Die Analyse konnte nicht bis zum Kristallisationspunkt seiner Neurose vordringen. Es bleibt daher der Zukunft überlassen, wie sich der Erfolg der Behandlung gestalten wird — ob er von seinem Wahne genesen oder ihn systematisch ausgestalten wird.

— — — — — — — — — — — — — — — — — — — —

Sehr interessant sind die Fälle von „temporärem Narzißmus". Fast jedermann hat einmal im Leben als Erwachsener eine solche narzißtische Periode mitgemacht. Dichter und Philosophen, alle schaffenden Geister kennen diesen „Rausch der Persönlichkeit". Ich bin Ich![1])

Über die Psychogenese einer solchen vorübergehenden Regression auf eine infantil-narzißtische Periode wird uns der nächste Fall belehren:

Fall Nr. 140. Es handelt sich um die 33jährige Frau Berta, die von ihrem Mann getrennt eine narzißtische Periode durchmachte. Zu ihrer großen Bestürzung zeigten sich nach der Rückkehr des geliebten Mannes empfindliche Störungen in ihrem Liebesleben. Sie kam deshalb in meine Behandlung. Sie hatte vor der Abreise ihres Mannes immer vollen und raschen Orgasmus erzielen können. Oft sogar bis 10mal während einer Kohabitation. Denn er war sehr potent und sie liebten einander ganz außerordentlich. Sie schrieb mir über mein Ersuchen eine außerordentlich feine Schilderung des Zustandes. Besonders die narzißtische Periode ist mit besonderer Prägnanz wiedergegeben. Ich lasse ihr das Wort:

Ich lebte 5 Jahre in glücklicher Ehe mit meinem Manne. Wir waren außer einer ganz kurzen Zeit im Beginne unserer Ehe nie getrennt gewesen. Ich hatte damals die Trennung sehr schlecht ertragen. Meine polygamischen Instinkte hatten sich kräftig gemeldet und mir viel zu schaffen gemacht. Zudem hatte ich Konflikte, die in der Zeit der Trennung stärker hervortraten. Meine Familie war gegen meine Heirat gewesen. Insbesondere meine ältere Schwester, die mich nach dem frühen Tode der Mutter erzogen hatte. Es sprach gar nichts gegen meinen Mann, er paßte ihnen nur nicht mit seinen freien Anschauungen. Sie waren alle lächerlich philiströse Menschen, die einer scheinheiligen Moral huldigten. Vor allem war es aber Eifersucht, die sie gegen meinen Mann einnahm. Ich hatte bis dahin nur meine Familie geliebt, war ein schrecklicher Familiensklave gewesen. Nun hatte ich versucht, mich von ihnen zu lösen und liebte meinen Mann mit einer Liebe, deren ich mich nie fähig gehalten hatte. Es schien nichts mehr für mich zu existieren. Ihm zuliebe überwand ich meine geistige Faulheit und drang in seine Interessenwelt ein. Ich war nur ein Triebmensch gewesen und wollte nun ein Edelmensch werden. Ich begann an mir zu arbeiten und wollte gleich ihm groß und vor-

[1]) Das Selbstgefühl der Wiener drückt sich in einem Liede aus „Mir san mir" (Wir sind wir!)

nehm denken. Ich erlebte einen ungeheuren seelischen Aufschwung. Die Liebe zu meinem Mann wandelte mich zu einem anderen Menschen. Damals waren wohl nur die Ansätze zu diesem anderen Menschen vorhanden. Denn meine Entwicklung war nicht abgeschlossen. Ich schritt den Höhenweg empor, den mich meine Liebe führte. Ich wollte mich aus den Tiefen meiner Kindheit und Jugend erheben, wollte mich von den Fesseln der Neurose befreien und vereint mit meinem Manne in der Höhe wandeln. Dieses Anderssseinwollen vertrug aber meine Familie nicht. Sie waren so gewöhnt, mich als dummes, gutmütiges Wesen zu sehen, daß sie mich nicht anders wissen wollten. Sie konnten sich nicht daran gewöhnen, daß ich ein selbständiger und klug denkender Mensch sein sollte. Gerade meine Schwester wollte am wenigsten davon wissen, daß ich selbstbewußt wurde und mein Mann so manche Geistesgaben in mir entdeckte und förderte. Sie hatte mich egoistisch geliebt und immer die Beschützerrolle gespielt, wenn meine anderen Geschwister mich geringschätzig behandelten. Nun fühlte sie die Distanz zwischen ihr und mir schwinden und das vertrug sie nicht. Ich sollte nicht unabhängig von ihr werden. Mein Minderwertigkeitsgefühl hatte mich meine Persönlichkeit unendlich klein sehen lassen, während ich bewundernd zu ihr aufschaute. All das geriet nun ins Wanken. Sie kämpfte mit allen Waffen um ihre Herrschaft, als ich meinen Mann zu schätzen und zu lieben begann. Sie hatte ja niemanden als mich, da sie ledig geblieben war. Ihre ganze Liebe gehörte mir. Lieber wollte sie mich unglücklich sehen, aber bei ihr sollte ich sein, sie sollte mir alles bedeuten. Sie war so gewöhnt gewesen, daß ich mich willenlos allen ihren Anordnungen gefügt hatte, daß sie es anfangs gar nicht fassen konnte, daß ich nun selbst mein Schicksal in die Hand nahm. Ich wagte es, entgegen ihrem Willen zu handeln. Sie hätte wohl gar nichts dagegen gehabt, wenn ich einen ungeliebten Mann geheiratet hätte. Meine Liebe hätte dann auch weiterhin ihr gehört. Auf einen Mann, der mich nur physisch besessen hätte, wäre sie nie eifersüchtig geworden. Ja, sie, die scheinbar so streng Moralische, hätte lieber ein rein sexuelles Verhältnis geduldet, nur um nicht zu sehen, wie alle Liebe von mir zu einem Manne strömte. Aber auf meinen Mann war sie rasend eifersüchtig. Sie selbst war so von mir eingenommen, daß sie glaubte, jedermann müßte sich in mich verlieben. Wie schrecklich war es für sie, als sich mein Mann in mich zu verlieben begann und sie die gegenseitige Liebe sich steigern sah! Sie litt unter der Eifersucht und machte mir das Leben schwer. Sie versuchte mit Hilfe neurotischer Erkrankungen unsere Zusammenkünfte zu stören. Sie suchte meinen Mann bei mir zu entwerten. Ich selbst war stark an sie fixiert gewesen und fühlte das Verderbliche dieser Strömung. Ich rettete mich in meine große Liebe und wollte meine Schwester durch Gleichgültigkeit überwinden. Ich wußte aber damals gar nicht, wie lieb ich sie hatte. Redete mir ein, daß ich sie haßte, weil ich in ihr eine Gefahr für meine Liebe sah. Dann glaubte ich wieder, sie sei mir vollständig gleichgültig geworden. Alles nur Täuschung. Ich fühlte Haß, weil sie meine Liebe für den Geliebten untergraben wollte. Ich konnte mich in Liebe von ihr nicht lösen und wurde kalt und unnahbar. Es war natürlich ein falscher Weg, den ich einschlug. Ich hätte sie durch Liebe für meine Liebe gewinnen müssen. Ich wäre ihr dann unendlich dankbar gewesen. Sie hätte mir entsetzliche Konflikte erspart. So konnte ich sie gar nicht mehr lieben, da sie meinen Geliebten nicht liebte, ihn sogar haßte. Ich wollte sie nicht mehr lieben. Geht es aber so leicht, eine infantile Liebe aus dem Herzen zu reißen? Ich bildete mir immer ein, innerlich längst fertig mit ihr zu sein und wollte nichts von einem Gefühl für sie wissen. Die Situation im Hause wurde so unleidlich, ich fühlte meine Liebe in dieser Atmosphäre bedroht. Ich erkannte, daß ich aus dem Hause mußte, meine Schwester, die ich als mein Verderben ansah, verlassen mußte, wollte ich nicht meinen Geliebten verlieren, der von den häßlichen Intriguen meiner Schwester angewidert war und mich nur ungern in diesem ihm feindlich gesinnten Hause wußte. Ich machte mich selbständig und nahm eine Stellung an, verließ meine Schwester. Ich ging nicht leicht von ihr und auch sie war mit meinem Schritt gar nicht einverstanden. Es kam nun so weit, daß ich die Beziehungen zu ihr vollständig abbrach, weil sie mir den Verkehr mit ihr unmöglich gemacht hatte. Ihr Benehmen gegen meinen Mann — wir hatten nach einem Jahre geheiratet — war ein scheußliches. Wußte ich damals, daß es mehrmals einen Bruch und mehrmals eine Aussöhnung geben würde? Als ich mich von meiner Schwester trennte, faßte ich es auch als eine Trennung von meiner ganzen Familie auf.

Als mich mein Mann das erste Mal allein zurückließ, fühlte ich den Wunsch, wieder mit meiner Familie in innigeren Kontakt zu kommen. Mich zog es zur Schwester, die ich ja so sehr liebte, aber mir nicht zu lieben gestattete, weil ich es mit meiner Liebe zu meinem Mann nicht vereinbaren konnte. Ich kam doch hin und wieder mit ihr zusammen. Sie war es, die mich unbewußt oder bewußt in meinen polygamischen Instinkten unterstützte. Sie hatte mich gerne flirten gesehen und hatte gar nichts dagegen, daß mir einer meiner Onkels in ziemlich eindeutiger Weise sein Wohlgefallen bezeugte. Ich war so eitel, daß mir auch das schmeichelte. Was mich zu meiner Schwester und Familie zog, das trennte mich von meinem Manne. Alle meine schlechten Instinkte wurden dort lebendig, der ganze Triebmensch kam wieder zum Vorschein. Es war ja nicht so leicht für mich faulen Menschen, sich immer auf einem geistigen Niveau zu erhalten. Meine Schwester stellte ja gar keine Anforderungen an mich. Dort konnte ich untätig sein, Tagträume haben und tratschen. Das tat ich manchmal ganz gerne. Ich konnte nach Herzenslust kokettieren, was mir auch große Freude machte.

So litt ich nun sehr unter der Trennung. Sehnte mich nach meinem Manne, war unglücklich, daß ich ohne ihn war. Die neurotische Angst peinigte mich, ihm könnte etwas geschehen. Mich peinigte eben mein Freiheitsteufel. Die Angst entsprach nur einem verdrängten Wunsch. Mich lockten all die anderen Männer. Sie konnte ich alle haben, wenn ich wieder bei der Schwester wäre. So spielte ich mit Todesgedanken, natürlich ganz unbewußt. Wenn ich einige Tage keine Nachricht von ihm hatte, wurde ich von Angst gefoltert, meinem Mann könnte etwas zugestoßen sein. Sein Tod hätte mich eben frei gemacht.

Mein Mann ist ein feiner Seelenkenner und verstand bei seiner Rückkehr so vieles, was in mir vorgegangen war. Er half mir über meine Konflikte hinwegzukommen. Ich wurde wieder gefestigt. Da kam es nun vor einem Jahre zu einer mehrmonatlichen Trennung. Mein Mann, der Bakteriologe ist, mußte nach Argentinien. Mich traf die Nachricht unserer bevorstehenden Trennung wie ein Blitzschlag aus heiterem Himmel. Seine Abwesenheit sollte ungefähr ein halbes Jahr dauern. Uns beiden bangte vor dieser Trennung entsetzlich. Wir waren ein so inniges Zusammenleben gewöhnt und wurden jetzt von einander gerissen. Noch dazu mußte mein Mann in solche Fernen und es sollte Wochen dauern, bis mich briefliche Nachricht erreichen konnte. Mein Mann kannte meine Natur und fürchtete das Alleinsein für mich. Es war nicht die Angst vor einer physischen Untreue. Zu einer solchen hatte ich zu starke Hemmungen. Er fürchtete aber meinen größten Feind, die Phantasietätigkeit. Ich kann nicht schildern, wie mir vor dieser Trennung graute. Ich mußte mich in dieselbe schicken, aber oft wollte ich meinen Mann bitten, alles zu tun, nur um mich nicht verlassen zu müssen. Die gefürchtete Abreise kam. Ich verlebte einen grauenhaften Tag. Ich hatte nur einmal vorher einen solchen Schmerz gehabt, das war, als ich meinen Vater verloren hatte. Ich konnte mir nicht vorstellen, wie ich monatelang ohne meinen Mann würde leben können. Der Gedanke, allein zu sein, machte mich beinahe wahnsinnig. Ich blieb doch ganz vereinsamt zurück. Wir hatten fast gar keinen Verkehr, weil wir fremde Menschen als Last empfanden. Ich hatte auch den Verkehr mit meiner gesamten Familie aufgegeben, weil zu große Differenzen zwischen uns bestanden. Wir lebten also ganz isoliert, ganz für uns. Alles war mir nun plötzlich entzogen worden. Ich war unendlich verwöhnt gewesen. Mein Mann hatte mich immer mit der größten Zärtlichkeit umgeben. Nur für mich gelebt, er hatte alles, wie Freunde, Kaffeehaus usw., für mich aufgegeben. Ich hatte die große Freude, mit ihm arbeiten zu können, er hatte mich allmählich zu seiner Mitarbeiterin herangebildet. Und so war es mit allem. Mir war es mit der Zeit gelungen, alle seine Interessen zu teilen. Ich lebte nicht nur in seiner ersten Welt mit ihm, ich folgte ihm auch in seine zweite Welt. Obwohl ich selbst gar nicht künstlerisch veranlagt war, so hatte mein Mann den Kunstsinn in mir geweckt und mein schlummerndes Kunstverständnis entwickelt. Ich genoß Kunst und freute mich seiner künstlerischen Neigungen. Die Liebe zu meinem Manne erschloß mir eine neue Geisteswelt. An mir selbst ersehe ich am besten, was der Wille beim Menschen zu leisten vermag. Ich war ein Mensch mit nicht besonderen geistigen Anlagen gewesen und durch meine Phantasietätigkeit waren auch diese nicht ausgebildet worden. Mein Geistesleben war total verkümmert gewesen. Was meinen Mann wohl zu mir hingezogen hatte, kann ich mir selbst nicht erklären. Mein Wesen hatte ihm gefallen und dann freute es ihn, mir die Augen für alles Schöne dieser Welt zu öffnen. Es lockte ihn, aus dem verträumten Kind, das ich war, einen Menschen zu bilden. Alles, was ich bin, verdanke ich ihm. Ich bin sein Geschöpf geworden. Wo es mir an Verstand mangelte, half mir die Liebe, es gefühlsmäßig zu verstehen. Ich wollte eben in allem und jedem ihm folgen können. Sein ganzes Leben mußte ich teilen können. Wir hatten die gemeinsame Arbeit und den gemeinsamen Genuß. Wie schön waren doch nur jene Abende, wenn wir unsere Arbeit beendet hatten! Dann waren für uns die Sonntage und Feiertage, Festtage im wahrsten Sinne des Wortes. Wir wanderten in die Natur hinaus und fühlten uns eins werden mit der Natur.

Auf das alles mußte ich nun verzichten. Die erste Zeit litt ich sehr unter der Trennung. Ich hatte für ihn zu arbeiten und das half mir viel über meine Einsamkeit hinweg. Wohl fanden sich ein paar Menschen, die sich meiner annahmen und mich nicht so allein lassen wollten. Da erkrankte ich einige Wochen nach der Abreise meines Mannes an Stirnhöhleneiterung. Ich war unglücklich, krank zu sein und meinen Mann nicht bei mir zu haben. Ich litt Schmerzen und da ist das Alleinsein sehr bitter. Aber ich wußte auch, daß die Krankheit für mich eine Gefahr in anderer Hinsicht bedeutete. Kranksein verleitet zum Phantasieren. So war ich nun in einer sehr deprimierten Stimmung. Die unterdrückte Sehnsucht nach der Schwester, mit der ich ja monatelang nicht mehr zusammengekommen war, meldete sich nun gerade in der Krankheit. Hatte ich nicht meinen Mann, so wollte ich wenigstens von ihr gepflegt werden, wie es ja so oft in früheren Jahren der Fall gewesen.

So kämpfte ich mit dem Wunsche, gefährlich krank zu werden, damit ich gezwungen wäre, sie zu rufen. Ich hatte meinem Manne erklärt, daß ich in seiner Abwesenheit keinen Versuch machen würde, die Schwester wieder zu gewinnen. Sie sollte von selbst zu mir kommen, mir über die schwere Zeit des Alleinseins hinweghelfen. Dann würde er ihr alles Böse, was sie uns angetan hatte, vergessen und nichts gegen einen Verkehr haben. Ich hatte mich also mir und meinem Manne gegenüber gebunden. Ich hätte es wie einen Verrat an meiner Liebe empfunden. Schwere Krankheit hätte mich aber entschuldigt.

Was ich befürchtet hatte, trat ein. Ich war lange Rekonvaleszentin und konnte wochenlang das Zimmer nicht verlassen. Ich war zu schwach, um die Arbeiten für meinen Mann zu machen und selbst das Lesen fiel mir oft schwer. Allein war ich, dürstete nach Liebe und Zärtlichkeit, besonders wenn ich mich unwohl fühlte. Die Gegenwart schien mir unerträglich und ich flüchtete in Phantasien. Ich malte mir die Wonnen des Wiedersehens aus, ich zehrte von den vergangenen Freuden und genoß die zukünftigen Freuden, die meiner harrten. Das Gefährliche bei dieser Phantasietätigkeit war aber doch, daß ich nicht nur von meinem Mann phantasierte, sondern offenbar auch Phantasien mit anderen Männern hineinmengte, die aber verdrängt wurden. Ich kam mir vor wie in einem Käfig eingesperrt, vertrug die grauenhafte Eintönigkeit nicht, lechzte nach Anregung. Ich war doch auch in dieser Hinsicht so verwöhnt gewesen. Wir hatten ein reiches Leben geführt. Ich brauchte Affekte und hätte sie mir im Theater verschafft, aber auch das war mir unmöglich, weil ich ja nicht ausgehen konnte. Meine einzige Freude waren die Briefe meines Mannes. Sehnsüchtig erwartete ich sie immer und war sehr traurig, wenn ich längere Zeit keine Nachricht hatte.

Besonders die einsamen Abende ertrug ich schwer. Im Anfange litt ich nicht unter der sexuellen Abstinenz. Dann aber, und besonders als ich wieder gesund war, hatte ich ein ungeheures sexuelles Bedürfnis. Es war Frühling, alles blühte in der Natur und rüstete sich zum Liebesfest. So wurde das Sehnen nach Liebe und Zärtlichkeiten immer stärker in mir.

Von meiner Schwester erfuhr ich auf Umwegen, daß auch sie krank gewesen war. Der Gedanke, eine Verbindung mit ihr zu suchen, wurde immer stärker. Ich kämpfte gegen diese Versuchungsgedanken mit dem Intellekt, aber der Affekt war stärker. Ich versuchte mir zu beweisen, daß ich nur in ein gutes Verhältnis kommen wollte, um sie leichter zu überwinden, da ich doch ihr gegenüber ein Schuldbewußtsein fühlte. Es schien mir unmöglich, die Fixation durch Trennung aufzuheben. Ich machte große Seelenkämpfe mit. Zu dem kamen noch meine polygamischen Regungen dazu, die meine Konflikte erhöhten. Mein Mann hatte mich vor seiner Abreise vor meiner leichtsinnigen Natur gewarnt. Von einer bewußten Untreue konnte also gar nicht die Rede sein. Aber ich fühlte in mir ein dunkles Locken und Drängen. Es war, als ob mir eine innere Stimme zugerufen hätte, die Zeit des Alleinseins, meine momentane Freiheit, auszunützen. Ich hatte Versuchungsträume, konnte aber selten im Traume untreu sein. Selbst da war die Stimme des Gewissens stärker, immer wieder erschien mir mein Mann im letzten Moment, wenn ich zu erliegen drohte. Ich wußte ihn sehr telepathisch und fürchtete im Wachen sowohl als im Schlafe, daß alles, was mit mir vorgehe, er in irgend einer Form zu fühlen bekäme. Ich hatte schon zu viel Beweise von seinem unheimlich feinen Empfinden gehabt. Ich fürchtete meine

Träume, weil sie auch ihm fühlbar wurden. Wie nachstehender Traum zeigt, wurde ich dieses Bewußtsein auch im Schlafe nicht los.

Ich war in Gesellschaft und rühmte mich, eine wunderbare Schauspielerin zu sein. Da kam ein großgewachsener Herr auf mich zu und schaute mir fest in die Augen. „Sie sind keine gute Schauspielerin" sagte er. Ich wollte seinem Blick standhalten. Da fühlte ich mich schwach werden und wußte nun, er würde mich küssen. In diesem Augenblick fiel krachend eine Tür zu. Das riß mich aus meiner Willensschwäche. In mir war nun die feste Überzeugung, daß ich dies als Warnung von meinem Mann aufzufassen hätte, der die Gefahr, in der ich geschwebt hatte, telepathisch gefühlt hatte. Nun quälte mich im Traume der Gedanke, daß ich meinem Manne unruhige Stunden durch meine Koketterie bereitet hätte.

Mein Verlangen nach Zärtlichkeiten und Liebkosungen wuchs ins Unendliche. Ich lebte eigentlich nur im Moment des Wiedersehens. Ich onanierte zeitweise viel und immer mit der Vorstellung, wir feierten das erste Zusammensein. Alles, was mir mein Mann an sexuellen Wonnen geboten hatte, ließ ich über mich ergehen. Ich fühlte seine stürmischen leidenschaftlichen Liebkosungen, hörte ihn zärtliche Worte sagen. Ich sah ihn in Liebesraserei. Auch bei Tage fühlte ich seine Liebkosungen, vernahm seine schmeichelnde Stimme, spürte seine liebkosenden Hände. Manchmal kam mir wohl die Angst, ich würde mir den Genuß durch das viele Vorphantasieren stören. Ich könnte dann die Wirklichkeit durch die Phantasie entwerten.

In dem Maße, als mein Bedürfnis nach Zärtlichkeiten wuchs, bemerkte ich ein gewisses Zärtlichwerden mir gegenüber. Ich war immer stark narzißtisch gewesen. Perioden großen Minderwertigkeitsgefühls hatten mit solchen von Narzißmus abgewechselt. Mein Gesicht war das einzige, was mir physisch immer an mir gefallen hatte. Ich schaute daher ungeheuer oft in den Spiegel, fand mein Gesicht lieb, studierte den Ausdruck meiner Augen. Immer aber identifizierte ich mich mit meinem Manne. Ich sah mit seinen Augen. War verliebt in den Menschen, den er liebte. Er mochte meinen eigentlichen Taufnamen nicht und gab mir einen der Namen, die ich in der Taufe empfangen hatte. Für ihn war ich also ein anderer Mensch und hatte auch einen anderen Namen. Der alte Name, den die Familie gebraucht hatte, und alles, was der Vergangenheit angehörte, waren versunken und vergessen. Ich hörte nur seinen Kosenamen: Elferl! Ich wollte nur das Elferl sein. Das „Elferl" schien mir die Verkörperung alles Schönen, es wurde ein Symbol meiner Liebe und meines märchenhaften Aufstieges.

So konnte ich noch mehr die zwei in meiner Brust wohnenden Menschen differenzieren. Ich konnte sie nicht vereinen. Das Geschöpf, das meinem Geliebten gehörte, erschien mir unendlich liebenswert. Ich wollte, daß der andere, der zweite Mensch in mir, der sich gegen das bessere Ich aufzulehnen schien, es stets anbeten sollte. Ich hatte eine Photographie aus der letzten Zeit, die meinem Manne sehr gut gefiel und die er mithatte. Nun schrieb er mir, das Bild hätte bei all seinen neuen Bekannten solchen Beifall gefunden, man wäre entzückt von mir etc. Das war für mich zu viel. Ich berauschte mich an dem Gedanken, wie gut ich im fremden Lande gefalle, wie reizend man mich fände. Ich schaute mir dieses Bild unzählige Male an und hörte die entzückten Ausrufe der Leute. Ich selbst fand mich reizend, was natürlich stark mit meinem sonstigen Minderwertigkeitsgefühl kontrastierte. Mit Ausnahme meiner Hände und Arme gefiel mir nichts an meinem Körper. So gern ich mein Gesicht sah, so vermied ich es, meinen entblößten Körper zu sehen. Ich habe zu viel körperliche Mängel, und die drohten, mich aus meiner Illusion zu reißen. Mein Mann hatte mir so oft gesagt, daß ich eine wohllautende, einschmeichelnde Stimme hätte. Ich fing an, meine Stimme gerne zu hören. Ich roch gern meinen Geruch. Unangenehm drängte sich mir das Empfinden auf, daß ich gerne den Geruch meines Stuhles habe. Noch viel unangenehmer berührte es mich, daß ich reinlicher Mensch in unappetitliche Gewohnheiten verfiel, die aus der Kinderzeit stammten. Die schlechte Gewohnheit des Nasenbohrens konnte ich nie ganz ablegen, aber es war in der letzten Zeit viel ärger damit geworden. Ebenso konnte ich dem Drange nicht widerstehen, mich abends im Bette mit den Füßen zu beschäftigen. Ich schnitt fortwährend Hühneraugen, harte Haut u. dgl. Das Ärgste war aber, daß ich zwischen den Zehen den Käs herausbohrte. Ich hatte oft erfolgreich gegen diese abscheuliche Gewohnheit angekämpft, nie getan, wenn ich mit meinem Manne zusammen war. Nun konnte ich nicht widerstehen und fast jeden Abend wiederholte sich dieses Spiel. Eher konnte ich nicht einschlafen. Oft war es ein Ersatz für die Onanie. Ich erkannte das Infantile und das Gefährliche dieser Lusterzeugung und konnte es doch nicht aufgeben. Auch an den Händen zupfte und schnitt ich fortwährend. Als Kind hatte ich die schlechte Gewohnheit des Nagelbeißens gehabt und zeitweise hatte ich Rückfälle. Wenn ich sehr zerrissen war, biß ich Nägel, war aber nachher darüber sehr deprimiert. Schaute mir fortwährend den abgebissenen Nagel an und hätte gerne das abgebissene wieder angesetzt.

Ich konnte auch nicht geistig arbeiten, wenn ich nicht mit einem Bleistifte spielte oder mir in die Haare fuhr. Irgend etwas mußte ich mit meinen Händen tun. Ich kratzte mir die Stirne oder fuhr mir einfach mit der Hand im Gesichte herum. Offenbar hatte ich irgend eine geheime Phantasie und verschaffte dem zweiten faulen Menschen in mir Lust, damit ich besser arbeiten konnte.

Mein Mann schrieb mir glühende Liebesbriefe. Wie eine Königin wollte er mich halten. Er hob meine Klugheit anerkennend hervor. Ich vertrug diese Bewunderung nicht. Mir stieg sie zu Kopf. Ich geriet in einen Größenwahn. Ich fand, daß mein Mann um ein solch entzückendes Geschöpf zu beneiden sei. Lebte in dem Glauben, ich wäre für ihn unersetzlich. Auch von meinen geistigen Fähigkeiten war ich sehr eingenommen. Wollte mir und ihm beweisen, daß niemand so gut wie ich seine Mitarbeiterin sein könnte. Ich sah einfach in mir ein Idealwesen. Ich wollte jeden Menschen bezaubern, auch wenn es Frauen waren. Ich wollte allen zeigen, wie berechtigt die große Liebe meines Mannes für mich war. Ich ging auf der Gasse ständig im Bewußtsein, daß ich unnahbar sein müsse, weil ich nicht mehr mir gehörte. Ich kam mir vor wie ein Heiligtum, das man nicht berühren dürfe. Ich, das Geschöpf des geliebten Mannes, dünkte mich viel zu gut für all die gewöhnlichen Menschen. Da ich auf der Gasse Phantasien fürchtete, führte ich oft Zwiegespräche mit mir, um den leeren Raum auszufüllen. Ich sah meinen Mann z. B. plötzlich auf mich zukommen. Er war also ganz unerwartet zurückgekommen. Er begrüßte mich freudig und sagte mir viel Liebes. So spann ich weiter aus. Es kam auch vor, daß ich Gespräche im Geiste wiederholte, die ich mit Bekannten geführt hatte und bei denen ich mich, wie mir schien, durch Klugheit ausgezeichnet hatte. So wiederholte ich alle möglichen Szenen und schöpfte Lust daraus.

Als die Rückkehr meines Mannes heranrückte, prüfte ich immer, welchen Eindruck ich wohl auf ihn machen werde. In jede Auslage, bei der ich vorüberging, warf ich einen prüfenden Blick und war meistens sehr zufrieden mit meinem Spiegelbild. Ich ging dann mit wiegenden Bewegungen im Vollgefühl meiner Unwiderstehlichkeit. (Das Wiegen empfand ich wohl mehr im Gefühle, als ich es im Gange ausdrückte.)

Natürlich gab es auch Tage, wo ich mit meinem Aussehen nicht zufrieden war. Ich entdeckte mir unsympathische Züge im Gesicht, konnte mich nicht frisieren, fand, daß mir meine Kleidung nicht stehe. Trotz meiner großen Selbstliebe und Eitelkeit vernachlässigte ich mich sichtlich in meiner Kleidung, seit mein Mann weg war. Es machte mir keine Freude, mich hübsch zu machen. Ich hatte mich immer doch hauptsächlich für ihn geputzt, wiewohl ich auch anderen gefallen wollte. Aber ich wollte ja gar nicht auf der Straße Eroberungen machen, die genügten mir nicht, sie lockten mich nicht.

Mein Selbstbewußtsein grenzte nahezu schon an Größenwahn. Ich identifizierte mich mit meinem Manne und dünkte mich als hervorragenden Menschen. War in dem Zauber befangen, eine unersetzliche Arbeitskraft für ihn zu sein. Trotz alledem war ich sehr oft mit mir unzufrieden. Ich fand, daß ich viel zu wenig leistete und die Zeit vertrödelte. So pendelte ich zwischen Minderwertigkeitsgefühl und maßloser Einbildung hin und her.

Ich war bestrebt, bei jedem Menschen, den ich kennen lernte, den besten Eindruck hervorzurufen. Ich wollte alle anderen ausstechen. Gefiel ich nicht, so war ich furchtbar enttäuscht, ich konnte dann in gar kein Verhältnis zu der betreffenden Person kommen. Gefalle ich jemandem, so ist er mir auch schon sympathisch. Leider bin ich in dieser Beziehung gar nicht wählerisch; ich will eben sowohl dem Briefträger als dem Intellektmenschen gefallen. Kind, Weib und Mann, bei allen will ich Gefallen erregen.

Mir und meiner Umgebung war es aufgefallen, daß ich ganz besonders jung aussah. Ich verjüngte mich zusehends, mein Gesicht wies einen kindlichen Ausdruck auf. Ich konnte mir auch gar nicht vorstellen, daß ich je altern könnte.

Als ich in David Copperfield die glänzende Schilderung eines „Childwife“ las, drängte sich mir der beängstigende Gedanke auf, daß ich eigentlich auch ein Kindweib sei. Ich hatte die Vorstellung, ein solches zu sein, immer abgewehrt. Ich bin körperlich ebenso unharmonisch gebaut als meine Seele zerrissen ist. Psychisch und physisch drückt sich in mir das Kindweib aus. Mit Schrecken bemerkte ich, daß mein Busen abzumagern begann. Ich fürchtete, meinem Manne nicht mehr zu gefallen. Ebenso unangenehm berührte es mich, als ich entdeckte, daß der leichte Flaum, den ich an der Oberlippe hatte, sich zu verdichten schien.

Da ich von mir so eingenommen war, bedauerte ich meine Schwester, daß sie auf mich verzichten mußte. Es schien mir, als ob ihr unendlich viel entgehen würde, weil sie mich nicht hatte. Sie tat mir direkt leid deshalb. Der Wunsch, zur Schwester zu gehen, wurde immer stärker. Da kam ein Brief meines Mannes, worin er mir freistellte, nach meinem Ermessen mit der Schwester zu handeln. Ich gab dem Verlangen, sie zu sehen, nach und schrieb ihr einen Brief mit der Aufforderung, mich zu besuchen. Nach allem, was jetzt geschehen ist, bedauere ich unsagbar, daß ich diesen Brief geschrieben habe. Ich hatte ihr so viel in diesem Briefe von meinem wahren Gefühle gezeigt, daß sie ihren Trotz brach und zu mir kam.

Könnte ich heute all das ungeschehen machen, ich würde Jahre meines Lebens darum geben. Die Wiederaufnahme unserer Beziehungen verstärkte nur meine Konflikte. Einerseits ward ich ruhiger, ich fühlte mein Schuldbewußtsein ihr gegenüber sich vermindern. Eine andere Stimme in mir aber sagte, daß ich etwas gegen meine Liebe getan hatte. Ich fürchtete, meinem Manne etwas wegzunehmen, wenn ich lieb mit ihr war. Ich hatte in der Tat einen schmählichen Verrat an ihm begangen. Es handelte sich ja nicht allein um die Schwester. Die Schwester aber stand in Verbindung mit anderen Männern. In meiner Phantasie konnte ich bei ihr alle möglichen Männer haben. Ein rein sexuelles Verhältnis mit einem Manne hätte mir ja keine Konflikte mit der Schwester verursacht. Sie war nur gegen meine große Liebe. Sobald ich mit der Schwester zusammen war, konnte ich nicht mehr arbeiten, hatte keinen Kopf dazu. Zu ihr zurückzukehren hieß für mich, „nicht geistig" arbeiten zu müssen. Diese Idee stand in grellem Widerspruch zur Realität. Die Schwester selbst war ungemein fleißig und verdiente sich schwer genug ihr Brot. Es war also nicht ihr Beispiel, das auf mich so schlecht wirken konnte. Es wirkte aber die Vorstellung der früheren Zeit mit, als ich das Kind war und sie für mich sorgte. Auch als erwachsenes Mädchen hatte ich bei ihr nicht für meinen Lebensunterhalt zu sorgen gehabt. Ich hatte gar keine wirkliche Arbeit zu leisten gehabt, hatte nichts gemacht, als ein bißchen mich um die Wirtschaft gekümmert und Einkäufe besorgt. Ich war also nie im Leben gestanden. Nun hatte es mich wieder zu ihr gezogen, mein Triebmensch verfolgte geheime Ziele. Ich wollte offenbar mit ihr gut sein, um jederzeit Zuflucht bei ihr zu finden. Es war also abscheulich und gemein an meinem Mann gehandelt. Mein Empfinden ihr gegenüber war ein sehr zwiespältiges. Ich fühlte mich rein physisch hingezogen, ich fühlte etwas Infantiles. Ich fand sie sehr schön, viel schöner als mich selbst, was auch der Wahrheit entspricht. Eine Ähnlichkeit konnte ich zwischen uns nicht entdecken, wiewohl viele Menschen behaupteten, in vielem seien wir uns äußerlich sehr ähnlich. Ich hatte durch die langen Jahre des Zusammenseins mit meinem Manne so viel von seinem Wesen und Anschauungen in mich aufgesogen, daß sie mir seelisch entfremdet war. Ich konnte keinen Zugang zu ihrer Seele finden. Ich war eigentlich nach der ersten Begegnung furchtbar enttäuscht gewesen, weil ich eine solche Kluft zwischen uns fühlte. Der bewußte Mensch in mir wehrte sich gegen sie. Ich fand sie theatralisch und unaufrichtig. Ich verwünschte das Band, das mich an sie band, rebellierte gegen diese Sklaverei.

Ich fühlte, daß meine starke Homosexualität in der Fixierung an die Schwester wurzelte. In all den Jahren des Bruches hatte es mich oft zu Frauen hingezogen, ich hatte ihnen Liebes erwiesen. Im Hintergrund war eigentlich immer der Gedanke, daß ich ihnen all das statt meiner Schwester gebe.

Immer war ich nun bemüht, die Schwester den Menschen lieben zu lehren, der meinem Mann gehörte. Sie sollte sich in sein Geschöpf verlieben, in das, was er aus mir gemacht. Von ihr wollte ich die Bestätigung haben, daß ich in meiner Ehe viel hübscher geworden sei. Sie sollte mich anbeten, in der Liebe zu mir hätte sie sich dann mit meinem Manne gefunden. Eine gemeinsame Liebe bildet ja ein Band. Ihn sträubte sie sich zu lieben, weil sie eben auf ihn doppelt eifersüchtig war. Sie selbst hatte sich erst in ihn verliebt gehabt und gönnte ihn mir nicht. Konnte sie nun nicht Haß in Liebe verwandeln und ihn um seiner selbst lieben, was ich so heiß ersehnte, so sollte sie ihn lieben, weil er mich liebte. Ich hatte auch oft Phantasien, daß sie gemeinsam meinen Tod beweinen würden. Immer wollte ich die zwei Menschen, die ich liebe, vereint sehen. Ich wollte die Gegensätze ausgeschaltet wissen. Ein heimlicher Wunsch von mir war es, die Schwester sollte auch genießen, auch sie sollte etwas von meinem Manne haben. Nicht ich allein sollte so glücklich sein. Ich vertrug den Gedanken nicht, daß sie freude- und liebeleer durchs Leben gehen sollte.

Ich war wahnsinnig eifersüchtig, wenn sie mir von Freunden und Freundinnen erzählte. (Also alles Ersatz für mich.) Aber auch da war ich nicht einheitlich, ich war froh, daß sie eine Freundin gefunden hatte, die ihr Leben ganz mit ihr teilte. Ich fühlte mich dadurch der Verpflichtung enthoben, mich um ihr Leben zu kümmern. Ich hätte ihre Einsamkeit als große Belastung empfunden.

Ich zog mich hübsch an, um ihr zu gefallen und war sehr enttäuscht, wenn sie keine Bemerkung über mein Aussehen machte. Ich war wie ein Geliebter, der beleidigt ist, wenn man seine Geliebte nicht hübsch findet. Ich kränkte mich, daß sie so wenig meine geistige Entwicklung anzuerkennen schien. Wir beide führten ein lächerliches Spiel auf. Es erging ihr ebenso mit mir. Sie wollte nur noch weniger klar sehen als ich.

Sie war es, die früher meinen Narzißmus gefördert hatte. Sie fand mich hübsch und begehrenswert. Von ihr stammt meine fixe Idee, ich könnte jeden in mich verliebt machen. Ebenso aber hatte sie mir ein schauderhaftes Minderwertigkeitsgefühl anerzogen. Sie war verliebt in mich und wollte sich schützen, in dem sie mich entwertete. Mein unglückliches zwiespältiges Wesen verdanke ich ihrer Erziehung.

Sie konnte es nicht vertragen, wenn ich selbständig handelte und sie nicht brauchte. Ich sollte sie immer als Ratgeberin und Stütze benötigen. Glücklich sah sie mich nicht gern. Sie hatte es viel lieber, mich unglücklich zu sehen, dann konnte sie groß sein, mich aufrichten und mir ihr Mitleid geben.

Meine Neurose wurde immer ärger. Sie hatte den Höhepunkt erreicht, als mein Mann heimkehrte. Es zog mich zur Schwester, dort schien mir ein Faulenzerleben zu winken. Es trieb mich zu ihm, weil ich ohne ihn nicht leben kann. Das Leben ohne ihn erscheint mir nicht lebenswert. Wie werde ich diese Widersprüche vereinen können? Ich sehne mich nach Einheit, nach all dem Schönen und Guten, das ich an seiner Seite genießen kann. Jetzt bin ich ein zerrissener Mensch. Ich stecke noch halb in den Kinderschuhen. Um zu gesunden muß ich meine Kindheit überwinden. Es wird ein schwerer Kampf werden, aber ich hoffe, es wird mir gelingen, ein wirklicher Mensch zu werden.

Wir sehen hier einen Menschen, der sich aus seinem Infantilismus durch eine große Liebe rettete. Das Kind schien überwunden. Die Liebe zur Schwester schien durch die große Neigung zu ihrem Manne

29*

und Erzieher überwunden und erloschen zu sein. Nun kommt die gefährliche Zeit der Trennung. Sie ist sechs Monate allein. Eine schwere Krankheit beraubt sie der Möglichkeit regelmäßiger Arbeit und unterstützt ihre Neigung zur Phantasiebildung. Sie fühlt sich einsam und verlassen. Ihr leidenschaftliches Temperament drängt nach Erleben. Das Leben mit ihrer Schwester bedeutet für sie nicht allein die Wiederbelebung des Infantilen und das Ausleben der Homosexualität. Die Schwester hatte ihr zu verstehen gegeben, sie würde ihrer sexuellen Freiheit keine Hindernisse bereiten. Sie war nur gegen eine Liebe, nicht gegen ein Verhältnis. Unsere Patientin machte also ein Junktim zwischen der Schwester und ihren polygamischen Tendenzen. Auf der einen Seite stand die große Liebe ihres Mannes und ihr Beruf als seine Mitarbeiterin, den sie über alles zu lieben schien. Aber es war nur e i n Mann. Auf der anderen Seite stand die Schwester. Es war seit der Jugend ihre „fixe Idee", das Leben der Schwester zu teilen. Überdies waren die Liebkosungen der älteren Schwester aus der Zeit der Kinderpflege unvergessen. Sie klebte an ihrer Familie. Sie hatte jeden ihrer zahlreichen Vettern und Onkels geliebt. Alles Vergangene hatte für sie einen großen Affektwert. Überdies lockte sie die sexuelle Freiheit. Dort konnte sie sich ausleben. Sie hatte keine Verpflichtung zur Treue.

Das Rätsel ihres Wesens war Faulheit. Faule Menschen sind Menschen, welche die Arbeit hassen, weil sie sie in ihren Tagträumen stört. Ihr Mann verlangte von ihr ein reiches Leben voller Tätigkeit. Sie erfüllte gerne seine Forderungen, da sie sich als neuer Mensch fühlte. Aber sie wußte, daß Faulheit der gefährlichste Feind war. Bei der Schwester hatte sie keine geistigen Verpflichtungen. Sie mußte nicht Höhenwege wandeln. Sie mußte sich nicht kontrollieren.

Überdies fühlte sie, daß die Liebe ihre alte Persönlichkeit ganz vernichtete. Es war eine jammervolle Persönlichkeit. Aber wer liebt nicht seine eigenen Schwächen, wenn er sie in Träumen zu Tugenden umgestalten kann und wenn der Duft der Jugend daran hängt? Sie wollte ihr Ich erhalten: ihr infantiles Ich mit allen seinen infantilen Imperativen.

Bei der Schwester wohnte ein Vetter, der sich wiederholt um die Gunst von Berta beworben hatte. Er war einer ihrer Lieblinge in der Jugend gewesen, obgleich er um 20 Jahre älter war als sie. Ein einfacher, gutmütiger, nicht komplizierter Mensch. In der Phantasie hatte sie sich ihn zum Manne erwählt. Sie konnte ihn u n d die Schwester haben, denn die Schwester hatte seine Bemühungen unterstützt, auch angedeutet, daß sie weder gegen ein Verhältnis noch gegen die Heirat Einsprache erheben würde. Diesen Mann hätte sie ruhig betrügen können. Er war wohlhabend genug, um ihr ein sorgloses Leben bereiten zu können. Er hatte sie als Kind gereizt und war ein „unerfüllter Wunsch" ihrer Jugend. (Zu ihren fixen Ideen gehörte es, mit allen Männern, die sie einmal in der Jugend begehrt hatte, zu verkehren und sie „auszuprobieren". Und wenn der Vetter sie nicht befriedigen sollte, standen ihr genügend andere Männer zur Verfügung.

Sie gab ihrem inneren Imperativ nach und suchte die Versöhnung der Schwester. Aber sie hatte sich vorher als „Elferl" immunisiert. Sie liebte sich leidenschaftlich, aber nur als Geliebte und Frau des erwählten Mannes, als die reife, strebende Frau des großen Mannes.

Die narzißtische Periode diente dem Selbstschutz gegen die infantile Regression. Sie war keine Regression, sie war eine Progression vom infantilen Ich zum Ideal-Ich. Sie liebte ihren Geliebten in sich. Sie sah sich mit seinen Augen, sie sprach zu sich mit seiner Stimme, sie liebkoste sich mit seinen Händen.

Für den Mechanismus des Narzißmus ist dieser Fall von fundamentaler Bedeutung. Er bestätigt die vorher gefundene Tatsache, daß es sich beim Narzißmus um eine Identifizierung mit einem geliebten Objekt handeln kann, aber auch um eine Identifizierung eines Ideal-Ichs, das mit den Augen des geliebten Objektes gesehen wird.

Sicherlich war die narzißtische Periode ein Kompromiß zwischen der Tendenz zur Regression und der Tendenz zur Progression. Sie entfernte die Patientin von der Realität. Sie entwertete die Realität. Sie malte sich die Wonnen des Wiedersehens in so grellen Farben, daß die Wirklichkeit davor verblassen mußte. Und sie hatte neben den bewußten „Elferlphantasien" ihre nebenbewußten Triebträume, die sie weit in die Vergangenheit führten. Schließlich wurde die narzißtische Periode von einer Zeit innerer Zerrissenheit abgelöst, aus der sie keinen Ausweg wußte. Die Analyse ist derzeit nicht abgeschlossen. Alle Anzeichen sprechen dafür, daß sie ihre Vergangenheit überwinden und die Gegenwart genießen wird. Allerdings, auf die Liebe der Schwester wird sie verzichten müssen. Denn die Schwester hält äußerlich kühle Formen mit ihrem Manne aufrecht, will aber von einer wirklichen Annahme der Tatsachen nichts wissen.

Es ist sehr bemerkenswert, daß während der ganzen narzißtischen Elferlperiode die Berta fortbestand. Das heißt in ihrer Seele kämpften zwei Identifizierungen: die mit der Schwester und die mit dem Geliebten. Es mußte daher nach seiner Rückkehr eine schwere Störung ausbrechen. Der Haß, den ihre Schwester gegen den Mann ihrer Wahl hegte, mußte in irgend einer Form zum Vorschein kommen. Da aber die zweite Persönlichkeit (die Berta) selten ins Bewußtsein dringen konnte, so waren die Bedingungen für den Ausbruch einer schweren Neurose gegeben. Unter Umständen, d. h. ohne eine tiefgehende rettende Analyse hätte dieser Zustand zur Psychose führen können. Sie hätte sich einem der Menschen ergeben und den anderen überwältigt.

Wir kennen seit den Forschungen von *Freud* und den Arbeiten der Schweizer Schule die Bedingungen der Psychose und wissen, daß die Spaltung der Persönlichkeit die Grundlagen der Erkrankung abgibt. Es ist sicher, daß eine der Persönlichkeiten dem narzißtischen Typus angehört. Das würde uns die Annahme von *Freud* erklärlich machen, der in vielen Psychosen eine Introversion der Libido als eine narzißtische Erkrankung erblickt.

XXIII.

Pluralismus.

Läßt man sich von Neurotikern die Phantasien erzählen, die den onanistischen Akt begleiten, so merkt man, daß Orgien sehr häufig vorkommen. Selbstverständlich ist der Realitätskoeffizient dieser Phantasien ein sehr geringer und nur sehr wenigen Autoerotikern ist es vergönnt, eine schwache Realisierung ihrer orgiastischen Wünsche zu erleben. Ich nenne jene Paraphilie, in der zur Erlangung des Orgasmus mehr als ein einziger Partner benötigt wird, Pluralismus. Diese Paraphilie kommt von den einfachsten bis zu den kompliziertesten Formen vor. Die einfachste ist wohl die, daß ein Mann zwei Frauen, eine Frau zwei Männer benötigt. Oder sagen wir richtiger: daß nicht ein, sondern zwei Partner benötigt werden. Denn ich habe den Pluralismus auch bei Homosexuellen gefunden, die den Akt dann immer zu dreien oder zu vieren ausgeführt haben. Speziell den Homosexuellen ist eine starke Neigung zum Pluralismus zuzuschreiben. Sie feiern gerne Feste, haben Bälle, geheime Zirkel, in denen Orgien gefeiert werden. Die Griechen kannten schon diese Eigenschaft der Homosexuellen. Ihre obszönen Bilder stellen häufig „Synplegmata" dar, d. h. Gruppen von Männern, die mit einander verbunden sind. Jeder ist zugleich aktiv und passiv beteiligt, so daß der Vordermann päderastiert wird, während der Hintermann zugleich seinen Anus dem nächsten Partner darbietet. Aber die Bilder der Alten zeigen uns nicht nur homosexuelle Synplegmata. Orgien überhaupt kommen in ihren Bildwerken sehr häufig vor.

Es würde uns zu weit führen, wenn wir hier eine Darstellung und Psychologie der Orgie geben wollten. Es ist bekannt, daß die ältesten Kulte der Kulturvölker mit Orgien verbunden waren und daß auch die primitiven Völker unserer Zeit ähnliche Einrichtungen aufweisen. Reste der alten Orgien haben sich bei vielen Völkern erhalten. Ich verweise nur auf die verschiedenen Karnevalsfeste, bei denen sehr oft der sexuelle Charakter deutlich hervortritt. Im allgemeinen kann man sagen, daß überall, wo strenge Vorschriften zur Drosselung der Sexualität vorhanden sind, von Zeit zu Zeit die Hemmungen aufgehoben werden müssen und daß dann der Masse Freiheiten gestattet werden, welche in anderen Perioden dem Einzelnen verboten sind.

Die Neigung zu Orgien ist offenbar bei allen Menschen vorhanden und eine latent schlummernde. Denn wir können immer wieder beobachten, daß bei Aufhebung der Hemmungen der Pluralismus seine Triumphe feiert. Nach Alkoholgelagen kommt es am leichtesten zu pluralistischen Akten. Aber auch angesichts einer der ganzen Menge drohenden Gefahr (Weltuntergang, Erdbeben, hinter der Front, in bedrohten belagerten Städten usw.).

Die Psychologie der Orgie kann nicht verstanden werden, wenn wir die Massenpsychologie unberücksichtigt lassen. Die Massenseele ist in jüngster Zeit infolge der verschiedenen Kriegserscheinungen sehr eingehend studiert worden. Es will mir aber scheinen, daß wir immer noch zu einseitig vorgegangen sind. Das berühmte Buch aus der Vorkriegszeit von *Le Bon* „Psychologie der Massen" wird von *Freud*[1]) als Standardwerk angegeben, von dem er ausgeht, um seine eigenen Ansichten klarzulegen. *Le Bon* betont mit Recht, daß in der Masse das Primitive, das rassenmäßig Unbewußte zum Vorschein tritt und daß die Differenzen verschwinden. Die Masse wird wie ein Individuum. Die Anonymität der Masse, ihre Unverantwortlichkeit, gestattet ihr, Trieben zu fröhnen, die sie sonst gezügelt hätte. Ferner kämen die psychische Infektion und die Faszination durch den Führer in Betracht. *Freud* legt nun das Hauptgewicht auf die Faszination und führt die Erscheinungen der Massenseele auf eine (durch blitzartig entstandene Verliebtheit bedingte) Identifizierung mit dem Führer zurück.

Dabei berücksichtigen beide Autoren nicht, daß es Massenerscheinungen gibt, bei denen gar kein Führer in Betracht kommt, nur ein einzelner Mensch als auslösendes Moment. Bei einer Panik, um nur ein Beispiel zu gebrauchen, kann von einer Faszination durch den ersten Feigling gar keine Rede sein. Der erste gibt nur der Angst Ausdruck, welche die Masse beherrscht. Der Fluchtreflex vor der Gefahr ergreift die Masse, weil die Hemmungen der Furcht vor Strafe, Scham vor der Anschuldigung der Feigheit, die Wirkungen der Vaterlandsliebe usw. wegfallen.

Es ist eben zu berücksichtigen, daß die Masse leicht auf das Niveau des Tiefsten fällt. Es kommt zwar vor, daß sie der Beste mitreißt. Das ist eine Ausnahme. Der Zug in die Tiefe erweist sich meistens stärker als der Zug in die Höhe. So verhallen bei einer Panik die Stimmen der Tapferen und Besonnenen, während die Wirkung der

[1]) Massenpsychologie und Ich-Analyse. Int. Psychoanal. Verl., 1921

Entsetzten unüberwindlich erscheint. Der Rückschritt zum Primitiven ist viel leichter als der Fortschritt zum höheren Kulturmenschen.

Mit Recht gibt *Le Bon* der Massenseele die Eigenschaften eines Primitiven. Die Masse ist ein Triebwesen. Sie besitzt die Spontanität, die Heftigkeit, die Wildheit und auch den Enthusiasmus und Heroismus primitiver Wesen. Der Autor sieht auch die Kongruenz zwischen der Seele des Urmenschen und der Seele des Kindes.

Das ist der springende Punkt. Die Masse wird infantil. Wir haben in der Massenseele die Seele eines Kindes mit Überwiegen und Herrschaft der Affektivität anzusprechen. Diese Regression in den Infantilismus erklärt alle Eigenschaften der Massenseele. Deshalb ist die Herrschaft des Irrealen stärker als das Reale. Das Kind kennt eben nur die Realität seiner Phantasien und Wünsche. Die Urhorde war eine Horde von Kindern mit oder ohne Führer.[1])

Eine der stärksten Hemmungen des Kulturmenschen ist die Scham vor den anderen. Jedermann strebt nach der Achtung und Beachtung der Mitmenschen und scheut ihre Verachtung. Würden sich die Menschen gehen lassen und würden sie nicht das Urteil der Teilnehmer fürchten, manche wohlgesittete Abendgesellschaft würde sich in eine Orgie verwandeln — auch ohne Hilfe des Alkohols. Kultur ist ja gut funktionierende Hemmung, ist die Summe alles Fremden, das unser Triebleben belastet und kontrolliert. Das Eigene lebt sich nur im Phantasie- und im Traumleben aus. In der Masse kommt das Eigene durch fremden Einfluß wieder zur Geltung. Warum? Weil die Rücksicht auf den Fremden aufhört, weil man erkennt, daß er nicht besser ist als wir. Die moralische Überschätzung der Umwelt ist die stärkste Stütze der Moral.

Nur widerwillig fügt sich der Triebmensch den Forderungen der Moral. In seinem Innern protestiert er gegen die Vergewaltigung seiner Triebe. Er wertet jede Autorität als feindlich. Der grimmigste Feind der Sexualität ist neben der Gesellschaft (dem Staat, der sich in seinen Sittengesetzen ausdrückt) die Religion. Bei Orgien kommt es — wenn sie nicht im Rahmen der Religion vollzogen werden wie bei den Wilden — zur Verhöhnung der Religion. Die Blasphemie gibt der Orgie einen

[1]) Bei dieser Gelegenheit möchte ich betonen, daß ich die Annahme von *Freud*, daß in der Urhorde die Söhne den Vater erschlagen haben, nicht teilen kann („Totem und Tabu.") Ich halte sie für naiv und unwahrscheinlich und würde mich nicht getrauen, so weittragende Schlußfolgerungen zu ziehen, wie es *Freud* getan hat. Es mag hie und da vorgekommen sein, aber es war gewiß nicht die Regel, daß die Söhne ihren Vater erschlagen haben. Es wäre nicht anzunehmen, daß der primitive Vater so ergeben gewartet hat, bis die Söhne die Liebenswürdigkeit hatten, ihn aus der Welt zu schaffen. Der Lebenstrieb ist zu groß in jedem Menschen und besonders im Urmenschen. Er würde seine Söhne getötet haben, ehe sie die Kraft hatten, ihn zu töten

pikanten Reiz. Gott ist der Hüter der Moral, der Teufel der Vertreter der Unkeuschheit. Deshalb haben die Orgien so oft einen satanischen Charakter.[1]) Man denkt unwillkürlich an den Primitiven, der seinen Gott schlägt, wenn er mit ihm nicht zufrieden ist. Der Reiz vieler Paraphilien liegt in dieser Revolte gegen die Autorität. Es ist ein Rückfall in die blasphemische Periode des Kindes, die wir in Kapitel II, S. 22, geschildert haben.

Diese Empörung gegen die Autorität zeigt auch, daß es sich um einen Protest gegen die väterliche Unterdrückung handelt.

Die Eltern sind es — wie ich in Band II ausgeführt habe —, welche sich der infantilen Sexualität feindlich gegenüberstellen, sie beaufsichtigen, verhindern, durch allerlei Verbote hemmen und sich auch für das spätere Leben das Recht der Kontrolle sichern. Erst nach den Eltern kommen der Staat und die Kirche. Die Revolte muß sich in erster Linie gegen die Eltern richten. Nun ergibt sich der merkwürdige Zustand, daß die Eltern zugleich die ersten Liebesobjekte des Kindes und zugleich die ersten Hemmungen sind.

Der ursprüngliche Wunsch des Kindes ist, an dem Sexualleben der Eltern teilzunehmen. Die infantilen Phantasien, sofern sie pluralistisch sind, handeln von der gemeinsamen Liebe der ganzen Familie. D i e e r s t e O r g i e i s t e i n e F a m i l i e n o r g i e. Vielleicht lebt in jedem Kinde die unbewußte Erinnerung an die Zeit, da die ganze Familie sich in seine Pflege teilte, es liebkoste, während es exhibitionieren durfte. Ich habe in verschiedenen Fällen von Pluralismus diese infantile Wurzel erkennen können. Auch die so oft erwähnten Mutterleibsphantasien sind eine Art von Pluralismus, sozusagen seine erste Stufe. Freilich, im Laufe der Jahre degenerieren diese Phantasien, sie verlieren ihre ursprüngliche Färbung und Struktur, sie büßen ihren inzestuösen Charakter ein. Wer aber Kinder beobachtet und ihr Seelenleben kennen lernt, der weiß, daß sich die ersten sexuellen Erlebnisse ziemlich häufig zwischen einer Gruppe von Kindern abspielen. Wiederholt habe ich von Patienten vernommen, daß sie mit ihren Brüdern, Schwestern und anderen Knaben infantile Orgien gefeiert haben.

Fall Nr. 141. Ein Patient onaniert immer mit Phantasien, daß sich in einem Zimmer viele koitierende Paare befinden. Die Frauen werden dann ausgetauscht. Es werden alle möglichen Paraphilien ausgeübt. Bei Frauen ist er impotent und kann nur Erektion erzielen, wenn im Nebenzimmer koitiert

[1]) Goethe hat diese Tatsachen erkannt und in seiner Walpurgisnacht dichterisch verwertet. Es ist bekannt, daß die Satansmessen (schwarze Messen) noch heutzutage vorkommen. *Schwaeblé* hat sie in seinem Buche „Les Détraquées de Paris" ausführlich geschildert. Sie sollen sich in einem Hause in der Rue de Vaugirard abgespielt haben Auch *Huysmanns* hat in „La bas" ähnliche Veranstaltungen geschildert.

wird oder sich viele Menschen befinden, so daß man ihre Stimmen hört. Aus seiner Lebensgeschichte ist hervorzuheben, daß er im Alter von 9 Jahren mit mehreren Kameraden und Mädchen spielte. Es waren drei Schwestern der Kameraden und seine eigene Schwester dabei. Sie versuchten abwechselnd den Koitus, wobei er auch mit seiner Schwester spielte. Er glaubt, damals schon einen regelrechten Koitus ausgeführt zu haben.

Es ist nicht die einzige derartige Beobachtung, über die ich verfüge. Es würde zu weit führen und eine einförmige Wiederholung bedeuten, wenn ich diese Fälle einzeln registrieren würde. Ich entsinne mich eines Patienten, der nur potent war, wenn sein Freund mit ihm zusammen den Beischlaf ausübte. Sie wählten dann immer zwei Frauen, die im selben Zimmer beschlafen wurden. Nach kurzer Zeit wurden die Frauen ausgetauscht. Wir wissen, daß es sich um eine maskierte Homosexualität handelt. Aber der Patient berichtet, daß er mit seiner Schwester im Bettchen schlief und oft hörte, wie die Eltern den Beischlaf ausübten. Schließlich pflegten die Kinder sich auch an den Genitalien zu berühren, wenn sie durch die Geräusche sexuell erregt wurden. Die oft scherzhaft ausgesprochene Neigung mancher Männer, ihre Frauen auszutauschen, wird im Rausche oder unter Umständen auch ohne Rausch ausgeführt und kann auch zu pluralistischen Akten führen.

Es ist fast unmöglich, den ganzen Reichtum pluralistischer Phantasien hier anzuführen. Denn es handelt sich ja um unausführbare Phantasien. Die Pluralisten sind oft im Leben stille, träumerische, passive Naturen, die vor der Erfüllung ihrer paraphilen Wünsche entsetzt zurückschrecken würden. Da ist der Mann, der von zwölf Frauen zugleich gereizt wird, eine große Anzahl von Frauen zur Verfügung hat (die unendlich häufige Haremsphantasie der Männer!). Frauen haben oft Dirnenphantasien, in denen sich eine Reihe von Männern mit ihnen abgibt. Eine meiner Patientinnen onaniert mit der Phantasie, von sechs Männern zugleich gereizt zu werden. Der erste küßt, der zweite saugt an der einen Brust, der dritte an der zweiten, der vierte reizt den Kunnus, der fünfte benützt die Vagina, während dem sechsten die Bearbeitung des Anus überlassen bleibt. Manchmal besorgt ein siebenter und achter noch das Streicheln des freigebliebenen Körpers. In Band VI dieses Werkes werden wir einige groteske Beispiele von Pluralismus kennen lernen, der sehr oft mit Fetischismus kombiniert erscheint. [Der Haremskult der Fetischisten.[1])]

Die Neigung vieler Männer, zugleich mit ihren Kameraden die Bordelle aufzusuchen, geht auf pluralistische Homosexualität zurück. Es kommt bei solchen Gelegenheiten zu den absonderlichsten Szenen.

[1]) Zur Psychologie und Therapie des Fetischismus. Zentralblatt f. Psychoanalyse, Band III.

Männer benützen ein Weib zugleich — Vagina und Anus —, oft werden die Frauen hintereinander benützt und mitunter artet der Besuch in eine regelrechte wüste Orgie aus. Der infantile Charakter dieser Orgien ist ziemlich durchsichtig.

Weniger bekannt ist, daß manche Männer und Frauen während des Koitus pluralistische Phantasien haben, indem sie sich andere Partner einfallen lassen. Diese Einfälle werden von übermoralischen Personen und Verliebten als störend empfunden und bekämpft, was mitunter zu einer schweren Liebesstörung führen kann.

Die häufigste Form des Pluralismus ist der Drang, die Liebesszenen zu dreien auszuführen. Ich erinnere mich an einen Patienten, der mich wegen der Paraphilie konsultierte, sich von zwei Frauen zu gleicher Zeit reizen zu lassen, Fellatio und Anilingus kombinierend. Ein anderer hatte die nicht seltene Manie, zwei Schwestern zu suchen. Ein dritter suchte immer so lange, bis er sich Mutter und Tochter erobern und trotz ihrer Widerstände zu gleicher Zeit besitzen konnte. Ich konnte in vielen dieser Fälle eine Fixierung an zwei Frauen der Kindheit feststellen. [Oft waren Mutter und Tante oder Mutter und Großmutter, Mutter und älteste Tochter, Mutter und Amme um den Knaben bemüht gewesen.[1])] Ich habe auch Frauen kennen gelernt, die mir unter Widerstreben gestanden haben, daß sie mit Vater und Sohn Verhältnisse zu gleicher Zeit gehabt hatten; freilich soll der eine von dem anderen nichts gewußt haben.

Ich habe daher die Bemerkung gemacht, daß der Pluralismus sehr oft bei Patienten auftritt, die aus kinder- und personenreichen Familien stammen. Es sind oft Menschen, die auch im gewöhnlichen Leben nie allein sein können, nie mit ihrem Partner allein bleiben können. Sie machen Ausflüge zu vieren oder zu größeren Gruppen, wobei die Frauen gewechselt werden, sie fühlen sich wohl in Vereinen und Gesellschaften, kurz ihr Herdentrieb kombiniert sich mit ihrem Pluralismus. Sehr oft ist der Pluralismus mit anderen Infantilismen vergesellschaftet, wie der nächste Fall beweist.

Fall Nr. 142. Herr T. U., ein 36jähriger Privatier, kommt wegen Zwangsvorstellungen und Ejaculatio praecox in meine Behandlung. Ich übergehe seine sehr interessante Krankengeschichte und erwähne nur, daß er immer mit der Phantasie onaniert: Ein griechischer Hain, in dem viele nackte Frauen und Männer tanzend sich verschlingen. Er tanzt mit und tanzt mit einer jeden, bis er rasend ein Mädchen auf das Lager wirft und sie beschläft. Seinem Beispiele folgen alle anderen Paare.

---

[1]) Vgl. *Freud*, „Eine Kindheitserinnerung des Lionardo da Vinci“ *Freud* führt den malerisch ausgedrückten Pluralismus des Künstlers auf den Umstand zurück, daß er eine wirkliche Mutter und eine Ersatzmutter sein eigen nennen konnte.

Er zeigt eine Reihe von Infantilismen. Er hat Lustempfindungen bei der Defäkation, eigentümliche Krämpfe, die in einen schwachen Orgasmus münden. Ähnliche Erscheinungen bei der Miktion. Er hat die Gewohnheit, am Abend zu kratzen, bis Blut kommt. Und zwar die Ellbogenbeugen, das Knie und das Ohr. Besonders das Kratzen im Ohre ist mit starken Lustgefühlen verbunden.

Er hat einen typischen Traum, der oft wiederkehrt und mit einer Pollution endet. Er spielt mit vielen Menschen in einem Orchester. Die Mitglieder seiner Familie spielen alle mit. Sein Vater spielt die Baßgeige. Er spielt Cello und drückt das Cello so fest zwischen die Beine, daß es zu einer Pollution kommt. Er gibt zu, daß in seiner Familie ein kleines Hausorchester besteht, in dem alle Mitglieder mitspielen. In seinem Traum ändert er das Zusammenspiel zu einer Orgie.

Ich wende mich nun einem anderen Falle zu, der von meiner Heilgehilfin, Frau Hilda *Milko*, behandelt und beschrieben wurde.

Fall Nr. 143. Frl. A. M., 25 Jahre alt, ersucht um Abhilfe einer Sprachstörung, die für sie sehr quälend ist. Sie könne speziell mit keinem Vorgesetzten sprechen, da beginne sie sofort zu stottern. Da sie jetzt in einem Büro tätig ist, sei diese Sprachstörung für sie unerträglich. Am quälendsten sei wohl die Angst vor der Angst. Sie zittere schon, wenn sie zu ihrem Chef gerufen werde, denn sie sei gewiß, daß sie bei der kleinsten Rede zu stottern anfinge. Dieses Leiden bestehe eigentlich schon seit der ersten Bürgerschulklasse, nur sei es im Laufe der Jahre ärger geworden und besonders schlimm sei es seit einem Jahre. Sonst klagt Patientin über keinerlei Beschwerden. Nun habe sie gar keine Lebensfreude, weil sie das Stottern so unglücklich mache. Zur Erforschung dieses Leidens schlage ich der Patientin eine Analyse vor, in die sie auch einwilligt.

In der Analyse kam nun folgendes zutage. Die Patientin onaniert seit ihrer frühesten Jugend und kämpft einen harten Kampf dagegen, weil sie sich zu schädigen glaubt. Sie unterliegt aber immer wieder dem starken Bedürfnis. Natürlich hatte sie auch schon ihre Sprachstörung damit in Verbindung gebracht, sie als eine Folge der Onanie aufgefaßt, umso mehr, da das Stottern bald nach dem Beginne der Onanie eingesetzt hatte. Es stellt sich aber bald heraus, daß sie als Kind sehr fromm und gottesfürchtig war. Sie gab zu, das Stottern als Strafe Gottes für ihre Sünden aufgefaßt zu haben. Sie hatte oft zu Gott gebetet, sie davon zu befreien. Als sie nun ihr Gebet nicht erhört sah, verlor sie den Glauben an Gott. Sie wollte nicht mehr fromm sein. Sie wurde aber nur scheinbar frei. Innerlich blieb sie der fromme Mensch. Ihre starke innere Frömmigkeit war mit eine der Wurzeln ihrer schweren Neurose.

Sie klagt über ein entsetzliches Einsamkeitsgefühl. Früher war es noch besser gewesen, da sie einen etwas älteren Bruder hatte, mit dem sie ein inniges Zusammenleben führte. Sie lasen und musizierten zusammen, machten gemeinsame Ausflüge. Niemand hatte sie so gut verstanden wie eben dieser Bruder. Nun hatte er vor einem Jahre geheiratet, darüber ist sie unglücklich und haßt ihre Schwägerin. Sie kann seine Wahl nicht begreiflich finden. Ihr ist durch diese Heirat alles genommen worden. Das Verhältnis mit dem Bruder ist jetzt ein sehr gespanntes. Sie möchte oft zu ihm gehen und kann nicht, weil sie fürchtet, Zärtlichkeiten der Schwägerin mit ansehen zu müssen.

Es ist ganz klar, daß sie stark an den Bruder fixiert ist. Sie gibt selbst zu, daß sie schon viel über diese Liebe nachgedacht habe. Nach großem Widerstande gesteht sie auch die die Onanie begleitenden Phantasien, deren sie verschiedene hatte:

1. Sie stellte sich einen Verkehr mit ihrem Bruder vor, wobei sie großen Genuß hatte. Sie träumte auch öfters von einem Verkehr mit ihm und war dann unglücklich beim Erwachen, daß sie etwas derartiges geträumt hatte.

2. Sie verkehrt mit einem Manne, der sie liebt und der mit ihr alle sogenannten Perversionen vornimmt, wie Zungenküsse, Kunnilingus usw.

3. Sie stellt sich einen pluralistischen Akt vor: Sie liegt auf einem Manne, den Rücken ihm zugewendet, er hat sein Membrum in ihrem Anus; auf ihr liegt der zweite Partner, den Koitus lege artis vollziehend.

4. Sie ist in einem Bordell, wird gewaltsam zu einem Verkehr gezwungen, und zwar wird sie von mehreren Männern hintereinander benützt. Sie hat dabei starke Schmerzen, wird durch Drohungen zum Verkehr gezwungen, auch geschlagen oder gefesselt.

Die Vergewaltigungsphantasie ist furchtbar stark, ebenso wie der Wunsch, Schmerzen zu erleiden. Sie ist eine ausgesprochene Masochistin. Sie schämt sich unendlich all dieser Phantasien, die ihr ganz unnatürlich erscheinen. Besonders kränkt sie sich über die Bruderphantasie, die sie als große Sünde auffaßt. Diese Phantasien seien erst nach einem bestimmten Erlebnis aufgetreten. Sie war als 16jähriges Mädchen einmal abends allein mit dem Bruder zu Hause. Da sie als Geschwister zusammen aufgewachsen waren, empfand sie keine Scham vor dem Bruder und wechselte vor ihm das Kleid. Als sie im Unterrock und Miederleibchen dastand, stürzte er sich wie ein Rasender auf sie und packte sie an beiden Brüsten. Sie war zuerst ganz fassungslos, dann stieß sie ihn von sich und begann furchtbar zu weinen. Tagelang schlichen sie aneinander vorüber, vermieden es, einander anzusehen. Bald aber hatten sie diese Szene scheinbar vergessen, schlossen sich innig aneinander an. Der Patientin kam damals zum ersten Mal der Gedanke, daß eigentlich auch ein Bruder begehrenswert und liebenswert sein könne. So wurde sie durch seinen Ausbruch der Leidenschaft infiziert und verstrickte sich immer mehr in Phantasien, die sich auf ihn bezogen. Sie faßte es als eine arge Treulosigkeit ihr gegenüber auf, als er heiratete und hätte selbst am liebsten auch sofort eine Ehe geschlossen, um ihm zu zeigen, daß auch sie jemanden anderen lieben könne.

Sie kann nicht arbeiten, da sie sehr zerstreut ist, immer einen eingenommenen Kopf hat. Sie phantasiert den ganzen Tag, besonders stark tritt die Phantasietätigkeit auf, wenn sie in der Elektrischen fährt. Sie fürchtet, lange Strecken zu fahren, da sie dann in einen argen Traumzustand gerät, aus dem sie sich mit allergrößter Anstrengung herausreißt. Sie fühlt dasselbe natürlich in der Eisenbahn, sie hat dann nur den einen Wunsch: zu schlafen. Sie gähnt krampfhaft und erregt dadurch das Aufsehen der Mitfahrenden. Sie unterliegt beim Fahren einer infantilen Phantasie. Sie wird wieder ein ganz kleines Kind und wird von der Mutter im Kinderwagen gefahren. Jene schöne Zeit, wo sie gemeinsam mit dem Bruder, der ja fast im gleichen Alter ist, spazieren gefahren wurde.

Sie gesteht mir, daß sie sich abends im dunklen Vorzimmer fürchte. Sie glaube, ein Mann werde sich auf sie stürzen. Es ist die Erinnerung jener bewußten Szene und der Wunsch, der Bruder möge sich auf sie stürzen und sie vergewaltigen, verbirgt sich hinter dieser Angst. Die Kranke ist im Leben ein übermoralischer Mensch. Sie, die in der Phantasie nach allen möglichen Paraphilien lechzte, brach mit einem Manne, den sie gern hatte, weil er ihr einen Zungenkuß raubte. Sie fand sein Vorgehen gemein. Wie konnte er einem anständigen Mädchen einen solchen Kuß geben! Jetzt bereut sie es, daß sie damals so dachte und darnach gehandelt hatte. Sie denkt noch immer an diesen Menschen, weil sie fühlt, daß sie ihm hätte sehr gut werden können.

Sie mußte krank werden, weil ein solcher Gegensatz zwischen ihrem bewußten Denken und ihren Phantasien bestand. Sie war ungemein streng erzogen und fürchtete sich sehr vor ihrem Vater, der streng und unzugänglich war. Sie hatte immer Angst, er würde erkennen, daß sie onaniere, ebenso fürchtete sie, von den Lehrern durchschaut zu werden. Andrerseits drängte es sie, sich in ihrer Qual jemandem anzuvertrauen, aber sie fand nie den Mut dazu. Es wird also ganz klar, warum sie immer bei Vorgesetzten zu stottern anfängt. Sie glaubt an Gott, der ja der oberste Vorgesetzte ist. Dessen Vertreter waren für sie die Eltern und die Lehrer. Heute ist es dasselbe, da sie ja ständig in der Angst lebt, man könnte ihr die Onanie ansehen und würde sie dann wegen der Phantasien verachten. Die Eltern würden sie gar nicht mehr lieb haben, würden sie ihre Gedanken kennen.

Die Hauptursache des Stotterns Vorgesetzten gegenüber war der Umstand, daß sie mit ihnen bereits phantasiert hatte. Sie wurden Vater-Imagines und waren selbstverständlich Bordellbesucher, denen sie willenlos ausgeliefert war. Selbstverständlich konnte sie ihre Verlegenheit nicht verbergen, wenn sie zu den Vorgesetzten gerufen wurde. Sie lebte ja in der infantilen Phantasie, daß Gott und der Vater (also auch seine Ersatzobjekte) allwissend seien und ihre schmutzigen Gedanken erraten würden.

Die Analyse brachte ihr vollständige Heilung. Das Stottern wurde behoben, sie lernte auf den Bruder verzichten, die pluralistischen Phantasien schwanden. Eine Zeitlang hielten sich noch die Dirnenphantasien, bis sie entdeckte, daß ihr Vater und ihr Bruder die Bordellbesitzer waren und sie auch mit ihnen verkehrte.

In dem Bordell tragen sich alle Paraphilien zu, nach denen sie so heißes Verlangen trägt. Es liegt vielleicht in der Tendenz der pluralistischen Phantasien, alle disparaten Strömungen der Sexualität in einem Akte zu erleben. Wer die komplexe Natur der menschlichen Sexualität kennen gelernt hat, der wird die Sehnsucht der Menschen verstehen, eine Art der Befriedigung ausfindig zu machen, welche möglichst viele Komponenten der Libido vereinigt. Vergleicht man die Sexualität mit einem Strome, so erscheint er durch viele Abflüsse und Ableitungen so geschwächt, daß er außerstande ist, die Mühlen der Sexualität zu treiben. In der pluralistischen Phantasie findet der Neurotiker alles, was er begehrt. Er kann seine homosexuelle Komponente, seinen ganzen Infantilismus, z. B. Sadismus und Exhibitionismus, befriedigen. Solche Menschen werden von der normalen Liebe nie befriedigt. Sie geben an, daß sie nie „ganz ausgefüllt" seien. Es bleibt eine treibende Sehnsucht, ein Verlangen nach etwas Stärkerem, es bleibt eine drängende Kraft, die sich in einem Bedürfnis nach Abwechslung, in einem störenden

Reizhunger und einem Verlangen nach Veränderung, mitunter aber in hysterischen oder hystero-epileptischen Anfällen äußern kann.

Im Anfalle wird dann die Erfüllung der pluralistischen Phantasie erlebt und gegen den Willen des moralischen Bewußtseins durchgesetzt.

Nachfolgende, von meinem Assistenten Dr. *W. Bojan* ausgeführte Analyse gibt uns tiefe Einblicke in das Seelenleben einer einfachen Frau, die vor der Realität ihrer Wünsche in einen hysterischen Anfall flüchtete.

Fall Nr. 144. Frau H. B., 38 Jahre alt, verheiratet, ersucht um Abhilfe von ihrem epileptischen Leiden, woran sie seit 12 Jahren leidet. Ungefähr in Intervallen von einem Monat treten die Anfälle einige Nächte hintereinander auf. Früher häuften sie sich in viel kürzerer Zeit und sie wurde auch tagsüber davon befallen. Das Leiden sei nach einer Operation aufgetreten. Alle Ärzte hätten das Leiden als Epilepsie erklärt. Sie schildert ihre Anfälle folgendermaßen:

„Ich habe große und kleine Anfälle. Bei den großen bin ich bewußtlos. Da ich also von mir nichts weiß, kann ich Ihnen die Anfälle nur nach den Erzählungen meines Mannes wiedergeben. Wenn ein Anfall im Anzuge ist, wird mir bang zu Mute und ich fühle etwas vom Magen heraufsteigen. Ich schnalze stark mit der Zunge und beiße mir dieselbe auch blutig. Im Gesicht werde ich ganz blau und bekomme keine Luft. Ich haue furchtbar dabei herum und treibe es so schrecklich, daß mein armer Mann oft Todesängste um mich ausgestanden hat. Heute Nacht war es so arg, daß er sich nicht zu helfen wußte und einen Arzt rief. Der erklärte, er könne mir nicht helfen, das sei „hysterisch". Er war der erste, der von Hysterie sprach. Er verordnete Brom.

Ich murmle während des Anfalles meistens unverständliche Worte. Die Hand habe ich häufig nach links gedreht. Merkwürdig und rätselhaft ist mir, daß von mir große Mengen Urin abgehen, wenn ich auch vorher gar keine Flüssigkeit zu mir genommen habe. Für mich ist das furchtbar unangenehm, da das ganze Bett durchtränkt wird. Neulich habe ich mich nach dem Anfall, wie mir mein Mann erzählte, aufgesetzt, mir die Strümpfe angezogen und wollte fortgehen. Am Schlusse des Anfalles mache ich ein so selig lächelndes Gesicht, als ob mir wer weiß was angenehmes passiert wäre. Ich schlafe sofort nach einem Anfalle ein, trotz der Nässe, in der ich liege. So ein Anfall dauert gewöhnlich zehn Minuten. Die kleinen Anfälle gehen in ein paar Sekunden vor sich. Da stöhne ich meistens nur heftig, weil ich keine Luft bekomme und nach Atem ringen muß. Wenn die Anfälle einsetzen, habe ich gewöhnlich die erste Nacht mehrere schwere. Die darauffolgende Nacht ist es schon besser, bis sie nach zwei bis drei Nächten ganz aufhören."

Die Untersuchung durch Dr. *Stekel* ergab negativen organischen Befund. Er übergab mir die Patientin zur Analyse, die ich unter seiner Kontrolle durchführte.

Frau H. B. berichtet über ihre bisherigen Heilungsversuche. Was sie auch alles versucht hatte, wie Kaltwasserkuren, Bromkur seit 2 Jahren, nichts hatte ihr genützt. Sie hat vor 6 Jahren eine Vernunftehe geschlossen, weil sie endlich verheiratet sein wollte. Vorher hat sie viele Enttäuschungen mitgemacht, war auf alle Männer geflogen und kränkte sich, daß nie etwas Ernstes aus den Verhältnissen wurde. Behauptet eben krank geworden zu sein, weil sie so viele Krankheiten mitgemacht hatte. Verlor vor $1^1/_2$ Jahren ihre Mutter, an der sie ungemein hing und die bei ihr lebte. Seit ihrem Tode schwere Depressionen und starke Gewichtsabnahme; sie verlor 16 *kg* in einem Jahre. Beim normalen Verkehr keine Befriedigung, nur wenn der Mann mit ihr „spielt".[1]) Nun hat aber ein Arzt das verboten, weil das Spielen die Ursache der Anfälle sei. Sie macht sich heftige Vorwürfe, daß nur sie allein schuld an ihrer Krankheit sei, denn aus Angst vor einem Kind habe sie nie einen Verkehr mit einem Manne zugegeben und nur mit sich spielen lassen. Sie sei als Jungfrau in die Ehe gekommen. Sie ist sehr unglücklich, daß sie „so dumm" war, jetzt büße sie das. Sie hat überhaupt keine Lebenslust, sie kann ohne Befriedigung nicht leben. Wozu hat sie geheiratet? Da hätte sie auch ledig bleiben können. Sie habe sich eben durch die viele Spielerei so verwöhnt, daß sie beim normalen Verkehr nicht mehr empfindet. Sie erzählt, daß sie einen[2]) „Freund" hat, der 1—2mal im Monat zu ihr kommt und nur mit ihr spielt; da genieße sie riesig, er sei auch zufrieden; wenn sie sein Glied nur in die Hand nehme, da komme es ihm. Er ist ein alter Geschäftsfreund des Hauses, schon ein Fünfziger, verheiratet. Was sie aber besonders bei ihm liebt, ist seine Zärtlichkeit, die vermisse sie bei ihrem Manne. Sie ist von den Eltern über alle Maßen verwöhnt worden und hat ein großes Bedürfnis nach Liebe und Zärtlichkeit, während der Mann eine kalte Natur ist, dem es nie einfallen würde, auf sie zuzukommen und sie zu umarmen. Sie hat ihm schon oft diesen Mangel an Wärme vorgeworfen. Deshalb trauere sie der Mutter so nach. Sie kann so allein nicht leben. Sie hat ein kleines Kind, das auf dem Lande in Kost ist, weil der Mann es wegen der Anfälle bei ihr nicht lassen wolle. Das erste Kind sei ein paar Tage nach der schweren Geburt gestorben.

Sie hat immer Kopfschmerzen und hat das Gefühl, sie kann nicht denken. Liest nichts, hat auch für das Häusliche kein Interesse. Am ärgsten sei ihre Gedächtnisschwäche. S i e v e r g e s s e a l l e s, sie könne sich nicht einmal mehr an ihren Hochzeitstag erinnern. Was das nur sei? Merkwürdig sei es auch, daß sie seit Jahren den Kopf immer nach links wendet, wahrscheinlich komme das von den Anfällen, da halte sie ihn auch nach links. Außerdem habe sie einen Rachenkatarrh, der wäre manchmal so arg, daß die Stimme total versage.

— —

Sie erzählt stockend und es geht langsam vorwärts. Ihre ständige Klage ist, daß sie eine Befriedigung haben will, sie kann sich nicht anders helfen. Sie ist eine rüde Person und nimmt sich kein Blatt vor den Mund. Da ihr Mann jetzt nicht mehr mit ihr spielt und es ihr kein Vergnügen macht, so läßt sie ihn von rückwärts kommen und reizt sich selbst vorne; auf diese Weise kommt sie zum Orgasmus. Sie traue sich das aber auch nicht mehr, seit der Arzt das Spielen verboten. Sie wisse, ihre Anfälle kommen vom Onanieren! Obwohl sie so leidenschaftlich sei, daß man sie nur zu berühren brauche und es komme ihr gleich, könnte der Mann dagegen ohne Spielen eine ganze Nacht mit ihr verkehren und sie käme nie zum Orgasmus, errege sich überhaupt nicht.

---

[1]) Darunter versteht sie digitale Reizung des Kunnus.

[2]) Später beichtete sie, daß sie mehrere Freunde hatte. Alle begnügten sich mit dem „Spielen".

Sie wird nun darüber beruhigt, daß das Spielen nicht schädlich sei und daß ihr Mann ihr auf diese Weise die Befriedigung verschaffen könne. Die Anfälle rührten nicht vom Spielen her. Nun meint sie, ob die Anfälle nicht die Folgen einer Operation wären, bei der man ihr eine Drüse genommen. Die Anfälle treten im Gegensatz zu früheren Jahren, wo sie auch tagsüber kamen, nur mehr nachts auf und selten, 1—2mal im Monat. Nach einem Anfalle brauche sie zirka 8 Tage, um sich zu erholen, sie sei dann wie zerschlagen und habe schwere Depressionen.

— —

Ich frage sie, wann und bei welcher Gelegenheit der erste Anfall aufgetreten wäre. Nun erzählt sie folgendes: Sie hatte ein Verhältnis mit dem Zimmerherrn ihrer Mutter gehabt, einem jungen Linzer, in den sie ganz vernarrt war, obwohl er sehr kalt war. Zu einem Verkehr kam es nicht, er „spielte" nur mit ihr. Sie hatte ihn furchtbar lieb gehabt. Er sei nach Linz zu seinen Eltern zurückgekehrt. Sie fuhr damals auf ein paar Tage mit ihrer Freundin auch hin. Da er in Linz blieb, nahm er von ihr Abschied. Vorher kam er noch des Nachts in ihr Zimmer. Obwohl er ihr nie die Heirat versprochen hatte, konnte sie nicht glauben, daß wirklich alles aus sein sollte. Sie war tief unglücklich und zugleich wütend, weil sie auf ihn verzichten sollte. Tags darauf bekam sie den ersten Anfall. Auf meine Erklärung, daß ihre Anfälle mit dem Linzer zusammenhängen müßten, geht sie sofort ein. Nur er sei schuld an ihrer Krankheit, ja von dort käme es her. Natürlich sagt sie das, ohne den intimeren Zusammenhang zu verstehen.

Auf Anraten Dr. St. „spielte" ihr Mann mit ihr, und als sie schon so weit in Erregung war, vollzog er die Immissio, so daß sie zum Orgasmus kommen konnte. Sie ist überglücklich und wird jetzt die Spielereien mit den anderen Männern aufgeben, denn sie hatte immer Angst, ihr Mann könne etwas davon erfahren. Sie gesteht also, daß sie noch zwei andere Männer hie und da besuchen, was sie mir bisher aus Scham verschwiegen habe. Da sie von Haus aus sehr moralisch erzogen ist, empfindet sie über diese Untreue Gewissensbisse und es wird ihr deshalb nahegelegt, die verschiedenen Freunde endgültig zu verabschieden. Sie will es tun, da sie ja von ihrem Manne vollauf befriedigt wird.

— —

Nun tritt in der Analyse eine Stockung ein, sie meint, mit der Befriedigung bei ihrem Manne wären auch die Anfälle geheilt. Sie kann nichts mehr erzählen und ist sehr enttäuscht, als ich ihr sagte, um sie von den Anfällen zu heilen, bedürfe es einer tieferen Analyse. Sie aber hätte es sich sehr bequem gemacht. Sie könne sich einfach an gar nichts mehr erinnern. Ich mache sie darauf aufmerksam, daß es sich um eine gewollte Amnesie handelt. Sie bleibt unverständig. Vom ersten Tag an stieß ich bei ihr auf Unverständnis, sie meinte immer, sie sei nicht intelligent genug, sie könne nicht begreifen, daß seelische Konflikte sich auf diese Weise äußern können. Sie kam schon am dritten Tag und sagte mir, sie wisse mir gar nichts mehr zu erzählen, sie habe alles schon gesagt. Sie könne sich an nichts mehr erinnern. Eine Freundin habe ihr geholfen, Jugenderinnerungen an den Linzer Vorfall aufzufrischen und sie wisse von all dem nichts mehr. Ich erkläre ihr: „Ihr Nichtverstehen beruht zum größten Teile auf ‚Nichtverstehenwollen'."

Um diese Dinge zu verstehen, bedürfe es keiner Bildung. Ich bemühe mich, ihr das Verständnis für den seelischen Charakter ihres Leidens beizubringen.

— —

Das erste Mal, daß Patientin einen Traum bringt. Sie träumt:

Ich gehe einkaufen und kaufe Verschiedenes, wie Milch, Fleisch, Eier und Butter. Dann gehe ich zu einem Bäcker, dort sehe ich eine Etagere, auf der kleine Juxsachen, kleine Hunderln, Schweinderln u. dgl., stehen. Ich sage dem Bäcker, daß ich eine Menge solcher Nippsachen zu Hause habe und sie ihm bringen werde. Ich eile heim und hole sie. Im Geschäft ist dann ein fremder Herr, der mir, wie er meine Sachen sieht, sie wegnehmen will. Ich errege mich sehr und frage ihn, warum er gerade meine Sachen nehmen will, wo doch so viele andere dort sind. Ich bitte ihn, sie mir doch zu lassen. Er gibt endlich meinen Bitten nach. Ich wache auf.

Die Auslegung des Traumes ist folgende: Sie geht auf den Liebesmarkt. Der Bäcker ist ein Hinweis auf das Ausbacken ihrer Phantasien. Sie denkt meistens an die verschiedenen Spielereien, was hier als Schweinderln und Hunderln bezeichnet wird. Der fremde Herr ist Dr. *Stekel*, der ihr die Spielereien mit den Freunden verboten hat. Sie sieht nicht ein, warum gerade sie auf all das verzichten soll, wenn so viele Frauen dergleichen tun. Er gestattet ihr im Traume endlich die Spielereien mit fremden Herren. Er ist also mit den verschiedenen Ehebrüchen einverstanden.

Wir sehen die Quelle des Widerstandes. Sie ist wütend, weil ihr das Machtwort des Dr. *Stekel* die Spielereien entzogen hat. Diese Deutung akzeptiert sie und bestätigt ihren Groll. Sie wird belehrt, daß sie nie genesen könne, wenn sie nicht allen schweren seelischen Konflikten ausweiche. Sie sei ja eine fromme Katholikin und habe selbst gestanden, daß sie sich heftige Vorwürfe mache.

— —

„Was soll ich tun, mir fällt nichts ein und ich kann mich an nichts mehr zurückerinnern. Es ist doch eine Schande, ich weiß nicht einmal mehr, wer mich entjungfert hat und so etwas kann doch eine Frau nicht vergessen."

„Sie sagten mir doch, Sie haben vor der Ehe nie einen Verkehr gehabt! Der Mann habe Sie entjungfert! — Was ist die Wahrheit?"

„Ich habe es geglaubt, aber meine Freundin, mit der ich neulich sprach, erzählte mir, daß ich ihr damals gesagt habe, daß der „Linzer" mit mir verkehrt hat. Dann wird es wahrscheinlich so sein. Zweimal hat er mit mir nur verkehrt, einmal vorher und dann im Hotel beim Abschied."

Sie gesteht, daß dieser Mensch ihr ganzes Unglück sei; er hat ihr die Ehe gar nicht versprochen und doch war sie unglücklich, als es zur Trennung kam und sie konnte es ihm nicht verzeihen, daß er Schluß gemacht hatte. Sie hat ihn so lieb gehabt wie keinen Menschen vorher oder nachher. Sie war namenlos von den Eltern verwöhnt worden und war gewöhnt, immer ihren Willen durchzusetzen und alles zu bekommen. Nun wurde ihr etwas vom Leben versagt und sie wollte sich nicht darein fügen. Sie hat den Geliebten nach jener Nacht nie wieder gesehen, nur noch einige Zeit mit ihm korrespondiert. Vor einem Jahr wurde ihr mitgeteilt, daß er in Wien mit Frau und Kind lebt und seit damals leidet sie noch mehr. Sie weiß ihn in derselben Stadt und wartet, ob er nicht kommen werde. Außerdem ist sie enttäuscht, weil er geheiratet hat, trotzdem er immer versicherte, er werde ledig bleiben.

Es ist ja ganz offenkundig, daß ihr Leiden von dem Erlebnis herrührt. Sie kann diesen Mann nicht vergessen, weil es derjenige war, der sie zum Weibe machte und sie offenbar den stärksten Genuß bei ihm hatte. In den Anfällen erlebte sie augenscheinlich eine bestimmte Szene der Abschiedsnacht. Sie hat aber die Abschiedsnacht vollkommen vergessen. Sie scheint aus ihrem Gedächtnis ausgelöscht zu sein. Sie weiß nicht einmal, ob sie ihn geküßt hat. Die ganze Vergangenheit scheint in dichten Nebel gehüllt zu sein.

— —

Wie sie erzählt, war sie als Mädchen so verträumt, daß man sie von zu Hause öfters beobachtete und ihr nachging, sie heimholte, weil sie ganz weltentrückt an einer Straßenecke stand und nicht weiter ging, nicht wußte, was um sie herum vorging. Sie ist auch jetzt eine starke Tagträumerin und zwar hat sie ausschließlich sexuelle Phantasien. Sie schaut auf der Gasse jeden Mann an und spinnt sofort einen Roman. Oder ihre Gedanken befassen sich mit ihren Freunden, wann wohl der eine oder andere wieder kommen wird. Ihr ganzes Denken und Trachten geht nur danach, befriedigt zu werden. Sie fragt bittend, ob man ihr nicht irgend etwas geben könne, damit sie den Männern gegenüber nicht so wehrlos sein soll. Wie einer ihr ein bißchen schmeichelt, erliegt sie seinen Worten und er kann mit ihr machen, was er will.

— —

Patientin schläft sehr gut und erinnert sich keiner Träume. Es tritt immer mehr zutage, daß sie in der Ehe unglücklich ist und sich nach etwas anderem sehnt. Auch sie zieht den berühmten Trugschluß und sagt: „Ich wäre glücklich, wenn ich nur nicht krank wäre. Ich kann das Alleinsein nicht vertragen und laufe von zu Hause fort, wenn ich mit der Hausarbeit fertig bin. Ich kann an meinem Manne gar nichts aussetzen, wenn er nur ein bißerl zärtlicher wäre. Was soll ich tun? Ich bringe ihn nicht dazu. Er hat mich gerne, aber er kann es nicht zeigen. Im Anfange hat er mir meine Krankheit vorgeworfen, jetzt ist er aber sehr lieb, wenn ich meine Anfälle habe. Er hat die Verlobung aufgelöst, wie er zufällig erfahren hatte, daß ich Anfälle habe und war böse, weil ich sie ihm verschwiegen habe. Nun habe ich es aber so furchtbar getrieben, daß ich mir das Leben nehmen werde, wenn er mich nicht heiraten werde, so daß meine Mutter ihn bat, doch nicht zurückzutreten. Er hat mich also dann geheiratet, weil er gefürchtet hat, daß ich mir etwas antue."

„Ich war aber schon 32 Jahre und wollte nicht mehr ledig bleiben. Seit ich verheiratet bin, sind meine Anfälle stärker geworden. Die Ärzte rieten mir zu heiraten, dann würde ich gesund werden, andere wieder waren dagegen. Genau so war es mit den Kindern. Der eine sagte mir, ich solle nur schauen, daß ich ein Kind bekomme, der andere, ich dürfe absolut kein Kind haben. Jetzt habe ich ein Kind und es ist alles beim Alten geblieben. Wissen Sie, ich hatte eine solche Wut auf den Linzer, als er mich verließ, und obwohl ich für gewöhnlich ein sehr gutmütiger Mensch bin, wünsche ich, daß er mit seinem Kinde kein Glück erleben soll. Ich habe Rachegedanken . . ."

Es ist in der weiteren Analyse klar geworden, daß sie den Linzer Vorfall im Anfall wieder erlebt. Sie macht nach der Schilderung des Mannes saugende Bewegungen, schnalzt mit der Zunge, schluckt etwas herunter, wird blau, als ob sie ersticken wollte, hat dann ein verklärtes Gesicht. Aber es ist nicht zu verstehen, warum sie die Szene nicht im Wachtraum wiederholt, wie sie es oft nachher getan hat. Wir müssen aber begreifen, daß sie ihren Geliebten haßt. Sie kann ihm nicht verzeihen, daß er ihr sagte, er werde niemals heiraten und später doch eine andere Frau geheiratet hat. Sie gönnt ihn keiner anderen Frau. Es ist sehr charakteristisch für die Kranke, daß sie sich in starken Ausdrücken ergeht und nichts geschminkt vorträgt. Auch der Haß gegen den Linzer dringt in derben Flüchen durch. Im Anfalle soll sie manchmal fluchen, die Zähne knirschen und sich in die Zunge beißen, ihr eigenes Blut mit Wonne schlürfen.

Die Vermutung, daß die Patientin auch etwas Kriminelles im Anfalle ausführe, verdichtet sich durch diese Mitteilung noch mehr. Es erscheint wahrscheinlich, daß sie dem Geliebten das Glied abbeißen wollte, um ihn der Möglichkeit, zu einer anderen Frau zu gehen, zu berauben. Der Zungenbiß bedeutet das Abbeißen des Gliedes. Es wird auch der Patientin mitgeteilt, daß eine solche Annahme vorliege. Sie kann sich nicht erinnern, einen derartigen Gedanken gehabt zu haben, sie weist aber die Möglichkeit eines solchen Vorhabens in Anbetracht ihrer damaligen Erbitterung nicht zurück. Sie leugnet aber, daß sie je im Leben Fellatio gemacht habe.

— —

Den nächsten Tag nach dieser Erklärung kommt sie sehr verstört und deprimiert. Sie meint, sie müsse die ganze Zeit nachdenken, ob sie wirklich so etwas ausführen habe wollen. Sie hat einen furchtbaren Druck auf der Brust und etwas steckt ihr im Halse. Sie fühle sich elend. Ich weise darauf hin, daß die angedeutete Auslegung ihres Anfalles eine Revolution in ihrem Innern hervorgerufen habe und sich Wichtiges und Entscheidendes in ihr Bewußtsein dränge. Sie erzählt mir eine Begebenheit, die ihr gestern plötzlich eingefallen, und sie glaubt, daß die auch zu den Anfällen beitrage. Hunde hatten sie immer sexuell aufgeregt, wenn sie sich an sie schmiegten, besonders stark war es, wenn es vorkam, daß einer an ihr onanierte. Nun hatte sie sich vor einigen Jahren von dem Hund der Nachbarin lecken lassen. Sie hätte vielleicht empfunden, aber die moralischen Hemmungen waren zu stark. Sie hat auch nie wieder dergleichen versucht. Sie hat den Wunsch, sich von ihrem Manne einen Kunnilingus machen zu lassen. Aber ihr Mann ekle sich furchtbar davor. Sie dürfe ihm nicht einmal einen Zungenkuß geben, das erfülle ihn mit Ekel. Sie wünsche ihm Fellatio zu machen. Das wage sie nicht zu äußern. Sie hat alle möglichen paraphilen Wünsche. Ihr Mann hält den Lutherischen Grundsatz hoch in Ehren und würde von seinem Prinzip nicht abgehen. Er meint, ein häufiger Verkehr würde ihnen beiden schaden und besonders ihr. Sie würde früh altern und verblühen. Er predigt ihr das Evangelium einer keuschen Liebe . . .

— —

Nächste Sitzung erscheint Patientin schluchzend und erzählt von drei schweren Anfällen, die sie in der Nacht gehabt hatte. Sie behauptet, so schlecht sei es ihr noch nie gegangen. Sie kann gar nicht glauben, daß sie je gesund werden wird. Und ob wir sie verhext haben? Sie war beim Anfalle nicht bewußtlos, aber sie hat ein Gefühl gehabt, als ob sie sterben müsse. Entsetzlich sei das Gefühl, daß ihr im Halse etwas stecke. Es recke sie die ganze Zeit zum Brechen. Während sie das erzählt, kämpft sie mit Erstickungsanfällen, würgt, saugt, schnalzt und spuckt unaufhörlich Schleim. Sie kann kaum sprechen, da sie keine Luft bekommt. Sie fängt zu weinen an und schreit: Ich ersticke. Sie bekommt momentan einen kleinen Anfall. Sie macht ein paar Zuckungen, ringt um Atem. Sie beruhigt sich nach einigen Sekunden, Tränen stehen ihr in den Augen und sie seufzt einige Male, wie es die Frauen tun, wenn sie befriedigt worden sind.

Das Rätsel der Anfälle beginnt sich zu entschleiern. Sie erzählt mir nun, daß sie in jener Abschiedsnacht dem Linzer eine Fellatio gemacht hat. Sie hatten überhaupt keinen Verkehr gehabt, nur durch Spielereien sich befriedigt. Ich mache sie nun auf den Widerspruch, der in ihren Angaben liege, aufmerksam, da sie ja ausdrücklich erzählt hatte, sie wäre von dem Linzer entjungfert worden. Sie macht allerlei Ausflüchte und beschuldigt ihre Gedächtnisschwäche, die sie an nichts erinnern lasse. Schließlich bleibt sie bei der Richtigkeit der ersten Angaben. Es tauchen nun weitere Erinnerungen an diese Nacht auf. Sie entsinnt sich, daß er ein enorm starkes Glied hatte und sie ihn mit einem „Linzer Hengst" verglich. Sie meinte bei der Fellatio ersticken zu müssen. Der Genuß war sehr groß. Sie beginnt wieder von der Freundin zu erzählen, die damals im Zimmer war. Meine Vermutung, daß sie ein homosexuelles Verhältnis mit der Freundin hatte, wird bestätigt. Sie gesteht mir, daß ihr die Freundin im Alter von 16 Jahren Kunnilingus gemacht hatte, wobei sie starken Orgasmus hatte. Die gegenseitigen Spielereien dauerten einige Zeit. Diese Freundin war es auch, die sie aufgeklärt hatte und veranlaßte, nachdem sie ihr mit gutem Beispiel voranging, sich mit Männern einzulassen. Zwischen ihnen hörten dann die homosexuellen Beziehungen auf.

Nun war es ganz klar, was im Anfalle vor sich ging. Sie erlebt immer wieder die Szene jener Nacht mit dem Linzer, in der sie so genossen und ihr Orgasmus durch den Zuschuß von Homosexualität noch gesteigert wurde. Ihre Sehnsucht ist, dem geliebten Manne eine Fellatio zu machen und ihre Freundin soll dabei sein. Das Schnalzen ist das Schlucken von Sperma. Sie spielt das Ersticken durch das In-den-Mundnehmen des Gliedes mit allen seinen Begleiterscheinungen.

Das Wichtigste aber ist: Es handelt sich um eine pluralistische Szene. Die Freundin, der sie den ersten Unterricht in der „Liebe" verdankt, war im Zimmer und der „Linzer Hengst" scheint beide befriedigt zu haben. Sie kann sich nicht erinnern, ob er etwas mit ihrer Freundin gemacht hat. Es scheint aber, daß die Freundin sie unten leckte, während sie das Glied des **Mannes** im Munde hatte.

— —

Den nächsten Tag kommt sie schon etwas ruhiger. Es hatte sich nur ein schwächerer Anfall eingestellt. Im Anfalle wollte sie, wie ihr Mann erzählte, unaufhörlich küssen. Gab ihm auch einmal einen Kuß. Natürlich galten die Küsse nicht ihm. Der furchtbare Druck auf der Brust und das Gefühl, es stecke etwas im Halse, hatten auch nachgelassen. Es war einerseits das Glied, das sie im Halse stecken fühlte. Andrerseits symbolisch der Gedanke, der ausgesprochen werden wollte. Der „Rachenkatarrh" war im Laufe der Behandlung ganz verschwunden. Sie konnte sogar wieder ihren Gesang aufnehmen. Sie hatte vor der Erkrankung Gesangsstunden genommen und Klavier gespielt. Beides gab sie auf. Sie verlor ihre Stimme. Dieses Versagen der Stimme hieß doch nichts anderes als: „Ich kann nicht sprechen." Sie hatte eine Menge Gedanken zu verdrängen, von denen sie nicht sprechen durfte.

Sie erzählte mir, daß früher die Anfälle, die häufig bei Tage auftraten, sich meistens während des Essens einstellten. (Verlegung von unten nach oben.) Sie aß mit Vorliebe Nudeln und Wurst.

Sie erinnert sich, daß sie schon seit ihrer frühesten Jugend neurotisch war. Sie konnte maßlos zornig sein und erregte sich oft grundlos. Hierbei kommt zutage, daß sie bis zum 9. Jahre im Bette zwischen den Eltern geschlafen hat. Gesehen hat sie wohl nichts, aber gehört hatte sie oft, wenn der Vater zur Mutter ging. Sie konnte sich nicht erklären, was er dort tue, wurde aber sehr böse und eifersüchtig auf die Mutter, weil sie damals mehr am Vater hing. Erst nach seinem frühen Tode hing sie mit unendlicher Liebe an der Mutter.

Obwohl sie einfacher Leute Kind war, wuchs sie vollständig unaufgeklärt auf und die natürlichsten Dinge wurden mit einem Schleier des Geheimnisses umgeben. In der Volksschule hörte sie so manches von den Kindern und dort wurde ihr auch der Glaube an das Storchmärchen zerstört. Die vollständige Aufklärung besorgte dann, wie schon erwähnt, die Freundin. Da ihre Eltern so streng waren, mußte sie vieles vor ihnen geheim halten. Dieses Versteckenspielen erzeugte leider ein tiefes Schuldbewußtsein. Sie erzählte mir, daß sie sich oft sehr darüber gekränkt hat und es nicht begreifen konnte, wieso sie beim Tod der Eltern nicht weinen konnte. Sie habe sie doch so lieb gehabt. Es ist ganz klar, daß sie Todesgedanken hatte, da die Eltern für sie eine Hemmung waren und sie nicht so leben konnte, wie sie wollte. Sie war innerlich nicht frei und machte sich doch immer Gewissensbisse. Auch in der Ehe hatte sie, so lange die Mutter lebte, keinen Geliebten. Als Reaktion auf die Todeswünsche trat die tiefe Depression nach dem Tode der Mutter ein. Sie hatte ja wirklich einen großen Verlust erlitten, spürte dann erst, wie fremd ihr der Mann war und fühlte sich ganz verlassen und allein.

— —

Patientin bringt folgenden Traum:

> Mir steckt etwas im Halse und ich kriege keine Luft. Ich glaube, es steckt mir ein langer Darm drin und ich habe Angst zu ersticken. Ich ziehe daran, es wird immer länger und länger und plötzlich war er dünn wie ein Zwirnfaden und riß ab.

Die funktionale Deutung des Traumes *(Silberer)* ist viel wichtiger als die materiale. Sie will sich von ihrer Neurose, von ihrer fixen Idee (man könnte hier auch sagen von ihrer sie verfolgenden Erinnerung) befreien. Die Analyse wird hier als das Herausziehen eines langen Darmes dargestellt, wobei die Erinnerung an die erwähnte Fellatio die Anregung zur Bildung des Symbols abgibt. Sie hat sicherlich die Absicht, die Behandlung abzubrechen und den „Faden der Erinnerungen" abzureißen. Sie frägt immer wieder, ob sie nicht wenigstens einen Geliebten neben ihrem Manne haben dürfe und verweist auf die Freundin, die sich gleichfalls manche Untreue leistet, ohne neurotisch zu werden. Sie wird entsprechend belehrt und wieder energisch gewarnt, ihr altes Leben wieder aufzunehmen.

— —

Am schwersten fiel es ihr, dem älteren Geliebten den Abschied zu geben. Er hatte ein großes Glied und es bereitete ihr unendliches Vergnügen, es in der Hand zu fühlen. Dabei war ihr Mann nicht viel schwächer. Aber sie sprach immer davon, wie schwer ihr das sei, darauf zu verzichten.

Sie ist glücklich, daß sie schon so weit ist und beim Manne empfindet. Merkwürdigerweise begehrt sie ihr Mann leidenschaftlich, obwohl sie nie heiß bei ihm wurde. Und sie glaubte an seine Kälte! Er braucht sie nur berühren und schon hat er eine Erektion. Er ist offenbar ein Mensch, der sich mit allen möglichen Hemmungen umgibt, sich ihr nicht zu nähern traut, weil er sofort erregt wird und sich fürchtet, zu „viel zu leben".

— — — — — — — — — — — — — — — — — — — —

Es geht ihr bedeutend besser. Sie nimmt sich vor, ihr kleines Kind zu sich zu nehmen und ihre Mutterpflichten zu erfüllen. Sie bemüht sich auch, ihre Ehe besser zu gestalten. Es gelingt ihr, den Mann etwas zärtlicher zu stimmen. Seit sie durch die vorherige Reizung beim Verkehr Orgasmus hat, ist er lieber mit ihr und kommt von selbst zu ihr. In dieser Ehe ist das Merkwürdige, daß die zwei Leute nie zusammen gekommen waren. Einer erwartete vom anderen Zärtlichkeiten, Aufheiterung u. dgl. Jeder von ihnen sagte: „Warum soll ich anfangen und immer kommen, komm Du." Nun will die Frau „nachgeben". Was sie so schwer bei ihrem Manne vermißt, ist das Liebesspiel. Das wird von ihm ganz vernachlässigt, er ist sehr erregt, wenn er zu ihr kommt und kann kaum erwarten, daß er nach der manuellen Reizung den Koitus vollziehen kann. Dann ist er fertig und würde um keinen Preis noch ein zweites Mal zu ihr kommen. Er fürchtet sich zu schaden, bei der ungenügenden Ernährung von heutzutage könne man das nicht aushalten. Obwohl sie es jetzt nicht mehr nötig hat, sich zu reizen, damit der Orgasmus eintritt, dauert es manchmal sehr lange, bis es dazu kommt, weil sie enttäuscht ist und auf verschiedene Liebkosungen besteht und nicht darauf verzichten will. Das war dasjenige, was sie bei den verschiedenen Männern gelockt hat.

Sie hatte folgenden Traum:

> „Ich werde auf der Gasse von einem fremden Herrn verfolgt. Ich flüchte mich in ein kleines Gasthaus. In der Ecke steht ein Schneehaufen, auf den ich geschwind steige. Ich versinke aber. Ich rette mich aber und laufe geschwind davon.

Dazu fällt ihr ein, daß sie ihrem Mann treu sein will, aber sie kann die Gedanken an die anderen Männer noch nicht loslassen. Sie glaubt, in ihr sei schon alles Eis, aber sie täuscht sich, das zeigt der Schneehaufen, in den sie versinkt. Schließlich ist sie aber doch die stärkere, überwindet sich und weicht den Männern aus. Der Traum zeigt, was in ihr vorgeht. Es fällt ihr sehr schwer, auf die Freunde zu verzichten. Aber sie sieht ein, daß sie nur gesund werden kann, wenn sie mit ihrem Manne in guter Ehe lebt. Sie muß ihr Begehren auf ihn einstellen. Das andere ist ein gefährliches Spiel und gefährdet ihre Ehe. Sie fühlt sich erleichtert, seit sie ihren Freunden Abschied gegeben. Hatte immer Angst, der Mann würde ihr daraufkommen.

Es kommt zu einer bedeutenden Besserung. Die Patientin konnte vorher nicht ein Buch lesen, sie hatte auf Klavierspiel und Gesang verzichtet. Sie geht ins Theater, liest Zeitung und Bücher, singt jeden Abend und spielt ihrem Manne Klavier vor, sie hat Orgasmus beim Verkehr. Die Anfälle setzen schon drei Monate aus.

Patientin verläßt nach einigen Monaten geheilt die Behandlung. Sie hat die Anfälle verloren, die sukzessive aufhörten, und auch die nachfolgende Depression war immer schwächer und schwächer geworden. Sie hat sich ihren Mann durch Zärtlichkeiten gefügig gemacht und hat sich mit der Ehe ausgesöhnt. Sie hat all den kleinen Vergnügen, wie Biertrinken, kalt Baden, Tanzen usw., früher entsagen müssen, weil manche Ärzte meinten, es häufe ihre Anfälle. Nun freut sie sich, auf die kleinen Freuden nicht mehr verzichten zu müssen, seit sie von uns gehört hat, daß dies gar nichts mit ihrer Krankheit zu tun hat.

Auch ihre Kopfhaltung ist wieder die normale geworden. Links ist die Homosexualität und überhaupt das Verbotene. Sie zog es, den Weg der Sünde zu gehen. Diese Einstellung drückte sie symbolisch durch den nach links gewendeten Kopf aus. Diese starre Geste drückte auch symbolisch den Blick nach dem verlorenen „Linzer Hengste" aus.

Sie trennte sich vollständig von der Freundin, mit der sie seit ihrer Ehe nur mehr selten zusammenkam, weil der Mann instinktiv dagegen war. Sie war vorher ihre Vertraute und die Patientin blieb dem Manne fremd, als sie sich mit der Freundin aussprechen konnte; das wurde nun alles ganz anders.

Da kommt ein furchtbarer Rückfall. Die Patientin kommt nun in Behandlung von Dr. *Stekel*, der der Ansicht ist, daß noch tiefere infantile Wurzeln vorhanden sein müssen.

— —

Hier schließt der Bericht meines Assistenten. Ich habe die Behandlung geleitet und Patientin jede Woche gesehen. Nun setze ich die Analyse täglich fort. Die Kranke produziert in der ersten Sitzung den Anfall mit der bekannten Arrangierung. Es ist mir ganz klar, was in ihr vorgeht. Es zeigt sich aber, daß die abgehende Flüssigkeit nicht Urin ist. Es handelt sich um eine sogenannte Hydrorrhoea ex libidine, wie ich sie in Band III beschrieben habe.

Die Analyse ergibt folgende Tatsachen, die ich in gedrängter Kürze wiedergebe. Sie versuchte nach gelungener Analyse noch einmal eine Verdrängung, weil sie auf die pluralistische Lust nicht verzichten kann. (Sekundäre Verdrängung. Näheres darüber im letzten Kapitel!) In ihrer Familie herrscht eine pluralistische Epidemie. Ihr Bruder hat ein Mädchen geheiratet, das er von seinem Schwiegervater unter der Bedingung erhielt, daß er die ganze Zeit „dabei sein" werde. Er lag von der Brautnacht an im Bette nebenan! Zwei Brüder leben mit e i n e r Frau. Zu ihrem Unglücke starb die Frau. Nun suchten sie so lange, bis sie wieder eine Frau fanden, welche mit ihnen gemeinsam lebt und die Freuden der Ehe teilt. Diesmal heiratete der jüngere, während vorher der ältere der offizielle Mann war. Das alles wußte unsere Kranke, die eine ausgesprochene Pluralistin war. Sie lag als Kind zwischen den Betten der Eltern und hörte allerlei, so daß die infantile Wurzel des Pluralismus verständlich wird.

N a c h t r ä g l i c h g e s t e h t s i e u n t e r W i d e r s t r e b e n, d a ß d i e e r w ä h n t e n B r ü d e r, w e l c h e m i t e i n e r F r a u lebten, Brüder der unheilbringenden Freundin waren. Mit einem dieser Brüder hatte sie noch vor der Affaire mit dem „Linzer" ein Verhältnis. Er war es, der sie defloriert hatte. Sie will sich nicht erinnern, ob ihre Freundin dabei war. Die Szene mit dem Linzer war nur eine Wiederholung einer weiter zurückliegenden infantilen Periode.

Ihr Leiden wird erst durchsichtig, wenn man erkennt, daß sie auch an ihren Bruder pathologisch fixiert ist. Der Linzer Hengst ist nur eine Verladung ihres Bruders. Er war Zimmerherr und mit ihrem Bruder befreundet. Das große Glied, das ihr in der Phantasie vorschwebt, ist das Glied des Bruders, dem sie in der Kindheit Fellatio gemacht hatte.

Sie wohnt in einem Hause mit ihrem Bruder, der unglücklich verheiratet ist. Das Haus gehört ihnen beiden zu gleichen Teilen. Der Bruder sprach von seiner unglücklichen Ehe. Da kam ihr der Gedanke: Wenn dein Mann sterben würde, könntest du mit deinem Bruder zusammen leben!

Sie hat aber auch ein Kind. Dies Kind wird merkwürdiger Weise auf dem Lande erzogen. Als das erste Kind starb, sagte ihr Bruder: „Sei froh, daß der Pamperletsch tot ist!" Auch beim zweiten Kind sagte er ihr: „Wozu brauchst du denn Kinder haben! Sie kosten nur Geld und stören im Hause!"

Nun wird es verständlich, warum sie die Rezidive hatte, wenn sie ihr Kind am Lande besuchte. Auch die neuerliche Verschlimmerung trat nach einem Besuche des Kindes auf.

Ihr Befinden war besser. Ich hatte ihr den Rat gegeben, das Kind nach Hause zu nehmen. Ihre Mutterliebe erwachte. Sie sagte ihrem Manne: Nehmen wir das Kind nach Hause. Ihr Mann aber, der in Stellung ist, meinte, er könne das nur, wenn er ein eigenes Geschäft habe. Dazu brauche er Geld. Sie müßten ihren Hausanteil verkaufen. Dagegen aber sträubte sich ihr Bruder und meinte, sie würde ihn damit ruinieren.

Sie stand also in dem schweren Konflikte zwischen Mann und Bruder. Der Tod des Kindes hätte sie erlöst. Sie würde sich von ihrem Manne scheiden lassen, der Bruder würde seine Frau fortschicken und sie würden wieder zusammenleben, wie sie es sich dereinst versprochen hatten.

Sie hatte Mordgedanken gegen das Kind des ungeliebten Mannes. Sie sah immer nach links, d. h. zum Bruder und zu ihrer Freundin, und wollte nicht den rechten Weg sehen.

Die pluralistische Szene aber ist die Wiederholung einer Phantasie, sich mit dem Bruder zu unterhalten, während die Eltern den Koitus ausführten. Es scheint aber, daß es sich nicht um eine Phantasie, sondern um eine Tatsache handelte. Einige Träume sprachen dafür. Patientin begann sich langsam an gemeinsame Spiele zu erinnern. In diesem Stadium brach sie die Behandlung ab.

Ich habe nichts mehr von ihr gehört.

— — — — — — — — — — — — — — — — — — — —

Pluralistische Szenen scheinen alle Neurotiker so stark zu beeinflussen, daß sie sie nicht mehr vergessen können. Die Szene wird angeblich vergessen. Oder die Kranken geben an, sie hätten keinen besonderen Genuß dabei gehabt. Aber die Analyse ergibt, daß es sich um Verdrängungen handelt und daß die Kranken immer wieder die pluralistische Szene in Wachträumen erleben, so daß sie für das Leben unfähig werden.

Der nächste, von meiner Heilgehilfin Frau Hilda *Milko* analysierte Fall zeigt uns, wie eine pluralistische Szene das ganze Leben einer Frau determiniert und zerstört hat.

Fall Nr. 145. Frau L. K., 32 Jahre alt, leidet seit Jahren an Lebensüberdruß und an Angst vor dem Wahnsinn. Sie ist seit 7 Jahren von ihrem Mann geschieden, mit dem sie in sehr unglücklicher Ehe lebte. Er war ein schwerer Neurotiker, der sie furchtbar gequält, betrogen und auch ihre Mitgift durchgebracht hatte. Sie behauptet, glücklich darüber zu sein, daß sie ihn los wäre. Er ist wieder verheiratet und sie kann seine Frau nur bedauern, daß nun wahrscheinlich sie das gleiche Martyrium mitmachen müsse. Im ersten Jahre der Ehe wurde sie gynäkologisch operiert.

Die Patientin klagt über ein entsetzliches Einsamkeitsgefühl. Sie kommt sich so überflüssig vor. Ihre Mutter ist vor drei Jahren gestorben und seit dieser Zeit ist sie ganz vereinsamt, niemand hat sie lieb. Wenn sie sterben würde, sie würde niemandem fehlen, niemand würde nach ihr trauern. Sie ist zu feig, sonst wäre sie schon längst aus dem Leben gegangen. Sie kann dieses freudlose Leben nicht länger ertragen. Sie ist gezwungen, ins Büro zu gehen, um sich ihren Unterhalt zu verschaffen. Sie möchte nur schlafen und trinkt Unmengen von schwarzem Kaffee, um sich wach zu halten. Sie würde diese Arbeit schon aufgegeben haben, wenn sie nicht wüßte, daß sie damit ins Elend ginge. Ihre Geschwister würden sich vielleicht ihrer annehmen, aber sie ist ihnen ganz entfremdet und viel zu stolz, um von ihnen Almosen anzunehmen. Der Gedanke sei furchtbar, daß es jahraus jahrein so fortgehen soll. Sie fühlt sich täglich älter werden, findet, daß sie eine alte Frau ist, deren Reize verblüht sind, und keinen Mann mehr fesseln kann. (Ihr Aussehen straft diese Worte Lügen, denn sie ist eine blühende, auffallend hübsche Frau mit kindlichen Gesichtszügen.) Beweis dafür, daß sie nicht einmal auf der Straße Eroberungen machen kann. Sie wird nie angesprochen, überhaupt von keinem Manne beachtet. Sie sieht sich schon zur Einsamkeit verdammt, kann sich aber damit nicht abfinden. Sie sehnt sich grenzenlos nach Liebe.

Im Büro hatte sie in der letzten Zeit große Unannehmlichkeiten, da sie Unzulängliches leistet. Sie ist nicht arbeitsfähig, sie fühlt es, daß ihre Gedanken irgend wo anders sind. Sie leidet an entsetzlichen Kopfschmerzen, die meistens in Migräne ausarten. Außerdem stellen sich häufig einseitige Gesichtsschmerzen ein, die sie mit dem Wetter in Zusammenhang bringt und als Neuralgie auffaßt. Sie ist unsagbar faul. Das Aufstehen vom Sessel kostet sie eine Anstrengung. Am Morgen reißt sie sich schwer aus dem Schlaf, sie hat keine Lust, den Tag zu beginnen. Obwohl sie sehr eitel ist, bringt sie oft die Energie nicht auf, sich ordentlich zu waschen. Ja, eine Nadel zu nehmen und einen Knopf anzunähen, ist für sie eine schwere Leistung. Sie weiß, daß sie eine arge Tagträumerin ist. Sie setzt sich oft in die Sofaecke und gibt sich ganz bewußt dem Phantasieren hin. Sie findet, daß es das einzig Schöne ist, was sie vom Leben hat. Sie muß aus dieser kalten häßlichen Realität in die Welt der Phantasien flüchten. Bewußt ist ihr angeblich keine der Phantasien. Sie geht in Gedanken verloren auf der Straße, dasselbe ist in der Elektrischen der Fall, so daß fast kein Tag vergeht, an dem sie nicht einen Gegenstand vergißt oder verliert. Besonders stark wird die Phantasietätigkeit zur Zeit der Periode. Sie ist dann in einem solchen Traumzustand befangen, daß ihr alles unwirklich erscheint. Sie kommt in der Früh auf den Korridor ihrer Pension und es kommt ihr alles fremd vor, als ob sie zum ersten Mal dort wäre. Dieses Gefühl des Fremden, Unwirklichen ist unheimlich.

Sie gesteht, daß sie viel onaniert und sich deshalb die heftigsten Vorwürfe macht, ohne sich aber dieses „Laster" abgewöhnen zu können. Sie beschuldigt die Onanie als eine der Ursachen ihrer Krankheit. Sie kann es ihrem ehemaligen Mann nicht verzeihen, daß er, von der Schädlichkeit der Onanie überzeugt, sie dazu verleitet und überdies verlangt hatte, es in seiner Gegenwart zu tun. Beim normalen Verkehr konnte sie nie Orgasmus erzielen, sie empfand nur beim Kunnilingus. Sie hatte kurz nach der Scheidung ein paar flüchtige Verhältnisse angeknüpft, aber auch da war der Koitus ohne Orgasmus gewesen. Sie bedauert heute unendlich, daß sie es war, die eigentlich alle diese Beziehungen abgebrochen hatte. Es waren damals verschiedene Männer, die sie sehr lieb hatten, sie aber hatte sie von sich gestoßen. Ein Freund ihres Mannes wollte sich sogar von seiner Frau scheiden lassen, um sie heiraten zu können. Sie hatte ihn lieb und trotzdem behandelte sie ihn grauslich, so daß er sie tief verletzt verließ. Eigentlich sei aber an ihrem Vorgehen nur ihr ehemaliger Mann schuld, der sie so böse beeinflußt hatte. Wir hören nun mit Staunen, daß ihr Mann nach der Scheidung noch einige Jahre mit ihr zusammenkam, ja selbst eine Zeitlang noch sexuelle Beziehungen mit ihr pflog. Er konnte den Gedanken nicht fassen, daß sie ihn für immer verlassen hatte, und versuchte sie immer wieder zur Rückkehr zu bewegen. Sie lebte nach der Scheidung so stark unter seinem Einfluß, daß er selbst die Möbel in ihrem Zimmer nach seinem Geschmack umstellte. Vor drei Jahren starb nun ihre Mutter an einem Herzschlag. Da ereignete sich das Merkwürdige, daß sie in dieser schweren Stunde von ihrem ehemaligen Mann zufällig ans Telephon gerufen wurde. In ihrer Verzweiflung bat sie ihn zu kommen. Er kam und war unglaublich lieb und teilnahmsvoll.

Auch damals nach dem Tode der Mutter hoffte er, daß sie zu ihm zurückkehren werde. Sie wollte aber von einem Zusammenleben nichts mehr wissen. Als er einsah, daß alle seine Bemühungen erfolglos waren, blieb er aus. Nach einiger Zeit erhielt sie seine Vermählungsanzeige. Sie hört hie und da von gemeinsamen Bekannten von ihm. Er soll äußerlich sehr herabgekommen und mit materiellen Schwierigkeiten zu kämpfen haben. Merkwürdigerweise habe sie nun diese Mitteilung unangenehm berührt. Es sollte ihr doch ganz gleichgültig sein, umso mehr, da er sie um ihr Vermögen gebracht hatte. Die Vorstellung, daß der einst so elegante Mensch verwahrlost sei, ist ihr peinlich.

Seit sie sich gänzlich von ihrem Manne getrennt hat, ist ihre Vereinsamung eine vollständige. Seit dieser Zeit hat sie nie auch nur das geringste Erlebnis mit einem Manne gehabt.

Die Patientin ist sich nicht bewußt, daß sie es war, die sich von aller Welt zurückzog und sich jeder Möglichkeit beraubte, eine Bekanntschaft zu machen. Sie verspann sich immer mehr in ihre Phantasien. Es wird immer klarer, daß sie mit allen ihren Gedanken bei ihrem Mann ist und nur der fixen Idee lebt, daß er zu ihr zurückkehren werde. Sie annulliert die Tatsache seiner Heirat. Ihre Keuschheit soll ihm zeigen, daß sie keinen anderen Mann wolle als nur ihn. Alle ihre Träume und ihre Phantasien, die sie wie einen kostbaren Schatz hütet, befassen sich mit ihrem Mann. Sie muß ungeheuer verdrängen, weil sie doch angeblich mit ihrem Manne fertig ist und nie den Gedanken aufkommen lassen kann, daß sie mit ihm leben möchte. Die Angst, wahnsinnig zu werden, ist nichts anderes als die Furcht vor dem Hervorbrechen dieser Gedanken. Kaum ist sie aus dem Büro nach Hause gekommen, so bindet sie sich sehr fest ein Tuch über die Stirne. Sie hat das Gefühl, der Kopf fällt auseinander. Sie fürchtet, daß ihre Gedanken ihr bewußt werden könnten.

Nach und nach enthüllt sich die ganze Tragik ihrer unglücklichen Ehe und das Wesen ihrer Krankheit wird uns erst jetzt ganz verständlich.

Sie war 16 Jahre alt und Lyzealschülerin der letzten Klasse, als sie ihren Mann kennen lernte und sich mit ihm verlobte. Sie war sehr verliebt, aber trotzdem legte sie sich öfters die Frage vor, ob sie ihn denn wirklich liebe. Ja, manchmal hatte sie Bedenken, ihn zu heiraten. Er nahm nach und nach alle möglichen Paraphilien mit ihr vor. Er weckte ihre ganze Leidenschaft. Sie wurde ihm sexuell vollständig hörig. Ihr moralisches Ich schien sich aber gegen ihn zu sträuben. Kurz vor der Hochzeit deflorierte er sie sogar. In einer Türecke vollzog er stehend einen ganz flüchtigen Koitus. Sie war darüber sehr unglücklich. Allgemein wurde sie um ihren Bräutigam beneidet. Man fand, daß sie wunderbar zusammenpaßten, beide waren jung, hübsch und vermögend. Sie erlebte eine sehr traurige Brautnacht. Der Mann gab vor, von der Reise ermüdet zu sein und berührte sie gar nicht, ja nicht einmal Zärtlichkeiten hatte er für sie. Sie fühlte sich schon im ersten Jahre ihrer Ehe unglücklich. Er arbeitete nichts, blieb oft bis Mittag im Bette liegen und gab leichtsinnig das Geld aus. Er machte schlechte Geschäfte, so daß bald Sorgen an sie herantraten. Er quälte sie entsetzlich mit seinen Launen. Andrerseits fühlte sie sich sehr zu ihm hingezogen, da er besonders intelligent war und sie sich gut mit ihm aussprechen konnte.

Sie waren zwei Jahre verheiratet, da erlebte sie Furchtbares auf einer Reise mit ihm. Er nahm sich von der Straße eine Dirne ins Hotel und vollzog vor ihren Augen den Koitus, dann verlangte er von ihr, daß sie nun einen homosexuellen Akt mit der Dirne mache. Obwohl sie sehr stark homosexuell ist, weigerte sie sich energisch, etwas derartiges zu tun. Diese pluralistische Szene hatte sie damals ungeheuer aufgeregt, angeblich empfand sie unsagbaren Ekel. Sie hat sich aber in ihr Gehirn eingezeichnet und kann nicht vergessen werden. Sie meint, sie könnte von keinem Manne mehr geliebt werden, wenn er wüßte, daß sie ein solches Erlebnis hatte. Sie konnte sich niemandem anvertrauen. Der schreckliche Vorfall hatte sie die vielen langen Jahre unsagbar gequält.

Die Ehe wurde immer schlechter. Sie ist auch ein sehr untreuer Mensch, dem es unmöglich erscheint, mit einem Manne längere Zeit zusammen zu leben. Sie flirtete sehr stark mit jungen Burschen; zu denen fühlte sie sich ganz besonders hingezogen. Es kam zu allen möglichen Zärtlichkeiten, aber nie zu einem Koitus. Der Mann wußte davon, war aber nicht eifersüchtig. Er wurde ihr auch untreu, hatte eine Geliebte und erzählte ihr immer von seinen Zusammenkünften. Er wollte sie quälen. Dann ging er so weit, daß er vor seinen Freunden mit ihr zärtlich wurde, sie immer ins Schlafzimmer rief, wenn sie im Bette lag. Ja, zuletzt machte er seinen Freunden den Vorschlag, beim Koitus zuzusehen. Seine Freunde waren über ihn empört und drangen in sie, sich von ihm scheiden zu lassen, um so mehr, da er sie auch materiell zugrunde richtete. Sie kämpfte einen harten Kampf, bis sie sich zur Scheidung entschloß. Sie hatte wohl schon öfters die Notwendigkeit einer Trennung eingesehen, aber nie den Mut gehabt, danach zu handeln. Er wollte sie gar nicht freigeben, die Sache zog sich monatelang hin. Er legte ihr nahe, doch bei ihm zu bleiben, sie würde nie einen anderen Mann fesseln können. Diese Worte haben sich ihr eingeprägt und sie benimmt sich den Männern gegenüber so, daß ihr Mann mit seiner Prophezeiung recht behält. Als es endlich so weit war, ging sie als ein gebrochener Mensch von ihm. Dieser Mann hat ihr ganzes Leben determiniert. Sie war ihm sexuell untertan, aber ihr Intellektmensch sträubte sich gegen ihn. Sie fühlte, daß er sie in die Tiefe zog. Sie ist ein feiner, geistig hochstehender Mensch und hätte sich in einer anderen Ehe wahrscheinlich zu einem ganz anderen Menschen entwickelt. In ihr ist aber ein starker Zug in die Tiefe, der dem Manne diese Macht über sie ermöglichte. Sie fühlt sich zum Ordinären hingezogen. So erzählt sie, daß sie als 13jähriges Mädchen auf dem Lande in den Briefträger verliebt war, der ein hübscher, schwarzer, junger Mann war. Sie träumte von ihm, malte sich aus, wie schön es wäre, seine Frau zu sein. Sah sich im Geiste in einer netten, kleinen Wohnung mit ihm, die sie mit allen Details sich ausmalte, wobei sie selbst einen Vergißmeinnichttopf auf dem Tisch nicht vergaß. Sie malte sich aus, wie freudig sie ihn abends beim Heimkommen begrüßen würde. Sie vergoß bittere Tränen, als sie in die Stadt zurückkehrten und sie sich von ihrem Ideal trennen mußte.

Es ist nicht so sehr die Liebe, die die Patientin an ihren Mann bindet, als daß sie dieses an Perversionen reiche Leben nicht vergessen kann, das sie an seiner Seite geführt hat. Es ist besonders die pluralistische Szene, die ihr unvergeßlich ist und deren Wiederholung sie verlangt.

Diese Lebensbeichte zeigt uns die furchtbare Macht der pluralistischen Erlebnisse. Die Frau wehrte sich gegen diese sie erniedrigenden Tatsachen. Sie liebte ihren Mann und wollte mit ihm allein glücklich sein. Allein er weckte in ihr Begierden, die seit der Jugend in ihr geschlummert hatten. Dunkel erinnert sie sich an gemeinsame Spiele mit ihrem Bruder und anderen Mädchen in dunklen Kellern und verborgenen Gärten. Sie wollte sich zur monogamen normalen Liebe entwickeln. Sie verzichtete auf ihren Mann, weil sie gegen die pluralistische Neigung kämpfte. Oft war die Eifersucht stärker als ihre paraphile Erregung, besonders als er in Paris vor ihren Augen den Koitus mit einer Dirne ausführte. Sie fühlte sich befleckt, erniedrigt und beleidigt, aber trotzdem ungeheuer erregt. Ihre Empfindung war eine komplexe. Haß und Begehren, Ekel und Begierde gemengt. Ich habe oft gemerkt, daß diese komplexen Empfindungen ungeheuer starken Orgasmus auslösen können. Es ist vielleicht das stärkste Erlebnis einer Frau, wenn sie empfindet, obgleich sie haßt, wenn sie einen Orgasmus hat, der so stark ist, daß er den Ekel überwindet.

Diese Vergewaltigung der inneren Widerstände ist es, welche viele Frauen beim Manne suchen.

Ich glaube, daß unsere Patientin ihren Mann überwinden könnte, daß er aber der einzige ist, der ihre pluralistischen Begierden erfüllen würde. Sie bedauert, daß sie die homosexuellen Akte nicht in seiner Gegenwart ausgeübt hat. Sie möchte ihn wieder in der gleichen Situation haben und würde diesmal nachgeben. Denn sie kämpft mit aller Macht ihrer inneren Moralität gegen ihre Homosexualität, welche in ihrer Phantasie immer mit einer pluralistischen Szene verbunden ist. Sie möchte einen Mann und eine Frau zugleich besitzen. Diese Phantasie könnte ihr nur der ehemalige Gatte erfüllen.

Ihre Genesung hängt davon ab, ob sie die Macht der Phantasien überwinden und ihre Erfüllung in der Realität finden kann. Sie ist jetzt auf dem Wege zu erkennen und zu überwinden.

In den beiden letzten Fällen gibt es ein Gemeinsames: Die Neurose brach nach einer gynäkologischen Operation aus. Es ist eine Beobachtung, die ich oft machen konnte. An Operationen (besonders im Ätherrausch) schließen sich oft schwere Neurosen an. Besonders die Vergewaltigungsphantasie scheint in dem die Narkose begleitenden Traum eine große Rolle zu spielen. Die gynäkologische Operation ist für viele Frauen ein schweres Trauma. Sie liegen nackt vor mehreren Männern und Frauen, während man in ihren Genitalien manipuliert. Die Patientin Nr. 144 imitiert im Anfall deutlich die Narkose. (Wir müssen Anfängern zu bedenken geben, daß alle Anfälle mehrfach determiniert sind.) Sie haut mit Händen und Füßen aus, wirft sich wild herum, sie würgt und bricht Schleim aus. Ja die Kopfhaltung nach links scheint auch die fixierte Erinnerung an den Narkotiseur zu sein, der ihren Kopf nach links hielt, weil sie während der Narkose heftig erbrach.

Die Narkose ist die Wunscherfüllung der pluralistischen und exhibitionistischen Phantasie.

Eine schwer neurotische Dame zeigte als Ursprung ihrer Neurose pluralistische Phantasien, die nach Exkochleation in Ätherrausch aufgetreten waren. Sie erinnert sich des warmen Gefühles, als sie bespült wurde, und trotz des Rausches an gewisse Empfindunegn. Sie weiß auch, daß sie sich gegen die Empfindungen wehrte und immer wieder schrie: „Ich will nicht! Laßt mich in Ruhe!"

Bricht eine Neurose, die sich mit einer Störung des Sexuallebens verbindet, nach einer gynäkologischen Operation aus, so hat der Analysator immer nach einer pluralistischen Phantasie zu forschen. Oft erscheint sie auf einer alten infantilen Phantasie aufgepropft. Mitunter aber handelt es sich um ein echtes Trauma der Erwachsenen, wie ich es in Band III eingehend beschrieben habe.

XXIV.

Familien- und Lebensgeschichte eines Homosexuellen.

Ein Beitrag zur Analsexualität und zum Körperfetischismus.
Mitgeteilt von Dr. *C. K. G.*[1])

Im Frühjahr 19.. erhielt ich von einem auswärtigen Kollegen ein Ersuchen, ich möge mich um einen Homosexuellen annehmen, den er zur Behandlung an mich verwiesen habe. Der Kranke, Prokurist eines großen Handlungshauses, habe schon längere Zeit durch sein Gebaren gegen einen von ihm angestellten Lehrling des Hauses die Aufmerksamkeit des anderen Personals auf sich gezogen, dann habe der Chef des Hauses durch einen Bekannten des Prokuristen die Mitteilung erhalten, dieser habe mit dem Lehrling ein unsauberes Verhältnis, sei auch aus früheren Stellungen wegen ähnlicher Verhältnisse entlassen worden und es liege im Interesse des Ansehens des Handlungshauses, ihn auch hier möglichst bald zu entlassen, ehe die dem Personal bekannte Sache stadtbekannt würde. Mein Kollege erwähnte in seinem Schreiben noch, der Prokurist sei daraufhin sofort entlassen worden und man spreche schon davon, daß ihm die Staatsanwaltschaft auf den Fersen sei, so daß es geraten sei, ihn sofort in meine Heilanstalt aufzunehmen, um einer Verhaftung vorzubeugen.

Anderen Tages stellte sich mir der Kranke vor: Sehr elegant gekleideter Herr, 30 Jahre alt, Zylinder, Lackschuhe, in den aufgekrempelten Hosen doppelte Bügelfalten, Glacéhandschuhe, englisch geschnittenes Stutzbärtchen, infolge auffallend breiten Beckens wiegender Gang, Kleidung und Wäsche verbreiteten feines, durchdringendes Parfüm, jedoch war das Wesen des Kranken durchaus kein so geziertes, wie es den Anschein hatte, sondern ruhig, gesetzt und verständig. Die körperliche Untersuchung ergab muskelstarken, gedrungenen Körperbau, breites Becken, männliche Behaarung, zarte, weiche Haut, gesunde Brust- und Unterleibsorgane, gesundes Nervensystem, normale

[1]) Ich bringe hier die hochinteressante Krankengeschichte eines Anal-Sexualisten, Podex-Fetischisten, die mir vom Kollegen Dr. *C. K. G.* in liebenswürdiger Weise zur Verfügung gestellt wurde. Im Mittelpunkte des Krankheitsbildes steht die Paraphilie des Anilingus. Anm. des Verfassers.

Geschlechtsteile, als besonderes Merkmal stark abstehende Ohren und sehr entwickelte Brüste mit großen Brustwarzen. Die spätere Beobachtung (um das hier schon vorwegzunehmen) ergab: große Intelligenz, zähe Energie und Ausdauer der Willenskraft, feine Beobachtungsgabe, Geschick für Organisation, auserlesener Geschmack in künstlerischer Beziehung, große Ordnungsliebe und Reinlichkeit, besonderes Interesse für alle Angelegenheiten des Haushaltes, liebenswürdiges, einschmeichelndes Wesen, was gelegentliche Ausbrüche derber Art nicht ausschloß, feines ästhetisches Empfinden, Geschicklichkeit zu jeder häuslichen Arbeit, Eitelkeit in Kleidung, Bedürfnis zum Plaudern, stete Mitteilsamkeit.

Ich eröffnete dem Kranken, daß ich seine Behandlung nur übernehme, wenn er mindestens ein halbes Jahr seinen Beruf aufgebe, sich allen meinen Anordnungen ohne Widerspruch füge und keine Stadt aufsuche, sondern ständig bei mir auf dem Lande lebe. Er ging darauf ein und ich wies ihn an, sich bei Bürgern und Bauern Taglöhnerarbeit zu suchen, sich jeglicher knechtischen Arbeit in Feld und Wald zu unterziehen, mit der einfachsten Kost vorlieb zu nehmen, geistiger Tätigkeit bis auf weiteres ganz zu enthalten und in jeder etwa seelischen Bedrängnis und bei Neigung zu Rückfällen in homosexuelle Begehrungen Rat und Hilfe bei mir einzuholen. Alles geschah, wie ich wünschte, die ununterbrochene Ableitung des Phantasielebens und großstädtischen Sinneskitzels, die Überleitung auf das rein Körperliche taten allmählich ihre Schuldigkeit und bereiteten den Boden vor für psychanalytische Behandlung, die ich bald einleitete und die den Erfolg hatte, daß mir der Kranke eine völlig rückhaltslose Lebensbeichte ablegte, mehr und mehr das Interesse an hübschen jungen Männern verlor, nach einem halben Jahre seinen Beruf in der Großstadt wieder aufnehmen konnte und seit mehreren Jahren ohne Rückfall geblieben ist.

Ehe ich die Lebensbeichte mitteile, will ich die mir von der Mutter des Kranken, einer sehr intelligenten Dame, berichtete Familiengeschichte in voller Ausführlichkeit wiedergeben. Die Dame schreibt:

„Mein Vater litt in jüngeren Jahren an Rheuma, übergroßer Hautempfindlichkeit, später an Neuralgien, Hämorrhoiden und Leberschwellung. Er war überaus jähzornig, aber schnell wieder beruhigt. Im 60. Lebensjahr starb er an einer Geschwulst der großen Herzschlagader. Meine Mutter hatte infolge schweren Gelenksrheumatismuses im 17. Lebensjahre Herzklappenfehler und starb an diesem mit 70 Jahren. Die Eltern meines Vaters waren gesund und starben in hohem Alter. Die Eltern meiner Mutter starben früh, der Vater mit 46 Jahren an Typhus, die Mutter mit 57 an Herzleiden und Wassersucht. Ein Bruder meines mütterlichen Großvaters verlor 5 Töchter an Lungenschwindsucht, einen Sohn an psychischer Degeneration. Ein anderer Bruder dieses Großvaters starb an Selbstmord. Ein Vetter meiner Mutter, Grundbesitzer, war ein Sonderling, erkrankte schließlich an Melancholie und starb im Irrenhause. Eine jüngere Schwester meiner Mutter litt an Angstanfällen, machte wiederholt Selbstmordversuche, auch als sie später in eine Irrenanstalt gebracht wurde, und starb daselbst im 68. Lebensjahre. Mein Bruder war schon von Kind auf außerordentlich heftig, in seinen Jünglingsjahren wechselte unglückliche verzweifelte Stimmung mit toller Heiterkeit ab, die Erregungen nahmen so zu, daß man ihn eine Zeit lang in eine Anstalt für Nerven- und Geisteskranke bringen mußte. Schon vorher und auch nachher hatte er eine auffallende Vorliebe für 8—10jährige Mädchen, stundenlang konnte er ihnen bei ihren Spielen zusehen, sogar mit dem Fernglas vom Fenster aus. Diese Neigung blieb bestehen, auch als er sich mit 25 Jahren verheiratet hatte, und er beging dabei solche Unvorsichtigkeiten, daß er eine Reihe von Anzeigen, Erpressungen und auch Freiheitsberaubungen über sich ergehen lassen mußte. Solche Erlebnisse hatten ihn schon im Alter von 18 Jahren veranlaßt, sich in einem Anfall von Schwermut eine Kugel in die Brust zu schießen und sein Leben im Alter von 43 Jahren durch einen Messerstich ins Herz freiwillig zu beschließen. Der einzige Bruder meiner Mutter war von Kindheit auf schwermütig. Etwa in seinem 20. Lebensjahre wurde er von einem älteren Herrn öfter zu Wein und Kuchen eingeladen und nach und nach verkehrte er auch mit anderen älteren Herren, trotzdem er von seinen Eltern gewarnt wurde. Mit 24 Jahren starb er an Lungenschwindsucht und die Leichenwäscherin teilte den Eltern mit, daß die Umgebung des Afters blutrünstig beschädigt gewesen sei.

Was die Verwandten meines Mannes betrifft, so war sein Vater bis zum 40. Jahre lungenleidend und starb an Magenkrebs, die Mutter, eine sehr unverträgliche, stets grundlos eifersüchtige Natur, starb im 42. Lebensjahre: Ursache unbekannt. Der älteste Bruder meines Mannes hatte sein ganzes Leben hindurch an Schwermut gelitten, machte mehrmals Selbstmordversuche und endete schließlich im 62. Lebensjahre durch Selbstmord. Der jüngere Bruder, ein nerven- und später geisteskranker Mann, war längere Zeit in einer Irrenanstalt, durfte einmal versuchsweise nach Hause zurückkehren und starb dort plötzlich während des Mittagessens (Schlagfluß?) im 45. Lebensjahre.

Mein Mann war eine feine, ruhige Natur bis in die letzten Jahre seines Lebens, in denen Anfälle heftigster Erregung, förmliche Tobsucht, eintraten. Er starb mit 59 Jahren an Gehirnschlag.

Mein zweiter Sohn (der jüngere Bruder des homosexuellen Prokuristen, dessen Krankengeschichte folgt) hatte von Kind auf Anwandlungen von Schwermut und Größenwahn. Wenn ihm ungewöhnliche Wünsche nicht in Erfüllung gingen, konnte er tiefunglücklich sein. Als junger Schüler hatte er innigen Verkehr mit einem jüngeren Mitschüler, und als wir Eltern ihm darüber Vorhalt machten, drohte er uns mit Selbstmord, wenn wir diesen Verkehr hinderten. Später liebte er einen anderen Mitschüler geradezu glühend, bat uns und seinen Bruder: Ach, bitte, bitte, laßt mir den! Nachts saß er meist auf, schrieb feurige Liebesbriefe an den heißgeliebten Freund, dichtete ihn an und beantwortete alle unsere Warnungen, sich seiner krankhaft erregbaren und erregten Phantasie schrankenlos zu überlassen, mit Selbstmorddrohungen. Trotz jahrelanger Kämpfe gegen Verführung und eigenes krankhaftes Begehren wurde der sonst sehr begabte, von seinen Vorgesetzten hochgeschätzte Mensch mehr und mehr in die Bahnen homosexuellen Liebesverkehrs hineingedrängt, wachsende Ausgaben für Ausstattung an Mobiliar und Kleidung, in denen ihm nur das Allereleganteste, Feinste, nach seinen Begriffen Vornehmste, eben gut genug war, machten ihm schwere Sorgen und in einem

Anfall von Verzweiflung oder Schwermut schoß er sich im Alter von 24 Jahren eine Kugel in den Kopf. Er hinterließ eine Fülle von Briefen, Gedichten und Tagebuchblättern, die sein von Lust und Schmerz zerrissenes Leben widerspiegeln."

Soweit die Mutter unseres Kranken. Ich bringe nun seine Lebensbeichte, die er mir nach etwa 14tägiger psychanalytischer Behandlung ablegte und, meinem Wunsche entsprechend, zu Papier brachte. Sie lautet:

Sexuelle Irrfahrten.

Beichte eines Kranken: „Durch Nacht zum Licht."

Acht Jahre sind nun verflossen, acht Jahre schweren, entsetzlichen Kampfes gegen einen inneren Feind, ein Ringen mit mir selbst, meinem ureigensten Ich, fast ein Jahrzehnt ist verstrichen seit dem Tage, an dem mich eine sexuelle Verirrung und damit verbundene krankhafte Reden zu vernichten drohten.

Mit dem Aufgebot aller Kräfte und aller nur denkbaren Hilfsmittel arbeitete ich mich aus dem Chaos heraus, leider aber, ohne die Beichte abgelegt zu haben, die nötig gewesen wäre, die nur eine bis ins Kleinste gehende Behandlung mir entlocken konnte. Und warum blieb diese Beichte bisher aus, warum kam ich nicht einmal dazu, sie vor mir selbst zu bekennen? Angst vor den Ärzten und Mangel an Vertrauen zu ihnen, von denen mir keiner bisher hatte helfen, mich richtig hatte beurteilen, mein Innerstes hatte erschließen können, drängte mich immer wieder in mich selbst zurück und ich stürzte mich mit guten Vorsätzen in immer wieder neue Arbeit. Aber der kranke Keim wucherte mehr denn je und erschwerte mir das Ringen, alle Anspannung des Geistes und Körpers vermochte meinen irregehenden sexuellen Willen nicht so zu beherrschen, daß wenigstens der Schein nach außen gewahrt blieb, und ich war so blind, nicht zu sehen, daß die geschwätzige Fama längst meine Schwäche kannte und mit geflügelter Zunge verbreitete. So bildete sich allmählich ein Gerede, das sich verdichtete, ein Denunziant brachte es meinem Chef zu Gehör, ich verlor, wie auch schon früher, meine gute Stellung und weitere Verfolgung brachte mich zunächst auf Selbstmordgedanken, dann aber kam ich durch Empfehlung zu meinem Heile an einen Arzt, dem ich nun mein Leben und hoffentlich auch bald meine Genesung verdanke. Seine aufrichtige menschliche Teilnahme, seine innige und zu Herzen gehende Art, seine ärztlich-psychologische Kunst, mir Unbewußtes ins Bewußtsein zu bringen und mir Rechenschaft über mein Tun und Lassen zu geben, löste mir die Zunge, öffnete mir die Lippen, fast verzweifelnd saß ich erst vor dem liebevollen Frager und stillen Lauscher, bis meine Erinnerungen lückenlos sich der gequälten Seele entrangen und meine Beichte dann kein Ende nehmen wollte. Schaudernd vor mir selbst sah ich mich wie in einem Spiegel, immer mehr förderte mein Gedächtnis Verborgenes an den Tag, immer schmerzlicher erkannte ich meine Irrfahrten, aber ich konnte nicht inne halten, ich mußte sprechen, beichten, mich von furchtbarer Last befreien, mußte ihm, dem ich voll vertraute, dessen Nähe mich fesselte, dessen Geist mich bannte, alles, alles erzählen. Vielleicht, ja ich hoffte bestimmt, rettet er mich aus entsetzlichen Folterqualen, die mir kein freies, frohes Lachen, keine reine Lebensfreude gönnen, weil mich überall und überallhin die irre Begier verfolgt und dauernden schwersten Kampf gegen mich selbst erfordert. Das Bild meines Innersten sollte ihm vollständig werden, er soll genau sehen, soll hören, wie ich litt und stritt, wie ich mich immer wieder mit aller Gewalt abzulenken versuchte, wie meine geistige und berufliche Entwicklung war, wie mich manche Ereignisse als Folgen meines sexuellen Verhaltens von Ort zu Ort jagten. Wie ich trotz alledem durch mein Können, meinen Fleiß und besondere Leistungen mich immer wieder aufzurichten bemüht war, auch das soll erzählt werden. Im Folgenden gebe ich nun, mit den frühesten mir bewußten sexuellen Regungen und Erscheinungen beginnend, alles wieder, was mir des Arztes Kunst entlockte, genau auch die Motive, die mich leiteten, so daß das Bild meines bisherigen Lebens vollständig werden soll.

Schon als 12jähriger Knabe, vielleicht auch früher, pflegte ich mit meinem $1^1/_2$ Jahre jüngeren Bruder zusammenzuschlafen, d. h. wir besuchten uns gegenseitig im Bett. Mit der Zeit legten wir uns übereinander et lambebamus nobis nates, ja das ging so weit, daß wir verlangten, anum non purificatum lambere. Besonders im Sommer war die Begierde groß, die Sucht ging so weit, daß wir uns gegenseitig nach den Toiletten verfolgten. Verkehr mit anderen Knaben unseres Alters mieden wir. Schließlich wünschten wir, die Nates von Pferden lambere. Fernerhin besprachen wir Knaben, die schöne Nates hätten und von denen wir wünschten, sie würden sich mit und ohne straff sitzende Hose auf unser Gesicht setzen. Zu unserem Leidwesen kam das nie zur Ausführung.

Einmal erhielt ich eine Schulstrafe, weil der Professor beobachtet hatte, daß ich einen neben mir sitzenden Schüler, der eine glatt gespannte Hose hatte, ins Gesäß zwickte. Die Balgereien zwischen uns Brüdern hatten übrigens nie einen Erguß zur Folge. Mein Vater wurde dann in eine andere Stadt versetzt, ich sah viel Neues und hatte viel zu arbeiten, da ich ein schlechter Schüler war. Später beobachtete ich in der Schule, wie sich die zwei Klassenersten fast täglich durch die geschlossenen Beinkleider gegenseitig Ergüsse verschafften, zwei andere liebten und küßten sich und zwickten sich ins Gesäß. So kam auch bei mir mit der Zeit ein Bedürfnis nach solchen Beziehungen und ich freundete mich mit einem Klempnersohn an, auch ein junger Graf und dessen Bekannte forderten mich zu kleinen Liebeleien auf. Als ich nach 2 Jahren zu meinen Eltern zurückkam, war das Verhältnis zu meinem Bruder erstorben, wir sprachen nie mehr von sexuellen Sachen.

Während ich 2 Jahre lang die Handelsschule besuchte, hatte ich zuweilen für meinen Vater Bier in Hotels zu holen und freundete mich mit Pikkolos an, denen ich häufig Nates nudos lambebam, ja in dem Drange so weit ging, daß ich im offenen, beleuchteten ersten Hotel, wenn ich mit dem oder jenem allein war, mich auf das Sofa umlegte und duldete, daß man sich nackt auf mein Gesicht setzte. Auch in meiner elterlichen Wohnung oder im Treppenaufgang befriedigte ich meine krankhaften Wünsche, denen man übrigens mit großer Freude nachkam. Als ich in der Lehre war, suchte ich mich einmal an einen jüngeren Mitlehrling durch Befühlen seiner Nates anzufreunden. Er sagte scherzend: „Sie sind wohl ein Warmer?“ Diese Frage brachte mich zur Besinnung, aber ich knüpfte dann doch wieder mit einer Reihe anderer junger Leute solche seltsame Beziehungen an. In meinem Dienst war ich übrigens sehr fleißig und strebsam und mein Lehrherr war mit mir sehr zufrieden.

Später kam ich zum Militär. Wegen meiner Weiberfeindschaft wurde ich von den Kameraden viel gehänselt, einer sagte einmal: „Der arbeitet in die Erde rein, der braucht die Weiber nicht." Wenn bei Felddienstübungen gelagert wurde, legte ich mich stets in die Nähe des Gesäßes dessen, den ich liebte. Auch im Militärdienst tat ich vollauf meine Schuldigkeit und schnitt bei meinen Vorgesetzten gut ab. Als ich nach meiner Militärzeit in einem Handlungshause angestellt wurde, hatte ich immer schlimmer unter meinem Trieb zu leiden und da ich oft sehr unbedacht handelte, hatte ich viel Unangenehmes durchzumachen. Es gab dort eine größere Anzahl hübsch uniformierter Laufburschen und mit manchem trat ich in engere Fühlung, so daß mich der Personalchef eines Tages fragte, was ich mit den Buben machte, er habe schon Verschiedenes gehört. Mit einer strengen Verwarnung entließ er mich. Ich hatte aber nicht nur im Geschäft, sondern auch in den Hotels, Kaffees, Kneipen usw. die verschiedensten Menschen als Freunde, rastlos lief ich dem oder jenem nach, bis ich ihn kannte, in aller Frühe stellte ich mich schon an die Eingänge der Schulen und knüpfte Freundschaften an. Ein Gymnasiast besuchte mich einmal und drängte mich, ihm zu erlauben, mich in anum zu koitieren. Ich ging nicht darauf ein, obwohl mir der Freund erklärte, daß ihm seine Brüder dies schon öfter erlaubt hätten. So werden mir noch eine Reihe von Fällen bewußt, in denen ich in heikle Lagen geriet. Als ich während dieser Jahre mehrmals militärische Übungen mitmachte, führten mich gleiche Wünsche zu gleichen Handlungen.

Grenzenlose Begehrlichkeit nach Gesäßen, nach dem Geruch, dem Geschmack, dem Gequältwerden. Ein schicker Anzug, namentlich ein straff sitzendes Beinkleid übten auf mich unbezähmbare Reize aus. Als starken Kontrast zu diesen verirrten Gelüsten hatte ich andrerseits großes Feingefühl für hohe Ethik und Ästhetik, empfand schlechten Geruch sehr unangenehm und trug im gesellschaftlichen Leben ein sehr gewähltes Verhalten zur Schau. Vor Frauen hatte ich großen Respekt, der Besuch öffentlicher Häuser widerte mich an. Als mich Freunde einmal in ein solches mitschleppten und ich dort nackte Leiber sah, lief ich wie ein gehetztes Wild davon. Ich hatte damals, ohne mir meiner krankhaften Anlage bewußt zu werden, die Idee, ich müsse einst als reiner Jüngling ins Ehebett steigen. Dabei bedachte ich nicht, daß ich meine „Unschuld" schon durch die Onanie, die ich jahrelang — oft mehrmals täglich — betrieb, längst verloren hatte. Wie oft lag ich am Fenster, sah einen meiner vielen Freunde vorübergehen, stellte mir vor, ich hätte seine Nates am Gesicht sitzen und dürfte sie lambere. Oder ich ging im Büro plötzlich von der Arbeit weg zur Toilette und befreite mich dort durch Onanie von meinen heftigen inneren Spannungen. So sündigte ich an meinem Körper in entsetzlichster Weise.

In schwierige Lagen kam ich als Offizier auf Truppenübungsplätzen. Ich saß einmal neben meinem Burschen auf dem Bette, mein Begehren nach ihm wurde immer stärker, aber im letzten Augenblick bezwang ich mich und schickte ihn rasch weg. Ein anderes Mal, nach einer großen Trinkerei im Kasino, fiel ich einem Soldaten um den Hals und soll — was mir nicht bewußt war — ihn bei den Geschlechtsteilen gefaßt und zu mir eingeladen, ihm auch erzählt haben, im Offizierskorps käme das auch vor. Als ich bald darauf abgefaßt wurde, wie ich gerade in einer Stube bei meiner Kompagnie sitzend, zwei Soldaten auf dem Schoße hatte, kam ich in kriegsgerichtliche Untersuchung und mußte meinen Abschied nehmen. Man brachte mich in ein Sanatorium, wo ich eine Zeitlang mich jeder sexuellen Handlung enthielt, bis mir in der Person eines jungen dort Angestellten ein Versucher erstand. „Erfreue dich", sagte er eines Tages zu mir, „an meinem Trikot und meinen so schön sitzenden Beinkleidern, sieh, wie stramm sie hinten sitzen und meine Formen durchfühlen lassen." Lechzend sah ich hin, ergötzte mich am Befühlen und betäubte mich am Geruch. Solche Erinnerungsbilder tauchen nun lebendig vor mir auf und ich höre deutlich sogar die Stimmen der Verführer und Verführten. Wie oft gab ich mir damals den Schwur, nun recht vorsichtig auf mich zu sein, und suchte mich in der freien Natur, die ich sehr liebte, von meinem Begehrungen abzulenken. Vergeblich!

Als ich wieder nach Hause kam und dort eine Stellung in einer Fabrik angenommen hatte, gefiel mir bald der, bald jener junge Arbeiter, ich ging jedesmal heim und befriedigte meine überreizte Phantasie durch Onanie. In einem Konzert lernte ich zwei junge Leute kennen, die dort spielten. Unbezähmbare Liebe ergriff mich, ich mußte sie zu Freunden haben. In der Familie des einen fand ich Eingang, indem ich ihm Privatstunden gab. Ich lernte seine Schwester kennen, bildete mir Liebe zu ihr ein und hielt bei der Mutter um ihre Hand an, weil mir Anna — so hieß sie — gesagt hatte, sie wolle und könne mich aus meinen Verirrungen retten. Die Mutter, die offenbar auch Näheres über mich erfahren hatte, erwiderte auf meine Bewerbung: „Ein Mann Ihrer Art kann meine Tochter nicht glücklich machen." So war die von mir ersehnte Rettung nicht möglich und ich schloß neue Freundschaften mit Schülern nahegelegener Lehranstalten. Ich kam dann in eine andere Stellung, die mich sehr befriedigte und ich gelobte mir wieder, nun ein anderer zu werden, aber wieder war das Fleisch zu stark, der Wille zu schwach. Hotelbedienstete, Schüler, junge Kaufleute und andere reizten mich zu Beziehungen und wieder verfiel ich furchtbarer Onanie, bei der ich mir die straffen Beinkleider der Gesehenen im Geiste vorführte. Ich wurde Mitglied eines Wehrkraftvereins und die frischen, schön gekleideten Jungens freuten mich unendlich, aber als einer der Größeren dem Vereinsleiter erzählte, er habe sich mit mir herumgebalgt, wurde mir die Führung eines Zuges wieder abgenommen. Ein anderer Schüler sagte mir einmal, wenn ich meinen Drang nicht beherrschen könne, wolle er diese Liebeleien mitmachen, damit ich nicht anderen in die Hände fiele, die sich darüber nur lustig machten und mir Schwierigkeiten schafften.

Auf Dienstreisen lernte ich in einer Stadt einen Pikkolo kennen, den ich später in einer anderen Stadt zufällig wieder traf. Ich lud ihn zu mir ein und als er mir später einen Freund von ihm vorstellte, kam es mit diesem zu gleichen Tändeleien. Bald kamen beide zu mir und forderten Schweigegeld. Ich gab ihnen nichts und es erfolgte daraufhin eine Denunziation bei meinem Chef, ich wurde aus meiner schönen Stellung entlassen, bekam aber ein sehr gutes Zeugnis. In einer neuen Stellung, die ich bekam, begann ich bald wieder mich an junge Leute heranzupirschen und bald wurde man in meiner Umgebung darauf aufmerksam und zog sich von mir zurück. Ich hatte nie mit mir Gleichaltrigen Verkehr, sondern entweder mit ganz jungen oder älteren Leuten. Ich mußte meine Stellung abermals aufgeben, trat in ein anderes Haus ein, aber bald erhielt wiederum der Chef einen anonymen Brief, mein Verhalten lasse auf sittliche Gefährdung schließen, und das gleiche Schicksal hatte ich in weiteren Stellungen, wo immer wieder meine Liebeleien und Unvorsichtigkeiten den Vorgesetzten zu Ohren kamen und meine Entlassung herbeiführten.

Es war selbst oft genug qualvoll, daß ich alle Stunden, in denen ich mich hätte vom Dienst erholen sollen, darauf verwandte, junge Leute abzupassen, ihre Bewegungen zu beobachten und mich dann meist schon damit zufrieden zu geben, wenn ich bei ihrem Bücken den bloßen Hosenboden — zuweilen aus großer Ferne — sehen konnte. Oft wünschte ich, es hätte mich einmal einer tüchtig verprügelt, um mir Widerwillen gegen meine Phantasien einzuflößen, wodurch ich Heilung erhoffte von einem Leiden, bei dessen Erinnerung mich die Nachtruhe mied und das Tageslicht erröten ließ. Welche Angst stand ich aus, wenn einer nachts in mein Zimmer kam und dort „ungestört" Ergebung forderte. Wie geistig gefesselt stand, saß und lag ich da und genoß die Minuten „großen Glücks"! Und am Morgen wußte ich nichts vom Abend zuvor, nur eine ganz ferne Erinnerung möglicher Geschehnisse schien es zu sein. Jeden Sonntag ging ich zur Kirche, treu und mit Gelöbnissen ehrlichster Art zur Bekämpfung meiner Leidenschaft betete ich. Und doch drang wie toll die Furie durch. Das jahrelange Onanieren, wie mußte das schaden!

Einmal wollte ich mich einem Arzte anvertrauen, aber er war zu jung. Meine Ansicht über mein Leiden hielt er für einen Irrtum, ich sei gar nicht homosexuell, meinte er. Im Geschäft knüpfte ich wieder innige Beziehungen zu Lehrlingen an, erteilte ihnen Unterricht, machte mit ihnen Ausflüge. Einer von ihnen war ebenso veranlagt wie ich und sagte mir, er habe mich gleich erkannt. Er hatte recht, er erregte gleich mein besonderes Gefallen, seine tadellos gut sitzende Kleidung, sein mädchenhaftes Aussehen, seine zierlichen Bewegungen, der Typ eines Mädchens in Herrenkleidung, hatten mich umgarnt. Er selbst hatte die Begierde, mich nackt zu sehen, obschon er sonst scheu war. Ich gab ihm nach und während er mich besah und befühlte, betrachtete ich seine gut sitzenden Beinkleider. Wir arbeiteten im Dienst stets zusammen, er suchte jede Gelegenheit, mit mir zusammen zu sein, ja er nannte sich in dieser Zeit glücklich. Ein eigentliches Freundschaftsverhältnis konnte sich jedoch zwischen uns nicht bilden. Mit einem anderen Lehrling, den ich gleichfalls kaufmännisch unterrichtete, bestand ein Verhältnis größter gegenseitiger Verehrung, ich hätte in seiner Gegenwart nie einen zweideutigen Witz zu erzählen gewagt, einen solchen Zauber übte der Jüngling auf mich aus.

Von meinen älteren Bekannten ahnte keiner mein Leiden und ich war überall wohlgelitten, aber es regte mich stets quälende Unruhe auf und ich wurde schließlich so überreizt, daß ich ein Bad zur Erholung aufsuchte. Kaum dort angekommen, hatte ich das Glück, daß sich alle Kinder der Kurgäste um mich sammelten und schon in den ersten Tagen war ich für sie alle der gute Onkel, der so gerne Spaß machte und sich so lieb mit den Kindern abgab. Ich behielt zwar der Versuchung gegenüber meine Besinnung, aber später ließen sich zwei der größeren Knaben in Liebeleien ein, indem sie dringend darnach verlangten und auf ähnliche Scherze mit weiteren Freunden hinwiesen.

Wieder einmal wechselte ich meine Stellung, wieder das alte Lied: erst Beherrschung und neue Vorsätze, dann jugendliche Bekannt- und Liebschaften. Eines Tages begleitete mich von der Straße weg ein junger Mann nach Hause, vergewaltigte mich nach Wunsch und ging. Folge: Wohnungswechsel. Im neuen Heim war bald wieder eine kleine Gesellschaft beisammen, woraus wieder Unannehmlichkeiten aller Art entstanden. Auch ein Erpresser tauchte wieder auf. Die Vorgänge spielten sich meist so ab: Erst Drang, mich mit netten Jungens bekannt zu machen, dann Schaffung von Gelegenheit, allein mit einem zu sein und mich bekämpfen zu lassen; in erster Linie wollte ich die Form des Gesäßes sehen, dann das Gefühl empfinden, wie es ist, wenn mir die Nates auf dem Körper und Gesicht sitzen, schließlich ließ ich mir von den Nates die Nase zusammenkneifen. Alle diese Empfindungen dienten mir nachher als Anregung zur Onanie.

Zum letztenmal hatte ich meine Stellung gewechselt. Sie war ausgezeichnet und ich hätte allen Grund gehabt, nun ein völlig neues Leben zu beginnen. Mein Dämon ließ es nicht zu. Kaum hatte ich mich geschäftlich glücklich eingelebt, besuchte mich ein junger Mann, den ich von meiner vorigen Stelle her kannte, und bat mich um meine Fürsprache zur Anstellung im Geschäft, in dem ich jetzt war. Ich hatte schon früher den Wunsch gehabt, mit ihm intim zu werden und nun konnte ich das Ziel erreichen. Ich verhalf ihm zur Anstellung und von da ab wurde sein Benehmen gegen mich immer freier, ein Witz gab den anderen und bald fiel die offizielle Maske. Er erzählte mir, wie er schon oft mit Freunden zusammen geschlafen habe und wie hoch es dabei immer hergegangen sei. Bald kam es zwischen ihm und mir zur mutuellen Onanie. Um es bequemer zu haben, zog er in meine Wohnung. Gleichwohl schliefen wir dort nur ein paarmal zusammen. Im Geschäft tat mein junger Freund zwar seine Schuldigkeit, aber er zwang mich, ihm eine Reihe besonderer Vergünstigungen zuzuwenden und beim Chef zu erbitten. Dieser Umstand und eine Reihe anderer Vorkommnisse brachten mich mehr und mehr ins Gerede. Der junge Freund verließ zwar einige Monate später das Geschäft und die Stadt, aber ein eigenartiges Zusammentreffen ward mir schließlich zum Verderben.

Wiederholt hatte ich mit einem Herrn R., der mir unsympathisch war, Streit gehabt und das gegenseitige Verhältnis hatte sich immer mehr zugespitzt, als ich erfuhr, daß er über mein Vorleben Gerüchte verbreitete, die mir in meiner Stellung schwer schaden mußten. Das Unglück wollte auch, daß er sich mit dem jungen Menschen anfreundete und dieser ihm alles und sicher noch viel mehr erzählte, was er im Verkehr mit mir erlebt haben wollte. R. teilte das meinem Chef mit, ich wurde sofort entlassen.

Ich bin am Ende meiner Erinnerungen und Bekenntnisse. Von Ort zu Ort hat mich meine unglückselige Veranlagung gejagt, mich um jede Stellung, um Ruf und Ehre gebracht, mir nur Kummer und Gewissensqualen auf den Weg gestreut. Nun ist mir, als wären mir Schuppen von den Augen gefallen, entsetzliche Bilder tauchten nacheinander in meinem Geiste auf, ich mußte reden, mich entlasten von dem, was mein Gehirn nicht mehr verwahren konnte. Was ich mit allen guten Vorsätzen, mit Gebeten und Schwüren nicht erreichte, was alle mir gewordenen Erniedrigungen nicht vermochten, das soll jetzt erreicht werden.

Mit Detlev von Liliencron rufe ich aus:

Ich bin wie gestählt
Zu neuem Kampf,
Auf meiner Schlachtfahne
Soll in leuchtender Schrift
Glänzen das edelste Wort:
Selbstzucht!
Und nur das gewaltige Wort
Stick in den Stachelkranz:
Tod aller Weichlichkeit!
Über mich aber komme die Kraft
Gottes, den ich suche,
Seit ich denken kann!

Diese Schrift war das Schwerste, was ich in meinem Leben fertigte.

Es ist zu bedauern, daß Kollege Dr. *C. K. G.* uns nicht eine vollständige Analyse des Falles geliefert hat. Vielleicht wären noch tiefere infantile Wurzeln zum Vorschein gekommen. Der Fall ist deshalb so interessant, weil er uns eine vollständige Fixierung an den jüngeren Bruder repräsentiert, wie wir sie in diesem Buche nur in dem Fall 64, Seite 198, kennen gelernt haben. Offenbar läuft dieser Kranke nur dem Erlebnis mit seinem Bruder nach und spielt immer wieder die gleiche Szene. Alle Knaben werden ihm Imagines seines Bruders, und was er sucht, ist die Wiederholung der infantilen Lust. Dabei wird die Liebe zum Bruder verdrängt und eine andere „Objektbesetzung" vorgenommen.

Trotz der schweren erblichen Belastung, die zweifelsohne besteht, glaube ich die Ursache seiner Paraphilie in dem Trauma mit seinem Bruder ansprechen zu müssen. Auch sein Bruder konnte dieses Erlebnis nicht vergessen und wurde ein Homosexueller. Beide waren aneinander fixiert, ohne es sich eingestehen zu wollen. Sie sprachen nie mehr über ihre Jugenderlebnisse. Aber jeder suchte in den Liebesobjekten nur den Bruder, jeder war ein Sklave der Vergangenheit. Aus diesem Grunde verdient der vorliegende Fall das Interesse, das ich ihm entgegengebracht habe und rechtfertigt seine Veröffentlichung an dieser Stelle.

XXV.

Jean Jaques Rousseau.

Analyse eines Exhibitionisten.

Nach all den wechselnden Krankheitsbildern, die jetzt vorbeigezogen sind, will ich den Reigen mit einer Schilderung des Leidens von *Rousseau* beschließen. Wir sind in der glücklichen Lage, die eigenen Worte des großen Mannes benützen zu können. Er hat mit seinen „Confessions" ein Werk hinterlassen, das alle seine anderen Werke überdauern wird. Schon heute kann man „Emile" und die anderen Bücher kaum lesen, während die Geständnisse durch ihre grandiose Gewalt, durch die innere Wahrheit als ewiges „document humain" erschüttern und entzücken.

Rousseau wird gewöhnlich als extremer Masochist geschildert, weil er offen gestanden hat, daß er beim Schlagen durch Fräulein Lamercier die ersten Wonneempfindungen durchgemacht und diese Situation immer wieder herbeiführen wollte.

Wir lernen in dem großen Dichter-Philosophen einen typischen psychosexuellen Infantilisten kennen. Dabei sehen wir mit Erstaunen, daß große Männer kleine Kinder bleiben können. Es ist vielen Beobachtern aufgefallen, daß die Dichter (wie alle Künstler) einen infantilen Zug haben. Man spricht gewöhnlich mit Bewunderung davon, daß sie die Seele eines Kindes haben. Weniger bekannt ist, daß sie das Geschlechtsleben eines Kindes haben. Da wir bei der Betrachtung der Krankengeschichte *Rousseaus* zu sehr wichtigen Schlüssen kommen werden, muß ich mir jede Beschränkung versagen. Ich nehme eine gründliche Untersuchung vor und will alle jene Momente aufweisen, welche uns den psychosexuellen Infantilismus beweisen. Glücklicherweise habe ich keine phantastischen Schlußfolgerungen zu ziehen. Die Geständnisse des großen Mannes beweisen alle meine Behauptungen.

Ich werde mich daher möglichst an die Worte *Rousseaus* halten.[1])

[1]) Die Übersetzungen sind größtenteils der vortrefflichen deutschen (allerdings gekürzten) Ausgabe entnommen, die, von Otto Fischer besorgt, im Verlage Josef Singer (Straßburg) in der Sammlung „Erlebnis und Bekenntnis" erschienen ist

„Da Fräulein Lamercier für uns auch die Zuneigung einer Mutter hegte, so hatte sie auch die ganze Autorität einer solchen über uns, und dies bewog sie manchmal, uns die gewöhnliche Kinderstrafe, wenn wir sie verdient hatten, zu geben. „Lange genug ließ sie es beim bloßen Drohen bewenden und diese Drohung einer für mich ganz neuen Strafe erschien mir sehr schrecklich, aber nach der wirklichen Ausführung fand ich sie viel weniger schrecklich als die Erwartung gewesen war und, was das Seltsamste war, diese Strafe machte mich der, die sie mir gegeben hatte, noch ergebener. Die ganze Stärke dieser Ergebenheit und alle meine natürliche Sanftmut gehört dazu, daß ich nicht geflissentlich diese Strafe öfters zu verdienen suchte. Denn ich hatte in dem Schmerz, ja selbst in der Schande ein Gemisch von Sinnlichkeit empfunden, das eher ein Verlangen zurückließ, die gleiche Strafe von der gleichen Hand zu bekommen, als die Furcht. Es ist wahr, daß sich hier ein frühzeitiger Geschlechtstrieb einmengte und daß mir dieselbe Strafe von ihres Bruders Hand nichts weniger als kurzweilig erschienen wäre. Bei seiner Gemütsart war aber diese von ihm gar nicht zu fürchten, und wenn ich mich enthielt, diese Züchtigung zu verdienen, so geschah es bloß, um Fräulein Lamercier keinen Verdruß zu machen. Denn so mächtig herrschten wohlwollende Neigungen über mich, und selbst die bloß durch die Sinne erregt wurden, daß sie meinem Herzen immer ihr Gesetz vorschrieben. Unterdessen verfiel ich doch wieder in dieselbe Strafe, die ich vermied, ohne sie zu fürchten, und zwar unverschuldet, ich meine ohne Vorsatz; obgleich ich ein gutes Gewissen hatte, nahm ich sie gerne hin. Aber dieses zweite Mal war auch das letzte. Fräulein Lamercier hatte wahrscheinlich aus irgend einem Umstande entnommen, daß sie bei dieser Strafe ihre Absicht nicht erreichte, sie erklärte also, daß sie sich dergleichen nicht weiter bedienen würde und daß sie ihr beschwerlich fiele. Bis dahin hatten wir in ihrem Zimmer und s o g a r m a n c h m a l i n i h r e m B e t t e g e s c h l a f e n. Zwei Tage nachher wies man uns ein anderes Zimmer zum Schlafen an und nun hatte ich die Ehre, der ich gerne überhoben gewesen wäre, als ein erwachsener Junge betrachtet zu werden.

Wer sollte wohl glauben, daß diese Strafe, die ich als achtjähriges Kind von den Händen eines 30jährigen Mädchens empfing, über meinen Geschmack, über meine Begierden, über meine Leidenschaften und über mich selbst für mein ganzes übriges Leben, und zwar auf eine ganz entgegengesetzte Weise, als man erwarten sollte, entschieden hat! Zu derselben Zeit, als meine Sinnlichkeit gereizt war, nahmen meine Begierden einen so ruhigen Gang; daß sie nur bei dem stehen blieben, was sie erfahren hatten und sich auf nichts anderes warfen."

Wir sehen hier die typische Fixierung einer infantilen Szene, die das weitere Liebesleben determiniert.

Wir werden später in der Episode Goton abermals seine masochistische Einstellung zu den Frauen vermerken können. *Voberg*[1]) bemerkt in seiner kleinen, aber außerordentlich konzentrierten Arbeit „Der Fall Jean Jaques Rousseau": „Noch als alter Herr scheint *Rousseau* dem Masochismus gehuldigt zu haben. Edmond de Goncourt besaß eine Briefsammlung aus dem Jahre 1783. An einer Stelle heißt es, *Rousseau*

[1]) Abhandlungen aus dem Gebiete der Sexualforschung. Bd. III, H. 6.

habe sich in einem Hause der Rue Maubuée für einen Taler peitschen lassen."

Die oft geschilderte und viel zitierte Szene seiner Bestrafung durch Frl. Lamercier hat häufig Gelegenheit gegeben, gegen die Prügelstrafe durch Erzieher Stellung zu nehmen. Ich möchte hier gleich feststellen: Nur Schläge von geliebten Personen erzeugen Lustempfindungen. Das Rätsel des Masochismus ist daher in die Worte zusammenzufassen: Ich wünsche von einer geliebten Person geschlagen zu werden. Schläge von einer differenten Person sind nicht lustbetont, wenn sich der Masochist nicht die Liebe hinzuphantasiert. Ebenso wie die Entblößung des Gesäßes beim Schlagen eine besondere Lustqualität bekommt, wenn sie von einer geliebten und zugleich verehrten Person vollzogen wird (Vater, Mutter, Lehrer usw.), so wird auch der Schlag als „Berührung" gewertet. *Rousseau* liebte Fräulein Lamercier, wie er sich sein ganzes Leben immer zu älteren Personen, die ihm den Vater ersetzten, hingezogen fühlte. Alle geliebten Objekte wurden ihm Vater, Mutter, Tante, Onkel, . . . er blieb ewig das Kind.

Und dies Kind hatte schon einmal vor der Lamercier von einer geliebten Person Schläge erhalten. Diese geliebte Person war der Vater, die stärkste Liebe seines Lebens. Vielleicht seine einzige.

Ich führe die masochistische Einstellung auf die Liebe zum Vater zurück und verweise auf folgende Mitteilung:

„Ich hatte einen um sieben Jahre älteren Bruder, der das Gewerbe meines Vaters lernte. Die krankhafte Liebe, die man für mich hegte, drängte ihn in den Hintergrund. Er wurde ein wenig vernachlässigt. Ich will das nicht gut finden, weil seine Erziehung die Folgen dieser Vernachlässigung bald blicken ließ. Er neigte zum Leichtsinn und wurde ausschweifend, bevor er das Alter eines Erwachsenen hatte. Man gab ihn zu einem fremden Meister. Dort leistete er sich die nämlichen Freiheiten wie zu Hause. Ich habe ihn kaum gesehen. Ich kannte ihn kaum. Aber ich hörte nicht auf, ihn zärtlich zu lieben und er liebte mich auch so wie ein Tunichtgut jemanden lieben kann. Ich erinnere mich an eine Szene. Der Vater prügelte ihn erbost jämmerlich und ohne Gnade. Ich aber warf mich zwischen beide, umarmte den Bruder so leidenschaftlich, daß mein Körper den seinen schützte. Ich empfing nun die Schläge, die ihm galten. Aber ich war nicht wegzubringen, so daß mein Vater aufhören mußte. Machte das mein Lärmen und Weinen? Oder wollte er mir nicht so wehe tun? Endlich aber ging es mit meinem Bruder so bergab, daß er floh und ganz verschwand. Einige Zeit nachher hörten wir, daß er in Deutschland wäre. Wir hörten aber nichts mehr von ihm und so bin ich der einzige Sohn meines Vaters geworden."

Er liebte diesen Vater mit aller Glut seines Herzens. Er wurde das Objekt einer schier maßlosen Liebe.

Er sollte dem Vater die Mutter ersetzen. Er schildert den Verlust seiner Mutter und die Einstellung seines Vaters mit folgenden rührenden Worten:

„Ich war die traurige Frucht dieser Niederkunft. Zehn Monate nachher kam ich schwächlich und krank zur Welt; ich kostete meiner Mutter das Leben; und meine Geburt war der erste meiner Unglücksfälle.

Wie mein Vater diesen Verlust ertragen hat, habe ich nicht erfahren. Aber ich weiß, daß er sich nie darüber trösten konnte. Er glaubte sie in mir wiederzusehen, ohne je zu vergessen, daß ich sie ihm geraubt hatte; nie umarmte er mich, ohne daß ich an seinen Seufzern, an seinem konvulsivischen Druck gefühlt hätte, daß ein bitteres Bedauern sich in seine Liebkosungen mischte, die dadurch nur noch zärtlicher wurden. Wenn er zu mir sagte: „Jean Jaques, laß uns von deiner Mutter reden", und ich sagte: „Wohl, Vater, wir werden also weinen", so entlockte ihm dies bloße Wort schon Tränen. „Ach", sagte er, tief seufzend, „gib du sie mir wieder, tröste mich über ihren Verlust, fülle die Leere, die sie in meiner Seele gelassen hat! Würde ich so dich lieben, wärest du nur mein Sohn?" Vierzig Jahre nach ihrem Verlust ist er in den Armen seiner zweiten Frau gestorben, aber mit dem Namen der ersten auf seinen Lippen und tief in seinem Herzen ihr Bild."

Mußte dieses Benehmen des Vaters in ihm nicht den Wunsch hervorrufen: Ich möchte ein Weib sein und dem Vater die Mutter ersetzen? Die weibliche Einstellung der Männer führt zu einer Betonung des Anus als erogene Zone. Die Berührung mit dem Stock des Vaters, dabei die zärtliche Umarmung des Bruders dürften auf *Rousseau* sehr stark gewirkt haben. Er wurde früh ein Spielball der Leidenschaften und sehnte sich gierig nach Liebe ....

Immer wieder werden wir beim Masochismus die Formel: Schmerzen von geliebter Hand finden.

Im Falle von *Rousseau* war die pathologische Szene eine komplizierte. Er schützte seinen Bruder, er umarmte ihn, er nahm die Schmerzen für ihn in Empfang. Es zeigt sich schon hier die Tendenz, als Weltverbesserer für die Brüder zu leiden und sie zu erlösen. Die Schmerzen der ganzen Welt zu fühlen und sie zu übernehmen.

Es ist ebenso wichtig zu wissen, daß diese geliebten Personen, von denen man Schmerzen erwartet („Wen Gott liebt, den züchtigt er"), später zu Feinden umgedichtet werden, die diese Tendenz (Schmerzen zu bereiten) übernehmen. Wir werden später sehen, daß alle Verfolger *Rousseaus*, wie er sie in der Paranoia konstruiert hat, seine ehemaligen Freunde waren. Viele dieser Freunde standen für den Bruder, viele für den Vater. Er wollte immer wieder die wichtigste Szene seines Lebens, das Urtrauma, erleben: Schläge vom Vater. Und wie liebte er diesen Vater!

„Ich empfand, ehe ich dachte. Es ist dies das gewöhnliche Los der Menschen, ich erfuhr es aber stärker als andere. Was ich bis zum fünften oder sechsten Jahr erlebte, daran erinnere ich mich nicht, weiß auch nicht, wie ich lesen gelernt habe; ich erinnere mich bloß meiner ersten Lektüre und ihrer Wirkungen auf mich. Von diesem Zeitpunkt an rechne ich die bewußte Beobachtung meiner selbst. Meine Mutter hatte Romane hinterlassen; mein Vater und ich machten uns darüber her und lasen sie abends nach Tische. Anfänglich sollte es bloß eine Leseübung in unterhaltenden Schriften für mich sein, aber wir nahmen bald so lebhaften Anteil daran, daß wir abwechselnd ohne zu ruhen weiterlasen und Nächte bei dieser Beschäftigung zubrachten. Nie konnten wir vor dem Ende eines Bandes abbrechen. Manchmal sagte mein Vater ganz beschämt, wenn er des Morgens die Schwalben pfeifen hörte: „Komm zu Bette, ich bin ein größeres Kind als du."

Ich erwarb durch diese gefährliche Methode in kurzer Zeit nicht allein eine vollkommene Geläufigkeit im Lesen und Verstehen, sondern eine Kenntnis der Leidenschaften, die in meinem Alter einzig war. Ich hatte noch von keiner Sache Begriffe, als mir alle Empfindungen schon vollkommen bekannt waren.

Ich hatte nichts verstanden, doch alles empfunden. Diese dunklen Bewegungen, die sich eine nach der anderen in meinem Herzen folgten, verdarben zwar nicht die Vernunft, denn die hatte ich noch nicht, aber sie bildeten mir eine von besonderer Natur und gaben mir wundersame und romanhafte Vorstellungen über das menschliche Leben, davon weder Erfahrungen noch Nachdenken mich je ganz haben heilen können."

Man stelle sich die Situation vor. Das kleine Kind und der untröstliche Vater, beide laut lesend, die Nacht vergessend, beide versunken, dabei sich liebend, sich umarmend, sich küssend. So wurde eine Selbstliebe in *Rousseau* großgezogen, die ihn glauben ließ, er müsse von aller Welt geliebt werden. So sagt er: „Von allen geliebt zu werden, war meine lebhafteste Begierde."

Eine maßlose Verzärtelung mußte ein unstillbares Bedürfnis nach Zärtlichkeiten hervorrufen. Seine Sehnsucht nach Liebe war pathologisch. Der Narzißmus des Dichters wurde durch die Fehler der Erziehung unendlich gesteigert. Er hatte den Glauben, etwas Außerordentliches zu sein. Solche Menschen unterliegen leicht der Vorstellung, daß man sie haßt. Das Verlangen nach Liebe kann mit eine der Wurzeln des Verfolgungswahnes werden. Er erzählt von seinen Kinderjahren:

„Meine Erziehung war sehr sorgfältig. Fürstenkinder können nicht mit mehr Eifer gepflegt werden, als ich es in meinen ersten Jahren wurde; als der Abgott aller, die um mich waren, ward ich doch, was etwas Seltenes ist, als ein geliebtes, nie als ein verzärteltes Kind behandelt. Nicht ein einziges Mal bis zu meinem Verlassen des Vaterhauses ließ man mich allein mit anderen Kindern auf der Gasse umherlaufen, nie brauchte man bei mir ein einziges der eigensinnigen Gelüste, die man immer auf die Rechnung der Natur setzt und die doch bloß durch die Erziehung entstehen, zu unterdrücken oder zu befriedigen. Ich hatte die Fehler meines Alters, war schwatzhaft, gierig, zuweilen lügenhaft. Ich mag Obst, Zuckerwerk oder Eßwaren gestohlen haben, aber nie habe ich aus Vergnügen Böses getan, Schaden angerichtet, andere angegeben oder arme Tiere gemartert. Ich erinnere mich bloß, einmal in den Kochtopf unserer Nachbarin, einer Frau Clot, gepisst zu haben, während sie in der Kirche war. Ich darf gestehen, daß ich noch lachen muß, wenn ich an diesen Vorfall denke, weil Frau Clot, übrigens eine gute Frau, die zanksüchtigste Alte war, die ich in meinem Leben gesehen hatte. Dies ist die kurze und ehrliche Geschichte aller meiner kindischen Verbrechen.

Wie hätte ich auch können boshaft werden, da ich die besten Menschen um mich und lauter Beispiele der Sanftmut vor Augen hatte? Mein Vater, meine Tante, meine Jaqueline, Verwandte, Freunde und Nachbarn, alles, was mich umgab, gehorchte mir zwar nicht eigentlich, aber sie liebten mich und ich liebte sie wieder. Mein Eigenwille wurde so wenig gereizt, ihm so wenig widersprochen, daß es mir nicht einfiel, welchen zu haben. Ich kann schwören, daß ich bis zu meiner Unterstellung unter einen Lehrer nicht wußte, was Eigensinn war. Außer der Zeit, die ich bei meinem Vater mit Lesen oder Schreiben zubrachte oder daß mich meine Wärterin spazieren führte, war ich immer bei meiner Tante, sah sie sticken, hörte sitzend oder neben ihr stehend ihrem Gesang zu und war vergnügt. Ihr froher Sinn, ihre Sanftmut und ihre einnehmende Gestalt haben einen so lebhaften Eindruck auf mich hinterlassen, daß ich noch ihr ganzes Wesen, ihren Blick, ihre Stellung vor mir sehe, ich erinnere mich noch sehr wohl ihrer kleinen, schmeichelnden Redensarten, ich wollte ihre Kleidung, ihren Kopfputz beschreiben, ohne die beiden schwarzen Löckchen, die sie nach der damaligen Mode an den Schläfen trug, zu vergessen."

Wir sehen hier die ersten Spuren der „Urin-Sexualität", die in seinem späteren Leben eine so große und verhängnisvolle Rolle spielen sollte. Besonders hervorzuheben wäre die „Kleptomanie", die dem Dichter fürs ganze Leben geblieben ist. „Ich bin ein Spitzbube gewesen und mitunter stehle ich noch Kleinigkeiten, die mich locken. Ich nehme sie lieber, als daß ich darum bitte." Ich habe in einer größeren Arbeit auf die „Sexuelle Wurzel der Kleptomanie"[1]) hingewiesen. Der nächste Band dieses Werkes wird zahlreiche Beispiele bringen. Es handelt sich um eine symbolische Ersatzhandlung: Etwas Verbotenes zu tun! Etwas Verbotenes in die Hand zu nehmen. (In vielen Fällen das Genitale.)

Wir dürfen nach unseren Erfahrungen eine versteckte homosexuelle Liebe hinter der Kleptomanie vermuten. Diese Liebe muß erst auf den Vater gerichtet gewesen sein.

Wie er seinen Vater liebte, das ersehen wir aus dem Momente, daß er ihm nie verziehen hat, daß er wieder heiraten konnte. Er betrachtete diese Heirat geradezu als einen Verrat an seiner Liebe.[2])

Er suchte seinen Vater nicht mehr auf, als er ihn einmal verlassen hatte. Ist es nicht ein Beweis gegen diese Liebe? Nein!

---

[1]) Zeitschrift für Sexualwissenschaft, 1908.

[2]) Wir haben ja zahlreiche Fälle kennen gelernt, in denen die zweite Heirat des Vaters für den Sohn ein schweres Trauma wurde. Ich verweise nur auf den sehr wichtigen Fall Nr. 12 im Kapitel „Verladung", S. 68.

Rousseau fühlte, daß er sich von dem Vater lösen und sich von ihm befreien mußte. Ähnliches finden wir bei Goethe. Er sah seine geliebte Mutter 19 Jahre nicht. Auf der Heimreise von Italien hätte er über Frankfurt fahren können. Er wählte den Weg über Nürnberg und suchte seine Mutter nicht auf. Frau Stein war ihm die mütterliche Freundin geworden und auch von dieser mußte er sich lösen. („Jede Liebe ist ein Gefängnis!“)

Auch *Rousseau* wollte an seinem Vater vorbeifahren. Keineswegs brachte er es über sich, jene Frau kennen zu lernen, die ihm die Liebe des Vaters geraubt hatte. . . . seine Stiefmutter.

„Durch Nyon reiste ich, ohne meinen Vater zu sprechen. So sauer mich dies ankam, so konnte ich mich doch nicht entschließen, in meiner gegenwärtigen Lage mich meiner Stiefmutter zu zeigen, die mich gewiß ungehört verdammt haben würde. Der Buchhändler du Villard, ein alter Freund meines Vaters, machte mir über diesen Mangel kindlicher Aufmerksamkeit lebhafte Vorwürfe. Ich sagte ihm meine Gründe und, um meinen Fehler wieder gut zu machen, ohne mich doch dem Anblick meiner Stiefmutter auszusetzen, nahm ich eine Kutsche; wir reisten miteinander nach Nyon zurück und stiegen im Wirtshause ab. Du Villard ging hin, meinen Vater zu holen, er kam eilends, mich zu umarmen. Wir speisten miteinander zu Nacht und brachten einen meinem Herzen sehr angenehmen Abend miteinander zu; des anderen Tages reiste ich mit du Villard nach Genf zurück. Ich werde dem guten Manne ewig dafür danken, daß er mich auf meine Pflicht aufmerksam machte.“

Es war wie ein heimliches Rendezvous mit einer Geliebten! . . .

Alle Infantilisten leiden an einem unerklärlichen Drang zu Veränderungen, an einem Impuls, etwas zu tun, der sich als Kleptomanie, Pyromanie oder Wandertrieb äußern kann. Eine innere Unruhe treibt sie von Ort zu Ort. Sie sind ewige Sucher; Ahasver, Faust und der fliegende Holländer sind ihre Ideale. Wir haben gelernt, daß sie eigentlich die Vergangenheit suchen. Sie sehnen sich nach dem Neuen, welches das Alte wiederholen soll. Sie suchen das große Wunder der „Wiederauferstehung der Kindheit“. So betont *Voberg* mit Recht, daß der Wandertrieb in der Familie lag. Sein Bruder war ein solch lockerer Wandervogel, der in der Fremde zugrunde ging. Aber *Rousseau* sah in dem Schicksal seines Bruders eine „ewige Warnung“, einen furchtbar drohenden Finger Gottes.

Seine Angst vor den Leidenschaften, seine Eigenschaft, alle Erfüllungen zu fliehen, seine Fähigkeit der Selbstbeherrschung, die zu den sonstigen Impulshandlungen in grellem Widerspruche steht, sind auf die Differenzierung mit dem geliebten Bruder zurückzuführen.

Er fürchtete das gleiche Schicksal zu erleben und er hütete sich deshalb vor allen Leidenschaften, die ihn aus der Bahn werfen konnten. Er wurde mäßig im Trinken, Spielen und in der Liebe, obwohl ja sein Bedürfnis nach Liebe ungeheuer groß war. Aber ihm genügte die Tatsache, daß er erobern und Liebe einflößen konnte. Nur darauf kam es ihm an. Er wollte wissen, daß er gefiel und begehrt wurde. Und er unterstreicht alle Abenteuer, die seinen Glauben an seine eigenen Reize befestigen konnten.

Die maßlose Verhätschelung in der Jugend erzeugte in *Rousseau* den „Glauben an die Zaubergewalt der eigenen Erscheinung". Wir haben schon gelernt, daß dieser „Glaube an das physische E g o" die Wurzel des Exhibitionismus sein kann.[1])

Von größter Bedeutung für unsere Untersuchung ist seine Neigung zur Exhibition, von der uns die französische Originalausgabe erzählt. Unbegreiflicherweise ist die folgende Szene in der neuen deutschen Ausgabe vollkommen ausgelassen. Was dann die Herausgabe von Memoiren für einen Sinn haben soll, das begreife ich nicht. Sie sind doch nicht für höhere Töchterschulen bestimmt und erwachsene Leser haben einen Anspruch darauf, die Bekenntnisse so unverstümmelt zu lesen, wie sie der Autor für die Öffentlichkeit bestimmt hat. *Rousseau* erzählt, daß er nach dem Aufenthalt bei Frau von Vercellis sich merkwürdig verwandelte. Die Jugend und der Müßiggang machten ihm die Tage unerträglich. Er wurde unruhig, zerstreut, ein Träumer. Er seufzte, weinte und ersehnte sich ein Glück, das er nicht benennen konnte und das ihm trotzdem fehlte. Er litt unter einer Trunkenheit des Begehrens, einem Vorgenusse der Lust. Das entzündete Blut füllte seinen Horizont mit Frauen und Mädchen. Allein, er wußte nicht, was mit ihnen beginnen und kam so auf bizarre Gedanken. Er begann sich zu schämen ... Er wurde ängstlich, furchtsam, er wagte keinen lasziven Antrag zu stellen, er mied jede Herausforderung, zeigte schon jenes passive Wesen, das allen Masochisten eigen ist. Sie wollen ja alle genommen werden.

[1]) Der Fall Rousseau zeigt eine auffallende Ähnlichkeit mit einem der Jetztzeit, den Prof. *Reiss* in der „Zeitschrift für Sexualwissenschaft" (Bd. VIII, H 4, 1921) beschrieben hat: „Ein Prophet der Keuschheit mit sexuell perverser Betätigung". Es handelt sich um den Wanderprediger H., der sich im Christusgewande und Christustracht als ein neuer Prophet verehren läßt. Er predigt die Abtötung des Fleisches, was ihn nicht hindert, sich nackt mit Frauen ins Bett zu legen und ihnen das erigierte Glied zu zeigen. Das sollte der Beweis sein, daß er imstande sei, seine Fleischeslust zu überwinden. Am offenen Fenster kämmt er seinen reichbewachsenen Körper aus. Mädchen führt er die Hand an sein Glied, um zu beweisen, daß er nicht impotent sei. Er gesteht alle Einzelheiten seines früheren Sexuallebens und brüstet sich mit der neuerworbenen Widerstandskraft, die offenbar auf die Regression zum Exhibitionismus zurückzuführen ist. Die Freude an obszönen Reden (Maulhurerei) steht in einem krassen Gegensatz zu seinen asketischen Tendenzen.

Wir sehen, wie fein der Dichter das Erwachen und Vordrängen des Geschlechtstriebes beschreibt. Freilich die Form, in der sich diese Impulse äußerten, war eine sehr merkwürdige. Er wurde Exhibitionist. Interessant ist immer die Wahl der exhibitionierten Zone. Jeder Exhibitionist wählt jenen Körperteil zur Schaustellung, den er für den schönsten hält. Er hat eben den geheimen Glauben an die Unwiderstehlichkeit seiner Reize!

Andrerseits ist der Exhibitionismus immer ein Umweg, um den normalen Geschlechtsverkehr zu umgehen. Er ist verräterisch, da er uns die am meisten lustbetonte Zone verrät. Man exhibitioniert jenen Körperteil, den man am liebsten an dem anderen sieht. Hier entschleiern sich auch die Beziehungen von Homosexualität und Exhibitionismus. Frauen, die sich für den Busen anderer Frauen interessieren, exhibitionieren den Busen selbst am liebsten; ein Fußfetischist träumte immer davon, mit nackten Füßen spazieren zu gehen; der Handfetischist wird einen besonderen Kultus mit seiner Hand treiben und sie bei jeder passenden und unpassenden Gelegenheit reichen.

Die erogene Zone par excellence von *Rousseau* war sein Podex. Das wissen wir schon von der Prügelszene her. Daß er aber bei ihm die Rolle des Genitales spielte, beweist uns die Szene in Turin, die er mit schrankenloser Offenheit schildert:

Meine Erregung wuchs derart, daß ich zu allerlei Extravaganzen meine Zuflucht nahm, um mein Verlangen zu stillen. Ich suchte dunkle Alleen, versteckte Örtlichkeiten, wo ich mich meinen Sexualobjekten in dem Zustande exponierte, in dem ich bei ihnen weilen wollte. Was sie sahen, war nicht das anstößige Objekt, ich dachte nicht daran. Es war der lächerliche Körperteil . . . . Das dumme Vergnügen, das mir diese Entblößung machte, läßt sich kaum schildern. Von der Exhibition bis zum Geprügeltwerden gab es nur einen Schritt und ich zweifle nicht, daß eine energische Person mir diese so ersehnte Behandlung hätte zuteil werden lassen, wenn ich die Kühnheit gehabt hätte, in dem Zustande länger zu verharren. Dieser krankhafte Trieb führte einmal zu einer komischen Szene, die auch hätte tragisch enden können.

Eines Tages postierte ich mich in der Ecke eines Hofes, wo sich ein Brunnen befand, von dem die Mägde häufig das Wasser holten. Von dieser Ecke führte eine Stiege in verschiedene Kellerräume, die mit einander in Verbindung standen. Ich untersuchte diese Lokalitäten, fand sie geräumig und dunkel und dachte, sie wären ohne Ende und könnten mir für den Fall der Flucht eine sichere Zuflucht bieten. Darauf bauend, bot ich nun den Mädchen, die herkamen, ein mehr lächerliches als verführerisches Bild. Die Klügsten machten, als wenn sie nichts sehen würden; andere begannen zu lachen; die dritten aber fühlten sich beleidigt und schlugen Lärm.

Er flüchtet nun in einen Gang, der leider keinen zweiten Ausgang hat. Er versteckt sich, wird ertappt und sieht sich einem großen Polizeiorgan gegenüber. Aber er ist nicht verlegen. Er erfindet eine romantische Geschichte. Mit Jammertönen trachtet er den Wachmann umzustimmen und sein Mitleid zu erregen. Er wäre ein Fremdling von vornehmer Geburt, dessen Gehirn sich durch die schweren Ereignisse verwirrt habe; er sei aus dem Elternhause geflohen, weil man ihn internieren wollte; er wäre verloren, wenn man seinen Aufenthalt erfahren würde. Kurz der Wachmann ließ sich rühren und ließ ihn unter Protest der versammelten entrüsteten Weiblichkeit laufen. Ein paar Tage später sieht er den Wachmann, der ihm in spöttischem Tone sagt: „Ihr seid ein Prinz und ich bin nur ein Kujon. Aber ich rate Euerer Hoheit, sich nicht mehr vor mir blicken zu lassen!" . . . und *Rousseau* erzählt weiter: „Er fügte nichts hinzu und ich schlich davon, gesenkten Hauptes und dankbar, daß er meinem Begleiter, einem jungen Abbé, nichts Weiteres verriet. Ich vermutete, daß die verfluchten Frauenzimmer ihn wegen seiner Leichtgläubigkeit verhöhnt hatten. Er war ein guter Mensch und ich kann nie ohne ein Gefühl von Dankbarkeit an ihn denken; ein anderer an seiner Stelle hätte mich entehrt. Dieses Abenteuer machte mich für lange Zeit vorsichtig, obgleich es nicht die bösen Folgen hatte, die ich hätte fürchten können . . ."

Wir sehen, wie der Philosoph sein Leiden auffaßt: als eine Vorstufe zum Flagellantismus. Wir aber müssen darin schon die Keime der verdrängenden homosexuellen Triebrichtung erblicken. Hinter allen diesen Schlägen lauert die Erinnerung an die Schläge, die er vom Vater erhalten hatte. Seine Mutter war bei seiner Geburt gestorben. Er hatte dem Vater in der Tat die Mutter ersetzt. Er wollte ursprünglich für den Vater ein Weib sein; später wollte er es für alle Männer sein; er wollte immer ein Kind bleiben. Seine erste Geliebte hieß die Mama, seine Frau und deren Mutter hießen immer bei ihm und seinen Freunden die „Gouvernanten". Es zog ihn immer zu den Männern und für diese war die Exhibition bestimmt. Die Handlung hatte eher den Sinn: Ich bin auch ein Weib wie ihr, ich bin rückwärts schöner als ihr vorne, auch ich habe eine Öffnung, die sich benützen läßt. Damit steht nicht im Widerspruch, daß er homosexuelle Anträge entrüstet zurückgewiesen hat. Diese Erscheinung habe ich oft beobachten können, ja sogar, daß latent Homosexuelle mir gestanden, sie hätten einen homosexuellen Akt versucht und gar keine Libido dabei empfunden. Es handelt sich um „verdrängte" Homosexualität. Das ist wohl zu bedenken und gibt des Rätsels Lösung.

Sein Exhibitionismus zeigt sich am schönsten darin, daß er die Confessions schreiben konnte. Diesen psychischen Exhibitionismus bringt nur ein echter Exhibitionist zustande. Es ist eine Entblößung wie die in Turin. Wer nähme sonst den Mut her, diese „Confessions"

32*

zu schreiben, wenn nicht der psychische Exhibitionist? Erst wollte er durch seinen Körper erobern, dann durch seine Seele. Beide stellte er zur allgemeinen Betrachtung hin. Ich habe schon an anderer Stelle darauf hingewiesen[1]), daß nur der Exhibitionismus (der Glaube an die Unwiderstehlichkeit des Ich) die Quelle künstlerischen Schaffens zu sein scheint. Alles Schaffen ist in gewissem Sinne Entblößung.

Rousseau war sich immer darüber klar, daß etwas Weibliches in ihm war. Er nahm sich oft einen Anlauf, „ein ganzer Mann" zu werden. Er blieb immer ein Weib in Hosen, immer das große Kind, das ohne andere Menschen, die ihn liebten, nicht leben konnte.

Er betont wiederholt dieses Schwanken zwischen Kind, Weib und Mann.

So waren meine ersten Neigungen beim Eintritte in das Leben, so fing dies stolze und zugleich so zärtliche Herz, dieser weibische und doch unbändige Charakter (der immer schwankend zwischen Schwäche und Mut, zwischen Weichlichkeit und Tugend, mich bis ans Ende in Widerspruch mit mir selber setzte und gemacht hat, daß die Enthaltsamkeit und der Genuß, Vergnügen und Weisheit mir in gleichem Maße entgangen sind) sich in mir zu bilden und zu äußern an.

Die Äußerungen seiner Männlichkeit sind flüchtig, sind nur rasch vorübergehende Episoden. Nur im Affekte kann er sich von seiner infantilen Einstellung befreien:

Ich habe sehr heftige Leidenschaften und nichts gleicht meinem Ungestüm, wenn sie mich in Bewegung setzen, ich kenne weder Schonung, noch Furcht, noch Ehrerbietung, noch Wohlanständigkeit, bin zynisch, unverschämt, heftig, unerschrocken, weder die Schande hält mich zurück, noch die Gefahr schreckt mich ab. Die ganze Welt ist mir nichts gegen den Gegenstand, der mich hinreißt; das alles währt aber nur einen Augenblick, der darauffolgende macht mich wieder zunichte. Man sehe mich in meiner ruhigen Lage, ich bin die Unempfindlichkeit, die Furchtsamkeit selbst, ich erschrecke vor allem, stutze vor allem, eine Fliege im Schweben jagt mir Furcht ein, vor einem Wort, das ich reden, einer Gebärde, die ich tun soll, entsetzt sich meine Trägheit, die Furchtsamkeit und Blödigkeit bedrücken mich in einer Art, daß ich mich den Augen aller Sterblichen entziehen möchte. Soll ich handeln, so weiß ich nicht, was ich machen soll, muß ich reden, so weiß ich nichts zu sagen, sieht man mich an, so komme ich aus aller Fassung, gerate ich in Affekt, so finde ich zuweilen, was ich zu sagen habe. Aber in den gewöhnlichen Unterhaltungen finde ich nichts, schlechterdings nichts, und darum bloß, weil ich zum Sprechen verbunden bin, sind sie mir unerträglich.

Er bleibt eben das unentschlossene, furchtsame Kind, dem Gehorsam aus Liebe die süße Pflicht wird.

Der Mann zeigt sich im aggressiven Verhalten dem Weibe gegenüber. *Rousseau* wollte nie erobern; er hatte nur ein Ziel: erobert

---

[1]) Dichtung und Neurose, S 71.

zu werden. Er kannte nur die Wonnen der Passivität, wie sie Weib und Kind genießen. Er wollte Lust ohne Schuld.

> Auf den Knien vor einer Gebieterin zu liegen, ihr Gehorsam zu leisten, sie um Vergebung bitten zu dürfen, das war für mich ein süßer Genuß, und je mehr meine lebhafte Einbildungskraft mein Blut erhitzte, desto mehr hatte ich das Aussehen des bescheidensten Liebhabers. Man begreift, daß man in dieser Art Liebe nicht eben schnelle Schritte tut und daß sie gefährlich ist. Ich habe also in der Tat sehr wenig besessen, aber dessen ungeachtet nicht wenig genossen, nur nach meiner Art, das heißt durch die Einbildungskraft; und so erhielt meine Sinnlichkeit in Verbindung mit meinem furchtsamen Charakter und romantischen Geist meine Empfindungen und Sitten rein, und das durch eben die Neigung, die, mit ein wenig mehr Dreistigkeit verbunden, mich in die unanständigste Wollust hätte stürzen können.

Seine Reinheit war ihm wichtiger als der Genuß. Er lernte früh, sich beherrschen und im Entsagen Genuß finden. Der echte Masochist fühlt die größten Wonnen in den Entbehrungen, die er sich auferlegt. Die Phantasie gibt ihm alle Genüsse reichlich, die Realität findet ihn unfähig zum Genuß.

Schon früh muß sich in seiner Seele die Tendenz festgesetzt haben: Ich will meiner Wollust nicht erliegen. Ich will stärker bleiben als meine Leidenschaft. Diese Tendenz kam wie wir gesehen haben — durch Differenzierung von dem entgleisten Bruder zustande. Er litt für den Bruder. Sein erster masochistischer Akt war die Folge der homosexuellen Liebe zum Bruder.

So wurde ihm der Masochismus ein Sicherheitsventil gegen eine allzu starke heterosexuelle Leidenschaft. Es ist ja sicher, daß der Normalsexuelle diese Sicherungen nicht zustande bringt. Für *Rousseau* war die Entsagung ja leichter, weil durch die latente Homosexualität die Stärke des heterosexuellen Triebes vermindert war.

Er mußte sich gegen alle Leidenschaften sichern, weil er die Anlagen zu allen Verbrechen in sich fühlte. Er konnte stehlen und Unschuldige anklagen. Er stahl ein Band und beschuldigte ein unschuldiges Mädchen, es getan zu haben. Mit welcher lächerlichen Motivierung! Er stiehlt für ein Mädchen das Band und beschuldigt dann dieses Mädchen des Diebstahls. Das alte rosenfarbige Silberband gehörte einem Fräulein Pontal. Man fand es bei ihm und er beschuldigte eine brave junge Köchin Marion. („Ein tugendhaftes Mädchen von erprobter Treue.") Er und das Mädchen wurden entlassen. Der Dienstherr meinte, das Gewissen des Schuldigen werde den Unschuldigen rächen. Und *Rousseau* beichtet: „Seine Prophezeiung ist nicht falsch gewesen, jeder Tag meines Lebens erfüllt sie ganz."

Wir haben die Bedeutung solcher Flüche in der psychischen Dynamik der Impotenz kennen gelernt. Wie oft mag dem empfindlichen Jean Jaques unbewußt diese Szene eingefallen sein, wenn er ein Weib besitzen sollte! Denn er liebte Marion. Das Band war für sie bestimmt. Hier zeigt sich der Wunsch, genommen zu werden. Er schiebt jede Aktivität auf das Weib. So möchte ich diese Zwangshandlung und die Verleumdung erklären. *Rousseau* sagt:

> Es ist wunderlich, aber sehr wahr, daß, da ich diesem unglücklichen Mädchen dies Verbrechen aufbürdete, ich aus Zuneigung zu ihr handelte. Meine Gedanken beschäftigten sich mit ihr; ich schob mein Vergehen auf den ersten besten Gegenstand, der sich mir darbot. Ich bürdete ihr das auf, was ich hatte tun wollen. Weil ich ihr dies Band hatte geben wollen, so sagte ich, sie habe es mir gegeben. Als sie nachher selbst kam, blutete mein Herz, aber die Gegenwart so vieler Menschen überwog meine Reue.

Noch ein zweiter Umstand ist zu erwägen. Dieser Vorgang ist noch in anderer Hinsicht für das Verständnis von *Rousseau* wichtig. Er identifiziert sich mit allen geliebten Personen. Er ist das Mädchen. Folglich ist das Mädchen auch Rousseau. Man denke hier an all das, was ich über die infantile Wurzel der Kleptomanie gesagt habe.[1])

Er stahl gerne und ließ sich dafür gerne bestrafen. Es ist ein echter Fall von Kleptomanie. Auch werden die „Prügel des Lebens" verständlich, wenn man die folgenden Zeilen liest:

> Bald machte mich die Gewohnheit, Prügel zu bekommen, unempfindlich dagegen. Sie schienen mir eine Art von Ersatz für meine Dieberelen zu sein, die mir ein Recht gaben, fortzufahren. Anstatt zurück auf die Strafe zu sehen, sah ich vorwärts auf die Sühnung. Ich urteilte so: mich als einen Dieb mißhandeln, hieße, mich dazu berechtigen. Ich bemerkte, daß Stehlen und Geschlagenwerden immer nebeneinander hergingen und sozusagen Bedingungen meines Zustandes waren; wenn ich nun alle Bedingungen meinerseits erfüllte, so konnte ich meinem Herrn die Sorge für seinen Teil überlassen. Nach diesen Begriffen fuhr ich fort, ruhiger als vorher zu stehlen: was kann schließlich daraus werden? dachte ich; ich werde Prügel bekommen, mag sein, ich bin ja dazu gemacht!

Sein inneres religiöses Empfinden trieb ihn immer dazu, Lust und Buße in eine Handlung zu komprimieren. Tiefstes Geheimnis

[1]) Vielleicht erklärt sich diese rätselhafte Beschuldigung eines unschuldigen und geliebten Mädchens durch den Umstand, daß es *Rousseau* endopsychisch bewußt war, daß die Wurzel seines kleptomanischen Dranges die Homosexualität war. Der Mann in ihm ist nicht Kleptomane. Nur das Weib in ihm ist fähig zu stehlen. Liebe ist ein Identifizierungsprozeß. Das geliebte Mädchen war dann seine eigene weibliche Komponente. Er konnte sie beschuldigen, weil er sich selbst beschuldigte. Er scheint sich um einen Verladungsprozeß von der Liebe zum Dienstherrn auf das Dienstmädchen gehandelt zu haben.

des Masochismus. Das furchtbare Intervall zwischen Schuld und Strafe wird auf ein Minimum reduziert. Lust, Schuld und Strafe werden eine Handlung. Die Vorlust, welche in der Phantasie genossen wird, macht die Endlust überflüssig. Wenn die Skala sonst lautet: Gedanke — Wünsche — Vorlust — Handlung — Endlust — Reue — Strafe — Buße, wobei jedermann bei irgend einer Station länger verweilt, der eine bei der Handlung, der andere beim Gedanken, der dritte bei der Strafe, so war für *Rousseau* alles auf die Vorlust gelegt. Er hatte die Frau schon in der Phantasie besessen. Der Realität blieb nichts übrig, als ein kleines Stückchen „Leben" hinzuzufügen. Sehr bezeichnend ist die folgende Szene:

Eines Tages, da ihr die dummen Gespräche des Schreibens Langeweile machten, war sie auf ihr Zimmer gegangen. Ich eilte, die mir aufgegebene Arbeit in dem Rückladen, in dem ich war, geschwind zu vollenden, und folgte ihr nach. Ihre Tür war halb offen; ich trat ein, ohne daß sie mich bemerkte. Sie saß am Fenster, den Rücken nach der Türe, und stickte. Sie konnte mich nicht hereinkommen sehen und vor dem Geräusch der Wagen auf der Straße auch nicht hören. Sie war immer gut angezogen, an diesem Tage grenzte ihr Putz an Koketterie. Ihre Stellung war voller Anmut, durch die Biegung ihres Kopfes wurde die Weiße ihres Halses sichtbar. Ihre zierlich aufgesteckten Haare waren mit Blumen geschmückt. Über ihre ganze Figur lag ein Reiz ausgegossen, den ich Zeit genug hatte zu betrachten und der mich außer mir brachte. Ich warf mich beim Eingang des Zimmers auf die Knie und streckte die Arme mit einer leidenschaftlichen Bewegung nach ihr aus, ganz überzeugt, sie könne mich nicht hören, und dachte auch gewiß nicht, daß sie mich sehen könnte — aber ein Spiegel, der über dem Kamin hing, verriet mich ihr. Ich weiß nicht, wie meine Bewegung auf sie wirkte. Sie sah mich nicht an, redete auch kein Wort, aber mit halb umgewandtem Gesichte zeigte sie durch eine bloße Bewegung der Finger auf die Matte zu ihren Füßen. Schaudern, Aufschreien, Hinstürzen auf die Stelle, die sie mir angezeigt hatte, war eins; aber was man mir kaum glauben wird, ist, daß ich in diesem Zustand nichts weiter zu unternehmen wagte, nicht ein einziges Wort sprach, nicht einen Blick auf sie warf, noch selbst in dieser gezwungenen Stellung sie anzurühren oder mich einen Augenblick an ihr Knie zu lehnen getraute. Ich war stumm, unbeweglich, aber gewiß nicht ruhig, alles drückte an mir die äußerste Erregung, Freude, Dankbarkeit und ein glühendes Verlangen aus, das nur ungewiß über seinen Gegenstand und durch die Furcht zu mißfallen, über die mein junges Herz sich nicht hinwegsetzen konnte, zurückgehalten war.

Was er erwartete, waren die Befehle seiner Herrin, die er alle sklavisch ausgeführt hätte. Wie ich schon ausführte, schauderte er vor allen Erfüllungen zurück. Er übte sich früh im Entsagen und Verzichten auf das Letzte, wenn er nicht genommen wurde („Lust ohne Schuld").

Das ist die verräterische Pose der Menschen, die sich keine Vorwürfe machen wollen. Das ist die Pose der Kinder, welche immer auf die Verführung warten.

Das sind schon Schutzmaßregeln. Dämme gegen allzu große Leidenschaften. Dem Weibe gegenüber lernt er jene Widerstandskraft, die er gegen die Männer viel dringender benötigt.

So betont er, daß das Festhalten an der infantilen Szene für ihn der wirksamste Schutz gegen alle Versuchungen wurde.

Bei einem fast von meiner Geburt an heißen Geblüt bewahrte ich mich vor aller Verunreinigung bis zu dem Alter, in welchem auch die kältesten und zaghaftesten Temperamente sich zu entwickeln pflegen. Lange Zeit gequält, ohne zu wissen wovon, verschlang ich mit funkelnden Augen manches Frauenzimmer. Meine Einbildungskraft stellte sie mir ohne Unterlaß wieder vor, aber einzig und allein um von ihnen so, wie ichs gern hatte, behandelt zu werden und lauter Fräulein Lamerciers aus ihnen zu machen.
Selbst als ich aus den Jahren der Kindheit heraus war, hat dieser beständig fortdauernde, sonderbare und bis zum Schädlichen und zur Torheit getriebene Geschmack mir die reinsten Sitten erhalten, während es scheint, als hätte er mir dieselben rauben müssen. War je eine Erziehung sittsam und keusch, so war es die, welche ich erhielt. Meine drei Tanten waren nicht nur Personen von musterhafter Verständigkeit, sondern auch von einer Eingezogenheit, die das weibliche Geschlecht seit langer Zeit nicht mehr kennt. Mein Vater, ein aufgeräumter und nach der alten Mode artiger Mann, hat niemals in Gesellschaft von Frauenzimmern etwas geäußert, worüber ein Mädchen hätte erröten können, und nirgends hat man die Achtung, die man auch in diesem Stück Kindern schuldig ist, weiter getrieben als in unserem Hause. Fräulein Lamercier war hierin nicht weniger sorgsam, und ein sonst sehr gutes Dienstmädchen mußte wegen eines einzigen schlüpfrigen Wortes aus dem Hause wandern. Ich habe nicht nur bis zu meinem Jünglingsalter keine deutliche Vorstellung von der Vereinigung beider Geschlechter gehabt, sondern die dunkle Vorstellung, die ich davon hatte, brachte auch für mich immer etwas Widriges und Unleidliches mit sich. Vor gemeinen und liederlichen Weibspersonen habe ich jederzeit einen Abscheu gehabt, den nichts hat vertilgen können, und nie habe ich einen unzüchtigen Menschen ohne Ekel, ja ohne Entsetzen sehen können.

So geschah es nicht nur, daß ich bei einem sehr feurigen und schon zur Wollust geneigten Temperament die Jünglingsjahre hinbrachte, ohne andere sinnliche Vergnügungen zu wünschen oder zu kennen als die, worauf mich Fräulein Lamercier unschuldigerweise geführt hatte, sondern, da ich nun mit den Jahren ein Mann ward, so diente auch eben das zu meiner Bewahrung, was mich hätte ins Verderben stürzen können. Mein alter kindischer Geschmack erlosch so wenig, verband sich vielmehr dergestalt mit dem anderen am weiblichen Geschlecht, daß ich ihn nie von meinen Begierden, wenn sie durch die Sinne rege gemacht wurden, zu trennen vermochte; und diese Torheit hat mich in Verbindung mit meiner natürlichen Furchtsamkeit sehr wenig dreist gegen die Frauen gemacht, weil ich teils nicht alles zu sagen, teils nicht alles zu unternehmen wagte. Und doch war nur diejenige Art des Genusses mein höchstes Ziel, die der nicht fordern konnte, der sie wünschte, und diejenige nicht erraten, die sie allein zu gewähren vermochte. So brachte ich also mein Leben unter Begehren und Schweigen bei Personen zu, in die ich verliebt war. Da ich nicht das Herz hatte, meinen Geschmack zu äußern, so vergnügte ich ihn wenigstens durch die Beziehung auf Vorstellungen dieser Art.

Er hatte e i n e große Leidenschaft: Das Lesen. Diese ging noch auf die erste Lektüre mit dem Vater zurück. Er mußte sogar stehlen, um der Bücherverleiherin La Tribu die Leihgebühr zu entrichten. Aber er hütete sich vor frivoler, pikanter Lektüre.

Nach vielem Zanken, vielen Schlägen, nach heimlicher und übel gewählter Lektüre ward meine Gemütsart finster und menschenscheu, mein Verstand nahm eine andere Wendung und ich lebte wie ein rechter Werwolf. Bewahrte mich indes mein Geschmack nicht vor platten und abgeschmackten Büchern, so behütete mich mein gutes Schicksal vor unzüchtigen und schmutzigen. Nicht als ob die La Tribu, eine Frau, die sich in jeder Beziehung zu allem bequemte, sich ein Gewissen gemacht hätte, mir dergleichen zu geben, sondern s i e n a n n t e s i e m i r m i t e i n e m g e h e i m n i s v o l l e n W e s e n, u m b e i m i r E i n d r u c k z u m a c h e n, u n d e b e n d a r u m v e r w a r f i c h s i e, sowohl aus Abneigung als aus Schamhaftigkeit, und der Zufall war meinem keuschen Sinne so günstig, daß ich schon über dreißig Jahre alt war, ehe ich nur einen Blick in eines dieser gefährlichen Bücher geworfen hatte.

Immer wieder schützt er sich gegen alle Versuchungen und meidet alles, was sein Blut zu stark erregen und ihn von dem Wege der Tugend abbringen könnte. Freilich, er onanierte (er nennt das die Laster seines Standes), aber er lebte in einer höheren Welt und identifizierte sich mit allen Helden der Romane.

Wie alle an psychosexuellem Infantilismus Leidenden lebt er in einer Welt der Phantasien, die ihn der Realität entfremdet und durch die Onanie immer wieder fixiert ist. Es ist sehr wahrscheinlich, daß er in den masturbatorischen Akten die Urszene wieder erlebte. Er wurde in der Katuchemenenanstalt in Turin zur Onanie verführt und scheint sein Leben lang onaniert zu haben. *Voberg* sagt: „Noch nach dem 50. Lebensjahre sucht er bei ihr Trost, wenn der Liebesgott ihn bei den Frauen in Stich gelassen hatte.“ Von der Onanie sagt er: „Das Laster, welches die Indolenz und die Furchtsamkeit so bequem finden, hat die größte Anziehungskraft für die lebhafte Phantasie: Man verfügt nach Belieben über die ganze Geschlechtlichkeit und bedient sich einer jeden Schönen, ohne ihre Zustimmung erlangt zu haben.“ Er scheint sich Vorwürfe wegen dieser Leidenschaft gemacht zu haben, denn er klagt: „Verführt von diesem verhängnisvollen Vorteil, trug ich dazu bei, meine gesunde Konstitution zu zerstören, welche mir die Natur beschieden hatte." *Rousseau* hielt aber die Masturbation für weniger schädlich als den geschlechtlichen Umgang, von dem er glaubte, daß er sein Harnleiden wesentlich verschlimmere." Daraus läßt sich der Schluß ziehen, daß ihm die Onanie größere Genugtuung und Freude gewährte als der Koitus. Offenbar mündeten in die Onanie alle die paraphilen Phantasien, an denen er so reich war. Seine Impotenz[1]) war einerseits Selbstschutz, andrerseits eine Folge der permanenten Entwertung der Realität. Über seine Neigung zu Onanie und Phantasie äußert er sich selbst unzweideutig:

Seit langer Zeit heischten meine begehrlichen Sinne einen Genuß, dessen Gegenstand selbst ich nicht ersinnen konnte. Ich war so ferne davon, die Wahrheit zu ahnen, daß, als hätte ich kein Geschlecht gehabt, wäre nicht mannbar und empfindlich gewesen, ich zuweilen an meine Torheiten, aber keine Handbreit weiter hinaus dachte. In dieser sonderbaren Situation ergriff meine rege Einbildungskraft einen Ausweg, der mich vor mir selbst rettete und meine werdende Sinnlichkeit erstickte, nämlich den, sich mit den Begebenheiten, die mich in meinen Büchern am meisten interessiert hatten, zu nähern, mir diese zurückzurufen, zu verändern, zusammenzusetzen, sie so mir zuzueignen, daß ich eine der eingebildeten Personen ward und mich immer in den für meinen Geschmack angenehmsten Lagen erblickte, so daß es mir endlich gelang, in dem erdichteten Zustande, in den ich mich ganz zu versetzen wußte, meinen wirklichen, der mir so sehr mißfiel, zu vergessen. Diese Liebe zu erdichteten Gegenständen und die Gewohnheit, mich unaufhörlich mit ihnen zu beschäftigen, machten mir endlich alles, was mich umgab, zuwider und bestimmten jene Neigung zur Einsamkeit, die mir seitdem geblieben ist.

Wir sehen, der arme *Rousseau* hat nur ein Bestreben: Sich vor sich selbst zu retten und seine Sinnlichkeit zu ersticken. Er sollte einen schweren Kampf durchfechten. Aber schon fand er Genuß im Versagen des Genusses. Er lebte in seiner Welt der Phantasie und die Wirklichkeit mußte ihn immer enttäuschen.

Er schützte sich in jeder möglichen Weise. Er nahm Zuflucht zu den bekannten Schutzgeistern „Scham, Angst, Ekel und Haß". Besonders die Scham wurde seine treue Begleiterin. Das Weibliche seines Wesens kam auf diese Weise am stärksten zum Ausdruck und hinderte die Männlichkeit, sich zu betätigen.

Ich ging wieder zu meiner vorigen Wirtin, als ich das Haus der Frau von Vercellis verließ und mich beinahe in der Verfassung, in der ich es betreten hatte, wieder befand. Bei ihr hielt ich mich fünf oder sechs Wochen

[1]) Über seine geschlechtlichen Fähigkeiten sagt *Voberg:* „Im Alter von 60 Jahren versicherte er Bernandinde Saint-Pierre, niemals habe ein Mädchen, sei es auch noch so schön gewesen, in ihm die geringste Begierde wachgerufen." Ferner sagt er in den Bekenntnissen: „Ich muß eingestehen, daß ich als ein Opfer meiner Schwächen geboren wurde. Die Liebe als Siegerin würde mir zum Verderben, die Liebe als Besiegte noch mehr."

auf, während welcher Zeit mir Gesundheit, Jugend und Untätigkeit mein Temperament oft beschwerlich machten. Ich war unruhig, zerstreut, in Gedanken, weinte, seufzte und sehnte mich nach Glück, davon ich keinen Begriff hatte und dessen Mangel ich doch fühlte. Dieser Zustand läßt sich nicht beschreiben und wenig Menschen können sich ihn vorstellen, weil die meisten dieser Lebensfülle zuvorkommen, die so marternd und so wonnevoll zugleich ist und in den Taumel der Sehnsucht einen Vorgeschmack des Genusses legt. Mein erhitztes Blut füllte unausgesetzt mein Gehirn mit Mädchen und Weibern. Mein Leben hätte ich hingegeben; wenn ich eine einzige Viertelstunde ein Fräulein Goton hätte wiederfinden können. Aber es war nun nicht mehr die Zeit, wo die Spiele der Jugend wie von selbst sich ergeben. Die Schamhaftigkeit, die Begleiterin des schlechten Gewissens, war mit den Jahren gekommen, sie hatte meine natürliche Schüchternheit unüberwindlich gemacht, und nie, weder damals noch später, habe ich es so weit bringen können, von mir aus einen wollüstigen Antrag zu tun, selbst dann nicht, wenn ich wußte, daß ich beim Wort gehalten würde.

Wie verräterisch sind diese Zeilen! Der Zustand war marternd und wonnevoll. Er kostete die Freuden des nach innen gegen das eigene Ich gekehrten Sadismus. Er vertiefte sich in die Wonnen der Vorlust. Er wurde ein Meister der Vorlust, so daß die Endlust überflüssig wurde. Er lebte alles in seinen Phantasien so gründlich, daß er die Wirklichkeit zum Schein und den Schein zur Wirklichkeit machte. Er war das Muster eines Passiven, der keine Aggression machen kann, und wäre sie auch nur ein Antrag. Er wollte um jeden Preis keine Schuld.

Sehr bemerkenswert ist, wie sich solche Menschen immer selbst um ihre Erfolge bringen. Er beginnt ein schönes Fräulein von Breil zu lieben. Er leistet ihr allerlei kleine Dienste und schließlich macht er durch eine sehr geistreiche Bemerkung die ganze Gesellschaft auf sich aufmerksam.

Man hat nie ein ähnliches Erstaunen gesehen. Was mir aber am meisten schmeichelte, war die Zufriedenheit, die ich auf dem Gesichte des Fräulein von Breil deutlich lesen konnte. Diese hochmütige Person schenkte mir zum zweiten Mal einen Blick, der wenigstens so gut als der erste war, dann sah sie ihren Großvater mit einem Blick an, der die Ungeduld nach dem Beifall, den er mir geben sollte, auszudrücken schien; er erteilte mir ihn auch in der Tat so voll und ganz und mit so vergnügtem Gesicht, daß die ganze Gesellschaft mit einem vollstimmigen Chor einfiel. Dieser Augenblick war kurz, aber in jeder Hinsicht köstlich. Das Fräulein sah mich noch einmal an und bat mich, in einem ebenso verlegenen als leutseligen Ton, ihr zu trinken zu reichen; man kann sich vorstellen, daß ich sie nicht warten ließ. Als ich mich ihr nahte, ergriff mich ein solches Zittern, daß ich das ohnedies zu voll gegossene Glas größtenteils auf den Teller und über sie selbst schüttete. Ihr Bruder fragte unbedachtsamerweise, warum ich so heftig zittere; diese Frage half mir eben nicht, mich wiederum von meiner Verwirrung zu erholen und das Fräulein errötete bis über die Augen.

Hier endigte der Roman, bei welchem man wie bei der Frau Basile und *in der Folge meines Lebens wieder bemerken wird, daß ich nicht glücklich im Abschluß meiner Liebesangelegenheiten bin.* Ich hielt mich vergebens in Frau von Breils Vorzimmer auf, ihre Tochter würdigte mich nicht der geringsten Aufmerksamkeit; sie ging aus und ein und ich unterstand mich kaum, die Augen zu ihr aufzuschlagen. Ich war sogar so dumm und ungeschickt, daß, als sie einst im Durchgehen den Handschuh fallen ließ, ich, statt hinzueilen und den Handschuh, den ich mit tausend Küssen hätte bedecken mögen, aufzuheben, es nicht wagte, mich von der Stelle zu rühren und ihn einem großen Lümmel von Bediensteten aufnehmen ließ, den ich gleich dafür hätte erdrosseln mögen. Um mich vollends schüchtern zu machen, bemerkte ich, daß ich nicht so glücklich war, der Frau von Breil Beifall zu finden; sie befahl mir nicht allein nie etwas, sondern sie schlug sogar meine Dienste aus und zweimal fragte sie mich, da sie mich in ihrem Vorzimmer sah, ob ich nichts anderes zu tun habe. Ich mußte diesem teuren Vorzimmer also entsagen, anfänglich tat es mir leid, bald aber kamen Zerstreuungen dazwischen und ich dachte nicht weiter daran.

Das Verhalten ist typisch für den Neurotiker, der immer das Schicksal walten läßt, wenn er sich einer großen Gefahr gegenüber sieht. Solcher Ungeschicklichkeiten in entscheidenden Momenten ist ihr Leben voll. Es handelt sich um Symptomhandlungen im Sinne *Freuds*. Die Niederlage wird vom Unbewußten herbeigeführt und jede Gelegenheit ergriffen, sich zurückzuziehen, wenn ein Erfolg einen Schritt nach vorwärts, in das Ungewisse, Unsichere, in die Gefahr verlangt. *Rousseau* betont auch, daß er trotz des Müßigganges, dem er durch die Stelle im Hause ausgeliefert war, nicht zu Lastern verführt wurde. Er wich seinen Siegen aus und verwandelte sie in Niederlagen. Es war ihm viel wichtiger, seine Tugend zu bewahren und den Versuchungen *nicht* zu erliegen.

Was er nicht erreichen konnte, das begehrte er gerne, weil keine Gefahr bestand, zu fallen. Wie er sich aber benahm, wenn ihm eine Dame entgegenkam, das beweist die Stelle über die Genferin Giraud, die *zur Strafe seiner Sünden* sich einfallen ließ, an ihm Geschmack zu finden.

Was Fräulein Giraud betrifft, die mich auf allerhand Art zu locken suchte, so konnte meine Abneigung gegen sie nicht stärker sein. Wenn ihr vertrocknetes, schwarzes, mit spanischem Tabak beschmiertes Affengesicht meinem Gesicht nahe kam, so konnte ich mich kaum enthalten, ihr hineinzuspeien. Ich faßte mich aber in Geduld; und dies abgerechnet, gefiel es mir sehr unter allen diesen Mädchen, die sich recht um mich drängten, zum Teil von sich aus, als auch der Giraud gefällig zu sein. *Ich fand in dem allen nur Freundschaft. Nachher ist es mir eingefallen, daß es wohl nur an mir dürfte gelegen haben, etwas mehr darin zu entdecken, aber darauf kam ich nicht und dachte gar nicht daran.*

Überdies reizten mich auch Näherinnen, Kammerjungfern und Ladenmädchen sehr wenig. Mein Geschmack war auf etwas Feineres gerichtet. Ein jeder hat seine Grillen; diese ist immer die meine gewesen und ich denke nicht wie Horaz über diesen Punkt. Der eitle Vorzug des Standes und Ranges zieht mich indessen nicht an, sondern eine sorgfältig bewahrte Gesichtsfarbe, schöne Hände, der angenehmere Putz, ein über die ganze Person verbreitetes, schöneres und hübscheres Wesen, mehr Geschmack in der Art des Anzuges und im Ausdruck, ein sauberer und besser gemachtes Kleid, ein niedlicheres Fußwerk, Bänder, Spitzen und besser frisiertes Haar. Ich würde immer die weniger Schöne vorziehen, wenn sie nur alle diese Vorzüge besäße. Ich finde selbst diese Richtung meiner Wahl sehr lächerlich, aber mein Herz erklärt sich wider meinen Willen dafür.

Solche Forderungen werden von dem geheimen Asketen aufgestellt, um sich die Gefahr der Sünde zu erschweren und die Liebesmöglichkeiten sehr einzuengen. Wie er sich aber benimmt, wenn alle Bedingungen vorhanden sind, das beweist die reizende Episode mit zwei feinen Mädchen, die ihn in ihre Wohnung holten. Sie wären allein und brauchten Gesellschaft. Er wird förmlich gezwungen, auf das Pferd hinter dem einen Mädchen zu steigen.

Der elektrische Funke wirkt nicht schneller als diese Worte auf mich wirkten. Da ich mich zum Fräulein von Graffenried aufs Pferd schwang, bebte ich vor Freude, und da ich, um mich festzuhalten, sie umfaßte, schlug mir das Herz so heftig, daß sie es bemerkte; sie sagte, auch das ihrige klopfe noch aus Furcht vor dem Herabfallen; in meiner Stellung war dies beinahe eine Aufforderung, die Sache zu untersuchen, ich unterstand mir es aber nicht, und während des ganzen Weges, da ihr meine Arme zur Umgürtung dienten, hielt ich sie zwar sehr fest, aber ohne die geringste Bewegung dabei zu machen. Manches Frauenzimmer, die das lesen wird, möchte mich gern ohrfeigen und sie dürfte nicht unrecht haben.

Er kommt an und der Tag vergeht unter harmlosen, ungezwungenen Scherzen. „Kein zweideutiges Wort, kein zu freier Einfall entwischte uns, und diese Anständigkeit legten wir uns gar nicht auf, nein, sie kam uns von selbst. Genug, meine Sittsamkeit — andere würden es meine Einfalt nennen — ging so weit, daß die größte Vertraulichkeit, die mir entwischte, nichts weiter war, als Fräulein Galley die Hand zu küssen.“ Die Umstände hätten der kleinen Vergünstigung einen besonderen Wert verliehen. Er küßt zärtlich die Hand, das Mädchen wird verlegen. Er weiß nicht, was er dann gesagt hätte, aber die Freundin kam und störte.

Und der Tag verstreicht ohne ein anderes Ergebnis. *Rousseau* aber schützt sich gegen die Ironie seiner Leser:

Wer dieses liest, wird sich nicht enthalten können, über meine galanten Erlebnisse zu lachen und zu bemerken, daß nach vielen Vorbereitungen diejenigen mit einem Handkuß endigten, bei denen ich am weitesten gekommen war. O, meine Leser, verlaßt Euch darauf nicht! Ich habe bei meinen Liebeshändeln gewiß mehr

Freuden genossen, indem ich sie mit einem Handkuß endigte, als Ihr bei den Eurigen, die Ihr zum allermindesten damit anfanget, in Eurem Leben je kosten werdet!

Er benahm sich so blöde, weil er seine Keuschheit bewahren wollte. Es war nicht leicht, ihn zu verführen und es gehörte die Kunst einer Frau Warrens dazu, es zu Wege zu bringen.[1])

Ein nettes Mädchen, Fräulein Merceret, nimmt ihn auf eine Reise mit, weil sie allerlei zu erleben hofft. *Rousseau* erzählt darüber:

Es tut mir leid, so viel Mädchen in mich verliebt zu machen. Da mich aber die Vorteile, die ich aus allen diesen Liebeshändeln gezogen habe, nicht sehr eitel machen konnten, so glaube ich die Wahrheit ohne Skrupel sagen zu dürfen. Die Merceret, die jünger und weniger verschlagen als die Giraud war, hat mir nie so lebhafte Anreizungen gemacht, aber sie ahmte meinen Ton, meine Aussprache nach, wiederholte meine Worte, hatte die Aufmerksamkeit für mich, die ich für sie hätte haben sollen, und war immer sehr besorgt, weil sie sehr furchtsam war, daß wir zusammen in einer Kammer schliefen — eine Gemeinschaft, bei der es auf Reisen zwischen einem Jüngling von zwanzig und einem Mädchen von fünfundzwanzig Jahren selten sein Bewenden hat. Für diesmal blieb es aber wirklich dabei stehen. Meine Einfalt war so groß, daß, ob die Merceret gleich kein unangenehmes Mädchen war, ich doch die ganze Reise über nicht bloß keinen galanten Versuch machte, sondern auch nicht den mindesten Gedanken in dieser Richtung mir einfallen ließ. Ich hatte gar keinen Begriff davon, wie ein Jüngling und ein Mädchen es so weit bringen könnten, zusammen zu schlafen, ich glaubte, es gehörten Jahrhunderte dazu, diese greuliche Zumutung zustande zu bringen. Wenn die arme Merceret, als sie mich freihalten wollte, auf einen Ersatz rechnete, so war sie hinters Licht geführt, und wir kamen in Freiburg genau so an, als wir von Annecy abgereist waren.

Mit einem Mädchen in einem Bette zu schlafen findet er eine greuliche Zumutung! Alle Listen des Mädchens waren vergebens. Die Tugend von Jean Jaques war nicht leicht zu erschüttern.

Wir kamen glücklich zu Freiburg an. Gegen das Ende der Reise nahm die sorgsame Aufmerksamkeit der Merceret etwas ab. Nach unserer Ankunft äußerte sie nichts als Kälte, und ihr Vater, der nicht gerade im Überfluß schwamm, nahm mich auch nicht sonderlich auf. Ich ging also, in einem Gasthof zu wohnen. Den anderen Morgen besuchte ich sie, sie baten mich zu Tisch und ich nahm es an. Wir schieden ohne Tränen voneinander, ich ging den Abend in mein Wirtshaus zurück und reiste den zweiten Morgen nach meiner Ankunft wieder ab, ohne recht eigentlich zu wissen, wo ich hinwollte.

Ich möchte hier eine wichtige Bemerkung einschalten. Wenn es einem Menschen gelingt, den Versuchungen leicht zu widerstehen, so kann man sicher sein, daß seine spezifische Liebesbedingung nicht erfüllt ist. Ich kenne die Geschichte einer Frau, die jahrelang den Werbungen eines Liebhabers widerstehen konnte. Einmal küßte er sie.

[1]) Über die Psychologie der Frau Warrens siehe Bd. III. 2. Aufl. S 232—233

von einer dunklen instinktiven Ahnung getrieben, auf das Ellbogengelenk. „Lasse mich!" — rief sie aus. „Das halte ich nicht aus. Da werde ich schwach." Er küßte sie gegen ihren Willen noch intensiver und sie wurde sein . . . *Rousseau* hatte sich gegen die Überraschungen der Liebe gut gesichert. Er hatte seine masochistischen und exhibitionistischen Phantasien, die starke Homosexualität verminderte die Kraft der heterosexuellen Triebe. Er konnte leicht ein Held sein. Ihm war die Tugend lieber als alle Genüsse, die nicht nach seinem Sinne waren.

Doch in jener Zeit war es einem jungen hübschen Manne nicht so leicht, seine Tugend zu bewahren, wie heute. *Rousseau* wird von der Mutter einer seiner Schülerinnen heftig belagert, mit Küssen empfangen. Seine Pflegemutter Frau Warrens befürchtet, der junge Mann könnte ihr verloren gehen. Jetzt beginnt die berühmte Verführung, die von *Rousseau* mit einer Offenheit ohne gleichen geschildert ist. Er lernt die Freuden der Liebe kennen und fühlt sich doch nicht glücklich. Er hat die Empfindung, er hätte einen Inzest begangen.[1])

Man sollte ja erwarten, daß der regelmäßige sexuelle Verkehr mit der schönen, vielbegehrten Frau ihn zum Manne und gesund gemacht hat. Aber er erkrankt an einem Gefühl der Erschöpfung, an Kurzatmigkeit, Abmagerung, Depressionen, Neigung zum Weinen, Ohrensausen . . . Diese Krankheit segnet er. „Dieser Zufall, der meinen Leib hätte töten sollen, tötete bloß meine Leidenschaften und deswegen danke ich Gott jeden Tag, da er eine so heilsame Wirkung auf meine Seele hervorgebracht hat." Er wurde wieder fromm, kehrte zu der Religion seiner Jugend zurück.[2]) Aus dieser religiösen Stimmung heraus

[1]) Siehe meine Ausführungen über *Rousseaus* Angstneurose in „Nervöse Angstzustände", S. 32, und über Frau Warrens, Bd. III, S. 232.

[2]) Ich stand alle Morgen vor Sonnenaufgang auf und erstieg durch ein nahes Gesträuch einen angenehmen Weg, der über den Weinbergen ging und längs der Berge bis Chambery führte. Hier betete ich im Gehen, nicht bloß mit einem leeren Stammeln der Lippen, sondern mit einer wahren Erhebung des Herzens zu dem Schöpfer dieser schönen Natur, deren Reize vor meinen Augen ausgebreitet lagen. Nie habe ich gerne in meinem Zimmer beten mögen; es ist mir, als wenn die Mauern und alle die kleinen Menschenwerke sich zwischen Gott und mich stellten. Ich betrachtete ihn gern in seinen Werken, während mein Herz sich zu ihm erhebt. Von meinem Spaziergang kehrte ich durch einen weiteren Umweg zurück und betrachtete mit Teilnahme und Lust die ländlichen Gegenstände, die mich umgaben, die einzigen, an denen sich Auge und Herz nie sättigen können. Dann spähte ich von weitem, ob Mama schon auf wäre; wenn ich ihre Fensterläden geöffnet fand, so sprang ich vor Freude und lief zu ihr. Fand ich sie noch geschlossen, so ging ich in den Garten und wartete auf ihr Erwachen, während ich mich entweder mit der Wiederholung dessen, was ich den Tag zuvor gelernt hatte, oder mit Gartenarbeiten beschäftigte. Die Fensterläden gingen auf, ich eilte, sie im Bette, zuweilen noch halb im Schlaf zu umarmen und diese reine, aber zärtliche Umarmung erhielt durch ihre Unschuld selbst einen Reiz, der nie mit sinnlicher Wollust vereint ist.

findet er eine gewisse Stille des Gemütes, „die sich auf alle meine Sinne erstreckte und die alle Leidenschaften ertötete". Morgens betet er zu seinem Schöpfer und selbst Frau Warrens umarmt er zärtlich, aber „rein", so daß diese Umarmung durch ihre Unschuld nie sich mit sinnlicher Wollust vereinigte.[1]) Aber er wird nicht gesund, macht allerlei Zwangshandlungen, über die wir noch sprechen werden. Er kommt zur Überzeugung, daß er einen Polypen im Herzen haben müsse. Dieser Polyp scheint mir ein Symbol einer inneren Leidenschaft zu sein, die ihn den Frauen entzieht und unglücklich macht. Es handelt sich um die Homosexualität. Es ist interessant, wie wir alle Züge der Homosexuellen bei *Rousseau* wiederfinden. Er vergöttlicht die Frau, so daß sie ihm unerreichbar wird. Er betet Frau Warrens an und macht sie zu seiner Mutter. Dafür sprechen die folgenden Stellen:

Er nähert sich ihrem Hause:

Wie klopfte mir das Herz, da ich mich dem Hause der Frau von Warrens näherte! Meine Knie brachen unter mir ein, meine Augen verdunkelten sich, ich sah und hörte nichts, hätte niemanden erkannt und mußte einigemale stillstehen, um mich zu erholen und wieder zu mir zu kommen. Kaum ward ich Frau von Warrens ansichtig, so benahm mir ihr Anblick alle Furcht. Ich schauderte bei dem ersten Laut ihrer Stimme, stürzte zu ihren Füßen und in den lebhaftesten Entzückungen der Freude preßte ich meinen Mund auf ihre Hand.

So liegt der Mensch vor seiner Gottheit. Er hatte in ihr den Gott gefunden!

Er wird ihr Geliebter. Was aber fühlt er?

Endlich kam der Tag, den ich mehr scheute als erwartete. Ich versprach alles und log damit nicht. Mein Herz besiegelte meine Schwüre, ohne ihren Preis zu begehren. Dessen ungeachtet erhielt ich ihn. Ich sah mich zum ersten Mal in den Armen einer Frau, und zwar einer Frau, die ich anbetete. War ich glücklich? Nein; ich schmeckte den Genuß und weiß nicht, welche unwiderstehliche Traurigkeit mir seinen Reiz vergiftete. Es war mir, als hätte ich Blutschande begangen. Zwei- bis dreimal, da ich sie mit Entzücken in meine Arme schloß, überschwemmte ich ihren Busen mit meinen Tränen. Sie war weder traurig noch lebhaft, sondern schmeichelnd und ruhig. Da sie wenig Sinnlichkeit besaß und im geringsten nicht die Wollust gesucht hatte, so hat sie auch nie das Vergnügen davon empfunden und hat sich niemals Vorwürfe darüber gemacht.

So weint nur ein Mensch, der seinen Gott verloren hat. Er will sie immer wieder nur rein haben.

So sagt er über seine Stimmung im Landhaus, das sie mietet:

Ich war außer mir, da wir den ersten Tag dort schliefen. „Ach Mama", sagte ich zu dieser teuren Freundin, indem ich ihr um den Hals fiel und sie

[1]) Er behauptet an anderer Stelle, daß er sie wirklich nie geliebt, sondern nur begehrt habe. „Je n'a jamais senti la moindre étincelle d'amour pour elle."

mit Tränen der Zärtlichkeit und Freude benetzte, „dieser Aufenthalt ist dem Glück und der Unschuld geheiligt. Wenn wir sie hier nicht beide vereinigt finden, so ist es vergeblich, sie anderwärts weiter zu suchen!"

Ihr Besitz ist nicht Liebe, sondern mehr als Liebe! Wir wissen ja, daß er behauptet, nie einen Funken Liebe für sie empfunden zu haben. War Frau Warrens der Ersatz seiner Tante, die er „Mama" genannt hatte und die daher für ihn jenseits der Sexualität stand?

Ohne daran zu denken, fingen wir an, uns nie mehr von einander zu trennen und auf gewisse Weise unser ganzes Dasein gemeinschaftlich zu haben. Wir fühlten, daß wir nicht nur einander notwendig, sondern auch genug wären, wir gewöhnten uns an nichts, was außer uns lag, zu denken und unser ganzes Glück und alle unsere Begierden schlechterdings auf diesen gegenseitigen Besitz einzuschränken, der nicht Liebe, sondern mehr als Liebe war, und den man nicht verlieren kann, als wenn man aufhört zu sein.

Er asexualisiert sie in Gedanken. Sie bleibt ihm eine reine Frau:

Ich kannte ihr reines Herz und keusches Temperament zu genau, als daß ich nur einen Augenblick hätte glauben können, das Vergnügen der Sinne habe sie vermocht, sich selbst herabzusetzen; ich war völlig überzeugt, daß bloß die Sorge, mich einer sonst unvermeidlichen Gefahr zu entreißen und mich ganz mir selbst und meinen Pflichten zu erhalten, sie dahin brachte, selber eine Pflicht zu übertreten, die sie nicht aus dem Gesichtspunkt anderer Damen ansah, wie ich näher erzählen werde. Ich bedauerte sie und bedauerte mich. Gern hätte ich ihr gesagt: Nein, Mama, es ist nicht nötig, ich stehe Ihnen auch — ohne dies für mich! Aber ich unterstand michs nicht, teils weil sich das nicht sagen ließ, weil ich im Grunde des Herzens fühlte, daß es nicht wahr wär und daß in der Tat bloß eine Frau mich vor den Frauen sichern und mich vor der Versuchung bewahren könnte. Ohne mich nach ihrem Besitze zu sehnen, war ich froh, daß sie mich der Sehnsucht nach dem Besitz einer anderen überhob, so sehr hielt ich alles, was mich von ihr hätte abziehen können, für ein Unglück.

Sie blieb ihm die hohe Göttin: Wir wissen aus seinen Geständnissen, daß er bei ihr das dunkle Gefühl eines Inzestes hatte. Sie war ihm die mütterliche Tante, die er wie eine Gottheit verehren konnte. Er wollte bei ihr nur das Kind sein und eine zweite Kindheit wieder erleben.

Ich könnte nicht enden, wollte ich alle die Torheiten weitläufig erzählen, wozu mich der Gedanke an diese geliebte Mama, wenn ich nicht um sie war, verführte. Wie oft habe ich nicht mein Bett geküßt, wenn ich mir vorstellte, sie habe darin gelegen, meine Gardinen, allen Putz meines Zimmers, wenn ich mir dachte, daß sie ihr zugehörten, daß ihre schöne Hand sie berührt hatte; selbst auf den Fußboden neigte ich mich, weil sie ihn betreten hatte. In ihrer Gegenwart sogar entwischten mir Ausschweifungen, die die heftigste Liebe nur schien einflößen zu können, eines Tages bei Tische, da sie eben einen Bissen in den Mund gesteckt hatte, rief ich: „Es ist ein Haar daran!" Sie warf den Bissen auf ihren Teller hin, ich bemächtigte mich begierig seiner und verschluckte ihn. Mit einem Wort, zwischen mir und dem feurigsten Liebhaber war nur ein einziger, aber wesentlicher Unterschied, der meinen Zustand der Vernunft beinahe unbegreiflich macht.

Er zeigt eine Lust zum Verehren, die eine besondere Quelle haben mußte.

Er findet und fand in ihr immer die Mutter. Er fühlte sich bei ihr immer als Kind und nie als Mann.

Gleich die ersten Tage entstand die süßeste Vertraulichkeit unter uns, wie sie unser ganzes Leben hindurch fortgedauert hat. Kleiner hieß ich und sie Mama und beständig blieben wir Kleiner und Mama, selbst nachdem die Reihe der Jahre fast allen Unterschied unter uns aufgehoben hatte. Ich finde, daß diese beiden Benennungen einen ganz besonders getreuen Begriff von dem Tag unseres Umganges, der Einfachheit unseres Benehmens und besonders von dem Verhältnis unserer Herzen geben. Sie war mir die zärtlichste Mutter, die nie ihr Vergnügen, immer nur mein Bestes suchte: und wenn sich in meine Anhänglichkeit an sie die Sinne mischten, so veränderte dies die Natur dieser Anhänglichkeit gar nicht, sondern verschönte sie nur und läuterte sie, um mich ganz mit der Annehmlichkeit zu berauschen, eine so junge und hübsche Mama, die ich so sehr gern liebkoste, zu haben. Ich sagte im wörtlichen Sinne, liebkoste, denn nie fiel es ihr ein, mir Küsse oder die zärtlichsten mütterlichen Schmeicheleien zu entziehen, und nie kam es in mein Herz, einen Mißbrauch davon zu machen. Man wird sagen, daß wir doch schließlich in einem Verhältnis von anderer Art gestanden haben, ich gestehe es, aber man muß sich gedulden, ich kann nicht alles auf einmal sagen. Der Anblick bei unserer ersten Zusammenkunft war eigentlich der einzige Augenblick, in dem ich eine wahrhaft leidenschaftliche Bewegung für sie empfunden hatte, und noch war dieses mehr die Überraschung. Meine unbescheidenen Blicke durchspähten nie ihr Halstuch, obschon eine nachlässige Verhüllung sie dorthin ziehen konnte. Ich hatte weder Entzücken noch Wünsche bei ihr, sondern lebte in einer angenehmen Ruhe, genoß, ohne zu wissen was. Ich würde mein ganzes Leben und die Ewigkeit dazu so hingebracht haben, ohne Langweile zu fühlen. Sie ist die einzige Person, bei der ich nie die Trockenheit im Gespräche empfunden hätte, die es mir zur Marter macht, eines zu führen. Unser Beisammensein war weniger Unterhaltung als ein unversiegbares Geschwätz, das, wenn es aufhören sollte, unterbrochen werden mußte. Sobald jemand eintrat, Mann oder Frau, es war einerlei, so ging ich murrend hinaus, ich konnte es nicht ertragen, selbdritt bei ihr zu bleiben. Dann zählte ich in ihrem Vorzimmer die Minuten, fluchte auf die ewigen Besuche und konnte nicht begreifen, was sie so viel zu sagen hatten, weil ich noch mehr zu sagen hatte.

Die ganze Stärke meiner Anhänglichkeit an sie fühlte ich aber dann, wenn ich sie nicht sah. Sah ich sie, so war ich nur zufrieden, aber meine Unruhe in ihrer Abwesenheit ging bis zum Schmerz. Das Bedürfnis, mit ihr zu leben, erfüllte mich mit solcher Zärtlichkeit und Rührung, daß ich oftmals Tränen darüber vergoß. In der Entfernung stellte ich sie mir nur noch schöner und vollkommener vor als je in der Gegenwart, und mehr noch als diese genoß ich die Träume von einem glücklichen und vollkommenen Leben, die mich oft plötzlich, wenn ich ohne sie in dem schönen Lande spazieren ging, wie mit einer Entzückung erfüllten.

Die Realität entwertet die Frau. Die Phantasie (die Ferne) vergöttlicht sie sofort.

Er liebt sie nach der Trennung noch heißer und liebt sie sein ganzes Leben. Später schreibt er:

Schon lange habe ich kein Wort mehr von meiner armen Mama erwähnt. Wenn man deshalb glaubt, ich habe sie auch vergessen, so irrt man sehr. Ich dachte unaufhörlich an sie und nicht bloß meines Unterhalts wegen, sondern aus wahrem Bedürfnis des Herzens wünschte ich sie bald wieder zu finden. So zärtlich und lebhaft meine Anhänglichkeit an sie war, hielt mich dies zwar nicht ab, auch andere zu lieben, aber nicht auf die nämliche Art. Meine Neigung hing bei allen anderen nur an äußeren Reizen und hätte diese nicht überlebt, Mama hingegen hätte mögen alt und häßlich werden, ich würde sie deshalb nicht weniger geliebt haben.[1]) Ich liebte sie, weil ich geschaffen war, sie zu lieben. Ob ich gleich so lange keine Nachricht von ihr hatte, fiel es mir doch nie ein, ich könne sie auf immer verloren oder sie mich ganz vergessen haben. Ich sagte zu mir selbst: Sie wird früher oder später erfahren, daß ich umherirre, und mir irgend ein Lebenszeichen geben; ich werde sie wiederfinden, des bin ich versichert. Unterdes war es mir eine Wonne, in ihrem Vaterland zu wohnen, durch die Straßen, wo sie gegangen war, zu gehen, die Häuser anzusehen, die sie bewohnt hatte, und das alles nur mutmaßlich, denn aus einer meiner lächerlichen Sonderbarkeiten wagte ich es nicht, mich nach ihr zu erkundigen oder ohne dringende Not ihren Namen zu nennen.

Da meine Schüler mir eben nicht viel zu schaffen machten und Mamas Geburtsstadt nur vier Meilen von Lausanne lag, ging ich auf zwei oder drei Tage hin, während deren ich beständig in der süßesten Aufregung blieb. Der Anblick des Genfer Sees und seiner unvergleichlichen Ufer hat in meinen Augen immer etwas besonders Anziehendes gehabt, das ich mir nicht erklären kann und das nicht bloß in der Schönheit des Schauspiels, sondern in etwas noch Fesselnderem liegt, das mich rührt und erweicht. So oft ich mich dem Wadtland nähere, empfinde ich eine Bewegung, die aus dem Andenken der Frau Warrens, die daselbst geboren ist, meines Vaters, der darin lebte, der Fräulein Vulson, die die Erstlinge meines Herzens pflückte, vieler Lustreisen, die ich in meiner Kindheit dahin gemacht habe und, wie mich dünkt, einiger noch geheimeren und stärkeren Ursachen als allen diesen zusammengesetzt ist. Wenn der glühende Wunsch nach dem glücklichen, stillen Leben, das mich flieht und für das ich geboren ward, meine Einbildungskraft erhitzt, so versetzt sie mich stets in das Ländchen Wadt, in die reizenden Gegenden um den See. Ich müßte durchaus einen Garten an dem Ufer dieses Sees und an keinem anderen haben, müßte dann einen treuen Freund, eine gute liebenswürdige Frau, eine Kuh und ein kleines Schiffchen haben, und nur dann, wenn ich alles dies hätte, würde ich ein vollkommenes Glück auf Erden genießen.

[1]) Diese Annullierungstendenz der Wirkungen des Alters zeigen alle Infantilisten. Mama bleibt ewig schön. Die Ideale erliegen nicht dem „Zahn der Zeit".

Er braucht eine Göttin, die er nicht beflecken will. Schließlich macht er Frau Warrens den Antrag, in einem reinen Verhältnisse zu leben. Aber alle diese Umwege zeigen nur seine latente Homosexualität. Der treue Freund ist ihm viel wichtiger als die „liebenswürdige Frau".

Bevor ich das Ende seines Verhältnisses zu Frau von Warrens schildere, möchte ich auf seine rätselhafte Krankheit zurückkommen. Es war eine Angstneurose, die immer ausbricht, wenn die Menschen die ihnen nicht adäquate Form der Sexualbefriedigung gefunden haben. Und ein anderes Moment scheint mir von besonderer Wichtigkeit zu sein. Er verkehrte mit Frau von Warrens und hatte immer die Empfindung, es wäre eine Sünde. Seine innere Frömmigkeit sträubte sich gegen diesen Verkehr. Es mußte zu einer religiösen Umkehr kommen, er mußte Schutz in der Religion suchen und er fand ihn auch.

Die Szene, wie er zu seiner inneren Renaissance kommt, ist zu bedeutsam, als daß wir sie übergehen könnten. Er schildert sie folgendermaßen:

Eines Morgens stellte ich einen kleinen Tisch auf seinen Füßen fest und empfand auf einmal in meinem ganzen Körper eine plötzliche und unbegreifliche Erschütterung. Ich kann sie nicht besser vergleichen als mit einer Art von Sturm, der sich in meinem Blute erhob und im Augenblick alle meine Glieder durchdrang. Meine Pulsadern fingen an, heftig zu schlagen, so daß ich ihr Pochen hören konnte, ein großes Brausen vor den Ohren kam hinzu, und dies innere, vielfache Getöne war so heftig, daß es mir die Feinheit des Gehörs, die ich bis dahin hatte, benahm und mich zwar nicht völlig taub, aber doch so harthörig machte, wie ich es seit der Zeit bin.

Mein Erstaunen und meinen Schrecken wird man sich vorstellen können. Ich hielt mich für tot, legte mich ins Bett, ließ einen Arzt rufen, erzählte ihm mit Zittern meinen Zufall und hielt ihn für unheilbar. Er versuchte eine Kur, aber sie war so peinlich, so widrig und half mir so wenig, daß ich sie bald ganz aufgab, und da ich am Ende von etlichen Wochen sah, daß es nicht besser und nicht schlimmer wurde, so verließ ich das Bett und fing meine gewöhnliche Lebensart wieder an. Mein Sausen vor den Ohren dauerte fort und seit der Zeit, das heißt seit 30 Jahren, hat es mich nicht eine Minute verlassen. Bis dahin war ich ein Erzschläfer. Die Schlaflosigkeit, die diesen Zufall begleitete, bekräftigte meine Vermutung, daß ich nur noch wenige Zeit zu leben hätte. Diese Vermutung beruhigte mich beinahe, und da ich doch mein Leben nicht verlängern zu können glaubte, so entschloß ich mich, es so gut zu genießen als möglich, und das konnte ich um so besser, als mein Zustand von allen eigentlichen Schmerzen befreit war, die damit hätten verbunden sein müssen, und das Ohrensausen, die Schlaflosigkeit und ein kurzer Atem das einzige war, was mich quälte.

Dieser Zufall, der meinen Leib hätte töten sollen, tötete bloß meine Leidenschaften und deswegen danke ich Gott dafür jeden Tag, da er eine so heilsame Wirkung für meine Seele hervorgebracht hat. Ich kann wohl sagen, ich fing erst an zu leben, da ich mich für tot hielt. Jetzt gab ich den Dingen, die ich verlassen sollte, ihren wahren Wert und fing an, mich mit viel edleren Gegenständen zu beschäftigen, als hätte ich das schon im voraus tun wollen, was nun bald meine Bestimmung ausmachen würde und was ich so lange versäumt hatte. Ich hatte die Religion sehr oft nach meinem Gefallen umgeformt, aber ich war nie ganz ohne Religion gewesen. Es kostete mir nicht viel Mühe, zu einem Gegenstande zurückzukehren, der für so viele Leute so traurig ist, der aber so viel Reizendes für den hat, welcher sich eine Quelle des Trostes und der Hoffnung daraus schafft.

Wer sich viel mit Schriftstellern befaßt, der wird ähnliche Beispiele erzählen können. Viel häufiger wird man sie von Neurotikern hören. Es handelt sich um eine Überrumplung des Ich durch das Gewissen. Es ist der Wirbelsturm der Moral, der ihn wieder keusch und fromm machen will, es ist die brausende Stimme des Gewissens, die ihn an seine Pflicht mahnt und ihn daran erinnert, daß er die ewige Seligkeit verloren hat. Es handelt sich um einen typischen Angstanfall, wie ich ihn in den „Angstzuständen" ausführlich beschrieben habe. Jede Angst ist Todesangst, ist die Angst vor der Strafe Gottes.

Er fühlt, daß er bald sterben wird. Vorher will er noch einen berühmten Arzt aufsuchen, der Herzpolypen heilen kann. Denn er leidet ja an einem Herzpolypen.[1])

Da ich überall nachforschte, dachte und verglich, so bildete ich mir endlich ein, daß die Grundursache meiner ganzen Krankheit ein Polyp am Herzen wäre und Herr Salomon selbst stutzte, als ich es ihm sagte. Ich strengte alle meine Geisteskräfte an, zu erforschen, wie man einen Herzpolypen kurieren könnte und war willens, diese Wunderkur zu unternehmen. Auf einer Reise, die Aent nach Montpellier gemacht hatte, den botanischen Garten und dessen Aufseher, Herrn Sauvages zu sehen, hatte man ihm erzählt, daß Herr Fizes einen solchen Polypen geheilt hätte. Mama erinnerte sich dessen und sprach mit mir darüber. Mehr bedurfte es nicht, mich zu bewegen, daß ich Herrn Fizes konsultieren wollte. Die Hoffnung auf Heilung gab mir wieder Mut und Kräfte, die Reise zu unternehmen. Mein Genfer Geld setzte mich in den Stand, es zu tun. Mama, anstatt mich davon abzuhalten, redete mir zu, und so war ich auf dem Wege nach Montpellier.

War nun der Polyp die Homosexualität oder war er ein Symbol der Sünde? Oder vielleicht beides? Die Homosexualität als der Vertreter der stärksten Sünde? (Der Polyp ein phallisches Symbol?)

Jedenfalls erwartete er ein Wunder (Wunderkur) und ein Orakel des Himmels sollte ihn belehren. Daß aber seine Angst die Angst vor der Hölle war, daß das Weib für ihn ein Symbol der Sünde war, das beweisen seine eigenen Worte, die ihn als Vertreter des sexuellen Infantilismus zeigen:

Ich möchte wissen, ob in dem Herzen anderer Menschen auch bisweilen solche Kinderstreiche vorgehen wie in dem meinigen. Mitten bei meinem Studieren und bei einem so unschuldigen Leben, als man

[1]) Vgl. „Das nervöse Herz".

es nur führen kann, beunruhigte mich die Furcht vor der Hölle gar oft. Ich fragte mich selbst: in welchem Zustande befindest du dich? Wenn du in diesem Augenblick stürbest, würdest du verdammt sein? Meinen Jansenisten zufolge, deren Schriften ich las, war die Sache außer Zweifel, aber nach meinem Gewissen schien sie mir es keineswegs. Immer voll Besorgnis und in dieser grausamen Ungewißheit schwebend, nahm ich, um mich davon zu befreien, zu den allerlächerlichsten Hilfsmitteln meine Zuflucht, wegen deren ich gewiß einen anderen, wenn ich ihn eben das tun sähe, einsperren würde. Als ich einst über diesen traurigen Gegenstand nachdachte, so übte ich mich völlig mechanisch, mit Steinen nach den Stämmen der Bäume zu werfen, und zwar mit meiner gewöhnlichen Geschicklichkeit, das heißt, ohne fast einen einzigen zu treffen. Mitten in dieser schönen Übung fiel es mir ein, daraus eine Art von Vorbedeutung zu machen, um die Unruhe meines Herzens zu stillen. Ich sagte zu mir selbst: Ich will nach dem Baume werfen, der mir gegenüber steht; treffe ich ihn, so ist das ein Zeichen der Seligkeit, fehle ich ihn, so werde ich verdammt. Indem ich dies sagte, warf ich meinen Stein mit zitternder Hand unter dem heftigsten Herzklopfen, aber so glücklich, daß er gerade die Mitte des Stammes traf; was in der Tat nicht schwer war, denn ich hatte mir ihn dick und nahe genug ausgesucht. Von der Zeit an zweifelte ich weiter nicht an meiner Seligkeit. Ich weiß nicht, indem ich mich dieses Zuges erinnere, ob ich über mich selber lachen oder seufzen soll.

Deutlicher kann man die Angst vor dem Verluste der Seligkeit nicht gestehen, als *Rousseau* es hier tat. Sehr sonderbar ist das Orakel, das er zu Rate zieht. Soll der Baum eine Erinnerung aus der Bibellektüre (Baum der Erkenntnis) sein? Ich glaube, daß der Baum hier die Rolle eines phallischen Symbols spielt und daß alle irdische Seligkeit von dem Zusammentreffen mit einem Phallus herrühren würde.

Er macht sich also in dieser Verfassung auf die Reise und erwartet die Wunderheilung. Der Arzt sollte gar keine Gelegenheit haben, seine Kunst zu erproben. Denn er trifft im Wagen eine Dame, weder jung noch schön, Frau von Larnage, welche offenbar durch einen etwas männlichen Typus jenseits der Frauenschönheit seine Sinnlichkeit erregte. Sie weiß ihn zu erobern und „Gute Nacht, armer Jean Jaques, oder vielmehr, Gute Nacht, Fieber, Hypochondrie und Polyp". Er genießt in ihren Armen das höchste Glück. Er besaß sie nach seinem Ausspruche hundertmal mehr als Frau Warrens. Wenn er hundert Jahre alt werden wird, wird er nie ohne Vergnügen an diese reizende Frau denken, die häßlich und alt war, deren Gesicht nicht blühend und von Schminke verdorben war. Dafür war sie um so mehr entgegenkommend. Diese alternde Kokette entreißt *Rousseau* den Ausspruch: „Ich genoß die süßeste Wollust, rein lebhaft, ohne irgend einen unangenehmen Gedanken. Es war das erste und einzige Mal, daß ich so die Lust gekostet habe, und ich kann sagen, ich bin es der Frau Larnage schuldig, daß ich nicht gestorben bin, ohne erfahren zu haben, was Vergnügen ist."

Wir können diese große Qualität der Lust ruhig auf irgend eine Maske der Homosexualität schieben. Frau Warrens war eminent weiblich, hatte einen auffallend starken schönen Busen. Frau von Larnage scheint in dieser Hinsicht weniger gesegnet gewesen zu sein. (Er ist offenbar wie viele Infantilisten Gerontophile.) Sie amüsieren sich aber sehr gut.

Aber er beginnt für seine Tugend zu zittern und es „wird hohe Zeit" sich zu trennen. Sie beschließen sich wiederzusehen. Wir werden bald konstatieren können, wie der halbe Asket dieses Wiedersehen vermeidet. Erwähnen möchte ich nur, daß ihn die Larnage durch Schmeicheleien über seine Schönheit und seinen Geist in sich verliebt gemacht hat. Es war eine Neuauflage seiner glücklichen Kinderzeit. Sein Narzißmus feierte da die schönsten Triumphe. Er dachte an alle die Tanten, die ihn so zärtlich geliebt und betreut hatten. So kamen viele Kräfte zusammen, um seinen Orgasmus zu höchstem Grade zu steigern. Nun kommt seine Kur bei dem Wunderdoktor, die er als gesunder Mensch antrat. Er merkte gleich, daß die Ärzte ihn als einen eingebildeten Kranken behandelten und ihm nur das Geld ausziehen wollten. Frau Larnage, die eine schöne Tochter hatte, drang in ihn, zu ihr zu kommen. Ebenso kamen die zärtlichsten Briefe von Mama. In Pont Saint Esprit stand er wie Herkules am Scheidewege. Was tun? Es lockte die neu eroberte Geliebte und es lockte die liebe, gute Mama.

Rousseau zitterte vor einem neuen Inzeste. Er dachte mehr als ihm lieb war, an die Tochter der Frau Larnage und zitterte vor dem Gedanken, er werde sich in sie verlieben. Nomen est omen! Saint Esprit hieß für ihn die Wandlung durch den heiligen Geist. Er strebte nach Selbstachtung. Er ließ die Geliebte und wandte sich zur Mama mit allen Vorsätzen der Reinheit. Er hatte „reine Grundsätze" und „Regeln der Tugend und Weisheit". Er schämte sich, so rasch zu erliegen, und war nicht wenig stolz, daß er wieder einmal die Sinnenlust besiegen konnte. Dieser Sieg scheint ihn nicht wenig stolz gemacht zu haben. „Vielleicht hatte der Stolz so viel Anteil an meinem Entschluß als die Tugend, aber wenn dieser Stolz nicht die Tugend selbst ist, so hat er mit dieser die gleiche Wirkung, daß es sehr verzeihlich wäre, sich darüber zu täuschen."

Nun war seine Tugend gerettet. Es drohten ihr nur die Gefahren von Seite der geliebten Mama. Er dachte die ganze Reise nur daran, wie er sein Seelenheil wieder gewinnen könnte, wie er die Fehler gutmachen und sein Leben im Dienste der Tugend einrichten könnte.

Das ging leichter, als er dachte, da die gute Frau von Warrens inzwischen einen neuen Günstling erworben hatte. Teilen wollte er nicht und er war ja glücklich, einen Vorwand zu haben, der bösen Sinnenlust aus dem Wege zu gehen.

Nie fühlte ich die Reinheit, die Wahrheit und die Stärke meiner Empfindungen für sie, nie die Aufrichtigkeit und den Edelmut meiner Seele so sehr als diesen Augenblick. Ich stürzte zu ihren Füßen, umfaßte ihre Knie und benetzte sie mit einer Flut von Tränen. „Nein, Mama", sagte ich heftig, „ich liebe Sie zu sehr, um Sie herabzuwürdigen; Ihr Besitz ist mir zu teuer, als daß ich ihn teilen könnte. Ich werde Sie ewig anbeten, seien Sie es beständig wert! Es ist mir mehr Bedürfnis, Sie hochzuschätzen, als Sie zu besitzen. O, Mama, ich gebe Sie Ihnen selber zurück, der Vereinigung unserer Herzen opfere ich gerne alle meine Freuden auf. Könnte ich tausendmal sterben, lieber wollte ich das, als ein Vergnügen kosten, das die herabsetzt, die ich liebe."

Ich habe diesen Entschluß mit einer Standhaftigkeit gehalten, die ich wohl des Gefühls würdig nennen darf, auf das er sich stützte. Von diesem Augenblick an sah ich diese geliebte Mama nicht anders als mit den Augen eines Sohnes an; das brennende Verlangen, sie um jeden Preis glücklich zu sehen, verschlang alle meine Leidenschaften; sie mochte noch so sehr ihr Glück von dem meinigen trennen, ich hielt es für das meinige, sie mochte es wollen oder nicht. So begannen mit meinem Unglück die Tugenden aufzukeimen, deren Same im Grunde meines Herzens lag, die das Studieren gefördert hatte und die, um hervorzubrechen, nichts als der Gärung der Widerwärtigkeiten bedurften.

Aber die kalte Frau von Warrens verstand die Liebe anders. Sie wurde kühl und kühler und Jean Jaques verließ bald sein entweihtes Paradies. Man könnte ja wirklich glauben, daß er sich zurückgehalten, um die Frau nicht zu beflecken, um nicht zu teilen. Das ist ein lächerlicher Vorwand. Denn er teilte schon vorher mit dem Gärtner und hätte auch jetzt geteilt, wenn nicht die inneren Hemmungen immer stärker geworden wären. Wie er sich anderen schönen Frauen gegenüber benahm, das zeigt uns das Erlebnis in Venedig, das eine klassische Schilderung einer nervösen Impotenz darstellt. Ich wüßte keine bessere, es sei denn das berühmte Tagebuch von Goethe . . .

Aber, könnte man mir sagen, da Sie von ihren anderen Mädchen reden, haben Sie denn über diesen Punkt gar nichts von sich zu berichten? Sollten Sie in einer Stadt wie Venedig immer enthaltsam gewesen sein? — Ich habe immer einen natürlichen Abscheu vor feilen Dirnen gehabt und doch blieb mir in Venedig nichts anderes übrig, da mir fast alle Häuser wegen meiner Stelle verschlossen waren. Ich hatte auch die traurige Gewohnheit noch nicht verloren, meine Bedürfnisse auf eine andere Art zu befriedigen; überdies war ich zu sehr beschäftigt, um den Reiz des heißen Klimas lebhaft zu fühlen, und lebte über ein Jahr ebenso keusch in dieser Stadt wie in Paris und reiste endlich nach anderthalb Jahren ab, ohne mehr als zweimal mich Personen vom anderen Geschlechte genähert zu haben. Die Umstände der einen Geschichte sind so sonderbar, daß ich sie erzählen muß.

Der Kapitän Olivet, ein französischer Kauffahrer, gab mir an Bord seines Schiffes ein Mittagessen. Noch vor der Mitte des Essens näherte sich eine Gondel. „Meiner Seele, Herr", sagte der Kapitän, „nehmen Sie sich in acht, es kommt der Feind!" Ich fragte ihn, was er damit sagen wollte, und er antwortete mit einem Scherz. Die Gondel legt an und es steigt eine junge Person aus von blonder Schönheit, wollüstig und leicht gekleidet; mit drei Sprüngen war sie im Zimmer und ehe ich merkte, daß man für sie ein Kouvert neben mich gesetzt hatte, sah ich sie an meiner Seite. Sie war ebenso schön als lebhaft, eine Brünette von höchstens 20 Jahren. Sie sprach nur italienisch und schon ihr Akzent hätte mir den Kopf wirbeln machen können. Während des Essens, wobei sie keinen Augenblick still war, blickte sie auf mich, sah mich einige Augenblicke starr an und rief auf einmal laut aus: „Heilige Jungfrau, ach lieber Bremond, wie lange habe ich Dich nicht gesehen!" Hierauf stürzte sie sich in meine Arme, ihr Mund hing augenblicklich an dem meinigen und ihre wütenden Umarmungen erstickten mich beinahe. Ihre großen, schwarzen, orientalischen Augen trafen mein Herz wie feurige Pfeile. Anfänglich hielt mich mein Erstaunen zurück, aber nicht lange, so durchglühte das Feuer der Wollust alle meine Adern, mein Blut wallte stürmischer, ich ward dringend, ward es so sehr, daß Scham vor den Anwesenden mich nicht mehr zurückhielt, so sehr, daß meine Schöne selbst mich in die Schranken der Ehrbarkeit zurückweisen mußte. Ich war trunken, oder besser, ich war ein Rasender. Da sie mich endlich dahin gebracht hatte, wo sie mich haben wollte, so mäßigte sie zwar ihre Liebkosungen, aber nicht ihre Lebhaftigkeit, und als es ihr endlich gefiel, die wahre oder falsche Ursache ihrer Schäkerei zu erklären, so versicherte sie uns, daß ich einem gewissen Herrn von Bremond, dem Zolldirektor von Toskana, täuschend ähnlich sähe, daß sie in diesen Herrn von Bremond zum Närrischwerden verliebt gewesen wäre und noch immer sei, daß sie ihn aber verlassen hätte, weil sie eine Törin wäre; daß sie mich an seiner Stelle annehmen, daß sie mich lieben wolle, weil ich ihr gefiele; daß ich sie aus der nämlichen Ursache auch lieben müßte, so lange es ihr gefiele; und daß, wenn sie mich einmal verlassen würde, ich Geduld haben müßte, wie ihr lieber Bremond auch gehabt hätte. Wie gesagt, so getan. Sie nahm Besitz von mir wie von ihrem Leibeigenen, ich mußte ihre Handschuhe, ihren Fächer, ihre Cinda, ihren Schleier aufheben, sie befahl mir dahin und dorthin zu gehen, dies oder jenes zu tun, und ich gehorchte. Sie hieß mich ihre Gondel zurückschicken, weil sie sich der meinigen bedienen wolle, und ich tat es. Nach dem Mittagessen besahen wir die Glashütten zu Murano, sie kaufte viele Kleinigkeiten ein, die sie uns ohne weiteres bezahlen ließ. Aber überall gab sie Trinkgelder, die das, was wir ausgelegt hatten, noch um vieles überstiegen. Aus der Gleichgültigkeit, mit welcher sie ihr Geld wegwarf und uns das unsrige wegwerfen ließ, sah man wohl, daß es keinen Wert für sie hatte. Wenn sie sich zahlen ließ, so geschah es gewiß mehr aus Eitelkeit als aus Geiz. Der Wert, welchen sie auf ihre Gunstbezeugungen gesetzt fühlte, war ihre süßeste Belohnung.

Abends führten wir sie nach Hause. Als ich sie verließ, bestimmte sie mir eine Stunde auf den anderen Tag; ich ließ nicht auf mich warten. Ich traf sie in vestito di convidenza, in einem Morgenkleid, das etwas mehr als galant war und das man bloß unter den heißen Himmelsstrichen kennt. Ich will mich hier nicht damit aufhalten, es zu beschreiben, obwohl ich mich dessen sehr gut erinnere; besonders gefielen mir die rosenfarbenen Seidenmuster, womit ihre Ärmel und ihr Halskragen garniert waren, ausnehmend gut. Es stand zu ihrer schönen Haut ganz vortrefflich. Ich fand nachher, daß dies die gewöhnliche Mode in Venedig ist, und die Wirkung davon ist so schön, daß ich nicht begreife, warum sie nicht schon lange in Frankreich aufgekommen ist. Ich hatte keinen Begriff von der Wollust, die mich bei ihr erwartete. Ich habe schon von Frau von Larnage mit dem Entzücken, das ihr Andenken noch manchmal in mir erregt, gesprochen. Aber wie alt, wie häßlich, wie kalt war sie gegen meine Zulietta! Umsonst würde sich die glühendste Einbildungskraft bemühen, die Reize und die Schönheiten dieses zauberischen Mädchens sich vorzustellen, ihre größte Anstrengung müßte doch weit hinter der Wahrheit zurückbleiben. Die jüngste Nonne gleicht ihr nicht an Frischheit, die Schönheiten des Serails sind weniger lebhaft und selbst die Huris des Paradieses sind nicht so reizend. Nie empfand das Herz oder die Sinne eines Sterblichen süßere Wollust. Nie hätte ich geglaubt, daß Empfindungen, wie sie mir sie einflößte, von Achtung und Ehrfurcht zertrennlich wären. Kaum hatte ich aus den ersten Gunstbezeugungen, welche sie mir erteilte, und den Freiheiten, welche ich mir nahm, den Wert ihrer Reize und ihrer Liebkosungen kennen gelernt, als ich, aus Furcht, die Frucht noch unreif zu verlieren, eilte, sie zu brechen — aber auf einmal fühlte ich statt der Flammen, die mich vorher verzehrt hatten, einen tödlichen Frost mir durch alle Adern zucken. Meine Knie bebten unter mir und, einer Ohnmacht nahe, setzte ich mich nieder und weinte wie ein Kind.

Zulietta, für welche unter ähnlichen Umständen Tränen gewiß ein neues Schauspiel waren, verlor auf einen Augenblick ihre Fassung. Nachdem sie einige Male in dem Zimmer auf und ab gegangen war und einige Blicke in ihren Spiegel getan hatte, sah sie wohl und meine Augen bekräftigten es ihr deutlich, daß der Ekel keinen Teil an dieser sonderbaren Laune habe. Es war ihr leicht, mich davon zu heilen und die Reste meiner Scham auszutilgen. Aber in dem Augenblick, da ich auf einer Brust, die zum erstenmal den Druck und den Kuß eines Mannes zu fühlen schien, in Wollust dahinsinken wollte, merkte ich, daß die eine von ihren Brüsten keine Warze habe. Voll Erstaunen untersuchte ich und finde, daß diese Brust nicht so gemacht ist wie die andere. Ich gab mir Mühe zu begreifen, wie man eine Brust ohne Warze haben könne und überzeugt, daß dieses seinen Grund in irgend einem beträchtlichen Naturfehler haben müsse, war mirs, nachdem ich diesen Gedanken lange herumgewälzt hatte, so deutlich wie der Tag, daß ich, anstatt der schönsten Person, die ich mir je denken konnte, eine Art von Ungeheuer, den Auswurf der Natur, der Menschen und der Liebe in meinen Armen hielt. Ich trieb meine Tollheit so weit, daß ich diese Bemerkung auch ihr mitteilte. Anfangs nahm sie die Sache als Scherz auf, und schäkernd, wie sie war, überschüttete sie mich aufs neue mit tausendfachen Liebkosungen und riß mich so in ihrer Schwärmerei mit sich fort, daß ich vor Liebe hätte sterben mögen. Aber da ich ihr meine immer wiederkehrende Unruhe doch nicht verbergen konnte, so errötete sie endlich, brachte ihren Anzug wieder in Ordnung, stand auf und setzte sich, ohne ein Wort zu reden, ans Fenster. Ich wollte mich neben sie setzen; sie stand auf und setzte sich auf ein Ruhebett, stand auch hier wieder auf, und indem sie, sich fächelnd, im Zimmer auf und ab ging, sagte sie mit einem kalten und verächtlichen Ton: „Zanetto, lascia le Donne, e studia la matematica!" (Hänschen, laß die Frauen und lern die Mathematik!) Ehe ich sie verließ, bat ich sie, mir auf den anderen Tag eine Stunde zu bestimmen, sie verschob sie aber bis auf den dritten Tag, indem sie mit einem spöttischen Lächeln hinzusetzte, daß ich wohl der Ruhe bedürfte. Ich brachte diese Zeit unmutig hin, ich dachte mit vollem Herzen an ihre zauberischen Reize, bedauerte die so übel angewandten Augenblicke, die ich doch zu den süßesten meines Lebens hätte machen können, erwartete mit der lebhaftesten Ungeduld die Stunde, in der ich für diesen Verlust mich würde entschädigen können, und nichtsdestoweniger konnte ich, wie sehr ich mir auch Mühe geben mochte, die Vollkommenheiten dieses göttlichen Mädchens nicht mit der Niedrigkeit ihres Standes vereinigen. Ich eilte also, ich flog zu ihr. Der Gondolier, den ich bei meiner Ankunft zu ihr schickte, brachte mir die Nachricht zurück, daß sie den Tag zuvor nach Florenz abgereist wäre. Hatte ich meine Liebe zu ihr nicht ganz gefühlt, während ich sie besaß, so fühlte ich jetzt erst die ganze Größe derselben, als ich sie verlor, und noch heute hat mich eine tolle Sehnsucht nach ihr nicht verlassen. So schön, so reizend sie auch war, so konnte ich mich doch bald über ihren Verlust trösten, aber der Gedanke, daß sie mit Verachtung an mich denken sollte, das, ich gestehe es, ist mir unerträglich.

Zuerst gesteht *Rousseau*, daß er noch immer onaniert. Da fand er den Schutz gegen alle Versuchungen. Vor Dirnen hatte er den natürlichen Abscheu, der sich bei Homosexuellen so häufig findet, ebenso wie das polare Gegenstück „Die Dirne als einzige Frau, bei der man potent sein kann". Zulietta reizt ihn am meisten, so lange andere Menschen dabei sind, so daß er sicher ist. Er wird rasend und muß in die Schranken zurechtgewiesen werden, das heißt, er benimmt sich so, als ob er keine Hemmungen hätte, weil alle Anwesenden als Hemmungen funktionieren. Er wird Leibeigener der Dirne, die ihn in jeder Hinsicht entzückt. Er findet sie frischer als eine Nonne, ein merkwürdiger Vergleich, der aber die asketischen Gedanken des Mönches, das geheime „Ich will nicht" verrät. Vielleicht mögen die rosenfarbenen Seidenbänder ihn an die Geschichte mit der Marion, an seine große Sünde und an den Fluch erinnert haben. Vielleicht war diese Impotenz die Strafe für die Verleumdung, eine Strafe, die er sich selbst diktiert hatte. Frau Larnage erscheint ihm neben Zulietta alt und häßlich und kalt! Er wird so erregt, daß er vor einer Ejaculatio praecox (Die Furcht, die Frucht noch unreif zu verlieren) fürchtet. Ich fasse ja die Ejaculatio praecox auch als ein Produkt der inneren Hemmung auf. Sie tritt immer ein, wenn eine Stimme im Inneren nicht will. Nun kommt der tödliche Frost und seine Potenz ist dahin. Er kann nicht! Aber Zulietta ist nicht das Mädchen, eine Partie so leicht zu verlieren. Sie setzt ihre Bemühungen fort und Jean Jaques wäre schon verloren gewesen. In dieser großen Not sah er nach Hilfe aus und das Schicksal war ihm gnädig und zeigte ihm, daß eine der Brüste keine Warze hatte. Nun verwandelt sich das schöne Mädchen in ein Scheusal. Sie wird sofort entwertet, er klammert sich an dieses Zeichen, er spricht seine Bedenken offen aus, um sich noch besser gegen die Versuchung zu schützen, kurz er inszeniert sich die ganze Niederlage, weil sie in sein Lebensprogramm besser paßt. Natürlich wird ihm die Größe des Verlustes erst ganz bewußt, nachdem Zulietta auf und davon ist. Nun kann er sie wieder lieben, denn er läuft nicht Gefahr, sich bei ihr zu verlieren. Sie hatte ihn wie einen Sklaven ganz in der Gewalt. Sein Abscheu vor den Dirnen war nur eine mißlungene Konvertierung seiner Begierde. Zulietta hätte ihm gefährlich werden können. Sie hätte ihn aus der Bahn werfen können. Stand nicht schon damals vor seiner Seele der Plan, etwas Großes zu erreichen und sich von den anderen Menschen zu unterscheiden? Sagte er nicht von sich mit dem ganzen Stolze des Neurotikers und Narzißten:

Ich allein. Ich kenne mein Herz und kenne die Menschen. Ich bin nicht gemacht wie irgendeiner von den Menschen, die ich je gesehen habe und, wie ich glaube, auch nicht wie irgendeiner von allen Sterblichen. Bin ich nicht besser, so bin ich doch wenigstens anders. Ob die Natur gut oder übel handelte, daß sie die Form, in die sie mich goß, zerbrach, darüber wird man urteilen können, wenn man mich gelesen hat.

Er ist ein Einziger. Er ist anders als alle anderen. Er hat den Glauben an seine große historische Mission und hat diesen Glauben auch erfüllt. Er wurde Prediger, er wurde Weltverbesserer, er wurde Erzieher.

Bald darauf findet *Rousseau* in Paris seine Lebensgefährtin Therese Levasseur. Sie war damals 23 Jahre, eine bescheidene Näherin. Bei Tische wurde die Kleine durch allerlei pikante Zoten geneckt und fand in *Rousseau* einen Beschützer. Ihr gegenüber fühlte er sich als Held, als Mann, als Höherer. Bei ihr war er nicht in Gefahr, sein Persönlichkeitsgefühl zu verlieren. Die Grenzen zwischen ihnen waren ein für allemal festgestellt. Er brauchte aber eine Tante, er wollte sich wieder Kind fühlen und hatte hier ein Wesen gefunden, das ihn die unvergeßlichen Personen der Kindheit ersetzen sollte. Wie gewinnt man eine Frau am leichtesten? Wenn man sie gegen die Angriffe der anderen verteidigt. Dann erntet der Verteidiger, was der Angreifer gesät hat.

Von jeher habe ich alle Unanständigkeiten und Zoten gehaßt, besonders wenn sie in Gegenwart der Frauen vorgebracht wurden. Ich erklärte mich öffentlich für ihren Verfechter. Sie war mir für meine Aufmerksamkeit verbunden und ihre Blicke, belebt durch die Dankbarkeit, die sie nicht in Worten ausdrücken durfte, wurden dadurch nur noch eindringlicher.

Sie war sehr schüchtern; ich wars auch. Man hätte glauben sollen, daß diese uns gemeinschaftliche Anlage jede nähere Verbindung unter uns-

erschweren würde, und doch näherten wir uns bald. Sie glaubte, in mir einen rechtschaffenen Mann gefunden zu haben, und betrog sich nicht. Ich glaubte, in ihr ein gefühlvolles Mädchen ohne Koketterie zu finden, und auch ich betrog mich nicht. Ich erklärte ihr zum voraus, daß ich sie nie verlassen, aber nie sie heiraten würde. Die Liebe, die Achtung und eine naive Aufrichtigkeit dieses guten Mädchens erleichterten meinen Sieg. Sie unterlag, nicht sowohl mir, als ihrem guten, zärtlichen Herzen, in welchem kein Arges war. Ich war glücklich, ohne unternehmend gewesen zu sein.

Wieder wurde *Rousseau* genommen. Wieder scheint es, daß alle Aktivität von Therese ausgehen mußte. Das Band sollte fester werden, als er es sich vorstellte.

Anfangs hatte ich in ihrem Umgang nur einen Zeitvertreib gesucht, bald aber überzeugte ich mich, daß ich in ihr die Gefährtin meines Lebens gefunden hatte. Ein kurzes Zusammenleben mit diesem vortrefflichen Mädchen, ein wenig Nachdenken über meine Lage ließen mich bald fühlen, daß ich mein Glück gegründet hatte, während ich bloß für mein Vergnügen zu sorgen glaubte. Mein Herz bedurfte an der Stelle des unterdrückten Ehrgeizes einer anderen lebhaften Leidenschaft, die es ganz ausfüllen konnte. Kurz, ich mußte jemanden haben, der Mamas Stelle einnahm, jemanden, der mit ihrem Zögling lebte und bei dem ich jene Einfalt und jene Gelehrigkeit des Herzens fände, welche sie an mir gefunden hatte. Die Reize des häuslichen Lebens mußten mich für das glänzende Los, auf das ich Verzicht getan hatte, entschädigen. Wenn ich ganz allein war, so war mein Herz leer, aber schon einer war genug, es ganz auszufüllen. In Theresen fand ich die Ergänzung, welche ich suchte, und wurde auch durch sie so glücklich, als ich es nach dem Lauf der Dinge nur sein konnte.

Anfangs wollte ich ihren Geist bilden, aber meine Mühe war umsonst. Ihr Verstand blieb, wie ihn ihr die Natur gegeben hatte, er war für Ausbildung durchaus nicht empfänglich. Ich erröte nicht, zu gestehen, daß sie nie richtig lesen konnte, obgleich sie artig schreibt. Als ich noch in der neuen Straße des Petits-Champs logierte, hatte ich eine Sonnenuhr meinem Fenster gerade gegenüber, auf der ich mir einen Monat hindurch alle nur ersinnliche Mühe gab, sie die Stunden unterscheiden zu lehren. Kaum aber kennt sie die Ziffern gegenwärtig. Sie kann weder Geld zählen noch kennt sie den Wert irgendeiner Sache. Ehemals hatte ich ein Diktionär ihrer Ausdrücke zur Belustigung der Frau von Luxemburg aufgesetzt und ihre Qui pro quo wurden in dem Zirkel, wo ich lebte, zur Mode. Aber der Rat dieser so eingeschränkten oder, wenn man will, so dummen Person kam mir in verwickelten Fällen manchmal trefflich zustatten; und bei Damen von erstem Range, bei den Größten des Staates, bei Prinzen erwarben ihre Gesinnungen, ihr schlichter Menschenverstand, ihre Antworten und ihre Aufführung ihr die allgemeine Achtung und ich bekam wegen des Besitzes einer Person von ihrem Werte die aufrichtigsten Komplimente von allen Seiten. Bei Frauen, die man liebt, gewährt die Empfindung dem Verstande so viel Nahrung als dem Herzen und man hat nicht nötig, sich anderwärts nach Stoff zum Denken umzusehen. Ich lebte mit meiner Therese so vergnügt als mit dem ersten Genie der Erde.

Dieser Bericht enthält einige sehr bedeutsame Stellen. Erstens enthüllt er das ewige Spiel von Identifizierungen, das *Rousseau* getrieben hat. Das Verhältnis mit Frau Warrens war noch nicht vergessen. Er brauchte eine Mama. Er fand aber eine Tochter. Er wurde Mama und Therese wurde *Rousseau*. Er fand an ihr jene Einfalt des Herzens, welche Mama bei ihm gefunden hatte. Dann gibt er zu, daß Therese dumm und beschränkt war. So war der Abstand zwischen ihnen ein ungeheurer. Nur das Kind konnte bei ihr auf die Rechnung kommen. Überdies nahm er die Mutter, die alte Levasseur auch in seinem Haushalt auf. Therese aber war ein Objekt der Ausbeutung für alle ihre Verwandten. Sie wurde lange Zeit von ihren Brüdern, ihren Schwestern und selbst von ihren Nichten geschlagen. Nur eine Nichte machte eine rühmliche Ausnahme.

Da ich sie oft bei Theresen antraf, so gab ich ihnen die Namen, die sie sich selber gaben, ich nannte die Nichte meine Nichte und die Tante meine Tante. Beide nannten mich ihren O n k e l; daher der Name T a n t e, wie ich immer Theresen nannte und den meine Freunde für sie im Scherze beibehielten.

Über ihre verschiedenen Liebesaffairen scheint sich *Rousseau* keine Gedanken gemacht zu haben. *Voberg* berichtet: „In der Nähe des kranken Mannes fühlte sie sich wohl oft unbehaglich und suchte anderweitig ihr Vergnügen. Sie gab sich mit anderen Männern ab. Im Jahre 1769 ertappte sie *Rousseau* mit einem Mönche auf frischer Tat. In Ermenonville ließ sich Therese mit dem Stallknechte des Marquis de Girardin ein. *Sénebier* sagt über die Levasseur: Sie kannte die Schwächen des großen Mannes und verstand sie auszunützen.“

Wir wissen, daß Männer mit latenter Homosexualität entweder pathologisch eifersüchtig sind oder gerne ein Auge zudrücken, wenn ihre Frauen mit anderen Männern verkehren. Sie entzünden sich an der Untreue ihrer Frauen.

Es ist interessant, daß sich *Rousseau* in seiner neuen Familie sofort die Fiktion seiner alten Familie konstruierte. Er scheint auch geglaubt zu haben, daß seine Stiefmutter seines Vaters nicht würdig war. Und um seinen Vater drehte sich sein ganzes infantiles Denken und Fühlen.

Nun hatte er, was er wollte. Er war wieder Kind und hatte eine Tante gefunden. Alle Personen, die er liebte, wurden ihm Vater, Mutter, Tante.

Dem Vater konnte er offenbar die Wiederverheiratung nicht vergessen. (Aber er brauchte eine Ersatz-Mama, um die fehlende Liebe des Vaters zu kompensieren.) Es ist geradezu auffallend und bedrückend, mit welcher Gleichgültigkeit er den Tod des Mannes aufnimmt, der ihm so viel bedeutet hatte.

Ich hatte soeben meinen rechtschaffenen Vater ungefähr in seinem 60. Jahre verloren. Ich fühlte diesen Verlust weniger, als ich ihn gewiß gefühlt haben würde, hätte mich meine eigene verwickelte Lage nicht so sehr beschäftigt. Ich hatte bei seinen Lebzeiten den Rest von dem Vermögen meiner Mutter, wovon er ein kleines Zinsgeld bezog, nicht zurückfordern mögen. Nach seinem Tode machte ich mir kein Gewissen mehr, es zu tun. Da ich aber von dem Tode meines Bruders keine rechtsgültigen Beweise hatte, so versprach mir Gauffecourt, diese Schwierigkeiten zu beheben, und behob sie auch in der Tat mit Hilfe des Advokaten de Lolme. Da mir diese kleine Hilfe sehr nötig und der Ausgang zweifelhaft war, so erwartete ich die entscheidende Antwort mit der lebhaftesten Ungeduld. Eines Abends fand ich beim Nachhausekommen einen Brief, der diese Nachricht enthalten sollte, und wollte ihn eben mit zitternder Ungeduld, der ich mich innerlich schämte, öffnen. „Wie", unterbrach ich mich selbst verächtlich, „Jean Jaques, willst du dich so sehr von Eigennutz und Neugierde überwältigen lassen?" Auf der Stelle legte ich den Brief wieder auf den Kamin nieder, ich kleidete mich aus, legte mich ruhig zu Bett, schlief besser, länger als gewöhnlich und stand den anderen Tag wieder auf, ohne an meinen Brief zu denken. Während ich mich ankleidete, sah ich ihn liegen, öffnete ihn geduldig, ohne Hast und fand einen Wechsel darin. Das war nun viel der Freude auf einmal, aber ich kann beteuern, daß der Gedanke, **mich selbst besiegt zu haben,** mir die größte aller Freuden gewährte.

Wer die symbolische Gleichung „Geld — Liebe" kennt, wird sofort erkennen, daß dieses Geld einen Ersatz für die Liebe bedeutete und daß *Rousseau* mit dem Gelde und dem Briefe genau so verfuhr wie mit den Frauen. Er steigerte die Vorlust, erprobte seine Widerstandskraft. Er behandelte den Brief, als ob es der Vater selbst wäre. Der Groll gegen seinen Vater scheint aber das Gefühl der Liebe ertötet zu haben. Wir sehen, wie blind ein Mann sein kann, der sich größte Mühe gibt, sich zu erkennen! Wie er sich und die Umgebung über sich täuschen kann! Wie stolz war Jean Jaques auf seine psychologischen Erkenntnisse!

Ich kann mich hier auf die eigenen Worte von *Rousseau* berufen:

Es gibt eine gewisse Folge von Gefühlen und Vorstellungen, die den später folgenden ihre Formung geben und die man, um jene zu beurteilen, kennen muß. Ich befleißige mich, überall die ersten Ursachen deutlich zu entwickeln, um die verketteten Wirkungen recht fühlbar zu machen. Ich möchte meine Seele dem Auge des Lesers gewissermaßen durchsichtig darstellen können, darum bemühe ich mich, sie in verschiedenes Licht zu rücken, es so einzurichten, daß ihm keine darin vorgehende Bewegung entgehe, damit er den Ursprung einer jeden selbst beurteilen kann.

Dies Benehmen dem Vater gegenüber war gewiß sehr sonderbar. Berücksichtigen wir aber, daß er den Vater nicht besuchen wollte, um mit der Stiefmutter nicht zusammenzukommen, so werden wir verstehen, daß ein dumpfer Groll ihn innerlich beherrschte, über den er sich keine Rechenschaft geben wollte. Tanten und Mamas mußten ihm den Vater ersetzen. Ein Gefühl der Genugtuung, daß er jetzt zu seinem Gelde kommen werde, verlangte eine sofortige Verdrängung und Bestrafung. Er führt die lächerliche Komödie mit dem Briefe auf, um sich wieder einmal zu beweisen, daß er sich besiegen kann und sich in der Hand hat. Wie stolz muß er sich nach solchen Siegen vorgekommen sein!

Die Erinnerung an den Vater scheint mir auch in seinem Verhalten zu seinen Kindern mitgewirkt zu haben. Es ist ja bekannt, daß der große Reformator der Erziehung, der Verfasser des „Emile", seine eigenen Kinder ins Findelhaus gab. Dieser Vorgang wurde von seinen Feinden mit Recht ausgenützt, um die unüberbrückbare Kluft zwischen Theorie und Praxis bei dem großen Philosophen nachzuweisen. Eine solche Handlung kam aber durch gewisse unüberwindliche Affekte infantiler Art zustande. Dieser Mann mit dem angeblich guten Herzen, der immer von Tugend trieft, und selbst seine Laster dazu benützt, um seine eigene Widerstandskraft zu unterstreichen, der seine Sünden so dunkel schildert, um seine Erhebung in das Licht kräftiger hervortreten zu lassen, berichtet mit einer an ihm ungewohnten Kälte über diesen Vorgang:

Während ich zu Chenonceaux dick wurde, war meine arme Therese in Paris auf eine andere Art auch dick geworden und bei meiner Zurückkunft fand ich mein Geschäft besser gediehen, als ich vermutet hatte. Ich wäre hierüber in die äußerste Verlegenheit gekommen, hätten nicht einige Tischkameraden mir das einzige Mittel an die Hand gegeben, mich daraus zu ziehen. Ich kann diese wichtige Erzählung nicht einfach genug machen, denn wollte ich weitschweifend sein, so müßte ich mich entweder entschuldigen oder mir auch zu viel aufbürden, und weder das eine noch das andere darf ich hier tun. Es war die Rede davon, das Kind, wie andere es taten, im Findelhause niederzulegen. Ganz wohlgemut beschloß ich, mich dieser Auskunft zu bedienen und hatte nicht den geringsten Skrupel dabei. Aber Therese war gewissenhafter und ich hatte alle Mühe der Welt, ihr dieses einzige Mittel zur Rettung ihrer Ehre einzureden. Endlich kam mir die Mutter zu Hilfe. Sie fürchtete, einen neuen Kostgänger zu bekommen, diese Rücksicht verstärkte ihre Überredungskraft und so ging es durch. Wir wählten eine kluge und sichere Hebamme namens Fräulein Gouin und beschlossen, ihr dieses Pfand anzuvertrauen. Als die Zeit der Niederkunft sich näherte, wurde Therese von ihrer Mutter zu der Gouin geführt, um dort die Geburt zu erwarten. Ich besuchte sie hier einige Male und brachte ihr eine Namenschiffre, die ich auf zwei Karten doppelt gemalt hatte, die eine wurde in das Kindeszeug gewickelt, und so wurde mein Kind durch die Hebamme im Findelhause nach der gewöhnlichen Art abgegeben. Im folgenden Jahre fand sich wieder die nämliche Verlegenheit und wurde das nämliche Auskunftsmittel ergriffen, außer daß diesmal die Namenschiffre vergessen wurde. Diesmal, wie vor einem Jahre, bei mir der nämliche Leichtsinn, bei der Mutter des armen Geschöpfes die nämliche Mißbilligung. Auch diesmal gehorchte sie seufzend. Man wird in der Folge nach und nach die Veränderungen erfahren, welche diese unglückliche Aufführung in meiner Denkart sowie in meinem Schicksal hervorgebracht hat. Bleiben wir jetzt bloß bei dieser ersten

Epoche stehen! Jene so grausamen wie unvorhergesehenen Folgen werden mich nur zu bald zwingen, darauf zurückzukommen.

Man beachte, mit welchem Leichtsinn und welcher Frivolität der sonst scheinbar so gewissenhafte Held von seinem Kindern spricht. Er bespricht die Angelegenheit witzig, was sonst nie der Fall ist, betont das Dickwerden und konstatiert, daß er nicht den geringsten Skrupel über dieses Vorgehen hatte. Das zweite Mal wird sogar die Chiffre vergessen, so daß eine Eruierung des Kindes fast unmöglich wird.

Was hier vorliegt, ist in erster Linie ein Protest gegen das „Vatersein". Man denke an den wunderbaren Vers von Busch: „Vater werden ist nicht schwer, Vater sein dagegen sehr." So wollte auch *Rousseau* nicht Vater sein. Er war das ewige Kind, das bei der Tante wohnte, das immer mit Mamas und Stellvertretern des Vaters zu tun hatte.

Andrerseits läßt sich nicht von der Hand weisen, daß er vor jeder wichtigen Lebensprobe zurückschreckte und den Prüfungen und Entscheidungen ängstlich aus dem Wege ging. Sollte er doch dem Könige vorgestellt und von ihm in Audienz empfangen werden. Im letzten Momente aber kniff er aus, obwohl er durch den König aller materiellen Sorgen hätte enthoben werden können. Mit Recht betont sein Übersetzer und Herausgeber Otto Fischer: „Wer die Geschichte dieses Lebens verfolgt, der wird auf zweierlei Erlebnisse stoßen, die mit typischer Gültigkeit von der Kindheit bis zum Alter unter immer neuen Einkleidungen immer wiederkehren. Das erste ist das Entschlüpfen vor jeder Aufgabe und jedem Beruf. Das andere ist die Blindheit einer nie erfüllten Leidenschaft." Er ist in Träumen groß, vor jedem Greifbaren ohnmächtig.

So will er auch der Entscheidung, ob er imstande sei, Kinder zu erziehen, ausweichen. In der Phantasie kann er alles besser als alle anderen; aber die Probe auf seine Lehren wird ihm unheimlich. Auch die Tugend wird ihm mehr ein phantastischer Begriff als eine sichere Realität. Überdies hat er die Angst, sich zu binden. Er heiratete seine geliebte Therese nicht, dieses einfache Weib, dessen Mutterinstinkte er brutal vergewaltigte, weil er sich den Rest von Freiheit retten wollte.[1])

Wir werden aber bald sehen, wie recht Fischer hat, wenn er von der Blindheit einer unerfüllten Leidenschaft spricht. Diese Leiden-

[1]) *Voberg* zweifelt, ob es Kinder von *Rousseau* waren Er meint, der impotente Dichter habe die Bastarde als seine Kinder ausgegeben, um vor aller Welt mit seiner Potenz zu brüsten. Die Erzählung von den fünf Kindern wäre demnach eine Erfindung, um die eigene Unfähigkeit zu verdecken.

schaft ist die Homosexualität. Sie war blind, weil er nicht sehen wollte, daß er homosexuell fühlen und begehren konnte. Es handelt sich um ein neurotisches „Nichtsehen-Wollen", das sich in negativer Affektbetonung als Abwehrreaktion äußert.

Schließlich erkrankte er an Paranoia, welche Diagnose von *Möbius* in seinem bekannten Werke über die Krankheit *Rousseaus* mustergültig bewiesen wurde. Wir kennen die Beziehungen der Paranoia zur Homosexualität zur Genüge. *Rousseau* ist ein beweiskräftiges Beispiel für die Richtigkeit dieser Zusammenhänge. Durchforschen wir aber seine Lebensgeschichte, so finden wir, daß zuerst die Fixierung an die Mutter fehlt, die *Sadger* als unentbehrlich ansieht. Dagegen finden wir die direkte Fixierung an den Vater und vielleicht auch an den Bruder, den er in zahlreichen Identifizierungen und Übertragungen immer wieder findet.

Werfen wir einen Überblick über die verschiedenen Episoden seines Lebens, in denen sich seine latente Homosexualität verrät. Wir werden dann konstatieren können, wie sich aus den Freunden und geliebten Personen die Verfolger bilden. So sagt er über seinen Vetter:

Die Unschuld dieses ländlichen Lebens bescherte mir ein Gut von unschätzbarem Werte, sie öffnete mein Herz der Freundschaft. Bis dahin hatte ich nur hochfliegende, bloß eingebildete Empfindungen gekannt. Die Gewohnheit, in einem stillen Aufenthalt zusammenzuleben, verband mich zärtlich mit meinem Vetter Bernard, ich faßte für ihn eine innigere Neigung, als ich für meinen Bruder gehabt hatte, und die auch niemals wieder erloschen ist. Er war ein großer, schmächtiger Knabe, so sanften Geistes als schwachen Körpers, und der eben keinen Mißbrauch von dem Vorzuge machte, den er als Sohn meines Vormundes im Hause genoß. Unsere Arbeiten, Zeitvertreibe, Neigungen waren dieselben; beide allein, von gleichem Alter, bedurfte jeder eines Gefährten: uns trennen hieß auf gewisse Weise uns vernichten. Beide nachgiebig gegen Liebkosungen, gefällig, wenn man uns nicht zu etwas zwingen wollte, waren wir immer in allen Stücken eines Sinnes. Hatte er in Gegenwart unserer Vorgesetzten durch ihre Gunst etwas vor mir voraus, so hatte ichs vor ihm, wenn wir allein waren, und so wurde das Gleichgewicht bald wieder hergestellt. In unseren Lehrstunden half ich ihm heimlich, wenn er stecken blieb; war meine Schularbeit eher fertig, so half ich ihm seine machen und bei unseren Zeitvertreiben leitete ihn mein tätiger Geschmack. Genug, unsere beiden Charaktere stimmten so genau überein und die Freundschaft, die uns vereinigte, war so lauter, daß in mehr als fünf Jahren, die wir teils zu Bossey, teils zu Genf unzertrennlich zubrachten, wir uns zwar oft in die Haare gerieten, ich gestehe es, aber daß man auch nie nötig hatte, uns voneinander zu bringen; unsere Zänkereien dauerten nie über eine Viertelstunde und nie haben wir einer den anderen verklagt.

Hier spricht er das erste Mal von seiner großen Liebe zu seinem Bruder, der ihm ja als warnendes Beispiel immer vor der Seele stand und so auf die Bahn der Tugend drängte. Er betont auch die gleiche Empfänglichkeit für Liebkosungen und den unbändigen Trotz, den jeder Zwang hervorrief.

Er trachtet immer wieder die pathologische Urszene zu erleben: Schmerzen ungerechterweise für einen anderen zu erleiden. „Selig sind die Verfolgung leiden um der Gerechtigkeit willen.“ Er wurde für seine revolutionär-reformatorischen Bücher vom Staate und der Gesellschaft verfolgt. Er konnte wieder für andere leiden. Noch in der Kindheit erlebte er eine Neuinszenierung der Bruderszene mit dem Vetter.

Einmal wurden beide ungerechter Weise beschuldigt, einen Kamm zerbrochen zu haben. Es scheint, daß der arme *Rousseau* dafür von männlicher Hand sehr energisch geschlagen wurde. „Die Strafe war schrecklich. Hätte man das Heilmittel in dem Übel selber suchen wollen, so konnte man es nicht schicklicher anfangen, meine verderbte Sinnlichkeit auf ewig zu verleiden. In der Tat ließen sie mich auch eine lange Zeit in Ruhe.“ Er wurde wahrscheinlich von Herrn Bernard empfindlich auf den nackten Hinterteil gezüchtigt. Ein Beweis für die Richtigkeit der Ansicht, daß milde Schläge viel eher zu masochistischen Phantasien führen als starke, in denen der Schmerz das Lustgefühl übertönen kann. Doch wie weiß er sich für diese Demütigung zu entschädigen! Den geliebten Vetter hatte das gleiche Los getroffen.

Mein Vetter, der sich mit mir beinahe im gleichen Fall befand und der mehr eines unwillkürlichen Fehlers wegen als um einer vorher überlegten Handlung willen bestraft war, geriet so wie ich in Wut und stemmte sich sozusagen nach mir in die Höhe. Beide in einem Bette liegend, umarmten wir uns mit zuckender Bewegung, wir erstickten beinahe, und wenn unsere jungen Herzen sich erleichtert genug fühlten, ihren Zorn auszuhauchen, richteten wir uns in die Höhe und schrien beide aus allen Kräften wohl hundertmal hintereinander: Carnifex, Carnifex, Carnifex!

Indem ich dies schreibe, schlägt mein Puls stärker, und wenn ich hunderttausend Jahre lebte, würden mir diese Augenblicke gleich lebhaft gegenwärtig bleiben. Diese erste Empfindung der Gewalttätigkeit und Ungerechtfertigkeit ist so tief meiner Seele eingedrückt geblieben, daß alle sich dahin beziehenden Ideen sie mir in ihrer Stärke wiedergeben, und diese Empfindung, die ihrem Ursprung nach die nächste Beziehung nur auf mich hat, hat eine solche Selbständigkeit erhalten und hat sich von jedem persönlichen Interesse so gänzlich abgelöst, daß mein Herz bei dem Anblick oder der Erzählung einer ungerechten Handlung, sie habe zum Gegenstand wen sie wolle oder geschehe an welchem Orte sie wolle, in Feuer gerät, als fiele die Wirkung auf mich zurück.

Dies war das Ende der Heiterkeit meiner Kinderjahre. Von diesem Augenblick an genoß ich keines ungemischten Glückes mehr und ich fühle es jetzt noch, daß das Andenken an den Reiz der Kindheit hier aufhört. Wir blieben danach noch einige Monate zu Bossey. Unser Zustand dort

34*

war wie der des ersten Menschen nach dem Sündenfall im Paradiese; noch war ich darin, des Genusses aber unfähig. Dem Anscheine nach war es immer noch die alte Situation, in der Tat aber eine ganz andere Art des Daseins. Anhänglichkeit, Ehrfurcht, Vertraulichkeit, Zutrauen verbanden die Zöglinge nicht mehr mit ihren Leitern, wir betrachteten sie nicht mehr als Götter, die in unseren Herzen lasen, wir schämten uns der Unarten weniger und nahmen uns mehr in acht, verdächtig zu werden, wir fingen an uns zu verstecken, widerspenstig zu sein, zu lügen. Laster, die in dem Bereich unseres Alters lagen, verdarben unsere Unschuld und machten unsere Spiele häßlicher. Selbst das Landleben verlor in unseren Augen den sanften, anziehenden Reiz, der zu Herzen geht. Es schien uns öde und düster, die Natur war uns wie mit einem Schleier, der ihre Schönheiten verhüllte, umgeben. Wir bekümmerten uns nicht mehr um unsere kleinen Gärten, Pflanzen und Blumen. Wir lockerten nicht mehr die Erde auf und jauchzten dann vor Freude, wenn wir den Samen, den wir ausgestreut hatten, keimen sahen. Wir wurden dieser Lebensart satt, man wurde unser satt, mein Onkel nahm uns fort und wir trennten uns vom Herrn und Fräulein Lamercier mit herzlichem Überdruß und nicht eben böse darüber, daß wir auseinander kamen.

Die Art der Strafe und die Umarmung im Bette löste neue Empfindungen in *Rousseau* aus. Er konnte an seine masochistischen Phantasien vergessen, weil er vorübergehend ein aktiver Homosexueller wurde. Er schiebt die Änderungen des Charakters auf die ungerechte Strafe; sie geht aber auf den inneren Kampf gegen die Homosexualität, gegen das geheime Onanieren zurück. „Laster, die im Bereiche unseres Alters lagen, verdarben unsere Unschuld und machten unsere Spiele häßlicher.“ Hinc illae lacrimae! Daher denkt er noch heute mit Herzklopfen an diese Episode. Er verschiebt seine Affekte auf die ungerechte Strafe. Deshalb das Gefühl wie nach dem Sündenfalle. Er war aus dem reinen Paradiese seiner Kindheit vertrieben. Wieder drängt es ihn, der Sünde zu entfliehen. Er ist zum Schlusse gar nicht böse, daß er von seinem geliebten Vetter getrennt wird. Immer wieder können wir konstatieren, wie leicht diese Menschen die sublimierte Erotik vertragen und wie schwer sie unter der Ausübung ihrer Triebe leiden.

Seine nächste Liebe war ein Genfer namens Bacle, der ihm in Turin untergekommen war. Er verliebte sich so in Bacle, daß er ohne ihn nicht mehr sein konnte. Der Freund wollte nach Genf zurück und sofort beschließt *Rousseau*, seine gute Stellung aufzugeben und mit dem Freunde zurückzuwandern. Mit Wollust denkt er an diese Reise. Sein Brotgeber Graf Favria übersieht sein provokantes Benehmen, das ihm die Entlassung erzwingen sollte und bietet ihm die Verzeihung an, wenn er den Verführer Bacle nicht wiedersehen will. Die dumme Verblendung bleibt bestehen und er unternimmt die Reise. Jedenfalls in der heimlichen Hoffnung, er werde dort eine Renaissance der Liebe mit dem

Vetter erleben. Denn jede Reise ist eine Fahrt in das Infantile und in das Land der Liebe . . .[1])

Meine geliebte Reise hatte sich aber zu tief meiner Einbildung aufgeprägt, als daß irgend etwas ihren Reizen das Gegengewicht hätte halten können. Ich war ganz und gar außer mir, machte mich wieder stark, verhärtete mich, spielte den Trotzigen und sagte mit unbeschreiblicher Frechheit: Da man mir meinen Abschied gegeben hätte, so hätte ich ihn angenommen, nun wäre es zu spät, sich zu widerrufen, und was in meinem Leben noch daraus entstehen könne, wäre ich doch durchaus entschlossen, mich nicht zweimal aus einem Hause jagen zu lassen. Hierauf gab der junge Herr, gerechterweise empört, mir die Namen, die ich verdiente, stieß mich bei den Schultern zur Türe hinaus und schmiß sie hinter mir zu. Ich aber ging so frohlockend hinweg, als hätte ich den größten Sieg erfochten, und aus Furcht, daß ich etwa noch einen Kampf würde bestehen müssen, beging ich die schimpfliche Niederträchtigkeit, fortzugehen, ohne nur dem Herrn Abbé für alle seine Güte zu danken.

Der Abbé Gouvon hatte mir vor einigen Wochen einen kleinen, sehr niedlichen Heronsbrunnen geschenkt, darüber ich außer mir vor Freuden war. Da wir ihn so oft springen ließen und unaufhörlich von unserer Reise sprachen, so fiel es dem schlauen Bacle und mir ein, daß jener wohl dazu dienen könne, diese zu verlängern; denn was in der ganzen Welt könnte wohl merkwürdiger als ein Heronsbrunnen sein? Auf diesem Grunde bauten wir unser Glück; in jedem Dorfe mußten sich die Bauern um uns versammeln, und da sollte es gute Mahlzeiten und Wohltaten um so reichlicher auf uns regnen, als wir uns einbildeten, Lebensmittel kosteten denen, die sie selbst einsammelten, nichts und es sei bloß Mangel an gutem Willen, wenn sie die Vorüberziehenden nicht bis an den Hals damit stopften. Wir dachten an nichts als Lustbarkeiten und Hochzeiten und rechneten uns aus, daß wir ohne Unkosten außer unserem Atem und dem Wasser für unseren Springbrunnen auf diese Weise frei durch Piemont, Savoyen, Frankreich, kurz durch die ganze Welt kommen könnten; unsere Reiseprojekte hatten gar kein Ende. Zuerst nahmen wir unseren Weg nördlich, mehr des Vergnügens willen, über die Alpen zu gehen, als aus der vorausbedachten Notwendigkeit, sich endlich irgendwo aufzuhalten. So ziehe ich denn mit meinem Springbrunnen und meinem Freund Bacle mit leichter Börse und freudevollem Herzen in die weite Welt, nichts träumend als diese Glückseligkeit des Wanderns, auf die sich mit einem Male alle meine glänzenden Entwürfe eingeschränkt hatten.

Wie so oft im Leben wird *Rousseau* wieder das Opfer seines erotischen Symbolismus. Denn der Springbrunnen ist ein deutliches phallisches Symbol und drückte die Hoffnung aus, es werde zu „Lustbarkeiten und Hochzeiten" kommen wie mit dem Vetter.

Er näherte sich aber Chambery und findet den Freund lästig und überflüssig. Der ganze Zauber ist verflogen, die Reise hatte ihn bitter enttäuscht. (So mag es auch Fräulein Merceret ergangen sein, mit der *Rousseau* einst reiste.) Er wird kalt und bereitet die Trennung vor.

[1]) Vgl. „Weshalb sie reisen . . ." („Was im Grund der Seele ruht.")

Er kommt wieder zu Mama und schreibt begeisterte Worte nieder, die das höchste Entzücken ausdrücken. Er flüchtet wieder vor der homosexuellen Freundschaft in die heterosexuelle. Die ganze Freundschaft dauerte 6 Wochen, aber an die Folgen muß *Rousseau* sein Leben lang denken.

Wir dürfen nicht glauben, daß *Rousseau* sich seiner Homosexualität bewußt war. Er faßte — wie alle Menschen — die gemeinsame Onanie mit einem Freunde nicht als homosexuellen Akt auf. Dies entspricht der heutigen Auffassung vieler Männer, welche nur in dem päderastischen Akt einen homosexuellen Vorgang erblicken, aber die mutuelle Onanie als kindische Spielerei betrachten. Vor der Homosexualität zeigt *Rousseau* den bekannten Ekel und Abscheu der „Latent-Homosexuellen". Er zeigte auch ein anderes Symptom, das ich bei ähnlichen Kranken wiederholt finden konnte: Die Syphilisangst. Die Syphilis ist ein Symbol des Unreinen und Verbotenen, also des Inzestes oder der Homosexualität. Die meisten Fälle, die ich analysieren konnte, zeigten die gleiche Wurzel: Angst vor der Homosexualität. Der Drang bei *Rousseau* scheint ursprünglich gewesen zu sein: Seinem Vater die tote Mutter zu ersetzen und ihm seinen Anus anzubieten. Wir müssen die Exhibition der Nates als den Ausdruck des Wunsches nach einem päderastischen Akte auffassen. Er verwandelte dann Lust in Strafe und Strafe in Lust. Da er sich aber die homosexuelle Komponente vor sich selbst verheimlicht, kann er sich einbilden, für Männer reine Freundschaft zu fühlen. Daher verzichtet er selten auf körperliche Berührungen.

Er ist rasch mit dem Umarmen der Männer und noch rascher mit seiner Neigung. Wieder ist sein Herz frei und er hält Ausschau nach einem männlichen Ideale. Er findet es in einem französischen, etwas liederlichen Musiker Venture. *Rousseau* fürchtet, es wäre gar kein Musiker.

Ich hätte mir die Furcht ersparen können, denn er trug seine Soli mit aller erdenklichen Richtigkeit und Geschmack vor und hatte überdies noch eine sehr schöne Stimme. Selten bin ich angenehmer überrascht worden. Nach dem Ende der Messe machten ihm die Domherren und Musiker Komplimente ohne Zahl, die er mit lauter Possen, aber doch mit vieler Anmut beantwortete. Herr Le Maitre umarmte ihn aus vollem Herzen und das tat auch ich — er bemerkte, daß ich froh war und dies schien ihm zu gefallen.

Man wird mir zugeben müssen, des bin ich gewiß, daß, wenn ich mich von Bacle, der im Grunde doch nur ein plumper Kerl war, einnehmen ließ, ich noch weit eher für Venture, der Erziehung, Gaben, Verstand und Lebensart hatte und das war, was man einen liebenswürdigen Wildfang nennt, eine Neigung fassen konnte.

Er stand wieder vor einem Scheidewege. Auf der einen Seite lockte der Freund, auf der anderen die schöne Frau Warrens. Die Nähe des

Weibes und die Angst vor der Homosexualität entschieden für das Weib . . .

Der Franzose konnte die allergröbsten Sachen in der zierlichsten Art sagen und man konnte ihm nicht zürnen.

Die allersittsamsten Frauen erstaunten über das, was sie bei ihm ertrugen, und wenn sie gleich fühlten, daß sie böse werden sollten, fühlten sie sich doch nicht stark genug dazu. Ihm selbst paßten eigentlich nur liederliche Mädchen und ich glaube nicht einmal, daß er ein Mensch war, der bei Frauen Erfolg hatte, aber er war ganz dazu geschaffen, unendliche Anmut über das gesellschaftliche Leben zu verbreiten. Ich sah und hörte ihn gern, es schien mir alles entzückend, was er tat; was er sagte, dünkte mir lauter Orakelsprüche, aber so weit ging mein Vorurteil nicht, daß ich mich nicht von ihm hätte losreißen können.

Er war wieder einmal von einem Manne fasziniert. Aber sein Gewissen rebelliert gegen die leichten Sitten seines neuen Ideals. Er schützt sich wieder durch einen Bruch. „Zum Glück für meine Sitten und meinen Kopf kamen wir bald darauf auseinander.“ Also neuerdings eine regelrechte Liebe.

Er trennt sich scheinbar ernüchtert und findet ihn nach einiger Zeit wieder. Der Zauber ist noch nicht verflogen.

Ich fand Herrn Venture wieder, an den ich, ungeachtet meiner schwärmerischen Neigung für ihn, noch seit meiner Abreise nicht gedacht hatte. Ich fand ihn glänzend und in ganz Annecy beliebt wieder. Die Damen rissen sich um ihn. Diese seine Fortschritte verrückten mir vollends den Kopf. Venture war mir nun alles, ich dachte sogar kaum an Frau Warrens. Seine Lehren gemächlicher nutzen zu können, schlug ich ihm vor, zu ihm zu ziehen; er ließ sichs gefallen.

Nun ist er seinem Liebling nahe und bewundert ihn den ganzen Vormittag. Sie aßen um 2 Uhr eine Kleinigkeit.

Venture ging dann in die Gesellschaften, in denen er die Abende zubrachte, und ich ging allein spazieren, tief nachdenkend über seine großen Verdienste, seine seltenen Talente bewundernd und mir selber wünschend und mein häßliches, unfreundliches Gestirn, das mich nicht zu einem ähnlichen glücklichen Leben bestimmte, verfluchend.

Hier setzten die Episoden mit der Giraud und Fräulein Graffenried ein. Man wird begreifen, daß ein Jüngling, der so in einen anderen Mann verliebt ist, wie *Rousseau* in Venture, kaum für die Frauen etwas übrig haben wird. Nun, die Damen merkten auch, wo der Feind saß. Sie warnten *Rousseau* vor den schlechten Gesellschaften, sprachen mit wenig Achtung von seinem Ideale und schienen mißvergnügt, ihn in so schlechten Händen zu wissen. Nun hatte er ja in den beiden Mädchen heterosexuelle Ideale gefunden und diese benützte er, um sich von Venture loszumachen. Er erwähnt noch eine schlaflose Nacht nach der letzten Unterredung mit Venture — dann aber inszeniert er sich eine große Liebe zu den zwei Mädchen, mit denen er noch eine Weile korrespondierte. Die Teilnahme einer liebenswürdigen Frau tröstet ihn für alle Kümmernisse.

Er reist mit Fräulein Merceret ab und trifft seinen Vater. Sie umarmen sich unter Tränen und der gute Vater gibt ihm allerlei praktische Ratschläge. Aber Venture ist noch nicht überwunden. Er spielt in Lausanne den falschen Venture. Er nennt sich „Vaussone de Villeneuve", gibt sich für einen Pariser Gesangslehrer aus und kommt in die unangenehmsten Situationen.

Wieder kommt eine kleine Schwärmerei ... der etwas leichtsinnige Pater Caton. Das war schon einmal der Typ von *Rousseau*. (Imago des Bruders!)

Dieser Pater Caton machte beim Marquis von Antremont Bekanntschaft mit Mama. Er hörte von unseren Konzerten sprechen, wollte teil an denselben nehmen, tat es und machte sie glänzend. Wir wurden bald durch unsere gemeinschaftliche Vorliebe für die Musik einander wert, denn diese war bei dem einen wie bei dem anderen zur mächtigen Leidenschaft geworden, jedoch mit dem Unterschied, daß er in der Tat ein Tonkünstler und ich nichts weiter als ein Stümper war. Wir gingen mit Canavas und dem Abbé Palais auf sein Zimmer und machten Musik, an Festtagen taten wir es auch zuweilen auf seiner Orgel. Oft hielten wir auch bei ihm ein kleines, freundschaftliches Mahl, denn, was ferner erstaunlich an einem Mönche war, er war freigebig, prachtliebend und ein Freund der Freude, ohne unsittlich zu sein. An unseren Konzerttagen speiste er bei Mama zu Abend. Dieses Abendbrot war immer sehr fröhlich und angenehm, man sprach, wie man es meinte, und man sang ein Duett; ich war in der Seele vergnügt, hatte Witz und Einfälle, der Pater Caton war zum Küssen, Mama zum Anbeten reizend. Der Abbé Palais mit seinem Stierbaß gab die Zielscheibe ab. Flüchtige, süße Augenblicke meiner Jugendzeit, wie lange seid ihr nun schon dahin!

Wie fein macht er die Unterschiede! Den Pater Caton findet er zum Küssen, die schöne Frau Warrens nur zum Anbeten!

Wir finden übrigens noch ein freimütiges Geständnis über seine Potenz den Frauen gegenüber:

Überall ist Zwang und Unterwerfung mir unerträglich, sie würden mir das Vergnügen selbst verhaßt machen können. Man sagt, daß bei den Mohammedanern bei Tagesanbruch ein Mensch durch die Straßen geht und die Männer auffordert, ihren Frauen zu tun, was sie ihnen schuldig sind. In diesen Stunden würde ich ein schlechter Türke sein.

Es ist bekannt, daß alle Männer des Morgens die stärksten Erektionen haben. Warum betont *Rousseau*, daß seine Leistungsfähigkeit um diese Zeit eine klägliche sei? Es ist nicht das „Koitieren auf Befehl", was ihm unmöglich ist. Wir wissen, daß der Traum die ganze Nacht darnach trachtet, die Widerstände der Moral zu überwinden und eine Erfüllung der verbotenen Impulse durchzusetzen. So muß es *Rousseau* mit der Homosexualität gegangen sein. Sie wurde gegen Morgengrauen stärker, so daß er kein Verlangen mehr nach Frauen hatte.

Nun vergehen viele Jahre, in denen er kein bestimmtes homosexuelles Ideal gefunden hatte. Bald aber begann er zu lieben. Alle diese Menschen, die er so heiß geliebt hatte, wurden in der Paranoia seine Verfolger. Wir wissen ja, daß er von Gedanken an diese Männer verfolgt wird.

Da kommt in erster Linie Diderot in Betracht. Diderot wurde in den Turm zu Vincennes gesperrt. *Rousseau* findet Töne der Verzweiflung, wie sie der Liebhaber ausstößt, dem die Geliebte entrissen wird.

Nichts gleicht meiner Todesangst, als ich die Nachricht von seinem Unglück erfuhr. Meine traurige Einbildungskraft, die in jedem Übel gleich das Übelste sieht, wurde heftig aufgeregt. Ich glaubte ihn auf lebenslang im Gefängnis und wenig fehlte, daß ich den Verstand verloren hätte. Ich schrieb an Frau von Pompadour, ich beschwor sie, es dahin zu bringen, daß er entweder frei oder ich mit ihm eingesperrt würde. Ich bekam keine Antwort auf meinen Brief; er war zu unsinnig gewesen, um von Wirkung zu sein, und ich schmeichle mir nicht, daß er etwas zu der besseren Behandlung, welche der arme Diderot einige Zeit nachher in seiner Gefangenschaft genoß, beigetragen habe. Aber hätte diese noch einige Zeit mit der nämlichen Strenge fortgedauert, so würde ich gewiß am Fuße dieses unglücklichen Turmes vor Verzweiflung gestorben sein.

Eine zweite heiße Liebe war Grimm, ebenfalls später sein Verfolger und Todfeind . . . . Seine Liebe zu Männern geht oft — wie wir schon bei Venture und Caton gesehen haben — über die Musik.

Den anderen Tag über dem Mittagessen sprach man von Musik und Grimm sprach mit Kenntnis davon. Ich war ganz entzückt, als ich hörte, daß er Klavier spiele. Den ganzen Tag brachten wir am Klavier des Prinzen zu und so fing unsere Freundschaft an, die mich anfangs entzückte, aber späterhin so traurige Folgen für mich hatte. Ich werde noch oft von dieser Verbindung sprechen müssen.

Bei meiner Rückkehr nach Paris erfuhr ich die angenehme Neuigkeit, daß Diderot nicht mehr auf dem Turm gefangen säße und daß sein Arrest auf sein gegebenes Ehrenwort insoweit gemildert worden wäre, daß er nunmehr im Schloß und im Park von Vincennes herumgehen und die Besuche seiner Freunde annehmen dürfe. Ach, daß ich nicht sogleich zu ihm hineilen konnte! Aber ich hatte für Frau Dupin noch einige höchst nötige Geschäfte zu vollenden, ich mußte noch zwei oder drei ewig lange Tage, welche mir ebenso viele Jahrhunderte dünkten, warten. Man denke sich meine Ungeduld und die Gefühle, mit welchen ich in der lange entbehrten Umarmung an die Brust meines Freundes dahinsank. Unaussprechlicher Augenblick! Diderot war nicht allein, D'Alembert und der Schatzmeister der Sainte-Chapelle waren bei ihm. Ich sah nur ihn: ein Sprung, ein Aufschrei der Freude und ich hing an seinem

Halse und in der engsten Umarmung konnte ich kein Wort hervorbringen. Tränen und Seufzer waren meine einzige Sprache. Beinahe erstickte mich das Gefühl meiner Zärtlichkeit und meiner Freude. Sobald er sich aus meinen Armen gewunden hatte, wandte er sich gegen den Geistlichen und sagte: „Sie sehen, mein Herr, wie meine Freunde mich lieben!" Ganz in meine Gefühle versunken, achtete ich damals gar nicht auf die Art, wie er den Ausbruch derselben aufnahm. Aber wenn ich nach der Zeit manchmal daran dachte, glaubte ich immer, daß an Diderots Stelle mein erster Gedanke nicht gerade dieser gewesen wäre.

Über seine Liebe zu Grimm äußert er sich noch enthusiastischer:

Ich ließ diese Schrift[1]) abgehen, ohne jemandem etwas davon zu sagen, außer, wie ich glaube, Grimm, mit dem ich, seit er zu dem Grafen von Friese kam, anfing, in der größten Vertraulichkeit zu leben. Er hatte ein Klavier, das uns zum Vereinigungspunkt diente und an welchem ich alle meine freien Augenblicke dabei zubrachte, mit ihm italienische Arien und Barkarolen ohne Unterlaß von morgens bis abends oder vielmehr von abends bis morgens zu singen. Wenn man mich nicht bei Madame Dupin antraf, so war ich sicher bei Herrn Grimm oder wenigstens mit ihm entweder auf der Promenade oder im Schauspiel. Ich ging nicht mehr in die italienische Komödie, obgleich ich freien Eintritt hatte, weil er sie nicht liebte; dagegen zahlte ich meinen Platz in der französischen Komödie, weil er in diese verliebt war. Kurz, ich fühlte mich so unwiderstehlich an diesen jungen Mann gezogen und wurde so unzertrennlich von ihm, daß selbst die arme Tante darunter leiden mußte, das heißt, daß ich sie weniger besuchte; denn niemals wurde einen Augenblick meines Lebens meine Liebe für sie geschwächt.

Eine sehr bemerkenswerte Handlung erwähnt er aus dem Jahre 1749. Er war damals 37 Jahre alt.

Ich habe schon gesagt, daß der Prediger Klüpffel ein liebenswürdiger Mann war. Meine Verbindung mit ihm war fast ebenso genau als mit Grimm und wir wurden gleich vertraut. Sie aßen einige Male bei mir. Bei diesen Mahlzeiten, die etwas mehr als einfach waren, wurden wir durch die feinen und ausgelassenen Schwänke Klüpffels und durch die komischen Germanismen Grimms, der noch nicht rein französisch sprach, ungemein belustigt.

Zwar führte die Sinnlichkeit bei unseren kleinen Orgien den Vorsitz nicht, aber die Heiterkeit vertrat ihre Stelle und wir waren so vergnügt miteinander, daß wir uns nicht leicht verlassen konnten. Klüpffel hielt sich ein kleines Mädchen, das nichtsdestoweniger noch immer feil war, weil er sie nicht allein unterhalten konnte. Eines Abends, da wir ins Kaffeehaus gingen, trafen wir ihn gerade, wie er von da zu ihr zum Nachtessen gehen wollte.

Wir machten uns über ihn lustig. Er rächte sich auf die artigste Art, indem er uns alle zum nämlichen Nachtessen mitnahm und sich dann auch wiederum über uns lustig machte. Dieses arme Mädchen schien mir von einem guten, sanften Charakter und gar nicht zu dem Handwerk gemacht, zu welchem eine alte Hexe, die sie bei sich hatte, sie mit möglichstem Fleiß abrichtete. Scherz und Wein machten uns bald so lustig, daß wir uns vergaßen. Der gute Klüpffel wollte die Ehre des Hauses nicht halb machen und wir ver-

[1]) Es handelt sich um eine Preisaufgabe.

fügten uns einer nach dem anderen mit der guten Kleinen, welche in der Tat nicht wußte, ob sie weinen oder lachen sollte, in die anstoßende Kammer. Grimm behauptete gegen uns, daß er sie nicht angerührt hätte. Wenn er nicht log, so kann ich mir sein langes Verweilen bei dem Mädchen nur dadurch erklären, daß er unsere Geduld auf die Probe setzen wollte. Enthaltsamkeit war wohl nicht seine Sache, denn ehe ihn der Graf von Friese in sein Haus aufnahm, hatte er in dem nämlichen Quartier Saint-Roche bei Mädchen gewohnt. Ich verließ die Straße des Moineaux, wo dieses Mädchen wohnte, mit ebenso viel Scham als Saint-Preux, das Haus, wo man ihn betrunken gemacht hatte, und ich hatte meine Geschichte vor Augen, da ich die seinige schrieb. Therese merkte an einigen Zeichen und besonders an meiner bestürzten Miene, daß ich mir einen Vorwurf zu machen hätte, ich verminderte aber meinen Fehler durch ein schnelles und aufrichtiges Bekenntnis. Ich hatte wohl daran getan, denn gleich den anderen Morgen kam Grimm triumphierend zu ihr, um ihr mein Verbrechen mit vergrößerten Umständen zu erzählen, und von da an war er boshaft genug, sie immer daran zu erinnern. Es war um so unschicklicher von ihm, da ich mich ihm freiwillig und mit gutem Herzen vertraut hatte und von seiner Diskretion keinen Mißbrauch hätte sollen erwarten dürfen. Nie fühlte ich mehr als bei dieser Gelegenheit die Herzensgüte meiner Therese, denn Grimms Betragen brachte sie mehr auf, als meine Untreue sie beleidigte; sie machte mir bloß rührende und zärtliche Vorwürfe, in welchen ich auch nicht die geringste Spur des Unwillens entdeckte.[1])

Ich habe schon bei Besprechung der Masken der Homosexualität[2]) erwähnt, daß der gemeinsame Besuch eines Bordells häufig auf homosexuelle Triebkräfte zurückzuführen ist. Ebenso kennen wir die Tendenz der Homosexuellen, Personen, die sie lieben, zusammenzubringen. *Rousseau* brachte auch Grimm und Diderot zusammen.

„Ich wünsche, immer alles, was ich liebe, zu vereinigen, und war zu sehr der Freund dieser beiden, als daß sie nicht bald auch untereinander Freunde geworden wären. Ich brachte sie zusammen, sie gefielen und verbanden sich bald inniger miteinander als mit mir. Diderot hatte unzählige Bekanntschaften, aber Grimm, als neuangekommener Fremdling, mußte erst welche machen. Ich gab mir alle Mühe, ihm solche zu verschaffen. Ich hatte ihn schon mit Diderot bekannt gemacht und tat das nämliche mit Gauffecourt. Ich führte ihn bei Frau von Chenonceaux, bei Frau von Epinay, bei dem Baron von Holbach, mit dem ich fast wider meinen Willen in Verbindung stand, ein. Alle meine Freunde wurden die seinigen; das war ganz natürlich; aber keiner der seinigen wurde je der meine: dies war es weniger.

Rousseau war ein typischer Urin-Sexualist. Schon in der Kindheit machte seine Enuresis der Tante viel zu schaffen. Später litt er an der bekannten Phobie der Urin-Sexualisten, durch Harndrang gestört zu werden. Jede psychische Erregung überträgt sich auf die Blase. Daher mied *Rousseau* auch längeren Umgang mit Frauen. Später begann er

¹) Freilich — sie war ja selbst untreu. Wie konnte sie ihm Vorwürfe machen!
²) Band II.

sich mit Sonden zu maltraitieren — oder sagen wir lieber zu reizen. denn es ist uns ja bekannt, daß die Urin-Sexualisten bei dieser Sondeneinführung auf ihre Rechnung kommen. Selbstverständlich bildete er sich ein, einen Stein in der Blase zu haben. Harnverhaltung und Harndrang wechselten einander ab und die Blase wurde sein Tyrann, sie determinierte sein ganzes Leben.

Voberg berichtet ferner: „Als der Philosoph schon den „grausen Tod unter den Schmerzen der Steinkrankheit vor Augen sah". gelang es dem Bruder Côme, „der eine beispiellos geschickte und leichte Hand hatte", eine dünne Silbersonde einzuführen. Bruder Côme erklärte die Vorsteherdrüse für sehr vergrößert und verhärtet. Einen Stein fand er nicht. *Rousseau* zog daraus den Schluß: „Das Übel sitzt sicherlich entweder in der Vorsteherdrüse oder im Blasenhals oder in der Harnröhre, wahrscheinlich aber an allen drei Stellen" (Testament 1763). Mit zunehmendem Alter traten die Harnbeschwerden immer mehr in den Hintergrund. *Rousseaus* Freund, der Arzt Le Bègue de Presle, sagt: „Die Schmerzen in der Blasengegend und die Beschwerden beim Harnlassen, wovon *Rousseau* in der ersten Hälfte seines Lebens heimgesucht wurde, schwanden mit zunehmendem Alter in dem Maße, wie die Körperkräfte abnahmen." Bei der Leichenöffnung fanden die Chirurgen „weder in der Blase, noch in den Harnleitern und der Harnröhre, noch in den samenbereitenden und -führenden Organen irgend etwas von der Regel Abweichendes". „Die Annahme ist daher berechtigt", heißt es in dem Leichenöffnungsbericht, „daß die Schmerzen in der Blase, die Beschwerden beim Wasserlassen, die Herr *Rousseau* bei Lebzeiten wiederholt empfunden hat, von einem Krampfe der dem Blasenhals benachbarten Teile herrührten, oder von einem krampfartigen Zustande des Blasenhalses selbst, oder von einer Vergrößerung der Vorsteherdrüse". Mit den Harnbeschwerden *Rousseaus* haben sich Ärzte wiederholt beschäftigt. So viel Ärzte, so viel verschiedene Gutachten. *Desruelles:* Vergrößerung der Vorsteherdrüse, *Mercier:* Muskelklappe am Blasenhals, *Amussat:* Harnröhrenverengerung infolge entzündlicher Schwellung der Schleimhaut, *Poncet:* angeborene Harnröhrenverengerung, *Lallemand:* Samenfluß. Zweifellos haben wir es mit einer rein nervösen Störung bei einem Psychopathen zu tun."

Die Blase sollte einen unheilvollen Einfluß auf sein Geschick ausüben. Er wurde das Opfer seiner Urin-Sexualität. Einflußreiche Kreise bemühten sich, den König für ihn zu interessieren und ihm durch eine Pension ein ungestörtes Schaffen zu ermöglichen. Endlich schien der Plan zu glücken.

Nach der Aufführung seiner Oper soll er dem König vorgestellt werden.

Wird man wohl glauben, daß die Nacht, die einem so glänzenden Tag folgte, für mich eine Nacht voll Kummers und Todesangst wurde? Es war nicht diese Vorstellung vor dem König allein, was mich in Verlegenheit setzte, sondern mehr noch ein häufiges Bedürfnis, meine Blase zu erleichtern, welches mir auch heute abend im Schauspiel sehr beschwerlich gewesen war. Wie leicht konnte michs morgen in der Galerie oder in den Zimmern des Königs unter den Großen, während ich da Seine Majestät erwartete, ankommen! Schon der Gedanke an den Zustand, in welchen mich dieses Bedürfnis setzen konnte, war hinlänglich, mir das Bedürfnis selbst in einem Grade zu geben, daß ich ohnmächtig werden konnte, wenn ich nicht ein Aufsehen machen wollte, was ich mehr als den Tod scheute. Jeder, der meinen Zustand aus Erfahrung kennt, kann beurteilen, wie ich mich vor diesem Gedanken entsetzen mußte. Und dann, was sollte ich dem Könige sagen, wenn ich, von ihm angeredet, auf irgend eine glückliche und geistvolle Antwort hätte kommen müssen? Ich wußte im voraus, daß ich in seiner Gegenwart keinen Gedanken mehr würde auffinden können. Was würde in diesem Augenblick vor den Augen des ganzen Hofes aus mir geworden sein, wäre mir irgendeine meiner gewöhnlichen Tölpeleien in meiner Verwirrung entwischt? Alle diese Schwierigkeiten schienen mir so schrecklich, daß ich mich auf alle Gefahr entschloß, mich ihnen nicht auszusetzen.

Der König wird ein Bild des Vaters und des Richters. Es ist, als ob er die Verantwortung hinausschieben wollte. Oder scheute sich sein böses Gewissen? Stand vor ihm nicht der Imperativ: das verdienst du nicht? Die Pension war jedenfalls für ihn verloren. Es scheint aber, daß er auf seine Freunde angewiesen sein wollte. Alle Neurotiker sind die Opfer der symbolischen Gleichung, die Geld als ein Zeichen der Liebe nimmt. Er wollte vom Gelde seiner Freunde leben. Er wollte nicht der Sorge enthoben sein, weil er dann nicht das köstliche Gefühl genießen konnte, die Freunde für sich in Anspruch zu nehmen und ihre Teilnahme wie ein süßes Geschenk zu genießen.

Zwei Tage darauf, da ich eben abends um neun Uhr zu Frau von Epinay ging, bei der ich zu Nacht essen sollte, begegnete mir am Tor ein Fiaker. Jemand, der darin saß, winkte mir einzusteigen; ich stieg ein, es war Diderot. Er sprach mit mir von der Pension mit einem Feuer, das ich bei einer ähnlichen Gelegenheit von keinem Philosophen erwartet hätte. Daß ich mich dem König nicht hatte wollen vorstellen lassen, daraus machte er mir kein Verbrechen, mehr aber aus meiner Gleichgültigkeit gegen die Pension. Er sagte, wenn ich auch für meinen Teil uneigennützig genug wäre, daß ich es wegen Frau Levasseur und ihrer Tochter nicht sein dürfte, daß es meine Pflicht sei, kein mögliches und ehrliches Mittel zu vernachlässigen, um ihnen Brot zu schaffen, und da man überdies nicht sagen könnte, daß ich die Pension ausgeschlagen hätte, so behauptete er, daß ich darum bitten und sie um jeden Preis erhalten müßte. Obgleich mich sein Eifer rührte, so konnte ich doch seine Grundsätze nicht zugeben und wir hatten deswegen den lebhaftesten Streit, den ich je mit ihm gehabt hatte. Überhaupt rührten alle unsere

Streitigkeiten, bedeutende sowohl als unbedeutende, daher, daß er von mir Gehorsam forderte und ich ihn verweigerte, er, weil er glaubte, daß ich etwas tun, ich, daß ich es unterlassen müßte. Es war schon spät, als wir uns verließen. Ich wollte ihn mit mir zum Nachtessen bei Frau von Epinay führen, aber er wollte nicht. Überhaupt gab ich mir öfters viele Mühe, ihn zu vermögen, daß er diese Frau besuchen möchte, bloß weil ich immer wünschte, alle diejenigen zu vereinigen, welche ich liebte, aber er war nie dahin zu bringen. Ich führte sie selbst einmal an seine Tür, aber er ließ uns nicht vor und sprach von ihr immer nur in sehr verächtlichen Ausdrücken. Erst nachdem ich mit ihr und ihm entzweit war, kamen sie in Verbindung und erst dann sprach er gut von ihr.

Diderot hatte ja gewiß recht, er müsse an Therese denken. Er dachte nicht daran, weil er vom Gelde seiner Freunde leben wollte. (Von geliebten Personen Geld nehmen.) Interessant ist das Verhalten Diderots zu Frau von Epinay. Man merkt aus diesen Zeilen, daß er eifersüchtig ist, während *Rousseau* glücklich wird, wenn seine Freunde seine Freundinnen lieben. Er besitzt die Freunde durch die Frauen.

Zu den Frauen hat *Rousseau* immer ein merkwürdiges, durch Homosexualität determiniertes Verhältnis.

Frau von Epinay füllte auf diese Art die leeren Stunden, welche der Kreis ihrer Anbeter ihr unbesetzt ließ, so gut aus, als sichs tun lassen wollte. Der Ersatz war gering, aber doch immer noch mehr wert als eine gänzliche Einsamkeit, welche sie nie hat ertragen können. Ich sah sie gern und schwatzte gerne mit ihr. Ihr Gespräch, sehr angenehm in einem größeren Zirkel, gewährte freilich im kleineren wenig Unterhaltung; ich war nicht belebter als sie und war also für sie keine große Unterstützung. Wenn ich dann bei ihr war, so schämte ich mich doch, gar zu lange nicht zu sprechen, und wie sauer mirs auch werden mochte, sie zu unterhalten, so hielt ich doch die Langweile fern. Ich erwies ihr gern kleine Aufmerksamkeiten, gab ihr mitunter einen ganz brüderlichen Kuß, der ihre Sinnlichkeit so wenig reizte als die meinige. Sie war sehr mager, sehr weiß und hatte eine tellerflache Brust. Dieser einzige Mangel wäre ausreichend gewesen, mich gegen sie kalt zu machen wie Eis; in einem Menschen ohne Busen habe ich niemals die Frau erblicken können. Für ein solches Weib oder Mädchen sprach in meinem Herzen keine Stimme; auch bei dieser Dame vergaß ich aus tausend Gründen, die ich nicht alle anführen kann, ihr Geschlecht.

Hier wirkt die Erinnerung an die Männerbrust als Hemmung. Aber immer beherrscht ihn die Sehnsucht, einen Freund ganz sein eigen zu nennen.

Auch lernte er nicht das Glück der Liebe kennen. Was war ihm Therese? Doch nur ein Schutz gegen die Homosexualität.

So kam es denn, daß bei der aufrichtigsten wechselseitigen Zuneigung, in die ich alle Zärtlichkeit legte, deren mein Herz fähig war, die Leere dieses Herzens doch nicht ausgefüllt wurde. Da ich mein Ideal liebevoller Verbindung, deren ich so bedürftig war, nicht verwirklichen konnte, so sah ich mich nach etwas um, was nicht zwar die Leere meines Herzens ausfüllen konnte, aber doch mich dieselbe weniger fühlen ließe. Weil ich keinen Freund hatte, der mein eigen war, so mußte ich Freunde haben, deren Lebhaftigkeit mich wenigstens aus meiner Trägheit aufjagte; aus dieser Rücksicht pflog ich Freundschaft und schloß sie aufs neue enger mit Diderot, mit dem Abbé von Condillac, verband mich mit Grimm, und zwar näher als mit einem der Vorgenannten.

Über dieses Bedürfnis nach Freundschaft äußert sich *Möbius*:

„Aber sein liebebedürftiges, vertrauensvolles Herz verlangte nach Freunden und täuschte ihn über die, die er so nannte. Das war sein Verderben. Der Neid der Freunde war der grimmige unerbittliche Feind, der ihn bis über das Grab hinaus verfolgt hat. Rosseau machte nicht nur den Fehler, daß er seine Freunde unter den gelehrten und unehrlichen Leuten seiner Umgebung suchte, sondern auch den, daß er fortdauernd ihre Unfähigkeit, seine Empfindungen zu erwidern, verkannte.

Dieser Mangel an Urteil über die Menschen ihrer Neigung scheint vielen warmherzigen Naturen eigen zu sein. Bei Rousseau aber war er deshalb ganz besonders folgenreich, weil seine Ansprüche an die Freundschaft ungewöhnlich hoch waren. Er verstand die Freundschaft im engeren Sinne des Wortes, als innigste persönliche Gemeinschaft, und brachte dem Freunde in aller Lebhaftigkeit seines Temperaments, ja mit einer gewissen Überschwänglichkeit sein Herz entgegen. Den anderen aber war in der Regel Freund so viel wie Bekannter, und wahrscheinlich hatten sie sich zuweilen gar nicht viel dabei gedacht, wenn Rousseau von seinem Standpunkte aus mit Recht über Treubruch klagte. So milde sind die freilich nicht zu beurteilen, mit denen wir uns zunächst zu beschäftigen haben. Rousseau war schon in der ersten Zeit seines Pariser Aufenthaltes mit fast allen literarischen Persönlichkeiten der Hauptstadt bekannt geworden, am engsten aber hatte er sich von vornherein an Diderot angeschlossen. Beide waren ungefähr gleich alt, waren noch Werdende und verfolgten anscheinend gleiche Ziele. Jahrelang scheint zwischen ihnen ein intimes Verhältnis ohne Störungen bestanden zu haben."

Als Beweis führt *Möbius* das Geschichtchen im Gefängnis an, das wir erwähnt haben. Was *Rousseau* von der Freundschaft verlangte (homosexuelle Betätigung), das wollte und durfte er nicht wissen. Deshalb war er ewig unbefriedigt.

Er mußte ewig arbeiten, um die Leere des Herzens auszufüllen.

Als ich mich von des Abbé von St. Pierre Werken losgemacht hatte, war ich eine Zeitlang ungewiß, was ich nach denselben vornehmen sollte, und dieser Zwischenraum ohne Beschäftigung war mein Verderben. Ich bekam Muße, mich selbst zum Gegenstand meines Nachdenkens zu machen, weil ich außer mir keine Beschäftigung fand, und raubte mir dadurch für die Zukunft ein Spielzeug meiner Einbildungskraft, das ich in dem Entwerfen eines neuen Planes hätte finden können. Ja, es wurde mir unmöglich, welche zu entwerfen. Meine gegenwärtige Lage befriedigte alle meine früheren Wünsche; ich hatte nun keinen mehr und doch fand mein Herz sich leer. Dieser Zustand war für mich um so peinlicher, weil ich mir keinen besseren noch zu erlangenden denken konnte. Meine zärtlichste Zuneigung hatte ich einer Person zugewandt, welche ganz nach meinem Herzen war und meine Gesinnung erwiderte. Ich lebte mit ihr ohne Zwang, frei sozusagen und nach meinem Gutdünken. Indessen engte ein unbekanntes Gefühl mein Herz beständig ein, ich mochte ihr nahe oder fern sein. Ihr Besitz selbst ließ mich fühlen, daß sie mir doch fehlte, und der Gedanke, ihr nicht alles zu sein, machte, daß sie für mich beinahe nichts war.

Ich hatte Freunde von beiden Geschlechtern, an welchen ich mit der reinsten Freundschaft, mit der vollkommensten Achtung hing.

Hier setzt mit der Sehnsucht nach dem Mann der paranoische Wahn ein. Er verdächtigt seine Freunde Diderot und Grimm, daß sie mit seiner Frau in Verbindung stünden:

Was aber in der Tat mich noch weit mehr überraschte als dies, war zu hören, daß außer den vielen Versuchen, welche Diderot und Grimm häufig bei Mutter und Tochter gemacht hatten, in der Absicht, sie von mir abzuziehen, welche alle durch Theresens Widerstand fruchtlos geblieben waren, daß, sage ich, jene beiden Männer seither häufige heimliche Unterredungen mit der Alten hielten, ohne daß Therese hätte erfahren können, worüber sie miteinander brüteten.

Seine Tendenz, die geliebten Männer mit seinen angebeteten und sonstigen Frauen in Verbindung zu bringen, wird immer stärker. Er betont schon vorher, daß er an die physische Treue Theresens glaubt, weil sie nicht sinnlich sei.[1])

Also Diderot und Grimm konspirieren gegen ihn und Therese ist mit ihnen im geheimen Einverständnis.

Da der erste Schritt einmal getan war, ging das übrige leicht; hat man einmal vor einer geliebten Person ein Geheimnis, so macht man sich in der Folge kein Gewissen, ihr alles zu verbergen. Therese teilte sich und ließ mich bisweilen fühlen, daß ich allein stand. Eine dreiteilige Gesellschaft war für mich so gut wie keine. Damals bereute ich den Anfang unserer Bekanntschaft und die Gelehrigkeit, welche ihr die Liebe gab, nicht besser benutzt zu haben. Ich hätte können und sollen ihren Geist mit Geschicklichkeiten und Kenntnissen zieren, diese würden uns in unserer Einsamkeit näher zusammengehalten, würden ihre und meine Zeit ausgefüllt haben, ohne uns jemals die Langeweile des Alleinseins fühlen zu lassen. In der Einsamkeit lernt man das Glück schätzen, mit einem Menschen zu leben, welcher denken kann. Bei mir bedurfte es dessen nicht, um gerne um sie zu sein; aber sie hätte dessen bedurft, sich in meiner Gesellschaft zu gefallen. Daß wir Liebesleute waren, schadete unserer Freundschaft; wir lebten sehr innig zusammen, ohne als innige Vertraute zu leben.

---

[1]) Das steht allerdings mit der Tatsache ihrer Untreue (siehe S. 526) in Widerspruch. Wir sehen wieder ein schönes Beispiel von „Annullierungstendenz" einer unangenehmen Wahrheit.

Seit ich bemerkte, daß Therese beflissen war, kleine Vorwände zu suchen, um sich von unseren Spaziergängen, zu welchen ich sie einlud, loszumachen, lud ich sie nie mehr ein, doch ich verdachte es ihr nicht, daß sie nicht so viel Gefallen daran fand als ich. Das Vergnügen hängt nicht von unserem Willen ab. Ich war gewiß, daß ihr Herz mein war, und dies genügte mir. Wenn meine Vergnügungen zugleich die ihrigen waren, so genoß ich sie mit ihr, war dies nicht der Fall, so galt ihre Zufriedenheit mir mehr als die meinige.

Er fühlt sich einsam und unbefriedigt. Sein leeres Herz verlangt Verständnis. Dies Gefühl stammt aus einem physischen Hunger nach Libido. Er wird älter und seine geheimen Wünsche erfüllen sich nicht — — — —. Er beginnt Therese zu vernachlässigen und lebt bald in einer „weißen Ehe", d. h. ganz abstinent.

Ganz nahe der Erkenntnis der Homosexualität kommen die erschütternden Geständnisse:

Wie kam es denn, daß ich mit einer der Mitteilung so fähigen und so bedürftigen Seele, für die leben nichts anderes hieß als lieben, daß ich bisher noch keinen Freund, der ganz mein war, keinen wahren Freund gefunden hatte? Ich, der ich mich so ganz für Freundschaft gemacht fühlte? Wie kam es, daß ich mit der reizbarsten Sinnlichkeit, mit einem von Liebe durchdrungenen Herzen nicht wenigstens einmal von der Flamme dieser Leidenschaft gegen einen bestimmten Gegenstand brannte? Verzehrt von dem Bedürfnis zu lieben, ohne je es ganz befriedigt zu haben, sah ich mich an den Pforten des Alters im Begriff zu sterben, ohne gelebt zu haben.

Diese traurigen, aber rührenden Betrachtungen leiteten mich auf mich selbst zurück, mit einem Schmerz, dem jedoch das Süße nicht fehlte. Mir schien es, als ob das Schicksal mir noch etwas schuldig wäre, das es mir nicht gegeben hatte. Sollte ich mit den ausgesuchtesten Fähigkeiten geboren und gleichwohl verdammt sein, sie bis ans Ende meiner Tage unbenützt zu lassen? Das Gefühl meines innerlichen Wertes hatte das Gefühl der Ungerechtigkeit des Schicksals in mir aufgeregt, aber es entschädigte mich auch für dieses. Ich vergoß Tränen, aber ich weinte sie gerne.

Ich hing diesen Betrachtungen in der schönsten Zeit des Jahres, im Monat Juni, im kühlen Schatten der Bäume, beim Gesang der Nachtigall, beim Gemurmel der Bäche nach. Alles traf zusammen, mich wieder in jene weiche verführerische Seelenstimmung zurückzuwiegen, für welche ich geboren war, welche aber, man hätte es wenigstens glauben sollen, von dem rauhen ersten Ton, zu dem eine lange Berauschung mich hinaufgehoben hatte, hätte sollen verdrängt worden sein. Unglücklicherweise kam jenes Mittagessen im Schloß zu Toune und wie ich jenen beiden herzigen Mädchen zu der nämlichen Jahreszeit und in einer Gegend, welche mit der, wo ich mich jetzt befand, viele Ähnlichkeit hatte, begegnete, alles dies kam in mein Gedächtnis zurück. Diese Erinnerung und die Vorstellung von der Unschuld jenes Vergnügens brachte andere Vorfälle ähnlicher Art in mein Gedächtnis. Mein Blut entzündete sich und zitterte glühend durch meine Adern, mein Kopf fing trotz seiner grauen Haare zu wirbeln an, und siehe da, der ernsthafte Bürger von Genf, der strenge Jean Jaques, der bald ein Fünfziger wird, ist ein seufzender, schwärmender Schäfer geworden. Wie weit übrigens mein verliebter Wahnsinn auch gehen mochte, so kam ich doch nie dahin, daß ich mein Alter oder meine Lage vergessen, daß ich mir geschmeichelt hätte, noch jetzt Gegenliebe erwecken zu können, oder daß ich versucht hätte, dieses fressende, aber unfruchtbare Feuer, von welchem mein Herz seit meiner Kindheit verzehrt wurde, einem geliebten Gegenstand mitzuteilen.

Was tat ich denn nun? Die Leser, welche dem Gang meiner Geschichte bis hierher mit einiger Aufmerksamkeit gefolgt sind, müssen es schon erraten haben. Ich sah die Unmöglichkeit, meine Wünsche in der wirklichen Welt zu befriedigen, und suchte also mein Glück im Reiche der Einbildung. Weil kein Wesen unterm Monde mit meinen erhabenen Phantasien im Einklang stand, so schuf ich mir zur Nahrung für sie durch den Zauberstab der Einbildungskraft eine ideale Welt, die ich bald mit Wesen, so wie ich sie mir wünschte, bevölkerte. Ich schwebte so gerne unter diesen herrlichen Geschöpfen, mit welchen ich mich umgeben hatte, in meinem Himmel einher, daß ich Stunden und Tage so hinschwärmte, ohne den Lauf der Zeit zu gewahren. Ich vergaß alles andere; kaum hatte ich in der Eile einige Bissen verschlungen, so brannte ich schon wieder vor Sehnsucht, meine geliebten Baumgruppen wiederzusehen. Wenn dann mitten im Aufschwung in meine zauberische Welt unglückliche Erdensöhne kamen, meinen Aufflug zu hemmen, so konnte ich freilich meinen Verdruß nicht mäßigen und nicht verbergen, ich war nicht mehr Herr meiner selbst und empfing sie so rauh, daß man mein Betragen wohl brutal nennen konnte. Dies befestigte meinen Ruf als Menschenhasser; hätte man in meinem Herzen immer lesen können, man würde mir wegen desselben Betragens den entgegengesetzten eines Menschenfreundes gegeben haben.

Er fühlt, daß das Leben ihm etwas schuldig ist, was er in der Kindheit schon besessen hatte. Er macht eine Regression auf die Urquellen der Libido, auf die Kindheit. Er wird wieder ein Kind, tastet die Vergangenheit ab, schleicht scheinbar an den homosexuellen Episoden vorüber. Statt an Venture denkt er an die beiden Freundinnen, statt an reale Objekte beginnt er in einer Welt des Scheines zu leben. Hier setzt der Wahn ein. Unmerklich fast fließt die Neurose in die Psychose über. Er verzehrt sich vor Sehnsucht nach Erfüllung. Er sucht seinen Vater, seinen Bruder, er sucht die volle Befriedigung, die er nicht gefunden. Es ist eine typische Schilderung des kritischen Alters des Mannes. Noch einmal erobern, ehe die Zeit der Liebe vorüber ist. Einen Mann ganz und ungeteilt besitzen und genießen. Aber er versucht immer wieder diese homosexuellen Antriebe ins Heterosexuelle zu transponieren.

Er läßt sich in allerlei Händel ein. Diderot fängt seine „Machenschaften" an, sendet Boten, die ihn beobachten sollen, er schreibt an Voltaire usw.

Alle diese Zerstreuungen hätten mich von meinen phantastischen Liebschaften gründlich heilen sollen; vielleicht waren sie ein Wink des Himmels, mich von einem Wege abzuleiten, der mich in lauter Kummer führte, aber mein böses Schicksal wollte es anders. Kaum hatte ich wieder angefangen auszugehen, so nahmen mein Herz, mein Kopf und meine Füße die alten Wege. Ich sage die alten, aber dies ist doch nur in gewisser Beziehung wahr. Meine Ideen waren ein wenig zum gewöhnlichen Gange herabgestimmt, blieben gleichsam der Erde näher, aber ich war in ihrer Wahl noch ebenso sorgfältig wie vorher, und auch jetzt war das Liebenswürdige aller Art der Stoff meines Nachdenkens, so daß dieses Aussondern der Gegenstände nicht weniger chimärisch war als die Phantasiewelt, welche ich verlassen hatte.

Ich dachte mir die Liebe, die Freundschaft, diese zwei Götzen meines Herzens, unter den reizendsten Bildern. Ich fand ein Vergnügen daran, sie mit aller Anmut des Geschlechtes, das ich anbetete, auszuschmücken; zwei Freundinnen dichtete ich mit gutem Vorbedacht, nicht zwei Freunde; zwar sind jene seltener, aber wegen eben dieser Seltenheit um so liebenswürdiger. Ich begabte sie mit zwei analogen, aber doch verschiedenen Charakteren, mit zwei Gestalten, nicht vollkommen schön, doch nach meinem Geschmack, belebt von Wohlwollen und Empfindsamkeit. Die eine malte ich braun, die andere blond, die eine lebhaft, die andere sanft, klug und weise die eine, schwach die andere, und diese Schwachheit schilderte ich so rührend, daß die Tugend bei ihr noch zu gewinnen schien. Der einen von beiden gab ich einen Liebhaber, dessen zärtlichste Freundin, vielleicht etwas mehr noch, die andere war, aber da gabs keinen Zwist, keine Eifersucht, weil schon die Vorstellung einer peinlichen Empfindung mir peinlich ist und weil ich dieses hehre Gemälde durch nichts verdunkeln wollte, was der menschlichen Natur Schande macht. Meine beiden herrlichen Geschöpfe entzückten mich, ich übernahm die Person des Liebhabers und des Freundes, so sehr mir möglich war, ich gab ihm die Tugenden und zum Überfluß auch die Fehler, welche ich an mir selber wahrnahm.

Er beginnt sich mit den Personen seiner Phantasie zu identifizieren. Er gesteht nur die Identifizierung mit den Männern zu. Die mit den Frauen, die viel wichtiger ist, übergeht er. Wir werden bald sehen, wie weit bei ihm der Wunsch geht: Ich möchte ein Weib sein.

Immer stärker wird die Regression auf die Kindheit.

Jetzt kam es mir in den Sinn, einige Situationen, welche meine kleine Welt mir darbot, auf dem Papier zu entwerfen. Ich rief mir die Gefühle meiner Jugend zurück und machte auf diese Art jener Sehnsucht nach Liebe, welche ich nie hatte stillen können und welche gleichwohl mein Innerstes verzehrte, Luft.

Wie verräterisch aber werden seine Neigungen, die er bei Frau von Epinay zeigt!

Frau von Epinay war unruhig darüber, mich im Winter mitten im Walde in einem einzelstehenden Hause zu wissen und schickte öfters zu mir, um sich nach mir zu erkundigen. Nie zeigte sie mir so unverkennbar ihre Freundschaft für mich und nie kam die meinige dem Eifer der ihrigen näher. Als es einst sehr kalt war, bekam ich von ihr ein Paket, bei dessen Eröffnung ich neben einer Menge von Dingen, welche sie mir zu besorgen die Güte gehabt hatte, einen Unterrock von englischem Flanell fand, von dem sie mir schrieb, daß sie ihn schon getragen hätte und verlangte, ich solle mir ein Wams daraus machen lassen. Ich nahm ihr Geschenk so an, als wenn sie sich beraubt hätte, um mich zu kleiden. Therese glaubte, ich sei zum Narren geworden. Es ist sonderbar, daß von allen Beweisen der Freundschaft, welche Frau von Epinay an mich verschwendet hat, nie etwas so wie dies mich rührte und daß selbst nach dem Bruche mit ihr ich nie ohne Rührung daran zurückdenken konnte.

Er mit seiner lebhaften Phantasie kann sich jetzt vorstellen, er wäre ein Weib, weil er einen Unterrock trägt. Ist er aber ein Weib, das heißt ein Mann in Weibskleidern — und er legte in der Tat bald einen langen Weiberrock für immer an —, so braucht er ein Weib in Männerkleidern, um seine Phantasie mit der Realität zu versöhnen. Sprach er davon oder war es nur Zufall? Er fand dies Objekt in der Frau von Houdetot.

Gerade um die nämliche Zeit bekam ich von Frau von Houdetot einen zweiten unverhofften Besuch. In Abwesenheit ihres Mannes, welcher Hauptmann bei den Gendarmes war, und ihres Liebhabers, der gleichfalls in Kriegsdiensten stand, war sie nach Eaubonne, das mitten im Tal von Montmorency gelegen ist, gezogen und bewohnte da ein schönes Haus, das sie für einige Zeit gemietet hatte. Von hier aus machte sie einen neuen Ausflug nach der Einsiedelei. Sie war zu Pferde und in Mannskleidern. Ich mag sonst Maskeraden dieser Art nicht gerne leiden, aber diesmal machte das Romanhafte des Abenteuers Eindruck auf mich und — ich liebte. Es war das erste und das einzige Mal in meinem Leben; die Folgen meiner Leidenschaft werden meinem Gedächtnis ewig denkwürdig bleiben, man wird mir also verzeihen, wenn ich über diesen Punkt ein wenig ins einzelne gehe.

Männer mit latenter Homosexualität verlieben sich leicht in Frauen, wenn sie Hosen tragen.[1])

Er liebt aber nicht die Frau von Houdetot, sondern ihren Geliebten, seinen Freund Saint Lambert. Er identifiziert sich mit der Geliebten und erlebt alle Wonnen, die allein ein Weib erleben kann, das Saint Lambert in seinen Armen hält.

Ihr Besuch bei mir war vielleicht ein wenig ihr eigener Wille, aber noch weit mehr ward er von ihr Saint Lambert zu Gefallen gemacht. Er hatte sie gebeten, meinen Umgang zu suchen, weil er mit Grund glaubte, daß unsere aufkeimende Freundschaft den Verkehr für uns alle drei versüßen würde. Sie wußte, daß ich ihr Verhältnis kannte, und da sie ohne Scheu mit mir davon reden konnte, so wars natürlich, daß sie gerne bei mir war. Sie kam, ich sah sie, schon zuvor war ich trunken von einer Liebe, welcher nur ein Gegenstand fehlte, diese Trunkenheit bezauberte meine Augen, ich schob meiner begehrlichen Phantasie einen Gegenstand unter, und so war es sie. In ihr sah ich meine Julie, und bald sah ich nur noch sie, aber geziert mit allen Vollkommenheiten, mit welchen ich den Abgott meines Herzens begabt hatte. Um ihren Sieg und meine Niederlage zu vollenden, mußte sie mit mir von Saint Lambert in einem Tone sprechen, welchen die feurigste Leidenschaft ihr eingab. Allmacht der Liebe, die du wie der elektrische Funke von Körper zu Körper so von Seele zu Seele fliegst, alles, was sich dir nähert, mit deinem Feuer belebst!

[1]) Vgl. das Kapitel „Masken der Homosexualität", Bd. II.

Als ich sie hörte und so traulich an ihrer Seite saß, durchfuhr mich im Nu ein wollüstiges Zittern, wie ich es noch neben niemandem empfunden hatte. Jedes ihrer Worte setzte meine Seele in die lebhafteste Bewegung, ich Selbstbetrogener glaubte nur an dem Feuer fremder Liebe mich zu wärmen und wußte nicht, daß eine eigene Flamme meinen Busen durchglühte, in langen berauschenden Zügen leerte ich den vergifteten Becher bis auf den letzten Tropfen und empfand nichts als seine Süßigkeit. Kurz, ohne daß sie und ohne daß ich es wahrnahm, hauchte sie mir alles das ein, was sie für ihren Geliebten empfand. Ach, es war zu spät, es war zu hart, noch jetzt von der Glut einer ebenso starken als unglückseligen Leidenschaft verzehrt zu werden und für ein Weib zu brennen, deren Herz die Liebe zu einem anderen erfüllte.

Die Frau erkennt die Ursache seines Feuers nicht. Sie glaubt, es brenne ihr, während es ihrem Geliebten gilt. So kommt es, daß die Leidenschaft immer mehr anwächst . . . Man beachte, wie mächtig ihn die Schilderung der Wonnen erregt, die Frau von Houdetot erlebte!

Wäre ich damals jung und liebenswürdig und wäre Frau von Houdetot in der Folge schwach gewesen, so würde ich die Art, wie sie sich hier gegen mich betrug, tadeln müssen. Aber alles dies fand nicht statt und deswegen kann ich sie nur loben und bewundern. Sie handelte großmütig und klug. Sie konnte, ohne ihrem Geliebten die Ursache zu entdecken, sich nicht plötzlich von mir entfernen, weil Saint Lambert selbst ihr empfohlen hatte, mich zu besuchen, und ihm diese Enthüllung machen, hieße an der Trennung zweier Freunde arbeiten, welche dann miteinander brechen mußten; dies wollte sie vermeiden. Sie fühlte für mich Achtung und Wohlwollen, sie bemitleidete meine Torheit; ohne mich darin zu bestärken, beklagte sie mich und suchte mich zu heilen. Sie fand Vergnügen an dem Gedanken, sich selbst und ihrem Geliebten einen Freund zu erhalten, welchen sie schätzte, von nichts sprach sie mit so großem Vergnügen als von der innigen, herzlichen Freundschaft, welche uns alle drei verbinden könnte, wenn ich nur wieder vernünftig geworden wäre. Oft begnügte sie sich nicht, mir freundschaftliche Ermahnungen zu geben, im Notfall sparte sie die heftigsten Verweise nicht, welche ich freilich wohl verdient hatte.

Ich ward zudringlich; ihre Lage wurde sehr schwierig. Es ist erstaunend und vielleicht einzig in seiner Art, daß eine Frau bis zu Zugeständnissen komme und nicht zu viel zugestehe. Sie verweigerte mir nichts, was irgend eine zärtlichste Freundin dem Freunde erlauben, aber sie erlaubte mir nichts, was sie untreu machen konnte. Und ich erfuhr die Demütigung zu sehen, daß von der Flamme, welche ihre kleinsten Gunstbezeugungen in mir entzündeten, kein Funken ihre Sinnlichkeit erwärmte.

Ich habe irgendwo gesagt, daß man den Sinnen nichts zugeben darf, wenn man ihnen etwas verweigern will. Um ganz zu sehen, wie falsch dieser Grundsatz bei Frau von Houdetot war und wie sehr sie mich in ihrer Gewalt hatte, müßten meine Leser mit mir ins einzelne unserer häufigen langwierigen Zusammenkünfte unter vier Augen eingehen, müßten unseren viermonatlichen, ohne Beispiel einzigen, innigen Umgang minutenweise verfolgen, welcher viel inniger war als je zwei Freunde verschiedenen Geschlechts miteinander gepflogen haben, sobald sie sich in gewisse Grenzen einschließen, die auch von uns nicht überschritten wurden. Ach, ich lernte so spät erst wahre Liebe kennen, warum mußten Herz und Sinnlichkeit diese verspätete Wollust so teuer bezahlen! Welches Entzücken muß eine Liebe begleiten, welche durch Gegenliebe versüßt wird, wenn schon eine einseitige Leidenschaft so sehr beseligt!

Wie müssen diese frustranen Erregungen die empfindliche Psyche von *Rousseau* erschüttert haben! Welches unendliche Verlangen muß da lawinenartig in ihm gewachsen sein! Wir können uns schon vorstellen, welcher Art die Vergnügungen waren, denen sie sich hingaben, um die physische Treue nicht zu brechen. Und immer umschwebte sie das Bild des schönen Mannes. Alle Küsse galten nicht ihr, sondern Lambert. Das verrät uns der Verliebte selbst:

Doch ich tue Unrecht, meine Liebe war nicht ganz einseitig. Sie war von beiden Seiten gleich stark, aber gegenseitig war sie nicht. Wir waren beide von Liebe trunken, sie für ihren Geliebten und ich für sie, unsere Seufzer, unsere süßen Tränen stiegen zusammen auf und vermischten sich. Wir waren einer des anderen zärtlichster Vertrauter, unsere Empfindungen hatten so viele Beziehungen zueinander, daß sie sich einigermaßen vereinigen mußten, und doch, selbst mitten in dieser entzückenden Trunkenheit vergaß sie sich nie einen Augenblick, und ich schwöre und beteuere, daß, wenn auch bisweilen meine Sinne sich verirrten und ich versuchte, sie zur Untreue zu bewegen, daß selbst dann ich es nie von Herzen gewünscht habe. Meine Leidenschaft war wirklich zu verzehrend, um unbändig zu sein. Die Pflicht der Enthaltsamkeit hatte meine Seele erhöht. Ein Glanz von allen Tugenden zierte in meinen Augen den Abgott meiner Seele. Ich liebte sie zu sehr, um sie besitzen zu wollen.

Von der Einsiedelei nach Eaubonne beträgt der Weg eine Meile. Auf meinen öfteren Gängen dahin geschah es zuweilen, daß ich dort über Nacht bleiben mußte; an einem Abend gingen wir nach Tisch beim Mondenschein im Garten spazieren. Im Hintergrunde des Gartens war ein ziemlich großes Gehölz, in welchem wir eine schöne Laube aufsuchten. Bei ihr fiel ein Wasserfall herab, zu dem ich den Plan und sie die Ausführung hergegeben hatte. Unauslöschliches Andenken an unschuldige Wonnen! In dieser Laube saß ich auf einer Rasenbank neben ihr unter einem blühenden Akazienbaum, und hier fand ich endlich für den Ausdruck meiner Gefühle eine derselben ganz würdige Sprache. Es war das erste und einzige Mal in meinem Leben, aber ich war auf einen ganz erhabenen Ton gestimmt, wenn man anders den Ausdruck alles dessen, was die zärtlichste, feurigste Liebe Liebenswürdiges und Verführerisches in ein menschliches Herz legt, erhaben nennen darf. Welche berauschenden Tränen vergoß ich auf ihren Knien! Wie viele entquollen auch ihr wider ihren Willen! Wir hatten unter vier Augen zu Nacht gespeist. waren — allein in einer monderhellten Laube — und nach einer zweistündigen, lebhaftesten und zärtlichsten Unterhaltung ging sie um Mitternacht aus der Laube und den Armen ihres Freundes, so unberührt, so rein am Körper und Seele, als sie hereingekommen war. Leser, nimm alle diese Umstände zusammen, ich habe nichts hinzuzusetzen.

Das süße Glück wird bald gestört. Frau Epinay ist eifersüchtig, sie wird beschuldigt, Lambert verständigt zu haben. Er beginnt überall

Verschwörungen zu wittern und Feinde zu sehen. Von homosexuellen Begehrungsvorstellungen auf Lambert verfolgt, projiziert er diese Wünsche nach außen; es werden diese Gedanken zu Feinden. Aus seinen Liebesobjekten macht er seine Feinde.

Hier setzt die Paranoia ein, die besonders Therese beschuldigt, mit den Feinden zu konspirieren. Immer bringt er Frauen, die er heiß begehrt, mit anderen Männern in Verbindung. So erfahren wir Geständnisse über sein Verhalten zu dem Geliebten der geliebten Frau, Saint Lambert.

Während ich in Paris war, kam auch Saint Lambert von der Armee dahin zurück. Da ich von seiner Ankunft nichts gewußt hatte, so sah ich ihn erst, nachdem ich schon wieder aufs Land zurück war: zuerst in Chevrette und dann in der Einsiedelei, wohin er mit Frau von Houdetot kam und sich mit ihr auf ein Mittagessen einlud. Man denke, ob ich sie mit Vergnügen aufnahm! Aber mehr als ihr Besuch freute mich ihr wechselseitiges, gutes Einverständnis. Ich war zufrieden, ihr Glück nicht gestört zu haben, und war darüber selbst glücklich; ich kann schwören, daß ich nie, weder während der heftigsten Glut meiner törichten Liebe, noch in diesem Augenblick meinem Freunde seine geliebte Sophie geraubt haben oder nur in Versuchung gekommen sein würde, es zu tun, selbst wenn ichs gekonnt hätte. Ich fand sie in ihrer Liebe zu Saint Lambert so liebenswürdig, daß ich mir sie kaum ebenso vorstellen konnte, hätte sie mich geliebt; ich wollte nie ihre Ruhe stören noch ihr Band zerreißen; alles, was ich wirklich während meines Wahnsinns gewünscht habe, war, daß sie mir erlauben möchte, sie zu lieben, noch mehr, wie heftig meine Leidenschaft auch immer für sie sein mochte, so fand ichs doch ebenso süß, der Vertraute als der Gegenstand ihrer Liebe zu sein, und nie betrachtete ich ihren Geliebten als meinen Nebenbuhler, sondern immer als meinen Freund. Man wird mir einwenden, meine Leidenschaft sei nicht Liebe gewesen; nun dann, ich gebe es zu, aber wenn sie nicht Liebe war, so war sie mehr als Liebe.

Freilich war es mehr als die gewöhnliche Liebe. Es war heterosexuelle Liebe plus der homosexuellen. Immer stärker drängt die Homosexualität vor und zwingt ihn, sich immer mit den Männern zu beschäftigen. Diderot und Grimm werden Verschwörer.

Ich liebte Diderot zärtlich, schätzte ihn aufrichtig und lebte zugleich der festen Überzeugung, daß er meine Gesinnung erwiderte. Aber sein unbeugsamer Eigensinn, meinen Geschmack, meinen Neigungen, meiner Art zu leben, mit einem Wort, allen meinen Eigentümlichkeiten, welche niemanden als nur mich allein interessieren konnten, entgegenzuarbeiten, hatte mich aufgebracht; es empörte mich, daß ein Mann, jünger als ich, mit aller Gewalt mich wie ein Kind regieren wollte. Ich war seiner Leichtigkeit zu versprechen und seiner Nachlässigkeit zu halten überdrüssig, ich war es müde, daß er sich immer auf einen Besuch ansagte und niemals kam, und daß er seinen Kopf darein setzte, immer wieder neue Zusammenkünfte auszumachen und immer wieder dabei zu fehlen; es war für mich ein unleidlicher Zwang, drei- oder viermal im Monat an Tagen, die er selbst bestimmte, endlich am späten Abend allein zu Mittag essen zu müssen, nachdem ich ihm bis St. Denis entgegengegangen war und ihn den ganzen Tag erwartet hatte. Genug, mein Herz war ohnedies von seinen gehäuften Mißhandlungen mehr als zu voll, aber diese letzte fiel mir am härtesten auf und nagte in mir am meisten. Ich beklagte mich in einem Schreiben an ihn darüber, aber mit so viel Sanftmut und Zärtlichkeit, daß mein Papier von Tränen überschwemmt wurde; mein Brief war rührend genug, um auch ihm welche in die Augen zu locken. Wollte man jahrelang raten, so würde man doch seine Antwort über diesen Punkt nicht erraten. Hier ist sie buchstäblich:

„Es freut mich, daß mein neues Werkchen Ihren Beifall gefunden hat, daß es Sie gerührt hat. Sie sind über die Einsiedler nicht meiner Meinung: sagen Sie immer so viel Gutes von ihnen, als Ihnen beliebt, Sie sind unter der Zahl derselben der einzige, von welchem ich Gutes denken würde. Ich könnte Ihnen hierüber vieles sagen, wenn man zu Ihnen reden könnte, ohne Sie zu betrüben oder zu beleidigen usw."

So spricht nur die gekränkte und zurückgewiesene Liebe. Er wirbt wie ein Weib um die Liebe des großen Philosophen. Er läßt sich von seinen Freunden bereden, zu Diderot zu gehen und ihm die Hand zur Versöhnung zu reichen.

Diderot empfing mich gut. Wie viele Beleidigungen kann nicht die Umarmung eines Freundes wettmachen! Kann nach derselben noch ein Rest von Widerwillen im Herzen zurückbleiben? Wir sprachen uns wenig gegeneinander aus. Erklärungen sind überflüssig, wenn man sich wechselseitig gekränkt hat. Man hat in diesem Falle nur ein Mittel, nämlich das Vorgefallene zu vergessen.

Die Paranoia setzt gewöhnlich so ein, daß die armen Kranken überall Beleidigungen und Zurücksetzungen wittern. Jeder ist kühl mit ihnen, jeder geht darauf aus, sie zu beleidigen. Harmlose Worte werden falsch gedeutet, Zufälligkeiten in diesem Sinne ausgelegt. Schließlich sieht der Paranoiker die Welt verändert, er entstellt die Tatsachen zugunsten seines Wahnsystems. Auch Grimm, der nach *Möbius* sich gegen *Rousseau* in der Tat schlecht benommen haben soll, wird als lieblos und kalt dargestellt. Denn der Grundton der Klagen bleibt doch immer, daß die Freunde seine Freundschaft nicht entsprechend und nicht so warm erwidern.

So viel gutes Vorurteil ich auch von älteren Zeiten her für diesen Mann hatte, so sehr dasselbe durch seine wirklichen Verdienste unterstützt wurde, so mußte es doch seiner unausgesetzten Bemühung, meine gute Meinung von ihm zu zerstören, endlich weichen. Sein Empfang gegen mich war im Tone des Grafen von Tuffiere gehalten, kaum erwiderte er meine Begrüßung, nicht ein einziges Mal redete er mich an, und tat ichs, so wies er mich sogleich dadurch zurecht, daß er mir nicht antwortete. Überall ging er voran, nahm überall den ersten Platz, ohne mich nur der geringsten Aufmerksamkeit zu würdigen. Er behandelte mich nicht einmal als seinen Untergebenen, sondern er betrachtete mich, als wäre ich gar nicht da. Ich hatte Mühe, in ihm den kleinen Schreiber wieder zu erkennen, der bei dem Prinzen von Sachsen-Gotha sich durch meinen Blick geehrt fühlte, und noch schwerer war es mir, dieses tiefe Stillschweigen und diesen beleidigenden Übermut mit der Freundschaft zu reimen, die er bei allen denen, von welchen er wußte, daß sie selbst welche für mich hatten, vorgab.

Er ist ewig enttäuscht, weil er etwas anderes erwartet. Die Freunde sind ihm alle zu kühl.

Ich hatte erwartet, Grimm würde, überrascht durch meine Nachgiebigkeit und mein Zuvorkommen, mich offenen Armes mit der wärmsten Freundschaft empfangen. Er empfing mich wie ein römischer Kaiser mit einem Übermut, wie ich ihn noch an keinem Menschen sah. Auf eine solche Aufnahme war ich ganz und gar nicht vorbereitet. Als ich in der Verwirrung, die aus einer meiner so unwürdigen Rolle notwendig entspringen mußte, in wenig Worten und mit furchtsamer Bescheidenheit den Grund meines Besuches ihm gesagt hatte, so hielt er, ehe er mich wieder zu Gnaden auf- und annahm, mit vieler Würde eine lange Standrede ab, auf die er sich vorbereitet gehabt hatte und deren Inhalt in der vollständigen Aufzählung seiner seltenen Tugenden und besonders der auf die Freundschaft Bezug habenden bestand. Endlich, nachdem er den Abstand zwischen mir und ihm weit genug bestimmt hatte, um zugleich der Gnade, welche er mir jetzt erweisen wollte, ihren gehörigen Wert beizulegen, so wurde ich zum Kusse des Friedens in einer leichten Umarmung zugelassen, ungefähr so, wie der König die neugebackenen Ritter umarmt.

Nun kommt die neue Epinay-Episode. Diderot setzt sich dafür ein, daß *Rousseau* sie auf einer Reise nach Genf begleite. Er widersetzt sich. In dem sehr erregten Antwortschreiben eine sehr charakteristische Stelle:

Wenn Ihr Brief mir mißfallen habe, schreiben Sie mir, so soll ich ihn ins Feuer werfen und soll den ganzen Vorgang als ungeschehen betrachten. Glauben Sie, daß man das, was von Ihnen kommt, nur so leicht vergessen kann? Mein Lieber, die Tränen, welche ich über Ihre Behandlung weinen muß, scheinen ebenso unwichtig in Ihren Augen zu sein, als mein Leben und meine Gesundheit Ihnen sein müssen, wenn Sie mir, dem Kranken, zumuten, den Krankenpfleger zu machen. Wenn Sie diesen Flecken aus Ihrem Charakter tilgen könnten, so würde Ihre Freundschaft mir angenehmer und ich würde weniger zu beklagen sein.

Den ganzen Brief liest er mit heller, erhobener Stimme Grimm und der Frau von Epinay vor. Er gibt noch Erläuterungen. Er sieht beide bei der unerwarteten Kühnheit eines sonst furchtsamen Menschen erstaunen; sie sind wie betäubt und sagen kein Wörtchen. Grimm, der anmaßende Grimm, kann den flammenden Blick von *Rousseau* nicht ertragen, er schlägt seine Augen nieder . . . und beschließt in diesem Momente den Untergang des Feindes. *Rousseau* ist schon überzeugt.

daß beide alles zum Verderben besprochen hatten, ehe sie sich trennten ...

Er flieht aus der Einsiedelei nach Montmorency, er weiß aber, daß die Verschwörung weiter arbeitet. Er bricht mit Diderot. Er fängt an, alle Menschen verändert zu finden.

In Montmorency hatte ich auch die Oratorier und unter anderen den Pater Berthier, Professor der Naturlehre, kennen gelernt; eine gewisse, über sein ganzes Wesen verbreitete Gutmütigkeit zog mich, eines kleinen Anstrichs von Pedanterie unerachtet, an ihn. Doch konnte ich eines an ihm nicht gut reimen: seine große Einfachheit mit seiner Begierde und Kunst, sich überall einzudrängen, bei den Großen, bei den Weibern, bei den Frommen, bei den Philosophen. Er wußte allen alles zu sein. Ich war gerne um ihn und sagte jedermann, daß ich gerne um ihn wäre. Wahrscheinlich war dies ihm wieder zu Ohren gekommen; einst dankte er mir lächelnd, daß ich ihn für einen guten Menschen hielte. Aber es war in diesem Lachen so etwas Sardonisches, welches seine Physiognomie in meinen Augen ganz veränderte und was seither oft mir wieder ins Gedächtnis gekommen ist.

Überall wittert er Geheimnisvolles, Teuflisches, Sardonisches. Er sucht aber nach neuen Freunden, die er lieben kann. Er findet in dem Marschall von Luxemburg einen zweiten Vater.

In einem Anfall von Entzücken umarmte ich einst den Marschall. „Ach", sagte ich, „mein Herr, ehe ich Sie kennen lernte, habe ich die Großen gehaßt, und nun hasse ich sie noch mehr, weil Ihr Beispiel mich belehrt, wie leicht es ihnen sein müßte, es so weit zu bringen, daß man sie anbetete!"

Oder:

Frau von Luxemburg hatte nie darein willigen wollen, daß ihr Porträt oben auf dem Schächtelchen zu stehen käme. Sie hatte mir öfters vorgeworfen, ich liebte Herrn von Luxemburg mehr als sie, und ich hatte es nicht geleugnet, weil dies wahr war. Sie bezeugte mir durch die Art, ihr Bild zu stellen, auf eine sehr höfliche Art, aber zugleich sehr deutlich, daß sie diesen Vorzug nicht vergessen könnte.

Freundschaft, gnädige Frau Marschallin, in diesem Worte liegt mein Unglück! In Ihrem Munde, mein Herr Marschall, klingt dieser Ausdruck schön, aber von mir würde es Unsinn sein, Sie beim Worte zu nehmen. Ihnen ist der Umgang mit mir ein erheiterndes Spiel, mir ist er ernstliche Neigung; aber das Ende Ihres Spieles ist für mich nur quälende Reue.

Bald sollte sich das bittere Schicksal des armen Kranken ganz erfüllen. Er hatte sich in eine heterosexuelle Leidenschaft retten wollen und so war seine Julie entstanden. Sie wurde in Paris sehr günstig aufgenommen, nicht immer verstanden. „Wenn man die wahren natürlichen Empfindungen auffinden will, muß man das menschliche Herz untersuchen und unsere tausend und abertausend Vorurteile und künstlichen Leidenschaften von dem, was Natur ist, zu scheiden wissen." Er aber erkannte seine wahren Leidenschaften nicht. Er wittert überall Mißgunst und Geheimnis. Er fühlt, daß seine Gönnerin, die Marschallin, sich von ihm losmachen will; er gibt dem Marschall Ratschläge, die nicht ihren Beifall finden; auch die übrige Gesellschaft des Marschalls ist ihm nicht günstig; man sucht ihn überall herabzusetzen. Es quälen ihn dunkle Ahnungen, ohne daß er sie sich rechtfertigen kann. Er haßt alles Geheime und fürchtet alles Dunkle. Seit der Kindheit fürchtet er die Dunkelheit. „Ich fürchte und hasse ihr schwarzes Aussehen, jeder Schatten von Geheimnis beunruhigt mich, Geheimnisse stehen zu sehr im Mißklang zu meinem bis zur Unvorsichtigkeit offenen Naturell.“ Der ganze Haß des Exhibitionisten gegen die Verhüllung spricht aus diesen Worten. Sein neues Buch wird zu langsam gedruckt. Sofort entdeckt er eine komplizierte Verschwörung der Jesuiten gegen das Erscheinen seines Werkes. „Zum Erstaunen ist es, welche Menge von Tatsachen und Umständen ich in meinem Kopfe zu diesem Bau zusammentrug, zu welchem Grad von Wahrscheinlichkeit, was sage ich, bis zu welcher Unwiderlegbarkeit ich meine Meinung erhob.“

Aber er kämpft noch mit allen Kräften gegen seinen Wahn und es gelingt, ihn zu überzeugen. Der erste Angriff der Paranoia erscheint abgeschlagen. Aber er ist unglücklich, hängt hypochondrischen Ideen nach und sieht seinen nahen Tod vor Augen. Sein Blasenleiden, das ihn zum permanenten Katheterisieren nötigt, quält ihn. Der Marschall beruft einen berühmten Spezialisten, der ihn in seiner Gegenwart untersucht und schließlich nur eine Hypertrophie der Prostata konstatiert. *Rousseau* ist beruhigt. Die Gegenwart des Marschalls bei der Untersuchung scheint ihn sexuell sehr erregt zu haben. Er rationalisiert sich diese Erscheinung. Er freut sich seiner Besserung und des Trostes des Arztes — — — „und nie erinnere ich mich dieses Trostes, ohne mit Zärtlichkeit an Herrn von Luxemburg zu denken, welchen ich ihm zu danken habe“.

Nun erscheint sein Emile und das Ungewitter zieht sich über seinem Haupte zusammen. Es ist klar, daß er sich die nun folgende Zeit des Exils und der gerichtlichen Verfolgung inszeniert hat, daß er aus unbewußten Motiven es dahin brachte, daß er in der Tat verfolgt wurde. Komplotte bilden sich, er hört dumpfes Gemurmel, er hört sogar, daß man Vorschläge mache, ihn samt seinen Büchern zu verbrennen . . .. kurz die Gefahr wird immer größer. Schon ist ein Haftbefehl erlassen, aber man will ihn fliehen lassen. Er wendet sich nach der Schweiz. Der Marschall besorgt die ganze Flucht und schützt ihn mit seinem Einfluß und seinen Mitteln. Rührend und voller Symbolik ist die Abschiedsszene:

„Der Herr Marschall öffnet den Mund nicht; er war blaß wie der Tod. Er bestand darauf, mich bis an meinen Wagen begleiten zu wollen; wir gingen durch den ganzen Garten, ohne ein einziges Wort zu sprechen. Ich hatte einen Schlüssel zum Park, mit dem ich das Tor aufschloß, worauf ich ohne ein Wort zu sagen, ihn dem Marschall hinreichte. Er nahm ihn mit einer Lebhaftigkeit, die mich überraschte und an die zu denken ich mich nachher oft nicht enthalten konnte.[1]) In meinem Leben war dieser Augenblick der Trennung der bitterste für mich. Die Umarmung war lang und stumm; wir fühlten beide, daß sie das letzte Lebewohl war."

Mit Entzücken begrüßt er die freie Schweiz, küßt den Boden und ruft: „Himmel, Beschützer der Tugend, ich lobe dich!" Der Postillon glaubt, er hätte den Verstand verloren . . .

In der Schweiz findet er einen alten Freund, Herrn Roguin, der ihm überaus wert ist und auch alles für ihn tut. Er intrigiert in der Familie und stört eine von Roguin beabsichtigte Heirat seiner Tochter. Immer mengte er sich in die Familienhändel und handelte so, wie er es von anderen befürchtete. Natürlich weiß er, daß Herr Roguin ihm dieses Benehmen nie vergessen wird. Nun aber erfüllt sich sein geheimer Wunsch. In ganz Europa erhebt sich Verdammungsgeschrei gegen ihn. Steiniget ihn! Nun ist er der Heiland, der ein neues Evangelium geschrieben, nun erfüllt sich sein Traum von der großen historischen Mission. Nun leidet er für die ganze Menschheit. Las er doch jeden Abend in der Bibel und dichtete er auf dieser Reise eine biblische Szene, den Ephraim. (Auch er hatte seinen Mund gegen den Herrn aufgetan.)

Er muß schließlich die Schweiz verlassen und nach Neufchatel fliehen, das unter der Regierung des großen Friedrich stand. Sollte er seine Therese hinkommen lassen? Nun ist es wichtig, seine Bekenntnisse darüber zu hören:

Seit meiner Abreise von Montmorency hatte ich wohl gefühlt, daß ich von nun an unstet und flüchtig auf Erden sein würde, und hatte eben deswegen Anstand genommen, sie zu mir kommen zu lassen, da ich nicht wollte, daß sie mein irrendes Leben mit mir teilen sollte. Ich fühlte, daß unser gegenseitiges Verhältnis seit der unglücklichen Wendung meines Schicksals nicht mehr das nämliche war und daß, was vorher von meiner Seite Gunst und Wohltat gewesen war, es nun von ihrer Seite würde. Wenn ihre Neigung zu mir in der Feuerprobe meines Unglücks bestünde, so würde doch ihr Herz davon zerrissen werden und in ihr würde ich noch unglücklicher werden als ich zuvor schon war. Würde sie hingegen dem Verfolgten gegenüber erkalten, so würde sie gleichwohl ihre Beständigkeit als ein Opfer geltend machen wollen. Statt daß sie sonst mein Vergnügen mitgefühlt hatte, wenn ich den

[1]) Der Schlüssel ein phallisches Symbol.

letzten Bissen Brot mit ihr teilte, würde sie jetzt nichts als ihr Verdienst, mich überall hin zu begleiten, wohin das Schicksal mich treiben würde, gefühlt haben. Seit geraumer Zeit spürte ich ihr Herz gegen mich erkalten. Ich fühlte, daß ich ihr nicht mehr das war, was ich ihr wohl ehemals in den schönen Tagen unserer Liebe gewesen war; ich mußte dies um so schmerzlicher fühlen, da meine Neigung zu ihr bis jetzt unverändert geblieben war. Ich kam in dieselbe unangenehme Lage, in die ich ehemals bei Mama geraten war, und die Wirkung war bei Theresen die nämliche. Wie gut ich meine Verfügungen über meine Kinder ausgedacht zu haben vermeinte, so war mein Herz bei der Erinnerung daran doch nicht immer ruhig. Meine Gewissensbisse hierüber wurden so peinigend, daß mir am Anfang des Emile beinahe das öffentliche Bekenntnis meines Fehlers entwischt wäre. Ich fürchtete einen Rückfall, und um mich der Gefahr desselben nicht auszusetzen, verdammte ich lieber mich freiwillig zur Enthaltsamkeit, als daß ich Therese von neuem in die alte Verlegenheit hätte kommen lassen. Aus solchen Gründen hatte ich einen Entschluß gefaßt, den ich freilich oft schlecht genug befolgte, dem ich aber gleichwohl seit ungefähr drei oder vier Jahren immer seltener untreu geworden war. Seit drei oder vier Jahren hatte ich dieses Erkalten bei Theresen bemerkt; noch hing sie wie ehemals an mir aus Pflichtgefühl, aber die Liebe war verschwunden. Es ist natürlich, daß auf diese Weise unser Umgang einen Teil seiner Reize verlieren mußte, und ich glaubte daher, daß sie vielleicht lieber in Paris bleiben als mit mir herumirren würde, da sie ohnedies überall auf meine Fürsorge rechnen durfte. Aber sie hatte bei unserem Scheiden so viel Kummer blicken lassen, sie hatte sich von mir so heilig versprechen lassen, daß wir wieder zusammen wohnen wollten, sie bezeugte seit meiner Abreise ein so lebhaftes Verlangen nach mir und äußerte es sowohl gegen den Prinzen von Conti als gegen Herrn von Luxemburg, daß ich nicht wagen durfte, an unsere Trennung nur zu denken, geschweige denn sie ihr vorzuschlagen. Und in der Tat fühlte mein Herz die Unmöglichkeit, ohne sie zu sein, und ich dachte nur daran, sie ohne weiteren Verzug zu mir kommen zu lassen. Ich schrieb ihr, sie möchte reisen und sie kam. Kaum waren seit meiner Abfahrt zwei Monate verflossen, aber seit so manchen Jahren war dies unsere erste Trennung gewesen. Wir hatten eines wie das andere ihre Bitterkeit gleich tief gefühlt. Welche gewaltigen Empfindungen erschütterten uns bei der ersten Umarmung! Wie süß sind die Tränen der Zärtlichkeit und der Freude! Wie berauschte sich mein Herz an ihnen! Warum habe ich solche Tränen so selten weinen dürfen?

Ich habe dieses Schauspiel oft beobachten können. Vor dem Ausbruch der Paranoia erscheint oft eine neue heterosexuelle Liebe (ein Rettungsversuch), oder aber auch der Kranke hört auf, mit seiner Frau zu verkehren. Sein Herz erkaltet, daher glaubt er, das Herz seiner Frau wäre erkaltet. Er täuscht sich gerne und behauptet, er wäre der Alte geblieben. Er sucht seine sexuelle Abstinenz zu rationalisieren. So handelte auch *Rousseau*, den es zu einem männlichen Ideal trieb. In Neufchatel sollte er es finden. Es war der Gouverneur. ein Schotte, der ihn überaus liebenswürdig empfing.

Meine erste Empfindung beim Anblick dieses ehrwürdigen Alten war Mitleid über die Hagerkeit seines Körpers, welchen die Jahre schon abgezehrt hatten. Aber als ich meine Augen zu seinem belebten, offenen und edlen Antlitz erhob, fühlte ich mich aufs lebhafteste von einer Achtung und einem Zutrauen durchdrungen, das keinem anderen Gefühle mehr Raum ließ. Auf mein sehr kurzes Kompliment, das ich ihm beim Eintritt machte, antwortete er dadurch, daß er von ganz etwas anderem sprach, als wenn ich schon acht Tage um ihn gelebt hätte. Sogar nicht einmal Sitze bot er uns an. Der steife Schloßhauptmann blieb stehen wie ein Grenadier. Ich hingegen sah in dem durchdringenden feinen Auge Mylords so viel liebevolles Wesen, daß mirs war, als wäre ich zu Hause, und ohne Umstände setzte ich mich neben ihn auf sein Sofa. An dem vertraulichen Ton, den er augenblicklich annahm, merkte ichs, daß meine Ungezwungenheit ihm behagte und daß er in seinem Innern dachte: Der ist wenigstens kein Neuenburger!

Wunderbare Wirkung des Einklangs der Charaktere! In einem Alter, wo das Herz seine natürliche Wärme schon verloren hat, erwärmte sich der gute Alte für mich auf eine jedermann auffallende Weise. Unter dem Vorwand der Wachteljagd besuchte er mich in Motiers, aber während zweier Tage, die er dort zubrachte, rührte er keine Flinte an. Es entstand bald zwischen uns eine so enge Freundschaft — Freundschaft[1]) ist das wahre Wort, unser Verhältnis zu bezeichnen —, daß keiner von uns mehr ohne den anderen sein konnte. Das Schloß Colombier, sein Sommeraufenthalt, war sechs Meilen von Motiers entlegen; zum wenigsten alle vierzehn Tage ging ich hin, blieb einen Tag lang dort und dann wanderte ich wie ein Wallfahrer, das Herz voll von ihm, wieder zurück. Die Bewegung, welche ich wohl ehemals empfunden hatte, wenn ich von der Einsiedelei nach Eaubonne ging, war zwar allerdings anderer Art, aber sanfter und wohltuender war sie nicht als die, mit der ich mich Colombier näherte. Wie manche Träne der Zärtlichkeit habe ich unterwegs geweint, wenn ich an die wahrhaft väterliche Güte, an die liebenswürdigen Tugenden, an die milde Philosophie des ehrwürdigen Alten dachte! Ich nannte ihn: mein Vater, und er mich: mein Sohn.

Nun hatte er das Ideal seiner Kindheit, seinen Vater wieder gefunden. Nun war er wieder ein Kind. Jetzt wollte er noch den zweiten drängenden Wunsch erfüllen. Er wollte ein Weib sein. Er fand einen Vorwand, das äußerlich zu dokumentieren.

Wenige Zeit nach meiner Niederlassung in Motiers-Travers, nachdem ich mich von allen Seiten einer zukünftigen Ruhe versichert glaubte, legte ich armenische Kleidung an. Dieser Gedanke war bei mir nicht ganz neu. Schon öfters in meinem Leben war er in mir aufgestiegen, oft war er während meines Aufenthaltes in Montmorency mir wieder in den Kopf gekommen. Weil nämlich der häufige Gebrauch der Sonden mich zwang, öfters das Zimmer zu hüten, so lernte ich desto mehr die Vorteile eines langen Kleides empfinden. Die Bequemlichkeit, einen armenischen Schneider, der seinen zu Montmorency

[1]) Wie egoistisch faßt *Rousseau* das Wesen der Freundschaft auf! „Ich denke, der wahre Wert der Freundschaft besteht mehr in der Empfindung, die man fühlt, als in der, die man einflößt."

wohnenden Vater öfters besuchte, in der Nähe zu haben, führte mich in Versuchung, mich seiner zur Verfertigung meines neuen Anzuges zu bedienen, unbekümmert, was das Publikum dazu sagen würde. Doch wollte ich, ehe ich meinen neuen Staat anlegte, vorher den Rat der Frau von Luxemburg darüber einholen, und diese stimmte ganz dafür. Ich ließ mir also eine kleine armenische Garderobe machen, aber das Ungewitter, das gegen mich ausbrach, bestimmte mich, den wirklichen Gebrauch derselben bis auf ruhigere Zeiten zu verschieben, und erst als einige Monate später neue Anfälle meines Übels mich wieder an die Notwendigkeit einer Kleiderveränderung erinnerten, glaubte ich ohne Gefahr sie in Motiers vornehmen zu können. Um ganz sicher zu gehen, hatte ich den Pfarrer des Ortes darüber um Rat gefragt, und dieser hatte mir die Antwort erteilt, daß ich sie sogar in der Kirche ohne Ärgernis tragen dürfte. Ich legte also das armenische Wams, den Kaftan, die gefütterte Mütze und den Gürtel an, und nachdem ich in diesem Aufzug dem Gottesdienst beigewohnt hatte, sah ich kein Hindernis weiter, warum ich nicht auch in demselben bei Mylord Marschall erscheinen könnte. Als Seine Exzellenz mich so gekleidet sahen, sagten sie bloß statt der gewöhnlichen Begrüßung zu mir: „Salaam aleikum!" Mit diesem einzigen Worte war alles abgemacht und von nun an kleidete ich mich nie mehr anders.

Doch nicht lange sollte das Idyll dauern. Wieder ging der Sturm gegen den „Feind der Kirche" und den „Volksverführer" los. Es begann seine traurige Fahrt von Ort zu Ort, bis ihm Hume ein Asyl in England anbot. Er traf ihn zuerst in Paris. Wie mißtrauisch *Rousseau* war, beweist folgender Vorfall, der einem späteren Briefe von *Rousseau* entnommen ist.

In diesem Briefe betrachtet er David Hume schon als seinen Feind.

Der kritische Zustand, in den er mich gebracht hat, erinnert mich lebhaft an die vier Worte, von denen ich früher gesprochen habe und die ich ihn zu einer Zeit aussprechen und wiederholen hörte, als ich ihre Bedeutung ganz und gar nicht verstand. Es war die erste Nacht nach unserer Abreise von Paris. Wir schliefen im selben Zimmer und mehrmals während der Nacht höre ich ihn auf französisch mit großer Heftigkeit rufen: I c h h a b e (j e t i e n s) J e a n J a q u e s R o u s s e a u! Ich weiß nicht, ob er wachte oder schlief.

Trotzdem *Rousseau* damals diese Worte im guten Sinne auffaßte, erschreckte ihn der Ton, in dem sie gesprochen wurden. „Es war ein Ton, von dem ich gar keine Vorstellung geben kann und der vollkommen dem Blicke, den ich früher erwähnt habe, entspricht. Jedesmal, als er diese Worte aussprach, fühlte ich einen Schauder, über den ich nicht Herr wurde."

Rousseau hatte das Erlebnis vergessen, erst in Wootton ist es ihm wieder eingefallen.

Diese Worte, deren Ton in meinem Herzen nachklingt, als ob sie eben gesprochen wären, die langen und schrecklichen Blicke, die er so oft auf mich richtete, das Klopfen auf den Rücken mit den Worten: Mein lieber Herr, als Antwort auf die Verdächtigung, ein Verräter zu sein, dies alles erschüttert mich, von dem anderen abgesehen, in einem Grade, daß diese Erinnerungen ganz allein aus meinem Herzen das Vertrauen für immer verscheuchen würden. Es vergeht keine Nacht, in der nicht die Worte: ich habe Jean Jaques Rousseau in mein Ohr klingen, als ob ich sie von neuem hörte. Ja, Herr Hume, Sie haben mich, ich weiß es . . . Alle Vorurteile sind für Sie; es kostet Sie nichts, mich als Ungeheuer erscheinen zu lassen, wovon Sie schon den Anfang gemacht haben, und ich höre schon den barbarischen Jubel meiner unversöhnlichen Feinde.

Hier ist es die unterdrückte Homosexualität[1]), welche die Beziehungen der beiden Männer so merkwürdig gestaltet. Ist es Wahrheit, daß Hume den Ausruf getan hat? Oder ist es nur eine Halluzination? Jeder Analytiker wird die Projektion eines Wunsches und den Doppelsinn des „Haltens" (Je tiens) erkennen. Besonders verräterisch ist die Stelle, die wieder einem Briefe entnommen ist:

„Nach dem Abendessen, als wir schweigsam am Kamin saßen, bemerkte ich, daß er mich fixierte, wie es ihm oft begegnete und in einer Art, die sich schwer beschreiben läßt. Dieses Mal machte mich sein trockenes, heißes, spöttisches, langes Anstarren mehr als unruhig. Um mich davon zu befreien, versuchte ich, ihn meinerseits zu fixieren. Aber als meine Augen den seinigen begegneten, fühlte ich einen unerklärlichen Schauer und bald mußte ich die meinigen niederschlagen. Der Gesichtsausdruck und die Stimme des guten David sind die eines guten Mannes, aber woher, großer Gott, nimmt dieser gute Mann die Augen, mit denen er seine Freunde fixiert? Der Eindruck dieses Blickes bleibt und erschüttert mich. Meine Unruhe steigert sich bis zur Bestürzung; wäre nicht ein Ausbruch erfolgt, ich wäre erstickt. Bald ergreifen mich lebhafte Gewissensbisse, ich empöre mich über mich selbst; endlich in einer Aufwallung, deren ich mich noch mit Freuden erinnere, werfe ich mich an seinen Hals und umschließe ihn eng. Heftig schluchzend und überströmt von Tränen rufe ich mit abgebrochener Stimme aus: Nein, nein, David Hume ist kein Verräter; wenn er nicht der Beste der Menschen wäre, müßte er der schwärzeste Bösewicht sein! David erwidert höflich meine Umarmungen, und indem er mich wiederholt leicht auf den Rücken klopft, sagt er mir mehrmals mit ruhiger Stimme: Was, mein lieber Herr! O mein lieber Herr! Was denn, mein lieber Herr! Weiter sagte er nichts. Ich fühle, wie mein Herz sich zusammenkrampft. Wir legen uns schlafen und am anderen Morgen reise ich nach der Provinz ab." (Aus *Möbius*, J. J. Rousseau, Leipzig, 1903, S. 156.)

[1]) *Demole* wirft die Frage auf, ob *Rousseau* homosexuell gewesen sei, und verneint sie. Erstens habe er einen homosexuellen Antrag eines Abbés mit Ekel zurückgewiesen; zweitens hätte er die Homosexualität in seinen Geständnissen offen zugegeben, wie er den Exhibitionismus gestanden hat. *Demole* vergißt, daß es sich um eine latente (verdrängte) Homosexualität handelt. Es gehört zum A-B-C analytischer Erkenntnis, daß ein Affekt sich positiv als Begierde und in der Verdrängung negativ als Ekel äußern kann. Und was ist von der Versicherung *Rousseaus* zu halten, er hätte nichts anderes als echte Freundschaft empfunden? Doch nur, daß er die homosexuelle Komponente mit Erfolg verdrängt und zum Teil sublimiert hat. Wie hätte er etwas gestehen sollen, was er nicht wissen und erkennen wollte, so daß er lieber eine Flucht in den Wahnsinn vollzog?

Es ist nicht verwunderlich, wenn *Rousseau* einen unerklärlichen Schauder fühlt, sobald er von Hume fixiert wird. Schließlich macht er das, was ihm sein Trieb befiehlt. Er wirft sich dem Freunde an den Hals. Aber dieser bleibt kühl und *Rousseau* weiß genug. Die Enttäuschung stammt aus der unbewußten Erwartung, daß es zu großen Zärtlichkeiten kommen werde. Diese Handlungen werden alle erst verständlich, wenn man berücksichtigt, daß auch die Freunde *Rousseaus* deutliche Symbolhandlungen latenter Homosexualität zeigen. Ich verweise noch auf eine Szene aus dem Leben des großen Philosophen. Sie wird erst verständlich, wenn man weiß, daß die Vergiftung symbolisch die Homosexualität darstellt. Viele Paranoiker phantasieren von Vergiftungen. Das ist das Gift der Leidenschaft, das ihnen die Umgebung eingibt.

Ein merkwürdiges Zwischenspiel bildet der Besuch, den Dupeyrou in Trye abstattete. Dupeyrou war der einzige wirkliche Freund, mit dem Rousseau noch in Verbindung stand. Er hat sich jederzeit als ehrenhaft und treu gezeigt. Die Ankündigung seines Besuches verursachte Rousseau unbeschreibliche Freude, und als endlich der Ersehnte eintraf, wurde er in überschwänglicher Weise begrüßt. Leider erkrankte Dupeyrou bald nach seiner Ankunft. Rousseau mußte ihn wochenlang pflegen und machte während dieser Zeit Erfahrungen, die ihn auf das Schmerzlichste berührten. Er hat sie in einem Briefe an den Prinzen Conti geschildert. „Eines Abends begann der Kranke äußerst unruhig zu werden. Er sprach unaufhörlich von den bösen Säften, die sich in seinem Magen befanden. Seine Blicke, der Ausdruck seines Gesichtes, seine abgebrochenen Worte hatten etwas so Auffallendes, daß ich selbst besorgt wurde und beschloß, in das Geheimnis einzudringen. Wie wurde mir, als ich ihn durch fortgesetzte dringende Bitten, sein hartnäckiges Schweigen zu brechen, zu Äußerungen vermochte, aus denen hervorging, daß er sich für vergiftet hielt. Und durch wen? Mein Gott! Ich habe immer geglaubt, daß es Formen des Wahnsinns gebe, die nie in den Kopf eines rechtschaffenen Menschen, und wäre er auch verrückt geworden, Eingang finden, geschweige denn in Köpfen, die so gut organisiert sind und von einem so gesunden Herzen belebt werden, wie der seinige, Bestand gewinnen können . . . .“ Rousseau kam dahinter, daß der Diener Dupeyrous seinem Herrn den Kopf verdreht habe. „Hatte ich doch schon längst vorhergesehen, daß man suchen werde, die Diener meines Freundes zu bestechen, um mit ihrer Hilfe unsere Briefe aufzufangen und Einsicht in meine Papiere zu erlangen.“ Er gab sich daher Mühe, Dupeyrou sein Mißtrauen auszureden. „Taub gegen die Stimme des Gefühles und der Freundschaft gab er mir nur dunkle, zweideutige, negative Antworten, die Blick und Miene Lügen straften. Ich versuchte, seinen Diener zu erforschen. Er verzog keine Miene, und ich glaubte, in seinen Augen jene unerschütterliche Zuversicht der Bösewichter zu bemerken, die der Einfalt der Unschuld gleicht.“ Der Arzt kam und verordnete einen Trank von dunkelgrauer Farbe. „Diese Farbe machte ihn sehr betroffen. Er nahm die Tasse und sagte, indem er mich fest ansah: Ich nehme sie mit großem Vertrauen. Ich sah aber an seiner Miene, wie wenig diese Versicherung der Wahrheit entsprach. Dieser Blick erschütterte mich. Meine Seele, zugleich verletzt, empört und gehoben, war daran, in helle Zornesflammen auszubrechen." Der Arzt fand den Kranken nach dem Einnehmen besser, dieser aber behauptete, sich schlechter zu befinden. Die Klagen des Kranken und seines Dieners brachten Rousseau in die größte Aufregung, er umarmte Dupeyrou schluchzend und brachte nur unverständliche Laute hervor. Dupeyrou wies die Liebkosungen mürrisch zurück. „Der Barbar wagte es, mir vorzuwerfen, daß ich den Augenblick seiner größten Schwäche wähle, um ihn in eine Erregung zu versetzen, die ihn vollends töten werde . . . . Es regte sich in mir die Besorgnis, daß dieser Unglückliche (der Diener) selbst das Verbrechen begehen möchte, das er mir anscheinend zuschreiben wollte. Und dieser schwarze Verdacht gewann plötzlich eine solche Macht, daß ich beschloß, beständig bei dem Kranken zu bleiben und über alles zu wachen, was er ihm geben würde. Auch wich ich bis Mitternacht nicht aus dem Zimmer. Nicht lange indes, und ich begann mein Unrecht zu empfinden und mich seiner zu schämen. Überzeugt, daß dieser Mann ein Schurke, aber kein Giftmischer ist, werde ich es mir stets zum Vorwurfe machen, daß ich einen Diener des abscheulichen Frevels habe zeihen können, dessen mich mein Freund ohne Scheu in seinem Herzen angeklagt hat."

Die Szene braucht keiner weiteren Erklärung. *Rousseau* ist eifersüchtig und rationalisiert sich seinen Affekt mit der Besorgnis um den Freund. Wieder finden wir den eigentümlichen erschütternden Blick, von dem die Paranoiker so oft reden, die Umarmung, das Wahngebilde, das überall Verschwörung und Verbrechen sieht.

Ich bin mit meinem Material aus dem Leben *Rousseaus* zu Ende. Wir haben an dem einen Menschen alle die vielen Züge gesehen, die wir vorher an vielen Neurotikern hervorgehoben haben. Ich betone noch einmal: Der ausgesprochene Infantilismus, der aus dieser Quelle stammende Exhibitionismus, der Narzißmus, der Masochismus und die Homosexualität geben zusammen ein Bild, wie man es charakteristischer kaum finden kann. Deutlich zeigt sich der Zusammenhang zwischen Homosexualität und Paranoia. Die Homosexualität erweist sich aber als eine der Komponenten des psychosexuellen Infantilismus.

Eine andere Frage ist, ob *Rousseau* eine Ausnahme ist oder ob alle Menschen so beschaffen sind. Ich glaube eher das letztere. Ich weiß nicht, von wem folgender Satz stammt. „Ich weiß nicht, wie ein schlechter Mensch innen aussieht. Ich habe nur einen guten Menschen gründlich kennen gelernt, und da habe ich geschaudert." . . . Nun, schaudern brauchen wir nicht, wenn wir an das Leben von *Jean Jaques Rousseau* denken. Wir haben doch einen Mann kennen gelernt, der sich über seine dunklen Anlagen hinaus in die Höhe der höchsten Selbstbeherrschung und Menschenliebe entwickelt hat. Er ist ein Typus, der für alle Künstler steht. Wir verdanken nur seinem Exhibitionismus, daß wir seine Blößen erkennen konnten, Blößen, die eben andere scheu verhüllen.

Ich möchte noch betonen, daß die Diagnose Paranoia von manchen Forschern bestritten wird. So stellt Viktor *Demole*[1]) die Diagnose Schizophrenie, während *Voberg* zu folgendem Schlusse kommt: Bei einem Manne mit nervöser Anlage entwickelte sich eine traurige Verstimmung mit paranoiden Bildern (Verfolgungswahn, verbunden mit gesteigertem Selbstgefühl), keine Sinnestäuschungen, namentlich keine Gehörstäuschungen. Der Wahn hielt sich in gewissen Grenzen, er wandelte die Persönlichkeit nicht um. Er trat zurück, die Beeinträchtigungsideen verblaßten. Demgegenüber steht *Möbius* auf dem Standpunkte, es handle sich um eine echte Paranoia im Sinne *Kräpelins*. Ich schließe mich dieser Diagnose vollkommen an und möchte bemerken, daß viele Zeichen von Sinnestäuschungen vorhanden waren. Er sah Zeichen und las in Gesichtern, er beobachtete verdächtige Mienen. So will er gesehen haben, daß man die Strohpuppe, welche die Schweizer damals alljährlich verbrannten, nach Gestalt und Kleidung ihm ähnlich gemacht und vor seinem Fenster hin- und hergedreht hatten. (Mitleidige Ausleger streuten Andeutungen aus, damit das Volk verstehe, um was es sich handle.) Das ist eine ausgesprochene Sinnestäuschung, die sich einer Halluzination nähert. Oder wenn er in den Gesprächen sagt: „Sieht man die plumpe Hast, womit sie, Maulaffen feilhaltend, stehen bleiben, sich umdrehen, ihn anstarren, ihm folgen, hört man das spöttische Geflüster, das die unverschämten Blicke auf ihn hinlenkt, so sollte man sie für eine Schar von Banditen halten, die hocherfreut, das Opfer in ihrer Gewalt zu haben, sich ein Vergnügen daraus machen, es zu beschimpfen." Tritt er ins Theater, augenblicklich ist er von erhobenen Armen und Stöcken dicht umschlossen. Will man ihn mit Gewalt festhalten?

Vor einem Hause hört er die Worte „Bring mir das Gewehr, daß ich ihm einen Denkzettel gebe!" . . . Beim Botanisieren hört er die Rufe der Kanaille und hört sogar die Steine um seine Ohren pfeifen.

Solcher Stellen könnte ich viele anführen. Sie beweisen, daß er auch seine Sinneseindrücke fälschte, daß er also auch unter Halluzinationen litt. Ich glaube auch, daß der Ausruf Humes „Jetzt habe ich den Rousseau!" eine Gehörshalluzination war.

Fragen wir uns aber, was den Ausbruch der Paranoia veranlaßt hat, so müssen wir erkennen, daß sich *Rousseau* in eine bestimmte Rolle hineingelebt hat, die seinem psychosexuellen Infantilismus entsprach. Er war Masochist und wollte von geliebten Personen Schmerzen erleiden. Statt der Schläge auf die Nates erhielt er dann die moralischen Schläge, zuerst von seinen geliebten Freunden und dann von der ganzen

[1]) Analyse Psychiatrique des Confessions de *Rousseau*. Arch. Suisse de Neur. et de Psych., Tome 2.

Welt, die er so liebte, daß er sie wie ein Heiland erlösen und bessern wollte. Wir erkennen die ungeheuere Macht der fixen Idee, die hier sogar den ganzen Lebensplan determiniert. Bedenken wir ferner die schrankenlose infantile Sexualität, besonders die homosexuelle Komponente[1]), die überquellende Urinsexualität, die sich in Fetischneigung zu Sonden äußerte[2]), in einem pathologischen Exhibitionismus, der mit seinen ästhetischen und ethischen Ideen im krassen Widerspruche stand. Er war ein ewiges Kind. Das eigentliche Urtrauma seines Lebens war die Heirat des Vaters. Er behandelte seine Kinder wie der Vater ihn behandelt hatte. Er stieß sie in die Ferne. Er konnte diesen Verrat an seiner Liebe niemals vergessen. Der Haß gegen die Stiefmutter bildet den Kern seiner neurotischen Rachephantasien, die schließlich ein schweres Schuldbewußtsein erzeugten. Er sehnte sich nach der Zeit zurück, da er noch allein mit seinem Vater lebte und ihm die Mutter ersetzte. Sein Konflikt ist der Kampf zwischen Kind und Mann. Er wollte kein Mann sein. Deshalb konnte er keine Kinder brauchen und steckte seine Sprößlinge — was übrigens von mancher Seite bezweifelt wird — ins Findelhaus. Die Spannung zwischen dem bewußten Denken und den unbewußten und nebenbewußten Regungen war zu groß. Er flüchtete in eine Psychose, die ihm gestattete, die ganze Welt in eine Affektlage zu versetzen, seine Affekte in die Umwelt zu projizieren, wobei der Homosexualität eine entscheidende Rolle zufiel. Ich sehe die Disposition zur Paranoia in einem psychosexuellen Infantilismus. Es ergeben sich wichtige Ausblicke und Zusammenhänge, worüber ich in dem nächsten Kapitel sprechen werde.

[1]) Es ist bedeutsam für das organische Entgegenkommen, daß er an leichter Hypospadie litt.

[2]) Bei der Sektion wurde eine normale Blase gefunden.

XXVI.

Infantilismus und Paranoia.

„Toute idée fausse est dangereuse. On croit que les rêveurs ne font point de mal, on se trompe: ils en font beaucoup. Les utopies les plus inoffensives en apparence exercent réellement une action nuisible. Elles tendent à inspirer le dégoût de la réalité.“ *Anatole de France.*

Die schönsten Fälle von Regression beobachtet der Psychiater in den Kliniken und in den Irrenanstalten. Man kann bei allen Geisteskranken die Rückkehr zur Kindersexualität schrittweise konstatieren. Besonders die Schizophrenen zeichnen sich durch einen ausgesprochenen sexuellen Infantilismus aus. Alle die infantilen Paraphilien, die wir beschrieben haben, sind bei den Psychosen zu beobachten. Besonders unangenehm für die Anstalt sind die häufigen Fälle, in denen die Kranken mit Kot zu schmieren anfangen, ins Bett urinieren und ins Bett defäzieren.

Oft ist es im Beginne des Leidens sehr schwer zu unterscheiden, ob es sich um einen neurotischen psychosexuellen Infantilismus oder um eine Schizophrenie handelt. Es gibt Formen von Infantilismus, die ähnliche Symptome wie die Katatonie zeigen. Der Kranke bleibt unbeweglich in einer bestimmten Position, er ist in einem Tagtraum versunken. Ich habe wiederholt beobachtet, daß Fälle von psychosexuellem Infantilismus (also heilbare Neurosen) als unheilbare Schizophrenien erklärt wurden. Die katatonischen Symptome des Infantilisten sind oft auf Trotzreaktionen zurückzuführen. Der Kranke wird hilflos, läßt sich ankleiden, waschen, kämmen, auf den Abort führen, er ißt so langsam, daß er die Umgebung zur Verzweiflung bringt, oder er läßt die Speisen im Munde liegen (Kaufaulheit). Er scheint vollkommen introvertiert. Nur manchmal bricht in die scheinbar affektlose Stimmung ein mächtiger Affekt, der sehr oft eine eifersüchtige Einstellung zu einer Person der Umgebung verrät. Es gibt Infantilisten, die geradezu das Bild einer schweren Psychose simulieren, um die Familie zu erschrecken, wobei es nicht ausgeschlossen ist, daß die Simulation zur Wahrheit wird, weil die Patienten nicht mehr den Weg zur Realität zurückfinden. Das

Traumleben überwuchert, die Spaltung der Persönlichkeit macht Fortschritte, die Herrschaft der fixen Idee und der „fixen Phantasie" wird immer prominenter, bis die „überwertige Szene" alle anderen Vorstellungen erschlägt.

Beim Paranoiker verbergen sich die Infantilismen. Er kämpft ja um sein Recht, er vertritt eine Idee, er ist ein Märtyrer, er muß der

Fig. 7.

Welt ein Beispiel geben usw. . . . Aber mitunter brechen die Infantilismen durch, besonders bei den Übergangsformen, die wir nicht recht zu klassifizieren wissen und bei denen wir uns mit der Verlegenheitsdiagnose „Dementia paranoides" aushelfen. Ich führe als Beispiel die Zeichnungen eines solchen Kranken an, der einen heftigen Kampf gegen Lloyd Georges führt. Er schmäht England (Die Dirne Britannia), aber er benützt die Gelegenheit, um sich in seinen koprophilen Phantasien zu ergehen. Figur 7 zeigt uns die bekannten Toilette-Phantasien der Abort-Monomanen, während Figur 8 eine Dame zeigt, die sich (Projektion der eigenen Wünsche!) in der Psychose als Koprophagin erweist.

Es wäre sehr lohnend, die Regressionen der verschiedenen Geisteskranken zu studieren und mit den hier beschriebenen Formen des psychosexuellen Infantilismus zu vergleichen. Ich darf mich nicht in diese Zusammenhänge vertiefen, sie würden mich zu weit von meinem Thema entfernen. Ich möchte nur auf die sehr wichtigen Beziehungen zwischen psychosexuellem Infantilismus und Paranoia hinweisen, auf die uns das Studium des Lebens *Rousseaus* gebracht hat.

Fig. 8.

„Die Paranoia ist gekennzeichnet durch ein unerschütterliches Wahnsystem bei vollkommener Erhaltung der Besonnenheit und Ordnung des Gedankenganges" *(Kräpelin)*. Ist aber dies Wahnsystem wirklich unerschütterlich? Jeder Psychiater kennt Fälle, bei denen es zur Überwindung des Wahnes kommt. Oft pflegen wir dann die Diagnose anzuzweifeln und ein „hysterisches Irresein" anzunehmen, wie es *Bleuler* getan hat, als *Bjerre* dem psychanalytischen Kongresse in Weimar von der analytischen Heilung der Paranoia berichtete. Aber es gibt berühmte Fälle von Paranoia, die zur Heilung kamen. Ich verweise nur auf den Fall Strindberg. Die Diagnose einer Paranoia war sicher.

Trotzdem klangen nach einem zweijährigen Aufenthalte bei einem befreundeten Landarzte die Erscheinungen ab, die Verfolgungsideen wurden korrigiert, zum mindesten nicht mehr erwähnt. Ich habe in Band II (Homosexualität und Paranoia) Fälle erwähnt, die sich nach analytischer Aufklärung des Verfolgungswahnes auffallend gebessert hatten. Ich habe drei solcher Patienten in Beobachtung. Die Verfolgungsideen sind zurückgegangen und greifen nicht mehr störend in das soziale Leben des Erkrankten ein.[1])

Bei der Analyse von *Rousseau* sind mir die Beziehungen zwischen psychosexuellem Infantilismus und Paranoia klar geworden. Es ist sicher, daß *Freud* recht hat und daß die Verfolgungsideen der Paranoiker auf verdrängte homosexuelle Regungen zurückgehen. Aber ist die Homosexualität selbst nicht nur ein Symptom eines psychosexuellen Infantilismus, also ein Stehenbleiben auf einer Stufe, die wir alle überschreiten müssen?

Betrachten wir einmal das Krankheitsbild der Paranoia. Der Kranke fühlt, daß man ihm nicht die richtige Liebe entgegenbringt. Die Eltern haben nicht genug Interesse für ihn, die Leute schätzen ihn nicht recht, manche machen sich über ihn lustig. Viele hassen ihn. Ja, er wird oft von der ganzen Welt gehaßt oder verachtet. Er hat ganz besondere Feinde, weil man seine Größe erkannte und sein Fortkommen hindern will.

Er hat den festen Glauben an seine große historische Mission; er will über die Menge hervorragen, er ist zu etwas Besonderem bestimmt. Er sieht überall Anspielungen und Anzüglichkeiten auf seine geheimen Laster und auf seine Vergehen. Er wird fixiert und eigentümlich angeschaut. Die Leute wispeln in geheimnisvoller Weise, wenn er vorbeigeht. Es ist ein großartiges System, das seine Feinde ersonnen haben, um ihn zu beobachten und zu quälen. Es sind elektrische Drähte um sein Zimmer gespannt; man arbeitet mit Telegraphie ohne Draht oder mit Telepathie; er wird telepathisch beschimpft oder zu einem Verbrechen gedrängt, das er nicht begehen will. Es sind geheimnisvolle Maschinen in seiner Nähe. Er ist von Geheimnissen und Wundern umgeben. Er kann sich diese rätselhaften Dinge nicht erklären. Warum

[1]) Heilungen von Paranoia beschreiben *Bjerre* (Jahrb. f analyt. F., Bd. III), *Freyberg* (Ein Fall von chronischer Paranoia mit Ausgang in Heilung. Allg. Ztschr. f. Psych., Bd. 58, H. 29), *Friedmann* (Beiträge zur Lehre von der Paranoia. Monatsschr f. Psych. u. Neur., 17, 467), *Gaup* (Über paranoide Veranlagung und abortive Paranoia. Zentralbl. f. Neur. u. Psych., 1900, 129), *Kleist* (Die Streitfrage der akuten Paranoia. Allg. Ztschr. f. d. ges. Neur., 5, 366, 1911), *Merklin* (Bemerkungen zur Paranoiafrage. Psych.-neur. Wochenschr., 1909). Auch *Wernicke* erwähnt eine Heilung, ferner Bemerkungen bei *Stransky*, *Bonhoeffer* u. a.

sind seine Feinde so gemein? Gerade ihm werden Laster (Homosexualität, besonders Päderastie, Onanie, Fellatio, Kinderschändung, Inzest usw.) vorgeworfen, Laster, die ihm nie in den Sinn gekommen sind. Er weiß, daß er von besonderer Abstammung ist. Er sei nicht der Sohn seines Vaters. Er habe eine Ähnlichkeit mit einer hochgestellten Persönlichkeit entdeckt. Die Menschen fürchten ihn. Seinen Blick könne nicht jedermann aushalten. Er habe so wunderbare Sinne, daß er alles höre, was die Leute leise flüsterten und schon aus den Mienen ihre Gedanken erraten könne. Er sei unglaublich telepathisch. Er hört auch Stimmen, die ihn mahnen, seine große historische Mission zu vollenden. „Er ist Thronerbe, Reformator, Friedensfürst, Kaiser und Papst in einer Person, Messias, Gottesgebärerin, erhält seine Gedanken von Gott, wird zum auserwählten Werkzeug des Himmels, ja zum Mittelpunkt der Welt.“ *(Kräpelin.)* Er hat Halluzinationen, fälscht die Erinnerung, deutet die Realität nach seiner Willkür. Mit Hilfe der Annullierungstendenzen verfälscht er die Wirklichkeit, streicht alles, was nicht in sein System paßt, aus und hebt anderes hervor, unterstreicht es. Er hat einen unerschütterlichen Beziehungswahn. Er ist das Zentrum der Welt und richtet alle Fäden dieser Welt gegen sein Ich. Im Mittelpunkte dieser Ideenwelt steht der Wahn, die „idée fixe“ des Kranken.

Wer aber die Krankengeschichten meiner Bücher und speziell dieses Bandes aufmerksam gelesen hat, wird gestehen, daß die Neurotiker bald die einen, bald die anderen Züge der Paranoia aufweisen. Ja, in vielen Fällen konnten wir die Wirkung der fixen Idee nachweisen, eine Tatsache, die *Janet* in seinem ausgezeichneten Buche „Neuroses et idées fixes“ (Paris, 1898, Felix Alcan) gebührend hervorgehoben hat. Daselbst hat der französische Forscher nachgewiesen, wie die fixen Ideen die Attitüde und die Physiognomie des Kranken determinieren, wie sie sein Handeln und Denken bestimmen und wie sich diese Ideen als neurotische Symptome äußern. Die fixe Idee ist zugleich eine überwertige Idee *(Wernicke)*.

Der Paranoiker hat eigentlich kein Symptom, das sich nicht bei dem Neurotiker finden würde. Die Unerschütterlichkeit seines Wahnsystems ist kein Charakteristikum. Denn wir stoßen auch bei der Analyse des Neurotikers sehr häufig auf einen Komplex, der der Analyse kaum zugänglich ist. Der Kranke akzeptiert scheinbar die analytischen Aufklärungen, aber er behält seine fixe Idee, er verbirgt sie nur besser, er wagt es nicht, sich offen zu ihr zu bekennen, aber sie herrscht im Königreich seiner Phantasien und Träume. Das kann einem sogar passieren, nachdem man eine Heilung erlangt hat, d. h. den Kranken sozial wieder brauchbar gemacht hat.

Viel interessanter ist der Vergleich des Paranoikers mit dem Kinde. So paradox es klingt: Jedes Kind ist im gewissen Sinne paranoisch. Es annulliert die Realität, lebt in einer Welt der Phantasien, zeigt die Macht bestimmter fixer Ideen.

Es ist sehr interessant, die kindliche Psyche, wie wir sie kennen gelernt haben, mit der Psyche der Paranoia zu vergleichen. Der Paranoiker fühlt sich von aller Welt verfolgt, er klagt darüber, daß er so viele Feinde hat, daß die Leute ihn auf der Gasse auslachen und mit Fingern auf ihn weisen. Es ist die typische Einstellung des verzärtelten Kindes, das, an seiner Umgebung hängend, sich vor allem Fremden fürchtet. Wie oft klagen Schulkinder, daß sie auf der Gasse verfolgt werden, daß ihnen Feinde nachstellen, daß sie ausgelacht und verhöhnt werden. Die meisten Kinder leiden an Angstträumen, in denen sie verfolgt werden. Knaben sehen sich von Räubern bedrängt. Männer mit großen schwarzen Bärten verfolgen sie und es ist nicht schwer, die homosexuelle Komponente nachzuweisen. Sie sind sehr mißtrauisch, oft klagen sie über ungerechte Behandlung. Der Lehrer habe einen „Pick" auf sie. Auch Halluzinationen kommen vor. Sie hören Stimmen oder sehen verdächtige Gestalten vor dem Hause auf- und abgehen. Viele Kinder glauben an ihre große historische Mission. Der Wahn des Paranoikers von seiner geheimnisvollen hohen Abstammung ist nur die Wiederholung des Familienromans *(Freud)*. Ebenso tief ist den Kindern der Glaube an die Unsterblichkeit eingewurzelt. Sie können es nicht glauben, daß sie wie alle anderen Menschen sterben müssen, sie erwarten, daß Gott mit ihnen eine Ausnahme machen werde.

Sie glauben, wie wir gesehen haben, an die Allmacht ihrer Gedanken, meinen, ihre Kräfte ins Übernatürliche erweitern zu können. Ihre Neigung zur Phantasietätigkeit ist unendlich stark. Die Grenzen zwischen Wirklichkeit und Schein sind für die Kinder schwankend.

Ich erwähne den Fall eines 5jährigen Mädchens, das sich selbstherrlich eine Anzahl von Luftschwestern schuf, mit denen es sich den ganzen Tag unterhielt. Eines Tages fand die Mutter die Kleine in Tränen aufgelöst. „Was ist Dir geschehen, Marion?"

„Ach, Mama, eine von meinen Luftschwestern ist heute gestorben!"

Der Affekthunger der Kinder ist ebenso groß wie der des Paranoikers. Der Paranoiker schafft sich Feinde, er kann sich fürchten, er kann entrüstet sein, sich verachtet fühlen usw. Auch das Kind stillt seinen Affekthunger durch Halluzinationen. Es hat eine unheimliche Kraft der Identifizierung. Beim Paranoiker können wir dieselbe Fähigkeit zur Identifizierung beobachten. Er identifiziert sich mit seinem Ideal-Ich oder mit seinem historischen Vorbild, das er kopiert. Kinder können unter Umständen ein ganzes System konstruieren, nur daß sie mehr oder minder rasch in die Wirklichkeit zurückkehren. Der

Realitätskoeffizient kindlicher Phantasien ist noch geringer als der des Paranoikers. Wir können also sagen, daß jedes neurotische Kind — vielleicht jedes Kind paranoide Züge aufweist, und uns so der Ansicht *Kräpelins* nähern, der in der Paranoia eine Art Entwicklungshemmung sieht. Der Paranoiker bleibt auf einer infantilen Stufe stehen. Sein Wahnsystem entspricht einem Siege der Affektivität über den Intellekt.

Man sieht, ich nähere mich dem Standpunkte *Kräpelins*, wobei ich zwei Formen der Paranoia unterscheide: 1. Die eine Form ist als Entwicklungshemmung aufzufassen, die originäre Paranoia im Sinne von *Sanders*. (Der psychosexuelle Infantilismus stabilisiert sich.) 2. Die Krankheit ist eine Regression. Der bisher Gesunde, d. h. seine Krankheit überwunden habende, wird wieder zum Kinde.

Dabei müssen wir bedenken, daß der starke Gefühlston das charakteristische Kennzeichen kindlichen Denkens ist. Das Denken wird von den Affekten beherrscht. Der Mangel an Logik, d. h. das Fehlen intellektueller Kritik, ist Kind und Paranoiker eigen. Auch das Kind rationalisiert sein egozentrisches (autistisches) Denken und versucht logische Erklärungen für seine endopsychischen Phänomene zu finden.

Eine wichtige Frage ist es, warum gewisse Menschen an Paranoia erkranken, während andere eine jener Positionen des Infantilismus beziehen, wie wir sie in diesem Werke eingehend geschildert haben. Bevor ich auf die Beantwortung dieser Frage eingehe, möchte ich die Analyse zweier geheilter Fälle von Paranoia mitteilen.

Fall Nr. 146. Der 36jährige Naturforscher Hugo J. wurde mir von Dr. *Wild* in Erfurt zur psychanalytischen Behandlung überwiesen. Die von *Binswanger* und *Anton* nach längerer Beobachtung gestellte Diagnose lautete: Paranoia. Da aber außer der Paranoia noch Symptome einer schweren Zwangsneurose bestanden und Patient bis auf sein Wahnsystem vollkommen normal war, glaubte Dr. *Wild* einen Versuch mit der Analyse empfehlen zu können.

Es besteht keine besonders schwere Belastung. Immerhin gibt es in der Familiengeschichte einige dunkle Punkte. Eine Tante gilt als ausgemachte Närrin, ist ein Sonderling mit allerlei verschrobenen Ideen. Die Mutter nahm sich das Leben. Eine Schwester ist ruhelos, sie widmet sich zwar mit Eifer der Krankenpflege, hält es aber nicht lange an einem Orte aus.

Der Kranke ist mittelgroß, schlecht genährt, zeigt keinerlei Degenerationszeichen somatischer Natur. Er wünscht sehnlichst von einer Zwangshandlung befreit zu werden: Er muß allen Leuten auf die Genitalgegend sehen. Das merkten die Menschen, so daß er jetzt zum Gegenstand allgemeiner Verachtung und offenen Spottes wurde. In der Stadt, wo er wohne, schlage ihm eine „Flut von Haß“ entgegen. Er sei der meistgehaßte Mensch in seiner Vaterstadt. Kaum verläßt er seine Wohnung, so beginnen alle Nachbarn zu lachen und mit Fingern auf ihn zu zeigen. Die Gassenjungen pfeifen bestimmte Lieder. („O, du mein Vaterland.“ — „Drunten im Unterland, da ist sehr fein.“) Diese Lieder dienen seiner Verspottung. Es soll gesagt werden, daß er kein Vaterland habe und daß er drunten im Unterland — man meine symbolisch das Genitale — nicht in Ordnung sei. Außerdem stecken die Menschen den Finger in den Mund, um anzudeuten, daß er ein Verlangen nach Fellatio habe. Auch höre er, daß ihm „Arschficker" und andere häßliche Worte nachgerufen werden. Er kommt sich wie ein gehetztes Wild vor. In anderen Städten ist es auch nicht besser. Er studierte in München und hatte einige Wochen Ruhe. Aber schon bald begannen die gleichen Verfolgungen. Er ist auch von *Löwenfeld* mehrere Monate erfolglos behandelt worden. Er hat daher das Vertrauen zu allen Ärzten verloren. Sie können ihm nicht helfen. Wenn seine Zwangsvorstellungen geheilt würden, so bleibe noch die Verfolgung zurück.

Über den Grund der Verfolgung äußert er sich sehr zurückhaltend. Er glaube, er habe sich durch sein Blicken nach den Genitalien unmöglich gemacht. Überdies habe er es sich mit sehr einflußreichen Leuten verdorben. Er gibt zu, daß die ganze Sache ihm selber rätselhaft ist. Aber die Tatsache ist nicht zu leugnen. Er wird mich überzeugen. Ich werde einmal mit ihm ausgehen, denn er zweifelt nicht, daß man ihm nach Wien folgen wird. Meistens sind die Verfolger so schlau, daß sie aufhören, wenn andere dabei sind. Aber seine Braut ist Zeugin. Sie hat die Gesten gesehen und die Lieder gehört.[1])

Er grollt seinem Vater, daß er ihm die Verfolgung nicht glaubt und immer wieder betont, es seien Einbildungen. Er sei doch ein Mensch mit gesunden Sinnen. Er könne doch Halluzinationen von Tatsachen unterscheiden. Sein Vater habe wohl die Pflicht, ihn zu schützen und gegen die Leute einzuschreiten. Er habe nichts getan. Deshalb hasse er seinen Vater. Auch verwalte der Vater sein von der Mutter ererbtes Geld, so daß er keine freie Verfügung darüber habe. Das sei doch ungerecht. Er sei geistig ja ein vollkommen gesunder Mensch usw.

Wir erkundigen uns nach seiner Lebensgeschichte. Er war ein sehr kluges, aufgewecktes, sehr phantasiereiches Kind, das stundenlang spielen konnte. Seine Phantasien waren sehr lebhaft, so daß er oft die Wirklichkeit vergaß. Er studierte außerordentlich gut und war einer der besten in der Schule. Er bestand sein Abitur zur rechten Zeit. Der Jammer ging erst an, als er auf die Hochschule kam und das Elternhaus verließ. Er machte wohl die ersten Prüfungen, aber es fehlte bald die Fähigkeit, sich zu konzentrieren. Die Verfolgungen waren nicht arg. Er fühlte sich hie und da verspottet und verlacht, aber es war noch erträglich. Vor seinem Doktorexamen blieb er stecken, er konnte seine Dissertation nicht vollenden. Nun arbeitet er schon drei Jahre gar nichts mehr.

Er wird aufmerksam gemacht, daß durch den Müßiggang das Leiden verschlimmert wird. Er erhält den Auftrag, sich zu beschäftigen und während der Behandlung an der Dissertation zu arbeiten. Eine Empfehlung öffnet ihm das naturhistorische Institut, wo er alle Behelfe hat, die er benötigt. Er ist sehr zufrieden mit dem Arrangement, findet, daß die Leute in Wien schon viel höflicher sind als in Norddeutschland, auch der Professor sei sehr liebenswürdig gewesen.

---

[1]) Auf eine Anfrage bestätigt die Braut teilweise seine Angaben. Ein Beispiel psychischer Infektion. Die Bestätigung der Braut gibt ihm große Sicherheit und verstärkt seinen Wahn. Sie ist seine Kronzeugin.

„Das wird nicht lange dauern. Meine Feinde ruhen nicht. Sie werden dem Professor schreiben und mich anschwärzen. So ist es mir wiederholt gegangen. Auch Sie werden Briefe erhalten. Ich werde gehetzt wie ein wildes Tier. Ach, wenn ich nur einen ruhigen Winkel hätte, wo ich mich verbergen könnte."

Interessant sind die Angaben des Patienten über sein Sexualleben. Er entsinnt sich nicht seiner frühen Jugend. Aber er glaubt, daß er schon sehr früh onaniert und daß die Mutter dagegen gekämpft habe. Er weiß, daß die Mutter oft an seinem Bette saß, ihn ermahnte, die Hand außerhalb der Decke zu halten und ihm Schreckbilder von den Folgen der Onanie entwarf. Er war aber in der Jugend nicht stark genug, um die Onanie zu überwinden. In Berlin wurde er mit 24 Jahren von einem Mädchen verführt. Es war in einer Pension und sie kam ihm so entgegen, daß er erliegen mußte. Er hatte gute Potenz und großen Orgasmus. Trotzdem brach er nach vier Wochen das Verhältnis ab, weil er Grund zu haben glaubte, daß das Mädchen nicht treu war. Er zog es vor, zeitweilig zu onanieren. (Er onanierte angeblich immer nur mit der Vorstellung von Frauen.) Nach drei Jahren lernte er wieder ein Mädchen kennen, das ihm zu willen war. Wiederum brach er nach einigen Wochen das Verhältnis ab. Motiv: Vermeintliche Untreue. Er litt wahnsinnig unter Eifersucht. Ähnlich erging es ihm mit einem dritten Mädchen. Nun ist er seit einem Jahre verlobt. Er liebt seine Braut angeblich ganz außerordentlich, glaubt aber ihrer nicht würdig zu sein und fürchtet, sie könnte seiner müde werden und ihn aufgeben.

Seit vier Jahren onaniert er nicht mehr. Die Wahnideen kamen also nach dem Aufgeben der Onanie. Er gibt zu, daß er den ganzen Tag von erotischen Bildern verfolgt wird. Er entkleidet die Menschen auf der Gasse, phantasiert über ihr Genitale. Diese sexuellen Phantasien stören ihn beim Studieren. Es ist traurig, daß er zugeben muß, daß die Verfolgung eigentlich gerechtfertigt sei. Er sei das größte Schwein, das je auf der Welt gelebt habe. Er sehne sich nach einer reinen, erlösenden, befreienden Liebe.

Die Abstinenz erträgt er angeblich ohne Schaden. Die Natur helfe sich mit Pollutionen. Nach einer Pollution ist er sehr niedergeschlagen. Er hat ein unerklärliches Schuldbewußtsein, fühlt sich bedreckt und erniedrigt. Er glaubt fest an den Schaden der Onanie und der Pollutionen. Die Onanie sei die Ursache von Geisteskrankheiten. Deshalb habe er nach übermenschlichem Kampfe die Onanie aufgegeben. Er würde gerne normalen Geschlechtsverkehr pflegen, wenn es keine Infektionskrankheiten gäbe. Die Mädchen seien alle falsch und untreu. Er könne keiner so gefallen, daß er sie lange binden könne. Es sei ihm ein Rätsel, daß seine Braut ihm treu bleiben könne. Er fürchtet ihren Abfall während der Zeit der Behandlung.

Er leidet an allerlei hypochondrischen Vorstellungen. Selbstverständlich steht im Vordergrund die Angst vor dem Wahnsinn. Auch glaubt er, sein Vater wolle ihn entmündigen und in eine Anstalt sperren lassen. Wenn er nicht so scharfe Sinne hätte und sein Verstand nicht so ausgebildet wäre, er wäre längst dem Wahnsinn erlegen. Er fühlt aber manchmal, daß er unheilbar ist und quält mich mit der Frage, ob er heilbar sei, glaubt aus meinen Mienen zu lesen, daß ich ihn für verrückt und unheilbar halte. Er frägt mich, ob ich ihm die Verfolgungen wirklich glaube oder daran zweifle.

Ich schlage ihm vor, über dieses Thema nicht zu diskutieren und mich aus der Frage „verrückt oder nicht" auszuschalten. Ich hätte die Pflicht, ihn zu heilen. Ich glaube jedem Kranken. Deshalb glaubte ich ihm die Verfolgung. Ich hätte keinen Grund daran zu zweifeln. Ich nahm mir vor, im Gesunden zu operieren und den Wahn nur in den seltensten Fällen direkt anzugreifen, da jeder Zweifel an der Verfolgung die stärksten Affektreaktionen hervorrief.

Er zeigt die typischen Eigenschaften eines Paranoikers, wie sie *Kräpelin* so mustergültig wiedergegeben hat. Er ist nie recht geliebt worden. Sein Vater ist ein beschränkter und egoistischer Mensch, der nur seinem Berufe lebt und täglich abends ins Wirtshaus zum Stammtisch geht. Er versteht nicht Geld zu erwerben. Er lebt von dem, was er ererbt hat. Er hat für ihn kein Verständnis und keine rechte Liebe. Denn er liebt nur die Schwester. Die Schwester hängt mit leidenschaftlicher Liebe an dem Vater. Trotzdem stritten die beiden den ganzen Tag, so daß die Schwester das Haus verließ. Sie kümmere sich um ihren Bruder gar nicht. Er sei ihr ganz gleichgültig.

Er komme sich manchmal wie Christus vor. Er könnte die ganze Welt in Liebe umfassen. Aber die Menschen stoßen ihn zurück. Sie nehmen seine Liebe nicht an. Er wird verkannt und man hat für seine Eigenart kein Verständnis. Er ist ein edler Mensch, der gerne der Menschheit eine neue Religion der Liebe geben würde. Er wollte sogar dulden, um die Menschen zu bessern.

Er ist nicht wie die anderen. Das fühlen die Menschen und hassen ihn deshalb. Sie fallen wie die Spatzen über einen Kanarienvogel her. Was hat er für böse Erfahrungen gemacht! Die besten Menschen haben ihn betrogen und ihm ein Bein gestellt. Er hat außerordentlich feine Sinne. Er hat das Auge eines Falken. Er sieht alle die feinen Zeichen, die anderen Menschen entgehen. Er hat die Gabe, aus den Gesichtern die Gedanken zu lesen. Er ist unheimlich telepathisch. Er hat ein feines Gehör. Er hört, was sie wispeln und einander zuraunen. Manchmal könnte er einen solchen Kerl ermorden oder ihm eine herunterhauen. In seiner Vaterstadt hatte er einmal einen Jungen verhauen, der ihn auspfiff. Dann hatte er einige Tage Ruhe. Er müßte noch einmal so ein strenges Exempel statuieren, um den Kerlen zu zeigen, daß man ihn nicht ungestraft verhöhnen dürfe.

— —

Vier Tage ist er ruhig. Er interessiert sich für die Psychanalyse, liest einige meiner populären Schriften und meint, es gehe ihm eine neue Welt auf. Er habe immer geglaubt, seine Krankheit müsse seelisch zu heilen sein. Er berichtet die Geschichte seiner ersten Verfolgung. Ein Mann auf der Gasse habe an seiner Kravatte herumgerichtet. Das beziehe sich natürlich auf ihn. Die Kravatte sei doch ein Symbol des Penis. (Das weiß er ohne analytische Vorkenntnisse.) Dieser Schweinehund wollte ihm zeigen, daß er ihn erkenne und als Onanisten vor aller Welt bloßstellen wolle. Seit damals sei es mit seiner Ruhe dahin. Die Verfolger hätten auch seine Wohnung in Wien ausspioniert. Im Hofe habe ein Leierkastenmann „Verlassen, verlassen“ gespielt. Dies Lied sei auch eines von jenen, mit denen ihn die Verfolger verhöhnen. Dann habe man „O du lieb Vaterland“ gepfiffen. Vor dem Hause sah er einen verdächtigen Gesellen. Dieser hat die Pflicht, ihn zu beobachten. Er stellte sich zwar ganz gleichgültig. Aber er hat scharfe Sinne. Er läßt sich nicht täuschen. Der Mann hat den Gleichgültigen gespielt. Denn wie er sich plötzlich rasch umgedreht hat, war der Blick des Mannes auf ihn gerichtet und er schickte sich an, ihm unbemerkt zu folgen.

Er wird aufmerksam gemacht, wie groß Wien ist und wie es unmöglich ist, daß seine Feinde die Wohnung kennen.

„Ich kann es mir auch nicht erklären. Aber an der Tatsache als solcher ist nicht zu zweifeln.“

„Wer bringt die hohen Kosten der Verfolgung auf? Denken Sie darüber nach, was solche Kerle jetzt kosten, die Sie beobachten sollen. Wer bezahlt sie? Cui prodest?“

Das kann er sich nicht erklären. Er glaubt, daß die ganze Geschichte von einem anderen Naturforscher ausgeht, der ein großes Interesse hat, sein Emporkommen zu verhindern. „Die Kerle wissen, daß ihre Zeit um ist, wenn ich auf den Plan trete. Ich habe neue Ideen. Ich will die Wissenschaft befruchten. Ich will den Leuten zeigen, was noch zu leisten ist.“

Nun ist das nicht leere Renommage. Er ist ein sehr feiner Kopf mit hoher Intelligenz, wie ich kaum einen zweiten behandelt habe. Er wird gewiß seinen Weg machen, wenn seine Kräfte frei werden. Er hat eine Fülle von originellen Ideen.

Er will, ich solle gegen die Verfolger einschreiten.

Ich erinnere ihn an unseren Vertrag, die Verfolgungsideen — ich sagte Ideen, er erwiderte Tatsachen — aus unseren Gesprächen nach Möglichkeit auszuschalten. Ich verzichte darauf, die Wahrheit zu kontrollieren, er aber verlange von mir keine Intervention.

Eine Woche lang geht die Analyse glatt vorwärts. Er hat eine Fülle von interessanten Träumen, sehr oft kriminellen Inhaltes. Auf die Ergebnisse der Analyse will ich später zurückkommen. Ich berichte jetzt über die Entwicklung seines Wahnsystems.

Die Verfolgungsideen setzten oft einige Tage aus. Am besten ging es ihm noch in seiner Wohnung. Er bewohnte ein stilles Kämmerchen in einer Pension, das dunkel war. Er mußte auch bei Tage Licht benützen. Da saß er viele Stunden und arbeitete fleißig. Er gönnte sich kein Vergnügen, keine Abwechslung. Er studierte in wissenschaftlichen Werken oder las philosophische und psychologische Werke.

Bald aber fand er, daß sich in der Pension das Stubenmädchen und die Hausfrau für ihn interessierten. Er rieche das. Er sehe das aus den Blicken. Das Stubenmädchen lächelte eigentümlich und wollte koitiert werden. Er ließ sich aber nicht verlocken, da er seiner Braut die Treue halten wollte. Er fürchtete auch, seine Braut, deren Sinnlichkeit ihm offenkundig war, könnte die Abstinenz nicht vertragen und untreu werden (Poena talionis). Er fand auch bald heraus, daß sie an den Vater fixiert war, was ihm eine gewisse Beruhigung verschaffte. Freilich, das Dienstmädchen begann ihn zu hassen, weil er ihr nicht zu willen war, aber er ließ sich überzeugen, daß er falsch gesehen haben konnte und blieb bis zum Ende der Behandlung in der Pension. Allerdings konstatierte er, daß er die kleinsten Portionen erhalte, weil er sich alles gefallen lasse und man ihn für einen Narren halte. Er speiste auf seinem Zimmer und schlug alle Einladungen ab, an der allgemeinen Tafel zu erscheinen.

Viel schlimmer war es mit den Verfolgungen in dem Institute, wo er studierte, um seine Dissertation zu vollenden. Der Professor war wohl sehr liebenswürdig, aber es passierten merkwürdige Dinge. Seine Bücher waren immer verräumt und schwer zu finden, oft wurden sie weggeliehen, obwohl man wußte, daß er sie benötigte. Natürlich kamen einige Herren hin, die ihn beobachteten und stören wollten. Es war klar, er durfte seine Dissertation nicht vollenden. Ein Mann setzte sich ihm gegenüber und schnalzte leise mit der Zunge oder machte anzügliche Bewegungen mit dem Bleistifte. Ein anderer

Herr starrte ihn an und kam immer nur, wenn er dort war. Es war ausgemacht, daß der Herr mit seinen Feinden im Bunde war. Er suchte ein anderes Institut auf. Natürlich wußte ihn der Herr dort aufzustöbern. Nun war das Komplott offenkundig. Er verlangte, ich solle seinem Vater schreiben, daß ich einen objektiven Beweis für seine Verfolgung hätte. Als ich mich weigerte, drohte er mit Abbruch der Behandlung. Ich berief mich darauf, daß er mich vorher ersucht hatte, unter keinen Umständen mit seinem Vater in Verbindung zu treten. Das hatte ich ihm versprechen müssen. Nun wollte er mir beweisen, ich müßte an seinen Vater schreiben, daß er kein Narr sei. Ich hätte mich auch von der Verfolgung überzeugt. Ich verweigerte jede Einmischung. Er grollte, aber er blieb.

Allmählich aber lernte er einsehen, daß alle die Männer, die ihn störten, Gegenstand seiner homosexuellen Phantasien waren. Er bildete sich nun eine Erklärung. Die Leute merkten, daß er sie begehre und reagierten darauf. Es sei eine Art von Telepathie. Damit ließ er seine Verfolgungsideen und akzeptierte eine ihm einleuchtende Erklärung, in der nicht mehr von einem Komplott oder einer Verschwörung die Rede war.

Das war die erste Korrektur, die er an seinen Wahnideen vornahm. Bald wandte er diese Erklärung für die Verfolger in seiner Vaterstadt an und lernte insbesondere begreifen, daß Personen, die ihn homosexuell erregten, seine Verfolger wurden und daß es sich in den meisten Fällen um Projektion eigener Gedanken in die anderen handelte. Er wurde ruhiger, die Verfolgungsideen klangen ab, sie wurden immer seltener, er sah auf der Gasse keine Gesten mehr, die Gehörshalluzinationen verschwanden vollkommen.

Die Analyse ging gut von statten. Die Übertragung war ganz außerordentlich, wurde aber vom Kranken zugegeben, erkannt und überwunden. Besonders deutlich war die Identifizierung des Arztes mit seinem Vater, der aber bald eine Differenzierung folgte. Seine Einstellung zum Vater war bipolar. Er haßte ihn, beschuldigte ihn, er trage durch seine Wirtshausgespräche dazu bei, seine Geheimnisse unter die Leute zu bringen, er habe kein Verständnis für ihn, er sei ein beschränkter Mensch. Aber in seinem Innern lebte der Vater der Jugend, eine Idealgestalt, ein Gott im Kleinen, nach dessen Liebe er lechzte. Schmähbriefe, die er dem Vater absenden wollte, zeigte er mir und ließ sich überzeugen, daß die affektative homosexuelle Einstellung sein Urteil getrübt hatte. Die anfangs erregten Briefe (besonders wenn das Geld nicht rechtzeitig ankam; Geld ein Symbol der Liebe) wurden immer ruhiger und beherrschter.

Mit seiner Schwester hatte er seit Jahren gänzlich gebrochen. Er erkannte die starke inzestuöse Einstellung und den Bruch als Mittel des Selbstschutzes. Er richtete einen versöhnlichen Brief an sie und die Fäden wurden wieder angeknüpft, wobei er die verdrängten sexuellen Regungen offen überwand.

Ich bedauere lebhaft, daß ich seine Träume nicht mitteilen kann. Er hat das ganze hochinteressante Traummaterial gesammelt und nach Hause genommen. In seinem ersten Traume wurde als Wurzel seiner Neurose der Oedipuskomplex erkannt. Freilich, er war doppelt zentriert. Er wollte entweder den Vater oder die Mutter für sich allein haben. Er wünschte abwechselnd einem der Elternteile den Tod, um mit dem anderen allein zu bleiben.

Die Paranoia wurde schlimmer, nachdem seine Mutter einen Selbstmord verübt hatte. Er war nach ihrem Tode auffallend kühl, eher befriedigt als erschüttert. Der erste Traum handelte davon, daß er seine Mutter erschlagen habe. Er hatte sich später Vorwürfe gemacht, daß er sie in den Tod getrieben habe. In der Jugend war das Verhältnis außerordentlich zärtlich. Die Mutter beschäftigte sich viel mit ihm, er kam oft des Morgens in ihr Bett. Sie beschäftigte sich auch mit seiner Sexualität. Er litt furchtbar unter schmerzhaften Erektionen — schon vor der Pubertät — und teilte das der Mutter mit. Er verlangte von ihr Hilfe. Aber sie rief den Hausarzt, während er von ihr Liebkosungen erwartete. Sie saß in der Zeit vom 13. bis zum 18. Lebensjahre am Abend viele Stunden an seinem Bette. Er las ihr vor und ließ sich vorlesen, wobei er ihre Hand hielt. Er weiß, daß er sie glühend begehrt hatte und nicht begreifen konnte, daß sie den Vater geheiratet hatte. Später zog er sich zurück, behandelte sie schroff und machte ihr bittere Vorwürfe. Sie habe ihn schlecht erzogen, sie sei an seinem Leiden schuld. Er dachte oft darüber nach, ob sie sich wegen seiner Vorwürfe das Leben genommen habe.

Seine Sexualität war in der Phantasie schrankenlos und die Ursache seiner Versündigungsideen. Er war fromm katholisch und durch den frühen Umgang mit einem hochstehenden Pfarrer so religiös gemacht worden, daß er eine Zeitlang Geistlicher werden wollte. Später überwand er die Religion scheinbar, wurde Atheist; aber im Herzen ist er immer gläubig geblieben. Er ersetzte die Religion durch eine pathologische Ethik und durch eine Askese, die ihn zu einem Märtyrer machte. Er verzichtete auf Sexualität und kämpfte auch gegen die Pollutionen. Nach einer Pollution, die sich fast immer auf Inzestphantasien zurückführen ließ, fühlte er sich befleckt und dachte an Selbstmord, konnte nicht studieren. Er rauchte nicht, trank keinen Tropfen Alkohol. Er besuchte keine Theater und las keine Romane. Er wollte immer nur arbeiten und büßen. Er machte den Eindruck eines armen Menschen, trug immer die gleichen Kleider, wechselte selten die Wäsche. Jede Entbehrung machte ihm Freude.

Die kriminellen (sadistischen) Impulse waren sehr stark. Er wollte seinen Verfolgern den Schädel einhauen, fürchtete, Frauen vergewaltigen und töten zu müssen. Einige Träume handelten von Frauen, die er getötet und zerstückelt hatte. Leichen kamen in den Träumen oft vor, verstümmelt und entstellt. Er zeigte auch kannibalistische Instinkte, überhaupt die Ursexualität eines Kindes oder eines Urmenschen.

Besonders hervorstechend war sein psychosexueller Infantilismus. In seinen Träumen — Wachträumen oder Träumen der Nacht — war er oft ein kleines Kind. Er hatte viele Spielsachen aus der Kindheit, auf die er nicht verzichten wollte und konnte. Unter diesen Spielsachen waren auch einige Puppen, an denen er mit großer Liebe hing. Mit diesen Puppen spielte er bis in die jüngste Zeit und wollte sich nicht von ihnen trennen. Wir müssen es als einen wirklichen Beweis großer Liebe ansehen, daß er seiner Braut eine dieser Puppen schenkte. Es war ein großer Fortschritt, daß er die Lieblingspuppe nicht nach Wien mitgenommen hatte. Die Analyse ergab, daß diese Puppen Verladungen von seiner Familie waren. Die Lieblingspuppe repräsentierte seine Mutter. Bis vor kurzer Zeit hatte er sie zum Schlafen in sein Bett mitgenommen.

Sadistische Motive kehrten in vielen seiner Träume wieder. Er enthüllte eine außerordentlich starke Kriminalität. Phantasien, seinen Gegnern die Schädel einzuschlagen, waren außerordentlich häufig. Die Verfolgung war deutlich eine Rationalisierung dieser sadistischen Impulse. Die Folge war ein böses Gewissen, ein Ekel vor Fleisch und Blut, eine übertriebene Humanität und Tierliebe, welche eine Überkompensation einer infantilen Tierquälerei war.

Es war sehr überraschend, als unter anderen Infantilismen die Mutterleibsphantasie zutage trat. Er hatte die Gabe, stundenlange zu träumen, während er sich einbildete zu studieren. In diesen Träumen war er oft ein Embryo und lag im Leibe der Mutter. Dabei sah er den Penis seines Vaters. Der Blick nach dem Penis war die Folge dieser Phantasie. Diese Phantasie war auch in zahlreichen seiner Träume zu beobachten. Es ist interessant, daß alle Spiele mit seiner Schwester sich in dunklen Höhlen und Zelten abspielten. Sie errichteten ein enges Zelt oder bauten sich eine Höhle.

Von anderen Infantilismen sind zu erwähnen das Kindergebet, Kinderlieder, die ihm auch bei Tage einfielen, Spielereien mit allerlei Gegenständen, ausgeprägte Urin- und Analsexualität.

Seine Phantasietätigkeit war als Kind schon so stark, daß er oft den Faden zur Wirklichkeit verlor. Er versuchte es, seine Träume zu Dichtwerken umzugestalten. Er machte viele Jahre sehr schöne Gedichte, die er nicht verstand, weil sie an ein „unbekanntes Objekt" gerichtet waren. Es zeigt sich, daß diese Gedichte Sehnsucht nach den Kindertagen oder Liebe zu den Eltern, zur Schwester in verhüllter Form ausdrücken. Sie gestanden alles, was er sich nicht gestehen wollte. Er erschrak selbst über die Deutlichkeit, mit der er seine unterdrückten Wünsche ausgesprochen hatte.

Während der Behandlung ging eine große Veränderung vor sich. Er hatte vorher immer einen und denselben Anzug getragen und lief in der grimmigen Winterkälte wie ein Mönch in einem Havelock herum. Er begann sich sorgfältiger zu kleiden, gönnte sich allmählich kleine Vergnügen und begann sich immer mehr zu „extravertieren".

Nach zirka viermonatlicher Behandlung konnte ich ihn als gebessert nach Hause schicken. Ich verreiste nach Amerika. Nach sechs Monaten erhielt ich einen Bericht von Dr. *Wild*. Der Mann wäre ganz genesen. Dr. *Wild* suchte über mein Verlangen den Vater auf und erhielt die freudige Nachricht, daß mein Patient das Doktorexamen bestanden und eine vorzüglich qualifizierte Arbeit eingereicht habe. Der Vater hat den Eindruck, daß sein Sohn vollkommen genesen ist. Ich kann natürlich nicht entscheiden, ob es sich um eine Dauerheilung oder um eine Remission (vielleicht nur um Dissimulation) handelt. Aber der Fall scheint mir für die Zusammenhänge von psychosexuellem Infantilismus und Paranoia so bedeutsam zu sein, daß ich ihn hier mitteilte.

An der Diagnose besteht kein Zweifel. Das Wahnsystem hatte sich allmählich ausgebreitet, es bestanden Halluzinationen, dagegen war kein einziges Symptom von Schizophrenie zu entdecken. Ich werde nicht ermangeln, in den nächsten Bänden dieses Werkes über den weiteren Verlauf dieses Falles zu berichten.

Fasse ich die Ursachen dieses Falles zusammen, so ergeben sich: Psychosexueller Infantilismus mit stark ausgeprägter homosexueller Komponente, ein überreiches Phantasieleben, pathologischer Ehrgeiz,

Abstinenz bei mächtigem verdrängten Sexualtrieb und ein böses Gewissen infolge mächtiger krimineller Impulse.

Aber nicht alle Fälle zeigen den gleichen psychischen Mechanismus. Es scheint, daß verschiedene psychische Konflikte sich in der Form des paranoischen Verfolgungswahnes äußern können.

Ich schließe einen zweiten Fall von Paranoia an, der eine andere psychische Wurzel erkennen läßt.

Fall Nr. 147. Der nun 42jährige ungarische Bankbeamte Theta will wegen heftiger Kopfschmerzen und Zwangshandlungen analysiert werden. Er hat viele meiner Bücher gelesen und glaubt bestimmt, daß eine psychische Wurzel seiner Leiden vorliegen müsse. Die Kopfschmerzen sind sehr quälend, setzen am Morgen nach dem Schlafe ein, strahlen vom Hinterhaupte in die Augen, dabei besteht das Gefühl, der Kopf stecke in einem Schraubstocke und werde eingeklemmt. Er leidet an der Zwangsvorstellung, daß ihn die Wachleute und Gendarmen alle ansehen, als ob er ein Verbrechen begangen hätte. Oberdies besteht Schlaflosigkeit und Menschenscheu. Er erzählt eine ziemlich belanglose Lebensgeschichte. Bemerkenswert ist, daß er schon seit 18 Jahren abstinent lebt. Er habe eine schwere Gonorrhoe überstanden und lag über 6 Monate im Krankenhause. Er habe daher auf die Ausübung des Beischlafes ganz verzichtet. Seine Familie ist bis auf einen Bruder, der im Krankenhause an Dementia praecox starb, ganz gesund. Eine Schwester starb an einer Influenza. Sein Vater trinkt zuweilen, doch glaubt er, daß er zur Zeit seiner Zeugung noch ein absolut mäßiger Mann gewesen sei. Theta war ein talentierter Schüler, machte seine Examina alle mit Auszeichnung. Er widmete sich dem Bankfache und ist ein hochqualifizierter Beamter. Er versieht auch das Fach eines Professors für Buchhaltung an einer Handelsschule. Er klagt, daß er sich keinen Respekt verschaffen könne und daß die Schüler ihn auslachten. Überhaupt leide er darunter, daß er mißverstanden werde und keine Freunde erwerben könnte. Auch mit seinem Direktor hatte er mehrere Male Krach und würde längst entlassen worden sein, wenn er nicht ein so glänzender Lehrer wäre.

Es ist auffallend, daß er mich am Schlusse der ersten Besprechung ersucht, mich nicht von anderen Menschen beeinflussen zu lassen. Er habe mit Ärzten böse Erfahrungen gemacht. Erst seien sie ganz freundlich, dann aber änderten sie ihr Benehmen.

Ich merke sofort, daß es sich um eine Art von Verfolgungswahn handelt und gehe in der nächsten Stunde in medias res. Er erzählt mir eine lange Geschichte. Er habe einmal die Hand eines Fräuleins ausgeschlagen. Seit damals verfolgten ihn diese Dame, ihre Mutter und ihre Schwestern. Sie seien sehr einflußreich und hätten viele Bekannte. Sie stünden ihm überall im Wege. Sie hätten auch an seinen Bankdirektor geschrieben. Er glaube es wenigstens, sonst wäre er heute schon Prokurist. Auch beim Handelsschuldirektor hätten sie ihn verpetzt. Sie schrieben überall Briefe, so daß er nirgends vor Verleumdungen sicher sei. Ich würde gewiß in den nächsten Tagen einen Brief erhalten. Er sei von zahlreichen Spionen umgeben. Es sei sehr merkwürdig, wie sie das machten. Er habe niemandem gesagt, daß er nach Wien fahre. Niemand könne seine Adresse wissen. Und trotzdem habe er am veränderten Benehmen im Hotel bemerkt, daß man ihn als „Jungfernverführer und Kinderschänder" in Verdacht habe.

Halluzinationen bestehen nicht, aber er weiß aus harmlosen Bemerkungen und zufälligen Bewegungen allerlei Schlüsse zu ziehen, welche seinem Verdachte neue Nahrung geben. Er hat keinem Menschen von dieser Verfolgung Mitteilung gemacht. Ich bin der erste, dem er sich anvertraut hat.

Im Laufe der Analyse ergibt sich, daß er zu allen älteren Personen ein affektativ gefärbtes Verhältnis hat, welches eine Spiegelung seiner Einstellung zum Vater darstellt. Diese Einstellung ist bipolar. Bewunderung für seine Leistungen (er ist Schriftsteller) und strenge Beurteilung seiner Schwächen wechseln einander ab. Die homosexuelle Einstellung ist ganz deutlich und kommt auch in zahlreichen Träumen zum Vorschein. Verschiedene homosexuelle Spielereien aus der Jugend werden berichtet. Er hat ein sehr lebhaftes Phantasieleben und ersetzt die Nüchternheit seines zurückgezogenen Lebens durch farbige Tagträume, die ihm sehr selten vollkommen bewußt werden.

Seine verstorbene Schwester war ihm eine ständige Gefahr. Er war in sie verliebt und hatte oft Träume, daß er mit ihr Geschlechtsverkehr habe: Solche Träume kommen auch jetzt vor. Auch an Inzestträume mit der Mutter kann er sich erinnern. Doch nicht so häufig wie mit der Schwester (die er eigentlich nie begehrenswert fand). Er fürchtete sie deshalb und ihr Tod war ihm eine Erlösung. Nun konnte er ruhig im Vaterhause bleiben. Seit diesem Tode scheint er sich Vorwürfe zu machen, als ob er ihn gewünscht und verursacht hätte.

Viel wichtiger für die Genese seines Schuldbewußtseins ist ein anderer Vorfall, dem er keine besondere Bedeutung beimißt. Er war 23 Jahre alt und kam einmal in Ungarn zu einem Pfarrer auf Besuch. Der Pfarrer machte ihn mit einer Lehrerin bekannt, die ihm so entgegenkam, daß er gleich in der ersten Nacht mit ihr verkehrte. Er gebrauchte damals ein Kondom. Am nächsten Tage mußte er den Ort verlassen. Nach einigen Monaten bekam er die Nachricht von der Tatsache der Gravidität. Die Lehrerin schrieb ihm einen verzweifelten Brief. Es war ihm eine ausgemachte Tatsache, daß man ihn in eine Falle gelockt hatte. Er konnte nun nichts anderes machen, als für die Kosten aufkommen. Freunde borgten ihm die Summe, die er dann durch Jahre abzuzahlen hatte. Drei Jahre nach der Geburt seines Sohnes erhielt er wieder einen Brief von der Lehrerin, die Geld verlangte. Er hatte sie aber vorher durch einen Advokaten gänzlich abgefunden und verweigerte nun über den Rat seines Rechtsanwaltes jede weitere Zahlung. Seit damals hörte er nichts mehr von Mutter und Kind.

Wiewohl er wußte, daß er nicht der Vater war und einem schlau eingefädelten Schurkenstreich zum Opfer gefallen war, konnte er nicht umhin, sich Vorwürfe zu machen. Er wollte gerne wissen, was mit dem Kinde geschehen sei. Nachforschungen ergaben, daß die Mutter mit dem Kinde vom Lande nach Budapest gezogen war. Hier verloren sich ihre Spuren und auch die Vormundschaftsbehörde konnte ihm keine Auskunft über das Schicksal des Kindes geben.

Er war aber in stetiger Angst, seine Missetat könnte ruchbar werden. Einmal hatte der Bankdirektor Besuch von seinem Sohne und sagte ihm lächelnd: „Wann zeigen Sie mir Ihren Sohn?“ Das faßte er als Anspielung auf und war nun sicher, daß die ganze Bank von seiner Vaterschaft Kenntnis hatte. Wollte er um ein Mädchen freien, so wurde die Familie auf geheimnisvolle Art von seinem „Vorleben“ verständigt. Er fürchtete, die Mutter könnte auftauchen und ihn an den Vorfall erinnern. Besonders peinlich waren ihm junge Burschen in der Handelsschule, die das Alter seines Sohnes haben konnten.

Kurzum die Gedanken an den Vorfall verfolgten ihn unaufhörlich. Er machte sich Vorwürfe, er habe an seinem Kinde verbrecherisch gehandelt. Die Wahnideen hatten eine reelle Grundlage und waren verwandelte Vorwürfe. Sie hießen: Wenn die Menschen wüßten, wie du innen aussiehst und was du alles auf dem Gewissen hast!

Sein Traumleben ist ein absolut infantiles. Er zieht sich bis auf die Zeit zurück, wo er noch nichts verbrochen hat. Er bleibt bei seinem Vater, ist noch Kind, noch Schüler, spielt lange Stunden mit seinen Münzen und Marken oder studiert eine Sprache, so daß er sich wieder als Schüler fühlen kann.

Ich habe diese Krankengeschichte nur in Strichen gezeichnet. Bemerkenswert ist, daß der milde Verlauf des Wahnes den Mann ein wenig isoliert, aber ihn gar nicht im Berufe und im Leben stört. Er bietet eine der milden Paranoiaformen dar, wie sie *Friedmann* beschrieben hat. Er hört wohl Stimmen auf der Gasse, er hat auch Gesichtshalluzinationen (Er sieht seinen Sohn!), aber er kann sie immer wieder korrigieren oder dissimulieren.

Bemerkenswert ist, daß die Verfolger Frauen und Mädchen sind. Es fehlt die von *Freud* betonte alleindeterminierende Kraft der Homosexualität. Gewiß, er hat eine starke verdrängte Homosexualität. Im Vordergrunde aber steht das böse Gewissen, der Vorwurf: Du hast deinen Sohn zugrunde gehen lassen!. Man muß verstehen, daß er eine sehr fromme Erziehung genossen hatte und daß speziell seine Mutter sehr gottesfürchtig war, was sich dem ganzen Hause mitteilte. Diese Form der Krankheit war eine reine „Gewissenskrankheit" und die Regression in die Kindheit entsprach dem Wunsche, das Leben neu zu beginnen. Seine Abstinenz und alle anderen asketischen Tendenzen erwiesen sich als Selbstbestrafungen für das Verbrechen, das sein Herz so belastete. Er vermutete, daß sein Sohn gestorben war. Der Tod seines Sohnes fand eine starke Resonanz in seinem Herzen, weil ihm ein Bruder gestorben war, als er 5 Jahre alt war. Es war der jüngere Bruder, den er haßte und dem er den Tod gewünscht hatte. Der Tod seines Kindes war nach dem Gesetze des psychischen Parallelismus auch ein Mord. Er hatte seinem Sprößling den Tod gewünscht, wie er es dem Bruder gewünscht hatte. Auch der Tod der Schwester war ein schweres psychisches Trauma.

Auch dieser Mann verfügte über eine überreiche Phantasietätigkeit, die ihn für die Armseligkeit seines Daseins entschädigte. Sein Ehrgeiz ist nicht pathologisch, es fehlt ihm der Glaube an die große historische Mission, aber er fühlt sich doch zu einer leitenden Stelle berufen und ist über seinen Erfolg im Leben enttäuscht. Sein gekränkter Ehrgeiz bricht zeitweise in verbitterten Worten durch, obwohl er sich mit *Schopenhauer* und anderen Philosophen mit der Flüchtigkeit und Nichtigkeit des Daseins trösten möchte. Sein böses Gewissen verbat ihm, nach den höchsten Sternen zu greifen. Er hätte viel mehr erreichen können, aber eine innere Stimme sagte ihm: Das verdienst du nicht! Gegen seine hypertrophische Sexualität schützte er sich durch Askese, die ihm infolge masochistischer Tendenzen Lust und Strafe wurde. Bei oberflächlicher Beobachtung hätte er den Eindruck eines Menschen mit schwacher Sexualität machen können. Er zeigt aber eine

Menge von paraphilen Neigungen, aus denen die homosexuelle Einstellung zu schönen Knaben hervorsticht. so daß er in der Schule nie die volle Unbefangenheit besitzen konnte.

In mehrmonatlicher Behandlung konnte ich nie ersehen, daß die Männer seine Verfolger wurden. Wohl war die Feindschaft zum Direktor auf eine unbewußte homosexuelle Regung zurückzuführen, aber der Direktor spielte als Feind eine nebensächliche Rolle. Er hatte nur einige Male seine Berufung an eine Handelshochschule verhindert. Dagegen verfolgten ihn zahlreiche Mädchen, welche alle mit der zurückgewiesenen Dame in Verbindung standen und sich als Projektionen seiner Schwester erkennen ließen. Am meisten verfolgten ihn die Gedanken an seinen Sohn, von dem er nicht wußte, ob er lebte oder gestorben war. Jeder seiner Schüler konnte sein Sohn sein. Er hatte einen geheimen Glauben an Spiritismus und an andere mysteriöse Kräfte. Er fürchtete den Geist seines Sohnes, als dessen Mörder er sich fühlte. Aber die ganze Begebenheit war nur eine Umkehrung seines Verhältnisses zum Vater, dem er nach wie vor ergeben war. Einmal nur kam ihm auch der Gedanke, als ob der Vater mit seinen Feinden im Bunde war. Das war die einzige Verknüpfung des Verfolgungswahnes mit homosexuellen Ideen.

Ich möchte betonen, daß diese Fälle sich von dem von *Bjerre* geheilten und mitgeteilten[1]) sehr wesentlich unterscheiden. Auch die Therapie ist eine verschiedene. *Bjerre* verwendete die logische Überredung, während ich eine sehr exakte, sehr schwierige Analyse durchführte, im Gesunden operierte, den Wahn im Beginne gar nicht bekämpfte. Mit der analytischen Einsicht kam dem Patienten das Verständnis seines Wahnes, der Zweifel setzte ein und er begann sich und seine Halluzinationen zu prüfen. Es fehlt auch die Identifizierung, die im Falle von *Bjerre* so bedeutsam ist. (Die an Verfolgungswahn erkrankte Patientin hatte sich mit einer Freundin, die wegen einer unangenehmen Geschichte ins Gerede gekommen war, identifiziert.) Meine Patienten haben mit der Kranken von *Bjerre* und allen Paranoikern die N e i g u n g z u T a g t r ä u m e n gemeinsam. Von seiner Kranken erzählt *Bjerre:* „Von den ersten Regungen des inneren Lebens erinnert die Patientin sich einer sehr lebhaften Phantasie. Bei ihren Spielen lebte sie sich so in erdichtete Landschaften und Situationen hinein, daß i h r o f t s c h w e r w a r, d e n W e g z u r W i r k l i c h k e i t z u r ü c k z u f i n d e n. Die Stecknadeln wurden ihr leicht zu Reitern und das Nadelkissen zum Walde, durch welchen sie in der Nacht flohen. Als sie älter wurde, lebte sie in Tagträumen. Da war

[1]) Zur Radikalbehandlung der chronischen Paranoia. Jahrbuch für psychoanalytische Forschungen, Bd. III, 1912, F. Deuticke, Wien und Leipzig.

sie Prinzessin im schlafenden Schlosse, die vom Prinzen erweckt wurde; immer kam er aus der unbekannten Ferne und führte sie weit von allen Alltäglichkeiten weg."

Es sind die typischen Kinderphantasien, die in der Paranoia wieder zum Vorschein kommen. Auch mein erster Patient träumte von seiner großen historischen Mission, von einem Zaubermittel, das dem Krieg ein Ende machte, von seinen Siegen und Erfindungen. Aber ebenso häufig waren die Phantasien, daß er wieder ein Kind war und mit Kindern spielte. Auch der zweite Patient hatte Tagträume, daß er wieder ein Kind war.

In dieser Persistenz der infantilen Phantasien sehe ich die Disposition zur Paranoia. Man kann sagen, jeder Tagträumer ist für die Zeit seiner Phantasien paranoisch wie das Kind. Je weiter sich die Phantasien von der Realität entfernen, desto größer wird die Spaltung der Persönlichkeit. Der Realitätskoeffizient der Phantasien wird fast null, so daß der Kranke schließlich sich seine eigene Realität konstruiert und auf die Realität der Umwelt verzichtet. In den meisten Fällen handelt es sich um Ehrgeizphantasien. Er sieht die Unmöglichkeit der Erfüllung ein. Bevor er den Bankerott der Phantasien ansagt, sich der Wirklichkeit anpaßt, versucht er die Wirklichkeit seinen Phantasien untertan zu machen. Auch *Stransky*[1]) sieht als dominierenden Grundaffekt der Paranoia den Konflikt zwischen Wollen und Können an. Er meint: „Sicher ist, daß Paranoische, entfernt ähnlich manche Schizophrenen, nicht allzu selten (doch gewiß nicht stets) in irgend einer Weise relativ minder begabt sind aber konstellativ mindertauglich im Verhältnis zu ihrem meist viel höher fliegenden Streben." Das chronisch-psychische Trauma, das aus dem Konflikt zwischen Wollen und Können sich ergibt, erzeugt die ersten Symptome der Krankheit, deren Wahn sich vielfach nach dem Typus der Projektion nach außen, des „Ablehnungsdeliriums" vollzieht, worin auch *Stransky* beim Paranoiker eine Verdrängung der aus seiner Individualanlage erfließenden besonderen genuinen Unlustaffekte sieht.

Wenn ich *Stransky* recht verstehe, so sieht er auch in der Paranoia eine Art von Flucht in die Krankheit. Aber er übersieht die Motive dieser Flucht, die teils aus dem Unbewußten, teils aus dem Schuldbewußtsein stammen. Der Kranke ist außerstande, seine asozialen sexuellen Regungen (besonders aber die Homosexualität) auszuleben. Er will sie nicht anerkennen und projiziert die Vorwürfe, die er sich macht, in die Außenwelt, von der sie als halluzinatorische Schmähungen zurückkehren. Aber diese Vorwürfe entstammen seinem Schuldbewußt-

[1]) Die paranoiden Erkrankungen. Ztschr. f. d. ges. Psych. u. Neur., 1918, Bd 13.

sein. Diese Vorwürfe macht sich der Kranke erst selbst. Sie drohen ihn zu vernichten, sie treiben ihn zu Selbstmord und Minderwertigkeitsgefühl, er verdrängt sie, aber sie kehren ihm projiziert in den Anschuldigungen seiner Feinde wieder.

Es ist gewiß nicht allein der Konflikt zwischen Wollen und Können. Denn es gibt berühmte Paranoiker, die ganz Außerordentliches geleistet haben. Ich verweise nur auf *Strindberg* und *Rousseau*. Auch mein erster Patient zählt zu den Menschen mit genialer Anlage, der gewiß Großes erreichen wird. Aber das Schuldgefühl verbietet nach den höchsten Kränzen zu greifen. Du bist es nicht wert!

Wir werden bei vielen Paranoikern diese Schuldgefühle konstatieren können, die Züge von Asketismus kehren immer wieder. Daher konnte die Irrlehre kommen *[Bleuler*[1]*]*, sie hätten keine besonders starke Sexualität. Entweder ist die Sexualität unterdrückt, weil sie abnormal ist, oder sie wird unterdrückt, um der asketischen Tendenz zur Selbstbestrafung gerecht zu werden. In den meisten Fällen kommen beide Motive zusammen.

Bei dieser Gelegenheit möchte ich darauf hinweisen, wie sich *Bleuler* die Entstehung der Paranoia vorstellt:

1. In einer sehr schaltungskräftigen Affektivität, die aber zum Unterschied von der hysterischen Anlage eine nachhaltige stabile ist.

2. In einem starken Selbstgefühl, dem aber irgend eine Minderwertigkeit entgegensteht.

3. In äußeren Schwierigkeiten, die diesen inneren Konflikt (der wahrscheinlich verdrängt werden wollte) verschärfen oder hervorrufen.

4. Muß irgend ein Mißverhältnis zwischen Verstand und Affektivität bestehen, so daß in gewissen Dingen die letztere die Führung bekommt.

Alle diese vier Punkte *Bleulers* sind an und für sich richtig. Sie charakterisieren eigentlich das Kind ebenso gut wie den Paranoiker. Das Kind hat ein starkes Selbstgefühl, welches mit einem Minderwertigkeitsgefühle (Es ist kleiner und schwächer als die Großen und Starken!) kontrastiert, das Kind ist von zahllosen äußeren Schwierigkeiten (Autoritäten) umgeben, die seinen Willen hemmen; beim Kinde besteht ein Mißverhältnis zwischen Intellekt und Affektivität. Die Affektivität ist stärker als der Intellekt. Die Affektivität ist oft stabilisiert (Trotz) und an eine bestimmte fixe Idee gebunden.

Das Kind zeichnet sich durch einen enormen Affekthunger aus. Es verträgt — wie ich schon ausgeführt habe — keine affektlose

[1]) *Bleuler* führt in seinem Lehrbuch der Psychiatrie, S. 424, aus: Wahrscheinlich ist es kein Zufall, daß ich bei den meisten genauer beobachteten Paranoikern eine merkwürdig schwache Sexualität gefunden habe, was auf eine Insuffizienz der Triebe überhaupt oder auf innere Hemmungen hinweisen mag.

Einstellung der Umwelt. Es will geliebt oder gehaßt sein, bewundert oder verachtet. Der Paranoiker schafft sich auch eine Welt des Hasses. Er verwandelt die Indifferenz der Welt in eine affektative Einstellung. *Rousseau* betont wiederholt, daß er die Menschen nicht gleichgültig lassen könne. Er schreibt an Frau von la Tour-Franqueville: „Sie sagen, daß ich niemand gleichgültig bin. Umso besser! Ich kann die Lauen nicht leiden und will lieber von Tausend auf das äußerste gehaßt und von einem ebenso geliebt werden. Wer sich um mich nicht ereifert, ist meiner nicht wert . . . Es kann einer meine Bücher nicht lieben und ich finde dies nicht tadelnswert; jeder aber, der mich auf Grund meiner Bücher nicht liebt, ist ein Schelm."

Wir sehen, der Paranoiker benötigt die Haßeinstellung seiner Umgebung, weil sie sein Persönlichkeitsgefühl hebt. Er verträgt alles eher als die Nichtbeachtung.

Der Paranoiker ist affekthungrig und kann in einer gleichgültigen Welt nicht leben. Er ist selber zu affektreich, um affektarme Menschen zu ertragen. Daher dichtet er eine Welt, die ihn haßt oder liebt, verachtet, verfolgt, schmäht — — — aber nie indifferent bleibt.

Ich muß *Bleuler* vollkommen recht geben, wenn er bei der Paranoia ein Mißverhältnis zwischen Affekt und Verstand annimmt, so daß der Affekt die Führung bekommt. Aber ist nicht jeder wirkliche Affekt eine dominierende Kraft? Ist der Jähzornige zur Zeit seines Jähzornes zurechnungsfähig? Ist der Eifersüchtige klarer Überlegung zugänglich? Gilt für den Verliebten das Wort des Verstandes?

Wir haben vom Affekthunger des Paranoikers gesprochen, den er mit dem Kinde gemeinsam hat. Er sucht mehr als einen gewöhnlichen Affekt. Er sucht den Affektrausch. In der Ekstase kann der Hysteriker die wunderbarsten Halluzinationen und Illusionen erleben. Er ist blind für alles, was außerhalb seines Affektes liegt. Er benimmt sich wie ein Paranoiker. Die religiöse Ekstase des Hysterikers, wie wir sie bei Propheten und Märtyrern beobachten können, zeigt überraschend viel Gemeinsames mit den Halluzinationen des Paranoikers, der oft genug den Typus des Propheten und Märtyrers darstellt. Auch die Paranoia ist die Wirkung eines Affektrausches. Bei der Hysterie ist der Affektrausch periodisch, vorübergehend, daher viel stärker und pathologischer. Er bietet das Bild des Besessenseins. Aber der Affektrausch klingt ab, die Wogen beruhigen sich, die Inspiration verschwindet. Der Affekt hat sich ausgelebt. Das Feuer ist für eine Weile ausgebrannt. Der Paranoiker hat den Affektrausch in Permanenz, aber er erscheint dadurch gedämpft. Während der Hysteriker sich in seinen Ekstasen dem Manischen nähert, ist der Paranoiker im Zustande einer latenten Manie.

Sie kann zeitweilig mächtig hervorbrechen, aber sie gibt sich meistens in kleinen Münzen aus.

Es handelt sich um einen „gefrorenen Affekt", wenn ich den Zustand so bezeichnen darf. Aber dieser Affekt ist stark genug, um den Träger blind und taub zu machen für alles, was außerhalb des Lichtkegels dieses Affektes liegt. Er zeigt jenen Zustand, den ich auch bei Normalen die affektative Verblödung, d. h. die unbeschränkte Herrschaft des Affektes über den Intellekt genannt habe. Der Kranke kann die Wirklichkeit nicht korrigieren, weil er wie ein Trunkener unter der Wirkung des Affektrausches steht. Dieser Affektrausch ist auch bei Kindern zu beobachten und auch mancher psychosexuelle Infantilismus kommt durch einen solchen chronischen Affektrausch, durch eine „Dauernarkose" zustande.

So berauscht sich auch ein Kind an seinen Phantasien. Es verliert oft den Rückweg in die Wirklichkeit. Es hat eben die Eigenschaft, diesen „Affektrausch" durch Phantasietätigkeit hervorzurufen.

Mit dem Kinde hat der Paranoiker die Annullierungstendenzen gemeinsam, die ihm gestatten, alle unangenehmen und in sein System nicht passenden Tatsachen zu übersehen. Die Annullierung ist die Wirkung einer affektativen Einstellung. Der Affekt macht einerseits blind und zugleich andrerseits für gewisse Vorgänge, die im Lichtkegel der überwertigen Idee liegen, weitsichtig.

Ich sehe also in der Paranoia eine Regression auf den Infantilismus oder einen persistierenden psychosexuellen Infantilismus, eine Auffassung, die schon von *Kräpelin* ausgesprochen wurde. Auch *Bleuler* lehnt diesen Standpunkt nicht gänzlich ab. Er sagt:

> „*Kräpelin* denkt sich auch bei der Paranoia ein Stehenbleiben auf früheren Stufen als Ursache der Krankheit. In gewisser Beziehung hat er recht: Die Schwäche der Sexualität, wenn sie wirklich vorhanden ist, würde auch dazu gehören: das „unentwickelte" (autistische!) Denken, das Überwiegen der Phantasie über die Wirklichkeit, die schwärmerische Sehnsucht nach überspannten Zielen, nach „Idealen", all das hat eine gewisse Verwandtschaft mit der kindlichen Psyche; aber vielleicht doch nur äußerlich, und das Wesentliche liegt meiner Ansicht nach nicht in der Kindlichkeit und ebenso wenig in der Ähnlichkeit mit dem Wilden, der allerdings nach unserer Auffassung zu phantastischen und unlogischen (autistischen) Schlüssen neigt, aber doch nur Irrtümer und nicht Wahnideen bildet. Bei manchen „Entartungen", wie der Hysterie, die *Kräpelin* ebenfalls durch ein Stehenbleiben auf kindlicher Stufe erklärt, läßt sich die Analogie insofern noch weiter führen, als die Patienten sich mit der Reifung des Charakters im Durchschnitt wesentlich oder ganz bessern. Bei der Paranoia aber, die mit Vorliebe gerade im Mannesalter und noch später auftritt, fällt auch dieser Wahrscheinlichkeitsgrund weg."

Bleuler hat eben übersehen, daß der psychosexuelle Infantilismus lange Jahre vor Ausbruch der Paranoia verborgen war. Die Schwäche der Sexualität verbirgt eine hypertrophische Sexualität, die in *Freud*schem Sinne polymorph-pervers ist.

Das autistische Denken, die hypertrophische Phantasietätigkeit, die hohen Ziele sind schon im Kindesalter bemerkbar. Das erklärt uns die Annahme einer originären Paranoia, die besonders *Sander*[1]) vertreten hat. Seine Ausführungen sind vollkommen richtig. Er schildert die Jugend der Paranoiker mit folgenden Worten:

Die Kranken, welche wir im Auge haben, sind hereditär zu Geistesstörungen disponierte männliche Individuen und zeigen diese Disposition von Jugend[2]) auf. Es ist in der Kindheit nicht gerade oder wenigstens nur im geringen Maße die Sphäre der Intelligenz, welche betroffen erscheint: denn sie erreichen in der Schule meist das mittlere Maß von Kenntnissen, welches ihren Verhältnissen entspricht. Dagegen macht sich früh schon eine abnorme Gemütseinrichtung bemerkbar: die Knaben sind still, träumerisch und halten sich fern von ihren Altersgenossen; es sind „sanfte, ruhige Kinder", die Freude der Mutter und deshalb später umso mehr ihr tiefster Schmerz. Aber in ihrer Isoliertheit überlassen sich diese Knaben ihren eigenen phantastischen Gedanken und Träumereien, wozu sich unklare Vorstellungen aus dem in ihrer Umgebung oder in der Schule Gehörten oder aus der ihnen gegebenen Lektüre gesellen. Dadurch entstehen Gedankenreihen und Vorstellungen, welche zunächst zwar nicht geäußert werden, aber sicher den späteren Wahnideen zugrunde liegen und ihnen ihre charakteristische Färbung geben. Ja, es scheint sogar, als ob schon in diesem Alter einzelne in gelegentlichen Krankheiten aufgetretene Delirien, zu denen ja Kinder, namentlich bei neuropathischer Disposition, so sehr geneigt sind, festgehalten werden, und wenn sie auch vorläufig in den Hintergrund treten, doch später wieder auftauchen und in das Wahnsystem mit eingehen. Den soeben geschilderten psychischen Eigentümlichkeiten dieser Kinder entsprechen keine, ihnen allein zukommenden somatischen, sondern nur solche, wie sie eben bei den neuropathisch disponierten Individuen im allgemeinen sich finden. Sie entwickeln sich sogar im ganzen körperlich normal und tragen keine auffälligen Zeichen der Degeneration an sich.

Sander schildert nun den weiteren Verlauf der Paranoia und macht folgende treffende Bemerkung:

Mit der Zunahme der Sinnestäuschungen nämlich, welche bald den gesamten Verkehr des Kranken mit der Außenwelt verfälschen, und mit der symbolischen Deutung fast aller wirklichen Vorkommnisse verbinden sich auftauchende Erinnerungen aus früheren Jahren an Äußerungen und Tatsachen, die ebenfalls im Sinne der herrschenden Vorstellungen ausgelegt werden; namentlich ist es nicht selten das frühere Gefühl der Zurücksetzung, welches dem Kranken den Gedanken eingibt, daß er von seinen Eltern nicht wie die Geschwister behandelt worden sei. Auch mag

---

[1]) Arch. f. Psych., Bd. I.

[2]) Die Stellen sind von mir hervorgehoben.

es wohl, worauf schon oben hingewiesen wurde, vorkommen, daß Sinnestäuschungen und Wahnvorstellungen, welche in den Kinderjahren bei Gelegenheit von Hirnaffektionen oder in Fieberdelirien entstanden und bisher vergessen waren, wieder in den Vordergrund des Gedankenkreises treten. Wie es sich auch mit dem letzterwähnten Umstande verhalten mag, so ist doch sicher, daß bald in dem Kranken die Idee entsteht, daß er gar nicht in den Kreis seiner Familie gehöre, daß er nur ein Adoptivkind sei. Diese Idee gewinnt immer mehr Raum, wird in vielfältiger und mannigfaltiger Weise begründet, und es entsteht so ein durchgebildetes System von Wahnvorstellungen. Der Kranke ist eigentlich einem hohen Geschlecht, meist einem regierenden Fürstenhause entsprossen, er ist in frühester Kindheit geraubt oder entführt oder aus irgend einem Grunde von seinen hohen Eltern den von ihm nun als Pflegeeltern angesehenen Personen übergeben worden; man fürchtet ihn nun, man vermutet, er wird die ihm vorenthaltene Stellung mit Gewalt an sich zu bringen suchen, er soll deshalb unschädlich gemacht, aus dem Wege geräumt werden, und daher ist er allen jenen Verfolgungen ausgesetzt.

Sander hat eben die Tatsachen vom Seelenleben der Kinder nicht gekannt. Er hätte sonst konstatieren können, daß die Wahnideen der Kranken die Fortsetzung der Kinderphantasien sind und daß weder Fieberdelirien noch Gehirnkrankheiten notwendig sind, um diese Wahnvorstellungen zu erklären.

Hat also *Sander* recht, wenn er in der Paranoia eine originäre Verrücktheit sieht, also das Endstadium eines Leidens, das schon in der Kindheit beginnt?

Die Tatsache der Heilbarkeit der Paranoia verbietet uns, die Ansicht von *Möbius* und *Sander* zu unterstützen, daß es sich um eine endogene Krankheit handelt. Die Paranoia wäre nach *Möbius* ein Fatum und unheilbar, wie es *Kräpelin* in seiner berühmten Definition verlangt. Ich bin nicht dieser Ansicht. Es geht nicht an, einfach alle geheilten Fälle von Paranoia auszuschalten und mit einer anderen Diagnose zu versehen.

Die Paranoia ist ein psychogenes Leiden und scheint der Psychotherapie zugänglich zu sein. Ihre Grundlage ist ein psychosexueller Infantilismus. Die Sexualität (und Kriminalität) des Paranoikers entspricht der des Kindes und steht im Gegensatz zu seinen religiös-moralisch-ethischen Hemmungen. (Ein glänzendes Beispiel *Rousseau*, der sich in seinen Gesprächen folgender Verbrechen anklagen läßt: Giftmischerei, Notzucht, Brutalität, Ausschweifung, zynischer Frechheit und niederer Schuftereien.) Die Ansicht *Freuds*, daß die Paranoia eine Flucht vor der Homosexualität darstellt, ist dahin zu erweitern, daß die Paranoia eine Regression in den psychosexuellen Infantilismus darstellt.

Es handelt sich um einen schweren inneren Konflikt, der sich nicht allein zwischen Wollen und Können, sondern zwischen Trieb und Hemmung abspielt. Die Grundlage der Paranoia ist die aller Neurosen. Der Neurotiker ist ebenso wie der Paranoiker eine Rückschlagserscheinung mit einem pathologisch starken Triebleben. Dies Triebleben führt zu Selbstschutz und übergroßer Moralität. Ein Teil dieser Triebe (der Wille zur Macht) wird zur Erhöhung der Persönlichkeit verwendet. Die Grenzen dieser Erhöhung (die große historische Mission) gehen bis in das Göttliche, so daß wir unter den Paranoikern gerade wie unter den Neurotikern die schönsten Fälle von Christusneurose (Identifizierung mit Christus) finden können. Sie sind Propheten, Weltverbesserer, Sektierer, Religionsgründer, Erzieher der Menschheit. Sie zeigen den Drang zum Märtyrertum, welcher Drang dann den Nukleus der Verfolgungsideen bildet.

Die Prophylaxe der Paranoia fällt mit der Prophylaxe aller Neurosen zusammen. Erst die genaue Kenntnis des psychosexuellen Infantilismus kann uns die Psychogenese einer Paranoia verständlich machen. Die wichtigen Erkenntnisse und Schlußfolgerungen, die sich aus diesen Tatsachen ergeben, will ich im nächsten Kapitel besprechen.

XXVII.
Rückblick und Ausblick.

In einer Zeit, in der die Menschen alle nach Freiheit lechzen, ist es angezeigt, darauf hinzuweisen, daß der Weg zur „äußeren Freiheit" über die „innere Freiheit" führt. Frei ist der Mensch, der alle fremden Imperative überwunden hat. Zuerst aber hat er die Imperative der Vergangenheit zu überwinden. Nur der Mensch ist zum Kampfe ums Dasein gerüstet, der seinen inneren Feind besiegt hat. Der innere Feind vertritt die Forderungen der Jugend. Er hindert den Menschen, sich der Wirklichkeit anzupassen. Glücklich kann aber nur der Mensch sein, der die Fähigkeit hat, die Realität voll und ganz zu erfassen und die Imperative seines Ehrgeizes und seiner Begehrungsvorstellungen zu überwinden.[1]) Wir haben gesehen, daß so viele Menschen ihr Glück in der Neubelebung der Vergangenheit suchen. Sie jagen scheinbar nach dem Neuen, sie suchen rastlos das Glück und suchen eigentlich das längst Versunkene und Erstorbene. Es ist, als ob sie einen Leichnam mit sich tragen würden, als wollten sie versuchen, eine Marmorstatue, die das Grab eines Toten schmückt, durch ihre heiße Glut zu neuem Leben zu erwecken.

Wir haben gesehen, daß die infantilen Begebenheiten nicht der Usur der Zeit untertan sind. Sie haben für viele Menschen Ewigkeitswert. Sie wiederholen sich in unzähligen Phantasien und entfremden den Träumer der wirklichen Welt. Oft bildet das Erlebnis den Kern, der zum Ausgangspunkt der Kristallisation *(Stendhal)* wird. In den meisten Fällen ist es unmöglich, bis zum Nucleus vorzudringen. Die Kristallisation schützt das Erlebnis wie einen kostbaren Schatz. Nur durch die Analyse gelingt die Zerstörung des Kristalles, der wie ein Fremdkörper in der Seele sitzt und doch mit dem ganzen Fühlen und Denken verwachsen ist.

Ich habe vom „inneren Feinde" des Menschen gesprochen. Seine wichtigsten Helfer sind die Phantasien und die Selbstliebe (Narzißmus).

[1]) Vgl. das wichtige Kapitel „Der Shylock in uns" in meinem Buche „Der Wille zum Leben".

Ich betrachte es als die wichtigste Aufgabe der Erziehung, den Menschen von der Welt der Phantasien in die der Wirklichkeit zu führen. Das Kind ist der Welt der Realität vollkommen entrückt. Der Realitätskoeffizient seiner Phantasien ist meistens gleich Null. Den Übergang von dieser Welt der Phantasien zur Wahrheit soll die Schule besorgen. Sie verrichtet aber ihre Aufgabe in so nüchterner Weise, daß die meisten Kinder die Schule als ihren Feind betrachten und im „Lernen" eine arge Störung ihrer Phantasien erblicken. Aufgabe der Schule ist es, die Phantasie des Kindes zu benützen und es mit Hilfe der Phantasie von seinen Phantasien abzulenken. Sie muß ihm Phantasien mit einem größeren Realitätskoeffizienten geben, so daß ein Übergang geschaffen wird, bis schließlich die Realität die Überhand gewinnt. Aufmerksamkeit ist ein affektativer Vorgang *(Bleuler)*. Das Kind hängt an seiner Lustwährung, die ihren stärksten Ausdruck in den Phantasien findet. Für diese verlorene Lust muß eine neue Lust geboten werden.

Nur jener Neurotiker kann seine Phantasien überwinden, der es gelernt hat, die Lust der Wirklichkeit auszunützen. Er darf nicht jede gegenwärtige Lust mit der vergangenen vergleichen. Denn die Macht des ersten Eindruckes ist unendlich groß. Mit Recht sagt *Jean Paul*: „Alles Erste lebt ewig im Kinde!" Wir können den Satz erweitern und sagen: „Alles Erste lebt ewig im Menschen!" Es ist eine traurige Tatsache, daß der erste Eindruck eigentlich in den meisten Fällen der bleibende ist. Wir sehen nur einmal, wir fühlen nur einmal, wir leiden nur einmal. Was dann folgt, sind Kopien der ersten Eindrücke. Ich glaube, daß jeder Schauspieler seine Rolle kopiert, wenn er sie wiederholt spielt. Ich glaube, es ist das Geheimnis aller Lebenskunst, die ersten Eindrücke zu überwinden, sie zu korrigieren, sie zu überprüfen — kurz zum zweiten Male zu sehen.

Wenn wir den Infantilisten dazu erziehen, seine infantilen Eindrücke mit den Augen des Erwachsenen zu sehen, d. h. zum zweiten Male zu sehen, sie zu entwerten, dann haben wir die wichtigste Erziehungsarbeit geleistet. Leider ist diese Arbeit eine unendlich schwere. Oft glauben wir durch die Aufhellung der Tatsachen die Kristallisation zerstört zu haben! Aber der Kranke heuchelt Überwindung, spielt den Gesunden, um seinen Schatz zu behalten. Der Kristall ist zerstört, aber der Nukleus ist geblieben. Um den unversehrten Kern bildet sich eine zweite Kristallisation. Die Phantasien werden nur verborgener, maskierter, das Bewußtsein wird noch mehr gespalten. Je geringer der Realitätskoeffizient ist, desto stärker ist die Tendenz sie zu verhüllen. Der Kranke schämt sich seiner Phantasien. Und trotzdem opfert er ihnen das erreichbare Glück dieser Welt.

Ich erinnere an die Fabel vom Hunde, der ein Stück Fleisch im Munde hält und im Spiegel des Wassers das Fleisch als Spiegelbild viel größer und begehrenswerter sieht. Er läßt seinen Bissen fallen, um nach dem Bilde zu schnappen und bleibt natürlich ohne das Fleisch, weil es ins Wasser fällt. Auch der Neurotiker blickt in den Spiegel seiner Seele und läßt die fetten Bissen der Realität in den Grund seiner Phantasien versinken, bis sie ihm wertlos werden. Er entwertet jede Gegenwart zugunsten seiner Vergangenheit, da er ein Opfer der Vergleiche ist und immer von der „guten alten Zeit“ träumt.

Es ist interessant zu sehen, wie sich das Gesetz des psychischen Parallelismus bei den Infantilisten äußert. Sie sind sehr oft Altertumsforscher, schwärmen für alte Möbel und alte Bilder. Sie hängen an ihrer Heimat. In der Ferne erkranken sie an Heimweh. Sie sind konservativ bis in die Knochen, wenn sie nicht ihren Konservatismus überkompensiert und zur Sucht nach dem Neuen umgewandelt haben. Jede Person aus ihrer Jugend hat für sie einen großen Affektwert. Im reifen Alter schließen sie sehr schwer Freundschaft.

Sie sind ohne Ausnahme zur Liebe unfähig. Sie sind an ihre Jugend und ihre Phantasien fixiert. Wenn sie lieben, erleben sie die furchtbarsten inneren Tragödien. Sie leben dann zwei Leben. Neben ihrer Liebe geht der Infantilismus einher, immer eine drohende Gefahr, die Liebe zu vernichten, das stolze Gebäude ihrer Gegenwart zu unterminieren, so daß der ganze Bau plötzlich in Nichts zusammenfällt. Die wenigsten Liebenden wissen, wie oft sie während ihrer glühenden Umarmungen betrogen werden, weil sich die Gestalten der Jugend zwischen die Liebenden drängen. Oft wird ein Jugendbild dem Partner untergeschoben, um den Genuß zu erhöhen. Diese Technik führt gewöhnlich zum Untergang der Liebe.

Aber nur eine wirkliche Liebe kann den Infantilisten retten. Er muß alle infantilen Phantasien zugunsten einer geliebten Person aufgeben. Das ist ein größeres Opfer, als man annehmen würde, und wenige Liebende sind dieser Seelengröße fähig. Sie reservieren sich den „Tempel der Erinnerungen“, in den sie sich — leider allzu häufig — zu einer von keinem Partner gestörten Andacht zurückziehen.

Diese Phantasien sind so mit der ganzen Persönlichkeit verwachsen, daß sie einen Teil ihres Ich bilden. Phantasien opfern, heißt seine ganze Persönlichkeit preisgeben! Dagegen wehrt sich mit aller Gewalt die Selbstliebe des Kranken.

Ich komme somit zum zweiten und gefährlicheren inneren Feind des Menschen — zum Narzißmus. Wer gesund werden will, muß sich von der Selbstüberhebung, Selbstüberschätzung und Selbstberäucherung befreien. Er muß sich und seine Fehler erkennen und an sich den realen Maßstab legen. Wenige Menschen sind es imstande, strenge Selbstkritik zu üben. Das alte „Erkenne dich selbst“ wird in den meisten Fällen eine unerfüllte Forderung bleiben. Denn der Affekt der Selbstliebe verblendet uns alle. Der Infantilist aber hat eine pathologische Selbstüberschätzung, die nur durch ein forciertes Gefühl der Unvollkommenheit in Schach gehalten wird. Aber dieses Gefühl der Unvollkommenheit herrscht nur im Bewußtsein. Im Unbewußten und in seinen Phantasien schmückt sich der infantile Neurotiker mit allen möglichen Reizen und Vorzügen. Er ist nicht imstande, sich zu verbessern und zu beurteilen. Alle Erkenntnisse der Wirklichkeit dringen nicht in den Kristall seiner Phantasien. Sie gleiten von der glatten Oberfläche ab und dringen nicht in die hartgefügte Masse. Wie könnte er seine Phantasien sonst behalten, in denen neben den sexuellen Motiven der „Wille zur Macht“ die dominierende Kraft ist? Was sein Ehrgeiz nicht im Leben erreichen kann, das steht ihm in seiner zweiten Welt zur Verfügung.

Ich habe oft betont, daß alle Infantilisten faul sind. Sie scheuen die Arbeit, weil sie sie in ihren Phantasien stört. Glücklich die Künstler, welche diese Phantasien zu Kunstwerken umformen! Sie arbeiten mit und durch ihre Phantasien. Alle anderen infantilen Neurotiker müssen zur Arbeit erzogen werden. Es ist das große Geheimnis der Erziehung, jene Arbeit ausfindig zu machen, welche ihnen einen Ersatz für die verlorene Lust bietet.

Die Flucht vor der Arbeit ist eine gefährliche soziale Erscheinung. Sie ist durch den Krieg zu einer psychischen Epidemie gesteigert worden, die ganze Völker ergriffen hat. Die Ursachen sind ja naheliegend. In den Schützengräben, in der spielerischen Tätigkeit der Etappe gab es unzählige leere Stunden, in denen der Soldat auf seine infantilen Phantasien zurückgriff, um die Zeit totzuschlagen und sich aus der unlustbetonten Gegenwart in eine lusterfüllte zweite Welt zu flüchten. Der Krieg hat zahlreiche Männer und Frauen in die tödlich umklammernden Fangarme des Infantilismus getrieben. Zahllose Ehen sind dadurch zerstört worden, zahllose Menschen haben die Freude an der Arbeit und der Realität verloren. Es wird Jahrzehnte brauchen, bis diese Schäden behoben werden können.

Vorläufig wird die Zahl der Paraphilien und speziell die der Infantilismen gesteigert werden. Der Rückschritt zur Kindheit wird das Verhängnis kommender Zeiten.

Versuchen wir, die Erkenntnisse, die wir aus der Analyse zahlreicher Fälle gewonnen haben, zusammenzufassen. Wir sehen, daß zahlreiche Neurotiker sich in Sehnsucht nach ihrer Kindheit verzehren. Wir lernen, wie gefährlich es ist, den Kindern eine „schöne, glückliche Jugend" zu verschaffen. Oft hört man Eltern sagen: „Ach. was! Dann kommt das Alter, dann kommen die Mühen und Sorgen. Das Kind soll es wenigstens gut haben." Sie bedenken nicht, daß die Jugend eine Schule für das Leben sein soll. Sie vergessen, daß ein Leben sich um so glücklicher gestaltet, je mehr es sich aus Dissonanzen und Wirrsal in Harmonien und Klarheit auflöst. In der maßlosen Verzärtelung haben wir die Hauptursache der Infantilismen zu sehen.

Wie ich schon in den früheren Bänden ausgeführt habe, ist das Einkindersystem eine der wichtigsten Ursachen der Verzärtelung. Allein, wir haben auch Fälle von psychosexuellem Infantilismus gesehen, die aus kinderreichen Familien stammen. Auch habe ich den Eindruck gewonnen, daß die Fälle von psychosexuellem Infantilismus in dem letzten Jahrzehnt viel häufiger vorkommen. Man könnte mir einwenden, ich hätte sie vorher nicht so scharf gesehen. Das ist nicht der Fall. Ich habe das Krankheitsbild schon vor 25 Jahren sehr scharf diagnostiziert. Ein solches Leiden muß unbedingt soziale Ursachen haben. Die Phänomene der Regression und des Infantilismus müssen auch im Völkerleben zu beobachten sein.

Es ist sehr lehrreich, die Völker als Individuen aufzufassen und ihre Infantilismen aufzuweisen. Wir können dann beide Formen beobachten: Das Stehenbleiben auf einer bestimmten Stufe und die Regression auf eine frühere Stufe.

Das schönste Beispiel von Entwicklungshemmung und Erstarrung bildet China. Wir sehen dort eine gewaltige Kultur, die plötzlich erstarrt und keine Fortschritte macht. Sie bleibt in den Kinderschuhen stecken.

Andrerseits haben wir alle in den letzten Jahren schaudernd das furchtbare Beispiel einer Regression der höchsten Kulturnationen mitgemacht. Ich meine den Weltkrieg. Es war eine Regression, welche die Menschen um viele Jahrtausende zurückschraubte. Aller Fortschritt der Menschheit beruht auf der Verbrüderung der Nationen. Alle neuen Erfindungen, der Telegraph, das Telephon, die Eisenbahn, das Dampfschiff, die Telegraphie ohne Draht, die Luftschiffahrt, helfen den Menschen die Distanz zu überwinden, Zeit zu sparen, Mensch zu Mensch näher zu rücken. Was haben wir erlebt? Die Grenzen sperrten sich ab. Nur nach unzähligen Plackereien gelingt es, von Land zu Land zu reisen, der blutige Haß reißt die Menschen auseinander. Die Grenzen werden zu starren Schutzwällen, welche die Nationen trennen. Homo homini lupus! Ein Mensch wühlt gegen den anderen. Die Zahl der

Verbrechen steigt, der Egoismus ist Trumpf, die Selbstsucht läßt eine neue Art von Raubrittern entstehen: den Schieber, den Profitierer, der sich an der Not seiner Mitmenschen bereichert. Alle atavistischen Instinkte erwachen, die Bestie im Menschen ist frei, alle Hemmungen der Ethik scheinen verschwunden zu sein.

Es ist ein grauenhafter Rückfall in die Urzeit der Menschheit, in der der Mensch der Feind des Menschen war. Die Kindheit der Kultur ist neu erstanden. Der Haß benützt alle neuen Erfindungen, um den Nächsten zu töten. Flammenwerfer verbrennen ganze Kompagnien, lebende Menschenleiber winden sich an Stacheldrähten unter den Schmerzen elektrischer Ströme, giftige Gase vernichten ganze Bataillone, Regimenter gehen durch Flatterminen zugrunde, feurige Bomben zerstören Städte und töten unschuldige Weiber und Kinder. Selbst die Folter wird aus dem Rüstzeug des Mittelalters hervorgeholt. Säumige Soldaten, die nicht morden oder sich töten lassen wollen, werden mit dem faradischen Pinsel gequält, durch Hungerkuren, Aufenthalt in Isolierzellen in den Tod getrieben. Die Grausamkeit des Kindes ist mit allen infantilen Einstellungen im Völkerleben zum Vorschein gekommen.

Hat sich dieser Weltkrieg nicht in einer sinnlosen Soldatenspielerei lange vorbereitet? Haben wir nicht vor einigen Jahrzehnten das Schlagwort vom „Jahrhundert des Kindes“ *(Ellen Key)* geprägt? Diese sinnlose und nutzlose Anbetung und Vergötterung des Kindes hat nun ihre Früchte getragen. Man sprach von dem „Recht des Kindes“, von der „Kunst des Kindes“. Erziehungsfragen wurden das brennende Problem unserer Zeit.

Wir sehen aber auch die Regression zum Infantilen im ganzen öffentlichen Leben. Sport ist für die Gesundheit des Geistesarbeiters unumgänglich notwendig. Aber der Sport wird zum Kinderspiel der Menschheit. Boxer werden als Heroen ihrer Nationen gefeiert. Mit atemloser Spannung verfolgten Frankreich und Amerika den Ausgang eines Boxermatches zwischen zwei Berufs-Raufbolden. Zahllose Kabeltelegramme funkten über den Ozean, zahllose Wetten wurden abgeschlossen, alle anderen Ereignisse schienen Nebensachen zu sein.

Auch in der Kunst sehen wir die gleiche Erscheinung. Überall zeigt sich ein regressiver, archaischer Zug. Die Malerei kehrte zu den Anfängen der Kunst zurück. Motive der altägyptischen und phönizischen Kunst, die primitiven Anfänge der Maler des 14. Jahrhunderts wurden zum „neuen Stil“. Vergleicht man die Zeichnungen der Kinder und Geisteskranken mit diesen Emanationen moderner Genialität, so sieht man, daß es sich um Regressionen, um Infantilismen handelt.

Auch die Dichtkunst der Hypermodernen ist zu einem lächerlichen Kindergestammel herabgesunken. Man lese doch die Gedichte und Dramen der „Neutöner" und „Dadaisten" unbefangen durch! Wenn man sich nicht von den Schlagworten der Mode fortreißen läßt, so kann man über das kindliche Gestammel nur lächeln!

Auch in der Mode sehen wir die Regression auf das Infantile. Die Frauen bevorzugen kurze Kinderkleider, so daß man Frau und Backfisch nicht mehr unterscheiden kann, sie tragen mit Vorliebe grelle Farben, schminken sich wie die Wilden, die Haare werden oft kurz geschnitten, so daß das Gesicht einen kindlichen Ausdruck erhält.

Auch der Tanz ist zu einem Kindertanz entartet. Der Walzer, das Menuett, die Quadrille, Lancier, die Gavotte waren Kunsttänze. Jetzt herrschen die Negertänze: Foxtrott, Onestep, Twostep, Taddle. Wenn es so fortgeht, werden die Bauchtänze der Araberinnen gesellschaftsfähig werden. Der Tanz war immer ein erotisches Vergnügen. Aber die Erotik war mehr oder minder maskiert. Die Tanzbewegungen der modernen Tänze sind wie die Tänze der Wilden dem Repertoire der Koitusbewegungen entnommen.[1])

Auch die gefährliche Seuche des Kinos zeigt eine bedenkliche Regression. Ein Theaterstück stellt Anforderungen an das Denken, es fordert uns zur Mitarbeit heraus, es beschäftigt das Gemüt, es wirkt als Erziehungsanstalt. Ich spreche natürlich nur von echten Dichterwerken. Jetzt schreiben die Dichter für das Kino. Verbrecherromane und Detektivgeschichten sind die Beherrscher des Repertoires. Der Junge von 10 Jahren und der erfahrene Mann von 50 sehen mit gleichem Behagen und atemloser Spannung, wie der Verbrecher über Dächer und Klüfte, über Meere und Berge verfolgt und schließlich vom Detektiv ergriffen wird. Läppische Singspiele variieren endlos die Frage, wann „Er" die widerspenstige „Sie" heimführen wird. Zum Überflusse wird noch das Kind auf die Bühne gebracht; irgend ein läppischer Dummkopf, der in keiner Operette fehlen darf, ersetzt den Hanswurst. Und das vier Jahrhunderte nach einem Shakespeare und mehr als ein Jahrhundert nach einer „Hochzeit des Figaro"!

Mit der fortschreitenden Sozialisierung und Militarisierung der Gesellschaft schwindet das Recht des Individuums. Das Kind steht unter der Herrschaft der Autoritäten (Eltern, Lehrer, Erziehungspersonen). Der moderne Staatsbürger unserer Zeit stöhnt unter der Bevormundung der Autoritäten. Die Macht des Staates greift in das Privatleben. Selbst das Sexualleben wird von Staat und Kirche bevor-

[1]) Sehr treffend bemerkte eine geistreiche Frau beim Anblick der modernen Tänze: „Zu meiner Zeit hat man das im Bett gemacht!"

mundet. Priester oder Staatsbeamte müssen einem sexuellen Bunde die Weihe geben. Nicht die Liebe ist das Zeichen einer moralischen Vereinigung. Nur das Papier des Beamten, die Anmeldung sexueller Beziehungen stempelt sie zu einem staatserhaltenden Akte. Man könnte sagen, bei der Ehe handle es sich um eine Bindung fürs Leben. Aber wie viele Ehen sind in Wirklichkeit ein monogames Band? Die Zahl der Ehebrüche ist zahllos und die Zahl der Scheidungen wächst unheimlich von Jahr zu Jahr — fast in geometrischer Progression.

Alle die Unglücklichen, die wir in diesem Buche beschrieben haben, sind Opfer einer heuchlerischen Sexualmoral. Weil ihnen die Realität keine Erfüllung ihrer Sehnsucht geben konnte, flüchteten sie in die Kindheit. Kinder aus unglücklichen Ehen werden Neurotiker und neigen zum psychosexuellen Infantilismus.

Eine Prophylaxe dieser Erkrankungen würde eine Reform unseres ganzen gesellschaftlichen Lebens voraussetzen.

Ich habe mich bemüht, in allen meinen Büchern das Leben zu zeigen, wie es wirklich ist. Was wir in Romanen lesen, sind eigentlich — einige Ausnahmen seien rühmend hervorgehoben — Karikaturen des Lebens. Wo ist der Dichter, der es wagt, das wirkliche Leben zum Roman zu gestalten? Die Tagebücher der Dichter werden der Öffentlichkeit in maskierter Form dargeboten (Beispiele: Hebbel, Goethe, Tolstoi, Dostojewski). Oder sie werden gegen den Wunsch des Autors, der die Veröffentlichung testamentarisch verlangte, unterdrückt (ein Beispiel: Hermann Bang). In diesen fünf Bänden entrollt sich die Qual des wirklichen Lebens. Wir sehen die Folgen eines erbitterten Kampfes zwischen Trieb und Hemmung, zwischen Impuls und Moral, zwischen Instinkt und Kultur.

Jeder dieser Infantilisten ist eigentlich ein sexueller Anarchist. Er protestiert mit seinen Mitteln gegen die Herrschaft einer Staatsmoral. Das Eigene kämpft mit dem Fremden. Wie einer der Patienten, der sich als Übermensch im Sinne *Nietzsches* dünkte, weil er die Hemmungen des Ekels überwinden konnte, so sind sie alle — alle.

Und alle sind für die Gesellschaft und für die Menschheit verloren. Sie sind asoziale Wesen, unfruchtbar und meistens für das Leben unbrauchbar. Sie hassen die Realität.

Eine unglückliche Welt schafft unglückliche Menschen. Unglückliche Menschen schaffen eine unglückliche Welt. Es ist ein furchtbarer Circulus vitiosus. Fast scheint es, als ob die Kultur Europas dem Untergange geweiht wäre. Als stünden wir im Beginne einer unheilvollen Regression, die alles Schöne, Hohe, Erhabene zerstören will, das die Liebe aufgebaut hat.

Denn alle großen Werke sind Schöpfungen der Liebe. Die Liebe schwindet aus der Welt. Auch aus der Welt der Liebe. Alle diese Kranken flüchten vor der Liebe. Sie sind dem Kampfe der Geschlechter, der groteske Formen angenommen hat, nicht gewachsen. Sie ziehen sich auf die infantilen Lustsensationen der Primitiven zurück. Sie lernen nie das Hochgefühl kennen, das die seelische und körperliche Vereinigung zweier Liebenden begleitet.

Somit legen wir den Finger auf die Wunde, an der die Menschheit verblutet. Wir benötigen eine Erziehung zur Liebe. Wer es lernt, den Haß zu überwinden und seine Liebe den anderen zuzuwenden, der ist geeignet, auch in seinem Sexualleben seine Infantilismen zu überwinden und sich fortzuentwickeln zum Edel-Menschen, zum Höhen-Menschen, zum Menschen der Zukunft.

XXVIII.

Grenzen, Gefahren und Mißbräuche in der Psychanalyse.[1])

Die Anregung zur Gründung einer psychanalytischen Gesellschaft ist von mir ausgegangen. Ich war es, der *Freud* den Vorschlag machte, in einem kleinen Kreise die neuen analytischen Probleme durchzusprechen.[2]) Wir hatten nie einen überwältigenden Sieg der neuen Wissenschaft erwartet. Wir wußten, daß wir vor harten Kämpfen standen. Lange Zeit blieben wir ein „esoterischer Zirkel": der kleine Kreis. Gedanken flogen hin und her und keiner kann mehr entscheiden, was er gegeben und was er genommen hat.

Ich entsinne mich noch des verblüffenden Eindruckes, als ich in den Mittwochsitzungen ein Buch[3]) vorwies, in dem ein damals unbekannter Schweizer Autor die Lehren *Freuds* rühmend hervorgehoben hatte. Noch stärkeren Widerhall löste die Kritik eines führenden Schweizer Psychiaters[4]) aus, der bei der Besprechung eines Buches in der „Münchner medizinischen Wochenschrift" auf *Freuds* Forschungen verwies. Wir hatten eben damals geglaubt, auf einer psychanalytischen Insel zu leben und waren gewohnt, als Anhänger *Freuds* uns dem Spotte und der Verachtung der wissenschaftlichen Welt auszusetzen.

Kaum zwei Dezennien sind vergangen und ich stehe vor einer psychanalytischen Epidemie. Denn was sich in England und Amerika vollzieht, ist nichts anderes als die psychische Epidemie der Psychanalyse, die *Hope*, ein erbitterter Gegner der Psychanalyse, schon vor zehn Jahren prophezeit hatte, als er eine psychische Kontagion durch die *Freud*schen Lehren annahm.

Ich hätte allen Grund darüber glücklich zu sein, wenn . . . . wenn es keine Wenn und Aber geben würde. Die Psychanalyse kann

---

[1]) Mit Benützung eines Vortrages, gehalten an der Universität Chicago am 25. Mai 1921.

[2]) Die erste Gesellschaft bestand aus den Mitgliedern *Freud*, *Alfred Adler*, *Rudolf Reitler*, *Max Kahane* und *Stekel*.

[3]) *Jung*, Zur Psychologie der okkulten Phänomene. Verlag Oswald Mutze, Leipzig

[4]) *Bleuler*.

uns eine Befreiung der Welt von lästiger Moralheuchelei, kann uns eine Reform der Erziehung, eine Umgestaltung des Gesellschaftslebens bringen, wenn sie in der Tat zum Wissen wird, d. h. das Wesen der Menschen so erfüllt, daß sie sich so benehmen würden, als seien sie bis in die Tiefen ihrer Seele analysiert.

Wahrheiten müssen in Fleisch und Blut übergehen. Sie müssen in das Innere der Seele dringen, dort aufgenommen und verarbeitet werden, bis sie unsere Wahrheiten sind. Fremde Weisheit bleibt gerne auf der Oberfläche liegen und verleiht einen trügerischen Schein des Wissens, der gar kein Wissen, sondern nur ein Reflex des Wissens ist.

Ich habe leider gefunden, daß die neue Wissenschaft der Psychanalyse unverdaut in die Seelen der Massen gedrungen ist, daß sie wie ein Fremdkörper daselbst verharrt, ohne imstande zu sein, die alten Vorurteile und Einstellungen zu ändern, ohne die Hemmungen aufzuheben und eine neue Art des Sehens zu bewirken.

Darin sehe ich eine große Gefahr für die wunderbare Wissenschaft der Analyse und darum, nur darum erhebe ich meine warnende Stimme. Ich fürchte die Reaktion, die dieser Epidemie folgen wird, eine Reaktion, welche eine furchtbare Gefahr für die Analyse und den Fortschritt der Wissenschaft bedeuten würde.

Jeder Tag überzeugt mich, wie wenig die Ärzte und die Laien vom eigentlichen Wesen der Analyse verstehen, obgleich sie eine schwere Menge analytischer Literatur verschlungen haben.[1]) Schon haben sich diverse Kurpfuscher, Charlatane und Quacksalber der Analyse bemächtigt. In Amerika gibt es analytische Ambulatorien von Laien und

---

[1]) Zwei Beispiele aus der jüngsten Zeit: Ein amerikanischer Kollege, Leiter eines renommierten Sanatoriums, suchte mich in Wien auf, um in einigen Tagen Psychanalyse zu lernen. Geld Nebensache. Er zahle mir jeden gewünschten Betrag. Er habe aber keine Zeit. Ich solle den Unterricht im Telegraphenstil absolvieren. Als ich außer eines längeren emsigen Studiums auch verlangte, daß der Kollege sich selbst analysieren lasse, später unter meiner Kontrolle einige Fälle behandeln sollte, reiste er enttäuscht und entrüstet über die Umständlichkeit der Europäer ab. — Zweites Beispiel: Nach einem Vortrage in der Gesellschaft für Neurologie in Chicago suchte mich ein junges, sehr lebhaftes Mädchen auf. Sie hatte einen Bleistift in der Hand, ein Notizbuch, setzte sich mir gegenüber und sagte die lakonischen Worte: „Please, analyze me!" Sie hatte allen Ernstes geglaubt, die Analyse vollziehe sich wie die Extraktion eines schmerzhaften Zahnes. Sie brauche einen interessanten Artikel für die „Evening Post". Auf meine Erklärung schüttelte sie ungläubig das liebliche Köpfchen und meinte schmollend: „You can, if you will! . . ."

Ärzten, analytische Predigten, analytische Wahrsager. Die Neugier der Amerikaner für alles Neue und Verblüffende wird ausgenützt, um die Analyse zu diskreditieren. Eine Ärztin hielt in New York sechs Vorträge, wie man mit Hilfe der Analyse Millionär werden könne. Das Rezept sehr einfach: Man überwindet seine Hemmungen, die Energien, die bisher gebunden waren, werden frei und der Weg zum Erfolg und zur Million sind offen. In Zeitungsannoncen werden Bücher zur Selbstanalyse oder Kommentare in 100 Fragen und Antworten (Wie erlerne ich in einigen Tagen die Psychanalyse? Oder: Was muß jedermann von der Psychanalyse wissen?) oder gar Werke zur Selbstanalyse empfohlen.[1])

Schon gibt es analytische Spitäler in England und analytische Ambulatorien. Obwohl ich weiß, daß *Freud* die Idee der analytischen Ambulatorien sehr warm unterstützt, bin ich ein entschiedener Gegner dieser Einrichtungen. Auch analytische Spitäler halte ich für eine unsinnige, lächerliche und sogar schädliche Einrichtung.[2])

Die Analyse ist niemals für einen Massenbetrieb einzurichten. Sie wird immer nur eine Individualwissenschaft bleiben. Höchstens pädagogische und reformatorische Erkenntnisse können in Ambulatorien verbreitet werden. Erziehungsfragen, sexuelle Fragen können bis zu einem gewissen Grade öffentlich zum Nutzen der Eltern besprochen werden.

Gibt es Ambulatorien zur Vornahme von Laparotomien?

Die Analyse ist nach dem treffenden Ausspruch von *Freud* einer schweren Operation zu vergleichen. Im Publikum, besonders im englisch sprechenden, ist aber eine Art von Aberglauben verbreitet, welche die Analyse mit dem Hypnotismus und der Wachsuggestion in einen Topf wirft. Der Analytiker ist der moderne Zauberer, mit wunderbaren, übernatürlichen Kräften ausgestattet, der die Krankheit in ein paar Sitzungen fortzaubert. Die Analyse wird einer Mühle verglichen, in

[1]) Ein Beispiel folgende Annonce: Getting what we want by David Orr berichtete. In einem englischen Hospital für Psychanalyse streiten zwei Kranke über or, do you believe yourself the helpless victim of circumstances? Then read this book. It tells you, how to psych-analyze yourself. 2.25 everywhere. Harper & Brothers, Est 1817, New York.

[2]) Ich weiß nicht, ob das Geschichtchen wahr ist, das mir eine englische Freundin berichtete. In einem englischen Hospital für Psychanalyse streiten zwei Kranke über die Schwere ihres Leidens. Die erste sagt triumphierend: „Sie impertinent gesunde Person Sie! Wissen Sie, woran ich leide? Ich habe den Oedipuskomplex! Ich bin an meinen Vater fixiert.“ „O, das ist gar nichts“, erwiderte die andere. „Ich bin an den Vater, zwei Brüder und meinen Großvater fixiert und habe überdies noch viele andere gefährliche Komplexe.“

die man krank und gebrechlich eintritt und die man gesund und lebenskräftig verläßt.

Freud hat die Analyse einer Laparotomie gleichgestellt. Aber diese Operation fordert Zeit und wieder Zeit. Nun bilden sich viele Leute ein, sie hätten eine Psychanalyse durchgemacht, wenn sie ein paar Stunden mit einem Analytiker gesprochen haben. Wiederholt habe ich gehört: „Ich bin analysiert worden. Aber es hat mir nichts geholfen." Ich erkundigte mich näher und vernahm, daß die sogenannte Analyse einige Tage gedauert hatte. Die Analyse ist eine schwere Erziehungsarbeit und erfordert Zeit und Geduld. Die Wahrheiten allein tun es nicht. Darüber wird noch später zu sprechen sein.

Es ist leider eine oft erprobte Tatsache, daß nicht jedermann zum Analytiker taugt. Viele bemühen sich um diese Wissenschaft, aber wenige sind auserkoren. Die Grundlagen sind eine gründliche medizinische Bildung und eine genaue Kenntnis der Neurologie und Psychiatrie. Ich bin vielen Analytikern begegnet, die nie im Leben eine psychiatrische Abteilung gesehen haben. Wie soll der Arzt dann eine beginnende Schizophrenie von einer Hysterie, einen somatischen Infantilismus von einem psychosexuellen, eine Zwangsneurose von einer Paranoia unterscheiden? Wie ein wirkliches Magenleiden von einer Magenneurose, wenn er nicht über ein gründliches Wissen und eine sichere Diagnose verfügt? Der erfahrenste Analytiker wird sich mitunter irren. Ich habe einmal eine multiple Sklerose in den Anfangsstadien übersehen und den hysterischen Überbau für das Hauptleiden gehalten. Wie *Freud* einmal mitteilte, ist es ihm ebenso gegangen. Ich erinnere mich auch an einen Fall von Myasthenie, den ich in den ersten Tagen nicht erkannt habe.

Ich verweise an dieser Stelle auf zwei Fälle, die ich 1911 im Zentralblatt für Psychoanalyse veröffentlicht habe: „Zur Differentialdiagnose organischer und psychogener Erkrankungen." Sie wurden mir von einem der bedeutendsten Analytiker überwiesen. Nomina sunt odiosa!

Fall Nr. 148. Von einem Kollegen wurde mir Herr N. B. als ein Fall von hysterischer Amnesie zur psychanalytischen Behandlung überwiesen. N. B., ein Reisender, 32 Jahre alt, war in S. in seinem Hotel von den Bediensteten bewußtlos auf dem Boden seines Zimmers aufgefunden worden. Man telegraphierte nach seiner Frau, die zwei Tage nach dem Anfall eintraf. Aus der Bewußtlosigkeit hatte sich Herr N. B. bald erholt. Er war aber vollkommen desorientiert und sprach wirr. Er erkannte seine Gattin nicht. Erst nach zirka 10 Tagen wurde es ihm klar, daß seine Pflegerin seine Frau war. Er kam dann nach Wien. Ich sah ihn zirka 4 Wochen nach dem Anfall. Es bestand vor dem Anfall und die erste Zeit nach dem Anfall vollkommene Amnesie. Die Diagnose einer Neurose war nicht schwer zu stellen. Es bestand eine deutliche Angsthysterie infolge länger fortgesetztem Coitus interruptus und psychischer Konflikte in der Ehe. Der Mann litt schon längere Zeit an nervösen Magenschmerzen, gegen die selbst Morphium vollkommen wirkungslos war. Es ist dies ein wichtiges Symptom bei psychogenen Schmerzen. Die gebräuchlichsten schmerzlindernden Mittel versagen meistens oder wirken nur in großen Dosen, wenn sie einen Rausch erzeugen. So ist der hysterische Kopfschmerz durch Pyramidon, Antipyrin usw. sehr selten zu beeinflussen.

Nun erfahre ich, daß der Kranke von einem Magenspezialisten Atropin erhalten hatte. Dies Mittel würde ihm bestimmt helfen. Er hatte das Atropin während der ganzen Reise, auch am Tage des Anfalles genommen. Daran erinnert er sich noch ganz genau. Von da an setzt die Amnesie ein.

Die Diagnose war nicht schwer. Es handelte sich um eine Atropinvergiftung, die eine solche wochenlange dauernde Verwirrtheit, selbst schwere psychische Zustände hervorrufen mag.

Ich lehnte die Psychanalyse ab; der beschriebene Zustand klang in einer Woche ohne weitere Behandlung ab.

Fall Nr. 149. Der zweite Fall ist noch wichtiger. Eine 34jährige Frau, schon 12 Jahre verheiratet, wurde wegen „psychogener Depression“ von einem Kollegen an mich gewiesen, um durch Psychanalyse geheilt zu werden. Die Dame kam gerade aus einem Sanatorium, in das sie von einem Neurologen, Dozenten X., mit der Diagnose „Melancholie“ gewiesen worden war. Da ich selbst zu beschäftigt war, übergab ich sie einem Kollegen, der gerade die Psychanalyse bei mir lernte. Er berichtete mir, der Fall gäbe gute Chancen. Die Konflikte seien ziemlich klar. Sie sei ihrem Manne gegenüber gleichgültig, empfinde im Gegenteil eher Abneigung, während sie einen Bruder vergöttere, und nur von ihm, seinen Talenten, seiner Güte und seiner Schönheit schwärme. Bald jedoch teilte er mir mit, daß die Dame Selbstmordabsichten habe, die ihn in Schrecken setzten. Er fürchtete sich, die Verantwortung bei einem so schweren Fall zu übernehmen.

Ich ließ die Dame zu mir kommen und wollte sie persönlich behandeln. Die ersten Tage verwendete ich zur genauen Durchforschung der anamnestischen Daten. Dabei erfuhr ich, was sie bisher dem Manne verschwiegen hatte, daß sie schon seit dem 18. Lebensjahre die Menstruation verloren hatte. Seit 2 Jahren bestand jedoch eine leichte Glykosurie, gegen die jede Diät machtlos war. Bei Aufregung trat Zucker im Urin auf, der in ruhigen Zeiten bis auf Spuren verschwinden konnte. Außerdem fiel mir die blaue Farbe ihres Teints auf. Sie gestand, daß sich in den letzten Jahren ein unangenehmer Haarwuchs im Gesichte gezeigt hatte. Sie reiße sich täglich die Haare mit einer feinen Pinzette aus. Während sie in den ersten Jahren der Ehe sehr leidenschaftlich gewesen, könne sie jetzt zu keiner Libido mehr gelangen. Sie schiebt die Schuld auf die mangelnde Potenz ihres Mannes. Aber sie muß zugeben, daß auch andere Versuche, onanistische Akte, ohne Befriedigung, ohne Auslösung eines libidinösen Gefühles verlaufen sind. Es ist etwas in ihr abgestorben.

Die psychischen Symptome sind: Ziemliche Unruhe und Erregtheit. Sie macht sich die bekannten Vorwürfe der Melancholischen: Sie habe Fehler begangen, die sie auf der Welt überflüssig machen. Sie bedauert ihren Mann, der eine solch nutzlose Frau habe. Sie ist wiederholt schlaflos und weint sehr leicht. Sie trägt sich mit Selbstmordideen. Sie will jedoch ihrem Mann und besonders ihrem Bruder diese Schande nicht antun.

Die Diagnose war nicht schwer; Diabetes, Hypertrichosis, Amenorrhoe, Änderung des Sexualgefühles, Impotenz, psychische Störungen deuten in ihrer Gesamtheit auf die Hypophyse. Ihr Mann bestätigt, daß sich das Gesicht leicht verändert habe. Die Lippen und die Zunge seien vielleicht größer geworden. Die Röntgenaufnahme ergibt eine Vergrößerung und Verbreiterung der Sella turcica. Diagnose: Hypophysentumor.

Mit Rücksicht auf die Trostlosigkeit des Zustandes und auf die schönen Erfolge der Wiener Chirurgen bei diesem Leiden wurde der Patientin die Operation empfohlen.

Beide Fälle beweisen, wie wichtig die genaue Kenntnis der organischen Erkrankungen und Störungen für die Psychotherapeuten ist. Auch weist uns die Ähnlichkeit der Erscheinungen der Neurosen mit gewissen Intoxikationen durch Alkaloide und innere Drüsensekrete gebieterisch auf den Zusammenhang zwischen dem Organischen und Psychischen hin. Hier wird die biologische Forschung der Zukunft die Brücke schlagen müssen.

Wie oft habe ich Fälle zu begutachten gehabt, die mit der Diagnose „Hysterie“ zu mir gesandt wurden und die ich nach kurzer Zeit als Schizophrenie ablehnen mußte. Wie leicht kann da dem Analytiker der Vorwurf gemacht werden, er habe einen Patienten durch die Analyse verrückt gemacht. Dieser Vorwurf ist gar nicht selten und hat leider — wie wir später sehen werden — eine gewisse Berechtigung.[1])

Gerade der Analytiker ist in der Lage, die Differentialdiagnose zwischen Neurosen und Psychosen viel früher zu stellen als der gewöhnliche Psychiater, weil er sich ja eingehend mit dem Seelenleben des Kranken beschäftigt und die feinsten Reaktionen der Psyche täglich beurteilen muß. Aber er darf nicht blind sein, er darf kein „analytisches Skotom“ haben, er muß die Krankheitsbilder genau kennen, *er muß nicht nur ein denkender Arzt, sondern auch ein künstlerischer Arzt* sein.

Die Analyse wird nie ein Handwerk sein. Sie ist eine neue Wissenschaft, ihre Grundlagen sind schwankend, die Wahrheiten sind noch nicht fundiert. Ich habe es einmal gesagt: Es heilt nicht die Methode, es heilt der Arzt. Es gibt keine analytischen Rezepte, es gibt kein Schema, das man für alle Fälle anwenden kann. Wie keine andere Wissenschaft erfordert die Analyse Individualisierung und Einfühlung. Sie erfordert noch eine Eigenschaft, die leider nicht jedem eigen ist: *Intuition*. Vieles läßt sich nicht in Worte fassen und

[1]) Vgl. den Artikel von *Petersen* in „The Journal of the American Medical Association“ (6. XII. 1919) und die treffende geistreiche Erwiderung von *Tannenbaum* in „Psyche and Eros“, Bd. I, H. 2: „Incredulity and Bias in the Criticism of Psychanalysis.“

lehren, es läßt sich nur ahnen. Es gibt einen analytischen Instinkt, der der sicherste Führer ist. Dieser analytische Instinkt ist aber nur künstlerischen Naturen, d. h. schöpferischen Geistern eigen.

Ein weiteres Erfordernis für den Analytiker ist eine umfassende Bildung, besonders eine genaue Kenntnis der Literatur. Viele Traumen gehen von Büchern aus. Viele Bücher haben einen bestimmenden Einfluß auf die seelische Entwicklung genommen.[1])

Eine wichtige Bedingung des Analytikers ist seine absolute Unvoreingenommenheit. Er darf sich nicht einseitig auf eine bestimmte Lehre einstellen und die anderen Meister der Analyse vernachlässigen.[2]) Ich rate allen meinen Schülern, sich mit den verschiedensten Lehren und Richtungen bekannt zu machen und überall das Brauchbare zu benützen. Es gibt keinen Analytiker und Psychotherapeuten, bei dem man nicht etwas lernen könnte. Selbst aus fremden Irrtümern kann man fruchtbare Lehren ziehen. Ferner rate ich meinen Schülern, jeden Fall als ein Novum anzusehen und sich von den Ergebnissen überraschen zu lassen. Jeder neue Fall kann unsere Erfahrungen über den Haufen werfen. („Voraussetzungen sind die Henker der Wahrheit.")

Wie lernt man Psychanalyse? Es ist sehr schwer, sie aus Büchern zu lernen. Am besten ist, man läßt sich von einem tüchtigen Analytiker analysieren. Das genügt aber noch lange nicht. Man muß auch einige Fälle unter seiner ständigen Kontrolle analysieren. Ich meine täglich analysieren und die Resultate der Analyse mit dem Lehrer durchbesprechen. Leider haben die wenigsten Analytiker eine solche Schule durchgemacht. *Freud* hat einmal in einem Aufsatze „Über wilde

---

[1]) Ich frage Patienten gewöhnlich in der ersten orientierenden Stunde, welches Buch auf sie den größten Eindruck gemacht hat, wer ihr Lieblingsschriftsteller ist. Die Antwort orientiert besser als hundert Fragen. Der eine antwortet: Raskolnikow, der zweite nennt einen Kriminalroman, der dritte hat überhaupt keinen Eindruck gehabt, der vierte liest noch Märchen, der fünfte nur die Zeitung. Sofort kann man sich ein Bild von der geistigen Persönlichkeit des Analysanden machen.

[2]) Ein Schweizer analytischer Herrgott lächelt überlegen, wenn man meinen Namen nennt. Er lese überhaupt keine analytische Literatur. Ein berühmter Wiener Psychotherapeut sagte einem meiner Schüler: „Ich brauche nichts zu lesen, was der *Stekel* schreibt. Ich weiß alles schon, was er schreiben kann und wird." . . . Ein anderer, ein orthodoxer Freudianer, schreibt über eines meiner Bücher: „Aber auch jeder Psychoanalytiker kann die Werke mit Interesse und Anregung durchblättern." Man beachte die herabsetzende Aufforderung „durchzublättern!". Viele dieser Durchblätterer tun nur so verschämt und studieren heimlich um so fleißiger die Schriften des mit dem großen Bann belegten Renegaten. „Blamier mich nicht mein liebes Kind — und grüß mich nicht unter den Linden, — Wenn wir einmal zu Hause sind — das andre wird sich finden." Ich kann aber später mit Genugtuung konstatieren, wo Barthel seinen Most geholt hat . . .

Psychoanalyse" (Zentralblatt f. Psychoanalyse, Bd. I, 1911) über die Gefahren der Analyse gesprochen, wenn sie von Unerfahrenen ausgeführt wird.

Wir haben die Analyse einer gefährlichen Operation verglichen. Um ein Operateur zu werden, bedarf man einer gründlichen klinischen Ausbildung. Was würde man von einem Arzte sagen, der sich ohne chirurgische Vorbildung an eine Laparotomie wagt?[1]) Man könnte ihn wegen eines Kunstfehlers anklagen. An die Analyse wagen sich Ärzte und Laien, die einige Bücher von *Freud* oder von anderen Autoren gelesen haben. Darf man dann ihre Mißerfolge der Analyse zur Last legen? Es ist höchste Zeit, daß an den Universitäten Lehrstühle für Psychotherapie und Sexualwissenschaft errichtet werden, so daß die entsprechenden Spezialärzte herangebildet werden können.

Von der Oberflächlichkeit, mit der in manchen Ländern Psychanalyse getrieben wird, kann man sich kaum einen Begriff machen, weil man selten in die Lage kommt, die Analytiker zu kontrollieren und die Herren so vorsichtig sind, daß sie ihre Krankengeschichten und Analysen nie publizieren. Meistens kommen allgemeine Betrachtungen zur Publikation und der verräterische Satz: „Wie meine Analysen beweisen" ersetzt die Krankengeschichten. Ich habe aber leider sehr oft Gelegenheit, Patienten zu sehen, die anderweitig analysiert wurden und muß immer wieder staunen, mit welcher Leichtfertigkeit vorgegangen wird. Jeder Analytiker scheint sein Steckenpferd zu reiten. Der eine findet immer wieder den Oedipuskomplex und glaubt profunde Weisheiten ausgesprochen zu haben, wenn er dem Kranken nachweist, er sei in seine Mutter verliebt gewesen. Der andere will überall den Kastrationskomplex, der dritte nur den gekränkten Ehrgeiz, den männlichen Protest sehen usw. Nicht zu sprechen von den Analytikern, die noch heute auf die verlockende „Traumenjagd" ausgehen und der Ansicht sind, die Entdeckung des Traumas heile die Neurose.[2])

---

[1]) Ausnahmen gab es im Kriege. Ich kannte einen Badearzt, der nie im Leben ein Operateur war und der plötzlich zum Chirurgen avancierte, weil er einmal vor vielen Jahren zwei Monate in einer chirurgischen Abteilung gearbeitet hatte. Er stolzierte viele Monate in Wien mit einem in Spiritus eingelegten Appendix in seiner Westentasche herum, den er stolz allen Bekannten zeigte. Arme Patienten, die einem solchen Operateur ausgeliefert werden! Ist es aber in der Analyse besser? Ich habe leider manchen „analytischen Appendix in der Westentasche" gesehen, den ein wilder Analytiker seinem Patienten entfernt hatte — ohne ihn geheilt zu haben.

[2]) Man kann von 4 analytischen Perioden sprechen. Erste Periode: das psychische Trauma. Zweite Periode: der Oedipuskomplex. Dritte Periode: Analerotik und Libidoverteilung. Vierte Periode: Der Kastrationskomplex. Wie erkennt man den Kastrationskomplex? Es ist große Gefahr ihn zu übersehen. *Sadger* gibt in seiner famosen „Lehre von den Geschlechtsverirrungen" folgende Anleitungen: Das weibliche Schamhaar ist ein

Ich habe die Analyse als Kampf zwischen Arzt und Kranken geschildert. (Um mich nicht zu wiederholen, verweise ich auf das wichtige Kapitel in Band IV: „Ausgänge der psychanalytischen Kuren.") Ich verweise auf die bedeutsamen Erscheinungen der Bipolarität, des Willens zur Krankheit und des Willens zur Gesundheit, ich verweise auf die Funktion der Neurose im Seelenleben des Kranken, auf ihre Lustprämien, auf die Bedeutung des Ehrgeizes (des Willens zur Macht und des Willens zur Unterwerfung), auf die Überempfindlichkeit des Kranken, auf seine psychische Anaphylaxie, auf die Rolle der Religiosität usw.

Die Durchführung einer wirklichen Analyse ist ein Kunstwerk und kann nur von künstlerischen Händen geleistet werden. Endlich hat sich auch die *Freud*schule zu einer „aktiven Psychanalyse" bekannt. Die Attitude, die *Freud* so lange Jahre hartnäckig verteidigt hat, zu analysieren und den Kranken nicht zu beeinflussen, ihn seinen Weg suchen zu lassen, ist unwürdig einer Wissenschaft, die eine Psychotherapie sein will. Der Arzt hat der Erzieher seiner Kranken zu sein und ihnen den Weg zur Arbeit und Gesundheit zu weisen, sie mit sanftem Zwange aus dem Reiche ihrer Phantasien herausführend zur Arbeit zu treiben, ihnen immer wieder den Spiegel ihrer träumerischen Untätigkeit vorhaltend, ihnen den Willen zur Krankheit entschleiernd und ihre Energien aufpeitschend.

Ebenso wenig als jeder Arzt ein Analytiker sein kann, ebenso wenig eignet sich jeder Neurotiker zur Analyse. Man sieht: Ich reserviere die Analyse für die schweren Fälle, in denen die Kranken arbeits- und lebensunfähig geworden sind. Darum kämpfe ich mit allen Mitteln gegen jene Strömung, welche verlangt, daß jedermann sich analysieren lasse. Solche Ansichten habe ich hier und in Amerika oft vernommen. Man solle sich „ein bißchen analysieren" lassen, um besser den Kampf ums Leben zu bestehen oder um glücklicher zu werden.[1]) Ich halte die Analyse eines Gesunden für einen Unfug! Viele Menschen

---

Ersatz des fehlenden Penis! Das Beißen der Mamilla durch den Säugling stellt die kommende Kastration dar. Die gleiche ominöse Bedeutung hat das Ausreißen eines Armes oder Beines der Puppe. Ferner — ich zitiere wörtlich —: „Symbolische Kastration bedeutet das spielerische Abbrechen von Baumästen, Zerbrechen von Zündhölzchen, Zahnstochern und Zigarrenspitzen, das Ausreißen von Blumen." Ebenso das Nägelmanikuren und Nägelstutzen, das Einschneiden von Bäumen und Bänken, jeder Vandalismus. Ferner wörtlich: „Der Mutter macht das Mädchen zeitlebens den Vorwurf, daß sie es kastriert zur Welt gebracht hat . . ." Daß solche Ausführungen neben der Auslösung homerischen Gelächters die Analyse lächerlich machen und empfindlich schädigen, brauche ich nicht des Näheren auszuführen.

[1]) Vgl. das Kapitel „Die Brille des Königs" in „Das liebe Ich". „The kings spectacles" in „The beloved Ego" (Paul Kegan. London.)

sind in ihrer gewollten Blindheit und neurotischen Attitude viel glücklicher, als nachdem man sie ihrer Lebenslüge beraubt hat. Der Analytiker darf nicht um jeden Preis ein Wahrheitsfanatiker sein! Wahrheit ist nicht immer die sichere Grundlage des Glückes. Oft sind Lügen ein viel besseres, festeres Fundament.

Es gibt Menschen, die zugrunde gehen, wenn man ihre Augen öffnet und sie ihrer neurotischen Einstellung beraubt. Ein Starkranker verträgt auch nicht das Licht des Tages und muß erst daran gewöhnt werden. Und wir dürfen nicht vergessen, daß die Neurose ein Heilungsprozeß ist und daß neurotische Verdrängungen Narben vorstellen, welche tiefe Seelenwunden überdecken. Nur die Not drängt dem analytischen Operateur das Messer in die Hand.

Ich bin daher nicht dafür, daß die Laien die wissenschaftlichen analytischen Bücher lesen. Das ist eine gewichtige Forderung in einer Zeit, in der jede Lyzealschülerin einen Band *Freud* und jeder Gymnasialschüler die verschiedensten analytischen Bücher verschlungen hat. Ich meine natürlich nur die wissenschaftlichen Werke, nicht die populären Schriften, wie ich deren selbst mehrere geschrieben habe. Die letzteren orientieren genügend, ohne Schaden zu stiften, ja sie wirken mitunter segensreich, während die rein medizinischen Werke die Laien verwirren und ihnen ein Halbwissen beibringen, das unter Umständen sehr gefährlich werden kann.

Es gibt nämlich eine Verdrängung, die viel gefährlicher sein kann als die neurotische Verdrängung. Ich nenne sie die s e k u n d ä r e oder die p o s t a n a l y t i s c h e V e r d r ä n g u n g. Ich verstehe darunter jene Verdrängung, die ein Neurotiker, nachdem sein hysterisches Nichtsehenwollen behoben und seine Verdrängungen bewußt gemacht worden sind, mit Hilfe der Analyse sekundär (postanalytisch) durchführt. Er spielt den Gesunden, der seine Komplexe überwunden hat und behält seine alte Einstellung bei, nur daß er sie besser vor seinem Bewußtsein versteckt hat.

Über die großen Gefahren dieser postanalytischen Verdrängung will ich später sprechen. Ich möchte den ganzen Vorgang durch ein Gleichnis dem Verständnis näher bringen. Ich habe einmal eine Geschichte gehört, welche mir das Wesen der sekundären Verdrängung glänzend zu symbolisieren scheint.

— — — — — — — — — — — — — — — — — — — —

In einem Hause wuchsen zwei Schwestern auf, von ihren Eltern verwöhnt und verhätschelt. Sie waren nicht reich, aber sie arbeiteten gerne. Sie fühlten sich glücklich in ihrer bescheidenen Wohnung. Das

Einzige, was sie störte, war eine große dicke Mauer, welche sich vor ihren Fenstern erhob und der Sonne den Eintritt verwehrte. Sie hatten keine Aussicht, keinen Blick auf Gärten und Straßen. Bloß ein kleines Stückchen Himmel glänzte in ihr trautes Heim. Eltern und Kinder sprachen oft davon, das Nachbarhaus zu kaufen und die Mauer abtragen zu lassen. Die Eltern starben und die beiden Schwestern sparten und sparten, um sich den Ausblick in die schöne Welt zu erkaufen. Sie waren schon 40 Jahre alt, als ihr Geld reichte, um das nachbarliche Grundstück mit der häßlichen Mauer anzukaufen und die Mauer sofort abtragen zu lassen. Aber das erwartete Glück trat nicht ein. Der Ausblick freute sie nicht. Es gab zu viel Licht, sie sahen zu viel häßliche Dinge in den Straßen, sie sehnten sich nach ihrer alten, lieben Mauer zurück. Nun sparten sie wieder 10 Jahre lang und ließen dann ihre alte Mauer wieder aufführen und fühlten sich glücklich und zufrieden.

— — — — — — — — — — — — — — — — — — —

Auch mancher Neurotiker opfert Mühe, Zeit und Geld, um seine Neurose zu heilen, d. h. die dicken Mauern abzutragen, welche seinen Blick in die Welt hemmen und seinen Horizont verengen. Leiden doch alle Neurotiker an der konzentrischen Einschränkung des geistigen Blickfeldes. Aber nicht alle Geheilten können den Blick in die Ferne vertragen. Viele, sehr viele tragen nach der Analyse die alten Bausteine zusammen und errichten eine zweite Mauer.

Es genügt nicht, wenn ein Neurotiker die Ursachen der Krankheit einsieht und versteht. Er muß auch den Willen zur Gesundheit haben. Er muß die Wahrheit im Gefühle, nicht allein im Intellekte annehmen. Sie muß das Innere passiert haben, sie muß ein Teil seines Ich werden.

Dazu muß der Kranke erzogen werden. Er muß für die Neurose verloren sein und für das Leben gewonnen werden. Er muß so mit den analytischen Weisheiten immunisiert werden, daß eine sekundäre Infektion unmöglich ist.

Das wissen leider die wenigsten Ärzte. Eine intellektuelle Erkenntnis der Ursachen der Neurose nützt nichts gegen die Neurose. Die Neurose ist eine Affektstörung. Gegen den neurotischen Affekt, gegen die überwertige Idee kann nur ein neuer Affekt mobilisiert werden. In vielen Fällen leistet der Affekt der Übertragung diesen notwendigen Dienst. Daher ist der Aufbau und der Abbau einer Übertragung die schwerste und wichtigste Aufgabe des Analytikers.

Ich entsinne mich der Fehler, die ich in den ersten Jahren analytischen Entdeckerrausches begangen habe. Es kam ein Mann zu mir, der über allerlei

Beschwerden klagte, besonders über Reizbarkeit, die sich seiner Schwester gegenüber äußerte, mit der er immer streiten mußte. Er litt auch an Schlaflosigkeit und an sexueller Impotenz bei heftigen nächtlichen Erektionen. Die Schwester, die ihn begleitete, klagte über den Bruder. Er suche immer wieder Streit, aber wenn sie das Haus verlassen wolle, sei er unglücklich und weine. Er sei eifersüchtig und lasse sie nie mit anderen Männern zusammen kommen. Auch sie quäle den Bruder mit grundloser Eifersucht. Ich machte dem Geschwisterpaar begreiflich, daß es sich beiderseits um eine Inzesteinstellung handle, und gab den Rat, sie sollten sich trennen. Sie erkannten beide, daß ich recht hatte. Es gab zu viel Beweise. Der Mann hatte oft von einem Verkehre mit der Schwester geträumt, die Schwester gab ähnliche Gedanken und Träume zu. Ich machte den groben Fehler, diese Forderung aufzustellen, ohne den Mann zu analysieren und auch die anderen Ursachen seiner Neurose zu erforschen. Ich hoffte nach Trennung der Geschwister eine vollständige Überwindung der inzestuösen Einstellung. Nach einigen Tagen erhielt ich ein Schreiben. Sie hätten die Sache genau besprochen und wären zur Erkenntnis gekommen, ich sei auf einer falschen Fährte. Ihre Inzestgedanken seien nur die Folgen der falschen Lehren *Freuds*, dessen Bücher sie gelesen hatten. Sie hätten erkannt, daß es sich um Suggestionen durch falsche Lektüre handle. Der Bruder fuhr in ein Sanatorium, die Schwester zu einer Verwandten, nach vier Wochen kamen sie wieder zusammen. Nach einigen Monaten machte der Mann einen Selbstmordversuch, nachdem er seine Schwester — angeblich in einem Traumzustande — zu koitieren versuchte. Wie mir das Mädchen, das ich später mit Erfolg behandelte, in der Analyse mitteilte, hatte er schon in der Jugend mit ihr allerlei Spiele ausgeführt und auch mit 17 Jahren einen Koitus versucht. Der Bruder wurde von einem anderen Arzte mit gutem Erfolge analysiert. Beide haben mittlerweile geheiratet und befinden sich im seelischen Gleichgewichte.

Um eine analytische Wahrheit zu ertragen, muß man entsprechend vorbereitet sein. Man nimmt sie meistens dem Arzt zuliebe an, nicht sich zuliebe. Ich teile daher in den ersten Stunden keine Auflösungen und keine Erklärungen mit, auch nicht den Menschen, die sich mir als ausgebildete Analytiker vorstellen. Sie behaupten zwar, man könne ihnen alles sagen, sie hätten die ganz Analyse studiert usw., aber man sei vorsichtig — auch gegen analytisch geschulte Ärzte.

Ich behandelte einen Jungen, der mir von einem sehr intelligenten Arzt gebracht wurde, der Bücher von *Freud* und *Stekel* gelesen hatte und behauptete, viele Analysen erfolgreich zu Ende geführt zu haben. Er sprach die Vermutung aus, sein Junge sei in dessen Schwester verliebt. Die Analyse ergab, daß er tatsächlich mit seiner Schwester seit Jahren Geschlechtsverkehr ausgeübt hatte. Nach einiger Zeit kam der Vater nach Wien und wollte mit mir über die Ergebnisse der Analyse sprechen. Ich verweigerte jede Auskunft über die Tatsachen, die mir in der Analyse anvertraut wurden. Er rief seinen Jungen herein:

„Nicht wahr, der Doktor darf mir alles sagen? Du kennst ja meine freien Ansichten."

Der Junge meinte: „Bitte, ich will vor meinem Vater keine Geheimnisse haben. Sagen Sie meinem Vater die reine Wahrheit!"

Dann teilte ich sehr ungern dem Vater in Gegenwart des Sohnes die Tatsache des Geschlechtsverkehres seiner Kinder mit. (Die Tochter war um ein Jahr älter als der Sohn.) Der Vater war sehr erstaunt, aber auffallend ruhig und hielt mir einen interessanten Vortrag; nach seinen freien Anschauungen sei ein Inzest nichts Unnatürliches, er sehe darin kein Vergehen, um so mehr als die Kinder das schon seit fünf Jahren, also seit der Kindheit betrieben. Er erkundigte sich um geeignete Maßregeln. Ich riet dauernde Trennung der Geschwister an.

Ich muß gestehen, ich war über die Ruhe und Seelengröße des Vaters erstaunt. Am nächsten Tage kam der Junge weinend zu mir. Sein Vater habe ihn mörderisch geschlagen, mit Enterbung gedroht, ihn ein Schwein und einen Verbrecher genannt und beschlossen, die Analyse nicht fortsetzen zu lassen. Er sei keiner Analyse würdig.

Wie ich später erfuhr, war es der Affekt der Eifersucht, welcher den vorurteilslosen Vater so erregt hatte. Er hatte selbst eine inzestuöse Einstellung zu seiner Tochter und behandelte seinen Sohn als Rivalen, verprügelte ihn in brutaler Weise. Seine ganze intellektuelle Attitude war zusammengebrochen und er benahm sich wie jeder Vater, der nichts von der infantilen Sexualität erfahren und gelernt hatte.

Jeder Analytiker weiß, wie schwer Neurotiker zu behandeln sind, die alle möglichen analytischen Schriften gelesen haben. Es ist aber weniger bekannt, daß die Kenntnis der Konflikte und Einstellungen benützt wird, um vor sich selbst Komödie zu spielen und noch tiefer in das Netz der Neurose zu geraten.

Alle Versuche, eine Selbstanalyse vorzunehmen, scheitern gewöhnlich an der Tendenz des Unbewußten, sich gegen alle neuen Eingriffe durch eine sekundäre Verdrängung zu schützen. Noch gefährlicher sind öffentliche Analysen. Die Analyse ist eine zu wichtige und einschneidende Prozedur, um als „Gesellschaftsspiel" benützt zu werden, in dem einer dem anderen seine unbewußten Symptomhandlungen auflöst. Auch Traumanalysen sind keine harmlose Spielerei. Sie sind ein ärztlicher Eingriff und nur in Ausnahmsfällen ist es gestattet, einzelne Deutungsmöglichkeiten von Träumen zu geben.

Es besteht immer die Gefahr der sekundären Verdrängung, welche dem Analytiker die schwersten, leider oft unlösbare Aufgaben stellt.

Fall Nr. 150. In Amerika hatte ich ein Mädchen zu behandeln, das allerlei neurotische Symptome, darunter schwere Depressionen und Unfähigkeit zu konzentrierter geistiger Arbeit zeigte. Sie war Mitglied eines Kreises, in dem viel über Psychanalyse gesprochen und auch manches Buch von *Freud* und anderen gelesen und diskutiert wurde. Sie führte sich bei mir recht sonderbar ein. Sie meinte:

„Ich bin eigentlich ganz gesund. Ich glaube, wenn ich geschlechtlichen Verkehr hätte, würde ich alle Symptome verlieren."

Ihr sonstiges bizarres Gehaben machte den Eindruck einer schweren Disassoziation, so daß ich zwischen Schizophrenie und Hysterie schwankte.

39*

Einige ihrer Redensarten schienen mir so sonderbar, daß ich auf den Gedanken kam, sie hätte vor mir gespielt und mich belogen. Im Beginne der zweiten Sitzung fragte ich sie:

„Warum haben Sie gestern vor mir Komödie gespielt?"

„Ich weiß es nicht. Ich weiß nur, daß ich gespielt habe und daß mich etwas dazu drängte, Sie hinters Licht zu führen."

Dann aber enthüllt sich plötzlich eine zweite Persönlichkeit. Sie wird natürlich und beichtet mir, daß sie sich heimlich verheiratet habe. Weder ihre Eltern noch die Eltern des Bräutigams hätten eine Ahnung von dieser Ehe. Trotzdem sie Mann und Frau wären, hätte noch kein intimer Verkehr stattgefunden. Sie hätten keine Wohnung, in der sie sich finden könnten.

Nun hatte das Mädchen ein eigenes Zimmer, überdies war die Wohnung gewiß nicht das unüberwindliche Hindernis, um sich das notwendige Quantum an Sexualität zu geben. (Jedes Ehepaar hat das Recht, ein Hotel aufzusuchen, wenn es sich als Ehepaar legitimieren kann.) Ich zweifle also an der Größe ihrer Leidenschaft.

Sie aber erzählt von ihrer großen, noch nicht da gewesenen Liebe zu Jaques, ihrem Manne, sie rühmt seine großartigen Eigenschaften. Nur der Umstand, daß er noch nicht 25 Dollar die Woche verdiene, hindere sie zusammenzuziehen. Nun verdiente der Mann schon 20 Dollar und sie selbst hatte eine sehr gute Stelle. Diese Motivierung war also ebenso fadenscheinig wie die erste und diente nur der Rationalisierung eines inneren Widerstandes gegen die Intimitäten der Ehe.

Ich erfahre, daß der Vater von dieser Liebe wußte, nicht dagegen war, aber die Bedingung gestellt hatte, sie möge sich erst von mir analysieren lassen, ehe er die Zustimmung gäbe.

Ich erkenne einen neurotischen Schachzug und sage ihr:

„Sie haben das Präveniere spielen wollen. Sie haben sich verheiratet, weil Sie fürchteten, ich könnte sagen, Sie lieben diesen Mann gar nicht."

Das bejaht sie. Ich erkenne, daß sie sich eine Reihe analytischer Fragen vorgelegt und selbst beantwortet hatte. Unter anderem die Frage, ob sie an ihren Bruder fixiert sei und ihn liebe. Ein Traum, den sie einige Tage vor ihrer Verheiratung hatte, als sie im Hause der Eltern übernachtete, schien dafür zu sprechen. Sie hatte von einem Verkehr mit dem Bruder geträumt, an dem sie mit schwärmerischer Liebe hing. (Der Bruder hatte vor einigen Monaten geheiratet und wohnte bei den Eltern.) Sie benützte aber die analytischen Kenntnisse zu einer sekundären Verdrängung. Sie sagte sich: „Das ist kein Inzest. Der Bruder ist nur eine Verschiebung. Er steht für seinen Freund Jaques. Ich habe einen Verkehr mit Jaques geträumt."

Der Fall war für die Analyse verloren. Denn die Liebe zu Jaques war nur eine e i n g e b i l d e t e Liebe. Aber die Heirat war eine Tatsache, mit der ich rechnen mußte. Ich brach daher die Analyse ab und gab ihr den Rat, ihren Eltern die Tatsache der Vermählung mitzuteilen. Die Eltern waren nicht übermäßig erschrocken. Sie sorgten für ein gemütliches Heim und machten die Vermählung allgemein bekannt. Ich stellte der Mutter für diese Ehe eine böse Prognose. Ich sah Vaginismus und baldigen Bruch voraus, da ich in dieser Ehe nur die Wirkung einer sekundären Verdrängung sehen konnte.

Meine Prophezeiung ging leider in Erfüllung. Die Hochzeitsnacht war resultatlos verlaufen, da ihr Vaginismus den Eintritt des Membrum verhinderte. Nach weiteren drei Wochen das gleiche Resultat. Sie blieb Jungfrau. Ihr Körper war für eine andere Liebe reserviert. Sie suchte einen Gynäkologen auf, der blutige Exzision des Hymen und Dilatation auf mechanischem Wege anriet. Ich aber konnte nur den Rat geben, die Verbindung rückgängig zu machen und eine Scheidung vorzubereiten, um so mehr, als es schon böse Streitigkeiten gab und der müde gewordene Ehemann alle Koitusversuche aufgegeben hatte.

Hätte diese Kranke keine Kenntnis der Analyse gehabt, sie wäre in der Analyse allmählich erzogen worden, einzusehen, daß es sich um eine Verladung von ihrem Bruder auf seinen Freund Jaques handelte.

Die sekundäre Verdrängung ist viel gefährlicher als die primäre. Ich habe oft bei Psychosen gesehen, daß vor dem Ausbruche der Psychose irgend eine Wahrheit ins Bewußtsein dringen wollte. Die Kranken vollzogen dann eine Flucht in die Psychose. Vielleicht kommen wir durch diese Tatsachen dem Verständnis aller Psychosen näher. Es ist für mich gar kein Zweifel, daß die mißglückte Verdrängung zur vollkommenen Disassoziation führen kann. Deshalb ist eine mißlungene Analyse eine große Gefahr für den Kranken. Er weiß zu viel. Er muß eine neuerliche, viel stärkere Verdrängungsarbeit leisten, er muß der Realität ausweichen und in die Welt der Phantasien versinken. Er muß eine zweite Mauer um sein geistiges Ich aufführen. Die Psychose ist der Sieg des Infantilismus über die Realität.

Viele Psychiater behaupten, sie hätten nach analytischen Behandlungen Schizophrenien entstehen gesehen. Ich habe von einem Schweizer Analytiker vernommen, der 10 solcher Fälle in einem Jahre sah. Allerdings führt dieser Kollege nur eine Art von Halb- oder Viertel-Analyse aus. Ich behaupte nun nicht, die Analyse hätte die Schizophrenie verursacht. Eine solche Behauptung wäre einfach lächerlich, um so mehr, weil die Schizophrenie gewiß ihre endogenen Ursachen hat. Aber eine mißlungene Analyse kann unter Umständen den Ausbruch des Leidens beschleunigen, eine gelungene den Ausbruch aufhalten. Sicherlich kann bei gewissen Affektpsychosen die Analyse Wunder wirken, aber auch bei ungeschickter Führung der Analyse zu Verschlimmerungen und Rückfällen führen.

Schließlich muß man den Mut haben, zu gestehen, daß man nicht jeden Fall heilen kann. Auch die analytische Kunst hat ihre Grenzen und kann an dem ehernen Willen zur Krankheit scheitern. Gerade die Fälle von psychosexuellem Infantilismus zeichnen sich durch große Widerspenstigkeit aus. Ich verweise auf den Fall einer Zoophilie, den ich in Kapitel XVI, S. 281, beschrieben habe. Ich bin in der Lage, eine Epikrise des Falles zu liefern. Das Buch war schon fertig, als ich den Patienten wieder in meiner Sprechstunde sah. Ich teile meine Aufzeichnungen über den Fall an dieser Stelle mit.

Epikrise: Nach 6 Monaten sehe ich den Kranken wieder. Er hat 2 Monate auf die Phantasien verzichtet. Da erlebte er im Büro allerlei unangenehme Dinge. In seiner Verzweiflung suchte er nach Lust und rächte sich für die Demütigungen durch eine neuerliche Regression zu seinen Reitphantasien. Er begann auch wieder Zettel aufzuschreiben, am Abend durchzuarbeiten und zu „erledigen".

Er erwartet von mir eine Fortsetzung der Analyse. Ich lehne eine weitere Behandlung ab. Die Macht der infantilen Phantasien ist stärker als der Wille zur Genesung. Er will sich nicht ändern, will die Bequemlichkeiten seiner Familie nicht aufgeben. Er hat noch eine Hoffnung: Er will reiten lernen, um die Phantasien durch die Realität zu zerstören. Diese Hoffnung ist lächerlich. Sein Phantasiepferd ist das Steckenpferd seiner Jugend. Kein lebendes Pferd kann ihm dies Steckenpferd entwerten. Ich äußere mich sehr skeptisch über diesen Versuch. Der Versuch hatte nur das Resultat, daß er auf dem Pferde eine Pollution hatte — und die Reitphantasien trotzdem fortsetzte. Es ist möglich, daß er den Rückfall arrangierte, um wieder behandelt zu werden. Die Tatsache einer Rezidive nach gelungener Analyse bleibt bestehen.

Wir können an diesem Falle die Grenzen der Psychotherapie erkennen. Sie wird immer versagen, wenn wir nicht imstande sind, den Kranken einen Ersatz für die aufgegebenen Phantasien zu bieten. Und was könnte ich diesem ewigen Kinde bieten, was ihm die Liebe der Mutter und die Lust seiner Tagträume entbehrlich machen könnte?

Wir müssen uns eben zur traurigen Erkenntnis durchringen: Wir können nicht jeden Fall heilen, auch wenn unsere Methode die einzig richtige und die wirksamste ist. Es wird immer unheilbare Kranke geben, welche den Heilungsuchenden spielen, von Analytiker zu Analytiker laufen, sich jahrelang analysieren lassen, um sich vor sich selbst entschuldigen und sich einen Willen zur Genesung vormachen zu können, der in Wahrheit von einem viel mächtigeren „Willen zur Krankheit" in Schach gehalten wird. Es ist nicht so leicht, einen Menschen, der in seine Tagträume versunken ist, aus dem üppigen Reiche der Phantasien in die dürre Wüste der Wirklichkeit zu locken.

Wir müssen auch mit dem heimlichen Stolze des Neurotikers rechnen, daß er ein schwerer Fall ist, der schwerste aller Fälle, und daß er allein so unglücklich ist, daß niemand, selbst der berühmteste Arzt, ihm nicht helfen kann. Speziell die an psychosexuellem Infantilismus Leidenden sind sehr schwer zum Aufgeben ihrer fixen Ideen zu bewegen.

Oft ist der Tod der beste Arzt, weil er sie von einer sexuellen Hörigkeit befreit, die sie allein oder mit Hilfe des Arztes nicht aufzuheben vermochten. Daher sieht man oft nach dem Tode der Eltern oder Geschwister unvermutet Heilungen auftreten. Der von *Bjerre* geheilte Fall von Paranoia, über den ich kurz berichtet habe, ist vielleicht nicht allein durch die Analyse geheilt worden. Während der Analyse starb der Vater der Patientin. Das mag viel zur Heilung beigetragen haben.

Es gibt eben Patienten, die sich in Heilungsbereitschaft, und andere, die sich in Erkrankungsbereitschaft befinden. Mein erster Fall von Paranoia (Nr. 146, S. 571) war sicherlich in einem Stadium von Heilungsbereitschaft. Schon die Tatsache der Verlobung zeigt, daß er gewillt war, sich von seinen infantilen Fixationen loszulösen.

Ich glaube, jeder Leser meiner Bücher hat den Eindruck, daß ich die Wirksamkeit der Psychotherapie und speziell der Psychanalyse sehr hoch einschätze. Ich gehe therapeutisch sogar Psychosen, speziell die Paranoia an. Aber ich bilde mir nicht ein, ein Allheilmittel gefunden zu haben. Ich bin mir bewußt, daß es Fälle gibt, denen ich mit der besten Analyse nicht beikommen kann, obwohl sie an und für sich heilbar sind.

Wir dürfen daher dem Kranken nicht die sichere Heilung in Aussicht stellen. Wir können nur die Möglichkeit einer Heilung versprechen und müssen darauf hinweisen, daß die Heilung von zwei Faktoren abhängt: vom Arzte und vom Patienten.

Ich betone diese Tatsachen, weil die Überschätzung der Psychanalyse für die Psychanalyse eine große Gefahr bedeutet. Weil eine oberflächliche Erfassung ihrer Probleme zu einer Scheinanalyse führt, die wieder eine sekundäre Verdrängung herbeiführt. Es wird zuviel Analyse im öffentlichen Leben und in der Literatur getrieben. Es gibt schon eine „analytische Neurose". Diese „analytische Neurose" ist die Folge dieses Übermaßes an analytischer Erkenntnis. Wir dürfen nicht vergessen, daß die Blindheit eine Notwendigkeit ist. Was würden wir von einem Manne sagen, der beim Trinken eines Glases Wasser immer an die Mikroben und Infusorien denken würde, die er unter dem Mikroskope gesehen hat? Er würde sich das Leben unmöglich machen. Leben erfordert Täuschung. Das „Ding an sich" ist für die meisten Menschen das Ding, das er nicht sehen will und nicht sehen darf. Nur der Arzt ist gezwungen, zeitweilig das „Ding an sich" zu entdecken und es dem Kranken mit aller Deutlichkeit aufzudrängen. Aber er tut es nur in der Absicht, damit der Leidende erkennen, genesen und dann wieder in eine neue Welt der Täuschungen versinken kann.

Ich hoffe, mit diesen Ausführungen nicht mißverstanden zu werden. Je glühender ich die herrliche Kunst der Psychanalyse verehre und bewundere, desto mehr zittere ich für ihre Zukunft. Ich möchte, daß jeder Arzt, der Analyse treibt, sich seiner großen Verantwortung bewußt wird. Wir alle sind Menschen und können irren. Wir alle können Fehler machen und einmal vom rechten Wege abweichen. Aber wir müssen trachten, unsere Fehler zu überwinden und aus unseren Fehlern und Irrtümern zu lernen.

Deshalb brauchen wir Schulen für Psychanalyse und Schüler, die den ehrlichen Willen haben zu lernen. Wir Lehrer wollen unsere Schüler vor Irrwegen bewahren. Wir wollen auch alle die Kranken davor schützen, Unerfahrenen und Unbefugten ausgeliefert zu werden.

Druck von Gottlieb Gistel & Cie., Wien.

In Vorbereitung befinden sich:

Teil VI: Fetischismus und Kleptomanie.

Teil VII: Masochismus und Sadismus.

Teil VIII u. IX: Zwangsneurosen.

Teil X: Epilepsie.

Ein Ergänzungsband (Technik der Psychotherapie. Sachregister, zusammenfassende Erkenntnisse) soll folgen.

Die große Beachtung und vielfache Würdigung, die die bisher erschienenen Teile des Werkes erfuhren, zeigen die auf den folgenden Seiten abgedruckten Auszüge aus den in- und ausländischen

Urteilen der Fachpresse.

Teil I: Nervöse Angstzustände und ihre Behandlung.

. . . Die Krankheitsbilder, die Verfasser gibt, sind als klinisches Material interessant; die angegebenen therapeutischen Maßnahmen haften durchaus nicht einseitig an der Psychoanalyse, sondern weisen namentlich auch für die Prophylaxe der Neurosen viel Beherzigenswertes auf. („Zeitschrift für Psychiatrie.")

. . . Das Buch enthält eine Fülle lehrreicher Beobachtungen und viele der gebrachten Erklärungen dürften auch dem, der die Theorien *Stekels* nicht anerkennt, interessant sein. (*Löwenstein* in der „Deutsch. med. Wochenschr.)

. . . Bisher hat uns die Kasuistik der *Freud*schen Analytik sehr gefehlt. *Stekels* Buch füllt diese Lücke aus. Es ist sehr anregend und frisch geschrieben und ist darum allen praktischen Ärzten, nicht nur den Spezialisten, aufs wärmste zu empfehlen, da der offenen und verkappten Neurosen Legion ist und darum jeder Arzt mit ihnen zu rechnen hat. (*Jung* in „Medizinische Klinik".)

. . . Es kann nicht schaden, wenn ein großer Kreis ärztlicher Leser sich ein eigenes Urteil über die Methode bildet, wozu gerade die Lektüre dieses Buches des schriftstellerisch begabten Verfassers besonders geeignet ist. („Berliner klinische Wochenschrift.")

Auch der praktische Arzt findet in dem geistvollen und gescheiten Buche eine Menge nützlicher Hinweise. Wichtig genug sind diese Zustände für den praktischen Arzt, umfassen sie doch nach *Stekel* zugleich fast alle Krankheitsbilder, die bisher Neurasthenie bezeichnet wurden. (*Rohrschach* im „Correspondenzblatt für Schweizer Ärzte".)

Ich halte *Stekels* Buch für eine hochwichtige Erscheinung. (*Bleuler* in der „Münchener med. Wochenschrift".)

Cet aperçu nous permet de nous borner à signaler cet ouvrage comme un recueil intéressant d'observations de différentes modalités de l'angoisse. (*M. Trenel* in „Revue Neurologique".)

All kinds of neurotic and hysterical symptoms are most ingeniously traced by analysis, and the results recorded testify to the value of Freud's methods, even if one is not convinced as to the accuracy of the theories and interpretations. („New York medical Journal.")

Ich halte *Stekels* Buch über Angstzustände für ein Standard work, einen Markstein in der psychiatrischen, speziell psychotherapeutischen Literatur. (Geh. Sanitätsrat Dr. *Gerster* in „Die neue Generation".)

Teil II: Onanie und Homosexualität.

. . . Es wäre lebhaft zu bedauern, wenn das vorliegende Werk nicht die volle Aufmerksamkeit der wissenschaftlichen Welt fände, denn mit seinem tiefen Ernst und seiner Fülle von kasuistischen Einzelheiten ist es eine Fundgrube der Erkenntnis, deren Bedeutung wohl in erster Linie für den Arzt, aber in weitgehendem Maße auch für den Erzieher, den Lehrer, den Geistlichen und nicht zuletzt für den Kriminalogen gegeben ist. . . . (*Horch* im „Archiv für Kriminalogie".)

Ein Werk eigenartigen, größtenteils aus dem Rahmen der gewohnten Anschauung und Darstellung tretenden Inhaltes, der nicht ohne Widersprüche bleiben wird, aber nicht minder die Vorzüge genußvoller Belehrung seitens eines vielerfahrenen Nervenarztes birgt. (*Fürbringer* in der „Deutschen mediz. Wochenschrift".)

Erfahrungen wie die *Stekels* müssen zur Kenntnis genommen werden. Jedenfalls schreiten wir fort. Dies zeigt das Buch *Stekels* im Vergleich zu klassischen Werken über Sexualpathologie. (*Raimann* in „Jahrbücher für Psychiatrie".)

Der Wert und die Bedeutung des *Stekel*schen Buches liegen aber weniger in diesen theoretischen Auseinandersetzungen, als in den zahlreichen mitgeteilten eigenen Beobachtungen mit meist sehr ausführlicher und sorgfältiger psychoanalytischer Darlegung. Diese Krankengeschichten wird wohl jeder, auch der Psychoanalyse mit Zurückhaltung gegenüberstehende Arzt mit großem Interesse lesen. (*Eulenburg* in „Mediz. Klinik".)

Stekels Werke geben dem praktischen Arzte viel Aufklärung und Wissen von Dingen, von denen er bisher nichts wußte, so namentlich über die Bedeutung von Psychologie und Sexualität in der Medizin. (*Hitschmann* in „Internat. Zeitschr. f. Psychoanalyse".)

Stekels Buch erscheint in 2. Auflage. Seine Vorzüge liegen darin, daß eine reiche ärztliche Erfahrung dahintersteht, daß es ein ausgedehntes kasuistisches Material, vor allem auch von Eigenschilderungen der Patienten enthält, und daß es aus dem nur Deskriptiven der früheren Sexualliteratur nach psychologischer Vertiefung strebt. Die Beziehungen zur Paranoia und zur Zwangsneurose, überhaupt zur allgemeinen psychopathologischen Frage, sind ausgiebig berücksichtigt. (*Kretschmer* im „Zentralbl. f. d. ges. Neurologie u. Psychiatrie".)

Man wird wohl mit einiger Spannung den weiteren Bänden entgegensehen dürfen. *St.* hat jedenfalls Einfälle, oft recht einleuchtend, zuweilen sonderbar, fast immer interessant. Er ist noch nicht im Schema erstarrt; seine Anschauungen weiten und wandeln sich. Alles in allem: man wird sich mit ihm auseinandersetzen müssen, ihn billigen oder bekämpfen, jedenfalls ihn lesen. (*Rud. Allers* im „Zentralbl. f. d. ges. Neurologie u. Psychiatrie".)

Teil III: Die Geschlechtskälte der Frau.

Jeder, der ein wahrer Frauenarzt ist, sollte sich in dieses Buch vertiefen. Eine gewaltige Erfahrung spricht aus *Stekels* Buch; eingehende Krankenschilderung, fesselnde Darstellung, überlegene Entwirrung verwickeltster und verfahrenster Seelenvorgänge stempeln es zu einer bedeutenden Erscheinung des Büchermarktes und ziehen auch den, der nicht allen Folgerungen des grundgescheiten, belesenen Autors folgen mag, von der ersten bis zur letzten Seite in den Bann der meisterhaften Verarbeitung.
(*Krützler* in der „Med. Klinik".)

Het belangrijke van dit boek blijft dan ok het diep gaande inzicht, dat *Stekel* ons geeft in het ontstaan en wezen der dyspareunie en het feit, dat hij ongekende perspectieven opent bij de bestrijding dezer afwijking. In het bijzonder moeten deze vraagstukken den vrouwenartsen ter harte gaan.
(*Van der Chijs* in „Nederlandsch Tijdschr. voor Geneeskunde".)

Stekels außergewöhnliches Verdienst ist es, daß er uns zwingt, von einer erdrückenden Fülle von Tatsachen Kenntnis zu nehmen, die er uns mit leider noch immer beispiellosem wissenschaftlichen Mut zur öffentlichen Beachtung unterbreitet, Beobachtungen, die so ins Einzelne gehen, so lebenswahr sind, daß es oft eines besonderen Beweises für daraus zu ziehende Schlußfolgerungen nicht mehr bedarf.
(„Die neue Generation.")

Ein sehr lesenswertes und trotz mancher Längen in den Lebensberichten interessantes Buch, das sicher zu den besten Büchern über die sexuelle Seite der Frauenpsyche gehört. Die modernsten Fragen werden berührt, neue Gesichtspunkte gesucht, Übertreibungen in Methodik und Deutung der Psychoanalyse früherer Perioden vermieden. (*Kermauner* in „Wiener klinische Wochenschrift".)

Alles in allem ist das Buch *Stekels* ein Werk, dem ich weiteste Verbreitung wünsche, nicht nur in den Kreisen der Ärzte, sondern auch in den Kreisen der Juristen und Pädagogen, der Nationalökonomen und Theologen. Erst das Verständnis des Seelenlebens des Individuums kann Verständnis für die Seele der Völker erwecken.
(*Liepmann* i. d. „Zeitschr. f. Sexualwissensch.".)

„Bisweilen sich in mystische, unkontrollierbare Tiefen verlierend, behandelt der Autor immer geistvoll und oftmals menschlich mehr als richtig dieses komplizierte Problem."
(*Otto Adler* im „Archiv für Frauenkunde und Eugenik".)

„Trotz der Ausstellungen verdient das Buch als das Werk eines ungemein kenntnisreichen, originellen, schöpferischen Denkers Beachtung in allen ärztlichen und Psychologenkreisen, die an der raschen Wandlung sexualwissenschaftlicher Lehren und der praktischen Verwertbarkeit Interesse nehmen. (*Placzek* in der „Berliner klinischen Wochenschrift".)

Das Werk bildet eine Fundgrube für alle diejenigen, die berufen sind, in die Tiefen des menschlichen Lebens hinabzusehen und dürfte für jeden Juristen, der es mit seinem Berufe ernst meint, eine Quelle der Erkenntnis und Anregung sein.
(Geh. Justizrat Dr. *Horch* im „Archiv f. Kriminalogie".)

Teil IV: Die Impotenz des Mannes.

„Wenn der Verfasser sein bisher vierbändiges Werk als „Lebenswerk" bezeichnet, so kann man ihm das aufs Wort glauben: Um ein Thema so wie er behandeln zu können, muß man die Erfahrung eines an einschlägiger Tätigkeit reichen, ja überreichen Lebens besitzen! Das Buch behandelt zwar nur die psychischen Wurzeln der Impotenz und die Theorie und Technik der hierzu einschlägigen Psychotherapie, bekommt aber dadurch einen allgemeinen Reiz, daß diese spezielle Therapie die ureigenste Schöpfung des Autors darstellt, der sich von jedem Dogma einer bestimmten Schule freihält.

(*Blumm* in der „Münchener med. Wochenschrift".)

„Daß mich die brutale Herrschaft von Papiermangel und Lohnhöhe zwingt, dieses dickleibigste Werk über Impotenz des bekannten Nervenarztes mit einigen wenigen Sätzen zu besprechen, beklage ich aufrichtig; denn es handelt sich um ein umfassendes Neuland teils einwandfreien, teils diskutablen Wertes. Die 21 Kapitel werden trotz manchen Wenns und Abers mit Genuß und Gewinn studiert werden.

(*Fürbringer* in der „Deutschen med. Wochenschrift".)

„Ein guter Arzt muß ein guter Menschenkenner sein." Diese an die Spitze von *Stekels* Riesenarbeit gestellte Grundforderung zieht sich wie ein roter Faden durch dieses groß angelegte und auch auch mit unbestreitbarer Großzügigkeit durchgeführte Werk, dessen dauerndes Verdienst es ist, daß es (unbeschadet der bahnbrechenden Leistungen seines Lehrers *Freud*) zum ersten Mal eine systematische Durchforschung des gesamten Trieb- und Affektlebens in die Wege geleitet hat. Ein gewaltiges Neuland tut sich vor unserem erstaunten Blick auf . . . ! (*Dück* in „Zeitschrift für Sexualwissenschaft".)

Stekel beginnt seit seinem Abfall von *Freud* Schule zu machen. Man kann immer feststellen, daß er seine eigenen Wege geht und seine Überzeugung nicht verbirgt. Wie die meisten Werke von *Stekel* ist auch dieses ein lebenswahres Buch.

(*A. van der Chys* in „Nederlandsch Tijdschrift voor Geneeskunde".)

Stekels neues Werk kann als eine eigenartige und umfassende Darstellung der Impotenz des Mannes sowohl den Spezialisten als auch den allgemeinen Praktikern warm empfohlen werden.. (*Iwan Bloch* in „Therapie der Gegenwart".)

It does not matter from what angle these two books of *Stekel* are approached. Any consideration of them reveals rich material. *Stekel* is a writer who handles his subjects in a lavish manner; lavish, but with that restraint which bends all to the urgency of his themes. He evidently approaches his clinical work with the same exuberant interest. There he reaps through psychoanalysis a rich harvest of results. He has collected these results and presented them for the dissemination of such knowledge of the sexual disturbances as he thus obtained. Facts are there in great number. They can not be gainsaid. *Stekels* own evaluation of such facts and his earnest plea for their consideration, both by the medical profession and by the society of men and women where these facts exist, can speak only for themselves to the truly conscientious reader. There is not much in these books that the psychotherapeutist can afford to pass over. („New York Medical Journal".)

Von Dr. Wilhelm Stekel erschienen im Verlage J. F. Bergmann in München:

Dichtung und Neurose. Bausteine zur Psychologie des Künstlers und des Kunstwerkes.

Die Sprache des Traumes. Eine Darstellung der Symbolik und Deutung des Traumes in ihren Beziehungen zur kranken und gesunden Seele. 2. Auflage.

Die Träume der Dichter. Eine vergleichende Untersuchung der unbewußten Triebkräfte bei Dichtern, Neurotikern und Verbrechern.

Der Wille zum Schlaf. Altes und Neues über Schlaf und Schlaflosigkeit.

Äskulap als Harlekin. Humor, Satire und Phantasie aus der ärztlichen Praxis. (Unter dem Pseudonym: Dr. *Serenus*).

Im Verlage von Paul Knepler in Wien:

Was im Grund der Seele ruht. 2. und 3. Auflage.

Nervöse Leute. (Kleine Federzeichnungen aus der Praxis.) 2. Auflage.

Masken der Sexualität. (Der innere Mensch.)

Die Broschüren: Ursachen der Nervosität. — Keuschheit und Gesundheit. Das nervöse Herz. — Der nervöse Magen.

Im Verlage von Otto Salle in Berlin:

Das liebe Ich. Grundrisse einer neuen Diätetik der Seele. 2. Auflage.

Der Wille zum Leben. (Alte und neue Wege zum Glück.)

Druck von Gottlieb Gistel & Cie., Wien, III., Münzgasse 6.

Zeitfracht Medien GmbH
Ferdinand-Jühlke-Straße 7
99095 Erfurt, Deutschland
produktsicherheit@kolibri360.de